Martin Fieber

Der Zurückgekehrte

Ein Roman über Jesus Christus und die Santiner

Martin Fieber

Der Zurückgekehrte

Ein Roman über Jesus Christus und die Santiner

Bergkristall Verlag GmbH
Krumme Weide 30, 32108 Bad Salzuflen
Tel. 05222 – 923 451
Fax 05222 – 923 452
info@bergkristall-verlag.de
www.bergkristall-verlag.de
1. Auflage 2009
Umschlagabbildung: Masterfile Deutschland GmbH, Düsseldorf
Druck und Bindung: GGP Media GmbH, Pößneck
Printed in Germany

ISBN 978-3-935422-68-0

**Für Margret,
in Dankbarkeit und Liebe**

Inhaltsverzeichnis

7

8

Vorwort

„Jesus hat doch gar nicht gelebt", sagte neulich ein Bekannter zu mir. Ich war perplex.

„Wie kommst du darauf?", fragte ich ihn.

„Er war nur ein gutes Marketinginstrument der Kirche", war seine prompte Antwort.

Die Antwort hatte mich erschüttert. Ja, viele Menschen zweifeln daran, ob Jesus wirklich gelebt hat. Ebenso viele können mit der Person Jesus Christus nichts anfangen. Bis vor wenigen Jahren ging es mir genauso, obwohl ich Jesus immer als eine historische Persönlichkeit angesehen und an seine Lehren geglaubt habe. Aber er war für mich und für mein Leben einfach zu weit weg, er war für mich nicht greifbar, er war für mich immer ein Überflieger gewesen, der auf dem Wasser gehen und Wasser in Wein verwandeln konnte. Diese große Distanz zwischen ihm und meinem normalen Leben machte mir Angst und ich fühlte mich klein und unwürdig. So viele Fehler hatte ich noch, während Jesus Tote zum Leben wiedererweckte! Wie konnte Gott mich in meiner Schlechtigkeit lieben? Jahrelang peinigten mich diese Gedanken und Gewissenskonflikte.

Aber diese Pein führte auch zu einer Motivation. Eine Frage keimte in mir auf: Wie stark musste die Persönlichkeit von Jesus, wie authentisch mussten seine Lehren gewesen sein, dass knapp 2.000 Jahre später ungefähr eine Milliarde Menschen auf unserem Erdball zu ihm beteten?

Aber auch dies war wieder ein Problem: Die Menschen beteten Jesus als Gott an. Wieder führte dies nicht dazu, dass ich mich Jesus näher fühlen konnte. So ähnlich, wie eine frühere, etwas fanatisch angehauchte, Nachbarin mich einmal belehrt hatte: „Martin, Jesus ist Gott. Nur wenn du ihn als Gott akzeptierst, bekommst du einen Fensterplatz im Himmel."

Jesus war für mich aber nie Gott, er sprach von Gott, er hinterließ auf mich immer den Eindruck, dass sein Kontakt zu Gott sehr gut war. So gut, dass er besondere, oftmals menschenunmögliche Kräfte besaß. Aber mehr wusste ich nicht von Jesus.

Aber wie war Jesus als Mensch? Von ihm persönlich ist so gut wie nichts überliefert. Wer war Jesus wirklich? Wie war er als Kind? Wie hatte er gefühlt? Wie hatte er gelebt? Und gerade aus diesem Grund, weil ich vom historischen Menschen Jesus zu wenig wusste, faszinierte er mich von Jahr zu Jahr mehr.

Und eines Tages, viele Jahre später, war aus einem Wunsch Wirklichkeit geworden: Ich wollte Jesus wahrhaft verstehen. Ich wollte seine Zeit verstehen, auch den Glauben, der das Fundament des heutigen so genannten Christentums bildete. Ich wollte das Leben des Menschen Jesus schildern, ich wollte ihn besser kennen lernen, indem ich sein Leben aus meiner Sicht aufzeichnete. Ich wollte meine Angst, ich wollte meine Pein verlieren. Aber ich fürchtete immer, dass dafür ein Wunder geschehen müsse.

Von der Idee des Romans, über Recherche bis zum gedruckten Buch vergingen neun lange Jahre. Und das Wunder geschah: Der Meister Christus wurde mein Kumpel, der Überflieger Jesus wurde mein Freund, der nicht greifbare Held wurde mein Bruder, und Jesus wurde zum normalen Menschen. Seine große Seele zeigt sich jetzt deutlich vor mir.

Möge in aller Bescheidenheit dieser Roman Ihnen den Menschen Jesus näher bringen: Jesus, die am meisten glorifizierte und gehasste, kurzum am meisten missverstandene Person der Menschheitsgeschichte. Einige Zusammenhänge und Gegebenheiten könnten Ihnen unbekannt sein, vielleicht mögen diese für Sie im ersten Moment auch unmöglich erscheinen, oder sogar abwegig. Aber Anfang des zwanzigsten Jahrhunderts gab es schließlich auch noch nicht den Computer, mit dessen Hilfe das Buch hier entstanden ist.

Möge dieser Roman Ihnen den Menschen Jesus näher bringen, falls er nicht schon mit seiner Natürlichkeit Ihr Herz erobert hat. Möge dieses Buch auch in ihrem Herzen das Wunder geschehen lassen, dass verschlossene Türen in ihrem Leben geöffnet werden. Möge Jesus Christus auch ihr Kumpel, ihr Freund und ihr Bruder werden.

Ich wünsche Ihnen viel Freude beim Eintauchen in eine Welt, die Sie so bestimmt noch nicht vorher erlebt haben. Gott zum Gruß und lassen Sie es sich gut gehen.

Ihr

Martin Fieber

In einigen Kapiteln dieses Buches fallen teilweise Worte, die in Ihrem normalen Sprachgebrauch besser nicht gewählt werden sollten. Jedoch war die damalige Zeit gerade in der griechischen Kultur sehr offenherzig und die Menschen drückten sich teilweise vulgär aus. Ich habe die Sprache schon erheblich angepasst, wollte aber einen gewissen authentischen Charakter bewahren.

Die *kursiv* gesetzten Absätze am Ende der einzelnen Kapitel geben die Gedanken wider, die Jesus Christus seinem Tagebuch anvertraut hat.

Prolog

Zwischen Khirbet Qumran und Jericho, irgendwann in naher Zukunft
Es war heiß. Heißer konnte die Hölle auch nicht sein, dachte er fröstelnd trotz der Hitze. Und es stürmte, als ob die Welt genug von den Schändungen der Menschen hatte und untergehen wollte. Auch der Beginn der Apokalypse konnte nicht widerwärtiger sein, murrte er vor sich hin. Wäre er zu Hause geblieben, wo er hingehörte, würde er sich in die Kühle seiner Wohnung verziehen. Aber er war nicht zu Hause, teilte ihm seine Haut mit, die sich den unzähligen kleinen Stichen des wild umher fliegenden Sandes erwehren musste. Er befand sich irgendwo zwischen der Ausgrabungsstätte von Khirbet Qumran und Jericho und blickte matt auf das Tote Meer hinaus. Verschwitzt und müde suchte sein Blick die kühle Frische unter ihm.

Er war allein. Sein Gaumen staubtrocken. Das einzige, was an ihm funktionierte, war das Gedankenkarussell, das er seit geraumer Zeit nicht anhalten konnte. Wie wilde Affen flitzten die unzähligen Gedanken in seinem wirren Geist umher. Was in aller Welt hatte ihn nur dazu getrieben, jetzt, zu dieser Jahreszeit, ins Westjordanland zu reisen, um … ja, das hatte er wahrlich niemandem erzählen können … um nach persönlichen Aufzeichnungen von keinem Geringeren als Jesus zu suchen? Hätte er nur nicht vor einigen Monaten diesen seltsamen Traum geträumt, dann würde er jetzt nicht in dieser Einöde seine Seele aus dem Leib schwitzen. Kein Traum vorher war ihm so deutlich in Erinnerung geblieben. Kein Traum stand ihm jemals so deutlich vor seinem inneren Auge. Diese Bildersequenz hatte digitalen Charakter und jedes Pixel erstrahlte in einer Farbe, wie er sie noch nie gesehen hatte. Es war ein farbiger Traum. Sonst, wenn überhaupt, sah er seltsame und unsinnige Sequenzen in schwarzweiß. Aber dieser Traum war wunderschön. Dieser Traum erleuchtete …

Quatsch. Er verfluchte diesen Traum, denn er hatte sein bisheriges Gedankengebilde, das er sich über das Leben gefertigt hatte, umgestoßen. Sogar in seinen Gedanken war es ihm immer noch peinlich, über diesen Traum nachzudenken, denn es war ihm im Traum eine Gestalt erschienen, die sich Jesus nannte. Diese Gestalt hatte ihm Zahlen gegeben und ihn aufgefordert, nach persönlichen Schriften von ihm zu suchen.

Der Sturm wurde sogar stärker, als ob ihn die Geister des Windes auslachten. In den ersten Wochen nach dieser ominösen Nacht hielt er den Traum noch für so abwegig, dass er sich nicht einmal die Mühe gemacht hatte, die Zahlen, die sich letztlich als Koordinaten herausstellten, nachzuprüfen. Aber die Daten klebten wie ein Kaugummi in seinem Kopf. Je mehr er sie vergessen wollte, desto mehr hafteten sie in seinem Geist. Je mehr er versuchte, diesen Jesus zu vergessen, desto mehr brannten sich die blauen Augen dieser Traumgestalt in seine Erinnerung ein.

Niemals wollte er sich um so einen Unsinn kümmern. Gerade auch, weil dieser Unsinn ihn in Form eines Traumes ereilt hatte. ‚Träume sind Schäume', hatte schließlich schon sein Vater gesagt. Und außerdem – hätte diese Traumgestalt nicht wissen müssen, dass er, Michael, für Gott und dessen Sohn wenig übrig hatte. Dies war sogar noch untertrieben. Michael glaubte weder an Gott noch an Jesus Christus. Auch nicht an die Kirche oder, wie es neuerdings so modern war, auch nicht an einen dickbauchigen Buddha, der immer mehr Gärten in seiner Nachbarschaft schmückte. Er glaubte weder an ewige Höllenqualen oder Engelsingsang, noch an die Möglichkeit einer Wiedergeburt auf Erden, obwohl es für ihn nicht logischer war, nur einmal geboren zu werden als mehrere Male. Er hatte sich bisher einfach auch viel zu wenig mit dem Glauben beschäftigt. Er glaubte weder an ein universelles, schöpfendes Bewusstsein, noch an einen bärtigen Vater im Himmel. Und er glaubte auch nicht an Jesus Christus. Immer noch nicht, auch wenn seine Nase gerade eine kurze salzige Brise des nahen Toten Meeres erfasste.

Aber genau das überzeugte Michael letztlich, sich um diesen Traum und diese Zahlen ein wenig intensiver kümmern zu sollen. Wäre ihm im Traum ein James Bond erschienen, der ihm mit einer Blondine auf dem Beifahrersitz eines futuristischen Schlittens diese Koordinaten per Chip übergeben hätte, dann hätte er den Traum schnell vergessen. Aber es war ja nicht James Bond erschienen, sondern ein Messias.

Und tatsächlich, nach endlosen Stunden kritischer Diskussionen mit sich selbst, hatte er tatsächlich herausgefunden, dass diese Zahlen keine Jahresangaben waren, sondern Koordinaten. Diese Daten sollten ihm einen ganz bestimmten Ort mitteilen. Und dieser Ort lag irgendwo im Westjordanland, nördlich von der heutigen Ausgrabungsstätte Khirbet Qumran. Wie sollte er, ein glücklich verlobter achtundzwanzigjähriger Industriekaufmann, der von Archäologie überhaupt keine Ahnung hatte, in der Wüste nach verborgenen Schriftrollen suchen? Meinte dieser Jesus im Traum wirklich, dass er, Michael Jansen aus Deutschland, irgendetwas finden könnte, was Legionen von Archäologen vor ihm übersehen hatten?

Es mussten nur noch wenige Meter sein, bis er sein Ziel erreicht hatte. Noch ein kurzer prüfender Blick auf sein GPS, und es war soweit. Das satellitengestützte Navigationssystem zeigte ihm an, dass er angekommen war. Michael blieb stehen und sah sich um. Außer rotbraunem Felsen und Geröll war nichts zu sehen. Hinter ihm ragte die Hügelkette des Judäischen Berglandes empor und schräg vor ihm hatte er einen Blick über das Tote Meer, den tiefsten Ort der Erdoberfläche. Ein in seinen Augen wirklich unwirtlicher Ort. Er mochte keine Wüste, er mochte kein karges Land. Und er mochte keinen Sturm, der ihm andauernd Sand in die Augen wehte.

Keine Seele weit und breit. Keine Erhebung im Umkreis von fünfzig Metern. Nur ein großer Felsen direkt vor ihm. Und auf den ersten Blick machte der Felsen keinen Eindruck, dass er ihm ein Geheimnis vorenthalten könnte. Aber die Daten auf seinem GPS ließen keinen Zweifel aufkommen. Dieser Fels war der Ort, den er gesucht hatte. Michael umrundete ihn vorsichtig, jedoch schien er nicht dafür geeignet zu sein, zu gewöhnlich, dass er als Versteck von eventuell wichtigen Schriften dienen könnte. Um ihn herum lag vielfach Geröll, aber es gab kein deutliches Anzeichen eines Eingangs.

Auf einmal, als ob eine alte Erinnerung ihn ergriffen hätte, fing er an, mit seinen nur die Computertasten gewöhnten Händen erst kleinere, dann größere Geröllstücke aus dem Weg zu räumen. Und siehe da, er erblickte eine Maserung im Gestein, die ihn ermutigte, weiterhin Geröll aus dem Weg zu räumen.

Erst ganz sachte, dann immer schneller. Geduld war wirklich nicht seine Stärke. Aber schließlich kam sie, die Gewissheit, dass er fündig werden würde. Es tauchte ein schmaler waagrechter Spalt über dem Boden auf, der ihn gerade so aufnehmen könnte. Jetzt musste er in dieser Hitze auch noch körperlich ackern. Schon allein der Gedanke an die Arbeit ließ Schweißperlen auf seiner Stirn erscheinen.

Er betrachtete nochmals in aller Ruhe den Felsen. Direkt über diesem möglichen Eingang waren viele Löcher zu sehen, die Vögel über eine lange Zeit hinterlassen haben konnten. Es lag immer noch viel Geröll auf dem Boden, und man konnte erkennen, dass der Spalt unter dem Felsen einmal sehr viel kleiner gewesen sein musste. Kein Erwachsener hätte hier hineinkriechen können.

Michael zögerte. Sollte er wirklich weitersuchen? Wie sollte dieser Jesus hier jemals vorbeigekommen sein? So weit weg von irgendeinem Weg? „Du und ich, wir sind jetzt hier", ermahnte Michael den Faulpelz in sich. „Du hättest jetzt lieber deinen Frieden, und ich würde jetzt lieber mit

Susanne in einer Eisdiele sitzen und ein Spaghetti-Eis genießen. Nur leider hast du im Moment nicht deinen Frieden und ich sitze auch nicht neben meiner Freundin. Also reiß dich zusammen. Wir sind jetzt hier und ich grabe weiter." Er schüttelte nur den Kopf, nachdem er bemerkt hatte, dass er jetzt schon Selbstgespräche führte. Kein Wunder, bei der Hitze.

Michael packte seine Schaufel aus, fixierte seine kleine Lampe vor der Stirn und fing an, den Eingang zu vergrößern. Er legte sich auf den Rücken und kroch unter den Felsen. Dann klopfte er mit seiner kleinen Schaufel an die Decke des Felsbrockens. Tack, tack, tack. Nichts Auffälliges. Weiter rechts. Tack, tack, tack. Auch nichts. Weiter hinten. Tack, tack, tack. Vielleicht musste er den Boden prüfen. Es dauerte eine Weile, bis er sich in diesem engen Spalt umgedreht hatte. Tock, tock, tock. Nichts. Tock, tock, tock. Auch nichts. Vielleicht weiter hinten. Tock, tock, tong. Was war das? Hatte es sich wirklich so angehört, dass unter ihm eine Höhle war? Es klang hohl und irgendwie hölzern. War diese Höhle nur mit Brettern verriegelt? Er wühlte mit seiner Schaufel im Boden herum und wollte sich gerade etwas abstützen, als der Boden nachgab. Fast wäre er in die kleine Höhle gefallen, die sich nun unter ihm auftat. Steine rieselten in die Tiefe. Klong, klong, klong, pling. Was war das schon wieder? Irgendetwas in ungefähr einem Meter Tiefe hörte sich anders an als Gestein. Es hörte sich, er konnte es nicht glauben, irgendwie … metallisch an.

Nun hatte ihn die Abenteuerlust gepackt. Michael ließ sich in die kleine Höhle hinab und schaufelte dort erst einmal Geröll zur Seite, bis er wirklich unter einem großen Haufen von Sand Metall erspähte. Eine Art Aluminiumkoffer lag vor seinen Augen, der jedoch noch größer war, als das Loch, durch das er in die Höhle gelangt war. Ein verzweifeltes Grunzen kam über seine Lippen.

Es blieb ihm nichts anderes übrig, als die Öffnung des Eingangs zu vergrößern. Das könnte dauern. Zum Glück war es unter dem großen Stein etwas kühler. Nach knapp einer Stunde harter Arbeit hatte er den Koffer an das Tageslicht geholt. Er war verschlossen und zeigte ihm auch keine Möglichkeit, ihn zu öffnen, aber darum wollte er sich erst später kümmern.

„Erst einmal weg von hier", sprach er vor sich hin.

„Endlich hast du sie wiedergefunden", hörte er eine Stimme, die von irgendwoher kam.

Michael blickte sich um. Niemand. Kein menschliches Wesen weit und breit.

„Was soll das heißen, ich habe sie wiedergefunden?", fragte er in den Sturm hinein, der immer noch sein Unwesen trieb. Er schüttelte den Kopf, weil er bemerkte, dass er wieder mit sich selbst sprach.

„Du hast sie wiedergefunden." Die Stimme meldete sich ein zweites Mal. Es schien, dass die Stimme irgendwie aus seinem Inneren kam.

Musste er jetzt damit rechnen, dass er wirklich verrückt wurde? Na egal, verrückter als in einem Traum durch Jesus hierher geschickt zu werden, war auch nicht mehr möglich.

Michael packte seine Utensilien wieder ein und betrachtete den Koffer. Gut, dass es ein trotz allem unauffälliger Koffer war, so konnte er ihn wenigstens gut tragen und er würde auch kein großes Aufsehen erregen, wenn er das bevölkerte Jericho erreichte. Der Koffer war leichter, als er aussah. Nach einer kleinen Pause im Schatten des Felsens und einem kräftigen Schluck Wasser machte sich Michael auf den Weg zurück. Es war ein langer Weg – und mit dem Koffer sehr anstrengend. Spät am Abend kam er schließlich wieder in seinem heruntergekommenen, aber gemütlichen Hotel in Neu-Jericho an.

In seinem Hotelzimmer warf er den Rucksack und den Koffer auf das Bett und nahm erst einmal eine ausgiebige Dusche. Danach setzte er sich in aller Ruhe vor den Koffer. Aber wie sollte er den Koffer öffnen? Er war wirklich leicht, viel leichter als Aluminium und sah sehr viel stabiler aus. Es war kein Schloss zu sehen, nicht einmal eine Kante, wo er mit einem Schraubenzieher oder ähnlichem hätte die Hebelkraft ausprobieren können. Nur der Griff war sichtbar. Er drückte den Koffer an allen möglichen Stellen, rüttelte und schüttelte ihn. Doch nichts geschah. Wie sollte er ihn nur öffnen? Frustriert und niedergeschlagen ließ er seinen Kopf auf die Oberfläche des Koffers fallen. Erstaunt hob er den Kopf wieder hoch, denn es ertönte ein elektronisches Piepsen und der Koffer öffnete sich wie von Zauberhand und so geräuschlos wie sein CD-Player im Büro.

Michael erbleichte. Mehrere unversehrte Papyrusrollen, ein Gewand, ein Holzkreuz – es roch nach Olivenholz –, ein Paar Lederlatschen und ein Becher, der wahrscheinlich als Trinkgefäß für Wein gedient hatte. Ganz unten lagen drei Pergamentrollen. Michael schüttelte ungläubig den Kopf. Was hatte er hier wiedergefunden? Den heiligen Gral? Papyrusrollen? Was war an diesen Rollen so wichtig und interessant, dass ihn dieser Traum heimgesucht hatte?

Ganz vorsichtig nahm Michael die ganzen Gegenstände aus dem Koffer und legte sie neben sich auf das Bett.

Die Papyrusrollen waren nummeriert. Eine ganz große war dabei, und mehrere kleinere. Wirklich erstaunlich. Und sie fühlten sich irgendwie imprägniert an, so als ob sie haltbarer gemacht worden wären. Er ordnete die Papyrusrollen und öffnete ihre Bänder, die sie zusammenhielten. Es war erstaunlich. Sie waren wirklich alt. Gefälscht konnten sie nach seinem Gefühl nicht sein. Die Schrift kam ihm irgendwie vertraut vor. Jetzt erst erkannte er, dass sie in griechischer Sprache verfasst waren. Griechisch, kein Aramäisch oder Hebräisch, das er zwar hätte erkennen, aber nicht lesen können. Er vergewisserte sich: Alle Schriftrollen waren in der griechischen Sprache geschrieben, auch die schönen Pergamentrollen. Jedoch unterschied sich die Schrift auf den Pergamentrollen von den anderen nummerierten Rollen erheblich. Auch die Pergamentrollen schienen imprägniert zu sein. Erstaunlich, dachte er.

Als er die letzte Pergamentrolle in Händen hielt und auf das Bett legen wollte, sah er auf dem Boden des Koffers eine schmale Dose liegen. Eine Dose, die wie der Koffer aus einem ganz dünnen Metall bestand. Er öffnete sie und bemerkte, dass er das Metall wie ein Stück Papier zerknüllen konnte, jedoch rollte sich das Metall wieder zu seiner ursprünglichen Form zurück auf. Faszinierend, dachte Michael. Aber das, was ihn sprachlos werden ließ, waren die DVDs, die in der Dose lagen. Genau drei Stück. Wie um Gottes Willen kamen die DVDs in den Koffer und wie kam der Koffer in die Höhle unter dem Felsen?

Mit den Schriftrollen konnte er in diesem Moment nichts anfangen. Aber zum Glück hatte Michael seinen Laptop mitgenommen. Eigentlich hatte er auf den Flügen seine Arbeit erledigen wollen. Zum Missfallen von Susanne, die ihm immer vorhielt, dass er zuviel arbeitete. Die Firma könne auch mal ohne ihn auskommen, sagte sie immer. Fast hätte er sich darauf eingelassen, seinen Laptop zu Hause zu lassen, aber irgendein inneres Gefühl hatte ihm gesagt, ihn doch mitzunehmen. Jetzt wusste er warum.

Michael war aufgeregt. Er konnte es sich selbst nicht erklären. So wie es aussah, müssten die DVDs passen. Er machte ungestüm seinen Laptop an, wartete ungeduldig, bis er hochgefahren war und legte dann die erste DVD in das Laufwerk. Die Technik schien aus der Zukunft zu kommen, aber die DVD lief. Sie gab ihm mehrere Optionen. Seine Zweifel zur Seite schiebend, startete er sie beim ersten Menüpunkt, der Einleitung. Er drückte die Starttaste.

Auf seinem Bildschirm erschien ein wunderschöner Mann. Mit seinen weichen und prägnanten Gesichtszügen hätte er aber auch als Frau durchgehen können. Seine Haare waren schulterlang, schwarz, mit silbernen Strähnen, die ihn jedoch nicht alt erscheinen ließen, sondern ihm eine erhabene und würdevolle Ausstrahlung verliehen. Seine Augen waren goldfarben und strahlten eine harmonische Wärme aus. Er hatte ein königsblaues Gewand an, das seinen Hals bis zu seinen Füßen verhüllte und nur seine goldenen Schuhe und seine Hände hervortreten ließ. Auf seiner Brust prangte ein Amulett, das einen achteckigen Stern zeigte, der in einer großen Spirale eingebettet war. Die Haut des Mannes hatte einen bronzefarbenen Teint. Der Mann lächelte, und es schien, als ob sein ganzer Körper lachte. Dass dieser sich in einem großen futuristischen Raum befand, wo viele Bildschirme und etliche kleine Leuchten sich befanden – der Raum erinnerte ihn im Ansatz an Raumschiff Enterprise –, war hierbei nebensächlich, denn dieser Mann überstrahlte alles. Eine fröhliche Energie erfasste Michael, als er diesen Mann so dastehen sah. Die Einstellung zoomte den Mann näher heran, bis nur noch sein Gesicht zu sehen war. Keine Falte, kein Leberfleck, kein Barthärchen waren zu sehen, nur reine bronzene leuchtende Haut.

„Mein Name ist Tai Shiin", fing der Mann in deutscher Sprache an zu reden. Seine Stimme war so weich und eindringlich zugleich, dass Michaels ganzer Körper vibrierte. „Ich bin ein Santiner. Wir Santiner sind im Sonnensystem Alpha Centauri beheimatet und kümmern uns schon seit über 4.000 Jahren um das Wohlergehen eurer Erde und ihrer Bewohner. Also auch um dein Wohlergehen. Entschuldige meine Anrede, aber eine andere Form außer der persönlichen Seelenkommunikation kennen wir Santiner nicht."
Der Mann braucht sich nicht zu entschuldigen, dachte Michael verblüfft. Zu sehr war er erstaunt, als dass er einen normalen Gedanken hätte fassen können. Dieser Tai Shiin stand in einem großen runden Raum, der in der Mitte einen erhöhten Sitz zeigte mit Bildschirmen und einigen holographischen Elementen. Diesen Raum begrenzten ausschließlich Fenster, von denen einige abgedunkelt waren.
„Bevor du aber jetzt gleich meine Worte als unwahr abtust, muss ich dir mitteilen, dass die folgende Darstellung von Ereignissen, diese Geschichte aller Geschichten, keine Science-Fiction-Story ist, wie ihr sagt. Denn Fantasiegeschichten und Märchen gibt es auf eurer Erde schon genug. Leider fehlt euch das wahre Wissen um die Naturgesetze. Euch Menschen fehlt das Wissen um die wahre Magie des Weltalls. Euch fehlt das Wissen

um andere Sternenvölker, die das unendliche Universum und Antiuniversum bewohnen. Glaubt ihr wirklich solche Kindergartenmärchen, dass beispielsweise der Stern von Bethlehem ein Komet war, der tage- und nächtelang immer am Himmel stand und sich mal nach Osten und mal nach Westen bewegte? Meint ihr wirklich, dass der Prophet Jona drei Tage und drei Nächte im Bauch eines Wales verbracht hatte? Nicht einmal das kleinste Kind in eurer Welt glaubt dies heutzutage, bis es von euren theologischen Institutionen mit Lügen und falschen Überlieferungen verseucht wird. Es ist nicht meine Absicht, dich mit meinen Worten zu verunsichern, aber sie sollen dich aufrütteln und deine versteckten Gedanken und Gefühle zum Vorschein bringen, damit in dir Platz für das geschaffen werden kann, was du gleich sehen wirst. Ich möchte mit meinen Worten Licht in deine Gedanken bringen, damit du mit ein bisschen Logik viele Rätsel der Menschheitsgeschichte selbst erklären und entschlüsseln kannst. Schließlich hast du diese Rollen wiedergefunden." Tai Shiin machte eine Pause.

Michael hielt verwirrt inne. Er hielt die DVD an, denn er brauchte erst einmal Ruhe in seinem Kopf. Auch dieser Tai Shiin sprach davon, dass Michael die Rollen wiedergefunden hatte. Wäre doch nur Susanne hier, sie könnte ihm bestimmt mit der ihr eigenen Weitsicht dies alles erklären. Und außerdem war ihr die spirituelle Welt näher als ihm.

Michael musste lächeln. Er war es immer gewesen, der sie mit ihren esoterischen Büchern und dem ganzen Spirikram, wie er es nannte, auf den Arm genommen hatte. Er war es, der alles, mit dem sie sich beschäftigte, ins Lächerliche gezogen hatte. Und nun musste er es sich eingestehen, dass er ihre Hilfe brauchte? Ja, es sah ganz so aus, denn das, was ihn hier erwartete und was er vor wenigen Stunden beim Felsen erlebt hatte, fiel ganz eindeutig in ihr Metier. Aber Susanne war nun mal nicht hier, also musste er diese ganze Sache allein über die Bühne bringen. Er stellte die DVD wieder an.

„Nun wirst du wahre Begebenheiten in bewegten Bildern sehen, die Originalaufnahmen aus der damaligen Zeit zeigen. Und diese Geschichte dreht sich um Jesus und um Josua, einen Freund von ihm. Beide kanntest du sehr gut." Tai Shiin lachte und Michael stockte der Atem. „Ja, ich weiß, dass es sich für dich unglaublich anhören muss, aber wir sind euch mit unserer Technik um 10.000 Jahre voraus. Die bewegten Bilder dieses Filmes haben wir mit unseren zu Tausenden in den Raumstationen angebrachten Kameras aufgezeichnet. Mit unserer Technik können wir deine Tageszeitung lesen, obwohl wir uns viele Kilometer über dir befinden. Die unterschiedlichsten Bilder wurden von unseren Fachleuten zusammengeschnitten und auf ein für uns rückständiges, dir aber bekanntes Speichermedium übertragen und vervielfältigt.

Geschehnisse, die sich im für dich unsichtbaren geistigen Reich abspielten, konnten wir auch mit einer telepathischen Gedankenlesemaschine aufzeichnen und mit unserer Technik in die echten Bilder umsetzen – so wie sich damals alles abgespielt hatte. Am Ende der Geschichte wirst du wissen, was ich mit diesen Worten meine. Schließlich musste die gesamte Wahrheit dieser Freundschaft erzählt werden. Der Kreis musste auch hier geschlossen werden." Tai Shiin deutete eine Verbeugung an, ließ aber immer mehr einen verdutzten Michael zurück.

Jetzt sprach dieser auch noch von einem geistigen Reich. Meinte er wirklich dieses unbekannte Reich, den Himmel, die Wohnstadt der Engel?

„Josua, der Freund von Jesus, konnte seine Aufzeichnungen, die er bis kurz vor seinem Tod auf Papyrus niedergeschrieben hatte, mitsamt den Schriftrollen und den Besitztümern von Jesus noch in dem von uns sicher gehüteten Versteck unterbringen, das du mittlerweile kennengelernt hast. Danach haben wir Santiner diese Schriften dematerialisiert und in der Metallbox – ein stabiler und ewig haltbarer Koffer aus einem fast schwerelosem Metall, das es bei euch auf der Erde nicht gibt – unter dem Felsen wieder rematerialisiert und mit einer für euch noch unbekannten Essenz haltbar gemacht. Diese Speicherscheiben, von denen du gerade die erste schaust, haben wir beigelegt. Normalerweise ist es uns nicht erlaubt, in das Schicksalsrad der Menschen einzugreifen, aber in diesem Falle durften wir eine Ausnahme machen, da die Lehren von Jesus zu wichtig sind, als dass sie ein zweites Mal in Vergessenheit geraten könnten. So kann Josuas Lebensgeschichte und vor allem die von Jesus weiterleben und eine wunderbare Geschichte der Freundschaft erzählen." Tai Shiin hielt kurz inne, als ob er das, was er jetzt sagen wollte, noch einmal kurz überdachte.

„Meinen Namen Tai Shiin kennst du schon. Dass du in Deutschland, dem früheren Germanien, leben wirst, sehe ich schon jetzt auf meinem Monitor vermerkt. Es scheint nahezu fest in deinem Schicksal verankert zu sein. Sei aber nicht geschockt. Es ist wie es ist und wie es sein soll. Michael, ich grüße dich von Seele zu Seele."

Michael erschrak. Woher wusste dieser Tai Shiin seinen Namen? Tai Shiin hatte sogar eingeplant, dass er so reagieren würde, denn ohne, dass er die

DVD angehalten hatte, sprach Tai Shiin erst nach etlichen Momenten weiter, nachdem sich das größte Chaos in seinem Innern wieder gesetzt hatte. Tai Shiin hatte seine Welt wie eine Schneekugel geschüttelt und jetzt erst setzte sich der Schnee wieder am Boden ab, sodass er wieder eine etwas klarere Sicht hatte.

„Eine meiner damaligen Aufgaben bestand darin, diese Aufzeichnungen von Josua haltbar zu machen und den Eingang des Verstecks abzusichern, um ganz sicher zu gehen, dass diese Schriften erst sehr viel später gefunden werden konnten. Genau jetzt. Und, wie du ja jetzt weißt, genau du solltest sie finden, Michael. Dafür haben wir Santiner gesorgt." Tai Shiin lächelte, als wisse er genau, wie verstört Michael gerade auf dem Bett saß und das immerwährende sanfte Kopfschütteln nicht stoppen konnte.

„Josua hatte damals Amphoren unter dem Felsen in Sicherheit gebracht. Die Amphoren hatten nach einiger Zeit ihren Zweck erfüllt. Keine tausend Jahre hätten sie sich in dieser Umgebung gehalten. Deshalb dieser Metallkoffer. Uns Santiner war schon damals bewusst, dass diese Box nicht vor dem Jahre 2.000 eurer Zeitrechnung gefunden werden durfte, denn die Ethik der Menschheit ließ bis heute sehr zu wünschen übrig, aber die Zeit drängt nun. Erst jetzt, in dem Moment, wo du diese Zeilen liest, ist die Chance erheblich gewachsen, dass der Inhalt der Schriften bei den Erdenmenschen auf fruchtbaren Boden fallen kann. Deshalb bitten wir dich inständig darum, diesen Film und auch diese Zeilen zu veröffentlichen." Tai Shiins Gesichtsausdruck wurde trauriger, aber immer noch war keine Falte, kein Stirnrunzeln, nichts Disharmonisches auf seinem Gesicht zu entdecken.

„Das elektronische Zeitalter erleichtert die Verbreitung dieser wahren Aufzeichnungen erheblich. Schließlich dürfen diese Rollen nicht – wie so viele unzählige vor ihnen – in irgendeiner geheimen Katakombe des Vatikans oder einem Tresor der CIA verschwinden. Wenn ihr Menschen wüsstet, was für Wahrheiten euch vorenthalten werden."

Wie Recht dieser Tai Shiin nur hatte! Michael stöhnte auf und grummelte für einen Moment in sich hinein. Michael dämmerte erst jetzt, dass er hier hochexplosives Material in Händen hatte.

„Michael, du brauchst keine Angst zu haben", sprach Tai Shiin weiter. „Alles wird seinen Weg gehen und dir wird nichts passieren, dafür werden wir Santiner sorgen. Aber bevor wir zur Geschichte aller Geschichten kommen, unternehmen wir eine kleine Reise durch unser aller Universum zum Anfang der Ewigkeit, denn es ist wichtig, dass du die globalen

Zusammenhänge verstehst, um die Wahrheit in dem Film, der darauf folgt, begreifen zu können."

Die nächsten Momente fand sich Michael in einer grandiosen Sternenlandschaft wieder. Er liebte die BBC-Produktionenen im Fernsehen, in denen Reisen durch den Weltraum unternommen wurden und die Entstehung und Auslöschung von Galaxien und Sternen gezeigt wurden. Aber die Bilder, die er hier sah, waren nicht damit zu vergleichen. *(Falls Sie die umfassenden Ausführungen von Tai Shiin kennen lernen möchten, dürfen Sie dies auf Seite 675 nachlesen.)* Er fühlte sich an den Anfang aller Zeiten versetzt, als ob er persönlich erfahren hätte, wie sich Gott selbst erschaffen hatte. Er sah, wie geistige Welten entstanden, wie lichtvollste Geistwesen später auch die ersten materiellen Welten entstehen ließen. Er konnte in die Atome schauen und erkannte, dass die Atome im Kleinen wie die Galaxien im Großen aufgebaut waren. Er sah den Geisterfall, also den Moment, in dem neben dem Licht auch eine Welt zu existieren begann, deren Licht verdunkelt wurde, und er erkannte den Erstlingsgeist Jesus Christus.

„Das sollte dir erklären, wie groß die Seele von Jesus Christus ist und wie wichtig sein Leben auf der Erde war, das du gleich sehen wirst", hörte er die Stimme von Tai Shiin, während seine Reise durch den Kosmos langsam beendet wurde und bevor Tai Shiin wieder auf dem Bildschirm auftauchte.

„Ich weiß, dass sich für dich alles sehr unglaublich anhören muss. Der gesamte Inhalt der Box, die du gefunden hast, zeigen die Geschichte einer Freundschaft zwischen Jesus Christus und einer in der Entwicklung jüngeren Seele. Sie hat sich genauso abgespielt, wie es die folgenden Aufzeichnungen zeigen werden. Schließlich sind es Originalaufnahmen, die keinen Zweifel zulassen. Diese Freundschaft hat sich bis heute erhalten und wird mit jeder Sekunde stärker. Die Erzählung soll dir zeigen, dass auch Jesus, der Christus, ein Erstlingsgeist, ein ganz normaler Mensch sein konnte, nein, sein musste. Josua, der Freund von Jesus, zeigt den damals schwierigen Weg eines normal Sterblichen und belegt, dass es möglich war und immer möglich sein wird, eine Freundschaft mit der Seele Jesus Christus aufzubauen und zu pflegen.

Inmitten der Geschichte werde ich ab und zu in Erscheinung treten, um die Aufgabe unseres Sternenvolkes zu schildern. Dies hat den Zweck, die heilige Mission des ‚großen heiligen Geschlechts', wie wir Santiner von euch Menschen vor Tausenden von Jahren genannt wurden, zu schildern. Wir führen unter vielen Entbehrungen fern unserer Heimat schon in früher

Erdgeschichte unseren göttlichen Dienst bis zum heutigen Tag aus." Tai Shiin hielt kurz inne. „Oder glaubst du wirklich, dass der Prophet Jona wirklich von einem Wal verschluckt wurde?"

Michael schüttelte den Kopf. „Willst du wissen, was damals passiert war?"

„Ja", hauchte Michael. Dann bemerkte er verdutzt, dass er immer noch zu sich selbst sprach, Tai Shiin seine Antwort aber schon vorausgesehen hatte.

„Jona hatte damals von uns Santinern einen Auftrag erhalten, dem er sich aber widersetzte. Er floh in einem Boot über das Meer. Jedoch kam er in die Antigravitationszone unseres Raumschiffes. Es brach selbstverständlich ein wütender Sturm los. Letzten Endes wurde Jona von der Besatzung des Bootes über Bord geworfen. Wir Santiner machten einen Rettungsversuch, indem wir die Antigravitationskraft des Raumschiffes abschalteten und wasserten. Der Form und der Größe entsprechend wurde es von den Seeleuten für einen riesigen Wal gehalten. Jona wurde von uns in das Raumschiff aufgenommen und drei Tage und Nächte lang gesund gepflegt. Ganz einfach. Eine logische Erklärung."

Aber Tai Shiin war noch nicht am Ende seiner Ausführungen angekommen.

„In der Zeit, in der du lebst, ist unsere Arbeit noch intensiver ausgeprägt als früher, da die Gegebenheiten auf eurem Planeten unsere Anwesenheit in der Erdatmosphäre unter allen Umständen voraussetzen. Ich erwähne hier nochmals, dass dies keine Science-Fiction-Story ist, sondern es sind wahre, unverfälschte Aufzeichnungen. Es sind alles Originalaufnahmen von uns Santinern. Die Papyrusrollen enthalten nähere Informationen zu dem Film, den du gleich schauen wirst. Aber am wichtigsten sind die Rollen aus Pergament. Am Ende des Filmes wirst du wissen, was genau zu tun ist. Ich hoffe, dass die folgenden bewegten Bilder dir ein umfassenderes Bild von der großen Seele Jesus geben, als du in deiner Vergangenheit von kirchlicher und schulischer Seite empfangen hast. Ich bin Tai Shiin, der Raumschiffkommandant der erdnahen Raumstation Share." Danach wechselte die DVD zum Menüpunkt ‚Geschichte abspielen'.

Michael atmete tief durch. Er war schockiert und sprachlos. Nicht, dass es hier um Jesus Christus ging, die Person, der er bisher in seinem Leben erfolgreich ausgewichen war. Nein, jetzt tauchte auch noch eine Art Mr. Spock auf und erklärte ihm Gott und die Erschaffung der Welt. Der Gedanke in „2001 – Odyssee im Weltraum", einem seiner Lieblingsfilme, in dem eine außerirdische Menschheit in das Geschehen auf der Erde eingriff, hatte ihn schon immer fasziniert. Aber das war doch Fantasie, es war nur ein Film, wenn auch ein grandioser Film.

Gut, er musste zugeben, dass das, was er von Tai Shiin bis jetzt gehört und gesehen hatte, gigantisch war und logisch klang, aber er fühlte sich einfach zwischen Zahlen, Daten und Fakten und gewöhnlichen Geschäftsbriefen wohler als im Bereich der Erschaffung der Welt.

Zu allererst musste etwas zu essen her. Er war hungrig. Sollte er jetzt erst einmal schlafen und sich morgen in aller Frühe ausgeruht an den Film wagen? Die Ungeduld und sein Interesse gewannen. Nein. Er wollte die Nacht durchschauen. Also machte er sich auf den Weg zum nächsten Lebensmittelladen, den er zum Glück direkt neben seinem Hotel fand. Er besorgte alles Wichtige, unter anderem Lakritzpastillen für zwischendurch. Aber bevor er wieder sein Zimmer aufsuchte, trank er noch einen starken Kaffee in einer Bar und genoss das Treiben, das um ihn herum stattfand. Er sah sich um. Kein Geheimdienst weit und breit. Niemand nahm von ihm Notiz. Die Menschen waren mit ihren täglichen Problemen und Freuden beschäftigt.

Schließlich kehrte er wieder in sein Hotelzimmer zurück und starrte noch eine knappe halbe Stunde auf die hellbraun und grün gestreifte Tapete seines Zimmers. Seine Gedanken hüpften immer noch hin und her wie wilde Affen, sie wollten sich einfach nicht beruhigen. Deshalb nahm er auf dem Bett seines recht dunklen Hotelzimmers Platz und stellte den Laptop auf seinen Schoß. Auch die muffigen vergilbten Gardinen machten sein Zimmer nicht unbedingt zu einem Prachtexemplar seiner Gattung, aber er hatte im Moment ganz andere Probleme und vor allem etwas viel Interessanteres vor.

Schließlich, nach endlosen Momenten, in denen er mit seiner rechten Hand auf dem Tisch herum klopfte oder mit seinem linken Bein wippte, nahm er sich ein Herz und startete den Film. Trotz wildem Gehupe und des restlichen ohrenbetäubenden Straßenlärms, der trotz geschlossener Fenster in sein Zimmer drang, konzentrierte er sich auf den Film.

Ein Mann, ungefähr in seinem Alter, erschien auf dem Bildschirm. Er hatte blonde Haare und blaue Augen, seine Haut war heller als die von Tai Shiin, und er trug ein violettes Gewand mit goldenen Verzierungen, die ihm orientalisch vorkamen. Auch dieser Mann sah zeitlos aus, und fast geschlechtslos. Der Mann, oder besser, das Wesen, stand auf einer paradiesischen Blumenwiese.

„Mein Name ist Josua, ich befinde mich gerade im geistigen Reich. Schließlich habe ich zu der Zeit von Jesus gelebt und bin schon vor dem Ableben meines guten Freundes Jesus gestorben, so wie du dich noch ausdrückst." Eine neue Schockwelle überkam Michael. Eben musste er sich an den Gedanken gewöhnen, dass ein Außerirdischer zu ihm sprach, jetzt war es einer, der im Übrigen schon tot war. Aber wie ein Zombie sah dieser Josua wirklich nicht aus. Irgendetwas verstand Michael in diesem Moment überhaupt nicht.

„Ich bin geboren in Nazareth, in dem kleinen Dorf, das eine Zeit als Heimat von Jesus galt, des Jesus, der in vielen hundert Jahren, wenn du mich in diesem Film sehen und diese Rollen lesen wirst, bekannter sein wird als er es schon in der Zeit war, in der ich gelebt habe. Also knapp dreißig Jahre nach der Geburt von Jesus, unserem Erlöser. Ich war ein guter Freund von ihm, auch wenn sich unsere Wege eine lange Zeit getrennt hatten. Ich habe damals mein Leben niedergeschrieben und möchte dir hier mein Leben und das von Jesus näher bringen, den Jesus, so wie ich ihn erlebt habe, so wie er wirklich war. Die Santiner haben mir nach meinem irdischen Tod berichtet, dass sie das Leben von Jesus und von mir mittels bewegter Bilder aufgezeichnet hatten und sie möchten nun der gesamten Menschheit über eine ganz bestimmte Person diese Geschichte zugänglich machen. Was noch fehlte und was ich jetzt hier nachhole, ist eine Einleitung zu diesen wahren Erlebnissen." Josua hielt kurz inne. „Was du aber noch wissen solltest…" Josua lachte vergnügt und wissend.

„Was soll ich noch wissen?" Michael sprach immer noch mit sich selbst.

„Du solltest noch wissen, wenn der göttliche Plan gelingt, dann bist du die Person, Michael, die die Santiner ausgesucht hatten. Das weißt du aber mittlerweile schon. Aber was du bisher noch nicht weißt: Du bist ich, und ich werde du sein."

Michael drückte die Pause-Taste und blickte vom Laptop auf. Er ließ seinen Blick durch das Fenster über die Dächer von Jericho schweifen. Was bedeutete dies nun schon wieder? Warum bin ich Josua? Und warum sollte Josua ich sein? Was meinte er damit? Was sollte das alles? Michael war aufgewühlt. Seine Seele war in Aufruhr. Trotz großer Unruhe nahm er einen großen Schluck Tee und schaute den Film weiter.

„In dich setze ich meine ganze Hoffnung, denn die wahren Begebenheiten um Jesus sind zu wichtig, als dass sie für immer verloren gehen dürfen. Schon zu meinen Lebzeiten habe ich erfahren, wie leicht Überlieferungen verfälscht wurden und wie leichtsinnig viele Menschen mit der Wahrheit umgingen. Ich war zu meinen Lebzeiten ein Schreiberling und habe mich fast von morgens bis abends damit beschäftigt. Vor dir müssten vier Papyrusrollen liegen, eine größere und drei kleinere, sowie drei Pergamentrollen. Die Papyrusrollen zeigen mein Leben, die Pergamentrollen die ewigen Lehren von Jesus. Seine Rollen sind erheblich wichtiger als meine Aufzeichnungen, vielleicht sogar wichtiger als alles, was es bisher in deiner Zeit an Aufzeichnungen gibt, denn diese Pergamentrollen hat Jesus persönlich geschrieben. Auf diesen Rollen befinden sich die Worte von Jesus, dem Erlöser aller menschlichen Seelen. Vielleicht werden aber auch die Original-Filmaufnahmen der Santiner dich und viele Menschen überzeugen, da die Vorliebe, bewegte Bilder zu sehen, in deiner Zeit immer mehr zunehmen und die Bereitschaft zu lesen, abnehmen wird, wie mir die Santiner mitgeteilt haben. Ich wünsche dir und deiner Seele ein tiefes Erkennen. Ich bin Josua, ein Freund von Jesus."

Michael hielt inne, drückte die Pausetaste seines Laptops. Konnte dies wirklich sein? Er schob eine Lakritzpastille in den Mund. War es möglich, dass er hier eine Originalschrift von Jesus liegen hatte? Und wieso kam ihm dieser Josua so vertraut vor? Hatte er wirklich Recht? Wenn ja, dann müsste er doch schon einmal gelebt haben. Seine Freundin Susanne hatte ihm dies zumindest immer wieder gesagt und auch Beweise für die Reinkarnation gegeben. Er hatte sie nur nie ernst genommen.
Michael streckte sich noch einmal in alle Richtungen und startete den Film wieder.
„Meine Erzählung möchte ich an dem Tag beginnen, als, Rahel und ich … ja sieh selbst. Du wirst es nicht bereuen, denn diese Begebenheiten, die jetzt folgen, können dich und dein Leben verändern. Ich bin mir bewusst, dass es nicht vielen zuteil wurde, so innig mit einem Menschen befreundet gewesen zu sein, der nicht von dieser Welt kam und zugleich mehr Mensch als alle anderen Menschen war. Ich weiß, dass dieser Mensch in deiner Zeit bestimmt eine sehr bekannte Persönlichkeit sein wird. Ich bezweifle, dass es jemals eine genauere Schilderung des Lebens dieses Mannes geben wird. Schließlich siehst du einerseits Originalaufnahmen der Santiner, zum anderen habe ich in meinem Leben damals nirgends sonst einen Schreiber wie mich gesehen, der das Leben von Jesus und seine Lehren aufgeschrieben hätte. In der damaligen Zeit waren leider sehr wenige Menschen des Schreibens kundig. Eigentlich so gut wie gar keine. Und die, die schreiben konnten, wollten das Leben von Jesus nicht mitverfolgen, sondern versuchten sich als Kaufleute. Glaube mir, das, was du in Händen

hältst und nun sehen wirst, ist einzigartig und genauestens dokumentiert. Schließlich war Jesus mein bester Freund und auch mein Leben, wie ich jetzt weiß.

Das, was ich nun erzählen möchte, fing an dem Tag an, als …"

Nazareth

Der Blauäugige

3 v. Chr. unserer üblichen Zeitrechnung
„Ene, mene Mäuse, wer hat Läuse? Ene, mene muh, und die hast du! Josua, du bist Jakob, und ich bin der Herr."
„Warum ausgerechnet du, Simeon? Du willst immer der Herr sein. Du willst immer nur fangen."
„Stimmt ja gar nicht."
„Wohl stimmt das. Du willst immer nur der Herr sein."
„Und wenn schon, ich bin es halt. Rahel, binde Josua endlich das Tuch um seine Augen. Mach schon."
Josua war wütend. Immer musste dieser Tölpel von Simeon sich so aufspielen. Es reichte ihm nicht, ständig auf Josua herumzutrampeln, er musste sich auch noch zum Herrscher und Bestimmer der Mädchen erklären.
Rahel kam mit dem Tuch auf ihn zu. Alles Murren war vergessen. Josua mochte Rahel und genoss es, als sie ihm den dreckigen Lappen vor die Augen band.
„Rahel", flüsterte er, „mach dir nichts draus, Simeon ist nur ein dummer Zelot. Er kann nichts dafür." Beide mussten kichern.
Die Gassen von Nazareth waren nachmittags immer in der Hand der Kinder. Sie spielten meistens ‚Jakob und der Herr', denn das war Simeons Lieblingsspiel, und Simeon war der fast unumstrittene König der Kinder im Dorf. Größer als die anderen, wagte niemand ihm entgegenzutreten. Außer Josua. Er erinnerte sich noch gut an den Tag vor einigen Monaten, als er und Simeon sich geprügelt hatten. Einen klaren Gewinner hatte es damals nicht gegeben, aber einen stolzen. Seitdem trug Josua eine Narbe auf seiner linken Wange. Simeon hatte ihn am Ende des Kampfes mit einem Messer verletzt. Das strömende Blut hatte den Kampf beendet. Er erinnerte sich noch gut daran, wie dann die Mädchen auf Josua zustürzten und ihn mit der Aufmerksamkeit beschenkten, die Helden gebührt. Simeon hingegen war kurz danach von seinem Vater mit einer Tracht Prügel belohnt worden.

Trotzdem gefiel es Josua, ab und zu mit den Kindern zu spielen, denn normalerweise musste er um diese Zeit im Hause seines Vaters lernen und die Thora studieren. Denn sein Vater Samuel, der Rabbi des kleinen Dorfes, mochte es nicht, wenn er mit den anderen Kindern im Staub tollte und sich herumtrieb. Schon gar nicht mit Simeon, dem Rüpel, wie er immer zu sagen pflegte. Aber noch weniger mochte es Samuel, wenn Josua mit den Mädchen in den grünen Hügeln um Nazareth Fangen spielte.

Josua musste gehorchen und lernen, sich in Ruhe zu sammeln, denn schließlich hatte sein Vater bestimmt, dass er, Josua, später Schriftgelehrter sein sollte. Denn dann wäre er ein geachteter Mann, würde dem Glauben der Vorväter dienen und bräuchte sich zudem niemals Sorgen um die Zukunft zu machen.

Heute jedoch war Josua entwischt, um mit den anderen Kindern zu spielen, denn der Rabbi war ganz weit weg, in Sepphoris, um sich mit irgendwelchen Leuten zu treffen, die extra aus Jerusalem angereist waren. Von Sepphoris hatte Josua schon viel gehört, aber er selbst war noch nie dort gewesen.

Josua stand in der Mitte der größten Gasse und wartete mit verbundenen Augen darauf, dass Rahel ihm das Zeichen gab, zu beginnen. Da das Tuch auch seine Ohren bedeckte, hörte er nicht viel und wartete ganz still auf seinen Einsatz. Doch das Zeichen blieb aus. Nur der Wind wurde trockener und stärker, bis aus ihm ein Sturm wurde, der Staub und Ängste aufwirbelte und seinen Körper wie mit vielen kleinen Nadelstichen peinigte. Die Kinder kreischten und schrieen auf ihrer Flucht. Auch Josua wäre sonst schnell nach Hause gerannt, denn er hatte wie alle anderen Kinder Angst vor Sandstürmen. Sie alle wurden von den Erwachsenen gewarnt und belehrt über die Heimtücke dieser Naturgewalt und der in ihnen lebenden Dämonen. Heute jedoch blieb er stehen und zog sich das Tuch in aller Seelenruhe von den Augen. Alle Kinder waren verschwunden, nur Rahel stand noch bei ihm und betrachtete mit ihm das Geschehen. Der Sturm wurde so stark, dass die beiden Kinder hinter einer Hütte Schutz suchen mussten. Sie hielten sich die Hände vor die Augen, denn der Sturm tobte und schmerzte. Es fühlte sich so an, als ob Dämonen wieder eines ihrer Spiele mit den Menschen trieben. Sein Vater sagte immer, vor den Dämonen konnte nur der Messias die Menschen beschützen.

Ach, könnte nicht der Messias bald kommen? Mittlerweile wusste er auch, was ein Messias war. Schließlich sprach sein Vater immer häufiger davon, dass das jüdische Volk endlich einen Messias, einen Erlöser brauchte. Er,

Josua, erwartete ihn auch dringend. Der Messias würde ihn ganz bestimmt von der unerbittlichen Strenge seines Vaters und von dem Angeber Simeon erlösen.

„Josua, schau mal. Da kommen Leute den Weg hoch. Die waren mitten im Sturm. Sie haben die Dämonen überlebt", rief Rahel aufgeregt, um gegen das Heulen des Windes anzukommen. Erst da merkte er, dass er schon wieder eine Thorastelle vor seinem inneren Auge sah.

„Ich sehe nichts. Wo denn?"

„Bist du blind? Da hinter dem Haus von Zefanja."

Josua kniff die Augen zusammen, um am Eingang des Dorfes die Ankömmlinge zu erkennen. Ja, Rahel hatte Recht. Wer konnte dies denn nur sein? Römer waren es nicht, obwohl ihre Soldaten in letzter Zeit oft durch Nazareth ritten. Sein Vater wollte erst am Abend zurück sein und, einen Esel besaß er auch nicht. Denn jetzt, wo die Gestalten näher kamen, erkannte er einen Mann, der einen großen Esel führte, auf dem eine Frau saß.

„Wer ist das, Rahel?"

„Ich weiß es nicht. Wer besitzt denn in unserem Dorf einen so großen Esel?"

Josua konnte seinen Blick nicht von ihnen lassen, bis er auf dem Esel auch ein Kind in ihrem Alter wahrnahm, das geschützt hinter der Frau saß. Josua sah ein Leuchten und erstarrte. Da war etwas wie ein heller Blitz in der Dunkelheit gewesen, aber er konnte doch fast nur die Umrisse der Fremden erkennen. Wer war das? Dann sah er sie. Die blauen Augen des fremden Kindes erhellten die Dunkelheit, die sich gerade über Nazareth senkte. Das Kind sah ihn direkt an. Um Josua herum wurde es still. Die Dämonen, die jetzt kreischend und fluchend im Sturm zu hören waren, konnten diesem Moment nicht die Heiligkeit nehmen. Diese tief blauen Augen gruben sich tief in Josuas Seele ein. Ihm wurde ganz warm und er fühlte sich geborgen. Wer war nur dieses Kind?

∞

Die Sonne war aufgegangen und ließ ihr goldgelbes Licht auf die knapp sechzig Hütten, Häuser und Wohnhöhlen von Nazareth leuchten. Graziös wie ein Panther lag das Dorf angeschmiegt an den Hügel hinter ihm. Über allem thronte ein majestätischer Olivenbaum mit seinen silbrigen Blättern. Einige Bewohner schlenderten gemütlich durch die Gassen.

Die Gebete waren alle gesprochen, die Familie des Rabbis saß vollzählig beim morgendlichen Mahl. Jetzt konnte endlich gegessen werden. Es gab wie fast jeden Morgen ungesäuertes Brot, Käse, Milch und mit Knoblauch gewürztes Olivenöl. Dazu gab es Feigen und Datteln. Sein Vater war gestern Abend sehr spät von Sepphoris zurückgekommen und saß wie immer am Kopfende des Tisches. Überhaupt musste im Hause des Rabbis alles genauso sein, wie es schon immer gewesen war. Und dazu gehörte auch die Sitzordnung. Samuels Frau Sarah saß rechts neben dem Rabbi, links von ihm saß Josua, dann folgten Josuas ältere Halbschwester Esther, deren Mutter die erste Frau des Rabbis gewesen war, bis sie verstarb, und seine jüngere Schwester Judith. Josua und den beiden Mädchen war es verboten zu reden, während sie am Tisch saßen. Sie hielten sich daran, denn schließlich war Gehorsam dem Vater gegenüber eine der größten Tugenden, die es gab. Gehorsam war eine Pflicht. So wurde Josua ein guter Beobachter.

„Sarah, habe ich mich versehen oder ist Joseph der Bauhandwerker mit seiner Familie wieder zurück?" Samuel brach ein Stück Brot und tunkte es in das Olivenöl. Heute wirkte er irgendwie strenger. „In ihrem Haus brannte gestern Abend eine Lampe und ich hörte ein Kind lachen."

Josua sah zu seiner Mutter hinüber und nahm ihre traurigen Augen wahr. Diese Stimmung hier lähmte ihn. Seine Mutter wirkte verängstigt. Sie sagte nichts. Immer, wenn es ihr schwer fiel zu sprechen, wusste Josua, dass sein Vater, der Rabbi, wieder böse zu seiner Mutter gewesen war. Und wenn der Rabbi böse wurde, dann schlug er. Auch Josua wurde oft verprügelt, denn der Rabbi fand immer einen Grund. Josua hasste seinen Vater abgrundtief, verehrte ihn aber auch in einer seltsamen Art und Weise, da er in ihrem Dorf sehr angesehen war und sich immer gerecht den anderen Menschen gegenüber verhielt. Und dafür hasste er ihn nur noch mehr.

„Weib, antworte mir, wenn ich dir eine Frage stelle." Es dauerte einige Sekunden, bis Sarah einen Satz herausbrachte. Stille und Furcht durchströmten den Raum.

„Ja, sie sind wieder da, Samuel." Sie sprach sehr leise. „Mirjam kam gestern Abend zu mir herüber und begrüßte mich. Ich habe ihr dann gesagt, dass das Dorf ihnen zu Ehren ein Fest bereiten wird. Joseph wollte dich nach der Schule besuchen kommen und mit dir einiges bereden." Sie schaute ihren Mann an und wartete auf eine Antwort, die nicht kam.

„Sie waren die letzten vier Jahre im Land der Ägypter und sie haben mittlerweile sogar einen Sohn. Yeschua heißt er. Ihn hörtest du wohl lachen."

34

„Vier Jahre waren sie weg. Ist ja kaum zu glauben, dass sie sich überhaupt noch hier sehen lassen." Samuel schüttelte erbost seinen Kopf. „Einen guten Handwerker hätte dieses Dorf die letzten Jahre gebrauchen können. Wie sie sich aber immer noch dieses große Haus leisten konnten, ist mir ein Rätsel. Na ja, dann höre ich mir mal an, was er mir zu sagen hat." Während des restlichen Mahles wurde kein Wort mehr gesprochen. Die strengen Blicke des Rabbis unterdrückten jede Regung. Er war der Herrscher dieser Familie.

Josua musste seine Mutter und seine Schwestern allein den Tisch abräumen lassen und folgte Samuel über den Hof in den großen Versammlungsraum, der gegenüber den drei Wohnräumen lag. Samuel war ein großer Mann, der große Schritte machte, der aber so weit nach vorn gebeugt lief, dass Josua manchmal das Gefühl hatte, Samuel würde gleich auf die Erde fallen, weil er das Gleichgewicht verloren hatte.
Im Versammlungsraum traf sich das ganze Dorf, wenn es wichtige Dinge zu besprechen gab, und hier trafen sich auch die Kinder zur Schule. Der Rabbi war besonders stolz auf den Versammlungsraum, in dem Josua mit den anderen Jungen in die Lehren seiner Vorväter unterwiesen wurde. Die Familie des Rabbis war eine der wenigen im Dorf, die ein Zuhause mit mehreren Zimmern besaß. Andere Bewohner Nazareths hatten einräumige Hütten, in denen ganze Familien wohnten und schliefen. Die meisten Familien aber wohnten in Höhlen, denn Galiläa war übersät mit Höhlen. Diese Wohngrotten bestanden hauptsächlich aus einem Raum, eben dem Innenraum dieser Höhle. Der Wohnraum wurde bis auf einen Eingang mit einer Mauer aus geschichteten Steinen verschlossen. An manche Höhlen war vor dem Eingangsbereich ein weiterer Raum vorgebaut worden, der dann den Frauen mehr Platz gab zum Kochen und Backen. Es gab auch Stallhöhlen, die neben dem Wohnraum im hinteren Bereich den Tieren eine Übernachtungsmöglichkeit gaben.
Josua liebte das Studium der Thora. Das war seit seinem fünften Geburtstag sein Leben. Anfangs war es bedrückend und beschwerlich für ihn gewesen, immer still sitzen zu müssen. Über viele Stunden des Tages die strengen, scharfen Blicke seines Vaters auszuhalten und immer der Gefahr ins Auge zu schauen, dass Fehler schmerzhafte Strafen nach sich zogen, ließ seine Konzentration leiden. Aber dann fand er Trost in den heiligen Schriften der Vorväter. Er hatte das Glück, leicht zu lernen, und er gewann dadurch Selbstvertrauen. Das Studium der Thora gab ihm Mut und Kraft. So zeigte ihm sein Vater neben den hohen Anforderungen, die er an

ihn stellte, auch unbeabsichtigt den Weg, diesen Tyrann zu ertragen, denn beim Studium der heiligen Schriften flüchtete Josua oftmals gedanklich in andere Welten und betete zu Gott, seinem eigentlichen Vater. So konnte er die Lehren gut auffassen und war deshalb, obwohl er der jüngste in der Klasse war, nicht nur im Rezitieren der Beste in der Schule.

Schon seit mehreren Jahren wurde Josua von Samuel außerhalb der offiziellen Schule in das Hebräische eingewiesen, das heutzutage zwar niemand mehr sprach, aber Voraussetzung für das Studium der Thora war, denn die Thora durfte nur auf Hebräisch vorgelesen werden. Schon als Josua zwei Jahre alt war, fing Samuel damit an. Die ersten Bücher, in denen es um Mose ging, fand Josua langweilig. Die Bücher der Propheten hingegen waren schon interessanter. Das Buch, das Micha geschrieben hatte, faszinierte Josua. Besonders das fünfte Kapitel, in dem der Messias angekündigt wurde, der in irgendeinem kleinen Ort in Judäa geboren werden sollte. Den Namen des Ortes hatte er aber wieder vergessen.

Heute stand wieder das Thorastudium auf dem Plan. Josua folgte seinem Vater, der immer den hellsten Gebetsmantel über seinem Haupt trug. Samuel war im Vergleich zu anderen Vätern sehr alt, Josua hatte einmal gelauscht, als Sarah einer Freundin sagte, dass Samuel neununddreißig Jahre alt war, als er, Josua, geboren wurde. Andere Väter, das wusste er, waren nur halb so alt.

„Josua, komm, beeil dich. Du träumst ja schon wieder." Der alte Rabbi war wieder einmal wütend und ließ ihn das deutlich spüren.

Das war ungerecht. Josua wurde zornig. Manchmal war der Hass auf seinen Vater so groß, dass Josua nachts nicht einschlafen konnte. Er kniff sich dann ganz fest in den Arm, dass der Schmerz die Gedanken vertrieb und er so, leise weinend, zur Ruhe kam.

In der Synagoge, wie die Erwachsenen den Versammlungsraum nannten, war Josua vor Samuel sicher. Nur hier war Samuel nicht böse auf ihn, man konnte fast sagen, dass er sogar eine Form von Stolz oder stiller Zuneigung Josua entgegenbrachte, denn in den heiligen Räumen redete er mit ihm und schlug ihn nie. Deshalb vergrub sich Josua von Monat zu Monat mehr in die Lehren der Thora. Josua liebte den Versammlungsraum, auch wenn er dort gleich wieder Simeon traf.

Und der erste, der ihm dann auch über den Weg lief, war dieser Dämon von Großkotz. In der Synagoge war er zwar vor dessen Sprüchen sicher, denn auch er traute sich in diesem Raum nicht zu sprechen, aber seine Blicke waren fast genauso schmerzhaft. Wäre doch nur Rahel hier, an deren Seite sich Josua sicher fühlte. Aber Mädchen war es nicht erlaubt,

36

zur Schule zu gehen, sie mussten zu Hause die Künste der häuslichen Pflichten erlernen. Aber egal, Samuel wollte heute aus dem Buch von Jesaja vorlesen. Das zumindest würde wieder spannend werden, auch wenn dann viel Zeit verstreichen würde. Besonders Simeon brauchte viel Zeit, die Texte ins Aramäische zu übersetzen. Fast alle hatten mit der Übersetzung ihre Probleme, aber Simeon war total unfähig. Und das freute Josua.

„Das Volk, das in Finsternis wandelt, erschaut ein gewaltiges Licht." Samuel las in lauter und deutlicher Sprache aus dem Buch des Propheten Jesaja vor. „Über den Bewohnern eines finsteren Landes strahlt ein Lichtglanz grell auf. Reichen Jubel schenkst du, schaffst große Freude. Man freut sich vor dir, wie man sich freut bei der Ernte, wie man jubelt beim Teilen der Beute."
Josua blickte sich im Raum um. Die achtundzwanzig Jungen um Josua waren still – aus Angst vor dem Rabbi und ein bisschen vor Ehrfurcht vor den Schriften, nur Simeon, den er aus den Augenwinkeln beobachtete, war still, und zwar vor lauter Dummheit. Josua wusste, dass er dem Gehörten nicht folgen konnte. Simeon verstand das Hebräische einfach nicht, vom Griechischen ganz zu schweigen. Seine kleine Welt war das Aramäische.
„Denn ein Kind wird uns geboren, ein Sohn wird uns geschenkt, auf dessen Schulter die Herrschaft ruht. Man nennt ihn Wunderrat, Gottheld, Ewigvater, Friedensfürst." Der Rabbi blickte von der Thorarolle auf und wandte sich den jungen Gesichtern zu.
„Wer von euch möchte diesen Teil jetzt übersetzen?" Joseph, ein schmächtiger Junge, meldete sich. Er war neben Josua derjenige mit der größten Begabung.
„Nicht immer Joseph." Samuel schien verärgert. „Bei ihm weiß ich, dass er es verstanden hat. Wie wär's mit dir, Amos?" Die Stimme des Rabbis klang bestimmend. „Ich warte."
Amos schaute ängstlich im Raum herum und überwand sich schließlich, einen Versuch zu wagen. Über ein Stammeln kam er zwar nicht hinaus, aber Josua musste sich widerwillig eingestehen, dass es recht beachtlich war, da er der beste Kumpel von Simeon und ebenfalls nicht mit Klugheit gesegnet war.
„Ja, ganz gut, Amos. Zeig mir jetzt die Stelle in diesem Buch, die mit dieser verwandt ist. Oder besser gesagt, in dem der Messias angekündigt wird."

Jetzt war Amos aber am Ende seiner Auffassungsgabe angelangt. „Rabbi, ich weiß es leider nicht", sagte er ganz leise.

Samuel schaute in die Runde. „Wer weiß es? Simeon?"

Der Angesprochene schüttelte nur mit dem Kopf.

„Eleasar?" Auch dieser war überfordert.

„Ismael, Sohn des Jakob? Weißt du es?"

„Ich glaube, es ist die Stelle im siebten Kapitel. Ich versuche sie aufzusagen. Darum wird der Herr selbst euch ein Zeichen geben: ‚Siehe, die Jungfrau wird empfangen und einen Sohn gebären und ihm den Namen Immanuel geben.' Ist das richtig, Rabbi?"

„Sehr gut, Ismael. Wirklich sehr gut." Samuel nickte kurz. „Bei dir sehe ich sehr gute Fortschritte. Ich werde es deinem Vater einmal mitteilen, wenn ich ihn wieder treffe."

In diesen Momenten durchfuhr eine Traurigkeit Josua, als ob ein Dämon seine Seele gestohlen hätte. Er konnte es nicht ertragen, wenn sein Vater anderen Jungen Liebe zuteil werden ließ. Er selbst bekam doch auch keine oder viel zu selten. Er wünschte sich, dass die freundlichen Worte seines Vaters nur für ihn wären. Die nächsten Minuten brauchte er wieder, um sich innerlich zu beruhigen und seine Wut nicht an Ismael auszulassen. Dieser konnte wirklich nichts dafür. Und Ismael war schließlich auch einer, mit dem Josua am besten auskam. Heute hatte Josua keine Lust mehr, etwas zu lernen und ließ seinen Gedanken wieder freien Lauf. Zum Glück verlief der Rest des Morgens für Josua ziemlich ruhig und er konnte seinen Gedanken nachhängen. Würde der Messias wirklich kommen oder war dies nur eine alte Überlieferung, um den Menschen Hoffnung zu geben? Er wusste es nicht, aber er freute sich auf den Erlöser. Er würde irgendwann kommen, ihn von seinem Vater, dem Rabbi befreien, und dann würde es ihm besser gehen.

„So, ihr Kinder Abrahams", fuhr Samuel fort und holte Josua aus seinen Gedanken zurück in das Haus der Versammlung, „für heute ist es genug. Ihr wisst ja, dass die Familie des Handwerkers Joseph wieder in unserer Mitte weilt. Heute Abend wird es ein Fest für sie geben. Ich erwarte von euch, dass ihr euch sehr höflich und zurückhaltend zeigt. Gut. Möge euch unser Gott mit Erkenntnis beschenken. Der Herr sei mit euch."

∞

Heute war Samuel fröhlich, denn er sah bei einigen seiner Schüler Fortschritte. Ja, ein helles Köpfchen, dieser Ismael, dachte er. Es gab nichts

Schöneres, als wenn junge Seelen die Lehre ihrer Vorväter begreifen und die Wichtigkeit der Gesetze und Gebote erkennen. Ja, das war sein Leben. Über Simeon und seine Bande machte er sich keine Gedanken mehr, denn bei diesen vor Dummheit strotzenden Seelen war jeder Versuch zuviel, ihnen überhaupt etwas beibringen zu wollen.

Tausend Gedanken gingen Samuel durch den Kopf. Aber diese Faulheit der Kinder! Die wenigsten wollten noch Hebräisch lernen, denn die griechische Welt war auf dem Vormarsch. Galiläa verlor langsam an Glauben, denn der Fluch dieser Griechen lag über Galiläa. Und dieser Nichtsnutz von Herodes, der vor zwei Jahren Sepphoris zur Hauptstadt Galiläas gemacht hatte, saß in seinem großen Palast und ließ heidnische Sklaven die vielen Gebäude bauen, gab ihnen Unterkunft und sogar noch Lohn dazu. Was hatte Samuel gestern nur wieder in Sepphoris gesehen! Diese ehemals schöne Stadt, die vor wenigen Monaten von den Römern niedergebrannt und fast vollends zerstört worden war. Zwei Tage hatte die Stadt gebrannt, bis das letzte Feuer verglüht war. Den Namen des dafür verantwortlichen römischen Soldaten würde er niemals vergessen: Publius Quinctilius Varus. Was hatte dieser Mörder hier nur angerichtet! Danach folgten im nahen Umkreis der galiläischen Hauptstadt in seinem Auftrag grässliche Schandtaten. Hausdurchsuchungen und Demütigungen, unzählige Einwohner wurden in die Sklaverei verkauft oder landeten am Kreuz. Über 2.000 von ihnen fielen der grässlichen Tortur zum Opfer, munkelte man. Die Römer kamen in letzter Zeit auch häufig in Nazareth vorbei. Sie suchten den Zeloten Judas, den Sohn des Ezechias, der in Galiläa als Oberhaupt von verschiedenen Gruppen von zelotischen Widerstandskämpfern sein brutales Unwesen trieb und sich zum König der Juden ausrufen ließ.

Die Zeloten waren nicht Samuels Welt, diese Widerstandskämpfer gingen mit gleicher Rücksichtslosigkeit gegen ihre Feinde vor. Aber sie waren immer noch Juden. Aber die Römer? Alle paar Tage kamen Legionäre durch Nazareth und suchten nach Gleichgesinnten des Judas. Nein, diese verfluchten Römer! Jetzt entstanden überall in Sepphoris heidnische Gebäude. Sogar ein Theater war vor wenigen Tagen fertig geworden. Nur der Bau der Nebengebäude mit den Umkleidekabinen dauerte noch an. Geschah den Schauspielern recht, diesen Heuchlern. Und die Dreistigkeit schlechthin war, in diesem Theater wurden Stücke von diesen arroganten Griechen gespielt. Gestern Abend erst wurde von einem Aischylos ein Stück aufgeführt. ‚Orestie' oder so ähnlich. Es war die Uraufführung gewesen. In diesem Stück ging es um den aus dem trojanischen Krieg heimgekehrten König Agamemnon. Wie kann nur ein solches Stück aufgeführt werden, in dem es um Mord, Blutrache und um außereheliche geschlechtliche Verhältnisse ging, fragte sich Samuel. Was für eine oberflächliche griechische Welt! Falsch, hochmütig und streitsüchtig waren sie, diese Griechen. Dieses Volk der Denker. Ja, denken konnten sie schon immer, aber auf einen Gott vertrauen, das konnten sie noch immer nicht. Naja, sie waren auch nicht das auserwählte Volk Gottes. Was sollte man auch anderes von ihnen erwarten? Aber was das Schlimmste war: Heutzutage konnten viele Juden außerhalb Galiläas gar kein Aramäisch mehr und sprachen nur noch diese arrogant klingende Sprache dieser Hellenen. Und nun fingen auch noch die Kinder an, von den griechischen Städten außerhalb Galiläas zu träumen. Ja, ein Messias war dringend nötig. Samuel kam für einen kurzen Moment aus seiner Gedankenwelt zurück, um sich zu vergewissern, ob alle Kinder den Raum verlassen hatten. Kein Balg war mehr anwesend.

Und wieder sprangen Samuels unstete Gedanken zu den unverbesserlichen Zeloten zurück. Mit Gewalt wollten sie die römische Fremdherrschaft aus ihrem Land vertreiben. Auf einer Seite hatten sie Recht, denn was hatten diese Römer hier bei den Juden zu suchen? Sie waren sogar schlimmer als die Griechen. Aber mit Gewalt? Das war mit Sicherheit nicht der richtige Weg. Töten war einfach nicht der Weg.

Das war auch der Grund, warum Samuel gestern in Sepphoris gewesen war. Dort hatte er sich mit einigen Rabbis aus der Gegend und einigen Priestern aus Jerusalem getroffen. Es wurde über die zunehmende Gewalt in Galiläa gesprochen und über den Einfluss der Griechen auf das jüdische Leben. Es wurde viel geredet und nichts kam dabei heraus. Wie immer. Man wollte erst einmal abwarten, wie sich die nächsten Monate entwickeln würden. Aber der gestrige Tag hatte seine Gedankenwelt ganz schön durcheinander gebracht. Wie ihm Bealja, sein priesterlicher Vertrauter aus Jerusalem, mitteilte, hätte sich die Gesetzestreue des Rabbis aus Nazareth schon bis zum Hohepriester in Jerusalem herumgesprochen. In einem abschließenden Einzelgespräch hatte Bealja ihm mitgeteilt, dass man sich Sorgen um einen Rabbi im kleinasiatischen Ephesos machte. Dieser würde nicht mehr sein Hauptaugenmerk auf die Vermittlung der Lehren legen, sondern vergnügte sich lieber mit leichten Damen. Und wenn es in den nächsten Monaten nicht besser werden würde, wäre man geneigt, ihn, den guten Samuel, in diese Stadt im fernen Griechenland zu schicken und in dieser Lasterhöhle den Gott Abrahams von ihm verkünden lassen. Warum ausgerechnet er, hatte Samuel Bealja gefragt. Die Antwort von Bealja war deutlich und ließ aufs Neue Samuel einen Schauer über den Rücken laufen. Wer im ungläubigen und hinterwäldlerischen Galiläa einen solch guten Ruf besaß, der musste außergewöhnliche Fähigkeiten besitzen. Erst war Samuel wie vor den Kopf gestoßen. Ephesos! Von dieser Stadt wusste er nicht viel, nur dass es die Stadt der schwarzen Magie war. Die ganze Welt hatte bestimmt schon von den ephesischen Zauberbüchern gehört. Aber seine Heimat verlassen, das kam nicht in Frage. Wie konnten sie das von ihm nur verlangen! Aber je länger er über diese Neuigkeit nachdachte, desto besser ging es ihm damit. In Nazareth lebten ungefähr 200 Personen, in Ephesos 200.000, so sagte man. Und die Anzahl der Juden war in dieser Stadt, in der sich die ganze Welt traf, bestimmt um ein Vielfaches höher. Dort konnte er etwas Neues bewirken, dort konnte er die abtrünnigen Juden wieder zu ihrem Gott zurückbringen. Von den unzähligen Huren, die es in Ephesos wohl gab, fürchtete er keine Gefahr. Schließlich war er die verkörperte Disziplin. Und mit Frauen wurde er gut fertig. Sie brauchten nur eine strenge Hand. Und die hatte er. Sarah war das beste Beispiel. Sie war ihm stets zu Diensten und tat das, was er sich wünschte. Ephesos war aber noch lange hin, und so ließ er diese Gedanken los und legte die Thorarolle wieder in den Schrein. Er war zufrieden mit dem Schicksal. Der Herr musste wohl zufrieden mit ihm sein. Der einzige, der ihm noch Sorgen bereitete, war Josua.

Sein Sohn hatte heute wiederholt einen sehr abwesenden Eindruck auf ihn gemacht. Dieser elende Träumer! Wäre er nicht sein Sohn und wäre er nicht so begabt, er würde ihn aus der Klasse hinaus werfen. Dumme konnten wenigstens noch auf den Feldern arbeiten oder die Schafe hüten. Aber Träumer? Die merkten es nicht einmal, wenn ihnen ein Schaf abhanden käme. O, dieser Josua! Als Sohn des Rabbis konnte er sich solche Sperenzien der Träumerei nicht erlauben. Schließlich konnte Josua später einen guten Priester abgeben oder sogar sein Nachfolger werden. Josua hatte die Fähigkeiten dazu, faul war er wahrlich nicht, aber oft, wie auch heute, war er geistesabwesend. Er würde sogar das Passahfest verschlafen, wenn nicht er, Samuel, darauf achten würde, dass er es nicht verpasste. In der nächsten Zeit wollte er vermehrt seinen Sohn in Augenschein nehmen und ihm das Träumen austreiben. Egal wie, schließlich schreckte er auch nicht vor einer Prügelstrafe zurück, wenn die ihren Zweck erfüllte. Wie heißt es schließlich so schön in den heiligen Schriften: „Glückselig der Mann, den du züchtigst."

∞

Mirjam bereitete eine Linsensuppe für das heutige Fest vor, das es heute Abend im Dorf zu ihren Ehren geben sollte. Sie rührte in einem großen Topf, den sie von den Frauen des Dorfes erhalten hatte. Die tiefe Müdigkeit von der langen Reise machte ihr die Arbeit beschwerlich. Yeschua saß ruhig in der Ecke des Raumes und schaute ihr beim Kochen zu. Er hatte gerade ein paar Sätze in sein Tagebuch geschrieben. Die Rolle lag neben ihm auf einer kleinen Kommode. Mirjam war alleine mit ihrem Sohn, denn Joseph war eben bei Samuel, dem Rabbi, um einige Dinge mit ihm zu besprechen.

„Mutter, warum sind wir hier?", fragte ihr Sohn.

„Yeschua, es ist deine Bestimmung, dass du die nächsten Jahre in diesem kleinen Ort aufwächst. Bakenor, dein Lehrer aus Alexandria, gab uns diesen Hinweis mit auf den Weg und außerdem hatte ich wieder einen Traum, in dem mir ein himmlischer Bote Gottes mitteilte, dass wir in die Heimatstadt von Joseph zurückkehren sollten. Du wirst dich an den kleinen Ort schon noch gewöhnen."

Mirjam schmeckte die Suppe ab und gab Yeschua auch ein Stück von dem Brot zum Probieren, das sie in die Suppe gebrockt hatte. „Und?"

„Schmeckt."

Mirjam lächelte, denn sie wusste, dass Yeschua dieses Ritual liebte. Es würde ihm bestimmt dabei helfen, dass er sich hier bald Zuhause fühlte.

„Mutter, warum habe ich blaue Augen und warum kein anderer Mensch in Nazareth?" Yeschua blickte sie fragend an.

Mirjam war wie vom Donner gerührt, weil sie wusste, dass diese Frage irgendwann einmal kommen musste.

Sie erinnerte sich noch gut an den Morgen, als ihr ein himmlisches Wesen erschienen war und ihr erklärt hatte, dass sie dazu auserwählt sei, der Welt den zukünftigen Erlöser Israels zu schenken. Sie wollte diese Botschaft anfänglich nicht zulassen, aber dieser himmlische Bote hatte große Beharrlichkeit an den Tag gelegt und sie überzeugt, sodass sie schließlich ihren Auftrag annahm. Sie und Joseph waren offenbar auserwählt, da sie ausgesprochen reine Menschen waren. Und nur bei reinen Eltern konnte dieser zukünftige Erlöser aufwachsen. Aber es hatte noch einen anderen viel wichtigeren Grund: Ihr beider Erbgut, das sie und Joseph in sich trugen, musste um wenige Kleinigkeiten verändert werden, damit alle Voraussetzungen erfüllt waren, dass der Messias von ihr geboren werden konnte. Auf ihre Frage, was dies bedeute und was dies zur Folge haben könnte, hatte ihr der Bote Gottes geantwortet, dass bei anderen Eltern die Veränderungen des Erbgutes hätten umfangreicher ausfallen müssen, was aber aus vielerlei Gründen nicht möglich sei. Unter anderem hatte dieser Eingriff Gottes in ihr Erbgut zur Folge, dass ihr Sohn blaue Augen bekommen sollte.

Mirjam zuckte immer noch bei diesem Gedanken an diese damalige Erscheinung zusammen, denn sie wusste, was damit auf sie zukommen sollte. Beleidigungen, Beschimpfungen auf das Übelste. Wie sollte auch irgendjemand ihr glauben, dass ihr Sohn kein Bastard eines anderen Mannes war, sondern ein von Gott ausgewählter Sohn? Mit den Blicken und Anfeindungen der Menschen und Worten musste sie umgehen lernen. Ehebrecherin war das Wenigste, was sie sich in der ganzen Zeit anhören musste. Hoffentlich würde dies hier in Nazareth anders. Schließlich war dies die Heimat von Joseph, ihres manchmal naiven aber herzensguten Mannes.

„Yeschua, ich glaube, dass du schon weißt, dass du anders bist als andere Kinder, oder?", antwortete Mirjam nach einer kurzen Pause.

„Ja, Mutter", sagte er ohne lange zu überlegen, „Ja, ich weiß."

Auch Mirjam hatte jeden Tag gemerkt, wie anders Jesus war. Schon mit zwei Jahren hatte sie bemerkt, was die kleinen Hände von Jesus für eine Heilkraft hatten. Eines Tages war ihr ein schwerer Wassereimer auf den Fuß gefallen. Ihr Fuß hatte geblutet und geschmerzt! Jesus hatte dies mitbekommen und einfach mit seinen Händen darüber gestrichen. Die Wunde verschwand sofort, der Schmerz hörte auf. Nichts war mehr von der Wunde zu sehen. Viele solcher Erlebnisse hätte sie erzählen können.

„Was für Träume hast du die letzten Wochen gehabt, mein Sohn?"

„Es waren viele, aber einer verfolgt mich. Diesen Traum träume ich immer und immer wieder."

„Berichte ihn mir."

„Es ist Nacht, ich gehe einen langen Weg mit vielen Kurven den Berg hinauf. Der Weg leuchtet so hell wie die Fackel in Bakenors Garten. Am Wegesrand kriechen viele Schlangen und anderes ekliges Getier und wollen mich in den Abgrund ziehen, aber sie erreichen mich nicht. Oben auf dem Berg sind diese hässlichen Tiere verschwunden und es steht dort nur ein leeres riesengroßes Holzkreuz."

Mirjam war erstaunt, wie deutlich die Seele ihres Sohnes schon jetzt seinen eigenen zukünftigen Lebensweg vor sich sah, der nicht leicht für ihn sein sollte. Anfeindungen und viele menschliche Schlangen würden über seinen Weg laufen. Hoffentlich bedeutete dieser Traum nicht, dass ihr Sohn an einem römischen Kreuz endete, wie man sie zu Massen am Wegesrand sah.

Sie entschuldigte sich aber noch schnell in Gedanken, dass sie sich erdreistete, Yeschua ihren Sohn zu nennen.

„Dieser Traum zeigt dir dein Leben, das dir bevorsteht, Yeschua." Mirjam lächelte. „Dir hat dein Vater im Himmel einen besonders hellen Weg bereitet, der zwar durch die Dunkelheit mit vielen Dämonen führt, von dem du aber nicht abkommen wirst, so dass die Dämonen dir nichts anhaben können. Schau dir die Kinder in diesem Dorf an. In jungen Jahren spielen sie auf der Straße, doch sie werden als Väter auf dem Feld stehen oder auf Baustellen arbeiten und sich vielleicht kurz vor ihrem Tod fragen, ob dies alles gewesen ist. Du hingegen wirst in der Welt herumreisen, vielen Menschen helfen und denen, die es hören wollen, von einer anderen Welt erzählen und damit eine andere Welt hier erschaffen. Gott hat dir besondere Gaben mit in dieses Leben gegeben. Und für deine Aufgaben gab er dir auch blaue Augen. Verstehst du meine Worte?"

„Ja, Mutter."

Plötzlich klopfte es an den Türpfosten und eine lächelnde Frau erschien im Eingang.

„Sarah, komm herein, gerade bin ich mit den Vorbereitungen der Linsensuppe fertig." Mirjam legte zur Begrüßung ihre linke Hand aufs Herz, wie sie es immer machte. „Jetzt bereite ich gerade die Olivenpaste zu. Ich danke dir aus tiefstem Herzen, dass ihr uns so herzlich willkommen heißt."

„Es ist uns eine Freude, Mirjam."

„Dies ist übrigens unser Sohn Yeschua." Mirjam zeigte stolz auf ihren Sohn.

Sarah setzte sich vor den Jungen hin. „Ich begrüße dich, Yeschua. Wie alt bist du denn?"

„Ich bin fünf Jahre", sagte er in einem so ruhigen und lieblichen Ton, dass es bestimmt Sarah warm ums Herz werden musste, dachte Mirjam. Schließlich ging ihr das auch immer so, wenn Yeschua einen ganz bestimmten Ausdruck in seinen Worten hatte.

„O, dann bist du ja nur ein Jahr jünger als unser Josua. Mit ihm wirst du dich gut verstehen. Heute Abend werdet ihr euch ja kennen lernen." Dann wandte sie sich wieder Mirjam zu. „Die Frauen aus dem Dorf sind alle sehr beschäftigt. Ich glaube, dies wird das schönste Fest, das wir in den letzten Jahren in unserem Dorf hatten. Ich wollte nur einmal kurz sehen, wie es euch geht."

„Das ist nett von dir, Sarah."

„Mirjam, schön, dass ihr da seid." Sie lachte, winkte Yeschua kurz zu und verschwand wieder so fröhlich, wie sie vor ein paar Minuten erschienen war.

„Eine nette Frau, die Sarah", sagte Mirjam, „eine wirklich nette Frau."

„Aber ihre Seele ist sehr traurig, Mutter. Auch ihr Lächeln kann das nicht verbergen."

Yeschua war sich noch nicht ganz sicher, ob er sich in Nazareth wirklich zuhause fühlen würde. Bisher hatten sie mitten in Alexandria in einem großen Haus von Bakenor gewohnt, der ihm mehr ein Vater war als Joseph. Er erinnerte sich nur zu gut, wie er beim Abschied vor Bakenor stand und sich in voller Verzweiflung an ihn warf und ihn vor lauter Tränen nicht mehr loslassen wollte. Wie sehr vermisste er diesen ruhigen, fast heiligen Platz in Ägypten. Und wie sehr vermisste er Bakenor. Bakenor, oh Bakenor! Joseph war ein herzensguter Mensch, er tat alles für seinen Sohn, aber manchmal hatte Yeschua das Gefühl, als ob er sich von ihm distanzierte. Joseph konnte einfach nicht verstehen, warum er einen Sohn hatte, der blaue Augen besaß.

Yeschua war froh, dass er seine Mutter hatte. Sehr oft fühlte er in sich eine Kraft und eine Größe, die ihm aber auch manchmal Angst bereitete. Nur seine Mutter konnte ihm dann die Angst nehmen, wenn sie ihm Zeit schenkte, um mit ihm zu sprechen. Sie gab ihm mit ihrer Anwesenheit Harmonie, Geborgenheit und Sicherheit. Sie ließ ihn so sein, wie er wollte. Er war anders und sie ließ ihn gewähren. Sie war eine weise Frau. Und sie war eine starke Frau. Er erinnerte sich einmal, als Joseph ihn wegen seiner Wortkargheit rügte und ihn aufforderte, auf der Stelle etwas zu sagen. Seine Mutter stellte sich aber vor ihn und ließ nicht den Hauch einer weiteren Diskussion zu. Sie sagte Joseph irgendetwas und danach kam es nie mehr zu einer Begebenheit wie dieser.

Ich bin sehr froh, dass wir endlich in Nazareth angekommen sind. Aber was soll ich hier? Zu lange hat die Reise für mich gedauert. Und zu groß ist mein Schmerz, nicht mehr mit Bakenor sprechen zu können. Am Anfang wollte ich Bakenor nicht verlassen, dann hat er mir aber gesagt, dass ich ein Tagebuch schreiben soll. Zum Glück hat er mich das Schreiben sehr gut gelehrt. Wenn ich regelmäßig schreiben würde, hat er mir versichert, könnte ich in Gedanken immer wieder zu ihm reisen und meine Gefühle und Probleme aufschreiben. Es würde meiner Seele sehr gut tun und sie erleichtern. Dies mache ich jetzt heute zum ersten Mal und ich setze meine ganze Hoffnung in dich, Vater, dass es mir hier in Nazareth gut gefallen wird. Hoffentlich werde ich Freunde finden, mit denen ich mich austauschen kann und die auch mich verstehen können. Bitte segne die Menschen und erfreue ihr Herz, damit Nazareth eine blühende Blume werden kann und dass möglichst wenig Trauer die Häuser hier in meiner neuen Heimat erfüllt. So sei es.

Ein Fest und seine Folgen

Was für ein abendliches Treiben auf den Gassen von Nazareth! Das Fest für die Familie des Joseph wurde im Innenhof des Hauses von Samuel abgehalten. Dies war schlichtweg der größte Platz in dem kleinen Dorf. In den Hof passten, etwas gedrängt, alle 300 Einwohner Nazareths, wenn sie denn alle zu dem Fest kamen. Samuel, Jeroham, der Hirte, und Jakob, der Töpfer, bildeten den Ältestenrat von Nazareth, und sie hatten gestern viel darüber diskutiert, wo man das Fest abhalten solle. Im Hause des Rabbis oder doch lieber unten auf der großen Wiese vor den Toren Nazareths. Für die Wiese sprach der viele Platz, denn dort konnten die Kinder spielen, aber genau das war auch wieder das Problem. Die Wiese war zu groß und es hätte das Dreifache an Fackeln gebraucht, um sie zu beleuchten. Und außerdem hätten einige Mütter etwas dagegen gehabt, ihre Kinder tief in der Nacht auf der Wiese herumtollen zu lassen. Zu viel Angst hatte man doch vor den Ziegenelben, diesen missgestalteten Naturgeistern, die nachts in der Gegend herumirrten und kleine Kinder entführen könnten. Vor etlichen Jahren waren tatsächlich zwei Kinder verschwunden. Ob aber wirklich die Ziegenelben da ihre Finger im Spiel hatten, bezweifelte jeder. Schließlich entschied man sich doch für den kleineren, gemütlicheren und sicheren Hof des Rabbis.
Es wurde Abend. Fast alle Bewohner des Dorfes waren unterwegs. Die Frauen trugen Schüsseln und Schalen mit Speisen zum Hof des Rabbis, die Kinder durften heute länger auf den Gassen spielen, und die Männer standen in Gruppen zusammen und waren in ihre wichtigen Gespräche vertieft.
Josua war am heutigen Abend auf seltsame Weise aufgeregt. Er wusste zwar nicht wieso, aber eine starke Vorfreude erfüllte sein Wesen. Denn

Joseph wollte bestimmt erzählen, was er mit seiner Familie in Ägypten erlebt hatte. Josua liebte Geschichten und er freute sich auf Yeschua, den Jungen mit den interessanten Augen, die ihn am Tag zuvor so durchdrungen hatten. Noch spielten die Kinder in kleinen Gruppen, obwohl es schon dunkel war und nicht viel Licht aus den Häusern auf die Gassen drang. Josua spielte mit Rahel, Ismael und Joseph Verstecken. Er musste unentwegt an Yeschua denken, obwohl er ihn noch nicht richtig gesehen hatte.

„Josua, du träumst ja schon wieder! Du sollst uns endlich suchen." Die Stimme von Rahel drang in sein Bewusstsein.

Schade dass er heute Abend nicht neben Rahel sitzen konnte, denn es würden, wie immer in Nazareth, die Männer in einer Runde und die Frauen, nachdem sie für das leibliche Wohl gesorgt hatten, an anderen Tischen sitzen.

„Ähh, ja, stimmt, ich habe gerade an was anderes gedacht."

„Entweder mitspielen oder hinsetzen."

„Gut, dann spielt ihr am besten allein weiter." Josua gab Rahel die Binde, drehte sich um und ging allein durch das kleine Dorf. Er liebte es, spazieren zu gehen, wenn der Tag sich dem Ende zuneigte und die ersten Sterne am Himmel sichtbar wurden. Sonst durfte er dies nicht, aber heute Abend nutze er die Zeit, denn es dauerte noch etwas, bis das Fest beginnen sollte. Fackeln brannten aber schon überall und erleuchteten das Dorf.

So ging er an ihrem Haus vorbei den langen steilen Hügel hoch, bis er zu seinem Lieblingsplatz kam. Es war ein wunderschöner prächtiger Olivenbaum, der auf dem kleinen Berg thronte. Josua hatte immer das Gefühl, dass dieser majestätische Baum das Dorf bewachte. Wenn er den Blick auf den Horizont fallen ließ, war das Dorf unterhalb von ihm nicht zu sehen. Josua liebte es, sich an seinen Stamm zu lehnen und die Rinde des alten knorrigen Baumes zu spüren. Der Ausblick war grandios. Im Westen sah Josua das Karmel-Gebirge, im Süden über die Jesreel-Ebene bis zum Samarischen Bergland, den schneebedeckten Berg Hermon im Norden und den Berg Tabor im Osten. Besonders den Anblick des Tabors liebte er, der mit seiner majestätisch wirkenden Silhouette am Horizont die Aufmerksamkeit wie ein König auf sich zog.

Was war das? In der Ferne sah er einen Stern kurz aufblinken. Dann bewegte sich das Licht am Horizont entlang, blieb über der rechten harmonisch abgerundeten Spitze des Tabors stehen und blinkte wieder kurz auf. Im gleichen Moment durchflutete ihn ein wunderschönes Gefühl von Geborgenheit und Liebe, wie er es noch nie empfunden hatte. Er hörte eine

Stimme in seinem Kopf: „Wir sind immer bei dir. Und vergiss nicht, dass du geliebt wirst, auch wenn das Leben mal etwas schwieriger ist." Dann war die Stimme auf einmal verschwunden, der Stern auch, und Josua wurde innerlich ganz ruhig und traurig zugleich. Was war dies nur? Wer hatte gerade zu ihm gesprochen? Er schaute sich um, konnte aber niemanden entdecken.

Josua verweilte eine Zeit und hörte dem Wind und den Blättern des Olivenbaumes zu. Heute konnte er von beiden keine Geschichte vernehmen. Zu aufgeregt war er. Zu unruhig. Er konnte immer noch nur an eines denken: An wunderschöne blaue Augen.

∞

Als Josua wieder im Dorf ankam, suchten sich gerade alle einen Platz, denn das Fest sollte jeden Moment beginnen. Er setzte sich zu Samuel, der neben Jeroham, dem Hirten, saß. Links neben Josua nahmen Jakob der Töpfer und sein Sohn Ismael Platz. Gegenüber war noch frei, aber jetzt bemerkte er, dass diese Plätze Joseph, seinen beiden älteren Söhnen Jossi und Juda, die Nazareth nicht verlassen hatten, und Yeschua vorbehalten waren, die gerade aus dem Schatten hervortraten. Da waren sie wieder, diese wundervollen Augen. Seine Aufregung war so groß, dass er keinen Ton herausbrachte. Er wollte kurz einen Gruß an Yeschua richten, brachte aber nur ein lautloses Gekrächze heraus. Er nickte dann nur, denn zu etwas anderem war er nicht mehr fähig. Zu tief hatten ihn die Augen von Yeschua wieder berührt. „Ich grüße dich auch, Josua", sagte Yeschua kurz und lächelte ihm zu. Josua erwiderte dieses Lächeln. Dieser heilige Moment wurde aber jäh von Samuel unterbrochen, der aufstand und um Ruhe bat.

„Freunde, Männer und Frauen von Nazareth." Samuels laute Worte ließen keinen Mucks von Seiten der Zuhörer zu. Seine tiefliegenden dunklen Augen verstärkten diese Kraft noch. „Der Friede Gottes komme auf euch und möget ihr seinen Segen über euch spüren. Ich freue mich, dass wir heute das Wiedersehen mit Joseph, dem Handwerker, und seiner Familie in unserem bescheidenen Zuhause feiern dürfen. Es ist viel Zeit ins Land gegangen, seit sie nach Jerusalem aufgebrochen waren. Lasst uns auf dieses Wiedersehen unsere Becher erheben und auf Gott, unseren Herrn, trinken. Joseph, Yeschua, und Mirjam. Auf euer Wohl. Seid gesegnet und lasst uns Gott, unserem Herrn, für dieses Geschenk preisen."

Die Becher wurden gen Himmel gestreckt, der Segen wurde gesprochen und dann wurde der liebliche galiläische Wein getrunken. Die Kinder durften mit Traubensaft anstoßen und kicherten vergnügt.

Dann erscholl eine zweite eindringliche Stimme. Es war die des Joseph. „Samuel, Freunde, Menschen von Nazareth. Meine Frau und ich möchten euch für dieses wunderbare Fest danken. Wir sind froh, dass wir so willkommen sind, auch wenn ich und meine damals schwangere Frau Sarah vor ungefähr fünf Jahren so kurzfristig aufbrechen und meine beiden Söhne Jossi und Juda bei ihrer Tante Anna zurücklassen mussten." Joseph machte eine kurze Pause, um abzuwarten, bis das Gemurmel der Menschen aufgehört hatte. „Wir konnten nicht früher zurückkehren, weil uns das Schicksal eine andere Richtung zeigte. Nehmt unseren Dank aus tiefstem Herzen an, wir wollen uns erst einmal stärken. Nachher möchten wir gerne aus den letzten Jahren unseres Lebens berichten, was wir erlebt haben. Gott und seine liebevolle Weisheit sollen gepriesen sein, bis in alle Ewigkeit." Wieder wurden die Becher hoch gestreckt.

Jetzt war der Moment, auf den alle an diesem Tag hingearbeitet hatten. Es wurden die ganzen Köstlichkeiten serviert. Es gab warmes Sesambrot, Käse in Olivenöl, das mit Knoblauch gewürzt war, in Koriander gebratene Fische und Lammbraten mit Minze. Zusätzlich Getreide- und Linsensuppe, Ziegen- und Schafskäse, diverse Salate, Pasten und Honig. Natürlich durfte der Gerstenkuchen nicht fehlen und die in Olivenöl gerösteten Weizenkörner. Für jeden war etwas dabei. Es wurde geschmatzt, gelacht, gekichert, vereinzelt sogar gesungen.

Josua schaute öfters zu Yeschua hinüber, der ihm immer, wenn sich ihre Blicke trafen, ein Lächeln schenkte. Sonst saß der Neuankömmling ruhig da und war in das Essen vertieft. Er sah sehr hungrig aus. Manchmal, so erschien es Josua, machte Yeschua sogar eher einen traurigen Eindruck als einen vergnügten.

„Joseph, bitte erzähle uns, wohin euch euer Schicksal geführt hat." Samuel blickte Joseph eindringlich an, nachdem er einen Krug mit Wein auf den niedrigen Tisch neben sich abgestellt und sich sein Obergewand geradegezupft hatte.

„Wir sind alle sehr interessiert, nicht wahr?" Samuels freudiges Lachen hob den Geräuschpegel so schnell an, dass Josua fast ein Stück Lamm im Hals stecken geblieben wäre.

„Ja, Joseph, erzähl' uns eure Erlebnisse", riefen einige und klatschten in die Hände. Josua blickte zu Yeschua, der von da an seinen Blick fast ausschließlich gesenkt hielt. Josua konnte förmlich spüren, wie peinlich es Yeschua war. Oder hatte er gar Angst?

„Gut, meine Freunde, dann möchte ich beginnen", fing Joseph an, nachdem er seine Schale mit einem Stück Sesambrot von letzten Speiseresten befreit hatte. Mit einem Blick hinüber zu Sarah am Nachbartisch konnte er erkennen, dass seine Frau schon längst mit ihren Erzählungen angefangen hatte, denn die Frauen waren alle am Lachen.

Joseph hatte ein lustiges Gesicht. Er hatte dunkle, ein wenig gelockte Haare, die einen leichten Grauschimmer angenommen hatten. Er musste etwas älter sein, vielleicht so alt wie Samuel. Aber das schöne an Joseph waren seine lustigen Augen. Sie waren zwar nicht blau, aber lustig.

„Damals, als meine Frau Mirjam hochschwanger war, hatte sie einen Traum, in dem ihr ein Bote des Herrn erschienen war, der ihr mitteilte, dass wir uns auf den Weg nach Jerusalem machen sollten." Joseph hatte seine Augen geschlossen, um sich die Erinnerungen wieder klar vor Augen zu holen. „Das war der Grund, warum wir Nazareth verließen und nach Jerusalem gingen. Ich war am Anfang noch dagegen, da es in ihrem Zustand sehr gefährlich war, aber sie sagte, dass das Kind nicht vorher diese Welt erblicken würde, bis wir die Hauptstadt Judäas erreicht hätten. Ich sollte mir keine Sorgen machen, sie wüsste, was sie tue. Ich ließ mich von ihr überzeugen, denn wir alle wissen ja, wer zu Hause das Sagen hat."

Lautes Männergelächter unterbrach seine Erzählung, nur Samuel verzog keine Miene.

„Das war das letzte, was ihr von uns wusstet. Meine Söhne Jossi und Juda aus meiner ersten Ehe kamen bei meiner Schwester Anna unter und sollten unterdessen meinen kleinen Bauhandwerksbetrieb weiterführen. Wir brachen also ungefähr zwei Wochen vor dem Passahfest nach Jerusalem auf. Wir hatten uns ja abgesprochen, dass wir uns, wenn möglich, in Jerusalem treffen wollten, da Samuel mit einigen aus dem Dorf jedes Jahr die Reise nach Jerusalem antrat. Leider wurde daraus nichts, denn unser Sohn wollte und wollte nicht auf die Welt kommen." Joseph lachte in die Richtung von Yeschua und suchte seinen Blick, der ihm aber von seinem Sohn verwehrt wurde. „Schließlich hörte meine Frau erneut eine Stimme, nachdem wir in einem kleinen Haus bei einem alten Bekannten untergekommen waren, dass wir Jerusalem verlassen und in Richtung Süden, nach Bethlehem, reisen sollten. Ihr wisst ja, dass Mirjam in Bethlehem ein kleines Stück Land besaß, das sie verpachtete. Und wisst ihr, was dann passiert war?" Joseph schaute triumphierend in die Runde.

„Nein, woher sollten wir das wissen. Erzähl' endlich weiter!", schrie Zefanja.

„Ihr werdet es wirklich nicht glauben." Joseph hielt kurz inne, um noch mehr Aufmerksamkeit zu erhaschen, was aber im Moment kaum möglich war, da alle gespannt auf seine Erzählung warteten und manche fast das Atmen vergasen.

„Als wir das Dorf fast erreicht hatten, konnten wir unseren Augen nicht trauen, denn erst fiel ein Lichtstrahl auf uns, obwohl die Sonne schien. Aber das Licht war viel heller als die Sonne. Und das ulkige war, dass uns der Lichtstrahl die nächsten Schritte begleitete. Und dann, nachdem das Licht wieder verschwunden war, empfingen uns ungefähr fünfzig bis sechzig fröhliche, aber aufgeregte Menschen aus allen Erdteilen, die uns direkt den Weg zu einer Höhle vor Bethlehem wiesen, die schon für die Geburt von Yeschua vorbereitet war. Und wisst ihr was?" Wieder machte Joseph eine Pause und lächelte in die Runde. Seine Augen blitzten, als ob er einen Witz erzählte. „Diese Stallhöhle stand auf dem Land von Mirjam. Dies war auch gut so, denn kaum waren wir in der Höhle angekommen, fingen die Wehen an. Auch eine Hebamme war anwesend, die von den Pächtern gerufen worden war. Alles, wirklich alles, war vorbereitet. Daraufhin stellten sich die vielen Männer vor den Eingang der Höhle, sodass keine fremden Menschen die Geburt stören konnten, wie sie mir im Nachhinein mitteilten. Die Männer fingen an zu beten. Trotz der verschiedenen Sprachen wurde es ein leiser Singsang, der die ganze Zeit die Geburt begleitete und vor allem Sarah viel Kraft gab. Ich fühlte mich trotz der vielen fremden Gesichter seltsam berührt und ein tiefer Friede erfüllte mein Herz."

Still war es geworden an den Tischen der Männer, es war nur ein leises Lachen von ihren Frauen zu hören.

„Wer waren die Männer, die euch in Bethlehem empfangen hatten?", fragte Jeroham.

Bevor Joseph die Antwort geben wollte, war er sich einen Moment nicht sicher, ob er die Wahrheit erzählen oder ob er eine Geschichte erfinden sollte, zumal sein Sohn ihm einen eindringlichen Blick zuwarf. Aber schließlich dachte Joseph, dass er in seinem Heimatdorf war, bei seinen Freunden und bei seiner Familie. Sie würden alles schon verstehen. Also fuhr Joseph in seiner Erzählung fort.

„Diese Männer waren Weise und Seher aus allen Ländern der Welt. Manche kamen aus Babylon, Rom, Griechenland, Medien, Hispanien, Arabien, Mesopotamien, aus dem sagenhaften Reich Wa, ein Germane war dabei, einige Ägypter, ein Seher kam sogar aus Indien, einer aus dem Reich Ch'in in Asien und ein Magier der Zapoteken war ebenfalls anwesend. Er kam, wie er sagte, aus einem Land jenseits des großen Ozeans."

„Jenseits des großen Ozeans?" Samuel wollte sich vergewissern, da er glaubte, seinen Ohren nicht zu trauen.

„Ja, doch. Ich kann es immer noch kaum glauben, wenn ich es euch berichte. Und alle diese Männer erzählten die gleiche Geschichte. Jeder von ihnen hatte den gleichen Traum gehabt, in dem eine Stimme sagte, dass sie nach Jerusalem reisen sollten. In Jerusalem werde ihnen ein heller Stern den Weg weisen. Und dieser Stern werde einen Lichtstrahl auf eine hochschwangere Frau werfen, die dann einen König gebären werde. Einen Erlöser, der alle Menschen der Erde aus ihrer Knechtschaft befreien werde. Die Weisen aus den vielen Ländern erzählten, dass sie die Geburt abschützen mussten, denn die Dämonen der Finsternis wollten unbedingt diese Geburt verhindern." Joseph nippte an seinem Becher Wein.

Josua sah sich um. Die Augen der Zuhörer, die er sehen konnte, waren groß vor Erstaunen. So groß, als ob sie gerade einen Löwen gesehen hatten.

„Die Geschenke, die sie mitgebracht hatten", fuhr Joseph fort, „dienten dazu, eine heilige Schwingung zu erzeugen. Es wurde Weihrauch und Myrrhe verbrannt, um die Geburt abzuschützen, denn die Dämonen mögen diese Düfte nicht, hatten mir die Weisen gesagt. Andere brachten einige Geldstücke mit, die wir irgendwann einmal brauchen würden, so sagten sie. Ein Weiser hatte eine Ziege mitgebracht und wieder ein anderer einen Esel, der uns und vor allem den Messias gesund nach Nazareth zurückbringen sollte, was er ja getan hat." Jospeh lächelte, als er die Geschichte zu Ende erzählt hatte. Yeschua schaute ihn mit einem eindringlichen Blick an, alle sahen Yeschua an.

Daraufhin überfiel ein Schweigen den Ort Nazareth im ländlichen Galiläa. Erst war es ein verwundertes Schweigen, einige Momente später ein eisiges. Und dann war dieser schöne Festabend abrupt zu Ende. Es wurde diskutiert, dann gestritten, verflucht, beschimpft. Samuel versuchte im Hirten Jeroham und im Töpfer Jakob Verbündete zu ergattern, die seine Empörung teilten. Einige Männer gingen verstört zu ihren Frauen und Kindern, zerrten sie am Arm und nahmen sie mit nach Hause.

Josua hatte verstanden und war fröhlich. Sarah hatte auch verstanden und nickte lächelnd Mirjam zu, die verstand, dass sie jetzt wenigstens eine

Freundin im Dorf hatte. Es wurde immer noch geschwiegen, bis sich Joseph an Samuel wandte.

„Samuel, Rabbi von Nazareth, hatte bei euch im Dorf keiner einen Traum, der die Geburt von Yeschua angekündigt hat?"

Samuel war wie vor den Kopf gestoßen und schien im ersten Moment nicht zu wissen, ob er Joseph hassen, verdammen oder nur über seine Naivität lachen sollte.

„Joseph, ist dir klar, dass du dir anmaßt, der Vater des zukünftigen Messias zu sein? Des Erlösers Israels? Und noch schlimmer, dass du deinen Sohn mit in diese unsinnige und falsche Geschichte hineinziehst? Glaubst du wirklich, dass dein Sohn, ein Sohn eines kleinen Bauhandwerkers in Galiläa der König der Juden ist? Bist du so anmaßend oder so dumm?"

Josua war über die Arroganz seines Vaters wütend. Er wusste, wenn er jetzt den Mund aufmachen würde, dann stünde ihm eine Tracht Prügel bevor. Aber er konnte einfach nicht innehalten. Bisher hatte er sich genau überlegt, wann er etwas sagen sollte, ohne verprügelt zu werden, aber jetzt, als er in die viel sagenden Augen von Yeschua blickte, war ihm das egal. Josua sah aus den Augenwinkeln, wie Sarah ihn noch zurückhalten wollte, aber es war zu spät.

„Vater, steht nicht im Buch des Micha geschrieben: „Du aber, Bethlehem in Ephrata, winzig unter den Gauen Judas, aus dir soll mir einer hervorgehen, um Herrscher in Israel zu sein. Sein Ursprung reicht weit zurück, in die Tage der Urzeit. Darum …"

Weiter kam Josua nicht, denn Samuel hatte ihm solch eine schallende Ohrfeige gegeben, sodass er in den Schoß von Jakob fiel.

„Du gehst jetzt in deine Schlafstätte und legst dich hin. Wir sprechen uns gleich. Dann werde ich dir zeigen, wer dein Herr ist."

Drei Tage später hatte Josua immer noch Hörschwierigkeiten und zwei Wochen später sollten die Wunden, die in der selben Nacht ein Stock Samuels auf seinem nackten Hintern zurückgelassen hatte, immer noch nicht verheilt sein. Würde er es jemals schaffen, Samuel zu lieben, wie ein Sohn seinen Vater lieben sollte?

O, Gott. Wo bin ich hier nur gelandet? Heute war das Fest zu Ehren unserer Ankunft. Es war sehr herzlich, bis Joseph wieder einmal nicht seinen Mund halten konnte und in seine Erzähllaune gerutscht ist, wie wir es so oft schon in Ägypten erleben mussten. Dann habe ich den Rabbi erlebt, mit dem ich wohl noch öfters das Vergnügen haben werde. Was für ein starrer und brutaler Mann! Die unguten Wesen, die ich in seiner Nähe gesehen habe, scheinen sich sehr darüber zu freuen, diesen Mann stark beeinflussen zu können. Leider ist er einer der wichtigsten Personen in Nazareth und sein Einfluss ist sehr groß.

Sein Sohn Josua tut mir sehr leid. So einen Vater möchte ich nicht haben. Da ist mir sogar Joseph lieber...Vielleicht sollte ich Josua ein Geschenk überreichen. Das wird ihm bestimmt gut tun. Sehr viele Geschenke scheint er noch nicht erhalten zu haben.

Vater, nimm die Traurigkeit aus den Menschenherzen und lass sie deine Liebe erkennen. Und lass den Rabbi bald erkennen, wie du wirklich bist! Amên.

∞

Was bildete sich dieser verdammte Bauhandwerker nur ein! Samuel fluchte. Der Rabbi war auch einige Tage nach dem Willkommensfest immer noch aufgebracht. Meinte dieser Nichtsnutz von Joseph wirklich, sein Sohn könnte der lang erwartete Messias sein?

Seitdem die Familie des Joseph in Nazareth angekommen war, konnte Samuel keinen klaren Gedanken mehr fassen. Aber das Schlimmste war, dass sein eigener Sohn, Josua, sein erstgeborener Sohn, von dem er im innersten Kern seiner Seele sehr viel hielt, ihn, den Rabbi des Dorfes, das Oberhaupt Nazareths, vor anderen Leuten bloß stellte. Warum tat dieser Träumer ihm das an? Seit diesem Vorfall hatte Sarah keinen Ton mehr mit ihm gewechselt und verbrachte viel Zeit bei Josua am Bett, der immer noch vor Schmerzen wimmerte. Wenigstens hatte sein Sohn jetzt genügend Zeit, sich Gedanken über seine Unverfrorenheit zu machen. Er würde ihn sich später noch einmal zur Brust nehmen.

Samuel wanderte die letzten Tage nach der Schule sehr oft ganz alleine in der Gegend umher. Er liebte es, ziellos in der Gegend zu spazieren und dabei sein Gewissen zu erforschen. Heute traf er am Brunnen den Töpfer Jakob. Überschwänglich grüßten sie sich. Zusammen gingen sie über die Wiese. Es passte Samuel ganz gut, dass er seinen Freund Jakob getroffen hatte, denn sie beide hatten sehr oft die gleiche Meinung. Und dies war erheblich einfacher, als sich immer mit irgendeinem Besserwisser herumzuärgern.

„Samuel, versuche dich nicht mehr so über Joseph zu ärgern“, fing Jakob an, nachdem sie schon eine ganze Strecke schweigend nebeneinander her gegangen waren. „Das hat keinen Sinn und tut dir nicht gut. Joseph ist ein naiver Mann. Er weiß nicht, was er sagt. Er ist nicht so intelligent, dass er unserem Dorf oder unserem Ruf schaden könnte. Er wird in Zukunft viel in Sepphoris arbeiten und dadurch wirst du ihn auch nicht oft sehen. Samuel, gräm dich nicht weiter."

Samuel blieb stehen und drehte sich um, um Nazareth zu betrachten, das sich wie eine Katze an den Hang des fruchtbaren Hügels schmiegte. Wahrlich, ein schönes Dorf.

„Jakob, wie kannst du bei dieser Unverfrorenheit nur so ruhig bleiben! Glaubst du wirklich, dass in diesem kleinen Kaff der Erlöser unseres Geschlechts gerade mit gleichaltrigen Kindern spielt?", ereiferte er sich. „Auch noch mit Mädchen, die normalerweise neben die Mütter gehören, um backen und kochen zu lernen?" Samuel war richtig in Rage.

„Beruhige dich, Samuel."

„Glaubst du nicht, dass, wenn es der Erlöser wäre, wir ihn erkennen würden? An seiner Erhabenheit, an seiner Intelligenz? Sieht Yeschua aber nicht eher aus wie das Mehl, so blass und eingefallen? Glaube mir, dieser Junge traut sich ja nicht einmal in der Schule etwas zu sagen. Und wenn ich ihn die einfachsten Dinge frage, dann sagt er, dass er mit meinen Ausführungen wenig anfangen kann und er sich noch etwas in seine neue Heimat eingewöhnen muss. Gut, ich lasse ihm noch ein wenig Zeit, aber bald werde ich ihn mir mal etwas genauer vornehmen." Samuel spuckte auf den Boden. „Und außerdem ist er ein Bastard, wie man ja unzweifelhaft sieht. Das alleine sollte der Beweis dafür sein, dass er nicht der Erlöser sein kann."

„Samuel, du hast ja Recht." Jakob nahm den Arm von Samuel, der immer so ging, als ob er vor einem Wüstensturm flüchtete. „Der Messias kann er wirklich nicht sein. Außerdem glaube auch ich, dass unser zukünftiger Erlöser, wenn er überhaupt jemals kommen sollte, in Jerusalem aufwachsen würde und vielleicht einer der Nachkommen der adeligen Priesterschaft, der Sadduzäer sein wird. Aber ich glaube wiederum nicht, im Gegensatz zu deinem starken Glauben, der Herr segne dich, Samuel, dass jemals ein Messias kommen wird." Jakob machte einen großen Schritt, weil er Rinderkot ausweichen musste.

„Wo war ich stehen geblieben?" Jakob blickte Samuel fragend an.

„Bei deinem Unglauben."

„Ach ja, beim Messias. Wenn es wirklich einen Messias gäbe, dann wäre er schon längst da und hätte uns aus der Knechtschaft der Römer befreit. Du weißt ja, wie es in Sepphoris aussieht. Erst kamen die Griechen, dann die Römer. Die einstmals schönste galiläische Stadt ist vor Monaten vollkommen zerstört worden."

55

„Da sagst du was, Jakob. Und nun wird sie wieder mit griechischem Geist aufgebaut. Pah." Samuel spuckte erneut aus.

„Genau, und heute steht sie auch noch unter der Herrschaft des dummen Herodes Antipas. Möge er bald an einer elendigen Krankheit verrecken, dieser Hurensohn." Jakob schnaubte tief durch seine große knollenartige Nase.

„Deine Worte in Gottes Ohr." Samuel nickte. „Aber ich…"

„Samuel, ich glaube an Gott, unseren Herrn, aber ich glaube, dass wir uns selbst aus der Unterdrückung von Rom befreien sollten. Ich stehe in dieser Hinsicht eher auf der Seite der Zeloten, auf der Seite des Judas, ihres Anführers. Die Zeloten könnten in meinen Augen alle Römer töten, schließlich stehen ihre Kreuze schon überall auf den Hügeln Judäas und Galiläas, an denen unschuldige Juden erbärmlich verrecken. Wo ist er, der Erlöser?"

„Jakob, mit Gewalt kann man gar nichts erreichen. Der friedliche Weg ist der Richtige."

„Aber entschuldige", Jakob war etwas verwirrt über die Aussage des Rabbis, „warum hast du deinen Sohn dann verprügelt? Er war schon über eine Woche nicht mehr in der Schule, habe ich gehört, und man munkelt, dass er wegen deiner schallenden Ohrfeige schon seit Tagen nicht mehr geredet hat."

Samuel war wie vor den Kopf gestoßen. Wie konnte ihm jetzt auch noch sein bester Freund so erbärmlich in den Rücken fallen?

„Jakob, du hast selbst gehört, was Josua gesagt hat und wie er mich bloß gestellt hat, mich, den Hüter über die Gesetze des Glaubens unseres Dorfes." Samuel hatte das Gefühl, dass sein Kopf jeden Moment platzen müsse. „Jeder richtige Mann hätte hier die Pflicht gehabt, seinen Sohn so zu bestrafen, wie ich es getan habe. Schließlich sollte Josua daraus auch etwas lernen. Und das hat er, glaube mir. Dieser Träumer wird den Mund nicht mehr so aufreißen, wie er es an diesem Abend getan hatte. Und auch in Zukunft werde ich ein sehr großes Auge auf meinen Sohn haben. So etwas lasse ich mir nie mehr gefallen."

Danach gingen die beiden schweigend zum Dorf zurück. Samuel sagte nichts mehr, weil er sich von Jakob verraten fühlte, und Jakob blieb still, weil er sich von Samuel unverstanden fühlte.

∞

„Josua, bitte sag etwas." Sarah war verzweifelt, denn ihr Sohn hatte über zwei Wochen nicht mehr geredet. Kein einziges Wort. „Geht es dir gut? Hast du noch Schmerzen?"
Ein kleines Kopfschütteln, dann folgte ein heftigeres Nicken. Die Verzweiflung der liebenden Mutter wurde durch ein zaghaftes Klopfen an der Tür unterbrochen. Sarah ging mit schnellen Schritten zur Tür.
„Grüß dich Mirjam, komm doch herein." Sarahs Seele lachte immer, wenn sie die neue Einwohnerin des Dorfes sah.
„Ich habe gerade gesehen, wie dein Mann den Weg hinunter zur Wiese nahm. Und da er in den letzten Tagen viele Stunden in den Hügeln herumwanderte, dachte ich mir, komme ich mal vorbei und besuche dich und Josua." Mirjam drückte Sarah fest an ihr Herz.
„Wie geht es Josua?"
„Er spricht einfach nicht. Die Ohrenschmerzen scheinen verflogen zu sein. Nur die Wunden auf seinem Hintern machen mir Sorgen. Mirjam, warum schlägt Samuel unseren Sohn?" Als Sarah diese Frage ausgesprochen hatte, wunderte sie sich selbst, mit was für einer selbstverständlichen Offenheit sie Mirjam begegnete. Sie vertraute ihr.
„Samuel liebt deinen Sohn, doch er erwartet zu viel von ihm." Sie gingen beide in den Nebenraum, in dem Josua regungslos auf dem Bauch liegend die Wand anstarrte. Er schien in eine andere Welt verkrochen zu sein.
„Josua, ich grüße dich. Wie geht es dir?" Mirjam beugte sich ein bisschen über seinen Körper. Es kam keine Antwort, nur ein kleines Kopfschütteln. Sarah ging die Reaktion von Josua sichtbar nahe, und sie versuchte das Thema zu wechseln.
„Mirjam, bitte erzähle mir alles, was du am Abend des Festes nicht erzählt hast. Die Geburt in Bethlehem scheint etwas ganz Besonderes gewesen zu sein. Wer ist dein Sohn?"
„Sarah, ich weiß, dass er ein Prophet ist. Yeschua wurde auserwählt. Er hat einen schwierigen Weg vor sich. Er ist seiner Zukunft gewachsen, da er ihr voraus ist." Mirjam hielt kurz inne, um sich der Wahrheit ihrer Worte wieder bewusst zu werden. „Yeschua ist nicht wie andere Kinder. Er ist ernsthafter. Und gleichzeitig wieder ist er ein normales Kind, denn er stellt viel Unsinn an und macht viel Quatsch zu Hause. Und diese Mischung macht ihn fähig, seine Aufgabe zu erfüllen. Aber manchmal bereitet mir seine körperliche Verfassung Sorgen. Er wirkt oft sehr geschwächt." Mirjam zwinkerte Sarah zu und nickte in Josuas Richtung. Beide merkten, dass Josua jedes Wort mitbekam und vor Spannung kaum noch atmete.

„Mirjam, ich erzähle dir, was ich noch niemandem vorher erzählt hatte." Sarah holte tief Luft und atmete langsam aus. „Und zwar war es in der Zeit der Geburt deines Sohnes. Samuel war mit anderen Männern und deren Söhnen in Jerusalem, und ihr, wie ich jetzt erfahren habe, wart keine Stunde von ihnen entfernt in Bethlehem. Mirjam, ich hatte einen Traum. Oder eher eine Vision, denn kurz vor dem Aufwachen sah ich einen Engel, der mir mitteilte, dass in dieser Nacht der Messias geboren wurde. Ich konnte es nicht glauben, wollte es aber, denn unser Land hat einen Erlöser dringend nötig." Sarah schaute Mirjam tief in die Augen. Mirjam hatte rehbraune Augen, die ihr eine Liebe und Geborgenheit schenkten, die sie noch nie in ihrem Leben geschenkt bekommen hatte. Nicht einmal von ihrer Mutter. „Mirjam, ist Yeschua der Messias?"

„Ja", hauchte Mirjam und unterstrich dies mit einem Nicken. „Als wir nach der Geburt nach Ägypten gereist waren, haben wir bei Bakenor, einem Weisen, in Alexandria gelebt. Bakenor war auch bei der Geburt anwesend. Er sagte, dass ihm ein Bote des Lichts mitgeteilt hatte, uns für einige Zeit mit nach Ägypten zu nehmen. Dort würde man Yeschua schulen und ihn zu Kräften kommen lassen. Er sagte mir damals, dass er sich mit Yeschua nur auf Griechisch unterhalten würde, da er diese Sprache lernen müsste. Griechisch sei die Sprache des Handels und der Zukunft. Ebenfalls wurde Yeschua schon früh in die universellen Weisheitslehren eingewiesen. Schließlich bräuchte er dieses Wissen für sein Leben. Diese Dinge hätte er nicht vermittelt bekommen können, wenn wir direkt nach der Geburt wieder nach Nazareth zurückgekehrt wären." Mirjam zuckte die Achseln. „Hier gäbe es keinen, der Jesus die wirklichen Dinge lehren könnte."

„Das kann ich mir vorstellen."

„Auch Samuel nicht."

„Mirjam, ich weiß, Samuel ist sehr streng und eingefahren. Er verschließt leider die Herzen der anderen Menschen durch seine Strenge. Sogar eine Ziege erreicht ihre Herzen besser als mein Mann." Sie lächelte. „Wer lächelt nicht beim Anblick einer Ziege, wenn sie uns Menschen anmeckert?"

„Wie Recht du hast. Gott segne deinen Humor." Mirjam legte ihre beiden Hände auf ihr Herz.

„Lernen wird er hier von Samuel wahrlich nicht viel können," ergänzte Sarah, „höchstens kann er erkennen, wie eingefahren und streng die Rabbis so sind. Auch du weißt mittlerweile ja, wie mein Mann ist. Gut, ein Wissen hat er, aber das ist leider nicht das Wichtigste im Leben." Sie zwinkerte Mirjam zu.

„Gut, dass Yeschuas Herz stärker ist als sein Geist." Mirjam schaute in Richtung Josua, der immer noch große Ohren zu haben schien. „Als Erlöser wird Yeschua von den wenigsten Erwachsenen hier im Dorf etwas lernen können. Aber von den Kindern, die mit ihm spielen sollen, um ihn von den Vorahnungen seines zukünftigen Lebens, die ihn manchmal einholen, abzulenken. Manchmal fühlt er sich so schwer an, als ob er in Gedanken mit Tausenden von Dämonen kämpfen müsse."

Mirjam hatte noch nicht das letzte Wort ausgesprochen, als es leise an der Tür klopfte.

„Das müsste Yeschua sein. Er wollte nachkommen. Soviel ich weiß, hat er eine kleine Überraschung für Josua dabei." In diesem Moment drehte Josua seinen Kopf zu den beiden Frauen, seine Augen begannen zu leuchten und er setzte sich innerhalb kürzester Zeit aufrecht auf sein Bett.

Das erste Mal seit zwei Wochen. Sarah ging verwundert zur Tür. Kurz darauf kehrte sie mit Yeschua zurück, der voller Freude war. Irgendetwas schien er hinter seinem Rücken zu verstecken.

„Grüß dich, Josua. Ich habe dir etwas mitgebracht." Er nahm die rechte Hand hinter seinem Rücken hervor und reichte Josua ein ungefähr handgroßes Holzstück. Es sah aus wie ein Kreuz und gleichzeitig wie eine Figur. Der obere Teil war von einer Maserung durchzogen, die ein Gesicht zeigte. Der untere Teil des Kreuzes wurde breiter, so dass es genauso gut ein Gewand hätte sein können. Es war nicht gleichmäßig geschnitzt, dafür aber ganz glatt geschliffen, sodass man es gut in die Hand nehmen konnte.

„Dieses Kreuz wird dir deine Schmerzen nehmen und deine Seele erhellen. Es ist ein Symbol unseres Vaters im Himmel. Noch ist es zu früh, das zu verstehen, aber ich weiß, dass einmal die Zeit kommen wird, dass du die gesamte Bedeutung hiervon erkennen wirst." Yeschua legte ihm die Hände auf die Schulter.

„Yeschua. Ich danke dir so sehr. Ich sehe in diesem Kreuz aber eine Figur. Diese Figur bist du. Und diese Figur wird mir Kraft geben und mich immer an dich erinnern. Ich danke dir." Eine Träne kullerte Josua über sein Gesicht, während sich Sarah und Mirjam voller Freude und Verwunderung anschauten.

„Ich komme morgen wieder vorbei." Jesus lächelte Josua zu. „Ich möchte dir und deiner Mutter noch sagen, dass ich lieber Iesous, oder Jesus genannt werden möchte. Es ist die griechische Version meines Namens, aber da ich in Alexandria so genannt wurde, ist es mir hier auch lieber. An diesen Namen habe ich mich jetzt gewöhnt." Er lächelte und erhellte damit den dunklen Raum. „Übrigens, bald wird Samuel zurück sein, denn ich sah ihn am Brunnen mit schnellem Schritt den Weg hier hoch eilen. Ich glaube, wir sollten gehen."

In den Worten des jungen Jesus lag eine überzeugende Macht, die keinen Widerspruch zuließ. Daraufhin nahm Jesus die Hände von der Schulter Josuas. Mirjam und Yeschua verabschiedeten sich und ließen eine verwunderte Sarah und einen gerührten Josua zurück.

Die abendliche Mahlzeit verlief bis auf die von Samuel gesprochenen Gebete wortlos. Josua konnte heute Abend zum ersten Mal wieder an der familiären Runde teilnehmen, denn seine Schmerzen waren wie durch ein Wunder verschwunden. Die Hände von Jesus waren sehr warm und danach hatte Josua das Gefühl, als ob sein Po wieder gesund war. Seine Mutter sah sich daraufhin seinen Hintern an und, wahrlich, die Wunden waren verschwunden.

Samuel schaute weder seine Frau noch seine Kinder an. Er aß nur etwas Brot mit Olivenpaste, stand nach kurzer Zeit auf und teilte Sarah mit, dass er noch etwas spazieren gehen müsse. Daraufhin verschwand die Disharmonie im Raum und Liebe kehrte ein. Sarah räumte mit Esther den niedrigen Tisch ab und säuberte die Schalen. Judith legte ihren Kopf in den Schoß ihres Bruders und lächelte ihn an. Josuas Seele war wieder heller geworden, so wie es Jesus gesagt hatte. Ihm ging es wieder besser. Und dies merkte auch Judith, die in den letzten Wochen Josua nicht von der Seite weichen wollte, ihn aber in Ruhe schlafen lassen musste.

„Ich hab dich lieb, Judith." Josua streichelte ihren Kopf und war gleichzeitig wütend.

Sarah kam zu den beiden und legte ihnen ihre Hände auf den Kopf. „Judith, hilf deiner Schwester mit den Schalen."

Judith sprang auf, gab ihrem großen Bruder einen Kuss auf die Wange mit der Narbe und ärgerte, wie so oft, ihre ältere Schwester, anstelle ihr zu helfen.

„Josua, sei nicht traurig oder wütend auf deinen Vater. Er weiß nicht was er tut." Sie küsste ihn auf die Stirn. „Ich weiß, dass du Schmerzen in deiner Seele hast und nicht verstehst, dass du solch einen Vater hast. Er meint es nicht so, er liebt dich, auch wenn er es nicht zeigen kann."

„Liebe sind also Schmerzen?"

„So kann man das nicht sagen."

„Nein, das verstehe ich nicht."

„Dein Vater hat eben eine eher ungewöhnliche Art, sein Liebe zu zeigen. Er möchte nur das Beste für dich."

„Die anderen Jungen in der Schule lobt er und mich schlägt er. Dies soll das Beste für mich sein?"

„Liebe muss manchmal streng sein."

„Mutter, das verstehe ich nicht." Josua wollte zornig sein, war aber zu müde dazu. Er fühlte sich einfach nur müde. „In unseren Schriften steht, dass wir Kinder die Eltern ehren sollen. Aber wie soll ich ihn so ehren?"

„Josua, geh jetzt schlafen. Du weißt, dass ich dich liebe?" Sie küsste ihn wiederholt auf seine Stirn.

„Ja, ich liebe dich auch, Mutter, aber ich verstehe es trotzdem nicht."

„Lass dich nicht unterkriegen, mein Sohn", flüsterte sie ihm zu, bevor er in seiner Schlafstätte verschwand.

Heute wollte Josua nur noch allein sein. Er legte sich hin und nahm die Holzfigur in die Hand. Es war Olivenholz. Er liebte den Geruch der Olive und des Öls, das aus ihr zubereitet wird. War das Kreuz ein Stück seines Olivenbaumes oben auf dem Hügel?

Dann erinnerte er sich wieder an das Gespräch zwischen seiner Mutter und Mirjam. Was hatte Mirjam heute gesagt? Yeschua war der Messias, hatte er gehört. Seine Seele glaubte das, obwohl es eine unerhörte Anmaßung war. Ab jetzt wollte er seine Gedanken für sich behalten. Die einzige Ausnahme sollte Yeschua sein, dem er, obwohl er ihn überhaupt nicht kannte, uneingeschränkt vertraute. Er freute sich schon auf morgen, wenn sein neuer Freund ihn wieder besuchen würde. Egal ob Messias oder nicht. Jesus war ein lieber Mensch. Mit diesen Gedanken schlief Josua ein, und er träumte von einem sich schnell bewegenden Stern über dem Berg Tabor.

∞

„Mutter, warum hat Josua solch einen Vater?" Jesus war sehr traurig geworden, nachdem sie wieder in ihr Zuhause heimgekehrt waren. Die Stimmung in dem Hause des Rabbis war ihm sichtlich nahe gegangen.

„Ich habe gesehen, wie dunkel seine Seele war. Und ich fürchte, die von seinem Vater ist noch dunkler."

„Jesus, jeder hat sich für sein Leben etwas ganz Besonderes ausgesucht." Mirjam bereitete das Abendessen vor, liebte es aber, wenn ihr Sohn ihr in dieser Zeit Gesellschaft leistete und ihr, wie so oft, Fragen stellte.

In diesen Momenten schien es Jesus, dass ihr die Antworten einfach in ihre Gedanken eingegeben wurden, ohne dass sie wusste, woher sie kamen. Ihr Gesichtsausdruck zeigte ihm, dass sie sich wohl häufig selbst darüber wunderte, was sie so sagte.

61

„Kein Mensch vorher und kein Mensch nachher wird dieses Leben so leben können, wie man es sich selbst ausgesucht hat. Das Leben von Josua ist im Moment vielleicht etwas härter als das anderer Kinder, aber du weißt, dass Gott unser Herr, sich bei allem, was geschieht, etwas denkt. Und irgendwann wird Josua durch das Leid, das er im Moment durch seinen Vater ertragen muss, gewachsen sein und dann wird er erkennen, dass das Leid für die Entwicklung seiner Seele das Beste war, was ihm passieren konnte."

Jesus hatte eine weise Mutter. Nur selten konnte er dies bei Frauen beobachten. Frauen konnten tiefer lieben als Männer, aber Liebe gepaart mit Weisheit, das faszinierte ihn und er war dankbar, dass er Mirjam hatte. Schließlich war sein Vater auch nicht immer einfach. Joseph war zwar nicht so brutal wie Samuel, aber man konnte beim Willkommensfest sehen, dass er immer wieder zu gutgläubig war und einfach drauflos redete, wie es ihm gerade einfiel. Jesus fiel es immer noch schwer, anzunehmen, dass Joseph so war wie er war. Unter Vater stellte er sich vor, dass er sich bei ihm anlehnen konnte, dass er weise Ratschläge bekam, dass er geliebt wurde, dass er auch einmal eine strenge Hand brauchte, aber solch einen Vater, der dem ganzen Dorf erzählte, dass sein Sohn der Messias sei, das war wirklich sehr kurzsichtig. Nun ja, es war nun mal geschehen.

Auch seine beiden älteren Brüder Juda und Jossi, die bisher bei Samuels Schwester gewohnt hatten, saßen jetzt immer am Tisch und aßen mit. Sie waren immerhin schon fünfzehn und sechzehn. Doch die Zeit war manchmal recht kurz, um sie ein bisschen besser kennenzulernen, denn Joseph ging auch heute Abend, wie so oft in der letzten Zeit, mit ihnen noch einmal in die Werkstatt, um einige Aufträge zu erledigen.

Seit ihrer Heimkehr nach Nazareth gab es wieder mehr Arbeit. Die Aufträge kamen allesamt aus Sepphoris, denn dort herrschte eine enorme Bautätigkeit und jeder Bauhandwerker wurde dringend gebraucht. So waren Joseph, Jossi und Juda zu mehreren Tagen in der Woche in Sepphoris, denn die Römer bauten Götzentempel über Götzentempel. Sogar ein Theater war schon kurz vor ihrer Rückkehr nach Nazareth in der galiläischen Hauptstadt entstanden. Die Steinarbeiten wurden in Sepphoris getätigt, die Holzarbeiten konnte Joseph zu Hause vorbereiten, denn dort hatte er seine ganze Ausrüstung. Aufträge aus Nazareth gab es nicht. Noch machte fast jeder Einwohner einen großen Bogen um die Bauhandwerkerfamilie. Der Ausgang des Festes hatte doch viele Spuren des Entsetzens hinterlassen und viele waren noch immer geschockt, denn eine solche Anmaßung hatten sogar weniger streng Gläubige noch nicht erlebt.

Als Jesus am Abend in seiner Schlafstube verschwand, war er wieder sehr traurig und fühlte sich ausgelaugt. Jesus musste viel nachdenken. Manchmal konnte er gar nichts anderes tun, denn er hörte ebenfalls viele Gedanken, die von außen in seine Seele eindringen wollten. Er sah auch vereinzelt böse, dunkle Wesen, die ihn verhöhnten, die nach ihm spuckten und ihn hinterlistig angrinsten. Warum nur sah er diese? Er hatte oft schon seine Mutter gefragt, warum er solche Dämonen sah, aber sie konnte ihm keine Antwort geben, außer, dass es in sein Leben gehöre.
Heute Abend waren die Angriffe dieser Dämonen wieder sehr stark. Der Tag hatte ihm viele Kräfte geraubt, vor allem die kurze Zeit bei Josua war anstrengend gewesen. Dort hatte er gespürt, dass sein Vater im Himmel durch Jesus' reine Anwesenheit Kräfte auf Josua übertrug, die so groß waren, dass sein Freund bestimmt heute Abend von seinen Schmerzen erlöst sein würde. Er spürte eine unbändige Kraft durch seine Hände fließen, als sie auf Josuas Schultern lagen. Aber er war dadurch so geschwächt, dass er den folgenden Angriffen nur durch Gebete Herr wurde. Er brauchte eine ganze Weile, bis seine Gebete eine Auswirkung zeigten. Das Licht wurde dadurch um ihn herum immer heller und intensiver, bis sich diese Dämonen nicht mehr in dieser Helligkeit aufhalten konnten und schließlich von ihm lassen mussten. Darauf schrieb er seine Gedanken des Tages auf und löschte die Öllampe. Keine Minute später war Jesus eingeschlafen und träumte von einem Stern, der sich am Horizont rasant über den Berg Tabor hinweg bewegte.

Was für ein gestriger Tag! Wenn diese Kämpfe mit diesen Dämonen so weiter gehen, weiß ich nicht, ob ich noch ein Jahr älter werde. Diese Fratzen, die ich immer sehe, scheinen sehr böse zu sein. Zum Glück habe ich von Bakenor gelernt, wie ich damit umgehen muss. Gebete helfen immer, auch wenn ich dadurch sehr müde und erschöpft werde. Sogar heute früh bin ich noch sehr müde. Am liebsten würde ich gar nicht aufstehen. Vater, warum erschöpft mich dies alles so? Ich fühle mich teilweise so alt wie Joseph. Kosten mich diese Kämpfe so viel Kraft? Werden diese Kämpfe ewig weiter gehen? Sind die Kämpfe für mein zukünftiges Leben wichtig? Warum sehe ich bei den anderen Menschen diese dunkle Energie nicht in dem Maße wie bei mir?

Es war schön gestern bei Josua. Er hat sich sehr über das Kreuz gefreut. Hoffentlich geht es ihm jetzt wieder besser. Vater, habe ein Auge auf ihn. Er braucht deine Liebe. So soll es sein.

Ein Vertreter des großen und heiligen Geschlechts

Es war wieder Nacht in Nazareth. Im Raumschiff, das über der Gegend zwischen Nazareth und dem Berg Tabor stationiert war, herrschte wie immer eine friedvolle, aber ernsthafte Stimmung. Tai Shiin, der stellvertretende Kommandeur der gesamten Raumschiffflotte der Santiner und gleichzeitig der Beauftragte, der über die Seele zu wachen hatte, die unter dem Namen Jesus Christus in Zukunft auf der ganzen Erde bekannt werden sollte, blickte mit hoher Konzentration auf zwei Bildschirme. Er saß auf einem erhöhten Sitz in der Mitte des Kommandoraumes. Um ihn herum in einem Halbkreis befanden sich die zwei großen Bildschirme, mehrere Tastenfelder, die bedient werden konnten, wenn eine gewisse Gedankenkonzentration nicht aufgebracht werden konnte. Dies war zwar noch nie vorgekommen, aber auch die Santiner mussten mit allem rechnen, wenn sie sich dem Einfluss der Dunkelheit näherten.

Auf dem größeren Bildschirm war der Körper des schlafenden Jesus sichtbar, dessen Seele sich gerade in einer dafür erwählten Sphäre des geistigen Reiches von dem schwierigen Tag erholte. Auf dem kleineren Bildschirm war der schlafende Josua zu sehen, dessen Seele, wie die von allen anderen Menschen, sich während der Schlafphase ebenfalls im geistigen Reich erholte. Jede Seele wechselte im sogenannten Traum ins geistige Reich über und hielt sich dort in Bereichen auf, wo es sie energetisch hinzog. In diesen Bereichen konnte sich eine Seele dann erholen, weil die Strapazen auf der Erde zu groß waren. Die meiste Zeit aber verbrachte sie in Schulungen, wo sie über ihre Lernaspekte belehrt wurden. Kurz bevor der Mensch wieder aufwachen musste, ging die Seele zurück in den irdischen Körper, um bereit zu sein, die empfangenen Belehrungen im täglichen Leben umzusetzen.

Mit ihrer sehr weit entwickelten Technik war es den Santinern möglich, durch Wände und andere Barrieren auf der Erde zu schauen und alles für die Außenwelt Unsichtbare sichtbar zu machen. Tai Shiin wirkte entspannt, denn alles lief nach Plan. Normalerweise war die Überwachung der Seelen die Aufgabe der Mitarbeiter des geistigen Reiches, doch bei Jesus und Josua war es anders. Die beiden hatten etwas gemeinsam: Ihre erste Inkarnation überhaupt fand auf Metharia statt, dem Heimatplaneten der Santiner. Dort hatten sie sich kennengelernt. Durch diese gemeinsamen Erlebnisse auf Metharia waren ihre Seelen energetisch an diesen Planeten gebunden und standen unter der Fürsorge der Santiner. Ja, aus diesem Grund war Jesus ein Santiner, wenn man es denn so ausdrücken wollte. Aber für Jesus, den Santiner, taten alle alles nur denkbar Mögliche. Die Mission von Jesus war nicht mit irgendeiner anderen Mission vergleichbar, die er bisher in der langen Zeit seiner Existenz bisher erlebt hatte. Diese Mission von Jesus, des Erstlingsgeistes, der schon als Seele existierte hatte, bevor irgendein Planet im gesamten Universum geschaffen wurde, umfasste die Rückführung gefallener Seelen in das geistige Licht, in ihr wahres Zuhause. Durch den enormen energetischen Unterschied zwischen seiner geistigen Sphäre und der irdischen, war es für Jesus auf der Erde unmöglich, seine Seele ohne Vorbereitung direkt in einem menschlichen Körper Fleisch werden zu lassen. Es war ein Zwischenschritt nötig. Dieser bestand darin, auf einem Planeten zu inkarnieren, der von der Entwicklung der auf ihm wohnenden Menschen sehr weit fortgeschritten war, aber noch als Materie galt. So konnte er sich an eine Art Grobstofflichkeit gewöhnen. Und dieser Planet war vor längerer Zeit Metharia gewesen, die Heimat der Santiner. Also war Jesus ein Santiner.

Inkarnation! Ein für Tai Shiin normaler Gedanke, den die Santiner in ihrer eigenen Sprache schon seit tausenden von Jahren verinnerlicht hatten. Aber für die meisten Menschen auf der Erde war eine Inkarnation, geschweige denn eine Reinkarnation, unmöglich. Die wenigsten Menschen hier wussten um die ewigen Gesetze des Zentralbewusstseins, wozu eine wiederholte Einkörperung einer Seele in einen materiellen Körper nun einmal gehörte. Die Reinkarnation war der Urgrund aller göttlichen Gesetze, die in der irdischen Materie wirkten, sie war fundamental.

Tai Shiin erinnerte sich noch gut an diese Inkarnation, als die Seele von Jesus Christus auf Metharia inkarniert hatte. Im Verlaufe dieses Lebens wurde die große Mission von ihm und den mehreren Tausend Santinern besprochen, die sich dieser Aufgabe versprochen hatten und sich in dieser Inkarnation auch persönlich begegnen sollten und auch Jesus erleben durften und viel von ihm lernen konnten.

Alle knapp drei Milliarden Santiner, die es gab, waren aber auf irgendeine Weise in diese Mission mit einbezogen, auch wenn sie irgendwo in einem anderen Bereich des Alls unterwegs waren oder zuhause für die Energieversorgung von Metharia zuständig waren. Zumindest gedanklich unterstützten alle diese schwierige Aufgabe von Jesus. Und Gedanken von Santinern waren verstärkte und konzentrierte Lichtstrahlen, und sie hatten eine enorme Kraft. In einigen Tausend Jahren würde die Menschheit den Laser erfinden, aber auch diese Laserkraft würde nicht vergleichbar sein mit dem Licht, das die Gedanken der Santiner ausstrahlten. Dagegen waren die Gedanken von Menschen auf der Erde wie eine wild flackernde Öllampe, deren Licht unscharfe und unheimliche Schattenbilder an die Wand warf. Und was so viele Milliarden lichtvolle Gedanken bewirken können, wurde Tai Shiin jeden Tag aufs Neue bewusst. Er selbst und die anderen Tausende santinischer Raumfahrer, die ihre Tätigkeit fernab von ihrer Heimat im Bereich der Erde ausübten, fühlten sich beschützt und getragen durch die Liebe, die sie von ihren Schwestern und Brüdern aus 4,3 Lichtjahren Entfernung erhielten.

Tai Shiin konzentrierte sich auf unsichtbare Felder auf den Bildschirmen, bis die Bilder der beiden Schlafenden verschwanden, dafür aber einige aktuelle Neuigkeiten in Form von Kurzfilmen über seinen Heimatplaneten Metharia auftauchten. Eine Menschheit einer fernen Galaxis hatte sich der Konföderation aller raumfahrenden Menschheiten angeschlossen, der auch die Santiner angehörten. Weiterhin hatte eine Wissenschaftsgruppe einen Telepathieverstärker entwickelt, der eine noch größere Präzision der Gedankenübertragung zuließ, was vor allem den santinischen Raumfahrern zugute kam. Aber dann kam für ihn die schönste Nachricht: Seine Schwester Almia war Mutter von einer ganz süßen Tochter geworden. Tai Shiin lachte, es überkam ihn aber auch ein bisschen Wehmut.

Gerade bei solchen Momenten vermisste Tai Shiin seine Heimat, denn er war schon lange im Raumschiff unterwegs und würde Metharia noch länger nicht wiedersehen können. Er vermisste die Gemeinschaft mit den anderen Santinern, vor allem die gemeinsamen Morgenrituale, wo sich zeitgleich fast alle Einwohner des Planeten bei Sonnenaufgang auf großen natürlichen Plätzen einfanden und gemeinsam die Größe von Gott und seiner Schöpfung ehrten und sich dafür bedankten, erschaffen worden zu sein. Metharia hatte zwei Sonnen, es wurde auf dem Planeten nie ganz dunkel. Und trotzdem war es immer wieder ein prachtvolles Schauspiel, wenn es hell wurde und das Licht sich immer mehr ausbreitete und alle Geschöpfe darin einschloss. Er vermisste die vielen Feste – wie die Hochzeiten, wo mehrere Hunderte Santiner zusammenkamen und mit ihrer Freude die beiden frisch Vermählten segneten. Oder die Feiern für die

Kinder, die mittels heiliger Rituale und kleiner Prüfungen durch alle Familienangehörige, Freunde und Bekannte in neue Lebensabschnitte begleitet wurden. Aber auch die erhabenen Momente, in denen sich die Santiner in einer Runde der Dankbarkeit und Liebe von älteren Santinern verabschiedeten, die bewusst wieder in das geistige Reich überwechseln wollten, da ihr Schicksalsrad dies so bestimmt hatte. Er erinnerte sich daran, wie sein Großvater Manthor vor etlichen Jahren wieder in das geistige Reich gewechselt war. Manthors Leben wurde mit Hilfe von Filmen beleuchtet. Darin berichtete er von seinen Erkenntnissen, wie er die Evolution Gottes vorangetrieben hatte – so wie jede andere inkarnierte Seele –, aber auch, welche Fragen bezüglich der Entwicklung aller Geschöpfe des Universums und Antiuniversums er noch nicht beantworten konnte. Es wurden gemeinsam lustige Begebenheiten seines Lebens durchlebt, es wurde viel gelacht und gefeiert, bis sich Manthor auf eine grüne Au zurückgezogen hatte, wo seine Seele bewusst wieder in seine wahre Heimat gegangen war. Der übergebliebene Körper war danach dematerialisiert worden. Danach hatte sich die Familie Manthors noch einmal in Form eines Gebetes für ihn von seiner Seele verabschiedet und es wurde den Kindern von Manthors Erkenntnissen berichtet, die er in seinem Leben gesammelt hatte und welche Hinterlassenschaft er den nächsten Generationen geschenkt hatte.

Tai Shiin lächelte, denn sein Großvater war ein mutiger Raumfahrer gewesen, der mit seiner Crew eine neue Galaxie entdeckt und mit den Bewohnern eines Planeten einen göttlichen Friedensvertrag abgeschlossen hatte.

Ein so mutiger Raumfahrer war er selbst nicht, aber er hatte andere Fähigkeiten. Diese Bewusstheit, mit der die Santiner ihr Leben verehrten, erfüllte Tai Shiin. Alles, was die Santiner taten, segneten sie mit ihrer Dankbarkeit und Liebe. Auch hier in der Raumstation, im Zusammensein mit den vielen anderen Raumfahrern, wurde diese Bewusstheit gelebt. Aber die Erde war im Vergleich hierzu ein Niemandsland. Die Menschen auf der Erde lebten vor sich hin, taten Dinge, die sie manchmal gar nicht wollten, führten Gespräche, ohne richtig zuzuhören. Kurzum: Sie vegetierten vor sich hin. Aber dies war im Moment nicht wichtig. Er schickte seiner Schwester einen liebevollen Gedankengruß und widmete sich wieder der Gegenwart. Daraufhin tauchten wieder die beiden Schlafenden auf.

Als Tai Shiin über den gestrigen Tag nachdachte, an dem sich Jesus und Josua zum ersten Mal etwas näher gekommen waren, musste er lächeln. Es war gut gegangen. Josua hatte sich unbewusst an seine Aufgabe erinnert, die er sich vorgenommen hatte. Und Jesus, der auf seinem Lebensweg einige reife Seelen treffen würde, hatte jetzt auch in Galiläa eine Seele gefunden, die ihm für eine kurze Zeit eine gewisse Vertrautheit schenken konnte. Schließlich war ein Freund, mit dem man sich verstand, etwas ganz Wichtiges und nicht mit einer Mutter zu vergleichen, auch wenn diese ihren Sohn über alles liebte.

Tai Shiin wusste um die enorme Wichtigkeit dieser nun kommenden Jahre. Immer wieder war er froh, dass er sich wie alle Santiner an die letzten Leben erinnern konnte, die teilweise schon über 8.000 Jahre zurücklagen, aber auch an die Zeiten zwischen den Leben lagen. Er durfte sich selbst lange Zeit als Schüler von Jesus sehen, als dieser auf Metharia gelebt hatte. Es war eine heilige Zeit, eine bewegte Zeit, deren Erinnerungen ihn immer noch in Atem hielten, denn er war von Jesus intensiv geschult worden. Und von Jesus geschult zu werden, hieß, in jeder Sekunde Geist und Seele in Einklang zu halten und nicht in seiner Konzentration nachzulassen. Es verlangte außerdem die Ausrichtung seiner Gedanken auf die Aufgabe, und dabei die Liebe und die Leichtigkeit nicht zu verlieren. Das war sogar für ihn, einen erfahrenen Raumfahrer, der alle Anweisungen und Vorgänge eines interstellaren Raumfluges gedanklich steuerte, eine enorme Herausforderung gewesen.

Einige Zeit nach dieser Zeit mit Jesus hatte Tai Shiin wiederum jüngere Santiner als Schüler anvertraut bekommen, die sich für die anstehende Mission auf der Erde interessierten. Tausende Santiner waren geschult worden und übernahmen dann gemeinsam die Aufgabe, die Mission von Jesus zu unterstützen. Fast alle der Schüler taten ihren Dienst in dieser Mission in den Raumschiffen, die um die Erde kreisten. Aber nur die wenigsten hatten den Mut, auf der Erde zu inkarnieren und damit auch in direkter Berührung mit der geistigen Dunkelheit ihren Weg zu gehen. Einer von ihnen befand sich gerade in Nazareth und war der Sohn eines strengen Rabbis. Ja, Josua war mutig, das musste man ihm lassen. Tai Shiin nickte anerkennend vor sich hin. Nicht jeder Santiner wollte sich den schwierigen Gegebenheiten auf der Erde stellen. Josua war durch die wenigen vorherigen Inkarnationen auf der Erde immer noch mit einer gewissen Naivität gesegnet. Normalerweise nicht die schlechteste Eigenschaft, aber auf der Erde musste man nun mal auch negative Erfahrungen machen und schließlich lernen, wie die negative Kraft in ihrer Zerstörungswut gegen die menschliche Seele arbeitete und wie man sie vor allem von sich selbst fernhalten konnte. Durch diese Blauäugigkeit zeigte sich bei Josua eine

Tendenz, die negative Kraft, die sich auf dem Läuterungsplaneten Erde tummelte, nicht zu erkennen und wenn erkannt, zu unterschätzen. Jede Inkarnation auf der Erde war mit einem gewissen Risiko behaftet. Mit einem, wenn man ehrlich war, enormen Risiko. Diesen mutigen Seelen konnte er nicht genügend Respekt entgegenbringen. Eine Seele von diesen war Josua. Vor dessen Inkarnation hatte Tai Shiin die Aufgabe übernommen, ihn so gut es ging und wo es möglich war, zu inspirieren und zu schützen. Schließlich waren sie früher auf Metharia einmal Brüder gewesen.

Der auserwählte Rabbi des auserwählten Volkes

Josua saß mit seiner Familie beim morgendlichen Mahl. Samuel war immer noch in sehr schlechter Laune, die an diesem Morgen wieder einmal sein Sohn abbekam.
„Josua", fing Samuel an, „nur dass du es weißt, morgen kommst du wieder mit zur Schule. Du hast jetzt genug auf der faulen Haut gelegen. Und richte dem Sohn des Joseph aus, dass ich ihn ab morgen ebenfalls wieder in der Schule erwarte. Auch dieser Kerl hat einige Zeit in der Schule gefehlt."
Dann stand der Rabbi auf und machte sich auf den Weg in die Synagoge. Josua blickte kurz zu seiner Mutter, die ihn liebevoll anlächelte.
„Josua, er meint es nicht so."
„Und ob er es so meint!" Seit dem Abend des Festes hatte er Angst vor seinem Vater. Er war froh, dass er Samuel im Moment nicht oft sah.
„Josua, ich habe vor dem Mahl Mirjam auf der Gasse gesehen. Sie sagte mir, dass Jesus heute doch nicht kommen kann, da er sich sehr schwach fühlt."
„Dann werde ich zu ihm gehen. Ich habe heute früh ja noch Zeit."

Josua freute sich, seinen Freund wieder zu sehen. Auch wenn Josua Jesus noch nicht lange kannte, war er ihm schon so ans Herz gewachsen, dass ihn dies sehr verwunderte. Josua ging den Hauptweg Richtung Sepphoris. Jesus wohnte mit seinen Eltern nur knapp dreihundert Fuß von seinem Heim entfernt. Das Haus von Jesus war sehr schön. Es war, wie alle der wenigen Häuser in Nazareth, aus Kalkstein gebaut. Daneben befand sich eine riesige Stallhöhle, die als Werkstatt diente. Dort arbeitete Joseph mit seinen älteren Söhnen. Der Bauhandwerksbetrieb lag genau in der Mitte von Nazareth. Josua klopfte an die Tür und betrachtete wartend das wirklich schöne Anwesen. Er wusste gar nicht, dass Jesus auch so reiche Eltern hatte.

Mirjam stand mit großer Freude vor ihm. „Da wird sich Jesus aber freuen. Er hat mir heute früh schon gesagt, dass er hofft, du würdest vorbeikommen. Jesus ist dort hinten in seiner Schlafstätte."

Josua ging über den kleinen Innenhof auf eine offene Tür zu.

„Josua, das ist aber schön, dass du gekommen bist", wurde er direkt von Jesus begrüßt, obwohl er noch einen Schritt vom Eingang entfernt war.

Jesus sah sehr schwach aus, aber ein Lächeln machte sich trotzdem auf seinem Gesicht bemerkbar.

„Ich bin leider kein guter Schnitzer oder Handwerker. Dafür habe ich nur ein kleines Blümchen vom Wegesrand mitgebracht." Josua reichte ihm eine kleine Narzisse.

„Eine Blume hat eine große Weisheit in sich. Josua, ich danke dir für das Geschenk."

„Ich habe gehört, dass es dir nicht gut geht. Was hast du denn?"

„Nichts Schlimmes, aber ich fühle mich oft sehr ausgelaugt und schwach. Ein ägyptischer Arzt sagte mir mal, dass ich besser mit solchen Phasen von Schwäche umgehen könne, wenn ich älter würde."

Jesus wurde auf einmal sehr still. „Darf ich dich etwas fragen, Josua?"

„Ja klar."

„Siehst du auch diese Schreckgespenster und Dämonen?"

„Was meinst du damit? Welche Dämonen soll ich denn sehen?"

„Um mich herum sind ganz viele hässliche Gesichter, die mir die Zunge herausstrecken, die nach mir greifen, die mich verfluchen und die in meine Gedanken eindringen. Das kostet so viel Kraft, dass ich abends immer total müde ins Bett falle. Wenn ich dann schnell einschlafen kann, ist es noch gut. Meistens sehe ich sie auch mit geschlossenen Augen und kann dadurch nicht abschalten. Dann muss ich beten. Dadurch wird es etwas heller um mich herum und dann verschwinden diese schrecklichen Gestalten."

„So deutlich sehe ich diese nicht, Jesus. Ich träume manchmal von schwarzen Hunden und dunklen Wesen, die mich verfolgen. Aber tagsüber sehe ich sie nicht. Was du erzählst, hört sich ja grauenhaft an."

„Ja, es ist grauenhaft. Ich weiß, dass ich ein schwieriges Leben vor mir habe und dass ich eine wichtige Aufgabe hier zu erledigen habe. Das muss damit zusammenhängen."

„Jesus, ich glaube, dass du ein ganz besonderer Junge bist."

„Josua, es ist schön, dass du das sagst, aber ich glaube, dass jeder ein besonderer Mensch ist. Du hast es mit deinem Vater auch nicht leicht. Da kann ich mich über meinen Vater nicht beschweren."

„Ich soll dir übrigens vom Rabbi ausrichten, dass er uns beide morgen in der Synagoge erwartet."

„Das hört sich ja so an, dass auf uns einiges zukommen wird." Jesus musste bei diesem Gedanken lachen. Josua hingegen bekam es mit der Angst zu tun, was Jesus umgehend spürte.

„Josua, mach dir keine Gedanken. Es wird gar nicht so schlimm, wie es jetzt vielleicht aussieht. Und vergiss den Herrn nicht, unseren Gott. Er wird dir in der nächsten Zeit helfen. Lass die Angst nicht deine Seele zerfressen."

„Ich wollte mich übrigens noch bei dir bedanken, Jesus. Seit du mir deine geschnitzte Figur geschenkt hast, sind meine Schmerzen verschwunden. Was du auch immer gemacht hast, es war ein Wunder."

„Josua, ich habe nichts gemacht. Wenn jemand etwas gemacht hat, dann war es unser Vater im Himmel. Danke ihm." Jesus hielt kurz inne und drehte seinen Kopf zur Seite, so als ob er einer unsichtbaren Person zuhörte. Dann fuhr er fort. „Ich werde jetzt noch ein bisschen schlafen. Mein Freund, ich danke dir, dass du mich besucht hast. Es hat mir sehr gut getan."

„Vielleicht geht es dir nachher besser, Jesus. Falls ja, dann komm doch heute Nachmittag und spiele ‚Jakob und der Herr' mit uns. Außer dem Angeber Simeon wird sich bestimmt jeder freuen." Kaum hatte Josua diese Worte ausgesprochen, hatte Jesus seine Augen geschlossen.

Josua ging aus dem Schlafgemach den Weg zurück, den er jetzt schon kannte. Die Wohnräume schienen sogar noch geräumiger als ihre eigenen zu sein. Mirjam befand sich gerade im Innenhof und backte Brot. Er grüßte sie, winkte ihr zu und ging nachdenklich nach Hause.

Jesus lag noch einige Momente wach, denn seine Freude war riesengroß, dass Josua ihn besucht hatte. Josua war einer der wenigen, die ihn so annahmen, wie er war. Seit dem Fest merkte Jesus, wie die Menschen in Nazareth ihn begafften, teilweise hinter seinem Rücken lachten und abfällig über seine Familie redeten. Deshalb hatte er sich auch bisher noch nicht zum Spielen mit den anderen Kindern überreden lassen. In der Zeit hatte er lieber eine Flöte geschnitzt, die jetzt neben seinem Bett lag. Noch ein paar Handgriffe, und sie war fertig. Mit der Flöte würde er die nächste

Zeit lieber allein durch die Gegend wandern. Aber wirklich allein, hoffte er. Er wollte keine anderen Menschen sehen, außer seiner Mutter und Josua. Es war im Moment nicht einfach, zu leben. Er bemerkte, wie ihn seine schweren Gedanken belasteten.

Er dachte an Bakenor, den Essener, seinen väterlichen Freund in Ägypten. Ja, dort wäre er jetzt gern. Dort wurde er respektiert. Dort hatte man mit ihm gesprochen und ihn auf seine große Aufgabe vorbereitet. Es war für ihn so selbstverständlich gewesen, Bakenor Fragen zu stellen, die in seiner Seele auftauchten. Bakenor hatte ihm viel über die Schöpfung der Welt erzählt und über Menschheiten, die auf anderen Planeten lebten. Es war faszinierend für ihn, dies alles zu erfahren, denn es schien, als ob er dies alles schon immer gewusst hatte. Nichts war für ihn neu, nichts, was der Ägypter sagte, war für ihn unglaublich. Diese Gespräche mit Bakenor waren so erfüllend, dass er sogar die recht langweiligen Lehrstunden über den Inhalt der Thora mit Freude genoss. Zum einen las man ihm damals die Thora auf Hebräisch vor, so dass er diese Sprache jetzt schon sehr gut verstand. Außerdem las Bakenor ihm die Thora auch auf Griechisch vor, was ebenso dazu führte, diese Sprache zu verstehen und auch schon recht gut zu sprechen. Jesus erinnerte sich, wie Bakenor ihn einmal zu überzeugen versucht hatte, in seinen frühen Jahren viel lernen zu müssen, da es später in diesem Maße nur selten dazu kommen würde. Bakenor unterwies ihn außerdem in den göttlichen Gesetzen, in den universellen Regeln des Lebens. Er unterwies ihn darin, dass die Erde eine große Schule für unwillige und rückständige Geistwesen war, die sich hier für die Dauer ihres Lebens einen Körper liehen. Der Essener erklärte ihm auch, dass er sich das ganze Leben immer älter fühlen würde als die ältesten Menschen, die er treffen würde. Dies müsse ihm so früh wie möglich klar werden. Nur wenige Menschen sollte er treffen, mit denen ein Seelenaustausch und ein tiefes Verstehen möglich wären.

Ja, einen hatte er jetzt hier in diesem Dorf schon gefunden. Das tat ihm gut. Die Freude hierüber vertrieb die schweren Gedanken und machte ihn glücklich. Er merkte, wie er müde wurde, und diesmal konnte er ganz ruhig einschlafen.

∞

Als Josua Jesus bemerkte, war Simeon gerade dabei, Rahel zu suchen. Beide hatten ihre Augen verbunden. Wieder einmal spielten die Kinder das Lieblingsspiel von Simeon, der, wenn überhaupt, den Herrn spielte.

„Jakob, wo bist Du?" schrie Simeon über den ganzen Platz.

„Hier", antwortete Rahel mit zarter Stimme. Amos, Simeons bester Freund, versuchte sonst immer, Simeon heimlich Hinweise zu geben, wie er Jakob schneller finden konnte. Heute jedoch nicht, denn er hatte den Neuen im Blick. Jesus trat zu Josua in den Kreis und schaute den Kindern beim Spielen zu.

„Ah, unser Messias ist gekommen!", lachte Amos hämisch. „Wollt ihr denn nicht alle vor ihm auf die Knie fallen?" Amos lachte immer weiter, bis er Unterstützung von Simeon bekam, der seine Augenbinde abgenommen hatte.

„Ja, du hast Recht, Amos, es ist der Messias, unser Erlöser, der uns von den Römern befreien möchte."

„Amos, Simeon, seid ruhig", mischte sich Rahel ein. „Jetzt habt ihr wieder eine große Klappe. Lasst ihn mitspielen, wenn er möchte."

„Gut, Blauäugiger, dann zeig uns mal was du kannst." Simeon funkelte Jesus mit seinen dunklen Augen an. „Ich würde vorschlagen, dass unser Messias den Herrn spielt. Den kennt er bestimmt gut." Simeon lachte.

Und immer wenn er lachte, dachte Josua, nahm das Gesicht des Simeon durch seine eng beieinander liegenden Augen das Aussehen einer Ratte an. Auch seine spitz zulaufende Nase verstärkte diesen Eindruck noch.

„Und ich spiele heute mal Jakob, seinen ehrwürdigen Sklaven." Simeon blökte wie ein Schaf.

Viele Kinder jaulten laut vor Spaß.

Simeon band sich seine Binde um die Augen. „Narbengesicht, du gibst dem Messias keine Tipps. Und Rahel, du Freundin des Blauäugigen, binde ihm die Augen zu."

Amos gab ihr die Binde.

Jesus, der bis dahin nichts gesagt hatte, wusste, dass er sich zurückhalten musste, wollte er die Kinder nicht noch mehr gegen sich aufbringen.

„Rahel, ich danke dir für deine Hilfe."

„Blauäugiger, schwätz nicht so heilig. Such mich lieber. Los geht's." Simeon war in seinem Element. Wenn er Sprüche über andere machen konnte, ging es ihm gut. Die beiden Kinder wurden ungefähr dreißig Fuß auseinander gestellt, dann ein paar Mal um die eigene Achse gedreht. Nun konnte das großartigste Spiel, das es jemals in Nazareth gegeben hatte, beginnen.

„Jakob, wo bist du?", rief Jesus in seiner sanften Art.

„Hier, oh mein Erlöser", äffte Simeon Jesus nach.

Die meisten Kinder kreischten vor Freude. Josua und Rahel schauten sich betroffen an, sagten aber nichts.

„Hier bin ich. Herr, mein Retter, finde mich." Die Gehässigkeit wurde immer größer, doch Jesus wurde immer ruhiger. Seine Augen hatte er geschlossen.

Aber immer dann sah Jesus, was er mit offenen Augen nicht konnte. Er sah die Umrisse der Kinder. Sie waren sehr hell, sie hatten unterschiedliche Farben. Heute sah er zudem noch andere Wesen, dunkle, die zwischen den Kindern standen. Er sah Simeon, wie er ihm gegenüber stand.

Er wollte auf ihn zugehen, als er auf einmal eine innere sehr eindringliche Stimme vernahm: „Finde Simeon nicht. Stelle dich ganz dumm an. Sage niemandem etwas, dass du trotz verbundener Augen siehst."

Jesus war erstaunt, denn diese Stimme kam nicht sehr häufig. Und wenn doch, waren es bisher schwierige Situationen gewesen. Diese hier schien zwar nicht schwierig, aber sie war unangenehm. Aber Jesus tat, was die Stimme ihm gerade geraten hatte. Er wusste zwar genau, dass die Häme in den nächsten Momenten noch größer werden würde, aber er vertraute seiner Eingebung.

„Jakob, wo bist du?" Jesus ging absichtlich in eine andere Richtung.

„Hier, mein Herr." Simeons Gekrächze war scheußlich. Jesus drehte sich um und ging darauf in seine Richtung. Zu auffällig durfte er schließlich auch nicht handeln. Im Kreis außen sah er zwei sehr farbige, harmonische Umrisse. Der eine musste Rahel sein, die er vom ersten Moment in sein Herz geschlossen hatte. Der andere war wohl Josua.

Das Spiel dauerte und dauerte. Die Kinder lachten über die Gehässigkeit von Simeon und Amos und über die Dummheit des neuen Herrn. Sie bewunderten Simeon, wie er sich immer wieder aus scheinbar schwierigen Situationen befreite. So lange hatte bisher noch kein Spiel gedauert.

Jesus ging öfters auf die Kinder im Kreis zu. Meistens wurde er recht heftig wieder in den Kreis zurückgeschoben. Einmal jedoch ging er bewusst auf die beiden schönen Farben zu. Als er von zwei Händen zart gedreht wurde, damit er wieder im Kreis weiter laufen konnte, war er sich sicher, dass es Rahel war. Die Bestätigung kam zugleich. Sie flüsterte ihm ins Ohr, wo sich Simeon gerade aufhielt.

„Ja, Blauäugiger, das wird wohl nichts." Simeon verlor langsam die Lust, denn er war ein ungeduldiger Zeitgenosse. „Ich würde sagen, dass wir es nun beenden. Jungs und Mädels, damit ist wohl bewiesen, dass unser Messias gar keiner ist. Er ist sogar dümmer als der Esel von Jeroham."

Die Kinder lachten. Simeon spuckte verächtlich auf den Boden und verschwand mit seinen Kumpels und den meisten Kindern Richtung Wiese unterhalb des Dorfes. Sämtliche Mädchen aber, außerdem Josua, Ismael, Joseph und einige andere, blieben bei Jesus.

Josua hatte das Bedürfnis, Jesus aufzurichten, war aber erstaunt, dass seine Augen strahlten und er lächelte, als er seine Augenbinde abgenommen hatte. Jesus hatte nichts mehr mit dem Jesus gemein, den er noch vor einigen Stunden in seiner Kammer besucht hatte.

„Das war nicht sehr lieb von den anderen", fing Rahel an. „Mach dir nichts draus. Wer wenig im Kopf hat, hat umso mehr dumme Sprüche auf Lager. Ich fand, du hast dich gut geschlagen, Jesus." Ihr Gesicht strahlte, wenn sie lachte. „Josua hat mir gesagt, dass du lieber Jesus genannt werden möchtest."

„Und ich dachte schon, ich hätte total beim Suchen versagt." Jesus lächelte noch immer. Er wollte gerne etwas über ihre wunderschöne farbige Ausstrahlung sagen, aber dadurch hätte er sich verraten.

„Yeschua, äh, Jesus", stotterte Ismael. „Meinte dein Vater das wirklich so, wie er es gesagt hat? Bist du der Messias?"

„Ismael, es ist unwichtig, wer es ist. Hauptsache er kommt irgendwann. Du wirst dich später an den Messias erinnern." Er lächelte aus tiefstem Herzen, sodass im selben Moment sämtliche Kinder um ihn herum in eine Wolke reiner göttlicher Liebe eingehüllt wurden, bevor sie nach Hause gingen.

Abends, als die Kinder in ihren Betten lagen, hörten sie eine zarte Flötenmelodie, die über Nazareth schwebte und von der Größe ihres Gottes erzählte. Diese Melodie war schöner als jeglicher Psalm aus den Schriften. Sehr viel schöner …

∞

„Möge die Kraft unseres jüdischen Gottes unseren menschlichen kleingläubigen Geist erhellen, damit wir alle seine Pracht und seine Geschenke erkennen, die Gott in seiner Herrlichkeit uns schenkt." Samuel stand vor den Kindern und hatte seine Augen geschlossen. Samuel war wie in Trance, wenn er seine Gebete sprach.

„Möget ihr alle heute wieder interessiert den Schriften unserer Vorväter lauschen und deren Sinn erkennen."

Samuel liebte es, am Morgen in die Synagoge zu gehen und die Weisheit der Thora den Kindern, der Zukunft seines Volkes, beizubringen. Auch wenn nur wenige von ihnen die Tiefe dieser Weisheit erkennen würden,

75

wäre er glücklich. Heute wollte er sich einmal diesen Yeschua vornehmen, der lieber mit seinem griechischen Namen genannt werden wollte. Dieser verdammte Nichtsnutz, fluchte Samuel inbrünstig. Er war bisher so selten in seiner Synagoge gewesen und besaß schon diese Frechheit. Dieser Yeschua verleugnete seine jüdischen Wurzeln und nahm diesen scheußlich klingenden heidnischen Namen an. Pah! Naja, der sollte sich noch umschauen!

Samuel musste seine Gedanken zur Ordnung rufen, denn sie schweiften heute früh sehr stark vom Thema ab. Er wollte erst mal sehen, was dieser Bastard in diesem Sündenpfuhl von Alexandria gelernt hatte. Um Josua würde er sich später kümmern. Der Neue hatte erst einmal Vorrang.

„Heute wollen wir über den Glauben sprechen. Ich werde aus den Schriften vorlesen und dann werde ich euch Fragen dazu stellen." Samuel, der stolze Rabbi, fing an, aus der Thora die Geschichte vorzulesen, bei der Abraham seinen einzigen Sohn Isaak Gott als Brandopfer darbringen sollte. Samuel liebte diese Geschichte, denn für ihn war Gehorsam das Symbol schlechthin für einen gottesfürchtigen Menschen. Als er geendet hatte, füllte die Synagoge ein eisiges Schweigen.

„Was soll uns diese Geschichte lehren? Joseph, was sagst du dazu?"

„Sie soll uns zeigen, dass das Wichtigste in unserem Leben Gott ist."

„Ja, sehr gut, Joseph. Eleasar, was meinst du?"

„Man wird aus allen schwierigen Situationen von Gott gerettet."

„Auch gut, Eleasar. Und du Simeon?"

„Dass ich niemals mit meinem Vater allein auf einen Berg steigen soll." Einige Kinder lachten.

„Ruhe!" Samuel war wieder einmal sprachlos. Dieser dumme Hund! Wenn man schon seinen Vater betrachtete, konnte ja nicht viel Gutes dabei herauskommen. Leider.

„Nicht ganz. Simeon, aber jetzt möchte ich mal hören was denn unser Grieche dazu sagt." Samuel war gespannt. „Jesus, was sollen wir daraus lernen?"

Jesus überlegte eine Weile und drehte dabei seinen Kopf etwas zur Seite. Wollte ein anderes Kind ihm etwas Zuflüstern? Nein, Samuel sah nichts. Fast schon wollte der Rabbi das Wort wieder ergreifen, als doch eine Antwort von dem Gefragten kam.

„Rabbi, mit dieser Geschichte habe ich ein Problem." Jesus war gelassen und schaute mit offenem Blick in die große Runde. „Joseph gebe ich Recht, Eleasar auch, sogar Simeon gebe ich Recht, denn ich würde auch nicht mit jedem allein auf einen Berg steigen. Aber…"

„Was aber", unterbrach ihn Samuel.

„Aber mich lehrt die Geschichte, dass es auf dieser Welt schwierig ist, gute von schlechten Eingebungen zu unterscheiden. Dämonen können sich hinter schönen Worten und logischen Gedanken verstecken. Gute Engel können sich hinter einfachen und armen Menschen verstecken. Mich lehrt diese Geschichte, dass ich noch mehr lernen muss, meine Gedanken und Eingebungen zu überprüfen, von welcher Kraft sie geschaffen sind. Ob unserem himmlischen Vater oder vom König der Finsternis. Bei dieser Geschichte ist es ganz einfach: Gott würde niemals von Abraham ein solches Opfer verlangen. Ein Opfer ist nicht im Sinne des Herrn, unseres einen Gottes. Also kamen diese Worte vom König der Finsternis."

Samuel war sprachlos. Es kam nicht häufig vor, dass er Opfer der Sprachlosigkeit wurde. Wie konnte dieser Bengel...? Was hatte dieser Jesus da gesagt? Nach einer kurzen Weile hatte er sich etwas gefasst.

„Jesus, wie kannst du so etwas sagen! Das sieht doch ein Blinder, dass dieses die Worte von Gott waren und nicht die eines Dämons. Kennst du die Aussätzigen, die aus dem Mund sabbern, als wären es tollwütige Hunde? Wenn du das erste Mal nach Jerusalem kommst, dann wirst du sie erkennen. Diese Menschen sind die Dämonen. Aus diesen Mündern kommen schlechte Dinge, aber nicht aus der Thora. Du hast gerade die Heiligkeit der Schriften verneint, nein, sogar verleumdet." Samuel bebte vor Zorn.

„Verehrter Rabbi, ich habe solche Menschen, die du eben beschriebst, schon gesehen. Das sind keine Dämonen, sie sind nur von einem solchen besessen. Ich habe nur meine Meinung gesagt, du wolltest sie hören. Es tut mir leid, wenn meine Worte dir nicht gefallen haben. Was soll ich tun, wenn ich Dinge lese und höre, die ich nicht verstehe und die gegen mein seelisches Empfinden gehen?"

„Wie bitte?" Samuel kochte vor Wut.

„Verehrter Rabbi, man schüttet doch auch nicht neuen Wein in alte Schläuche, denn dann würden die alten Schläuche reißen und der neue Wein würde auf die Erde fließen. Nein, man schüttet neuen Wein in neue Schläuche, oder nicht?"

Das Entsetzen Samuels wurde größer. Dieser Junge war hochgradig intelligent. Auch seine Wortwahl entsprach nicht der eines Fünfjährigen. Aber, das, was er sagte, war nicht zu akzeptieren.

„Ich verbiete dir, in dieser Weise über die persönlichen Aufzeichnungen Gottes zu sprechen. Die alten Schriften sind heilig. Meinst du, du kannst dich mit solchen Worten, die du sprichst, groß tun? Glaubst du denn auch, was dein Vater sagt, dass du der Erlöser sein sollst?"

Treffer. Jetzt war Samuel gespannt, wie Jesus aus dieser Zwickmühle herauskam.

„Rabbi, es wird viel geredet. Vieles ist richtig und vieles falsch. Ich würde so etwas nie von mir behaupten. Schließlich würden die wahren und wahrhaft gläubigen Menschen den Erlöser erkennen."

Samuel war beruhigt. Dieser Jesus sah sich selbst nicht als Messias. Wenigstens etwas Gutes. Jetzt konnte vielleicht in diesem Dorf etwas Ruhe einkehren.

Er, der Rabbi von Nazareth, würde den Erlöser der Juden mit Sicherheit erkennen. Das auserwählte Volk konnte nur von einem richtigen Juden erlöst werden. Und nicht von einem Bengel, dem die griechische Sprache lieber war als seine Wurzeln. Seinen Vater wollte sich Samuel später noch einmal zur Brust nehmen.

„Gut, gut, gut. Lasst uns weiter über Abraham sprechen. Josua, was ist deine Meinung? Josua?"

„Äh, wie bitte? Was hast du gesagt, Vater?" Josua war wieder einmal geistig abwesend.

„Mit dir werde ich später noch einmal sprechen." Dieser elende Träumer. Kaum war er wieder in der Schule, schon war er wieder am Träumen. Dabei lag so viel in ihm verborgen.

Danach beruhigten sich die Gefühle des Rabbis wieder, denn die meisten Jungen, die er auf die Geschichte Abrahams ansprach, machten auf ihn den Eindruck, dass sie die Botschaft Gottes verstanden hatten. Samuel hatte wieder Zuversicht gesammelt. Es war also doch nicht so viel verloren, wie es erst schien.

„Der Segen unseres allmächtigen Vaters sei mit euch. Möge er euch behüten und beschützen, möge er euch erkennen lassen, dass Gottes Wege und die Eingebungen deutlich sichtbar sind. Möge der Erlöser bald erscheinen, um uns vor Übel zu beschützen. Bis morgen." Einen kleinen Seitenhieb auf Jesus hatte er noch einmal einfließen lassen. Schließlich musste der Junge schnell erkennen, wer in der Synagoge das Sagen hat.

Ich mag es nicht, wenn Simeon mich Blauäugiger nennt, als ob ich etwas für meine Augenfarbe kann. Auch heute wieder in der Synagoge. Dann bekomme ich so eine Wut, dass ich ihm am liebsten eine Backpfeife geben würde, aber ich bin leider schwächer als er. Ich hätte keine Chance. Aber ich weiß auch von dir, dass Gewalt und Rache nicht der Weg ist, den ich gehen soll. Diese Gefühle, das erkenne ich allerdings immer erst später, sind gar nicht meine Gefühle. Sie werden mir von diesen Fratzen übermittelt. Und ich weiß, dass du mir nicht gram bist, Vater, wenn ich solche Gedanken habe, aber ich glaube, dass ich, wenn ich regelmäßig meine Gedanken und Erkenntnisse aufschreibe, die Gefühle wieder an dich abgeben und mit dir teilen kann, dass mein menschliches Herz es etwas leichter hat.

Und dann der Unterricht mit dem Rabbi. Samuel ist wirklich ein sehr dummer Mensch. Er erkennt die wahren göttlichen Offenbarungen nicht, auch wenn sie direkt vor seinen Augen liegen. Dafür hält er dagegen falsche Botschaften für die Worte Gottes. Sehen alle Rabbis dies nicht oder ist nur Samuel so dumm? Das kann ja noch heiter werden mit meiner Aufgabe, die ich auszuführen habe. Zum Glück fällt mir immer etwas ein, was ich sagen kann, aber es wird zukünftig nicht leicht für mich. Das spüre ich.

Vater, bitte beschütze mich in dieser Nacht und bitte hilf allen Seelen, die leiden müssen. So soll es immer sein, Vater.

∞

Die Familie des Rabbis saß beim Abendmahl. Josua war froh, dass die ganzen Rituale, die vor und während des Essens vollzogen wurden, vorbei waren. Auch die Gebete waren gesprochen, die beiden Challoth, zwei Brotlaibe, die das Manna symbolisierten, waren angeschnitten, die traditionellen Hymnen waren gesungen worden.

Das Abendmahl im Hause des Rabbi verlief wie immer. Wortlos, aber die Atmosphäre war heute etwas angespannter als sonst. Josua wusste, dass heute Abend noch eine Moralpredigt auf ihn zukommen würde. Er sollte besser aufpassen, nicht so viel träumen und so weiter. Deshalb aß er noch einige Oliven, um sich für das Gespräch zu stärken. Nebenbei sah er, wie seine Mutter seinen Vater eindringlich ansah, wie der ihren Blick bemerkte und kurz vor sich hin grummelte.

„Josua, ich möchte mit dir gleich einige Meter durch unser Dorf gehen. Ich habe dir einiges zu sagen."

Samuel klang zwar nicht so streng wie sonst, es war sogar ein Anflug von Güte zu erkennen, aber seit dem Abend des Festes, das zu Ehren der Familie des Joseph gegeben wurde, hatte Josua Angst vor seinem Vater. · Angst vor dieser zerstörerischen Wut, Angst vor seiner Ohnmacht, Samuel durch seine körperliche Schwäche ausgeliefert zu sein. Zu stark waren die

Schmerzen gewesen, zu stark war der Hass von Samuel, den er in Form von Pfeilspitzen empfunden hatte, die seine Seele durchbohrten. Zur Antwort gab er deshalb nur ein klägliches Nicken. Schließlich durfte er am Essenstisch nicht reden.

Das Mahl war beendet, Sarah schickte Judith in die Schlafkammer und Esther zum Reinigen der Töpfe. Der Mann und der Junge gingen in die klare Nacht hinaus. Lange liefen sie wortlos durch das Dorf. Sie gingen in Richtung Wiese.

Sie ließen das Haus des Zefanja hinter sich, das letzte Haus im Ort.

„Ich möchte nicht, dass du dich so viel mit Yeschua, oder Jesus, wie er sich lieber nennen lassen möchte, abgibst." Samuel sprach leise und wohlüberlegt. „Er ist gefährlich. Er tut dir nicht gut, denn ich möchte, dass du im Sinne unserer Väter erzogen wirst. Ich möchte, dass du später einmal in meine Fußstapfen trittst. Und deshalb verlange ich von dir außerdem, dass du dich in der Synagoge mehr konzentrierst. Hast du mich verstanden?"

„Ja, Vater. Es tut mir leid, aber ich habe mir Gedanken über die Worte von Jesus gemacht. War das so falsch, was er gesagt hatte?"

„Ja, verflucht noch mal, Herr, entschuldige meine Ausdrucksweise, es war so falsch. Ich habe es heute früh auch schon begründet. Hast du das nicht gehört?"

„Doch."

„Also, dann ist doch alles klar." Samuel hielt inne. Mittlerweile waren sie an der Wiese mit dem Brunnen angekommen und traten dann umgehend den Rückweg an.

„Josua, ich muss dir noch etwas sagen." Samuel zögerte ein wenig. „Deine Mutter meinte, ich müsste mich bei dir entschuldigen, dass ich … ja du weißt schon. Du hattest es verdient, denn mich stellt man nicht so bloß vor den Einwohnern von Nazareth, … aber es war wohl ein bisschen zu hart." Samuel grummelte noch einige Worte mehr in seinen Bart, die Josua aber nicht verstand.

„Hhm."

„Was heißt hhm?"

„Ich habe deine Worte gehört."

„Ja, dann ist ja gut. Ich bin froh, dass wir mal richtig darüber gesprochen haben."

„Vater, darf ich noch einige Minuten hier draußen in die Sterne schauen?"

„Ja, ausnahmsweise. Aber nicht zu lange."

Josua wartete, bis sein Vater im Haus verschwunden war. Dann ging er langsam den Hügel hinauf zu seinem Olivenbaum. Er lehnte sich an den Stamm, blickte gen Himmel und ließ seinen Blick über den Horizont gleiten. Dort sah er wieder ein Licht, das sich rasant über dem Berg Tabor bewegte, dessen Umrisse er aber nur schwer in der Dunkelheit wahrnehmen konnte. Gleichzeitig, während er das Licht verfolgte, vernahm er eine Stimme, die, so schien es, aus seinem Inneren kam. „Jesus ist eine sehr alte und weise Seele", sagte sie. „Er ist der Erlöser der Menschen. Versuche von ihm zu lernen. Du hast es dir so ausgesucht." Baff. Wieder die Stimme. Woher kam sie nur? Wieder schaute er sich um, doch auch dieses Mal erkannte er niemanden in seiner Nähe. Josua war hin und her gerissen. Ja, er liebte Jesus und er glaubte dies, aber wenn er den Worten von seinem Vater nicht folgte, dann hatte er sehr schwierige Zeiten vor sich. Er beobachtete noch eine Weile das Licht, bis es auf einmal verschwunden war. Einfach so. Jetzt waren nur noch die Sterne zu sehen. Aber was war es? Sollte er einmal seine Mutter danach fragen?

Josua machte sich wieder auf den Weg, sonst könnte Samuel recht ungemütlich werden. Aber für heute reichte ihm die Moralpredigt, registrierte Josua resignierend. Er ging achtsam den steinigen Weg hinunter, schaute noch einmal in die Richtung von Jesus' Haus, und ging dann schlafen. Umgehend schlief er ein und träumte wieder von schwarzen Hunden, die ihn verfolgten und ihn töten wollten.

∞

Am späten Nachmittag saß Josua am Wegesrand unter einem Maulbeerbaum und beobachtete die spielenden Kinder. Im Moment hatte er keine Lust, mit ihnen zu spielen. Heute früh war er aufmerksamer in der Schule gewesen, erinnerte er sich, sein Vater hatte keinen Grund zur Klage gehabt. Dafür war Jesus heute schweigsam gewesen. So hatte es sich leider nicht ergeben, dass die beiden Freunde ein paar Worte wechseln konnten. Die Worte von ihm, die er am Tag zuvor gesprochen hatte, schwirrten immer noch in seinem Kopf herum. Woher hatte Jesus dieses Wissen? Was ist eine alte weise Seele? Weiter kam er in Gedanken nicht, denn Ismael rannte an ihm vorbei und rief allen zu, dass eine Karawane am Horizont des Weges nach Jafia zu sehen war. Wenn die Karawanen aus dieser Richtung kamen, das wusste Josua ganz genau, dann hatten sie viel Gold und Silber aus Ägypten dabei. Er hatte ein einziges Mal bei einem Händler eine kleine goldene Schale in Händen halten dürfen. Sie war sehr schwer.

Er fragte sich immer, wie die Kamele diese ganzen Gewichte transportieren konnten. Er bewunderte ihre Kraft.

In der Nähe des Brunnens gab es ein Gebäude, in dem es für die Menschen und Tiere eine sichere Übernachtungsmöglichkeit gab, bevor die Karawane am anderen Morgen wieder aufbrechen und am darauf folgenden Abend die nächste Ruhestätte in Magdala am Galiläischen Meer finden würde. Jetzt war er aber erst einmal aufgeregt, weil so viele Menschen und Kamele diesmal nach Nazareth kamen. Er liebte es, die verschiedenen Hautfarben zu sehen. Es gab sogar Menschen, deren Haut so dunkelbraun war wie die Maserungen des Olivenbaums. Ihre Augen waren im Vergleich dazu so hell, als ob eine Kerze in ihnen brennen würde.

Im Dorf begann ein hektisches Treiben, denn jetzt rafften alle Familien, die etwas zu verkaufen hatten, ihre Waren zusammen, liefen zum Brunnen bei der großen Wiese und hofften auf ein gutes Geschäft. Sein Vater erzählte ihm, dass Galiläa für den lieblichen Wein, für Olivenöl, für Wolle und das gute Getreide, das es hier gab, bekannt war. Getreide nicht nur für das tägliche Brot, sondern auch für Opfergaben, was sein Vater immer ausdrücklich erwähnte. Da sein Vater Rabbi war, hatte er im Dorf andere Aufgaben, als sich um den Verkauf von selbst hergestellten Waren zu kümmern. Seine Familie wurde vom Dorf unterstützt, was schon seit Generationen so war und auch immer so sein würde.

Josua sprang auf die Beine und rannte den Weg hinunter. Es würde noch etwas dauern, bis die Händler ihre Waren, die sie möglicherweise hier in Nazareth verkaufen konnten, von den Rücken der Kamele genommen und ausgebreitet hatten. Es waren dieses Mal viele Händler, das hieß, viele Gerüche, viel Lachen, aber auch viel Geschrei. Einige Worte der fremden Sprachen hatte er nur durch Hören schon verstanden. Er war, laut seines Vaters, sprachlich sehr begabt, nicht nur beim Schreiben. Die wenigsten Menschen hatten so ein gutes Ohr und Sprachgefühl wie er, hatte er einmal lobend geäußert. Das kam ja nicht allzu oft vor.

Es wurde lauter als sonst im so ruhigen Nazareth. Als alles abgeladen und aufgebaut war, wurde diskutiert, gefeilscht, gelacht und auch geflucht, was aber immer zum Spiel des Handelns dazugehörte, wie er mittlerweile wusste. Josua sah Säcke gefüllt mit Kümmel und Ingwer, Pfeffer und Heilkräutern, Koriander und Thymian. Ebenfalls gab es Kupfer und Eisenerz, was für den Schmied besonders interessant war. Sein Vater würde sich hauptsächlich den Weihrauch anschauen, von dem es viele unterschiedliche Sorten gab. Jetzt sah er auch Joseph, den Vater von Jesus, der sich ausgefallenes Holz anschaute. In der Hand hielt er schon kleinere

Messer und hatte auch einen Blick auf das neben ihm liegende Erz geworfen. Er wurde von Jossi und Juda, den Brüdern von Jesus, begleitet, die an seiner Seite die Qualität der Waren zu unterscheiden lernten. Josua sah sich aber mehr die Menschen an. Er achtete auf die Gesten, auf das Lachen, er achtete auf die Augen. Er konnte nicht genug Gesichter sehen. Er achtete auf die Gespräche und genoss die unterschiedlichen Dialekte. Hauptsächlich hörte er aber auf die griechische Sprache, die die Handelssprache im ganzen römischen Reich war. Das lernten sie gerade in der Schule. Deshalb war es so wichtig, diese Sprache zu beherrschen. Josua stellte sich mitten unter die Menschen, genoss die Atmosphäre und spitzte seine Ohren.

„Was, du verlangst für diese mindere Qualität, vier Sesterzen? Die ist keine drei wert ...“

„... Kümmel ... sechzehn As, mehr gebe ich nicht.“

„Gut. Hand drauf. Sechzehn As. Möge der Herr unseren Handel segnen.“

„ ... du Sohn einer versoffenen Hure. Was soll das denn sein? ...“

„Willst du mich beleidigen?“

„ ... dies ... ist kein Salat. ... das sind Wildkräuter, auf die die Ziegen geschissen haben.“

„...Wucher! Möge Gott dein Geschlecht verbrennen und dich von der Erde vertilgen.“

Dann hörte Josua die Stimme seines Vaters, der gerade, wie immer, seinen Weihrauch gekauft hatte.

„Abgemacht, vier Denare und sechs Lepta. Cyrus, du hast wie immer die beste Qualität. Gott segne unser Geschäft. Darf ich dir nachher eine Schale Ziegenmilch vorbeibringen?“

Dann sah Josua, wie Jesus lächelnd auf ihn zukam.

„Ist es nicht interessant? Wenn Karawanen kommen, dann ist hier richtig was los. Du hättest mal den Markt in Alexandria sehen sollen. Die Wiese hier hätte nicht ausgereicht, um alle Händler unterzubringen.“

„So groß?“ Josua war beeindruckt. Er dachte schon, dass dies hier sehr groß war, aber größer als die Wiese, das konnte er kaum glauben. Vielleicht hatte Jesus auch etwas geschwindelt.

„Dir hätte es gefallen. In Alexandria waren viele Händler dabei, die auch edlen Papyrus verkauft haben. Nicht solche Fetzen, die ich bei Samuel gesehen habe.“

„Schöner?“

„Ja, auch ganz feines Pergament war dabei. Nicht einmal in der Bibliothek in Alexandria habe ich solches Pergament gesehen.“

„Was ist eine Bibliothek?"

„Ein Ort, wo ganz viele unterschiedliche Schriften gelagert waren."

„So einen Ort gibt es?"

„O ja, Josua. Ich habe die vielen Schriften geliebt, und den Ort ganz besonders, denn dort war es ruhig."

„Ich möchte auch einmal eine Biboe..."

„Bibliothek."

„Ja genau, ich möchte auch einmal einen solchen Ort sehen. Das muss der schönste Ort der Welt sein."

„Ich habe nur wenige schönere Orte gesehen."

Josua schaute in die Runde und vernahm wieder das Getümmel um ihn herum.

„Ja, aber ich genieße es genauso, hier unter den Menschen zu sein und die unterschiedlichen bunten Kleider und Gesichter zu sehen und die verschiedenen Sprachen zu hören."

„Josua, das haben wir gemein. Ich tu das auch. Besonders gern halte ich mich bei den Ägyptern auf, wenn welche dabei sind, wie du dir vorstellen kannst."

„Wo reisen diese Menschen hin?"

„Sie reisen weiter nach Damaskus. Ein weiter Weg. So, ich muss mich auf den Weg machen. Joseph wartet da hinten schon mit meinen Brüdern. Gott behüte dich, mein Freund."

„Gott behüte auch dich, Jesus." Das waren schöne Worte, von denen Josua noch lange zehren würde. Er war froh, dass Jesus sein Freund war. Das, was er ausstrahlte, die schönen Gespräche, die er immer zwischendurch mit ihm hatte, waren sehr erfüllend. Jesus war etwas Besonderes. Das wusste er. Jetzt musste er sich aber auch auf den Weg machen, wollte er nicht, dass ein so harmonischer Tag wieder mit Schmerzen enden würde. Die Angst trieb ihn nach Hause.

∞

Die Familie des Rabbis hatte gerade das Abendmahl beendet. Samuel fühlte sich heute sehr gut. Vorhin hatte er ein gutes Geschäft gemacht. Jetzt wollte er noch Cyrus, dem Händler, seine Schale Ziegenmilch in die Karawanserei bringen. Dort würde jetzt langsam Ruhe eingekehrt sein. Er machte sich auf den Weg, nachdem er sich davon überzeugt hatte, dass seine Kinder sich schon für die Nacht vorbereiteten.

„Sarah, ich bin gleich wieder da."

„Ist gut, aber du triffst eh wieder irgendjemanden, mit dem du die halbe Nacht über die Zustände, die hier herrschen, diskutierst. Bis nachher." Samuel war mit schnellen Schritten auf die Gasse gegangen. Was bildete sich sein Weib eigentlich ein, so mit ihm zu reden! Schließlich sind das ernste Themen, aber davon haben Frauen natürlich keine Ahnung. Es waren nur noch ein paar Fuß über den Bach hinüber und nach einigen Schritten stand er schon vor dem großen Hof, dessen Türen zum Glück noch geöffnet waren. In wenigen Momenten würden sie geschlossen, damit die reisenden Händler nicht überfallen werden konnten. Es gab schließlich schon genügend Räuber in dieser Gegend. Und die Zeloten waren auch nicht zu unterschätzen. Schließlich war er, der Rabbi dieses Dorfes mit für die Sicherheit der Händler zuständig. Sollte ihnen hier etwas passieren, dann würde sich dies schnell herumsprechen und in einiger Zeit würde keine Karawane mehr durch Nazareth ziehen.

Nachdem er Cyrus die Schale Milch gebracht hatte, traf er Jakob vor der Karawanserei, der, genau wie er, noch einmal nach dem Rechten gesehen hatte.

„Grüß Gott Jakob, der Herr schenke dir einen guten Abend. Es ist alles in Ordnung. Die Stimmung bei den Händlern ist gut."

„Bist du mit deinem Weihrauch zufrieden?" Jakob wusste, dass Samuel heute wieder Großeinkaufstag gehabt hatte.

„Ja, eine sehr ausgesuchte Qualität. Gott gibt reichlich. Auf Cyrus ist Verlass. Die Karawanen, die hier durchziehen, werden immer größer. Hast du auch gesehen, dass ein Händler sogar Balsam angeboten hat?"

„Ja, habe ich."

„Und hast du auch gesehen, dass er seine zwei kleinen Krüge verkauft hat?"

„Nein, ist das wahr?"

„Wenn ich es dir doch sage! Ich glaube, es waren die beiden Familien, die am anderen Ende des Dorfes ihr Haus gebaut haben. Es scheinen reiche Leute zu sein, auch wenn man es von außen nicht sieht. Jeroham sagte mir, dass sie Freunde der Römer sind. Sie kennen irgendeine einflussreiche Person in Sepphoris und verdienen ihre Denare mit irgendwelchen Bautätigkeiten."

„Das wird Joseph nicht gefallen, wenn jetzt noch römische Familien von außerhalb in dieses Dorf kommen. Na ja, Joseph, vielleicht hat er dies sogar verdient, nachdem er seinen Sohn Messias genannt hatte."

„Ach Samuel, lass endlich gut sein. Joseph ist ein lieber Kerl, der jedem helfen möchte. Gut, er ist etwas geschwätzig, aber herzensgut. Mittlerweile ist auch wieder Gras über die Sache gewachsen. Sein Sohn stellt sich bei den Spielen der Kinder recht dumm an, habe ich gehört. Ein Messias ist er wirklich nicht. Das Dorf hat diese unselige Sache schon wieder vergessen." Jakob hob seine großen Schultern.

„Die Menschen bestellen schon wieder kleine Schemel bei Joseph. Sie scheinen ihm verziehen zu haben. Verzeih du ihm auch. Und Jesus, gut, er ist manchmal etwas zurückhaltend und seltsam, aber er ist ein guter Junge."

„Zurückhaltend nennst du ihn? Pah, er ist ein Besserwisser, ein wortgewandter Bengel. Einer, der die Schriften unserer Väter beschmutzt. Und das Schlimme ist, er ist hochgradig intelligent, so scheint es mir. Simeon zum Beispiel, ist dumm. Aber er ist berechenbar. Man weiß, was auf einen zukommt, wenn man mit ihm zu tun hat. Aber Yeschua? Der ist gefährlich, sage ich dir."

„Psst, hörst du dieses Flötenspiel, Samuel? Woher kommt das?" Jakob spitzte seine Ohren.

„Es scheint vom Hügel oben zu kommen." Sie liefen einige Schritte wieder über den Bach zurück zur einzigen Kreuzung des Dorfes. Und tatsächlich, einige Meter über ihnen kam eine Gestalt den steinigen Weg hinunter und spielte dabei Flöte.

„Das ist Jesus. Haben wir nicht gerade von ihm gesprochen. Schön spielt er ja mit seinen fünf Jahren."

„Kein Mann spielt Flöte, Jakob. Auch kein Junge. Flötespielen ist etwas für Weicheier", flüsterte Samuel Jakob zu, da Jesus schon nahe war.

„Grüß Gott Rabbi, grüß Gott Jakob. Ihr braucht keine Angst um mich zu haben. Ich bin schon auf dem Heimweg."

„Grüß Gott, Jesus." Jakob musste einen peinlichen Moment des Schweigens überspielen. „Schön spielst du. Ja, jetzt gehörst du wirklich nach Hause. Der Herr beschütze dich."

„Danke. Gute Nacht. Möge auch euch eine geruhsame Nacht bevorstehen und ihr immer in der Obhut Gottes stehen." Jesus ging noch mit einer beschwingten, aber leise gespielten Melodie die Gasse hinunter.

„Jakob, hörst du sein süßliches Gequatsche?"

„Samuel, man kann nicht übersehen, dass du diesen Jungen nicht magst."

„Muss ich das überspielen? Er beleidigt unseren Glauben. Und das ist das Schlimmste, was es für mich gibt. Er sondert sich zudem sehr oft ab. Du siehst, sogar abends ist er allein unterwegs und wandert durch die Landschaft." Samuel schnaufte tief, wobei sich seine tiefen Stirnfalten etwas entspannten.

„Samuel, zügele deine Gedanken. Du bist der Rabbi von Nazareth, geh mit gutem Vorbild voran."

„Vielleicht hast du Recht. Vielleicht muss ich ihm etwas ... anders begegnen."

„O, eine kleine Entschuldigung höre ich da?" Jakob lachte. „Dies ist aber bei dir eher selten. Es muss dir heute Abend wirklich ausgezeichnet gehen."

„Du kennst mich wahrlich wie kein Zweiter, Jakob." Nun mussten beide Männer lächeln. Sie konnten beide nicht wissen, dass das Flötenspiel von Jesus ihre Herzen etwas milder gestimmt hatte.

Als Jesus und Jakob gegangen waren, dachte Samuel noch an die Beschneidung eines Jungen aus dem Dorf, die morgen stattfinden sollte. Eine Beschneidung war für ihn immer etwas sehr Heiliges, auch wenn er nicht gern Blut sehen mochte. Gut, dass er eine Beschneidung mittlerweile blind ausführen konnte, so konnte er aus dem Ritual eine besinnliche Zeremonie machen. Gut, nicht immer reagierte ein Junge besinnlich darauf, aber schließlich musste man im Leben auch Opfer bringen. Und man wurde auch nicht jeden Tag in den Bund mit Gott aufgenommen. Denn mit dem Tag der Beschneidung ging der Junge diesen Bund mit Gott ein und war von nun an ebenfalls ein Teil des auserwählten Volkes. Samuel fühlte sich gut, ein auserwählter Rabbi des auserwählten Volkes zu sein. Gott musste ihn lieben, Gott musste auf ihn stolz sein, so wie er war.

Falsche Propheten, Dämonen und ein König

Der Unterricht heute war sehr interessant. Samuel las wie üblich aus der Thora vor, danach waren die älteren Jungen dran, die schon gut lesen konnten. Es ging um falsche Propheten und Traumseher. Josua hörte die deutlichen Worte seines Vaters, der die Worte ihres Gottes wiederholte.

„Steht etwa in deiner Mitte ein Prophet oder ein Traumseher auf und bietet dir ein Wahrzeichen oder ein Wunder an, und es geschieht tatsächlich, auf Grund dessen er dich auffordert: Lasst uns anderen Göttern nachlaufen, die ihr nicht kennt und sie verehren, dann darfst du auf die Worte jenes Propheten oder Träumers nicht hören."

87

Es folgten noch viele Sätze, jedoch waren es diese Zeilen, die sich in seine Gedanken einbrannten. Josua verstand diese Sätze, jedoch war ihm unklar, warum sein Vater in diesem Zusammenhang immer wieder vor dem Messias warnte.

„Niemals dürft ihr glauben, was euch über den so genannten Messias erzählt wird." Samuel sprach sehr eindringlich. „Es ist nicht richtig. Ich weiß, dass gestern viele von euch bei den Händlern waren und ihr eine Menge Unsinn gehört habt. Besonders ein Ägypter verbreitete in unserem Dorf, dass wir die Gnade unseres Herrn erfahren dürfen. Wir wären auserwählt, weil bei uns im Dorf der zukünftige Erlöser unseres Volkes wohnt. Ihr habt bestimmt davon gehört." Samuel blickte mit strengem Blick von Schüler zu Schüler.

„Ich sage euch aber, dass das unwahr und auf das Äußerste zu verurteilen ist. Der Messias wohnt nicht in diesem kleinen Ort namens Nazareth. Der Messias ist noch fern, und wenn er doch erscheinen sollte, würde er sich im Tempel in Jerusalem zeigen." Samuel blickte wütend in Richtung Jesus. „Kinder, habt ihr mich verstanden? Unser Herr hat uns deutlich mitgeteilt, dass wir solchen Äußerungen nicht glauben dürfen. Eleasar, Amos, Ismael, ist das klar?"

„Ja, wir haben dich verstanden, Rabbi", kam es wie aus einem Munde.

„Was sagt unser Grieche dazu? Jesus, hast auch du mich verstanden?"

„Ich habe die Worte aus den Schriften verstanden", Jesus war sehr ernst, „Ich werde keinen anderen Göttern nachlaufen."

„Gut. Das wollte ich hören. Und du Josua?"

„Ich auch nicht, Vater."

„Gut, so lasst uns, bevor ihr gehen könnt, nun zum Abschluss, wie wir es von unseren Vorvätern gelernt haben, das *Schemâ Jisrael* bekennen." Samuel beobachtete Jesus, der jedoch die Augen geschlossen hatte.

„Höre Israel! Jahwe, unser Gott, Jahwe ist einzigartig. Darum sollst du den Herrn, deinen Gott, lieben mit deinem ganzen Herzen, mit ganzer Seele und mit ganzer Kraft. Diese Worte, auf die ich dich heute verpflichte, sollen auf deinem Herzen geschrieben stehen. Du sollst sie deinen Söhnen wiederholen. Du sollst von ihnen reden, wenn du zu Hause sitzt und wenn du auf den Gassen gehst, wenn du dich schlafen legst und wenn du am nächsten Morgen aufstehst. Du sollst sie als Zeichen um das Handgelenk binden. Sie sollen zum Schmuck auf deiner Stirn werden. Du sollst sie auf die Türpfosten deines Hauses und in deine Stadttore schreiben."

Samuel war zufrieden. Nachdem er am frühen Morgen mit Entsetzen hatte hören müssen, was dieser verdammte ägyptische Händler hier verbreitet hatte, musste er den Lehrplan kurzfristig umstellen. Er musste diesen schlimmen Gerüchten direkt den Wind aus den Segeln nehmen, bevor sie größer und größer wurden. Es war eine gute Entscheidung, dieses Thema beim Namen zu nennen und die Jungen damit zu konfrontieren. Er war überrascht, dass Jesus ihm so schnell und ohne Diskussion zugestimmt hatte. Vielleicht war bei ihm doch noch ein Funken Hoffnung, dass er sich von der griechischen Denkweise wieder mehr seiner Abstammung zuwandte. Samuel merkte, wie er lächelte. Das heute war eine Glanzleistung. Jetzt hatte er aber Hunger. Nachdem der die Thora wieder in den Schrein zurückgestellt hatte, ging er langsam hinüber, um ein kleines Mahl einzunehmen.

Es ist wirklich deutlich zu merken, dass der Rabbi gar nicht richtig zuhört. Er achtet nicht genau auf meine Worte. Oder deine, wie ich es wahrhaftiger ausdrücken sollte. Aber es ist gut so, denn sonst gäbe es größere Diskussionen mit ihm. Mir soll es Recht sein.
Ich fühle mich mit meinem griechischen Namen wohler. Jesus gefällt mir viel besser als Yeschua. Yeschua fühlt sich so streng an, so starr, wie die vielen unnötigen Regeln meines Volkes. Vielleicht sind es diese starren Gesetze meiner Vorväter, die mich den Namen so streng fühlen lassen, denn der Klang des Namens ist sehr harmonisch. Der Rabbi meinte zwar, dass ich mich dadurch von meinen jüdischen Wurzeln entfernen würde, aber er kann auch nicht nachfühlen, dass ich in Ägypten aufgewachsen bin, dass ich in der Nähe von Heliopolis so große Bauwerke wie die drei Pyramiden gesehen habe. Was würde er erst sagen, wenn er wüsste, dass ich in einer Kammer der Pyramiden war und Bakenor dort mit mir über meine Ängste gesprochen hat? Was würde er sagen, wenn ich ihm mitteilen würde, dass ich dort im Inneren mit einem ganz hellen Wesen gesprochen habe, das sich ,Engel der Erde' nannte? Ich glaube, wenn der Rabbi dies alles wüsste, würde er mich steinigen lassen. Ich merke jetzt, dass ich zwar Jude bin, aber ich bin in der ganzen Welt zu Hause, und meine Aufgabe wird nicht nur die Juden betreffen. Vater, ich bitte dich darum, viel reisen zu dürfen. So soll es sein.

∞

Am Nachmittag waren alle Kinder auf den Gassen versammelt. Die Mädchen sangen und hüpften im Kreis herum. Rahel war auch dabei. Josua beobachtete die Mädchen. Er lehnte im Schatten am Stamm des Maulbeerbaumes. Viel lieber würde er mit den Mädchen spielen, jedoch wäre das ein gefundenes Fressen für Simeon, der ihn danach bestimmt einige Tage nicht mehr in Ruhe lassen würde. Rahel war eines der wenigen Mädchen, das aber auch mal mit den Jungen spielte. ‚Jakob und der Herr' oder andere Fangspiele liebte sie besonders, und sie nutzte jede Chance, dabei zu sein. Josua musste lächeln, weil er sie oft beobachtete und ihre anmutigen Bewegungen liebte.

Auf einmal hörte er metallen klirrende Schritte. Das musste eine römische Patrouille sein, die man immer häufiger in Nazareth sah. Neun Soldaten kamen aus Richtung Sepphoris zum Hauptplatz marschiert. Ganz vorne lief ein Soldat, der schöner und edler geschmückt war als die anderen. Sie blieben direkt vor Josua stehen.

„Salve. Wo finde ich hier den Rabbi?", fragte der Anführer.

Josua stand auf. „Dieses Haus dort ist es. Er heißt Samuel und befindet sich im Schulgebäude. Soll ich dich zu ihm begleiten?"

„Ja, gern."

Josua ging voraus, jedoch holte ihn der geschmückte Soldat schnell ein und lief schließlich einige Schritte vor ihm her. So konnte Josua gut seine Kleidung sehen. Der Anführer trug einen bronzenen Helm, aus dem rote Haare herauswuchsen. Er hatte außerdem ein rotes Gewand um. Darauf war ein Brustpanzer angebracht, der seinen muskulösen Oberkörper noch unterstrich. Zwei Gürtel schmückten ihn, ein mächtiges Schwert war auf der rechten Seite an einem metallenen Gürtel befestigt. Robuste Sandalen ließen den so typischen schnellen Schritt dieser Römer zu. Auf den Unterseiten der Sandalen waren Nägel eingelassen, die den Sandalen wohl eine längere Lebensdauer ermöglichen sollten. Der Mann gab den acht anderen Soldaten einen Befehl, worauf sich diese lockerten und sich aus ihrem Verbund lösten.

„Hier ist es." Josua ging über den Hof und rief nach seinem Vater, der augenblicklich erschien.

„Vater, dieser Mann möchte dich sprechen."

„Was gibt es, Zenturio?"

„Wir haben heute von den Händlern gehört, dass sich bei euch ein Kind aufhält, das ein König sein soll. Es soll ein Kind sein, das vor einiger Zeit aus Ägypten hier her kam. Ist das richtig?"

„Aber nein, Zenturio. Ihr wisst, wie schnell Gerüchte entstehen und wieder verschwinden. Es gibt in der Tat eine Familie, die vor einiger Zeit aus Ägypten hierher gezogen ist, die auch einen Jungen haben. Vielleicht hat ihn dessen Vater auch mal als König bezeichnet. Ist aber mein Sohn nicht auch ein König für mich?" Samuel machte eine kleine Pause, während er auf Josua zeigte und ihn anlächelte. „Zenturio, du kannst beruhigt sein, wenn hier ein irdischer König leben würde, dann wüsste ich, der Rabbi des Dorfes, darum. Schließlich ist Nazareth nicht groß und auch nicht gerade ein angemessener Wohnort für einen König. Findest du nicht auch, Zenturio?"

„Weise Worte. Du hast Recht und deine Worte überzeugen mich. Jedoch werden wir uns in Zukunft öfters die Gegend und dein Dorf ansehen. Auch wegen der Zeloten."

„Zenturio. Hier gibt es zwar Menschen, die in euren Augen vielleicht ungebildet sein mögen, jedoch gibt es hier keine Zeloten."

Danach unterhielten sich die beiden Männer noch über dieses und jenes. Josua und den Soldaten waren viele Jungen gefolgt, darunter Simeon und seine Freunde, die während des Gesprächs des Rabbis mit dem Zenturio den Hof bevölkerten. Das war ein großes Ereignis für die Kinder, schließlich machten nicht oft Soldaten Halt in Nazareth. Sie waren sonst immer nur schnellen Schrittes durch die Gassen geeilt.

Josua betrachtete die Jungen, die die Soldaten erst neugierig beäugten, nach einiger Zeit wurden sie mutiger. Die Jungen aus dem Dorf betrachteten die Uniformen und bewunderten die Waffen. Sie waren mittlerweile so aufdringlich geworden, dass die römischen Soldaten sie nicht von sich fern halten konnten und ihnen wohl oder übel die Schwerter, die Dolche und die Wurfspeere zeigen mussten, um etwas Ruhe vor ihnen zu haben. Die Soldaten gaben zwar die Waffen nicht aus ihren Händen, aber einigen Soldaten, die auch nicht viel älter waren wie die Brüder von Jesus, gefiel es, bewundert zu werden, sodass sie den Kindern vorführten, wie scharf und spitz die Waffen waren. Der eine zerschnitt mit Leichtigkeit ein Stück Leinentuch, der andere bohrte seinen Speer in einen kleinen Baum, der auf dem Hof des Rabbis stand.

„Ich wiederhole es noch einmal, Zenturio. Hier gibt es keine Zeloten. Die findest du in Sepphoris."

„Mag sein, Rabbi, jedoch werden wir uns davon selbst überzeugen. Wir werden auf Nazareth, Nain und Kana ein waches Auge haben. Danke, Rabbi."

Der Zenturio drehte sich um, wartete, bis seine Soldaten wieder in Reih und Glied standen und dann machte sich der Trupp auf den Rückweg Richtung Sepphoris.

Nachdem die Römer das Dorf verlassen hatten, beruhigte sich das Leben auf den Gassen wieder. Die Mädchen waren die ersten, die anfingen zu singen und zu tanzen. Simeon scharte ebenfalls seine Kumpel um sich. Und Josua setzte sich wieder unter den Maulbeerbaum. Er genoss die Ruhe, auch wenn es auf den Gassen wieder lauter wurde. Aber ein römischer Trupp machte ihm schon etwas Angst. Schließlich hatte er gehört, dass sie Jesus gesucht hatten.

Was war, wenn sie noch einmal kommen würden und ihn mitnähmen? Das wäre schlimm, das ängstigte Josua noch mehr. Es wurde merklich dunkler um ihn herum. Josua wurde trübsinnig. Angst machte sich in ihm breit. Er blickte in Richtung der singenden und tanzenden Mädchen. Auf einmal sah er Jesus, der auf die Mädchen zuging, sich hinsetzte und aus nächster Nähe ihnen beim Tanz zuschaute und in die Hände klatschte. Nach einiger Zeit hörten die Mädchen auf und bildeten einen Kreis um Jesus. Josua sah, wie sich Rahel direkt neben Jesus setzte. Sie sprachen und lachten viel. Josua verstand kein Wort, jedoch sah er, wie Rahel sich an Jesus lehnte und ihn anlachte.

Josua wurde der dunklen Gedanken nicht mehr Herr. Er fühlte sich verletzt. Er verstand sich immer als der beste Freund von Rahel. Aber jetzt? Rahel hatte sich noch nie an ihn angelehnt, wie sie es gerade bei Jesus tat. Und Jesus hatte sich vorher immer von ihr fern gehalten. In diesem Moment, als Josua diese fröhliche und ausgelassene Runde der Mädchen um Jesus sah, stand er außen vor. Auf einmal sah er dunkle Wesen, die vom Weg auf ihn zurasten und um ihn herumtanzten. Um ihn herum wurde es neblig. Sein Geist wurde verwirrt, ihm wurde schwindlig. Er schützte seine Augen mit seinen Händen. Er musste sich schließlich flach auf den Boden legen, um dieses Sturms von Dämonen Herr zu werden. Dann fiel er in Ohnmacht.

Josua bekam nicht mehr mit, wie Jesus, der diese Wesen sah, sich aus dem Kreis der Mädchen löste, zu Josua hinging, sich über ihn beugte und unter Tränen für ihn betete.

∞

Das war nun schon das zweite Mal, dass sein Sohn krank im Bett lag. Samuel saß vor Josuas Schlafstätte. Was hatte nur dieser Jesus mit ihm gemacht? Als Ismael vorhin zu ihm gerannt kam und ihn gerufen hatte, war er schnell zu Josua geeilt. Dort sah er, wie sich viele Kinder um seinen am Boden liegenden Sohn scharten und wie Jesus neben ihm kniend mit geschlossenen Augen betete. Betete er etwa zu Dämonen? Schließlich sah man Jesus oft allein durch das Hügelland um Nazareth gehen, ab und zu ging er sogar am Friedhof vor der Stadt vorbei, was Samuel immer beunruhigt hatte. Was wollte er dort immer? Und warum spielte der blauäugige Junge immer solch verträumte Melodien auf seiner verdammten Flöte? Aber das war jetzt erst einmal egal.

Mittlerweile hatte Josua schon eine Schale Ziegenmilch zu trinken bekommen, und ein nasses kaltes Tuch lag auf seiner Stirn. Er sah zwar noch schwach und ausgemergelt aus, aber er war ansprechbar und konnte schon wieder ein bisschen lächeln.

„Vater, was ist passiert?"

„Du warst ohnmächtig, mein Sohn. Erinnerst du dich an gar nichts mehr?"

„Ich weiß nur noch, wie es immer dunkler wurde. Dann drehte sich alles, ich sah Dämonen und nach einiger Zeit wurde es wieder heller um mich herum. Schließlich wurde ich hier wieder wach."

„Josua", Samuel war sehr streng, „ich möchte, dass du dich von Jesus fern hältst. Er ist nicht gut für dich. Hast du mich verstanden?"

Aus Josuas Kehle löste sich nur ein flüsterndes Krächzen.

„Das werte ich als Zustimmung. Weiterhin möchte ich, dass du zu Hause deine Schreibübungen machst."

„Vater, muss das wirklich sein?"

„Ja, das muss sein." Samuel wurde immer lauter. Er duldete keinen Widerspruch. „Ich weiß, du bist begabt, und die Fähigkeit des Schreibens bringt dich in Zukunft weiter. Ich meine es nur gut. Außerdem wirst du vermehrt zu unserem Herrn beten. Du wirst jetzt regelmäßig morgens deine Gebetsriemen anziehen, so wie ich es immer mache. Ich weiß, dass du das vernachlässigst. Und ich meine beide, die für den Arm und die für die Stirn. Hast du das gehört?"

Josua nickte.

„Wie bitte, ich höre nichts."

„Ja."

„Außerdem werde ich dir in Zukunft jeden Abend aus der Thora vorlesen. Du wirst dich mehr auf das Thorastudium konzentrieren."

„Warum denn, Vater?" Josua klang nicht mehr so störrisch, fand Samuel, eher verzweifelt. Aber das war jetzt egal.

„Josua, du bist begabt. Sogar die zwei, drei und vier Jahre älteren Kinder in der Schule wissen noch nicht so viel wie du, die wenigsten können Hebräisch. Und nur zwei oder drei andere können schreiben. Darin liegt die Zukunft, mein Sohn."

„Aber..."

„Sei still!", schrie Samuel. Vielleicht, so dachte er, sollte er noch etwas mehr Druck machen, damit Josua seine Worte dann vielleicht besser verstand? „Wenn du das nicht tust, Josua, dann kannst du dir ein anderes Zuhause suchen."

„Aber Vater..." Josuas Augen weiteten sich. Die Botschaft schien angekommen zu sein.

„Wenn du meinen Worten folgst, dann darfst Du dir auch noch zwei Tage Zeit nehmen. Du brauchst erst nach dem Sabbat wieder in die Synagoge zu kommen."

Samuel ließ Josua nun allein. Er war wirklich ein guter Taktiker. Wie er das mit seinem Sohn wieder hinbekommen hatte! Samuel musste lächeln. Ein schöner Spaziergang würde ihm jetzt gut tun. Er musste noch einige Gedanken ordnen. Und beim Gehen konnte er sich am besten konzentrieren.

Samuel war genauso geschockt wie am Abend des Festes, das für Joseph, Mirjam und Jesus gegeben worden war. Er hatte also Recht. Yeschua, dieser verdammte Bengel betete zu Dämonen. Die wenigen Erinnerungen, die Josua hatte, sprachen Bände. Er wusste es. Jetzt musste er etwas unternehmen, entschied er. Aber es durfte keiner im Dorf davon erfahren. Erstens würde ihn niemand verstehen, denn der tiefe Glaube und das Verständnis für ihre Vergangenheit fehlten den meisten Bewohnern Nazareths, sogar Jakob und Jeroham würden es nicht verstehen. Zweitens würde dann Panik ausbrechen. Und das half keinem im Dorf. Er, der Rabbi und Verantwortliche für den Glauben, musste jetzt dringend Entscheidungen treffen. Aber welche?

Es gab also in seinem Dorf einen Jungen, der mit Dämonen Kontakt hatte. Das war nach seinen vielen Jahren als Rabbi die größte Prüfung, die Gott ihm bisher aufgebürdet hatte. Warum hier in Nazareth? Warum waren Joseph und seine Familie wieder zurückgekommen? Sollte er den Römern Bescheid sagen, dass sie Jesus mitnehmen sollten? Nein, dann wäre das ganze Dorf gegen ihn und keiner würde mehr zu seinen Gottesdiensten kommen. Schließlich war Jesus mittlerweile bei den meisten Menschen sehr beliebt. Sein Flötenspiel gefiel ihnen und seine freundliche Art. Zum Glück sah in ihm keiner den Messias, weil hier in Nazareth keiner an den Messias glaubte. Und da immer mehr Griechen nach Nazareth kamen, seitdem Sepphoris aufgebaut wurde, stand er, der Rabbi, der Hüter der Gesetze Gottes, fast allein da. Und da musste er jetzt aufpassen.

Außerdem wollte er noch Samenkörner pflanzen. Die meisten Bewohner von Nazareth waren zwar oberflächlich und dumm, aber sie waren gute Menschen. Aber eine andere Frage quälte ihn noch: Sollte er Jesus aus der Synagoge verbannen? Oder sollte er sich seiner vermehrt annehmen, was hieße, ihn vermehrt zu prüfen? Ja, das zweite sollte er tun. Er musste Jesus zum Glauben zurückbringen. Er musste die Dämonen, die um Jesus waren, loswerden. Er würde vermehrt für ihn beten. Er würde sich den Dämonen annehmen. Er würde sie verfluchen. Das sollte helfen. Samuels Körperhaltung wurde aufrechter.

Samuel war, ohne es zu bemerken, am Friedhof vorbei gekommen und hörte wieder eine leise Flöte spielen. Er schaute sich um und sah oberhalb des Friedhofs auf einem vorstehenden Felsen Jesus sitzen. Dieser hatte seine Augen geschlossen und spielte immer weiter. Ein kleiner Zweifel tauchte in Samuel auf, ob dieser schwächliche Junge wirklich diese Fähigkeit hatte, mit Dämonen zu sprechen. Eigentlich passte das gar nicht zu ihm, musste er sich eingestehen. Ach was, gerade die schwächlichen, die außerhalb der Gesellschaft stehen, die waren es doch, die die Nähe zu den Dämonen suchten und irgendwelche Götter anbeteten. Schließlich war Jesus ein halber Grieche. Und die Griechen sind bekannt für ihre Vielgötterei. Die hatten sogar einen Walddämon als Gott. Satyr hieß er, hatte einen Pferdeschweif und Pferdeohren. Ja, wahrscheinlich hatte Jesus das Beten zu Dämonen im ägyptischen Alexandria gelernt. Ja, so muss es gewesen sein.

Samuel fing gleich an, hier für Jesus zu beten. Das war der einzige Weg, seine Seele zu retten. Um seine Dämonen würde er sich später kümmern.

∞

Was war heute nur mit ihm passiert? Josua lag wach in seinem Schlafgemach und dachte über den frühen Nachmittag nach. Die ganze Zeit hatte er das kleine Kreuz in der Hand, das Jesus für ihn geschnitzt hatte. Er konnte sich gar nicht daran erinnern, dass er es sich von dem Hocker, der neben seiner Schlafstätte stand, genommen hatte. Er erinnerte sich nur noch daran, was er schon seinem Vater gesagt hatte. Es war ihm schwindlig geworden, und danach hatte er viele Fratzen und hässliche Gesichter gesehen, die sich seiner bemächtigt hatten. Seltsam war das. Waren das die Fratzen, von denen Jesus einmal erzählt hatte, fragte er sich. Waren das die Gesichter, die Jesus immer sah? Warum durfte er nicht mehr mit Jesus spielen?

Und jetzt musste er auch noch mehr lernen. Warum hatte sein Vater ihm so viele Aufgaben aufgetragen? Warum musste er noch mehr die Schriften studieren? Sein Vater meinte zwar, dass er begabt war, aber das war doch sicher nicht der Grund, warum er mehr lernen sollte. Nur auf eine Sache freute er sich. Er wollte schon immer schreiben lernen. Schreiben war sein Traum. Er bewunderte die wunderschöne Thorarolle, die in der Synagoge aufbewahrt wurde. Auf Pergament war sie geschrieben. Josua liebte den Geruch der Rolle, den Geruch des Pergaments und den Geruch der Tinte, wenn Samuel gerade beim Schreiben war. Da hatte sein Vater Recht. Schreiben konnte kaum jemand im Dorf. Aber warum war es nur so wichtig? Man konnte doch im Leben auch so zurecht kommen. Egal. Er freute sich darauf. Dann konnte er auch das vermehrte Thorastudium ertragen, das Samuel mit ihm vorhatte.

Josua wollte es nicht riskieren, den Anweisungen seines Vaters nicht nachzukommen, jedoch wollte er ebenso wenig auf den Kontakt mit Jesus verzichten. Den Kontakt zu ihm ganz abbrechen, nein, das ginge nicht. Er hätte zwar das schönste Leben mit seinem Vater, dann würde er nicht mehr geschlagen werden, dann würde er mehr von ihm geliebt werden. Ja, schöne Aussichten wären das. Aber es musste einen anderen Weg geben, ohne dass er aus dem Haus geschmissen wurde. Das konnte doch nicht so schwer sein, mit Jesus Zeit zu verbringen, ohne dass Samuel davon erfuhr! Aber wenn er es herausbekommen würde? Josuas Gedankenkampf ging noch lange weiter. Er wurde nur durch das Lächeln seiner Mutter und durch das Lachen von Judith unterbrochen, die hereinkamen und ihm ungesäuertes Brot und noch eine Schale Milch brachten. Judith gab ihm einen Kuss auf die Wangennarbe wünschte ihm eine geruhsame Nacht. Dann schlief er endlich ein und seine müde Seele konnte sich für einige Stunden erholen.

Zur gleichen Zeit lag Jesus, ebenfalls in Decken eingehüllt, zum Schlafen bereit. Was war nur mit Josua passiert? Warum war diese Legion von Dämonen auf ihn zugeeilt? Er hatte sie mitten im Gespräch mit Rahel vorbei zu Josua huschen sehen. Warum haben sie sich seiner bemächtigt?

Er hatte in Alexandria schon ab und zu einmal solche dunklen Schatten gesehen, die sich in der Nähe von üblen Menschen aufhielten. Vor allem erinnerte er sich an eine Lehrstunde mit Bakenor, seinem väterlichen Lehrer. Eine Lehrstunde, die er niemals vergessen würde. Seine Gedanken wanderten zu Bakenor nach Alexandria, in die Stadt in Ägypten, die noch vor wenigen Monaten seine Heimat gewesen war.

Eines Tages waren sie beide in die Nähe der Agora, des Hauptplatzes, aufgebrochen. Sie gingen in eine kleine Seitengasse hinein. Jesus erinnerte sich, wie nach einer Weile Bakenor sagte, er solle stehen bleiben und genau beobachten, was jetzt passieren würde. Sie beobachteten einen Mann, der ein schwarzes Gewand und eine schwarze Kopfbedeckung trug, wie er sie vorher noch nicht gesehen hatte. Dieser Mann unterhielt sich mit einem kleineren. Sie unterhielten sich aufgeregt, jedoch war kein Wort zu verstehen. Hinter dem schwarz gekleideten Mann konnte er drei dunkle Wesen sehen, die auf irgendetwas lauerten. Nach einer Weile stritten die beiden Männer heftig, und der Kleinere ging mit schnellen Schritten von dannen. Eines der schwarzen Wesen jedoch löste sich aus der Menge und verfolgte ihn. Jesus erinnerte sich, wie Bakenor ihm sagte, dass sie den kleinen Mann eine Weile verfolgen sollten. Immer in einem gesunden Abstand liefen sie hinter ihm her. Einmal bog er rechts ab, dann wieder links, dann ging er eine Treppe hoch, bis er in einer üblen Spelunke verschwand. Nach einigen Momenten hörte man ein wildes Geschrei, einige riefen um Hilfe, und jemand rief nach einem Arzt. Dann folgte blankes Entsetzen. Kurz darauf sah Jesus, wie das schwarze Wesen aus einem Fenster dieser Spelunke herausschwebte und im nächsten Moment verschwunden war. Wiederum einen Moment später wurde dieser kleine Mann Blut verschmiert von einem starken Mann vor die Spelunke gezogen und die Treppe hinuntergeschmissen. Bakenor ging zu ihm hin, fühlte seinen Puls und sagte Jesus, dass auf ihn eingestochen worden war. Kurze Zeit später tauchte ein Arzt auf, ein älterer Ägypter, der sich sofort um den kleinen Mann kümmerte. Bakenor und Jesus konnten endlich gehen.

Als Bakenor und Jesus wieder zu Hause waren, erklärte Bakenor ihm diese Gegebenheit.

„Jesus, dies war eine der schwierigsten Lehrstunden, die ich dir vermitteln musste, bevor ihr in wenigen Wochen nach Galiläa aufbrechen werdet." Bakenor war es sichtlich schwer gefallen, zu reden.

„Ich musste dir zeigen, wie sich Dämonen verhalten und was sie anrichten können. Ebenfalls solltest du sehen, wie Schwarzmagier arbeiten. Dieser schwarz gekleidete Mann war einer. Er hatte nach einem Streit, den er mit dem kleinen Mann hatte, diesen mit einem Fluch belegt und einen Dämon mittels eines Zauberspruches und seines starken Willens auf ihn gehetzt. Der Inhalt des Fluches wird wohl der gewesen sein, ihn zu töten. Natürlich konnte der Dämon selbst nicht ein Messer nehmen und auf ihn einstechen. Deshalb musste er einen Streit aufkommen, den kleinen Mann ein falsches Wort sagen lassen und schon war es passiert: Der Dämon bekam Odkraft, um seinen Auftrag zu erfüllen. Er musste nur noch den Hass und die Wut zwischen den Menschen vergrößern, einen dazu bringen, ein Messer zu zücken, und schon ist es geschehen. Erst dann, wenn der Dämon seinen Auftrag erfüllt, darf er wieder zurück zu seinem Herrscher, dem Magier."

„Woher wusstest du, Bakenor, dass so etwas passieren würde?"

„Ich habe eine Stimme gehört, wie so oft, wenn es um Lektionen ging, die du lernen musstest, die mir sagte, dass wir um diese Stunde an diesem Ort erscheinen und auch dem kleinen Mann folgen sollten. Sie sagte mir ebenso, dass er niedergestochen werden würde, allerdings durfte ich nicht eingreifen, da es im Schicksal dieses Mannes stand."

„Ich sollte also lernen, was in der unsichtbaren Welt an Grausamkeiten passiert, von dem die Menschen keine Ahnung haben?"

„Ja. Du solltest lernen, dass diese Dämonen Realität sind. Sie existieren und werden von den Menschen angezogen, die negativ denken und sprechen. Achte auf deine Gedanken. Achte auf deine Worte."

Es klopfte an seiner Tür. Seine Mutter Mirjam kam hinein und riss Jesus aus seinen Erinnerungen.

„Schlaf endlich. Ich habe dich noch laut atmen gehört und wollte nachsehen. Schlaf jetzt gut. Möge der Herr dich beschützen." Gut so, dachte Jesus erleichtert, denn jetzt war er wieder hier in Nazareth. Und er war froh, eine eigene Kammer zu haben.

Und er erinnerte sich wieder daran, was mit Josua passiert war. Warum nur? Er war doch ein absolut lieber Junge? Vielleicht hatte er Angst und zog mit seinen Ängsten solche Wesen an? Aber warum waren es so viele Wesen? Sonst sah er diese meistens nur um sich selbst herum. Heute hatten sie ihn allerdings in Ruhe gelassen, und dafür schossen sie auf Josua. Als er vorhin bei ihm kniete und für ihn betete, hatte er eine seltsame Traurigkeit gespürt, so als ob er Josua für immer verloren hätte. Oder so etwas Ähnliches. Er hatte zwar vorhin schon von seiner Mutter gehört, dass es Josua wieder besser ging, aber irgendetwas war heute passiert. Und das beunruhigte ihn. Mit einem Gebet auf den Lippen schlief er ein und träumte von Josuas Tod.

Das war aber seltsam. Bisher war ich immer nur gewohnt, dass sich die Dämonen auf mich stürzen, aber was haben sie heute mit Josua gemacht? Warum Josua? Ich bin wütend auf diese Wesen. Warum, Vater, dürfen sich diese Geister auf unschuldige Menschen stürzen? Ich verstehe das alles nicht. Ich verstehe nicht, warum es hier so viel Leid gibt. Vater, du bist doch die reinste Freude? Warum leben die Menschen in einer so großen Gewohnheit und haben den wahren Glauben an dich und deine Freude vergessen? Warum, Vater, warum ist dies so?

Bitte hilf mir, dass ich aus diesen Gefühlen wieder herauskomme, denn diese Schwere in meiner Seele kostet mich sehr viel Kraft. Ich wünsche mir, dass ich auch eine größere Leichtigkeit fühlen kann wie Rahel oder Ismael. Sie sind immer so fröhlich und freudig. Bitte lasse mir auch eine Zeit der Unbeschwertheit zuteil werden. Amên.

∞

Samuel ging es heute prächtig. Er spürte, dass sein ernsthaftes Gespräch mit Josua vor einigen Tagen seine Wirkung nicht verfehlte hatte. Der Junge machte seine Schreibübungen, er schien sehr motiviert zu sein, Neues zu lernen. Und von Jesus hielt er sich wohl auch fern. Zumindest drang nichts Gegenteiliges an Samuels Ohr.

Er ging schon einmal voraus in die Synagoge, die er über alles liebte. Er liebte den Kalkstein, aus dem sie erbaut wurde. Er war so harmonisch, und stand ganz im Gegensatz zu dem schwarzen Basalt, aus dem die Synagoge von seinem Freund in Kapharnaum gebaut wurde. Als er die Synagoge erreicht hatte, sang er eine kleine Hymne zu Ehren Gottes. Heute wollte er eine Zeit allein hier verbringen und Gott seine Liebe und Verehrung in Form eines kleinen Opfers zeigen. Da er kein Freund von Tieropfern war, hatte er sich einige Granatäpfel, Oliven und Weizenkörner besorgt, die er darbringen wollte. Nachdem er die Opfergaben ausgepackt hatte und sein Gebet sprechen wollte, hörte er in seinem Inneren eine eindringliche Stimme, die er nicht überhören konnte.

„Samuel, mein geliebter Sohn. Es gefällt mir, wie du den Glauben an mich sehr gewissenhaft lebst und du mich, deinen Gott, den Menschen näher bringen möchtest. Es gibt nur sehr wenige, die diesen starken Glauben haben. Deshalb möchte ich dich heute darauf vorbereiten, dass du in naher Zukunft mit deiner Familie in ein fernes Land reisen wirst und dort, in einer größeren Stadt mit dem Namen Ephesos, meine Lehre vorleben sollst. Du wirst es merken, wenn es an der Zeit ist, fortzugehen. Sei achtsam."

Samuel fühlte sich, als ob sein Herr gerade auf einem feurigen Pferd in seine Synagoge gekommen wäre. Er war überwältigt und sprachlos. Gott hatte zu ihm gesprochen. Gott liebte ihn und teilte ihm mit, dass er seine Aufgabe als Rabbi gut, nein sogar sehr gut, ausübte. Samuel hätte am liebsten einen Psalm gesungen, aber dafür reichte jetzt die Zeit nicht mehr aus, denn die Kinder würden gleich kommen. Gott hatte zu ihm gesprochen. Gott, der Herr. Er war so euphorisch, dass er fast sein Gebet vergessen hätte, das er ja sprechen wollte. Dies holte er schnell nach. Dann nahm er die Thorarolle aus dem Schrein und rollte sie auf. Josua war wie immer der erste, der den Raum betrat. Nach einigen Minuten waren alle Kinder da und warteten auf seine Worte.

„Kinder, möge Gott, unser Herr, unseren Weg beschützen und uns zeigen, wie sehr er uns liebt." Heute war Samuels Tag gerettet. Kein Simeon und vor allem kein Jesus konnten ihn heute aus seiner Ruhe bringen und seine Freude schmälern.

„Heute werden wir, bevor ich euch aus den Schriften lese, uns wieder der griechischen Sprache widmen. Ihr wisst, dass ich ein Gegner dieser heidnischen Sprache bin, aber es muss sein, dass jeder von euch diese Sprache versteht. Wie jeder von euch weiß, ist es die Handelsprache und die Sprache, die man in größeren Städten spricht. Und schließlich führt eine wichtige Handelsroute, die die heidnischen Städte Damaskus und Alexandria verbindet, direkt durch Nazareth. Ich weiß, dass viele von euch von den größeren Städten träumen."

Samuel war wirklich nicht sehr erbaut davon, Griechisch zu lehren, aber er hatte eingesehen, dass an dieser Sprache kein Weg vorbei führte. Er musste sie lehren. Er war einerseits froh, dass er sie gelernt hatte, da er sie jetzt den Kindern vermitteln konnte. Schließlich musste es auch einen tieferen Sinn haben, dass er in Rabbath, dem heutigen Philadelphia, aufgewachsen war. Philadelphia, war, wie man schon am Namen erkannte, eine Hochburg der griechischen Kultur. Diese Stadt, die nordöstlich vom Salzmeer lag, hatte schon früh ihre jüdischen Wurzeln verloren und war heidnisch geworden.

Aber das, was Gott vorhin zu ihm gesagt hatte, dass er in ein fernes Land reisen würde, das bestätigte ihm, dass seine Entscheidung, Griechisch zu lehren, die er vor einiger Zeit getroffen hatte, richtig gewesen war. Ephesos war eine griechische Großstadt. Dort war diese Sprache Pflicht.

Vielleicht waren ihm deshalb diese Sprache und vor allem das griechische Volk so verhasst, da er mit ihnen und ihren vielen Göttern aufgewachsen war, die nur die Ungläubigkeit der griechischen Kreaturen überdecken sollten. Wegen seiner Abscheu diesem Volk gegenüber war er schon früh nach Jerusalem gegangen, da seine Eltern vorzeitig gestorben waren und er bei seiner Tante aufwachsen musste. In Jerusalem hatte er einen sadduzäischen Mentor gefunden, der von seinem starken Glauben beeindruckt gewesen war. Er, Samuel, konnte sich wiederum von dem Sadduzäer, einem reichen und einflussreichen Priester, den starken Glauben in die Schriften abschauen. Er wuchs, dem Herrn sei gedankt, mit dem Wissen auf, dass die Thora die Botschaften Gottes enthielt. Er war froh, dass er diese Gnade empfangen hatte und dass dadurch ein starker Glauben in ihm wachsen konnte. Das sprach sich in Jerusalem herum. Dass Samuel kein Freund von Tieropfern war, war zwar von der Priesterelite nicht unbedingt gern gesehen, aber sein Glaube war beeindruckend. Deshalb war er auch vom Hohepriester persönlich nach Nazareth geschickt worden, denn dieses kleine Dorf stand vor vielen Jahren in dem Ruf, dass es dort nur Räuber und Verbrecher gebe. Als dann zusätzlich der dortige Rabbi gestorben war, war es klar, dass nur ein bestimmter Rabbi dort hingeschickt werden konnte: Samuel, der mit dem starken Glauben. Dass er Sadduzäer war, musste verheimlicht werden, da es in Galiläa nur Pharisäer gab, die das Amt der Rabbis ausübten. Und die Phärisäer, die zwar genauso gottesfürchtig waren, hatten aber einen Makel: Sie sahen in der Thora nicht die alleinige Botschaft Gottes. Samuel konnte das nicht begreifen, da in den alten Schriften des Mose und der anderen Propheten doch ganz klar zu erkennen war, dass es die persönlichen Worte Gottes waren. Die Sadduzäer, die treuen Schriftgelehrten, lebten nur in Jerusalem. Und die Galiläer mussten nicht unbedingt wissen, wo er seine Wurzeln des Glaubens hatte. Es konnte schließlich nicht schaden, die heiligen Schriften im ungläubigen Galiläa zu verbreiten.

„Rabbi, Rabbi, geht es dir gut?" Ismael war wie die anderen Jungen erstaunt, den Rabbi verträumt und gedankenlos, aber lächelnd an die gegenüber liegende Wand blicken zu sehen.

„O, entschuldigt, ich, äh, ich bin gerade einige Aufgaben für euch durchgegangen." Er war weit weg gewesen, jetzt musste er aber doch schleunigst anfangen. Aber er wollte diesen Jesus etwas härter ran nehmen. Und bei dieser Sprache war es besonders passend.

„Jesus, du bist in einer griechischen Stadt aufgewachsen. Was denkst du, warum sollten wir zusätzlich zu den von mir aufgeführten Gründen hier im galiläischen Nazareth diese heidnische Sprache lernen?"

„Damit wir die Worte der Propheten verstehen, die durch die Lande ziehen. Schließlich sollten wir auch verstehen, was der Menschensohn sagen wird, wenn er in einigen Jahren Nazareth besuchen wird. Und da es heute schon einige Griechen gibt, die am Stadtrand Richtung Sepphoris wohnen, wird er auch mit ihnen in ihrer Sprache sprechen, denn mit Aramäisch allein, kommt man in einigen Jahren nicht mehr weit."

Samuel war heute sehr entspannt und konnte ruhig bleiben, denn das, was dieser Jesus heute hier von sich gab, das grenzte schon an Blasphemie. Aber nicht mit ihm, dem gottesgläubigen Samuel.

„So, wenn der Menschensohn nach Nazareth kommen wird. Was meinst du, wann das sein wird?"

„Bald, die Menschen werden es dann schon sehen."

„Aha, die Menschen werden es dann schon sehen. Kannst du das etwas ausführen, wenn es dir keine Umstände macht?"

„Ich könnte es tun, aber Gott sagt mir, dass ich es nicht sagen darf."

Samuel wurde nun doch etwas ungehalten, denn dieser verdammte Jesus brachte ihn schon wieder zur Weißglut.

„Du unterhältst dich mit Gott?"

„Das tust du doch auch."

„Ja, aber zu mir spricht er wirklich. Ich bin schließlich der Rabbi." Samuel kochte vor Wut, konnte sich aber noch zurückhalten. „Woher meinst du zu wissen, dass er zu dir spricht?"

„Gott sagte mir vorhin etwas, was ich aber nicht vor allen wiederholen möchte, da es nur dich etwas angeht."

„Wie du weißt, Jesus, befinden wir uns in der Synagoge. Hier ist Gott, dein Herr, zu Hause. Ich glaube nicht, dass es hier gut wäre, Geheimnisse für sich zu behalten." Samuel stampfte mit seinem rechten Fuß auf den Boden. Wie dieser Kerl ihn immer wieder aufs Neue herausforderte! Aber heute kannte er keine Gnade. Heute musste Jesus endlich kapieren, wer hier das Sagen hatte.

„Es macht mir nichts aus, dies zu sagen, aber ich weiß nicht, ob es dir gefallen würde, verehrter Rabbi." Samuel sah, dass der Ausdruck von Jesus eine gewisse Stärke aufwies, aber nicht mehr lange.

„Jesus, ich befehle dir jetzt hier, uns allen mitzuteilen, was dein Gott, oder vielleicht war es irgendein Dämon, uns mitzuteilen hat." Samuels gute Stimmung von vorhin war verflogen.

„Gut Rabbi, ich wollte dir nur nicht vorgreifen. Aber wie …"

„Rede endlich."

„Wie du willst. Gott sagte mir vorhin", Jesus sprach mit einer sehr eindringlichen Stimme, „dass du einen starken Glauben hast, wie ihn nur wenige haben."

„Das weiß jeder in diesem Dorf, Jesus." Samuel war zwar etwas erstaunt, weil Gott etwas sehr ähnliches zu ihm gesagt hatte. Aber dieser Bengel wollte sich wohl etwas besser mit dem Rabbi seines Dorfes stellen. Bürschchen, aber nicht mit dem alten Samuel.

„Und, und weiter?"

„Weiterhin sagte er dir, dass du in naher Zukunft mit deiner Familie in ein fernes Land reisen wirst und in einer größeren griechischen Stadt mit Namen Ephesos die Lehren des Herrn verbreiten sollst. Außerdem hatte er noch gesagt, dass du achtsam sein sollst."

Samuel stand mit offenem Mund vor den Kindern und wusste nicht, was er als nächstes sagen sollte. Er fühlte sich, als ob der Herr ihn persönlich geohrfeigt hatte. Das war unglaublich! Woher wusste dieser Jesus die Worte, die Gott persönlich an ihn gerichtet hatte? Wie konnte das sein? Wahrscheinlich stand er wirklich mit den Dämonen im Kontakt. Und Dämonen waren ja nicht dumm. Auf diesen Jungen musste man aufpassen! Und außerdem wusste es gleich das ganze Dorf, dass er, Samuel, in absehbarer Zeit dieses Dorf verlassen würde.

„Ich glaube, das reicht für heute. Lasst uns noch kurz beten. Möge Gott auf uns aufpassen und alle Dämonen von uns fern halten. So soll es immer in Nazareth sein."

∞

Heute ging es auf den Gassen Nazareths sehr laut zu. Simeon und seine Freunde hatten ein neues Lieblingsspiel: Römer gegen Zeloten. Die Römer bekamen ihre hölzernen Wurfspeere, die Zeloten ihre Holzschwerter. Und da Waffen schon immer in der Geschichte der Menschheit fasziniert hatten, wurden sie auch ab dem Tag, an dem das Spiel Premiere feierte, in Nazareth die Lieblingsspielzeuge der Jungen. Die Anhängerschaft des Bandesführers Simeon wuchs somit immer mehr. Simeon selbst spielte natürlich immer den Anführer der Zeloten, die im Hinterhalt auf die römische Patrouille warteten und diese dann angriffen. Stürmten die Zeloten auf sie los, dann wurde es gefährlich, denn Brutalität war ab diesem Tag die bekannteste Eigenschaft Simeons. Hatte er ein Schwert in den Händen, dann wurde er oft zum Berserker.

Josua saß die letzten Stunden in seiner Kammer und machte, wie von seinem Vater angeordnet, Schreibübungen. Er fand, dass er gut vorankam. Doch bald hatte er keine Lust mehr, und er ging hinaus, um Rahel zu suchen. Doch das erste, was er sah, waren zehn bis zwanzig Gestalten, die aus den Büschen hüpften und eine andere Gruppe angriffen, die ungefähr die gleiche Stärke hatte. Er hörte nur noch ein einziges Geschrei.

„Auf sie mit Gebrüll. Simeon, nimm du den Zenturio."

„Das mach ich doch sowieso, Amos. Übrigens gebe ich hier die Anweisungen."

„Ah, das tat weh, Blödmann."

„Wir kämpfen hier und spielen nicht mehr Kinderspiele wie ‚Jakob und der Herr'."

„Treffer. Du bist tot."

„Quatsch, ich habe dich zuerst getroffen."

„Geht doch gar nicht, mein Speer ist länger."

Josua sah sich diese Szenen mit Abscheu an, denn er war kein Freund von Gewalt. Er ging die Gasse hinauf Richtung Sepphoris und sah dort auch schon Rahel und ihre Freundinnen. Bei ihnen, wie konnte es auch anders sein, saß Jesus und spielte Flöte, zu deren Musik die Mädchen tanzten. Josua setzte sich neben Jesus und beobachtete die Mädchen, wie sie im Kreis herumhüpften. Er lächelte Jesus zu. Nach einer Weile hörte Jesus auf zu spielen und die Mädchen begrüßten Josua.

„Spielt Jesus nicht schön?", fragte Rahel Josua.

„Sehr schön. Woher hast du die Flöte, Jesus?"

„Die habe ich mir vor einiger Zeit geschnitzt. Ich liebe es, wie du weißt, Dinge aus Holz zu schnitzen. Galiläische Olivenbäume sind etwas ganz Besonderes."

„Jesus, woher wusstest du, was Gott meinem Vater im Gebet gesagt hatte? Wie konntest du das wissen?"

„Ich höre manchmal eine ganz eindringliche Stimme, wenn es wichtig ist. Ich kann diese nicht überhören und ich weiß noch Tage später, was sie gesagt hat. Das ist eben so. Warum, weiß ich auch nicht. Mein ägyptischer Lehrer hat mir nur gesagt, dass es wichtig sei, auf diese zu hören und diese Dinge auch auszusprechen, wenn es von dieser Stimme gewünscht wird. Und ich weiß, dass diese Stimme von Gott kommt. Woher sollte sie auch sonst kommen?"

„Wie mein Vater sagte, von einem Dämon?"

„Was ist denn ein Dämon in deinen Augen, Josua?"

„Ein böser Geist, der nichts Gutes möchte."

„Glaubst du wirklich, dass ich auf einen bösen Geist hören würde?"

„Warum bist du dir so sicher, dass du die verschiedenen Stimmen unterscheiden kannst? Woher willst du wissen, was ein Dämon und was Gott ist, unser Herr?"

„Gott ist mein Vater, wie auch deiner. Weißt du nicht, dass ein Vater immer nur das Gute für seinen Sohn möchte?"

„Jesus, manchmal weiß ich das wirklich nicht. Einerseits ja, andererseits frage ich mich, ob ein Vater nicht auch einmal den Sohn verletzen darf."

„Ja, ich weiß, es muss dir noch sehr wehtun, daran zurückzudenken, als du mich verteidigen wolltest."

„Fast vergessen. Aber ich könnte den Unterschied nicht immer bemerken."

Auf einmal sahen die beiden Jungen, wie Simeon und seine Freunde angerannt kamen. Josua hörte nur noch, wie Simeon „Auf sie mit Gebrüll! Ich nehme den Blauäugigen. Und du Amos, nimmst das Narbengesicht" rief, wie die Mädchen sich hinter Jesus versteckten und wie dieser einen Schritt auf die ungefähr zwanzig anrennenden Jungen zuging. Dann machte Jesus eine anmutige Handbewegung, die etwas Unsichtbares auf die anrennenden Jungen warf.

„Im Namen Gottes, weicht von ihnen, ihr Dämonen." Die Worte von Jesus waren laut und deutlich. Mit einem Male blieben die Jungen stehen, schauten sich gegenseitig an, warfen sich einige Wörter an den Kopf und trotteten langsam den Weg zurück, den sie vor wenigen Momenten herauf gerannt waren.

„Was war das schon wieder, Jesus?"

„Josua, ich habe dir doch schon einmal von den Fratzen erzählt, die ich immer sehe. Um diese Kinder waren eben hunderte von dunklen Gestalten. Ich habe nur ein Gebet gesprochen."

„Woher weißt du, dass das Gebet von Gott gehört wurde und nicht ein Dämon uns gerettet hat?"

„Josua, meinst du, ein Dämon kann einen anderen in die Flucht schlagen? Das kann nur das Licht. Vergiss das nicht! Es wird für dich noch einmal sehr wichtig werden. Denn auch du wirst, wie schon gesagt, in eine große Stadt reisen. Dort gibt es noch viel mehr von dieser Sorte, glaube mir."

Josua schaute Jesus mit großen Augen an, schüttelte nur den Kopf und ging etwas verwirrt nach Hause. Das war wirklich genug für heute.

Er hörte noch, wie Rahel bewundernd Jesus für die Rettung vor den Jungen dankte. Eines verstand er aber noch nicht. Warum konnte ein Dämon keinen anderen Dämon in die Flucht schlagen?

∞

Es war wieder Zeit für ein ausgedehntes Abendmahl. Die Familie des Rabbis saß in Harmonie beisammen, was wahrlich nicht zu oft vorkam.

Samuel war durch die Worte von Gott in seinem Inneren so erfreut, ja für seine Verhältnisse so ausgelassen, dass er sogar ab und zu einen kleinen Witz in die Gespräche einfließen ließ.

„Josua, Judith und Esther, ihr könnt aufstehen. Ich muss mit eurer Mutter noch etwas besprechen."

Die Kinder gingen erfreut hinaus, denn das bedeutete, dass sie noch etwas mit den anderen Kindern auf den Gassen spielen konnten.

„Sarah, mein Weib, ich muss dir etwas sagen. Du wirst es kaum glauben, was mir heute früh beim Gebet passiert ist."

„Ich merke schon den ganzen Tag, dass du sehr beschwingt bist, Samuel."

„Gott hat zu mir gesprochen. Gott hat mir gesagt, dass ich einen vorbildlichen Glauben hätte und dass wir in naher Zukunft in ein fernes Land reisen werden, wo ich diesen Glauben an Gott, unseren Herrn, in die Welt tragen kann. Ist dies nicht wunderbar?"

„Gott hat dir gesagt, dass wir in ein anderes Land reisen werden?" Sarah war etwas verwundert. „Was sollen wir in einem anderen Land, Samuel? Wir gehören hier hin, hier in Galiläa ist unser Zuhause."

„Du weißt, dass die Priester in Jerusalem sehr viel von mir halten. Ich sage das auch mit etwas Stolz. Bealja, ein Priester aus dem Hohen Rat, hat mir schon vor einiger Zeit angedeutet, dass auf mich etwas warten würde, was ich aber noch für mich behalten habe. Sarah, es gibt nicht viele wie mich in unserem Land, die solch einen gefestigten Glauben haben." Samuel richtete sich unbewusst auf und lächelte.

„Welches Land soll dies denn sein? In der heutigen Zeit ist doch außerhalb von Galiläa fast alles griechisch. Wie kann Gott so etwas verlangen, dass wir unser Zuhause verlassen, unsere Sicherheit, unsere Freunde hier in Nazareth? Und denke doch einmal an die Kinder. Jetzt hat sogar Josua einen guten Freund gefunden, und es wäre für ihn sehr traurig, bald gehen zu müssen."

„Meinst du etwa diesen Jesus? Diesen blauäugigen Bengel, der mit den Dämonen spricht? Hältst du den für einen Freund von Josua? Ich habe unserem Sohn schon gesagt, dass er sich von ihm fern halten soll."

„Was hast du? Merkst du nicht, dass Jesus ein ganz besonderer Junge ist? Gut, er ist vielleicht etwas ruhiger, aber er hat ein großes Herz. Das müsste sogar dir auffallen, Samuel."

„Weib, dieser Jesus, den du für jemanden ganz Besonderen hältst, hat mir heute in der Schule fast wortwörtlich gesagt, was Gott mir einige Momente vorher mitgeteilt hatte. Ist das denn nicht ein großer Beweis, dass er mit Dämonen spricht? Nur ein Dämon kann das."

„Samuel, du sagst, dass Gott dir das gesagt hatte. Und bei Jesus glaubst du plötzlich, dass die gleichen Worte von einem Dämon gesprochen wurden? Ist das nicht ein bisschen seltsam?"
Samuel wurde wütend. Wie konnte nur jeder im Dorf diesen Jesus als so harmlos ansehen! Und jetzt fiel ihm auch noch sein Weib in den Rücken.
„Ich bin der Rabbi. Und zu mir spricht Gott, wenn er unserem Dorf etwas mitzuteilen hat. Zu einem zugereisten blauäugigen Bastard, der auch noch laut seines naiven Vaters der zukünftige Erlöser sein soll, würde Gott niemals sprechen. Niemals! Das zeigt, dass dieser Jesus mit Dämonen im Bunde steht. Sonst hätte er diese Worte nicht hören können. Und dass er sie gehört hat, dies ist leider nicht anzuzweifeln."
„Samuel, bitte rede nicht so über diesen Jungen. Jesus ist nicht so, wie du ihn hier hinstellst. Ich habe mich öfters mit Mirjam und ihm unterhalten. Und auf mich wirkt er manchmal sogar reifer als die meisten Väter in diesem Ort. Und Mirjam, sie ist für mich mittlerweile eine wunderbare Freundin geworden, und Jesus mag ich sehr."
„Du hast dich mit diesen ominösen Menschen getroffen? Sarah, ich verbiete auch dir, weiteren Kontakt mit dieser Familie zu pflegen. Hast du mich verstanden?"
„Samuel, es tut mir leid, das lasse ich mir nicht verbieten. Von niemanden. Auch nicht von dir. Ich habe dich geheiratet, ich schätze deinen starken Glauben, ich gehe auch mit dir in ein anderes Land, wenn es unbedingt sein muss, aber ich lasse mir nicht sagen, mit wem ich mich treffen darf und mit wem nicht! Und schon gar nicht bei so lieben Menschen, die mir gut tun, die meine Seele sehen, die auch mich mögen."
Auf einmal wurde Samuel zu einem Berserker. Er schlug Sarah mitten ins Gesicht, immer und immer wieder. Dann nahm er sich den Stock, der immer griffbereit in der Ecke stand, und drosch mit ihm weiter auf seine Frau ein. Unzählige Schläge. Endlose Momente vergingen. Dann warf er Sarah auf den Boden, schob erst ihr Gewand hoch, dann seines und nahm seine Frau mit brutalster Gewalt.
Samuel war nicht mehr Herr seiner Selbst. Er stieß und stieß in ihren Schoß, immer und immer wieder. Sein Körper verkrampfte sich, er stöhnte und schrie, bis er auf dem Höhepunkt seiner wahnsinnigen Lust angelangt war. Dann schlaffte sein Körper ab. Er hörte nur noch das Wimmern seiner Frau. Da hielt er erschrocken inne und ließ von ihr ab.
Er stand auf, glättete sein Gewand und ging aus dem Raum hinaus, gefolgt von einem dunklen Schatten, der sich einige Momente, nachdem Samuel

den Raum verlassen hatte, sich von ihm abwandte und im Nichts verschwand.

Jeden Moment musste Samuel wieder kommen, der allabendlich seinen Spaziergang machte. Sogar heute Abend, nachdem er Josuas Mutter so misshandelt hatte. Josua war es gewesen, der seine Mutter gefunden hatte. Er saß bei ihr am Bett und hielt ihre Hand. Josua sah in die Augen seiner Mutter. Heute war in ihrer Seele was zerbrochen. Es kam ihm so vor, als ob die Liebe aus ihr verschwunden und Verzweiflung und Traurigkeit an ihrer Stelle eingezogen waren.
Josua bibberte vor Angst, denn wenn Samuel in einer solchen Stimmung war, dann war alles möglich. Seine Angst vor Samuel war mittlerweile so groß, dass sogar der abgrundtiefe Hass auf ihn so verschwindend gering war, dass er kaum zu spüren war. Seine Hand krallte sich um das Holzkreuz, ohne dass es ihm bewusst war.
Josua war traurig. Warum mussten seine Mutter und er so unter Samuel leiden? Und warum war der für alle anderen immer ein Vorbild an Gerechtigkeit? Josua erinnerte sich an eine Gerichtsverhandlung, die letztens wie immer in der Synagoge stattgefunden hatte. Fast das ganze Dorf war anwesend. Samuel, der als Rabbi auch der Richter im Dorf war, hatte einen Zank zwischen zwei Bauern, die sich über ein Kalb in den Haaren lagen, so weitsichtig und gerecht geschlichtet, dass einerseits Josuas Bewunderung für seinen Vater etwas wachsen konnte, aber gleichzeitig die Erkenntnis, dass sein Vater zu allen gerecht war, nur nicht zu seiner Familie, dieses Gefühl wieder zunichte machte. Nie mehr wollte er zu Gerichtsverhandlungen gehen. Nie mehr wollte Josua erleben, wie liebevoll sein Vater zu anderen sein konnte. Er hasste Samuel.

Diese Gefühle im Hause des Rabbis hatten eine solch intensive Ausstrahlung, dass Jesus, der sich vor einigen Momenten zum Schlafen hingelegt hatte, diese Energien wahrnahm und seinen Vater im unendlichen All anrief.
„Vater, bitte hilf meinem Freund Josua und hilf seiner Mutter, dass sie keine Schmerzen mehr hat. Bitte nimm jeglichen Hass aus diesem Haus hinaus und wandele ihn in liebevolle und verzeihende Energie um. Ich danke dir, Vater."

Neuigkeiten

„Jesus, ich möchte, dass du mir und deinen Halbbrüdern heute in der Werkstatt hilfst." Josephs Stimme klang sehr ernst. „Wir müssen noch einiges vorbereiten, bevor wir die nächsten Tage nach Sepphoris gehen, um zu helfen, dass die Stadt wieder vollständig aufgebaut wird."
„Warum ist die Stadt zerstört worden?" Jesus war sehr wissbegierig und wollte immer die Hintergründe von Geschehnissen wissen.
„Du hast doch schon von den Zeloten gehört, oder?"
„Ja. Es sind Männer, die möchten die Römer aus Galiläa vertreiben."
„Ja, sie möchten die Römer aus ganz Galiläa und Judäa vertreiben. Diese Zeloten kämpfen und sind sehr gewalttätig. Sehr viele Anhänger ihrer unterschiedlichen Gruppen kommen aus Sepphoris. Diese Stadt ist sozusagen die Heimat der Zeloten. Nach dem Tod von Herodes dem Großen war die Lage sehr gefährlich, und die Römer wollten verhindern, dass die Stadt den Zeloten in die Hände fiel. Schließlich liegt sie, genau wie Nazareth, an der Haupthandelsstraße, die Damaskus mit Ägypten verbindet."
„Es müssen viele Menschen getötet worden sein." Jesus wurde traurig.
„Ja, und nicht nur das. Es wurden auch viele früheren Einwohner als Sklaven an die Römer verkauft. Darunter auch Kinder. Man hört sehr viel Schreckliches." Joseph huschte eine Träne über die Wange. „Jesus, wir müssen uns beeilen. Komm jetzt."
Jesus folgte Joseph, den er eher wie einen Onkel oder Bruder sah als seinen Vater, in die Werkstatt. Dort hatten Jossi und Juda ihr Tagewerk schon am frühen Morgen begonnen.
„Jesus, unsere Aufgabe ist es, das Theater, das in Sepphoris gerade gebaut wurde, mit Türen auszustatten. Außerdem die Umkleideräume für die Schauspieler mit Tischen zu versorgen. Elf Türen brauchen wir, sieben haben wir fertig. Du kannst die Hobelspäne wegkehren und uns die Werkzeuge bringen, die wir gerade brauchen. Hast du das verstanden?"
„So klein und dumm bin ich schließlich auch nicht."
„Und wenn du deine Arbeit gut machst, dann kannst du mal mit nach Sepphoris kommen und es dir anschauen."
„Wieviele Menschen passen dort hinein?"
„Jesus, frag nicht soviel. Mach lieber, was Vater sagt!" Juda war genervt. Er hasste es, wenn Jesus ewig seine Fragen stellte. „Dort in der Ecke ist der Besen. Fang endlich an."

Jesus beobachtete die drei Männer bei der Arbeit. Juda bohrte Löcher in eine entstehende Tür aus Zedernholz, Jossi hobelte an einer anderen die Unebenheiten ab. Joseph brachte an wieder einer anderen Tür die Markierungen für den metallenen Griff an. Die elf Griffe hatte er gerade von Schaul, dem Schmied, abgeholt. Er betrachtete die Werkzeuge, die an den Wänden hingen. Unterschiedliche Sägen, Meißel, ein paar Äxte, Eisen- und Holzhammer, Feilen und Bohrer. Die Hobel lagen unter dem großen Beil, auf das Joseph besonders stolz war, denn das hatte er aus Ägypten mitgebracht.

Während der letzten Wochen verbrachte Jesus viel Zeit in der Werkstatt, wenn die Männer in Sepphoris waren. Er hatte sich seine Flöte geschnitzt und diverse andere Kleinigkeiten. Er liebte Holz, besonders das interessant gemaserte Olivenholz. Heimlich hatte er kleinere Werkzeuge ausprobiert und sich schon einige Fähigkeiten angeeignet, von denen allerdings Joseph noch nichts wusste. Er war zwar noch jung im Gegensatz zu seinen volljährigen Halbbrüdern, aber er wusste, dass er gute Arbeit abliefern würde und dass er ein guter Bauhandwerker werden würde, wenn Gott dies von ihm verlangen sollte. Neue Häuser zu bauen, das würde ihm gefallen.

Gott, ich danke dir, dass ich mich hier in Nazareth befinde. Ich hatte heute das erste Mal das Gefühl, dass ich hier genau richtig bin. Bisher wusste ich es nicht, aber jetzt bin ich mir dessen sicher. Auch wenn ich mich oft schwach und ausgelaugt fühle, auch wenn ich kränklich bin, wie im Dorf schon über mich erzählt wird, auch wenn ich immer noch hinter meinem Rücken ,Du falscher Messias!' gerufen werde, weiß ich seit heute, dass ich hier genau richtig bin. Warum seit heute, magst du fragen, Vater, aber ich weiß es nicht.

Heute war Josua sehr traurig. Ich habe selten einen Jungen gesehen, der in seinem Alter eine solche Traurigkeit ausstrahlt wie er. Bitte hilf ihm und seiner Familie. Mögest du alle Wesen segnen und mit deiner Liebe erfreuen. So sei es immerdar.

∞

Josua und die anderen Kinder saßen gerade in der Schule und lauschten den Worten der Thora. Samuel las ihnen einige Passagen aus den Überlieferungen vor, die das Leben von Mose schilderten. Doch Josua hörte nicht zu, weil seine Gedanken bei seiner Mutter waren, die sich die letzten Tage zwar körperlich erholt hatte, aber seitdem immer noch wie verändert war. Sie war verschlossen und sprach nur das Nötigste.

Auf einmal trat Jakob der Töpfer in den Raum und teilte Samuel mit, dass draußen im Hof ein Mann auf ihn wartete, der ihn dringend sprechen wollte.

„Kinder, ihr wartet hier. Ich bin gleich wieder zurück." Kaum war er draußen, trat er auch schon wieder mit schnellen Schritten ein.

„Lasst uns noch kurz beten, denn wir müssen den Unterricht für heute ausfallen lassen. Ich werde ein längeres Gespräch mit dem Besucher führen müssen. Möge Gott, der Herr, unser Leben segnen, uns genügend Nahrung und uns ein liebendes Herz geben."

Dann eilte Samuel fort, nachdem er noch die Thorarolle im Schrein verstaut hatte.

„Schöne Worte hat dein Herr Vater auf den Lippen, Narbengesicht." Simeon blieb kurz vor Josua stehen. „Ein liebendes Herz. Pah, dass ich nicht lache, deine Mutter soll er grün und blau geschlagen haben, habe ich gehört." Er machte eine seltsame Grimasse und eilte mit seinen Kumpels aus der Synagoge hinaus. Wahrscheinlich nutzten sie die nächsten Stunden wieder für ihre Waffenspiele. Die hatten nichts anderes mehr im Kopf.

Aber hier musste Josua Simeon ausnahmsweise Recht geben. Das mit dem ‚liebenden Herz' hätte sein Vater nicht sagen sollen. Josua fühlte sich wie versteinert.

„Dir geht es heute nicht gut, oder?" Jesus hatte sich neben Josua gesetzt.

„Ich hasse meinen Vater. Ich hasse ihn und ich habe Angst vor ihm. Du weißt ja, was er meiner Mutter angetan hat. Das werde ich ihm nie verzeihen."

„Ja, es ist schlimm. Aber versuche, diese schlimmen Gefühle Gott, unserem liebenden Vater, zu geben. Dann kann er die Last, die dich irgendwann erdrücken wird, auf seinen Schultern tragen und dir wird es leichter um dein liebendes Herz."

„Das sagst du so leicht, Jesus. Ich kann es nicht."

„Hauptsache, du merkst dir meine Worte für die Zukunft. Wenn das mein Vater mit meiner Mutter gemacht hätte, würde ich mich genauso fühlen." Jesus klopfte Josua auf die Schulter. Josua merkte, wie Jesus ihn ablenken und auf erfreulichere Gedanken bringen wollte.

„Josua, ich kann in einigen Tagen vielleicht mit meinen Halbbrüdern und mit Joseph nach Sepphoris gehen. Hättest du Freude daran, mitzukommen?"

Josuas Augen leuchteten erfreut auf, bevor sie wieder von der Traurigkeit übermannt wurden.

„Ich glaube, mein Vater würde mir es nicht erlauben."

„Ich weiß aber, dass du mit Sicherheit daran Freude hättest."

„Ja, ich liebe Geschichten. Schön wäre es."

„Josua, vertraue mir." Mit einem Mal verklärte sich das Gesicht, und die blauen Augen von Jesus leuchteten noch intensiver. „Unser Vater im Himmel ist allmächtig. Er macht es möglich. Es wird einen Weg geben, auch wenn du ihn nicht siehst."

Diese blauen Augen, die ihn gerade musterten, sahen auf den tiefsten Grund seiner Seele. Er fühlte sich erkannt. Er fühlte sich geliebt. Er fühlte sich in Frieden. Alles um ihn herum verschwand in einem Nebel und er sah nur noch in diese lächelnden blauen Augen, die er niemals mehr vergessen wollte.

„Josua, mein Sohn", hörte er eine Stimme, „Erhelle dein Herz. Vergib Samuel, denn er weiß nicht, was er tut."

In diesem Moment fühlte sich Josua so glücklich wie noch nie. Er spürte, wie Jesus ihn liebevoll am Arm streifte und danach die Synagoge verließ. Einzelne Tränen kullerten ihm über die Wange. Er fühlte sich geborgen, und auch dass Jesus ihn als seinen Sohn ansprach, war in diesem Moment völlig normal und passte zu der Heiligkeit dieses Moments.

Josua machte sich auf den Weg zu seiner Mutter. Als er den Hof überquerte, schaute er seinen Schwestern kurz zu, die sich dem Brotbacken widmeten. Kurz vor der Eingangstür hörte er schon eine fremde Stimme, die mit seinem Vater sprach. Die beiden Männer saßen zu Tisch und unterhielten sich aufgeregt, als Josua eintrat.

„Josua, komm mal her. Ich möchte dich einem wichtigen Mann aus Jerusalem vorstellen." Samuel lächelte stolz. „Bealja, dies ist mein Sohn. Er wird später den gleichen Weg einschlagen. Er ist sehr begabt und kann schon in seinen jungen Jahren lesen."

„Josua, es freut mich, dich kennenzulernen."

„Es freut mich auch, Herr."

Josua ging zu seiner Mutter, die im Nebenraum Brot schnitt und einen Salat mit Kräutern für den Gast vorbereitete.

„Mutter, wie geht es dir?"

„Mach dir keine Sorgen, Josua. Ich werde immer für dich da sein. Ich werde dich und deine Schwestern beschützen, auch wenn wir in ein anderes Land gehen müssen."

„Stimmt es wirklich, dass wir fortgehen müssen?"
„Ja, mein Sohn, es stimmt. Wir werden in eine griechische Stadt reisen, nach Ephesos. Das soll eine große Stadt sein, in der viele Menschen leben."
„Mutter, ich möchte hier nicht weg."
„Ich weiß, aber es wird nicht anders möglich sein. Wir sind deinem Vater zur Treue verpflichtet und er hat eine wichtige Aufgabe dort zu übernehmen. In einigen Wochen wird es soweit sein. Wir werden es frühzeitig erfahren, hat dieser Mann vorhin gesagt." Seine Mutter streichelte ihm über das Haar. „Josua, Ephesos soll eine Stadt der Künste sein. Die Stadt soll ein Theater haben, und es soll dort auch private Bibliotheken geben. Ich weiß doch, wie gern du die alten Schriften hast."
Das war zwar ein gewisser Lichtblick, aber Josua wollte nicht weg. Er wollte bei seiner Freundin Rahel bleiben. Vor allem wollte er Jesus nicht verlassen, denn er liebte dessen schöne blaue Augen.
Sarah brachte den beiden Männern den Salat und das Brot und nahm dann Josua mit in den Hof, um nach seinen Schwestern zu sehen.
„Nun geh schon mit den anderen spielen." Sie lächelte Josua an, der daraufhin auch schnurstracks auf den Gassen von Nazareth verschwand.
Judith ärgerte derweilen Esther, wie sie es immer machte. Heute zog sie an den Zöpfen ihrer älteren Schwester, die gerade Brot aus dem Ofen holte.

∞

Sarah lächelte. Sie war stolz auf ihre Kinder. Sie liebte sie. Judith und Esther waren wundervolle Mädchen, die zum Glück nicht viel von der Gewalttätigkeit von Samuel abbekamen. Samuel ließ seine ganze Unzufriedenheit immer an ihr oder an Josua aus. Josua machte ihr Kopfzerbrechen, denn er hatte es nicht leicht. Und dass er jetzt bald Nazareth verlassen würde, war einerseits wichtig, um aus der Enge herauszukommen, andererseits war es nicht gut für ihn. Endlich hatte er einen Freund. Jesus war ein guter Junge, einen besseren Freund konnte Josua nicht haben, fand sie. Schließlich glaubte sie tief und fest, dass Jesus der Messias war. Und mit einem Messias in der Kindheit zu spielen, war nun mal großartig und eine einzigartige Chance. Früher war Josua immer mit Mädchen zusammen gewesen, was ihn aber immer zu einem Außenseiter gemacht hatte. Auf der anderen Seite würde Josua in Ephesos ein neues Leben beginnen und auch neue Freunde finden. Vielleicht würde eine andere Stadt, wo Samuel viele neue Aufgaben übertragen bekäme, die

113

Beziehung zu seinem Sohn verändern. Vielleicht würde er ruhiger werden. Das wäre der Umzug schon wert. Diese Hoffnung hatte sie, und diese Hoffnung wäre es wert. Egal, wie schwierig der Abschied aus Nazareth auch werden sollte.

Beim Brotbacken konnte Sarah wieder zu sich finden. Brotbacken war für sie eine Quelle göttlicher Kraft. Es war eine Zeit, in der sie deutlich Gottes Liebe wahrnahm. Sie genoss die Zeit, die sie dem Brot gab, die sie brauchte, den Teig vorzubereiten und mit jeder Handbewegung des Knetens ihre ganze Liebe dem Brot und damit ihrer Familie schenkte. Brotbacken war für sie heilig, es war mystisch wie ein Gebet zu ihrem Schöpfer, der sie dann damit beschenkte, dass sie das fertige Brot aus dem Ofen nehmen und den heimeligen Duft des noch heißen Brotes in der Nase spüren konnte. Welch eine Freude wurde durch das Brot in die Welt gebracht! Durch die schlichte Vereinigung von Mehl, Wasser und Salz wurde etwas erschaffen, das wahrhaft mystische Kraft enthielt. Auf Brot sollte jeder Mensch immer ein Anrecht haben. Kein Mensch durfte jemals aus Brotmangel verhungern. Hoffentlich hatten auch zukünftige Generationen immer genügend Brot. Ohne Brot gab es kein Leben, das Brot war in ihren Augen das Leben selbst. Das Getreide wurde von Gott erschaffen, das Mehl wurde durch die Kraft des Menschen gemahlen, der Teig wurde durch die Beharrlichkeit des Menschen geformt und durch das heilige Feuer Gottes gebacken. Vollendet wurde es, wenn es gebrochen und mit allen Freunden und manchmal auch fremden Reisenden geteilt wurde. Dann war Gott ganz nah. Dann fühlte sich Sarah dankbar und erkannte sich als ein Geschöpf Gottes.
Sarah liebte Feuer. Für sie war Feuer heilig. Dass sie mit den Feuergeistern sprach, blieb ihr Geheimnis. Manchmal sah sie diese anmutigen und gleichzeitig wilden Wesen in den lodernden Flammen. Vielleicht war das auch der Grund, warum ihr Brot in Nazareth so beliebt war. Die Frauen in Nazareth waren oftmals unterschiedlicher Meinung, wenn es um die Essenszubereitung ging, aber in einem waren sie sich alle einig: Das Brot von Sarah schmeckte einfach am besten. Ein Teil ihrer bäckerischen Fähigkeiten bestand darin, ein Feuer zu bauen und es zu überwachen, bis die Asche die richtige Temperatur zum Backen erreicht hatte. Dann wirbelten die Feuergeister besonders schnell durch die Flammen und gaben ihr das Zeichen, mit dem Brotbacken anzufangen. Sie musste lächeln. Das war immer so, es klappte hervorragend. Oftmals kamen einige Frauen aus dem Dorf wie zufällig bei ihr vorbei und beobachteten sie neidvoll. Sie

wusste, dass sie herausfinden wollten, was ihr Geheimnis war, aber ihr Geheimnis war gut gehütet. Sarahs Brotbackkunst war eines der größten Rätsel des Dorfes.

Für heute war das Brotbacken vollendet, aber es war erst abgeschlossen, wenn sie ihr tägliches Gebet gesprochen hatte, das sie so sehr liebte und das jedes jüdische Kind von früh auf lernte. Die Jungen in der Schule, die Mädchen von den Müttern. Sarah betete: „Du, Herr, bist mein Hirte, mir wird nichts fehlen, du lässt mich auch auf grünen Auen lagern und führest mich zu frischen Wassern. Du führst mich sicher durchs Leben um deines Namens willen. Auch wenn ich dunkle Schluchten durchwandern muss, ich fürchte kein Unheil, denn du, Herr, bist bei mir, du tröstest mich. Du gibst mir immer genügend Brot, du salbest mein Haupt mit Öl, mein Becher ist immer gefüllt. Glück und deine Gunst begleiten mich in meinem Leben und ich darf in deinem Hause wohnen, solange ich lebe. Amen."

In der letzten Zeit war Mirjam oft zu ihr herübergekommen, um gemeinsam mit ihr das Brot für beide Familien zu backen. Die Gespräche mit Mirjam waren von solcher Kraft, dass sie in der Anwesenheit ihrer Freundin Visionen von einer schöneren Welt erschufen. Sie unterhielten sich oftmals über die Größe Gottes, über seine wunderbare Liebe, die er den Menschen zukommen ließ. Samuel durfte sie das nicht erzählen, denn Frauen sollten sich seiner Meinung nicht um Gott kümmern, sondern den Haushalt führen. Und schon gar nicht sie, Sarah, die Frau des Rabbis von Nazareth.

Sarah betrachtete ihre beiden Töchter. Sie lächelte erneut. Esther liebte sie genauso, als ob es ihre eigene Tochter wäre. Sie war ein liebes Kind, aber es schien, dass in ihr eine gewisse Traurigkeit war, die nicht greifbar war und sich oftmals gut verstecken konnte. Heute zum Beispiel, wie sie mit Judith spielte und mit ihr im Hof herumtollte. Das Brot war fertig, ein paar Momente des Herumtobens mussten jetzt sein.

Sarah bemerkte Bealja erst, als er direkt vor ihr stand. Er verabschiedete sich von ihr und verschwand gen Sepphoris, wo er noch einiges zu erledigen hatte. Kurz darauf kam Samuel in Sichtweite und teilte ihr mit, dass sie in einigen Wochen nach Ephesos aufbrechen würden. Den genauen Zeitpunkt würde er noch erfahren. Das war alles. Zum Glück, denn seine Anwesenheit brauchte sie im Moment nicht. Dann machte er sich auf den Weg in die Synagoge, um – wie Sarah vermutete – ein Dankopfer an Gott zu richten. Generell war sie voller Bewunderung für ihren Mann, der ein guter Rabbi war. Aber seine Scheinheiligkeit und der schlechte Ehemann und Vater, den er abgab, ließen ihr Herz ihm gegenüber erkalten. Sie hatte schon lange gelernt, es zu schützen. Dass es noch nicht vollständig abgeschützt war, hatte sie vor einigen Tagen wieder erfahren müssen. Noch niemals war Samuel so brutal gewesen. Noch niemals hatte er ihr solche körperlichen Schmerzen zugefügt. Noch niemals war ihr Herz so drangsaliert worden. Die letzten Tage hatte sie eine höhere und dickere Mauer um es herum aufgerichtet, die hoffentlich nicht mehr einzureißen war. Eine kleine Tür hatte sie eingeplant, damit ihre Kinder jederzeit in ihr Innerstes eintreten konnten, genauso wie Mirjam, Jesus und andere liebe Menschen, die sie in Zukunft treffen sollte. Aber Samuel sollte nie wieder in ihrem Herzen Platz finden. Dafür war mittlerweile einfach zu viel geschehen.

∞

„Weib, wo ist mein Sohn?", rief Samuel mit lauter Stimme. „Wo ist Josua schon wieder?"

„Er ist draußen auf der Gasse und spielt mit Rahel." Sarah ahnte, dass Samuel ihn wieder unterrichten wollte.

„Sag ihm, er soll unverzüglich bei mir erscheinen." Samuel ging wieder in das Haus zurück, während Sarah sich auf die Suche nach ihrem Sohn machte.

Kurze Zeit später tauchte Josua im Haus auf. „Du hast nach mir gerufen, Vater?"

„Ja. Nachdem heute der Unterricht ausgefallen ist, möchte ich, dass wir jetzt erst einmal zusammen in den Schriften lesen, und später machst du noch Schreibübungen. Ich möchte, dass du deine freie Zeit nicht so verträdelst, sondern immer im Auge hast, dass du später nur mit der Kunst des Schreibens dir einen guten Namen machen und Rabbi werden kannst." Josua verkniff es sich, zu antworten.

Samuel holte seine private Thorarolle aus seiner Kammer. Sie war zwar nicht so schön, wie die in der Synagoge, aber für den täglichen Gebrauch gut geeignet.

„Josua, was sollen wir lesen?" Samuel war, wie es schien, gut gelaunt. Das Gespräch mit Bealja hatte ihm gut getan. Er schien sich zu freuen, aus Nazareth weggehen zu können.

„Lass uns die Stelle aus dem ersten Buch des Mose lesen, als Jakob in Charan Labans Tochter Rachel trifft." Josua verband damit immer ‚seine' Rahel und das Lesen war dann einfacher für ihn, wenn er sich die Stelle bildhaft ausmalen konnte. Und ein schöneres Bild als Rahel gab es nicht für ihn.

„Gut, lesen wir diese Stelle, Josua". Samuel war wieder erstaunt, wie leicht sich sein Sohn, wenn er konzentriert war, die Namen und die unterschiedlichsten Stellen merken konnte. Charan und Laban waren keine Allerweltsnamen und man musste schon eine gewisse Begabung an den Tag legen, um sich diese Namen zu merken. In diesem Moment war er ein bisschen stolz, wie gut sein Sohn – er war ja schließlich erst sieben Jahre alt – sich die Geschichte ihrer Ahnen merken konnte. Wenn er doch nicht immer so viel träumen würde!

Samuel rollte die Thora zu der genannten Stelle auf. Josua las sehr flüssig und ruhig, er musste auch nur ganz selten innehalten, um ein etwas schwieriges Wort richtig auszusprechen. Er liebte dieses Kapitel, in dem Jakob um Rahel warb und viele Jahre für ihren Vater arbeiten musste. Aber am Ende hatten sich die Geduld und die Demut ausgezahlt.

Heute konnte sich Josua gut konzentrieren, auch wenn er lieber mit den Kindern weiter gespielt hätte. Aber das konnte er morgen wieder tun, beruhigte er sich, denn schließlich hatte sein Vater auch nicht immer Zeit, mit seinem Sohn zu lernen.

„Dann empfing sie abermals und gebar einen Sohn und sagte: ‚Dieses Mal will ich den Herrn lo .. lobpreisen.' Darum nannte sie ihn Juda. Weiterhin bekam sie kein Kind mehr." Das Kapitel war beendet.

„Gut, Josua." Samuel war heute ganz froh über Josuas Arbeit. „Jetzt machen wir Schreibübungen. Ich lese einige Stellen vor, und du schreibst sie auf. Fangen wir an." Samuel wusste zwar, dass es verboten war, aus der Thora abzuschreiben, außer es diente dem Zweck der Lehre. Wenn man es ganz genau nahm, war dies auch eine Lehre, die er seinem Sohn zukommen ließ. Deshalb drückte er auch hierbei beide Augen zu. Schließlich wurde gerade ein zukünftiger Rabbi ausgebildet, dachte er. Es war deutlich zu sehen, dass sein Sohn einmal in seine Fußstapfen treten und Rabbi von Nazareth werden würde.

Die Zeit verging immer sehr schnell, denn auch beim Schreiben bemerkte Josua Fortschritte. Aber nach einer weiteren Stunde war er müde geworden.

„Josua, es ist gut für heute." Samuel bemerkte seine Müdigkeit. Kein Wunder, denn Josua hatte schon sehr lange mit höchster Konzentration gearbeitet.

„Ich merke, dass du nur noch Fehler machst. Ich bin zufrieden mit deiner Entwicklung. Wir werden auch in Zukunft viel gemeinsam arbeiten. Ich möchte auch, dass du deine Schreibübungen machst, auch wenn ich mal für ein paar Tage weg bin." Samuel fixierte Josua. „Jeden Tag eine Stunde. Wenn du meinst, ich bekomme das nicht mit, täuschst du dich gewaltig. Versuche nicht, mich auszutricksen. Es ist wichtig, glaube mir. Du bist zu etwas Besserem geboren als zum Schafehüten oder Gersteernten. Hast du mich verstanden?" Sein Tonfall wurde bedrohlich.

„Ja, Vater." Josua war erstarrt, denn mit diesem Ton hatte er nach dem Lob eben gerade nicht gerechnet.

„Ich werde wahrscheinlich bald eine Zeit in Jerusalem verbringen müssen. In dieser Zeit werde ich mir deine Übungen anschauen. Ich weiß, wie viel du in einer Stunde schreiben kannst." Zufrieden über seine Schläue musste Samuel lächeln. Mit einem letzten Blick auf seinen Sohn verließ er den Raum und ging hinüber in die Synagoge.

Josua blieb noch eine Weile sitzen und dachte traurig über seine harte Einzelschulung bei Samuel nach. Einerseits war er dankbar, denn so konnte er seine Schreibfähigkeiten immer weiter verbessern, aber die Regeln und Gesetze seiner Vorväter schienen ihn manchmal zu erdrücken. Gerade dieses dämliche ‚Höre Israel' mit der Aufforderung, unter anderem Gebetsriemen am Arm und vor der Stirn zu tragen, die in einem ledernen Behälter mündeten, beengten ihn so sehr, dass er am liebsten aus der Haut fahren wollte. In den ledernen Behältern befanden sich Pergamentstreifen, die Auszüge aus der Thora enthielten. Als ob es was bringen würde, ob man sie nun trug oder nicht. In dieser Hinsicht verstand er die Erwachsenen und auch die Lehren seiner Vorväter nicht. Oder ob man eine Kapsel mit Auszügen der Thora auf Pergament am Türpfosten befestigte oder nicht. Was sollte das bringen? Dafür, dass er diese blöden Dinger tragen sollte, musste er sich dämliche Sprüche von Simeon anhören, der sich, wo es nur ging, weigerte, sie anzuziehen. Dieser Blödian konnte die Gebetsriemen nicht mal richtig an seinem Arm befestigen. Aber das Schlimmste war, was die Wirkungslosigkeit dieser Behälter zeigte, dass diese Worte auf Pergament nicht verhindern konnten, dass sein Vater, ein Mann Gottes, ihn schlug und seine Mutter verletzte. Er hatte es als religiöse Pflicht gelernt, seinen Vater zu achten, aber in Wirklichkeit verachtete er ihn. Gott musste deshalb auf Josua wütend sein.

Langsam drangen die Stimmen der Kinder vor dem Haus in sein Bewusstsein. Traurig ging er hinaus und setzte sich in den Schatten eines Granatapfelstrauches, der in der Nähe stand, wo die Mädchen mitsamt Jesus ihr Lieblingsspiel spielten: „Jakob und der Herr." Er beobachtete die

Kinder eine ganze Weile und bemerkte, wie die Mädchen darauf bestanden, dass Jesus immer den Herrn spielen sollte. Angespannt beobachtete er, dass die Mädchen es liebten, sich von Jesus einfangen zu lassen. Nun war Rahel an der Reihe und Josua konnte seine Augen nicht abwenden. Er starrte sie an, gespannt, ob sie sich ebenfalls so kindisch benahm, schließlich musste man bei dem Spiel schon versuchen, etwas auszuweichen und vor dem Herrn wegrennen.

„Jakob, wo bist du?" Jesus rief mit einer zarten Stimme.

„Hier." Rahel lachte dabei, als sie antwortete. Es schien, dass auch Rahel nicht viel unternahm, um sich vor Jesus, dem Herrn, zu verstecken. Nach einigen Momenten hatte er sie. Sie lachten und drückten sich eine Weile, nachdem sie die Binden von ihren Augen genommen hatten.

Josua saß immer noch unter dem Baum und fühlte sich plötzlich sehr einsam. Er bemerkte, wie es wieder um ihn herum dunkel wurde. Seine Traurigkeit wuchs, seine Einsamkeit war fast nicht auszuhalten. Aber plötzlich wurde es wieder heller.

„Josua", rief eine Stimme und riss ihn aus seinen Gedanken. „Josua, willst du mitspielen?" Es war Rahels Stimme, die mit ihrer Fröhlichkeit ihn sogar zum Lächeln brachte.

„Ja, ich spiele mit. Wer soll ich sein?"

„Jakob, natürlich." Rahel brachte ihm eine Binde. „Jesus ist immer der Herr. Das haben wir gestern beschlossen."

Sie band Josua die Binde um. Sie drehte ihn ein paar Mal um seine eigene Achse, bis er die Orientierung verloren hatte.

„Jakob, wo bist du?" Jesus rief ihn. Er schien irgendwo hinter ihm zu sein. Josua drehte sich um.

„Hier." Josua antwortete und ging in die andere Richtung, bis er spürte, dass die Mädchen, die im Kreis um sie herum standen, ihn zurück in die Mitte schubsen wollten. Er würde es Jesus aber nicht so leicht machen. Eine Zeit verging. Er richtete sich nach den Schritten von Jesus, die aber auf einmal kaum noch zu hören waren.

„Jakob, wo bist du?" Jesus schien näher gekommen zu sein.

Josua bewegte sich erst von ihm weg, bevor er antwortete. Schließlich wollte er sich nicht so schnell von Jesus fangen lassen. Aber all seine Gedanken nützten nichts. Nach kurzer Zeit berührte ihn Jesus am Rücken und er musste sich geschlagen geben. Wie konnte Jesus ihn nur so schnell finden? Er war doch auf der anderen Seite, als er rief.

„Gefunden. Ich habe Jakob gefunden. Ich habe Josua gefunden." Jesus schien sich zu freuen. Die Mädchen lachten, denn es war für sie die größte

Freude, wenn Jesus wieder erfolgreich war. Früher, als Simeon noch mitspielte und alles bestimmte, freuten sie sich, wenn es mal länger dauerte, bis Simeon die Jakobs fand. Aber bei Jesus war dies völlig anders. Die beiden Jungen zogen sich die Binde von den Augen.

„Wie konntest du mich so schnell finden?", fragte Josua Jesus.

„Ich konzentriere mich, schaue in mich hinein, frage meinen Vater im Himmel und dann sehe ich ein schwaches Licht. Dieses Licht ist es, was mich leitet und mich zu dir führt."

Josua war verwundert. Es schien wirklich, dass Jesus Fähigkeiten hatte, die nicht normal waren. Wer war Jesus? Stand er wirklich mit Gott, dem Herrn, in Verbindung oder war sein Vater ein anderer, vielleicht wirklich ein Dämon, wie Samuel meinte?

Diese Gedanken verfolgten Josua noch den ganzen Tag. Er liebte Jesus auf einer Ebene, die er bei sich noch nie wahrgenommen hatte. Diese Liebe war, ja er fand kein anderes Wort, tiefer. Sie war inniger, sie berührte etwas in seinem Inneren, von dem er bisher gar nicht gewusst hatte, dass es existierte. Er wollte einerseits immer in der Nähe seines blauäugigen Freundes sein. Auf der anderen Seite hatte er auch etwas Angst vor ihm. Angst? Ja, so konnte man es nennen. Angst, dass die inneren Gefühle aus ihm hervorbrechen könnten.

Woher wusste Jesus das alles? Es konnte nur von Gott kommen. Er traute es diesem lieben Jesus nicht zu, dass er mit dunklen Mächten in Verbindung stand. Nein, das glaubte er nicht. Seinem Vater konnte er das aber nicht begreiflich machen. Die früheren Propheten hatten auch Gaben, die manchmal nicht zu erklären waren. Wie konnte beispielsweise Mose seinen Stab in eine Schlange verwandeln?

Wenn Josua so seine Gedanken beobachtete, dann stimmte es, dass er ein verkappter Denker war, eine Art Philosoph, wie seine Mutter einmal gesagt hatte. Den Begriff kannte er zwar nicht, jedoch wusste er um seine Bedeutung. Sarah fragte ihn oft, warum er sich so viele Gedanken um alles machte, warum er nicht einfach die Tage so annehmen konnte, wie sie kamen. Er konnte es nicht. Wie schafften es Simeon und Amos nur, das Leben so leicht zu nehmen und in jedem Tag ein Spiel zu sehen?

∞

Als Jesus am nächsten Morgen aufwachte, war es noch dunkel, er war viel früher wach als üblich. Er ließ den gestrigen Tag noch einmal an sich vorbeilaufen. Gedanken kamen und gingen. Es gab wieder einmal

Momente, in denen er spürte, dass er anders war als die anderen. Grundsätzlich war das nicht schlimm, schließlich glich keine Seele einer anderen, aber er fühlte sich dabei sehr einsam, wie er sich eingestehen musste. Nicht einmal seine Mutter konnte ihm diese Einsamkeit nehmen. Sie versuchte ihn zwar aufzumuntern und ihm immer wieder zu erklären, dass er im Gegensatz zu den anderen Kindern auf der Erde eine Aufgabe zu erfüllen habe, mit der er sich abfinden müsse. Jesus verstand es zwar, doch fiel es ihm oft schwer, damit umzugehen. Er mochte viele der Kinder, vor allem die Mädchen, denn deren Seelen waren weicher und offener, und sie mochten ihn einfach so, wie er war. So wie Josua, jedoch bemerkte er, dass Josuas Vater seinen Sohn in letzter Zeit von ihm fern hielt. Ja, das stimmte, seitdem Josua von den dunklen Wesen angefallen wurde, zog er sich etwas zurück. Diese Entwicklung wollte Jesus ändern. Er wollte sich in den nächsten Tagen mehr um Josua kümmern. Das war ihm klar geworden. Es wurde heller und es drangen die ersten Geräusche an sein Ohr. Er zog sein Gewand über und begrüßte den neuen Tag mit einer inneren Dankbarkeit dafür, dass er leben durfte.

Josua war wie jeden Morgen zusammen mit Samuel in die Synagoge hinübergegangen. Das hieß, er war schon einige Minuten eher da als die anderen Kinder. Heute, das hatte sein Vater schon angekündigt, würden sie wieder über die Reinheit sprechen. Das war das Lieblingsthema von Samuel. Josua und den anderen Jungen hing dieses Thema aber schon zum Halse heraus. Doch die Themen waren wie ein eisernes Gesetz, dem man nicht entrinnen konnte.

Als letzter von allen kam Simeon, der dieses Thema am wenigsten leiden konnte. Nachdem der Geräuschpegel auf ein Minimum gesunken war und ein Anfangsgebet gesprochen worden war, musste Simeon seine Hebräischkenntnisse vorführen. Er stand auf und ging zur Thorarolle.

„Simeon, fang endlich an zu lesen." Samuel war nach nur wenigen Minuten schon wieder in Rage.

„Ääh, Rabbi, an welcher Stelle soll ich beginnen?" Simeon war im Gegensatz zu sonst beim Rabbi sehr ängstlich.

„Simeon, gerade eben habe ich gesagt, dass wir in den Schriften von Mose lesen. Und zwar die Stelle, wo ihr lernt, welche Tiere man essen darf und bei welchen Tieren es Gott verbietet."

Simeon las – in sehr schwachem Hebräisch – über die Vierbeiner, dann über die Tiere aus dem Wasser. Es folgte die Stelle über die Vögel und

Insekten. Josua genoss die Momente, in denen Simeon die Strenge seines Vaters zu spüren bekam.

„Simeon, das reicht." Der Rabbi konnte es nicht glauben, wie schlecht Simeon noch immer las. Schließlich war er schon acht Jahre. In anderen Dörfern wurden zwar die Kinder noch nicht so früh in die Schule geschickt wie hier in Nazareth, jedoch konnte der jeweilige Rabbi das selbst festlegen. Warum nur konnten die Kinder es nicht verstehen, was es für eine Gnade war, so früh lesen zu lernen?

Samuel holte tief Luft. „So Simeon, erzähle mir noch einmal, welche Vierbeiner dürfen wir essen? Du hast es gerade vorgelesen. Es müsste ein Leichtes sein, mir es noch einmal in deinen Worten zu wiederholen."

„Hhm. Ääh. Rabbi, ich, äh, ich musste mich so sehr auf das Lesen konzentrieren, dass ich es leider nicht weiß."

„Gut, dann anders herum. Dürfen wir ein Kamel essen? Simeon?"

Dieser gab keine Antwort.

„Amos?"

„Ich weiß es auch nicht."

„Warum passt ihr beiden nicht auf?" Samuel wollte schier verzweifeln. Es hatte einfach keinen Sinn.

„Ismael, du weißt das doch bestimmt. Dürfen wir ein Kamel verspeisen?"

„Nein Rabbi. Das dürfen wir nicht. In der Schrift steht, dass wir die Vierbeiner, die völlig gespaltene Klauen haben und Wiederkäuer sind, essen dürfen. Und das Kamel ist zwar ein Wiederkäuer, jedoch sind seine Klauen nur zum Teil gespalten."

„Sehr gut Ismael. Welche Vierbeiner sind koscher? Jesus? Weißt du es?"

„Verehrter Rabbi, wir dürfen das Rind verspeisen, die Ziege, das Schaf, ebenfalls Steinböcke und die Gazelle auch." Jesus war bei diesem Thema sichtlich genervt, denn diese starren äußeren Regeln waren nicht seine Welt. Um den Rabbi sogar noch ein bisschen zu ärgern fuhr er fort. „Jedoch dürfen wir nicht die Hüfte der Tiere essen, da in Erinnerung an Jakobs Kampf mit dem Engel diese verschont werden sollte."

Samuel war wieder einmal erstaunt. Woher wusste dieser Quertreiber das alles? Es gab ja wohl nichts, wo Jesus überfragt gewesen wäre. „Gut. Wenn du soviel weißt, dann erzähle mir doch bitte, welche Vögel koscher sind und warum wir sie nicht anrühren dürfen?"

„Nichts leichter als das." Jesus war gut gelaunt und in seinem Element. Heute hatte er Spaß an der Auseinandersetzung mit dem Rabbi.

„Verboten sind der Adler, Geier, alle Rabenarten und der Falke. Da das Raubtiere sind, hat der Mensch die Angst, dass diese Eigenschaften der

Tiere sich auf ihn übertragen. Rabbi, es gibt noch viele Vögel mehr, aber ich glaube, das würde zu weit führen."
Jetzt reichte es Samuel. „Ja, Jesus, du weißt sehr viel, jedoch höre ich einen gewissen Unterton der Ironie. Was hat das zu bedeuten?"
„Verehrter Rabbi, das kann ich dir sagen."
„Dann sprich und säusel so nicht herum."
„Es ist nicht zu übersehen, dass die Reinheit und die Unreinheit ein Lieblingsthema von dir sind." Der Ausdruck auf Jesus' Gesicht veränderte sich und aufmerksame Beobachter mussten erkennen, dass er Worte aus einer anderen Welt benutzte.
„Letzte Woche haben wir über die Hände und die Füße gesprochen, die laut Gesetz unrein sind. Jedoch frage ich mich, warum die Füße unrein sein sollen, die doch mit dem Heiligsten in Berührung kommen, was es gibt, nämlich mit der Erde? Oder wie können die Hände unrein sein, die doch den Schwestern und Brüdern bei deren Problemen helfen und Krankheiten behandeln können? Letzte Woche haben wir ebenfalls über unreine Menschen gesprochen. Ist es überhaupt möglich, dass Menschen unrein sind? Ich achte die Schriften unserer Ahnen, der Vorväter und Propheten, jedoch sind sie von Menschen aufgeschrieben und sind in einer Zeit erzählt worden, die mit der unseren nicht mehr übereinstimmt. Wenn ein Mensch verhungern würde, und das einzige, was er essen könnte, wäre ein Strauß, der sich ihm darbietet, wäre es nicht im Sinne Gottes, das zu tun? Sollte er lieber verhungern, nur weil ein Strauß nicht koscher ist? Glaubst du, verehrter Rabbi, dass dies im Sinne unseres und deines Gottes wäre? Würdest du nicht deinen Sohn retten und ihm Fleisch eines Straußes geben, wenn du ihm dadurch das Leben retten könntest?" Jesus war fertig. Es herrschte auf einmal eine Stille, die erhaben und erschreckend zugleich war.
„Raus aus diesem heiligen Ort. Ich möchte dich heute hier nicht mehr sehen. Verschwinde, du falscher Messias." Samuel war wütend, wie selten zuvor. Was erlaubte sich dieser dreiste Bengel überhaupt. Wie konnte er ihn vor allen Kindern so bloß stellen? „Raus, verschwinde endlich."
„Nichts lieber als das, verehrter Rabbi." Jesus stand auf und ging aus der Synagoge hinaus, jedoch nicht ohne Josua tief in die Augen zu schauen.

Die restliche Zeit im Unterricht verging danach verhältnismäßig schnell. Josua traute sich kaum noch zu atmen. Auch von keinem anderen Jungen hörte er einen Seufzer. Samuel fuhr fort und erzählte ihnen alles weitere, was es über die Reinheit und Unreinheit zu wissen gab. Aber Josua nahm kein Wort mehr wahr. Endlich war der Unterricht beendet.

Samuel kam mit forschem Schritt auf Josua zu. „Josua, ich möchte, dass du die Worte von Jesus so schnell wie möglich vergisst. Sie wurden von einem Dämon gesprochen. Jesus war nicht er selbst. Hast du mich verstanden?"

„Ja, Vater."

„Außerdem möchte ich, dass du nicht mehr mit ihm spielst oder dich mit ihm unterhältst. Ist das ebenfalls klar?"

Josua antwortete diesmal nicht.

„Ist das klar, mein Sohn?"

Josua hatte große Angst und wollte heute Abend gesund ins Bett gehen. Also bejahte er.

Josua war betrübt und erschüttert. Diese Worte von Jesus wollte er nie mehr vergessen, die Macht von Jesus konnte nur beeindrucken. Was für eine Kraft ging von Jesus aus! Er war beeindruckt, wie dieser Junge seinem Vater so entgegen treten konnte, wie er es tat! Woher kamen diese Worte? Dass sie nicht von einem Dämon kamen, wie sein gesetzestreuer Vater behauptete, das stand mittlerweile auch für ihn außer Frage. Woher kamen diese Worte? Es schien vorhin, als ob Jesus in eine andere Welt eingetaucht war. Und als sein Blick die blauen Augen von Jesus traf, als dieser die Synagoge verlassen musste, sah er tief auf den Grund des Universums und erkannte die Liebe, die dahinter war. Diese Liebe kam von Gott direkt. Diese Liebe machte ihn traurig und zornig, genauso das Verbot seines Vaters. Er hasste den Rabbi. Er würde ihn immer hassen.

Heute nach dem Unterricht merke ich meine Wut auf den Rabbi. Wie kann dieser dumme Mann so reagieren? Er müsste doch für uns ein Vorbild sein. Oder liege ich hier so falsch, Vater? Warum hast du ihn als Rabbi eingesetzt? Leider erhalte ich von dir keine Antwort. Und leider habe ich, als ich wieder zu Hause war, einen Schwächeanfall erlitten. Ich muss mit mir einfach mehr Geduld haben.

Meine Mutter sagte mir, dass ich mit den Menschen, und besonders mit Samuel, Geduld und Verständnis haben muss. Aber wie geht das? Vater, wie kann ich mit einem dummen Menschen, der so viel Macht hat, Geduld haben? Und wie kann ich ihm auch noch Verständnis entgegenbringen? Ich verstehe das nicht.

Bitte lehre mich, wie ich Samuel lieben kann, wie ich Samuels Handlungsweisen verstehen kann. Gott, bitte segne die Menschen in Nazareth. Vater, bitte segne auch Samuel.

∞

Josua durfte heute früher mit den Schreibübungen aufhören, da Samuel mit seinen Leistungen zufrieden war. Josua kam das sehr gelegen, denn er hatte eine Sehnsucht danach, seinen Olivenbaum oben auf dem Hügel zu sehen, sich an seinen Stamm zu lehnen und unter ihm den Rest des Tages zu verbringen.

Er machte sich schnell auf den Weg zu ihm. Keine spielenden Kinder konnten ihn heute zum Verweilen in der staubigen Gasse bewegen. Er rannte den Berg hoch und hörte sich selbst „Ich liebe dich" sagen, als er den Olivenbaum berührte und sich an seinen knorrigen, aber Geduld und absolute Liebe ausstrahlenden Stamm setzte. Josua machte es sich bequem und verlor sich mit seinem Blick am Horizont. Er versank in Raum und Zeit. Einen langen Moment war er in einer sonnigen Welt, in der es keine Gewalt gab. Er war in einer Welt von lauter Schönheit und Harmonie, bis von irgendwoher eine anrührende Melodie sein Ohr erreichte, die von einer Flöte gespielt wurde. Es dauerte eine Weile, bis Josua sich wieder erinnerte, dass er an seinem Olivenbaum saß. Dann sah er kurz darauf Jesus den Weg hoch kommen, immer noch Flöte spielend.

„Josua", fing dieser an, „darf ich dir Gesellschaft leisten?"

„Gerne, Jesus, gerne."

„Bist du oft hier?"

„Ja, aber nicht oft genug, da ich hier Stille und Frieden finde. Das fehlt mir manchmal."

„Ja, das verstehe ich." Jesus setzte sich neben Josua und schaute in die Ferne und blieb mit seinem Blick auf dem Berg Tabor hängen. „Ist das nicht ein schöner Berg? Manchmal träume ich, dass sich Lichter mit sehr schneller Geschwindigkeit über den Berg bewegen. Irgendwann sagt dann eine Stimme, dass sie mich auf meinem Lebensweg begleiten und beschützen werden, egal wo ich hingehe."

„Das gibt es ja nicht." Josua war erstaunt. „Ich habe das ebenfalls schon ein oder zweimal geträumt. Nur die Stimme habe ich nicht gehört. Was hat das zu bedeuten?"

„In Ägypten hatte ich einen sehr einfühlsamen Lehrer mit Namen Bakenor. Der erzählte mir, dass auch auf anderen Planeten Menschen leben, die manchmal diese Erde hier besuchen. Bakenor hatte mir erzählt, dass er öfters über drei großen, spitz zulaufenden Bauwerken, die er Pyramiden nannte, die einige Tagesreisen südlich von Alexandria in der Nähe des großen Nilflusses stehen, Lichter am Himmel gesehen hatte, die sich bewegten. In jeder möglichen Richtung. Die Lichter waren manchmal so groß wie ein Granatapfel."

„Es gibt Menschen auf anderen Planeten? Warum hörst du deren Stimme? Wer bist du, Jesus?" Josua blickte Jesus fragend an.

„Der Vater im Himmel hat mich gesandt. Der Vater eines jeden Menschen, egal auf welchem Planeten der Mensch gerade lebt. Die Stimme hat mir vor einiger Zeit schon einmal gesagt, dass ich …" Jesus hielt inne.

„Was wolltest du sagen, Jesus?" Josua wusste, dass Jesus ihm gerade etwas sehr Wichtiges verschweigen wollte.

„Ich weiß nicht, ob ich das sagen darf. Ich war etwas zu voreilig und weiß nicht, ob deine Seele es überhaupt hören möchte. Entschuldige bitte."

„Jesus, bitte erzähle es mir. Du kannst nicht einen Satz anfangen und ihn dann so beenden. Ich möchte von dir, Jesus, alles hören. Ich weiß, dass deine Seele meine heilt, ich werde es schon verstehen."

Jesus merkte, dass er aus dieser Situation nicht mehr anders herauskam, als den Satz wirklich zu beenden. „Wie gesagt, die Stimme hatte mir früher schon einmal mitgeteilt, dass ich früher vor längerer Zeit auf einem anderen Planeten gelebt habe, um diesen Auftrag, den ich in dieses Leben mitgenommen habe, auszuführen. Das einzige, was ich jetzt noch nicht weiß, ist, wie der Auftrag genau aussieht." Er wollte seine Aufgabe etwas mehr ausführen, in der Hoffnung, dass Josua den Gedanken mit dem früheren Leben überhörte, aber dazu war es leider schon zu spät.

„Du hast früher schon einmal auf einem anderen Planeten gelebt?" Josua starrte Jesus mit offenem Mund und ängstlichen Augen an. Er war sprachlos.

„Ja, ich habe beim großen heiligen Geschlecht gelebt." Jesus lächelte. „Siehst du, Josua, das hätte ich vielleicht nicht erzählen sollen. Bitte sag es keinem anderen Menschen, auch nicht deinem Vater. Sonst bekomme ich große Probleme mit ihm. Er wird mich aus der Schule verbannen oder was weiß ich."

„Jesus, stopp. Erst erzählst du mir von Menschen, die auf anderen Sternen leben und die hier in Galiläa auf dich aufpassen. Erstmal weiß ich nicht, ob das überhaupt stimmt. In den Schriften unserer Ahnen und den Propheten gibt es so etwas nicht. Zum anderen, wie sollen die überhaupt hier hinkommen? Mit einem fliegenden Pferd? Warum du? Warum bist du in

Galiläa, wenn du so einen wichtigen Auftrag hast? Warum nicht in Jerusalem?"

„Ich weiß es nicht, warum mich unser Vater im Himmel hier nach Nazareth geschickt hat."

„Hhmm. Und warum haben wir den selben Traum? Warum träume ich auch von den Lichtern? Was habe ich mit diesen Menschen zu tun?"

„Vielleicht kennst auch du das große heilige Geschlecht." Jesus musste das Thema wechseln. Das Gespräch würde sonst zu weit ausufern. „Josua, was war der schönste Moment in deinem Leben?"

„Da erinnere ich mich an zwei. Zum einen, als ich einmal mit Rahel hier an diesem Baum saß und wir uns aneinanderkuschelten und einfach nur die Stille genossen. Der zweite Moment war, als ich …" Jetzt war es Josua sichtlich peinlich, den Gedanken weiter auszusprechen, aber da er eben darauf bestanden hatte, dass Jesus weitererzählen sollte, musste er dies nun auch tun.

„Und, sprich Josua."

„Der zweite Moment war, als ihr nach Nazareth gekommen seid und ich trotz des Sturms deine Augen gesehen habe."

„O, dann scheinst du mich erkannt zu haben. Dann scheint es, dass deine Seele sich an meine erinnert hat. Dies freut mich zu hören."

Danach schwiegen die beiden Freunde und genossen die Zeit zusammen. Dieser Nachmittag unter dem Olivenbaum hatte Josuas Seele aufgewirbelt und mit der Seele von Jesus verbunden. Ein Band der Liebe war entstanden.

Von dem Olivenbaum, der die Menschen Geduld und Stille lehren wollte, ging an diesem Nachmittag ein Segen aus, der die beiden Seelen der Jungen in Licht hüllte und sie diesen zeitlosen Moment lang nicht mehr vergessen lassen sollte.

„Zündet mit dem Öl meiner Früchte die Lampen anderer Seelen an, die in geistiger Dunkelheit leben und Wärme in ihrem Leben brauchen", hauchte der Baum den Jungen nach. „Zündet mit dem Öl meiner Früchte die Lampen anderer Seelen an …"

Ängste und ein Schock

„Mutter, warum ist das Leben hier so schwierig?" Jesus war verzweifelt. „Ich bin doch erst knapp sechs Jahre alt, und ich fühle mich oft unendlich traurig. Außerdem sehe ich immer wieder diese Dämonen, die mich auf Schritt und Tritt verfolgen und über mich lachen und mich versuchen zu quälen. Warum ist das so?"

Mirjam legte gerade Feigen ein. Sie betrachtete ihren Sohn und hatte, wie so oft, großes Mitgefühl mit ihm. Ja, er hatte Recht. Er hatte wirklich keine Kindheit wie die anderen Kinder, die manchmal nichts anderes zu tun hatten, als irgendetwas anzustellen. Trotzdem versuchte sie, ihm Trost zu spenden.

„Jesus, ich kann dir diese ganzen Erlebnisse leider nicht abnehmen, ich weiß nur, dass du eine besondere Aufgabe hast, auch wenn du noch so klein bist und dir ein leichteres Leben wünschst. Ich kann nur immer wieder für dich da sein."

„Wenn das so weiter geht, möchte ich meinen Auftrag, den mir Gott unser Vater gegeben hat, nicht erfüllen. Ich fühle mich gänzlich erschöpft."

Mirjam hörte genau hin. Da waren sie, die ersten Zweifel, die Jesus äußerte. Bakenor, ihr vertrauter Freund in Ägypten, hatte ihr damals mitgeteilt, dass es irgendwann einmal zu solchen Gefühlen und Äußerungen kommen würde. Das wäre ganz normal. Sie sollte diese ernst nehmen und ihm zeigen, dass sie ihn verstand. Das wäre alles, wie man Jesus helfen könne. Er sei stark genug. Aber es sei wichtig, dass er jemanden hätte, dem er sich anvertrauen könne.

„Ich verstehe dich, mein Sohn." Mirjam wollte Bakenors Anweisungen befolgen. „Mach in diesen Zeiten einfach das, was dein Herz begehrt. Spiele Flöte, geh spazieren, vielleicht könntest du dich einmal mit Josua über deine Gefühle unterhalten. Und versuche, die Ängste, die kommen, anzunehmen, einfach nur zu fühlen, und bitte Gott darum, dir diese Gefühle dann auch wieder abzunehmen."

„Ich überlege es mir." Jesus hatte sich schon vorgenommen, sich mehr um Josua zu kümmern, aber ob er sich ihm anvertrauen sollte? Er wusste es nicht. Er wusste nicht, ob Josua zu sehr an ihm und an den Worten zweifelte. Er würde die nächste Zeit erst einmal abwarten.

Jesus war bedrückt. Keiner konnte ihn verstehen, keiner konnte in seine Seele schauen. Jetzt nicht einmal seine Mutter.

„Wie war denn der heutige Morgen in der Synagoge?" Mirjam wechselte das Thema.

„Wie immer." Jesus schüttelte den Kopf. „Der Rabbi ist so verbohrt. Die Gesetze sind ihm wichtiger als die Menschen. Er erkennt die Wahrheiten nicht. Außerdem versucht er mich immer bloßzustellen. Aber ich habe mich daran gewöhnt. Zum Glück fallen mir in diesen Zeiten immer Dinge ein, die ich sagen kann. Ich habe das Gefühl, als ob die guten Geister direkt neben mir stehen und mir die Worte in den Mund legen. Das sind schöne Momente."

„Sei dem Rabbi nicht gram. Er kann nicht anders."

„Es ist aber trotzdem gut zu wissen, dass der Rabbi in absehbarer Zeit weggehen wird." Jesus hielt kurz inne. „Josua leider auch."

Die Ängste vor der Zukunft waren es, die Jesus öfters einholten. Wenn es im Moment schon so schwierig war, wie sollte dann erst die Zukunft werden? Wenn er an die vielen Fratzen dachte, dann wurde ihm fast übel. Zum Glück sah er sie gerade nicht. Heute war wieder ein Tag, an dem er mit Freude daran denken wollte, wie sein Vater im Himmel ihm die Idee gegeben hatte, eine Flöte zu schnitzen. Es erhellte sich seine Stimmung und er musste lächeln. Das war vor einigen Monaten gewesen. Es war ein heißer Tag, er war traurig und musste sich andauernd gegen diese Fratzen und Dämonen wehren. Aber auf einmal hörte er in sich eine Stimme, die ihm sagte, dass er sich eine Flöte schnitzen und einfach anfangen solle, Melodien zu spielen. Gehört, getan. Und was dann passiert war, erstaunte ihn immer noch und erfüllte ihn mit tiefer Liebe. Nachdem er das erste Mal die fertige Flöte an seine Lippen gelegt hatte, und seltsamerweise eine Melodie aus dem Nichts aufgetaucht war, die sich in die Welt verbreitete, waren innerhalb weniger Momente alle bösen Gesichter verschwunden und es traten Freude und Frieden in seine Seele. Jedes Mal, wenn er diese Fratzen sah, spielte er auf seiner Flöte und die Gesichter verschwanden mit Geschrei und allerhand Verwünschungen.

Das war der Grund, warum er immer die Flöte bei sich hatte. Vor allem Simeon und seine Freunde lachten über ihn, dass er so oft spielte. Dies sei was für Mädchen, sagten sie. Die Mädchen wiederum waren von seinem Flötenspiel sehr angetan. Es dauerte nie lange und sie versammelten sich um ihn herum und lauschten seinen Melodien.

Heute jedoch ging er schnurstracks zur Quelle, die etwas außerhalb des Dorfes lag. Er suchte sich ein schattiges Plätzchen unter einem Johannisbrotbaum. Die Ängste waren heute wieder stark in seinen

Gedanken vertreten, bemerkte er. Vielleicht hatte seine Mutter Recht und er sollte Josua von seinen Ängsten erzählen. Er legte die Flöte an seine Lippen, schloss seine Augen und spielte einfach, was ihm in den Sinn kam. Wie immer, wurden seine Gedanken leichter, der dunkle Nebel um ihn herum verschwand und in seiner Seele wurde es fröhlicher.

Auf einmal raschelte es neben ihm. Jesus machte seine Augen auf und sah Rahel, die sich ihm ganz leise genähert hatte. Keiner von beiden sprach ein Wort. Sie setzte sich zu ihm an den Baum. Wie von selbst fing Jesus wieder an, Flöte zu spielen. Heilige Stille und Frieden umfing beide und sie genossen diesen wunderschönen Moment.

Jesus setzte seine Flöte ab und ließ seinen Blick in die Ferne wandern, in die Richtung des Berges Tabor. „Flöte spielen bereitet mir eine große Freude und macht mein Leben erträglicher."

„Du spielst sehr schön Flöte." Rahel war immer froh, in seiner Nähe zu sein. Heute ganz besonders. „Jesus, ich habe heute Nacht von dir geträumt."

Jesus sah sie erstaunt an. „Und, von was?"

„Du warst schon so alt wie mein Vater. Und um dich herum saßen ganz viele Kinder und hörten deinen Geschichten zu. Ich saß neben dir. Du warst sehr glücklich. Jedoch sagtest du am Ende einer solchen Geschichte zu mir, dass du auch sehr oft einsam und traurig wärst. Und Kinder gäben dir Hoffnung." Rahel hielt kurz inne. „Und dann auf einmal hörte ich lautes Geschrei und große Männer nahmen dich mit. Dann rief einer der Männer, dass sie den Messias gefunden haben. Das war es."

„Hhm. Dass ich mich einsam und oft bedrückt fühle, das stimmt." Jesus war verwundert, wie präzise Rahel seine Gefühle beschrieben hatte. „Ich erzähle es nur niemandem."

„Warum denn nicht? Mir kannst du deine Gefühle erzählen. Ich höre dir immer zu."

„Rahel, du spielst immer mit den anderen Mädchen und ich möchte dich mit meinen Gefühlen nicht belasten."

Rahel war verwundert. Kein Junge in ihrem Alter hatte solche Gedanken oder strahlte solch eine Reife aus wie Jesus. „Ich glaube, dass du der Erlöser unseres Volkes bist, was auch immer das bedeutet. Und ich glaube, dass du eine wichtige Aufgabe in deinem Leben zu erledigen hast."

„Du glaubst das?", fragte er erstaunt. Jesus war gerührt, mit was für einer Selbstverständlichkeit Rahel ihm ihre Überlegungen mitteilte.

„Ich fühle es. Ich spüre, dass du etwas ausstrahlst, was mir gut tut. Und wenn es mir gut tut, dann tut es allen Menschen gut. Und außerdem sehe ich wie im Traum in deinen Augen eine Traurigkeit. Und deine Melodien, die du auf der Flöte spielst, sind wunderschön, aber sie erzählen mir eine Geschichte voller Sehnsucht und Einsamkeit." Rahel lächelte ihn an. „Ich fühle mich immer sehr einsam, auch wenn ich unter Menschen bin. Auch wenn ich mit euch spiele." Jesus blickte tief in ihre Augen. „Jesus, erzähle mir etwas über deine Gefühle." Rahel hielt dem Blick von Jesus stand.

Jesus spürte, dass dieser Moment durch seinen Vater im Himmel herbeigeführt worden war. Er spürte eine himmlische Macht um sich herum und fing an zu erzählen.

„Egal wo ich in diesem Leben war und mit wem ich auch meine Zeit verbrachte, ich fühlte mich immer allein. Ich fühlte mich unverstanden, ich hatte Gefühle, die waren so tief, die konnte ich einfach niemandem erzählen. Ich bekam ja mit, was die Menschen für Gespräche führten. Ich weiß, dass sie meine Gefühle nicht verstehen können. Und seit langer Zeit sehe ich dunkle, gehässige Wesen und Fratzen, die mich anspucken, die mich verletzen wollen, die mich beleidigen, die mich verfluchen. Das ist ein harter Kampf. Deshalb spiele ich so oft Flöte und fühle mich sehr oft zu schwach, um mit euch durch die Gassen zu rennen. Und manchmal, wie aus dem Nichts, kommen Ängste vor der Zukunft, Ängste vor meiner Aufgabe, die ich mir vorgenommen habe …" Jesus hielt inne und einige Tränen suchten ihren Weg auf die trockene Erde.

Rahel nahm seine Hand, sagte aber nichts. Sie schaute ihn nur weiter an.

„Und diese Ängste tun so weh, die haben solch einen tiefen Schmerz, dass ich am liebsten wegrennen würde und wieder zurück möchte zu meinem himmlischen Vater."

Jesus war von seinen Gefühlen überwältigt, genoss aber auch diesen Moment. Die Hand von Rahel zu spüren, tat gut.

„Jesus, ich sehe auch manchmal dunkle Wesen." Rahel nahm jetzt auch ihren Mut zusammen. „Ich nehme zwar keine Gesichter wahr, aber sie sind dunkel und fühlen sich nicht gut an. Meistens passiert es, bevor ich schlafen gehe. Das habe ich auch noch niemandem erzählt. Und diese Wesen sehe ich erst, seitdem du in Nazareth bist. Als Josua zusammenbrach, sah ich eine ganze Menge von diesen Wesen, die um ihn herum waren. Und nachdem an eurem Begrüßungsfest Samuel Josua geschlagen hatte, sah ich auch um Samuel fünf oder sechs solch dunkler Wesen. Es war nur kurz, aber mir reichte es."

Jesus war erstaunt, was sie alles wahrgenommen hatte. Er erinnerte sich noch gut an den Abend, als der Rabbi Josua geschlagen hatte. Er sah damals viele dieser Fratzen, wie sie auf ihn, Jesus, zeigten und über ihn lachten. Dann machten sie sich an Samuel heran und dieser konnte, wie es schien, sich nicht gegen den Hass dieser Wesen wehren. Aber dass Rahel das auch gesehen hatte, zeigte ihm nur, dass er zumindest nicht der Einzige war, der solche Wahrnehmungen hatte.

Sie wurden jäh von Rahels Vater unterbrochen, der nach ihr rief.

„Ja, ich bin bei der Quelle. Ich komme gleich." Rahel schien traurig, dass dieser Nachmittag mit Jesus zu Ende ging. „Es war schön hier."

„Ja, das war es", erwiderte Jesus. „Beeil dich, sonst bekommst du noch Ärger mit deinem Vater."

„Mach ich." Rahel lief eilig davon und verschwand bald hinter einigen Büschen. Jesus nahm seine Flöte und ging mit einem kleinen Umweg ebenfalls zum Dorf zurück, wo es gleich ein schönes Mahl geben würde. Heute Abend hatte er richtig Hunger. Schließlich musste er sich stärken für das, was auf ihn bald alles zukommen sollte.

Danke Vater, das Gespräch heute mit Rahel tat mir sehr gut. Das zeigt mir wieder, dass du von allen meinen Gefühlen und Problemen weißt und mir die Menschen schickst, damit ich meine Last auch einmal mit anderen teilen kann. Ich danke dir dafür. Jetzt geht es mir wahrlich besser. Es tat gut, einmal über die Einsamkeit zu reden. Ich wusste bisher nicht, wie groß diese Einsamkeit war. Werde ich sie immer spüren?

Bakenor sagte mir einmal, dass sich große Seelen immer einsam fühlen. Warum ist das so? Große Seelen haben doch mehr Erfahrung mit deiner Liebe gesammelt? Sie müssen dich doch mehr erkannt haben als andere?

Danke für die prompte Antwort, die du mir gerade in Gedanken übermittelt hast. Ich schreibe sie auch direkt nieder, damit ich diesen Widerspruch endlich verstehen kann.

Große Seelen fühlen sich in der Dunkelheit einsamer, weil sie ein helleres Licht gewohnt sind, hast du mir eben gesagt. Und dass große Seelen weniger Vertraute und Gleichgesinnte im Leben treffen.

Diese Antwort von dir leuchtet mir im wahrsten Sinn des Wortes ein. Danke, Vater. Danke.

∞

„Josua, ich gehe jetzt mit Bealja in die Synagoge. In dieser Zeit machst du deine Schreibübungen. Die schaue ich mir dann nachher an." Samuel klang sehr streng. „Hast du mich verstanden?"

„Ja." Josua saß mit einem Stück Leder in einer ruhigen Ecke des Hofs und schrieb. Samuel hatte immer dafür gesorgt, dass Lederabfälle zu ihm in die Synagoge gebracht wurden. So war genügend Schreibmaterial für die Kinder und hauptsächlich für Josua vorhanden.
Josua war müde und sah im Moment keine andere Möglichkeit mit seinem Vater umzugehen. Die Angst war zu groß. Ja-sagen oder Schmerzen, bedeutete dies. Es gab wirklich keine andere Möglichkeit. Und Schmerzen hatte er in der letzten Zeit genug gehabt. Also konzentrierte er sich lieber auf das Schreiben der hebräischen Texte. Heute musste er aus den Schriften des Mose einen Teil niederschreiben, den er die letzten Wochen auswendig gelernt hatte. Leider konnte sein Vater sein Geschriebenes gut überprüfen. Ihm blieb keine andere Wahl, als zu schreiben. Normalerweise fiel es Josua leichter, aber im Moment nahm er alles sehr schwer. Und im Moment konnte er vor allem seinen Vater nicht ertragen. Musste der ausgerechnet Rabbi sein? Warum kein Töpfer oder Bauhandwerker wie der Vater von Jesus? Musste er immer so böse sein?
Zu allem Überfluss hörte er gerade Rahel lachen und dass andere Mädchen kreischten. War dort nicht auch Jesus dabei? Ganz egal. Die Kinder draußen hatten Freude beim Spiel und er saß allein und machte Übungen. Auf der anderen Seite des Hofs sah er seine Mutter, die gerade mit Brot backen beschäftigt war. Seine beiden Schwestern halfen ihr.
Heute konnte er sich nicht gut konzentrieren. Er beeilte sich, denn Schreiben konnte er mittlerweile ganz gut. Er musste seinem Vater ja nicht direkt auf die Nase binden, dass er in Wirklichkeit viel schneller schreiben konnte, als er es vorgab. Diese Idee, die ihm vor einiger Zeit gekommen war, erleichterte doch sehr den Umgang mit dem Rabbi. Deshalb beeilte er sich und war nach kurzer Zeit schon fertig. Er konnte zwar das Leder nicht weglegen, denn sein Vater könnte jeder Zeit wieder aus der Synagoge kommen, aber er konnte jetzt endlich seinen Gedanken nachhängen.
Das Gespräch mit Jesus unter dem Olivenbaum konnte er nicht vergessen. Jesus hatte von anderen Menschen auf anderen Sternen erzählt. War er wirklich der Messias, fragte er sich. War er der Auserwählte, der in den Schriften der Vorväter Angekündigte? Wie kam ein Junge darauf, dass es auf anderen Sternen noch andere Menschheiten gab? Er, Josua, wusste ja nicht einmal, wie es außerhalb Nazareths aussah. Er kannte ja gerade mal Sepphoris vom Erzählen, musste er sich eingestehen. Wie sollte er sich dann vorstellen, ob es Menschen auf anderen Sternen gab? Und die Sterne waren sehr weit weg. Für Jesus schien alles selbstverständlich. Was wusste Jesus, was er nicht erzählte? Manchmal dachte Josua, dass er Jesus gar

nicht kannte, obwohl sie sich oft unterhalten und schon einige Zeit zusammen verbracht hatten. Jesus strahlte von allen Menschen, die er kannte, die größte Kraft aus. Die Väter aus dem Dorf waren alle sehr nett, aber oberflächlich. Nur wenige hatten eine gewisse Stärke in sich. Einige andere Rabbis hatte er schon gesehen, die Samuel besucht hatten, aber auch bei diesen war keiner dabei, der auch nur annähernd so viel Kraft ausstrahlte, wie Jesus. Er war froh, ihn zu seinen Freunden zu zählen. Jedoch konnte er ihn nicht zu oft sehen, da sein Vater Jesus überhaupt nicht leiden konnte. Hasste er ihn sogar? Hatte sein Vater ihm etwa die Schreibübungen nur aufgebrummt, um ihn von Jesus fernzuhalten?

∞

Wie immer saß die Familie des Rabbis wortlos zu Tisch, denn beim heiligen Mahl des Abends musste Ruhe herrschen. Die Regel konnte nur von ihm selbst gebrochen werden, wenn er etwas zu sagen hatte. Und an diesem Abend hatte er einiges zu sagen.

„In einigen Tagen werde ich von einem Kurier abgeholt", fing Samuel an. „Er wird mich nach Jerusalem geleiten. Die Reise wird ungefähr drei bis vier Wochen dauern, bis ich wieder bei euch sein kann. Die Wegstrecke dauert ungefähr eine Woche, bis wir in Jerusalem sind, und wieder eine Woche gerechnet für die Rückreise. Und der Hohepriester wird mir wohl einiges sagen und mir eine Menge Informationen geben, was auf mich in Ephesos zukommen wird. Einige Abgesandte werden mir direkt über die dortigen Gegebenheiten berichten. Ob der jetzige Rabbi der größten jüdischen Gemeinde in Ephesos auch zugegen sein wird, weiß ich noch nicht. Übrigens, ihr Kinder dürft heute hier am Tisch sprechen."

„Der größten jüdischen Gemeinde?" Sarah war erstaunt.

„Ja, ich werde die größte und wichtigste von ihnen führen."

„Hat Bealja dir gesagt, wann wir nach Ephesos reisen werden?" Sarah rümpfte die Nase.

„Er meinte, dass ich nach meiner Rückkehr alles in die Wege leiten soll. An dem Tag, an dem ich mich auf den Weg zurück nach Nazareth machen werde, wird gleichzeitig ein Bote nach Ephesos unterwegs sein, der dem jetzigen Rabbi, falls er nicht in Jerusalem erscheinen sollte, die Mitteilung in Griechenland übergibt. Ich denke, dass wir nach meiner Rückkehr noch fünf bis sechs Wochen in Nazareth sein werden. Schließlich muss ich noch einen Nachfolger für mich finden."

Es herrschte Ruhe, eine gespannte Ruhe, bis Josua sie unterbrach.

„Vater, werden wir irgendwann wieder nach Nazareth zurückkommen?"
„Ich denke nicht. Siehe, ich bin auch nicht mehr der Jüngste und der Weg
ist weit. Meine volle Aufmerksamkeit wird in dieser großen Stadt
gebraucht werden. Und deshalb brauche ich euch in Ephesos. Bealja hat
mir vorhin gesagt, dass diese Stadt mit kaum einer anderen Stadt, die wir
kennen, vergleichbar sei. Nur Rom, Alexandria und Antiochia seien
größer. Und alle jüdischen Gemeinden in Ephesos seien so groß wie
Sepphoris, Nazareth und Nain zusammen. Könnt ihr euch vorstellen, was
dort für eine Arbeit auf mich wartet?"
Es herrschte wieder betretenes Schweigen. Josua war traurig, denn er
wollte nicht von Jesus und von Rahel weg. Aber wenn es stimmte, dass
sein Vater dort so viel Arbeit hätte, würde er ihn bestimmt bald als
Schreiber einsetzen. Und das war für Josua der größte Wunsch.
„Josua, ich werde dich in Zukunft als eine helfende Hand gebrauchen
müssen. Ich habe dich immer hart ran genommen, aber ich will nur dein
Bestes. Das weißt du. Du wirst mir bei den Schreibtätigkeiten helfen.
Deshalb erwarte ich von dir, dass du in meiner Abwesenheit regelmäßig
deine Schreibübungen machst. Deine Mutter wird darauf aufpassen."
Josua war verblüfft, dass Samuel seine Gedanken aufgegriffen hatte.
„Und außerdem sage ich dir noch einmal: Du hältst dich fern von diesem
Jesus. Hast du mich verstanden? Ich werde es ohnehin herausbekommen.
Und wenn ich davon höre, dann kannst du was erleben. Was, das weißt du
ja."
„Ja."
„Gut. Wenn der Kurier kommt, werde ich umgehend aufbrechen. Das kann
in einer Woche sein, das kann in zwei Wochen sein. Morgen werde ich
nach Sepphoris gehen und mit dem dortigen Rabbi Abija sprechen."
„Warum sprichst du mit Abija?"
„Vielleicht kennt er einen Nachfolger für mich."
„Hat denn Bealja dir keinen Nachfolger nennen können?"
„Nein. Bealja sagte, dass der Hohepriester sich darum nicht kümmern
wolle. Das wäre meine Aufgabe."
„Da werden aber einige Herren unseres Dorfes nicht einverstanden sein,
wenn jemand von außerhalb deine Aufgaben übernehmen wird." Sarah
schien besorgt.
„Lass das nur mal meine Sorge sein. Ich werde jemanden finden. Und
dieser jemand wohnt nicht in Nazareth. Hier sind die Leute irgendwie zu
dumm."
„Samuel, das kannst du doch so nicht sagen."

„Du weißt, wie ich das meine. So, nun werde ich noch ein wenig spazieren gehen, mein Gewissen erforschen und Rücksprache mit Gott halten." Samuel stand auf und ging in die Nacht hinaus.

Samuel ging allein, in Gedanken versunken, über die große Wiese unterhalb des Dorfes. Von dort blickte er in Richtung Nazareth. Aus einigen Häusern drang Licht in die Dunkelheit. Es war ein schönes Dorf. Er würde diesen Ort und die Natur vermissen. Ja, auch einige Menschen wie Jeroham, den Hirten und Jakob, den Töpfer. Er erwischte sich dabei, dass er sich darüber freute, nie wieder diesen Jesus sehen zu müssen. Dieser Bengel, dieser aufgeblasene Halbgrieche, ging ihm wirklich auf den Geist. Aber eines machte ihm Sorgen. Josua wäre dann die ganze Zeit ohne väterliche Aufsicht. Und wie er seinen Sohn kannte, würde er sich bestimmt mit Jesus treffen. Er hatte überlegt, ihn mit auf die Reise zu nehmen, aber der Weg war beschwerlich und gefährlich. Und was sollte er mit Josua machen, wenn er sich mit dem Hohepriester und den anderen Abgesandten traf? Nein, Josua musste hier bleiben. Er würde ihm noch einmal eintrichtern, Jesus aus dem Weg zu gehen. Und außerdem würde er ihm so viele Schreibaufgaben geben, dass Josua genug damit zu tun haben würde, dass er für nichts anderes mehr Zeit hätte. Schließlich waren es ja gerade noch zwei Monate, die Josua mit Jesus in einem Dorf verbrachte. In dieser Zeit konnte Jesus keinen Schaden mehr anrichten und Josua würde ihn dann bestimmt nach einiger Zeit vergessen haben und sich auf seine eigentliche Arbeit konzentrieren.

Das einzige, was half, war, gar nicht mehr an diesen Jesus zu denken. Eine Freude beschlich sein Herz und er trällerte eine fröhliche Melodie vor sich hin. Samuel musste lächeln. Er blickte sich kurz um, aber es war niemand zu sehen. Keiner konnte ihn sehen. Nur Gott. Und Gott wollte er nun mit einem kleinen Opfer danken, dass er Jesus bald los sein würde.

∞

Dann war der Tag da, an dem kurz vor Sonnenuntergang ein Mann eintraf, der den Rabbi nach Jerusalem bringen sollte. Der Bote des Hohenpriesters war sehr müde und wurde nach einem kleinen Mahl im Kreis der Familie in seine Schlafstätte gebracht. Neben der Synagoge war eine geräumige Kammer, der Reisenden als Unterkunft diente, so lange sie in Nazareth weilten.

Am nächsten Morgen, kurz vor Sonnenaufgang, machten sich Samuel und der Bote auf den Weg. Die Verabschiedung fand so gut wie gar nicht statt, denn Samuel war kein Freund großer Gefühlszeremonien. „Weib, pass auf die Kinder auf! Hab ein Auge auf Josua, wie ich es dir gesagt habe! Gott segne dich." Samuel packte die Verpflegung auf den Esel, der ihnen auf dem Weg die schwere Last abnehmen sollte. „Der Herr beschütze dich, Samuel. Möget ihr immer den Segen unseres Gottes mit euch haben und mögen die Winde der Wahrheit euch den Weg frei halten." Sarah nickte dem anderen Mann zu und sah beiden Männern nach, die kurz darauf in der Dunkelheit verschwunden waren.

Sarah ging zurück in das Haus und setzte sich nieder und genoss den Minztee, den sie sich vorhin gemacht hatte. Sie liebte Minzblätter, sie rochen so wunderschön und der warme Tee erfreute ihr Herz. Samuel war weg. Und das ganze drei Wochen oder noch länger. So etwas hatte es in den ganzen sieben Jahren, die sie jetzt verheiratet waren, noch nicht gegeben. Sie freute sich auf die Zeit, denn nun konnte ihre Seele etwas verschnaufen und wieder Freude gewinnen.

Sie ließ die Gedanken in die Vergangenheit los, wo sie Erinnerungen hervorholten. Vor ungefähr acht Jahren verstarb Tamar, die erste Frau von Samuel, bei der Geburt ihres zweiten Kindes, das es leider auch nicht in das Leben schaffte. Samuel war verzweifelt, denn er hatte Tamar wirklich geliebt. Esther war zu diesem Zeitpunkt zwei Jahre alt und liebte ihre Mutter über alles. Schon für das Kind wollte Samuel eine neue Frau an seiner Seite, aber die starke Liebe, die er zu Tamar verspürt hatte, gab es nicht mehr. Das wusste Sarah. Eines Tages dann kam Samuel in das Haus von Sarahs Eltern, die während dieser Zeit noch in Nain lebten. Samuel sagte, dass er sich mit dem Rabbi nach einer guten Frau für ihn erkundigt hätte, und dieser schicke ihn nun in dieses Haus. Die Eltern von Sarah waren tief im jüdischen Glauben verwurzelt und fühlten sich geehrt, dass ein Rabbi um die Hand ihrer Tochter anhielt. Schließlich war sie schon siebzehn und im besten Heiratsalter.

Sarah lächelte, wenn sie so an den damaligen Moment dachte, als sie Samuel zum ersten Mal sah. Er hätte ihr Vater sein können, aber die Traurigkeit, die er damals ausstrahlte, ließ einige Gefühle in ihr für ihn entstehen. Er war ein schöner Mann, hatte tief blickende Augen und ein schönes Lächeln, das leider in der letzten Zeit nicht mehr so oft ans Tageslicht kam.

Ja, sie empfand Sympathie für Samuel, sie respektierte ihn, ja, sie fühlte sich auch körperlich von ihm angezogen, denn er hatte einen muskulösen

Körper, aber eine Liebe war es nie. In Nazareth erzählte man ihr von Tamar, und aus diesem Schatten konnte sie sich bis heute nicht befreien. Sie war für Samuel immer zweite Wahl geblieben, ein Kompromiss, aber keine richtige Liebe. Sie war zwar mit ihrem Leben zufrieden, denn sie hatte wundervolle Kinder. Josua und Judith liebte sie sehr, auch mit Esther verstand sie sich gut. Das war nicht selbstverständlich, dachte sie und freute sich ein wenig. Sie mussten auch keine Not leiden und hatten immer zu essen. Sie war im Dorf beliebt, aber was ihr fehlte, war die Wärme eines Mannes, war die wärmende Kraft der Liebe.

Sie nippte am Minztee und legte sich wieder auf ihren Schlafplatz, auch wenn Arbeit auf sie wartete. Auf einmal liefen Tränen über ihr Gesicht. Aus heiterem Himmel wurden aus den Tränen ganze Sturzbäche. Sie weinte und weinte, merkte nicht, wie ihre Kinder auf sie aufmerksam wurden, aber dann wieder in ihre Schlafstätten zurückgingen. Sie weinte die Tränen, die sie in den letzten sieben Jahren unterdrückt hatte. Nach einiger Zeit schlief sie total durchnässt ein und merkte gar nicht, dass mittlerweile eine andere Frau an ihrem Bett saß und auf sie aufpasste. Esther hatte Mirjam geholt, weil sie Angst um Sarah gehabt hatte.

∞

„Geh zu Jesus, er freut sich bestimmt, wenn du ihn besuchst." Josua wurde von Mirjam aus dem Haus geschickt. Er brauche sich keine Gedanken zu machen. Sie passe auf seine Mutter auf.

Josua tat dies unverzüglich, jedoch war Jesus nicht zu Hause. Also ging er zu seinem Olivenbaum oben auf dem Berg. Er suchte Trost bei diesem mächtigen Wesen. Er setzte sich an ihn und ließ seinen Blick über das Tal schweifen, bis er wieder bei dem Berg Tabor verweilte. Diesen Blick werde er in dem anderen Land vermissen. Den Baum und diesen ganzen Platz hier oben würde er vermissen. Und diese schönen Melodien, die ihn immer wieder zum Träumen anregten, würde er vermissen. Jetzt erst fiel Josua auf, dass er wieder das Flötenspiel von Jesus hörte.

„Gott segne dich, Josua. Ich grüße dich. Wie geht es dir?"

„Mein Vater ist heute Morgen nach Jerusalem aufgebrochen und meine Mutter weinte den ganzen frühen Morgen."

„Ja, sie hat es nicht leicht, wie?"

„Ja." Nach einer Weile fügte er hinzu. „Ich bin traurig, dass wir Nazareth verlassen werden."

„So schön ist Nazareth auch wieder nicht."

138

„Ich werde ja auch hauptsächlich dich und Rahel vermissen. Das ist für mich sehr schlimm."

„Josua, wir werden uns in diesem Leben wieder sehen. Verlass dich darauf. Das verspreche ich dir. Lass uns die nächsten Wochen viel gemeinsam unternehmen, wenn dein Vater weg ist."

„Das geht leider nicht." Josua hielt inne.

„Warum nicht?"

„Mein Vater möchte nicht, dass ich mit dir Zeit verbringe."

„Ja und? Er ist doch jetzt Wochen weg."

„Er würde es herausbekommen."

Jesus wartete einen Moment, bis er das Gespräch weiter führte. „Josua, die Zeit ist kostbar. Genieße die Zeit mit mir. Es werden wunderschöne Wochen sein. Von dieser Zeit kannst du im ganzen Leben immer wieder zehren. Und übrigens wurde unsere Familie für einen Besuch in das Theater mitsamt Aufführung eingeladen. Du kommst natürlich mit, auf einen mehr oder weniger kommt es auch nicht an. Wir fragen deine Mutter, ob sie damit einverstanden ist. Schließlich ist meine Mutter auch dabei, die passt schon auf. Ist es nicht wunderbar, dass das gerade in die Zeit fällt, in der dein Vater in Jerusalem ist?"

„Du meinst, wir gehen nach Sepphoris ins Theater?" Josua war sprachlos.

„Glaube mir, es wird lustig, diese Menschen auf der Bühne zu beobachten und die Menschen, die im großen Rund sitzen. Ich beobachte gern, musst du wissen."

„Hhmm. Ich weiß nicht." Josua stand die Angst auf der Stirn.

„Josua, hab keine Angst. Ich werde Gott um Hilfe bitten, dass du danach auch keine Strafe zu befürchten hast. Vertrau mir. Was würdest du heute tun, wenn du morgen sterben würdest?

„Was ist denn das für eine Frage?"

„Beantworte sie mir, Josua. Was würdest du tun?"

„Ich würde mit dir und Rahel spielen, mit euch reden, hier unter dem Olivenbaum den Berg Tabor anschauen, und viele Käsebällchen essen." Die Angst war aus Josua gewichen und beide Jungen lachten. Sie saßen nun still nebeneinander, genossen ihre Zweisamkeit und schauten in die Ferne, wo beide trotz der Sonne das helle Blinken über dem Berg Tabor nicht übersehen konnten.

War Josua in einem früheren Leben schon einmal ein Angehöriger des großen heiligen Geschlechts? Es würde passen, da er im Vergleich zu Simeon und den anderen Jungen im Dorf eine andere Reife zu haben

scheint. Wahrscheinlich war das auch der Grund, dass er öfters so traurig wirkte.
Das Gespräch vor einigen Tagen mit Rahel tat mir gut. Sie ist sehr fröhlich und leicht. Aber das Zusammensein mit Josua gibt meiner Seele auch viel. Es ist zwar nicht so leicht, aber es erfüllt mich mit einer anderen Tiefe. Befinden sich noch mehr Angehörige vom großen heiligen Geschlecht hier in Menschenkörpern? Was ist ihr Auftrag hier auf der Erde? Wenn dies so ist, wie kann ich sie erkennen? Wie kann ich ihnen und wie können sie mir helfen, Vater?
Danke Gott, dass es in diesem Ort Rahel und Josua gibt. Liebe sie genauso wie mich. Amên.

∞

„Danke Mutter." Josua war aus dem Häuschen. Sarah hatte ihm gerade ihre Zustimmung zum Ausflug nach Sepphoris gegeben, der in ein paar Tagen auf dem Plan stand. Sarah ging es wieder wesentlich besser.
„Du hältst dich aber immer in der Nähe von Mirjam auf. Du machst keine Alleingänge mit Jesus. Hast du mich verstanden?"
„Ja, Mutter. Ich verspreche es dir. Wirst du Vater davon erzählen?"
„Nein. Er wird andere Dinge im Kopf haben, wenn er wieder zurück ist. Ich kenne ihn. Josua, mein Sohn, genieße die nächsten Wochen ohne ihn. Ich weiß, dass du es die letzte Zeit schwer hattest. Mach deine Schreibübungen. Ich weiß auch, dass du schneller schreiben kannst als du vorgibst. Ich beobachte dich ab und zu. Aber das bleibt mein Geheimnis." Sie lächelte vielsagend.
„O, …"
„Eine Mutter bekommt eben so einiges mit. Setz dich nun ein paar Stunden hin, mach deine Übungen fertig, arbeite vor, dann kannst du die nächsten Wochen genügend Zeit mit Jesus verbringen. Ich glaube, dass es wichtig ist, dass ihr so viel Zeit zusammen verbringt wie es möglich ist."

Die nächsten Tage verbrachte Josua viel Zeit mit Rahel und Jesus. Jeden Tag, wenn er mit seinen Schreibübungen fertig war, besuchte er die beiden, die sich meistens in der Nähe der Quelle aufhielten. Oft spielte Jesus auf seiner Flöte und Rahel lauschte den Klängen. Heute nach den Schreibübungen fand Josua die beiden wieder dort und gesellte sich zu ihnen.

„Schön, dass du kommst, Josua." Rahel lief ihm entgegen. „Jesus spielt gerade wieder für mich. Ist es nicht wunderschön?"

„Na, übertreib mal nicht, Rahel", Jesus musste lächeln, „so außergewöhnlich ist es auch wieder nicht."

„Jesus, hast du Rahel auch die eine Frage gestellt?"

„Welche Frage?" Rahel sprang vor ihm ungeduldig auf und ab.

„Ich hatte Josua vor einigen Tagen gefragt, was er tun würde, wenn er nur noch einen Tag zu leben hätte?"

„Das ist leicht. Ich würde den ganzen Tag mit euch zusammen sein und deinem Flötenspiel lauschen." Rahel lachte. „Was würdest du tun, Jesus?"

Es dauerte eine Weile bis er antwortete.

„Ich würde mir ein Fest wünschen, zu dem alle Kinder kommen dürfen. Ich würde mit euch lachen, mit euch gemeinsam essen. Ja, es würde auch Käsebällchen geben, Josua." Sie lachten.

„Und ich würde jede Minute Gott danken, dass ich diese Zeit hier auf Erden verbringen und dass ich interessanten Menschen wie euch, Rahel und Josua, begegnen durfte."

„Ich werde euch vermissen." Josua wurde wieder traurig.

„Ich weiß, wir dich aber auch. Wenn wir es uns wünschen, können wir uns vielleicht in den Träumen treffen." Jesus nahm Josua in den Arm.

„Ja genau." Rahel war begeistert. „Das ist eine gute Idee. Das machen wir."

„Freut ihr euch schon auf den morgigen Tag, wenn wir nach Sepphoris reisen?" Jesus wechselte das Thema.

„Ja, und wie." Josua lachte. „Heute hat mir meine Mutter die Erlaubnis gegeben. Wie ist es bei dir Rahel? Darfst du auch mit?"

„Ja. Obwohl mein Vater erst sagte, dass das nichts für kleine Mädchen sei, hat er sich doch von meiner Mutter überreden lassen. Letztlich haben immer die Mütter das letzte Wort zuhause." Rahel lachte.

„Fast immer, nur nicht bei mir", sagte Josua traurig und ließ seinen Blick über die Hügel seiner Heimat gleiten. Nicht mehr häufig würde er diesen schönen Blick genießen können.

∞

Sepphoris war schon von weitem zu erkennen, da die Stadt auf einem Hügel lag. Sie sah aus wie ein Vogel, der ein Sonnenbad nahm und bewegungslos das Leben genoss. Dass Sepphoris ein rechtwinkliges Straßenmuster hatte, ließ die Römer stolz ihr Haupt recken, aber für viele

Juden war diese Aufteilung zu künstlich und hatte nichts mit dem Vogel gemeinsam, nachdem die Stadt benannt war.

Die kleine Reisegruppe war etwas über eine Stunde unterwegs gewesen. Nun endlich war die galiläische Hauptstadt zu sehen. Mirjam wohnte nun schon über ein Jahr in Nazareth, seitdem sie aus Alexandria zurückgekommen waren, aber heute war auch für sie das erste Mal, dass sie Sepphoris sah.

„Kinder, wenn wir jetzt in die Stadt kommen, dann bleibt in meiner Nähe." Mirjam meinte damit Josua, Rahel und ihren Sohn Jesus. Jossi und Juda kannten die Stadt schon und zählten längst zu den Erwachsenen.

Mirjam war eine aufgeschlossene Frau, und sie freute sich auf die neuen Eindrücke dieser Stadt. Einige Monate, bevor sie wieder zurück nach Nazareth kamen, war die Hauptstadt niedergebrannt worden. Und was seitdem in diesem Jahr wieder entstanden war – das bekommen nur die Römer hin, sagte Joseph. Wie die fleißigen Ameisen waren während der letzten Monate zahlreiche Baumeister und noch viel mehr Sklaven zugange gewesen, um diese Stadt noch prächtiger zu machen, als sie einst ausgesehen hatte.

Jetzt fiel ihr wieder eine Gegebenheit ein, als sie noch in Alexandria weilten. Mirjam hatte einen Traum gehabt, in dem ihr ein helles Wesen erschienen war, das ihr mitgeteilt hatte, dass sie die Rückreise nach Nazareth noch um einige Monate verschieben sollten. Niemandem hatte sie davon erzählt. Diese Last lag seitdem auf ihrer Seele und sie wusste, in was für einer Gefahr ihr Sohn das ganze Leben sein würde. Dieses lichtvolle Wesen damals hatte von der dunklen Macht gesprochen, die alles versuchen würde, Jesus schon frühzeitig zu töten, damit er seine Mission nicht ausführen könne. Eine schlimme Inspiration ereilte Herodes, der damals den Befehl gab, alle Neugeborenen zu töten, weshalb auch die Abreise nach Ägypten schneller vorgenommen wurde als geplant. Und dieses Wesen hatte ihr ebenfalls mitgeteilt, dass eine zweite Gewaltwelle geplant worden sei, und zwar in Sepphoris, der Hauptstadt von Galiläa, das eine Stunde Weg entfernt von Nazareth lag, dem zukünftigen Wohnort der Familie. In Sepphoris würde Joseph wieder Arbeit als Bauhandwerker suchen und Jesus öfters dort mit hinnehmen. Leider sei dieser Plan der negativen Welt nicht mehr aufzuhalten. Und um die Sicherheit von Jesus nicht zu gefährden, sollten sie noch einige Monate hier bleiben. Niemandem außer Bakenor hatte sie davon erzählt, auch um niemanden zu beunruhigen. Da Joseph immer auf seine Frau hörte, stellte das damals auch keine große Problematik dar.

„So, Kinder aufgepasst, gleich passieren wir das Eingangstor." Joseph holte Mirjam aus ihren Gedanken zurück.

Mirjam war sichtlich aufgeregt, denn sie sah gern Neues und lernte ebenso gern neue Menschen kennen. Und auf Sepphoris hatte sie sich schon lange gefreut. Schon jetzt hatte sie viele Gerüche in der Nase, bevor sie auch nur das Stadttor passierten. Rosmarin und Thymian waren die ersten, die sie mit ihrem würzigen Duft begrüßten. Sie passierten einige kleinere Gassen mit Webern, Tischlern und Töpfern. Am Ende sah sie einen Fassbinder bei seiner Arbeit.

„Warum hat denn dieser Mann ein buntes Tuch an sein Gewand geheftet?"

Josua zog seine Augenbrauen so hoch, dass Mirjam lächeln musste.

„Dies ist ein Färber. Er trägt dieses Zeichen, damit man ihn als Färber erkennt. Da hinten siehst du einen Schneider, der hat eine Knochennadel an sein Gewand geheftet. Und der dort ist Zimmermann."

„Woran siehst du das, Mirjam?"

„Er hat sich einen Holzspan hinter das Ohr gesteckt." Mirjam mochte Josua und seine Neugier. Er war ein lieber Junge und tat Jesus sichtbar gut.

Dann endlich kamen sie auf einen großen Platz, der nur so von Menschen wimmelte.

„Die Agora", sagte Joseph. „So heißt der Marktplatz auf Griechisch, hat man mir mal gesagt, wobei dieser etwas länger gestreckt sein soll als die Marktplätze sonst."

Mirjam sah unzählige Stände mit Getreidesorten wie Weizen und Gerste. Es gab Stände mit Brot, mit dem guten galiläischen Wein, der sogar bis nach Alexandria geliefert wurde. Es gab Oliven, Trauben, Granatäpfel, Datteln und Feigen. Mirjam roch köstlichen gebackenen Ziegenkäse, aber auch stinkenden Fisch. So weit ihr Auge schweifte, gab es Stände über Stände. Lang ist es her, dass sie in Alexandria auf dem Markt war. Dieser dort war natürlich wesentlich größer, aber das hiesige Angebot reichte bei weitem aus. Schließlich fand man hier alles, was man brauchte.

Dann kamen sie zu dem Teil, der Frauen in seinen Bann zog: die Schmuck- und Kleidungsstände. Für Sepphoris gab es ausgesuchte Angebote und eine außergewöhnliche Qualität. Sie war überrascht, dass auch hier bei den Goldschmiedearbeiten Steine verarbeitet wurden. Sie liebte Schmucksteine, sie betrachtete sie gern, ohne selbst jedoch welche tragen zu wollen. In Nazareth würde sie damit nur schief angestarrt werden. Sie zeigten sowieso schon ihren Reichtum nicht nach außen. Wenn die Einwohner von Nazareth wüssten, wie reich sie wirklich waren, dann hätten sie ein schreckliches Leben. Sie hatten vieles an Wert in Ägypten geschenkt bekommen für später, wenn Jesus einmal Geldmittel für seine Mission bräuchte. Auch Schmucksteine. Aber diese hier zu tragen, würde die jüdischen Frauen neidisch machen. In Alexandria wäre dies allerdings etwas ganz anderes …

Aber am schwierigsten war für Mirjam, zu sehen, wie viele Sklaven es sogar hier in Sepphoris gab. Überall konnte man sie sehen. Manche waren bestimmt so gut gekleidet wie ihre Herren, manche sahen ungepflegt und ungeliebt aus. Es war damals für sie in Alexandria ein großer Kraftaufwand gewesen, die Lebenseinstellung der dort lebenden Menschen zu tolerieren, ohne sich mit allen Menschen anzulegen. Alexandria lag zwar in Ägypten, aber die Stadt war eher griechisch orientiert. Zum Glück war Bakenor ein weiser Mann, der sich auch aus dem oberflächlichen Leben dort heraushielt. Ihm war die Sklavenhaltung ebenso zuwider wie das restliche ausschweifende Leben in dieser größten aller Städte. Und bei einer Einwohnerzahl von über einer Million Menschen gab es knapp 800.000 Sklaven, 50.000 Prostituierte und nur 150.000 freie Menschen. Täglich kamen dort Tausende von Reisenden und Händlern an. Deshalb konnte man davon ausgehen, dass die Einwohnerzahl bestimmt um einiges höher lag.

Mirjam und Joseph kauften Obst und einige Gebäckstücke, die in Honig schwammen und setzten sich auf eine Mauer, die den Reisenden am Rand nun eine kleine Verschnaufpause bot.

„Vater, was wird denn gleich für ein Stück im Theater gespielt?", fragte Jesus.

„Das weiß ich gar nicht. Du weißt, dass ich mir so etwas nicht merken kann."

„Darf ich mich in ihr Gespräch einmischen?" Ein Mann mit einem weißen langen Bart trat auf sie zu. Sein Gewand hatte ein paar kleine Löcher, aber sonst sah er sehr gepflegt aus.

„Gern. Wer sind Sie?"

„Mein Name ist Daniel und ich lebe schon lange in dieser Stadt. Ich bin Jude, habe aber Gefallen an der griechischen Philosophie gefunden. Und da ich gerade zufällig ihr Gespräch mitbekam, wollte ich Ihnen sagen, was heute für ein Stück aufgeführt wird."

„Ja gern, Herr, sagen sie es uns", wollte Rahel ungeduldig wissen, noch mit einem Honigbällchen im Mund.

„Es wird ein Stück des römischen Dichters Plautus gespielt. Es soll eine Komödie mit dem Titel „Der glorreiche Hauptmann" sein. Dieses Stück spielt zu einem Teil in Ephesos, einer Großstadt in Kleinasien."

„Ephesos? Das ist ja interessant. Dieser Junge hier wird in einigen Monaten nach Ephesos umsiedeln." Mirjam zeigte behütend auf Josua. „Eine schöne Stadt. Dort habe ich vor ein paar Jahren meinen Bruder besucht. Dir wird es dort bestimmt gefallen. Eine wunderschöne Gegend, ein großer Hafen und ein riesiger Tempel, eines der Weltwunder steht dort." Daniel blickte verträumt in den Himmel. „Aber um auf das Theaterstück zurückzukommen: Schade, dass sich die hohen Herren nicht auf ein Stück eines der großen griechischen Dramendichter einigen konnten. Denn Sophokles, Aischylos oder Euripides, deren Namen ich auch noch nicht lange kenne, wären mit Sicherheit würdigere Einblicke in die Welt des Theaters gewesen hier in Sepphoris. Auch die griechische Sprache ist melodischer als die lateinische. Aber Herodes Antipas setzte sich durch und spielt ein Stück eines Römers. Ich darf mich nun verabschieden, vielleicht sehen wir uns gleich noch, wenn es das Schicksal möchte. Gott segne Sie."

„Gott segne Sie auch, Daniel". Mirjam war sehr angetan von diesem freundlichen und gebildeten Mann.

∞

Als die Familie sich am frühen Nachmittag auf den Weg zum Theater machte, das direkt neben dem Marktplatz lag, mussten erst die Umkleidekabinen der Schauspieler begutachtet werden. Schließlich waren die Türen die Arbeit von Joseph und seinen Söhnen Jossi und Juda gewesen. Und nun musste er sich das Lob seiner Frau abholen, was auch prompt von ihr geliefert wurde. Die Familie wurde von dem Aufseher eingelassen, der sie kurz zu den Kabinen führte, obwohl schon einige Schauspieler anwesend waren.

„Das habt ihr drei wirklich gut gemacht", war Mirjam stolz. „Ich verstehe zwar nicht viel davon, aber einige der Verzierungen in den Türen sind wirklich wundervoll."

Jossi strahlte, denn diese waren sein Werk.

„Die Umkleidekabinen sind aber groß. Gibt es so viele Schauspieler?" Josua war ganz erstaunt.

„Es kommt ganz auf das Stück an", sagte einer der Schauspieler. „Heute zum Beispiel werden vierzehn Schauspieler und ungefähr zehn Statisten eingesetzt. Da brauchen wir schon einen gewissen Platz."

Josuas Bewunderung wuchs. Leider mussten sie alle wieder aus den Kabinen hinaus, jedoch war das Theater schon geöffnet, und der Aufseher zeigte ihnen nun das Theater und den Bereich, wo sie sich hinsetzen konnten.

„Dort in der Mitte ist der Platz von Herodes Antipas mitsamt Gefolge", fing der Aufseher auf einmal an zu erzählen. „Danach aufwärts sitzen die reichen Damen und Herren, die sich solche Theaterstücke in ihrem langweiligen Leben nicht entgehen lassen. In diesem Bereich dort hinten kommen dann heute ausnahmsweise die Bauherren mit ihren Familien, also auch ihr. Dies sind sozusagen ein paar Ehrenplätze. Dann kommt die große Treppe und über dieser Plattform sitzt dann das normale Volk."

„Wieviele Menschen passen hier hinein?" Josua war von der gesamten Atmosphäre angetan.

„Das Theater ist für 2.000 Menschen geplant. In einigen Jahren kann das Theater noch auf 4.000 Plätze aufgestockt werden. Aber diese Bauarbeiten würden im Moment zu lange dauern. Die restlichen 2.000 Plätze werden dann nach und nach eingerichtet. Der Platz dafür ist aber schon vorgesehen", sagte der Aufseher sichtlich stolz, als ob es seine Idee gewesen wäre. „So, nun muss ich wieder an die Arbeit. Ich wünsche euch viel Freude."

Joseph ging voran und suchte für die siebenköpfige Gruppe einen Platz aus. Er setzte sich zuerst, dann kamen Jossi und Juda. Es folgten Rahel, Jesus, Josua und Mirjam ganz außen.

„Du wirst es bestimmt mögen, Josua", fing die Mutter von Jesus an. Es ist eine Komödie. Du wirst nicht viel verstehen, aber schau dir einfach die Schauspieler an und die Menschen um dich herum. Es wird bestimmt lustig."

„Könnt ihr Lateinisch?", fragte Josua.

„Ein wenig, in den knapp fünf Jahren, die wir in Alexandria waren, haben wir griechisch und ein wenig lateinisch gelernt, wobei Jesus die Sprachen am besten von uns dreien spricht. Du wirst sie auch schnell gelernt haben, wenn du erstmal in Ephesos bist." Sie lächelte ihm zu. „Ist es nicht interessant, dass dieses Stück ausgerechnet in Ephesos spielt?"

„Ja, aber ich möchte im Moment noch gar nicht daran denken, von hier abzureisen. Ephesos kann mir noch gestohlen bleiben."

Die drei Freunde genossen die Zeit, als sie so zusammensaßen. Josua betrachtete die vielen Menschen, die erst vereinzelt kamen und dann förmlich hereinströmten. Rahel konnte ihren Blick nicht von der Bühne wenden, denn dort wuselten einige der Schauspieler schon hin und her. Und Jesus war auf der Suche nach Herodes Antipas. So ein Herrscher interessierte ihn. Wie er wohl aussah, fragte er sich. Wie gab er sich? Mit Sicherheit würde er heute anwesend sein. Es wurde immer lauter, es wurde immer voller. Vor ihnen, hinter ihnen, überall saßen nun Menschen, und alle redeten durcheinander. Vorfreude war im weiten Rund zu spüren. Dann auf einmal stellte sich eine Person in die Mitte der Bühne und blieb einige Momente stehen. Es waren von ihrem Sitzplatz bis zur Bühne nur knapp zwanzig Schritte.

„Schau Jesus, dort ist der erste Schauspieler. Schau mal, wie der gekleidet ist. Ist das eine Frau oder ein Mann?" Rahel war ganz aufgeregt.

„Nein Rahel, das ist noch kein Schauspieler, das ist…"

Eine laute Stimme unterbrach das aufgeregte Gegacker der Menschen.

„Bürger von Sepphoris, Bauhandwerker, Römer, Freunde. Ich, Herodes Antipas, Herrscher über Galiläa und Peräa, begrüße euch im Namen des römischen Reiches hier in der Hauptstadt von Galiläa. Heute ist ein ganz besonderer Tag für Rom, denn ein weiteres Theater ist vor einigen Wochen fertig gestellt worden. Dem römischen Kaiser liegt es sehr am Herzen, dass seine Untertanen immer gut unterhalten werden. Und ein Theater in der Hauptstadt von Galiläa war längst überfällig. Und da Rom dieses Theater erbaut hat mit der Hilfe von vielen hiesigen Bauhandwerkern – euch, die ihr hier seid, sei hiermit mein tiefster Dank ausgesprochen – wird auch die heutige Aufführung ein Stück eines römischen Dichters bieten. Heute kann ich euch nun von dem Komödiendichter Plautus das Stück „Der glorreiche Hauptmann" ankündigen. Es wird eine gute Unterhaltung sein, auch wenn nicht alle von euch der lateinischen Sprache mächtig sind. In Zukunft werden dann vermehrt die Dramen der griechischen Dichter gespielt. Ich lege aber Wert darauf, hinzuweisen, dass immer ein Teil des römischen Lebens eingestreut wird. Gut, genug der Worte, lasst das Stück beginnen. Salve."

„…Herodes Antipas. Das ist Herodes Antipas." Die Blicke von Jesus waren auf seltsame Art und Weise auf diesen Herrscher ausgerichtet. Dieser kam auf die Gruppe zu, nahm die Menge in Augenschein und es schien, als ob sein Blick auf Jesus ruhen würde. Dann setzte er sich seelenruhig auf seinen Platz vier Reihen unter sie und wandte sich der Aufführung zu.

Josua beobachtete Jesus aus den Augenwinkeln heraus. Jesus schien auf einmal in einer anderen Welt zu sein. Er stupste Mirjam an und zeigte ihr Jesus, sie winkte nur ab.

„Das hat er öfters. Er taucht manchmal in einen großen Traum ein und ist für einige Minuten nicht mehr ansprechbar. Lass nur. Er ist bald wieder bei uns."

Die ersten kleineren Szenen verfolgte Jesus wie im Traum. Gebannt musterte er das Bühnenbild. Aber was dann folgte, war der größte Schmerz, den seine Seele je gefühlt hatte. Er konnte sich nicht mehr bewegen, er konnte keinen Ton hervorbringen. Zum Glück war das Atmen ein selbstständiger Vorgang, den er nicht stoppen konnte, denn sonst wäre er augenblicklich gestorben. Tränen flossen aus dem tiefsten Urgrund seines Seins. Tränen über Tränen, Schmerz auf Schmerz folgte. Und er sah immer diese hässlichen Fratzen, die ihn verhöhnten und bespuckten. Wenn Jesus fähig gewesen wäre, sich zu bewegen, wäre er hinausgerannt. Alles fing damit an, dass ein Mann über die Bühne lief, stets gefolgt von römischen Legionären, erst nach rechts, dann wieder nach links, dann wieder nach rechts. Unzählige Male, ohne dass die Handlung ins Stocken geriet. Dieser Mann spielte einen zum Kreuztod verurteilten, der einen Querbalken durch die Stadt trug. Er hatte die Arme seitlich ausgestreckt an einem dicken Holzbalken, der über die Brust bis zu den Handgelenken reichte. Solche Nebenhandlungen liebte Rom. Dieses Zurschaustellen ihrer Macht liebte der Kaiser. In einigen Szenen trat der Mann immer wieder auf. In den letzten Szenen des Stücks war der Verurteilte im Hintergrund ans Kreuz genagelt zu sehen und schaute von dort der Handlung zu und gab sogar noch irgendwelche ironischen Kommentare ab. Das Aufführen solcher Gräueltaten war schon schrecklich genug, dass aber die Menge dabei jauchzte, immer lauter, je öfter er zu sehen war, das war mehr als grauenhaft.

Jesus war in Abgründen, die er erst wieder verlassen konnte, als das Publikum aufstand und den Schauspielern am Ende der Aufführung applaudierte. Diese Lautstärke gab ihm wieder die Möglichkeit, ins Hier und Jetzt zu kommen.

„Was war los, mein Sohn?", fragte Mirjam ganz aufgeregt, als sie ihren Sohn nach zwei Stunden immer noch wie in Trance dasitzen sah. Sie rüttelte etwas an ihm. „Jesus?"

Sie ahnte, dass dieses Stück ihn aufgewühlt hatte. Hätte sie gewusst, dass solche Szenen darin aufgeführt wurden, sie hätte sich absolut geweigert, sich diese anzuschauen. Aber leider hatte sie das nicht vorhersehen können. Es war als Lustspiel betitelt. Joseph bemerkte, dass jetzt Mirjam gefordert war, und er nahm seine beiden Söhne und Rahel und Josua mit sich. Sie blieben einige Meter weiter an der Treppe stehen und warteten.

„Mutter, werde ich gekreuzigt?" Jesus war immer noch teilweise in einer anderen Welt, obwohl er das Treiben um sich gewahr wurde.

„Jesus, ich weiß es nicht. Ich weiß es leider nicht. Aber du selbst weißt, dass du eine schwierige Aufgabe vor dir hast. Auf diesem Weg kann viel passieren, aber denke jetzt nicht mehr an so etwas Schreckliches. Denk' an ein paar schöne Wochen in Nazareth mit Josua und Rahel, bis dein bester Freund abreisen muss. Das ist alles, was im Moment zählt."

Jesus hatte zum Glück genügend Kraft, um den ganzen Weg nach Nazareth zurückzulaufen. Es tat sogar richtig gut, sich zu bewegen und das Geschaute zu verarbeiten. Vor allem Rahel heiterte ihn immer wieder auf und erzählte ganz begeistert von den schönen Kostümen. Mirjam war froh, dass sich Jesus wieder etwas gefangen hatte. Heute Abend würde er bestimmt gleich einschlafen. Über das Gespräch konnte sie mit niemandem reden, auch mit Sarah nicht, denn es war zu schrecklich, Sarah erzählen zu müssen, in was für ein Stück sie Josua mitgenommen hatte.

Gott, heute kann ich nichts schreiben. Ich bin noch zu geschockt. Bitte, lass es nicht zu, dass ich gekreuzigt werde. Bitte nicht ...

∞

Jesus schlief sehr unruhig. Er träumte wieder von einem schmalen lichtvollen Weg, den er entlang ging. Aber auch von dunklen Wesen, die ihn links und rechts von diesem schmalen Weg in den Abgrund ziehen wollten. Sie kamen sehr nah an ihn heran, näher als sonst, jedoch, wenn er sich auf Gott, auf seinen himmlischen Vater konzentrierte, konnten sie ihm nichts mehr anhaben. Früh am Morgen wachte er schweißgebadet auf. Er fühlte sich sehr heiß, er hatte Schmerzen. Er versuchte zu beten, damit die Schmerzen gelindert werden konnten.

Nun kamen die Bilder in sein Bewusstsein, die der Theaterbesuch heraufbeschworen hatte. Jesus sah, wie er neben seinem Lehrer Bakenor in Alexandria die Palaststraße entlang zum Mareotis-See wanderte. Er erinnerte sich noch genau an den Morgen und an das, was Bakenor damals zu ihm gesagt hatte: „Jesus, ich möchte dir einiges über dein zukünftiges Leben mitteilen. Du bist nun schon vier Jahre alt, aber dein Bewusstsein ist älter als dieser Planet, auf dem du gerade wanderst. Auch wenn du im Moment das nicht verstehen solltest, deine Seele hört meine Worte und sie werden in zukünftigen Momenten immer wieder in dein Tagesbewusstsein dringen und dir dann weiterhelfen."

Sie überquerten gerade eine Brücke, die über einen Kanal führte. „Siehst du die Siedlung dort hinten?", fragte Bakenor, ohne eine Antwort von Jesus zu erwarten. „Diese Siedlung wird von den Essenern bewohnt. Diese jüdische Bruderschaft wurde vor ungefähr dreihundert Jahren am Ufer des Salzmeeres im Land deiner Väter gegründet. Und ein großer Teil dieser heiligen Männer siedelte einige Zeit später hier nach Alexandria um. Dort bauten sie eine ähnliche Siedlung auf, mit dem Ziel, deinen Lebensweg und deine Mission auf dieser Erde vorzubereiten. Die Ahnen der Ur-Essener waren auf einem anderen Planeten zu Hause, der im benachbarten Sonnensystem beheimatet ist. Es ist das große heilige Geschlecht. Diese Menschheit ist vom himmlischen Vater dazu beauftragt, den Menschen auf unserem Planeten zu helfen. Du hast früher schon in dieser Stadt einige Gegenden kennengelernt, in denen die Dunkelheit vorherrschte. Und genauso ist es auf diesem Planeten. Hier herrscht, obwohl die Sonne so schön am Himmel steht und unser Leben erhellt, ebenso eine dunkle Macht, die versuchen möchte, die Gewalt an sich zu reißen. Aber nun bist du hier, ..."

Bakenor machte eine kleine Pause und Jesus konnte sehen, wie schwer es ihm fiel, mit seinen Erklärungen fortzufahren.

„Aber nun bist du hier, um, wie mit einem Schwert, das Licht von der Dunkelheit zu trennen. Auch ich bin ein Essener. Meine Aufgabe war es, dich auf dein zukünftiges Leben vorzubereiten. Und für dieses Leben, für deine Mission haben alle Essener inkarniert. Der Name Essener stammt übrigens von Essnar, der als Götterbote die Verbindung zwischen den Ahnen und den Essenern auf der Erde hielt. Die Essener begannen vor ungefähr dreihundert Jahren, die universellen Wahrheiten aufzuschreiben, die sie von ihren Ahnen erhalten haben und sie fingen an, sie für die Zukunft zu vervielfältigen, denn diese Wahrheiten mussten verbreitet werden, damit du, der älteste Sohn des Lichts, es leichter hast, um die Menschen mit deinem Leben und mit deinen Lehren vom liebenden himmlischen Vater zu überzeugen. Am Salzmeer fand hauptsächlich diese Vervielfältigung statt, während hier in Alexandria die Ausbildung der Essener den Schwerpunkt bildete." Bakenor hielt inne, um einem vorbeifahrenden Boot zuzuschauen.

„Auch wenn in den Jahrhunderten die wahre Lehre von Essnar und seinen Sternenbrüdern verwässert, vielleicht sogar entstellt wurde, ist die wahre Lehre der Essener im Vergleich zu den anderen Gruppen, die es heutzutage gibt, am gehaltvollsten. Du wirst in Zukunft immer wieder Kontakt mit den noch übrig gebliebenen wahren Essenern haben, jedoch muss ich dich auf etwas hinweisen. Du musst lernen, die Strenge von einigen Mitgliedern dieser Bruderschaft zu überhören, denn die dunkle Macht versucht natürlich diese Vorbereitung zu untergraben und zu zerstören. Deshalb gibt es bei den Essenern einige, die die Rituale und die Auslegungen der Schriften nahezu ähnlich sehen wie der Gott deiner Vorväter. Es wird viel von Strafe geredet und von einer Endzeit, jedoch weißt du, Jesus, es am besten, wie unser aller liebender himmlischer Vater ist. Viele der heutigen Essener tragen nicht mehr den Geist in sich, mit dem diese Bruderschaft gegründet wurde. Aber vergiss nicht, die Sternenbrüder, das große heilige Geschlecht, passt auch von der großen Weite des Himmels aus immer auf dich auf. Du wirst sie immer mal wieder hören oder vielleicht als kleinen Punkt am Horizont erkennen."

Bakenor warf einen flachen Stein über das Wasser des Sees, der nach einigen Sprüngen an der Oberfläche in die Tiefe hinab sank. „Und noch etwas. Es wird in den nächsten Jahren, bis du dein volles Bewusstsein erlangt hast, immer wieder Momente geben, die dich überwältigen und mit denen du nur schwer umgehen kannst. Es sind Vorahnungen und ein tiefes Wissen um deine Zukunft. Diese wird niemand nachfühlen können, jedoch bricht dadurch immer mehr in deiner Seele auf. Es wird in diesen Momenten dann nicht leicht sein, jedoch sind diese Erlebnisse wichtig für deine gesamte Entwicklung. Jesus, du bist auserwählt. Dein Leben wird nicht leicht sein, du wirst oft gegen die Engel der Dämonie kämpfen müssen, aber sie werden nicht siegen. Lass dich immer von deinem Vater im Himmel führen. Vergiss diese Worte nicht."

Jesus wurde von einem starken Krampf geschüttelt und er schrie laut auf. Daraufhin stürmte seine Mutter in sein Schlafgemach, setzte sich zu ihm und legte ihre heilenden Hände auf seinen heißen und nassen Körper. Nach einigen Minuten, als sich Jesus ein bisschen erholt hatte, ging sie hinaus und bereitete ihm warme Milch mit Honig. Als sie ihm dann noch einen zärtlichen Kuss geben wollte, sah sie, dass ihr Sohn schon längst wieder eingeschlafen war.

Die folgenden zwei Tage sahen sich Jesus und Josua nicht, denn Jesus lag mit Fieberkrämpfen in seiner Schlafstätte. Am dritten Tag ging Josua wieder die wenigen Schritte zum Haus von Jesus. Josua wollte sich bei Mirjam nach dem Befinden von Jesus erkundigen, jedoch öffnete ihm heute zu seiner Freude Jesus selbst die Türe.

„Josua, schön, dass du vorbeigekommen bist." Jesus wirkte wieder kräftiger.

„Jesus, was ist denn passiert?" Josua war immer noch geschockt, wenn er an den Weg von Sepphoris nach Hause dachte.

„Das ist eine lange Geschichte, Josua. Aber auch eine kurze. Willst du es wirklich wissen?"

„Aber natürlich. Ich bin dein Freund."

„Gut, dann lass uns erst einmal ein ruhiges Plätzchen im Hof suchen."

Josua folgte Jesus in den Innenhof und setzte sich neben ihn in den Schatten.

„Ich habe in der Zeit im Theater mein zukünftiges Leben durchlebt. Ich habe erlebt, wie ich in den letzten Monaten meines Lebens höchstwahrscheinlich sehr schwere Stunden durchleben muss."

Josua wurde blass. „Du hast in deine Zukunft gesehen? Und dir geht es jetzt gut damit?"

„Ja, Josua. Ich bin mir bewusst, dass ich ein schwieriges Leben vor mir habe. Ich bin zwar erst knapp sieben Jahre alt, aber ich fühle mich älter als sieben Jahre. Kannst du das verstehen?"

„Hhm", Josua war sehr erstaunt, mit welcher Klarheit sein Freund, der sogar noch ein Jahr jünger war als er selbst, über sein zukünftiges Leben sprach. Er selbst hatte sich bis jetzt darüber keine großen Gedanken gemacht. Das einzige, worum er sich sorgte, war, dass er Nazareth bald verlassen musste. Aber nicht, um das, was seine Aufgabe war, oder was auf ihn zukommen sollte, geschweige denn, wann er sterben würde. Es war ihm nicht einmal klar, was Sterben überhaupt bedeutete.

„Jesus, was genau hast du denn erlebt?"

„Ich sah, dass ich, wenn ich etwas älter bin, in verschiedene Länder reisen werde. Dort werde ich auf meine Aufgabe vorbereitet. Dann sah ich, wie ich in unserer Heimat herumreiste und niemand mich verstand. Sie haben sogar Steine nach mir geworfen. Ich verbrachte am Ende viel Zeit in Galiläa und davor auch eine lange Zeit in …" Jetzt wusste Jesus nicht genau, ob es Josua erzählen sollte, dass er auch einige Jahre in Ephesos leben würde. Im Theater hatte er eine Vision gehabt, in der er erkennen konnte, wie es zur jetzigen Zeit in dieser Stadt aussah. Ihm war klar, dass ein Teil seiner Mission in Ephesos liegen sollte.

„Sprich weiter, Jesus. Wo wirst du noch einige Zeit verbringen? In Jerusalem?"

„Ja, dort auch." Jesus hielt wieder inne, entschied sich dann aber doch, es Josua zu erzählen. Vielleicht würde es ihm bei seinem Abschiedsschmerz helfen. „Bevor ich in Galiläa und Judäa herumreise, werde ich einige Jahre in Ephesos verbringen."

„Was?" Josua war total erstaunt. „Warum ausgerechnet in dieser Stadt? Wir haben bis jetzt nie etwas von dieser Stadt gehört und es gibt bestimmt noch ganz viele andere. Warum wirst du also genau in dieser Stadt Zeit verbringen?"

„Weil unser aller Vater es so möchte. Er sagte mir, dass die Aufgabe in Ephesos sehr wichtig sei." Jesus sprach wie immer sehr klar.

„Jesus, ich freue mich. Dann können wir ja wieder zusammen ins Theater gehen." Josua war aus dem Häuschen.

„Ja, Josua." Jesus sagte Josua allerdings nicht, dass dies noch über zwei Jahrzehnte dauern würde. Vielleicht hatte Josua ihn bis dahin vergessen, denn das Leben von Josua sollte in dieser Stadt nicht sehr einfach werden. Das hatte er in seiner Vision im Theater am Rand mitbekommen, was er natürlich Josua und niemandem anderen erzählen konnte, und auch nicht wollte. Er fühlte sich auf einmal wieder sehr müde und bat Josua zu gehen. Morgen würden sie sich wieder sehen.

Die letzten Tage waren die schlimmsten in meinem bisherigen Leben. Vater, ich frage dich aus tiefster Seele: Werde ich gekreuzigt? Muss ich diesen Schmerz durchleben? Wenn ja, muss ich diese Mission wirklich auf mich nehmen? Ich spüre schon die Antwort, während ich diese paar Worte schreibe. Warum kann ich nicht ein ganz normales Leben führen, so wie alle anderen Menschen?

Vater, bitte hilf mir und überlege es dir noch einmal. Ich kann heute leider nicht mehr schreiben, denn ich fühle mich immer noch sehr schwach.

Über dem Berg Tabor

Der Santiner Tai Shiin stand mit seinem Raumschiff wie immer über dem Berg Tabor und beobachtete über seine zahlreichen Bildschirme das Treiben in Nazareth, wie immer besonders jedoch das von Jesus und Josua. Tai Shiin war froh, dass die letzten beiden Wochen nach dem Theaterbesuch in größter Freude und Harmonie verlaufen waren. Josua, Jesus und Rahel verbrachten wieder viel Zeit miteinander. Jesus brachte

Josua das Flötespielen bei und Rahel genoss das Zusammensein in dieser Dreierrunde.

Tai Shiin konnte sich noch gut an den Theaterabend erinnern. Leider war es nicht möglich gewesen, diesen Theaterbesuch zu vermeiden. Jesus musste für seine Seelenentwicklung durch diesen Schmerz hindurch. Die Intensität dieser Gefühle würde wieder verschwinden, aber die Wichtigkeit seiner Mission musste Jesus schon in diesen jungen Jahren immer wieder ins Bewusstsein gebracht werden. Die göttliche Hierarchie hatte es so vorgesehen. Da er, Tai Shiin, jedoch keinen so dichten materiellen Körper besaß wie die Menschen auf Erden, empfand er den Schmerz von Jesus fast genauso tief. Während des Theaterbesuchs war es still im Raumschiff geworden, denn auch die anderen Besatzungsmitglieder des großen heiligen Geschlechts der Santiner, sahen diese Bilder und fühlten mit Jesus. Tai Shiin war gerade dabei, ein Auge auf Samuel zu werfen, der sich wieder auf dem Rückweg befand und gerade in Samaria in einer Herberge Unterschlupf erhalten hatte. Noch ein paar wenige Tage Ruhe für Josua, dann würde der Abschied von Jesus folgen. Als er gerade über Josua nachdachte, betrat Ashtar Sheran den Kommandoraum. Ashtar Sheran war der Kommandeur der gesamten Raumschiffflotte der Santiner und geachtetes geistiges Oberhaupt ihrer Mission, Jesus auf dem Planeten Erde zu begleiten und zu beschützen.

„Wie sieht es aus? Verläuft alles nach Plan?", fragte er.

„Ja, in vollster Ruhe und Harmonie. Die ruhige Zeit für Josua wird bald vorbei sein. Sein Vater befindet sich schon wieder auf der Rückreise."

„Ja ich weiß, Tai. Es wird schwierig für ihn werden, aber die Zeit in Ephesos wird für seine Seele wichtig werden. Eine große Stadt mit vielen Eindrücken. Aber in dieser Stadt gibt es auch viele Abgründe, und darin liegt eine große Gefahr für ihn. Nur zu leicht könnte er dort von seinem ureigensten Weg abkommen und Jesus und seine Worte vergessen."

„Wahre Worte, Ashtar. Der Abschied von Jesus wird ihm das Herz brechen. Hoffentlich wird er sich von diesem Schock gut erholen."

„Die Erde ist nun einmal kein Paradies wie Metharia oder unsere Raumstation."

Tai Shiin lächelte. Ashtar hatte Recht. Sogar die Raumstation hatte paradiesische Eigenschaften, sie war wie ein zweites Metharia. Die Santiner standen auf einer Entwicklungsstufe, die es ihnen ermöglichte, aus der Energie des Kosmos ihre Umgebung so entstehen zu lassen, wie sie es brauchten. Ein Raumschiff saugte kosmische Energie und freie Atome auf und strahlte sie neugruppiert nach unten aus. So bildete sich die Materie, die sie für ihr Leben im Kosmos brauchten.

Und die neue Generation der Raumschiffe und Raumstationen sah mittlerweile ganz anders aus, als noch vor 5.000 Jahren. Damals herrschte die Technik vor. Aber mittlerweile waren sie, die Santiner, zu der Erkenntnis gelangt, dass die beste Technik eine war, die man nicht als Technik erkannte, sondern die natürliche Umgebung so zeigte, wie Gott sie auch geschaffen hätte. Und Gott hätte mit absoluter Sicherheit eine Raumstation für die Raumfahrer geschaffen, die ihnen alle möglichen Freuden schenkte, wenn sie schon so weit und lange von ihrer Heimat weg stationiert waren. Deshalb glich das Innenleben der Raumstation den grünen Parkanlagen, wie es sie auf Metharia gab. Die schönsten Bäume und Blumen wuchsen in der Raumstation, sogar Vögel und Schmetterlinge erfreuten die Raumfahrer und verringerten somit das Heimweh der Raumfahrer auf ein Minimum. Auch die lebensnotwendigen Elemente Luft und Wasser wurden durch die Verwendung der Atome aus dem All erschaffen. Alles war so wie zuhause, es war ein eigenständiger Miniplanet. Allein der Kommandoraum und die Räume der medizinischen Versorgung hatten noch ein eher technisch anmutendes Aussehen. Wenn es um die Gesundheit ging, musste natürlich alles möglichst steril sein, denn auch Santiner bedurften regelmäßig einer gesundheitlichen Untersuchung. Und in einem Kommandoraum wurde das ganze Raumschiff gesteuert und die wichtigsten Vorgänge auf der Erde wurden beobachtet. Da wären die Kommunikation mit einem Vogel oder die Liebeserklärung einer Blume, die ihren süßen Duft verströmte, eine zu große Ablenkung gewesen, die die Konzentration gestört hätte.

Tai Shiin betrachtete Ashtar Sheran, der mittlerweile auf dem Platz des Kommandanten saß. Der Sitz war erhöht, nicht um die Ausnahmestellung des gerade diensthabenden Kommandanten zu zeigen, sondern dies hatte den Vorteil, dass er einen besseren Überblick von dem hatte, was in der Kommandozentrale gerade ablief. Und in dieser Zentrale arbeiteten knapp zwanzig Santiner.

Ashtar Sheran war die absolute Führungspersönlichkeit aller Santiner. Er war auch ihr Erlöser, denn er hatte vor sehr langer Zeit die Santiner aus ihren Abgründen erlöst, ähnlich wie Jesus für die Erdenbewohner sich nun eine ähnliche Aufgabe vorgenommen hatte. Ashtar Sheran war ein Weltenlehrer, wie es ihn nur noch selten gab. Er hatte eine Ausstrahlung, die jeden Santiner in eine Freude, aber auch in eine konzentrierte Gelassenheit versetzte, die gleichzeitig hohen Respekt vor dieser Seele verlangten. Tai Shiin hatte in dieser Hinsicht einen Vorteil: Er war in diesem Leben der Sohn von Ashtar Sheran und konnte somit eine eher familiäre Beziehung zu ihm nutzen.

Wieder ging die Tür auf und es kam Setun Shenar herein. „Nun hast du dir ein wenig Ruhe verdient Tai. Die nächsten acht Stunden ist dies nun mein Reich." Setun Shenar war der älteste Santiner im Raumschiff und vermittelte allen eine väterliche Geborgenheit.

„O, schon so spät? Die Zeit vergeht immer so schnell, wenn ich mich mit den irdischen Begebenheiten beschäftige." Tai Shiin lächelte und stellte mittels Gedankenkraft die Grundeinstellungen der Bildschirme auf den Ausgangspunkt, wie es bei einer Übergabe an einen anderen Raumfahrer in der Kommandozentrale üblich war.

„Ashtar, lass uns zu unseren Frauen gehen und mit ihnen Cyran spielen." Tai Shiin verabschiedete sich von Setun Shenar und freute sich auf das Gesellschaftsspiel, bei dem es immer darauf ankam, dem anderen möglichst viel Freude zu bereiten. Im gemeinsamen Lachen und in der Freude bestand der Sinn des lustigen holographischen Spiels. Auch die Santiner brauchten ab und zu eine kleine Zeit, um ein wenig von der anspruchsvollen Mission, die sie auf sich genommen hatten, abzuschalten.

Ankunft und Abreise

Am späten Nachmittag vor Sabbat war es schließlich soweit, dass Samuel wieder in Nazareth eintraf. Sein Esel und er wurden schon von weitem von den Kindern auf der Straße gesehen, die die Neuigkeit in Windeseile im Dorf verbreiteten. Auch die Frauen, die sich gerade am Brunnen befanden und sich ein wenig mit Gesprächen die Zeit vertrieben, sahen ihn schon von weit her kommen.

„Dort kommt dein Mann, Sarah", wurde sie von Elischeba, der Frau des Töpfers Jakob, aufmerksam gemacht.

„Samuel ist schon wieder da?" Sarah drehte sich ungläubig um. Nun sah auch sie ihren Mann ganz oben auf dem kleinen Hügel von Nain auftauchen und im Trab den geschwungenen Weg hinunterreiten. Eine Weile würde es noch dauern, bis er ihren Brunnen erreichte. Trauer mischte sich unter die Freude, die sie die letzten Wochen erleben durfte.

Schließlich war das Leben ohne Samuel viel leichter und friedvoller gewesen.
Neben Elischeba und Sarah waren auch Mirjam und Abischag, die Frau des Hirten Jeroham, am Brunnen. Diese Momente am kühlen Nass, die die vier Frauen regelmäßig miteinander verbrachten, genossen alle sehr.
„Sarah, lass dir nicht mehr so viel von ihm gefallen", wurde sie von Elischeba angespornt. Sarah hatte nach Mirjam in Elischeba und Abischag richtige Freundinnen gefunden, die ihr sehr viel Kraft gaben.
„Das sagst du so leicht, Elischeba. Ich versuche mein Bestes, aber manchmal lässt mir die Aggressivität von Samuel keine andere Wahl."
„Aber Elischeba hat Recht." Auch Abischag teilte die Meinung ihrer Vorrednerin. „Wenn ihr in der neuen großen Stadt seid, musst du dir irgendetwas einfallen lassen. Ich habe gehört, in diesen Städten können Frauen leichter ihr eigenes Leben leben." Aber tief im Inneren war Abischag froh darüber, einen so lieben Mann wie Jeroham zu haben und nicht in diese heidnische Stadt umziehen zu müssen. Insgeheim freute sie sich auch, wenn Samuel Nazareth verlassen würde, denn mit diesem strengen und verbohrten Rabbi lebte es sich nicht leicht. Auch wenn es schade um Sarah war. Die Freude aber, Samuel los zu sein, überwog in ihr.
„Ich werde mein Bestes versuchen", antwortete Sarah. „Ich bete schon lange zu unserem Vater im Himmel, dass er mir eine Lösung zeigen soll. Auch für unsere Kinder und besonders für Josua."
„Du kannst nicht immer den Vater im Himmel bitten, dir zu helfen", ereiferte sich Abischag. „Keiner hat ihn je gesehen. Ich weiß nur, dass wir für unser Glück selbst verantwortlich sind. Wäre mein Mann so gewalttätig, dann hätte ich ihn schon aus dem Haus geworfen, bis er mich angefleht hätte, ihn wieder hineinzulassen."
„Abischag, was sagst du da." Mirjam war ganz erbost über solche Worte. „Wie kannst du am Gott unserer Vorväter zweifeln? Du kannst gut reden, du befindest dich auch nicht in der Lage wie Sarah. Ich möchte dich einmal sehen mit Samuel an der Seite. Mit ihm als Mann wärst du auch anders, glaube mir."
„Ich hätte mir nie einen solchen Mann wie Samuel ausgesucht. Das könnt ihr mir glauben."
„Was kann ich glauben, Abischag?", fragte Samuel, der gerade die vier Frauen erreichte.
Die Frauen drehten sich voller Schreck um. Sie hatten kurzzeitig vergessen, dass Samuel ja auf dem Weg ins Dorf gewesen war.

Abischag war wie vor den Kopf geschlagen. „Ich, äh, ich meinte nur, dass, wenn ich in Sepphoris leben würde, äähh, mir, ich meine, ich keinen Hirten, äh, als Mann hätte, sondern vielleicht auch, ähm, wie Mirjam, einen Bauhandwerker."

„Ach so. Und ich dachte schon, dass du gerade meinen Namen erwähnt hättest. Da muss ich mich dann doch verhört haben. Ich begrüße euch erst einmal. Und Sarah, bitte begleite mich nach Hause. Gottes Segen sei mit euch, Abischag, Elischeba und Mirjam".

Sarah drehte sich um, nahm ihren gefüllten Wassereimer mit, ließ die drei Frauen verdutzt stehen und folgte ihrem Gatten. Niemand hatte Samuel bisher so fröhlich erlebt.

Die Familie des Rabbis saß beim Abendmahl. Josua war froh, dass die ganzen Rituale, die vor und während des Essens vollzogen wurden, vorbei waren. Josua hatte Hunger. Manchmal beneidete er andere Familien, die nicht so religiös waren wie seine Familie. Aber das war das Los, wenn man der Sohn eines Rabbis war. Und noch dazu eines so strengen. Aber heute Abend schien sein Vater richtig fröhlich zu sein. Die Mahlzeit war abgeschlossen, die Familie blieb aber noch etwas zusammen sitzen, denn Samuel wollte über die Zeit in Jerusalem erzählen und über die bevorstehende Reise nach Ephesos. Sarah servierte deshalb noch Grießkuchen mit Mandeln, Datteln in Honig und warme Ziegenmilch. Besonders Josuas Schwestern liebten diese süßen Leckereien.

„Ich habe viel erlebt und euch eine Menge mitzuteilen", fing Samuel an, seine Erlebnisse zu erzählen. „Das Schlimmste vorweg. Auf dem Weg nach Jerusalem sind der Bote des Hohepriesters und ich in der Nähe vom Berg Garizim von Straßenräubern überfallen worden. Mein Reisebegleiter hatte vorgesorgt, denn bei einer solchen Reise durch dieses Gebiet müsse man mit allem rechnen, wie er meinte. Deshalb hat er unsere Münzen geteilt und nur den kleinsten Teil am Gürtel sichtbar getragen. Die Räuber nahmen uns dann auch nur diesen Teil ab." Samuel seufzte tief und blickte in die Augen seiner Familienmitglieder, um ein bisschen Mitgefühl zu erhaschen. Aber das blieb aus, nur Judith bekam große Augen.

„Die einfache Kleidung meines Begleiters ließ seine Worte nicht gerade überzeugend klingen, als er den Räubern mitteilte, dass er direkt vom Hohepriester in Jerusalem geschickt worden sei. Sie lachten uns aus und ließen uns aber trotzdem weiter gehen, ohne uns noch den Esel und unsere Verpflegung abzunehmen. Die Worte mussten doch etwas genützt haben. Ich hatte auch das Gefühl, als ob unser himmlischer Vater direkt neben uns stand und uns sehr gut beschützte. Auf dem Rückweg bin ich dann einen etwas größeren und beschwerlicheren, aber einen sicheren Weg gegangen." Josua lauschte gefühllos aber gespannt den Erzählungen seines Vaters. Sogar seine Schwestern vergaßen, dass sie auf ihrem Teller Grießkuchen hatten. Nur seine Mutter schien relativ gefasst.

„Das Gespräch mit dem Hohepriester und Bealja verlief sehr gut. Sie hatten mir mitgeteilt, dass zur gleichen Zeit ein Bote nach Ephesos geschickt worden war, der den dortigen Rabbi meiner zukünftigen Gemeinde auf der Stelle aus seiner Arbeit entließ. Er sollte dort bleiben, bis sicher gestellt war, dass der ehemalige Rabbi unser zukünftiges Haus geräumt und die Stadt verlassen hatte. Mir wurde gesagt, dass die dortige Synagoge mitsamt unserem angrenzenden Haus sehr groß sei. Die jüdischen Gemeinden umfassen knapp 10.000 Personen, für eine so große Stadt wie Ephesos nicht viel, wenn man aber bedenkt, dass es eine Stadt ist, die durch die griechische und römische Kultur geprägt wurde, dann sind 10.000 Juden eine stolze Zahl. Ist das nicht unfassbar?" Ein zweiter Versuch, um Anerkennung von seiner Familie zu ergattern. Aber auch dieser Versuch misslang.

Josua trank einen Schluck Ziegenmilch.

„Der Hohepriester ergänzte aber noch, dass nicht alle Juden den richtigen jüdischen Glauben leben würden. Nur die wenigsten würden die Synagoge regelmäßig besuchen. Gerade dem Laster in dieser Stadt der Magie wäre mein Vorgänger zum Opfer gefallen. Aus diesem Grund werde dort ein erfahrener Rabbi, der die jüdischen Gesetze einhalte, gebraucht." Samuel lächelte und sah in die Runde, aber keiner erwiderte sein Lächeln. „Bealja hatte von meiner guten Arbeit gehört und brachte mich ins Spiel. Dem Hohepriester war dies nur recht, denn dadurch war ein Problem, das ihn sehr belastete, aus der Welt geräumt. Nun denn, wir können jederzeit abreisen, allerdings muss ich noch mit meinem Nachfolger hier, mit Abija, sprechen. Ich bin froh, dass Abija mein Nachfolger wird. Vor kurzen wollte ich mit ihm über einen Nachfolger sprechen und war erstaunt, dass er selbst gerne die Nachfolge antreten wollte. Ebenfalls muss ich Jeroham und Jakob noch über die Geschehnisse der letzten Tage informieren. Dies alles wird bestimmt noch eine Woche dauern. Ich würde vorschlagen, dass wir nach dem nächsten Sabbat, also in acht Tagen abreisen sollten."

Sarah stockte der Atem. „In acht Tagen schon?"

„Weib, deine Aufgabe ist es, hier alles zusammenzupacken und unser Haus für Abija sauber zu übergeben. Josua und Esther, ihr helft Sarah. Ich muss übermorgen nach Sepphoris reisen. Abija ist schon informiert worden und bereitet ebenfalls seinen Umzug vor. Ich werde also keinen Unterricht mehr in der Synagoge halten. Das wird einige freuen. Aber ich kenne Abija, er wird meine Arbeit in meinem Sinne fortführen." Samuel hielt kurz inne und blickte Josua eindringlich in die Augen. „Ach ja, Josua, ich habe mir deine Arbeit angesehen, die du in der Zeit meiner Abwesenheit vollbracht hast. Ich muss sagen, dass sie mir gut gefällt. Ich bin stolz auf dich. So, nun lasst uns schlafen gehen."

Josua wusste gar nicht, was ihm eben passiert war. War er wirklich gerade von seinem Vater gelobt worden? Das hatte es lange nicht mehr gegeben. Er schaute seine Mutter an. Auch Sarah bekam den Mund vor lauter Staunen nicht mehr geschlossen, wobei sie dann ein so warmes Lächeln auf ihr Gesicht zauberte und ihn anschaute, dass es Josua noch wärmer ums Herz wurde. Er ging zu seiner Schlafstätte, nahm das kleine Holzkreuz, legte es auf sein Herz, dankte Gott für das Lob und dafür, Jesus zu kennen, und schlief frohen Mutes ein.

∞

Es sprach sich schnell im Dorf herum, dass die Familie des Rabbis schon sehr bald für immer abreisen würde. Viele im Dorf waren froh, denn die Strenge Samuels traf nicht nur die Schüler hart, sondern auch deren Eltern und die meisten Dorfbewohner. Es gab nur wenige, die traurig über diese Neuigkeit waren. Zu ihnen gehörten Jesus und Rahel. Die Zeit, die die Jungen normalerweise in der Synagoge verbrachten, wurde von ihnen nun anderweitig genutzt. Simeon spielte wie immer mit seinen Untertanen Römer gegen Zeloten. Josua, Jesus und Rahel verbrachten ihre Zeit fast immer zu dritt.

Heute war Samuel schon frühzeitig nach Sepphoris aufgebrochen. Josua nutzte das und ging schon frühzeitig zu ihrem Treffpunkt in der Nähe der Quelle, den die drei Kinder seit einigen Wochen als ‚ihren' Platz auserkoren hatten. Schon von weitem sah Josua Jesus dort unter einem Maulbeerbaum sitzen. Josua wollte rufen, doch eine unsichtbare Macht hielt ihn davon ab, und er ging leisen Schrittes auf Jesus zu. Als er bis auf einige Schritte an Jesus herangekommen war, merkte er erst, dass dieser tief in einer anderen Welt versunken war. Jesus hatte seine Augen geschlossen und es schien, dass er sich mit unsichtbaren Wesen unterhielt. Mal schüttelte er den Kopf, mal nickte er. Dann wieder flüsterte er ganz leise Worte, die Josua leider nicht verstand. Auf einmal beugte sich Jesus, er hatte seine Augen immer noch geschlossen, vor, nahm einen neben sich liegenden Ast in die Hand und fing an, mit diesem in der Erde zu schreiben. Das dauerte einige Momente, bis er abrupt aufhörte, einmal kurz nickte und sich dann mit einem „Danke, Vater" aus dieser anderen Welt verabschiedete.

Jesus hatte immer noch die Augen geschlossen. „Schön, dass du schon da bist, Josua. Gerade hat mir unser Vater im Himmel Botschaften mitgeteilt, die für dich wichtig werden." Nun erst schlug Jesus die Augen auf, lächelte den verdutzten Josua an und bat ihn, sich neben ihn zu setzen. Dann las er sich die Botschaft im Sand durch, die er gerade empfangen und geschrieben hatte und wischte sie anschließend wieder weg.

„Josua, es sind nicht mehr viele Tage, die wir hier zusammen sein werden." Jesus schaute zu Boden. „Heute Morgen wachte ich früh auf, denn ich hatte geträumt, dass ich frühzeitig zu unserem Platz an der Quelle gehen sollte. Ich wusste nicht, was das bedeutete. Nach einiger Zeit erkannte ich, dass unser aller Vater mir eine Botschaft für dich mitteilen wollte. Dies tat er erst in Gedanken, zum Abschluss, wie du noch gesehen hast, tat er dies ebenfalls auf dem Weg des medialen Schreibens. Das bedeutet, dass ein von Gott beauftragtes Geistwesen sich meines Arms bedient hat und eine Botschaft schrieb, ohne dass ich es beeinflussen konnte. Dies ist der Weg, um mich für meine zukünftige Mission zu schulen. Als ich noch bei meinem Lehrer in Alexandria war, habe ich das mehrere Male üben müssen, jedoch war ich damals noch etwas zu jung. Heute habe ich zum ersten Mal eine Botschaft für einen anderen Menschen empfangen. Und zwar für dich, mein Freund." Jesus hielt inne und ließ Josua erst einmal zur Ruhe kommen, da dieser sehr verwirrt aussah.

„Ähm, du hast für mich eine Botschaft in den Sand geschrieben?" war die einzige Frage, die Josua zustande bekam.

„Ja, soll ich sie dir sagen?"

„Worauf wartest du noch." Josua war auf einmal sehr aufgeregt.

„Gut. Ein Wort noch vorab. Eine Botschaft wird immer nur dann übermittelt, wenn es für den Menschen wirklich wichtig ist. Und da du in einigen Tagen von hier weggehen wirst, deine Freunde nicht mehr sehen kannst, wird es am Anfang bestimmt nicht einfach werden. Auch wenn du einige Worte nicht verstehst, wirst du sie doch in deiner Seele wie einen Schatz immer bei dir tragen." Jesus schloss wieder seine Augen, um sich zu konzentrieren.

Josua spielte voller Aufregung mit einem Stöckchen.

„Josua, gehe deinen Weg, wie du es in deinem Inneren fühlst. Du hast einen strengen Vater an der Seite, der dich gut ausgebildet hat, aber zu

161

wenig auf deine Wünsche eingeht. Du hast eine Mutter an deiner Seite, die ein schweres Leben führt und alles für ihre Kinder, und vor allem für dich tut, da sie merkt, wie oft du leidest. Josua, lebe dein Leben. Sage deinem Vater ganz genau, was du willst, auch wenn es der Glaube deiner Vorväter nicht zulässt. Es ist nicht alles richtig, was in der Thora und den anderen Schriften steht. Besiege deine Ängste vor deinem Vater und vor anderen Menschen. Geh in Ephesos offen und fröhlich auf neue Menschen zu. Du wirst sehr viel erleben, was dich in deiner Entwicklung weiterbringen wird. Du wirst viel Glück erfahren, aber du wirst auch Schmerzen ertragen müssen, die dich an deine seelischen Grenzen bringen werden. Du wirst eine große Stadt kennen lernen, die dir viele Möglichkeiten bieten wird. Sei auf der Hut, sei vorsichtig, achte auf deine Gedanken, sei achtsam mit deinen Handlungen und folge immer nur deinen innersten Gefühlen. Wer zu diesen innersten Gefühlen steht, der steht. Du wirst einen erkenntnisreichen Weg gehen. Ja, irgendwann wirst du Jesus wieder treffen. Du weißt mittlerweile, dass er der Messias ist, auch wenn sich dein Geist sträubt, dies zu glauben. Deine Seele weiß es, und das ist wichtig. Dieses ist dein Auftrag, ihn anzukündigen, aber nur in kleinen Gesprächen. Es wird nicht leicht werden, aber ich, dein Vater im Himmel, brauche dich für diesen Auftrag. Ich setze mein ganzes Vertrauen in dich. Alles wird so geführt, wie es auch geschehen soll. Geh deinen Weg. Und liebe die Menschen. Das ist der Schlüssel zu mir. Liebe die Menschen, liebe die Menschen…" Jesus hielt inne und öffnete die Augen. Er sah Josua, wie er ebenfalls mit geschlossenen Augen über diese gerade gehörten Worte nachsann.

Nun war Josua in einer anderen Welt. Es schien ihm, dass sein ganzes zukünftiges Leben vor seinem inneren Auge ablief. Er sah zwar keine Bilder, aber es war ihm, als ob er sämtliche zukünftigen Gefühle in einem einzigen Moment erlebt hätte. Dann blickte er auf und schaute in ein Paar blaue Augen, die er niemals vergessen würde. Sie waren so voller Liebe und Mitgefühl, dass aus Josua alles hervor brach, was sich während der letzten Monate in ihm aufgestaut hatte. Er weinte ohne Unterlass, und bemerkte dabei nicht, wie Jesus ihn in den Arm nahm. Josua vergoss Tränen über Tränen. Einige Momente vergingen. Aber genauso schnell, wie dieser Ausbruch gekommen war, versiegten auch die Tränen und in Josua wurde es heller. Er betrachtete die Welt mit neuen Augen und fühlte sich freier. Er war kaum wieder richtig bei Bewusstsein, als hinter ihnen ein fröhliches Rufen ihre Ohren erreichte.

„Guten Morgen, ihr beiden. Heute bin ich die letzte." Die liebliche Stimme von Rahel war zu hören. „Ich habe mich leider verspätet. Meine Mutter ließ mich nicht eher von zu Hause gehen, bis ich die Schalen und Becher gespült hatte."

Jesus und Josua lächelten sich an. Von irgendwoher hörte Josua eine Stimme, die ihm eine Botschaft wiederholte, die er eben gerade einmal gehört hatte. „Alles wird so geführt, wie es auch geschehen soll."

Die nächsten Stunden verbrachten die drei wie gewohnt. Jesus spielte auf seiner Flöte, Rahel und Josua lauschten gespannt den Melodien. Zwischenzeitlich erzählten sie sich Witze oder unterhielten sich über den Theaterbesuch in Sepphoris, den Jesus mittlerweile gut verdaut hatte.

„Josua, Rahel, ich möchte es euch als erstes sagen."

„Was denn, was denn?" Rahel war wie immer sehr aufgeregt, wenn Jesus zu erzählen begann.

„Ich möchte in den nächsten Tagen ein Abschiedsfest für Josua geben. Es werden alle Kinder eingeladen, damit Josua sich mit schönen Erinnerungen aus Nazareth verabschieden kann. Was haltet ihr davon?"

„Großartig, einfach großartig." Rahel freute sich über diese gute Idee. „Was sagst du dazu, Josua?"

„Super, aber hoffentlich fällt mir der Abschied nicht so schwer. Ich möchte gar nicht daran denken, wirklich abzureisen."

Jesus nahm seine Flöte und spielte eine sehnsuchtsvoll klingende Melodie. Diese Melodie war sein Dankgebet an den himmlischen Vater. Dieser Tag war heilig und dafür war er dankbar.

∞

Alle waren gekommen. Der Platz im Hof von Samuel war gefüllt mit den Kindern und ihrer Lebensfreude und mit den Frauen, die noch die letzten Vorbereitungen für das Fest trafen. Erst war es geplant, die Feier vor der Werkstatt von Joseph, dem Bauhandwerker, stattfinden zu lassen. Aber die Ältesten von Nazareth hatten sich darauf geeinigt, die Feier wieder bei Samuel stattfinden zu lassen. Samuel war in den letzten Tagen lockerer und umgänglicher als sonst, was die Einigung erheblich beschleunigte. Das ganze Dorf war da und es herrschte überwiegend Freude vor, aber auch Wehmut lag über dem Dorf.

„Freunde, liebe Kinder." Die Stimme von Samuel erhob sich mit einer gewaltigen Lautstärke über den allgemeinen Trubel.

163

„Ich stehe hier und mir fällt es nicht leicht, die folgenden Worte an euch zu richten. Schon vor drei Tagen hätten wir abreisen sollen, aber das Leben wollte es so, dass wir immer noch hier sind. Bevor ich meine letzten Worte an euch richten möchte, ist es mir zu allererst ein Bedürfnis, euch meinen Nachfolger vorzustellen. Es ist Abija aus Sepphoris. Bitte begrüßt ihn aus ganzen Herzen und schenkt ihm euer Vertrauen." Abija stellte sich neben Samuel, damit ihn das Dorf sehen konnte. Es brandete Beifall auf. „Eine Begrüßung", hörte man viele Menschen rufen.

Abija schien das sichtlich peinlich zu sein, aber um ein paar Worte kam er nicht herum. Er blickte sich um und wartete, bis alle Stimmen verstummt waren.

„Mein Name ist Abija. Ich danke euch im Namen des allmächtigen Gottes. Danke, dass ihr mich so freudig begrüßt. Ich werde mein Bestes tun, um die hervorragende Arbeit meines Vorgängers Samuel fortzuführen. Ich bin zwar einige Jahre jünger als er, aber ich habe auch ein paar graue Haare weniger." Die Menschen lachten. Der Einstand war gut gelungen. Ob aus Sympathie für ihn oder aus Erleichterung dafür, dass sein Vorgänger abreiste, wusste er nicht. „Ich wünsche euch ein schönes Fest und gebt der Familie von Samuel euren Segen mit auf ihre Reise. Ich danke euch, ein Teil eures Dorfes zu sein." Wieder brandete Beifall auf, der kaum enden wollte.

Samuel war beruhigt. Das zeigte, dass sein Nachfolger gut aufgenommen wurde.

„Ich danke euch für das Vertrauen, das ihr Abija schenkt." Samuel war wieder an der Reihe. „Nun möchte ich mich bei jedem von euch bedanken für die ganzen Jahre, die ihr mir, eurem Rabbi, euer Vertrauen geschenkt habt. Es war bestimmt nicht immer leicht mit mir." Samuel hüstelte, viele Zuhörer nickten. „Aber uns ging es in diesem Dorf immer gut. Dafür sollten wir dem Allmächtigen danken und ihn preisen. Möge Gott euch segnen und euch beschützen. Ich werde in der Ferne oftmals an diese Zeit hier zurückdenken. Liebe Kinder, nun fängt die Feier für euch an." Samuel hatte seine kurze Rede unter viel mitfühlendem Schluchzen und Zuspruch beendet.

Die Kinder ließen sich das kein zweites Mal sagen und sie machten sich über die ganzen Leckereien her. Es gab von allem etwas. Warmes Sesambrot, Käse in knoblauchgewürztem Olivenöl, in Koriander gebratene Fische, gebratenes Lamm mit Minze, mit Ziegenkäse gefüllte Weinblätter, Honigbällchen in Butter, Spinatsuppe, Lauchsalat, Möhren mit Kümmel, Mandelsoße, Grießkuchen mit Zimt, Nusskuchen mit saftigen Datteln und

Feigen und Sahne. Die beste Sahne im Dorf machte Mirjam, die eine extra große Schale davon zubereitet hatte. Dazu gab es Ziegenmilch, Joghurt, Traubensaft und Tamarindensaft. Für die Erwachsenen gab es diverse Weine. Von den neu zugezogenen Einwohnern Nazareths brachte sogar einer einen sirupartigen Chios mit, den man zur Hälfte verdünnen musste. Für ein fröhliches Fest war gesorgt. Heute vermischten sich sogar die Frauen und die Männer. Irgendwie war heute alles anders. Als ob ein Geist der Erneuerung durch Nazareth schwebte.

Auch an den Kindertischen wurde laut gelacht. Jesus saß am Kopfende eines Tisches. Neben ihm saßen Josua und Rahel, Ismael und der kleine Joseph. Ganz am anderen Ende saßen Simeon und Amos, die sich mit Kuchen vollstopften. Es fühlte sich so an, als ob eine große Wolke der Freude und Liebe das Dorf einhüllte.
„Was würdet ihr tun, wenn ihr ein Olivenbaum wäret?", fragte Jesus auf einmal mit einem Lächeln in die Kinderrunde
„Was soll denn diese saublöde Frage?", kam direkt die Reaktion von Simeon zurück.
„So wie ich es meine. Stell dir vor, du wärst ein Olivenbaum. Was würdest du tun, Simeon?"
„Hmm. Ich würde mit meinen Gedanken ein Kind zu mir holen, diesem Kind sagen, dass ich jeden Tag einen großen Nusskuchen mit viel Sahne in meine Baumkrone gestellt haben möchte."
„Das ist gut." Amos zerriss es fast vor lauter Lachen.
„Was würdest du tun, Josua?"
„Ich würde so stark und kräftig werden wollen, wie der Baum oben über unserem Dorf. Ich würde auch oben auf einem Berg stehen wollen, dann hätte ich die ganze Zeit eine schöne Aussicht."
„Und du, Jesus?" Rahel wollte wieder Jesus sprechen hören.
„Ich würde viele saftige Früchte hervorbringen, damit die Menschen von meinen Früchten satt werden und sich von dem Öl der Oliven eine Lampe anzünden können, die die Dunkelheit erhellt."
Schweigen erfüllte den Tisch der Kinder. Rahel, Josua und der kleine Joseph hatten eine Ahnung, wovon er sprach. Es erfüllte ihre Herzen so tief, dass sie nichts mehr sagen konnten. Die andere Seite des Tisches schwieg auch, denn sie hatten die Tiefe nicht verstanden und waren vor Überforderung ebenfalls sprachlos.
„Was würdet ihr Gott fragen, wenn ihr ihn jetzt sehen könntet?" Jesus fragte weiter.

„Die Fragen werden ja immer besser", warf Simeon ein. „Ich würde ihn fragen, ob ich nicht der Esel sein kann, auf dem der Erlöser in unser Dorf geritten kommt, wenn er denn mal kommen sollte." Simeon lachte wie ein Verrückter und steckte mit seinem Lachen auch Amos an.

„Sehr intelligent, Simeon. Was würdest du Gott fragen, Ismael?"

„Ich würde Gott fragen, warum es so viel Gewalt gibt und die Römer unser Land besetzen."

„Und du, Jesus?", fragte Simeon, der ihn wieder der Lächerlichkeit preisgeben wollte. „Bitte verkünde du uns in lobenden Worten, was du als verkappter Messias ihn fragen würdest?"

„Willst du es wirklich wissen, Simeon?"

„Hätte ich dich sonst gefragt?"

„Gut ich sage es dir. Ich würde ihn fragen, wie man die Menschen liebt, die einen verspotten und verhöhnen."

Josua war sprachlos. Wie kam Jesus auf diese Worte? Woher hatte er seine Überzeugungskraft? Woher hatte er diese Ideen? Woher hatte er diese spontanen Eingebungen. Josua würde in solchen Situationen nichts einfallen, er würde eher erröten.

„Jesus, warum stellst du uns diese Fragen? Ich finde sie so anders." Aber Josua wollte von Jesus mehr erfahren.

„Josua, wir alle leben mit sehr strengen Regeln und Vorschriften unserer Vorväter. Ich wollte euch einfach einmal zeigen, das Leben mitsamt den Regeln von einer ganz anderen Sichtweise anzuschauen. Bewahre dir diese Sichtweise und vergiss sie in Ephesos nicht, hörst du?" Jesus wurde sehr ernsthaft.

„Was würdest du tun, Jesus, wenn du der Messias wärst?" Ein letzter Versuch von Simeon, Jesus doch noch zu verhöhnen.

„Das war die beste Frage, die du heute gestellt hast. Ich beantworte sie dir gleich."

Jesus stand auf und verschwand im Getümmel der Erwachsenen. Kurz darauf kam er wieder mit einer Schale Nusskuchen und Sahne zurück und stellte sie vor Simeon hin.

„Simeon, ich würde versuchen, dich bedingungslos zu lieben. Gott segne dich. Lass es dir schmecken." Simeon saß sprachlos vor seiner Schale Kuchen. Nun lächelten die anderen, erst ganz leise, dann wurde das Lachen immer lauter, bis es jeden im Dorf erfasste. Simeon machte sich ganz langsam und unauffällig über den Kuchen her, bis dieser Zwischenfall, der ihm ein bisschen unheimlich wurde, vergessen war.

Josua und die anderen Kinder vergnügten sich den ganzen Abend. Es wurde weiterhin viel gelacht, gesungen und gespielt, bis es sehr spät wurde. Rahel und Jesus drückten Josua innig. Morgen ganz früh wollten sie sich beide noch von Josua verabschieden, wenn die Familie des Rabbis ihre Heimat Richtung Caesarea verlassen wollte. Nun gingen sie erst einmal schlafen.

Leider weiß ich von dir, Vater, dass ich morgen Josua nicht verabschieden kann, und darf. Gut, ich werde mich nicht von ihm verabschieden, auch wenn es mir schwer fällt. Ich muss dich aber nicht verstehen, oder? Ich möchte es auch gar nicht verstehen, da Josua in Nazareth mein bester Freund war. Manchmal ist mein Zweifel an dir und deinen Gedanken sehr groß. Manchmal habe ich das Gefühl, dass der Zweifel mich tötet. Und immer wenn ich zweifele, erscheinen die Fratzen, als ob du sie gerufen hättest. Denn jetzt schon wieder merke ich, wie sie auf mich spucken, wie sie mich verleumden und wie sie mir Kraft entziehen. Vater hilf mir, nicht an dir und deinen Taten und Anweisungen zu zweifeln. Vater, ich liebe dich, auch wenn ich nicht verstehe, was du tust.
Und vor allem, segne Josua und beschütze ihn in diesem Leben. Auch seine Familie, die sehr schwierigen Zeiten entgegen zu gehen scheint.

∞

Nun war der Morgen der Abreise da. Josua hatte vor lauter Traurigkeit die ganze Nacht nicht geschlafen. Samuels Esel war gepackt, einen weiteren Esel und ein Maultier hatte Samuel in Sepphoris gekauft. Es standen viele Dorfbewohner um die Familie des Rabbis herum. Es wurde sich gedrückt, geweint, aufgemuntert, gesegnet. Sarah hatte sich von Mirjam verabschiedet, Esther von ihren Freundinnen und Samuel von Jakob und Jeroham, die ihm am nächsten standen. Josua drückte Rahel zum Abschied und sie versprachen sich, dass sie sich dieses Leben wieder treffen werden. Nur einer fehlte: Jesus.
„Wo ist Jesus?", fragte Josua voller Panik.
„Josua, leider ist Joseph mit seinen Söhnen heute früh nach Sepphoris gegangen." Mirjam fühlte sich sichtlich unwohl, Josua das mitzuteilen. „Sie haben dort einen Auftrag zu erledigen. Jesus wusste nicht, dass er mitgehen sollte. Er wollte sich verabschieden, aber es war noch so früh, er wollte eure Familie nicht im Schlaf stören. Schließlich braucht ihr die Kraft für eure anstrengende Reise."

Diese Worte von Mirjam waren wie ein Stich ins Herz. Er verstand sie vom Kopf, aber in seinem Inneren zerriss sein Herz. „Jesus hat sich von mir nicht verabschiedet. Jesus hat sich von mir nicht verabschiedet. Jesus…" murmelte er immer wieder vor sich hin. Ab diesem Morgen zog sich Josua in sich zurück und sprach die ganze Reise nach Ephesos kein Wort mehr.

Sarah konnte immer noch nicht ihre Trauer im Zaum halten, obwohl die fünfköpfige Familie schon über eine Stunde auf dem Weg nach Meggido war. Immer noch weinte sie Tränen des Schmerzes. Diesmal waren nicht die Demütigungen von Samuel der Grund, sondern der Abschied von Mirjam. Sie wusste, dass sie niemals mehr Nazareth wiedersehen würde, aber das war ihr egal. Nein, nicht Nazareth würde sie vermissen, sondern Mirjam. Die Freundschaft mit Mirjam war ihr sehr wichtig geworden. Weitere Tränen vergoss sie wegen Josua. Endlich hatte er einen richtigen Freund gefunden, und dann noch so eine wunderbare Seele wie Jesus, und schon riss das Schicksal sie auseinander. Josua saß vor ihr auf dem Esel, aber seit dem Abschied war Josua verändert. Sie konnte nur ahnen, wie es ihm ging. Sie streichelte seinen Kopf und merkte, dass ihm diese Zuwendung gut tat. Ihren Töchtern ging es gut. Esther und Judith saßen beide gemeinsam auf einem zweiten Esel hinter ihnen und waren sehr vergnügt. Sie freuten sich mittlerweile auf die große Stadt. Samuel lief vorneweg und geleitete seine Familie mit den beiden Vierbeinern sicher ihrem Ziel entgegen.
„Sarah, hör' auf zu weinen." Samuel schien besorgt. So hatte er seine Frau noch nie erlebt. „Mir fällt der Abschied auch nicht leicht. Aber der Herr, gepriesen sei er für immer, hat für uns Menschen oft Wege vorbereitet, die nicht immer leicht sind. Oft sind sie steinig und karg."
„Ich weiß. Schaffen wir es heute bis nach Meggido?"
„Ja, mit Sicherheit. Wir kommen schon jetzt gut voran. Allerdings müssen wir uns morgen sehr früh auf den Weg machen, denn die Strecke von Meggido zum Hafen von Caesarea ist ein paar Meilen länger als der Weg heute. Schließlich möchten wir unseren Gastgeber Jimra nicht bis in die Nacht warten lassen. Er ist informiert, dass wir morgen Abend ankommen werden."
„Wie lange bleiben wir in Caesarea?", wollte Esther von ihrem Vater wissen.
„Am Tag nach Sabbat geht es morgens früh auf das Schiff. Wir haben also drei Tage in dieser Hafenstadt. Dort können wir uns daran gewöhnen, wie

ein Leben in einer großen Stadt so ist, bevor wir dann in ungefähr einer Woche in Ephesos ankommen werden."

„Wie groß ist Caesarea?" Esthers Vorfreude war nicht zu übersehen. „Ungefähr 35.000 Menschen wohnen in dieser Stadt. Damit ist sie fast doppelt so groß wie Sepphoris. Und Ephesos ist ungefähr zehn Mal so groß wie Sepphoris."

Samuel hatte mit seiner Familie den Weg über die Via Maris gewählt. In Gedanken aber verfluchte er das Schicksal, das sie nach Caesarea schickte und nicht nach Ptolemais. Dort gab es zwar auch einen Hafen, der sehr viel näher lag und vor allem sehr einfach zu erreichen gewesen wäre. Aber da von Ptolemais kein Schiff nach Ephesos ging, mussten sie den längeren Weg nach Caesarea nehmen. Und die Via Maris, diese so wichtige Handelsroute, die fast Nazareth berührte und durch Meggido und Caesarea bis nach Ägypten führte, bot sich an. Sonst hatte Samuel immer über diese Route geflucht, da sie auch viel Gesindel nach Nazareth brachte, was dort nichts zu suchen hatte. Aber heute war er über den guten Ausbau dieser Handelsroute das erste Mal richtig froh. Schließlich hatten die Römer auf dieser wichtigen Straße ungefähr alle zehn Meilen Rasthäuser gebaut, die ursprünglich ausschließlich den Legionären Roms dienten, heute aber von allen Reisenden benutzt werden konnten.

Nachdem sie das galiläische Hügelland verlassen hatten, durchquerten sie die Jesreel-Ebene, die sich ihnen sehr saftig und fruchtbar präsentierte. Er liebte Galiläa und wusste gleichzeitig, dass er nicht mehr hierhin zurückkehren würde.

Nach einiger Zeit kamen sie durch Meggido, wo sie während der stärksten Hitze unter mehreren Olivenbäumen Schatten und Ruhe finden konnten. Samuel wollte noch an diesem Tag die höchsten Erhebungen der kleinen Gebirgskette südlich des Karmels passieren und sich dann nach einer Raststätte umschauen. Am nächsten Tag wären es dann noch einmal drei bis vier Stunden, bis sie Caesarea erreichen würden.

Dieser erste Tag verlief aus der Sicht von Samuel sehr gut. Nun hatten sie den Punkt erreicht, von wo aus der Weg fast ausschließlich bergab in das Küstengebiet ging. Zum Glück würden sie noch vor Sonnenuntergang die Herberge erreichen. Sehr weit entfernt erkannte er die Umrisse eines Gebäudekomplexes, was sie wohl schon sein musste. Zum Glück waren alle wohlauf, nur Josua hatte den ganzen Tag nicht geredet. Aber mit ihm wollte Samuel sich jetzt nicht belasten. Der Bengel legte oft

Handlungsweisen an den Tag, die er einfach nicht verstand, und auch gar nicht mehr verstehen wollte.

In der Herberge bekamen sie ihre Liegen zugewiesen und einen Platz in der Scheune für ihre Esel und das Maultier. Sie aßen noch etwas Brot und Käse, was sie von zu Hause mitgenommen hatten und legten sich umgehend zu Bett. Ein Gefühl der Sicherheit erfasste Samuel, denn hier waren sie jetzt vor Räubern sicher. Fast augenblicklich fiel Samuels Familie in einen Tiefschlaf. Nur Samuel lag noch wenige Momente wach und dankte Gott, dass er von nun an nichts mehr mit Jesus zu tun haben würde.

Mittlerweile hatte sich Sarah etwas beruhigt. Sie beobachtete ihren Mann, wie er vor ihr herging. Kräftig und entschlossen waren seine Schritte. Mutig ging er der Zukunft entgegen.

Heute Nacht habe ich von Josua geträumt. Ich sah ihn, irgendwo in einer Herberge in einer dunklen kleinen Kammer liegen. Mit dem kleinen Kreuz aus Olivenholz in der Hand, das ich ihm geschnitzt hatte. Ganz fest hatte er es in seine Hand gekrallt. Ich selbst stand auch neben ihm am Bett und konnte ihm beim Schlafen zusehen. Ich war bei ihm, obwohl ich selbst geschlafen hatte. Ihm ging es sehr schlecht. Es scheint mir, dass es für ihn von Tag zu Tag schlimmer wurde, dass er sich nicht von mir verabschieden konnte. Das war für mich sehr schwer, diese Atmosphäre im Raum zu erleben. Aber seit ich von Ägypten und von meinem Lehrer Bakenor weggehen musste, konnte ich im Traum nicht mehr solche Reisen unternehmen, die mich Bakenor gelehrt hatte. Heute Nacht war es wieder soweit. Ich durfte reisen und durch die Lüfte schweben. Das Gefühl, lange Wege in kürzester Zeit zu überbrücken, ist für mich mit das Großartigste, was es gibt. Vater, ich danke dir. Pass auf Josua auf. Bitte beschütze ihn, bis wir zwei Freunde uns in Ephesos wieder sehen werden.

Von Überwachungssystemen und Antigravitationskräften

Tai Shiin hatte gerade seine Schicht im Überwachungsraum beendet und zog sich in seinen persönlichen Bereich zurück. Sein Lieblingsplatz war die Liege, die mitten im Raum stand, von der er einen freien Blick ins

Universum hatte. Die Decke der ganzen Raumstation bestand aus einem harten Glas, das aus einer Art Kohlenstoffverbindung bestand und unzerstörbar war. Er war allein, denn seine Familie war gerade im Mutterschiff unterwegs. Er nutzte die Zeit um die letzten Tage in Nazareth noch einmal gedanklich und gefühlsmäßig an sich vorbeiziehen zu lassen. Er hoffte, dass Josua den Schock, dass er sich bei der Abreise nicht von Jesus verabschieden konnte, gut verkraftete.

Tai Shiin dachte auch an die Gefühle von Jesus, dem es sehr leid tat, Josua nicht noch einmal gesehen zu haben. Jesus kam leichter über die Trennung mit seinem besten Freund hinweg, denn er war in seiner Seele reifer und älter als alle anderen Menschen. Er konnte durch seine Reife besser loslassen. Nach wenigen Tagen würde Jesus ihn zwar nicht vergessen haben, aber nun brauchten die anderen Menschen, mit denen er lebte, seine Aufmerksamkeit und Zuwendung.

Tai Shiin drückte auf einen unsichtbaren Knopf an der Seite seiner Liege und es ertönte eine liebliche Musik. Manchmal hatte Tai Shiin keine Lust, seine Gedanken zu konzentrieren. Dann wählte er die manuelle Art, wie jetzt, die Musik anzustellen. Sie war zwar primitiver, aber manchmal auch einfacher.

Er würde im Raumschiff bei Nazareth bleiben, aber da Josua nun in einiger Entfernung lebte, wurde Tai Shiins Kollege Zyndar Shiin beauftragt, mit seinem Raumschiff über Ephesos zu verweilen. Dies bedeutete für seinen Kollegen, dass er für die nächsten Jahre, vielleicht Jahrzehnte, diesen Standort im griechischen Kleinasien als neues Zuhause zugeteilt bekam. Natürlich fehlte den Santinern in ihren Raumschiffen und mit ihrer erstaunlichen Technik kein Komfort. Sie hatten ihre Familien und Freunde im für sie fremden Sternensystem mit an Bord und konnten ein ähnliches Leben wie auf ihrem Heimatplaneten Metharia führen. Aber sie waren eben nicht auf ihrem Heimatplaneten, sondern in einer mehrere Lichtjahre entfernten Welt.

Mit dem Überwachungssystem an Bord war es den Santinern möglich, jeden Ort auf der Erde anzuzoomen und genau zu betrachten, was dort vor sich ging. In jedes Haus und in jede Höhle konnten sie schauen. Jede Botschaft, die auf einem Stück Papyrus oder auf einer Wachstafel stand und von einem Menschen unter seinem Gewand getragen wurde, konnten sie lesen und entziffern. Somit waren sie über alles informiert, was vor sich ging, denn die Technik zeichnete auch die geheimsten Gedanken der Menschen auf und brachte sie sichtbar auf die Monitore.

Die Santiner hatten die Aufgabe, die Erde und die Vorgänge dort zu verfolgen. Nicht oft, aber doch ab und zu kam es vor, dass sie von Gott den Auftrag bekamen, in gewissen Situationen telepathisch auf ihre Schützlinge oder andere Menschen einzuwirken. Mitunter kam es sogar vor, dass sie energetisch in Situationen eingreifen mussten, um einen Menschen auf seinem Lebensweg vor negativen Angriffen zu schützen. Deshalb war es wichtig, dass sie sich in der Nähe ihrer Schützlinge befanden. Und besonders wichtig war es eben, das Leben von Jesus zu überwachen und zu beschützen, da seine Inkarnation die Zukunft der Erde und des ganzen Universums sowie das von unzähligen inkarnierten und sich noch im geistigen Reich befindlichen Seelen verändern sollte.

Dieses Überwachungssystem hatte jedoch nicht nur die eben genannten Vorzüge, nein, denn mit dieser Technik bekamen sie auch die negativen Taten und Gedanken der Menschen mit. Schon über hundert Santiner, die sich in den vielen Raumschiffen befanden, die um die Erde herum stationiert waren, mussten ihren Dienst am Menschen auf der Erde beenden und auf ihren Heimatplaneten zurückkehren, denn sie konnten die Gräueltaten der Menschen seelisch nicht länger aushalten und verarbeiten. Wie sollte eine reine Santinerseele damit umgehen, wenn sie erfuhr, dass zum Beispiel ein König Herodes den Befehl erteilte, die neugeborenen Kinder töten zu lassen? Wie konnte eine Santinerseele es ertragen, die negativen Wesen hinter diesen Menschen zu sehen, die die egoistischen und machthungrigen Menschen beeinflussen und zu schrecklichen, unmenschlichen und gottverachteten Taten zwangen? Was passierte in einer Santinerseele, wenn sie dies alles beobachten musste, aber nicht eingreifen durfte, da es von göttlicher Seite nicht zugelassen wurde?

Tai Shiin fröstelte, wenn er an all die Abscheulichkeiten dachte, die dieses Überwachungssystem schon an das Tageslicht gebracht hatte. Er selbst konnte mittlerweile mit den Horrorgeschichten auf der Erde umgehen und leben. Nach einigen Jahrzehnten gewöhnte man sich daran. Die Santiner hatten viel in dieser Zeit mit diesem Überwachungssystem erforscht. So gab es kaum zwei Dutzend Hände voll von Menschen, die in ihren Gedanken und Taten ganz rein waren. Weiterhin waren in ländlichen Gebieten nicht soviele negative Gedanken und Taten zu beobachten wie in Großstädten, jedoch waren die Menschen in größeren Städten weltoffener als Menschen auf dem Land. Die Naturvölker auf den diversen Kontinenten hatten starken Kontakt mit dem geistigen Reich, jedoch waren bei diesem Kontakt auch oft negative Wesen und Foppgeister am Werke. Gerade auch die Menschen, die im Gebiet der höchsten Berge auf der Erde

172

wohnten, hatten es leichter, mit lichtvollen Sphären in Kontakt zu treten, da die Energie in hohen Gebirgsregionen sehr viel stärker war als in Großstädten, wo man vor lauter Gestank kaum noch atmen konnte. Nicht von ungefähr war dort das spirituelle Gedankengut noch erhalten geblieben im Gegensatz zu einer Großstadt wie Ephesos. Ja, Zyndar Shiin war nicht zu beneiden, über diese Stadt zu wachen und all die Gräueltaten und Verbrechen täglich betrachten zu müssen.

Vor knapp 1.200 Jahren, zu Zeiten von Mose, war die Rückständigkeit der Menschen noch größer. In dieser Zeit waren die Ethik und die Umgangsformen so zurückgeblieben, dass Tai Shiin oftmals nicht wusste, ob sie es mit Tieren oder mit Menschen zu tun hatten. Wieviele Menschen hatten damals mit Tieren kopuliert? Wieviele Männer hatten sich Dinge einfach so genommen, wozu auch in deren Augen Frauen und Kinder gehört hatten, um sich mit ihnen zu vergnügen! Die Gesetze, die die Santiner damals dem Propheten Mose übergeben hatten, hätten für jedes menschliche Wesen nicht der Rede wert sein müssen, aber für die Erdenbewohner waren diese Gesetze revolutionär. Es waren ursprünglich sieben Hauptgebote und sieben Forderungen gewesen, die von den Santinern dem Propheten Mose in Form einer schwierig zu zerstörenden Metallplatte übergeben wurden.

Tai Shiin erinnerte sich noch gut an diese Zeit, als Mose für vierzig Tage im Raumschiff der Santiner verweilte und von ihnen geschult wurde. Er lächelte und freute sich immer noch über diese einfache aber ehrliche Person. Deshalb war er ausgewählt worden, um die Gesetze zu überbringen, deshalb wurde er heutzutage als Prophet bezeichnet. Mose kannte natürlich kein Raumschiff und hatte das Gefährt für die Heimatstadt Gottes und Ashtar Sheran für Gott, den Herrn, persönlich gehalten, da Ashtar Sheran mit ihm gesprochen hatte. Wie anders hätte er es auch beschreiben sollen!

Wie entsetzlich entstellt waren die jüdischen Schriften! Wie falsch war die Thora! Eine Raumschifflandung, die für die Menschen aufgrund der Antigravitationskraft gefährlich war und deshalb auf einem Berg vonstatten gehen musste, wo die für die Menschen gefährliche Zeit mit der Ausschaltung der Gravitationskräfte mittels einer Sirene angezeigt wurde, war als ein göttliches Donnern und Blitzen gedeutet, das aus einer Wolke gekommen war, woraus Gott mit dem Klang einer Posaune gesprochen hatte.

Aber das folgenschwerste Missverständnis gab es, dass in die Schriften aufgenommen wurde, dass Gott persönlich das Volk von Israel auserwählt und sie in das gelobte Land geführt habe. Natürlich stimmte das nicht. Gott hatte nur den Auftrag gegeben, das jüdische Volk auf ihrem Auszug aus Ägypten zu begleiten und zu beschützen. Das Raumschiff leuchtete ab und zu in allen Farben auf und ließ auch einige Umrisse erkennen, worauf die Menschen damals aber dachten, dass Gottes schwebender Palast ihnen den richtigen Weg wies und sie auserwählte. Die Teilung des Meeres erfolgte dann durch den Einsatz der Antigravitationskräfte des Raumschiffes, oder der Feuersäule, wie es in den Schriften stand. Die Ägypter, die sie verfolgt hatten, gerieten trotz unserer Warnung, ihnen nicht zu folgen, in die Kraft der Antigravitation unseres Raumschiffes und wurden getötet. Aber der folgenschwere und falsch verstandene Gedanke des Auserwähltseins hatte sich durch dieses scheinbare Wunder verstärkt und Generation um Generation bis zum heutigen Tag überlebt.

Einen Fehler hatten die Santiner trotz ihrer größeren Reife gemacht, dachte Tai Shiin. Sie hatten die Intelligenz der irdischen Menschen überschätzt und die Ausmaße der negativen Beeinflussung unterschätzt. Die einfachen Formulierungen waren von den Menschen nicht verstanden worden und wurden auf zehn Gebote gekürzt. „Aus Formulierungen wie ,Schädige keinen Mitmenschen, weder an Leib oder Seele, noch im Ansehen oder an seinen selbst erarbeiteten Gütern' wurde später ein ,Du sollst nicht stehlen' gemacht, was natürlich eine viel zu eingeschränkte Aussage enthielt. Die Santiner hatten den Auftrag, den Menschen mitzuteilen, dass Mord, also eine Seele gewaltvoll von einem Körper zu trennen, nicht gut war, dass sie ihre Eltern ehren sollten und dass sie nicht lügen durften.

Aber das Ergebnis aus Sicht der Santiner war miserabel. Schreckliche Vorgänge, die in den beiden Städten Sodom und Gomorrha ihren Höhepunkt fanden, waren die Folge, und auch im heutigen Griechenland war deutlich sichtbar, dass sich die Menschheit zurückentwickelte, wenn das überhaupt noch möglich war. Kein Wunder, dass Jesus auf diesem Planeten inkarnieren musste, um ihn geistig auf andere Bahnen zu bringen.

Die Gegenwart hatte Tai Shiin wieder. Er dachte nun an den weiteren Lebensweg von Jesus und Josua, die die nächsten Jahre einen sehr unterschiedlichen Weg einschlagen würden. Die nächsten zehn Jahre sollte für Jesus eine geistige Schulung anstehen, die er hauptsächlich in Nazareth und Sepphoris erhalten würde. Außerdem musste er mit Joseph in ganz Galiläa herumreisen, vor allem nach Tiberias und Magdala, da die römische Bauleistung in diesen Jahren sich immer mehr steigern sollte und gute Bauhandwerker wie Joseph dort immer gefragt sein würden. Und außerdem wartete in Magdala eine reine Seele auf Jesus, die für ihn wichtig werden sollte.

Josua hingegen musste den Schock, den er bei der Abreise erlitten hatte, erst verkraften und sich langsam in dieser riesigen Stadt eingewöhnen. Dann war abzuwarten, wie sein Lebensweg verlaufen würde. Dies konnte Tai Shiin zum jetzigen Zeitpunkt noch nicht abschätzen. Zu viele schicksalhafte Möglichkeiten gab es, in welche Richtung ein menschliches Leben laufen konnte, wie die irdische Geschichte ihm zur Genüge schon gezeigt hatte.

Die ruhige Musik wirkte. Tai Shiins Gedanken wurden leichter, langsamer, die Augen wurden immer schwerer, bis er sich in einer Entspannungsphase befand, die den Santinern die größtmögliche Erholung für deren Seelen gab. Santiner schliefen nie.

Ephesos

Erinnerungen und Liebesschmerz

8 n. Chr. unserer üblichen Zeitrechnung
„Mutter, warum hast du uns verlassen?" Ein Schrei hallte hinaus über den ganzen Hafen von Ephesos bis in die weitesten Bereiche des Universums. Ein Schrei der Verzweiflung, der Trauer und der Einsamkeit.

Josua saß, aufgewühlt und verzweifelt wie noch nie in seinem bisher siebzehnjährigen Leben, auf einer Hafenmauer und blickte hinaus aufs Meer. Er nahm einige Handelsschiffe und Frachtkähne wahr, jedoch sah er sie nicht, denn zu groß war der Schmerz vom Verlust seiner Mutter.

Kurz vor dem letzten Vollmond war Sarah, seine Mutter verstorben. Sie war eines Morgens einfach nicht mehr aufgewacht. Eigentlich ein schöner Tod, dachte Josua, aber er war sich auch sicher, dass sie an ihrem gebrochenen Herzen gestorben war. Zu schrecklich war das Leben für sie an der Seite von Samuel gewesen. Nie hatte sie so leben können, wie sie es sich gewünscht hätte. Das hatte er jetzt erkannt. Nie empfing sie die Liebe, wie sie sie gebraucht hätte. Judith und er waren die einzige Kraftquelle, die sie in den letzten Jahren in dieser großen Stadt besaß. Josuas kleine Schwester Judith gab ihr durch ihre unbekümmerte Art ein bisschen Lebensfreude, die aber schon wieder durch die täglichen Sorgen und das Zusammensein mit Samuel am Ende des Tages aufgezehrt war. Josuas ältere Schwester Esther, die Tochter von Samuel aus erster Ehe, war Sarah immer ein bisschen fremd geblieben, obwohl sie sie mochte. Sie hatten zwar keine größeren Probleme, aber ihr Kontakt war nicht so herzlich wie zu Judith oder zu ihm.

Josua fühlte, wie sich kalte Schuld an seinem Rücken den Weg nach oben suchte und sich in seinem Nacken festkrampfte. Er wusste, dass er selbst durch seine Probleme mit Samuel insgeheim die Ursache war, dass seine Mutter an gebrochenem Herzen gestorben war. Hier am Hafen wurde ihm dies wieder schmerzlich bewusst. Der Schrei nach seiner Mutter war mittlerweile ein Schrei nach Gott, von dem er sich immer mehr im Stich gelassen fühlte. Seine Mutter konnte es die letzten Jahre einfach nicht mehr ertragen, mit was für einer Kälte Samuel sein Leben lebte und mit ihr umging. Geschlagen hatte er Sarah nicht mehr, das wusste Josua. Aber er hatte es zugelassen, dass ihr Herz erkaltete und nicht mehr weiter schlagen konnte. Er war schuldig. Er hasste seinen Vater.

Auch an Josua hatte Samuel keine Hand mehr gelegt, seit sie Nazareth verlassen hatten, aber nur deshalb, weil Josua sich in seine eigene Welt zurückgezogen hatte und die Arbeit, die er von seinem Vater übertragen bekam, fast bis zur Perfektion ausübte. Streitereien gab es immer weniger. Und wenn es doch mal welche gab, dann hatte Samuel einen Grund für diese gesucht. Josua flüchtete in seine Schreibübungen, die schon bald solch eine Qualität zeigten, dass es sich in der jüdischen Gemeinde herumsprach, dass der Sohn des Rabbis wunderschöne und genaue Abschriften der Thora erstellte. Dies zog noch mehr Arbeit nach sich, sodass Josua mit dem Kopieren der Thorarollen sogar für Gemeinden der umliegenden Städte den größten Teil seiner Zeit verbrachte. Nebenbei lernte er während diverser Botengänge sehr schnell die griechische Sprache, bekam auch die wichtigsten römischen Ausdrücke und Floskeln mit. Seine größte Stärke, das wusste er mittlerweile, war das aufmerksame Zuhören und Betrachten von Menschen und Situationen, so wie es einst Jesus ihm vorgelebt hatte. Dadurch hatte er sich eine gute Auffassungsgabe angeeignet, die sogar dazu führte, dass er sich in kurzer Zeit neue Worte aus den fremden Sprachen einprägen konnte.

Aber an diesem Morgen zweifelte er an allem. Er musste feststellen, dass er mit dem Tod seiner Mutter einen Halt in seinem Leben verloren hatte. Der einzige Halt, den er jetzt noch hatte, waren seine Schreibtätigkeiten. Hier wusste er, dass er gute Arbeit leistete und keiner ihm etwas vormachen konnte. Dadurch bekam er Lob und auch teilweise Bewunderung zugetragen, was ihn sehr erfreute. Esther hatte kurz vor dem unerwarteten Tod ihrer Stiefmutter geheiratet und war in das Haus von Bohan in die östliche Oberstadt gezogen. Bohan war ein recht vermögender Kaufmann, der mit feiner Seide aus Chang'an im fernen Osten handelte. Nach dem Tod von Sarah holte sie Judith zu sich, da sie den beiden Männern nicht die Erziehung ihrer Schwester überlassen wollte. „Samuel ist nur für seine Gemeinde da und dich sieht man nicht aus deiner Schreibstube herauskommen", hatte sie ihm an dem Tag gesagt, als sie Judith abgeholt hatte. Er hatte für die Entscheidung seiner Stiefschwester Verständnis, obwohl seine kleine Schwester mit ihrer Leichtigkeit eine stete Kraftquelle für ihn gewesen war, die nun ebenfalls versiegt war. Zu selten hatte er sie in den letzten Tagen sehen können, da seine bisherige Arbeit es ihm nicht immer ermöglicht hatte, sie zu besuchen.

Seit zehn Jahren wohnte Josua nun schon in diesem recht stattlichen Haus, das für das Haus eines Rabbis großen Komfort aufwies, obwohl es im eher ärmlichen Hafenviertel etwas oberhalb des Theaters am Hang des östlichen Stadtberges von Ephesos lag. Und den knapp viertelstündigen Weg in die reiche östliche Oberstadt, wo nun auch Judith lebte, wollte er nicht immer auf sich nehmen.

Josua ließ seinen Blick über den Hafen von Ephesos schweifen. Jetzt, nach knapp zwei Stunden an seinem Lieblingsplatz am Kai, ging es ihm schon wieder besser. Früher hatte er einen anderen Lieblingsplatz gehabt. Es war am Horologion gewesen, dieser mit Wasser betriebenen Uhr in Form eines Rundtempels. Das Horologion zeigte den Stand der Planeten bei ihrem Durchlauf durch die Tierkreiszeichen an. Außerdem gab es eine auf- und absteigende Figur, die die Zeit anzeigte. Es war faszinierend, diese Figur zu betrachten und sich in der Verspieltheit dieser Uhr zu verlieren. Dort hatte Josua oft gesessen, aber dieser Platz war immer so hektisch betriebsam, schließlich stand er auf dem Staatsmarkt, und dort spielte sich die Politik ab. Da gefiel es ihm hier am Kai wesentlich besser.
Er fühlte das Kreuz in seiner linken Hand, das Jesus für ihn geschnitzt hatte. Dieses Kreuz mit seinen Erinnerungen war für ihn unverzichtbar geworden. Überall, wo er hinging, nahm er das Kreuz mit sich. Ohne das Kreuz konnte er nicht mehr leben. Aber das Kreuz ließ ihn auch manchmal trauern. Es erinnerte ihn immer an seine Schuldgefühle, die er hatte, da er sich nicht von Jesus hatte verabschieden können. Dieses Gefühl, seinem besten Freund nicht zum Abschied in die Augen geschaut und ihm nicht ‚Lebewohl und pass auf dich auf' gesagt zu haben, bedrückte ihn immer noch ein bisschen, aber die Erinnerung an Jesus war verblasst. Verblasst, aber nicht erloschen.

∞

„Unfassbar, was für eine Stadt! Arimachos, schau dir dieses Theater an!" Dieser staunende Ausruf eines griechischen Neuankömmlings ließ Josua aus seinen Gedanken wieder in die Gegenwart zurückkommen. „Arimachos, hast du schon einmal solche Bauwerke gesehen?" „Ja, in Alexandria. Aber du hast Recht, diese Bauwerke sind auch erstaunlich. Hilf mir lieber erst mal mit dem Gepäck!" Josua musste lächeln, denn ihm war es genauso gegangen, als er zum ersten Mal vor dem Theater stand. Genau hier an diesem Platz fing er bei

179

der Ankunft in Ephesos wieder an zu sprechen, da er seine Gefühle nicht mehr länger hatte unterdrücken können. Zu großartig war der Anblick dieser Prachtbauten gewesen. Seiner Mutter war damals das Theater ganz egal, sie freute sich viel mehr über ihren wieder sprechenden Sohn. Ja, dieser Platz vor dem Theater war erstaunlich, wobei damals der Hafen noch näher am Theater lag als heute. Mit jedem Jahr musste Josua feststellen, dass das Wasser des Hafens um einige Klafter zurück wich. Der Hafen versandete extrem schnell. Vor zehn Jahren lag der Hafen noch ungefähr eine Achtelmeile vom Theater entfernt, heute schon doppelt so viel. Darum wurde auch die Straße jährlich verlängert. Leider hatten die Römer die Straße nicht sehr vorausschauend angelegt, denn durch die starke Benutzung gab es schon heute viele Schlaglöcher. Josua hatte einmal gehört, dass in naher Zukunft das ganze Hafengebiet neu bebaut und auch der Hafen vom Versanden abgeschützt werden sollte.

Josua würde nie die ersten Tage in Ephesos vergessen, denn alles war damals neu für ihn gewesen. Seine Neugierde war sehr groß, bis sein Vater ihn vom Entdecken der neuen Welt wieder abhielt. Aber das war eine andere Geschichte. Wie hatte er damals die neuen Eindrücke in sich aufgesaugt. Wie viele neue Gerüche hatte er damals gerochen, die er noch nicht kannte. Wie viele Menschen hatte er an einem Platz gesehen, und mit so unterschiedlichen Hautfarben und Sprachen! Allein der Weg vom Schiff zu ihrem neuen Zuhause war für Josua eine reine Entdeckungsreise gewesen. Durch unzählige Straßen und Gassen waren sie gegangen, bis sie es erreichten. Zuerst kamen sie durch das ärmliche Hafenviertel, wo die meisten Häuser mehrgeschossig waren. Josua zählte bis zu drei Stockwerke. Nach einer Weile wurden die Straßen steiler, und schon nach wenigen Metern – die Gegend sah dann nicht mehr so arm aus – waren sie am Ziel. Das zweigeschossige Steinhaus, das sie nun bezogen, bestand aus mehreren Zimmern, einem Stall und einem großen Raum, der Synagoge. Inmitten der Gebäude lag ein schöner geräumiger Hof, der von einigen Büschen und von einem Lorbeerbaum geschmückt wurde. Das Haus lag am Berghang hinter dem Theater. Es war für ephesische Verhältnisse eine gute Wohngegend und Josua hatte aus seiner Schreibstube einen wunderbaren Blick über den Hafen.

Josua wurde bewusst, dass er jetzt schon zehn Jahre in Ephesos lebte und doch hatte er bisher in dieser Stadt kaum was gesehen. Er hatte kaum Freunde, und er kannte nur einige wenige Straßen der Stadt. Und das auch nur aufgrund seiner Botengänge. Josua war unzufrieden. Vor allem die väterliche Gefühlskälte und die ewigen Streitereien nervten ihn ohne Ende.

Was für eine Oase der Harmonie seine Mutter für ihn gewesen war! Zu selten hatte er ihr gesagt, wie sehr er sie liebte. Auf der Schiffsreise von Caesarea über Antiochia in Syrien, Tarsus in Zilizien, Perge in Pamphylien und Myra in Lycien, hatte er wie seine Schwestern viel Halt bei ihr gesucht, da Samuel sehr gereizt gewesen war und sich sehr unwirsch verhalten hatte. Sie waren ihm auf dieser fünftägigen Reise aus dem Weg gegangen. Es war eine schwierige Reise gewesen, da der Kapitän des Schiffes zwar die sicherere Route an der Küste entlang gewählt hatte – man hörte viel über Piraten, die das große Meer ausräuberten –, dafür hatte sie aber auch zwei Tage länger als die direktere Route über Zypern und Rhodos gedauert. Aber das war Vergangenheit.

Nun musste er aber ganz allein mit Samuel zurechtkommen. Wenn er daran dachte, dass er gleich wieder nach Hause musste, dann überkamen ihn diese niederdrückenden Gefühle. Er fragte sich, wie sein Leben weitergehen sollte. Hatte Gott sich dieses Leben für ihn wirklich ausgedacht? Was hatte Josua verbrochen, dass er sein Leben alleine an der Seite dieses Tyrans, der sich sein Vater nannte und zudem noch Rabbi war, verbringen musste?

∞

„Wo warst du so lange?" Samuel schrie wie ein Berserker. „Antworte mir endlich! Was hast du die letzten drei Stunden gemacht?"

„Ich saß am Hafen und habe Menschen beobachtet." Josua blieb nach außen ganz ruhig, innerlich bebte er vor Wut, die mittlerweile einen größeren Raum eingenommen hatte als seine Angst vor Samuel, aber auch vor der Angst, dass er seinen Vater schlagen könnte.

„Du warst am Hafen und hast Menschen beobachtet, während hier die Arbeit auf dich wartet? Was meinst du denn, wer du bist?"

„Ich bin dein Sohn und brauche auch einmal eine Zeit der Ruhe."

„Ja, du bist mein Sohn, wenn du aber diesen Schlendrian an den Tag legst, dann ändert sich das bald. Hast du mich verstanden?"

„Was meinst du damit?" Josua konnte sich zwar denken, was Samuel damit meinte, aber er wollte noch etwas Zeit gewinnen, um in Ruhe über seine Antwort nachzudenken.

„Dass du dir – der Herr sei dir gnädig – eine andere Bleibe suchen kannst, denn in meinem Haus herrscht Disziplin. Ich möchte, dass du heute diese drei Stunden nachholst. Hast du mich verstanden?"

„Ja."

„Etwas lauter bitte. Ich konnte dich nicht hören."

„Ja, mache ich."

„Gut, denn ich gebe kein Vermögen für die Papyrusblätter aus, damit sie hier verstauben und vergammeln." Samuel drehte sich um und spazierte in Richtung Synagoge.

Josua ging in die Schreibstube und fühlte eine absolute Leere in sich. Seitdem Samuel zum zweiten Mal seine Frau verloren hatte, war er nur noch genervt und aggressiv. Es fehlte ganz eindeutig eine Frau in diesem Haus. Er hatte versucht, dies seinem Vater auf liebevolle Art und Weise mitzuteilen, aber Samuel wollte davon nichts hören. Der Rabbi kümmerte sich um seine Schüler und Josua musste neben dem Kopieren der Thora noch den Haushalt führen. Eines wusste er, so konnte es nicht weitergehen. Heute musste er noch ein paar Stunden schreiben, und morgen musste er sich überlegen, wie sein Leben weitergehen sollte.

Außerdem hatte er im Moment noch ein ganz anderes Problem. Er wachte in letzter Zeit öfters auf und stellte fest, dass sein Ding da unten, dieser Stengel oder wie man das auch immer nannte, vorübergehend so groß geworden war, dass sein Gewand richtig ausbeulte. Und letzte Nacht war sogar die Bettdecke nass und klebrig. Hatte Gott ihn gestraft? War er wirklich ungehörig Gott und seinem Vater gegenüber? Hatte Gott ihn mit einer Krankheit heimgesucht? Denn das Klebrige, so schien es ihm, konnte ja nicht gut sein.

Im Verlauf der letzten Jahre hatte Josua neun Mal die Thora kopiert. Eine riesige Arbeit. Man durfte nicht vergessen, dass eine Thorarolle aus ungefähr achtzehn Klaftern Papyrus bestand. Es wurden somit über hundert Papyrusblätter, die ungefähr eine Spanne breit waren, aneinander geklebt oder genäht, wobei die genähten eine längere Haltbarkeit besaßen. Die Qualität seiner Schreibfähigkeit und der zusammengenähten Rollen waren schon in der ganzen Stadt bekannt, denn trotz der großen Einwohnerzahl waren Schreiberlinge in Ephesos rar gesät. Josua kopierte sogar schon Thorarollen für die jüdischen Gemeinden in Milet und Didyma. Die Herstellung von Papyruseinzelblättern war das Vorrecht der Ägypter, die in den Sumpfgebieten des Nildeltas lebten. Es waren am Anfang enorme finanzielle Ausgaben erforderlich, die der Rabbi leisten musste, um gute Papyrusblätter zu kaufen. Aber die Ergebnisse von Josuas Arbeit holten diese Ausgaben um ein Vielfaches wieder herein.

Josua schaute aus seinem Fenster über die Bucht von Ephesos. Seine Gedanken liefen um die Wette. Als er zwölf Jahre alt geworden war, durfte er seine erste Thorarolle schreiben, erinnerte er sich. Das war ein großer Tag für ihn, da er tief in sich fühlte, dass dies eine heilige Arbeit war. Auch wenn er im Moment keine Ahnung davon hatte, wie sein Leben weitergehen sollte, war er sich doch über seine Fähigkeiten im Klaren. Schreiben konnten schließlich nicht sehr viele Menschen, eine Arbeit würde er immer bekommen. Er wusste um seine hohe Konzentrationsfähigkeit und um seinen guten Strich, die hebräischen Zeichen anmutig und leserlich auf das Papyrus zu bringen. Sogar Samuel war oftmals erstaunt gewesen, wie sehr er sich entwickelt hatte. Aber ein anerkennendes Wort hatte Samuel ihm nie geschenkt.

Die ganze schriftliche Korrespondenz, die für den Rabbi in solch einer großen Stadt anfiel, hatte Josua mittlerweile auch zu erledigen. Einerseits war das für Josua eine Abwechslung, andererseits war ihm die Zeit zu kostbar, um triviale Schreiben zu verfassen, wie zum Beispiel die Bestellungen von Lebensmitteln, Papyrus, Holzkohle und Pflanzenharz. Die beiden letztgenannten Zutaten waren notwendig, um sie gemeinsam mit Ruß in Wasser zu verdünnen, denn aus diesem Gemisch entstand Tinte, die dann anschließend in Tonkrügen aufbewahrt wurde. Für die Herstellung war früher Esther zuständig gewesen, aber diese Aufgabe blieb wohl auch, wie alles andere, von nun an an Josua hängen. In jeder Woche fielen einige Schreiben an, die dann Boten übergeben werden mussten, um diese an den Empfänger weiterzuleiten.

Aber der Weg zu seinen Schreibkünsten war reinste Maloche gewesen, sie war bis zur totalen Erschöpfung gegangen. Viele bekamen Gaben von Gott, dem Herrn, geschenkt. Josua aber musste sich seine Fähigkeiten hart erarbeiten, sehr hart. Aber durch die Disziplin, die er bisher an den Tag gelegt hatte, baute er seine Fähigkeiten immer weiter aus, die mittlerweile zu einer solchen Gabe gewachsen waren.

Zum Glück war Josuas Schreibstube sehr hell, deshalb brauchte er am hellichten Tag keine Öllampe anzuzünden. Sein Tisch stand direkt am Fenster und so konnten sich auch mal zwischendurch seine Augen ausruhen, wenn sie, wie eben, über den Horizont glitten. Aber jetzt musste er weiterschreiben, sonst würde er nicht fertig werden.

Josua legte das Holzkreuz von Jesus auf den Tisch, nahm ein gespitztes Schilfrohr und tauchte es in sein Tintenglas. Auf das Glas war er besonders stolz. Seine Mutter hatte es kurz vor ihrem Tod auf dem Markt von einem Händler gekauft. Glas war in Ephesos der letzte Schrei und es war für ihn sehr praktisch. Außerdem war es die einzige sichtbare Erinnerung an seine Mutter. Die Thorarolle, an der er gerade schrieb, war für den Ort Magnesia bestimmt, und zum Glück war sie schon so gut wie fertig, denn im Moment war seine Motivation auf dem Nullpunkt. Aber trotz fehlender Freude konnte er diese frustrierenden Gefühle beim Schreiben gut vergessen. Wenn er schrieb, lebte er wie in einer anderen Welt. An diesem Tag schrieb er ohne Pause, bis er die Rolle am frühen Abend beendet hatte. Er legte sie, nachdem sie trocken war, seinem Vater auf den Arbeitstisch, schrieb seinem Vater eine kurze Mitteilung auf eine Wachstafel, dass er fünf Stunden geschrieben hatte und heute Abend einen Spaziergang machen wollte. Dann ging er aus dem Haus.

Über zehn Jahre lebe ich nun in Nazareth. Meine Ausbildung zum Bauhandwerker macht sehr viel Freude. Ich liebe es, mit den Händen etwas zu erschaffen. Und es ist für mich sehr befriedigend, in ganz Galiläa herumzureisen und meine Tätigkeiten auch an anderen Orten auszuüben. Von allen anderen Orten hat mich Magdala, wo wir vor wenigen Tagen waren, am meisten beeindruckt. Es war so, als ob sich dort meine Seele geborgen fühlte. Ich weiß auch nicht warum.
Heute beim Morgenmahl sprach Joseph mit mir über ein für ihn sichtlich wichtiges Thema. Er möchte mich mit Rahel verheiraten. Ich habe ihm nur gesagt, dass ich das nicht möchte. Er wurde daraufhin zwar wütend, sprach mich aber bis heute Abend nicht mehr darauf an.
Ich weiß, dass ich so langsam in das heiratsfähige Alter komme, aber genauso weiß ich auch, dass es, wenn ich in diesem Leben überhaupt heiraten werde, keine Frau aus Nazareth sein wird. Schon gar nicht Rahel. Irgendwann würde ich dieses Dorf verlassen müssen und dann würde ich Rahel das Herz brechen. Rahel ist mittlerweile wirklich das schönste Mädchen des Dorfes und ich hoffe, dass sie einmal einen wunderbaren Mann bekommt, der ihre liebliche Seele respektiert und achtet.
Nach den Regungen in meinen Lenden würde sich wohl ein Teil in mir, wenn ich an Rahel denke, auch darüber freuen, mit ihr das Lager zu teilen, aber es wäre nicht richtig und wäre nicht in Gottes Plan. Vater, bitte hilf mir, aus dieser Geschichte, die nur von Joseph ausgeht, gut herauszukommen. Aber wie soll ich Joseph von der Wahrheit überzeugen? Wie soll ich ihm mitteilen, dass ich nachts Visionen habe und bald in ein Gefährt einsteigen werde, das mich zum großen und heiligen Geschlecht bringen wird?
Seltsamerweise muss ich die letzten Tage sehr intensiv an Josua denken. Wie geht es ihm wohl im fernen Griechenland? Ist er mittlerweile fröhlicher geworden? Schade, dass er weggezogen ist! Ich könnte neben

meiner Arbeit immer noch einen besten Freund gebrauchen, denn hier in Nazareth liegt die Anzahl der Jungen, denen ich nahe stehen könnte, nahezu bei Null. Aber es ist wie es ist, Vater, nicht wahr?

∞

Samuel verließ recht vergnügt das Haus eines erst kürzlich zugezogenen jüdischen Kaufmanns am oberen Rand der östlichen Oberstadt. Er hatte ein sehr aufbauendes Gespräch mit ihm geführt. Samuel hatte ihm alles erzählt, was er über die Gebräuche in Ephesos so wissen musste und hatte eher nebenbei – aber ganz bewusst – erwähnt, dass die Synagoge in einem etwas baufälligen Zustand war. Der Kaufmann sicherte dann wie gehofft seine finanzielle Unterstützung zu. Er hinterließ einen sehr soliden und vertrauenserweckenden Eindruck, zumal er in der Villengegend von Ephesos wohnte.

Der Rabbi trällerte die Melodie einer Hymne. Schließlich erreichte er den Prozessionsweg, die Hauptstraße sozusagen. Der Weg, der vom Artemis-Tempel ausging, zog sich durch die ganze Stadt, und endete wieder an der Meeresseite des Tempels. Er bog links ab und passierte den Staatsmarkt und das Bouleuterion, den Ort, wo die wichtigsten politischen Entscheidungen getroffen wurden. Dann passierte er das Heraklestor, wo der Weg einen Knick machte und Samuel direkt Richtung Hafen lief. Vor dem Hafen entstand gerade die Agora, der Handelsmarkt, dessen Bau sich schon seit zwei Jahren hinzog. Die Römer bauten zwar prachtvoll, das musste er mittlerweile neidlos anerkennen, aber sie waren nicht die schnellsten. Nächsten Monat aber sollte der große Platz eingeweiht werden, schließlich brauchte eine Stadt wie Ephesos einen Markt, wo viele Geschäfte Platz fanden. Nach einer Weile bog er rechts Richtung Theater ab, passierte diesen spektakulären Bau, der über 20.000 Menschen fasste, was etwas weniger als einem Zehntel der Einwohner von Ephesos entsprach. Nach einer Weile bog er wiederum rechts ab und ging den Berg hinauf, wo er nach wenigen Momenten sein Haus erreichte. Ephesos war von zwei Bergen umgeben, die der Stadt eine gewisse Romantik verliehen. Der größere Berg beschützte die Stadt von Süden und Südwesten her, das Meer vom Westen und vom Norden, und der zweite Berg, der eher einem großen Hügel glich, an dessen Hang auch Samuel zu Hause war, gab der Stadt von Osten die nötige Sicherheit und Geborgenheit. Ephesos war eine schöne Stadt, aber eine lasterhafte.

Der Rabbi trat durch das Eingangstor, durchschritt den Hof und ließ sich erschöpft, aber glücklich in seine weiche Liege fallen. Ja, es hatte sich eine Menge geändert, seitdem er Rabbi in Ephesos war. Es herrschte wieder mehr Zucht und Ordnung. Allerdings beschränkte sich die Anzahl der Gläubigen in der großen Gemeinde auf knapp zwei Hundert, die regelmäßig die Synagoge besuchten und die jüdischen Gebräuche und Riten ausführten. Einfach zu wenig, das musste er sich eingestehen. Zweihundert in diesem großen jüdischen Stadtviertel waren nicht viel, aber von seinen anfänglich hohen Erwartungen war er abgekommen. Dem Herrn sei gedankt, er lebe ewig, betete Samuel kurz. Jetzt war er stolz, dass diese Menschen bei ihm den Halt fanden, den sie brauchten, um ihre Religion den Schriften nach ausüben zu können. Sein Vorgänger hatte seine Gemeinde schändlich im Stich gelassen. Er hatte sich mit allen Lastern dieser Stadt eingelassen und hatte einen Irrweg eingeschlagen. Samuel mochte einfach nicht daran denken, wie viele Huren in diesem Haus ihre Arbeit verrichtet hatten. Manche sogar über Nacht, hatte man damals gemunkelt. Samuel holte seinen Nachttopf unter seinem Bett hervor und spuckte verächtlich hinein.

Aber er selbst, Samuel, war nun mal aus einem anderen Holz geschnitzt. Und mit jedem Monat fanden wieder ein paar mehr Gläubige den Weg in seine Synagoge, die von der Größe sehr beachtlich war und, wenn es so weiter ging, aus allen Nähten platzen würde. Sie musste dringend renoviert und vielleicht sogar erweitert werden. Die Gottesdienste fanden in der Synagoge statt, und wenn an den besonderen jüdischen Feiertagen der Platz nicht mehr ausreichte, wurde der große Hof noch hinzugezogen.

Samuel lächelte, während er seine Gedanken laufen ließ und dabei aus dem Fenster in den Himmel hinausstarrte. Zwei Jahre, nachdem sie nach Ephesos gezogen waren, war Bealja aus Jerusalem bei ihnen hier in Ephesos vorbeigekommen, um sich ein Bild von der neuen Gemeinde zu machen und von den Änderungen, die sich notwendigerweise ergeben hatten. Er hatte sich in der Gemeinde umgehört und war nur auf Lob gestoßen. Das war ein wichtiger Besuch gewesen, denn seitdem war sein Name, Samuel, der Rabbi von Ephesos, ein bekannter Name in Jerusalem. Und mit jeder Botschaft, die er durch einen Kurier nach Jerusalem schickte, wurde der Name Samuel noch bekannter. Wer in dieser lasterhaften Stadt ein wenig Ordnung in die Gemeinde brachte, der musste gut sein. Ja, er machte eine gute Arbeit. Ja, er könnte rundum zufrieden sein, wenn da nicht sein Sohn wäre. Heute Abend schien er noch bei der Arbeit zu sein, denn es war sehr ruhig im Haus. Wenigstens das.

Samuel ließ seinen Blick im Raum umherschweifen, bis ihm auf seinem Tisch die Thorarolle auffiel. Er stand auf, um sie zu begutachten und sah daneben eine Wachstafel liegen, auf der folgendes geschrieben stand: „Vater, heute habe ich fünf Stunden geschrieben und die Rolle für den Rabbi von Magnesia beendet. Ich hoffe, sie ist so genehm. Ich muss meine Augen sich etwas erholen lassen und mache einen Spaziergang am Meer entlang. Dein Sohn Josua."

Samuel blieb die Luft weg. Was machte sein Sohn heute Abend noch draußen am Meer? Es war fast schon dunkel und dieser Bengel trieb sich allein in der Stadt herum? Suchen würde nichts bringen, zu viele Menschen waren um diese Tageszeit noch unterwegs. Was war nur mit Josua los? Seit dem Tod von Sarah wurde er aufmüpfig. Ja, er konnte verstehen, dass ein Kind seine Mutter vermisste, aber Josua war jetzt schon siebzehn Jahre alt. Er war erwachsen und hatte gefälligst seine Arbeit zu tun. Samuels Stimmung schlug wieder um. Von Freude über Wut bis hin zur Sehnsucht. „Ach Sarah, mit dir war alles leichter", hörte er sich selbst sagen. Ja, er musste zugeben, dass sie der gute Geist im Hause des Rabbis gewesen war: eine arbeitsame Frau, eine sehr treue Seele und ihm in jeglicher Art und Weise gefügig. Aber sein Sohn? Samuel hatte auf einmal das Gefühl, dass ihm sein Sohn entglitt. Hatte er noch einen Einfluss auf ihn? Das musste er unbedingt herausfinden. Er musste mit ihm sprechen! Hier im Haus herrschte Zucht und Ordnung! Schöne Worte, Zucht und Ordnung. Der Gott Israels musste ja irgendwo in dieser sündigen Stadt noch Einzug halten können. Schließlich musste sich der Herr ja noch auf seinen Vertreter verlassen können. Der Rabbi hatte eine Menge damit zu tun, seine Gedanken wieder zur Ruhe zu bringen, denn es wartete noch ein Termin auf ihn. Es sollte sich gleich ein Mädchen als Haushälterin bei ihm vorstellen. Ein jüdisches Mädchen, und eine Haushälterin, keine Sklavin. Diese griechische und römische Marotte, Sklaven zu beschäftigen, verabscheute er. Die Sklaverei war Samuel mittlerweile der größte Dorn im Auge. Die heidnische Welt in Ephesos würde zusammenbrechen, wenn es keine Sklaverei mehr gäbe. Manche Häuser hatten viermal soviel Sklaven wie Familienangehörige. Auf den Straßen sah man mehr Sklaven als Römer und Griechen. Auch Gemeindemitglieder versuchten ihn zu überzeugen, dass er seine radikalen Einstellung zur Sklaverei ändern sollte. Schließlich könnten Sklaven ihm viel Arbeit abnehmen, gerade nachdem seine Frau gestorben war. Er und Sklaven im Hause Gottes beschäftigen? Das konnte nicht sein! Unfassbar, dass jüdische Gemeindemitglieder so etwas ihm, dem Rabbi, überhaupt vorschlagen konnten! Aber er brauchte wirklich eine Frau im Hause. Sogar dringend. Nachdem seine älteste Tochter ausgezogen war und die kleine Judith mitgenommen hatte, ging hier einiges drunter und drüber. Schon nach kurzer Zeit, nachdem er seinen Wunsch einigen Gemeindemitgliedern mitgeteilt hatte, kamen diverse Angebote von Eltern, die ihre Tochter an den Rabbi abgeben wollten. Schließlich war es für viele jüdische Eltern immer noch eine Ehre, für einen Rabbi arbeiten zu dürfen. Und dann auch noch für so einen pflichtbewussten. Aber jetzt musste Samuel sich noch etwas ausruhen. Ja, die vielen Gedanken erschöpften ihn.

∞

Josua genoss die Abendsonne. Er liebte die Stadt, wenn der Abend über sie hereinbrach. Aber er liebte vor allem den Sonnenuntergang über dem Meer. Wie selten hatte er in den letzten Jahren das Meer gesehen, obwohl es nur ein paar Schritte entfernt war. Er schlenderte ein wenig auf dem Prozessionsweg entlang und entschied sich heute ganz spontan, nachdem er das Stadion hinter sich gelassen hatte, den Weg in Richtung des Artemis-Heiligtums zu nehmen. Diesen Weg beschritten nie viele Menschen, denn es war ihnen ein zu großer Umweg. Schließlich gab es so viele Tempel, wo man den unterschiedlichsten Göttern huldigen konnte, da musste man sich nicht den Weg von über einer Meile machen, um das Artemision zu besuchen. Und tagsüber nahmen die meisten Touristen und Schaulustigen, von denen es nicht wenige gab, den anderen Weg durch das Magnesische Tor zu dem Heiligtum, der teilweise sogar überdacht war.
Was für ein Abend! Ein wolkenloser Himmel mit dem Hauch eines rötlichen Schimmers, der darauf hindeutete, dass es bald einen wunderschönen Sonnenuntergang geben würde. Josua ging weiter den Prozessionsweg, der um den kleinen Berg herum führte. Nun gab es zwei Möglichkeiten: Sollte er vollends um den Berg herum gehen? Dann würde er allerdings den schönen Sonnenuntergang verpassen, denn bis er von der anderen Seite in die Stadt kam, war es dunkel. Oder sollte er in Richtung Artemis-Tempel gehen, um von dort wieder freie Sicht über das Meer zu haben? Er entschied sich für die zweite Möglichkeit und erhöhte ohne zu überlegen sein Tempo. Das Gebiet um den Artemis-Tempel war für einen richtigen Juden eine absolut verbotene Zone. Und für den Sohn des Rabbis erst recht. Wenn sein Vater ihn hier beim heidnischsten aller ephesischen Tempel sehen würde, dann …

Weiter kam Josua in seinen Gedanken nicht, denn er sah auf einmal vor sich an einer Quelle, die vor dem Tempel sprudelte, eine anmutige Gestalt, zwei Wasserbehälter füllend. Er erkannte in ihr eine junge Priesterin des Tempels.

„Darf ich dir helfen?", fragte er sie, ohne groß zu überlegen. Josua war selbst erstaunt darüber, denn normalerweise war er eher etwas schüchtern. Er sah, wie die Priesterin erschrak.

„Was führt dich hierher, um diese Uhrzeit?"

„Ich möchte dem Sonnenuntergang folgen und meine Augen daran erfreuen." Langsam trat Josua ein paar Schritte auf sie zu, um ihr die Behälter, die nun beide aufgefüllt waren, abzunehmen. „Lass mich diese tragen. Wenn schon einmal ein Mann um diese Zeit hier vorbei kommt, kann er dir ja auch die Last abnehmen."

Stumm schauten sie sich lange und tief in die Augen. Josua wurde unruhig, denn solch eine Reinheit und Klarheit hatte er bei einer Frau noch nie gesehen. Sie hatte lange braune Haare und ihr fein geschnittenes Gesicht glich dem einer Göttin. Auch unter ihrem strahlend weißen Gewand konnte man erkennen, dass ihr Körper schlank und wohl geformt war.

„Mein Name ist Josua. Wie heißt du?"

„Diana." Auch die Priesterin schien sprachlos.

„Wo soll ich das Wasser hinbringen, Diana?"

„Unten an den Rand des Tempels, bitte." Eine Pause erfüllte beide mit Verlegenheit.

„Hättest du vielleicht etwas Zeit, um mit mir den Sonnenuntergang anzuschauen?", fragte Josua sie zögerlich. „Du kennst doch hier bestimmt den besten Platz dafür."

„Eigentlich ist mir so etwas verboten."

„Was ist dir verboten? Einen Sonnenuntergang anzuschauen?"

„Nein, mit, äh, mich mit Fremden zu unterhalten."

„Bitte." Josua sah sie flehend an, während er vor ihr auf die Knie ging. Diana schien überrumpelt, lächelte aber. „Ja, aber nur, weil du dich nicht auskennst. Erst muss ich jedoch das Wasser hineinbringen. Ich bin gleich wieder bei dir. Warte hier unten." Diana ging die Stufen hinauf und war zwischen den riesigen Säulen des Tempels verschwunden.

Josua betrachtete erstaunt den prächtigen Tempel. Gegen ihn waren die meisten Tempel in der Stadt kleine Hütten. So lange lebte er jetzt schon in Ephesos, aber nie war er dem Tempel so nahe gekommen. Er hatte ihn immer nur von weitem gesehen, deshalb wohl war er ihm jedes Mal kleiner vorgekommen. Der Tempel war ja riesig! Seine Schreibarbeit hatte ihn, wie er jetzt erkannte, sehr eingeschränkt und ihm vieles vorenthalten.

An der schmalen Seite des Tempels sah er acht nebeneinander stehende Säulen und hinter diesen nochmal so viele. An der langen Seite zählte er zwanzig Säulen, die ebenfalls in einer Doppelreihe standen. Nach seiner Schätzung musste der Tempel ungefähr 400 Fuß mal 220 Fuß messen. Die Höhe der Säulen schätzte Josua auf ungefähr sechzig Fuß. Das ganze Bauwerk war ein Wunder, wenn man überlegt, dass der riesige Tempel auf einem sumpfigen Gelände gebaut worden war, wie ihm seine Mutter einmal mitgeteilt hatte. Josua schüttelte den Kopf. Er konnte nicht glauben, dass solch ein prächtiger Bau so weit abseits von der Stadt gebaut wurde. Aber in der großen Welt schien sich die Bekanntheit des Tempels umso mehr herumgesprochen zu haben, denn viele Menschen aus aller Herren Länder kamen hauptsächlich nach Ephesos, um dieses Wunder der Welt – diesen Ausspruch hörte man sehr häufig – zu besichtigen. Er selbst war bis jetzt nicht auf den Gedanken gekommen, es selbst einmal zu tun.

Dann tauchte Diana wieder zwischen den Säulen auf. Sie hatte eine Öllampe in der Hand, schließlich sollte es gleich dunkel werden.

„Dort ist eine schöne Sandbank, von da sieht man den Sonnenuntergang am besten."

„Was machst du denn im Tempel? Was ist deine Aufgabe?"

„Frag' nicht so viel, schließlich wolltest du den Sonnenuntergang sehen. Schau doch, wie schön er ist."

Sie waren gerade rechtzeitig gekommen, denn schon berührte der blutrote Feuerball das Meer.

„Josua, ist nicht die Schöpfung Gottes ein Wunderwerk?" Diana betrachtete ganz andächtig und bewundernd die Sonne.

„Ja, das ist sie." Josua beobachtete Diana von der Seite und wusste wirklich nicht mehr, was schöner war. Der Sonnenuntergang oder die Frau, die neben ihm im Sand saß?

Diana bemerkte, dass er sie die ganze Zeit betrachtete, und sie wurde ganz verlegen. „Dort geht die Sonne unter, nicht hier." Sie lächelte.

„Was macht eine so schöne und junge Frau in dem Tempel?" Der Sonnenuntergang war Josua mittlerweile ganz egal.

Diana errötete. „Ich fühlte schon immer, dass ich zu einer Priesterin berufen war. Als einzige meiner drei anderen Schwestern. Ich bin hier in Ephesos geboren und meine Mutter fühlte sich schon länger dem Isis-Kult zugetan, aber das war nicht meine Welt. Ich bin oft hier spazieren gegangen und wusste, wenn ich wirklich Priesterin werden wollte, dann hier in diesem Tempel. Als ich zwölf Jahre alt war, teilte ich meinen Eltern meinen Wunsch mit. Sie hatten zuerst Bedenken, nicht, dass ich Priesterin werden wollte, sondern weil nur eine begrenzte Zahl von Mädchen hier aufgenommen wurde. Deshalb war es eine Ehre für jedes Mädchen und eine Ehre für die Eltern. Priesterin in einem Wunder der Welt. Das wäre schon was, hatten sie immer gesagt."

„Und du bist dann einfach so hier aufgenommen worden?"

„Ja, das ging dann sehr schnell. Mir war es jedoch nie wichtig. Ich wollte näher bei den Göttern sein. Und dann …" Sie brach mitten im Satz ab und ihr Blick verlor sich in den letzten Resten der Sonne.

„Was, und dann?"

„Und dann war ich keine drei Wochen später als Priesteranwärterin im Tempel aufgenommen."

„Hmm. Und was ist deine Aufgabe dort, Diana?"

„Ich bin für die ganzen Helferarbeiten zuständig wie Wasserholen."

„Dafür siehst du die Quelle jeden Tag. Hat doch auch was."

„Ja, sprudelndes Wasser ist wahrlich schön. Hat was, wie du sagst." Sie wandte ihren Kopf und blickte ihn lächelnd an.

Josua lächelte zurück, sagte aber nichts.

„Josua, was machst du denn so, wenn du nicht gerade Sonnenuntergänge beim Tempel anschaust und fremde Priesterinnen ansprichst?"

„Ich bin der Sohn des Rabbis der größten jüdischen Gemeinde." Josua lächelte. „Ich bin dann ja so was Ähnliches wie du und habe ähnliche Aufgaben."

„Ach ja?"

„Ja, ich hole auch ab und zu Wasser." Sie lachten beide.

Es waren nur noch die letzten Reste der Sonne zu sehen.

„Wo wohnst du, Josua?"

„Ich wohne am Hang über dem Hafenviertel."

„Über dem Hafenviertel? In dieser dunklen Ecke?"

„Wo wir wohnen, ist es nicht so düster."

„Und was macht ein Sohn eines Rabbis so den ganzen Tag?"

„Ich bin von meinem Vater schon als Kind im Schreiben und Lesen ausgebildet worden. Ich vervielfältige Thorarollen und schreibe so alles, was bei einem Rabbi eben so anfällt."

„Du kannst schreiben?"

„Ja."

„O, das hört sich ja interessant an."

„Ist es auch. Ich weiß, dass ich gut schreiben und lesen kann. Aber wenn du Thorarollen schreibst, dann ist es andererseits auch sehr langweilig. Schließlich kenne ich sie mittlerweile schon fast auswendig." Josua blickte nachdenklich über das Meer. Dann schielte er zu Diana hinüber, die ihr Gewand glatt strich.

„Du sprachst vorher von Göttern. Wieviele Götter gibt es denn bei euch?"

„Mehr als bei euch Juden. Ihr habt einen, wir in Griechenland oder die Ägypter haben wesentlich mehr, wobei ich mit einem Gott der Diebe oder des Krieges auch als Griechin nichts anfangen kann."

„Gut gesagt, ich habe persönlich schon bei mehr als einem Gott Probleme. Schließlich bin ich sehr streng aufgewachsen."

„Wie kannst du bei einem Gott Probleme haben? Den Namen kannst du dir doch einprägen?"

„Ja, natürlich, aber dieser Gott hat keinen Namen, ich dürfte ihn, wenn es nach meinem Vater ging, gar nicht aussprechen. Aber der Gott erscheint mir manchmal als zu mächtig."

„Was meinst du damit?"

„Ich fühle mich zu klein, neben diesem großen Gott."

„Das kenne ich. Ich fühle mich neben dem Vorsteher des Tempels auch manchmal sehr klein. Er weiß immer alles besser und so weiter." Diana lächelte.

„Das kenne ich."

„Welche Aufgaben hat denn deine Mutter im Hause eines Rabbis?"

„Meine Mutter ist kürzlich gestorben."

„O, das tut mir leid." Josua übermannte eine Traurigkeit. Er spürte, wie Diana seine Hand in ihre nahm.

„Nach ihrem Tod hat meine große Schwester meine kleine Schwester zu sich nach Hause geholt. Seitdem bin ich mit meinem Vater allein und komme mit ihm einfach nicht mehr klar."

„Das hört sich wirklich schwierig an. Ich hoffe, dass sich die Atmosphäre entspannen wird." Sie sahen beide schweigend über das Wasser. Es wurde dunkel.

„Josua, es war schön. Leider muss ich jetzt wieder zurück. Ich werde bestimmt schon vermisst. Geh du nun auch schleunigst zurück, denn sonst macht sich dein Vater noch Gedanken, wo du denn bleibst."

„Sehen wir uns morgen wieder?"

„Ja, komme wieder hier zur Quelle. Ich werde auf dich warten."

Josua ging nun mit schnelleren Schritten den Weg zurück in Richtung Stadt. Er drehte sich noch einmal um, aber die schönste Frau, die er je gesehen hatte, war schon in der Dunkelheit verschwunden. Nur das Licht, das sie mit sich trug, konnte er noch ein paar Momente länger erkennen.

∞

‚Was für ein Mann!', dachte sie, als sie mit ihrem Öllämpchen die Stufen des Tempels empor eilte, sich kurz umschaute, ob sie jemand gesehen hatte. Sie huschte durch die Säulengänge und war schon nach wenigen Schritten in ihrem Schlafraum verschwunden. Sie entledigte sich ihres Gewandes, zog das für die Nacht an und legte sich ganz leise auf Ihre Liege. Sie hatte das Vorrecht, allein in einem Raum zu nächtigen und sich auszuruhen, denn sie hatte eine Gabe, um die sie von vielen Menschen beneidet wurde: Sie hatte die Fähigkeit, mit den Geistern in Kontakt zu treten.
Heute war also der Tag gewesen, vor dem sie sich immer gefürchtet hatte, seitdem sie im Tempel lebte. Sie hatte den Mann getroffen, mit dem sie glücklich werden würde. Aber ihre Berufung stand ihr im Weg. Sie bebte vor Verlangen nach Josua. Sollte sie den Tempel verlassen und ihre Gabe hinter sich lassen? Konnte sie ihre Gabe überhaupt hinter sich lassen oder würde die Gabe sie dann verfolgen? Sie wusste, dass diese Fragen rein rhetorischer Art waren, denn insgeheim würde sie niemals den Tempel verlassen. Zu stark hatte sie ihr Leben schon ihrer Aufgabe gewidmet. Sie lag geschockt und erschöpft da. Endlich war der Tag da, denn von nun an musste sie nicht in jedem Mann, den sie traf, die große Liebe befürchten, denn sie hatte sie gefunden und auch wieder verloren. Endlich war sie nicht mehr auf der Flucht. Endlich war sie angekommen, im Tempel und in ihrer Arbeit. So dachte ihr Verstand, das Gefühl jedoch hatte eine andere Auffassung.
Nun lag sie da, die vor Verlangen nach einem Mann bebende Auserwählte. Aber gut, dass sie vorhin vom Thema abgelenkt und ihm nicht gesagt hatte, was ihre wirkliche Aufgabe im Tempel war. Jeder Mensch in der griechischen Welt hatte mit Sicherheit von bekannten Orakelstätten wie Delphi oder Dodona gehört. Südlich von Ephesos gab es auch ein sehr bekanntes Orakel, das von Didyma. Jeder wusste, dass man dort von den Göttern Antworten für seine Fragen bekommen konnte. Aber woher sollte man wissen, ob man bei diesen Orakeln mit Geistern, mit Göttern, mit Elementarwesen oder sogar mit Dämonen in Kontakt trat? Jeder wusste, dass viele Politiker oder einflussreiche Männer einen positiven

Orakelspruch erkauften, um ihre Vorhaben vor den Göttern und vor allem vor den Menschen zu legitimieren.

Nicht so aber hier im Artemis-Tempel. Olympios, der Hohepriester des Tempels, war einer der ganz wenigen Eingeweihten, die sie bisher getroffen hatte. Dieser Mann bildete sie ganz behutsam zum Jenseitsmedium aus. Was weiter auf sie wartete, wusste sie nicht, jedoch war ihr bewusst, dass ihre Berufung nicht viel mit den anderen Orakeln zu tun hatte.

Auf jeden Fall konnte sie Josua morgen nicht wieder treffen. Zu groß war die Angst, sich in der Liebe zu ihm zu verlieren. Zu groß war die Angst, das Keuschheitsgelübde zu brechen, das sie mit vierzehn abgelegt hatte. Sie musste morgen mit Olympios reden und ihm ihre Gefühle mitteilen.

Langsam konnte sie sich etwas sammeln, und sie fiel schon bald in einen unruhigen Schlaf, in dem sie Träume heimsuchten, wo sie und Josua sich immer wieder leidenschaftlich umarmten und küssten. Mit einem Begehren, auf das sie nicht vorbereitet war und von dem sie nicht geahnt hatte, dass es in ihr schlummerte, nur darauf wartend, irgendwann zu erwachen.

∞

Olympios ging, wie jeden Morgen, einige Male um den Tempel herum und genoss die kühle Brise, die vom Meer her den Tempel umschmeichelte. Es war ein grandioser Morgen. Heute Morgen machte er sich allerdings einige Gedanken über einen Traum, den er in dieser Nacht gehabt hatte. Er hatte geträumt, dass er sich mit Diana und anderen Menschen im Innersten des Heiligtums befand. Auf einmal kam ein dunkler Schatten und hüllte Diana ein und zog sie aus dem Tempel weg. Er suchte sie danach über mehrere Stunden, fand sie allerdings nicht, bis er in Schweiß gebadet aufwachte. Was hatte dieser Traum zu bedeuten?

Als er den öffentlichen Altar vor sich sah, wo die Menschen der Artemis Opfer darbringen konnten, erkannte er Diana. Als sie ihn bemerkte, kam sie auch prompt auf ihn zu gerannt.

„Olympios, gut dass ich dich schon jetzt sehe", sagte sie außer Atem. Sie schien erleichtert. „Ich muss dir etwas sagen."

„So ein Zufall, Diana, ich muss auch etwas mit dir besprechen."

„Nein Olympios, lass erst mich erzählen, bitte."

Der Vorsteher des Tempels nickte und hörte sich dann – immer mehr erleichtert – an, was Diana ihm über diesen jungen Mann erzählte. Dann hatte dieser Traum also mit dem gestrigen Abend zu tun, genauer gesagt mit diesem jungen Mann.

„Ich danke dir, dass du mir den gestrigen Abend so ehrlich geschildert hast." Olympios lächelte. Jetzt war er erleichtert. „Ich bin froh über deine Ehrlichkeit."

„Danke für dein Verständnis." Diana schluckte und hüstelte.

„Aber eigentlich müsste ich dich rügen. Es war sehr gefährlich, was du gemacht hast. Es hätte auch anders ausgehen können. Du kennst die Männer und die Welt um diesen Tempel herum nicht so wie ich. Tu das nie wieder, hörst du?" Der Ton von Olympios wurde richtig barsch, aber es war nur die Sorge um sie. Diese Sorge und diese Strenge sollte sie schon mitbekommen.

„Ja, Olympios. Ich wollte dich gerade darum bitten, mich bei Josua zu entschuldigen. Ich brachte es einfach nicht fertig, ihm abzusagen, als er mich gestern gefragt hatte, ob wir uns heute Abend wieder treffen können."

„Oh!"

„Ich kann ihn nicht wieder sehen." Diana machte einen verwirrten Eindruck.

„Natürlich mache ich das, aber du musst mir versprechen, dass du ihn aus deinem Leben wieder entlässt. Er ist ab jetzt wieder vergessen."

„Ja, aber er ist ein so netter Mensch. Er wird, so glaube ich, nicht gut über diese Nachricht hinwegkommen."

„Du kannst dich auf mich verlassen. Diana. Du bist für mich mittlerweile schon wie eine Tochter. Und deine Aufgabe ist sehr wichtig. Ich werde mit dir in nächster Zeit einmal über die Zukunft reden und dir alles erzählen, damit du weißt, wie wichtig die Aufgabe von dir ist und warum ich manchmal ein bisschen streng wirke."

„Was wolltest du mir sagen, Olympios?"

„Och, nicht mehr wichtig." Er streichelte sie zärtlich am Oberarm und ging wieder seines Weges. Diana war ein Geschenk Gottes.

Wie war Olympios erleichtert! Deshalb musste er auch so schnell wie möglich wieder allein seine Runden drehen. Er musste jetzt erst einmal tief durchatmen. Erst jetzt wurde ihm klar, wie prekär die Lage war, wie groß die Klippe war, aber sie wurde durch die große innere Reife von Diana sicher umschifft. Welche junge Frau mit sechzehn Jahren konnte auf die geschlechtliche Liebe verzichten und ihren göttlichen vorherbestimmten Weg gehen? Olympios bewunderte Diana. Er war unendlich froh, dass

Diana schon bald mit ihrer Ausbildung zum Medium fertig war, wie er es sich vorstellte.

Er hatte noch nie jemandem erzählt, wie es dazu kam, dass er Diana in den Tempel aufgenommen hatte und warum sie sein Liebling war. Diana hatte mediale Gaben, wie sie nur die allerwenigsten Mädchen hatten. Und deshalb musste sie beschützt und umsorgt werden. Als sie an diesem besagten Tag von ihren Eltern in den Tempel begleitet wurde und sie das erste Mal vor ihm stand, hörte er zum zweiten Mal in seinem Leben eine Stimme, die irgendwie in seinem Kopf ertönte wie eine Fanfare, aber doch nicht in seinem Kopf war. Die Stimme sagte: „Dieses Mädchen Diana ist von Gott auserwählt. Hole sie so schnell wie möglich in deinen Tempel und beschütze sie. Ich melde mich in der nächsten Zeit bei dir und erkläre dir alles."

Normalerweise wurden Mädchen ab neun Jahren als Novizinnen im Tempel angenommen, die wenigsten von ihnen wurden wirklich Priesterinnen. Priesteranwärterin konnte man immer erst mit vierzehn werden, aber bei Diana musste er eine Ausnahme machen. Es sprach sich natürlich herum, dass zum ersten Mal in der Geschichte des Tempels ein Mädchen von zwölf Jahren die Ausbildung zur Priesterin anfangen konnte und somit die Stufe der Novizinnen übersprang. Viele Gerüchte gingen umher, es sprachen sogar einige davon, dass Diana seine Lustsklavin sei. Das war die Schattenseite von Ephesos. Hier gab es mehr abgründige Menschen als Sandkörner. Und da Ephesos ein intaktes Gerüchtekommunikationssystem besaß, war die Aufnahme von Diana in den Tempel bald schon Stadtgespräch. Deshalb war es umso wichtiger, über das, was die Stimme damals ihm einige Tage nach der ersten Begegnung mit Diana gesagt hatte, Stillschweigen zu bewahren. Doch angefangen hatte alles vor ungefähr sechzehn Jahren. Da hatte er diese Stimme zum ersten Mal gehört.

Damals war er gerade zum Vorsteher des Tempels berufen worden. Sein Vorgänger war ganz plötzlich verstorben. Er, Olympios, gerade Mitte zwanzig, war bis dato der jüngste Vorsteher. Aber seine Gottgläubigkeit beeindruckte den Rat in Ephesos und so wurde er einstimmig gewählt. Keine drei Wochen später hatte er diese innere Stimme das erste Mal gehört. Die Worte würde er das ganze Leben nie vergessen, obwohl es schon lange her war, dass er sie gehört hatte. Die Stimme hatte gesagt:
„Brich nächste Woche nach Bethlehem auf, ein Schiff geht direkt nach Caesarea. Bethlehem ist ein kleines Dorf in der Nähe von Jerusalem. Dort wirst du einen Stern am Himmel sehen, der dich zu dem Ort führen wird,

wo die reifste Seele geboren werden wird, die jemals die Erde auf diesem Planeten betreten hat und je betreten wird. Du wirst dort noch weitere Menschen, die mein Wort leben und weitergeben, treffen. Zusammen mit ihnen wirst du die Geburt abschützen und die Seele segnen, denn diese Seele ist der Erlöser der Menschen. Er wird die suchenden Seelen vom Joch der Dunkelheit befreien. Bleib' nach der Geburt noch eine Woche in Bethlehem und kehre dann auf dem schnellsten Weg wieder zurück nach Ephesos. Ich werde mich in Zukunft immer in dieser Art bei dir melden, wenn du etwas wissen musst, was für Gott, deinen Herrn, eine außerordentliche Wichtigkeit besitzt. Gott segne dich."

Er hatte alles geglaubt, was diese Stimme ihm mitgeteilt hatte. Er hatte nie an dem Wahrheitsgehalt gezweifelt, und er war auch, wie ihm befohlen wurde, nach Jerusalem gereist. Allerdings musste er damals einen Vorwand finden, um seine Reise zu rechtfertigen. Er gab vor, sich den bekanntesten Tempel der jüdischen Welt einmal anzuschauen und zu begutachten. Außerdem würde er auf der Reise viele Reiselustige treffen, denen er erzählen könnte, wie schön und prächtig der Tempel in Ephesos war.

Als er damals in Bethlehem angekommen war, waren schon viele Gleichgesinnte aus aller Herren Länder in dem kleinen Dorf eingetroffen. Die Geburt stand auch gerade bevor. Er erinnerte sich, dass am übernächsten Tag der Erlöser geboren werden sollte. Was für eine heilige Stimmung sich damals in der Geburtsstätte befand! Er traf dort ungefähr siebzig Heiler und Weise, die genauso wie er, in diesen kleinen Ort gerufen worden waren. Er konnte sich mit den meisten unterhalten, da die griechische Sprache die allgemeine Handelssprache war. Man war eine große Familie, trotz der unterschiedlichen Hautfarben. Alle waren sie von dem Wissen und der Wahrheit dieses Momentes überzeugt und alle waren sie von Gott, dem Herrn, auserwählt, den Weg des Erlösers zu begleiten. Ja, mittlerweile hatte er es auch selbst verstanden, dass es nur einen einzigen Gott gab und keine 200. Es war anfänglich nicht einfach gewesen, aber er hatte es geschafft, nur an diesen einen Gott zu glauben.

Die vielen Erlebnisse, die er seitdem gehabt hatte, überzeugten ihn. Aber vor allem auch, als die Stimme sich das dritte Mal, also kurz nach der Aufnahme von Diana in den Tempel, erneut gemeldet hatte. Es war ein längerer Monolog, aber da er gerade am Meer spazieren ging, konnte er nicht gestört werden und er war hoch konzentriert. Die Stimme hatte damals folgende Worte gewählt: „Olympios, ich kenne dich gut, schon sehr lange. Ich weiß, wen ich erwähle. Höre meine Worte. Du erinnerst dich

Mann einlässt. Sie muss sich in der jetzigen Phase sehr auf die Welt der Götter konzentrieren. Und die Götter sind im Himmel, und nicht auf der Erde." Olympios lächelte gequält.

„Warum ist sie nicht selbst gekommen?"

„Sie hat mir zu verstehen gegeben, dass du jemand ganz Besonderes bist, was ich beim Blick in deine Augen nur bestätigen kann. Sie hat mich geschickt, weil sie zum einen dich nicht verletzen möchte, und zum anderen befürchtet, dass sie dir dies nicht so deutlich sagen könnte, wenn du ihr gegenüber stehst." Der Vorsteher des Tempels zuckte mit den Schultern. „Es klingt hart, aber gerade, weil sie dich liebt – und ich kenne Diana, sie liebt dich wirklich – könnt ihr nicht weiter in Kontakt stehen. Wenn du sie ebenfalls liebst, dann komme dieser Bitte nach."

Josua erblasste. Er setzte sich auf den Boden, weil ihm schwindelte und er keine Kraft mehr in sich fühlte, um stehen zu bleiben. Olympios kniete sich neben ihn.

„Ja, ich liebe sie auch. Ja, sie ist die Frau meines Lebens. Das wollte ich ihr heute sagen."

„Aber gerade deshalb, ich flehe dich an, erkenne dies als göttlichen Willen an."

„Wie kann Gott es wollen, wenn sich zwei Menschen lieben und nicht zusammenkommen dürfen? Glaubst du an so einen Gott, der das möchte?" Josua war verzweifelt.

„Ja, ich glaube an einen solchen Gott." Olympios taxierte Josua. „Und ja, Gott wird es so wollen, weil es ein höheres Gesetz gibt, das wir Menschen manchmal nicht verstehen und dem wir folgen sollen, auch wenn das Opfer mit sich bringt." Olympios berührte sanft Josuas Schulter. „Dein Vater ist Rabbi, wie ich weiß, und du bist ein guter Schreiber, wie Diana mir sagte. Dann weißt du aus den Schriften, dass Gott den Menschen manchmal einiges Leid auferlegte, das sich aber nach einiger Zeit als Segen zeigte."

„Ich kenne solche Abschnitte in der Thora, ja. Aber ich betrachte sie schon seit mehreren Jahren nicht mehr als göttlich. Ich empfinde viele Abschnitte der Thora als nicht unbedingt logisch."

„Josua, du bist ein begabter junger Mann, und sogar noch mit einer gewissen Weisheit gesegnet, wie ich bemerke. Übe weiterhin deine Arbeit aus, lass' dich von niemandem und von keiner Situation vom Schreiben abbringen. Ich sage dir im Vertrauen, dass du das vielleicht bald verstehen wirst. Ich habe das Gefühl, dass wir uns wieder sehen werden. Gott sei mit dir, Josua." Der Vorsteher drehte sich abrupt um und ging zum Heiligtum zurück.

„Olympios, bitte richte Diana aus, dass ich sie immer lieben werde und dass ich ihre Entscheidung respektiere. Versprich es mir, bitte!" Noch nie fiel Josua etwas so schwer auszusprechen wie dieses.

„Versprochen, Josua, versprochen. Ich sage es ihr gleich", hörte er den Vorsteher, bevor der sich vollends entfernt hatte.

Josua war wie vor den Kopf geschlagen. Was war eben hier passiert? Welche Wendung hatte sein Leben hier wieder genommen? Gerade hatte er Gott gedankt, dass er wieder glücklich war und nun das. Was hatte das zu bedeuten? Was wollte ihm Gott hierbei mitteilen? Hatte er so viel Schuld auf sich geladen, dass ihn Gott so sehr hasste?

Im Moment wusste er nur, dass er zurück nach Hause musste, zurück in das Haus seines Vaters. Zum Glück war dieser heute Abend in der Nachbarschaft eingeladen. Zu Hause wartete nur die junge Haushälterin Lea, die der Rabbi gestern eingestellt hatte. Heute war ihr erster Tag und das einzig schöne daran war, dass er nicht allein war. Lea war zwar eine sehr attraktive Frau, ungefähr in seinem Alter und sehr nett. Aber sie war eben nicht Diana.

Er erinnerte sich an Nazareth, wo sein Leben trotz der Probleme mit Samuel durch die Anwesenheit von Jesus ein vergnügliches gewesen war. Und was für ein Schock es gewesen war, dass sie sich trennen mussten, als sie sich richtig angefreundet hatten. Und dass er Jesus nicht ein paar Worte beim Abschied hatte sagen können. Jetzt passierte ihm etwas sehr ähnliches. Er konnte sich nicht von Diana verabschieden. Er hatte sie kennen gelernt und direkt ohne Abschied wieder verloren. Josua verstand das Leben nicht mehr. Erst ging Jesus, dann seine Mutter, dann Judith, seine kleine Schwester und jetzt Diana? Die vier Menschen, die er in diesem Leben richtig geliebt hatte.

„Gott, warum lässt du das zu?", hörte er sich ins Universum hinaus klagen, während seine rechte Hand sich um das Kreuz von Jesus krampfte.

Diana saß auf der obersten Stufe der Rückseite des Tempels, als Olympios heraneilte.

„Und, wie ist das Gespräch gelaufen?"

„Josua ist eine sehr nette und verständnisvolle Seele."

„Ja, das weiß ich." Diana weinte. „Es wird mir in den nächsten Tagen sehr schwer fallen, meinen täglichen Pflichten nachzukommen." Tränen tropften auf ihr Gewand.

„Ich weiß. Deshalb wirst auch nicht du in den nächsten Wochen in die Stadt gehen, wenn etwas zu besorgen ist, sondern Rebecca. Dann kannst du dich hier vermehrt deiner Aufgabe widmen. Und wir beide können unsere Übungseinheiten verdoppeln." Olympios schaute sich um, um sicher zu gehen, dass niemand von den Übungen erfuhr, die sie beide ausführten. Das musste erst noch ihr Geheimnis bleiben.

„Was soll ich tun, Olympios, wenn mich die Gefühle und vor allem die Gedanken einholen und mich ablenken?"

„Diana, bleibe in der Ruhe. Lächele und schiebe diese Gedanken weg. Denke immer daran, was wäre, wenn du deine mediale Fähigkeit nicht ausüben könntest. Wärst du dann glücklich?"

„Nein, du hast ja Recht."

„Siehst du. Vertraue unserer Aufgabe."

„Ich weiß zwar noch nicht, worauf unsere Übungen hinauslaufen, aber ich habe das tiefe Vertrauen, dass es wichtig und gut ist."

„Denke immer nur an deine Gabe, dann wird es direkt besser werden. Und vergiss nicht, diese Aufgabe ist eine bedeutende. Ich werde dir die Hintergründe erklären, dann wirst du alles verstehen."

„Wie verkraftet Josua wohl diese Entscheidung von mir?"

„Wie er diesen Schock verkraften wird, das weiß ich nicht. Aber er ist eine starke Seele. Ich soll dir übrigens mitteilen, dass er dich immer lieben wird und deine Entscheidung respektiert."

„Das hat er so gesagt?"

„Ja, genau so."

Diana fing wieder an zu weinen.

„Weine nicht, mein Mädchen. Ich kann mir vorstellen wie du dich fühlst. Aber es gibt etwas, was ich dir noch sagen muss." Olympios räusperte sich.

„Eine Stimme hat es mir vor wenigen Minuten gesagt."

„Und?" Diana versuchte ihre Tränen innezuhalten, aber es klappte nicht.

„Diana, du wirst Josua später wieder sehen. Ich glaube, eure Wege werden sich noch einmal kreuzen."

Der Kampf mit der Vergangenheit

Er wusste gar nicht mehr, wie er den Weg nach Hause gefunden hatte. Nie würde er diesen Abend vergessen. Nie würde er über den Schmerz hinwegkommen. Hoffentlich war sein Vater außer Haus, denn jetzt konnte er es nicht ertragen, diesen alten Kauz zu sehen. Er trat durch das Haupttor und eilte über den Hof in den Wohnbereich.

„Josua, möchtest du etwas essen?" Eine Stimme hinter ihm sprach ihn leise und sanft an.

Lea! Sie schien wahrhaft die neue gute Seele hier im Hause des Rabbis zu sein.

„Nein, danke. Für heute habe ich genug."

„Sind dir Moiren über den Weg gelaufen? Du bist ja richtig blass." Lea lächelte.

„Was?"

„Ich fragte, ob dir Moiren …"

„Ja ich weiß, was du gefragt hast, aber was sind denn diese Moiren?"

„Alte missgestaltete Spinnerinnen. Sie geistern laut diverser Legenden hier in der Gegend herum, erschrecken die Menschen und wollen Schabernack mit ihnen treiben." Sie lächelte.

„Nein, da kann ich dich beruhigen, die habe ich nicht gesehen."

„Was ist denn passiert, Josua?"

Josua sah in ihren Augen, dass sich Lea wirklich Sorgen um ihn machte, obwohl er sie vorher, als er das Haus verlassen hatte, nur einmal kurz begrüßt hatte, sie hatten sich also nur ein einziges Mal ganz kurz gesehen. Dass sich jemand um ihn Sorgen machte, war ein neues Gefühl, was er seit dem Tod seiner Mutter, nicht mehr erlebt hatte. Außerdem war es schön, dass ein weibliches Wesen wieder das Haus bevölkerte. Wie alt mochte sie sein? Er schätzte sie auf sechzehn. Lea war schlank und ihr ganzer Körper hatte einen Hauch von etwas Engelhaftem. Die anmutigen Bewegungen ihrer Hände ließen Josua erschauern. Sie hatte strahlende Augen und ihr Blick erkannte ihn. Es kam ihm vor, als ob sie tief in seine Seele schaute.

„Nichts weiter, es war nur ein harter Tag. Was hast du denn mit meinem Vater ausgemacht? Wie sieht denn deine Aufgabe hier in unserem Haus aus?"

„Hast du noch nicht mit dem Rabbi, äh, mit deinem Vater gesprochen?"

„Nein, der Rabbi, man sagt sich, dass er mein Vater ist, ja, hat noch nicht mit mir gesprochen."

„Ich mache die Arbeiten, die eine Frau auszuführen hat. Was, das solltest du ja wissen."

„Ich weiß nicht, was die Aufgaben einer Frau sind und die eines Mannes. Ich weiß nur, dass ich in meinem Zimmer vor den Schriftrollen sitze und das Leben an mir vorüber zieht." Josua schaute sie lächelnd an. Er fühlte sich wohl in ihrer Gegenwart. Sie tat ihm gut, obwohl sie in ihren Worten sehr frech wirkte. Sie war eine junge Frau, die sich, wie es schien, nichts sagen lassen ließ. „Wie lange bleibst du?"

„Bis auf weiteres. Ich schätze, dass es eine längere Zeit werden wird. Es sieht ja nicht so aus, dass der Rabbi sehr schnell eine neue Frau ehelichen wird, oder?"

„Was meinst du damit?"

„Man erzählt sich eben so einiges." Ein Lächeln machte sich auf Leas Gesicht breit. „Und dein Vater scheint auf alle zwar einen ehrenwerten Eindruck zu machen, aber dass er es mit Frauen nicht so gut kann, hat sich in seiner Gemeinde schon etwas herumgesprochen."

„Hhmm. Warum bist du aber hier?"

Jetzt schien Josua einen wunden Punkt getroffen zu haben, denn Lea wirkte auf einmal sehr schüchtern und unsicher.

„Sag schon, warum bist du dann hier, wenn doch mein Vater mit Frauen nicht so gut auskommen soll?"

„Weil meine Eltern dies so für mich vorgesehen haben."

„Du wirkst aber nicht wie ein jüdisches Mädchen, das sich in Demut und in Liebe zur jüdischen Geschichte mitsamt ihrer Regeln bekennt und diese dann noch mit vollem Eifer befolgt."

„Tu ich nicht?"

„Nein, so wirkst du nicht."

Lea schwieg.

„Sag, warum bist du wirklich hier?"

Lea zuckte nur die Achseln und drehte sich um, um die Arbeit für heute zu beenden.

„Josua, ich gehe jetzt. Meine Eltern wohnen hier in der Nähe. Bis morgen."

„Ja, bis morgen, Lea."

„Übrigens, Josua, ich bin kein Mädchen mehr." Dann ging sie in einer Anmut über den Hof, dass ein paar Sekunden später zwischen Josuas Beinen eine Beule im Gewand sichtbar wurde.

∞

Lea war schon früh wieder in das Haus des Rabbi gekommen. Sie war mitten in der Arbeit und hatte alles für das morgendliche Mahl vorbereitet. Die Ziegenmilch, die der Rabbi so sehr liebte, stand auch schon auf dem Tisch. Heute Morgen saßen Samuel und Josua recht friedlich zusammen. In den letzten Wochen, die Lea jetzt schon im Hause des Rabbis verbrachte, war diese scheinbare Harmonie eine Art Glücksgefühl für sie. Sie liebte Josua. Er war der einzige Grund, warum sie diese Arbeit überhaupt angenommen hatte.

Sie verstand sich mit ihren Eltern sehr gut, sie respektierten ihre Meinung jedoch und zwangen ihr nichts auf, auch wenn sie Juden waren. Aber diese gewisse Strenge und die vielen Regeln, die es in so vielen jüdischen Haushalten gab, kannte sie nicht. Sie war, wenn sie sich selbst betrachtete, keine richtige Jüdin. Sie war mehr Griechin. Und nach den ersten Tagen im Hause von Samuel war ihr auch deutlich geworden, dass ein Zusammenleben mit richtigen Juden, wie es Samuel und Josua nun einmal waren, nicht immer leicht war. Wer konnte sich schon an die vielen jüdischen Regeln halten? Und ihr kam es sogar noch so vor, dass der Rabbi einige Regeln zusätzlich hinzugefügt hatte, wie ein Leben in seinem Hause zu funktionieren hatte. Es gab so viele Gebote und Verbote. Wie sollte sie sich das jemals alles merken?

Das einzige Gebot, das es in ihrem Elternhaus gab, war, dass sie erst dann mit einem Mann schlafen durfte, nachdem sie ihn geheiratet hatte. Gut, dass sie ihre bisherigen Affären gut vertuschen konnte. Sie wusste nicht, was passiert wäre, wenn ihr Vater ihr auf die Schliche gekommen wäre. Hierin war ihr Vater jedoch sehr typisch jüdisch und altmodisch. Aber sonst lebte sie sehr gut und war froh, keine weiteren Einschränkungen auf sich nehmen zu müssen. Sie fand es schlimm, wenn sie einige Männer in ihrem Alter sah, die mit ihren Locken und ihrer altmodischen Kleidung herumliefen und ihre religiösen Utensilien bei sich hatten. Auf eine bestimmte Art und Weise fand sie es geradezu abstoßend, crwachsene Männer mit Gebetsriemen an Kopf und Arm zu sehen. Abstoßend und lächerlich. Wie konnte man Männer ernst nehmen, die meinten, mit einem Stück Papyrus um den Kopf, auf dem Texte aus der Thora und des Schemá standen, einen besseren Kontakt zu Gott zu haben? Für Lea war es einfach unvorstellbar, dass die meisten Juden einen solchen primitiven Glauben lebten. Gott war doch immer da. Und überall gleichzeitig.

Und ganz besonders war er in Josua sichtbar. Was war Josua für ein schöner Mann! Die Narbe auf seiner Wange ließ ihn sogar noch verwegen aussehen. Aber immer dann, wenn sie ihn mit seinem Vater zusammen mit diesen seltsamen Gebetsriemen sah, schüttelte sie nur den Kopf und wandte sich von beiden ab. Wahrscheinlich wusste Josua gar nicht, was er tat. Immer wenn sie in seine Augen blickte, dann erzählten diese etwas ganz anderes. Diese Augen erzählten ihr Geschichten von Freiheit und der Sehnsucht nach Liebe, und Lust.

Dass er unerfahren war, störte sie nicht, es brachte sie zum Lachen, ja es reizte sie sogar umso mehr, um ihn zu werben, um ihn zu kämpfen. Sie liebte seine rehbraunen Augen, die einen grünen Schimmer enthielten. Immer wenn sie ihn sah, hüpfte ihr Herz. Seine Erscheinung entsprach ihrem Traumbild eines Mannes. Er war groß, hatte schwarze gewellte Haare. Er war bestimmt über einen Klafter groß und damit einer der größeren Männer, die sie kannte. Er hatte breite Schultern, die wahrscheinlich in den letzten Jahren eine Menge hatten tragen müssen.

Als sie dann aber von ihren Eltern hörte, dass der Rabbi eine Haushälterin suchte, musste sie nicht lange überlegen, und sie hatte ihre Eltern dazu veranlasst, den Rabbi zu fragen, ob sie bei ihm arbeiten dürfe. Sie verschwieg ihnen allerdings, dass sie nur aus einem Grund in diesem Haus arbeiten wollte, und dieser Grund war mit Sicherheit nicht der strenge Rabbi, auf ihn konnte sie weiß Gott verzichten.

Schon vor einigen Monaten war ihr Josua aufgefallen. Es kam nicht häufig vor, dass der Sohn des Rabbi außerhalb des Hauses gesehen wurde, aber die Botengänge, die er zu erledigen hatte, sprachen sich zu ihr herum und sie richtete es sich immer ein, dass sie ihn beobachten konnte. Josua würde perfekt zu ihr passen. Sie selbst war mit ihren neunzehn Jahren immer noch ungebunden, aber sie hatte schon im Gegensatz zu ihren Freundinnen ein paar sexuelle Erfahrungen gemacht, was in einer freizügigen Stadt wie Ephesos, wenn man es wirklich wollte, nicht schwierig war. Aber nur dann, wenn man nicht gerade einer der streng erzogenen Juden war, die in jeder nackten Brust einer Frau eine Gotteslästerung sahen. Einige von solchen Jungen hatte sie gekannt. Zum Glück hatte sie wirklich relativ verständnisvolle Eltern. So konnte sie mehr erleben als manche ihrer Freundinnen, die zwar fast alle schon verheiratet waren, aber ihre Männer nicht liebten. ,Alte Jungfer' sagten sie spaßig zu ihr, ,arme Seelen', antwortete sie in Gedanken.

Lea betrachtete ihren Traummann, wie er gerade Brot abbrach und es in Honig tunkte. Samuel und Josua unterhielten sich wie fast immer über die Schreibarbeiten, die anfielen.

„Josua, bitte schreib die Mitteilung für den Hohepriester in Jerusalem." Der Rabbi sprach ruhig und gelassen. „Morgen hat sich ein Bote angekündigt, um sie abzuholen. Ich habe dir die Wachstafeln mit den Stichwörtern, die erwähnt werden müssen, in deine Schreibstube gelegt."

„Du hast die Mitteilung heute Nachmittag auf deinem Tisch. Anschließend schreibe ich die Propheten für Smyrna. Dies wird dann einige Zeit dauern."

„Ja, ich weiß. Aber der Rabbi dort wartet schon seit längerer Zeit."

„Ich habe nur zwei Hände."

„Beeil' dich trotzdem damit."

Lea stand vor dem Trog. Sie reinigte die Schüsseln, in denen sie alles vorbereitet hatte, und sie konnte nur an Josua denken. Er war wirklich nicht zu beneiden. Er tat, was er konnte, aber es schien, dass es seinem Vater nicht genug war. Sie wusste, welchen Umfang die Schriften der Propheten hatten. Lea sah, wie Samuel aufstand, ihr zunickte und sich auf den Weg in die Synagoge machte, wo er gleich die jungen Schüler unterrichten würde. Die nächsten fünf bis sechs Stunden war er also beschäftigt.

„Josua, schreibst du heute wieder den ganzen Tag?" Sie trat neben Josua und räumte Samuels Schüssel weg.

„Ich werde es müssen. Ich habe die letzten Tage etwas geschludert."

„Josua, bitte verzeih mir, wenn ich das sage, aber es gibt noch mehr im Leben als in der Kammer zu sitzen und zu schreiben. Viel mehr."

Sie ging wieder zum Wassertrog und ließ Josua sein Morgenmahl beenden. Und doch beobachtete sie ihn aus den Augenwinkeln sehr genau. In den letzten Wochen, in denen sie in diesem Haus arbeitete, hatte sie Josua schon gut kennen gelernt, auch wenn sie noch nicht sehr viel miteinander gesprochen hatten. Sie wusste um seine Reaktionen, welche Worte er wann sagte und wie er sich gab. Er war im Leben wirklich unerfahren, obwohl er schon siebzehn Jahre alt war. Aber genau das liebte sie so an ihm. Er war unbedarft. Weltfremd. Und er war lieb. Das war das wichtigste für sie. Dass er knapp zwei Jahre jünger war, merkte man nicht, denn sie wusste, dass sie für ihr Alter sehr jung aussah, und Josua wirkte durch seine Größe älter. Sie hoffte immer wieder, dass er mehr aus sich herauskam und sie mal ansprach, aber heute früh verschwand er wieder mit einem kurzen Gruß auf den Lippen. Einige Wochen hatte sie nun schon Geduld aufgebracht, aber lange konnte sie ihre Sehnsucht und Leidenschaft ihm gegenüber nicht mehr zurückhalten. Sie war bereit. Schon seit langem. Heute würde sie ihn in seiner Schreibstube besuchen. Jetzt gleich würde sie ihm ihre Liebe, die sie für ihn empfand, mitteilen. Und wenn alles gut lief, würde sie ihn heute verführen…

∞

„Welche drei Zeichen dienen uns zur ständigen Mahnung an die göttlichen Gebote?" Samuel war gut gelaunt. Eine Sanftheit wie heute hatte er schon lange nicht mehr an den Tag gelegt.

„Benaja?"

„Die Mesusa, die Türpfosten, die Tefillin, Gebetsriemen und der Tallit, das Umhängetuch."

„Sehr gut. Wer kann mir nun zeigen, wie man die Gebetsriemen anlegt? Daniel?"

Ein schmächtiger Junge trat hervor und nahm die Riemen, die Samuel ihm entgegenhielt, und wickelte die Riemen um seinen Arm.

„Sehr gut, Daniel. Du lernst gut."

„Welche Feste gibt es? Welche Feste sind für unseren jüdischen Glauben wichtig?"

„Der Sabbat", riefen einige Jungen.

„Ja, welche Bedeutung hat der Sabbat?"

„Dieser Tag ist dem Herrn geweiht und an diesem Tag muss jegliche Arbeit ruhen."

„Richtig."

„Und an diesem Tag müssen wir hier nicht zur Schule."

Samuel lächelte. Warum war er trotz solch einer Unverfrorenheit nur so fröhlich?

„Welche Feste gibt es noch?" In Ruhe nahm er seine Schüler in Augenschein.

„Erzähle du sie uns. Wir hören dir so gerne zu", sagte Nachrai. Samuel wusste, dass er sie nicht wusste, und davon nur ablenken wollte. Aber heute war ihm dies egal. Sollte doch Nachrai seinen Willen bekommen.

„Die wichtigsten sind Jom Kippur, der Versöhnungstag. An diesem Tag bereuen wir und büßen für die Sünden des Volkes von Israel. Desweiteren gibt es das Chanukka, das Lichterfest. Dieses Fest erinnert uns an die Reinigung des Tempels von Jerusalem durch wen?"

„Judas Makkabäus."

„Sehr, sehr gut, Daniel." Samuel nickte ihm zu. „Dann gibt es das Purimfest. Es ist ein Fest des Gedenkens an die Errettung von uns Juden aus der Hand unserer Feinde. Und wenn ihr richtig aufgepasst habt, welches wichtige Fest habe ich vergessen?"

„Das Passahfest."

„Gut, Benaja. Und welche Bedeutung hat es?"

„Es erinnert an den Auszug unseres Volkes aus Ägypten."

„Ich bin wirklich froh darüber, dass einige von euch aufpassen." Samuel ging wieder zur Thorarolle, die auf seinem Pult lag. „Wenden wir uns wieder den Schriften zu. Warum ist es so wichtig, dass wir Texte aus der Thora auswendig lernen?"

„Damit wir ein besseres Gedächtnis bekommen."

„Richtig, und warum noch?" Er schaute in die Runde. „Nicht immer Daniel. Wie wär's mit dir, Nachrai?"

„Damit wir besser aufpassen müssen?"

„Auch, ja, aber das meine ich nicht. Kann mir die Antwort niemand sagen?"

Kein Mucks tat sich im großen Versammlungsraum. Die Schulklassen, die er in Ephesos hatte, waren wahrlich anspruchsvoll. Ungefähr fünfzig Schüler saßen um ihn herum, es wurde immer in irgendeiner Ecke getuschelt. Die Schüler hatten zwar Respekt ihm, dem Rabbi, gegenüber, aber so gemütlich wie in Nazareth war es hier nicht. Auch nach diesen vielen Jahren dachte Samuel manchmal noch sehnsüchtig an seine alte Synagoge zurück. Viele seiner Schüler hier waren faul, dumm und gefräßig. So wie damals Simeon, aber wenigstens hatte dieser Simeon eine Zukunft. Er konnte auf den Feldern seines Vaters helfen. Aber diese Jungen hier? Sie verkamen in einer solch zuchtlosen griechischen Stadt.

Aber einen großen Vorteil hatte Ephesos. Samuel merkte, wie er lächeln musste. Jesus war nicht da. Alle diese scheinbaren Probleme hier waren nichts gegenüber der Anwesendheit dieses Jesus, den er damals in Nazareth hatte unterrichten müssen.

„Was sind denn nun die richtigen Antworten, Rabbi?", hörte er dumpf in sein Bewusstsein dringen.

„Äh, ja, gut, dann sage ich es euch. Zum einen wird das Hebräische ohne Vokalzeichen geschrieben, also könnt ihr diese Schrift nur lernen, wenn ihr mir genau zuhört und die Sätze laut wiederholt."

„Das Hebräische hat keine Vokalzeichen? Scit wann denn?" Nachrai sah Samuel mit großen Augen an.

„Seit langer Zeit. Sozusagen schon immer." Samuel war heute zum Glück gut gelaunt, sonst hätte er Nachrai die Meinung gesagt. So eine Dummheit konnte er nicht fassen. Einige Jahre ging dieser Tölpel nun schon hier bei ihm zur Schule und dieser Kerl wusste es immer noch nicht. Er erinnerte sich noch gut, wie er Nachrai beschnitten hatte, wie fast jeden seiner Schüler. Er hatte so schon eine gewisse Beziehung zu den Jungen und so konnte er nur schwer akzeptieren, dass sie, und allen voran dieser Nachrai, einfach nur dumm oder faul waren.

„Und zum anderen möchte ich, dass ihr später einmal schreiben und lesen könnt und manche von euch vielleicht einmal ein geistliches Leben führen werden."

Samuel musterte seine Schüler.

„So, weiter geht es. Ihr sprecht mir wieder nach. Ich möchte jeden hören, deshalb sprecht laut."

Einige Krähen auf dem Synagogendach flogen gen Himmel. Dieses laute rhythmische Leiern von Versen war nichts für sie.

∞

Josua saß über seinem Papyrus und schrieb die ersten Verse vom Propheten Jeremia, als es auf einmal an seiner Tür klopfte.

„Darf ich eintreten?" Er sah Lea, wie sie ihren Kopf durch den offenen Spalt in das Zimmer hineinsteckte.

„Na klar, komm herein. Du kannst dir ja denken, was ich gerade mache."

„Ja, da muss man kein Prophet sein, um das herauszufinden." Sie lächelte.

„Nimm Platz." Sie setzte sich ein paar Schritte von ihm entfernt auf das Bett, das er vor kurzem hatte bauen lassen. Es war ein Holzgestell, das mit einem Korbgeflecht bespannt war.

„Darf ich dir ein bisschen zuschauen?"

„Ein paar Momente. Meine Konzentration lässt nach, wenn ich Zuschauer habe. Lieber mache ich jetzt eine kurze Pause."

„Das freut mich."

„Was ist dein Begehr, Lea? Warum bist du wirklich hier?"

„Ich wollte dir zuschauen."

„Lügst du auch nicht?" Josua lächelte sie an. „Wenn man dich anschaut, muss man auch kein Prophet sein, zu erkennen, dass du etwas ganz anderes auf dem Herzen hast."

Sie sah verlegen auf den Boden. Er hatte Recht. Sie war wegen etwas ganz anderem hier.

„Du wolltest doch wissen, warum ich in diesem Haus arbeite, oder?"

„Ich denke, weil deine Eltern es so wollten."

Lea wartete einen Moment, bis sie antwortete. „Ich bin deinetwegen hier."

„Wegen mir?" Josuas Herz hüpfte wild auf und ab. Er spürte, dass er gerade in Gefühlsbereiche vordrang, von denen er überhaupt keine Ahnung hatte. Er wurde unsicher. Sein Ding da unten machte sich wieder bemerkbar. Er versuchte, die peinliche Situation zu überspielen, indem er die Hände unauffällig über seinen Schoß legte.

„Ganz einfach. Ich liebe dich, Josua."

„Wie…?" Josua blickte sie mit großen Augen an.

„Die Gedanken an dich lassen mich nicht schlafen. Es fällt mir tagsüber schwer, mich zu konzentrieren, wenn ich weiß, dass du im Haus bist. Ich liebe dich schon lange, seit ich dich das erste Mal vor zwei Jahren gesehen habe."

Josua war wie vor den Kopf geschlagen. Er konnte nichts Sinnvolles erwidern und starrte ihr nur in die Augen. Er kam sich sehr unbeholfen vor, da sie mit ihrem Blick seinem standhielt, vielmehr seinen Blick besiegte. Er sah zu Boden.

„Aber Lea, das geht nicht."

„Josua, ich liebe deine Rehaugen, ich liebe deine Narbe auf der Wange, ich liebe es, wie du lächelst, ich liebe es, wie du gehst."

„Lea…"

„Setz' dich zu mir, Josua."

„Ähh, das geht nicht." Josua versuchte weiterhin die Beule im Gewand zu verdecken, aber es gelang ihm nicht mehr. Er bemerkte ihren Blick, der auf seinen Händen ruhte.

Sie lächelte. „Warum nicht? Ist es wegen dem?" Sie zeigte auf sein Ding, das neben seiner rechten Hand eine Wölbung im Gewand hinterließ.

„Lea, nein, … das ist … unsittlich. Ich bin der Sohn eines Rabbis, ich bin Jude, ich dürfte gar nicht mit dir in einem Raum …"

„Josua, setz' dich einfach zu mir."

„Lea, ich habe dich auch gern. Aber ich darf mich nicht durch die weibliche Betörung vom Gesetz abbringen lassen. Ich darf nicht in meinem Willen schwanken, ich darf Gott, unserem Herrn, keine Schande bereiten. Ich darf Gott nicht im Stich lassen." Josua hämmerte die Sätze wie ein Gebet aus sich heraus. Die rhythmischen Verse, die er gerade aus der Synagoge vernahm, schenkten ihm zusätzliche Sicherheit.

„Josua, was hat Gott damit zu tun, wenn ich dich bitte, dich neben mich zu setzen?"

„Ich darf das nicht. Ich hätte sonst das Gefühl, dass ich mich von Gott abkehre. Das wäre unverzeihlich."

„Gott hat dich geschaffen, Gott allein hat mich geschaffen. Bei dir hat er sich sehr viel Mühe gegeben, ist dir das schon einmal aufgefallen?"

„Lea, ich …ich kann nicht." Josua saß immer noch auf seinem Schemel. Er hatte keine Kraft mehr, seine Peinlichkeit zu verstecken und hielt die Hände vor sein Gesicht.

Als Lea aufstand, hatte Josua gehofft, dass sie aufgegeben hätte, aber da täuschte er sich gewaltig.

Es entstand ein langer Moment der Stille. Atemlose Stille. Josua schaute hinter seinen Händen hervor. Lea stand mitten im Raum.

„Josua, schau mich an." Sie sagte dies mit so einer Präsenz, dass es Josua schwindlig wurde.

Sein Blick ging zur Seite. Was ging hier vor?

„Josua, schau mich an." Josua kämpfte gegen alle Dämonen seines Lebens. Er kämpfte gegen die Gesetze Gottes, er kämpfte gegen sich und seinen Vater. Dieser lange Moment war wie eine Ewigkeit. Er war ein einziger Kampf. Seine Augen waren geschlossen, er schaute weg, er wollte sich wie ein Baby auf sein Bett legen, aber sie stand vor ihm und versperrte den Weg. Er war wie von Sinnen und wusste nicht, was er denken sollte, was er tun sollte. Er war in seine Gedankenwelt abgedriftet, bis Leas Worte ihn wieder zurückholten.

„Josua, schau mich an."

Josua schaute sie an. Still, unbeweglich. Er sah, wie sie ihre Sandalen mit einer Langsamkeit auszog, die seinen Magen rebellieren ließ. Zwischen seinen Beinen wurde es immer wärmer.

„Josua, ich bin eine Frau." Mit diesen Worten streifte sie anmutig ihr Oberkleid über ihren Kopf und ließ das Unterkleid folgen, bis sie splitterfasernackt vor ihm stand. Nur eine goldene Kette mit einem roten tropfenförmigen Anhänger prangte an ihrem Hals und reichte bis zu ihren großen Brüsten.

„O, Gott", war alles, was Josua hervorbrachte.

Josua merkte, wie sich in seiner Lendengegend wieder diese Kraft aufbaute, die er bisher nur in einigen Träumen gespürt hatte. Diese überwältigende Kraft, über die er auf keinen Fall sprechen durfte. Aber nach diesen Träumen war dann immer dieser Fleck auf der Decke…

Lea stand einfach nur da und lächelte ihn an. Ihr Körper war schlank, wurde aber von ihren großen straffen Brüsten dominiert. Ihr blondes gewelltes Haar verlieh ihr eine Ausstrahlung, die ihn an die griechische Göttin Aphrodite erinnerte, deren Mosaik er letztens einmal im Haus eines reichen Kaufmanns erblickt hatte.

„Komm zu mir, Josua, komm …" Sie streckte ihm ihre Hand entgegen.

Josua konnte nichts anderes tun als sie betrachten. Neue Welten taten sich seinem Bewusstsein auf.

„Josua, komm zu mir und zieh dich aus."

„Lea, ich habe noch nie eine nackte Frau gesehen. Wie schön du bist!"

Als sich Josua nicht rührte, ging Lea auf ihn zu und zog ihm in aller Ruhe und Vorsicht sein Gewand über den Kopf. Er konnte sich nicht wehren. Dann setzte sie sich auf die Bettkante.

Nackt stand er vor ihr. Plötzlich, bevor die erste Berührung ihrer Körper erfolgte, konnte er nicht mehr die Kraft in seinem Stengel steuern, geschweige denn diese Kraft irgendwie unterdrücken. Mit aller Macht spritzte die klebrige Masse auf ihre Beine. Er fiel mit einem tiefen Stöhnen auf seine Knie.

Lea ließ Josua Zeit, denn sie hatte bemerkt, dass alles für ihn neu war. Sie fand es so süß, wie unerfahren er war. Die Peinlichkeit, die ihn überfiel, als sich sein Glied versteifte, hatte ihn so irritiert, dass es noch nicht lange her sein konnte, dass er das erste Mal Kontakt mit seiner Männlichkeit bekommen hatte. Sie streichelte seinen Kopf, als er vor ihr kniete und sie unter Tränen ansah. Tränen der Freude, Tränen der Erleichterung, aber auch Tränen eines inneren Kampfes, den er noch nicht gewonnen hatte. ‚Bin ich nun böse?', schien Josua sie wortlos zu fragen.

„Nein, du bist nicht böse", antwortete sie für ihn.

Er lächelte nur.

Sie nahm sein Gesicht zärtlich in ihre Hände und fuhr mit ihrem Zeigefinger über seine Narbe. Ihre Lippen berührten seine. Ganz kurz, ganz zart.

Er hatte seine Augen geschlossen.

„Mach die Augen zu, Josua. Lass mich dich führen." Ihre Lippen berührten wieder die seinen. Aber sie wurden fordernder. Mit ihrer Zunge öffnete sie seinen Mund. Seine Zunge überwand nach ein paar Momenten die Ängstlichkeit und suchte ebenfalls die Berührung der ihren. Sie nahm vorsichtig seine Hände und legte sie auf ihre Brüste. Dann erkundete sie mit ihren feingliedrigen Fingern seinen Körper. Er hatte starke Arme und eine breite Brust. Sie war wild und gleichzeitig so geduldig und vorsichtig, wie sie es bei sich noch nie erlebt hatte. Sonst hatte sie die Männer auf ihren Körper gezogen, hatte immer bereitwillig ihre Beine geöffnet und ihren Schoß den Schwänzen entgegengepresst, denn nackt fühlte sie sich wohl, sehr wohl sogar. Die Männer ließen dann auch bei solch einer Einladung nie lange auf sich warten. Leider dauerte es dann nie sehr lange, bis diese Schlappschwänze sich wieder aus ihrem Schoß befreiten und von ihr abließen. Sie brauchte eine Zeit, bis sie in Fahrt kam, aber wenn sie in Fahrt war, lagen alle Männer wieder erschöpft neben ihr. Wie sie von diesen wenigen Momenten so erschöpft sein konnten, hatte sie bis heute nicht verstanden.

Sie spürte, wie langsam in Josuas Finger Bewegung kam. Erst ganz langsam fingen sie an, ihre Brüste zu umkreisen. Ganz zart berührten seine Finger ihre Brustwarzen.

Sie musste aufstöhnen. Seine Finger wurden fordernder, ihre jetzt auch, sie zog ihn von den Knien hoch. Immer noch spielten ihre Zungen dieses Spiel, nun leidenschaftlicher und forscher. Leas linke Hand krallte sich in seinen Hintern, ihre rechte fasste nach seinem Glied. Es war schon wieder zu voller Größe aufgerichtet.

Lea spürte, wie Josua auf einmal zurückschreckte und kniend zwischen ihren geöffneten Beinen innehielt.

„Ich habe Angst, Lea.“

„Ich weiß.“

Lass dich gehen. Denke nicht so viel.“ Sie griff wieder nach seinem Glied und bearbeitete es vorsichtig. Sie wusste, noch ein paar Momente, und dann würde Josua zu einem Mann werden, zu dem Mann, den sie schon immer in ihm gesehen hatte. Dann würde eine animalische Kraft ihn durchfluten, dass…

„Oh Gott, vergib mir, denn ich weiß gerade wirklich nicht was ich tue“, stöhnte Josua.

Es ging los. Bevor sie den letzten Gedanken zu Ende denken konnte, bemerkte sie, wie sein Penis schon in ihrer nassen Wärme angekommen war.

„Josua, zeig mir, was in dir steckt. Mach mit mir, was du willst…“, konnte sie noch kurz hauchen, danach war keine Zeit mehr für Worte.

∞

Was für ein Tag! Samuel saß noch auf seinem Schemel, während alle Jungen, denen er gerade die Thora näher bringen wollte, schon hinaus in den Hof gerannt waren. Jetzt würden sie bestimmt schon alle zu Hause sein. Keiner der Jungen hatte wahrhaftes Interesse an den Überlieferungen und an den Gesetzen Gottes, dachte Samuel.

Was war das nur für eine Stadt, dieses Ephesos! Zehn Jahre war er jetzt in diesem Sündenpfuhl und es kam ihm vor, dass die Verfehlungen in dieser Stadt immer größer wurden. Die Juden, die wirklich die Religion ihrer Väter ehrten und den Brauch lebten, wie es Gott ihnen aufgetragen hatte, konnte man wirklich an einer Hand abzählen. Warum wollte kein junger

Mensch mehr die Tiefe und die Fülle der Religion des auserwählten Volkes kennen lernen, fragte er sich. Warum folgten sie alle den Heiden? Warum zogen sie sich schon wie die Heiden an? Warum sprachen sie wie die Heiden? Warum drehte sich vieles nur noch um Sesterzen und Asse?

Samuel stand auf, schließlich konnte er nicht ewig in diesen Gedanken hängen bleiben. Er rollte die Thorarolle zusammen und stellte sie wieder an ihren Platz im Schrein zurück. Sie war eine Pracht. Vor einem Jahr hatte er Josua beauftragt, für ihn eine neue Rolle anzufertigen. Und diese ist wirklich die schönste geworden, die Josua je hergestellt hatte, dachte er. Josua. Was war er froh, dass wenigstens Josua auf ihn kam! Ja, es war nicht immer leicht mit ihm, stöhnte er. Aber er war schließlich sein einziger Sohn. Josua interessierte sich für die Überlieferungen, er war arbeitsam, er war gebildet und er war die meiste Zeit zu Hause und konnte somit nicht draußen im Sündenpfuhl verloren oder sogar untergehen. Josua, tief im Inneren hatte er Respekt vor seinem Sohn, wie er den Tod von seiner Mutter verkraftet hatte und was er für eine gute Schreibarbeit ablieferte. Aber in den letzten Wochen kam er ihm etwas zerstreut vor, er schluderte viel und vergaß Kleinigkeiten. Er musste bald dringend mal mit ihm reden, schließlich durften solche Angewohnheiten nicht einreißen. Er musste ihn wieder in die richtige Spur bringen.

Jetzt war Samuel hungrig. Ein paar Kleinigkeiten standen mittags immer auf dem Tisch, seitdem Lea in seinem Haus arbeitete. Sie war eine eifrige Frau mit einer schnellen Auffassungsgabe, auch wenn sie von ihren Eltern – das hatte er schon mitbekommen – nicht sittsam genug erzogen worden war. Aber welches Kind wurde in dieser Stadt schon sittsam erzogen, wenn sogar sein Vorgänger hier gescheitert war? Und vor zehn Jahren hate es noch weniger Menschen hier gegeben. An jeder freien Ecke in der Stadt, in jeder freien Hanglage wurden Häuser gebaut. Immer mehr Menschen zogen zu, und immer weniger Juden lebten ihren Glauben. Wo sollte das noch hinführen?

Heute hatte Lea eine sehr verführerische Ausstrahlung an sich. Lea, was für ein Name. Seine erste Frau, seine bisher einzige große Liebe, hieß auch Lea. Samuel hatte seine Haushälterin noch nie richtig betrachtet. Gut sah sie aus, sie hatte sehr weibliche Formen, besonders gefielen ihm ihre großen Brüste. Möge der Herr ihm diese Gedanken vergeben. Ihr gewelltes Haar war heute etwas zersaust, aber das ließ ihre blonde Mähne nur noch schöner aussehen. Wie bei seiner ersten Frau, wie bei Lea. Er dachte an Sarah. Ja, es fehlte etwas hier im Haus, seitdem sie gestorben war. Es fehlte die Geborgenheit, es fehlte das Lachen, und ihm fehlten die Zeiten, in denen sie zusammen das Lager teilten und er seinen körperlichen Gelüsten frönen konnte. Mit Lea würde er auch gerne mal auf seinem Lager …

Samuel zuckte kurz zusammen. Was hatte er gerade gedacht? Er sah Lea und dachte an den Beischlaf? Mit einer unverheirateten Haushälterin, noch ein Kind, das von fast heidnischen Juden erzogen wurde? Samuel war jetzt Anfang vierzig, aber wie ihm gerade auffiel, war er noch sehr lebendig. Wie kamen ihm jetzt diese Gedanken in den Sinn? Und warum fuhr ihm ein Verlangen nach Lea in die Lenden?

„Gott, bitte vergib mir diese Gedanken, bitte vergib mir diese Gefühle. Was macht diese Stadt mit mir? Gott, bitte hilf mir und schütze mich vor der Versuchung."

Daraufhin setzte er sich auf seinen Schemel und wartete auf alle kleinen Köstlichkeiten, die die junge Frau ihm nun auftischen wollte.

∞

Lea war immer noch nicht ganz bei Sinnen. Zum Glück hatte sie schon einiges vorbereitet, bevor sie zu Josua in seine Kammer gehuscht war, denn sonst hätte sie dem Rabbi nichts auf dem Tisch präsentieren können. Nur wenige Minuten war sie schon mit ihren Vorbereitungen in der Küche zugange, als der Rabbi eintrat und sich an den Tisch setzte. Früher als sonst. Sie stellte ihm ungesäuertes Brot auf den Tisch, brachte mit Rosmarin gewürztes Olivenöl und hatte die Linsensuppe von gestern wieder aufgewärmt. Dazu trank Samuel wie immer seine Ziegenmilch.

„Wo bist du geboren, Lea?"

„Ich? Ähh … hier in Ephesos." Sie sah auf den Boden und drehte sich um. Sie war wie vor den Kopf gestoßen, denn normalerweise sprach der Rabbi kein Wort, nicht vor dem Essen, beim Essen schon gar nicht, und auch nach dem Essen war er mehr oder weniger schweigsam. Ausgerechnet heute, dachte sie.

„Erzähl' mir etwas von dir. Ich möchte dich besser kennenlernen."

Lea musste sich jetzt zusammennehmen, damit sie sich nicht irgendwie verriet. „Wie gesagt, ich bin in dieser Stadt geboren, meine Eltern kennst du, und ich möchte ein gottgefälliges Leben führen." Diese Worte mussten Samuel gefallen.

„Haben dich deine Eltern nach den jüdischen Bräuchen erzogen?"

„Ja, natürlich, Rabbi."

„Ah ja, auf jeden Fall kochst du sehr gut. Deine Speisen sind immer ausgezeichnet gewürzt."

„Danke, Rabbi, vielen Dank. Josua lässt sich entschuldigen, er schreibt immer noch an den Propheten, soll ich dir ausrichten."

„Wunderbar. Das höre ich gerne. Heute habe ich nach dem Essen keine Zeit mehr, aber ich möchte mich die nächsten Tage noch einmal näher mit dir unterhalten, Lea." Samuel nahm ein Stück Brot und tunkte es in die Suppe. Danach hatte Lea Ruhe, denn während des Essens gab er kein Sterbenswörtchen von sich. Und sie hatte Zeit, ihre Gedanken zu ordnen.

Was für ein Morgen! Der schönste Morgen, an den sie sich erinnern konnte. Als sie heute früh in Josuas Stube stand, wollte sie fast schon wieder gehen, aber dann nahm sie doch sämtlichen Mut zusammen und teilte Josua ihre Liebe mit. Am Anfang war es schwierig, Josua aus seinen strengen Gedankenmustern herauszuholen. Was richtete nur der strenge jüdische Glauben in den Seelen der Menschen an? Würde sie ihn nicht so lieben, hätte sie ihn auf seinem Schemel sitzen lassen und wäre gegangen, denn dieses religiöse Geplapper war schwer zu ertragen. Wäre sie gegangen, dann für immer. Aber sie wollte ihn. Und was dann passiert war, als sie ihn mit ihrer Nacktheit schockte, das würde sie nie vergessen. Wie ein Vulkan war Josua ausgebrochen, drei Stunden lang konnte er nicht genug von ihr und von den Spielen der Liebe bekommen. Und sie auch nicht. Sie konnte ihm alles zeigen, was sie aus der Zeit mit den anderen Männern vor ihm gelernt hatte.

Noch nie hatte sie einen Mann erlebt, der sie an den Rand des Wahnsinns und der körperlichen Erschöpfung gebracht hatte. Josua bekam einfach nicht genug. Er stieß immer und immer wieder mit solcher Gewalt in ihren Schoß, als ob er seine Vergangenheit vernichten wollte. Es kam ihr vor, als ob Josua sich befreien wollte. Und zwar ohne Kompromisse.

Sie hatte schon viele Männer gehabt, ja, sie liebte es, auch mal hart genommen zu werden. Aber heute ... heute hatte sie Empfindungen gehabt, die sie in dieser Stärke noch nicht kannte. Sie, die sexuell so erfahrene Lea. Heute konnte sie die Welt umarmen. Sie fühlte sich frei, sie fühlte sich leicht, sie fühlte sich schön. Es war ein Unterschied, ob sie mit einem Mann schlief, der einfach nur gut aussah, oder mit Josua, den sie liebte, den sie förmlich anbetete. Seine Fantasien waren ihre gewesen, seine Wildheit war ihre eigene, die nie zuvor ans Tageslicht gekommen war. Sie wusste, dass sie anders war als ihre braven Freundinnen. Ja, sie bumste einfach gerne, um es in ephesischer unverblümter Sprache einfach mal zu verdeutlichen. Aber Josua hatte in dieses Gemisch von Verlangen und Leidenschaft noch seine natürliche Unbekümmertheit gegeben, die mit ihrer Liebe zu ihm ein magischer Zaubertrank wurde. Dieser Zaubertrank wirkte. Es war wie …

„Lea, bringst du mir noch eine Schale Ziegenmilch?" Samuel riss sie aus ihren lustvollen Tagträumen. Kurz kehrte sie ihm den Rücken zu.

„Natürlich, verehrter Rabbi, ich eile."

∞

Josua saß wieder angezogen auf seinem Schemel und wollte schon wesentlich weiter fortgeschritten sein mit Jeremia, aber dieser Morgen … Diese Frau … Lea … Wenn er nur an sie dachte, erwachte wieder seine Leidenschaft. Eine Leidenschaft, die er bisher nicht gekannt hatte. Eine körperliche Leidenschaft, die ein Jude nicht fühlen, geschweige denn leben durfte. Solch eine Leidenschaft war schlicht und einfach verboten und abscheulich. Warum konnte er diese elenden Schuldgefühle nicht loswerden? Für diese Gefühle hasste er seine Vorfahren, hasste er Samuel. Er haderte mit Gott, als Jude geboren zu sein und soviel Schuld zu fühlen.

Seine einzige Leidenschaft waren bisher die Schriften gewesen. Wenn er schrieb, dann fühlte er sich mit Gott, dem Herrn, verbunden. Dann wusste er, dies war sein Auftrag, dies war seine Bestimmung, warum er lebte. Seine Gedanken wanderten in die Vergangenheit. Es war so, als ob sein Leben an ihm vorbeizog. Sein früherer Erzfeind Simeon machte sich mit Sicherheit keine Gedanken über seine Bestimmung im Leben, Amos, Simeons Lakai, auch nicht.

Josua schaute auf das Holzkreuz, das auf seinem Tisch lag. Immer war es bei ihm, so war auch immer Jesus bei ihm. Was machte Jesus jetzt? Was würde Jesus über das sagen, was er vorhin erlebt hatte? Dann musste Josua an Rahel denken. Sie musste jetzt eine wunderschöne Frau sein, vielleicht war sie schon verlobt, vielleicht schon verheiratet. Mit fünfzehn war es ja fast die beste Zeit dafür. Und er? Er war jetzt siebzehn und hatte erst jetzt einen Einblick in einen Bereich des Lebens erhalten, den er bisher übersehen hatte. Seinen eigenen Körper, der Bedürfnisse pflegte, die er bisher säuberlich verdrängt hatte. Er hatte bisher nicht einmal gewusst, dass sein Ding zwischen den Beinen, dieser Stengel, Penis hieß.

Diesen Gedanken musste er Einhalt gebieten, denn er musste schreiben. Es ging jetzt nicht anders. Das, was diese Erfahrung heute früh für sein Leben und für seine Seele bedeutete, musste er erst einmal verarbeiten. Und das

würde einige Zeit dauern. Und Lea … wie weich und zart ihre Haut war …
Weg mit den Gedanken.

Die Tinte, die er heute früh am Morgen hergestellt hatte, war jetzt fast
vertrocknet, obwohl sie sich im großen Tintenglas befand, aber er hatte
vergessen, es zu verschließen. Deshalb gab er etwas Ruß in das Glas, ließ
Holzkohle und Pflanzenharz folgen und schüttete zum Abschluss noch ein
bisschen Wasser hinzu. Heute würde er mehr Tinte brauchen, denn er
musste unbedingt weiterschreiben. Es half nichts. Die Pflicht rief. Die
Pflicht, was für ein seltsames Wort. Er nahm sein gespitztes Schilfrohr und
tunkte es in das Glas und fing an zu schreiben.

Jeremia, einer der längsten Propheten. Er schrieb Worte über den Krieg,
Worte über fremde Völker. Bei einigen Sätzen musste Josua kurz
innehalten und sie für sich durchdenken, wie zum Beispiel: „Mein Leib,
mein Leib! Ich winde mich, o meines Herzens Wände! Meine Seele
bestürmt mich, ich darf nicht schweigen!" Was für inbrünstige Worte! Er
stockte kurz, schrieb aber weiter. Es folgten Gottesworte, Klagerufe,
Fürbitten des Propheten, Ablehnungen von Gott, Rachewünsche,
Drohreden. ‚Eigentlich brutale Schriften, aber sie sind nun mal heilig',
hörte er sich laut denken. Dann folgten Tempelreden und
Schicksalswendungen. Draußen wurde es dunkler, er zündete sich sein
Öllämpchen an und schrieb weiter. Dann kam das letzte Kapitel. „Sein
Lebensunterhalt wurde ihm bis zu seinem Tode als dauerndes Geschenk
vom König von Babel in der bestimmten Höhe täglich geliefert, solange er
lebte."

Geschafft! Josua hätte nicht gedacht, dass er heute Jeremia beenden
konnte. Aber wenn er die letzten paar Stunden rückverfolgte, dann
bemerkte er, dass er wie in Trance geschrieben hatte. Er betrachtete sein
Geschriebenes und bemerkte, dass es absolut ohne Fehler war. Als ob Gott
heute über ihn gewacht hätte, denn Lea hatte seinen Tag schon sehr
durcheinander gewirbelt.

Auf einmal wurde die Tür aufgestoßen. Es war Samuel.

„Wie kommst du voran?", wollte er wissen.

„Es klappt gut, aber ich muss noch ein paar Stunden schreiben", erklärte
Josua zu aller Vorsicht, weil er seinem Vater nicht zuviel verraten wollte,
wie weit er bisher schon gekommen war. Schließlich brauchte er für alle
Fälle wieder einen kleinen Puffer. Josua musste lächeln.

„Sehr gut. Ich werde heute Abend einmal Leas Eltern einen Besuch
abstatten. Deshalb wird Lea heute länger bei uns bleiben. Also, wenn du
noch Geräusche hörst, dann weißt du, dass es keine Einbrecher sind."

Samuel schloss die Türe und ging die Holztreppe hinunter. Josua schaute kurz aus dem Haus und sah, wie Samuel sich über den Hof davon machte. Kurz darauf ging die Tür zu seiner Kammer auf und Lea stand vor ihm. „Ich will dich, Josua." Und schon hatte sie wieder ihre Gewänder ausgezogen und saß auf seinem Schoß. Er dankte Gott, dass er ihn nicht gestraft hatte, dass der steife Stengel und das klebrige Zeug keine Krankheit war, sondern ein Wunder der Natur. Und dieses Wunder wollte er nun wieder genießen.

Großer Geist

Zyndar Shiin betrachtete in einem seiner vielen Bildschirme das Zimmer von Josua, wo dieser jetzt endlich friedlich schlief. Das Raumschiff stand direkt über Ephesos.
Ja, Josua befand sich gerade in einer entscheidenden Phase seines Leben. Er lernte das weibliche Geschlecht kennen, er wurde mit körperlichen Leidenschaften konfrontiert, die für ihn und seine zukünftige Entwicklung von großer Wichtigkeit waren. Er sollte lernen, das Leben mehr zu genießen und nicht nur für seine Arbeit zu leben. Der jüdische Glaube war gut, jedoch zu fanatisch. Es war gut, dass er sich in Ephesos befand, denn dort konnten andere Bereiche in seinem Leben mehr in den Vordergrund treten, die in Israel vielleicht nie zum Vorschein gekommen wären. Aber eine gewisse Grenze der menschlichen und göttlichen Ethik durfte nicht überschritten werden.
Zyndar Shiin konzentrierte sich auf ein paar unsichtbare Punkte am großen Bildschirm, und schon tauchte auf der großen Leinwand in der Kommandozentrale des Raumschiffs Josuas Freund auf: Jesus.
Jesus war jetzt knapp siebzehn Jahre alt, und in diesen Wochen begann seine Schulung auf einer ganz anderen Ebene. Bisher war er in Träumen geschult worden, wenn sich seine Seele im geistigen Reich aufhielt. Alle Seelen wurden so geschult, aber nicht in so umfangreichem Maße wie diese große Seele. Bisher wurde der telepathische Kontakt von den Santinern mit ihm ausgebaut und geschliffen. Aber jetzt, da sein großer Geist schon fast vollumfänglich arbeitete, war das nicht mehr nötig. Alle geistigen Fähigkeiten, ob es die Telepathie oder die Öffnung des dritten

Auges waren, hatte er bereits fast bis zur Vollkommenheit ausgebildet. Jetzt stand die persönliche Schulung auf dem Plan. Nun musste er persönlichen, körperlichen Kontakt zu den Santinern bekommen und im Tagesbewusstsein diese neuen Erfahrungen verkraften. Vor ein paar Tagen hatte dieser erste Kontakt stattgefunden.

Es mussten jetzt Wege gefunden werden, dass Jesus – unbemerkt von neugierigen galiläischen Blicken – Kontakt zu den Santinern bekam. Ebenfalls mussten Wege gefunden werden, dass er auch schon einmal ein paar Tage von zu Hause wegbleiben konnte, denn die Schulungen und Aufträge, die er im Raumschiff bekam, dauerten einige Tage an. Seine Seele musste sich nach und nach an die Anwesenheit der Santiner gewöhnen. Und um sich an die Energie der Santiner zu gewöhnen, musste er sich einige Tage, zukünftig sollten es einige Wochen werden, im Raumschiff aufhalten.

Jesus hatte mit sechzehn Jahren seine Ausbildung zum Bauhandwerker vollendet. Er war aber schon früher mit seinem Vater von Stadt zu Stadt gereist und hatte ihm geholfen, wo es etwas zu bauen gab. Die letzten Jahre waren sie oft am Galiläischen Meer gewesen, denn dort wurde südlich von Magdala eine neue Stadt errichtet, die aber noch lange nicht fertig war. Ja, die Römer gaben seinem Vater und dadurch auch ihm eine Menge Aufträge für Arbeiten, denn gute Bauhandwerker gab es nicht wie Sand am Meer. Und jetzt, da seine Ausbildung abgeschlossen war und ihm, in den Augen seiner Dorfbewohner, nur noch eine Frau an seiner Seite fehlte, wurde es aber auch leichter für die Santiner, Jesus regelmäßig in das Raumschiff zu holen.

Ja, Jesus war schon immer ein willensstarker Mensch gewesen, und er war auch in den Schriften gut bewandert. Vor allem Abija, der Rabbi von Nazareth, hatte mit ihm wie schon sein Vorgänger viel Mühe und einige Diskussionen. Aber in ganz Nazareth war schon länger bekannt, dass Jesus ein gebildeter Mensch war. Für viele Einwohner von Nazareth war er allerdings hochnäsig und unzuverlässig, da seine Kraft, seine Stärke und seine Spontanität nicht immer richtig eingeordnet werden konnten. Da Jesus auch oftmals in seiner Jugend geschwächt war und kränklich erschien, wurde er nicht ernst genommen. Zum Glück konnte er mit den Lästereien der Bewohner gut umgehen. Jesus passte einfach nicht mit seinem großen Geist in dieses kleine Dorf.

Als Jesus das erste Mal ein Raumschiff von innen sah – es geschah an einem Abend hinter dem Berg, der Nazareth von Westen schützte – trafen Freunde und alte Seelen zusammen, was emotionale Wirbelstürme auslöste. Auf beiden Seiten. Jesus traf seine Geschwister wieder, seine Lehrer, die Santiner trafen ihren Freund und den Erlöser dieses Planeten. Jetzt ging es nur darum, dass Jesus die Existenz der Santiner in sein Tagesbewusstsein aufnehmen und dieses möglichst ohne Probleme verarbeiten konnte. Er musste den großen Spagat schaffen, zum einen im kleinen Nazareth zu sein, und demnächst mit dem Raumschiff die Erde aus einer Höhe zu sehen, was das Bewusstsein über alle Maßen erweitern würde. In wenigen Momenten stand nun für Jesus der erste längere Besuch im Raumschiff an, und Zyndar Shiin wusste, was sein Freund Tai Shiin dafür alles vorbereitet hatte. Solch ein Besuch musste auf allen Ebenen geplant sein.

Zyndar Shiin konzentrierte sich auf den Bildschirm, und es erschien wieder der schlafende Josua, denn in wenigen Stunden begann für den Sohn des Rabbi der neue Tag in einer Welt, die so anders war als die Welt seiner Kindheit, in der Jesus gerade auf dem Weg war, einen verlassenen Hügel südlich von Nazareth zu erreichen.

Ich kann das, was ich die letzten Tage erlebt habe, nicht in Worte fassen. Ich habe sie wieder getroffen, meine Freunde des großen, heiligen Geschlechts. Ich war bei ihnen in einem Raumschiff, das die meisten Menschen nie zu Gesicht bekommen werden. Bei ihnen in vielen Meilen Höhe über der Erde wurde mir zum ersten Mal so deutlich, wie klein dieser Planet Erde und wie wichtig meine Aufgabe ist. Gewusst habe ich es immer, nur empfunden bisher noch nicht...

Die letzten Tage im Raumschiff habe ich mich zum ersten Mal wirklich als Jesus gefühlt. Ich habe mich so gefühlt, wie ich bin. Es war schwierig für meine Seele, die vielen bekannten Seelen in diesem Leben im Fleisch wieder zu treffen. Ich kann es im Moment noch nicht fassen, was das für meine Entwicklung wirklich bedeutet, aber dort oben im Raumschiff, als wir um die Erde flogen und ich die Erde aus dem All beobachten konnte, fühlte ich mich zu Hause. Diese Perspektive gehört zu mir. Das kleine Nazareth, das spüre ich jetzt ganz deutlich, erdrückt mich. Es lässt mir keine Möglichkeit zu atmen. Aber oben im All geht es mir gut. Ich fange an, richtig zu leben.

Hier im Raumschiff konnte ich mich ausruhen. Ich bekam einen Eindruck, wie mich Shebar, das wichtigste Nahrungsmittel der Santiner, wieder in meine Kraft brachte. Es schmeckt so ähnlich wie Granatäpfel, aber etwas süßer und saftiger. Die tiefe Erschöpfung in mir war so groß, wie ich es vorher nicht für möglich gehalten hätte. Fünf Tage, hatte mir Tai Shiin gesagt, habe ich mit kurzen Unterbrechungen geschlafen. Jetzt merke ich, wie erholsam die Zeit im Raumschiff war. Dort gibt es keine negative Welt und keine Angriffe von den in der Dunkelheit lebenden Dämonen. Dort war ich sicher. Umso schwieriger war es für mich dann, wieder die Welt der Santiner zu verlassen. Ganz viel Kraft musste ich dafür aufbringen, mich wieder in das normale Leben auf der Erde fallen zu lassen.

Die Santiner haben mir einige Momente in Josuas Leben gezeigt. Wie hat sich dieser Junge von damals verändert! Hoffentlich geht er seinen Weg. Ich freue mich für ihn, dass er aus den starren Mauern seines eingepferchten Herzens entfliehen kann. Gott, ich möchte auch endlich die Frau treffen, die an meine Seite gehört. Auch ich bin ein Mensch, auch ich spüre Kräfte, die die meisten Juden verdammen. Auch ich möchte abends neben einer Frau einschlafen, die ich liebe und mit der ich meine Sorgen und Ängste teilen kann. Gott, bitte hilf mir. Ich hoffe nicht, dass diese Wünsche egoistisch sind. Sie sind einfach ein Teil von mir. So soll es sein.

Glück und Übelkeit

Josua wachte schweißgebadet, aber glücklich auf. Er hatte einen Traum, in dem er am alten Olivenbaum in Nazareth saß, wo er sich auch ab und zu mit Jesus getroffen hatte. Dort sah er weit über dem Berg Tabor wieder dieses Licht, was sich einmal schnell und einmal langsam am Horizont hin und her bewegte. Und dann kam Jesus, der in ein kleines Boot stieg, das neben dem Olivenbaum stand und sich auf einmal in den Himmel erhob. Er entfernte sich ganz langsam und sagte noch zu Josua: „Mein Freund, wir werden uns wieder sehen. Vergiss das nicht."

Es dauerte eine Weile, bis er sich erinnern konnte, wo er sich jetzt gerade befand. Ephesos, in seiner Kammer. In einer Kammer, die ein neues Leben für ihn bereithielt. Dann kam Lea wieder in seine Gedanken. Stop. Er wollte noch einmal genüsslich seinen Traum nachvollziehen, aber er hatte ihn schon wieder vergessen. Nein, er wollte ihm nicht mehr einfallen. Es war aber irgendetwas mit Jesus …

Es war noch früh, der Morgen dämmerte zwar schon ganz schwach, aber jetzt konnte er wieder nur an Lea denken. Gestern Abend, nachdem sie wieder einige Stunden ihrer Lust gefrönt hatten, lagen sie noch aneinandergekuschelt auf dem Bett, und sie erzählte ihm von Ephesos, dieser großen Stadt. Er wollte wissen, wie es dazu kam, dass eine Jüdin schon so viel sexuelle Erfahrung hatte. Er erinnerte sich noch daran, wie sie gelacht hatte.

„Du hast wahrscheinlich noch nicht viel von der Stadt gesehen, oder? Diese Stadt ist eine einzige Hure. Man kann sich auf Dauer nicht vor ihr verstecken." Nach einer Pause merkte sie noch an: „Du wirst wahrscheinlich den Rekord gebrochen haben, wie lange man sich vor ihr verstecken kann." Darauf hatte er erwidert, dass nicht er den Rekord gebrochen hatte, sondern sein Vater. Beide hatten lachen müssen. Es war ein schöner Abschluss des gestrigen Tages gewesen, denn es war dann für Lea an der Zeit, nach Hause zu eilen.

Josua genoss seine neuen Gefühle, die ihn noch immer begleiteten, aber auch Schuldgefühle mischten sich ganz dezent und leise in sein Bewusstsein. Seine Gedanken gingen wieder auf große Reise.

Hatte er gesündigt? Hatte er gefehlt? Gehörte das sexuelle Verlangen zum Leben eines Menschen dazu? Zu einem Juden bestimmt nicht. Wollte er überhaupt noch Jude sein, fragte er sich. Wollte er sich noch mit diesen alten Schriften abgeben, in denen es nur vor Regeln, Gesetzen und Gewalttaten wimmelte? Wollte er tagein tagaus immer nur in dieser Kammer sitzen, wo er von der Welt nichts mitbekam und wo das Leben an ihm vorbeizog? Wie sah das wahre Leben aus? Er war jetzt zehn Jahre hier und war noch nie im ephesischen Theater gewesen. Er hatte noch nie das Stadion besucht und noch nie die Prozession der Artemis gesehen. Doch, ein einziges Mal, aber damals war er noch sehr klein gewesen.

Josuas Gedanken kamen nicht zur Ruhe. Er dachte an Diana. Hatte sie ihn nur auf das Thema Frauen vorbereitet? Hatte er auch nur mit Diana schlafen wollen? Nein, das konnte er sich nicht vorstellen. Sie war zu rein, sie war so anmutig weiblich. Sie wirkte auf ihn wie eine wahre Göttin. Auf der anderen Seite konnte er sich bis gestern auch nicht vorstellen, mit Lea das Lager zu teilen. In Nazareth waren alle neunzehnjährigen Frauen verheiratet und hatten schon Kinder. Hier in Ephesos war alles anders. Aber Gott hatte es ja so gewollt, dass er hier lebte.

War er glücklich mit seinem Leben? Was wollte er in seinem Leben erreichen? Wollte er auch eine Frau und Kinder? Liebte er Diana? Ja, das tat er aus tiefstem Herzen. Liebte er Lea? Auf eine bestimmte Art und Weise, aber anders. Konnte er beurteilen, was Liebe war? Konnte er, ein Schreiberling, beurteilen, was wirkliche Liebe war? Nein, Lea liebte er nicht wie Diana. Er hatte Lea gern, er mochte ihre Art. Er begehrte sie, er wollte mit ihr schlafen.

Lea liebte ihn, oder meinte ihn zu lieben. Aber im Moment war ihm das alles egal. Er begann, diese Gefühle und die Vorfreude auf sie zu genießen. Er wollte unbedingt das Leben genießen und das Leben spielte sich im Moment fast ausschließlich in seiner Kammer ab.

Josua stand auf, wusch sich den ganzen Körper und schaute sich seinen beschnittenen Penis genauer an. Bisher hatte er noch nicht gewusst, was man mit ihm alles anstellen konnte, aber nun musste er ihm wohl mehr Aufmerksamkeit gönnen als bisher. Er lächelte. Er zog seine beiden Gewänder an und setzte sich noch einige Momente an seine Schriften, bevor er sich zum morgendlichen Mahl nach unten begab, wo er sie wieder sehen würde. Lea, seine ephesische Geliebte.

∞

„Josua, wie weit bist du gestern gekommen? Wann kann ich dem Rabbi von Smyrna die Prophetenbücher ankündigen?" Samuel hatte gerade die letzten Bissen seines Brotes heruntergeschluckt und knabberte noch ein paar geröstete Nüsse.

„Vater, ich kann es dir noch nicht genau sagen. Jeremia werde ich bald beendet haben, dann hätte ich also die Hälfte geschrieben. Sage ihm, dass er es in ungefähr drei Wochen bekommt." Josua hatte sich noch einige Tage an Puffer in seine Antwort hineingelegt, um übermäßigen Stress mit Samuel zu vermeiden.

„Drei Wochen? Geht es nicht schneller, mein Sohn?"

„Nein, es geht einfach nicht schneller. Du weißt, wie umfangreich die Propheten sind. Ich habe nur eine Hand, mit der ich schreiben kann."

„Aber du kannst mehr Zeit investieren. Du streunst noch zu viel herum."

„Jeder gute Schreiber braucht auch einmal Ruhe und frische Luft. Und ich sage dir jetzt schon, dass ich mir heute Nachmittag einen Spaziergang gönne, da ich die Luft draußen schon seit einigen Tagen nicht mehr gerochen habe." Josua fühlte sich gut, Samuel einmal ganz deutlich gesagt zu haben, was er dachte. „Ich sitze ja ausschließlich in meiner Kammer."

Samuel grummelte Unverständliches in seinen Bart hinein.

„Ich bitte um deine Erlaubnis und um dein Verständnis." Josua hatte eine solche Kraft in die Worte gelegt, dass Samuel nur mit einem Nicken erwidern konnte. Er schaute kurz zu Lea hinüber, die gerade einige Schüsseln abtrocknete und sah ihr zustimmendes Lächeln.

„Gut, gut. Lea, Josua, ich wünsche euch einen schönen Tag. Der Herr segne euch." Samuel stand auf und verschwand wie immer zielstrebig Richtung Synagoge.

Lea löste sich von Josua, der erschöpft neben ihr auf dem Bett lag. Sie setzte sich auf und lehnte sich an die Wand.

„Du machst mich fertig, Josua", sagte sie mit einem Lächeln auf den Lippen. „Ich kann es gar nicht glauben, was für eine Ausdauer in dir steckt."

Josua konnte nichts erwidern.

„Hattest du vorher wirklich noch nie eine Frau begehrt?"

„Doch."

„Und?"

„Vor ein paar Wochen habe ich ein nettes Mädchen kennengelernt, aber der Kontakt konnte nicht aufrechterhalten werden."

„Das kann ich mir vorstellen. Du kommst ja auch nicht aus deiner Kammer. Hätte ich mich hier nicht hineingeschlichen, dann würden wir beide uns immer noch schüchterne Blicke zuwerfen." Lea lachte und steckte damit auch Josua an. „Aber im Ernst. Nett sind viele. Hast du noch nie vorher eine Frau begehrt?"

„Nein, nein, nein. So wie du es meinst noch nie. Ich war in der Welt der alten Propheten gefangen, dass ich nie auf den Gedanken gekommen bin, eine Frau überhaupt nur anzuschauen. Bis vor wenigen Wochen wenigstens."

„Das fasse ich nicht. Und du hast noch nicht einmal einer Dirne nachgeschaut?"

„Woher soll ich wissen, wer Dirnen sind?"

„Die erkennt doch jeder." Lea war verdutzt über die Blauäugigkeit von Josua. Sie musste lächeln. Genau deshalb liebte sie ihn.

„Wann hast du denn, äh, das erste Mal ... mit einem Mann geschlafen?" Josua hatte dabei die Augen geschlossen.

Lea schmunzelte. Eine für ihn peinliche Frage. Kein Wunder, dass er sie dabei nicht anschauen konnte.

„Das war mit Anfang vierzehn."

„Mit Vierzehn? Machst du Witze?"

„Meine Eltern waren bei Freunden eingeladen. Es waren Griechen. Und dort traf ich ihren ältesten Sohn. Er war schon achtzehn. Oder erst siebzehn? Na egal. Jedenfalls fragte er mich, ob ich schon solche Erfahrungen gemacht hätte, worauf ich verneinte. Dann ging alles sehr schnell. Er ging mit mir in sein Zimmer, zog mir ganz geschwind meine Gewänder aus und schon lag er auf mir. Das erste Mal tat es weh, aber ich hatte von Mal zu Mal einen immer größeren Spaß daran."

„Wissen deine Eltern davon?"

„Nein, natürlich nicht. Sie geben mir viel Freiraum, den ich auch zu schätzen weiß. Wenn aber mein Vater erfahren würde, dass ich keine Jungfrau mehr bin, dann wirft er mich aus seinem Haus oder bringt mich um."

Josua war geschockt. „Hast du keine Angst, dass er von uns erfährt?"

„Nein, Ephesos ist so groß. Und außerdem sind sie stolz, dass ich hier im Hause des bekanntesten Rabbi arbeiten kann. Sonst immer tun sie sehr weltoffen, aber insgeheim wollen sie schon gläubige Juden sein." Sie lächelte.

„Und außerdem sind sie selbst noch nach zwanzig Jahren so scharf aufeinander, dass sie jeden Morgen engumschlungen in den Tag gehen und jeden Tag engumschlungen beenden."

„Was für eine andere Welt Ephesos doch ist!", stellte Josua erstaunt fest. „Solch ein Gespräch hätte es in Nazareth, wo ich geboren bin, gar nicht gegeben. Dieses Thema war tabu. Ich erinnere mich noch, wie meine Eltern abends, wenn sie dachten, dass wir Kinder schon im Traumland waren, miteinander das Lager teilten. Aber das dauerte immer nur sehr kurz." Er musste lächeln.

„Nach zwei Minuten war es vorbei und dann herrschte Stille. In Nazareth war der Beischlaf zum Zeugen von Kindern da. Zu nichts anderem. Schließlich sollen wir uns vermehren. Freude und Beischlaf gehören aus jüdischer Sicht nicht zusammen. Sexualität ist ein notwendiges Übel. So bin ich aufgewachsen."

„Einfach unglaublich." Lea schüttelte ohne Unterlass ihren Kopf.

„Unglaublich, aber wahr."

„Josua, du hast doch die letzten Tage wirklich genug geschrieben. Ich würde vorschlagen, dass du dich jetzt auf den Weg machst und dir einmal einige Ecken von Ephesos anschaust."

„Jetzt?"

„Dein Vater ist in der Synagoge und ich muss sein Zimmer säubern. Machst du das?"

„Meinst du wirklich?"

„Ja, ich warte solange, bis du dieses Haus verlässt. Dann gehst du als erstes zur neu gebauten Agora und schaust dir einmal das Gebiet links davon an. Dann setzt du dich einfach mal in das Theater und beobachtest die

Menschen. Und dann, wenn du noch möchtest, geh in das Hafengebiet. Ich weiß, dass du öfters auf deiner Mauer sitzt. Ich meine aber das Gebiet östlich davon. Dort findet das eigentliche Leben in Ephesos statt."
„Du meinst das Gebiet mit den engen Gassen?"
„Ja genau, das meine ich. Dort pulsiert das Leben. Schnupper mal rein und dann kommst du wieder zu mir und dann zeige ich dir ein Liebesspiel, was ich von einer Dirne, die ganz weit aus dem Osten kam, gelernt habe."
„Du hast von einer Dirne ein Liebesspiel gelernt?" Josua starrte sie ungläubig an.
Lea lachte und freute sich daran, wie leicht man Josua aus der Fassung bringen konnte. „Glaubst du das nicht?"
„Doch doch, schon."
„Ich kündige das hier nur schon mal an, damit du auch wirklich wieder zu mir zurückkommst und dich nicht in eine der vielen Huren verliebst."
Sie lachte und sah, dass er ihr Lachen mochte. Das war für sie das schönste Geschenk.

∞

Josua war glücklich. Er fühlte sich großartig. Und er fühlte sich schuldig. Er war fast achtzehn Jahre, ging nun ganz allein durch eine heidnische Stadt und hatte mit einer Frau geschlafen, die schon mit mehreren Männern verkehrt hatte. Das war nicht im Sinne des Herrn, wie ihn sein Vater gelehrt hatte.
Er ging diesmal mit offenem Geist durch die Gassen des jüdischen Gebietes. Er war zum ersten Mal nicht in Eile oder auf der Flucht und bog mit erhobenem Haupt in Richtung Agora ab. Sonst war er eilig mit Blick auf den Boden durch die Stadt gelaufen, nur um möglichst schnell wieder zu Hause zu sein. Aber heute wollte er alles ändern.
Die Agora war zwar noch nicht zu sehen, der Lärm aber, den die Menschen machten, war nicht zu überhören, die sich auf dem Hauptplatz befanden. Dafür sah er aber etwas anderes. Wo sein Auge hinreichte, sah er unzählige Gedanken an die Häuserwände gekritzelt. Die waren ihm noch nie aufgefallen. *Marcus war hier*, las er. *Phoebe liebt Quintullus* oder *Die Nachbarn wählen Lucius zum Aedil* und *Nur der ist ein netter Mann, der schon als Jüngling eine Frau geliebt*. Aber dann sah er an einer zurückliegenden Häuserwand so viele obszöne Bilder und Ausdrücke, dass es ihn fast ekelte. *Messius hat hier gevögelt* war, wenn sein Lateinisch ihn nicht im Stich ließ, noch das neutralste. Er wandte sich angewidert ab.

228

Er passierte auf der linken Seite das Theater, das er später bestaunen wollte. Zuerst ging er zur Großbaustelle des zentralen Marktplatzes. Es wurde nicht mehr viel gebaut. Die überdachten Arkaden waren fertig, und die Geschäfte in den Arkaden waren fast alle schon vermietet und belebt. Die ersten Händler hatten sich schon ausgebreitet. Auf dem großen Platz der Agora waren allerdings noch Stellen, die von einigen Arbeitern ausgebessert wurden.

Er blieb erst einmal stehen und betrachtete vom Osttor aus das ganze Treiben. Hunderte von Menschen wuselten durch die Gegend, bepackt mit Lebensmitteln, mit Waren unterschiedlichster Herkunft. Bunte Gewänder überall, lautes Geschrei und Gefluche. An dieses Leben musste Josua sich erst noch gewöhnen. Sein Auge blieb an der linken Säule des Osttores hängen, wo er eine Bekanntmachung erblickte.

„Agathé tyche, Glück auf ihr Bürger von Ephesos. Am fünften Tag des Monats Maius wird die Agora, der zukünftige Marktplatz von Ephesos, feierlich eingeweiht werden. Die Gilde ephesischer Kaufleute wird dafür sorgen, dass es vom Sonnenaufgang bis zum Sonnenuntergang immer genug zu speisen gibt. Am sechsten Maius findet wie jedes Jahr die Artemisa statt zur Feier unserer Göttin Artemis Ephesia. Dann werden die nächsten drei Tage im Zeichen der Unterhaltung stehen: Im Theater wird es einige komödiantische Vorführungen geben, der Oberpriester des Augustus-Tempels wird im Stadion große Gladiatorenkämpfe ausrichten, zu denen sich die besten Kämpfer einfinden werden, die es derzeit in der römischen Welt gibt. Als Abschluss wird es noch ein Wagenrennen geben, zu dem sogar Kaiser Augustus – der Anbetungswürdige – erscheinen wird. Solche Festlichkeiten wurden bis dato in dieser Stadt noch nicht gesehen. Antonius Publius ließ dies schreiben und verkünden.“

Josua las die Bekanntmachung noch ein zweites Mal, denn der Inhalt war für ihn etwas Neues. Ja, die jährlichen Feste konnte man nicht überhören, sogar dort, wo er wohnte und arbeitete. Es schien, dass die ganze Stadt unterwegs war und es kamen wohl, so hatte er gehört, eine Menge Schaulustige und Reisende, nur um diesen Festlichkeiten beizuwohnen. Für ihn allerdings waren solche Festlichkeiten tabu. Seine Religion verbot ihm, diese heidnischen Feierlichkeiten zu besuchen. Warum er …

„Geh mal aus dem Weg, Bummelant. Ich möchte auch die Bekanntmachung lesen.“ Josua wurde von einem nach Fisch stinkenden Mann brutal zur Seite gestoßen. Josua ging daraufhin unter den Arkaden entlang und betrachtete die Geschäfte. Bauern aus der Umgebung boten ihre Produkte an, Bäcker und Fleischhauer folgten, ein paar Garküchen fanden sich zwischen Töpfern, die ihre Schalen, Teller und Amphoren feilboten. Kupferschmiede hämmerten an den Kesseln, die Ringe und Anhänger der Gold- und Silberschmiede wurden mit kleinen Öllampen beleuchtet, damit ihr Schein aus dem dunklen Gewölbe heraus zu sehen war. Hier in Ephesos konnte Josua sehen, was alles gekauft werden konnte und wie viele dieser Waren nach Ephesos gebracht wurden. Sogar Felle und die seltensten Gewürze konnte er erblicken.

Viele ältere Männer gingen in philosophische Gespräche vertieft und teilweise gedankenverloren vor ihm unter der Überdachung her. Zwei von ihnen waren nun direkt vor Josua und nahmen soviel Raum ein, dass er an ihnen nicht vorbei kam.

„Ich halte von Heraklit nicht viel. Er hat sich in die Wälder zurückgezogen und ernährt sich von Gräsern und Beeren. Das ist für mich kein Vorbild."

„Harmonios, bist du dir so sicher? Es ist doch nur eine Legende. Es geht doch nicht darum, wie er sein Leben geführt hat, sondern darum, was er gelehrt hat."

„Und, verstehst du seine Lehre?"

„Seine Lehre ist der stetige Fluss. Alles fließt, lehrte er. Alles fließt. Was gibt es hierbei nicht zu verstehen?"

„Alles fließt. Nur ein Fluss fließt. Was soll das also bedeuten?"

„Alles ist in Bewegung. Alles ist ewige Veränderung. Nichts ist so, wie es vor wenigen Momenten noch war. Das ist doch logisch, Freund."

Josua sah, wie sich die beiden Männer auf den Marktplatz hinausbegeben hatten, und er dachte noch kurz über die Worte nach, die er gerade von ihnen aufgeschnappt hatte. Wer war Heraklit? Das musste er noch erforschen. Alles fließt, alles ist in Bewegung. Gedanken, die er noch nicht richtig verstand, aber er wusste, dass sie wichtig für ihn waren.

Josua ging weiter, betrachtete die weiteren Geschäfte, die ebenfalls ihre Waren oftmals sehr lautstark anpriesen. Er sah Schuhmacher, Fassbinder und Tuchweber. Es wurden die unterschiedlichsten Brote verkauft, ein Stand bot nur Nüsse und Kerne an. Was ihn ganz besonders freute, war ein Stand mit Schreibutensilien. Er sah Tintengläser, Schilfrohre, die Zutaten, die man zur Herstellung von Schreibrollen benötigte, Wachs- und Tontafeln und auch Papyrus. Dieses Geschäft musste er sich demnächst mal näher anschauen. Er ging weiter und sah nur wenige Schritte weiter wunderschöne farbige Tücher, die prachtvollsten Farben und schönsten Stoffe. Er wollte sie gerade näher betrachten, als Bohan auf ihn zutrat. Er mochte den Mann seiner Schwester nicht.

„Josua, dich habe ich ja hier noch nie gesehen. Was treibt dich denn auf die Agora?"

„O, Bohan, ich grüße dich. Äh, nichts bestimmtes. Ich wollte mich nur mal nach Papyrus umsehen." Zum Glück fiel ihm eine Antwort ein, denn es konnte durchaus sein, dass Esther von ihrem Gespräch erfuhr und dann durch ihr Geschwätz auch sein Vater.

„Das hier ist mein Reich. Du weißt ja, dass ich viel Ware aus dem fernen Reich Chang'an im Osten kaufe. Das ist die beste Qualität, die es gibt. Fühl mal."

Josua nahm einen Stoff zwischen seine Finger und nickte.

„Fühlt sich gut an." Aber ihn interessierten seine Ausführungen und sein Stoff nicht im Geringsten.

„Wie geht es Esther und Judith?"

„Gut. Du hast dich ja auch eine lange Zeit nicht mehr blicken lassen, sonst wüsstest du es."

„Recht hast du, Bohan", erwiderte Josua. Diesen Besserwisser konnte er aber nicht mehr lange ertragen. „Ich werde mich bessern. Grüße sie bitte von mir. Ich drücke sie beide ganz fest. Sagst du es ihnen?"

„Ja, natürlich. Nicht nur du, sondern auch Gott ist mein Zeuge, gepriesen sei er in aller Ewigkeit. Bis bald, Josua."

Ausgerechnet Bohan musste er hier über den Weg laufen. Ein steifer Typ, gestelzt und von sich zu sehr eingenommen. Ein Freund sollte Bohan nicht werden.

Josua drehte noch eine Runde unter den Arkaden, bis er wieder die Agora im Osttor verließ, denn er wollte sich das Theater anschauen. Von weitem konnte er schon die höchsten Ränge sehen. Eine Menge Menschen bevölkerten das große Theater. Er nahm den westlichen Eingang, stieg ein paar Stufen hinauf, durchquerte einen kurzen überdachten Gang und stieg rechts eine Treppe hoch bis zu den untersten Rängen. Er schaute sich um und sah ein riesiges Halbrund mit unzähligen Menschen. Was machten die nur alle um diese Uhrzeit hier im Theater? Hatte von denen keiner zu arbeiten? Von überall her kamen Stimmen auf ihn zu. Die Bühne war abgesperrt, aber man konnte jetzt schon erahnen, was für eine hervorragende Akustik hier herrschte. Er verstand fast jedes Wort von einem Arbeiter, der auf der Bühne einem Freund einen Witz zuflüsterte. Josua ging einige Stufen hoch und setzte sich etwas abseits neben eine Gruppe von gut angezogenen Römern. Er ließ seinen Blick umherschweifen. 20.000 Menschen passten in das Theater, hatte er gehört. Welch ein riesiges Bauwerk! Überall saßen Gruppen von Menschen und diskutierten, lachten oder stritten. Auf einmal hörte er eine Flöte. Genau gegenüber konnte er einen Mann erkennen, der ganz allein sein Musikinstrument spielte.

„Wenn doch nur Jesus hier wäre!", hörte er sich auf einmal sagen, während er ganz in Gedanken sich bereits das Kreuz aus Olivenholz aus seiner verborgenen Tasche seines Untergewandes hervorgeholt hatte. Diese kleine Tasche hatte er sich extra von seiner Mutter einnähen lassen, da er das Kreuz immer bei sich tragen wollte, wo immer er auch hinging. Er drückte es ganz fest und lauschte dem Flötenspieler, der ihn jetzt gedanklich nach Nazareth versetzte, wo Jesus vielleicht gerade an der Quelle saß und sein wunderschönes Flötenspiel betrieb. Hörte ihm Rahel wieder zu? Waren sie beide vielleicht schon verheiratet?

Josua betrachtete noch einige Zeit die Menschen. Er musste sich immer noch an die Größe dieser Stadt gewöhnen. Nazareth und sogar Sepphoris waren überschaubar, aber dieses Ephesos war riesig. Die unterschiedlichsten Sprachen hörte er. Und er konnte keine von ihnen zuordnen. Sprachen diese Menschen neben ihm vielleicht ägyptisch, oder iberisch? Waren diese Männer einige Reihen vor ihm vielleicht Germanen oder kamen sie aus dem Gebiet, was Chang'an hieß, wie Bohan sagte? Er sah dunkle Hautfarben, er sah rote Haare, die zum Zopf gebunden waren, er sah Menschen, deren Augen sehr schmal wirkten und die nur aus einem kleinen Schlitz in die Welt schauten. Lyder und Galater, Karer oder Phryger konnte er noch erkennen, aber sonst glaubte er kaum, was es für unterschiedliche Menschen gab. Er schaute achtsam in die Runde, hörte gespannt zu, was er eventuell verstehen konnte. Einige Sprachen klangen sehr angenehm, andere klangen eher brutal. Manche Männer hatten tiefe Stimmen, manche hatten höhere. Es befanden sich nur vereinzelt Frauen im Halbrund. Draußen war die Welt der Männer, zuhause wohl das Reich der Frauen. Josua stand wieder auf und verließ das Theater. Was sollte er jetzt tun?

Nach dem Stand der Sonne zu urteilen, war er nun schon einige Stunden unterwegs. Es reichte ihm, er musste diese vielen Eindrücke erst einmal verdauen. Morgen war auch noch ein Tag. Schließlich musste er auch wieder seine Propheten schreiben. Er entschied sich für den Weg nach Hause. Jetzt war er müde und wollte nur noch nach Hause. Ein frisches Getränk, einen Blick von Lea, und es würde ihm gleich besser gehen.

Als er in den Hof seines Zuhauses eintrat, war alles sehr ruhig. Sonst hörte man immer um diese Zeit die Stimmen der Jungen, die sich noch in der

Synagoge befanden. Aber heute war es still. Irgendetwas war seltsam, aber was?

∞

Samuel stellte die Thorarolle zurück in den Schrein. Er war sehr aufgeregt, denn heute wollte er Lea sagen, dass er sie als Frau erwählte. Lea war neunzehn, wie er von ihren Eltern erfahren hatte. Nun ja, der Altersunterschied von vierundzwanzig Jahren war zwar beträchtlich, aber ihm machte er nichts aus. Lieber eine jüngere Frau als gar keine. Und außerdem hatten viele ältere Männer jüngere Frauen, er war also keine Ausnahme. Was ihn aber ganz besonders freute, war, dass seine erste Frau auch Lea hieß. Diesen Namen liebte er.

Der Abend bei den Eltern von Lea war sehr interessant gewesen. Jojachin und Marta waren angenehme Menschen. Er wusste mittlerweile, dass es in Ephesos nur wenige religiöse Juden gab, was er immer noch nicht recht wahrhaben wollte. Sie waren ihm alle zu ‚heidnisch‘, denn die Gesetze und Regeln wurden in dieser Großstadt nicht so beachtet wie in Galiläa oder Judäa. Aber hinter dieser heidnischen Fassade hatte er einen tiefen Glauben bei Jojachin entdeckt. Als er, Samuel, ihn dann sozusagen um die Hand seiner Tochter anhielt, war dieser über alle Maßen beruhigt. Er erinnerte sich noch gut an das Gespräch mit ihm, während Marta sich um den Nachtisch in der Küche kümmerte.

„Samuel, das ist die schönste Nachricht, die ich als Vater bekommen kann“, hatte Jojachin gesagt. „Ich habe mir so langsam schon Sorgen um meine Tochter gemacht. Alle Freundinnen in ihrem Alter sind schon längst verheiratet und haben Kinder.“

„Ich bin froh, dich damit beruhigen zu können.“

„Hast du ihr schon deinen Wunsch mitgeteilt?“

„Nein, ich werde es in dieser Woche tun. Ich wollte es erst mit dir besprechen, Jojachin. Was meinst du, wie wird sie reagieren?“

„Sie wird einwilligen und dich gern zum Mann nehmen, dafür werde ich schon sorgen. Schließlich ist es eine Ehre für sie und auch für uns.“

„Ich gehe davon aus, dass Lea noch Jungfrau ist …“

„Da kann ich dich beruhigen, Rabbi, meine Lea ist noch Jungfrau. Sie hat sich für den richtigen Mann aufgehoben. Und dieser Mann sitzt gerade vor mir.“ Sie hatten beide gelacht.

„Gut, das aus deinem Munde zu hören.“

233

„Wenn sie keine Jungfrau mehr wäre, dann könnte sie was erleben. Wenn wir in Judäa wären, dann würde ich sie steinigen lassen." Beide nickten. Sie hatten sich auf einer bedeutend tieferen Ebene gerade die Hand geschüttelt und eine Einigung erzielt. Beide gehörten noch zum alten Schlag der Gläubigen, die die überlieferte Lehre in den Schriften lebten.

„Meinst du, Jojachin, ich könnte sie glücklich machen? Ich bin, nun ja, wie soll ich es sagen, erheblich älter."

„Lea wird an deiner Seite glücklich sein. Dafür lege ich meine Hand ins Feuer."

„Gut, du beruhigst mich. Eine gute Mutter wird sie sein, ich habe sie schon bei der Arbeit beobachten können. Sie ist sehr flink und wirkt für ihr Alter schon sehr erwachsen."

„Rabbi, ich bin glücklich. Sehr glücklich. Marta, bring den besten Wein, den wir haben. Wir haben heute Abend etwas zu feiern."

Samuel verließ die Synagoge und lief über den Hof. Bevor er in den Wohnbereich eintrat, hörte er Lea pfeifen. Er mochte fröhliche Frauen. Samuel setzte sich an den Tisch und beobachtete Lea, wie sie in der Küche hantierte.

„Lea, bringst du mir einen Becher Wein?"

„Keine Ziegenmilch?", fragte Lea ungläubig.

„Nein, heute gibt es etwas zu feiern."

„Ja, Rabbi, ich eile." Wein war nicht griffbereit, zu selten wurde er in diesem Haus getrunken. Nach einer Weile kam sie mit einer kleinen Amphore in der Hand zurück und füllte seinen Becher fast randvoll.

„Ich werde mich kurz in meine Stube zurückziehen. Kommst du in ein paar Minuten bei mir vorbei, da ich etwas mit dir besprechen möchte."

„Ja, Rabbi, ich bereite gerade noch für Josua die Suppe zu, die er essen kann, wenn er heute Abend nach Hause kommt."

Samuel war geschockt. „Josua ist nicht zuhause?"

„Er schaut sich ein wenig die Stadt an."

Samuel wollte sich nicht die Laune verderben lassen, jetzt kurz vor dem wichtigen Gespräch. Josua würde er sich später vorknöpfen. Der Wein wirkte Wunder. Er fühlte sich leichter und lockerer. Er trank den Becher in wenigen Zügen aus und ging vergnügt die Treppe hoch und setzte sich auf seinen Schemel.

Wie würde er es ihr jetzt sagen? Er konnte kaum einen klaren Gedanken fassen, denn Lea hatte einfach wieder bezaubernd ausgesehen. Sie strahlte etwas Verführerisches, etwas Einladendes aus. Es war lange her, dass er in seinen Lenden diese pulsierende Kraft gespürt hatte, diese Kraft, die ihn in einen wilden Mann verwandelte, wenn er diese Kraft denn einmal zuließ. Seit er in Ephesos war, hatte Samuel bisher ganz andere Probleme gehabt. Mit Sarah hatte er geschlafen, wann er es wollte. Er hatte sie unterworfen, wie ein Mann eine Frau eben unterwerfen musste. Aber seit ihrem Tod hatte sich diese Kraft erst wieder gemeldet, seit Lea in seinem Haus arbeitete. In ihm schrie es nach mehr, der Herr möge ihm verzeihen, aber diese Gefühle waren nun einmal wichtig. Wie sollte er sonst seine Familie vermehren. Schließlich war das ein Wunsch des Herrn und ihm musste er schließlich auch dienen.

Es klopfte an der Tür.

„Tritt ein, Lea.“

„Was ist dein Begehr, Rabbi?“

„Nun, wie soll ich anfangen?“ Samuel kicherte.

„Am besten ganz vorn.“

„Ganz vorn, ja. Stimmt. Also, vor einigen Tagen war ich bei deinen Eltern und habe mit ihnen gesprochen und ich habe – ich falle jetzt mit der Tür ins Haus – deinen Vater um deine Hand angehalten.“

Lea wurde bleich.

„Lea, ich möchte dich heiraten.“ Samuel lächelte.

„Rabbi…“

„Ja, ich weiß, das kommt jetzt wie aus dem Nichts für dich, aber seit du in diesem Haus arbeitest, habe ich mich sehr an dich gewöhnt. Nein, viel mehr, ich mag dich sehr. Ich mag deine fröhliche Art. Du wirkst von Tag zu Tag fröhlicher. Und das tut mir gut.“

„Rabbi, das geht nicht.“

„Warum nicht?“ Samuel lächelte immer noch.

„Du bist sehr viel älter als ich.“

„Das macht doch nichts. Da bin ich nicht der einzige, der eine viel jüngere Frau heiraten wird.“

„Rabbi, nein, es …“

„Lea, dein Vater hat dich mir versprochen. Ich will dich heiraten und du wirst meine Frau werden.“ Samuels Lächeln verschwand.

„Aber ich liebe dich nicht, Rabbi. Verzeih, wenn ich es so direkt sage.“

„Es reicht am Anfang, wenn wir uns ein bisschen mögen. Ich mag dich auf jeden Fall sehr und du wirst dich schon an mich gewöhnen und mich auch lieb gewinnen.“

„Rabbi, es geht nicht. Ich liebe einen anderen Mann.“

„Ja und? Dieser Mann wird eine andere Frau finden. Lea, du wirst meine Frau. Die Frau des Rabbis, die Frau desjenigen, der in Ephesos einer der Vertreter unseres Herrn ist. Gepriesen sei er für immer und ewig. Wahrscheinlich sogar des Rabbis, der der beste von allen hier…"

„Rabbi, ich liebe einen anderen Mann."

„Dann vergisst du ihn."

„Es geht nicht."

„Wer ist es? Dann werde ich mit ihm sprechen und ihm die dringliche Lage erklären."

„Ich liebe Josua."

„Was?" Samuels Gesicht entgleiste und verkrampfte sich zur gleichen Zeit. „Du liebst Josua? Meinen Sohn? Wir reden auch wirklich von der selben Person?"

„Ja." Lea konnte nur noch flüstern.

Ohne Vorwarnung schlug er Lea ins Gesicht. Samuel tobte. Er warf sie auf sein Lager, riss ihr Gewand vom Leib und stürzte sich auf sie. „Na warte, dir werde ich es zeigen, wen du lieben wirst und wem du dienen wirst." In Samuel lebte nur noch Hass und Wut. Jedes Mal war es sein Sohn Josua, der ihm Probleme bereitete.

„Nein, Rabbi, nicht."

„Lea, das hier ist der Anfang unserer Ehe. Ich werde dich entjungfern und nicht mein Sohn." Der Rabbi war mittlerweile zu einem Berserker geworden.

„Bitte hör auf, Rabbi. Bitte…" Lea hatte keine Kraft mehr zu reden, sie konnte nur noch vor Schmerzen stöhnen.

Samuel hörte ihr Gewimmer nicht mehr und stieß zu. In seinem Wahn erkannte er, dass er nicht der erste war, der dieses zarte Geschöpf begattete. Nun war Samuel nicht mehr Herr seiner selbst. Er rastete gänzlich aus. Trotz ihres permanenten Stöhnens und Wimmerns schlug er Lea, so fest er konnte. Immer mehr, immer fester. Er konnte und wollte nicht aufhören, diese Hure Lea zu verletzen. Denn dadurch verletzte er auch seinen Sohn. Und dieser Josua sollte ab diesem Moment nicht mehr sein Sohn sein. Nie mehr.

Als Josua in den Wohnbereich trat, war Lea nicht da. Seltsam. Sie war doch sonst um diese Uhrzeit immer vor der Feuerstelle, dachte er. Wo konnte sie nur stecken? Er bemerkte, dass eine kleine Suppe köchelte. Es war doch nicht Leas Art, dass sie sich einfach davon machte. Wo konnte sie nur sein? Als er sich etwas Suppe in seine Schale füllen wollte, vernahm er ungewohnte Geräusche von oben. Er ging in Richtung Treppe, um sie besser hören zu können. Ein lautes und ein leises Stöhnen drang an sein Ohr. Außerdem hörte er, wie eine Hand auf weiches Fleisch schlug. Da wusste er auf einmal, was hier vor sich ging. Das Treppenhaus bebte. Was Lea und Samuel gerade machten, das war nicht zu überhören.

Josua handelte ganz schnell. Er schlich auf Zehenspitzen in seine Kammer, holte alle wichtigen Schreibutensilien, die er brauchte, und nahm seinen Beutel mit dem Geld, was er sich angespart hatte. Seine Gebetsriemen und den Gebetsmantel ließ er liegen, die brauchte er jetzt nicht mehr.

Als er wieder unten war, hielt er noch einmal kurz inne und ließ zum Abschluss seinen Blick durch alle Ecken des Hauses gleiten. Dann fing er an zu rennen. Erst über den Hof, dann durch die Gassen. Er rannte und rannte, denn so langsam bemerkte er in sich eine Übelkeit und einen Schock, der sich in ihm ausbreitete. Und wenn dieser ihn überfiel, wollte er so weit weg von diesem Haus sein, wie es nur ging. Dieses Haus würde er nie wieder in seinem Leben betreten.

Ein paar Meter weiter musste er sich übergeben.

Des Schreiberlings neue Freunde

Samuel hatte gerade das Haus verlassen. Lea saß im Küchenbereich auf einem Schemel und weinte vor Scham, Schmerz und Verzweiflung. Sie hatte die benutzte Suppenschale gesehen, die auf dem Tisch stand. Josua musste hier gewesen sein. Und so wie es aussah, musste er wohl mitbekommen haben, was passiert war. Aber was war das eben gerade in der Kammer des Rabbi? Einen so hassenden und brutalen Menschen hatte sie noch nie erlebt. Sie hatte zum ersten Mal Angst vor einem Menschen gehabt. Und zum ersten Mal auch Angst um ihr eigenes Leben. Die Worte drangen wieder in ihr Bewusstsein, die Samuel nach der Vergewaltigung zu ihr gesagt hatte.

„Lea, du wirst meine Frau, oder ich sage deinem Vater, dass du keine Jungfrau mehr warst. Und da ich weiß, dass er sogar so weit gehen würde, dich steinigen zu lassen, wenn er das aus meinem Munde erfahren würde, kannst du dir vorstellen, was dann mit dir passiert. Deshalb haben wir ab jetzt einen Vertrag. Du wirst meine Frau und ich sage nichts. Wenn du allerdings verschwinden solltest, werde ich die Stadt nach dir durchforschen und, so wie es das Gesetz verlangt, dich persönlich bestrafen. Wir leben zwar in einer römisch regierten Stadt, aber unsere Bräuche interessieren diese Heiden hier nicht. Und ich interessiere mich nicht für die Bräuche der Heiden. Hast du mich verstanden?"

Sie konnte nicht sprechen. Alles was sie konnte, war ihre Gewänder aufzulesen und sich so schnell wie möglich aus dieser Kammer des Schreckens zu verziehen. Der Rabbi stellte sich allerdings schnell vor die Tür.

„Ich werde dir verzeihen, für deine Schandtaten und für deine Falschheit, und danach werden wir ein schönes und gottgefälliges Leben führen. Du als meine Frau. Hast du mich verstanden?"

Lea konnte nur nicken.

„Gut, dann werde ich jetzt deinen Vater besuchen und ihm mitteilen, dass du in die Ehe eingewilligt hast und dass du die nächsten Tage dich hier einleben möchtest und wir schon sehr bald heiraten werden."

Nun endlich durfte sie diesen Ort des Grauens verlassen.

Lea konnte nicht nach Hause. Auch ohne sich zu betrachten, wusste sie, dass sie überall am Körper Wunden hatte. Sie konnte wirklich nirgendwohin gehen. Zu keiner Freundin, und schon gar nicht nach Hause. Ihre Mutter würde sie verstehen, aber ihr Vater – und da hatte der Rabbi leider Recht – würde sie umbringen. Erst einmal wusch sie sich. Es fiel ihr schwer, denn es gab keinen Bereich an ihrem Körper, der sie nicht vor Schmerzen aufstöhnen ließ. Als sie diese Tortur hinter sich gebracht hatte, wurde sie von ihrem Wunsch getrieben, in Josuas Kammer zu gehen. Als sie dort ankam, war ihre Verzweiflung vollkommen. Alle seine Schreibsachen waren weg. Sogar das schöne Glas, das er von seiner Mutter geschenkt bekommen hatte. Hatte Josua sie gehört? Warum war er weg? Was sollte sie tun? Sollte sie beim Rabbi bleiben? Als Haushälterin kam sie in der jüdischen Gemeinde jedenfalls nicht mehr unter. Und Römer und Griechen hatten Sklaven beschäftigt. Dort war die Chance, eine Anstellung zu bekommen, noch schlechter. Sie hatte auch überlegt, im Artemis-Tempel als Priesteranwärterin aufgenommen zu werden. Aber zum einen war sie wahrscheinlich zu alt und zum anderen keine Jungfrau mehr. Und verheiratete Frauen durften unter Todesandrohung den Tempel nicht betreten. Sie waren zwar noch nicht verheiratet, Samuel würde es aber so hinbiegen, dass es anders war. Wenn sie ginge, blieb ihr also nur noch die Arbeit einer Prostituierten, von denen es allerdings schon einige Tausend in dieser Stadt gab. Und dann könnte es ihr passieren, dass sie solche schlimmen Momente hundertfach wieder erleben musste. Es blieb ihr wohl erst einmal keine andere Wahl, als bei ihrem Peiniger zu bleiben. Vielleicht würde sie trotz allem einmal beim Tempel vorbeischauen und mit dem Hohepriester sprechen. Vielleicht konnte er ihr ja helfen. Nur dieser Schritt musste gut überlegt sein, denn im Zweifelsfall hätte sie kein Dach mehr über dem Kopf und würde wirklich auf der Straße landen.

Und nach Josua zu suchen, traute sie sich nicht. Er konnte ja nicht wissen, was vorhin wirklich passiert war. Und ihre Scham war zu groß, ihm je noch einmal unter die Augen zu treten.

‚Herr, was habe ich getan, dass ich so bestraft werde?' Ein stiller Schrei der Verzweiflung suchte seinen Weg in den Himmel. Lea konnte nicht einmal weinen. Sie fühlte sich wie ausgetrocknet. ‚Herr, wie kannst du es zulassen, dass ich in solch einer Lage stecke, aus der ich nicht mehr herausfinde? Bin ich böse gewesen? Hätte ich mehr auf meine jüdischen Wurzeln achten sollen? Hätte ich ein dir gefälligeres Leben führen sollen?'

∞

Josua saß mittlerweile an seinem Lieblingsplatz am Hafen und musste seine Fassung wieder erlangen. Aber er schaffte es nicht. Immer wieder drang die Erinnerung an den frühen Nachmittag in sein Bewusstsein. Und dann schaffte er es nicht, sich zu beruhigen. Das ging soweit, dass er laut mit sich selbst sprach. Einige Leute drehten sich schon mit gerümpfter Nase nach ihm um und warfen ihm abfällige Blicke zu. Er musste sich wieder unter Kontrolle bringen. Dringend. Aber er musste sich bewegen. Er hatte sein Holzkreuz in der Hand und seinen Leinenbeutel mit allen wichtigen Habseligkeiten über der Schulter hängen. Mit langsamen Schritten ging er den Weg zum Hafen hinunter. Dieser Weg schien neuerdings wohl endlich ausgebaut zu werden. Es befanden sich Bauhandwerker bei der Arbeit, die Figuren und Säulen bearbeiteten. Aber das war ihm im Moment alles egal.

Lea und sein Vater? Er konnte es nicht glauben. Aber er hatte sie beide gehört. Lea schlief mit seinem Vater. Das konnte nicht einfach so passiert sein. Hatte sein Vater sie gezwungen? Nein, so leidenschaftlich, wie es klang, war er nicht und außerdem hätte sich Lea wehren können. Sie war schließlich eine temperamentvolle Frau, die eine Menge Kraft hatte, was er selbst am eigenen Körper gespürt hatte.

239

„Alles fließt, alles ist Veränderung", hörte er sich selbst laut sagen. ‚Nichts ist jetzt so, wie es vor einigen Sekunden noch war', ergänzte er in Gedanken. In einer Stadt wie Ephesos war das wohl ein unumstößliches Gesetz. Da hatte dieser Heraklit wohl Recht.

„Aus dem Weg, Mann. Steh' uns nicht im Weg herum." Josua schrak auf und konnte noch gerade zur Seite springen, denn ein bärtiger Grieche mit einer Amphore auf dem Rücken hätte ihn fast umgerannt. Da erst erkannte er, dass er direkt vor einem Handelsschiff stand, das gerade beladen wurde. Es schien schon sehr voll zu sein, aber es standen noch eine Menge Fässer und Amphoren vor dem Steg.

„Wir brechen morgen früh auf. Die Zeichen stehen günstig. Das Opfer, das wir vorhin dargebracht hatten, wurde angenommen."

„Das geht nicht. Hast du nicht die vielen Krähen gesehen, die um unser Schiff kreisen?"

„Ja und, das Opfer ist doch wohl wichtiger als ein paar Krähen. Antiogonnos, beruhige dich, die Götter sind mit uns."

„Ich bezahle dich. Also, brichst du erst dann auf, wenn ich es sage."

„Und ich bin der Kapitän. Und hier habe ich das Sagen. Wir können gerne deinen ganzen Wein wieder ausladen und du suchst dir einen anderen. So einfach ist das."

„Mögen dir alle Haare ausfallen …"

Josua wandte sich von den Streithähnen ab. Die Schifffahrt schien eine seltsame Welt zu sein. Und so viel Aberglauben wie dort gab es sonst wohl sehr selten.

Vielleicht war der ganze jüdische Glaube nichts anderes als ein einziger großer Aberglaube? Vielleicht hatte Lea ja Recht, dass alles einfacher ist, dass Gott uns geschaffen hatte und viele Regeln unsinnig waren? Lea, nein, er konnte nicht länger an diese Hure denken. Er musste sich jetzt so langsam um eine Bleibe kümmern. Aber wo sollte er suchen? Er kannte sich ja gar nicht richtig aus.

Josua ging in Richtung Hafenviertel und ließ sich einfach treiben. Er kam an unzähligen Tavernen vorbei. Vielleicht gab es in einer Taverne ein Zimmer, das er erst einmal für eine Nacht mieten konnte. Seine Mutter hatte dafür gesorgt, dass er für das Schreiben der Rollen einen festen Betrag als Bezahlung bekam, obwohl sein Vater dagegen gewesen war. Schließlich sei dies seine Arbeit, hatte Samuel gesagt, und Gott habe ihn mit dieser Gabe des Schreibens gesegnet. Und dafür nehme man kein Geld. Aber Sarah hatte nicht locker gelassen und so für ihn gesorgt, dass er sich einiges ansparen konnte.

Vor sich erblickte er ein Schild. ‚Zur goldenen Artemis'. Es war eine Taverne, die auf ihn bisher den besten Eindruck hinterlassen hatte. Auch das mit Holzkohle geschriebene *Hier bumst Pamphira. Sie ist die beste Bläserin der Stadt* konnte ihn nicht abschrecken, obwohl es ihn etwas verwirrte.

Josua ging schließlich hinein und bestellte etwas zu trinken und einen Teller Suppe. Kurz darauf kam der Wirt mit einem Becher Wein und einem großen Teller mitsamt Brot.

„Zwei As, junger Mann."

„Hast du ein Zimmer für mich für diese Nacht?"

„Die Treppe hoch und die dritte Tür rechts. Das ist noch frei. Morgen früh gehst du durch den Hinterausgang hier gerade durch hinaus. Macht dann zusammen sechs As."

Josua legte die Bezahlung auf den Tisch. Der Wirt nahm sie gierig an sich, entfernte sich und nickte in eine für Josua uneinsehbare Ecke der Taverne. Wein bekam man also, wenn man etwas zu Trinken bestellte. Es war für Josua alles neu. Er nahm einen Schluck. Wahrscheinlich gab es bessere, aber dieser hier löschte wenigstens den Durst. Er nahm sein Brot, brach es in viele kleine Stücke und tunkte es in die Suppe. Sie schmeckte ganz gut. Die Fleischbrocken darin kamen wohl vom Rind, so wie es aussah. Und die Bohnen und die Gerste machten wenigstens satt.

Als er fertig war, lehnte er sich erschöpft zurück und nahm in Ruhe das Treiben in dieser dunklen Taverne in Augenschein. Alles Männer, die einzigen Frauen waren die Bedienungen. Ein Gegröle ohne Ende, Ausdrücke drangen an sein Ohr, die er sich besser nicht merken sollte. Dann sah er auf einmal ein blondes Mädchen mit längeren Haaren, das auf ihn zukam.

„Na Fremder, darf ich mich zu dir setzen?" Ohne seine Antwort abzuwarten nahm sie schon direkt neben ihm auf der Bank platz und legte eine Hand flink unter sein Gewand auf sein linkes Knie. Ihr Gesicht war schon vom Leben gezeichnet. Er konnte ihre Bitterkeit erkennen. „Hast du noch einen Wunsch, den ich dir eventuell erfüllen kann?"

„Ich weiß nicht welchen."

„Och, da fällt mir schon was ein. Ich heiße Pamphira, und du?" Ihre Hand fuhr langsam seinen Oberschenkel hinauf, bis sie sein Glied umfasst hatte.

„Hör auf damit. Ich, … , ich bin müde."

„Dein Schwanz sagt aber was ganz anderes." Sie lächelte.

„Nein, bitte …"

„Drei As, und ich verspreche dir, dass du schon in wenigen Minuten nicht mehr müde bist."

„Nein, äh, Pamphira, ich will nicht. Lass mich in Ruhe." Von Frauen hatte er erst einmal genug. Er musste sie wegstoßen, um sich von ihr zu befreien.

„Gut, aber das nächste Mal kostet es vier As, du Dreckskerl."

Mit einer verachtenden Geste verschwand sie wieder in der Ecke, aus der sie gekommen war. „Sollst tausend Flöhe haben und keine Hand zu kratzen", glaubte Josua noch von ihr gehört zu haben.

Josua war geschockt. Das konnte ja noch heiter werden. Er fühlte nach seinem Beutel, der mit dem Kreuz unter seiner Tunika im eingenähten Geheimfach steckte. Die Münzen waren noch da.

Josua hatte wenig Bezug zu Geld. Vor allem auch deshalb, weil auf den Münzen meistens Augustus, der römische Kaiser abgebildet war. Ab und zu hatte er Denare in der Hand, die auch Verwandte von ihm zeigten. Josua reagierte zwar nicht so drastisch ablehnend wie sein Vater, denn dieser wollte Münzen nicht einmal in die Hand nehmen, weil sie reinste Gotteslästerung seien. Josua gefielen die Köpfe auf den Münzen zwar auch nicht besonders, aber die Rückseiten waren wenigstens ab und zu einen Blick wert. Meistens waren weibliche Gottheiten darauf abgebildet. Fortuna mit ihrem Füllhorn, Victoria mit ihrem Kranz. Wenn man etwas Glück hatte, dann konnte man sogar einen Denar finden, auf deren Rückseite der Altar der Artemis in Ephesos abgebildet war. Und ein einziges Mal hatte er bisher sogar eine Münze mit einer Biene in der Hand gehabt. Er hatte sich erkundigt und erfahren, dass die Biene bis vor knapp hundert Jahren das Wahrzeichen der Stadt gewesen und damals aus diesem Grund auch oft als Motiv für die Münzen gewählt worden war. Und diese kleinere Münze mit der Biene hatte wirklich niedlich ausgesehen.

Er ging die Treppe hinauf und verschwand in seinem zugewiesenen Zimmer. Schnell verriegelte er die Tür. Es war dunkel und es roch muffig. Er machte die Läden der kleinen Fenster auf. Dann kam zwar Luft hinein, aber auch der Lärm von den Straßen, der ihn mit Sicherheit die nächsten Stunden nicht schlafen lassen würde. Daraufhin schloss er die Läden wieder und legte sich auf das Bett. Seltsamerweise schlief er sehr schnell ein, obwohl aus den Nachbarzimmern ähnliche Geräusche drangen, die er an diesem Tag schon einmal gehört hatte. Damals, in einem früheren Leben, in der Kammer seines Vaters.

∞

Samuel lag in seiner Kammer und konnte nicht einschlafen. Er ließ den Tag noch einmal an sich vorbeiziehen. Vor wenigen Minuten war er von Leas Eltern zurückgekommen. Jojachin war außer sich vor Freude, dass seine Tochter eingewilligt hatte. Lea konnte gern von nun an bei Samuel wohnen. Schließlich war es ja zukünftig ihr neues Zuhause. Sie unterhielten sich noch über dies und jenes, aber er wollte das Haus ihrer Eltern so schnell wie möglich verlassen. Diese gläubigen Eltern hatten ihre Tochter zu einer Hure erzogen. Verabscheuungswürdig. Er spuckte in seinen Nachttopf.

Was für ein Tag! Er hatte eigentlich so gut angefangen. Er wollte Lea fragen, ob sie seine Frau würde, denn er mochte sie, wenn er ehrlich war. Und dann dieser Schock.

Gut, dass sich sein Sohn aus dem Staub gemacht hatte. Sein Sohn wusste wohl, was er getan hatte und wie sehr er die Gesetze seiner Väter und die Regeln im Hause seines leiblichen Vaters gebrochen hatte. Mal sehen, wann er wieder nach Hause kam, aber dann würde er, Samuel, andere Saiten aufziehen. Wenn Josua wieder zurück wäre, würde er ihn sich vornehmen und ihn grün und blau schlagen. Danach wollte er ihm dann sagen, dass er Lea heiraten wollte. Damit würde er endlich über ihn, seinen Sohn, triumphieren. Warum tat Josua ihm das eigentlich an? War er ein so schlechter Vater gewesen? Hatte er ihm nicht alles, was er wollte, gegeben? Er musste nicht hungern, er hatte schreiben gelernt und gehörte damit zu den gebildeten Menschen. Und vor allem hatte er, Samuel, ihm nicht den Gott ihrer Vorväter nahe gebracht – gepriesen sei der Herr in alle Ewigkeit – und aus ihm einen gläubigen Menschen gemacht? Schließlich gab es diese Gläubigen nicht mehr oft, schon gar nicht in dieser Stadt. Er versuchte das Gefühl, das er für Josua empfand, einzuordnen, aber außer Hass fand er keinen passenden Begriff, um es zu beschreiben.

Würde Josua länger wegbleiben? Nein, schließlich hatte er bisher nicht gelernt, für sich selbst zu sorgen. Es wäre eigentlich auch nicht schlimm, wenn sein Sohn wegbliebe. Dieser Gedanke war Samuel gerade in den Sinn gekommen. Es wäre gar nicht schlimm. Die Schreibarbeiten würde er dann von einem seiner Schüler anfertigen lassen. Ein paar von ihnen hatten das Schreiben schon gut erlernt. Er würde sie einarbeiten und dann wäre auch das geregelt. Nein, Josua wollte er nicht mehr sehen, wenn er ehrlich war. Sein Sohn hatte ihn schon oft genug in diesem Leben gedemütigt, das war genug.

Das wichtigste war jetzt, dass er, der Rabbi, bald eine solch verführerische Frau an seiner Seite hatte. An den Altersunterschied wollte er erst einmal nicht denken. Wie es Lea mit ihm erging, war ihm egal. Sie hatte sich schließlich erheblich gegen den Herrn – gepriesen sei er bis in alle Ewigkeit – aufgelehnt. Sie hatte alles, was eine Frau haben sollte, und von ihr konnte er alles bekommen, worauf er so lange hatte verzichten müssen. Schließlich war der Beischlaf ja nicht verboten. Auch er hatte gewisse Wünsche. Außerdem stand in den Schriften ja geschrieben, dass sich die Kinder des Herrn vermehren sollten. Er wollte jetzt schnell ein Kind. Einen Sohn, denn damit konnte er alles, was passiert war, am schnellsten vergessen. So konnte er vergessen, was Lea ihm angetan und vor allem, wie Josua ihn verraten hatte.

Aus dem Nachbarraum, in dem Lea die nächsten Nächte verbrachte, bis sie rechtmäßig seine Frau geworden war, hörte er ein leises Wimmern. Sollte sie nur weinen! Lea hatte es schließlich mit dem Sohn des Rabbis getrieben. Im Haus des Rabbis von Ephesos. Sie ließ sich von einem jüngeren Mann verführen. Lächerlich. Josua, wie er diesen Namen mittlerweile hasste. „Und gerade deshalb werde ich Lea zur Frau nehmen und ihr beibringen, was die wahrhaftige Aufgabe einer Frau ist", hörte er sich selbst sagen und schlief trotz Wimmern im Nebenzimmer sehr schnell ein.

Samuel war schon im Reich der Träume angekommen, als ein schwarzer Schatten seinen Körper verließ und durch das Fenster in der ephesischen Nacht verschwand.

Heute Nacht habe ich Josua gesehen. Er lag in einer Absteige in der Dunkelheit und seine Seele trauerte. Er scheint in einer schwierigen Situation zu sein. Vater, bitte hilf meinem Freund und sorge dafür, dass er schnell aus diesem energetischen Tief herausfindet.

Seitdem ich bei meinen Brüdern und Schwestern im Raumschiff war, geht es mir besser. Mein Körper fühlt sich stärker an, gefestigter. Ich habe viel erfahren und meine Aufgabe nimmt immer mehr Formen und Konturen an. Ich erkenne immer mehr, wie wichtig dieser Auftrag von dir, Vater ist. Bitte unterstütze mich bei diesem Vorhaben und lasse die Menschen, die leiden, nicht im Stich, sondern schenke ihnen vermehrt deine Liebe. Deine Liebe ist es, was uns alle am Leben erhält. Amên.

∞

Josua war schon früh wach geworden. Er öffnete die Fensterläden und blickte hinaus. Nur wenige Stimmen konnte er vernehmen. Es war noch ruhig in Ephesos. Er legte sich auf sein Bett. Es war kaum zu fassen, aber er hatte die ganze Nacht durchgeschlafen. Er tastete nach seinem Olivenholzkreuz und nach dem Geld. Beides war noch da. Noch einen kurzen Moment blieb er liegen und dachte über den gestrigen Tag nach. Er musste ihn so schnell wie möglich vergessen. Deshalb beschloss er auch schon früh, sein Zimmer zu verlassen.

Er ging die Treppe hinunter und verließ die Taverne über den Hinterausgang, den der Wirt ihm gezeigt hatte. Er atmete tief durch und schlug die Richtung der Agora ein. Sie war für ihn schon jetzt ein gedanklicher Anziehungspunkt. Er mochte die Atmosphäre unten den Arkaden. Was sollte er jetzt tun? Sollte er sich eine andere Arbeit suchen? Sollte er Ephesos verlassen? Das waren mehr oder weniger rhetorische Fragen, denn Schreiben war seine Stärke. Diese Fähigkeit hatte er von Gott geschenkt bekommen. Also war es seine Pflicht, das auch weiterzuführen. Und Ephesos zu verlassen, war unsinnig, da es in kleineren Städten weniger Arbeit für ihn gab. Es blieb ihm also nichts anderes übrig, als sich hier nach einer Arbeit zu erkundigen.

Er betrat den großen Marktplatz wieder durch das Osttor und ging schnurstracks zu dem Verkaufsladen des Papyrushändlers, den er das letzte Mal zufällig gesehen hatte. Dieser hatte im Gegensatz zu den vielen anderen Geschäften noch nicht geöffnet. Deshalb wartete er zwischen den Säulen auf den Besitzer, so dass er nicht unbedingt von Bohan gesehen werden konnte. Ihn und Esther um Hilfe zu bitten, kam nicht in Frage. Er sah sich um und bemerkte, dass jetzt noch alles ruhig und gemütlich war. Es waren zwar schon viele Menschen unterwegs, aber die Atmosphäre war noch ruhig. In ein bis zwei Stunden wäre alles anders, dann würde hier hundertfach gefeilscht, beleidigt und geflucht werden.

Josua genoss die Stimmung, und er wurde ruhiger. Das tat ihm gut, einfach nur so dazusitzen und nicht schon wieder vor seiner Öllampe an den Schriften der Propheten zu arbeiten. Die alten Propheten, so musste er feststellen, kamen ihm schon lange zu den Ohren heraus. Ob es die Thora oder die Propheten waren, er war froh, sie nicht mehr abschreiben zu müssen. Denn jetzt warteten bestimmt andere Aufträge auf ihn.

Dann sah er, wie die beiden großen Tore des Verkaufsstandes von einem älteren Mann geöffnet wurden. Josua ließ ihn erst einmal seine Arbeit verrichten. Der Mann stellte zwei kleinere Regale vor seinen Laden. Das rechte befüllte er mit kleinen Tintenfässern, die er tief aus dem Dunkel holte, und in das linke Regal legte er Papyrusrollen. Nach einiger Zeit stand Josua auf und ging auf das Geschäft zu, während der Mann im

Inneren an seinem Tisch saß und einige Notizen auf eine Wachstafel schrieb. Josua schaute sich die Papyrusrollen an und musste feststellen, dass sie nicht sehr professionell verarbeitet waren.

„Kann ich dir helfen, mein Freund?" Die Stimme des älteren Mannes war sehr freundlich.

„Ja, das könnt ihr." Josua lächelte ihn an. „Ich bin auf der Suche nach Arbeit."

„Ich kann hier aber leider in meinem Geschäft niemanden gebrauchen. Tut mir leid."

„Ich bin Schreiber. Ich kann schreiben. Griechisch, Hebräisch, Aramäisch und etwas Lateinisch."

„Du kannst schreiben? Dafür siehst du aber noch jung aus, Junge. Wie heißt du?"

„Josua."

„O, ein Jude, nicht wahr?"

Josua nickte.

„Einen so jungen Juden sieht man nicht sehr oft auf diesem heidnischen Platz." Er lächelte. „Ich heiße Claudios. Und du kannst schreiben, mit deinen fünfzehn oder sechzehn Jahren?"

„Achtzehn. Die Thora habe ich neun Mal geschrieben und die Prophetenbücher sechs Mal."

„Erstaunlich, erstaunlich …Ich habe die Thora zwar noch nie richtig gelesen, aber ich weiß, wie lang eine solche Rolle ist. Ich habe sie bei meinem Freund Philon in seiner Buchhandlung gesehen."

„Was ist eine Buchhandlung?"

„Ein Skriptorium. Dort werden zum einen Schriften verkauft, zum anderen werden dort nach jeweiligem Auftrag Abschriften von Vorlagen erstellt."

„Das hört sich genauso an, als ob ich dort hineinpassen könnte." Josua wunderte sich über seine Frechheit.

„In der Tat, in der Tat sagte Philon mir, dass er immer mehr zu tun hätte und mit der Arbeit nicht nachkommen würde."

„Könntest du mich zu ihm hinführen?"

„Es ist zwar nicht weit, aber ich kann leider nicht mein Geschäft verlassen."

„Ich könnte dir in der Zwischenzeit die Papyrusrollen nähen. Ich habe vorhin gesehen, dass sie nur geklebt sind. Wenn ich sie vernähe, halten sie länger und du könntest mehr dafür verlangen. Ich habe alles Nötige dafür dabei." Josua sah, wie Claudios große Augen bekam.

„Du scheinst dich ja gut auszukennen, mein Freund Josua." Er lachte und tätschelte ihm die Schulter.

„Was kostet denn eine Rolle, Claudios?"

„Eine Sesterze. Gut, ich gehe schnell zu Philon und kündige dich ihm an. Bis ich wieder da bin, wird es hier noch ruhig sein, aber falls ein Kunde kommen sollte, sage ihm, dass ich in ein paar Minuten wieder zurück bin." Claudios eilte fröhlich von dannen.

Josua nahm sich eine Rolle vor und begutachtete die Arbeit. Schludrig war sie zusammengeklebt. Die Rolle würde sich beim dritten Lesen schon auflösen. Daraufhin nahm er sich ein spitzes Schilfrohr, das am Ende einen Schlitz hatte und befestigte einen Faden daran. Er fing an, die Rolle zu nähen. Ungefähr dreißig Stiche brauchte er, um zwei Blätter der Rolle zu verbinden und haltbar zu machen. Die restlichen drei Blätter hatte er in nicht weniger als zehn Minuten genauso professionell haltbar gemacht.

„Wo hast du das gelernt?" Ein römischer Beamter stand auf einmal neben ihm. Einen Römer erkenne man immer am übermäßig aufgetragenen Parfüm und an der farblichen Umrandung seiner Tunika, hatte seine Mutter einmal gesagt. Sie hatte Recht. Aber die Toga, die er um sich gelegt hatte, sah auch nicht gerade bescheiden aus.

„Bei meinem Vater. Er hat mich früh schreiben gelehrt, und das Nähen und Herstellen von Papyrusrollen gehörte auch dazu."

„Was kostet eine solche Rolle, die von dir genäht wurde?"

„Sechs As" sagte Josua, ohne mit der Wimper zu zucken.

„Gut dann fertige mir für morgen fünf solcher Rollen an, wie du sie gerade gefertigt hast. Ich werde sie um die vierte Stunde hier abholen."

„In Ordnung. Sie sind morgen früh pünktlich fertig." Josua lächelte, als der Römer sich umdrehte und den Marktplatz durch das Westtor verließ.

Josua machte sich gleich an die zweite Rolle. Er hatte sie gerade fertig genäht, als Claudios wieder zurück kam.

„Ich habe Philon gesagt, dass du gleich bei ihm vorbeikommst. Er wohnt in Richtung des Prytaneions, des Hauses, wo sich die Männer aufhalten, die sich um die Belange der Stadt hier kümmern. Es ist das größte Gebäude dort. Davor geht eine Gasse links den Berg hinauf und dort, fast am Ende rechts vor einer großen Zypresse, wohnt Philon. Es ist eine gute Wohngegend."

„Wie kann er in einer solchen Gegend wohnen? Ein Schreiber ist doch nicht der edelste Beruf?"

„Es kommt immer darauf an, wen man als Kunden hat. Und einige Griechen, und besonders Römer lassen sich diverse Schriften etwas kosten." Claudios lächelte Josua an.

„Claudios, ich nähe noch drei Rollen. Morgen früh wird ein römischer Beamter hier vorbeikommen und um die gleiche Zeit fünf genähte Rollen abholen."

„Wie bitte? Fünf genähte Rollen? Und was hast du ihm für einen Preis gemacht?"

„Ich dachte, dass sechs Asse ganz angemessen wären."

Claudios schlug sich auf das Bein und lachte. „Sechs Asse wären angemessen? Du hast einfach zwei Asse pro Rolle für das Nähen aufgeschlagen und er hat zugesagt?"

„Natürlich."

„Josua, an dir werden Philon und ich noch viel Freude haben."

∞

Auf Josuas Klopfen öffnete ein Junge in seinem Alter das große hölzerne Tor und ließ ihn in das Anwesen des Philon hinein. Er führte ihn durch einen großen Hof in den Garten, wo ein noch recht junger Mann saß, und sich das morgendliche Mahl schmecken ließ.

„Herzlich Willkommen in meiner bescheidenen Behausung. Du musst Josua sein." Philon stand auf und kam mit einer Offenheit auf ihn zu, die Josua nicht erwartet hätte.

„Grüß Gott, ihr seid Philon." Josua sah ihm in die Augen und erkannte einen Freund.

„Lass diese förmliche Anrede. Ich bin Philon."

„Ich hatte mir dich etwas älter vorgestellt, wenn ich das so sagen darf."

„Wenn du zuerst Claudios kennengelernt hast, dann ist das für dich sicher ungewohnt. Ich bin siebenundzwanzig Jahre alt, um die Gedanken in deinem Inneren zu beruhigen. Wahrscheinlich bin ich knapp zehn Jahre älter als du, oder?" Er lächelte.

„Ja, so ungefähr." Josua sah sich um.

„Nimm Platz, Josua."

„Wie bist du Schreiber geworden und hast dir so ein prächtiges Haus leisten können?" Über sich selbst verwundert, dass er solche Fragen stellte, wurde Josua rot.

„Mir gefällt deine Offenheit, Josua." Philon lächelte. Sein Lächeln strahlte Wärme aus. „Ich bin sehr früh von meinem Vater überzeugt worden, dass ich schreiben lernen sollte. Als ich dann gehört hatte, dass es in Rom eine Buchhandlung gab, wo man Schriften von Philosophen und anderen Geistesgrößen als Kopie beziehen konnte, da keimte in mir die Idee, hier in Ephesos, der fünftgrößten Stadt im römischen Reich, eben solches zu tun. Gesagt, getan. Ich konnte schreiben, es gab viele Interessierte. Ich arbeitete am Anfang hauptsächlich gegen Auftrag. Und wann immer ich mal interessante Rollen oder Tafeln finden konnte, habe ich sie gekauft und wieder weiter verkauft. Und so wuchs diese Buchhandlung besser und schneller, als ich mir es in den kühnsten Träumen vorgestellt hatte."

„Das ist ja spannend. Welche Schriften werden denn am meisten bestellt? Was lesen die Epheser denn so?"

„Erst einmal natürlich Heraklit. Viele Schaulustige kommen hier vorbei und hören vom bekanntesten Einwohner von Ephesos, den es jemals gab. Und ganz viele, hauptsächlich gebildete Reisende, möchten auch irgendeine Schrift von ihm mitnehmen. Dann natürlich Sokrates, Plato und Aristoteles. Weiter Werke von Aischylos, Sophokles und Euripides. Dazu kommen Cicero, Thukydides und Xenophon und viele andere. Und da sich in Ephesos Menschen aus der ganzen Welt tummeln, kommen jetzt sogar Schriften aus dem weiten Osten zu uns. Es haben sich schon mehrere Aufträge angekündigt."

„In welchen Sprachen schreibst du?"

„Eigentlich wollte ich dir diese ganzen Fragen stellen." Philon lächelte.

„Welche Sprachen kannst du schreiben?"

„Ich kann Griechisch, Hebräisch und Aramäisch schreiben, und noch ein bisschen Latein."

„Das ist sehr gut, da es im Moment einige jüdische Mitmenschen gibt, die die Thora in einer griechischen Version haben möchten. Wäre es dir möglich, diese Septuaginta, wie sie genannt wird, zu schreiben?"

„Ah, ich glaube, ich habe schon etwas von der Septuaginta gehört. Diese Übersetzung wurde zum ersten Mal in Alexandria angefertigt, um die jüdischen und griechischen Kulturen und Lebensweisen miteinander zu vereinen. Stimmt es?"

„Du kennst dich aus, Junge."

„Ja, das könnte ich versuchen. Hast du ein Exemplar dieser Schrift?"

„Noch nicht, aber ich habe eines bei einem reisenden Händler bestellt. Ich denke, es ist einfacher, wenn du sie abschreibst, als sie noch direkt übersetzen zu müssen."

„Ja, schon, aber gerade bei den Übersetzungen können sich eine Menge Fehler eingeschlichen haben."

„Gut, Josua, ich sage es ganz deutlich. Ich mag dich und ich glaube, wir kommen gut miteinander aus. Du kannst bei mir anfangen. Sagen wir erst einmal für einen Auftrag. Dann schaue ich mir deine Arbeit und deine Arbeitsweise an und stelle dich danach, wenn ich mit den Ergebnissen zufrieden bin, fest ein. Als Bezahlung gebe ich dir zwei Sesterzen pro Tag als Ansporn, danach bezahle ich dich dann pro Exemplar, was du schreibst."

„Philon, ich danke dir für deine Großzügigkeit." Das Herz von Josua hüpfte.

„Wer großzügig ist, der wird Großzügigkeit empfangen."

„Philon, ich habe allerdings noch ein kleines Problem." Josua atmete tief durch.

„Bitte sprich."

„Da ich mich sozusagen mit meinem Vater überworfen habe, kann ich nicht zurück nach Hause. Letzte Nacht habe ich mich in einer Taverne am Hafen eingenistet, aber dort ist es nicht möglich, mich zu konzentrieren. Hast du eine Idee, wo ich in Ruhe schreiben kann?"

„O, das hört sich nach einer schwierigen Situation an." Philon überlegte kurz, bevor er fortfuhr. „Ich würde sagen, dass du die erste Zeit bei mir hier schlafen und arbeiten kannst. Das hat vielleicht sogar noch etwas Gutes, denn dann kann ich mir ein besseres Bild von dir und deiner Arbeitsweise machen. Ich sage meinem Sklaven gleich Bescheid, dass er dir ein Lager und einen Tisch herrichten soll."

„Ich weiß gar nicht, wie ich dir danken kann, Philon. Ich werde mich gleich an die erste Schrift setzen, wenn du mir sagst, was ich schreiben soll."

„Nein, kommt gar nicht Frage. Als erstes wirst du mit mir essen, da du sehr hungrig aussiehst. Und dann erzählst du mir mehr von dir, denn, wie du vielleicht bemerkt hast, habe ich dir schon viel von mir erzählt und von dir weiß ich noch gar nichts." Philon lächelte. „Dann zeige ich dir meine Bibliothek und alle meine Schriftrollen. Ich erzähle dir von den Aufträgen, die auf uns warten und dann, erst dann, darfst du schreiben."

∞

Philon betrachtete Josua bei seiner Arbeit. Es war faszinierend, ihm zuzuschauen. Dieser Junge schrieb mit einer Geschwindigkeit und dann sogar noch fehlerfrei, dass es ihm schier die Sprache verschlug. Er erinnerte sich daran, als er Josua vor drei Wochen bei ihrem ersten Treffen hier in seinem Haus einen persönlichen Brief von Heraklit gegeben hatte, den Josua abschreiben sollte. Dieser Brief, der an einen guten Freund Heraklits gerichtet war, fand unter den Reisenden reißenden Absatz. Dieser Brief war persönlich gehalten, sagte also etwas über die Person Heraklits aus und enthielt interessante Gedanken über die Welt und wie man sie verstehen sollte. Außerdem war dieser Brief recht kurz, das hieß, dass sich die Zeit und die Kosten für Kopien in Grenzen hielten. Es war also für Josua ein gutes Einstiegsobjekt. Darin konnte er, Philon, sehr gut abschätzen, ob es was mit diesem Jungen würde oder nicht.

Philon musste lächeln, als er an den Morgen dachte, um sich anzuschauen, wie weit Josua mit der Kopie dieses Briefes gekommen war. Und er traute seinen Augen kaum, als er sah, dass Josua nicht nur schon in der dritten Stunde zwei Briefe kopiert hatte, nein, sie waren zudem noch fehlerfrei, und – das brachte Philon nun wirklich zum Staunen – der Originalbrief von Heraklit war haargetreu kopiert. Jeder Tintenfleck auf dem Originalbrief befand sich auch auf den Kopien. Jedes Wort war an der gleichen Stelle, der Zeilenumbruch war genau derselbe.

Philon war stolz auf diesen Originalbrief von Heraklit. Dass dieser überhaupt erhalten geblieben war, nach den vielen Jahrhunderten, grenzte schon an ein kleines Wunder. Aber dass dieser Brief dann ihm verkauft wurde, war ein noch Größeres. Schließlich gab es genug einflussreiche Interessenten. Aber der Verkäufer wollte wohl, dass sich der Brief weiter verbreitet. Und das sprach auch für seine gute Arbeit.

Und nun kam dieser Junge in sein Leben. Dieser Junge war ein wahres Wunder. Was Josua für ihn an zusätzlichem Verdienst erwirtschaften konnte, war hierbei fast zweitrangig. Nein, dieser Junge erhöhte mit seiner perfekten Arbeit den Wert seiner Kopien, den Wert seines Rufes, den Wert des philosophischen Gedankengutes. Schließlich interessierten sich noch nicht viele Epheser für die Weisheiten und Philosophien solch intelligenter Männer wie Heraklit. Aber das sollte sich bald ändern. Denn von dieser phantastischen Qualität, die Josua hier ablieferte, würden sich noch viele Epheser überzeugen lassen. Schließlich herrschte in dieser Stadt eine zunehmende Dumpfheit. Viele Epheser besaßen ihre Sklaven und mussten nicht mehr selbst arbeiten. Das sorgte dafür, dass der Mensch verdummte. Und dann noch die römischen Mitbürger, die sich am liebsten im Theater oder im Stadion aufhielten, und sich irgendwelche brutalen Aufführungen und grauenhafte Gladiatorenkämpfe und Wagenrennen anschauten.

Philon sah zu, wie dieser Junge seine Zeichen geschmeidig auf den Papyrus schrieb und wie er dabei lächelte. Man hatte fast das Gefühl, dass sich Josua in einer anderen Welt befand, während er schrieb. War so etwas möglich?

Philon merkte, wie sehr er Josua mochte. Nicht nur seine Schreibarbeit war wunderbar, sondern Josua als Mensch ebenfalls. Er war freundlich, ruhig, immer höflich und entgegenkommend und vor allem, er lebte genügsam und bescheiden. Das spürte Philon jeden Tag, wenn er ihn auch in seiner Freizeit betrachtete. Philons Haus hatte jeglichen Komfort, den man sich wünschen konnte. Er hatte ein großes Haus, mit einem prachtvollen Garten und ein Innenhof, das sich sehen lassen konnte. Die Säulenhalle war mit farbenfrohen Motiven jeglicher Art verschönert, aber das eigentliche Herz dieses ganzen Komplexes war der kleine Springbrunnen in der Mitte. Außerdem hatte Philon eine Hypokaustenheizung – sie erwärmte den Fußboden –, eine eigene Toilette und sogar ein Bad. Die meisten Epheser besuchten öffentliche Toiletten für ihre Bedürfnisse und gingen zur Körperpflege in die Therme, die erst vor wenigen Monaten eröffnet worden war. Josua verlor nie ein Wort über diesen ganzen Komfort. Er brauchte ihn nicht. Den einzigen Ort, den Josua öfter besuchte, war der Springbrunnen. Dort konnte er neue Kraft für seine Arbeit finden. Fließendes Wasser war gut für die Konzentration, wie Josua lächelnd betonte.

„Josua, ich wollte dir kurz etwas mitteilen. Könntest du einmal kurz innehalten?" Philon lächelte den jungen Mann an.

„Was ist dein Begehr, Philon?" Josua stellte sein Schreibrohr in das Tintenglas.

„Ich halte mich normalerweise mit solchen Worten zurück, aber ich bin von deiner Arbeit sehr angetan. Und deshalb möchte ich dir schon heute sagen, dass du ab jetzt für mich arbeiten kannst. Du bekommst eine gerechte Bezahlung, die sich nach dem Umfang und der Schwierigkeit der Texte richtet. Ist dir das recht?"

„Ob mir das recht wäre? Ich bin sprachlos. Ich würde sterben, wenn ich nicht mehr schreiben könnte."

„Abgemacht. Bezüglich einer Wohnstätte für dich, habe ich gestern auch mit einer sehr guten Freundin von mir gesprochen. Sie ist eine meiner besten Kundinnen, und außerdem ist sie auch zu einer Art Vertrauten geworden. Sie wohnt in einem schönen Haus in der Nähe des Hafens. Sie würde dir gerne in ihrem Haus ein Zimmer mit allem Nötigen einrichten. Außerdem könnte sie dir auch eine regelmäßige Mahlzeit bieten."

„Sie nimmt mich einfach so bei sich auf?"

„Ich habe ihr gesagt, dass du ein fantastischer Schreiber bist und dass wir alle noch viel Freude an dir haben werden." Philon grinste. „Das hat wohl bei ihr einen großen Eindruck hinterlassen, denn sie hat daraufhin ohne weitere Diskussionen eingewilligt. Und außerdem wohnt sie seit dem Tod ihres Mannes allein in diesem großen Haus. Und allein lebt schließlich niemand gerne."

„Ein großes Haus hört sich nach einem hohen Wohnpreis für mich an."

„Keine Angst. Den Preis habe ich mit ihr schon ausgehandelt. Du kannst für zwei Denare im Monat bei ihr wohnen. Und einen Denar bekommt sie zusätzlich, wenn sie dir regelmäßig Essen zubereiten soll. Ihr ist es wichtiger, nicht mehr allein zu sein. Und bei der neuen Bezahlung, die du von mir bekommst, könntest du dir das leicht leisten. Du würdest ein Vielfaches verdienen."

„Ich weiß gar nicht, was ich sagen soll."

„Das Haus liegt am Hafen vorbei und dann Richtung Artemis-Tempel. Es ist eine ruhige Gegend. Du kannst dort sehr konzentriert arbeiten. Wir sind so verblieben, dass sie durch einen Boten Bescheid sagen lässt, wann du bei ihr einziehen kannst. Sie heißt übrigens Lucilla."

„Wie soll ich dir nur danken, Philon?"

„Ganz einfach, mein Freund. Mit guter Arbeit und weiterhin so viel Freude beim Schreiben wie bisher."

∞

Josua befand sich auf dem Weg zu Lucilla. Philon und er hatten abgemacht, dass Josua ihn immer aufsuchen sollte, wenn er mit einer Arbeit fertig war. Dann konnte er Philon die Kopien übergeben und seine neue Arbeit mitnehmen. So blieb auch immer noch ein Moment übrig für Gespräche und – was für Josua ganz wichtig war –, um sich in der Privatbibliothek von Philon umzuschauen. Was hatte Philon dort für Schätze in den Wandnischen liegen! Dichter und Philosophen aus aller Herren Länder. Wenn seine Arbeit getan war, setzte sich Josua immer erst an den Springbrunnen, der ihm ein bisschen Kraft zurückgab, und anschließend ging er in die Bibliothek. Dort vergrub er sich manchmal bis in die Nacht hinein, wenn er mal wieder die Zeit vergaß. Hunderte von Schriften waren dort zu bewundern. Hunderte von neuen Ideen und Philosophien, die er aufsaugen wollte. Hunderte Möglichkeiten, den starren jüdischen Regeln zu entkommen.

Er erinnerte sich daran, wie er das erste Mal mit Philon in die Bibliothek kam. Es war ein großer Raum, der überall in den Wänden Nischen hatte. Inmitten des Raumes standen meist noch leere Regale, die für zukünftige Schriften vorgesehen waren. Zwischen den Schriften lagen Wachstafeln, auf denen vermerkt war, welche Schrift wo lag und wieviele Rollen ihr zugehörten. Das war Josuas Welt. Jeden Namen hatte er sich gemerkt, keinen hatte er vergessen. Er liebte die Schriften der Philosophen, die gleichzeitig auch Wissenschaftler waren. Schließlich hatte Josua schon in den drei Wochen vom Lesen viel gelernt, und vor allem, dass alles irgendwie zusammen gehörte und nicht getrennt werden konnte. Allen voran gefiel ihm Heraklit, dessen Gedanken Josua genial fand. Weiterhin las er von Eratosthenes, Demokrit, Thales von Milet, Anaximander und Anaximenes, ebenfalls aus Milet, Anaxagoras, Empedokles, Pythagoras, Parmenides von Elea, deren Schriften eine große Nische füllten. Daneben fand sich alles von Aristoteles, Sokrates, Platon und Epikur. In der nächsten Nische sah Josua die Dichter wie Aischylos, Sophokles, Euripides, Homer, Menander oder Kallimachos, der eines der schönsten Werke geschrieben hatte, den ,Artemishymnos'. Es gab auch Geschichtsschreiber wie Herodot, oder Kreophylos mit seinen ,Annalen der Epheser'.

Sogar Schriften zeitgenössischer römischer Dichter wie Vergil und Horaz waren schon vertreten, wie Philon ihn belehrte. Jedoch hatte sich Josua bisher noch nicht um die römische Literatur gekümmert, da die drei Wochen zu kurz waren, um einen umfassenden Überblick über Philons Schriften zu erhalten. Aber Josua hatte ja noch Zeit, alles zu lesen, was ihn interessierte. Hoffentlich hatte Lucilla auch eine Bibliothek, da sie, so wie es sich anhörte, eine sehr gute Kundin von Philon war.

Josua kam an der Agora vorbei und ließ das Theater rechts liegen. Laut Philons Beschreibung musste er in die dritte Gasse rechts abbiegen. Zwei Gassen früher, und er wäre auf sein ehemaliges Zuhause zugesteuert. Josua versuchte Erinnerungen an sein früheres Leben zu vergessen und stieg nach einigen Schritten eine schmale Gasse den kleinen Dorfberg empor, die anmutig um den Berg herumführte und wo am Ende einige Domizile standen, die schon von weitem sehr prächtig aussahen. Das vorletzte auf der rechten Seite musste es sein. Er betätigte einen massiven löwenköpfigen Türklopfer. Kurz darauf wurde die schwere Holztür geöffnet.

„Herzlich willkommen im Hause der Lucilla. Mein Name ist Cyriax." Ein Mann hatte ihm geöffnet, dessen Gesicht viel Fröhlichkeit versprach. Er war Josua auf den ersten Blick sympathisch.

„Vielen Dank, Cyriax. Meinen Namen kennst du wahrscheinlich schon."

„Sehr richtig. Josua ist ein jüdischer Name, oder?"

„Ja, aber das spielt keine Rolle. Meine jüdische Vergangenheit ist vorbei."

„Nun gut, ich werde dich zu Lucilla führen."

Josua folgte den kraftvollen Schritten von Cyriax. Im Peristyl, im Innenhof, blieben sie stehen.

„Warte hier, Josua. Meine Herrin kommt sogleich." Er verschwand mit flinken Schritten im hinteren Teil des Hauses.

Auch bei Lucilla befand sich in der Mitte des Innenhofs ein Springbrunnen. Das schien wohl in solchen Häusern hier Mode zu sein. Dieser Springbrunnen gefiel Josua sehr, da drei Delphine aus unterschiedlichen Höhen Wasser spieen und so neben dem Wasserspiel noch durch ihren fröhlichen Ausdruck den Betrachter erfreuten. Josua gab sich ganz dem entspannenden Moment hin. Sein Blick wanderte zu der Säulenhalle, die alle Innenhöfe umschloss. Diese Säulen waren prachtvoll, aus Marmor, schätzte er. Aber der Springbrunnen gefiel ihm am besten.

„Ein wunderschönes Exemplar, nicht wahr?"

Eine ausdrucksstarke Stimme holte ihn aus seinen Gedanken zurück. Er drehte sich um und blickte in die hellbraunen Augen einer Frau, deren Alter ihn sehr überraschte. Philon hatte etwas von einer älteren Frau gesagt. Aber vor ihm stand eine Frau so um Ende zwanzig, die aber von ihrer Ausstrahlung her sehr viel jünger wirkte.

„Ein ausgesprochen anmutiger Springbrunnen. Der Künstler ist wahrhaft begabt." Josua errötete. Er fühlte sich in seinen Gedanken über sie ertappt.

„Ich begrüße dich hier in meinem Haus, Josua." Lucilla lächelte Josua warmherzig an. „Ich freue mich, dass du ab jetzt bei mir wohnen wirst. Es macht mich stolz, einen Schreiber von Philon unter meinem Dach zu haben."

Josua sah verlegen zu Boden.

„Nach dem was Philon mir erzählt hat, bist du sehr talentiert. Und außerdem ist Bildung wichtiger als alles andere. Was wären wir ohne Bildung? Dann wären wir noch Barbaren, die in Höhlen leben, nicht wahr?"

„Verehrte Lucilla, ich bin Ihnen zu großem Dank verpflichtet." Josua war überwältigt von der liebevollen Art seiner neuen Hausherrin. „Ich kann es gar nicht in Worte fassen. Mein Leben war die letzten Jahre nicht sehr

255

leicht, und ich weiß solche Möglichkeiten wie bei Philon zu arbeiten und hier zu wohnen, sehr zu schätzen."

„Nicht der Rede wert. Ich habe Platz und du suchst eine Wohnstätte. Punktum. Übrigens habe ich auch eine Bibliothek wie Philon. Meine ist natürlich etwas bescheidener als seine, aber die Schriften können sich ebenfalls sehen lassen. Philon sagte mir, dass die Bibliothek deine zweite Heimat ist."

Josua errötete erneut. Lucilla war gut unterrichtet.

„Ich habe mich mit meinen Schriften etwas spezialisiert. Bei mir wirst du nichts über Wissenschaftler oder so altmodische Dichter wie Aischylos finden, dafür aber sämtliche Schriften zeitgenössischer Dichtung, die die Liebe zum Schwerpunkt hat. Kennst du Sappho?"

„Sappho? Wer ist das?"

„Sie war eine Lyrikerin von der Insel Lesbos. Sie schrieb betörende Hochzeits- und Liebeslieder sowie Götterhymnen. Du als junger Mann wirst daran mit Sicherheit Freude haben. Du wirst genügend Zeit haben, dir diese Schriften mal zu Gemüte zu führen. Außerdem merke dir Ovid. Er ist einer der modernen römischen Dichter. Er tritt sozusagen die Nachfolge von Horaz und Vergil an. Einer, der kein Blatt vor den Mund nimmt. Wahrscheinlich wurden deshalb seine Schriften verboten."

Josua musste über die Begeisterung, die Lucilla an den Tag legte, schmunzeln.

„Aber erst einmal zeige ich dir deine Kammer. Ich habe sie neu ausstatten lassen. Es befindet sich neben dem Bett ein bequemer Korbsessel und ein Tisch in ihr und ich habe die Vorhänge entfernen lassen, da – wie Philon es so schön sagte – ihr Schreiber es sehr hell braucht."

∞

Josua saß an seinem neuen Schreibtisch und ließ seine Gedanken, die beim Schreiben hochkonzentriert sein mussten, zur Ruhe kommen. Sein Leben hatte sich beruhigt. Nach dem starken Orkan im Hause seines Vaters fand seine Seele im Hause von Lucilla Geborgenheit und Sicherheit. Sein Tagesablauf war wieder geregelt. Von früh morgens, wenn die Sonne aufgegangen war, schrieb er bis spät in den Nachmittag hinein, machte nur kurz eine Pause, wenn Cyriax oder Lucilla ihm persönlich etwas zu Essen brachten. Nach seinem täglichen Schreibpensum setzte er sich meistens an den Springbrunnen oder ging am Meer spazieren. Er blickte oft über das große Wasser, denn das war für seine Augen die beste Entspannung. Dort vermied er es allerdings, zu weit in die Richtung des Artemis-Tempels vorzudringen, denn die alte, allerdings noch nicht verheilte Wunde seiner unerfüllten Liebe zu Diana wollte er nicht wieder aufreißen.

Aber mindestens genauso oft war er in der Bibliothek von Lucilla zugegen. Es stimmte. Sie hatte eine prachtvolle Bibliothek. Die Anzahl ihrer Rollen war erheblich kleiner als die von Philon, jedoch umfasste ihre Sammlung immer noch eine so große Menge von außergewöhnlichen Schriften, dass jeder gebildete Mensch neidvoll verstummen musste. Josua hätte sich nie vorstellen können, dass es so viele Schriften über die Liebe gab. Er war völlig naiv, denn er dachte bisher immer, dass hauptsächlich die Geschehnisse für die nächsten Generationen dokumentiert wurden, die dann Geschichte wurden. Dass aber so viele Persönlichkeiten über die Liebe geschrieben hatten, ließ ihn erstaunen. Liebeshymnen in reiner Sprache. Sie wurden für Frauen wie Diana geschrieben. Seltsam, dass er jetzt an Diana denken musste. Die Erinnerung an diese junge Priesterin hatte er ganz weit weg geschoben. Diana verkörperte für ihn aber etwas Reines, etwas Unschuldiges – er hegte für sie fast ähnliche Gefühle, wie er sie Jesus entgegenbrachte.

Und jetzt musste er auch noch an Jesus denken! Er nahm sein Kreuz, das neben seiner Papyrusrolle lag, und ließ es geschmeidig in seiner Hand hin und her gleiten. Wäre doch nur Jesus hier! Jesus. Immer, wenn er an Jesus dachte, stand mittlerweile nicht mehr seine Mission im Vordergrund – war er nun der Messias der Juden oder nicht? –, sondern seine Erinnerung an den wahren Menschen Jesus. Hatte Jesus ihm nicht einmal gesagt, dass sie sich hier in dieser Stadt wieder sehen würden? Ja, das stimmte. Sein Herz hüpfte vor Freude. Jetzt erinnerte er sich daran, dass Jesus so etwas Ähnliches gesagt hatte. Einige Erinnerungen aus Nazareth kamen ihm wieder ins Bewusstsein. War da nicht auch noch eine Stimme, die er unter dem großen Olivenbaum gehört hatte, die ihm das gleiche mitgeteilt hatte? Naja, damals war er noch ein Junge gewesen – jetzt war er auf dem Weg, ein Mann zu werden. Er hatte schließlich schon die ersten Erfahrungen mit einer Frau gesammelt.

Lea hatte in ihm Gefühle entfacht, die neu für ihn waren. Es war die Sehnsucht nach Berührung und Wärme, aber auch nach dieser Leidenschaft, die er mit ihr einige Tage teilen konnte. Gut, er hatte wahrlich kein Bedürfnis danach, sie noch einmal wiederzusehen, aber die Schriften, die er in der Bibliothek von Lucilla zu Gesicht bekam, ließen ihn wieder seine schönsten Fantasien ausmalen, die so weit führten, dass er eine gewisse Kraft in seinen Lenden spürte.

Josua nahm seine Tätigkeit wieder auf. Er liebte es, zu schreiben. Seine Seele gehörte in den Momenten, in denen er schrieb, seinem Herrn. Er gehörte Gott. Es wunderte ihn sehr, wie schnell die Zeit verging, wenn er schrieb und wie viele Seiten er in dieser Zeit schaffte. Mittlerweile war es so, dass er sich gar nicht mehr richtig daran erinnerte, was er die letzten Stunden geschrieben hatte. Er schaute auf die Rolle und erinnerte sich, dass er gerade die erste Septuaginta kopierte, die er vor wenigen Tagen bei Philon abgeholt hatte. Josua hatte diese griechische Thora, bevor er sie kopiert hatte, kurz überflogen, um die Qualität der Übersetzung zu prüfen. Diese hielt aber seinem Perfektionismus stand, und daraufhin fing er auch direkt an, sie zu kopieren. Josua musste lächeln, als er erkannte, dass er gerade am fünften Buch Mose schrieb und sich wunderte, wie er es geschafft hatte, die vier vorigen Bücher in diesen wenigen Tagen zu schreiben und sich nicht daran zu erinnern.

Die nächsten fünf Stunden schrieb Josua ohne Unterbrechung, bis er bemerkte, dass es draußen dunkler wurde. Er hatte von Philon die strikte Anweisung erhalten, nicht im Dunkeln zu schreiben, denn dadurch würde er, auf längere Sicht betrachtet, seine Sehkraft belasten. Daran hielt er sich. Er legte sein Schreibrohr zur Seite, verschloss das Tintenglas seiner Mutter – Gott sollte sie beschützen, wo auch immer sie sich gerade aufhielt – und nahm das Holzkreuz mit zu den Wasser speienden Delphinen, wo er seine Füße in den Brunnen hielt und die Gedanken befreite.

Josua musste an den Wert seiner Arbeit denken, den er früher, als er noch für seinen Vater geschrieben hatte, nie wahrgenommen hatte. Erst durch Philon erkannte er seine Leistung. Philon hatte ihm mitgeteilt, dass er die Septuaginta für zehn Doppeldrachmen verkaufen wolle. Abzüglich sämtlicher Kosten und dem Teil, den Philon sich als seinen Gewinn herausnahm, blieben Josua sieben Drachmen, oder Denare – Kaiser Augustus hatte die Drachmen und die Denare gleichgestellt. Sieben Denare waren eine Menge. Allein nur mit der Kopie dieser Septuaginta konnte er zwei Monate bei Lucilla wohnen. Wenn dieses Tempo so weiter ging, dann wäre er in drei bis vier Wochen mit dieser Septuaginta fertig und könnte die zweite beginnen. Und schließlich hatte er noch kleinere Schreibarbeiten nebenher, die sich im Monat noch auf zusätzlich fünf bis sechs Denare beliefen, wie zum Beispiel die Schriften von Heraklit, die er fast schon auswendig konnte.

Heraklit schrieb er sehr gern. Heraklit sprach in einer Sprache, die er verstand. Die Sprache war klar und deutlich, und doch teilweise widersprüchlich, dass er die Zeit genoss, wenn er über dessen Worte nachdachte. Heute Abend, wie auch sonst des öfteren, sprach er seine Lieblingsstellen von Heraklits Werk vor sich hin. Das tat ihm gut, es beruhigte seinen Geist und ließ die Schwingung der Worte in sich vibrieren.

„Freund, ich durchforschte mich selbst. Dieser Logos, der ewig ist und auch in mir ewig lebt, wie kann er verborgen bleiben vor dem, das nie untergeht? Wer Unerhofftes nicht erhofft, kann es nicht finden, denn es ist unauffindbar und unzugänglich. Vergiss nicht, Freund, den Menschen es eigen, sich selbst zu erkennen und verständig zu denken, denn die sogenannten Unsterblichen sind sterblich. Die Sterblichen hingegen sind unsterblich. Sie leben zusammen ihren Tod und sterben gemeinsam ihr Leben." Josua blühte bei diesen Worten auf.

Ja, er war Philon sehr dankbar, dass er ihm die Möglichkeit gab, seine Fähigkeiten unter Beweis zu stellen und sich seinen Lebensunterhalt selbst zu verdienen. Und der Verdienst war wirklich nicht schlecht.

„Na, fertig für heute?" Cyriax kam mit leichten Schritten auf ihn zu.

„Ja, für heute reicht es. Wie geht es dir, Cyriax?"

„O, seit vielen Wochen hat mich das niemand mehr gefragt." Cyriax schien etwas verunsichert. „Ich bin mit meiner Arbeit hier bei meiner Herrin Lucilla zufrieden."

„Wie bist du hier her gekommen? Und wie kam es dazu, dass du Sklave bist?"

„Das ist eine lange Geschichte. Ich bin in Armenien geboren. Dort wurde meine Familie von den Römern getötet. Ich landete auf einem Sklavenmarkt in Palmyra und wurde an einen reichen griechischen Handwerker in Antiochia verkauft. Der hatte großen Einfluss und bekam etliche Aufträge, die natürlich seine Sklaven auszuführen hatten. Und dann kam es, dass ich in Galiläa …"

„Du warst in Galiläa? Wo denn dort?" Josua war erstaunt.

„In Sepphoris, der damaligen Hauptstadt."

„Ja, ich weiß. Ich glaube es nicht, du warst in Sepphoris?"

„Du kennst Sepphoris?"

„Und ob ich Sepphoris kenne. Ich bin ein paar Meilen südlich davon geboren und aufgewachsen. In Nazareth. Mit ungefähr sechs Jahren bin ich dann nach Ephesos gezogen. Wann warst du in Sepphoris?"

„Vor einem Jahr hat mich dort dieser Nichtsnutz von einem Menschen an einen Händler verkauft, der sich in Byzantium in Thrakia niederlassen wollte. Da aber das Schiff im Hafen von Ephesos überfallen wurde, als wir hier neue Ware an Bord nehmen wollten, hat es das Leben so entschieden, dass ich hier in Ephesos bleiben musste. Bei dem Überfall wurde dieser Händler, als er sich wehren wollte, getötet und ich bin schnell weggerannt und habe dann – Gott sei gedankt – Lucilla getroffen, die mich auch gleich aufgenommen hat."

„Wie sieht Sepphoris heutzutage aus? Sepphoris muss mittlerweile groß geworden sein."

„Klein war es nicht. Auch von Nazareth haben immer mal wieder irgendwelche Leute gesprochen. Dort soll…"

„Cyriax?!" Die laute Stimme von Lucilla ertönte aus dem Innenhof.

„O, ich muss wieder an die Arbeit."

„Ja, danke für das Gespräch mit dir."

„Jeder Zeit wieder."

Josua lächelte. Wie klein die Welt doch war! Hier im Haus von Lucilla traf er eine Person, die auch Sepphoris kannte. Wie es Jesus wohl gehen mochte, an den er jetzt wieder intensiv dachte und sich gleichzeitig an einige Melodien erinnerte, die Jesus immer auf der Flöte gespielt hatte. Hoffentlich ging es ihm gut…

Mir geht es gut. Ich fühle mich wohl, ich fühle mich gestärkt, ich fühle mich gut ausgebildet, ich fühle mich von dem großen heiligen Geschlecht gut beschützt. Ich danke dir, Vater. Gestern hat mich ein Grieche gefragt, warum ich immer zu dir, Vater, bete, und nicht zur himmlischen Mutter. Das war eine außergewöhnliche Frage. Ich habe ihm geantwortet, dass für einen Menschen die Mutter so wichtig ist wie nichts sonst im Leben, denn die Mutter hatte Schmerzen bei der Geburt auf sich genommen, um uns Menschen zu gebären. Für eine Mutter bist du immer das Kind, für einen Vater nicht. Deshalb rede ich dich wahrscheinlich als Vater an. Und außerdem hat ein Vater mehr Autorität in den Augen der Menschen als eine Frau. Das wird wohl ein zweiter Grund sein. Vater, oder auch Mutter, ich danke dir für deine unermessliche Liebe und für die kleinen Momente des Lebens, in denen ich viel von den Menschen lernen und ich durch sie meine Liebe vervollkommnen kann. Danke. Amên.

Verschlossene Herzen und offene Türen

Bohans Haus lag in der östlichen Oberstadt nahe des Magnesischen Tores. Es war eine gute Wohngegend. Zwar nicht so vornehm eingerichtet, wie das Haus von Lucilla, aber es war groß. Bohan, der Angeber, hatte wohl mit seinem Tuchhandel schon viel verdient. Durfte er auch, schließlich hatten Judith und Esther von nun an ein schönes Zuhause.

„Schön, dass du uns endlich mal besuchst." Esther lächelte Josua an.

„Ja, ich weiß, es war längst überfällig. Wie ich sehe, habt ihr es hier richtig schön getroffen."

„Wir können von Glück sagen, dass wir Bohan haben. Es geht schließlich nicht allen Menschen in Ephesos so gut."

Josua betrachtete seine ältere Schwester. Sie sah gut aus. Es stimmte, nicht viele Frauen in Ephesos hatten einen Mann an ihrer Seite, der sie finanziell absicherte.

„Ich bin in Ephesos bisher noch nicht so viel herumgekommen. Ich kenne zwar einige Ecken mehr in der Stadt, seitdem ich ausgezogen bin, aber lange noch nicht alles. Du weißt ja, es gab zu Hause genug zu arbeiten und ich habe manchmal wochenlang keinen Schritt vor die Tür gesetzt."

„Wusstest du, dass die meisten Frauen schon fast dreißig Jahre sind, wenn sie heiraten? Das hat mir Bohan gesagt. Es herrschen hier doch andere Sitten als in Galiläa. Dort war man schon mit vierzehn als Frau für einen Mann verplant."

„Die Frauen heiraten hier mit dreißig? Dann hat ja unsere kleine Schwester noch etwas Zeit, oder?" Josua lachte und drehte seinen Kopf zu Judith. Sie lag still und ganz eng an ihn geschmiegt in seinem Arm. Judith war eine wunderschöne junge Frau geworden. Ihr mussten viele Männer nachschauen, so rein, wie sie wirkte. Sie erinnerte ihn an Diana.

„Josua, was machst du jetzt?", wollte Judith wissen, die es liebte, sich tief in seinen Arm zu kuscheln.

„Was sollte dein Bruder schon anderes machen als schreiben, schreiben, schreiben!" Esther zwinkerte ihm zu.

„Ja, Judith, deine allwissende Schwester hat Recht." Er überlegte, was er erzählen durfte, schließlich wollte er nicht, dass Samuel ihn fand. Andererseits hätte er ihn schon gefunden, wenn er gewollt hätte, dachte er bei sich. „Ja, ich schreibe. Ich bin bei einem Schreiber untergekommen und kopiere Schriften, so wie ich es immer gemacht habe. Nur mit dem kleinen

Unterschied, dass ich fast nur noch griechische Kopien erstelle und ich auch dafür bezahlt werde."

„Du wirst bezahlt?" Esther hatte große Augen bekommen.

„Ja, ich werde so gut bezahlt, dass ich gut über die Runden komme."

„Wo wohnst du denn?" Judith hatte ihre neugierige Art zu fragen noch nicht abgelegt. Zum Glück.

„Ich wohne in der Nähe des Hafenviertels. Ich bin bei einer Bekannten des Schreibers untergekommen. Sie hat mir ein Zimmer vermietet, wo ich meine Ruhe habe." Diese Informationen sollten zu aller Vorsicht trotzdem genügen. Er drückte Judith an sich, da er die Nähe zu ihr sehr vermisst hatte.

„Geht es dir auch wirklich gut, Josua?"

„Ja, Judith. Mir geht es gut. Ich habe neue nette Menschen kennengelernt, die mich mögen und die vor allem meine Arbeit schätzen, ganz im Gegensatz zu unserem Vater."

„Er hat deine Arbeit geschätzt, Josua." Esther sprach sehr ernst.

„Nein, er hat es für selbstverständlich gehalten. Er hat mich fast wie einen Sklaven gehalten."

„Er konnte es einfach nicht zeigen. Aber er hat deine Arbeit geschätzt." Esther schaute ihn mitfühlend an. „Warum bist du von heute auf morgen verschwunden?"

„Es ging einfach nicht mehr."

„Oder war es für dich unerträglich, dass dein Vater noch einmal geheiratet hat?"

„Samuel hat geheiratet?" Josua hielt seinen Atem an.

„Ja, wusstest du das denn nicht?"

„Wie sollte ich denn davon gehört haben?"

„Du kommst doch viel herum."

„Wen hat er geheiratet?"

„Lea, seine Haushälterin."

Josua erbleichte.

„Ja, wusstest du das wirklich nicht? Es ist erst ein paar Wochen her." Esther musterte ihn verwirrt.

„Samuel hat Lea geheiratet." Josua sprach mehr zu sich selbst als zu seinen Schwestern. Zu tief saß der Schock in seiner Seele.

„Lea ist eine gute Frau für ihn. Sie macht auf mich einen sehr zuverlässigen Eindruck. Allerdings brauchte sie einige Wochen, um sich wohl damit zurechtzufinden, von zu Hause auszuziehen und ein neues Heim zu haben. Sie wirkte am Anfang recht traurig."

Josua versuchte die Neuigkeit zu verdrängen und lenkte das Gespräch auf Bohans Geschäfte. Er genoss die Nähe zu Judith, die keinen Mucks gab und fast in seinen Armen eingeschlafen war. Er streichelte noch eine längere Zeit zärtlich ihr Haar.

Josua versprach, sie beide wieder zu besuchen und eilte hinaus in die einsame Nacht.

Wie er schon früher erfahren hatte, war der nächtliche Rückweg durch die Stadt nicht gerade angenehm. Abgesehen von zwielichtigen Gestalten gab es noch ein ganz anderes Problem, vor dem man sich in Acht nehmen musste. Und zwar waren es die Inhalte von Nachttöpfen, die regelmäßig von ihren Besitzern in hohen Bögen auf die Gassen ausgeschüttet wurden. Am besten hielt man sich genau in der Mitte der Gassen auf, dann war die Chance auf eine böse Überraschung am geringsten. Zwei Mal war er schon getroffen worden, aber heute wollte er trocken und immer noch wohl duftend sein Zuhause erreichen.

∞

Lea bereitete gerade das Abendmahl für sich und Samuel zu. Ihr Mann war noch in der Synagoge, um diverse Vorbereitungen für den morgigen Tag zu treffen. Ihr Sohn Micha lag schlafend in einem kleinen Bettchen neben ihr in der Küche. Knapp zehn Monate war es her, als sie Josua das letzte Mal gesehen hatte. Sie konnte sich noch genau an den Tag erinnern, als sie ihn in die Stadt geschickt hatte. Und dann hatte er sie wohl in Samuels Kammer gehört. Sie hatte sich überlegt, als sie damals Tage später wieder bei Kräften war, aus diesem Haus zu verschwinden, aber dann kamen die ersten Anzeichen, die auf eine Schwangerschaft hindeuteten. Allein mit ihrem Kind konnte sie nicht alles hinter sich lassen, und fügte sie sich in ihr Schicksal. Sie blieb bei Samuel, denn sie wollte das Kind auf jeden Fall haben. Sie hatte Samuel ihre Schwangerschaft mitgeteilt und keine Woche später waren sie verheiratet. Samuel schwebte wie auf Wolken, denn noch einmal Vater zu werden, damit hatte er wohl nicht mehr gerechnet. In den letzten Wochen entspannte sich die Atmosphäre zwischen ihr und Samuel, und das Leben war nun doch etwas erträglicher geworden, obwohl sie sich für ihr Leben etwas ganz anderes erträumt hatte. Samuel ging fast immer sehr sanft mit ihr um, nur wenn er das Lager mit ihr teilte, veränderte sich sein Wesen und nahm etwas Animalisches an. Dann spürte sie den Hass und die Brutalität, die in ihm lebten. Dann fühlte sie sich ausgenutzt und wertlos wie die Gülle, die in den Rinnen durch Ephesos floss und nach tierischem und menschlichem Urin roch.

Ach Josua! Warum hat uns das Leben auseinander gerissen, fragte Lea sich traurig. Die Freude, die früher ein Teil ihres Selbst wie das Klopfen ihres Herzens war, gab es nicht mehr. Nur wenn sie Micha beobachtete, der immer noch friedlich neben ihr schlief, wurde ihr warm ums Herz.

Die Schwangerschaft und auch die Geburt waren unproblematisch verlaufen. Als sie danach das erste Mal Micha in ihren Armen spürte und in die Augen ihres neugeborenen Sohnes schaute, erkannte sie in ihm die Augen von Josua. Sie sah die gleiche Tiefe in ihnen, aus der Josua sie immer nach ihrem Liebesspiel betrachtet hatte. In diesem heiligen Moment war sie sich sicher gewesen: Micha war Josuas Sohn. Ihr Aufschluchzen führten alle anderen auf die Anstrengung der Geburt zurück

Samuel und auch Josua durften die Wahrheit niemals erfahren. Diese blieb ihr Geheimnis, das ihr Kraft für das restliche Leben gab. Nur Micha würde sie die Wahrheit einmal sagen, wenn er erwachsen war.

Der Kampf der Gefühle in ihr wich dem Frieden der Gewissheit: Sie hatte mit Josua ihr Liebstes aufgeben müssen und jetzt war ihr etwas unendlich Innigeres geschenkt worden. Eine tiefere Form der Liebe. Diese Liebe war begraben unter den Ängsten, mit denen Samuel ihr Leben vergiftet hatte. Niemals vor ihm war die Gewalt in ihr Leben getreten und ausgerechnet im Moment der Erfüllung ihrer Liebe zu dem unvergleichlichen Josua, in dem Moment, in dem alles in ihr jubilierte, erschien das Grauen in Gestalt von Josuas Vater. Eines Tyrannen, der keinen glücklichen Menschen um sich herum ertragen konnte, und dem jegliches Verständnis fehlte.

‚O, Josua! Geliebter!' Wenigstens hast du mir ein Kind von dir geschenkt. Es wird mich immer an dich erinnern. Ich werde leben, um deinen Sohn zu behüten.'

∞

„Lucilla, Ihr Hirschbraten mit Blumenkohl war ganz vorzüglich. Aber jetzt bin ich wirklich satt."

„Nichts da, jetzt gibt es noch Melonen in Süßwein. Oder willst du mich beleidigen?"

„Nein, natürlich nicht, Ihre Kochkünste müssen in Ephesos wohl bekannt sein."

„Josua, ich finde, nach einigen Monaten unserer guten Bekanntschaft solltest du ruhig ‚du' zu mir sagen. Ich weiß, du fühlst dich zu größtem

Dank mir gegenüber verpflichtet, aber du bist mir mit deiner liebenswerten Art schon zu einer Art Sohn geworden. Wie du weißt, war es mir nie vergönnt, eigene Kinder zu bekommen. Umso mehr freue ich mich über deine Anwesenheit. Also ich bin ab jetzt deine Freundin Lucilla." Sie erhob ihren Becher mit Wein empor und prostete ihm zu.

„Äh, liebste … Lucilla, geben Sie … äh, gib mir Zeit, mich daran zu gewöhnen." Auch Josua hob seinen Becher Rotwein, und sie tranken beide auf weiterhin gute Freundschaft.

„Was macht die Liebe, Josua? Gibt es keine junge Frau, die dir schöne Augen macht? Oder du ihr?"

„Nein, im Moment nicht. Ich habe mich das letzte Jahr ganz in meine Arbeit gekniet, denn ich wollte Philon das zurückgeben, was er mir gegeben hat. Ich denke, du verstehst das."

„Ja, natürlich. Philon berichtet mir regelmäßig Erstaunliches. Er ist nach dieser langen Zeit immer wieder verwundert, wie du in deinen jungen Jahren so perfekt und schnell arbeiten kannst. Er sagte mir, dass sich sein Umsatz fast verdoppelt hat, seitdem du zu ihm gekommen bist. Und die Liste der Interessenten in Ephesos, die eine Kopie eines Klassikers haben möchten, ist sehr groß geworden. Die Bekanntheit von Philons Geschäft ist enorm gestiegen. Sogar der Umsatz von Claudios hat sich gesteigert."

Josua errötete bei so viel Lob. Wie sollte er mit so viel liebevoller Zuwendung umgehen? Er hatte keine Übung darin. Liebe hatte er zwar von vielen Menschen erhalten. Von seiner Mutter, von Jesus, von Diana, ja auch von Lea. Aber sie alle waren weg. Und doch reichte die Erinnerung an eine Person, an seinen erbärmlichen Vater, der diese Liebe zunichte gemacht hatte, weshalb Josua nun anstelle von Liebe mit Ängsten herumlief.

„Josua, du scheinst allen Menschen Glück zu bringen."

„Na ja, nur du hast etwas mehr Arbeit durch mich."

„Josua, sag so etwas nicht. Durch deine Anwesenheit hier ist Leben in das Haus gekommen. Und in meinem Alter ist Leben wichtiger als alles andere. Mir geht es gut. Eine lange Zeit bin ich nicht über den Tod meines Mannes hinweggekommen, aber seit einigen Wochen bin ich tatsächlich dabei, Frieden mit dem Leben zu schließen. Auch dank deiner Anwesenheit. Und durch dich bin ich Philon ein gutes Stück näher gekommen."

„Lucilla, Sie, ähh du, ich bin doch nur so wie ich bin", stotterte er. „Ich lebe zurückgezogen in meiner Kammer und komme nur heraus, um in deiner Bibliothek weitere Schriften zu lesen." Er lächelte.

„Josua, lass meine Worte einfach einmal stehen. Deine Anwesenheit macht mich glücklich. Und außerdem hast du mir die Frage noch nicht beantwortet."

„Welche Frage?"

„Bist du nun verliebt oder nicht?"

„Nein, Lucilla, nein. Wie gesagt, ich sitze ja nur in meiner Kammer. Und dorthin verirren sich nicht sehr viele Frauen."

„Dann werde ich mal mit Philon sprechen, dass er dir ein bisschen mehr Freiraum zugesteht, damit du auch den Frauen die Chance geben kannst, dich zu bemerken und dich kennenzulernen."

Sie prosteten sich lachend zu, und das Gespräch ebbte ab, da gerade Cyriax in den Raum kam und ihnen das angekündigte Dessert brachte.

Satt und zufrieden und freundschaftlich berührt durch die liebevolle Zuwendung ihrer Anwesenheit und ihrer Worte verabschiedete sich Josua von Lucilla und verschwand in der Bibliothek. Eine Öllampe erleuchtete den großen Raum zum größten Teil, aber auch im Dunklen kannte er sich mittlerweile aus. Schnell hatte er die Stelle gefunden, die die von ihm gelesenen von den noch nicht gelesenen Rollen trennte. In dem langgestreckten Raum gab es keine Wandnischen wie bei Philon, sondern sämtliche Schriften waren in großen Regalen versteckt. Drei Regale waren noch völlig leer, aber wenn Lucilla in der Geschwindigkeit ihre Sammlung erweiterte, wie sie es gerade tat, dann wären in wenigen Monaten auch diese Regale bis unter die Decke voll mit Schriftrollen. Er nahm die Öllampe zum Tisch, um in ihrem Schein die nächsten Hymnen auf die Liebe zu lesen. Heute hatte er eine Rolle von Ovid herausgezogen. Josua erinnerte sich daran, dass Lucilla bei seiner Ankunft in ihrem Haus Ovids Namen erwähnt hatte. Er breitete die Rolle aus. Sie musste laut Datum kurz vor dem Kennenlernen mit Philon entstanden sein, denn Ovid schien ein zeitgenössischer Dichter zu sein. Und als er dann die ersten Zeilen las, erkannte er in den Worten eine recht moderne Sprache, die die intimsten Dinge sehr deutlich aussprach, ohne viel zu verstecken. Er las und las und konnte sich aus dem Bann von Ovids Worten nicht mehr lösen. Zu sehr wurde mit seinen Worten seine Fantasie angeregt, denn er las:

„Die Hitze deutete die mittlere Stunde des Tages an, und ich legte mich mitten aufs Bett, um auszuruhen. Ein Teil des Fensters war offen. und das Licht schimmerte fast so wie zur Zeit der Dämmerung in den Wäldern, wenn die Sonne entflieht oder wenn die Nacht vergangen und der Tag noch nicht erschienen ist. Das ist das Licht, das scheue Mädchen sich wünschen,

wenn ihre ängstliche Schüchternheit darauf hofft, dort ein Versteck zu finden. Schau, da kommt Corinna. Sie ist in ihr entgürtetes Gewand gehüllt, und ihr gelöstes Haar fällt sanft über ihren weißen Hals. So wie Semiramis und die schöne Lais ins Brautgemach gingen. Ich entriss ihr das Kleid, das dünn war und nur wenig dem Blick vorenthielt. Aber sie wehrte sich, weil sie ihre Blöße nicht preisgeben wollte. Da sie aber so kämpfte wie eine, die gar nicht siegen möchte, wurde sie das Opfer ihres eigenen Verrats. Als sie hüllenlos vor meinen Augen stand, sah ich an ihrem Körper keinen Makel. Geschmeidig die Schultern und Arme, die ich sah und berührte! Wie passend war die Gestalt ihrer Brüste für die Liebkosung geschaffen! Wie eben war der Bauch unter dem straffen Busen, wie schlank und vollkommen waren ihre Hüften, und wie jugendlich schön ihre Beine! Was zähl' ich einzelnes auf? Nichts, was nicht des Lobes war, sah ich, und ich drückte die Nackte immer wieder an meinen Körper. Wer weiß nicht, was noch fehlte? Erschöpft ruhten wir beide. Mögen doch Mittagsstunden so mir oftmals gelingen."

Was für ein Gedicht! Woher kannte dieser Ovid die Geschichte von Lea und ihm? Genauso verführerisch war Lea damals in seine Kammer getreten und genauso hatte er ihre Schönheit bewundert. Lea! Was war aus ihr geworden? Sollte er sich doch einmal zum alten Zuhause schleichen und nachschauen? Er schob den Gedanken zur Seite und erinnerte sich lieber an ihr schönes Lächeln. Je mehr die Zeit verging, desto mehr war ihm ihr Lächeln in Erinnerung geblieben. Ja, die paar Tage mit Lea waren eine schöne Zeit gewesen. Vielleicht hätte er nicht so voreilig wegrennen sollen, vielleicht hätte er mit ihr sprechen sollen, aber was gab es damals schon darüber zu sprechen? Das, was er gehört hatte, war offensichtlich. Nur die Sehnsucht nach ihr war noch übrig. Oder war es die Sehnsucht nach einer Frau? Die Sehnsucht nach dem betörenden Duft, der dem weiblichen Nacken entströmte? Oder nach körperlicher Wärme, nach Geborgenheit? Oder war es sehr viel trivialer, weil er vielleicht nur seine körperlichen Triebe befriedigen wollte? Er wusste es nicht.

Wenn ihm heute Abend hier und jetzt eine Frau so sanft über den Schenkel streicheln würde wie damals in der dunklen Taverne dieses Mädchen, dann könnte er sich nicht mehr zurückhalten, zu stark war die Kraft in seinen Lenden. Er legte die Schriftrolle zurück an ihre Stelle. Das musste für heute Abend reichen, er musste sich erst einmal abkühlen. Er ging in das Peristyl hinaus und warf noch einmal einen Blick auf die Sterne, um sich wie jeden Abend den Segen der Unendlichkeit für eine gute Nacht zu holen. Beim Anblick dieser Sternenpracht war er dankbar, dass er in seinem bisherigen Leben so viel Liebe hatte erfahren dürfen.

Er wollte sich gerade wieder umdrehen, als er ein deutliches Blinken am Nachthimmel sah. Er erinnerte sich an Nazareth, an seine Träume und – jetzt fiel ihm wieder ein Gespräch mit Jesus unter dem Olivenbaum ein – an das Leben auf anderen Planeten, das Jesus ihm damals mitgeteilt hatte. Doch schon vor dem nächsten klaren Gedanken bewegte sich das Licht am Himmel in einer Zickzacklinie von rechts nach links und wieder nach rechts, wobei es gleichzeitig einen großen Höhenunterschied überwand. Ein Stern konnte das nicht sein. Aber was dann? Gab es wirklich Menschen auf anderen Planeten? Aber wie kamen sie hier her? Er beobachtete noch eine lange Zeit das Licht, das so groß wie ein Ei war, bis es immer kleiner wurde und in den Weiten des Himmels verschwand. Dazu hörte er eine Stimme, die sich seit Nazareth nicht mehr gemeldet hatte. Diese Stimme wiederholte einige Sätze, die ihn erschaudern ließen. Er erinnerte sich daran, sie schon einmal vernommen zu haben.

„Jesus ist eine sehr alte und weise Seele. Er ist der Erlöser der Menschen. Versuche von ihm zu lernen. Du hast es dir so ausgesucht."

„Jesus ist doch nicht hier, wie soll ich dann von ihm lernen?", fragte Josua die Sterne.

Aber er bekam keine Antwort mehr. Josua legte sich verwirrt ins Bett und schlief verstört ein, das Holzkreuz in seiner linken Hand.

∞

Heute früh hatte Josua bei Philon die dritte Septuaginta abgeliefert und wie immer verlässlich seinen Lohn erhalten. Es war bisher der größte Betrag, den er auf einmal erhalten hatte. Einen zusätzlichen Auftrag bekam er heute nicht mit, denn die vierte griechische Thora musste noch übersetzt werden. Als er sich nach einem gemütlichen Mahl von Philon verabschiedet hatte und sie sich zum Abschied gedrückt hatten, ging er auf direktem Weg zur Agora. Er trat durch das Westtor ein und lief quer über den Platz auf kürzestem Wege zu seinem anderen Freund Claudios.

„Schön, dich zu sehen, Claudios."

„Ah, Josua, ich grüße dich. Ich packe gerade eine neue Lieferung von Papyrus aus. Ich nehme immer noch die alten und nähe sie selbst, so wie du es mir gezeigt hast. Wenn allerdings Philon in Zukunft immer mehr Papyrusrollen abnimmt, dann werde ich die Zeit dazu nicht mehr haben.

Ich werde mich dann nach einem anderen Händler umschauen müssen, der die Rollen schon fertig genäht anbietet."

„Das wird dann aber erheblich teurer werden."

„Papyrus zu bekommen ist nicht sehr leicht, wie du weißt, die Ägypter haben immer noch das alleinige Recht, es selbst herzustellen. Und ich muss dann schon froh sein, überhaupt genähte Rollen zu erhalten."

„Du solltest mal darüber nachdenken, ob du nicht einen handfertigen Jungen findest, der dir die Rollen hier nebenbei näht. Das wird bestimmt erheblich preiswerter sein, als genähte zu kaufen."

„Gute Idee, da könntest du Recht haben, Josua."

„Claudios, ich möchte gern drei Rollen bei dir kaufen. Genähte, wenn es recht ist, weil ich im Moment nicht die Muße habe, es selbst zu tun."

„Gern Josua. Übrigens sind die römischen Beamten nach Philon die besten Kunden von mir. Dank dir. Erinnerst du dich noch, als du die ersten genähten Rollen an einen Römer verkauft hattest? Dieser Römer, es scheint ein sehr einflussreicher Mann zu sein, hat unterdessen mit Sicherheit fünfzig Rollen kaufen lassen und es scheint so, dass die Wachstafel in den Gefilden der römischen Verwaltung aufgrund dieser guten Qualität des Papyrus so langsam ausstirbt. An Wachstafeln konnte ich ja überhaupt nichts verdienen. Deshalb möchte ich dir alles, was du in Zukunft bei mir kaufen möchtest, zum halben Preis geben."

„Aber Claudios, ich …"

„Mein Gewissen kann nicht anders, also diskutier mit mir nicht so respektlos herum, schließlich bin ich älter als du. Punktum."

„Nach so deutlichen Worten habe ich wohl keine Chance, etwas zu entgegnen. Ich nehme dein Angebot an. Gut, hier hast du neun As. Claudios, viel Erfolg. Wir sehen uns."

„Josua, pass auf dich auf. Und vergiss nicht, dass es neben der Arbeit auch das Vergnügen gibt."

Jetzt redete auch Claudios noch vom Vergnügen. Sie hatten ja alle Recht, aber für ihn stand erst einmal an, seine Schreibaufträge ordentlich zu erledigen. Josua schlug den Weg zu Lucilla ein, als er am Osttor auf Bohan traf. Er konnte ihm nicht mehr ausweichen und musste sich in sein Schicksal ergeben, einen Moment mit ihm zu plaudern. Er mochte Bohan immer noch nicht. Wie konnte seine Schwester mit einem solch arroganten Schnösel glücklich sein?

„Josua, dich habe ich ja lange nicht mehr gesehen. Wir haben gehört, dass du verschwunden warst?"

„Ja, ich habe mich ein bisschen rar gemacht. Hätte ich es gelernt, mich in Luft aufzulösen, dann wäre das meine Wahl gewesen." Er lächelte.

Josua durfte Bohan rein gar nichts aus seinem Leben anvertrauen. Er wollte nicht, dass sein Vater von ihm Näheres erfuhr. Samuel war alles zuzutrauen.

„Wir dachten, dass du vielleicht Ephesos verlassen hast. Wo wohnst du denn jetzt?"

„Och, ich wohne mitten im Hafenviertel, wo es am billigsten ist, du verstehst?"

„Ah ja, du wohnst bei den Ackergäulen, nicht?"

„Bei wem?"

„Du weißt schon, bei den alten Huren." Bohan lachte laut auf.

„Nein."

„Naja, ist ja auch egal. Und was machst du so? Du scheinst immer noch zu schreiben, wenn ich die Rollen unter deinem Arm so sehe."

„Ich nehme so einige Schreibarbeiten an, die bei den Leuten anfallen, mit denen ich zu tun habe. Ich bin aber auch oft mit Schiffen unterwegs, verweile also nicht immer in der Stadt." Das schien eine gute Idee gewesen zu sein, um ihn abzuschütteln und sämtliche Spuren zu verwischen.

„Dann hast du auch nicht mitbekommen, dass dein Vater wieder geheiratet hat, oder?"

„Doch, Esther hat es mir gesagt, als ich sie kürzlich mal besuchte." Esther schien mit ihrem Mann nicht über alles zu reden. Das konnte er ihr nachfühlen. Mit Bohan würde er schließlich auch nur das Nötigste reden.

„Aber dass Samuel vor wenigen Wochen einen Sohn bekommen hat, dürfte für dich neu sein. Einen richtig süßen Sohn. Micha heißt er, falls es dich überhaupt interessiert."

Josuas Rachen verkrampfte, als ob er gerade eine Fischgräte verschluckt hätte. Samuel und Lea hatten einen gemeinsamen Sohn? Konnte das sein?

„Mein Vater und Lea haben einen gemeinsamen Sohn?"

„Ja, ist das nicht wunderbar?"

„Wunderbar", überspielte er seine Wut, die gerade in ihm aufzusteigen begann. „Richte Esther einen lieben Gruß aus und drücke Judith von mir. Ich werde sie bald wieder besuchen kommen. Bohan, alles Gute für dich und viel Erfolg bei deinen Geschäften."

Josua drehte sich um und verschwand in der Menschenmenge. Er hatte ihn abwimmeln müssen, denn in diesem Moment brach Josua innerlich vollends zusammen. Er hätte kein normales Gespräch mehr führen können.

Er rannte am Theater vorbei, bog in die Gasse ein, die zu Lucillas Haus führte, rannte den langen Weg bis in das Haus von Lucilla und warf sich in seiner Kammer weinend auf sein Bett. Er konnte kein Wort sprechen, er konnte keinen klaren Gedanken fassen. Alles in ihm entsetzte und empörte sich. Er brannte vor lauter Verzweiflung vollständig aus. Sein Vater, dieser Bastard, hatte ein Kind mit Lea. Der Rabbi und die Hure. Ausgerechnet Lea, die ihn, Josua, in die Liebe eingeführt hatte. Die ihm das Gefühl gegeben hatte, für ihn der wichtigste Mensch zu sein. Die Frau, die ihm ihre Liebe offenbart hatte.

‚Herr, du Gott meiner Ahnen und Vorväter, gibt es dich? Gibt es dich da oben überhaupt? Wie konntest du das zulassen? Bestrafst du mich? War ich böse?' Josua bekam keine Antwort.

Von diesem Tag an schrumpfte Josuas Glaube an den Gott seiner Vorväter, Tag für Tag, Stunde um Stunde, von Moment zu Moment. Er wollte in dieser Stadt jetzt neue Erfahrungen sammeln und anderen Idealen folgen, schwor er sich. Von dem einen Gott, den Jesus ihm näher bringen wollte, hatte er erst einmal genug. Er fühlte sich von Gott gedemütigt, von Jesus belogen, von Lea betrogen, von seiner Mutter verlassen und von seinem Vater verraten.

Die Liebe, für deren Erleben er gestern Abend noch so dankbar gewesen war, war verschwunden. Er wollte einfach nur in einem großen schwarzen Loch in der Erde verschwinden und für immer schlafen.

∞

Den ganzen restlichen Tag nach diesem Schock lag Josua wie abwesend auf seinem Bett und in der darauf folgenden Nacht hatte er in den wenigen Stunden, in denen er schlief, die fürchterlichsten Albträume. Es kamen unzählige schwarze Hunde auf ihn zu gerannt und wollten ihn zerfleischen. Jedes Mal, wenn der Hund an der Spitze des Rudels ihn anspringen wollte, kam aus seinem Rücken eine Kraft, die die Hunde erstarren ließ und Josua wachte schweißgebadet auf. Dann dauerte es eine lange Zeit, bis er wieder eingeschlafen war. Aber diese Szenerie wiederholte sich immer aufs Neue. Im Morgengrauen übermannten ihn seine vielen Gedanken und Gefühle. Was sollte er jetzt machen? Konnte er so weiterleben wie bisher? Das Schreiben war sein ein und alles, daran gab es keinen Zweifel.

„Und vergiss nicht, dass es neben der Arbeit auch das Vergnügen gibt." Die Worte von Claudios, die sein Freund ihm gestern gesagt hatte, bewegten ihn sehr. Auch Lucilla hatte ihn nach einer Frau in seinem Leben gefragt. Sollte er einmal auf die Suche gehen? Ja, es stimmte, er konnte nicht immer nur schreiben und lesen und schlafen. Er musste raus in die große Stadt und Menschen kennenlernen, stellte er fest. Er musste sich vor allem in den nächsten Tagen etwas ablenken. Zum Glück war er mit der Septuaginta schon sehr weit fortgeschritten, und da wäre es nicht schlimm, wenn er die nächste Zeit einige Stunden weniger schreiben würde. Er kannte seine Fähigkeiten mittlerweile sehr gut, und so konnte er genau einschätzen, wie lange er für eine bestimmte Arbeit brauchte. Und wenn er mit der griechischen Thora fertig war, warteten Kopien von Schriften aus dem fernen Osten. Schriften, die Philon bisher nicht kannte, die aber faszinierend waren, wie er sagte. Ein reicher Händler wollte mehrere Kopien von diesen besonderen Schriften haben, die schon ins Griechische übersetzt waren.

Die Aussicht auf neues Wissen erleichterte Josua, denn er konnte die Thora nicht mehr sehen. Diese scheinheiligen Schriften über Gott, den Herrn, der immer über das jüdische Volk wachte und es beschützte. Und die besserwisserischen Ausführungen der Propheten. Alles Scheinheilige, alles Schwätzer. Seine Heimat war von Römern besetzt, erkannte er. Wo war der Schutz? Wo war der Herr? Und dann diese lügnerische Ankündigung des Erlösers, der die Menschen retten sollte. War der ganze Glaube seiner Vorväter ein Witz? Warum sollte der Messias nur die Juden erlösen? Lebten denn hier in Ephesos nicht auch viele Menschen, die es wert waren, erlöst zu werden? War der Glaube vielleicht eine reine Einbildung, der den Menschen half, so gut es ging, durch das Leben zu kommen? Und wenn Gott schon solche Vertreter hatte wie seinen Vater, diesen verräterischen Rabbi, dann konnte die Allmacht des Herrn nicht sehr groß sein.

Josua bemerkte, dass er das Holzkreuz in Händen hielt und sich fest daran klammerte. Wegwerfen wollte er es nicht, dafür war es künstlerisch zu schön. Außerdem war es ein Geschenk seines besten Freundes, den er zwar schon knapp zwölf Jahre nicht mehr gesehen hatte, der aber immer noch sein Freund war. Doch an Illusionen wollte er sich jetzt auch nicht mehr festhalten. Was er brauchte, war pures Leben, waren Erfahrungen, waren Vergnügungen.

Daraufhin legte er das Kreuz unter sein Bett, wo er es nicht mehr jeden Tag ansehen musste.

Unterdessen war es hell geworden in seiner Kammer. Er fühlte sich leichter und setzte sich daraufhin für einige Stunden an diese Lügenschrift. Zumindest war die Bezahlung gut und die griechische Übersetzung der

Thora erinnerte ihn nicht so sehr an seine Heimat. Mittlerweile dachte Josua schon in der griechischen Sprache. Nur noch ganz selten kam ihm ein aramäisches Wort in den Sinn. Nur wenn er hebräische Schriften kopieren sollte, schlichen sich Gedanken in seiner Heimatsprache in sein Inneres, da das Hebräische und das Aramäische miteinander verwandt waren. Hebräische Schriften hatte er bisher nicht oft zu kopieren gehabt. Schließlich hatten die Juden ihre eigenen Schriftgelehrten. Und Heiden und Juden vertrugen sich in Glaubensdingen auch in einer solch großen Stadt wie Ephesos nur in den seltensten Fällen.

Als Lucilla ihm zum zweiten Mal eine Karaffe Wasser in sein Zimmer stellte und etwas Honigbrot daneben legte, wurde ihm bewusst, wie spät es schon wieder war. Jetzt wollte er in die Stadt hinaus. Er hatte von Philon gehört, dass in der Nähe des Stadions ein neues öffentliches Bad gebaut worden war. Es sollte ein riesiges, prachtvolles Gebäude sein. Philon hatte ihn vor einigen Tagen dazu ermuntert, einmal dorthin zu gehen. Diese Therme wollte er heute mal besuchen, um Seele und Leib zu reinigen und sich zu entspannen. Josua fragte Cyriax nach einem Handtuch, der ihm auch umgehend ein großes brachte.

„Ich habe Lucilla vor einiger Zeit zu der neuen Therme begleitet. Es ist eine schöne Badeanstalt."

„Hast du dort auch gebadet?"

„Ja, Lucilla ist in dieser Hinsicht sehr offen. Sklaven sieht man dort allerdings nicht sehr viele, da die wenigsten in eine solche Therme mitgenommen werden."

„Baden dort Frauen und Männer gemeinsam?"

„Nein, die Bäder sind getrennt."

„Gut, dann sehen wir uns später."

„Einen Hinweis noch, Josua. Man badet in römischen Bädern nackt. Menschen, die mit einer Tunika um den Körper gewickelt baden, werden oft verspottet."

∞

Schon von weitem erkannte Josua das neue Gebäude vor dem Stadion. Es sah von außen gigantisch aus. Die Therme war ein prächtiger, langgezogener mit mehreren Kuppeln versehener Bau, ein wahres Wunder der Architektur. Allein das Betrachten lud schon dazu ein, die Therme zu besuchen. Mit seinem Handtuch über der Schulter ging Josua auf den großen Haupteingang zu.

„Herzlich willkommen in unserer neuen Therme." Das fröhliche Gesicht des Wärters passte zu seiner gelben Tunika. „Sie wurde von unserem römischen Statthalter Paullus Fabius Persicus erbaut. Diese Therme ist die schönste in ganz Kleinasien und braucht sich auch nicht vor der schönsten in Rom zu verstecken. Für nur einen Quadrans kannst du dich entspannen, waschen und mit allen Annehmlichkeiten verwöhnen lassen." Der Wärter hielt ihm seine leere Hand entgegen, woraufhin Josua ihm die Münze gab. Ein viertel As war wirklich sehr wenig. Wenn es ihm hier gut gefiel, würde er wohl regelmäßig wiederkommen.

„Herzlichen Dank, mein Freund. Die Umkleidekabinen befinden sich hier direkt links um die Ecke. Dort hängen an einer Tafel nähere Erklärungen. Mögen die Götter dir viel Freude schenken."

Josua trat ein. Erstaunen ergriff ihn: Was für ein riesiges Bad! Viele Männer spielten in der großen Haupthalle mit Bällen. Es war recht laut, denn sie schrieen und lachten wild durcheinander. Sie waren, Cyriax hatte Recht, alle nackt. Das hätte Josua vorhin noch nicht geglaubt. Nur drei Frauen, die quer an ihm vorbei liefen, waren mit einem sehr kurzen Gewand bekleidet. In der Mitte der Haupthalle befand sich ein Springbrunnen, der wohl für den schönen erfrischenden Duft sorgte. Seinem Wasser musste irgendein Zitrusöl beigemischt worden sein, denn man nahm weder menschliche Ausdünstungen noch den üblichen Geruch, der einem von den öffentlichen Toiletten sonst entgegen wehte, die sich direkt neben dem Umkleiderraum befanden, den Josua gerade betrat. An der hinteren langen Wand sah er blau verzierte Haken leuchten. Er hängte sein Ober- und Untergewand an einem Haken auf und stellte seine Sandalen darunter. Auf der anderen Seite sah er viele hölzerne Badelatschen. Er nahm sich ein passendes Paar und zog sie an. Warum wusste er zwar nicht, doch sie standen mit Sicherheit nicht einfach nur so herum. In einer Nische hing eine Tafel, die diese riesige Badelandschaft beschrieb und als Wegweiser diente.

„Agathé tyche, Glück auf Epheser und Besucher unserer Stadt. Diese grandiose Therme soll euch den Reichtum Roms zeigen und euch die Vergnügungen bieten, die euch zustehen.

Eine fortschrittliche Stadt wird an ihren Thermen gemessen. Deshalb war der Bau dieser Therme in dieser Stadt überfällig. In diesem prächtigen Bau findet ihr ein Caldarium, ein Tepidarium, ein Frigidarium, verschiedene Dampf- und Schwitzbäder. Weitere Wasserbecken runden das gigantische Angebot in dieser Einrichtung ab. Natürlich gibt es auch Gymnastik- und Massageräume, wo ihr euch körperlich und geistig ausruhen könnt. Dass ihr die Bäder und Aufenthaltsräume der Frauen meiden sollt, braucht nicht weiter erwähnt zu werden. Drakonische Strafen warten auf den, der die Regeln Roms in diesem Gebäude verletzt. Der Bereich der Frauen befindet sich geradeaus im hinteren rechten Teil dieses Gebäudes, der Bereich für euch Männer ist hinten auf der linken Seite.

Zum Abschluss kann ich euch noch stolz von der Hypokaustenheizung berichten, die diese grandiose Therme erwärmt. Diese Fußbodenheizung ist das modernste, was Apollo je mit seinen göttlichen Augen gesehen hat. Aufgrund dessen sollen diese Holzschuhe eure Füße vor zu großer Bodenhitze schützen. Ebenfalls erwähnenswert ist die modernste Technik der Abwässerkanäle, die die Wasserbecken in dieser Therme immer auf sauberstem und reinstem Niveau halten. Die Therme ist von der siebten bis zur zwölften Tagesstunde geöffnet.

Dies schrieb ich, der römische Statthalter von Ephesos, Paullus Fabius Persicus, und begrüße euch auch im Namen des Magistrats von Ephesos, der Hauptstadt der Provinz Asia, die die größte Stadt in der östlichen Welt ist."

Josua war beeindruckt. Und irritiert. Er war mit Sicherheit der einzige Jude, der sich gerade in dieser Therme befand. Obwohl, so richtig als Jude fühlte er sich nicht mehr. Er konnte es sich nicht vorstellen, dass streng gläubige Juden dieses Bad betraten, dachte er. Hier wimmelte es nur von Heiden und heidnischen Gebräuchen. Allein diese Nacktheit war für die meisten Juden ein Gräuel. Zugegeben, er musste sich auch erst an diese Offenherzigkeit gewöhnen. Wahrscheinlich deshalb stand er noch eine Weile mit seinem Handtuch in der Hand in der Umkleidekabine und stellte seine Seele auf den heutigen Nachmittag ein, denn so eine Welt hatte er noch nie gesehen.

Dann aber nahm er allen Mut zusammen und schritt durch die große Haupthalle. Gerade wollte er links den Bereich der Männer betreten, als er einen Raum sah, der mit einem Schild ‚Bademeister' bezeichnet war. Er schaute sich um und erkannte, dass jeder Durchgang von der Haupthalle in einen anderen Bereich mit einem Schild erklärt wurde. Das war hier sehr fortschrittlich, fand Josua. In ganz Ephesos hatte keine Straße eine Bezeichnung, und wenn man sich nicht auskannte, musste man manchmal lange suchen und sich durchfragen. Und hier war alles gut erklärt. Josua trat auf den Mann zu, der in dem Raum an einem Tisch saß und irgendetwas auf eine Wachstafel kritzelte. Auch der Bademeister war nackt.

„Verehrter Bademeister, darf ich dich etwas fragen?"

„Moment", raunte der Mann. Der Mann schrieb weiter und jeder, der des Schreibens mächtig war, konnte sehen, dass das nicht seine Stärke war. „Was kann ich für dich tun?" Der Bademeister hatte abrupt mit dem Kritzeln aufgehört.

„Kannst du mir erklären, was diese verschiedenen Becken für eine Bedeutung haben? Ich bin mit der römischen Badekultur noch nicht so vertraut."

„Das kann ich mir vorstellen. Juden sieht man hier nicht sehr häufig." Der Bademeister lachte. „Eigentlich nie."

„Woher weißt du, dass ich Jude bin?"

Der Bademeister zeigte auf Josuas Penis. „Du bist beschnitten. Diese barbarische Tortur, die man kleinen Jungen antut, kann nur Juden einfallen. Römer sind nicht nur in diesen Dingen fortschrittlicher."

Josua errötete. Er hatte gedacht, dass jeder Mann beschnitten war und musste feststellen, als er den Blick automatisch in Richtung Lende des Römers lenkte, dass dessen Penis wirklich anders aussah.

„Oh." Josua versuchte auch zu lächeln. „Aber ein richtiger Jude bin ich eigentlich nicht mehr."

„Das glaube ich, sonst wärst du auch nicht hier." Der Bademeister lachte wieder; das Lachen war verständnisvoll und warm. „Du hattest aber einige Fragen. Du wolltest bestimmt wissen, was das Caldarium, das Tepidarium und das Frigidarium sind, nicht wahr?"

„Äh, ja genau."

„Nun, es ist eigentlich gar nicht so schwierig. Das Tepidarium ist ein Becken mit lauwarmem Wasser. Dort kannst du dich entspannen und dich erholen. Du kannst dich dort abschaben, einölen und massieren lassen. Das Caldarium ist ein Bad mit heißem, dampfendem Wasser. In dem Bad kannst du dich danach richtig ausgiebig waschen. Das Frigidarium ist ein Wasserbecken mit kaltem Wasser. Hier kannst du dich erfrischen und untertauchen. Ich mache dies jeden Morgen, bevor das Bad geöffnet ist. Das macht mich wach und gesund für den ganzen Tag. Dies als kleiner Hinweis für dich. Immer am Ende ins kalte Wasser, und du erlebst den restlichen Tag frisch und gestärkt. Und du hast noch Kraft für die wichtigen Dinge im Leben, wenn du weißt, was ich meine." Der Bademeister zwinkerte ihm zu.

„Ja, natürlich. Ich habe vorne gesehen, dass hier auch viel Ball gespielt wird?"

„Ja, die Thermen sind eine Art Begegnungsstätte, wo man sich trifft und Zeit miteinander verbringt. Neben dem Ballspiel gibt es Gymnastikräume. Dort kannst du unter Anleitung körperliche Übungen lernen. Außerdem gibt es nebenan die Palästra. Das ist eine große Übungsstätte von Leichtathleten und Ringern. Außerdem befindet sich dort in der Mitte noch ein großes Schwimmbad, das zum Schwimmen richtig einlädt."
„Was sind denn Leichtathleten?"
„Man merkt, dass du Jude bist. Das kann ich dir nicht alles erklären. Schau es dir gleich selbst an. Und pass auf, dass du nicht in den Bereich der Frauen kommst. Sonst gibt es Ärger." Der Bademeister zeigte auf den Durchgang auf der rechten Seite.
„Nein, ich passe auf. Danke."
Josua ging etwas verschüchtert in die Richtung des Männerbereichs des Bades. Es hing wie vorher ein großes Schild über dem Eingang. ‚Nur für Männer'. Josua hatte anfänglich das Gefühl, dass jeder auf seinen Penis starrte. Jedoch bemerkte er, dass die Männer, die ihm begegneten, entweder in Gesprächen vertieft waren, oder ihn gar nicht wahrnahmen. Er musste sich bei ihnen jedoch selbst noch mit Blicken überzeugen, ob denn sein Penis wirklich so anders war.
Er war anders. Er sah große und kleine, schlanke und kurze. Aber keiner sah so aus wie seiner. Schon nach kurzer Zeit konnte er sich etwas beruhigen und die Atmosphäre in sich aufnehmen. Jetzt sah er die vielen Schilder und Durchgänge, die zu den verschiedenen Becken führten. Erst wollte er sich einen Überblick vom ganzen Bad verschaffen und fing ganz hinten an, wo ‚Palästra' stand. Dort sah er, wie muskulöse Männer Speere und flache Scheiben durch die Gegend warfen, wie drei Männer ganz schnell auf der längsten Seite rannten und nach einer imaginären Linie wieder langsamer wurden und in ein langsames Traben übergingen. Er sah, wie einige Männer miteinander rangen und den jeweiligen Gegner zu Boden warfen. Ganz hinten in der Ecke sah er noch eine Grube mit Sand, in der schlanke Athleten versuchten, so weit wie möglich zu springen.
Josua schüttelte nur den Kopf. Das war eine ganz andere Welt als seine, die er bisher kannte. Er ging zurück, ging am Gymnastikraum vorbei und steuerte direkt auf das Tepidarium zu. Es war ein großer Raum mit kunstvollen Fließen am Boden. Auf der einen Seite war ein kleiner Durchgang zum Caldarium, an der anderen Seite ging's zum Frigidarium. Es war sehr warm im Tepidarium. Josua legte erst einmal sein Handtuch auf eine Sitzbank, stellte seine Holzschuhe darunter und stieg in das Wasserbecken, um sich zu entspannen und von dort das ganze Treiben

beobachten zu können. Es war ein wunderbares Gefühl, in das Wasser zu steigen. So etwas Schönes hatte er nur ganz selten gefühlt. Er tauchte einmal ganz unter, so dass auch sein Kopf nass wurde, und lehnte sich dann an den Rand des Beckens, wie es auch andere Männer taten. So fiel er erst mal nicht weiter auf. Das Becken hatte einen Durchmesser von knapp fünfzig Fuß. Im Becken befanden sich ungefähr zehn Männer. Alle waren sie mit ihren Nachbarn in ein Gespräch vertieft. Einige führten geschäftliche Gespräche. Es schien, dass hier Kaufleute verkehrten. Am Rand des Raumes standen überall Liegen. Jeder Liege war ein Sklave zugeteilt, der darauf wartete, massieren, einölen oder schaben, ja sogar, wie Josua gerade beobachtete, Körperhaare entfernen zu können. Das alles sorgte dafür, dass in dieser Ecke gestöhnt, dort vor Schmerzen aufgeschrieen und wieder woanders ein Sklave beleidigt wurde, der einen feinen Herrn wohl zu fest massiert hatte. Aber trotz des ganzen Durcheinanders war die Atmosphäre hier sehr entspannend. Josua hätte noch besser abschalten können, wenn ihm alles gewohnter vorgekommen wäre. Aber er würde ab jetzt regelmäßig hierher kommen. Jetzt musste er sich erst einmal orientieren und die neue Welt kennen lernen.

Er spürte, dass die Marmorfliesen, auf denen er die Arme aufgestützt hatte, sehr warm waren. Er verstand, dass die Holzschuhe zum Schutz vor der Hitze gedacht waren. Er lächelte – die Römer hatten wirklich an alles gedacht! An den Wänden befanden sich blaugelbe Blumenmosaike, die allein von ihrer Ausstrahlung die Entspannung fördern konnten. Und dann die Decke unter der großen Kuppel! Was für eine Pracht! Ein Mosaik in allen Farben verzierte das Kreuzgewölbe und ließ diese bauliche Meisterleistung hell erstrahlen. Licht fiel durch viele kleine Fenster, die unter der Kuppel in ungefähr fünfundzwanzig Fuß Höhe auf allen Seiten angebracht waren. Wenn draußen die Sonne schien, musste dieser Raum hier ein wahres Paradies sein. Und in der Zeit, in der Josua in Ephesos weilte, waren mit Abstand die meisten Tage sonnig.

Josua ließ seinen Blick wieder über die Liegen gleiten. Die meisten waren mittlerweile belegt. Er hatte sich vorher schon gewundert, wozu fast jeder Besucher neben seinem Handtuch ein Ölfläschlein mitgenommen hatte. Hier sah er, dass das Öl für die Massage benutzt wurde, um die Haut geschmeidig zu bekommen, denn danach säuberte der Sklave den Körper mit einem Körperschaber.

In Galiläa wusch man sich kurz mit Wasser. Sogar bei Lucilla, wo er jetzt wohnte, ging die Körperhygiene nur so weit, dass man sich gut abwusch und sich mit etwas Öl einrieb. Aber die Römer hatten hier in der Therme wirklich ein perfektes Körperpflegesystem eingeführt.

Danach ging Josua in das Caldarium. Er genoss das warme Wasser, merkte aber, dass es ihm auf Dauer zu warm sein würde. Das Becken war kleiner als das vorige und auch die Atmosphäre war etwas hektischer, da sich die Männer nur kurz in dem Becken aufhielten. Daraufhin ging er direkt ins Frigidarium. Er tauchte dreimal schnell unter und kam mit neuer Kraft aus dem Becken zurück. Er ging zurück ins Tepidarium, trocknete sich mit dem Handtuch ab und begab sich in die Umkleidekabine. Für heute hatte er genug. Nachdem er die Holzschuhe wieder abgestellt und sich seine Gewänder angezogen hatte, ging er zu einer Garküche, die sich direkt neben der Therme befand. Er bestellte sich ein Hühnchen mit Brot und trank einen Becher Tamarindensaft dazu.

Viele Menschen waren unterwegs. Studenten mit Schriftrollen hasteten an ihm vorbei, Philosophen waren in gelehrten Gesprächen vertieft, vornehme Damen ließen sich in Sänften tragen. Und überall spielten Kinder auf dem großen Platz vor der Therme.

„So ein Tag in der Therme macht hungrig." Eine junge Frau nahm neben ihm auf der Bank Platz. Nach ihrem Gesicht zu urteilen, musste sie etwa so alt wie er sein. Ihr langes zusammengeknotetes blondes Haar gab den Blick frei auf ihren graziösen Nacken. Aber das Besondere an ihr waren ihre blauen Augen.

„Das kannst du laut sagen. Ich war das erste Mal in der Therme." Josua aß mit Genuss sein Hühnchen.

„Aigaleos, bitte bringe mir einen Becher galiläischen Wein mit Wasser verdünnt."

„Du trinkst galiläischen Wein?"

„Ja, er schmeckt mir besser als der Wein aus der Gegend hier, auch besser als zypriotischer. Man muss ihn allerdings mit Wasser verdünnen, sonst macht er zu schnell betrunken." Sie lächelte. „Warum fragst du?"

„Ich muss lächeln, weil ich in Galiläa geboren bin."

Der Betreiber der Garküche stellte den Becher auf den Tisch, und Josuas Gesprächspartnerin trank einen großen Schluck.

„Du bist Jude?"

„Sieht man das nicht?"

„Nein, bei dir sieht man das nicht. Bei anderen Juden schon eher. Wie heißt du?"

„Josua. Und du?" Josua schlürfte seinen Saft.

„Freya."

„Ist auch kein typischer Name aus der Gegend hier?"

„Ich komme von der Insel des ewigen Feuers im hohen Norden. Diese riesengroße Insel ist praktisch unbevölkert. Aber ganz tief im Inneren der Insel leben Menschen, deren Ahnen direkt dorthin geflüchtet sind, als das legendäre Atlantis vor vielen Äonen unterging. Diese Insel liegt noch weiter nördlich als Britannien."

„Nachfahren von Atlantis? Ich habe bei Platon über diese Insel des Atlas einiges gelesen. Aber geglaubt habe ich an diese mythische Insel dann doch nicht." Ob es sie doch gegeben hatte, fragte sich Josua.

„Platon kenne ich nicht, aber ich kenne die Legenden und Geschichten, die sich darum ranken." Freya lächelte ihn an.

„Wie kamst du dann nach Ephesos?"

„Ich bin in einer Seefahrerfamilie aufgewachsen. Meine Eltern kamen hier nach Griechenland und sind aufgrund einer Krankheit meines Vaters hier geblieben. Und wie kommt ein Jude nach Ephesos?"

„Weil mein Vater, der Rabbi ist, hierher geschickt wurde. Aber ich fühle mich nicht mehr wie ein richtiger Jude."

„Seine Herkunft kann man niemals leugnen. Sie kann nicht ausgelöscht werden."

„Mag sein, aber das Thema ist für mich erst einmal vergessen."

„Du scheinst keine guten Erfahrungen gemacht zu haben."

„Nein."

„Verschließe dein Herz aber nicht."

„Wie meinst du das?"

„Ich fühle, dass deine Seele weint. Und wenn eine Seele weint, dann baut sie eine Mauer um sich herum auf."

„Und woher willst du das wissen? In deinen jungen Jahren?"

„Ich bin eine gute Zuhörerin. Und ich kenne die Männer."

„Woher?" Josua aß gerade sein letztes Stück Brot und trank seinen Becher leer.

„Du bist mehr ein Jude als du glaubst. In weltlichen Dingen etwas unbedarft."

„Was meinst du damit, Freya?"

„Josua, schau mich an. Was kann eine Frau wohl machen, die sich einem Mann, der aus der Therme kommt, fast auf den Schoß setzt?"

Josua errötete. „Du bist eine, wie soll ich es sagen,…"

„Ja, ich bin eine Hure."

Er war wirklich unbedarft. Er achtete bei den Menschen fast ausschließlich auf die Augen. Manchmal wusste er einen Moment später, nachdem er sich mit der Person unterhalten hatte, nicht mehr die Farbe ihres Gewandes.
„Und warum setzt du dich hier zu mir?", fragte er sie.
„Warum nicht?"
„Zu einem unbedarften Juden?"
„Ich habe das Gefühl, dass dir ein guter Fick nicht schaden könnte."
Josua errötete. „Meinst du?"
„Ja."
Freya war wahrlich eine Frau, die ihn wirklich erregen konnte, jetzt wo er sie etwas intensiver betrachtete und sich nicht mehr um sein Essen kümmern musste. Diese junge Frau hatte wirklich eine exotische Ausstrahlung, dachte er. Blaue Augen und dazu noch helle Haare gab es nicht an jeder Ecke. Ihr Körper erinnerte ihn an Lea. Auch Freya hatte große Brüste, aber Freyas Beine schienen länger zu sein.
„Gut. Dann lass uns gehen. Ich wohne hier direkt um die Ecke."
„Wieviel verlangst du?"
„Ich bin eine der besten Bumserinnen in der Stadt. Normalerweise vier As, aber für dich sind drei As in Ordnung. Dich finde ich nämlich richtig süß."
„Das sagst du bestimmt jedem."
„Nein."
„Und warum nicht?"
„Weil du anders bist. Kommst du jetzt mit?" Freya zwinkerte ihm zu. „Du wirst es mit Sicherheit nicht bereuen."
Freya lächelte so überzeugend, dass Josua ihr nicht widerstehen konnte und folgte seinem Schicksal.

∞

Philon prüfte an diesem Morgen die nächste Rolle der Septuaginta. Auch diese Rolle war perfekt. Er hatte mitbekommen, dass Josua die letzte Woche in einer gefühlsmäßig schwierigen Phase war, aber auf seine Arbeit hatte sich das offenbar nicht ausgewirkt. So etwas war ihm bis jetzt noch nicht begegnet. Er erinnerte sich an seine eigenen schwierigen Zeiten, aber damals hatte er selbst kein einziges Wort schreiben können. Er hatte nicht die Konzentration dazu aufbringen können. Aber dieser Mann, der ihm hier gegenüber saß und eine Melone aß, war, wie sollte er es sagen, ja, er war ein Genie.

„Josua, sehr gute Arbeit. Ich bin jedes Mal aufs Neue erstaunt, wie perfekt du arbeitest." Philon betrachtete die Rolle immer wieder, so als ob er irgendeine Kleinigkeit finden wollte, nur um sich mit dem anderen Schreiber ebenbürtig zu fühlen. Aber er konnte sich ihm nicht ebenbürtig fühlen. Philon überlegte, ob er Josua als seinen Partner nehmen sollte. Dann hätte er eine größere Sicherheit, dass ihm Josua nicht irgendwann einmal wegrannte und einen eigenen Schriftrollenhandel eröffnete. Außerdem sagte ihm sein Gewissen, dass Josua nicht sein Angestellter sein dürfe, jedenfalls nicht bei den Fähigkeiten, die dieser Junge hatte. ‚Gut, er war zehn Jahre jünger als ich', dachte er, ‚aber er ist auch zehn Mal besser.' Das musste Philon neidvoll anerkennen. Er wollte nichts überstürzen, er ließ einfach das Leben entscheiden.

„Gut. Josua, ich habe hier die neuen Rollen. Sie kommen aus einem fernen Land ganz im Osten."

„Aus Chang'an?"

„Ja, stimmt. Woher weißt du das?"

„Ich wusste es nicht, aber der Mann meiner Schwester handelt mit Seide aus diesem Land, das auch ganz weit im Osten sein soll."

„Ich habe diese Schriften gelesen. Sie sind gewöhnungsbedürftig. Aber, wie ich dir schon sagte, der Händler, der sie aus Chang'an mitgebracht hatte, möchte mittlerweile sage und schreibe sieben Stück dieser Rollen kaufen. Der Verfasser soll ein Philosoph namens Lao Tse sein." Philon legte die Rolle auf den Tisch und schob sie Josua hin.

Josua sah sich die Rolle an. Sie war sehr viel dünner als die Thora. Wenigstens saß er jetzt nicht wochenlang an der gleichen Rolle. Die alten Schriften von Mose und den anderen Propheten langweilten ihn mittlerweile. Die Sprache auf der neuen Rolle war eher asketisch. Die Worte brachten den Inhalt auf den Punkt. Das Geschriebene erinnerte ihn an Heraklit. Die Rolle enthielt kein Geschwafel, sie war klar, kurz und bündig. Und mit Inhalt.

„Sieht sehr interessant aus, Philon. Ja, schreibe ich sehr gerne. Ehrlich gesagt, kann ich die Septuaginta nicht mehr sehen und die Thora schon gar nicht."

„Das glaube ich dir gut. Du bekommst für jede Rolle von Lao Tse vier Denare." Die Worte waren gesprochen bevor Philon erkannte, was er hier gerade gesagt hatte. Er hatte mit dem Händler vierzig Denare zusammen für alle sieben Rollen ausgemacht. Das hieße, dass Josua achtundzwanzig Denare erhielt, abzüglich der Rollen blieben Philon nur ein paar Denare.

„Ist das nicht sehr viel?" Josua schaute ihn mit großen Augen an.

Aber Philon wusste, dass gerade das Leben entschieden hatte. Ja, Josua sollte sein Partner werden.

„Nein, es ist nicht zuviel. Ich möchte, nein, es ist mir ein Bedürfnis, dass ich dich zu meinem Partner mache."

Josua erstarrte. „Was heißt das, Philon?"

„Das heißt, dass du ab jetzt nicht mehr mein Angestellter bist, sondern dass wir ab jetzt beide zusammen entscheiden, was und wie wir es machen. Und für diesen Auftrag möchte ich, dass du den größeren Teil des Geldes bekommst. Danach können wir ja so verfahren, dass wir die Ausgaben von den Einnahmen abziehen und dann teilen wir durch zwei. Du schreibst zwar schneller als ich, aber ich habe die größere Erfahrung und die größeren Kontakte. Und dann sind wir beide wohl zufrieden. Wie hört sich das für dich an?"

„Großartig." Josua umarmte Philon ganz spontan und drückte ihn ganz fest an sich. „Aber ich bin doch gerade erst über ein Jahr bei dir."

„Ich weiß, aber du bist ein absolut ehrlicher Mensch. Du hast mich noch nie betrogen oder dir sonst irgendwie mehr herausgenommen als dir zustand. Lucilla ist absolut von dir begeistert. Und die Meinung von Lucilla ist mir sehr wichtig. Aber vor allem ist mir eine Sache wichtig. Josua, du bist mir mittlerweile sehr ans Herz gewachsen. Du bist fast wie ein jüngerer Bruder für mich geworden. Und es muss einfach sein, es ist ehrlich und fair."

Josua war es nicht gewohnt, dass Männer ihm gegenüber so offen waren. „Ich kann das gut nachvollziehen. Auch ich habe vollständiges Vertrauen zu dir."

„Gut. Abgemacht?"

„Abgemacht." Die beiden schüttelten sich die Hände und fielen sich ein zweites Mal in die Arme. Aber jetzt war es eine beiderseitige Umarmung.

„Anderes Thema, Josua. Wie ging es dir in der letzten Zeit?"

„Nicht besonders."

„Das habe ich bemerkt, und trotzdem schreibst du ohne Fehler?"

„Ich habe bisher immer die Erfahrung gemacht, dass ich fast noch besser schreiben kann, wenn ich Probleme habe. Denn das Schreiben lenkt mich ab, und ich tauche dann in eine andere Welt ein. Meine Konzentration ist in dieser Zeit irgendwie besser."

„Wie machst du das, ich meine, in welche Welt tauchst du dann ein?"

„Ich muss mich anfänglich sehr auf die ersten Sätze konzentrieren, aber dann, ein paar Momente später, befinde ich mich mit meiner Seele in einer

Welt, die eben auch da ist, aber nicht gesehen werden kann. Ich kann es nicht besser erklären."

Philon reichte die Erklärung.

„Was ist passiert, dass du so traurig bist, Josua?"

„Mein Vater hat die Frau geheiratet, die ich … gemocht hatte."

„Dein Vater, der Rabbi, hat wieder geheiratet?"

„Ja."

„Gut, dass du dich die letzten Tage regelmäßig in der Therme erholt hast. Ich bin froh, dass du unter Menschen gegangen bist."

„Ja, die Therme ist ein Ort, wo ich mich wohl fühle, auch wenn es manchmal für meine Verhältnisse zu voll und zu laut ist."

„Ja, das verstehe ich. Wir Schreiberlinge haben es gern etwas stiller, nicht?" Philon lächelte ihn wissend an. „So still, wie es nur im Schoß einer Frau sein kann."

„O, du weißt von Freya?" Josua errötete.

„Lucilla hat dich zufällig gesehen, als sie bei der Therme vorbeikam." Philon zwinkerte ihm vergnügt zu. „Ich freue mich darüber, dass du richtig ins Leben eintauchst. Mir geht es nicht anders. Auch bei mir passierte in den letzten Jahren zu wenig im Leben. Ich habe alle meine Kraft benötigt, um das Geschäft aufzubauen. Da gab es kaum Zeit für eine Frau. Etliche Versuche hatte ich unternommen, aber keine hat es an meiner Seite länger ausgehalten als ein paar Tage, weil ich eben im Zweifelsfall einen Auftrag zu Ende bringen musste."

„Das stimmt. Ich habe dich noch nie mit einer Frau gesehen."

„Seit du aber bei Lucilla wohnst, habe ich mich mit ihr, wie soll ich es sagen, auf einer tieferen Ebene angefreundet."

„Du und Lucilla?"

„Wir hatten uns bisher nur unterhalten, aber ich merke, dass – wie Heraklit gesagt hat – die unsichtbare Harmonie mit ihr stimmt und wichtiger ist als die sichtbare." Philon wunderte sich selbst über seine Offenheit, mit der er über seine tiefsten Gefühle sprach.

„Philon, lass mich ebenfalls mit Worten von Heraklit antworten: Vor Gott ist alles schön, gut oder gerecht, aber die Menschen wähnen, das eine sei unrecht, das andere recht."

∞

Was war nicht alles in den letzten Monaten passiert! Josuas Leben war wie die Landschaft im oberen Galiläa. Hügel und Täler, Aufs und Abs. Er kam von einem Glücksgefühl in die größte Trauer und wieder in das höchste Glück. Er merkte, wie schnell sein Leben an ihm vorbeizog, viel schneller als früher, als er nur in seinem Kämmerchen saß und für seinen Vater Abschriften anfertigte. Diese Eintönigkeit damals hätte ihn fast zerfressen. Dann tauchte Lea in seinem Leben auf, die ihm einen Hauch von Leben offenbarte. Und jetzt war er schon mehrere Monate der Partner von Philon, was ihm mittlerweile mindestes sechzig Denare im Monat einbrachte. Wie viele Türen hatten sich in der letzten Zeit für ihn geöffnet!

Fast jeden Tag ging Josua in die Therme, denn diese Entspannung im Tepidarium war für ihn das größte. Und ungefähr einmal die Woche traf er sich mit Freya. Wenn sie vor der Therme wartete, wusste er, dass sie für ihn Zeit hatte. Josua liebte sie nicht, er wollte nur mit ihr zusammen sein, denn Freya war für ihn im Moment der Inbegriff einer Frau.

Freya war im Bett wie eine nordische Wintergöttin. Außen spröde und manchmal schroff, aber innen wie ein Vulkan. Im Bett brach sie aus und ihre heiße Lava verbrannte ihn bei ihrem nicht immer zärtlichen Liebesspiel. Sie erregte ihn, wenn sie vor Leidenschaft bebte und seinen Rücken zerkratzte und gleichzeitig ihm schlüpfrige Dinge ins Ohr flüsterte. Und er erregte sie, wenn sie seine Kraft und Muskeln spürte, während er sie nahm. Das wusste er.

Vor ihrem gemeinsamen Liebesspiel plauderte Josua über seine Erlebnisse der vergangenen Woche, danach aber, wenn ihre Körper ermattet nebeneinander lagen und ihre Seelen noch immer vereint waren, erzählte Freya ihre Geschichten aus dem Land des ewigen Feuers. Sie lag dann immer in seinen Armen und hielt die Augen geschlossen. Und wenn Freya redete, war es ein richtiges Erlebnis. Sie erzählte von Vulkanen, die glühend rote Lava ausstießen. Sie erzählte von Wasserfontänen, die mitten aus Erdspalten viele Fuß hoch sprudelten. Sie erzählte von grünen Auen und von Wasserfällen, die zu Ehren der Muttergöttin ihre ganze Pracht verbreiteten. Und von Fylgiar und Ellefrauen, die die ganze Insel bevölkerten. Die ersteren waren die Schutzgeister der Menschen, die anderen waren anmutige weibliche Wesen, die auf Sonnenstrahlen tanzten und die Geheimnisse des Lebens hüteten. Dabei fing Freya regelmäßig an zu weinen und ihre Tränen tropften auf Josuas Brust, wo sie sich mit seinem Schweiß zu wahren Perlen der Magie vereinten. Nie erzählte diese exotische Frau eine Geschichte doppelt. Immer wieder kamen neue Wesen und geheimnisvolle Sagen in ihren Erzählungen vor.

Während sie sich offenbarte, versuchte Josua immer wieder ihre Tränen zu trocknen, denn auch Freya hatte ihr Herz vermauert. Auch sie musste viel

Leid in ihrem Leben ertragen haben. Erzählen, das verstand er mittlerweile, löste diese Mauern auf. So konnten Steine aus ihnen herausbröckeln, damit die Seele dahinter sichtbar wurde und sie wieder von Freiheit träumen konnte.

Manchmal erkannte er kurzzeitig ihre Seele und bemerkte, dass er ihr gut tat. Er wusste, dass sie sich ihm hingab wie sonst keinem anderen Mann. Er wusste aber auch, dass sie anderen Männern nicht ihren Kopf auf deren Brust legte, damit sie ihre Haare kraulen konnten, während sie ihre Geschichten erzählte. Diese Geschichten bekam nur er zu hören. Und nur er erkannte, dass ihre Einsamkeit und Traurigkeit immer größer wurden. Nach jedem Treffen zog sie sich mehr in sich zurück, und stets erzählten ihre blauen Augen eine noch traurigere Geschichte.

Die letzten zwei Wochen sahen sie sich nicht, denn Freya wollte ihre Mutter in Didyma besuchen. Deshalb ging Josua nach seinem Besuch der Therme immer direkt nach Hause. Als die lange Zeit des Wartens nun endlich vorbei war, setzte sich Josua wieder in die Garküche, mit dessen Wirt Aigaleos er sich mit der Zeit etwas angefreundet hatte. Dieser trat dann auch direkt auf ihn zu. Er schien aufgelöst zu sein.

„Wo warst du denn die ganze Zeit. Ich wusste ja nicht, wo du wohnst, sonst hätte ich dir Bescheid gesagt."

„Was soll das heißen? Freya war zwei Wochen bei ihrer Mutter in Didyma. Deshalb bin ich fern geblieben."

„Wie bitte? Weißt du denn nicht was passiert ist?" Aigaleos traten Tränen in die Augen.

„Was soll passiert sein? Erzähl es mir, mein Freund." Josua hatte eine böse Vorahnung.

„Vor zehn Tagen hatte eine ihrer Kolleginnen, die hier auch immer ihren Eintopf isst, Freya auf ihrem Zimmer gefunden. Sie war tot. Sie hatte sich die Pulsadern aufgeschnitten und …"

„Was? Freya ist tot?"

„Ja, und sie hatte etwas mit ihrem eigenen Blut an die Wand geschrieben, bevor sie starb." Aigaleos konnte vor Schmerz nicht weitersprechen. Er atmete tief durch.

„Woher weißt du das?"

„Ich bin danach zu ihr in die Wohnung gegangen und deshalb habe ich es persönlich gesehen. Die ganze große Wand war mit ihrem Blut beschrieben. Wie sie das noch bei ihrem Zustand vollbringen konnte, weiß ich nicht."

„Was hat sie an die Wand geschrieben? Aigaleos, sprich endlich."
„Die Worte haben sich in mein Gehirn eingebrannt. Es war ein scheußlicher Anblick." Aigaleos hielt inne und musste erst seine Tränen abwischen, bevor er weitersprach. „Auf der Wand stand folgendes geschrieben: *Josua, zerstöre deine Mauer, die du um dein Herz gebaut hast. Zerstöre sie, wie du meine Mauer zum Einsturz gebracht hast. Aber sei stärker als der Schmerz, der dahinter zum Vorschein kommt. Sei stärker als ich. Dein Gott segne dich. F.*"

Eine Mutter, eine Hetäre und eine Künstlerin

Josua flüchtete sich in seine Schreibarbeiten. Die Mauer um sein Herz war wieder gewachsen. Die restlichen Lücken, durch die man noch in seine Seele schauen konnte, waren wieder mit Steinen aufgefüllt. Josua hatte sich in seine Welt zurückgezogen. Vor langem hatte er sich geschworen, keine Frau mehr zu lieben. Heute schwor er sich, keine Frau mehr näher an sich heran zu lassen. Erst hatte der Herr seine Mutter zu sich genommen, dachte er, dann waren seine Schwestern gegangen, wobei er mehr Judith vermisste. Und schließlich trat das Licht in sein Leben in Form von Diana. Bevor es seine Seele erleuchten konnte, war es schon wieder in der Finsternis verschwunden. Nichtmal Lea und Freya hielten es an seiner Seite aus. Der Herr gönnte ihm nicht einmal, dass er Kontakt zu Frauen haben konnte, die er einfach nur nett fand und die ihm gut taten.
Dem Herrn vertraute er jetzt nicht mehr. Er wollte sich anderen Lehren zuwenden. Deshalb kamen ihm die Texte dieses Lao Tse nun gerade recht. Er stürzte sich in seine neue Arbeit.
Diese Schriften des Lao Tse liebte er. Diese einfache Sprache, diese unermessliche Tiefe der Worte, hoch philosophisch! Zum Glück fehlte der persönliche Gott. Lao Tse sprach von einer Kraft, die das Universum regiert, und das war es. Hätte er jetzt hebräische Schriften schreiben müssen, wo in jedem zweiten Satz irgendeine leere Floskel von Gott, dem Herrn aufgetaucht wäre, hätte er sich übergeben müssen. Aber dieser Lao Tse schrieb ihm aus der Seele. Seine Worte forderten seinen Geist. Und ähnliche Gedanken hatte er, wenn er Heraklit schrieb. Josua fand, dass Heraklit eine Art Geistesbruder von Lao Tse war, denn ihre Worte

schienen verwandt. Der einzige Unterschied, den er entdeckte, waren die teilweise deutlichen Worte von Heraklit, wenn er andere Menschen verspottete.

„Das Weiche ist stärker als das Härteste, das Nichtsein triumphiert über die Leere. Hier zeigt sich der Wert des Nichthandelns und des Nichtredens. Diesen Vorteil erreichen nur wenige in dieser Welt."

Was für Worte, die Josua gerade schrieb! Diese Worte erinnerten ihn an die Worte Heraklits: *„Erkennt ihr den Sinn hinter den Worten, so ist es weise, zu reden ohne vieler Worte zu wechseln. Eins ist alles."*

Wahrlich, diese beiden Seelen waren miteinander verwandt. Der eine hatte in Chang'an, der andere hier in Ephesos gelehrt. Dieser Auftrag bereitete Josua Freude. Jeder Teil seines Wesens sog diese Worte des Lao Tse in sich auf.

„Ohne sein Haus zu verlassen, kann man die Welt erkennen. Ohne auch nur durch die Fenster zu schauen, kann man das Spiel des Himmels erschauen. Je weiter einer reist, desto weniger erkennt er. Deshalb weiß der weise Mensch, dass er erkennt, ohne wegzugehen, dass er erfährt ohne zu sehen und dass er vollendet ohne zu handeln."

Hatte Heraklit nicht folgendes geschrieben: *„Die Unsterblichen sind sterblich, die Sterblichen sind für immer unsterblich. Sie leben gemeinsam ihren Tod und sterben gemeinsam ihr Leben."*

Es konnte heute nichts Besseres geschehen, als dass Josua sich in diese Arbeit vertiefen konnte. Als er vor vielen Stunden die erste Kopie angefangen hatte, schrieb er sich diese Tragödie um Freya von der Seele. Er wollte alles vergessen. Er kam erst wieder richtig zu sich, als er die zweite Kopie vollendet hatte. Jetzt, bei der dritten Kopie widmete er sich mehr den Inhalten, die ihn schlichtweg überwältigten.

„Der Geist des Tals der göttlichen Quelle ist todlos. Es ist das Reich der Muttergöttin. Ihr Schoß ist die Wurzel vom Himmel und der Erde. Man schöpft aus ihr und doch bleibt sie unerschöpflich."

Josua hielt auf einmal inne. Diese Zeilen, die er vor wenigen Minuten geschrieben hatte, brannten immer noch in ihm. Weniger, dass Lao Tse solch widersprüchliche Worte wie todlos gewählt hatte, nein, diese Zeilen erinnerten ihn an Freya. Sie hatte ihm mitgeteilt, dass sie nach der Göttin der Fruchtbarkeit und der Beschützerin der Frauen genannt worden war. Und dieser Ausspruch des Lao Tse war wie für sie geschrieben. Josua wollte ganz schnell dieses Erleben mit ihr vergessen. Er wollte glauben, dass sie todlos war und immer weiterleben würde, wo auch immer sich ihre Seele befand. Er hatte das Gefühl, dass er eine Menge aus ihrem Inneren geschöpft hatte. War es zuviel?, fragte er sich. Hatte er mehr aus ihrer Seele herausgenommen als er hinein gegeben hatte? Hatte er sie erschöpft? Nein, sie war eine starke Frau gewesen, aber vielleicht hatte sie ihre Heimat so vermisst? Vielleicht auch ihre Eltern? Was stimmte überhaupt von dem, was sie ihm erzählt hatte? Er versuchte, nicht mehr an Freya zu denken. Aber dieser Kampf war aussichtslos. Er hatte eine Hydra vor sich. Hatte er einen Gedanken verdrängt, waren zehn neue da. Freya, die Göttin der Fruchtbarkeit und die Beschützerin der Frauen. Die Göttin Artemis, die Ephesos zu seinem Ruhm diente, wurde ebenfalls als Göttin der Fruchtbarkeit verehrt, dachte er. War es Zufall, dass Freya in dieser Stadt gelandet war? War ihr Ende vorgezeichnet gewesen? Hätte die Göttin Freya nicht ihre Namensgenossin beschützen können? Hätte er, Josua, ihr mehr Liebe schenken müssen, um sie am Leben zu erhalten? Hatte er etwas falsch gemacht? Hatte er etwas übersehen, was ihr Leben hätte verlängern können? War er schuld? War das die Strafe, weil er sich von Gott abgewandt hatte? Strafte ihn Gott?

Er wollte die Erinnerung an sie loswerden. Es war schön mit ihr, aber an den Schmerz, den er in ihren Augen gesehen hatte, wollte er sich nicht mehr erinnern. Traurige blaue Augen waren schlimmer anzusehen als traurige braune Augen. Das dunkle Braun konnte immer noch einen Teil der Trauer vertuschen, aber das Blau des Ozeans eben nicht.

Er nahm sein Schreibrohr wieder auf, tunkte es in sein Tintenglas und schrieb einige Stunden lang weiter. Er beendete seine dritte Kopie und setzte sich noch für einen Moment an den Brunnen. Es war mittlerweile dunkel geworden.

An diesem sternklaren Abend blieb Josuas Blick allerdings an den steinernen Delphinen hängen, anstatt sich dem Universum zuzuwenden. Deshalb konnte er auch nicht am Firmament ein Blinken erkennen, das ihn in sein tiefes Vertrauen und wieder zu sich selbst hätte bringen können. Deshalb hatte er eine Nacht voller Albträume, in denen er immer wieder in einen großen dunklen Abgrund gezogen wurde, der einem weiblichen Schoß glich, und darin verbrannte.

Heute Nacht habe ich wieder von Josua geträumt. Es kam in der letzten Zeit nicht mehr oft vor, aber ich habe ihn heute Nacht besucht. Seiner Seele geht es sehr schlecht. Ich hoffe, dass er meine Gedanken mitbekommt und sich an mich erinnert. Es wird noch einige Zeit dauern, bis wir uns wieder sehen. Aber wenn alles so verläuft, wie es von unserem Vater geplant wurde, dann wird alles gut. Darauf vertraue ich.

Ich werde in absehbarer Zeit sehr lange unterwegs sein und die unterschiedlichsten Länder besuchen. Ich möchte lernen, und auch andere möchten von mir lernen, hatte Tai Shin gesagt. Darin liegen wahre Worte und deine große Liebe, Vater. Danke für alles.

∞

Am nächsten Tag flüchtete Josua vom Schreiben in die Therme, von der Therme in den echten Schoß einer Dirne, dann wieder in sein Manuskript – er schrieb von nun an auch abends im dumpfen Licht der Öllampe – und spätabends endete seine tägliche Flucht im Schlaf. So ging es tagein, tagaus, Woche für Woche, Monat für Monat, Jahr für Jahr. Er schrieb und schrieb unzählige Manuskripte, er kannte jede Fließe in der Therme und vögelte sich fast um den Verstand. Sein Leben hatte die Zuverlässigkeit einer mathematischen Gleichung, nur ein einziger Faktor änderte sich fortwährend: Er besuchte jede Dirne nur ein einziges Mal.

Die unterschiedlichsten Manuskripte eröffneten ihm neue Welten, in den Thermen wollte er seine Seele reinwaschen von allem Unglück, das ihm widerfahren war. Und bei den Frauen wollte er nur vergessen. Gott, Jesus, Diana, seine Mutter, seinen Vater, seine Schwestern, Lea, Freya, einfach alles und jeden.

Seine Schwestern hatte er anfänglich regelmäßig besucht, aber die Gespräche rissen immer wieder nur unnötige Wunden auf. Und nachdem sich Judith in einen Jungen verliebt hatte, galt dem Angebeteten ihre ganze Aufmerksamkeit. Das führte dazu, dass Josua seine Besuche bei ihnen einstellte. Das Haus seines Vaters und den Artemis-Tempel hatte er schon seit mehreren Jahren nicht gesehen. Nur wenn das jährliche große Frühlingsfest der ‚Wiederkehrenden Sonne‘ oder die ‚Artemisia‘ zu Ehren der Artemis in Ephesos gefeiert wurde, wurde Josua immer mal wieder an seine große Liebe Diana erinnert.

Als er ungefähr zehn war, hatte er mit seiner Mutter mehrere Male einigen Feierlichkeiten zu Ehren der Muttergöttin beigewohnt. Es gab jährlich unzählige Feste in Ephesos, aber vor allem bei der ‚Artemisia‘ war die ganze Stadt auf den Beinen. Im Mittelpunkt des Festes stand die Prozession der Artemisstatue, die vom in Purpur gekleideten Oberpriester angeführt und von hunderten von tanzenden Priesterinnen begleitet wurde. Der Festzug begann beim Artemis-Tempel und führte durch das Magnesische Tor, passierte den Staatsmarkt und führte über die Heilige Straße zum Theater, wo er schließlich durch das Koressische Tor wieder zurück zum

Tempel führte. Am nächsten Tag wurde die Statue – diesmal mit goldenen Gewändern verziert – feierlich zum Prytaneion geführt, wo Gastmähler abgehalten wurden. Im benachbarten Bouleuterion, dem Sitz des Stadtrats, wurde später das heilige Feuer entzündet. Nächtliche Fackelzüge gingen diesen ganzen Feierlichkeiten voran. Das, was Josua neben dem ganzen Pomp am meisten missfiel, war einerseits der Krach, den diese Feierlichkeiten mit sich brachten und dass sich andererseits in dieser Zeit fast genauso viel Fremde in der Stadt aufhielten wie es hier Einwohner gab. Und dann war es auf den Straßen unerträglich. Sänger trällerten disharmonische Hymnen, Musiker begleiteten sie mit Kitharas, Panflöten, Leiern und Zimbeln durch die ganze Stadt. Dazu kamen die geweihten Jünglinge, die mit unmenschlichem Lärm mit ihren Trompeten und Becken frenetisch an die Geburt der Göttin erinnerten. Und die vielen betrunkenen Zuschauer, die schrieen, grölten, brüllten, johlten, krakeelten, kreischten und am Abend randalierten und vergewaltigten. Einfach nur grauenhaft. Wie zart und harmonisch war dagegen das Flötenspiel seines Freundes an der Quelle in Nazareth gewesen!
Und bei dem ganzen Radau wurde er immer wieder an Diana erinnert. Er sah sie in seiner Vorstellung tanzend, singend und lachend den Festzug begleitend, während sie anderen Männern mit ihrer natürlichen Schönheit den Kopf verdrehte.

In den letzten sieben Jahren hatte Josua vergessen können. Nur in Philon und Lucilla, die mittlerweile miteinander verheiratet waren und ihm ihr Haus und ihren Sklaven Cyriax als Geschenk überlassen hatten, fand er Halt, denn sie ließen ihn so, wie er war. Sie ließen ihn tagelang schweigen, sie ließen ihn manchmal Nächte durchschreiben und ihren eigenen Wohlstand durch seine Arbeit vergrößern. In diesen sieben Jahren des Vergessenwollens war Josuas Arbeit, so widersprüchlich es auch klang, noch perfekter geworden. Josua schrieb noch schneller, fertigte noch mehr ‚Kunstwerke' an, wie Lucilla seine Kopien und Übersetzungen immer wieder aufs Neue bezeichnete.
Cyriax selbst hatte Lucilla die Freiheit geschenkt, jedoch wollte er die nächste Zeit bei Josua bleiben, da er nicht wusste, was er machen sollte. Für Josua wäre es unmöglich gewesen, einen Sklaven zu beschäftigen. Cyriax sah er mittlerweile als Freund an, als Helfer.
Die Oberschicht von Ephesos und die Gebildeten unter ihr wurden mit der Zeit auf die Arbeit von Josua aufmerksam, hauptsächlich durch die inbrünstige Verkaufsförderung, die Lucilla betrieb. Sie pries die Schriften

als Kunst aus aller Welt an, was bei den reichen Ephesern besser ankam als Weisheit. Kunst war etwas, das man anfassen konnte, philosophische Weisheit war es nicht. Kunst pries die Schönheit Gottes, Philosophie verunglimpfte sie nur allzu häufig.

Der persönliche Brief von Heraklit war mittlerweile ein Verkaufschlager geworden. Der Kunst wegen, also der perfekten Wiedergabe der Tintenkleckse Josuas vom Original, nicht unbedingt aufgrund des Inhaltes. Auch der Eid des Hippokrates verkaufte sich gut, was Josua erfreute, denn die Worte des Eides gefielen ihm und es bereitete ihm Freude, immer mal wieder den Eid zu schreiben. Es musste einige Heiler und Medizin ausübende Personen in Ephesos geben. Hippokrates, bemerkte er, hatte er am Anfang unterschätzt. Aber es gab auch noch einige andere Schriften von ihm, wo er sich an einen Satz ganz besonders erinnerte: *„Das Leben ist kurz, die Kunst ist länger, der rechte Zeitpunkt ist knapp bemessen, der Versuch ist trügerisch, die Entscheidung ist schwierig."* War das Leben wirklich so kurz? Es kam ihm so elend lang vor.

Einige Schriften von Platon hatte er geschrieben, ebenfalls von dessen Schüler Aristoteles. Aber als er vor Jahren die Schrift ‚Politik' kopierte, war er geschockt, weil Aristoteles, dieser einflussreiche Philosoph, die Sklaverei unterstützte. Wieder einmal ein Beispiel, dass auch noch so gebildete Menschen verblendet sein konnten.

Ein Manuskript aber, das er die letzte Zeit öfters kopiert hatte, faszinierte ihn ganz besonders. Es war der Sonnenhymnus von Echnaton, eines ägyptischen Pharaos. Wie wundervoll waren die Worte: *„Oh alleiniger Gott, mein Handeln geschieht für dich, denn du bist in meinem Herzen. Es gibt keinen anderen Gott, der dich kennt außer deinem Sohn. ... Ich bin dein Sohn, der dir dient und der deinen Namen verherrlicht. Deine Macht und deine Stärke bleiben in meinem Herzen."*

Was für wunderbare Worte, die ihn an die Preisungen von König David erinnerten und den alleinigen Gott anpriesen? Er erinnerte sich ebenfalls vage daran, wie Jesus in Nazareth in vollster Überzeugung und Liebe vom alleinigen Gott gesprochen hatte. Naja, lang war es her. Jetzt war Josua ein Schreiberling. Und damit war er zufrieden.

Es gab Berufe, die waren zwar höher angesehen, aber durch seine Arbeit war der Name Josua, der Schreiber und Freund Lucillas und Philons, in aller Munde, auch wenn ihn kaum jemand kannte. Schließlich trat Josua in der Öffentlichkeit seine Fähigkeiten nicht breit. Er kannte mittlerweile die ganze Stadt – man sollte nicht glauben, wo überall die Dirnen ihre Dienste verrichteten –, aber er erzählte ihnen nichts von seinem Beruf, und seinen

Namen verschwieg er ihnen auch. Er war, außerhalb seines Hauses und wenn er nicht in Gesellschaft von Lucilla und Philon war, sehr still.

In den letzten sieben Jahren hatte er viel geschwiegen, aber auch das meiste ausgelebt, was er ausleben wollte. Aber das Wichtigste von allem war, er konnte in diesen sieben Jahren vergessen. Es gab mittlerweile schon Wochen, ohne dass die schrecklichen Erinnerungen seiner Vergangenheit in sein Bewusstsein drangen. Siebe Jahre waren eine lange Zeit, dachte er. Und im Moment zählte für ihn nur eines: Sein sechsundzwanzigstes Lebensjahr so weiterzuleben, wie die letzten sieben. Mehr wollte er vom Leben nicht mehr erfahren.

Aber eines hätte Josua an einem lieblichen ephesischen Abend, an dem die Sterne sich schon wieder auf ihr prächtiges Leuchten vorbereiteten, bestimmt wissen wollen. Und zwar, dass er schon sehr bald einen Auftrag erhalten sollte, der sein ganzes Leben verändern würde. Schon sehr bald…

∞

„Josua, so kann es nicht weiter gehen. Du brauchst eine Frau an deiner Seite." Lucilla saß mit Philon und Josua in ihrem alten Zuhause beim mittäglichen Mahl, das Cyriax vor wenigen Momenten aufgetragen hatte.

„Bitte, lasst mich in Ruhe!"

„Das haben wir schon zu lange getan. So geht es nicht weiter mit dir."

„Ich bin glücklich und mir geht es gut."

„Nein, mein Freund, dir geht es nicht gut!" Philon war wütend.

„Und du bist nicht glücklich", hängte Lucilla noch hintendran.

„Doch!", sagte Josua trotzig.

„Ich betrachte dich nun schon eine lange, lange Zeit. Du schreibst bis zum Erbrechen, du gönnst dir jeden Tag einen Besuch in der Therme und jeden frühen Abend gehst du zu immer anderen Frauen."

„Philon, was ist daran schlecht?"

„Josua, was ist daran gut? Dir fehlt eine Stetigkeit in deinem Leben."

„Mein Leben ist stetig!"

„Nein, ist es nicht." Lucilla sprach lauter. „Nein, dir fehlt eine Frau im Leben, die dich zu Hause erwartet, die dir Liebe schenkt, sich um dich kümmert."

„Zwei gegen einen ist unfair." Josua musste lächeln. Er merkte, dass dieses Gespräch auf reiner Freundschaft beruhte, die ihm von den beiden großzügigsten Menschen entgegengebracht wurde, die er kannte.

„Josua, mittlerweile kennst du wahrscheinlich alle Bordelle und alle Dirnen, die an den Straßen stehen. Du kennst alle Phallus-Symbole, die abends vor den Häusern mit Fackeln beleuchtet sind, um dich hineinzuziehen. Lucilla aber, …"

„Lass mich erzählen, Philon", unterbrach sie ihn. „Was Philon erzählen wollte, was wir sagen möchten, ich habe eine gute Bekannte, Sophia, die vor einiger Zeit eine Art Luxus-Bordell aufgemacht hat. Dort, so habe ich mir sagen lassen, arbeiten sehr nette Mädchen und sie sind vor allem gebildet. Die Atmosphäre in dem großen Haus stimmt und du musst nicht mehr durch das Hafenviertel eilen, immer mit der Angst, überfallen zu werden, denn das Bordell liegt an der heiligen Straße in der Nähe des Bouleuterion, wo der Rat der Stadt tagt."

„Und was wollt ihr mir jetzt damit sagen? Ich dachte, ihr wollt, dass ich eine Frau finde? Und jetzt schickt ihr mich in ein Nobelbordell?"

„Josua, ich bin eine Frau, und ich weiß, was in dir vorgeht. Du musst dich dringend wieder den Menschen öffnen. Bei einer Dirne in einer Absteige geht das nicht, aber bei Sophia, wo du Zeit hast und verwöhnt werden kannst, wo du dich unterhalten und vielleicht sogar philosophieren kannst, ist der beste Ort, dich wieder etwas zu öffnen. Und dann, irgendwann, wird dir die richtige Frau über den Weg laufen. Du bist jetzt Mitte zwanzig."

„Aha, der Plan ist ja richtig ausgefeilt. Wahrscheinlich habt ihr Sophia schon Bescheid gesagt, dass ich bald vorbei komme, nicht wahr?"

„Äh, ja, das habe ich." Lucilla fühlte sich ertappt.

„Könnt ihr vergessen."

„Ich habe dich für heute angekündigt."

„Wie bitte?"

„Das Haus findest du, wenn du ein paar Schritte vor dem Bouleuterion links den Hang hinauf gehst. Direkt am Ende dieser einzigen Gasse findest du es. Es ist abends immer hell erleuchtet und an dem Eingang findet sich an der Mauer links davon ein wunderschönes Mosaik. Und wenn du eintrittst, frage nach Sophia. Sie wollte dich persönlich empfangen."

„Sophia, die Weisheit. Weisheit im Bordell. Ist ja witzig."

„Sophia ist eine Frau von Welt, ja, auch mit Weisheit gesegnet." Lucilla lächelte.

„Wie gesagt, das könnt ihr vergessen. Da gehe ich nicht hin."

„Wir haben es gehört. Und wir kennen dich." Philon lachte.

„Ihr hinterlistigen Gesellen. Ihr kennt mich leider viel zu gut."

„Ja, das auch." Lucilla lachte ebenfalls. „Und einige meiner ehemaligen Schriften aus meiner Bibliothek habe ich Sophia geschenkt, weil sie sich in ihrem Bordell eine Bibliothek mit Schriften aufbauen wollte, die sich dem Thema Liebe widmen. Vielleicht fühlst du dich dadurch schneller bei ihr zu Hause." Sie lächelte und zwinkerte Philon zu.

„Eine Bibliothek im Bordell?" Josua schnaufte.

„Wie gefällt es dir so allein mit Cyriax in meinem ehemaligen Anwesen?"

„Du kannst immer noch genauso gut das Thema wechseln wie eh und je."

„Kommst du finanziell zurecht?" Das war eine rein rhetorische Frage. Natürlich wusste sie, dass er sein Auskommen hatte.

„Natürlich. Aber wenn ich jetzt regelmäßig in ein Luxus-Bordell gehen muss, dann wird es wohl eng werden." Josua lächelte.

„Aber Spaß bei Seite. Wir kennen uns nun schon recht lange und ihr beiden seid für mich meine Familie. Aber trotzdem fällt es mir schwer, es zu akzeptieren, dass ihr mir dieses Haus überlassen habt. Es ist schließlich ein Haus und keine Schriftrolle."

„Ich sage es erneut, Josua. Ich habe keine Kinder, ich liebe Philon. Und wozu brauchen wir zwei Häuser? Uns geht es gut, wir haben für die Zukunft ausgesorgt. Und du hast so viel für Philon getan. Da ist es nur legitim, dass du einfach das Haus übernimmst. Und ich weiß, dass dir dieser Besitz gar nicht so wichtig ist. Und genau deshalb geht es mir gut damit. Das einzige, womit ich ein Problem habe, ist, dass mir das Kaufen von Schriftrollen keine Freude mehr bereitet, da mir Philon meine Wünsche durch Geschenke erfüllt." Sie lachte.

„Wenn ich dadurch irgendwann einmal abgebrannt sein sollte, Josua, dann musst du mich bei dir aufnehmen." Philon scherzte mit, wohl wissend, dass er eine sehr bescheidene Frau an seiner Seite hatte, die trotz ihres früheren Reichtums immer einfach geblieben war.

„Philon, jeder Zeit. Und teilt Sophia mit, dass ich heute Abend bei ihr vorbei komme. Dann werde ich wohl endlich vor euch Ruhe haben, ihr Plagegeister."

∞

„Josua, ein gewisser Olympios möchte dich sprechen." Cyriax hatte einen sehr ernsten Gesichtsausdruck. „Er sagte, es sei sehr wichtig."

„Lass ihn herein und stell' ihm eine Karaffe Traubensaft hin. Ich komme gleich herunter."

Olympios? War das etwa der Vorsteher des Artemis-Tempels? Konnte das wirklich sein?

Als er in die Empfangshalle trat, sah er den vollschlanken Mann vor einem Wandteppich stehen, den er mit sehr interessiertem Blick betrachtete. Er war es.

„Olympios. Eine lange Zeit ist es her, dass ich dich beim Tempel gesprochen habe." Und wieder schmerzte ihn die Erinnerung, denn diesen Mann würde er in hundert Jahren nicht vergessen. Schließlich hatte er die Tür zu Diana geschlossen. Zu Diana, sie sein Licht war.

„Es freut mich, dich zu sehen, Josua. Man hört ja viel Interessantes über dich. Du sollst ein wahrer Künstler geworden sein."

Olympios hatte immer noch ein strahlend weißes Gewand an. Trug er überhaupt nie etwas Farbiges?

„Das ist alles Lucillas Werk. Sie preist meine Tätigkeiten an, wo es nur geht, dabei sind es ganz normale Abschriften. Ich fertige keine Originale an, ich kopiere nur. Deshalb bin ich kein Künstler. Wie geht es Diana?"

„O, du denkst noch an sie?"

„Wie sollte ich dieses zauberhafte Mädchen je vergessen! Mittlerweile ist sie mit Sicherheit noch schöner geworden." Josuas Blick wurde durch eine gewisse Traurigkeit verschleiert.

„Ihr geht es sehr gut. Sie arbeitet als Orakelmedium. Sie ist, wie soll ich sagen, eine auserwählte Seele."

„Wie meinst du das?"

„Dies hängt mit einer Schriftrolle zusammen, die ich vor einigen Tagen zugestellt bekommen habe. Sie ist in aramäischer Sprache geschrieben. Es ist ein Brief eines sehr guten Freundes an mich, der mir einige Mitteilungen machen wollte. Aus Sicherheitsgründen hat er die Rolle in seiner Heimatsprache geschrieben. Und da ich mich daran erinnert habe, dass du der Sohn eines jüdischen Rabbis und du sogar des Schreibens mächtig bist, wusste ich, dass ich mich an dich wenden muss."

„Du erinnerst dich noch an unser Gespräch?"

„Wenn ein Junge ein Mädchen so geliebt hat – ich hatte es in deinen Augen gesehen – dann vergisst man das nicht, wenn man mit dem Mädchen, das wahrlich zu einer Frau gereift ist, den ganzen Tag zu tun hat und es ausbildet. Aber mich wunderte es, dass dein Vater nicht Bescheid wusste, wo du dich aufhältst. Es war eine lange Suche, dich schließlich zu finden."

„Du hast mit meinem Vater gesprochen?"

„Sprechen kann man das nicht nennen. Nachdem ich mich nach dir erkundigt hatte, wurde seine Miene finster und er sagte mir, dass er nur einen Sohn hat und zeigte auf einen ungefähr acht Jahre alten Jungen, der im Hof draußen spielte."

Josua musste schlucken. „Ja, wir hatten einen großen Streit. Und es scheint, dass der Graben zwischen uns nicht mehr zu überbrücken ist."
„Auf jeden Fall habe ich durch das göttliche Geschick auf der Agora den Papyrushändler Claudios gefunden, der mich dann zu dir geschickt hat. Und nun bin ich hier, weil der Brief, den ich von dir übersetzen lassen möchte, wahrscheinlich eine große Wichtigkeit hat." Olympios legte Josua die Rolle auf den Tisch.
„Ich bin dickere Rollen gewohnt. Du möchtest jetzt von mir wissen, wann die Übersetzung fertig ist und wieviel es dich kostet, oder?"
„Du sagst es."
„Ich muss heute noch eine Kopie zu Ende bringen. Und dann…"
„Es ist wichtig, Josua. Vielleicht auch für dich. Kannst du es nicht irgendwie einschieben?"
Josua überlegte eine Weile. „Gut, ich werde dir unverzüglich Bescheid geben lassen, vielleicht schon in der zehnten Stunde des morgigen Tages."
„Josua, willst du dir die Rolle nicht erst einmal anschauen?"
„Nein, brauche ich nicht. Da ich gerade eine griechische Kopie schreibe, wäre es für mich jetzt sehr hinderlich, die Sprache meiner Heimat zu lesen. Ich schaue es mir morgen früh an."
„So soll es sein. Ich danke dir. Was für eine Bezahlung soll ich morgen Abend für dich bereithalten?"
„Vier Asse wären genehm."
„Gut, dann darf ich mich verabschieden und dir für die unverzügliche Bearbeitung danken. Es freut mich, da dieser Brief für mich, und vielleicht für viele andere Menschen eine gewisse Wichtigkeit hat."
Als Olympios die Empfangshalle verlassen hatte, war Josua geneigt, die Rolle kurz zu öffnen. Schließlich hörten sich die Worte von Olympios sehr wichtig an. Aber erst wollte er heute den anderen Auftrag beenden und das Haus der Sophia besuchen. Hoffentlich würde er dort etwas Weisheit finden. Weisheit konnte man immer gebrauchen.

∞

„Mama, du wirkst traurig, seitdem du wieder zurück bist! Was ist mit dir?" Micha schien ganz verwirrt.
„Mir geht es gut." Lea wusste ganz genau, dass Micha alle ihre Empfindungen mitfühlte. „Iss weiter, dein Vater wird auch gleich aus der Synagoge kommen, dann kannst du mir alles erzählen, was du heute gelernt hast.

„Ist gut." Micha aß seine Suppe und brach regelmäßig ein Stück Brot hinein, genauso wie es Josua immer getan hatte.

Lea war gerade von ihrer Hebamme zurückgekommen. Gestern Abend hatte Samuel wieder mit ihr geschlafen, ohne dass sie Zeit gehabt hatte, sich Zedernharz und Olivenöl in ihre Vagina einzuführen, um eine Empfängnis zu verhüten. Deshalb musste sie heute Morgen auf Nummer sicher gehen und war früh zu Mintara geeilt, die schon bei der Geburt von Micha geholfen hatte. Aber Mintara verstand sich ebenso gut in der Verhinderung einer Schwangerschaft wie in den Geburtsvorbereitungen. Mintara hatte ihr ein Kräuterelixier gegeben, das sie direkt getrunken hatte.

„Keine Angst", hatte Mintara gesagt, „so schnell kommen Kinder nicht. Es gibt auch in vier bis fünf Wochen noch Möglichkeiten, die Empfängnis zu verhüten. Sollte bei dir die regelmäßige Blutung nicht einsetzen, komm wieder zu mir. Wir finden dann einen Weg."

Diese Worte hatten sie beruhigt. Denn Lea wollte kein Kind von Samuel. Niemals. Sie würde alles dafür tun. So wie es schien, wollte Samuel auch keines mehr, er hatte sowieso zu wenig Zeit für Micha.

Wieviele Jahre waren vergangen! Kein einziges Mal hatte sie Josua gesehen, bedauerte sie. Sie erinnerte sich noch gut an den jungen Mann, wie sie ihn damals kannte. Aber wie sah er heute aus? Wie ging es dem Vater von Micha? Hatte er immer noch die breiten Schultern? Was würde sich in ihrem Leben ändern, wenn Josua von Micha wüsste? Was würde sich ändern, wenn Josua die Wahrheit von damals gewusst hätte?

Sie ging zum Suppentopf und rührte in ihm. Daraufhin trat Samuel ein und setzte sich an den gedeckten Tisch.

„Unser Sohn entwickelt sich prachtvoll. Er ist in seinem Alter der beste Schüler, den ich jemals unterrichtet habe. Er versteht die Dinge, die uns unsere Väter lehren, er ist intelligent und er schreibt schon so gut, wie damals…naja, das schmeckt aber gut." Er löffelte genüsslich eine Bohnensuppe.

„Wie Josua wolltest du sagen, oder?"

„Ja, aber erwähne diesen Namen nicht mehr in diesem Haus. Ich kenne keine Person mit Namen Josua."

„Wer ist Josua?" Micha hatte große Augen bekommen.

„Da siehst du, Weib, was du angerichtet hast. Erkläre du es ihm. Mir ist der Hunger vergangen."

Lea beobachtete ihn, wie ihr Mann aufstand und über den Hof zurück in die Synagoge stapfte. Immer, wenn etwas auf Samuels Stimmung geschlagen hatte, ging er in die Synagoge. Und das kam in letzter Zeit häufiger vor. Von jetzt auf gleich schlug seine Stimmung um, wobei sie gerade einen Fehler gemacht hatte. Sie hätte Josua nicht ins Gespräch einbringen dürfen.

„Wer ist Josua?", fragte Micha ein zweites Mal. „Ist das der Josua, den Esther das letzte Mal erwähnt hat?"

„Ja, Josua ist ein Bruder von dir. Er ist auch der Sohn von deinem Vater, aber er hat eine andere Mutter."

„Ich habe einen Bruder? Das habt ihr bisher noch nie richtig erwähnt. Warum nicht?"

„Micha, frag nicht so viel."

„Warum denn nicht? Können wir Josua einmal treffen? Wenn er doch mein Bruder ist, dann möchte ich ihn einmal sehen."

„Ich weiß nicht, wo er sich aufhält. Ich habe ihn das letzte Mal vor deiner Geburt gesehen, Micha."

„Schade, wie finden wir ihn?"

„Vielleicht ist er gar nicht mehr in der Stadt." Lea wusste, dass Josua seine Schwestern vor langer Zeit mehrmals besucht hatte, aber das war nun auch schon eine Ewigkeit her.

„Wir müssen ihn suchen, Mutter."

„Das geht nicht."

„Doch. Wir werden ihn finden."

„Micha, das geht nicht. Iss deine Schüssel leer."

„Mutter…"

„Kein Wort mehr, hörst du?"

„Ist gut, aber …"

Diesmal reichte ein scharfer Blick von Lea, um ihren Sohn endgültig zum Schweigen zu bringen. Das war noch einmal gut gegangen. Aber wenn Micha sich einmal in etwas hineingebissen hatte, würde er es nicht mehr vergessen. Sie hoffte inbrünstig, dass er Josua in wenigen Momenten wieder vergessen hatte.

∞

Mit gemütlichem Schritt durch die Abenddämmerung brauchte Josua eine knappe viertel Stunde, um sein Ziel zu erreichen. Die Beschreibung von Lucilla war gut, auch das Mosaik neben der Türe war nicht zu übersehen. Es zeigte ein Paar beim Liebesspiel. Er nahm den phallusförmigen Türklopfer und ließ ihn niederfallen. Er machte einen Heidenlärm an dem hölzernen Tor. Nicht einmal zwei Atemzüge später wurde ihm das Tor von einer spärlich bekleideten Frau geöffnet.

„Ich möchte gern zu Sophia. Mein Name ist Josua."

„Komm herein. Ich führe dich zu ihr." Sie ging voran und er folgte ihr. Hier in diesem Anwesen lohnte sich ein genauerer Blick, ganz im Gegenteil zu den Unterkünften, die er sonst so aufgesucht hatte. Dieses Bordell hatte eine persönliche und exotische Atmosphäre, das merkte er schon jetzt. Die Sklavin deutete ihm, im Garten Platz zu nehmen, und verschwand darauf in der pompösen römischen Villa. Der Garten schien riesig. Man konnte ihn nicht ganz einsehen, da viele Sträucher und Bäume die Sicht auf das dahinter Liegende nahmen. Josua saß auf einem geschmackvollen Stuhl und bemerkte erst nach einigen Momenten, dass sich unter ihm ein riesiges Mosaik befand, das badende Männer und Frauen darstellte, die sich in einer wunderschönen Landschaft vergnügten. Dieses Motiv war für den hiesigen Ort nicht typisch, der Springbrunnen, der sich neben ihm befand, schon eher. Es zeigte einen Mann, aus dessen erigiertem Glied Wasser tröpfelte. Eine Frau kniete in einer eindeutigen Pose vor ihm. Das laute Plätschern des Springbrunnens ließ die anderen Geräusche nur erahnen, die Josua im Hintergrund aus vielen Ecken hören konnte.

Vor ihm tauchte auf einmal eine attraktive Frau im Alter von Lucilla auf und lächelte schon von weitem. Sie trug ein violettes Seidenkleid, das ihre üppigen Formen gut zur Geltung brachte und mehr zeigte als verdeckte.

„Du bist Josua. Es ist mir eine Freude, dich in meinem Heim empfangen zu dürfen."

„Es freut mich auch. Ich hoffe, dass ich von Lucilla angekündigt wurde." Die selbstbewusste Ausstrahlung von Sophia ließ ihn kurzzeitig erröten.

„Ja, in der Tat. Sie hat mir schon viel von dir erzählt. Lucilla und ich kennen uns schon lange. Wir haben uns beide längere Zeit mit dem Isis-Kult beschäftigt. Sie ist eine Frau, die ich sehr lieb gewonnen habe. Und ein sehr guter Freund von Lucilla ist auch für mich ein sehr guter Freund."

„Das freut mich, wobei ich, ehrlich gesagt, Lucilla zuliebe hergekommen bin. Ich bin die letzte Zeit, wie soll ich es sagen,…"

„Überarbeitet und schweigsam, ja, ich weiß, das hat sie mir auch schon mitgeteilt."

„Ja, das stimmt." Josua erstaunte gar nichts mehr.

„Ich weiß auch, dass du schreibst. Ich werde dich erst einmal durch mein Haus führen. Ich zeige dir alles, damit du einen ersten Eindruck von dem Angebot bekommst, das ich dir hier bieten kann. Folge mir."

Sie ging ihm voran und blieb in der großen Empfangshalle stehen. „In meinem Anwesen arbeiten zwanzig Mädchen. Sie sind alle besonders attraktiv und, was für mich wichtig ist, sie sind gebildet. Sie können alle schreiben und lesen, und sie kennen den Unterschied zwischen einem zypriotischen und einem syrischen Wein. Es geht hier also nicht um einen schnellen Akt, sondern du sollst dich, so lange du hier bist, entspannen und damit von der hektischen ephesischen Welt abschalten können. Der Abend heute ist ein Geschenk von mir an dich. Alles, was du heute machst, geht auf meine Rechnung. Ansonsten kostet es einen Denar am Tag. Im Betrag inbegriffen ist ebenso ein Mädchen, das dir, so lange du möchtest, deine Wünsche erfüllt. Jedes meiner Mädchen ist ausgebildet in diversen Massagearten."

Ein lautes Stöhnen ertönte aus irgendeiner Richtung.

„Wie du hörst, sind meine Worte nicht übertrieben." Sie lächelte. „Ebenfalls ist alles erlaubt, was meine Mädchen nicht erniedrigt. Nichts ist hier verboten. Jedoch muss ich es deutlich sagen. Ich bin gegen jede Unnatürlichkeit und Abartigkeit. Auch wenn ich damit viele Kunden vertreibe, gibt es bei mir keine Beischlafsmöglichkeit mit männlichen Lustsklaven. Außer meinen beiden Sklaven, die für die Sicherheit meiner Mädchen sorgen und in Ausnahmefällen auch konsequent eingreifen werden, gibt es hier im Haus nur Frauen. Und alle sind sie zwischen sechzehn und vierundzwanzig Jahre alt. Bis auf mich natürlich. Alle Getränke und Süßigkeiten, sind ebenfalls frei. Jedes weitere Mädchen, das dir zusätzlich Gesellschaft leisten soll, kostet dich zwei Sesterzen. Hast du Fragen?" Sie hielt inne und schaute ihm tief in die Augen.

Josua schüttelte den Kopf. Sophia hatte ihm gerade eine Menge Informationen übermittelt.

„Hier geradeaus geht es in das Peristyl, wo sich die Mädchen, die gerade keinen Besuch haben, in der Regel aufhalten. Hier kannst du dir gleich einen ersten Eindruck verschaffen. Im oberen Stockwerk sind die Zimmer, wo du dich mit ihnen zurückziehen kannst. Im hinteren Trakt ist ein kleines Schwimmbad. Ich habe gehört, dass du dich oft in den Thermen aufhältst. Dann wirst du diesen Bereich sehr lieben. Das verspreche ich dir. Dort befinden sich auch extra angefertigte Massageliegen, und öffentliche Kuschelräume, wenn ihr schon Lust aufeinander bekommt, noch bevor ihr euch oben zurückziehen könnt. Der linke Trakt hier ist tabu. Er ist mein Privatbereich." Sophia ging einige Schritte in die entgegengesetzte Richtung.

„Und hier rechts befindet sich meine Privatbibliothek, wo ich gerade eine Sammlung erotischer und die Lust fördernder Schriften aufbauen möchte. Fast alles, was sich hier befindet, stammt von meiner Freundin Lucilla." Sie durchschritt den recht großen Raum und steuerte auf einen größeren Tisch zu, der hinten an der Wand stand. „Das hier ist mein ganzer Stolz. Es sind gerade aus einem im Osten liegenden Land gekaufte Schriftrollen, die einerseits die unterschiedlichsten Liebesstellungen zeigen und außerdem viele Geschichten rund um die Liebe erzählen." Sie rollte den Papyrus aus. „Was sagst du dazu?" Triumphierend zeigte sie Josua ihre neueste Errungenschaft.

Josua erblickte auf den ersten beiden Stücken Papyrus, die zusammengenäht waren, sechs Liebesstellungen, von denen er nicht einmal eine Ahnung hatte, dass solche Körperverrenkungen überhaupt möglich waren. „So etwas habe ich bisher noch nicht gesehen. Die Farben leuchten brillant. Wie bist du daran gekommen?"

„Beziehungen. Genauso wie ich hoffe, dass du, wenn dir interessante Schriften über den Weg laufen, mir davon berichtest. Wir werden uns dann schon irgendwie einig." Sophia rollte den Papyrus wieder zusammen. „So, nun möchte ich dich nicht weiter warten lassen. Ich führe dich jetzt in den Innenhof. Es ist gerade eine Zeit, wo viele meiner Mädchen eine Pause haben. Die beliebteste Zeit ist nach dem Mittag oder spät abends bis tief in die Nacht. Jetzt, am frühen Abend, ruhen sie sich aus. Aber du wirst mit Sicherheit gleich das richtige Mädchen für dich entdecken. Wenn du Fragen hast, hier vor meinem Privattrakt befindet sich eine Glocke, falls es ein Problem geben sollte oder du einen außergewöhnlichen Wunsch haben solltest. Viel Freude und entspann' dich schön."

Sophia ließ ihn allein. Josua schlenderte durch die Empfangshalle und blieb am Eingang zum Peristyl stehen. Was für ein großer Platz! Er schätzte, dass jede Seite ungefähr fünfzig Schritte maß. Überall standen orientalisch verzierte Bänke, und überall zwischen den Grünpflanzen schauten Statuen von griechischen Göttinnen hervor. An den Wänden der riesigen Säulenhalle waren prachtvolle Gemälde zu sehen, mit Motiven, die in einem Bordell passend waren. Die Säulen waren schlicht gehalten und lenkten so nicht von den Gemälden, den Bänken und Figuren ab.

Sophia hatte Recht. Es saßen nur drei Mädchen zusammen, die sich unterhielten. Er war etwas unsicher, was er tun sollte, als ihm eine Stimme hinter ihm diese Entscheidung abnahm.

„Du bist das erste Mal hier, oder?"

Josua zuckte zusammen. Er sah eine schwarzhaarige Frau mit bronzener Hautfarbe. Ihre schwarzen Locken schienen sich nicht zähmen zu lassen und legten eine explodierende Wildheit an den Tag. Ihr Gesicht jedoch wirkte jung und fröhlich. So ein wunderschönes Wesen hatte er lange nicht mehr gesehen.

„Hat es dir die Sprache verschlagen?" Sie lachte. „Ich heiße Ophelia, und du?"

„Josua." Ihm versagte immer noch die Sprache, denn fast alle Dirnen, mit denen er die letzten Jahre zu tun gehabt hatte, sahen verbraucht, traurig oder müde aus. Aber diese Ophelia war irgendwie anders. Ihre aufgeschlossene Art, die keineswegs aufdringlich war, gefiel ihm. Erst jetzt fiel ihm auf, dass sie ein sehr kurzes türkises Seidenkleid trug, das gerade noch ihre Scham bedeckte.

„Darf ich dir etwas Gutes tun, Josua?"

„O ja, bleibe einfach in meiner Nähe und zeige mir hier alles."

„Josua ist ein jüdischer Name. Bist du Jude?" Sie nahm ihn an die Hand und führte ihn über den großen Platz in Richtung Schwimmbecken.

„Ja."

„Juden kommen hier normalerweise nicht hin."

„Warum nicht? Auch Juden haben Bedürfnisse."

„Ja schon, sie suchen sich aber mehr die Mädchen, die sie für drei As in der dreckigsten und dunkelsten Absteige haben können. Und nach zehn Minuten ist alles vorbei. Und dann handeln sie den Preis noch auf zwei As runter." Sie grinste. „Wie hast du das Haus von Sophia gefunden?"

„Durch eine gute Freundin von ihr."

„Ah, dann bist du der Schreiberling, nicht wahr? Sophia hatte uns vor unserer Pause schon angekündigt, dass heute ein Freund ihrer besten Freundin vorbeikäme, der ihr Gast wäre und dem dringend, verzeih meinen Ausdruck, die Seele aus dem Leib gebumst werden soll." Sie lachte und hüpfte gleichzeitig neben ihm her. Man konnte eine Menge Temperament in ihr erkennen. „Sollen wir gleich loslegen oder willst du vielleicht erst einmal eine Massage?" Dabei zwinkerte sie ihm zu, dass er lachen musste.

„Wie wär's mit dem Schwimmbecken?" Josua lebte etwas auf, denn die lockere Art von Ophelia tat ihm einfach nur gut und nahm ihm etwas die Anspannung. Ophelia wirkte mädchenhaft, aber sehr reif. Aber ihr Alter konnte er nicht schätzen, vielleicht so siebzehn oder …

„Ich bin übrigens neunzehn Jahre jung, falls du dich das gerade gefragt haben solltest."

303

„Du hast telepathische Fähigkeiten? Dann muss ich dir auch nicht sagen, wie alt ich bin."

„Nein, Sophia hat uns informiert." Wieder lachte sie in einer so natürlichen Art und Weise, dass Josua sämtliche Scham vor ihr und vor der für ihn unbekannten Situation verlor, sich einer Fremden zu öffnen. Sie war die verkörperte Natürlichkeit.

Sie traten gemeinsam durch die hintere Tür in den großen Beckenbereich. Der Raum war menschenleer.

„Das große Becken ist unser Tepidarium, das kleinere das Caldarium. Die Massageliegen, von denen dir Sophia bestimmt vorgeschwärmt hat, befinden sich hier hinten durch den weiteren Durchgang. Also ab ins Wasser." Kaum hatte sie es ausgesprochen, hatte sie ihr Kleid ausgezogen und war ins Wasser gesprungen. Das ging so schnell, dass er nur noch das Klimpern ihres Fußkettchens hören konnte. Mittlerweile wusste er auch, dass Prostituierte entweder Holzringe am Knöchel trugen, oder, wenn sie es sich leisten konnten, Metallkettchen mit eingearbeiteten Edelsteinen. Das war das große Erkennungszeichen unter ihnen, das verband ihr Schicksal miteinander, wie ihm Freya mitgeteilt hatte. Dadurch fühlten sie sich nicht völlig allein und auf sich gestellt.

Josua entkleidete sich ebenfalls, nur hatte er mit seinen zwei Leinengewändern und den Sandalen mehr Mühe. Aber schließlich folgte er ihr über die sich seitlich befindliche Treppe in das warme Wasserbecken. Er genoss die Wärme und lehnte sich neben Ophelia an die Beckenwand. Ophelia sah nackt noch schöner aus. Ihr Körper war schlank und ihre festen und formvollendeten Brüste waren eine Augenweide.

„Wie kommt so eine aufgeweckte Frau wie du hier in dieses Haus?" Josua war selbst erstaunt, dass er sich gerade etwas mehr als sonst öffnete.

„Das ist eine lange Geschichte. Aber ich glaube nicht, dass du gekommen bist, dich nur mit mir zu unterhalten." Sie hüpfte ausgelassen im Becken herum.

„Ophelia, ich habe die letzte Zeit zuviele Frauen getroffen, die ich gar nicht kannte oder kennen lernen wollte. Aber bei dir ist es etwas anderes. Ich interessiere mich wirklich dafür. Und für den Rest haben wir noch den ganzen Abend Zeit."

„Wie du willst. Ich bin heute Abend nur für dich da, denn es scheint, dass du keine Eile hast."

„Genauso ist es. Ich möchte mich hier entspannen, amüsieren und möchte jetzt von dir wissen, wie du hier her gekommen bist."

„Ich stamme aus einer reichen einheimischen Händlerfamilie. Mein Vater handelte mit Stoffen und Farben. Da ich aber in meiner Art etwas temperamentvoller bin und auch meistens das gemacht habe, was ich wollte, was logischerweise nicht immer im Sinne meines Vaters war, hat er beschlossen, mich in den Artemis-Tempel zu bringen, um mich dort zu einer Priesterin ausbilden zu lassen."

„Du warst eine Zeit im Artemis-Tempel?"

„Ja, das war ich. Mit ungefähr acht bin ich dort aufgenommen worden und mit vierzehn bin ich von dort abgehauen."

„Warum?"

„Es war mir zu streng. Das Leben dort ist sehr ernsthaft und für einen freiheitsliebenden Menschen wie mich war es wie eine Art Kerker. Die ersten Jahre gingen noch, aber als ich so dreizehn wurde, und die Laufbahn einer Priesteranwärterin einschlug, bekam ich große Probleme. Wir mussten ein mehrjähriges Keuschheitsgelübde ablegen. Es war für die meisten Mädchen in meinem Alter zeitlich begrenzt, aber einige Mädchen hatten eine gewisse Sensibilität, die sie von den anderen unterschied. Und diese Mädchen, zu denen auch ich gehörte, mussten erst einmal ihr gesamtes Leben in den Dienst der Artemis stellen. Und das wollte ich nicht. Und ich konnte es nicht. Dafür habe ich viel zu viele süße Jungs auf den Straßen gesehen."

„Was heißt Sensibilität?"

Ophelia druckste ein bisschen herum. „Manche Mädchen hatten die Fähigkeit, mit den Göttern in persönlichen Kontakt zu treten."

„Mit den Göttern persönlich?"

„Ja, so sagte es unser Vorsteher. Wir waren ungefähr 120 Priesteranwärterinnen. Aber es gab nur sechs Mädchen, die eine solche Gabe besaßen. Hast du noch nichts von einem Orakel gehört?"

„Doch, doch. In Didyma soll so ein Orakel sein."

„Ja, dort wird dem Gott Apollon gehuldigt. Hier in Ephesos gibt es auch ein Orakel, jedoch ein recht unbekanntes. Die meisten Menschen reisen nach Didyma, weil sie dem Orakel dort mehr vertrauen, als dem hiesigen."

„Seltsam, von dem Orakel hier in Ephesos habe ich noch nichts gehört."

„Es ist wirklich nicht sehr bekannt. Es wird fast nur vom Rat der Stadt und manchmal vom Statthalter befragt. Allerdings wendet er sich öfters an das in Didyma, wenn ihm der Orakelspruch nicht gefällt."

„Und du hast auch eine Fähigkeit, mit Göttern zu reden?"

„Ja, das hat man mir gesagt. Ich sehe oft Bilder, und diese treffen dann auch oft ein."

„Immer noch?"

„Ja, in regelmäßigen Abständen."

„Das klingt ja interessant. Was sind denn das für Bilder?"

„Meistens Warnungen. Aber lass uns von etwas anderem reden."

„Kennst du eine Diana? Sie muss auch im Tempel arbeiten."

„Du kennst Diana?"

„Ja, ich habe sie vor Jahren einmal getroffen, aber das Schicksal hatte etwas dagegen, dass wir uns näher kennen lernen durften."

„Ich fasse es nicht. Dann bist du dieser Josua? War das vor sieben oder acht Jahren?"

„Ja, so ungefähr."

„Diana war im Tempel die Sensibelste. Sie hatte die größte Fähigkeit von uns allen. Und sie unterhielt sich einmal mit mir, als ich ihr meine Gefühle anvertraut hatte, und die Probleme, die ich im Tempel hatte. Sie erzählte mir dann, dass sie auch verliebt war, aber dass sie diese Liebe nicht leben durfte, weil ihre Aufgabe etwas anderes verlangte. Dabei fiel der Name Josua. Dieses Gespräch werde ich nie vergessen, denn insgeheim habe ich sie für ihre Kraft und für ihre Stärke bewundert, den Weg des Geistes zu gehen und nicht den Weg der Welt."

Josua war sprachlos. Dann hatte er sich damals die Gefühle, die er auch von ihr wahrgenommen hatte, nicht eingebildet. Das war wenigstens etwas! Mittlerweile hatte er genug Abstand zur Vergangenheit, und so konnte er darüber lächeln, wer wen hier in dieser riesigen Stadt so alles kannte.

„Aber ich habe andere Fähigkeiten als Diana. Sie sind dafür weltlicherer Natur." Ophelia lachte aus vollem Herzen und tauchte plötzlich mit ihrem Kopf unter Wasser und machte sich an Josuas Penis zu schaffen. Er stöhnte laut auf und genoss die Handlungen, die Ophelia gerade unter Wasser vollzog. Nach einer Weile tauchte sie wieder auf und lächelte ihn an.

„Schalte ab, Josua, und lass los. Lass mich heute Abend deine persönliche Glücksgöttin sein." Sie schnappte kurz nach Luft und weg war sie wieder. Josua war auf dem Weg zu einem kleinen Glück, das er sehr lange in dieser Art nicht mehr gefühlt hatte. Das warme Wasser, die nackte wunderschöne Frau, die mit ihren vielfältigen Fertigkeiten seinen Körper erfreute.

Als Josua gegen Mitternacht die Heilige Straße hinunter Richtung Hafen ging, hätte er vor Freude hüpfen können. Wie lange hatte er sich nicht mehr so glücklich gefühlt! Er dachte an die ganze Atmosphäre im Haus von Sophia. Ja, dort konnte er entspannen. Es war kein typisches Bordell.

Da hatte er in den letzten Jahren ganz andere gesehen. Trostlose Kammern in düsteren und übel riechenden Spelunken. An den Wänden befanden sich Abdruckstellen von Sandalen seiner Vorgänger, die Decken waren schwarz vom Ruß der Öllampen. Oft spürte er nur Ekel. Ekel vor den Knoblauchgasen oder Alkoholfahnen der Freier, die offensichtlich ein paar Momente vor ihm in diesen kargen Kammern sich kurzzeitige Befriedigung verschafft hatten, Ekel vor den Frauen, die ihm mit einer verführerischen Willigkeit ihre geschundenen und verletzten Körper entgegenstreckten, Ekel vor sich selbst, dass er dies immer wieder aufs Neue tat. Er schätzte, dass die Hälfte aller Frauen in Ephesos entweder Dirnen oder Sklavinnen waren, was bei Letzteren bei vielen ihrer Besitzer auf das gleiche herauskam. Er verstand, dass Prostitution als Schutz unverheirateter und verheirateter ehrbarer Frauen diente. Der Besuch eines Bordells galt nicht als anstößig, da das römische Gesetz den Verkehr mit einer Dirne nicht als – ansonsten strafbaren – Ehebruch wertete, denn Dirnen galten als ehrlos. Für junge Männer galt es sogar als gesund, Prostituierte zu besuchen.

Aber dieser Abend mit Ophelia war anders. Sie war für ihn eine große Freude, die soweit ging, dass er sogar daran dachte, mit ihr das Leben zu verbringen. Wahrscheinlich fehlte ihm dieser Teil in seinem Leben. Sie war aufgeweckt und frech, brachte ihn oft zum lachen, und er konnte sich mit ihr über alles unterhalten. Und bumsen konnte sie wie keine zweite. Nachdem sie ihn im Wasserbecken zum ersten Höhepunkt gebracht hatte, wiederholte sie das anschließend nebenan bei einer Ölmassage. Den restlichen Abend verbrachten sie in ihrem Zimmer, wo sie ihn in ihrer wilden Leidenschaft zu weiteren Höhepunkten brachte. So etwas hatte er seit Freya nicht mehr erlebt. Ophelia war eine Künstlerin, die intuitiv das mit ihm machte, was seiner Seele gut tat und seinen Wünschen entsprach. Sie zeigte ihm Liebesspiele, die er sich vorher nicht mal in kühnsten Momenten hatte vorstellen können. Bis heute hatte er sich auf keine Frau mehr eingelassen, die er getroffen hatte. Manchen schaute er nicht einmal in die Augen, wo er befürchten konnte, dass er sie mögen könnte. Endlich, seit ewig langer Zeit, hatte er wieder einmal das Gefühl, mit einer Frau zusammen zu sein, die ihn auch menschlich interessierte. Ihr Körper war eine Offenbarung, das stand schon beim ersten Betrachten außer Frage, aber ihre Natürlichkeit war ihre eigentliche Faszination. Ihn faszinierten ihr Lachen, ihr Temperament und ihre Freude. Ophelia wollte er noch viele Male wieder sehen. Das hatte er sich geschworen.

Zauberhafte Worte und Zauberbücher

Josua saß über der Rolle, die Olympios ihm vorbeigebracht hatte und die er heute früh übersetzen wollte. Die aramäischen Zeichen erinnerten ihn wieder an die Zeit von Nazareth, wo er unter der Leitung seines Vaters seine ersten Schreibübungen vornahm. In den letzten Jahren sah er nur noch griechische Schriften, die eine oder andere lateinische, aber das war alles. Josua las die ersten zwei Absätze durch und bemerkte, dass er mit der Übersetzung der Rolle sehr gut zurechtkam. Er entschied sich, direkt zu übersetzen anstelle zuerst einmal die gesamte Rolle zu lesen und sich einen Überblick zu verschaffen. Aber diese Schrift war irgendwie anders. Sie wirkte harmonisch, ja, fast königlich. Der Schreiber hatte eine sehr anmutige Schrift und seine Wortwahl ließ Josua manchmal erschauern. Etwas Vertrautes verspürte er zwischen den Zeilen.

Josua nahm sein Schreibrohr, tunkte es in das Glas, das er kurz vorher wieder mit frisch angerührter Tinte gefüllt hatte und fing an zu schreiben:

„Olympios, mein Freund, heute schreibe ich dir, weil die ersten Schritte vor meinem Aufenthalt in deiner Stadt eingeleitet werden sollen. Du, Essener im Geiste, schare vertrauenswürdige Menschen um dich und bereite diese Menschen darauf vor, dass die Worte, die sie aus meinem Munde hören werden, nicht von dieser Welt sind wie so vieles leere Geschwätz selbst berufener Propheten und Schwindler, die täglich durch Ephesos streunen. Die Zauberbücher, für die deine Stadt neben der Artemis so berühmt ist, haben viel Verderben nach Ephesos gebracht. Sie öffneten die Herzen der Menschen für viel Unheil, für unmenschliche Taten und Gedanken. Durch diese Schriften und Anleitungen, wie man Menschen mit einem Fluch belegt und ihnen Krankheit oder gar den irdischen Tod wünscht, wurden die Dämonen aus der Unterwelt auf deine Stadt aufmerksam. Sie suchen die Menschen heim und werden sich in Zukunft immer stärker offenbaren. Wie du dir vorstellen mögest, bin ich schon oft mit den Kräften der Dämonie in Berührung gekommen. In unzähligen Nächten und in nicht enden wollenden Momenten fielen diese Kräfte über mich her und wollten meine Vernichtung. Oftmals gelang es mir nur schwer, diesen Kräften Einhalt zu gebieten. Leider weiß ich, wie stark sie sind. Und leider weiß ich auch, wie schwach der Wille des Menschen ist. Deshalb spreche ich mit eindringlicher Stimme zu dir, einem Eingeweihten, dass alles getan werden muss, Menschen auszubilden, die die Kraft und

das Licht Gottes auf diesem Planeten, auf dem ihr gerade seid, und in diesem speziellen Fall, hier in Ephesos, weiter ausstrahlen lassen.

Du bist von meinem Vater im Himmel gerufen worden, bei meinem Eintreten auf diesem Planeten anwesend zu sein. Du hattest damals eine weite Reise unternommen. Du hattest der Stimme, die du hörtest, vertraut und bist gereist. Du bist dem Stern gefolgt, der in Wahrheit die Wohnstätte des großen heiligen Geschlechts ist, das den Fortgang unserer Arbeit verfolgt."

Josua fühlte sich an ein Gespräch erinnert, das er vor langer, langer Zeit einmal geführt hatte. Aber er konnte sich nicht mehr richtig erinnern.

„Selig sind die Menschen, die nicht sehen und doch vertrauen. Deshalb hat mein Vater seine Engel gebeten, auf dir und deinem Vertrauen ein Haus zu bauen, in dem sich zukünftig viele suchende und nach dem Licht dürstende Seelen erholen können. Ich sage es noch einmal: Sammle Menschen um dich, die das gleiche Vertrauen haben wie du. Erzähle von mir, erzähle von unserem Gott und bewahre sie vor den unterschiedlichsten Göttern in deiner Stadt. Die unzähligen Götter verwirren die Menschen, die reinen Herzens sind. Deshalb ist die Aufklärung über Gott so wichtig, dass diese Menschen den Weg zu mir finden können. Viele Seelen reinen Herzens sind in den unzähligen Dirnen in Ephesos zu finden, die eine bemitleidenswerte Arbeit leisten müssen. Viele Seelen reinen Herzens sind in den unzähligen Sklaven zu finden, deren Herzen teilweise schon verdunkelt sind und die nur das Licht vor ihrem Zerbrechen bewahren kann. Ich stehe immer auf der Seite der Unterdrückten. Vergebung ist die verlässlichste Kraft, die es gibt. Vergebung in der Familie. Warum vergibt der Sohn nicht seinem Vater, der ihn scheinbar falsch behandelt hat und in Wahrheit nur sein Bestes wollte? Warum vergibt der Vater nicht seinem Sohn, wenn dieser eine eigene Meinung und auch das Recht auf ein eigenes Leben hat und eine genauso eigenständige Seele ist?"

Josua musste kurz innehalten. Die Eindringlichkeit der Worte, die der ihm bis jetzt noch unbekannte Verfasser wählte, berührten die tiefsten Abgründe seiner Seele. So als ob der Verfasser seine Geschichte kannte. Eine gewisse Angst überfiel ihn, was die restlichen Zeilen noch an den Tag bringen würden. Der Verfasser war ein außergewöhnlicher Mensch.

„Lehre schon vorab die alles umfassende göttliche Liebe. Lehre die bedingungslose Liebe. Lehre die Menschen zu lieben. Ich werde bald bei dir und deinen Mitstreitern sein. Habe keine Angst, wie du mich erkennen sollst, ich werde dich finden. Möge Gott dich für alle Ewigkeit segnen.

Dies schrieb derjenige, den Gott in diese Welt ausgesandt hat. Der im galiläischen Nazareth aufgewachsen und in Bethlehem, der Stadt Davids, geboren wurde.
Dies schrieb Jesus."

∞

„Danke, dass du die Rolle so schnell übersetzen konntest. Respekt." Olympios war schnell zu Josua geeilt, nachdem Cyriax ihm Bescheid gesagt hatte.

„Hast du Jesus nach seiner Geburt noch einmal getroffen?"

„Nein, aber ich wurde in den letzten Jahren durch Stimmen und durch Träume darauf vorbereitet, dass er nach Ephesos kommen wollte. Wieso fragst du?"

„Ich bin im selben Ort aufgewachsen wie er."

„Du und Jesus?"

„Ja, wir haben viel Zeit miteinander verbracht, bevor meine Familie nach Ephesos kam."

„Hast du gemerkt, wer er war?"

„Ich war ja noch klein, aber dass er eine reife Seele war, das habe ich gemerkt. Er war anders als alle anderen Jungen im Dorf. Was glaubst du denn, wer er ist?"

„Der Messias, wie ihr Juden ihn nennt. Ich weiß, dass er eine sehr wichtige Aufgabe hat, denn sonst wären nicht so viele heilige Menschen aus aller Welt zu seiner Geburt gekommen."

„Wie hast du von seiner Geburt erfahren?"

„Durch eine Stimme, die mich dorthin gerufen hat. Es war kurz, nachdem ich Vorsteher des Tempels geworden war."

„Und wie hast du den Ort seiner Geburt genau gefunden?"

„Ich bin dem Licht gefolgt, nachdem ich in Jerusalem eingetroffen war. Und als ich Bethlehem erreicht hatte, war die Stallhöhle, wo er geboren werden sollte, hell erleuchtet."

„Du glaubst wirklich, dass er der Messias ist?"

„Wärst du bei seiner Geburt anwesend gewesen, dann würdest du es auch glauben. Unzählige Heilige waren aus der ganzen Welt gekommen, um dieser Geburt beizuwohnen. Aus Ländern, von denen ich noch nie gehört hatte und von wo es noch gar keine Land- oder Seekarten gab. Die Geburt war eine heilige Zeremonie. Eine Energie befand sich in dieser Höhle, es war wirklich unglaublich. Eine helle Stimmung verbreitete sich und

310

erfasste die Herzen der Menschen, die danach noch mehr leuchteten. „Ohne Zweifel, diese Geburt war die Geburt des Messias." Olympios waren Tränen in die Augen getreten. „Aber bald wird er nach Ephesos kommen, und dann werde ich dir Bescheid sagen lassen." Olympios nahm die Rolle unter den Arm und holte einen kleinen Beutel heraus. „Übrigens, hier habe ich deinen Lohn."

„Nein, Olympios, ich möchte nichts. Ich weiß, dass ich durch deinen Auftrag mehr bekommen habe, als den Wert meines bescheidenen Lohns."

„O, ich danke dir sehr herzlich. Josua, ich erkenne, dass dich Erinnerungen überwältigen. Lass sie zu. Stelle dich den Gefühlen. Auch wenn sie schmerzhaft sind. Ich melde mich bei dir."

Mit einem Blitz war Jesus wieder in seinem Leben erschienen. Jesus! Wie lange war es nun her, als er Jesus zuletzt gesehen hatte? Mit jedem Tag, den er in Ephesos verbrachte, mit jedem Jahr, das verging, war die Erinnerung verblasst und der anfängliche Schmerz, sich von ihm getrennt zu haben, vergangen. Er war nicht da, als er nach Ephesos abgereist war. Er konnte sich nicht von ihm verabschieden. Er konnte ihn zum Abschied nicht in den Arm nehmen. Er war einfach weg. Jesus konnte aus diesem Grund nicht der Messias sein, hatte er viele Jahre gedacht, bis der Schmerz über ihre Trennung verschwunden war. Aber das stimmte nicht. Die Trauer und der Schmerz von damals waren zurückgekehrt. Sie erfüllten das Herz von Josua. Er hatte sie vor langer Zeit in eine Kammer seiner Seele eingeschlossen und den Schlüssel zu ihr weggeworfen. Später war die Tür von außen zugewachsen. Und mit diesem Brief von Jesus öffnete sich diese Tür zu der Kammer wie von Zauberhand, und Licht drang hinein. Was er fühlte, waren Abscheu und Ekel. Was er sah, waren die letzten Jahre, wie der Schmerz und die Trauer sein Leben bestimmten, von ihm Besitz ergriffen, ohne dass er es auch nur ansatzweise bemerkt hatte. Er sah, wie er diese Gefühle verdrängt hatte und wie er seelenlos durch die Welt ging und fast daran zerbrochen war. Die unzähligen Frauen, die er besucht hatte, konnten ein Lied davon singen.

Erst die Trennung von Jesus und der Umzug in eine ganz fremde Stadt. Dann der Tod seiner Mutter, die er über alles geliebt hatte. Der Auszug von Judith. Die Liebe zu Diana. Er hatte sie zwar nur einmal gesehen, aber noch immer brannte diese Liebe in seinem Inneren. Dann Lea und ihr Verrat mit seinem Vater. Und schließlich der Tod von Freya und ihre blutige Botschaft an ihn in ihrer Kammer. Er erinnerte sich noch gut an die Worte: „Zerstöre deine Mauer, die du um dein Herz gebaut hast. Zerstöre sie, wie du meine Mauer zum Einsturz gebracht hast. Aber sei stärker als der Schmerz, der dann zum Vorschein kommt." Die nächste Zeit musste er stark sein.

Freya und er hatten sich sehr gut verstanden, denn sie hatten beide ein gebrochenes Herz. Das verband sie. Warum ihres zerbrochen war, wusste er nicht. Die vielen Trennungen von geliebten Menschen hatten ihn immer wieder verletzt. Und die Wunden waren noch nicht verheilt, wie Josua immer dachte, nein, sie waren vereitert und vor wenigen Momenten aufgeplatzt. Jetzt brauchte er einen guten Arzt, der die Wunden gut säuberte. Ihm fiel dabei nur Ophelia ein. Sie wollte er gleich aufsuchen. Diesmal konnte er nicht mehr allein sein. Den Fehler, alles mit sich selbst auszumachen, wollte er nicht noch einmal begehen. Er kannte Ophelia erst einen Tag, aber er brauchte sie jetzt, da sie ihm schon sehr ans Herz gewachsen war. Er brauchte jetzt ihre Fröhlichkeit, damit sie noch mehr Licht in seine verdunkelte Seele brachte.

∞

„Schön, dass du wieder da bist, Josua. Hat es dir gestern bei mir gefallen?"
„Es war großartig. Sophia, du hast hier ein Paradies geschaffen."
„Ich habe schon von Ophelia gehört, dass du eine erfüllte Zeit mit ihr hattest, nicht wahr?"
„Wohl wahr. Ich würde sie gern wieder sehen." Josua reichte ihr die Bezahlung für den heutigen Tag.
„Es freut mich, dass du Ophelia magst. Sie ist eine wundervolle Seele. Leider ist sie eben gerade unterwegs, um einige Besorgungen zu machen, aber ich werde es ihr sofort mitteilen, dass du im Innenhof auf sie wartest. Sie müsste aber gleich wieder zurück sein."
„Sophia, wäre es möglich, in deiner Bibliothek zu warten und deine Schriften anzuschauen?"
„O, gern, es wäre mir eine Ehre."
„Ich habe schon viel von den ephesischen Zauberbüchern gehört. Seltsamerweise sind sie mir noch nie begegnet. Sag, hast du solch ein Exemplar, damit ich mir einfach einmal ein Bild machen kann, wovon diese Schriften handeln?"
Sophia starrte ihn ungläubig an.
„Keine Angst, ich möchte damit nicht arbeiten."
„Ja, ich besitze solch ein Exemplar. Ich zeige es dir." Sophia schritt mit ihrem eleganten Gang vorneweg und holte drei Rollen aus dem Regal.

„Hier sind sie." Sie lächelte. „Diese Schriften sind hier weit verbreitet, aber sie werden bei anderen Schreibern hergestellt. Kein Wunder, dass du von ihnen noch nichts gehört hast. Diese fertigen zwielichtige Gestalten an. Wie ich von Lucilla weiß, hatte Philon vor vielen Jahren einige Anfragen erhalten, diese Schriften zu kopieren, jedoch hatte er das abgelehnt."

„Ich danke dir dafür." Josua grüßte Sophia, die die Bibliothek umgehend verließ.

Josua rollte die erste Rolle aus. Jetzt war er sehr gespannt, wovon diese Zauberbücher handelten. Sie waren in griechischer Sprache geschrieben. Er begann interessiert zu lesen, auch wenn er beim ersten Blick schon einige Fehler feststellte.

Diese Anleitungen sind für Zeiten im Leben gedacht, wenn dir die Götter ihre Gunst versagen, du aber in Notlagen schnelle Hilfe brauchst. Wenn du alle erdenklichen Mittel ausprobiert hast, um ein Ziel zu erreichen, um deinen Widersacher auszuschalten oder um ein herbei gewünschtes Ding zu erhalten, du aber mit irdischen Mitteln nicht einen Erfolg vorzuweisen hast, dann wirst du in dieser Sammlung von Zauberkünsten Mittel und Wege finden, um am Ende unter den Augen von Zeus als Sieger dazustehen.

Nachfolgend nun Anleitungen, Zaubersprüche und Verfluchungen für alle erdenklichen Lebenslagen.

Josua hielt inne. Ein Buch voller Zaubersprüche und Verfluchungen? So etwas soll es geben? Er las weiter.

Begehrst du eine Frau, die schon an einen Mann vergeben ist, dann nimm Alraune, mach aus ihrem Saft ein Gebräu und tröpfele es vor die Türe seines Heims. Findest du keine Alraune, dann nimm etwas Eisenhut. Sprich dann die folgenden Worte vor seiner Tür: „Ich beschwöre dich, holder Totengeist, lass das Blut meines Nebenbuhlers, der in dieselbe Frau verliebt ist, wie ich, vertrocknen. Lass ihn vor Verlangen und Eifersucht irr werden, bis er in das Totenreich gelangt."

Begehrst du eine Frau, die sich aber deinem Verlangen widersetzt, dann nimm Balsamöl, mische es mit Eselsmilch und Hasenhoden und gib dem Gemisch noch einige Tropfen deines Spermas zu. Gehe unter den größten Baum, den du kennst, schütte es in die Erde und sage folgende Worte: „Anubis, Gott der Erde und des Himmels, nimm deine ganze Kraft und endige die Schamhaftigkeit des Weibes, das ich begehre. Führe sie zu mir, erfüllt mit Liebesbegierde zu jeder Tages- und Nachtzeit. Mögen ihre Schenkel sich an meine pressen, möge ihr Schoß mir hohe Wonnen bringen."

Josua traute seinen Augen kaum. Noch nie hatte er solche Worte und solche Gedanken, in Worte gefasst, gesehen. Er rollte den Papyrus noch weiter aus, übersprang einige Seiten und las weiter.

Hat dich ein Mann beleidigt oder gedemütigt, dann kannst du diesem Widersacher auf folgende Weise entgegentreten. Dazu brauchst du die Blätter einer Brennnessel und den Kot einer Felsentaube. Dazu gibst du eine Kröte, die du lebend mit einem Stock durchstichst. Dazu gibst du etwas roten Wein. Das ganze Gemisch gibst du in ein kleines Erdloch, das du vorher ausgegraben hast. Am Ende pisst du dann in das Erdloch. Dazu sprich folgende Worte: „Dämonen der dunklen Welt, peinigt meinen Widersacher mit der Beulenpest und lasst ihn Kot fressen. Wacht über ihn, und geleitet ihn in euer Reich, wo er mit Schwefel verbrannt werden soll." Am Ende dieses Rituals spucke auf die Erde und mach das Loch wieder zu. Diese Methode ist sehr sicher.

Wer schneller einen Widersacher loswerden möchte, der spreche folgenden Fluch: „Ihr Götter der Unterwelt bitte ich, euch übergebe ich meinen Widersacher, damit er oder sie schnellstens von euch in die Unterwelt geführt wird und dort von euch bis in alle Ewigkeit eingesperrt bleibt."

Unfassbar, einfach unglaublich. Josua spürte Ekel, aber auch Neugierde. Vielleicht war diese Schrift für ihn ein Mittel, seine Unbefangenheit vor dem Leben zu verlieren. Josua las weiter.

Hat euch ein Dieb heimgesucht, dann geht folgendermaßen vor. Nehmt Holzkohle, die noch warm ist, legt sie in ein tönernes Gefäß und gebt einen Aal hinzu. Mischt roten Wein und die Haare einer Ziege dazu. Schüttet das Gemisch in einen Fluss und sprecht die Worte: „Oh holder Gott Priapos, du Herr über die Fruchtbarkeit, ich beschwöre dich bei deiner Majestät, dass du den Diebstahl rächst und den Dieb mit Unfruchtbarkeit bestrafst. Hilf mir, meine entwendeten Sachen wieder zu besorgen." Zähle dann die gestohlenen Dinge auf.

Seid ihr von einer Person selbst verflucht worden, dann setzt schnellstmöglich folgenden Fluch dagegen: „Typhon, du riesiger Gott, von dieser Stunde an zerquetsche und zermalme den Widersacher, der mich verflucht hat. Ihn sollen Koliken, Todesblässe, Fieberschauer und Krämpfe am Morgen, am Mittag und am Abend befallen. Des Nachts verwirre ihn, damit ihm keine Genesung widerfahre. Töte ihn nicht, damit er für den Rest seines Lebens nicht mehr glücklich wird. Jetzt und schnell."

Wenn ihr einige Tropfen Blut eines wilden Tieres vor eurem Haus auf die Erde träufelt, dann seid ihr in eurem Heim vor jeglicher Art Fluch sicher.

Werdet ihr von einer Person unterdrückt, dann macht folgendes Ritual.
„Stecht einer lebenden Maus die Augen aus und sagt folgende Worte: „Ihr
Götter im Himmel, befreit mich von meinem Peiniger und lasst ihn für den
Rest des Lebens erblinden, auf dass er gepeinigt werde. Bannt fest meinen
Widersacher, bannt fest seine Hände, Zähne, Augen, Arme, Bauch,
Knochen, Mark, Bein, Gesicht, Füße, Penis, Eingeweide."
Josua mochte seinen Augen kaum trauen. Er hoffte, dass die anderen
beiden Rollen weniger böse Rituale enthielten und schaute in beiden nach.
Leider nicht. In der letzten Rolle waren noch Anleitungen enthalten, wie
man unterschiedliche Krankheiten heilen konnte. Er las, dass man bei
Bauchschmerzen Schweinekot pressen und den Saft in einen Becher Wein
geben sollte, dass man bei Ohrenschmerzen einen lebenden Regenwurm
essen sollte und bei Geschlechtskrankheiten Geschlechtsverkehr mit Tieren
vornehmen sollte, vorzugsweise mit Stuten oder Eseln.
Das war genug. Er rollte den Papyrus wieder zusammen und verstaute die
Rollen im Regal. Er schämte sich, dass solch schlimme Dinge überhaupt zu
Papier gebracht wurden. Er konnte es nicht fassen, dass diese Rollen
vielleicht zu hunderten in der Stadt und in der näheren Umgebung im
Haushalt lagen. Er war wütend. Die wenigsten Epheser wussten, was
Heraklit gelehrt hatte, aber alle wussten, wie man einen Menschen
verflucht? Er hatte in den Schriften seiner Väter vieles gelesen, was er
früher schon immer abstoßend fand, was er aber oft kopieren musste, aber
diese Rollen hier waren schlimmer als jeder Albtraum. Was mussten die
Verfasser solcher Schriften und die Schreiberlinge, die sie kopierten, für
eine Schuldenlast oder eine Gewissensqual erleiden. Schließlich überlebten
diese Rollen viele Generationen, da sie immer weiter kopiert wurden. Josua
wurde es schlecht.
Zum Glück sah er gerade, dass Ophelia lachend in die Bibliothek kam und
ihn mit einem fröhlichen „Hallo Josua" begrüßte. Während der letzten
Momente hatte er wenigstens seine Trauer vergessen. Gefühle des Grauens
waren stärker als die der Trauer. Das wusste er jetzt. Hoffentlich war nun
die Fröhlichkeit von Ophelia stärker.

∞

Es klappte. Die Fröhlichkeit Ophelias hatte das Grauen vertrieben. Ophelia
war mit Abstand die Dirne mit den umfassendsten Fähigkeiten, die er
bisher kennengelernt hatte. Sie beherrschte jedes Liebesspiel und das mit
einer unvorstellbaren Leidenschaft, die nie gespielt war. Die meisten

anderen Frauen hatten immer nur die Beine breit gemacht und an die zwei oder drei As gedacht, die sie dafür erhielten. Er konnte es ihnen aber auch nicht verdenken. Manchmal gab er einer Frau, die ihm besonders leid tat, ein oder zwei As mehr.

„Ich kannte eine Frau, die aus dem Gebiet des Flusses Indus ganz weit im Osten kam. Sie hat mir vieles Interessantes gezeigt", hatte sie ihm gestern mitgeteilt. Dass sie zusätzlich ein so nettes und fröhliches Wesen hatte, war ein Geschenk des Himmels.

Sie lagen erschöpft nebeneinander auf dem weichen Bett in ihrem Zimmer. Die Öllampen warfen ein sanftes Licht an die Decke und ließen die Schattenspiele der Pflanzen, von denen es reichlich in ihrem Zimmer gab, zum Leben erwachen. Er betrachtete Ophelias wunderschönen anmutigen Körper. Die Öllampen gaben ihrer bronzenen Hautfarbe einen magischen Schimmer des Göttlichen. Schöner konnte keine Frau sein, dachte er.

„Du wirkst heute etwas traurig, oder irre ich mich?" Ophelia hatte wieder einmal seine Stimmung erfühlt.

„Ich habe gehört, dass ein alter Bekannter in der nächsten Zeit nach Ephesos kommen will."

„Das ist doch kein Grund für Trauer."

„Nein, aber er ist der Auslöser für diese Gefühle."

„O, ich verstehe. Was ist das für ein Freund?"

„Ich kannte ihn aus dem Dorf meiner Heimat. Er war sozusagen mein bester Freund. Viele bezeichnen ihn als Propheten, manche sehen in ihm sogar den Erlöser, den jüdischen Messias."

„Glaubst du an so etwas? Dass ein Mensch andere Menschen erlösen kann?"

„Ich weiß es nicht."

„Wenn Sophia mich wegschickt, um Besorgungen zu machen, dann sehe ich immer um den Marktplatz einige Redner stehen, die sich auch als Propheten betrachten. Ich höre fast jedes Mal einem zu, wo ich eben so vorbeikomme. Aber ich kann mit dem ganzen religiösen Geplapper wenig anfangen. Es war schon etwas länger her, dass ich einen Apollonius von Tyana gehört hatte. Seine Worte haben mich teilweise schon berührt, aber seine Züge hatten nichts Liebenswertes. Er wirkte sehr fanatisch auf mich, er wirkte so, als ob er sich selbst auserwählt hatte und sich für besser hielt als andere Menschen. Deshalb bin ich auch nach wenigen Minuten wieder weggegangen." Ihr Blick streifte jeden Winkel der Zimmerdecke. „Wie heißt dein Freund überhaupt?"

„Jesus, er heißt Jesus."

„Und wie war er so?"

„Daran erinnere ich mich nur noch schemenhaft. Er war anders als alle anderen. Sogar seine Augen waren anders. Sie waren blau. Ein blauäugiger Jude in Galiläa ist so selten wie ein Rabbi im Bordell." Sie lachten.

„Du hast so Recht. Hier im Hause Sophia gibt es zwar ein paar jüdische Kunden, aber ein Rabbi, war, glaube ich, noch nicht dabei. Aber warum macht dich der Besuch deines Freundes traurig?"

„Mit seinem Besuch kommen viele Erinnerungen wieder hoch, die einerseits schön sind und mir andererseits zeigen, wie ...." Josua hielt inne, weil ihm die Tränen in die Augen schossen.

Ophelia nahm Josuas Kopf in ihre Arme und legte ihn auf ihren Schoß. Sie sagte kein Wort.

„Die Erinnerungen zeigen mir auch, wie traurig und einsam ich fast das ganze Leben war", fuhr Josua nach einer Weile fort.

„Warum warst du einsam und traurig? Was hat Jesus mit deiner Traurigkeit zu tun?"

„Ich weiß es nicht. Vielleicht weil ich ihn als Kind so geliebt habe und er mich dann verlassen hat." Die Worte platzten aus Josua nun heraus, ohne dass er sie kontrollieren konnte.

„Jesus war mein Freund. Wir verbrachten wundervolle Momente miteinander. Er hat mich mit einer Größe geliebt, wie es kein sechsjähriger Junge kann, verstehst du?" Eine Träne kullerte ihm über die Wange.

„Er war sechs und ich sieben, als ich mein Heimatdorf verließ. Aber seine Liebe, die ich in seinen Augen und in seinem Wesen gespürt hatte, war alt und weise. So alt, als ob er ein Greis gewesen wäre. Und der Schmerz, den ich manchmal in seinen Augen sah, wenn er sich unbeobachtet fühlte, war tiefer als jeglicher anderer Schmerz. Auch der Schmerz war älter als er selbst. Ein Kind in seinem Alter kann nicht solch einen tiefen Schmerz ausstrahlen. Das weiß ich jetzt. Er strahlte diesen Schmerz aber aus. Jesus liebte alle, sogar meinen Vater, der damals wie heute Rabbi war. Wie oft hat Jesus ihn in Rage mit Worten und Gedanken gebracht, die eigentlich kein sechsjähriger Junge haben kann? Jesus war anders. Vielleicht bin ich traurig, weil Jesus wirklich der Erlöser ist. Vielleicht habe ich Angst, dass Jesus wirklich der Messias ist und ich ihn nicht erkannt habe? Vielleicht bin ich traurig, weil ich einen Teil meiner letzten zwanzig Jahre vergeudet habe?"

„Du hast doch nichts vergeudet. Du bist doch ein Schreiberling. Du schreibst doch so viel und so gut. Dann hast du doch nichts vergeudet. Und ob er der Erlöser ist – wenn es ihn überhaupt gibt – ist doch zweitrangig, schließlich ist es das Wichtigste, dass ihr Freunde wart, oder, viel besser, Freunde seid, die sich jetzt viele Jahre nicht gesehen haben."

„Meinst du?"

„Es gibt doch wahrlich Schlimmeres als dir jetzt die Schuld dafür zu geben, dass du ihn nicht erkannt hast oder einen Teil deines Lebens vergeudet hast."

Josua hörte diese Worte von Ophelia, er verstand sie auch, jedoch konnte er den Sinn nicht nachfühlen. Er fühlte sich als der größte Verbrecher der Menschheit. Gut, er hatte immer mal wieder an Jesus gedacht, aber es war nie sehr lange. Er fühlte sich schuldig in allen Belangen. Etwas Schlimmeres konnte es nicht geben. Wenn Jesus wirklich der Messias war, dann hatte er über zwanzig Jahre nicht an ihn geglaubt, ihn sogar aus seinem Leben gestrichen, obwohl – und das war das Schlimmste überhaupt – obwohl sie damals die besten Freunde gewesen waren. Wenn es sich wirklich herausstellen sollte, dass Jesus der Messias war, wäre er, Josua, für den Rest seiner Existenz mit Schuld belastet. Er würde schuldig sein und schuldig bleiben. Für immer und ewig.

Wo war eigentlich das Kreuz, das Jesus für ihn geschnitzt hatte? Er versuchte sich zu erinnern. Er hatte es vor Jahren unter sein Bett gelegt. Dort musste es noch liegen. Wie seine Seele. Am Boden, im Staub, der mittlerweile zu Dreck geworden war.

Weltreise

Das Leben der Seele zu beschützen, die als Jesus inkarniert war, brachte immer eine Menge Herausforderungen mit sich. Immer den göttlichen Plan einzuhalten und keine Grenzen zu überschreiten, die den Willen der Menschen beeinträchtigte, war sehr schwierig, dachte Tai Shiin. Schwieriger, als er es sich am Anfang ihrer Mission in seinem Bewusstsein ausgemalt hatte. Tai Shiin stieß seelisch auch oft an seine Grenzen, er saß aber hier oben in der sicheren Raumstation weit weg von Mord, Totschlag und Intrigen. Jesus war mitten darin, musste sich auf der Erde behaupten, schaffte es aber von Tag zu Tag besser.

Wie ging es aber den normalen Menschen, die nicht mit einer so großen Geisteskraft ausgestattet waren wie Jesus? Wie kamen sie auf der Erde zurecht? Der Lebensweg, den ein Mensch auf der Erde verfolgte, musste sehr dornig sein. Aus dem Raumschiff konnte Tai Shiin zwar das Leben der Menschen verfolgen, aber die Santiner sahen auch die Schmerzen und Enttäuschungen, die die Menschen zu ertragen hatten. Allerdings war es für einen Santiner, der bisher nicht auf der Erde inkarniert war, nicht möglich, diese Gefühle mit all ihren seelischen Verletzungen zu verstehen und nachzuvollziehen, da er diese Gefühle niemals selbst im Fleisch durchlebt hatte.

Sogar Josua, dessen Seele ihren Ursprung auch auf dem Heimatplaneten der Santiner hatte, und dessen Geisteskraft somit nicht unterschätzt werden durfte, war in den letzten Jahren im Sumpf von Ephesos versunken. Tai Shiin beobachtete ihn im Moment wieder auf dem Bildschirm. Josuas innere Schuld begann ihn wohl zu zerfressen. Zum Glück wurden seine Fähigkeiten des Schreibens nicht in Mitleidenschaft gezogen, die ihn immer noch im relativ normalen Leben hielten. Was nutzte der Mut einer starken Seele, wenn die lichtlosen Kräfte so einen großen Einfluss hatten? Hätten nicht Inspirationen bei Menschen gewirkt, die Josua nahe standen, so wäre er schon längst gescheitert. Lucilla und Philon waren immer wieder Kraftquellen für Josua gewesen, und im Moment war es Ophelia, die ihm mit ihrer Fröhlichkeit viel Zuversicht geben konnte, so dass er das nahende Treffen mit Jesus vorbereiten konnte.

Die Vorbereitungen für den Besuch von Jesus liefen auf Hochtouren. Da Jesus eine längere Zeit in Ephesos verweilen wollte – es waren fünf Jahre geplant –, mussten viele Veranstaltungen und Treffen organisiert werden. Diese Treffen wiederum, welche wo und wie stattfinden sollten, mussten mit dem geistigen Reich besprochen werden. Schließlich gab es den großen Bereich des Karma, also des Schicksals der Menschen. Und das Karma jedes einzelnen Menschen stand nun mal unter der Aufsicht des geistigen Reiches. Das hieß für Tai Shiin, dass er im Moment sehr häufig die telepathische Kommunikation benutzte. Sie war einfacher als die irdische Sprache, erforderte aber auch eine größere Konzentration.

In Israel war es leichter gewesen, das Leben von Jesus vom All aus zu überwachen und vorzubereiten. Eigentlich war es in allen Ländern, die Jesus bisher schon mit ihrer Hilfe besucht hatte, leichter, Begegnungen und Geschehnisse herbei zu führen. Aber die Herausforderungen, die nun in Ephesos warteten, konnten nicht größer sein. Je mehr Menschen in einer Stadt wohnten, desto größer war der Einfluss der lichtlosen Welt, die das verhindern wollte.

Tai Shiin lächelte, als er einige Gespräche mit seinen Kollegen vorbereitete. Es hätte noch schlimmer kommen können, dachte er. Zum Glück besuchte Jesus nicht Rom, denn diese Stadt mit ihren 1,5 Millionen Einwohnern würde eine so große Herausforderung darstellen, die viele Santiner an ihre Kraftgrenzen bringen würde. Im Gegensatz zu Rom war Ephesos, das mit seinen 250.000 Einwohnern die fünftgrößte Stadt der griechisch-römischen Welt war, ein Dorf. Bisher hatte es im Leben von Jesus nur eine vergleichbar schwierige Phase für die Santiner gegeben. Die Zeit in der frühen Jugend in Alexandria.

Tai Shiin mochte keine Großstädte. Die Anwesenheit von vielen Menschen auf verhältnismäßig engem Raum sorgte oft für Probleme, die es erschwerten, den göttlichen Plan so zu erfüllen, wie es vorgesehen war. Die Menschen in Alexandria waren leicht erregbar, aber die Menschen in Ephesos lebten in einer größeren geistigen Dunkelheit. Die ephesischen Zauberbücher trugen einen enormen Teil dazu bei. Es schien hier weniger gute Gewissen zu geben als in anderen Städten. Sogar die Technik, mit der die Santiner den Menschen auf der Erde knapp 10.000 Jahre voraus waren, konnte nicht in dem Maße dafür sorgen, die schlimmsten Probleme von Jesus fern zu halten: Sie durften sie nicht immer einsetzen. Der freie menschliche Wille war nun mal das höchste Gut.

Die göttlichen Gesetze mussten die Santiner unbedingt einhalten, auch wenn sie zuschauen mussten, wie egoistische und fehlgeleitete Menschen andere töteten. Das war der schwierigste Teil der Mission. Zuzuschauen und nicht eingreifen zu dürfen. In ihrer Raumstation bekamen sie alles mit, was die Menschen so anstellten, und wo der Widersacher schon die Hand im Spiel hatte. Aber so waren nun mal die göttlichen Gesetze.

Wie oft schon hatte der Widersacher versucht, Menschen dazu zu inspirieren, Jesus zu töten. Wie oft, das konnte Tai Shiin gar nicht mehr aufzählen. Schon kurz nach der Geburt musste die kleine Familie schneller als geplant nach Ägypten abreisen. In Alexandria, wo sie dann die nächsten paar Jahre lebten und wo die Schulung von Jesus begann, gab es einige versuchte Anschläge. Allein der abgesandte Lehrer Bakenor rettete ihn damals mehrmals aus schwierigen Lagen, die zum Glück alle glimpflich ausgegangen waren.

Einer der schwierigsten Momente war dann die Zerstörung von Sepphoris durch die Legionen Roms unter der Leitung des Varus. Nur in aller letzter Not konnte Joseph, der Vater von Jesus, inspiriert werden, nicht früher von Ägypten nach Nazareth zurückzukehren. Noch in Ägypten war Jesus krank geworden, und die Familie konnte so erst einige Monate später als geplant nach Galiläa reisen. Das hatte das Glück zur Folge, dass sich Jesus nicht im Gebiet dieser Gräueltaten dieses Varus aufgehalten hatte.

Dann in Nazareth wurde Jesus hauptsächlich über Simeon angegriffen. Dieser ungehobelte Bursche war ein gutes Werkzeug, um Jesus umzuschubsen oder anderweitig zu verletzen, um sein Leben kurzfristig zu beenden oder so einzuschränken, dass Jesus seine Mission nicht mehr so ausführen konnte, wie es eigentlich geplant war. Wäre Jesus nur einmal mit seinem Kopf auf einen Stein gefallen, dann hätte alles aus sein können!

Je älter Jesus wurde, stand für ihn in Nazareth eine Art meditative Erholung an. Ein paar Aufregungen gab es, als Reisen in andere Städte unternommen wurden, unter anderem nach Jerusalem, nach Kapharnaum und Magdala, die beide am Galiläischen Meer lagen.

Als Jesus sechzehn Jahre alt war, betrat er zum ersten Mal ein Raumschiff. Der Kontakt zu den Santinern wurde Jesus gestattet und als Teil des göttlichen Planes vor der Inkarnation in sein Lebensbuch geschrieben. In der Nähe von Nazareth, in einer unüberschaubaren Talsohle, war das Raumschiff gelandet, nachdem Jesus über eine innere Stimme dorthin geführt worden war. Er hielt sich einige Tage darin auf. Seine Mutter wusste darüber Bescheid, dass die Ausbildung ihres Sohnes eine neue Entwicklungsstufe erreicht hatte.

Tai Shiin hatte das Vergnügen, in den folgenden Jahren immer wieder dabei behilflich sein zu können, dass das gesamte Erinnerungsvermögen von Jesus ans Tageslicht treten konnte, um ihn dann auf seinen Lebensweg vorzubereiten. Mehrere Wochen hielt er sich insgesamt in dieser Zeit in den Raumschiffen auf.

Als Jesus achtzehn Jahre alt wurde, musste er oftmals für mehrere Wochen oder gar Monate in andere Länder fliegen, um dort fremde Menschen aus unterschiedlichen Kulturen mit seinem Wissen anzuleiten. Deshalb mussten die Santiner es so führen, dass er in eine andere Stadt umziehen musste, denn sonst wäre es den Bewohnern von Nazareth aufgefallen, wenn Jesus eine so lange Zeit unterwegs gewesen wäre. Nur so konnten mögliche zukünftige Angriffe verhindert werden. Nur seine Mutter wusste, wo er sich befand. Aber Mirjam war eine reife Seele, die den unkonventionellen Lebensweg nicht nur tolerierte, sondern durch ihr inneres Wissen diesen sogar unterstützte.

Dann war der Tag gekommen, an dem Joseph verstarb. Da er aber in dieser Zeit eine Menge Arbeit in Kapharnaum hatte, bot es sich für das göttliche Geschick an, den neuen Wohnort von Jesus eben in diese Stadt zu verlegen. Kapharnaum lag an der Reichsgrenze und gab auch einer römischen Legion Quartier, was für eine gewisse Sicherheit sorgte und die besten Voraussetzungen dafür schuf, dort unerkannt und sicher ein ruhiges Leben zu führen. Jesus kam bei einem guten Freund unter, der darüber informiert war, dass Jesus oft auf ‚Wanderschaft' war. Dass er viele Wochen bei den Santinern im Raumschiff weilte, davon hatte außer seiner Mutter niemand Kenntnis.

In den anschließenden sieben Jahren war Jesus viel auf der Erde unterwegs gewesen. Er musste in die damaligen Hochkulturen reisen. Zum einen musste er die Lehren des einen Gottes vermitteln, und zum anderen hatte dadurch Jesus viel Zeit, um seine Seele mit vielen unterschiedlichen Eindrücken zu bereichern. So konnte er schneller seine wahre Reife und Größe erlangen. Eindrücke von unterschiedlichen Menschen und Kulturen sorgen schließlich immer dafür, dass eine Seele reifen kann.

Tai Shiin lächelte, als er das Leben von Jesus noch einmal im Geiste zurückverfolgte. Er hätte jetzt auch die Filme im Original sehen können, aber er wollte lieber seine Erinnerungen und seine Seelenfantasie ausleben.

Die erste Reise von Jesus ging – wie jedes weitere Mal in dem von ihm, Tai Shiin, kommandierten Raumschiff – in die Stadt Benares im Königreich Orissa. Dort lernte Jesus als junger Mann eine gänzlich andere Kultur kennen. Er lehrte die Menschen und ließ sich von Weisheitslehrern deren Erfahrungen vermitteln. Dort entging er einmal knapp dem Mordanschlag eines Brahmanen, der sich durch die klaren Worte von Jesus angegriffen fühlte.

Anschließend reiste Jesus in das sagenumwobene Schangri-la, wo er von weisen Anhängern des Buddha in ihrer Lehre unterwiesen wurde und er ihnen vom einen Gott erzählte. Dort stand der Austausch der Lehren im Vordergrund.

Ein Jahr später wurde Jesus in das Land des Propheten Zarathustra geführt. In der Hauptstadt der Parther, Ktesiphon, ließ er sich für einige Wochen nieder, um die Menschen und deren Verhaltensweisen zu studieren. Da das Reich der Perser vergangen war, nicht aber die Lehren der alten persischen Lehrer, verbrachte er dort die Zeit hauptsächlich mit intensiven Gesprächen und Beobachtungen. Wiederholt entging er dort Anschlägen auf sein Leben. Auch hier waren seine deutlichen Worte über die fehlgeleiteten Priester der Grund gewesen. Fast wäre Jesus vergiftet worden. Nur das von den Santinern geführte Missgeschick eines Dieners, der ein Getränk fallen ließ, hatte sein Leben gerettet.

Die beiden anschießenden Reisen nach Babylon, der einzigen Stadt, die es mit der Dunkelheit von Ephesos aufnehmen konnte, verliefen unter großen

Schutzmaßnahmen. Sein Aufenthalt dort wurde verkürzt, dafür verbrachte er mehr Zeit in Athen. Die Bedeutung dieser griechischen Stadt war längst nicht mehr so groß wie einst in ihrer Blütezeit. Jedoch fanden sich auch hier, wie in Ktesiphon, Eingeweihte, die mit ihm viel über Gott diskutierten und seine Lehren empfingen.

Abschließend hatte Jesus bei den Pyramiden in Ägypten, in der Nähe von Heliopolis, einige Prüfungen und Einweihungen zu durchlaufen, die ihm sein ganzes Wissen abverlangten. Was Jesus damals noch nicht vermittelt wurde, die letzte Abschlussprüfung für seine Seele, wenn man es so sagen will, wartete noch auf ihn. Diese hing mit der Liebe seines Lebens zusammen, die er einige Jahre zuvor in Magdala zum ersten Mal getroffen hatte. Aber das war eine andere Geschichte. An diese wollte sich Tai Shiin später erinnern.

Der Fremde am Strand

Es war ein sonniger Tag im noch stillen Ephesos. Josua hatte gestern einen Großauftrag fertig gestellt. Drei Kopien von Homers Ilias und Odyssee hatte er für einen reichen Griechen anfertigen müssen. Nach Beendigung des Auftrages wollte er endlich einmal wieder seine Schwestern besuchen. Und heute schien ein guter Tag dafür zu sein. Das Kreuz von Jesus befand sich mittlerweile wieder bei ihm im Gewand. Lucilla hatte ihm, wie damals seine Mutter, ein ähnliches Geheimfach in sein Gewand genäht, damit es darin Platz finden konnte.

Josua wusste, wenn seine Schwestern noch in der Nähe des Magnesischen Tors wohnten, und Bohan immer noch Esthers Mann war, dass der nun sich schon bei seinem Verkaufsstand auf der Agora aufhalten würde, wenn er nicht sogar auf Reisen war, wie es damals auch oft vorgekommen war. Josua wollte gerade den großen löwenköpfigen Türklopfer betätigen, als die Tür geöffnet wurde. Es war ein Sklave, der gerade Besorgungen machen wollte.

„Tritt ein. Ich rufe nach meiner Herrin, Bohans Frau." Der Sklave verschwand im Haus. Es hatte sich in den letzten Jahren einiges geändert. Der Garten war nicht mehr so prächtig wie vor vielen Jahren, und auch das Innere der Eingangshalle war irgendwie duster. Josua bewunderte gerade ein Mosaik an der Wand, das eine Jagdszene zeigte, als er hinter sich eine Stimme hörte.

„Wer möchte mich bei so früher Tageszeit sprechen?"

„Dein Bruder." Josua drehte sich um blickte Esther tief in die Augen. Fast hätte er sie nicht erkannt. Sie sah alt aus. Alt und müde, vielleicht sogar krank.

„Josua? Bist du es?"

„Ja, der bin ich. Ich dachte, es ist mal wieder Zeit, euch zu besuchen." Er ging auf Esther zu, und sie umarmten sich eine lange Weile.

„Wie geht es dir, Esther? Du siehst müde aus."

„Mir ging es schon einmal besser. Aber lass uns über etwas anderes sprechen als über mein bescheidenes Befinden." Esther konnte schweigen wie ein Grab. Von ihr würde er heute nicht mehr viel hören. Soweit kannte er sie noch.

„Ihr habt Sklaven? Seit wann das?"

„Du kennst ja Bohan. Ich war immer dagegen, aber er ließ es sich nicht ausreden. Wer heute etwas auf sich hält, der muss möglichst viele Sklaven haben." Esther stöhnte. „Wie geht es dir, Bruder?"

„Ich habe im Moment eine Menge Aufträge zu erledigen."

„Das ist doch schön, wenn man einer geregelten Arbeit nachgehen darf, oder?"

„Da hast du Recht."

„Und wie sieht es mit dem weiblichen Geschlecht in deinem Leben aus? Niemand hat dich jemals mit einer Frau gesehen. Du bist doch nicht etwa Männern zugetan? Schließlich sieht man gelegentlich Männer Hand in Hand durch die Gassen laufen."

„Nein, da kann ich dich beruhigen. Ich kenne eine Frau, mit der ich mich regelmäßig treffe. Sie tut mir gut, und ich habe eine schöne Zeit mit ihr."

„Liebst du sie?"

„Es kommt dem, was ich unter Liebe verstehe, nahe. Wie geht es Bohan?" Auch Josua hatte es gelernt, von heiklen Themen abzulenken. Er wollte nicht mit Esther über Prostituierte reden. Sie sah diese Frauen als Sünderinnen und Menschen zweiter Wahl an, wie sein Vater übrigens auch. Esther hatte nicht viel von Samuel, aber diese altmodischen Ansichten ganz sicher.

„Er ist gerade wieder in Chang'an unterwegs und kauft guten Stoff ein. Es sind schon einige Monate, die er weg ist. In ein paar Tagen müsste er aber wieder zurück sein."

„Wie geht es Judith?"

„Ich weiß es nicht. Sie ist oben und schläft noch. Soll ich sie rufen?"

„Nein. Ich würde aber gern noch eine Tasse Tee mit dir trinken."

„Gut. Ich lasse dir sofort einen Tee bringen." Sie verschwand kurz aus dem Zimmer und kam gleich darauf wieder zum Vorschein. Diesmal mit dem Anflug eines Lächelns. „Das ist ja schön, dass du uns nach so einer langen Zeit wieder besuchst. Was war passiert, dass du so lange verschwunden warst?"

„Das waren rein private Dinge." Josua hüstelte. „Wie geht es, ... Vater?"

„Nicht gut. Er wird immer unausgeglichener. Die kleinsten Dinge, die schief gehen, oder ein falsches Wort lassen ihn richtiggehend aus der Haut fahren. Ich mache mir Sorgen um ihn."

„Und Lea, und ... ihrem Sohn?"

„Lea hat es nicht leicht mit ihm." Esther schüttelte leicht den Kopf. „Ich weiß nicht, ob es mein Wunsch gewesen wäre, als Frau einen viel älteren Mann zu heiraten. Und dann auch noch einen Rabbi." Sie nickten übereinstimmend, denn sie wussten schließlich beide, wovon sie sprach. Ein anderer Sklave kam mit einem Kännchen Tee und zwei Tassen herein und stellte das Tablett auf ein Tischchen, das neben ihnen stand. Edel, dachte Josua. Im Hause von Bohan trank man Tee nicht aus Bechern, sondern aus feinsten Tassen.

„Und wo du gerade nach Micha fragst, die letzten Male, die sie uns besuchten, hatte Micha sich jedes Mal nach dir erkundigt. Er wollte endlich seinen älteren Bruder kennen lernen. Er ließ nicht locker. Lea muss mittlerweile schon ganz genervt sein von seinem Drängeln." Esther lächelte.

„Und warum erzählst du mir das?", fragte Josua sichtlich genervt.

„Möchtest du sie nicht einmal besuchen?"

„Nein, in das Haus meines Vaters bringen mich keine zehn Stiere mehr."

„Tu es Micha zuliebe."

Sie tranken schweigend ihren Tee und ließen einige Momente der Stille zu. Josua hatte unterdessen das Holzkreuz von Jesus aus seinem Umhang genommen und hielt es in seiner Hand. Er merkte, wie es ihm Kraft gab, hier in diesem Haus, das ihm jetzt wahrlich dunkel vorkam.

„Esther, du sagtest, du weißt nicht, wie es Judith geht. Warum nicht?"

„Wir verstehen uns im Moment nicht sonderlich gut. Sie ist ja immerhin schon erwachsen. Sie ist sehr rebellisch, musst du wissen. Sie fühlt sich hier bei uns nicht mehr wohl. Mehr weiß ich nicht."

„Hat sie einen Freund? Ist sie verliebt?"

„Weder noch. Sie erzählt mir aber auch nichts."

„Esther, es war schön bei dir. Grüß mir Judith und, egal, was dich bedrückt, ich wünsche, dass es sich bald in sonnige Gefühle auflöst."
„Ich danke dir Josua. Danke für deinen Besuch. Und denk' an Micha. Versprichst du es mir, dass du ihn mal besuchst?"
„Ja." Die Antwort war mehr ein grummelartiger Laut als ein Wort.

„Josua, warte." Eine weibliche Stimme rief nach ihm, als er gerade die Gasse Richtung Magnesisches Tor betreten hatte. Er schaute sich um, sah noch niemanden, hörte aber schnelle Schritte, die immer lauter wurden. Er wartete, bis er eine hübsche junge Frau um die Ecke rennen sah.
„Judith?"
„O, Josua, schön, dich zu sehen." Sie umarmte ihn so fest, dass sie ihn fast erdrückte. Es schien, dass sie ihn gar nicht mehr loslassen wollte.
„Du bist aber gewachsen! Wie wunderschön du bist!"
„O, Josua, was nützt es, wenn ich schön bin, mich aber unglücklich fühle?" Tränen liefen über ihre Wange.
„Was ist mit dir?"
„Ich möchte weg aus diesem Haus. Darf ich bei dir wohnen?"
„Natürlich, das Haus, in dem ich wohne, ist groß genug. Du findest dort auf jeden Fall Platz."
„Ja. Ich danke dir. Bitte frag nicht, was passiert ist. Ich erzähle es dir später."
„Du kannst jederzeit kommen. Wir richten dir ein Zimmer her." Josua erklärte ihr kurz, wie sie zu ihm finden konnte.
„Ich werde gleich bei dir sein. Ich packe meine Sachen zusammen und verabschiede mich noch von Esther." Judith freute sich, doch die Tränen in ihren pantherartigen Augen zeugten von einem großen Unglück. „Ich danke dir, Josua."
Josua ging auf geradem Weg zu sich nach Hause und bereitete alles Nötige mit Cyriax vor. Er selbst wollte noch einen Spaziergang am Meer machen. Eine frische Brise konnte er gut gebrauchen. Irgendwie fühlte er sich niedergeschlagen und matt, seitdem er das Haus von Bohan und Esther betreten hatte. Irgendetwas stimmte dort nicht.

Ophelia lag im Caldarium von Sophias Bordell, ihrer Arbeitsstätte. Gerade eben hatte sie einen alten Römer als Freier gehabt, der sich immer von ihr massieren lassen wollte mit üblichem Ende. Aber er war einer der harmlosen Sorte.

Jetzt genoss sie die Wärme und das Wasser. Sie konnte den ganzen Tag im warmen Wasser verbringen. Sie war nicht wach, schlief aber auch nicht. Die Wärme des Wassers ließ sie wieder in den Zustand eines anderen Bewusstseins abdriften.

Erst war alles dunkel, dann kam ein großes Licht. Ephesos brannte, viele Häuser waren eingestürzt, eine schreckliche Krankheit hatte ihre Heimatstadt nach dem Brand heimgesucht. Sie wusste, dass sie überlebt hatte. Aber Josua war weg, dieser Jesus auch. Danach hatte sie nur noch wenig Freunde, weil alle ihr nahe stehenden Personen nicht mehr lebten. Diese Vision endete damit, dass sie als alte Frau mit knapp fünfzig Jahren in einer kleinen sauberen Kammer über dem Hafenviertel starb.

∞

Nach ein paar Schritten am Meer ging es Josua schon wieder viel besser, geradezu euphorisch fühlte er sich. Meeresluft, das Rauschen der Wellen – im Augenblick brauchte er nicht mehr.

„Was für ein schöner Tag!", hörte er sich sagen, als er seine schnellen Schritte gen Hafen lenkte. Sogar dieses Treiben schien heute anders zu sein. Als er an den Segelschiffen und Lastkähnen vorbeischlenderte, hörte er kaum laute Worte oder Gezanke. Es schien sogar hier Harmonie eingekehrt zu sein. Die Sonne musste heute eine andere Strahlkraft haben als sonst.

Was war nur mit Judith los? Warum wollte sie Esthers Haus verlassen? Es schien ihr nicht gut zu gehen. Er musste bald mit ihr reden. Hoffentlich würde sie sich ihm anvertrauen. Und was war erst mit Esther? Ihr Gemüt schien noch schwerer geworden zu sein. Josua konnte sich kaum an Situationen erinnern, wo sie einmal ganz befreit gelacht hatte. Sie schien immer nachdenklich und ernsthaft zu sein.

Naja, er selbst war viele Jahre auch nicht anders gewesen, dachte Josua. So viel Freude im Leben hatte er bis zu diesem Moment auch nicht gehabt. Egal, jetzt wollte er nicht solch schwere Gedanken wälzen, sondern die Luft und die Freiheit genießen.

Er hatte die Hafengegend und das Stadion hinter sich gelassen. Jetzt sah er nur noch die Bewegungen des Meeres, das Kommen und Gehen der Wellen. Über sich hörte er den Schrei eines Adlers, den er gleich darauf anmutig und erhaben kreisen sah. Wie machte er es nur, sich ohne einen Flügelschlag treiben zu lassen?

Auf einmal erfüllte ihn eine Ruhe, die er bisher noch nie in diesem Ausmaß empfunden hatte. Es schien, als ob das ganze Leben stehen blieb und nur noch er, Josua, existierte. Sogar die Geräusche waren auf einmal gedämpft und die Stille, die sich um ihn herum ausbreitete, ließ sein Herz hüpfen. Er drehte sein Gesicht in Richtung Sonne und sah, wie ein Mann mit einem Wanderstab auf ihn zugeschritten kam. Da er direkt aus der Richtung der Sonne kam, konnte Josua sein Gesicht nicht erkennen.

„Freund, wie finde ich zum Tempel der Artemis?", wollte er von Josua wissen.

„Das ist einfach. Geh hier einfach am Meer entlang, und nach ungefähr einer Meile wirst du den Tempel direkt vor dir sehen."

„Möchtest du mich dorthin begleiten?" Die Stimme des Fremden brachte tief im Inneren von Josua etwas zum Klingen.

„Ja, gern. Gehen wir.", antwortete er ohne lange darüber nachzudenken.

„Woher kommt deine klare Gegenwart und wohin wirst du dich wenden, Reisender?"

Die beiden Männer schlugen den Weg zum Heiligtum ein.

„Ich habe einen langen Weg hinter mir und möchte nun diese Stadt kennenlernen, von der ich schon viel gehört habe. Vor allem die Menschen interessieren mich. Das letzte Land, in dem ich mich länger aufgehalten habe, war Ägypten." Josua konnte noch immer nicht das Gesicht des Reisenden sehen, durch die Helligkeit war nur zu erahnen, dass der Mann lächelte. „Bist du in dieser Stadt geboren?" fragte der Fremde.

„Nein, ich bin vor langer Zeit aus Galiläa hier her gekommen."

„Gefällt dir Ephesos?"

„Einerseits ja, andererseits nein."

„Was gefällt dir?"

„Das ganze Treiben."

„Ah, ich verstehe, alles fließt, nicht? Und was gefällt dir nicht?"

„Man kann sich hier leicht verlieren." Josua blickte auf das offene Meer hinaus.

„Das verstehe ich, Josua. Sich selbst zu verlieren ist immer und überall das größte Problem."

„Du kennst diese Gefühle auch?", wollte Josua von ihm wissen. Erst jetzt bemerkte er, dass der Fremde seinen Namen kannte, obwohl sie sich noch gar nicht vorgestellt hatten.

„Woher kennst du meinen Namen?"

„Ich kenne ihn schon sehr lange."

„Wie heißt du?"

„Gehe auf die andere Seite von mir, und stell' dich in die Sonne, dann wirst du wissen, wer ich bin."

Normalerweise hätte Josua solche Worte unhöflich gefunden, aber dieser Mann strahlte etwas Herzliches aus, das Josua einfach alles Gesagte ausführen ließ. Der Fremde blieb stehen, Josua ging auf die andere Seite und schaute in sein Gesicht.

„Erkennst du mich nicht, Josua?"

Josua war wie vom Schlag getroffen. Da waren sie wieder, diese blauen Augen, die ihn in seiner Kindheit so sehr beeindruckt hatten. Diese blauen Augen, die ihm in schweren Stunden Kraft gegeben hatten, diese blauen Augen, die er in den letzten Jahren ganz vergessen hatte.

„Jesus…?"

„Ana hu. Ich bin es." Die beiden Freunde umarmten sich innig. Nie wieder wollte Josua seinen Freund loslassen.

„Mensch Jesus, ich glaube es ja nicht! Dass ich dich noch einmal wieder sehe! Als ich deinen Brief übersetzt hatte, war trotzdem immer noch ein Zweifel in mir, es war schließlich eine sehr lange Zeit."

„Ich hatte es dir in Nazareth prophezeit." Jesus lachte. „Josua, ich freue mich, dich zu sehen. Wie geht es dir, mein Freund?"

„Es fällt mir jetzt in dieser Aufregung, sehr schwer, darauf zu antworten. Im Moment sehr gut, sonst durchwachsen."

„Hast du dich, so wie du vorhin gesagt hattest, ein wenig verloren?"

„Ja, Jesus, ja." Diese Worte kamen aus tiefen Abgründen seiner Seele an die Oberfläche. „Ich habe mich verloren. Ich glaube, dass mein Leben hätte anders aussehen sollen, als es jetzt ist."

„Josua, du bist ein Mensch. Es gibt immer Phasen im Leben, wo man in Nöte kommt und man sich teilweise verliert. Aber ich habe dich nicht verlassen. Ich war in Gedanken immer bei dir."

Josua war baff. „Woher wusstest du von meinen Gefühlen?"

„Ich weiß vieles, Josua. Hast du denn auch vergessen, wer ich wirklich bin?"

„Es war eine lange Zeit. Ich wünsche mir, dass du der bist."

„Du wirst dich schon noch überzeugen lassen. Wir haben genügend Zeit zum Reden. Schließlich müssen wir uns unser ganzes Leben erzählen." Jesus lachte und knuffte ihn in den Arm.

„Schau mal." Josua zeigte Jesus das Kreuz, das er ihm als Kind geschnitzt hatte.

„Du hast es noch?"

„Ja. Ich habe es nie verloren, auch wenn ich es mal eine Zeit vergessen hatte." Er steckte es wieder in das verborgene Fach seines Gewandes.

„Jesus, was hast du nun vor, hier in Ephesos?"

„Ich werde viele Menschen treffen und viele Gespräche führen. Außerdem möchte ich mich hier für meine Aufgabe vorbereiten, und das erfordert sehr viel Zeit." Jesus lächelte. „Ab und zu werde ich unterwegs sein, aber ich schätze, dass ich mich einige Jahre hier aufhalten werde."

„So lange? Das freut mich aber. Wo wohnst du?"

„Ich bin gerade erst angekommen. Ich werde…"

„Du musst bei mir wohnen, wenn es dir genehm ist."

„Das würde ich gerne, ich möchte dir nur keine Umstände machen."

„Du und Umstände? Das tust du nicht. Eine Freundin hat mir ein größeres Haus überlassen. Dort ist genug Platz. Außer mir und meiner jüngeren Schwester Judith, die heute dort eingezogen ist, wohnt niemand in diesem Haus."

„Wenn es dir nichts ausmacht, würde ich dein Angebot gerne annehmen. Es wäre mir aber wichtig, dass Mirjam, eine Freundin von mir, ebenfalls mit mir bei dir wohnen dürfte. Ginge das?"

„Möchtest du mich beleidigen? Natürlich Jesus, ich habe genug Platz. Es wäre mir eine große Ehre."

„Ich reise nicht allein. Ich bin mit ungefähr zwanzig Begleitern hier, die meine Aufgabe unterstützen. Sie sind alle in Ephesos unterwegs und suchen nach Übernachtungsmöglichkeiten."

Die beiden hatten den Tempel fast erreicht.

„Jesus, wir sind am Ziel."

„Gut, wie finde ich zu dir? Ich werde mit Mirjam heute Abend bei dir vorbeikommen."

Josua erklärte ihm den Weg und dann verabschiedeten sich die beiden Freunde. Aber diesmal nur für wenige Stunden. Diesmal nicht für immer…

Josua blickte Jesus nach. Was war es für ihn für eine Freude, seinen Freund aus der Kindheit wieder zu treffen!

Josua lachte laut auf und vergoss einige Freudentränen. Leichtigkeit erfüllte sein Herz. Eine Leichtigkeit, wie er sie noch nie gefühlt hatte. Er hätte die ganze Welt umarmen mögen. Ach was Welt, das ganze Universum!

Was für ein Tag! Ich bin glücklich, Josua wieder getroffen zu haben. Ich wusste zwar, dass ich ihn sehr bald treffen würde, aber dass unser Vater im großen Universum schon an meinem ersten Tag in dieser Stadt den richtigen Zeitpunkt dafür ausgesucht hat, freut mich umso mehr. Josua sieht sehr gereift aus. Es scheint, dass er eine Menge erlebt hat. Näheres wird er mir bald erzählen. Ach, wie schön ist es, einen Freund aus alten Tagen wieder zu treffen. Es erscheint mir, dass dadurch eine Art Zauber ausgelöst wurde, der unser beider Leben verschönern kann. Mein Leben ist dem großen Geist gewidmet. Ich befinde mich häufig bei dem großen heiligen Geschlecht, lebe oft in geistigen Gefilden. Deshalb freut es mich umso mehr, einen Freund aus früheren irdischen Tagen zu sehen und mit ihm zu lachen.

Ich bin erst kurz hier in dieser großen Stadt. Bei den Santinern habe ich erfahren, dass Ephesos sogar noch vor Jerusalem der bedeutendste Wallfahrtsort ist und die berühmteste Heilstätte der heutigen Zeit. Das hatte ich noch nicht gewusst. Ephesos ist nicht die größte Stadt, die ich kenne, aber eine der schönsten. Sie liegt sehr anmutig zwischen zwei Bergen eingebettet. Eine prachtvolle Stadt! Hier werde ich nun einige Jahre bleiben, Vater, so wie du es dir vorgestellt hast. Danke, dass ich hier sein darf. Danke, dass Mirjam an meiner Seite ist, die Seele, die ich am meisten liebe. Vater, ich danke dir dafür!

Einweihungen

„Josua, darf ich dir Mirjam vorstellen. Mirjam aus Magdala." Jesus ließ seiner Begleiterin den Vortritt.

„Grüß dich, Mirjam. Ich freue mich, euch beide in diesem Hause begrüßen zu dürfen. Das ist Judith, meine jüngere Schwester. Jesus, du kennst sie ja schon, auch wenn sie sich doch etwas verändert hat."

„Wir doch auch, nicht wahr?"

Nach einigen Umarmungen und munterem Gelächter führte Cyriax die beiden Neuankömmlinge in ihr Zimmer, bevor er daran ging, ein vorzügliches Mahl aufzutragen. Judith und Josua waren einen Moment allein.

„Danke, dass ich hier wohnen darf. Das tut mir gut."

„So lange wie du möchtest." Er lächelte seine traurige Schwester an.

„Seit wann wusstest du, dass Jesus in der Stadt ist?"

„Seit wenigen Stunden. Wir haben uns am Meer getroffen. Nein, ich glaube, er hat mich gefunden."

„Dann ist es ja für uns alle irgendwie ein Neuanfang?"

„Sieht ganz danach aus."

„Das Mahl ist angerichtet. Cyriax und ich haben noch einiges vorbereitet und gekocht, was in der Kürze der Zeit eben noch möglich war."

„Judith, danke."

„Das ist doch selbstverständlich! Ich darf bei dir wohnen, deshalb werde ich mich auch etwas um den Haushalt kümmern. Ich muss noch einmal nach dem Essen sehen. Hilfst du mir?"

„Ja, natürlich." Sie verschwanden mit eiligen Schritten im Nebenraum, wo Cyriax schon wieder bei der Arbeit war.

„Das riecht ja köstlich. Ich habe jetzt richtigen Appetit. Was gibt es denn?", fragte Jesus, der unbemerkt im Eingang der Küche erschien. Man hätte meinen können, als ob seine Augen noch ein wenig blauer leuchteten als sonst.

„Eine ephesische Thunfischpfanne. Also, Fisch mit gemischtem Gemüse." Judith schien sichtlich stolz zu sein, dass ihr Essen – heute hatte sie das erste Mal in ihrem neuen Zuhause gekocht – schon vor dem Mahl bewundert wurde. „Nehmt schon mal Platz. Ich bin gleich fertig."

„Ich habe auch noch galiläischen Wein gekauft. Zur Feier des Tages." Josua war fröhlich, ja fast ausgelassen. Er goss den Wein in die vier Becher. „Es ist mir eine große Freude, heute mit euch hier zusammen zu sein."

„Uns freut es ebenfalls, Josua. Uns auch." Mirjam schien sichtlich gerührt.

„Wie lange wart ihr unterwegs? Ihr müsst ja müde sein."

„Ein paar Tage, nicht der Rede wert. Wir konnten uns während der Reise auf dem Schiff ausruhen."

Cyriax stellte das Essen auf den Tisch. Kurz darauf folgte Judith mit geschnittenem Brot.

„Möchte Cyriax nicht an unserem Tisch sitzen?" Jesus sah Josua fragend an.

„Nein, er ist lieber allein. Ich habe ihn schon öfters zu mir locken wollen, aber das Bewusstsein, ein Sklave zu sein, sitzt zu tief in ihm. Er hat sich an das Alleinsein gewöhnt."

„Nun ja, wie er möchte."

„Jesus, möchtest du das Gebet sprechen? Es wäre uns eine große Ehre." Josua hatte mit seiner Bitte gewartet, bis auch Judith Platz genommen hatte. Cyriax war mittlerweile verschwunden. Er war froh, dass er jetzt einen freien Abend hatte, den er meistens außer Haus verbrachte.

„Gern, Josua." Jesus schloss die Augen und hielt die Hände ein wenig gen Himmel.

„Herr, wir danken dir, dass wir in deinem Gedenken in dieser großen Stadt mit soviel Liebe und Anteilnahme aufgenommen wurden. Wir danken dir, dass wir hier Speise und Getränke von dir geschenkt bekommen und dass du unseren Weg überwachst, wo wir, die wir hier sitzen, auch immer hingehen. Nimm die Traurigkeit aus unseren Herzen und gib uns dafür deine Freude. Ich danke dir, Herr, für deine Geduld mit uns Menschen. So sei es." Jesus machte eine kurze Andeutung einer Verneigung. „Vielen Dank, Judith und Josua, für dieses so köstlich duftende Mahl, das mit Sicherheit noch besser munden wird als es jetzt schon meine Nase erfreut." Jesus lachte.

„Judith ist die Köchin. Judith hat deinen Dank verdient." Josua lächelte seine Schwester an und sah, wie sie errötete.

Die nächste Stunde verbrachten die vier in purer Harmonie. Es wurde viel geschmatzt, gelacht und erzählt. Es lag ein heiliger Geist über dieser Runde. Zeitlos und magisch.

„So, und nun der Nachtisch, für den ich hier schon berühmt bin. Judith verschwand kurz in der Küche und kam mit einer Platte und einer Schale zurück. „Judiths Mandelkuchen mit Sahne. Lasst es euch schmecken."

„Sahne, das habe ich ja seit Ewigkeiten nicht mehr gegessen." Jesus staunte, was ihm hier vorgesetzt wurde. Er nahm die Schale an sich. „Und was esst ihr?" Alle vier mussten lachen.

„Siehst du Josua, manchmal gerät man mit diesem Mann hier in peinliche Situationen. Du wolltest es ja vorhin nicht glauben." Mirjam lächelte Josua an und zwinkerte Jesus zu.

„Ja, ja, der Weg mit mir ist nicht immer leicht. Das wolltest du damit doch sagen, nicht wahr?"

„Ja, so ungefähr."

„Wann habt ihr euch kennen und lieben gelernt?" Judith blickte die beiden interessiert an.

„Entschuldige Jesus, aber Judith ist noch immer so neugierig, wie eh und je." Josua errötete.

„Das macht nichts", sagte Jesus mit einem Grinsen im Gesicht. „Ich liebe es, wenn Menschen ihr Herz auf der Zunge tragen." Seine blauen Augen zeigten ein grandioses Universum und erzählten unzählige Geschichten von der Größe Gottes.

„Wir kennen uns nun ungefähr sieben Jahre. Wir haben uns das erste Mal in Magdala, in Mirjams Heimat, getroffen, als ich dort zufällig vorbei kam. Ich war gerade achtzehn geworden, war immer mal wieder am Galiläischen Meer unterwegs, und ich wusste, dass sie die große Liebe meines Lebens war." Jesus lächelte und zwinkerte Josua zu. „Was war sie damals schön."

„Was soll das heißen, sie war damals schön." Mirjam zog empört, aber verspielt, ihre Stirn in Falten. „Seht ihr, schon wieder eine peinliche Situation. Dieser Mann hier muss an manchen Tagen immer seine Witze machen. Und heute ist wohl wieder so ein Tag. Aber…", und jetzt lächelte sie verschmitzt, „aber das macht er immer nur an Tagen, an denen es ihm ausgesprochen gut geht."

„Wie hast du es damals empfunden, als ihr euch das erste Mal begegnet seid?" Judith ließ nicht locker.

„Ich war sechzehn und war gerade unterwegs, Gemüse vom Markt zu kaufen." Mirjam schob sich ein Stück Kuchen in den Mund. „Unsere Blicke trafen sich und dann wusste ich ebenfalls, das ist der Mann für mich. Nur, ich als Frau konnte ihn ja nicht ansprechen, obwohl ich mich durchaus getraut hätte. Ich war in Magdala bekannt, da meine Eltern sehr reich waren. Aber einen fremden Mann anzusprechen, das ging nicht. Ich betete inständig, dass er auf mich zukommen sollte." Sie hielt inne, um die Spannung zu erhöhen. „Es hat unendlich lange gedauert, bis dieser Kerl endlich allen Mut gesammelt und mich angesprochen hat."

„Was genau hat er gesagt?", wollte Judith wissen.

„Jesus, darf ich es erzählen?"

„Ja, du willst mich doch bestimmt auch mal in eine peinliche Situation bringen, oder?" Er lachte.

„Stimmt. Ihr glaubt es nicht. Erst zierte er sich und ließ kostbare Zeit verstreichen, bis er auf mich zukam, obwohl ich nur einige Schritte von ihm entfernt stand und mich dort extra länger aufgehalten hatte." Jesus puffte sie leicht in den Arm.

„Und dann kamen Worte aus seinem Mund, dass es mir die Sprache verschlug. Er sagte wortwörtlich: ‚Wunderschöne Frau, entschuldige bitte, wenn ich dich hier mitten auf dem Marktplatz anspreche, aber ich würde mich geehrt fühlen, wenn du dein weiteres Leben an meiner Seite verbringen und mich heiraten würdest.' Könnt ihr euch das vorstellen?" Mirjam schüttelte theatralisch den Kopf. „Erst hat er keinen Mut und dann bittet er mich auch noch in so geschwollenen Worten, ihn zu heiraten."

„Was heißt hier geschwollen?" Jetzt war es Jesus, der eine gewisse Empörung spielte. „Ich war nur höflich."

„Und, wann hast du ihn dann geheiratet?" Judiths Interesse wurde immer größer.

„Wann? O, ich glaube, das war nur wenige Wochen später."

„So schnell?"

„Ja, Jesus ist kein Mensch langer Überlegungen." Sie grinste. „Und ich mittlerweile auch nicht mehr."

„Ihr liebt euch, das ist schön zu sehen." Judith hing begeistert an den Lippen der beiden.

„Ihr müsst aber wissen, dass wir bisher unsere Liebe etwas im Hintergrund gehalten haben. Die wenigsten unserer Begleiter wissen um unsere Gefühle zueinander." Die beiden Frauen lächelten sich wissend an.

„Bist du auch verliebt, Judith?"

„Äh …, nein, ich war es einmal, aber es gibt im Moment keinen Mann, der zu mir passt." Sie schien traurige Augen zu bekommen. „Ich weiß auch im Moment nicht, ob ich mich verlieben möchte, obwohl ich mir nichts sehnlicher wünsche."

„Jesus und Josua, wolltet ihr euch nicht euer Leben erzählen?" Mirjam lächelte Jesus zu und schickte ihn mit einer Kopfbewegung weg.

„Ja, das wollten wir gerade. Komm Josua, wir haben uns bestimmt viel zu berichten." Er nahm Josua am Arm und zog ihn in das Peristyl hinaus.

„Du siehst auch bei mir, dass im Zweifelsfall immer die Frauen das Sagen haben." Die beiden Männer lachten.

„Wie Recht du hast."

∞

„Jesus, was musst du alles erlebt haben!" Josua und Jesus saßen nebeneinander auf einer Bank und betrachteten die Wasser speienden Delphinen. Jeder hatte einen Becher Wein in der Hand.

„Ich bin viel herumgekommen, das stimmt." Jesus erzählte von seinen Aufenthalten in Benares, Ktesiphon, Athen. Die Aufenthalte in den Raumschiffen musste er verschweigen. Josua konnte er diese Wahrheit einfach noch nicht mitteilen. Die Zeit würde es ihm zeigen, wann überhaupt, Josua davon erfahren sollte.

„Die interessanteste, aber auch die schwierigste Zeit habe ich in Ägypten erlebt." Jesus blickte verträumt in den Himmel.

„Ägypten? Dort hast du doch früher gelebt."

„Ja, damals habe ich in Alexandria gelebt. Vor einem Jahr habe ich aber eine längere Zeit in der Nähe von Heliopolis verbracht. Dort gibt es drei riesige Pyramiden."

„Was sind Pyramiden?"

„Gebilde, deren vier Seiten in einer einzigen Spitze zulaufen."

„Wie groß waren diese …Pyramiden?"

„Du brauchtest zehn bis fünfzehn Minuten, um eine dieser Pyramiden mit normalem Schritt zu umlaufen."

„Oh." Josua nippte an seinem Wein. „Und was musstest du dort machen?"

„Dort habe ich meinen väterlichen Freund Bakenor wieder getroffen, der jetzt, allerdings mit grauem Haar, meine Fortschritte aufgezeichnet und den Verlauf der Prüfungen beobachtet hatte."

„Was für Prüfungen?" Josua war erstaunt.

„Ich musste mich meinen Ängsten stellen."

Josua hatte dutzende Fragen, die er aber in seiner Ratlosigkeit nicht formulieren konnte.

„Meine Aufgabe wird in Zukunft nicht einfach sein. Ich werde viele schwierige Momente erfahren. Und um diese Schwierigkeiten zu umschiffen, musste ich mich meinen Ängsten stellen, sie durchleben, um dann andere Fähigkeiten zu gewinnen. Ich wurde mehrere Male in diese größte dieser Pyramiden hineingeführt und wurde von meinem Lehrer in einer Kammer mitten in der größten Dunkelheit alleingelassen." Jesus atmete tief ein. Es war deutlich zu erkennen, dass dies nicht einfach gewesen war. „Am Anfang habe ich den Sinn nicht erkannt. Aber je länger ich in dieser Dunkelheit verweilen musste, ganz allein, in einer muffigen Kammer, desto mehr Ängste kamen ans Tageslicht. Am Anfang hatte ich das Gefühl, dass ich jedes Staubkorn fallen hören konnte. In der Kammer war es anfänglich so still, dass ich gar nichts gehört habe. Nichts. Hast du schon einmal nichts gehört? Einfach nichts?"

„Nein, ich glaube nicht."

„Mit der Zeit wurden meine Ohren feiner und ich hörte Ratten durch Gänge huschen, die sich unter mir befanden. Nun ja, da kann es einem schon einmal schummrig werden. Und dann ging es in meiner Seele wild her. Es kamen Situationen ans Tageslicht, an die ich mich gar nicht mehr erinnert hatte. Gefühle, Ängste, die ich in dieser Zeit hatte. In Alexandria, das muss in den ersten Jahren gewesen sein, wäre ich fast an einer Nuss erstickt. Dann in Nazareth gab es einige Momente, als Heerscharen von dunklen Wesen über mich hergefallen sind. Ich sah hässliche Fratzen, ich wurde mit allem konfrontiert, was ging. Ich wurde, wie Bakenor mir am Ende mitteilte, reingewaschen."

„Unglaublich."

„Ja, und am Ende standen drei große Prüfungen, zwei Einweihungen, die ich unbedingt bestehen musste. Jedes Mal wurde ich in diese Kammer gebracht und allein gelassen. Die erste Einweihung bestand darin, mit meiner Seele bewusst aus dem Körper auszutreten und mit ihr einen viele Meter langen Schacht zu durchfliegen, bis ich außerhalb der Pyramide angekommen war und das große Bauwerk von außen betrachten konnte. Dann nach wenigen Momenten musste ich wieder diesen kleinen Schacht hinab in die Kammer und wieder in meinen Körper fahren."

„Herr im Himmel." Josua nahm einen großen Schluck Wein.

„Die zweite Prüfung bestand darin, mit meiner Seele aus meinem Körper zu gehen und mit meiner Gedankenkraft meinen Körper in der Kammer aufzulösen, mit meiner Seele durch den Schacht wieder nach draußen zu gelangen und dort den Körper dann wieder erstehen zu lassen. Einige Versuche gingen schief, aber dann habe ich es doch geschafft. Auf dem körperlichen Weg hätte ich die Pyramide nicht verlassen dürfen."

Josuas Augen nahmen einen Ausdruck an, der mit Erstaunen nicht mehr zu beschreiben war.

„Und die letzte Prüfung war die schwierigste. Wie soll ich dir das nur erklären. Ich wurde mit meiner Zwillingsseele zusammengeführt. Mit Luzifer."

„Was bedeutet das?"

„Jede Seele besteht aus zwei Teilen. Und diese beiden Teile zusammen ergeben die absolute Harmonie. Und meine Zwillingsseele ist Luzifer. Die Seele, die am Anfang aller Zeiten sich nicht dem Willen Gottes gebeugt hatte und sich dadurch langsam aus dem Licht entfernt hatte. Und diese Seele, Luzifer, ist mittlerweile zu solch einer großen Kraftquelle an Energie angewachsen, dass er viele, ja sehr viele Menschen so beeinflussen kann, dass diese ihre Liebe im Leben mit Hass, Wut und Hinterlist vertauschen." Jesus atmete tief und schaute wieder in den Himmel, als ob er dort etwas zu finden suchte.

Josua nippte am Wein.

„Und Luzifer wollte mich bestechen. Ich weiß mittlerweile, wie umfangreich meine Aufgabe ist. Diese vollumfänglich zu erzählen, ginge nicht, aber die Aufgabe hier auf diesem Planeten zieht sich weit in geistige Bereiche hinein. Und Luzifer weiß um meine Aufgabe und wollte mich mit Annehmlichkeiten, Reichtum und Macht dahingehend beeinflussen, dass ich meine Aufgabe nicht ausführe und mich von Gott abwende. Er hat es mit allen Mitteln versucht, aber es hat ihm nichts gebracht. Er hatte mir Angst machen wollen, aber er hatte keinen Erfolg gehabt. Am Ende hat er mir gesagt, dass die letzte Prüfung die größte von allen sein wird. Dann würde ich schon sehen, wem ich dienen wollte und wem nicht. Und dann war er nach Stunden, so kam es mir vor, verschwunden. Mit einem lauten Donner war er aus der Kammer in der Pyramide verschwunden. Als ich dann wieder von Bakenor abgeholt wurde, erfuhr ich, dass drei Tage vergangen waren. Ich kann dir nicht sagen, wo diese Zeit geblieben war. Es kam mir wie ein kleiner Moment vor."

„Jesus, wer bist du wirklich?"

„Du weißt es. Ich bin der, der ich bin." Jesus nahm genüsslich einen Schluck des galiläischen Weins.

Sie saßen schweigend nebeneinander.

„Welche anderen Fähigkeiten hattest du dir aneignen können, von denen du vorhin gesprochen hast?"

„Das würde jetzt zu weit führen, Josua."

„Bitte, sag es mir."

„Wie du willst. Ich kann mich mit der göttlichen Energie so verbinden, dass ich scheinbar feststehende irdische Gesetze außer Kraft setzen kann."

„Was heißt das?"

„Ich kann auf dem Wasser gehen, ich kann mich unsichtbar machen. Ich kann Wasser in Wein verwandeln, ich kann aus einem Laib Brot hunderte entstehen lassen. Ich kann meine Schwerkraft aufheben und schweben. Reicht dies?"

„Ja, das reicht. Das ist ja Magie."

„Ja, göttliche Magie. Aber eigentlich sind das nur natürliche Vorgänge, von denen der Mensch aber einfach noch nichts weiß. Das heißt aber nicht, dass es sie nicht gibt." Jesus lächelte ihn an. „Was hast du die letzten Jahre erlebt?"

„Wenn ich deine Erzählungen höre, dann traue ich mich gar nicht, dir das alles zu erzählen. Ich habe tagein tagaus versucht zu vergessen." Josua stellte seinen mittlerweile leeren Becher neben sich auf den Boden.

„Ist es dir gelungen?"

„Nein."

„Aha."

„Was hältst du von geschlechtlicher Liebe, Jesus?", fragte Josua nach Minuten des Schweigens.

„Was meinst du damit?"

„Du bist, ... äh wir sind Juden. Und wir sind Männer. Aber wir beide sind nicht verheiratet."

„Worauf zielst du ab, Josua?"

„Du liebst Mirjam." Josua war unsicher, wie er fragen sollte.

„Mirjam und ich halten nicht nur Händchen."

„Ihr tut es also auch?"

„Josua. Wir sind Menschen. Mirjam ist eine begehrenswerte Frau, ich bin ein Mann. Hätte Gott es nicht gewollt, dass sich menschliche Körper vereinigen, dann hätten wir Menschen keine Geschlechtsteile."

„Ja, das schon, aber darf ich denn überhaupt Lust empfinden?" Josuas Wangen erröteten leicht. „An jeder Ecke in Ephesos springt dich die Lust an. Wo man hinschaut, wo man geht, wird man mit der Liebe auf ihre unterschiedlichsten Weisen konfrontiert. Ist Liebe, die auf Lust aufgebaut ist, schlecht? Oder ist nur die Liebe gut, die es einer Seele ermöglicht, in einem Körper auf der Erde zu leben. Es heißt doch aber immer, dass wir uns vermehren sollen."

„Josua, man merkt, dass du dich gerade in einem Niemandsland zwischen deinen jüdischen Wurzeln und dem sehr freizügigen Leben hier in dieser Stadt befindest." Jesus lächelte.

„Genauso fühle ich mich."

„Denk nicht so viel über alles nach, horche lieber in dein Inneres hinein. Tief in deiner Seele ist das Gewissen, das dir sagt, was für dich schlecht ist oder gut. Ich betone ,für dich'. Jeder Mensch kann leben wie er möchte. Für den einen ist gut, was für den anderen nachteilig ist, da jeder Mensch einen anderen Auftrag mit in dieses Leben genommen hat. Lust ist nicht schlecht. Lust gehört zum Menschen dazu. Wäre es von Gott nicht so gewollt, dann würden wir keinen Orgasmus bekommen und könnten uns ohne leidenschaftliche Gefühle fortpflanzen. Man darf nur nicht Sklave der Lust werden. Aber das trifft auf jeden Bereich des Lebens zu. Jedes Extrem ist schlecht. Andauernde Lust ohne Liebe ist nicht vorteilhaft."

Josua war erstaunt, wie locker und deutlich Jesus über das schwierigste Thema redete, das er selbst kannte. „Deine klaren Worte überzeugen mich, machen mich aber auch nachdenklich."

„Josua, mach dir nicht so viele Gedanken, dass du in den letzten Jahren scheinbar vom Weg abgekommen bist und einige Frauen mehr hattest, als es der Herr vielleicht von dir gewünscht hätte. Das ist unwichtig."

„Woher weißt du um meine Vergangenheit?"

„Das erzähle ich dir ein anderes Mal." Jesus grinste. „Frauen, die ihren Körper verkaufen, sind keine Menschen zweiter Wahl, so wie es der jüdische Glaube darstellt, oder auch die Römer. Diese Frauen sind oftmals enger mit unserem Vater im Himmel verbunden als man meinen könnte. Warum machst du dir überhaupt so viele Gedanken? Fühlst du dich schuldig?"

„Teilweise schon. Ich fühle, dass ich irgendetwas lernen sollte, und noch nicht weiß, was es ist."

„Da kann ich dich beruhigen. Es ist manchmal leichter, etwas nicht zu wissen, als etwas lernen zu müssen, was man schon weiß, aber noch nicht kann."

„Wie meinst du das?"

„Ich liebe Mirjam, ich möchte viele Kinder mit ihr haben. Und genau das ist mein Problem."

„Wieso? Wo ist das Problem?"

„Unser Vater im Himmel hat mir einen Lebensweg für dieses Leben vorgeschlagen." Jesus Augen verengten sich ein wenig. „Die Eckpfeiler meines Lebens kenne ich, hauptsächlich die der näheren Zukunft. Und Kinder mit der Liebe meines Lebens zu haben, gehört nicht dazu. Und genau das stellt mich vor eine Entscheidung unfassbaren Ausmaßes."

„Wie meinst du das?"

„Josua, ich bin in manchen Dingen anders, wie du weißt. Ich habe einen geistigen Auftrag. Und trotz allem bin ich Mensch. Und dieser Kampf meines irdischen Menschseins mit mir selbst, den mir zugesagten Weg wirklich zu gehen, diese letzte Entscheidung habe ich noch nicht mit allen meinen Sinnen und meinem ganzen Bewusstsein getroffen."

„Aber wenn du doch weißt, dass du anders bist und einen anderen Auftrag hast, wie kannst du dann nicht wissen, was du machen sollst?"

„Mein Geist weiß, was ich darf, soll, muss oder kann. Meine Seele aber wünscht sich ein ruhiges Leben mit dieser wundervollen Frau. Josua, ich möchte nicht anders sein. Meine Seele sagt mir, dass es nichts Schöneres gibt als ein normaler Mensch zu sein mit einer Frau an meiner Seite, wo ich mich geborgen fühle, und mit Kindern, die fröhlich um mich herum springen und mit mir spielen möchten. Verstehst du das?"

Josua nickte nur.

„Und dieser Kampf ist für mich der entscheidende, den ich gewinnen muss, um den letzten Teil meines Weges auf der Erde zu gehen, der für mich vorgesehen ist."

„Weiß Mirjam um deinen inneren Kampf?"

„Ja, das weiß sie. Sie ist sogar diejenige, die auf ihren Kinderwunsch verzichtet und mich in meiner Aufgabe unterstützt und mich vor überhasteten Taten abhält." Jesus ließ seinen Blick verträumt über die Dächer von Ephesos wandern. „Sie hat in ihrem Inneren eine Klarheit, was mich betrifft, dass ich manchmal wirklich ins Staunen gerate. Sie hat mir einmal gesagt, dass sie einen Traum hatte, wo eine Stimme mit ihr sprach, die ihr mein Leben erklärte. Und seitdem hat sie erkannt, warum ich hier bin, und deshalb unterstützt sie mich, wo sie nur kann. Josua, ich bin das Problem, nicht Mirjam. Aufgrund dieses Kampfes habe ich manchmal das Gefühl, dass Gott sich geirrt haben muss, mir solch eine Aufgabe zu übertragen." Jesus hielt kurz inne, während sein Blick einen Salamander verfolgte, der im Gebüsch verschwand. „Gott hätte Mirjam nehmen sollen. Sie erscheint mir oftmals sehr viel stärker als ich."

„Wenn du der bist, was wir Juden alle hoffen, was ist deine Aufgabe, Jesus?"

„Ich weiß, dass ich etwas vorleben möchte, was in den hiesigen Teilen der Erde in Vergessenheit geraten ist. Die reichen und intellektuellen Menschen üben zuviel Macht aus und unterdrücken die Armen und Kranken. Die Seelen dieser unterdrückten Menschen möchte ich stärken. Ich möchte diese erhöhen und die, die sich selbst erhöht haben, von ihrem Sockel stoßen, dass es keine unterschiedlichen Hierarchien mehr gibt. Alle Menschen sollten dieselben Rechte haben."

„Und wie willst du dies erreichen?"

„Mit der Liebe. Es geht immer um die Liebe, genau um das Thema, das du vorhin angesprochen hast. Jedoch um alle Facetten der Liebe." Jesus sah Josua ernst an. „Weißt du, es gibt noch viele Länder auf dieser Erde, von denen wir keine Ahnung haben. Dort gibt es die hingebungsvolle Liebe, dort steht der Nächste im Vordergrund. Gott brauchte in diese Länder dort niemanden zu schicken, um den Menschen Hoffnung zu geben. Die Hoffnung ist dort vorhanden." Das Wesen von Jesus veränderte sich etwas, als ob der große Geist ihn durchdrang.

„Liebe leben, Liebe zeigen, Liebe verschenken. Menschliche Liebe, seelische und geistige Liebe. Alle Aspekte der Liebe gehören zusammen. Agape, die reinste aller Liebesformen, wäre ohne die körperliche Form nichts wert. Denn eine Seele, die einen Körper besitzt, muss über körperliche Berührungen erkennen, dass sie geliebt wird. Verstehst du?"

„Ja, ein bisschen."

„Und Liebe, die nur auf der eigenen Lust gründet, ist ohne andere Liebesformen ebenfalls nichts wert. Menschen, die Frauen als Lustobjekte, Tiere oder Dinge sehen – ja, das gibt es alles –, müssten unbedingt den geistigen Teil der Liebe in ihr Leben holen, sonst bleiben sie ewig Sklaven ihres eigenen Selbst. Und Sklaven ihres eigenen Selbst spielen sich nach außen immer als Herren auf, um ihr eigenes Sklaventum zu vertuschen. Wahrer Mut wird nun mal aus Liebe gemacht."

„Eigentlich ganz logisch. Solche Worte habe ich aber noch niemals gehört."

„Lass uns zu den Frauen gehen, ich glaube, wir haben ihnen genug Zeit gegeben."

Josua hielt Jesus leicht am Arm. „Bitte geh nicht mehr weg, Jesus."

„Ich bin noch nie weggegangen." Die blauen Augen leuchteten wie der schönste Saphir. „Vergiss nicht, du hast Nazareth verlassen. Du hast in den letzten Jahren die Liebe innerlich verlassen. Du hast dich in die Einsamkeit zurückgezogen. Komm du, der wahre Josua, wieder aus deiner Höhle heraus, dann werden wir immer zusammen sein, auch wenn sich unsere Körper an unterschiedlichen Stellen dieses Universums befinden."

∞

Mirjam und Jesus hatten das Haus schon früh am Morgen verlassen. Josua kam an diesem Morgen etwas verschlafen in den Wohnbereich, wo er Judith im Garten des Peristyls knien sah. Sie jätete Unkraut.

„Guten Morgen, Schwester. Wie war deine erste Nacht in diesen Gemächern?"

„Es war einfach nur schön." Sie stand auf und umarmte ihn ganz fest.

„Was habe ich solch eine Begrüßung am Morgen vermisst! Wie geht es dir?"

„Ganz gut. Ich fühle mich hier sicher. Und ich fühle mich auch leichter. Das Gespräch mit Mirjam gestern Abend hat gut getan."

„Was meinst du mit sicher? Hast du dich früher nicht sicher gefühlt?"

„Darüber wollte ich mit dir heute früh sprechen." Judith traten Tränen in die Augen. „Es sind im Haus von Bohan Dinge geschehen, die mich …"

„Du musst nicht weiter sprechen, Judith, wenn du nicht möchtest. Wir haben noch genug Zeit, um über geschehene Dinge zu reden."

„Nein Josua, ich möchte es auch dir gleich sagen. Je mehr ich darüber spreche, desto besser fühle ich mich, und ich denke, du solltest darüber sofort Bescheid wissen. Das erste Gespräch gestern Abend von Frau zu Frau, war das wichtigste. Mirjam hat es ganz natürlich geschafft, dass ich mich offenbare." Judith nahm die Hand von Josua.

„Was ist passiert, Judith?"

„Josua, bevor wir uns gestern trafen, habe ich dich mehrere Wochen lang gesucht, weil ich es zu Hause nicht mehr aushielt. Ich bin in der ganzen Stadt herumgeirrt, um dich zu suchen. Ich wusste nicht, wo du wohnst, du hast es uns ja nicht genau gesagt."

„Ja, ich weiß. Es tut mir leid, kleine Schwester. Ich wollte nicht, dass Lea oder Vater mich finden konnten. Hätte ich das Esther erzählt, dann wüsste es die ganze Stadt."

„Hättest du es mir gesagt, dann wäre ich schon vor mehreren Monaten zu dir gekommen."

„Was ist passiert?"

Judith hielt kurz inne, einige Tränen suchten ihren Weg auf ihr rosafarbenes Gewand.

„Bohan hat mich mehrmals gezwungen, mit ihm zu schlafen."

„Was sagst du da?"

„Es fing vor ungefähr einem Jahr an." Judith konnte ihre erneuten Tränen nicht zurückhalten. „Bohan machte mir immer schönere Augen, was wohl auch daran lag, dass Esther und er sich nicht mehr so gut verstanden. Ich, in meiner naiven Art, habe sogar ein bisschen mit ihm geschäkert. Und eines Morgens, meine Schwester war gerade auf den Markt gegangen, kam Bohan in mein Zimmer…" Judith sprach langsam und leise. Man konnte sehen, dass sie diesen Moment noch einmal durchlebte.

„Er sagte mir, dass er mich begehrenswert finde. Er fragte mich allen Ernstes, ob ich mit ihm schlafen wolle. Als ich ihn aber aus dem Zimmer weisen wollte, warf er sich auf mich, schlug mich, dass ich ruhiger wurde, weil ich wie in Panik schrie, und dann weiß ich nichts mehr. Seitdem habe ich Angst vor Bohan. Immer, wenn ich ihn sah, wurde ich unsicher und panisch. Ich vermied es, allein mit ihm im Haus zu sein. Aber das ließ sich nicht immer einrichten. Immer wenn Esther weg war und ich das nicht mitbekommen hatte, trat er in mein Zimmer, verriegelte die Tür und schlief mit mir. Ich schaffte es nicht, abzuhauen, weil ich ja nicht wusste, wohin. Hätte ich gewusst, wo du wohnst, dann wäre ich schon viel früher gekommen."

„Es tut mir leid, Judith." Josua nahm sie in den Arm. „Kleines, es tut mir so leid. Hier bist du sicher." Er hielt sie ganz lange im Arm. „Weiß Esther davon?"

„Ja, ich habe es ihr vor ein paar Tagen gesagt, nachdem ich allen Mut zusammengenommen hatte."

„Und?"

„Sie rastete aus. Sie schmiss Vasen an die Wand, sie riss Tücher, die gerade herumlagen, in zwei oder drei Teile. Als sie dann am Abend Bohan zur Rede stellte, hörte ich viele Schreie. Am nächsten Morgen hatte sie überall blaue Flecken und ihr Wille war gebrochen. Seitdem war sie nicht mehr die Esther, die ich kannte. Mittlerweile ist es so, dass sie alle Taten und jegliche Gewalt, die ihr angetan wurde und noch wird, als gerechtfertigt ansieht und sich selbst die Schuld dafür gibt. Sie hat sich verändert. Sie ist jetzt nicht mehr unsere Schwester, Josua. Sie ist anders geworden. So, als ob sie nicht mehr anwesend wäre."

Josua konnte es nicht glauben. Warum in aller Welt mussten die Frauen in seiner Familie immer unter der Gewalt der Männer leiden, fragte er sich. Seine Mutter war an Samuel zerbrochen, und nun Esther an Bohan und fast auch Judith?

„Ich werfe den Saukerl aus dem Fenster, das schwöre ich dir."

„Nein, tu das nicht. Wenn du Bohan etwas antust, lässt er sämtliche Wut und sämtlichen Hass wiederum an Esther aus."

„Judith, ich liebe dich, und ich bin Gott dankbar, ja gepriesen sei sein Name, dass du in diesem Haus lebst und dass dir hier nichts mehr passieren kann."

Es ist wieder schön, in einem Haus zu wohnen, wo die Liebe lebt. Ich fühle mich sehr wohl bei Josua. Ein großes Haus, es könnte auch kleiner sein, aber es bietet viel Platz für die nächsten Jahre.

In allen Seelen, mit denen ich hier in Ephesos bisher zu tun hatte, kommen alte Gefühle und schlimme Erlebnisse ans Tageslicht. Diese Erfahrung habe ich schon öfters machen dürfen, dass du, Vater, deine Energie über mich ausstrahlen lassen kannst, um die Menschen in eine Heilung zu bringen, die dafür offen sind. Die belastenden und traumatischen Gefühle können sich nun besser ablösen. Nur durch meine Anwesenheit, durch meine Worte, durch meine Berührungen. Dafür bin ich so dankbar, dass es diese Möglichkeit der Hilfe für die vielen leidenden Menschen gibt. Vater, du bist großartig. Amên.

∞

Jesus freute sich über sein neues Zuhause. Die Unterkunft bei seinem alten Freund war sehr komfortabel. Sein Vater hatte es gut mit ihm gemeint, dass er die Zeit in Ephesos in einem solch schönen Haus wohnen konnte. Aber etwas weniger Komfortables hätte es aber auch getan. Er lächelte. Mirjam begleitete ihn heute früh zu einem Treffen mit seinen Anhängern. Mal schauen, ob alle anderen auch zufrieden waren.

Alle waren sie früh zum Theater gekommen: Simon Petrus, Thomas, Matthias, Andreas, Johannes, die beiden Jakobus, Matthäus, Bartholomäus, Nathanael, Simon, der Zelot, Thaddäus, Philippus, Judas, Mirjam, Marta, die beiden Marias, und noch einige andere, die sich erst in den letzten beiden Tagen in Kleinasien der Gruppe angeschlossen hatten.

„Ich danke euch, dass ihr so früh hierher gekommen seid. Ich werde in den nächsten Tagen viele Menschen treffen müssen, und zwar allein", sprach er in ruhiger Stimme. „Hier in Ephesos ist man sehr sensibel bezüglich Neuankömmlingen, die sogar noch eine große Gruppe an Gleichgesinnten mit sich führen." Jesus sah viele müde Gesichter.

„Ich nehme Mirjam mit mir, denn es wird sich zeigen, dass die Frau in Ephesos ein Schlüssel für unsere Aufgabe sein wird. Deshalb gebe ich hiermit dir, Simon Petrus, die Vollmacht, dich die nächsten Tage um alle hier zu kümmern. Wäre dir das möglich, Simon Petrus?"

„Ja, natürlich, Jesus. Ich werde mein Bestes tun."

„Wo wohnst du?"

„Ich habe ein Zimmer gefunden ganz in der Nähe des Bouleuterions. Ich wohne mit Johannes bei einem jüdischen Händler namens Enani."

„Gut, dann werde ich, wenn es etwas Wichtiges gibt, mit dir Kontakt aufnehmen. Ansonsten würde ich vorschlagen, dass ihr die Stadt erkundet und euch hier wohlzufühlen beginnt, denn wir werden für längere Zeit bleiben. Geht höchstens zu zweit oder zu dritt, ansonsten würdet ihr zu viel Aufmerksamkeit auf euch ziehen. Diese Stadt ist für die Zukunft von hoher Bedeutung. Deshalb müssen wir hier sehr vorsichtig sein."

Die Begleiter murmelten unverständliche Laute, ihr Nicken zeigte Jesus allerdings, dass sie zustimmten.

„Und ihr anderen, habt ihr auch alle eine Unterkunft?"

„Ja", ertönte es von allen Seiten. Sie wohnten in Absteigen, Spelunken, aber auch teilweise in vornehmeren Gegenden.

„Habt ihr sonst noch Fragen?"

„Ich habe eine, Jesus." Judas Iskariot meldete sich zu Wort. „Warum ist Ephesos so wichtig? Wir sind hier doch weit ab von jüdischem Gebiet. Deine Mission umfasst doch die jüdische Welt und nicht die der Griechen und Römer?"

„Eine gute Frage. Jedoch sind auch Griechen und Römer Menschen, die ihren Weg in bestem Gewissen dem Göttlichen entgegen streben." Jesus lächelte.

„Ephesos ist eine große Stadt, aber gerade hier ist die Konzentration der negativen Welt, von der ich euch schon einiges mitgeteilt habe, sehr groß. Unser aller Auftrag ist es, Licht in diese Stadt der schwarzen Magie zu bringen, als Vertrauenspersonen anwesend zu sein für Menschen, die das Licht suchen, die Gott suchen. Wir müssen den Menschen Hoffnung schenken, denen es in ihrem jetzigen Leben nicht so gut geht wie uns. Und von diesen Menschen gibt es in Ephesos mehr als genug. Beantwortet das deine Frage?"

„Wieviele Juden gibt es in Ephesos, Meister?" Judas ließ nicht locker.

„Viel mehr als in Sepphoris, Magdala und Kapharnaum zusammen."

Ein Raunen ging durch die Reihen.

„Aber wie schon gesagt, wir kümmern uns um alle Menschen, nicht nur um unsere jüdischen Freunde. Gut, dann würde ich sagen, dass wir wieder unseres Weges gehen. Wendet euch an Simon Petrus, wenn ihr Fragen habt. Wir sehen uns bald wieder. Ich danke euch, dass ihr an meiner Seite seid."

Jesus verbeugte sich kurz vor allen und ging mit Mirjam in Richtung Stadion davon.

∞

Jesus merkte deutlich, dass die Zeit in Ephesos nicht leicht werden würde. Gut, dass er Mirjam an seiner Seite hatte, dachte er. Sie gab ihm Kraft und war ihm immer eine Stütze. Er lächelte sie an und sie gab ihm ein Strahlen zurück.

„Ich werde nun zu Olympios gehen. Kümmere du dich vielleicht etwas um Judith. Leg ihr die Hand auf. Vielleicht sind ihre tiefen Verletzungen dadurch schon bald geheilt."

„Mach ich gern, Geliebter." Sie traute sich nicht, ihm einen Kuss zu geben, da sie noch nicht weit genug von der Gruppe entfernt waren. Sie streichelte nur seine Hand, drehte sich um und verschwand in der Gasse Richtung Josuas Haus.

Jesus ging zum Meer und wollte das Heiligtum der Artemis wieder über den Weg erreichen, den er gestern mit Josua gegangen war. Er merkte, dass die Verantwortung, die er für diese Menschen trug, die ihn begleiteten, manchmal erdrückte, zumal sie sich jetzt in einer für sie fremden Kultur befanden. Es waren hauptsächlich Juden, die ihn begleiteten. Zum Glück verstanden alle die griechische Sprache, da sie ja schon lange die Stellung der allgemeinen Handelssprache im ganzen römischen Reich einnahm.

Aber viele dieser Menschen hatten keinen ausgeprägten Willen. Zu leicht konnten sie durch Zweifel oder Misstrauen aus ihrer Mitte gerissen werden. Zu groß war auch die Gefahr, dass sie einem falschen Propheten folgen konnten, wenn dieser fantastische Dinge vorführte, wozu er gar nicht von Gott ermächtigt war.

Jesus wusste, dass er selbst sich mittlerweile Fähigkeiten angeeignet hatte, die die der anderen Propheten bei weitem überstiegen. Er durfte sie jedoch nur nutzen, wenn es im göttlichen Plan stand. Deshalb war er ständig im inneren Dialog mit seinem Vater, der sich ihm über eine innere Stimme und Empfindungen mitteilte.

Gestern war wieder einer dieser unzähligen Momente gewesen, als er einen blinden Bettler am Wegesrand sah. Er bekam die Erlaubnis von seinem Vater, ihm die Hände aufzulegen und ihm das Augenlicht zurückzugeben. Deshalb verweilte er mit seiner Gruppe kurz in diesem Dorf, was natürlich wieder für Aufsehen gesorgt hatte. Hätte er die innere Erlaubnis nicht erhalten, dann wäre er weiter gegangen und hätte den Bettler nur in Gedanken gesegnet. Schließlich wollte er kein menschliches Schicksal ändern, mit dem sich der jeweilige Mensch abgefunden hatte. So ging es regelmäßig vor sich, wenn kranke und verkrüppelte Menschen zu Jesus kamen. Er musste erst kurz in den inneren Dialog treten, um abzuklären, ob er die Heilkraft seines Vaters weitergeben durfte oder nicht.

Die Gerüchte, dass ein Prophet einem Mann sein Augenlicht zurückgegeben hatte, würden mit Sicherheit schon Ephesos erreicht haben, aber in dieser großen Stadt war es sehr schwierig, ihn zu finden. Deshalb mussten sie sich jetzt auch trennen. Die Sicherheit überwog. Zu gefährlich würde sonst der Beginn seines Auftrages hier in Ephesos sein.

Jesus schlenderte barfuss am Strand entlang. Er liebte das Meer. Er war dankbar, dass er die nächste Zeit in Ephesos verbringen durfte. Den regelmäßigen Spaziergang am Meer würde er sich nicht nehmen lassen.

Wie dankbar war er, wieder mit dem großen und heiligen Geschlecht, mit den Santinern, wie sie sich auch nannten, Kontakt zu haben. Was für eine große Dankbarkeit fühlte er, dass er sich in ihrem Raumschiff erholen konnte. Ja, auch dass sie dafür sorgten, dass er und seine Begleiter weite Wege nicht zu Fuß oder per Schiff reisen mussten, sondern ein kleines Raumschiff nutzen konnten. Natürlich durften sich die Mitreisenden nicht an den Aufenthalt im Raumschiff erinnern. Deshalb hatte Jesus ein bestimmtes Wort in der Sprache des großen und heiligen Geschlechts übermittelt bekommen, das er, nachdem ein ruhiger, nicht einsehbarer Platz gefunden worden war, zusammen mit einem Schnippen seiner Finger laut aussprechen musste. Seine Begleiter befanden sich dann sofort in einem Tiefschlaf. Danach konnte das Fluggefährt seiner außerirdischen Freunde landen und alle Begleiter wurden hineingetragen. Damit gar keine Erinnerung in das Bewusstsein seiner Begleiter dringen konnte, wurden die noch bewusstlosen Begleiter am Zielort wieder ins Freie verfrachtet, und danach wurde wieder ein Wort in der Sprache des großen heiligen Geschlechts gesprochen. Eine Zeit später wachten sie auf. Das Fluggefährt war schon längst in den Wolken entschwunden und das wirklich Erstaunliche war, Jesus wunderte sich immer wieder aufs Neue, kein Begleiter stellte ihm jemals eine Frage, wie sie denn hier hin gekommen waren und was sie in einem Land machten, das sie vorher noch nie gesehen hatten.

Tai Shiin hatte ihm eine Erklärung dafür gegeben. Seinen Begleitern wurden anstelle der Erinnerungslücke dafür andere Erlebnisse ihrer Reise in ihr Tagesbewusstsein eingespeist. So konnten dann später keine falschen Fragen auf Jesus zukommen. Das war kein Eingriff in deren Schicksal, wie Tai Shiin ihm mitgeteilt hatte, sondern eine reine Vorsichtsmaßnahme, die von der höchsten göttlichen Hierarchie unterstützt wurde.

Einige Stunden, nachdem die Reisegruppe wieder auf der Erde abgesetzt worden war, fingen die Gespräche der Reisenden an – wie schön die Schiffsreise war, dass sie keinen Piraten begegnet waren und dass sogar das Meer während der letzten Woche sehr ruhig gewesen war und kein Sturm sie heimgesucht hatte. Dass der eigentliche Aufenthalt im Raumschiff nur einen Tag gedauert hatte und sie sich dabei im Tiefschlaf befunden hatten, war ihnen nicht bewusst.

Jesus musste grinsen, als er auf das ruhige ephesische Gewässer schaute und sein Blick den Horizont streifte. Wie stark hatte er sich vor einigen Tagen zurücknehmen müssen, um nicht aufzulachen. Er hatte gehört, wie seine Begleiter über die zurückliegende Reise nach Ephesos sprachen. Der Grund für seinen unterdrückten Lachanfall war wiederholt Simon Petrus. Auf ihn konnte sich Jesus hundertprozentig verlassen, aber seine ewigen Übertreibungen und die Märchen, die er erzählte, waren manchmal einfach nervend. Aber diesmal war es so witzig wie noch nie. Auf dieser Reise hatte er, Simon Petrus, ein großes Meeresungeheuer gesehen, als er als einziger noch wach war und auf Deck stand. Das Meeresungeheuer hatte drei Köpfe und spuckte Wasser über eine Strecke von einem Stadion. Simon Petrus hatte natürlich keine Angst gehabt, doch er trotzte dem Wesen und betete, bis es in den Fluten verschwunden war. Er hatte das ganze Schiff gerettet und alle mussten ihm dankbar sein. Jesus lachte laut vor sich hin. Seinen Wanderstab ließ er verspielt durchs Wasser gleiten.

Zu köstlich war die Situation für ihn gewesen, da er die Hintergründe kannte und Tai Shiin ihm mitgeteilt hatte, welche Erinnerung seinen Begleitern eingespeist worden war. Was hatten die Menschen nur für Eigenschaften und Mechanismen, um Aufmerksamkeit, Anerkennung und Liebe von ihren Mitmenschen zu erhalten, um somit ihren Minderwert zu überspielen! Ja, Simon Petrus war in dieser Hinsicht ein Phänomen! Jesus lachte immer noch und genoss es, wie das Wasser um seine Füße plätscherte.

Die Technik der Santiner war sehr weit fortgeschritten. Jesus war von ihr immer wieder fasziniert. Diese gesundheitlich ungefährliche Methode, die Erinnerung eines Menschen gegen eine andere zu auszutauschen, war laut Tai Shiin nur ein ganz kleiner Vorgang.

Jesus erfreute sich an seinem Leben auf diesem Planeten Erde, er war aber jedes Mal genauso freudig erregt, wenn er im Raumschiff den Kontakt mit ihnen pflegen konnte, mit ihnen, seinen Freunden Ashtar Sheran, Tai Shiin, Setun Shenar und allen anderen. Die Santiner halfen ihm auch mit ihrer Anwesenheit, dass er sich an sein früheres Leben auf dem Heimatplaneten der Santiner erinnern konnte. Damals hatten sich dort viele Seelen vorbereitet, die ihn heute bei seiner Mission hier auf der Erde entweder im Raumschiff begleiteten oder mit ihm auf die Erde gekommen waren. Mirjam, Johannes, Judas und Josua waren vier von ihnen, wobei das Urwissen der Männer allerdings noch nicht ans Licht gekommen war.

Hauptsächlich wurden Jesus aber, nachdem er sich in seiner Ruhekammer des Raumschiffes erholt hatte, auf einem großen Bildschirm Abschnitte seines Lebens bis zum jetzigen Zeitpunkt gezeigt, so dass er eine vertiefende Schulung darüber bekam, wann sich welche Menschen wie verhalten hatten. So konnte er in Ruhe nochmals sehen, ob sie selbst die Ursache für ihr Handeln gelegt hatten oder ob negative Kräfte am Werk waren, die diese Menschen zu negativen Taten inspiriert hatten. Er konnte über diese Schulung lernen, wie die negative geistige Kraft, die es definitiv und sichtbar gab, arbeitete und welcher Tricks sie sich bediente. Jesus war generell über ihre unguten Fähigkeiten und wie sie arbeiteten, im Bilde, jedoch halfen ihm bewegte Bilder, alles noch besser zu verstehen.

Wenn doch nur seine Begleiter diese Filme und Aufzeichnungen der Santiner anschauen könnten! Aber hier brauchte er gar nicht darüber nachzudenken und unnötige Energie zu verschwenden. Ihnen fehlte die Reife, globale Zusammenhänge zu begreifen. Neben Mirjam würden nur

Judas und Johannes diese Schulungen erkennen, aber die Santiner konnten ja nicht diesen dreien die richtige Erinnerung lassen und den vielen anderen Begleitern die Erinnerung an eine Schiffsreise einspeisen. Das würde die Gemeinschaft sprengen und Zweifel, Zwietracht und Missgunst säen. Es würde die ganze Mission stören, wenn nicht sogar zerstören.

An Bord des Raumschiffes tauchte er immer in ein weit fortschrittlicheres Leben ein, sodass er, wenn er wieder auf der Erde war, teilweise starke Probleme damit hatte, sich wieder in dieser recht unterentwickelten Welt zurecht zu finden. Er erinnerte sich daran, dass sich auf dem Heimatplaneten der Santiner Züge und Fahrzeuge schwebend fortbewegten. Die Santiner hatten das Zeitalter das Rades schon vor Tausenden von Jahren hinter sich gelassen. Und hier auf der Erde war das Rad fast noch unbekannt. Es war zwar schon vor knapp viertausend Jahren erfunden worden, aber trotzdem mussten noch fast alle Menschen ihre schweren Sachen selbst tragen. Nur die reichen Kaufleute konnten sich ein Fuhrwerk leisten.

„Ach, ihr Santiner!" Jesus war stehen geblieben und blickte sehnsüchtig gen Himmel. Gerade hatte er die letzten Häuser hinter sich gelassen, unter anderem auch ein Bordell, das versteckt in einem Olivenhain gelegen war. Jesus erinnerte sich, dass die Santiner eine natürliche Beziehung zu ihrer Sexualität hatten, wobei bei ihnen das Geistige immer die übergeordnete Rolle spielte. Und hier auf der Erde standen die Lust und die Perversität der Menschen im Vordergrund. Es gab sogar Menschen auf der Erde, die mit Tieren kopulierten. Was waren das für unterschiedliche Welten, in denen er dieses Leben hier zubringen musste! Es war wirklich so: Befand er sich bei den Santinern, war er in positiven Sphären, befand er sich auf der Erde, war das Sphärengemisch ihrer Bewohner überdeutlich. Aber die Entwicklung der Menschen tendierte stark in die negative Richtung.

Kein Mensch konnte sich wirklich vorstellen, wie schwierig das für ihn war. Kaum ein Mensch konnte die negativen Wesen erkennen und sehen, die Menschen auflauerten und sie beeinflussten und wie sehr sie ihn angriffen, um sein Lebenswerk zu zerstören.

„Es ist wie es ist", sprach er vor sich hin und genoss das Wasser an seinen Füßen. Gleich wollte er mit Olympios zusammentreffen. Olympios war einer der Griechen, der noch strenger war, als sämtliche Juden zusammen, die er jemals gekannt hatte. Außer einem: Samuel. Und der lebte auch hier in Ephesos.

∞

Nachdem Josua den ganzen Morgen geschrieben hatte, brauchte er Luft. Viel Luft. Ihm fiel auf, dass die Tinte zur Neige ging. Da er sowieso noch Claudios besuchen und bei ihm Papyrus bestellen wollte, passte ihm das gut in den Kram. Er warf seinen Mantel über und machte sich auf den Weg zur Agora. Es war früher Nachmittag und der Platz war wie immer von Menschen übersät. Hoffentlich traf er jetzt nicht auf Bohan, denn dann wüsste er nicht, was geschehen würde.

Die Götter hatten ihn erhört. Weit und breit keine Spur von diesem Unmensch. Nachdem er bei Claudios Papyrusblätter bestellt, alle Zutaten für seine Tinte eingesteckt und einen kleinen Plausch gehalten hatte, ging er wieder zurück nach Hause. Heute wollte er die Therme nicht besuchen. Und auch Ophelia musste warten. Jetzt standen seine Gäste an erster Stelle. Was war er froh, Jesus unter seinem Dach zu haben! Auch Mirjam erschien ihm sehr nett. Vielleicht sollte er sich einmal mit ihr unterhalten, wenn sie Zeit hatte.

Sie hatte Zeit. Judith und Mirjam waren zusammen im Garten und säuberten ihn von Unkraut. Dank der Anwesenheit der Frauen wurde auch der Garten wieder auf Vordermann gebracht. Früher hatte sich Lucilla immer darum gekümmert, wenn sie nicht gerade ihre Liebeshymnen las, aber da Cyriax sehr viel Arbeit mit dem Haus, dem Kochen und den Besorgungen zu tun hatte, verwilderte der Garten zusehends. Judith liebte Gartenarbeit, das wusste er bereits. Mirjam half ihr, um ihr einfach als Frau in dieser schwierigen Zeit beizustehen. Das rechnete er Mirjam sehr hoch an.

„Ach, Josua, schön dich zu sehen!", rief sie ihm zu, als er vor den beiden stehengeblieben war. „Ich wollte gerade eine Pause machen."

Nachdem sie Judith noch leise einige verschwörerische Sätze zugeworfen hatte, worüber sich beide köstlich amüsierten, säuberte sie sich die Hände und trat zu Josua in das Peristyl.

„Deine Schwester hat eine Menge mitgemacht." Mirjam kam lächelnd auf ihn zu.

Sie war eine faszinierende Frau, dunkelhaarig, Mitte zwanzig, schätzte Josua. Sie war wahrhaft attraktiv, mit einem vollendeten Körper ausgestattet. Sie trug etwas Mystisches in ihrem Wesen, ja, eher sogar etwas Edles, etwas Königliches. Ihre braunen Augen hatten eine Tiefe und strahlten eine Herzlichkeit aus, als ob man durch sie sicher und geborgen in eigene ungeahnte seelische Welten eindringen konnte, die sonst von den eigenen Ängsten verstellt waren. Mirjam trug keine Maske zur Schaue wie viele andere Menschen. Mirjam war so, wie sie war. Wenn sie lachte,

lachte ihr ganzer Körper, und sie steckte alle Menschen um sie herum mit ihrem Lachen an. Das war Josua beim gestrigen abendlichen Mahl aufgefallen. Wahrscheinlich weinte auch das ganze Universum, wenn sie Tränen vergoss.

„Ja, ich weiß. Judith hat mir gestern alles berichtet. Wie geht es ihr?"

„In Anbetracht der Geschehnisse gut. Gib ihr Zeit." Sie drückte Josua die Hand. „Sie braucht jetzt Freundinnen an ihrer Seite und Menschen, die sie einfach nur lieben. Ich bitte Jesus auch noch einmal, sich mit ihr zu unterhalten und ihr die Hand aufzulegen. Ich habe es heute schon getan und habe bemerkt, dass eine Menge an Traurigkeit und Schmerz bei ihr aufgelöst wurde. In ihrem Herzen, aber auch in ihren Nieren steckt eine Menge Zorn."

„Handauflegen, hhm…" Josua war dieses Thema der Heilung noch nicht vertraut. Über Opferungen und andere üble Riten, die hier in Ephesos gepflegt wurden, wusste er leider zu gut Bescheid.

„Mit dem Handauflegen – eine alte Tradition in vielen Kulturen – wird dem Körper vorrangig eine göttliche Kraft über die Hände einer fremden Person übermittelt." Mirjam schien seine Unwissenheit bemerkt zu haben. „Je reiner diese Person ist, desto mehr Kraft kann fließen. So können körperliche, aber auch seelische Erinnerungen aufgelöst werden. Und bei Judith sind es in diesem Fall seelische."

„Also heilt ihr mittels Handauflegen den gesamten Menschen?"

„Wenn der Mensch es zulässt und im Inneren offen für die göttlichen Gaben ist."

„Du scheinst dich ja gut damit auszukennen."

„Das lässt sich nicht vermeiden, wenn man mit Jesus zusammenlebt, mit ihm durch die Lande zieht und den göttlichen Auftrag erfüllt. Händeauflegen ist meine Art, Menschen zu helfen. Und das tu ich sehr gerne."

„Du hast bestimmt mehrere Gaben, um Menschen zu helfen, nicht wahr?" Josua war beeindruckt von dieser einfachen und gleichzeitig so starken und gläubigen Frau.

Mirjam lächelte verlegen. „Meinst du?"

„Ja, könntest du das Händeauflegen einmal an mir ausprobieren?" Josua lächelte verlegen.

„Hast du denn ein Problem?"

„Außer dass ich das Gefühl habe, einen großen Teil meines Lebens vergeudet zu haben, nein."

„Ach, wenn es nur das ist." Mirjam lachte. „Setz dich dort auf die Bank und schließ deine Augen. Ich lege meine Hände auf deinen Kopf, und wenn nötig auf deinen Körper. Und warte ab, was passiert."

Josua setzte sich vor den Delphinbrunnen und schloss die Augen. Er bemerkte, wie Mirjam ihre Hände auf seinen Kopf legte. Schon nach wenigen Momenten hatte ihn eine solche Entspannung erfasst, dass er fast die Befürchtung hatte, einzuschlafen. Aber gleichzeitig kamen Bilder seines Lebens an die Oberfläche, die ihn schmerzten. Er sah seine Kindheit in Nazareth, er sah, wie er von seinem Vater geschlagen wurde, er hörte, wie seine Mutter schrie, er fühlte Traurigkeit, er fühlte Einsamkeit, er fühlte die Beleidigungen von Simeon, wie dieser ihn immer vor den Jungen bloß stellte, weil er der Sohn des Rabbis war. Sein ganzes Leben zog an ihm vorbei. Das letzte, was er sah und fühlte, war der Moment, als er Lea und seinen Vater in dessen Kammer gehört hatte. „An diesem Tag" hörte Josua eine Stimme, „an diesem Tag bist du gestorben." Als er wieder zu sich kam, bemerkte er, dass sein ganzes Gewand im Brustbereich nass war. Und er hatte nicht bemerkt, dass Mirjam sich unterdessen neben ihn gesetzt hatte.

„Ich habe wohl viel geweint." Josua wischte sich die restlichen Tränen aus den Augen.

„Ja, du hast viel Schmerz in deiner Seele. Dieser Schmerz muss ganz langsam aus deinem Inneren heraus gelöst werden. Was hast du erlebt?"

„Ich habe viele Momente aus meiner Kindheit noch einmal gesehen. Und ich habe einen Tag hier in Ephesos gesehen, an dem ich ..."

„An dem du gestorben bist, nicht wahr? An dem der kleine Josua in dir gestorben ist."

„Woher weißt du?"

„Ich habe, glaube ich, die gleichen Bilder gesehen wie du. Das ist bei mir immer so. Auch das letzte Bild mit deinem Vater und dieser Frau. An diesem Tag bist du gestorben."

„Dann war dies deine Stimme?"

„Ja."

Josua war überwältigt. Er konnte nichts mehr sagen. Er bemerkte, wie er seinen Kopf in ihren Schoß legte und sich wie ein kleines Kind zusammenrollte. Der kleine Josua wurde gerade wieder zum Leben erweckt.

Mirjams Hände streichelten sein Haar. Er wusste nicht mehr, seit wann er sich jemals so geborgen und so klein gefühlt hatte, wie jetzt. Er dachte an Sarah, seine Mutter, die ihn früher auch immer gestreichelt und seinen

Kopf gekrault hatte. Immer dann, nachdem er von seinem Vater geschlagen worden war. Er wäre damals oftmals gestorben, wenn nicht die Liebe seiner Mutter ihn immer wieder ins Leben zurückgeholt hätte. Aber seit diesem bestimmten Tag vor etlichen Jahren gab es keine Mutter mehr, die ihn hätte trösten können. Seit diesem Tag hatte er sich allein gefühlt, allein in dieser großen Stadt, ganz allein im unendlichen All.

Dann war Josua eingeschlafen. Er bemerkte nicht mehr, wie Mirjam die Tränen seiner Mutter weinte, die, wie ein strahlender mitfühlender Engel, hinter ihnen stand und sie beide segnete.

∞

Nachdem Jesus eine junge Priesterin nach Olympios gefragt hatte, die umgehend im Inneren des Tempels verschwunden war, um ihn zu holen, stand er vor dem Heiligtum der Artemis und war fasziniert von dem prächtigen Bau. So groß hatte er sich den Tempel nicht vorgestellt. „Wenn doch nur der Glaube der Epheser so groß wäre wie dieser Tempel", murmelte er vor sich hin.

Unzählige Säulen trugen das große Dach. In der Kunst war er nicht so bewandert, er konnte nicht korinthische von dorischen Säulen unterscheiden, aber schön waren diese hier allemal.

„Jesus. Ich kann es noch gar nicht glauben, dass ich dich hier begrüßen darf." Ein etwas untersetzter Mann mit einer Halbglatze kam die Treppenstufen des Tempels heruntergeeilt. Kurz vor Jesus blieb er vorsichtig stehen, aber nachdem Jesus seine Arme weit ausgebreitet hatte, nahm er die Einladung an, und sie umarmten sich herzlich.

„Schön, dich kennen zu lernen. Wir hatten brieflich schon einigen Kontakt, du hattest mich bei meiner Geburt schon einmal gesehen, aber diese Begegnung heute ist doch sichtlich etwas anderes, nicht wahr?"

„O ja, Meister. Oder wie soll ich dich nennen?"

„Olympios, ich bin ein Mensch, kein Überirdischer. Ich heiße Jesus, und einen Freund sollte man bei seinem Namen nennen."

„Was darf ich dir bringen lassen? Wein? Oder Traubensaft? Ich könnte uns aber etwas herrichten lassen. Gern würde ich …"

„Ich weiß, Olympios. Ich weiß, dass es Gerüchte geben und man sich über dich und mich das Maul zerreißen würde. Das können wir uns hier nicht erlauben. Aber es ist wirklich interessant, dass überall auf der Welt die Regeln und Gesetze mehr zählen als der Mensch, nicht? Die Menschen sind mittlerweile mehr für die Regeln da als die Regeln für den Menschen."

„Wohl wahr." Olympios senkte wissend seinen Kopf.

„Lass uns ans Meer gehen und uns dort einen Platz suchen. Wie geht die Ausbildung deiner ausgewählten Priesterin voran?"

„Ich denke, sehr gut. Ich habe mit ihr die Übungen gemacht, die mir die Stimme mitgeteilt hatte. Wir warteten nur auf dich, damit du uns weitere Anweisungen erteilen kannst."

„Sag dieser Priesterin Bescheid, sie soll mit zum Meer kommen. Und bring uns etwas Traubensaft mit."

„Gut, ich eile." Olympios rief eine Priesteranwärterin zu sich, die sofort mit schnellen Schritten ins Innere des Heiligtums eilte.

„Lass uns zu einem Felsen gehen, auf dem wir gut sitzen können. Dort hinten ist eine schöne Stelle." Olympios zeigte Jesus einen Platz.

„Ist es dort auch ruhig?"

„Ja, dort werden wir nicht gestört."

„Hast du schon Menschen um dich geschart?" Jesus blickte aufs offene Meer.

„Es ist schwer, aber ich habe bisher drei Männer gefunden, denen wir vertrauen können. Einen Schreiber werden wir wohl aber auch noch brauchen, der die Botschaften aufschreiben wird."

„Den habe ich schon, obwohl er es noch nicht weiß."

„Die regelmäßigen Treffen können wir bei einem dieser drei Männer abhalten. Er hat ein größeres Haus, wo wir uns ohne Aufmerksamkeit zu erregen, treffen könnten. Da ich dort oft ein und aus gehe, fällt es auch in Zukunft nicht weiter auf."

„Wie steht der Rat der Stadt dir gegenüber? Können wir in diesen Kreisen Anhänger finden, die für unsere Aufgabe nützlich wären?"

„Kann ich im Moment noch nicht sagen."

„Na ja, lassen wir das Leben entscheiden."

Eine schlanke Frau kam auf die beiden zu. In der einen Hand hielt sie eine Karaffe, in der anderen zwei Becher.

„Jesus, darf ich dir Diana vorstellen?" Olympios war stolz auf sie, das konnte Jesus ganz deutlich in seinen Worten und Gesten erkennen.

„Diana, ich grüße dich. Willst du dich zu uns setzen?"

„Wenn ich darf, Jesus?"

„Nimm Platz." Er beobachtete sie und nahm deutlich ihre Ausstrahlung war. Ihre Medialität musste enorm sein.

Diana reichte den Männern die Becher mit Traubensaft.

„Ich möchte euch beiden kurz von unserem Auftrag berichten." Jesus trank einen großen Schluck und reichte ihn Diana, die für sich keinen Becher mitgebracht hatte.

„Trink aus meinem Becher. Der Traubensaft schmeckt wirklich vorzüglich."

„Ich werde mich über einen Zeitraum von mehreren Jahren hier in Ephesos aufhalten, währenddessen wir regelmäßige Übungen und so genannte mediale Sitzungen abhalten werden. Ich merke schon, wie groß deine Medialität ist." Jesus schaute Diana tief in die Augen.

„Und unter meiner Anleitung wirst du eine hohe Medialität erreichen, die ihr dann gebrauchen müsst, wenn ich Ephesos wieder verlassen habe. Es werden schwierige Zeiten folgen, aber in dieser schwarzmagischen Stadt, die Ephesos nun einmal ist, muss das Licht ansteigen und es muss eine Gruppe sich hier versammeln, die das Licht dauerhaft leuchten lässt. Die Botschaften aus dem Reich unseres Vaters sind für die Zeit danach unendlich wichtig. Es wird keine leichte Zeit werden, aber eine entscheidende. Ihr braucht keine Angst zu haben. Durch den Kontakt zu dem Reich unseres Vaters werdet ihr immer geschützt sein."

„Wie wird diese Medialität aussehen? Ist sie vergleichbar mit der einer Pythia in Delphi?" Diana schien gut informiert. In ihren Worten war eine große Stärke sichtbar. Normalerweise waren Priesterinnen in solchen Tempeln immer ein wenig weltfremd, aber bei Diana konnte Jesus diesen Charakterzug nicht entdecken.

„Nein, diese Medialität hat eine andere Qualität." Jesus lächelte sie liebevoll an. „Die medialen Fähigkeiten einer Pythia haben nichts damit zu tun. Wie ich informiert bin, muss eine Pythia mehrere Tage fasten, und sie setzt sich bei der Befragung bewusstseinsverändernden Dämpfen aus, die aus einer Erdspalte emporsteigen. Außerdem muss sie Blätter von Lorbeerbäumen kauen, die in Kombination mit einem magischen Trank wie eine zweite Droge wirken. Dann fällt sie in Trance. Aber das große Problem dabei ist, dass sich einer Pythia, die bewusstlos ist vor lauter Gerüchen und Dämpfen, keine geistigen Wesen aus dem Reich unseres Vaters zeigen, sondern Wesenheiten aus den negativen Sphären, aus dem Reich der Toten. Deshalb sind diese Botschaften auch so seltsam und oftmals unsinnig, und sie können das Leben innerhalb kürzester Zeit zerstören." Jesus blickte traurig auf das Meer hinaus.

„Unser Gott ist einfach und klar. Er möchte uns Kindern hier auf der Erde helfen, und er spricht nicht in Rätseln, die wir nicht verstehen. Deine Medialität, Diana, ist eine ganz andere. Du musst keine Tänze oder irgendwelche Rituale aufführen. Nein, du setzt dich wie immer ganz ruhig hin. Bald schon wirst du merken, dass deine Seele deinen Körper verlässt und ein Wesen aus dem lichtvollen Reich Gottes sich deines Körpers und deiner Stimmbänder bemächtigt wird, damit alle Anwesenden das auch verstehen können." Jesus trank seinen Becher leer.

„Ja, ich habe mich einige Male so gefühlt, als ob sich meine Seele aus meinem Körper herausdrehen wolle. In den letzten Wochen ist das zwei oder drei Mal geschehen."

„Das sind die ersten Anzeichen dafür, dass du schon bald deine Arbeit ausüben kannst. Diese Medialität ist natürlich nicht so spektakulär wie die einer Pythia, aber sie ist sicherer und viel umfassender, denn der Kontakt erfolgt mit den positiven Wesen im Hause unseres Vaters, wie ich ja vorhin schon erwähnte. Olympios, sind wir hier die nächsten Momente wirklich ungestört?"

„Ja, Jesus, hier ans Meer kommen um diese Tageszeit kaum Menschen. Manchmal treibt sich einiges Gesindel herum, aber erst gegen Abend, wenn es dunkler wird."

„Gut. Ich möchte einen kleinen Versuch starten." Jesus war aufgestanden und schüttelte seine Hände aus.

„Diana, ich würde dich bitten, deine Augen zu schließen und dich aufrecht hier auf diesen Fels zu setzen. Und du, Olympios, stellst dich einen Schritt vor sie und versuchst, sie gedanklich in das hellste Sonnenlicht einzuhüllen, das du dir vorstellen kannst."

Nachdem sich Diana gesetzt, ihre Augen geschlossen und Olympios seinen Platz eingenommen hatte, ging Jesus hinter sie, hielt seine linke Handfläche gen Himmel und die rechte über Dianas Kopf. Er bemerkte in ihrer Ausstrahlung eine große Kraft, eine Kraft, die endlich ungestört fließen wollte. Es war ganz deutlich, dass sie heute schon so weit war, die letzte Weihe zu erhalten.

Jesus schüttelte ungläubig den Kopf. Konnte das wirklich schon heute sein? Er hatte erst in einigen Monaten oder in den nächsten ein oder zwei Jahren damit gerechnet, aber es fühlte sich deutlich danach an, dass Diana schon bereit für ihre Einweihung in die göttliche Kraft war. Er hörte noch einmal auf seine innere Stimme, die ihm das deutlich bestätigte.

„Diana, ich werde nun meine Hände über deinen Kopf halten und es könnte sein, dass du eine große Energie durch deinen Körper fließen fühlst. Wie sie sich bei dir äußert, werden wir sehen. Hab Vertrauen, du wirst das fühlen, was du fühlen sollst. Diese Kraft wird dich endgültig befähigen, deine mediale Arbeit, in der du von Olympios schon viele Jahre vorbereitet wurdest, auszuführen. Hast du noch Fragen?"

Diana schüttelte den Kopf.

„Lass alles geschehen, was geschehen soll." Jesus schloss ebenfalls seine Augen, streckte seine Arme gen Himmel und betete laut.

„Herr, unser Vater im Himmel, bitte ermächtige Diana mit deiner göttlichen Kraft, auf dass sie ihre Arbeit in deinem Sinn ausführen kann. Beschütze ihre Seele in diesem Leben, führe sie und segne sie mit deiner Liebe und Weisheit. So soll es sein."

Jesus führte seine Hände wieder abwärts und legte sie seitlich auf Dianas Kopf. Jesus spürte schon, was für eine enorme Energiemenge floss. Selten hatte er sie so stark fließen gespürt wie hier bei dieser zarten Frau. Er konzentrierte sich und vergaß alles um sich herum. Er sah vor seinem inneren Auge, wie sich ein breiter Lichtstrahl über Dianas Schädeldecke in ihren ganzen Körper ergoss, bis er durch ihre Füße in die Erde hinein glitt! Es fand gerade eine Reinigung statt. Dianas Körper fing an zu zittern, ihr ganzer Körper bebte. Es dauerte einige Minuten, bis sie bewusstlos nach hinten in Jesus' Arme fiel. Olympios eilte zu ihm und nahm sie an ihren Füßen. Zusammen legten sie sie ins Gras.

„Diana! Komm zurück." Jesus sprach in einem strengen Ton. Kurz darauf erzitterte ihr ganzer Körper, und sie öffnete ihre Augen. „Gut, jetzt ruh dich ein wenig aus. Wir bleiben noch eine Weile hier sitzen.

„Was ist passiert?", fragte Olympios erschrocken.

„Hab keine Angst. Unser Vater im Himmel hat sie gesegnet und mit seiner Kraft dazu befähigt, ihre Arbeit zu tun." Jesus streifte sachte Olympios' Oberarm.

„Sie hat heute eine Weihe empfangen. Eine große und reine Kraft ist durch sie geflossen, wie es nur die wenigsten Menschen ertragen können. Ihrer Seele war diese Kraft bekannt, aber ihr Körper musste sich erst noch an sie gewöhnen. Deshalb hatte der Körper gewackelt." Er schaute auf Diana herab. Ihr Atem wurde schwerer und langsamer. Sie schien jetzt zu schlafen.

„Diana muss sich jetzt ausruhen. Für ihren Körper ist eine so hohe Energiekonzentration sehr anstrengend. Das muss sie jetzt erst einmal verkraften, am besten durch Schlaf." Er lächelte Olympios zu. „Du kannst dich unterdessen um deine anderen Priesterinnen kümmern. Ich wache hier so lange, bis sie wieder aufwacht."

Aufregungen

Alexus stand in seinem Arbeitszimmer und schaute über die Dächer von Ephesos' Unterstadt. Gerade hatte er den Penaten, den Hausgöttern, ein kleines Opfer dargebracht. Auch bei sich zu Hause müsste er das einmal tun. Die Penaten fühlten sich vielleicht von ihm übergangen. Er sollte sich mehr um die Küche und das Essen kümmern. Ja, auch mal die Vorratskammern begutachten. Vielleicht waren die Penaten unzufrieden und ärgerten ihn, indem sie immer wieder Streit vom Zaun brachen. Wie heute.

Dieser sonnige Tag begann für Alexus wie ein Albtraum. Erst hatte er sich mit seiner Frau gestritten, dann hatten ihn seine fünf Kinder wieder zur Weißglut gebracht. Als ob das nicht gereicht hätte, hatte ihn auf dem Weg zur Arbeit irgendein hergelaufener Lustknabe fast umgerannt, sodass er sich nur noch mit Mühe an der Wand festhalten konnte, ohne in den Dreck zu fallen. Und jetzt auch noch das. Er hatte eben gerade das Gerücht gehört, dass ein blinder Bettler in Smyrna von einem Fremden wieder sehend gemacht worden sei. Ein Bettler, der schon seit zwanzig Jahren blind war! Wäre dieser Bettler von Geburt an blind gewesen, hätte man ihn, wie viele andere missgestaltete oder schwächliche Kinder auch, gleich nach der Geburt ertränkt oder erwürgt. Aber der Bettler war nun mal nicht von Geburt an blind gewesen.

Manchmal hasste er diese vielen Wichtigtuer, diese falschen Propheten, aber eigentlich nur, weil er seine Geburtsstadt so sehr mochte. Kein hergelaufener selbst ernannter Prophet durfte seine Stadt in den Dreck ziehen mit so ominösen Vorhersagen oder Heilversprechen, die sowieso nicht eintreffen konnten. Unzählige solcher Menschen kamen nach Ephesos, Propheten, Wunderheiler, Magiere, Fantasten. Alle waren sie nur hinter einem her: Denare und nochmals Denare. Ein As war für dieses Völkchen zu wenig, auch mit Sesterzen hielten sie sich nicht lange auf, nein, es mussten Denare sein. Und hier hörte der Spaß auf. Diesen Halsabschneidern musste das Handwerk gelegt werden. Und dieser Bettler war wahrscheinlich nie blind gewesen. Hatte für seine Aussage ein As erhalten und diesen Verbrecher von Wunderheiler zu einem Helden gemacht. Ja, so musste es gewesen sein.

Heute würde er Olympios besuchen. Wenn einer über dieses ganze Gesindel Bescheid wusste, dann er. Er war zwar ein Träumer, aber ein redseliger Träumer. Na ja, wenn er, Alexus, immer unter hunderten von schönen Frauen leben müsste, dann käme er selbst vor lauter Sehnsucht nach ihren Körpern auch zu nichts anderem mehr.

Alexus gehörte dem Boule, dem Rat der Stadt, an. Eigentlich war ,angehören' nicht richtig ausgedrückt. Er war, warum sollte man es nicht beim Namen nennen, als Strategos nicht nur die linke Hand des Boularchos, des Oberhaupts und offiziellen Sprechers des Rates, sondern er war auch der, der über vorgesehene Beschlüsse berichtete und zwar so berichtete, dass sie nur noch vom Rat oder der Volksversammlung abgenickt werden mussten. Er war sozusagen eine der wichtigsten und einflussreichsten Persönlichkeiten der ganzen Stadt.

Seine Arbeitsstätte war das Prytaneion, das eigentliche Rathaus der Stadt, das neben dem Odeion, der Versammlungsstätte des Rates, lag. Genau gegenüber lag das geistige Zentrum von Ephesos, der Staatsmarkt, der jetzt nach jahrelanger Arbeit, ebenfalls wie die Agora, mit einer Säulenhalle verziert war und endlich die Macht darstellte, was man von diesem Viertel und besonders von dieser Stadt auch verlangte. Im Prytaneion brannte das ewige Feuer der Hestia, das von den Kureten, den Mitgliedern einer mehr oder minder geheimen Kultvereinigung von geweihten Jünglingen, gehütet wurde und das nie erlöschen durfte, da es doch das Sinnbild des Schutzes, des Lebens und des Gedeihens der Stadt war. Dass aber ausgerechnet solch mädchenhafte Kreaturen dieses großartige Symbol von Ephesos hüten mussten, konnte er leider nicht ändern.

Alexus verließ die Stadt mit großen Schritten durch das Magnesische Tor. Hoffentlich war Olympios anwesend, denn schließlich drängte ihn im Inneren etwas, dass er die Nachricht von dieser scheinbaren Heilung ganz schnell aufklären musste. Es gab viele dieser Fantasten, aber die meisten redeten nur, wenn sie Ephesos durchreisten, aber eine Heilung? Nein, das kam nicht häufig vor.

Alexus kam mit Olympios gut aus. Nicht zuletzt deshalb, weil im Tempel die Bank von Ephesos ansässig und Olympios für sie zuständig war. Im Tempel lag eine Menge Gold und Münzen. Ephesos hatte schließlich eine eigene Münzstätte. Jeder wohlhabende Bürger aus der Stadt hielt einen Teil seines Reichtums im Tempel aufbewahrt. Also durfte Alexus es sich nicht mit Olympios verscherzen, wer weiß, welchen Nutzen ein gutes Verhältnis zu ihm bringen konnte!

Als der Tempel in Sichtweite kam, sah Alexus schon von weitem die römischen Wachen, die für die Sicherheit der Bank im Tempel verantwortlich waren. Seit einigen Monaten allerdings war die Bank nicht mehr so sicher, wie noch vor Jahren. Diebe gab es immer öfter, versuchte

Einbrüche mehrten sich, bis der Kaiser dem Tempel Wachen zusprach. Aber es gab auch noch einen zweiten Grund. Schließlich war der Tempel auch eine Asylstätte, und deshalb musste die Sicherheit gewährleistet sein für die, die um Asyl baten. Denn nichts war schlimmer, als wenn der Kaiser von einer Verletzung dieser Asylstätte erfahren hätte.

Alexus spuckte aus. Soldaten, die einen Tempel bewachten! Das war so, als ob Tiberius, der neue römische Kaiser, Ziegenmilch trinken würde. Einfach absurd. Dieser Anblick war grässlich. Zudem hielten diese Soldaten Reisende vom Besuch des Tempels ab. Naja, im Moment gab es für ihn Wichtigeres.

Dann sah er Olympios, der in der Nähe des Meeres stand. Seltsam. Er unterhielt sich in aller Öffentlichkeit. Das kam – die Götter wissen es am besten – wirklich nicht sehr häufig vor. Die Zeit war nicht zum Vertrödeln da, war, wie Alexus wusste, der Leitsatz von Olympios. Egal, jetzt musste Olympios das Gespräch mit dem Fremden eben beenden, schließlich war er, Alexus, einer der höchsten Vertreter dieser Stadt, im Anmarsch.

„Ah, Alexus, ich grüße dich. Es ist selten, dass du dich in diese Gefilde hier verirrst." Olympios zeigte ihm seine lieblichste Seite.

„Olympios, ich grüße dich. Darf ich dich kurz sprechen?"

„Worum geht es, Alexus?"

„Es ist ein Thema, das einer gewissen Diskretion bedarf."

„Darf ich dir übrigens Jesus vorstellen, einen sehr guten Freund, der gerade in der Stadt ist."

Er nickte dem Mann mit Namen Jesus höflich, aber distanziert, zu.

„Alexus, ich habe keine Geheimnisse vor Jesus. Du kannst ruhig hier mit mir sprechen."

„Gut, … wie du willst. Es scheint wieder einmal ein so genannter selbst berufener Prophet in der Stadt zu sein."

„Das ist ja nichts Neues, Alexus."

„Nein, aber das Außergewöhnliche ist, dass dieser Fantast vor einigen Tagen in Smyrna einem Blinden sein Augenlicht wieder geschenkt haben soll. Und diesen Gerüchten müssen wir hier nachgehen und endlich Einhalt bieten. Sag, hast du von diesem Mann gehört?"

„Du hast ihn gefunden."

„Wie meinst du das, Fremder?"

„Ich bin der, den du suchst."

Diese Worte des Fremden schockten den Strategos. „Du? Du hast diesen Blinden geheilt?"

„Ja, hätte ich das nicht gedurft?"

„Wie kommst du dazu, solche Behauptungen zu verbreiten?"

„Ich habe diese Behauptungen nicht verbreitet. Das waren die Menschen, die sich nicht mehr daran erinnern konnten, den Bettler jemals sehend erlebt zu haben."

„Was? Du erdreistest dich, das sogar noch zu bestätigen?"

„Warst du dabei oder ich?" Die Augen des Jesus funkelten ihn an. „Da ich mir nicht vorstellen kann, dass du diese Heilung mit eigenen Augen beobachtet hast, finde ich es sehr unhöflich von dir, mich als Lügner hinzustellen."

„Wie bitte?"

„Alexus, bitte beruhige dich. Jesus ist ein wahrer Heiler und kein Scharlatan. Er ist der Sohn Gottes." Olympios wollte das Streitgespräch schlichten, er schien verzweifelt.

„Der Sohn Gottes? Olympios, was für einen Schwachsinn erzählst du da!. Der Sohn Gottes ist Tiberius, der römische Kaiser."

„Jesus ist der Heiland, der Messias."

„Olympios, ich darf dich daran erinnern, dass es dir nicht unbekannt sein dürfte, dass in einer Inschrift vor den Gebäuden des Rates der Stadt geschrieben steht: Der Kaiser des römischen Reiches ist der von Ares und Aphrodite abstammende, offenbar gewordene Gott und Allheiland des menschlichen Lebens." Alexus warf Olympios einen strengen Blick zu. Dann beobachtete er Jesus, der seinen Kopf etwas zur Seite hielt und kaum merkbar nickte. Was erdreistete sich dieser Blauäugige? Wie konnte er mit ihm, einem der Stadtobersten, so sprechen?

„Alexus, darf ich dich davon überzeugen, dass Gott, unser aller Vater, deine Beschwerde, die du hast, auflösen kann?"

Alexus konnte nicht reagieren.

„Olympios", fuhr dieser Jesus fort, „kannst du uns einmal für wenige Minuten allein lassen?" Dieser nickte und stellte sich einige Schritte weiter entfernt mit Blick auf das Meer.

Alexus war immer noch sprachlos. Der Fremde sprach ganz ruhig und sachlich.

„Alexus, möchtest du mir dein gesundheitliches Problem nennen? Ich kann dir helfen?"

„Da du doch scheinbar alles weißt, kannst du es mir doch jetzt sagen, oder etwa nicht?"

„Ich weiß es schon, aber du musst bereit sein, dich der großartigen Heilfähigkeit des einen großen Gottes anzuvertrauen."

„Glaubst du nur an einen Gott? Aus welchem primitiven Land kommst du, dass du nur von einem Gott sprichst? Ist das nicht ein bisschen wenig? Wir haben hier unzählige Gottheiten in der Stadt, die uns beschützen."

„Alexus, es kommt nicht auf die Menge der Götter an, sondern auf die Kraft der Götter oder des Gottes. Und da du wohl …" Jesus hielt kurz inne, bevor er weiterfuhr, „und da du schon sehr vielen Göttern Opfer dargebracht hast, um dir deine Geschwulst am Bauch heilen zu lassen, was aber kein einziger deiner Götter bisher geschafft hat, dann darf ich annehmen, dass es hier in Ephesos nicht sehr große Götter gibt."

Alexus war sprachlos. „Woher weißt du von …"

„Der Gott, an den ich glaube und der uns Menschen beschützt, hat es mir mitgeteilt. Ich weiß, dass du ganz tief in deinem Inneren ein gläubiger Mensch bist, aber durch viele widrige Umstände hast du dein Herz verschlossen. Sag mir, willst du die Geschwulst vernichten? Vertraust du dich dem einen Gott an, der stärker ist als alle anderen Götter, die du kennst?"

Alexus konnte keinen klaren Gedanken fassen. Nein, nein, nein, schrie sein Geist, aber seine Seele beantwortete die Frage des Fremden, ohne dass er es verhindern konnte. Und schon waren die Worte gesagt. „Ja, ich möchte es versuchen. Was soll ich tun, Jesus?"

„Setz dich auf diesen Felsen, vertraue auf mich und meine Taten, und ändere danach deine Gedanken. Dann wird Gott die Geschwulst in wenigen Momenten aufgelöst haben."

„Gut, fangen wir an." Alexus setzte sich. Er spürte wie Jesus ihm die Hände auf den Kopf legte, und er hörte seine Worte. „Herr, unser Vater im Himmel, bitte erlöse Alexus von seinem Leiden und hilf ihm, die Wahrheit in der Schöpfung und im Leben zu erkennen. Er ist eine gläubige Seele, jedoch hatte er über viele Jahre sein Herz verschlossen. Nimm die Geschwulst mit in dein Reich und erlöse Alexus von dem Leid. So soll es sein."

Danach führte der Fremde die Hände über seine Tunika auf die Höhe seiner Geschwulst, strich einige Male kreisförmig über sie und löste sich danach von Alexus. Dann ging er zum Wasser und spülte seine Hände aus.

„Alexus, jetzt geh bitte mitsamt deiner Tunika ins Meer und tauche einmal ganz mit deinem Körper unter. Danach wirst du frei von der Geschwulst sein."

„Ich soll jetzt einfach hier in aller Öffentlichkeit ins Meer steigen?"

„Seit wann seid ihr Griechen so prüde?"

„Ich bin nicht prüde, nur ich … ich …"

„Glaubst du mir und vertraust du auf Gott?"
Alexus musste mehrere Male tief durchatmen, bis er den Mut hatte zu antworten.
„Ja, ich versuche es."
„Gut, dann tu es jetzt."
Alexus überwand sich, denn so etwas hatte er noch nie gemacht. Er vertraute den Worten eines Fremden, den er eben noch am liebsten in das dunkelste Verlies einkerkern lassen wollte, und ging angezogen ins Wasser. Wenn ihn jetzt die anderen Ratsmitglieder sehen könnten, dann würde er vor lauter Scham nicht mehr glücklich werden. Aber er überwand sich, ging ins Wasser, bis es ihm zu den Hüften reichte. Dann tauchte er einmal unter und ging wieder zurück an Land. Zum Glück würden das Ober- und das Untergewand schnell trocknen, denn es war mittlerweile schon wieder sehr warm.
„So, Alexus, dann fühle mal, ob deine Geschwulst noch da ist oder ob dein Glaube dich geheilt hat."
Alexus führte langsam seine Hände an die Stelle der Geschwulst und … was spürte er dort? Nichts. Er rubbelte auf der Stelle hin und her. Sie war verschwunden. Hätte er vor ein paar Minuten so stark auf seiner Geschwulst herumgerieben, dann hätte er vor Schmerzen aufgeschrien. Aber nichts schmerzte, gar nichts.
„Sie ist weg. Die Geschwulst ist weg. Einfach so. Wie hast du das gemacht, Jesus?"
„Nicht ich, sondern dein Glaube hat dich geheilt. Du warst es."
Alexus tastete seinen Körper ab, aber die große Geschwulst war wirklich verschwunden.
„Jesus, wie kann ich mich bei dir bedanken?"
„Ich möchte mich demnächst noch einmal eingehend mit dir unterhalten, aber erst, wenn du dich beruhigt hast. In ein paar Tagen frage Olympios, wie du mich erreichen kannst. Ich denke, dass es auch für dich interessant sein könnte." Dann drehte sich Jesus um, ging zu Olympios und ließ ihn, den ratlosen Alexus, stehen. Einen verstörten, aber überglücklichen Alexus. Einen endlich gesunden Alexus, der sich nicht mehr vor seiner Frau schämen musste und endlich mit seinen Ratskollegen in die Therme gehen konnte. Glücklich pfeifend rannte er zurück in die Stadt. Ohne Geschwulst.
Diese wurde gerade von einer Muräne verspeist.

∞

Diana lag auf ihrer Schlafstätte und ließ den heutigen Tag noch einmal in Ruhe an sich vorüberziehen. Sie hatte viele Stunden neben Jesus geschlafen. Was war heute am Meer nur passiert? Sie erinnerte sich noch an ein großes Licht, das in sie hineingeströmt war, und dann hatte sie keine Erinnerung mehr, bis ihre Augen die schönsten blauen Augen erblickt hatte, die sie jemals gesehen hatte. „Du hast mehrere Stunden geschlafen, und ich habe über dich gewacht", sagte die Stimme, die zu den Augen gehörte. Erst viele Momente später hatte sie die Augen Jesus zuordnen können.

„Ich habe über dich gewacht." Was für ein schöner Satz! Olympios hatte ihr vorher schon einiges von Jesus und seiner Mission erzählt. Sie glaubte Olympios, dass auch sie beide einen Teil dieser Aufgabe erfüllen sollten, aber ganz überzeugt war sie nie gewesen, schließlich hatte sie mehrere Jahre lang Übungen vollzogen, die sie mehr und mehr gelangweilt hatten. Es hatte kaum Veränderungen gegeben, abgesehen von den Schwindelgefühlen in den letzten Wochen, die sie gespürt hatte.

Aber heute Jesus erlebt zu haben, ihn sprechen gehört zu haben, die Energie, die aus seinen Händen floss, gefühlt zu haben, ließen sämtliche Zweifel in ihrem Inneren schwinden. Sie spürte immer noch den Geschmack auf ihren Lippen, als er ihr seinen Becher mit Traubensaft gereicht hatte, damit sie ihren Durst löschen konnte. Was für ein Mensch, dieser Jesus! Ja, ihm vertraute sie ohne Einschränkungen, ihm glaubte sie alles. Sie würde ihr Leben opfern, wenn er es verlangen sollte.

Als ob das Licht, das sie gesehen und gespürt hatte, noch nicht genug gewesen wäre, nein, dann kam das Gespräch auch noch auf Josua. Sie erinnerte sich an jedes Wort, was sie mit Jesus heute nach ihrem Tiefschlaf gewechselt hatte.

„Was übrigens noch wichtig wäre, es müsste auch noch ein Schreiber während dieser Treffen anwesend sein, damit die Botschaften protokolliert und anschließend noch verteilt werden können." Jesus hatte das Thema gewechselt.

„Hier könnte ich dir einen Namen nennen, Jesus. Ich kannte einmal einen Josua, der des Schreibens sehr kundig war."

„Ich habe gehofft, dass du das sagst. Ich kenne ihn schon, da ich bei ihm wohne."

„Du wohnst bei ihm?", hatte Diana ungläubig gefragt.

„Ja. Ich weiß, wie gut er schreibt, er weiß nur noch nichts von seinem Glück." Sie hatten beide gelacht.

„Woher kennst du ihn?"

„Wir sind im gleichen Ort in Galiläa aufgewachsen. Wir verbrachten ungefähr zwei Jahre zusammen, bis er nach Ephesos gezogen war."

„Ihr wart Spielkameraden?" Sie konnte noch ihre Fassungslosigkeit spüren, wie klein letztlich die Welt war.

„Ja, so könnte man es nennen."

„Diana, wäre Josuas Anwesenheit dir während dieser Treffen genehm?"

„Ja, warum fragst du?"

„Ich hörte davon, dass ihr euch einmal sehr gut kanntet."

„Ja, wir sind uns einmal begegnet und haben ein paar Stunden zusammen verbracht. Aber das ist lange her. Gut kennen ist, glaube ich, etwas anderes."

„Das würde ich so nicht sagen. Manche Menschen sind jahrelang miteinander verheiratet und kennen sich doch nicht. Und manchmal reicht ein Moment, um einen anderen Menschen bis in die Tiefe seiner Seele zu erkennen. Könntest du damit umgehen, wenn die Liebe, die zwischen euch war, wieder aufflammen würde?"

„Ja, das könnte ich, denn ich habe mein Keuschheitsgelübde bis heute nicht gebrochen und werde es auch nicht brechen."

„Manchmal ist es wichtig, Regeln zu brechen."

„Wie meinst du das?"

„Wie hast du das Gelübde abgelegt? Wollte es deine Seele, oder wollte es dein Geist, weil die Regeln im Tempel es dir vorschrieben?"

„Weil die Vorschriften es so verlangten."

„Und was wolltest du?"

„Ist nicht die geistige Liebe, von der wir immer hören, agape, am wichtigsten?", fragte sie ihn, fast sogar ein bisschen frech.

„Ist nicht für den Menschen wichtig, jeden Aspekt der Liebe zu leben?", gab er im selben Ton zurück.

Sie erinnerte sich noch daran, in was für tiefe Gefühle Jesus sie mit seinen wenigen Fragen geschickt hatte.

„Und was wolltest du?" Ja, das war eine schwierige Frage. Was wollte sie wirklich?

„Liebe das Leben, Diana. Liebe das Leben mit seinen vielfältigen Aspekten. Es reicht nicht nur, die Liebe zu lieben, sie muss auch gelebt werden. Und das schönste im Leben sind die Menschen, die wir treffen."

Das waren die letzten Worte von Jesus heute Mittag. Danach sah er ihr tief in die Augen und lächelte ihr mit seiner ganzen Seele zu.

Jetzt erst, mitten in der Nacht, wurde ihr das Ausmaß dieses Zusammenseins mit Jesus bewusst. Sie hatte die ganze Größe seines Seins erkannt. Er hatte sie mit seinem hoheitlichen Wesen erleuchtet und die toten Winkel, die sie vorher nicht gesehen oder sogar verdrängt hatte, zum Vorschein gebracht. Sein Licht erleuchtete ihre Seele und ließ sie in Bewegung geraten. Sein Licht ließ die Liebe in ihrem Inneren hervorbrechen, die unter den starren Gesetzen und vielfältigen Vorschriften der langen Geschichte des Tempels verborgen war. Sein Licht erhellte ihre Sicht auf das Leben, das sie bisher nicht in der ganzen Vielfalt erfasst hatte.

Diana war trotz vieler Gedanken und innerer Aufregung eingeschlafen. Sie träumte, wie die Liebe in ihr zu brennen begann und ihren ganzen Körper mitsamt der erlebten Vergangenheit verbrannte. Aus der Asche wuchs eine kleine Pflanze aus reinstem Licht hervor, die sich am Ende in einen neuen Lichtkörper verwandelte. Und in diesem Körper lebte die Liebe, in allen Facetten, in allen Nuancen, in allen Farben.

∞

„Was hast du gemacht?" Josua fiel das Stück Brot aus der Hand und landete in der Erbsensuppe, wo er es gerade eintunken wollte. Er saß wieder mit Judith, Mirjam und Jesus beim Abendmahl. Es waren nun schon einige Tage vergangen, seit Mirjam und Jesus überraschenderweise in Ephesos aufgetaucht und bei ihm eingezogen waren.

„Ja, Bruderherz, ich habe Micha und Lea eingeladen." Judith lächelte ihn an. „Irgendwann müsst ihr euch mal begegnen. Du kannst nicht ewig vor deinem Bruder wegrennen." Mittlerweile lachte sie aus vollem Herzen und zwinkerte Jesus zu, ohne sich vergewissert zu haben, dass Josua es auch gesehen hatte.

„Ich verstehe, ihr steckt hier alle unter einer Decke." Josua musste tief durchatmen, die anderen lachten.

„Du bist ein Meister im Flüchten. Und da mussten wir dir einfach den Fluchtweg versperren. Sie kommen übrigens morgen Abend. Möchtest du allein mit ihnen reden, oder sollen wir dabei sein?" Judith genoss es, ihren Bruder so aus der Fassung zu bringen.

„Wenn ihr mir das schon einbrockt, Judith, dann wäre es auch schön, wenn ihr mir dabei helft, die Suppe auszulöffeln. Ihr seid dabei."

„Gut. Ich hatte vor, euch morgen meine Kräutersuppe zu kochen, die wir dann auslöffeln können." Judith grinste. „Anschließend kredenze ich euch Hühnerschenkel in Joghurtmarinade mit käsegefülltem Weißkohl. Und ganz zum Schluss, wenn sich deine Nerven wieder beruhigt haben, gibt es meinen unschlagbaren Apfelkuchen." Judith konnte nicht mehr aufhören zu lachen. Zu sehr hatte sie Spaß daran, ihren Bruder zu foppen.

„Ich freue mich, dass ich ein Teil deiner Lebensfreude sein kann." Er knuffte sie in den Arm und es dauerte eine lange Weile, bis sich alle vier vom vielen Lachen erholt hatten. Die beiden Frauen fingen an, den Tisch abzuräumen.

„Wie lange hast du deinen Vater nicht mehr gesehen?"

„So neun oder zehn Jahre. Ich bin ihm auch nie irgendwo über den Weg gelaufen. Aber da er die meiste Zeit sowieso in seiner Synagoge verbringt und die Schüler belehrt, war es auch wirklich kein Wunder."

„Wie denkst du heute über ihn?"

„Warum fragst du? Mein Vater ist mir unwichtig."

„Wirklich?" Jesus ließ nicht locker.

„Ja. Vor vielen Jahren noch habe ich ihn über alle Maßen gehasst. Jetzt habe ich ein neutrales Gefühl ihm gegenüber."

„Was ist ein neutrales Gefühl, Josua? Hast du ihm ein Gefühl gegenüber oder keines?"

„Wenn ich mittlerweile an ihn denke, dann ist nur noch ein wenig Traurigkeit da."

„Und kein Hass?"

„Ja, doch, aber nur ein klein wenig. Ich bemühe mich einfach, nicht an ihn zu denken."

„Versuch' ihm zu verzeihen, egal was er dir angetan hat. Wenn du ihm für alles verziehen hast, dann erst wirst du deine innere Ruhe wieder finden."

„Leichter gesagt als getan."

„Ich habe nicht gesagt, dass es leicht ist, es ist aber der einzige Weg. Gestern habe ich mit Judith über Bohan gesprochen. Sie muss ihm ebenfalls verzeihen. Glaube mir, dies ist der einzige Weg zur seelischen Freiheit. Josua, du hast ein großes Herz, also lass dein Herz dir endlich zeigen, was es so alles kann."

„Kann ich nicht inneren Frieden erhalten, ohne noch einmal mit Samuel zu tun zu haben?"

„Nein."

„Warum nicht, Jesus?"

„Da er ein Teil deines Lebens war, als du gestorben bist, muss er ein Teil deines Lebens sein, wenn du wiedergeboren wirst. Außerdem weil du ein Teil von ihm bist und er ein Teil von dir. Du bist ein Teil deiner Mutter und sie ist ein Teil von dir. Auch wenn ihre Seele jetzt glücklich im Reich unseres Vaters lebt."

„Und was ist, wenn er mir nicht verzeiht?"

„Das hat dich nicht zu interessieren, was dein Vater macht. Das einzige, was wichtig ist, dass du alles, was in deiner Macht steht, tust, den Graben zwischen euch wieder mit Liebe aufzufüllen, damit ihr darübergehen und euch wieder von Seele zu Seele begegnen könnt. Du bist der Brückenbauer deines Glücks. Du bist allein für dich verantwortlich."

Dieses Leben hier in Ephesos ist schon anders als die letzten Jahre, wo auch immer ich gewesen bin. Nie konnte ich sagen, dass ich eine Heimat hatte. Nie konnte ich sagen, hier werde ich bleiben. Deswegen genieße ich es, dass ich hier in Ephesos ein neues Zuhause gefunden habe, auch wenn es nur für ein paar Jahre sein wird. Die Zeiten, die ich bei den Santinern im Raumschiff sein werde, möchte ich hier nicht anführen. Dort ist mein eigentliches Zuhause. Dort, wo es keine Zwietracht, keine egoistischen Menschen, keine Gewalt gibt, und keine Begleiter, die über alles murren und meckern. Heute hatte ich wieder einmal ein Streitgespräch mit Simon Petrus, der eine göttliche Anweisung nicht richtig verstanden hatte. Naja, wie sollte er auch, da er ja einen sehr kleingläubigen Geist hat, der die Größe des Universums, der ewigen Möglichkeiten seines Vaters, nicht richtig erfassen kann. Jaja, ich weiß, ich darf so nicht denken und schreiben, aber du weißt, wie ich es meine. Ich verstehe ihn, aber manchmal muss ich meinen Gefühlen eben freien Lauf lassen. Deshalb schreibe ich so gern hier meine Gedanken auf. Vater, ich bin manchmal auch nur Mensch. Danke, dass du mich trotzdem liebst. Oder vielleicht ja gerade deshalb?

∞

Josua war schon den ganzen Tag aufgeregt. Heute sollte er Lea und Micha treffen. Deshalb setzte er sich früher als sonst an seine Schreibarbeiten, um sich abzulenken. Er musste gerade für den Verein ephesischer Kaufleute, die die Geschäfte in der Agora besaßen, einige Kopien anfertigen. Dazu gehörten auch die Budenbesitzer in der ganzen Stadt. Ihre Angebote, ihre Einkäufe und Umsätze mussten exakt aufgeführt werden. Und zwar nicht nur einmal, leider nein, sondern in fünffacher Ausfertigung. Das war ein Problem, da die meisten Unterlagen unvollständig waren und vor Lügen nur so strotzten. Aber sein Problem sollte es nicht sein. Er hatte ein ganz anderes: Heraklit oder Sappho mussten warten, denn die beiden hätten ihn entweder geistig oder körperlich angeregt. Aber heute Morgen war nichts zu machen. Seine Konzentration war auf dem Nullpunkt. Deshalb beschloss er, das Haus zu verlassen und die Therme zu besuchen.

Ganz gemächlich trottete er durch den Garten, schloss das Eingangstor und bog in die Gasse ein, die zum Hafen führte. Er konnte seinen Augen nicht trauen, als er an der Mauer die Worte las: „*Cacator. In cruce figaris!*"

„Lass dich ans Kreuz schlagen, du Kacker!", wiederholte er für sich. Was für eine Frechheit! Josua fühlte ganz intuitiv nach seinem Holzkreuz. Es war unter seinem Gewand versteckt. Das war gut.

Cyriax musste ganz schnell die Wand säubern, bevor irgendjemand diese Worte bei Tageslicht zu Gesicht bekam. Josua fühlte sich durch diese Worte wieder in seine Kindheit versetzt, als er mit Jesus und seiner Familie im Theater saß, wo es eine Kreuzigungsszene gab und Jesus danach krank geworden war. Aber warum musste er gerade jetzt an diese Szene denken? Josua konnte nur hoffen, dass Mirjam und Jesus das heute früh nicht gelesen hatten, als sie das Haus verließen.

Bevor die Therme seinen Körper entspannen sollte, hatte Josua noch etwas zu erledigen. Er ging in die Bibliothek, erhellte mit einem Kandelaber den dunklen Raum und wühlte in einigen Rollen, die fast lieblos in einer Ecke lagen. Da war sie, die Rolle, die er gesucht hatte.

Er musste über seine Naivität jetzt noch lächeln, als er an die Zeit zurückdachte, als er vor Jahren vermehrt durch die Stadt gestreunt war und dachte, er könne mit seinen Unternehmungen etwas erreichen. Damals hatte er hunderte von Kritzeleien niedergeschrieben, um den Verantwortlichen der Stadt diese Frechheiten mitzuteilen, aber sie hatten sich nicht darum gekümmert.

„Das ist Ephesos. Ich habe hier Wichtigeres zu erledigen, als irgendwelche Schmutzfinken zu verfolgen", hatte der damalige Beamte ihm mit einem ironischen Lächeln geantwortet. „Du musst dich daran schon gewöhnen." Danach hatte der Römer ihn aus seinem Arbeitszimmer geworfen.

Es hatte aber viele Jahre gedauert, bis er sich an den ganzen Schmutz und Dreck in dieser Stadt gewöhnt hatte. An Kot und Urin in den Rinnsalen, an übelriechende und nach Mundgeruch stinkende Menschen, aber auch an die primitiven Ausdünstungen des menschlichen Geistes, die fast sämtliche Mauern und Außenwände von Ephesos zierten. Meistens wurde von den Schmutzfinken Holzkohle oder Kreide benutzt. Selten, aber es kam vor, sah man auch eingeritzte Zeichen und Kritzeleien, und nur einmal hatte er eine in ocker gesehen. Das wusste er, ocker war teuer. Das hatte ihm gezeigt, dass sogar Reiche dieser zweifelhaften Freizeitbeschäftigung nachgingen. Kein Wunder, dass der Rat der Stadt nichts von diesem Problem hören wollte.

Aber diese Kritzelei heute früh an seiner Mauer war anders. Sie war mit Tierblut geschrieben. Noch immer fühlte er die Empörung in seiner Seele, wenn er nur an den Inhalt dachte. War das Zufall? Oder war es eine Drohung? Auf jeden Fall musste er vor der Therme noch etwas erledigen.

Alles wurde verewigt. Und von jedem. Zwar war sich jeder Schmutzfink der Tatsache bewusst, dass der nächste starke Regen die Verunreinigungen wieder wegspülen würde, aber das schien nichts daran zu ändern. Danach waren nur noch mehr dieser Unikate zu finden.

Josua hatte sein Zielobjekt aufgerollt, und es trieb ihm die Schamesröte ins Gesicht, als er seine Aufzeichnungen las. Die meisten Äußerungen waren obszöner Art. Er konnte es sich am Anfang nicht vorstellen, wie Menschen überhaupt auf die Idee kamen, anderen Menschen öffentlich mitzuteilen, wer es mit wem und wo getrieben hatte und wer wem den Tod wünschte. Er hatte aus seiner Erinnerung verdrängt, wie obszön diese derben Beleidigungen und Flüche wirklich waren.

Neben jedem Ausspruch stand der Ort, wo er ihn gelesen hatte.

‚Messius hat hier mit Sabina gevögelt.' (Theater)

‚Romula machts dem einäugigen Festus mit dem Mund.' (Hafen, zweite Anlegestelle)

‚Der Knabenschänder Rufus fickt schlecht.' (neben Magnesischem Tor)

‚Rarus, du Krüppel. Mögest du verrecken.' (am Odeion)

Nein, so etwas wollte er jetzt nicht mehr lesen.

Harmlose Liebesbekundungen wie *‚Marcus liebt die Nymphe'*, politische Aufmunterungen wie *‚Dem Stadtrat alles Gute! Hoch lebe der Kaiser!'* und persönliche Neckereien wie *‚Cornelius ist ein Hampelmann'* waren fast sanftmütige Beispiele dieses Drecks.

Ganz am Ende las er sogar noch eine Weisheit, die ihn damals sehr getroffen hatte. *‚Wer liebt, dem gehe es wohl. Zugrunde gehe, wer nicht zu lieben versteht. Zweimal gehe zugrunde, wer zu lieben verbietet.'*

Ja, auf dem Weg, lieben zu können und es zu erlernen, befand er sich. Trotz des recht versöhnlichen Abschlusses dieser Rolle hielt er sie über den Kandelaber. Sie fing Feuer und war nach einigen Momenten nur noch Asche.

Danach ging er endlich zur seelischen Regeneration in die Therme. Heute wollte er einige Zeit im Caldarium verbringen, da seine innere Aufregung dazu führte, dass er schon den ganzen Tag fröstelte. Der Bademeister lächelte ihm zu, als er mit seinen abgetretenen Holzlatschen vorbeischlurfte. In den letzten Jahren hatte sich ihr Kontakt gesteigert. Nach einem anfänglichen kurzen, fast unsichtbaren Nicken über ein emotionsloses „Agathé tyche" bis hin zum Lächeln, das manchmal noch mit einigen Sätzen der höflichen römischen Gesprächsführung gespickt war. Das hatte Josua als eine große Auszeichnung ihm gegenüber verbucht, denn er hatte häufig beobachtet, dass der Bademeister nicht gerade ein As in der römischen Rhetorik war, sondern eher seine Gesprächspartner mit seiner muffigen Art vertrieb oder sogar bewusst übersah.

Es war heute wenig Betrieb, und Josua genoss es sehr. Nach einem kurzen Abstecher in das Tepidarium und einer anschließenden Massage – ein thrakischer Sklave lockerte mit seinen kräftigen und zugleich sanften Händen seinen verspannten Rücken – eilte Josua in das Caldarium, wo er am liebsten die nächsten Stunden verbracht hätte. Sein Körper fühlte sich gut an, sein Geist war klar, und seine Seele war etwas ruhiger geworden. Er schloss die Augen und genoss einfach nur die Wärme in dem großen Becken. Fast wäre er eingeschlafen, wenn nicht neben ihm zwei Kaufleute Platz genommen hätten, die in ihren Erzählungen wetteiferten, wer die besten Angebote hatte. Er brauchte eine Weile, bis er wieder richtig zu sich kam. Heute musste er sich wohl noch im ungeliebten Frigidarium abkühlen, denn er brauchte einen klaren Kopf. So machte er sich auf den Weg in das Becken im Nachbarraum.

Er stöhnte, als er im kalten Wasser untertauchte, aber gleich darauf fühlte er sich wie neu geboren. Jetzt noch eine warme Suppe bei Aigaleos, und er würde gestärkt und voller Zuversicht dem Treffen mit Lea und Micha entgegenblicken können.

∞

Jeden Moment mussten sie den großen Türklopfer betätigen, und er würde sie wieder sehen: Lea, die ihn so verletzt hatte. Das Gespräch mit Jesus gestern hatte ihm das noch einmal verdeutlicht. Ja, ihr hatte er verziehen, aber seinem Vater nicht. Wie würde Lea wohl aussehen, nach ungefähr neun Jahren? Wie würde sie ihm entgegentreten? Hatte Micha braune Haare wie Samuel oder …?

Ein lautes Klopfen unterbrach seine Gedanken. Mirjam und Jesus waren im Garten, Judith und Cyriax in der Küche. Josua atmete noch einmal tief durch und öffnete die Tür.

Und da stand sie, die Frau, mit der er wunderschöne Tage verbracht hatte. Die Frau, die ihn in die Liebe eingeführt hatte, die Frau, die so herzlich lachen konnte. Die Frau, die seiner Seele damals so gut getan hatte.

„Lea, ich…" Seine Worte stockten. „Ich…"

„Nimm mich einfach in den Arm, Josua." Lea schien ebenso aufgeregt zu sein, sie konnte aber ihre Aufregung mit ihrer Lockerheit besser überspielen. Sie übernahm wie damals die Führung.

Und dann drückten sie sich. Lange genug, um den anderen zu spüren, kurz genug, um nicht alte Wunden aufreißen zu lassen.

„Josua, darf ich dir, deinen S… äh, deinen Bruder vorstellen. Das ist Micha." Sie errötete. „Und Micha, dies ist dein älterer Bruder Josua, den du schon so lange kennen lernen wolltest."

Micha hatte sich hinter Lea versteckt und lugte hinter ihrem dunkelblauen Gewand hervor, suchte erst einmal Blickkontakt mit Josua, der unterdessen in die Hocke gegangen war.

„Micha, mein Bruder. Endlich lernen wir uns kennen." Josua war sichtlich berührt von Michas Augen, obwohl er nicht die Augen von Samuel in ihnen erkannte.

„Das wurde aber auch Zeit", sagte Micha, der ihn ganz ernst anschaute, während er sich immer noch hinter Lea versteckte. „Ich habe es mir schon seit vielen Jahren gewünscht. Warum hast du uns nie besucht?"

Da war sie, die Frage, vor der Josua so viel Muffe hatte. Er hatte sich zwar schon vorher Gedanken gemacht, was er darauf antworten sollte, aber ihm war einfach nichts eingefallen.

„Ich hatte sehr viel zu tun und war oft unterwegs."

„Ach so, mein Vater hat auch viel zu tun."

„Ja, das weiß ich, er war schon immer sehr beschäftigt." Josuas Lächeln gefror.

„Hast du deinem Bruder nicht etwas mitgebracht?", fragte Lea ihren Sohn.

„Ach ja." Micha kramte unter seinem niedlichen grünen Gewand, das mit einer goldenen Borte verziert war, eine kleine Papyrusrolle hervor. „Ich habe etwas für dich geschrieben. Weißt du, ich schreibe gern. Und Samuel hat mir mitgeteilt, dass es sogar Worte in den Büchern der Propheten gab, von einem Mann, der meinen Namen trug. Das habe ich mir natürlich schnell durchgelesen. Und von dort habe ich einen Teil für dich herausgeschrieben. Als mein Geschenk an dich." Micha überreichte Josua die kleine Rolle, die von einer Schleife ordentlich zusammengehalten wurde.

„Ich danke dir. Da bin ich aber sehr gespannt, was du mir geschrieben hast." Josuas Augen wurden feucht.

„Micha, ich habe auch etwas für dich. Das wollte ich dir aber erst heute Abend geben." Josua ging zu einem kleinen Tisch, der ein paar Schritte von ihnen entfernt stand, und holte eine kleine Holzkiste, die er Micha überreichte.

„Dies ist mein Geschenk an dich. Da ich vorher schon gehört hatte, dass du gern schreibst und du mir gerade dieses wundervolle Geschenk gemacht hast, wird meines dir hoffentlich auch gefallen."

Micha stürzte sich mit rotem Kopf auf die Kiste und öffnete hastig den kleinen Deckel. Unter einem violetten Samttuch verpackt war ein Tintenglas zu sehen. Ein ganz bestimmtes Tintenglas.

„Das war bis gestern mein liebstes Stück. Mit ihm habe ich die letzten Jahre geschrieben. Meine Mutter hatte es mir geschenkt, kurz bevor sie starb. Dies möchte ich dir heute überreichen. Es soll dir Glück bringen, so wie es mir immer geholfen hat."

Michas Augen leuchteten. „Mutter, schau mal, wie schön es ist." Micha drehte das Geschenk in seinen zarten Fingern hin und her und betrachtete es von allen Seiten. Er war sichtlich stolz. „Schau mal Mutter, wie schön…"

„Was sagt man, wenn man etwas geschenkt bekommt, Micha?" fragte Lea.

„Ach ja, dankeschön Josua, ich danke dir." Micha schaute den knienden Josua erst an, und kam dann auf ihn zu, um ihn zu umarmen. Nun war das Eis gebrochen. Die Umarmung hatte stattgefunden. Von nun an konnte die Liebe zwischen ihnen beginnen zu fließen. Josua wollte Micha nicht mehr loslassen, und es kam Josua so vor, als ob es Micha ähnlich erging. Dieser Moment war von zeitlosem Glück gesegnet worden. Tränen kullerten Josua über die Wange. Er bemerkte, wie sein Herz leichter wurde.

Sie lösten sich aus der Umarmung. Micha nahm sein Tintenglas und ging auf die Suche nach Judith. „Judith, Judith!" schrie er durch das große Haus, ohne zu wissen, wo sie sich befand. „Judith, schau mal, was ich von Josua geschenkt bekommen habe." Und schon war er verschwunden. Dann hörte Josua aus der Ferne freudiges Gelächter.

„Lea, wie geht es dir?" Josua traute sich kaum, Lea diese Frage zu stellen. Sie sah älter aus als sie war.

„Ich freue mich für Micha, dass ihr euch endlich kennen gelernt habt."

„Ja, es ist ein wundervoller Junge. Du hast ihn zu einem wirklich netten Jungen erzogen."

„Josua, ich muss dir dringend etwas sagen. Micha ist …" Weiter kam Lea nicht, denn Judith kam auf sie zugelaufen, gefolgt von Jesus und Mirjam.

„Lea, ich freue mich, dass ihr da seid. Ich bin dankbar, dass ihr es euch einrichten konntet." Sie umarmte ihre nur ein paar Jahre ältere Stiefmutter.

„Samuel ist heute Abend auch bei einem Essen eingeladen. Da passt es gerade sehr gut."

Daraufhin machte Judith Lea voller Stolz mit Jesus und Mirjam bekannt.

„Und Josua, was sagst du zu deinem Bruder?"

„Ich habe es Lea schon gesagt, es ist ein wunderbarer Junge. Er ist sehr aufgeweckt und sehr begabt."

„Aber lasst uns nun zu Tisch gehen." Judith blühte von Tag zu Tag mehr auf. „Die vorzüglichste Kräutersuppe von ganz Ephesos ist angerichtet. Sonst isst Micha euch noch alles weg, wenn er überhaupt noch etwas übrig gelassen hat. Cyriax hat den großen Fehler gemacht, ihn schon vorher von der Suppe kosten zu lassen."

Das Essen war fantastisch. Josua genoss es, von seiner Schwester bekocht zu werden. Sie war eine wirklich begabte Köchin. Er war schon satt, als Cyriax noch den Apfelkuchen brachte. Aber Kuchen ging immer, und besonders dieser.

„Wie lange kennt ihr euch, Lea und Josua?", fragte Jesus.

Die beiden Angesprochenen schauten sich an. Stille setzte ein, bevor Lea die peinliche Situation auflöste. „Ich habe ein paar Wochen, bevor Josua gegangen war, als Haushälterin im Hause des Rabbis angefangen. Eigentlich kannten wir uns nicht sehr lange, aber wir verstanden uns trotzdem sehr gut."

„Und warum habt ihr euch nicht mehr gesehen, wenn ihr euch gut verstanden hattet?" Jesus war ein Meister im Aufspüren und Offenlegen von Wendepunkten des Lebens.

„Das ist eine längere Geschichte. Sie würde den Rahmen hier und heute sprengen." Josua musste das Thema unbedingt in eine andere Richtung lenken. „Jesus, habt ihr heute alles erledigen können, was ihr euch vorgenommen hattet?"

„Ja, das haben wir. Wir haben uns mit unseren Begleitern getroffen und einige anstehenden Vorhaben klären können, auch wenn du gerade ablenken möchtest, aber dein Wille geschehe."

Micha rannte mit seinem Tintenglas um den Tisch herum und zeigte immer noch voller Stolz den Anwesenden sein Geschenk.

„Was stand eigentlich in der Rolle, die Micha dir geschrieben hat?", fragte Judith plötzlich.

Da fiel Josua ein, dass er die Rolle von Micha noch gar nicht aufgemacht hatte. Vor lauter Aufregung hatte er das Öffnen der Rolle vergessen.

„O, ich hole sie schnell."

„Das wollen wir auch hoffen." Judith wurde immer frecher. Schön zu sehen, dachte Josua, schön zu sehen.

Als er wieder zurück an den Tisch kam, befreite er die Rolle von der Schleife. „Soll ich sie vorlesen?"

„Wir bitten darum, Bruderherz."

Josua rollte den Papyrus auf, ein sehr gut genähter übrigens, und las vor.

„Du aber Bethlehem in Ephrata, klein unter den Gauen Judas, aus dir soll mir einer hervorgehen, um Herrscher in Israel zu sein. Sein Ursprung reicht weit zurück, in die Tage der Urzeit."

Josua ließ die Rolle sinken. Das war ja nicht zu fassen. Er hatte gar nicht bemerkt, dass sich Micha unterdessen auf den Schoß von Jesus gesetzt hatte. „Ist das nicht ein wundervoller Spruch, Josua?", fragte Micha.

„Ja, das ist er, Micha. Ich danke dir sehr."

„Ich wusste, dass er dir gefällt." Micha strahlte.

„Wie wahr, wie wahr." Jesus lächelte. „Seht euch Micha an. Es ist immer wieder erstaunlich, wie gut der Kontakt der kleinen Seelen zu unserem Vater im Himmel ist. Den Kindern gehört wirklich das Himmelreich. Sie sind uns in vielen Dingen voraus."

Und zu Lea gewandt fuhr Jesus fort. „Du hast einen bemerkenswerten Sohn. Pass gut auf ihn auf. Er wird den Menschen noch viel Freude bereiten."

Ein richtig klärendes Gespräch zwischen Josua und Lea fand nicht statt. Aber der Anfang war gemacht. Als Lea und Micha sich verabschiedet hatten und Josua sie beide zutiefst gerührt umarmt hatte, sah er ihnen nach, wie sie langsam im Dunkel der Gassen von Ephesos verschwanden. „Bis bald, Josua" tönte es ihm noch aus der Dunkelheit entgegen.

„Bis bald, Micha", rief Josua seinem jüngeren Bruder hinterher. Ich liebe dich, fügte er noch in Gedanken hinzu.

Ein wunderschöner Abend hier in meinem neuen Zuhause. Ich konnte soviel lachen wie ganz selten zuvor. Und wer mich am meisten zum Lachen gebracht hat, war Micha. Ich liebe Kinder. Ich liebe ihre Offenheit, ihre Ehrlichkeit und ihre Begeisterungsfähigkeit. Kinder sind die Zukunft der

Welt. Leider hat das auch Luzifer, mein erkenntnisloser Bruder, bemerkt und richtet einen Großteil seiner Aktivitäten auf die Jugend, um sie zu Taten zu bewegen, die sie ihrer Kindlichkeit berauben.
Vater, bitte pass auf die Kinder dieser Welt auf und segne sie, auch in meinem Namen. Wie sehr würde ich es mir wünschen, selbst Kinder zu haben. Mindestens vier, aber ...ich weiß, dass es nicht möglich sein wird, aber Wünsche darf ich doch haben, Vater, oder nicht?

Eine Rede und ihre Auswirkungen

„Josua, du weißt Bescheid?" Jesus musterte ihn.
„Ja, Jesus, zur Mittagszeit werde ich beim Artemis-Heiligtum deiner ersten öffentlichen Rede hier in Ephesos beiwohnen." Josua freute sich sehr darüber. Er war irgendwie sehr aufgeregt.
„Ich bin mal gespannt, wieviele Menschen kommen werden. Unsere Freunde haben uns schon gesagt, dass die Wiese beim Heiligtum sich füllen wird. Sie haben in den letzten Tagen mit vielen Menschen reden können und von dem Ereignis dieser Rede geschwärmt", wie Simon Petrus die Rede beschrieb. Jesus musste lächeln, wenn er an seinen ältesten Begleiter denken musste.
„Gut, Mirjam und ich machen uns auf den Weg, um uns mit unseren Begleitern zu treffen. Und vergiss deine Schreibutensilien nicht."
„Ich freue mich darauf, dich sprechen zu hören. Die Dinge, die du früher Samuel an den Kopf geworfen hast, waren schon sehr beeindruckend." Die beiden Freunde umarmten sich zum Abschied. Auch Mirjam umarmte er mittlerweile, ohne Angst zu haben, der Frau, die Jesus so nahe stand wie niemand sonst, zu nahe zu kommen.

Als Josua beim Artemis-Heiligtum eintraf, war er ganz erstaunt, dass sich schon fast hundert Menschen eingefunden hatten. Und er wusste, dass ihm noch etliche Schaulustige folgten, was er aber, wenn er ehrlich war, den ganzen Weg nicht mit Jesus in Zusammenhang gebracht hatte.
Er sah Jesus hundert Schritte entfernt in der Nähe des Opferaltars der Artemis, der sich westlich des Tempels befand. Jesus war umringt von zwanzig bis dreißig Menschen, hauptsächlich Männern. Neben der

Menschentraube stand Mirjam, die ihm zuwinkte, als sie ihn erkannt hatte. Er erwiderte ihren fröhlichen Gruß und setzte sich ins Gras hinter diejenigen, die schon in angespannter Erwartung Platz genommen hatten.

„Das gab es ja lange nicht mehr, dass bei unserem Heiligtum ein Prophet sprach", hörte Josua vor ihm einen Mann sagen. „Und dass so viele kommen, hätte ich ja bei allen Göttern nicht gedacht. Wie hast du davon erfahren?"

„Mich hat ein Mann angesprochen, als ich gestern einem anderen Propheten zugehört hatte. Er sagte, dass, wenn ich wirklich etwas über die Wahrheit erfahren wolle, heute hierhin kommen solle."

„Das scheinen ja einige genutzt zu haben."

Josua ließ seine Blicke und Gedanken wandern. Mittlerweile saßen genauso viele Menschen hinter ihm wie vor ihm. So langsam könnte es losgehen, dachte er. Daraufhin schenkte er seine Aufmerksamkeit wieder Jesus, der mittlerweile allein stand. Alle seine Begleiter und auch Mirjam mussten wohl vor ihm irgendwo in den Reihen sitzen. Die Spannung stieg, das Gemurmel der Menschen um Josua herum wurde langsam leiser. Und prompt fing Jesus an zu sprechen:

„Agathé tyche, ihr Epheser und Freunde, ich danke euch, dass ihr den Weg aus der Stadt hierher zu eurem Heiligtum gekommen seid. Ich bin ganz in eurer Schuld. Ich bin seit kurzer Zeit in eurer Stadt und habe schon viele Ecken dieser Hauptstadt der Provinz Asia kennen gelernt. Auch habe ich von eurer großen Sorge gehört, dass der Hafen von Tag zu Tag immer mehr versandet. Darüber möchte ich mit euch sprechen. Ihr möget nun fragen, warum ein Fremder mit euch Ephesern über die Versandung eures Hafens sprechen möchte, habe ich Recht?"

„Sehr richtig." hörte man aus allen Richtungen. Lautes Gemurmel erhob sich.

„Da sollen sich die Römer drum kümmern."

„Genau, was willst du damit erreichen?"

Der Geräuschpegel sank wieder.

Als es fast ganz still war, fuhr Jesus fort: „Ich möchte euch sagen, was ich euch damit aufzeigen möchte. Stellt euch einmal vor, dass das Wasser das Wesen Gottes symbolisiert. Ein Meer ist gleichbedeutend mit dem Göttlichen. Wenn ihr euren vielen Göttern in der Stadt Opfer darbringt, wie hier zum Beispiel der Artemis, dann wollt ihr mit dem Göttlichen Kontakt aufnehmen, was ein schöner Gedanke und eine schöne Absicht ist." Jesus hielt kurz inne.

„Recht hat er, ja, das stimmt, endlich sagt das mal einer." Einige wenige Stimmen hörte man in der großen Stille.

„Jeder Fluss trägt viele Wassertropfen in das Meer. Ihr seid die Wassertropfen, das Göttliche ist das Meer. Wie schon Heraklit sagte: ‚Alles fließt, alles ist in Bewegung.' Wie Recht er hatte, denn jeder Wassertropfen sucht irgendwann das Meer, um wieder in seinem eigentlichen Zuhause zu sein." Jesus machte eine Pause, aber es rührte sich niemand. Er hatte sie schon mit den ersten Gedanken gefesselt. Josua musste anerkennen, dass Jesus ein begnadeter Redner war. Sogar Heraklit hatte er zitiert, jetzt hatte er bald jeden Zuhörer auf seiner Seite.

„Wie geht es aber einem Wassertropfen, wenn er das Meer nicht mehr findet? Was fühlt ein Wassertropfen, wenn sich das Meer von ihm zurückzieht und sich vor ihm versteckt? Das Wasser ist wie das Reich Gottes. Aber die entscheidende Frage ist: Suchen die Menschen wahrhaft die Wahrheit? Wenn Gott die Menschen sieht und er die Frage mit Ja beantworten kann, dann zeigt er sich den Suchenden. Dann zeigt sich das Meer den Wassertropfen. Wenn er aber die Frage nicht bejahen kann, dann zieht er sich zurück, dann zieht sich das Wasser zurück. Dann, Epheser, Freunde, dann versandet der Hafen und eure prachtvolle Stadt wird isoliert. Könnt ihr mit Sicherheit sagen, dass eure Herzen nicht versandet sind?" Jetzt machte Jesus eine längere Pause. Noch war es still, aber allmählich dämmerte es einigen, was er sagen wollte.

„Soll das heißen, dass wir nicht mehr die Wahrheit suchen? Willst du das hiermit sagen?", fragte eine laute Männerstimme vor ihm.

Bevor die Lautstärke wieder anstieg, fuhr Jesus fort: „Ja, Freund, das möchte ich hiermit sagen. Ihr habt hunderte von Göttern wie zum Beispiel Isis, Apollon, Kybele, Dionysos, Zeus, Athene, Aphrodite, Poseidon, Serapis, Hyetios, Leto, Hermes, Nemesis, Dea Roma, Priapos, und noch viele mehr. Mich wundert es, wie ihr euch da noch zurechtfinden könnt. Woher wisst ihr, was Poseidon bedeutet und was er von euch möchte? Woher wisst ihr, wer Nemesis ist und was ihr dieser Gottheit opfern müsst? Wie wollt ihr bei den vielen Namen noch den Überblick behalten? Oder woher wisst ihr, welches Orakel ihr wählen sollt. Wann wählt ihr das Münzorakel, wann das Ascheorakel und wann werft ihr Tierknochen, um die Zukunft zu deuten? Woher wisst ihr, wen ihr anbetet und welches Orakel ihr befragt? Erklärt es mir! Wie geht das?"

Die Stille war nicht zu überhören. Kein Zuhörer gab einen Laut von sich, alle waren sie von den Worten gefangen. Auch nach wenigen Momenten war es noch still, also sprach Jesus weiter, mit einer sanften Stimme, die die Herzen der Menschen traf.

„Wie geht es euch bei dem Gedanken an einen Gott? An eine Kraft, die alles für euch bedeutet und euch beschützt? Einen Gott, der nicht von euch möchte, dass man ihm opfert? Ein Gott, der nichts von euch verlangt, außer die Menschen zu lieben und dem Nächsten zu helfen. Ein Gott, der euch über alles liebt, so wie ein Vater seine Kinder liebt. Würde ein Vater von seinem Kind verlangen, sein Häschen, das es so sehr liebt, zu töten? Würde ein guter Vater es wollen, dass ein Lebewesen für ihn geopfert wird? Ein Lebewesen wie der Hase, wie die Ziege oder die Taube?" Es war wieder still, aber Jesus legte diesmal keine Pause ein.

„Habt ihr Kinder, Epheser?"

„Ja", ertönte es von allen Seiten. „Zwei Jungen … süße Mädchen …neugeborenes Baby,… zwölfe…"

„Könntet ihr euren Kindern den Lieblingshasen wegnehmen, mit dem euer Kind spielt, der sogar noch einen Namen hat?"

„Nein, natürlich nicht. Was soll die Frage? Niemals."

„Seht ihr, warum aber, so frage ich euch, sollten eure Götter solche Grausamkeiten von euch verlangen? Warum sollte der Gott der Juden zum Beispiel, vor vielen Zeiten von Abraham verlangt haben, seinen Sohn so opfern, ihn zu töten? Könnt ihr euch so etwas vorstellen?"

„Grausam, grausam." tönte es über den Platz. „Schlimm so etwas, schlimm, schlimm."

„Aber du bist doch Jude, warum prangerst du deinen Gott an?" Ein lauter Rufer in der Runde meldete sich.

„Weil dieser brutale Gott nicht mein Gott ist. Der Gott, von dem ich rede und an den ich aus tiefstem Herzen glaube, ist die reine Liebe. Ich weiß, dass auch hier viele Juden leben, die ebenfalls ihren alten Göttern Opfer bringen in Form von Regeln, Vorschriften und Verboten. Dazu sage ich ausdrücklich: Nein, denn ich möchte, dass wir, wir alle hier auf dieser Wiese und wir alle in der Stadt und wir alle in allen Ländern auf diesem Planeten, den Nächsten lieben und seine Seele ehren." Jesus sprach wie aus einer anderen Welt. Seine Worte waren sanft, aber scharf wie das schärfste Schwert.

Die Menschen um Josua herum wagten kaum zu atmen.

„Ihr lebt in einer Stadt der Wissenschaft. Ihr kennt den Umfang der Erde. Eratosthenes hat ihn vor ungefähr 200 Jahren errechnet, wie ihr wisst. Was aber nutzt euch dieses Wissen, wenn ihr die Liebe nicht habt? Demokrit hat vor noch mehr Jahren gesagt, dass alles aus Atomen, also aus ganz kleinen

Teilchen, und aus der Leere besteht. Vor wenigen Jahren hat Leukipp das bestätigt. Diese Namen sind euch hinlänglich bekannt. Was aber nützt das Wissen um Atome, wenn die Liebe fehlt? Wenn ihr die Mathematik habt und es fehlt euch die Liebe, was ist euer Ergebnis? Wenn ihr Künstler seid und es fehlt euch die Liebe, was erschafft ihr wirklich? Seid ihr Lehrer und lehrt die Kinder, habt aber die Liebe nicht, was lehrt ihr wirklich? Was sollen die Kinder von euch lernen? Seid ihr Architekten, und habt die Liebe nicht, was plant ihr? Seid ihr Bauhandwerker und habt die Liebe nicht, was erbaut ihr? Besitzt ihr viel Geld und habt die Liebe nicht, was könntet ihr euch dafür an Wertvollem kaufen? Seid ihr Schauspieler und habt die Liebe nicht, spielt ihr dann nicht nur zur Schau? Teilt ihr das Lager mit einer Frau und habt die Liebe nicht für sie, was zeugt ihr? Seid ihr Arzt und habt die Liebe nicht, wen wollt ihr dann heilen? Seid ihr Ratsherr, ein Diener des Volkes, und habt die Liebe nicht, wem dient ihr wirklich?" Auf dem Höhepunkt seiner Rede machte Jesus eine lange Pause, die aber durch keinen einzigen Anwesenden unterbrochen wurde.

„Deshalb sage ich euch, liebt die Menschen, wie unser Vater im Himmel euch liebt. Lebt einfach, liebt die Menschen genauso wie ihr euch liebt, helft den Menschen, die in Not geraten sind! Das ist das einzige, das Gott von uns, von seinen Kindern möchte. Er möchte nicht, dass eure Herzen versanden so wie der Hafen eurer prachtvollen Stadt. Dies sprach Jesus, euer Freund."

So eine Atmosphäre hatte Josua noch nie erlebt. Jesus hatte die brillanteste Rede beendet, die er je gehört hatte. Josua hatte alle Worte niedergeschrieben, da Jesus zwar laut, aber nicht übermäßig schnell gesprochen hatte, um allen anwesenden Menschen die Möglichkeit zu geben, seine Worte auch zu verstehen. Die Rede war geschickt aufgebaut, kein Wort zuviel oder zuwenig. Eine perfekte Rhetorik. Wie würden die Menschen jetzt reagieren?

Nach einer kurzen Pause rief ein erster Zuschauer. „Recht hat er. Dieser Mann verkündet die Wahrheit."

Und dann brach der Bann. Immer mehr riefen und jubelten Jesus zu. Man hörte von überall her Rufe der Begeisterung.

„Er ist ein wahrer Prophet."

„Noch nie haben wir in dieser Stadt solche Worte gehört!"

„Rede weiter, Jesus. Sprich weiter zu uns."

„Agathé tyche. Glück auf."

Eine lange Zeit war die Masse nicht zu beruhigen. Alle redeten mit ihren Nachbarn, mit Bekannten, mit Fremden. Sie konnten es nicht fassen, was für klare Worte sie eben gehört hatten. Es dauerte noch mit Sicherheit eine Stunde, bis fast alle die große Wiese vor dem Artemis-Tempel verlassen hatten und nur noch einige wenige Menschen übrig waren, die meisten von ihnen Priesterinnen, die von den Zuhörern mitgebrachte und nicht verzehrte Speisereste aus dem Gras entfernten. Josua blieb die ganze Zeit sitzen und betrachtete die Menschen, wie sie reagiert hatten, wie sie unter einander gesprochen hatten. Jetzt, wo er fast allein mit den Begleitern um Jesus war, saßen sie in einer großen Runde im Gras und unterhielten sich. Unter ihnen Jesus und Mirjam. Dort wollte er nicht stören. Er schlenderte also ein bisschen auf der Wiese herum und schlug unbewusst den Weg zum Tempel ein, bis er eine warme Hand an seiner Schulter spürte.

„Josua?"

Er drehte sich um und sah in die Augen einer ihm sehr bekannten Person. Sie war noch schöner als vor den vielen Jahren, als sie sich das letzte und einzige Mal überhaupt gesehen hatten. Sie stand vor ihm, so lieblich und anmutig wie eine vollendete Statue des Lysistratos.

„Diana. Bist du es wirklich?" Da erst wurde ihm bewusst, dass er sich ja beim Tempel, bei ihrem ‚Zuhause' befand. Sie war bisher noch gar nicht in seinen Gedanken aufgekreuzt.

„Wie ich sehe, hast du die Worte von Jesus gehört"?

„Brillant, findest du nicht?" Josua lächelte sie verstört an. Sein Herz hüpfte wie wild. Aber was für einen Blödsinn hatte er gerade gesagt. Brillant war wirklich nicht das, was man einer Frau über die Rede von Jesus sagte. Vor allem nicht dann, wenn man diese Frau eine lange Zeit nicht mehr gesehen hatte.

„Brillant trifft es mit Sicherheit, aber voller Liebe fände ich besser gewählt."

„Du hast Recht. Aber genug der Worte, Diana, darf ich dich umarmen, ohne dir zu nahe zu treten?"

„Aber ja doch." Er öffnete seine Arme und drückte nun das Geschöpf fest an sich, das er am meisten liebte. Immer noch. Nach so vielen Jahren erinnerte er sich an seine damaligen starken Gefühle.

„Wie geht es dir, Diana?"

„Gut, aber da ich im Moment nicht viel Zeit habe, würde ich unser Gespräch gern verschieben."

„O, nein, das mache ich nicht mehr mit. Das hattest du das letzte Mal auch schon vor, und dann habe ich dich – wie viele Jahre waren es bis heute? Acht oder sogar neun? – nicht mehr gesehen." Er lachte, und sie ließ sich von seinem Lachen anstecken.

„Ja, ich weiß. Es tut mir auch sehr leid, wenn ich daran zurückdenke, aber es war mir nicht anders möglich."

„Wann sehen wir uns?"

„Ich kann es dir gar nicht sagen. Ich melde mich bei dir oder lass dir eine Mitteilung zukommen. Ich weiß ja jetzt, wo du wohnst. Bis bald." Und schon war sie auf dem Weg zu den Stufen des Tempels.

„Beantworte mir eben nur eine Frage, Diana. Hast du mich damals wirklich geliebt?", rief Josua ihr hinterher.

„Ja, Josua, das habe ich."

Dann war sie verschwunden. Aber ihren Duft nach Oleander hatte er immer noch in seiner Nase.

∞

Was für ein Mann! Mirjam betrachtete Jesus, nachdem er seine Rede beendet hatte. Er stand völlig gelassen inmitten einer Menschentraube und lächelte. Er war im Vergleich zu anderen Männern recht groß, seine Körperhaltung hatte etwas Königliches. Aber das Schönste an ihm waren diese blauen Augen. Noch nie hatte sie einen Mann mit solchen blauen Augen gesehen. Wie oft erkannte sie in ihnen die Göttlichkeit, wie oft hatte sie aber auch schon in diesen Augen eine Einsamkeit und eine Traurigkeit gesehen, die ihr Herz so sehr berührte, ja fast malträtierte?

Viele Menschen, die seine Rede gehört hatten, stürmten auf Jesus zu. Jetzt hatte Mirjam einige Momente für sich, um ihre Gedanken zu ordnen und um abzuschalten. Sie hatte Jesus nun schon viele Male zugehört, wenn er zu den Menschen sprach, aber diese Rede heute war eine Meisterleistung, dachte sie. Sie hatte gewusst, dass es schwierig werden würde, Menschen in Ephesos auf ihn aufmerksam machen zu wollen. Aber mit diesen Worten, die Jesus eben gesprochen hatte, war die Tür zu den Herzen der Menschen hier in dieser riesigen Stadt schon einen Spalt geöffnet.

Jesus! Wie dankbar war sie, an der Seite dieser großartigen Seele zu sein, mit ihm reisen zu dürfen, mit ihm zu erleben, wie er Kranke heilte, wie er Schwache stärkte und wie er Unterdrückte zu mehr Macht verhalf. Wie schön war es zu sehen, wenn die Augen der Menschen anfingen zu strahlen, während Jesus mit ihnen sprach. Gut, es gab auch viele, die ihn beleidigten oder ihn rhetorisch besiegen wollten. Aber viele Seelen erkannten in ihm den, der er nun einmal war: Der Messias, der die Menschen aus der Knechtschaft der negativen Welt befreite und auch weiterhin befreien würde. Aber nicht alle Seelen ließen das zu. Viele

Menschen hatten Angst vor ihren eigenen seelischen Abgründen, wenn sie in seine Augen blickten. Dann ließen sie ihren Hass und ihre Wut an Jesus aus, der ihnen aber nur den Spiegel vorhielt, damit sie sich besser erkannten.

Mirjam atmete tief durch. Was für eine Seele, was für ein großartiger Mensch! Mirjam musste lächeln, wie sie ihren Geliebten anhimmelte. Anfänglich, als sie das Lager miteinander teilten und sie sich die ersten Male liebten, fühlte sie sich schlecht. Nein, böse traf es besser. Sie hatte damals das Gefühl, seine große Seele mit ihrer irdischen Liebe zu beschmutzen. Viele Gespräche mit ihm hatte es gebraucht, viele leidenschaftliche Küsse von ihm waren notwendig, dass sie diese Schuldgefühle losgeworden war. Jesus hatte ihr immer wieder zum Ausdruck gebracht, dass sie mit ihrer Liebe, auch der körperlichen, seine eigene Liebe verstärkte und seine Mission heiligte. Schließlich musste Liebe geteilt werden, Liebe musste gelebt werden, wie Jesus immer sagte. Gott fügte zusammen, aber die negative Kraft im Universum teilte und trennte alles. Leider auch die körperliche von der geistigen Liebe.

„Mirjam, vergiss nicht", hatte Jesus einmal gesagt, „Gott liebt es, wenn sich die Menschen lieben. Und an deinem Körper wird er bestimmt auch seine Freude haben, so schön, wie er ihn erschaffen hat."

Heute Abend würden sie sich wieder lieben. Große Vorfreude überkam sie. Sie konnte es kaum erwarten, ihn mit allen Sinnen zu spüren. Sie genoss es, ihn, diesen Mann, in ihrem Schoß zu spüren, mal hart, mal sanft von ihm genommen zu werden. Sie liebte es, seine beschützenden starken Arme zu fühlen, wenn sie eng umschlungen den Tag beendeten. Sie fühlte, wie ihre ehemals sinnentleerte Seele durch seine Liebe gereinigt wurde.

Lächelnd ließ sie ihren Blick über die Wiese gleiten, bis er wieder an ihrem Geliebten hängen blieb. Jesus schaute sie an und blinzelte ihr zu. Das Bezwingende an Jesus war sein ruhiges Selbstbewusstsein, die Ausstrahlung von Autorität und Charakterstärke, die seine ganze Erscheinung durchdrang. Er war wahrhaft ein Mann, männlicher als jeder andere Mann, den sie bisher in ihrem Leben getroffen hatte.

In Magdala, wo sie geboren und aufgewachsen war, hatten viele Männer ein Auge auf sie geworfen. Es lag mit Sicherheit nicht nur daran, dass ihre Eltern sehr einflussreich und begütert waren. Ihrem Vater gehörte das größte Weingut in Magdala – schließlich war Magdala hauptsächlich des Weines wegen in ganz Galiläa und über seine Grenzen hinaus bekannt –, zum anderen hatte er ein blühendes Fischereigewerbe aufgebaut. Sogar bis nach Rom verkaufte ihr Vater gepökelten Fisch.

Viele Männer hatten um ihre Hand angehalten, denn sie geizte damals auch nicht mit ihren weiblichen Reizen. Sie wusste um ihre Ausstrahlung, aber sie hatte ihren eigenen Kopf. Sie hatte zwar ein sehr leichtes Leben gehabt, aber je älter sie wurde, desto mehr war ihr der Reichtum zuwider und desto unzufriedener wurde sie.

Als Mirjam Jesus so betrachtete, konnte sie einfach nur dankbar sein, dass sie die Kraft und die Ausdauer gehabt hatte, auf diesen Mann zu warten.

∞

Er war es, er war es wirklich! Verflucht! Sofort hatte er diesen falschen Messias erkannt. Jesus, sein ungeliebtester Schüler, den er je gehabt hatte, murrte Samuel, der sich gerade wieder mit schnellen Schritten auf dem Heimweg befand. Jesus war tatsächlich in Ephesos. Warum gerade hier? Samuel hatte es erst gar nicht glauben können, als Jojachin ihm mitgeteilt hatte, dass ein jüdischer Prophet am Artemis-Tempel sprechen wolle. Normalerweise interessierte ihn so etwas nicht, schließlich gab es unzählige so genannter Propheten, die sich an irgendeine Ecke stellten und den Menschen vor dem Strafgericht Gottes Angst machten. Als Jojachin aber noch anfügte, dass dieser Jude aus Galiläa käme, da wurde sogar er, Samuel, neugierig. Diesen Juden wollte er sich einmal anhören, nachdem man ihm sogar Heilkräfte angedichtet hatte. Aber das war wohl wie so oft eine bodenlose Übertreibung.

Unerhört, was dieser Jesus heute wieder von sich gegeben hatte. Was hatte sich dieser falsche Prophet dabei gedacht, die alten Schriften zu kritisieren und den Menschen mitzuteilen, dass der Gott Abrahams grausam war?

Samuel war außer sich. Den weiten Weg vom Artemis-Heiligtum nach Hause hatte er mit seinen Gedanken zu kämpfen gehabt. Er konnte sich nicht beruhigen, er konnte einfach nicht die Worte von Jesus so stehen lassen. Er fühlte sich persönlich angegriffen. Und das Schlimmste dabei war, dass die Menschen ihm hinterher zugejubelt hatten. Unfassbar. Er ließ sich am Esstisch nieder.

„Lea, bring mir einen Becher Wein. Heute Abend brauche ich Wein. Viel Wein."

„Was ist passiert, Samuel?"

„Ich habe heute einen alten Bekannten getroffen."

„Das scheint aber kein Freund gewesen zu sein, oder?" Lea schenkte Samuel den Becher randvoll.

„Nein." Samuel lehrte gierig den Becher in einem riesigen Schluck. „Noch einen."

„Du solltest nicht so viel trinken, Samuel."

„Weib, ich diskutiere nicht mit dir. Her mit dem Wein!" Auch den zweiten Becher leerte er ohne abzusetzen.

„Wie war die Rede des Propheten?"

„Gotteslästerung! Der Redner war dieser alte Bekannte, dieser falsche Jude von Jesus."

„Jesus?"

„Ja, dieser Abschaum eines Menschen hält sich selbst für den Messias. Aber egal. Ich gehe schlafen. Ich muss diese Rede so schnell wie möglich vergessen."

„Aber sei leise, Micha ist gerade eingeschlafen."

Samuel ging mit einem Brummen auf den Lippen in sein Schlafgemach. Hoffentlich konnte er jetzt schnell einschlafen. Hoffentlich würde er morgen früh erwachen und erkennen, dass dieser Tag nur ein einziger Albtraum gewesen war.

∞

Die Rede von Jesus war absolut beeindruckend. Dieser Mensch war nicht von dieser Welt. Seine Visionen, seine Worte, seine Gedanken, die er den Menschen in Bildern näher brachte, beinhalteten eine göttliche Logik, die außergewöhnlich war.

Hellwach lag Diana in ihrem Schlafgemach. Von Müdigkeit keine Spur. Vor wenigen Tagen, als Jesus ihr die Hände aufgelegt hatte, und sie, an dem Abend, als sie in ihrem Gemach lag, dreißig Stunden ohne Unterbrechung geschlafen hatte, wie Olympios beteuerte, hatte sich ihr Leben verändert. Sie nahm das Leben seitdem farbenfroher wahr, sie fühlte sich noch erschöpft, bemerkte aber auch eine größere Stärke in ihrem Inneren. Sie fühlte sich als anderer Mensch, konnte es aber noch nicht näher beschreiben. Ja, mit Jesus hatte sich ihr Leben verändert, vielleicht würde sich durch ihn auch noch diese Stadt mit ihren vielen zwielichtigen Bereichen verändern. Hoffentlich, dachte sie, erreichte Jesus mit seinen Worten, mit seiner Ausstrahlung und seiner Kraft die Menschen. Hoffentlich ließen sie sich überhaupt erreichen.

Sie führte bisher schon ein sehr geistiges Leben, aber mit den Worten von Jesus kamen in ihrem Inneren viele Überzeugungen ins Wanken. Zu revolutionär empfand sie die Worte von Jesus, der irgendwie auch das

Opferverhalten im Artemis-Heiligtum angeprangert, oder vielmehr in Frage gestellt hatte. Sie freute sich darauf, noch mehr von Jesus zu hören, noch mehr von ihm zu erfahren.

Als ob die Rede nicht genug war, hatte sie noch Josua entdeckt. Josua, die große Liebe ihres Lebens. Den Mann, den sie nur ein einziges Mal gesehen hatte. Den Mann, den sie in den letzten Jahren aus Sehnsucht und Begierde immer wieder in der Stadt gesucht hatte, als sie dort Erledigungen zu machen hatte. Nie konnte ihr Herz von den Schmerzen, die sie jeden Moment ihres Lebens fühlte, erlöst werden. Josua hatte sich mit seinem Lächeln für immer in ihre Seele gebrannt. Josua, den Mann, den sie, wie sie feststellen musste, immer noch begehrte. Den Mann, den sie, wie sie erst jetzt erkannte, mehr als ihr eigenes Leben liebte. Ihre Liebe zu ihm war unbeschreiblich groß. Größer als der ganze Artemis-Tempel. Größer als alles, was je gelebt hatte.

Zweimal hatte sie ein Keuschheitsgelübde abgelegt. Nicht alle Priesterinnen im Heiligtum verlängerten ihr Gelübde nach den ersten beiden Jahren. Die Priesterinnen aber, die den menschlichen Gelüsten und Leidenschaften nach diesen zwei Jahren nochmals bis auf weiteres entsagten, waren zu Höherem geboren. Neben ihr war es in den letzten Jahren nur eine Handvoll von Frauen, die diesen Weg beschritten. War der Schritt wirklich gut? War er fanatisch? Konnte das Leben, das sie der Artemis geweiht hatte, wirklich bedeuten, es ohne Mann zu verbringen? Hatte die Göttin Artemis wirklich gewollt, dass Mann und Frau sich nur geistig lieben? Waren die körperlichen Gefühle, die sich nun gerade bei Diana einstellten, wenn sie an Josua dachte, unwichtig oder gar böse? Diana war unsicher. Ihre ganze Seele war aufgewühlt.

Wie dachte Jesus darüber? Sie wollte ihn das nächste Mal fragen, wenn sie ihn traf. Und was dachte Olympios darüber? Hielt er nur an den Traditionen fest, oder war er wirklich von einer Entsagung auf körperlicher Ebene überzeugt? Sie musste Licht in das Chaos bringen, das sie immer weiter überfiel. Irgendwie machte ihr dieses Chaos Angst, aber sie hatte auch ein tiefes Vertrauen darauf, dass alles so sein musste.

Das Vertrauen siegte und schon wenige Minuten später war sie mit einem Lächeln eingeschlafen.

∞

Alexus konnte es immer noch nicht glauben. Immer wieder tastete er seinen Bauch ab, aber es befand sich dort wirklich keine Geschwulst mehr.

Er nippte an einem Becher Wein, der neben ihm stand. Seine Frau Daphne hatte ihm noch einige Honigkekse dazugelegt, bevor sie sich zur Nacht begab. Ja, die Geschwulst war wirklich weg. Wie konnte das sein? Was hatte Jesus mit ihm gemacht? Er hatte heute Mittag auch die Wiese beim Heiligtum besucht. Die Rede von Jesus hatte er sich anhören müssen. Er hatte sich ganz hinten versteckt. Es musste ja nicht jeder mitbekommen, dass er, Alexus, Mitglied des Rates der Stadt, sich die Worte eines dahergelaufenen Fremden anhörte. Die Anzahl an Zuhörern überraschte ihn. Es waren weit über dreihundert Menschen, die auf der Wiese Platz genommen hatten.

Die Rede war brillant. Rhetorisch perfekt. Er hatte besser gesprochen als sein eigener Rhetoriklehrer. Jesus hatte Pathos vermittelt, indem er die Menschen emotional überzeugt hatte. Jesus hatte auch Ethos vermittelt, er hatte durch seine Glaubwürdigkeit und seine Autorität überzeugt. Aber nicht nur dies, Jesus hatte auch Logos vermittelt, er hatte mit der Vernunft in seiner Rede die Menschen überzeugt.

So eine Rede hatte er wahrlich noch nie gehört, dachte Alexus. Wie schlecht waren einzelne Reden im Rat im Vergleich zu der Rede von Jesus! Wie primitiv waren manche Reden und Gedankengänge einiger seiner Kollegen! Einige von ihnen waren Anhänger des Sophismus. Sie versuchten durch einen bewusst herbei geführten Trugschluss die Menschen von ihrem Gedankengut zu überzeugen. Wie hasste er diese Hinterlistigkeit! Wie war ihm eine solche Handlungsweise zuwider!

Aber diese Rede von Jesus, mit der er die große Masse in seinen Bann gezogen hatte, war beeindruckend gewesen, dachte Alexus bewundernd. Wie erwachsene Menschen an seinen Lippen hingen und Jesus sie mit einigen wenigen Worten überzeugt hatte! Ein wahres Erlebnis.

Was sollte Alexus tun? Sollte er sich den neuen Gedanken von Jesus öffnen, die ihn fast gänzlich überzeugt hatten? Er war selbst davon überrascht, wie stark diese positiven Impulse in seinem Inneren waren. Dies hieße aber, dass er sich in der Stadt eine Menge Feinde machte, schließlich war Ephesos durch die vielen Tempel in aller Welt bekannt. Würde man die Gepflogenheiten der Götterverehrung in der Stadt weiterhin kritisieren, könnte es zu einem Aufstand kommen? Was würde passieren, wenn die Götterverehrung verboten wurde? Dann hätte die Hälfte aller Menschen kein Einkommen mehr. Dann könnten sie keine Götterstatuen mehr verkaufen, zuhause in ihren Schrein legen oder vor der Eingangstür vergraben, dann wären Opfer nicht mehr nötig, weder Pflanzen, noch Tiere oder anderes Gewächs. Und es würden auch noch die unzähligen Reisenden fern bleiben, die eigens wegen des Artemis-Tempels nach Ephesos kamen, der in der ganzen Welt bekannt war. Ganz abgesehen von den unzähligen Prostituierten. Die meisten von ihnen wären arbeitslos. Nein, soweit konnte es nicht kommen. Nein, das wäre auch des Guten zuviel gewesen. Schließlich hatte Jesus ja überhaupt nichts in dieser Hinsicht gesagt.

Alexus trank seinen Becher leer und genehmigte sich einen letzten Keks. Er musste auf seinen Körper achten. Jetzt, wo die Geschwulst weg war, wollte er wieder einen besseren Bezug zu seinem Körper bekommen. Gut, er war nicht vollschlank, aber ein Adonis war er auch nicht. Hätten seine Kollegen gewusst, dass er eine große Geschwulst am Bauch gehabt hatte, sie hätten ihn verachtet und gemieden. Viele Männer hatten einen Bauch. Er zwar nicht, aber dafür bis vor wenigen Tagen eine Geschwulst, die zum Glück niemandem aufgefallen war

Jetzt wollte er lernen, zu seinem Körper zu stehen. Er wünschte sich, dass Daphne seinen Körper wieder zu lieben lernte, denn er wünschte sich nichts sehnlicher als sie im Liebesakt zu berühren und einfach neben ihr zu liegen. Aber mit einem Mann, der schon seit vielen Jahren wie ein Aussätziger aussah, konnte keine Frau das Lager teilen. Er wusste, dass seine Frau das eine oder andere Mal einen gut aussehenden Sklaven zu Besuch hatte, mit denen sie nicht nur Tee trank. Solche Besuche in Ephesos waren nicht außergewöhnlich. Jeder, der etwas auf sich hielt, war außerehelich unterwegs. Er auf der anderen Seite konnte aber zu keiner Dirne gehen, um seinen Trieben nachzugeben, denn er war stadtbekannt. Es hätte sich zu schnell herumgesprochen, was für ein entarteter Mensch im Rat der Stadt arbeitete. Aber das gehörte nun der Vergangenheit an.

Alexus bemerkte, wie sich sein Gewand im Lendenbereich bewegte. Bald, schon sehr bald, konnte er wieder hoffen, mit einer Frau zu schlafen. Mit seiner Frau.

∞

Josua eilte durch die dunklen Gassen nach Hause. Es war spät geworden. Er wusste, dass Jesus den heutigen Abend mit Mirjam verbringen wollte. Deshalb hatte er auch kein schlechtes Gewissen gehabt und hatte Ophelia besucht. Sie hatte zum Glück keinen Freier und hatte nur für ihn Zeit. Viel Spaß hatte er gehabt, sie aber auch, so glaubte er zumindest. Ihre Massagen waren spektakulär, besonders die unter Wasser. Aber diesmal hatten sie sich auch lange über ein ganz bestimmtes Thema unterhalten: Die Rede von Jesus. Ophelia hatte sie auch gehört und hatte heute Jesus zum ersten Mal gesehen. Besonders der Teil, wo es um die Liebe zwischen Mann und Frau ging, hatte sie sehr beeindruckt, wie sie zugab.

„Meinte er damit auch die unzähligen Prostituierten hier in der Stadt?", hatte Ophelia ihn gefragt. „So eine Rede hatte ich bisher noch nie gehört. Wenn Jesus wirklich glaubt, was er heute gesagt hat, dann ist dieser Mann unserer Zeit weit voraus. Wenn er dies nicht tut und sich nur in die Stadt einschleichen möchte, dann ist er ein hinterlistiger Lügner."

Ja, Jesus war seiner Zeit voraus, dachte Josua. Es war schön, Jesus hier in Ephesos zu wissen. Es war schön, ihn zu beobachten, ihn reden zu hören. Er war wirklich seiner Zeit voraus. Jesus hatte einen scharfen Geist und ein weites Herz. Er war wahrhaftig eine große Seele. Josua musste lächeln, als er an die Rede dachte, bei der er vielleicht ganz in der Nähe von Ophelia gesessen hatte, ohne es bemerkt zu haben. Es hatte ihn eigentlich nicht verwundert, dass sie solche Reden interessierte, schließlich war sie eine Frau, die sich viele Gedanken über das Leben machte. Schließlich war sie auch schon angehende Priesterin im Heiligtum gewesen. Das hatte, auch wenn sie von dort abgehauen war, doch für ein gewisses geistiges Fundament gesorgt.

Dann kam ihm wieder Diana in den Sinn. Das war wirklich eine Überraschung, sie heute getroffen zu haben. Er war sich sicher, wieder von ihr zu hören, schließlich hatte sie ihn heute angesprochen und nicht er sie. Wie schön sie war! Sie wirkte rein, sie wirkte so zart, so behütet. Ihren Anblick konnte er nicht mehr aus seinen Gedanken verbannen. Ja, Diana liebte er aus tiefstem Herzen. Er verglich sie mit Ophelia. Ophelia mochte er sehr, aber es war keine Liebe. So fröhlich und temperamentvoll sie auch war, sie konnte seine Seele erleuchten, aber nicht entzünden.

Liebe war eben etwas anderes als reine Zuneigung. Liebe suchte er bei Ophelia nicht. Ihre Zweisamkeit war unterhaltsam, auch aufbauend, ja, bestätigend, kräftigend. Aber sie kamen sich beide nicht näher als unbedingt nötig war. Ophelia besuchte er hauptsächlich, weil seine Seele anfänglich in Düsternis versunken war und heute war er bei ihr, weil auch sein Körper gewisse Bedürfnisse hatte. Ob auch Jesus diese Bedürfnisse hatte?

Josuas Gedanken flogen in die Vergangenheit. Er musste unwillkürlich wieder an Lea denken. Hatte sie ihn geliebt? Hatte er ihre Liebe übersehen, weil er mit dem ersten Aufflammen seiner Leidenschaft genug zu tun hatte? Hatte er sie geliebt? Wenn er an Diana dachte, dann wurde ihm deutlich, dass er Lea nicht geliebt hatte. Zwar hatte sie bei ihm die

Neugierde erweckt auf mehr, auf ein Leben jenseits seiner Schreibarbeiten, aber mehr war nicht gewesen. Eine Liebe musste von beiden Seiten genährt werden, sonst würde sie zu schnell erkalten. Hätte er sonst Lea so schnell vergessen können, nachdem er sie mit seinem Vater gehört hatte?

Josua trat in sein Zuhause ein und setzte sich für einen Moment hin, um den Tag zu verabschieden. Es war fast alles still. Nicht einmal Cyriax war noch wach. Nur aus einem Raum, der etwas abseits lag, hörte er ein zweistimmiges leidenschaftliches Stöhnen. Also hatte sich eine Frage von heute schon beantwortet. Auch sein Freund, der der Zeit weit woraus war, wurde von ihr und der Welt mit all ihren körperlichen Facetten und Bedürfnissen eingeholt.

∞

Es war schon sehr spät, vielleicht war schon der nächste Tag angebrochen. Zufrieden lag Jesus neben seiner bereits schlafenden Mirjam. Er betrachtete ihren ästhetischen Körper. Gott hatte sich wirklich Zeit genommen, als er diesen vollkommenen Körper erschuf. Bis vor wenigen Momenten hatten sie sich noch geliebt. Selten zuvor hatte eine so innige Leidenschaft sie beide ergriffen und mitgerissen. Sie hatten einfach nicht genug vom anderen bekommen können. Er musste lächeln. Wie sehr genoss er die unterschiedlichen Variationen der körperlichen Liebe. Zum Glück konnte er es genießen, denn er kannte genug seiner jüdischen Begleiter, die, wenn sie diese Lust übermannte, sich am liebsten ihr Glied, oder den Stengel, wie sie ihn nannten, abgerissen und im Feuer der Schuld verbrannt hätten. Wahrlich, dass er die Liebe genießen konnte, das war ein großes Glück und ein Geschenk. Von seinem himmlischen Vater, das wusste er.

Er dachte an seine Rede. Heute musste er selbst über den Inhalt staunen. Er war es gewohnt, dass ihm Gedanken und Ideen aus dem Reiche seines Vaters eingegeben wurden, aber heute bei der ersten öffentlichen Rede in dieser Stadt, war er kurzzeitig geschockt gewesen, wie er sie begonnen hatte. Die Gedanken hatte er erst wenige Momente vor der Rede übermittelt bekommen, bevor er mit dem Sprechen angefangen hatte. Aber die Gedanken mit dem versandeten Hafen und den versandeten Herzen – schlichtweg genial. Dies ließ ihn erschauern. Wie großartig war die Schöpfung Gottes! Wie großartig war seine Begleitung!

Jesus konnte mittlerweile darauf vertrauen und sich sicher fühlen, dass er immer die richtigen Worte in den Mund gelegt bekam, die auch die

Menschen überzeugten. Er war immer wieder aufs Neue gespannt, über welche Themen er sprach. Morgens wusste er noch nicht, worüber er am Nachmittag sprechen würde. Und dass er diese griechischen Namen in seiner Rede erwähnte, erstaunte ihn am meisten. Gut, von Heraklit hatte er gehört, den konnte er sich merken, aber die anderen drei, wie hießen sie noch? Er konnte sich nicht mehr daran erinnern. Aber das war das beste Zeichen dafür, dass es nicht seine Worte waren, die er heute gesprochen hatte, sondern die seines Vaters.

Wie anders war es noch vor einigen Jahren gewesen, als er mit den Santinern in der ganzen Welt herumgereist war. Er erinnerte sich noch an eine Rede in Athen, die in einem kleineren Rahmen stattfand. Kein Wort war ihm anfangs eingefallen, keinen Gedanken hörte er, keine Idee kam ihm. Er stand da und wusste nicht, worüber er sprechen sollte. Hätte dieser Moment noch länger gedauert, hätten ihn diese Griechen nicht ernst genommen. Mit Recht. Aber nach einem stotternden Anfang kamen doch allmählich Gedanken in sein Bewusstsein, die die Rede schließlich zu einem großen Erfolg werden ließen. Solche großen Probleme hatte er seitdem nicht mehr gehabt. Er hatte sein Vertrauen zu seinem Vater noch einmal überprüft, einige Zweifel ausgeräumt, die für diese Blockade in seinen Gedanken gesorgt hatten. Mittlerweile freute er sich auf jede Rede. Er hatte sich an diese Momente gewöhnt, in denen ihm hunderte von Menschen zuhörten. Die Bühne des Lebens war sein Leben.

Er bemerkte, wie er langsam den Kopf schüttelte. Das Anstrengendste heute war das Gespräch mit seinen Begleitern gewesen. Viele konnten den Inhalt der Worte nicht erfassen. Viele hörten seine Worte, aber erkannten sie nicht als Wahrheit. Er dachte an Petrus, der früher Simon hieß. Ja, er sollte ihm auch im Auftrag von Gott einen neuen Namen geben, damit dieser besser seine Kraft im Inneren wahrnehmen konnte. Schließlich sollte Simon Petrus die Gruppe führen und geistig beschützen, wenn er, Jesus, nicht anwesend war. Aber er wusste, dass Simon Petrus, wie viele andere auch, seine Worte zwar hörte, deren Bedeutung jedoch nicht ermessen konnte.

„Was hat ein versandeter Hafen mit den Herzen der Menschen zu tun?", hatte Simon Petrus nach der Rede gefragt, als alle in einer Taverne beisammen saßen und sich austauschten.

Kurze Zweifel überfielen Jesus, als er diese Frage gehört hatte. Warum hatte Gott Simon Petrus ausgesucht? Na ja, es gab schließlich niemanden sonst. Die meisten anderen waren sehr jung, kein Älterer würde auf die Jünglinge hören, auch wenn deren Seelenalter viel höher war als das von

Simon Petrus. Einer wäre noch in Frage gekommen. Judas, aber er war für die Menschen, die ihm folgten, zu intelligent und zu radikal. Judas war ein Denker, ein Philosoph, viele Mitreisende verstanden manchmal seine Gedanken nicht, da seine Worte oftmals zu geschwollen klangen. Hätte er, Jesus, nicht gewusst, dass der Ursprung von Judas' Seele auch auf dem Heimatplaneten der Santiner lag, wären ihm diese vielen Gedanken von Judas, welche er sich über Gott und die Welt machte, unerklärlich gewesen. So aber wusste er, dass Judas eine andere Seelenkraft als andere in sich trug, obwohl sie noch nicht sichtbar geworden war. Judas hätte seine Gruppe führen können, aber ihm fehlte der Gemeinschaftssinn. Simon Petrus war schon der Richtige, dachte Jesus beruhigt, in ihm sahen viele eine Art Vaterersatz. Alles war gut wie es war.

Jesus betrachtete wieder Mirjam, die tief und fest schlief. Es wäre schön, mit ihr eine Familie zu gründen. Wie oft wollte er alles hinter sich lassen und mit ihr ein neues Leben anfangen. Wie oft schob er die Gedanken weg, die ihn überfielen und ihm einredeten, alles abzubrechen und mit Mirjam abzuhauen! Mirjam würde eine gute Mutter sein, das wusste er. Er kannte ihren Kinderwunsch, aber sie war es immer, die ihn in seiner Mission unterstützte und ihren Wunsch beiseite schob. Sie war in diesen Momenten seine Stärke. Sie war in seinen schwachen Stunden seine Kraft. Sie war seine Seelengefährtin, die ihm half, auf dieser Erde seinen schwierigen und steinigen Weg zu gehen. Sie war seine große Liebe. Wäre jetzt das Leben für Jesus zu Ende, dann hätte er sein Glück gefunden, dann wäre er …

Jesus war eingeschlafen und träumte in der folgenden Nacht, wie das Licht in Ephesos in Form eines Feuers verankert wurde. Eine kleine Flamme war entzündet worden. Eine kleine Flamme, die viele Menschenherzen schon jetzt erwärmte.

Stadt der Laster

Tai Shiin war froh, dass er seinen besten Freund Zyndar Shiin wieder regelmäßig persönlich treffen konnte, denn für die nächsten Jahre war für beide die Raumstation ihre neue Heimat. Das Raumschiff von Zyndar Shiin hatte sein Assistent übernommen, und er befand sich damit gerade im asiatischen Raum. Es waren viele Jahre vergangen, seit sein Freund als

Befehlshaber eines Raumschiffes über Ephesos stationiert worden war. Und durch das Erscheinen von Jesus in Ephesos hatte sich auch der Aufenthaltsort von Tai Shiin, wie schon unzählige Male vorher, verändert. Sein Auftrag lautete, sich immer direkt bei Jesus aufzuhalten, egal wohin die große Seele ging. Zwar hatten die Santiner eine Technik, mit der sie so oft und so gut kommunizieren konnten, wie sie wollten, aber auch für sie war der persönliche Kontakt mit Freunden ein Lebenselixier, vor allem wenn sie sich einige Lichtjahre von ihrer eigentlichen Heimat entfernt befanden und nur einen begrenzten Lebensraum in einer Raumstation zur Verfügung hatten. Zwar ein schöner Lebensraum, aber eben nicht der heimatliche. Außerdem ging nichts über eine Umarmung mit Zyndar Shiin.

„Tai, was für eine Freude, dich wieder neben mir zu wissen", rief sein Freund aus, als sie sich innig umarmt hatten.

„Du sagst es, Zyndar. Es war eine lange Zeit, in der, wie wir alle wissen, viel geschehen ist. Wie geht es deiner Seele?"

„Sehr gut. Ich mache mir nur über einige unserer Brüder Gedanken, denn nicht alle halten die Bilder von Ephesos aus, die sie über die Monitore sehen. Es fällt vielen sehr schwer, mit anzusehen, wie Brüder und Schwestern einer anderen Menschenrasse mit ihresgleichen umgehen. Hier, sieh nur."

Die beiden betrachteten gemeinsam einen Teil der Hafengegend, der den übelsten Ruf der ganzen Stadt hatte. Ihre Technik ermöglichte es den Santinern, dass sie negative Gedanken der Menschen aufgrund der ausgestrahlten magnetischen Energiefrequenzen festhalten und gleichzeitig die zugehörige Situation auf einem ihrer vielen Bildschirme anzeigen konnten. Das bedeutete, dass sie dort ein wachsames Auge walten lassen mussten. Je negativer ein Gedanke war, desto schneller wurden die Bilder auf den Bildschirmen angezeigt. Tai Shiin und Zyndar Shiin beobachteten gerade, wie ein Händler eine Taverne verließ und kurz darauf von einer zwielichtigen Gestalt erstochen wurde. Grauen beschlich ihre Seelen.

Tai Shiin konnte nur den Kopf schütteln und sich angewidert von den scheußlichen Bildern abwenden. Es war für sie sehr schwierig, solche Bilder zu ertragen, da ihre Seelen eine höhere Reife und eine größere Sensibilität besaßen. Außerdem hatte ihr materieller Körper eine geringere Dichte als ein irdischer Körper, was dazu führte, dass sie ihre eigenen Gefühle intensiver wahrnahmen als ein Mensch. Je grobstofflicher ein Körper war, desto weniger konnte er Gefühle empfinden. Das bedeutete, dass die Seele eines Menschen in einem grobstofflichen Körper auf der Erde nicht so intensive Gefühle erfahren konnte wie ein Santiner.

„Wir müssen wahrscheinlich einige Brüder auf unseren Heimatstern zurückbringen, da sie in Depressionen gefallen sind. Sie können ihren Dienst nicht mehr ausüben. Auch Musik, Farb- und Kristalltherapien nützen im Moment nichts. Zu sehr haben diese Jahre über Ephesos Schaden an ihren Seelen angerichtet."

Tai Shiin betrachtete erneut die Szene im Hafenviertel. Der Mörder hatte den Händler ausgeraubt und ihm am Ende, um ganz sicher zu gehen, die Kehle durchgeschnitten. Zyndar Shiin legte seinem Freund vertrauensvoll die Hand auf die Schulter.

„Tai, es ist eine wirklich dunkle Stadt. Sie ist nur mit Rom zu vergleichen. Jerusalem ist trotz der Glaubensintrigen und Hinterlistigkeiten der jüdischen Priester ein Kinderspielplatz dagegen." Zyndar Shiin nahm einige Einstellungen am Bildschirm vor und fuhr fort: „Da schau, allein heute gab es in Ephesos bereits sechs Morde, 134 Vergewaltigungen, 397 Delikte von Sklavenmissbrauch, 9.386 Verfluchungen und 20.525 Beleidigungen. Diese Dinge muss eine Seele aushalten. Auch ich musste schon manchmal an meinen Stellvertreter abgeben und mich für ein paar Tage aus der Arbeit herausziehen. Zum Glück befinden sich unsere Frauen mit an Bord, sonst hätten wir größere Probleme, findest du nicht, Tai?"

„Ohne sie hätten wir nicht eine so große Kraft, wie wir sie hier in diesen Regionen brauchen." Tai Shiin nickte. „Gut, dass auch Jesus Mirjam an seiner Seite hat. Sie ist ihm schon jetzt eine große Stärke."

„Hat denn Jesus seine letzte große Prüfung bestanden, oder wird diese hier in Ephesos vonstatten gehen?"

„Das wird bald geschehen, Zyndar. Zu oft macht sich in Jesus im Moment der Wunsch nach einem ruhigen Leben am Galiläischen Meer mit Mirjam und einigen Kindern bemerkbar. Er hat große Kämpfe in seinem Inneren zu bestehen. Die Einflüsterungen der Schattenwelt sind so stark wie noch nie. Der Widersacher nutzt jede Möglichkeit, um Jesus zu verunsichern. Der Moment des Versprechens, seine Aufgabe wirklich anzunehmen, steht unmittelbar bevor. Mirjam hat ihn schon einige Male beruhigen müssen." Wie zu sich selbst fügte Tai Shiin noch an: „Ja, das Leben auf der Erde ist nicht einfach."

„Wie machen sich die Begleiter von Jesus?", wollte Zyndar Shiin wissen.

„Es sind mittlerweile um die vierzig Personen, die Jesus folgen." Jetzt berührte Tai Shiin einige Felder auf einem Bildschirm, und es tauchten wieder andere Zahlen auf. „Ja, genau zweiundvierzig. Einige sind dabei, die seine Worte verstehen, aber nur einige. Johannes und Judas zum Beispiel, wobei letzterer seine Seelenkraft noch nicht an das Tageslicht hat kommen lassen. Ich mache mir manchmal Sorgen um Judas." Tai Shiin hielt inne.

„Viele Frauen können den Inhalt von Jesus' Worten und Gleichnissen deutlich erfassen, aber nehmen wir nur einmal Simon Petrus. Er versteht nicht im Geringsten, was Jesus in seiner letzten Rede den Menschen mitteilen wollte. Simon Petrus kann durch seine väterliche Art eine Gruppe zusammenhalten, dafür ist er genau der Richtige. Wenn ich mir aber vorstelle, dass es in ferner Zukunft wahrscheinlich so sein wird, dass eine neue Religion entsteht, die die Lehren von Jesus zum Inhalt haben wird, Jesus darin als Gott und Simon Petrus als die weitere Lichtgestalt neben ihm verehrt werden, dann kann ich nur den Kopf schütteln. Simon Petrus, der bisher kaum ein Wort von Jesus jemals richtig verstanden hat." Tai Shiin zuckte die Achseln.

„Tai, ein bisschen traurig bin ich manchmal schon ..." An Zyndar Shiin gingen die Bilder, die sie gerade anschauten, auch nicht spurlos vorüber.

„Ja, Zyndar, ich weiß, aber manchmal bin auch ich nahezu entmutigt von unserer Aufgabe. Manchmal möchte auch ich nicht mehr und wünsche mir nichts sehnlicher als auf Metharia mit meiner Familie in den grünen Auen spazieren zu gehen und den Pflanzen ihre göttliche Schönheit mitzuteilen. Wie lieblich duften sie dann, wenn sie bewundert werden, nicht wahr?"

„O ja." Auch Zyndar Shiin schien ins Schwärmen zu kommen. „Ja, wie intensiv duften die Lilien und wie anmutig neigen sie sich in unsere Richtung! Ja, das wäre schön."

Eine Stimme aus einem Lautsprecher unterbrach die beiden Freunde beim Tagträumen.

„Zyndar, bitte komm schnell in den Heilungsraum. Santhun geht es sehr schlecht. Komm bitte, schnell."

„Tai, du entschuldigst mich. Santhun ist einer von ihnen, den wir unbedingt nach Hause bringen müssen, wenn er es denn noch schafft. Halte du solange für mich hier die Stellung." Zyndar Shiin steckte den Peilsender in die Tasche seiner Uniform und verließ eilig die Kommandozentrale.

Tai Shiin schickte lichtvolle Gedanken zu Santhun. Wie groß muss in dieser Stadt und vor allem auf der Erde der Einfluss des Negativen sein, dass er sogar einen so erfahrenen Santiner wie Santhun in eine Depression stürzen kann! Was nutzte den Santinern alles Wissen über Materie und Antimaterie, über Quanten und Elementarteilchen, über Positrone und den ätherischen Logos, was nutzte alles Wissen des Universums und des Antiuniversums, wenn die schrecklichen Dinge auf der Erde einen erfahrenen Santiner krank machten, obwohl er seinen energetischen

Schutzschild aktiviert hatte. Wie grässlich mussten diese Energien wirklich sein?

Mitgefühl suchte den Weg zu Tai Shiins Kollegen. „Unendlich mächtiger Logos, du großes Zentralbewusstsein, Gott, bitte hilf unseren Brüdern und Schwestern und lasse sie in ihrer Seele gesunden. Ich werde alles dafür tun, was in meiner Macht liegt. So soll es sein."

Nach diesem spontanen Gebet widmete sich Tai Shiin wieder den bewegten Bildern auf den diversen Bildschirmen. Allein in diesen wenigen Minuten war die Zahl der Verfluchungen um 227 und die Zahl der Beleidigungen um 389 gestiegen. Ephesos war wahrlich eine Stadt der Lüge und der Laster.

Liebe, Licht und ihre Dunkelheiten

Am darauf folgenden Tag war Jesus schon früh aufgebrochen. Es war noch kühl, ehrlich gesagt, kalt. Jesus saß hoch oben auf einer Stufe im bereits geöffneten Theater, wo er sich sehr gern aufhielt. Dort konnte er über den Hafen und den langen Kanal schauen, über den die Schiffe und Boote den Hafen erreichen konnten. Das Meer war etwa eine viertel Meile entfernt, und man konnte deutlich erkennen, dass der Hafen immer mehr versandete. Genau wie die Verbindung der Menschen zu ihrem Schöpfer, wie Jesus es so schön in seiner ersten Rede hier in Ephesos gesagt hatte.

Jesus liebte die Weite. Er holte seine Flöte aus seinem Gewand und fing an, seine verträumten Melodien zu spielen. Jene Melodien, die ihm seit seiner Kindheit ganz leicht und sanft in sein Bewusstsein gekommen waren und sich in Form von Melodien in die Welt verbreitet hatten. Ja, er war oftmals sehr erstaunt, wie die Melodien die Menschen berührten. Diese scharten sich dann häufig um ihn, und er begann ihnen von Gott, ihrem Vater, zu erzählen. Häufig waren dann auch Kinder um ihn herum. Kinder, die seine Melodien liebten. Er erinnerte sich an Rahel, die nichts lieber hatte, als ihm und seinem Flötenspiel zuzuhören. Rahel aus Nazareth. Heute war er extra ganz früh im Theater, um in Ruhe Flöte zu spielen, ohne dass sich innerhalb kurzer Zeit so viele Menschen um ihn scharten. Er selbst liebte die Musik und wunderte sich auch, woher die vielen sehnsüchtigen Melodien nur kamen.

Rahel schien ihn aber diesen Morgen zu begleiten und ihm in Freude zuzuhören. Ob Rahel …

Plötzlich sah er vor seinem inneren Auge ein Mädchen etwa in Rahels Alter, das unbeaufsichtigt am Hafenbecken spielte. Die Eltern waren mit einem Kapitän im Gespräch, der sein Schiff wenige Schritte entfernt liegen hatte.

„Geh zum Hafen, schnell", hörte Jesus eine Stimme.

Diese Stimme kannte er sehr gut. Immer wenn sie kam, geschah etwas Schreckliches, und deshalb musste er sich beeilen. Er rannte die Stufen des Theaters hinab und über die Arkadiane Richtung Hafen. Auf einmal hörte er dort Geschrei. Panik. Er wollte erfragen, was hier vor sich ging, doch dann sah er das kleine Mädchen aus seiner Vision im Wasser. Es war in das Hafenbecken gefallen und keiner der Menschen, nicht einmal die Eltern, tat irgendetwas, um sie zu retten. War sie ihnen gleichgültig? Egal, er musste etwas tun.

Jesus zog sein Obergewand aus und sprang in das kalte Wasser. Er schwamm auf das Mädchen zu, das gerade in die Tiefe abgleiten wollte. Er schnappte ihren Arm, legte sie auf seinen Körper und schwamm oder wie man seine unbedarften Bewegungen auch nennen wollte, auf dem Rücken liegend mit ihr zum Hafenrand. Nur der Herr wusste, wie Jesus das tun konnte, denn schwimmen hatte er nie gelernt.

Zum Glück streckte ihnen dort ein kräftiger Mann seine Hände entgegen, und es gelang ihm, das Mädchen aus dem Wasser zu ziehen. Kurz danach war Jesus an der Reihe, und er wurde ins Trockene gehievt. Jesus verlor keine Zeit und beugte sich über das bewusstlose Mädchen.

Die Menschen redeten wild durcheinander.

„Bitte, helft ihr."

„Was ist passiert?"

„Klappe, lasst den Mann ihr helfen. Er sieht wie ein Apollo-Priester aus."

„Axas, konntest du nicht besser auf unsere Tochter aufpassen?"

„Wieso ich, ich habe mich mit dem Kapitän unterhalten. Du bist schuld."

Jesus bekam von dem allgemeinen Chaos nichts mit. Er betete: „Herr, bitte bring dieses Mädchen wieder in das Leben zurück. Lass sie wieder zu Bewusstsein kommen. So soll es sein."

Kurz darauf legte Jesus seine Hände auf ihren kleinen Körper, drehte ihren Kopf leicht zur Seite. Wasser quoll aus ihrem Mund, und sie begann zu husten. Das Mädchen war wieder bei Bewusstsein.

„Danke Jesus", sagte es zum Erstaunen von Jesus, der Tränen in den Augen hatte.

„Woher kennst du mich?"

„Ich habe dich schon einmal im Traum gesehen, und dort hast du mir deinen Namen mitgeteilt."

„Wie heißt du?"

„Chloe."

Daraufhin schlief das Mädchen ein.

Jetzt kam Jesus das allgemeine Geschrei wieder zu Bewusstsein. Er hörte Dankesgebete, Preisungen von irgendwelchen Göttern, von denen er noch nichts gehört hatte. Die Eltern von Chloe umarmten ihn so fest, dass er kaum Luft zum Atmen hatte. Er fragte sie, ob er das Mädchen nach Hause tragen sollte. Sie bejahten mit frohem Herzen.

Er hüllte Chloe in seine Liebe ein und genoss es, eine so kleine Seele tragen zu dürfen und mit ihr in ihr Zuhause zurückzukehren. Das Licht, das von Jesus ausging, konnte er selbst mit dem Mädchen im Arm nicht erkennen. Die Harmonie, die Jesus ausstrahlte, die Liebe, die er verkörperte, ließ alle nachfolgenden Personen seine Erhabenheit und die Größe seiner Seele spüren. Durch seine Anwesenheit wurden auch Chloes Eltern und einige neugierige Menschen hinter ihm von dem göttlichen Licht umschlossen und konnten so einen Schimmer von der Liebe Gottes erfahren, die sie von nun an für immer in ihrer Seele spüren sollten.

∞

„Jesus, darf ich dich mit meinem Freund Antonius bekannt machen?" Alexus deutete eine Verbeugung an. Er hatte Jesus zu einem Freund mitgenommen, der vielleicht in Zukunft dafür sorgen könnte, dass Jesus vor dem Rat von Ephesos sprechen durfte.

„Antonius, ich danke dir aus ganzem Herzen für die Einladung in dein nobles Heim. Auch im Namen von Mirjam, meiner Frau."

„Ganz meinerseits." Antonius achtete darauf, mit seiner Hand keine Fremden zu berühren. „Nehmt Platz!"

Jesus nahm Mirjam an die Hand und setzte sich mit ihr auf die beiden ihnen zugewiesenen Plätze. Weiterhin waren Antonius' Frau Clodia anwesend sowie Alexus mit seiner Frau Daphne. Wohl fühlte er sich aber nicht. Antonius musste einer der reichsten Männer von Ephesos sein. Der ganze Prunk, den er mit ein paar Blicken erkannte, war verschwenderisch. Mosaiken jeglicher Art und Farbe, handbemalte Vasen mit exotischen Motiven. Nach seinem Wissen kamen sie aus dem großen Reich Chang'an. Auf den Tischen vor den purpurfarbenen Klinen, den römischen

Speiseliegen, standen feinste Gläser, die mit blauen Edelsteinen verziert waren. Er traute sich kaum, ein Glas in die Hand zu nehmen. Er nippte kurz und betrachtete die vielen kleinen spiralförmigen Verzierungen auf dem Glas.

„Saphire", sagte Clodia, die seinen Blick aufgefangen hatte.

„O, die müssen ja ein Vermögen kosten."

„O ja, da sind wir auch sehr stolz drauf. Schmeckt nicht der Wein aus ihnen viel vorzüglicher als aus Bechern?"

„Ein interessanter Geschmack. Wohl wahr."

„Ein fünfzig Jahre alter Falerner."

„O, kein Chier?" Alexus machte ein erstauntes Gesicht. „Ich dachte, dieser liebliche Wein müsste ein Chier sein."

„Nein, auch ein Falerner kann lieblich schmecken, aber du müsstest den feurigen Geschmack erkennen. Kein Vergleich mit so einem billigen Fusel wie dem Chier."

Jesus betrachtete Clodia, die sich gestelzt auf der Kline ihm gegenüber räkelte. Ihr Haar war so seltsam hochgesteckt, sie hatte Oleanderblüten im Haar. An ihrem linken Arm wand sich eine silberne Schlange empor, deren Kopf im Ellenbogen sichtbar wurde. Ihre Augen glitzerten feuerrot. Um den Hals trug Clodia eine traumhafte Perlenkette, die ihresgleichen suchte. Mit ihrem Gegenwert könnte man, so schätzte Jesus, Nazareth für drei Jahre mit Lebensmitteln versorgen, ohne dabei auf Fleisch und Fisch zu verzichten. Die Farbe, um die Klinen purpurn zu färben, sowie die riesigen Marmorstatuen von griechischen Meistern, ein gold verziertes Wandbild mit einer Waldlandschaft, außerdem das teure Parfüm aus Alexandria, mit dem Clodia seine Nase ärgerte, konnten ganz Nazareth für die nächsten hundert Jahre verpflegen und den Kindern ein sicheres Leben bieten. Dekadent, diese Römer. Aber auch sie waren nach dem Licht suchende Seelen. Jesus lächelte Mirjam zu und drückte ihre Hand.

„Sklave, bring uns jetzt die Speisen. Aber flott". Clodia schnipste mit den Fingern und zupfte hektisch an ihrem ockerfarbenem Seidengewand. „Ihr werdet Augen machen."

„Hoffentlich", flüsterte Jesus zu Mirjam, die daraufhin leise kicherte. Dann wandte er sich an die Frau von Alexus. „Daphne, es freut mich, dich kennenzulernen."

„Jesus, es ist auch für mich eine Freude. Danke, du weißt schon, was ich meine."

„Sehr gern, die Zeit war reif."

Kurz danach traten knapp dreißig Sklaven in den Raum, und jeder hatte ausgewählte Speisen auf silbernen Tabletts, die alle auf dem großen Tisch und auf Beistelltischen Platz fanden.

„Wieviele Sklaven habt ihr in eurem Haus beschäftigt?", fragte Jesus Antonius.

„Eine ganze Menge. Ich glaube so ungefähr einhundertzwanzig."

„Im Ernst?"

„Ja, wir haben schließlich ein großes Anwesen, das unterhalten werden muss. Die Sklaven wohnen alle im Nachbarhaus." Antonius lächelte, deutete aber die Ironie in den Worten von Jesus als Interesse. „Ja, wir haben unter anderem eine Fächerträgerin, eine Achselhaarauszupferin und einen Vorleser. Sieht man nicht alle Tage, oder?"

„Wahrlich nicht, nein."

Das Essen war aufgetischt, oder besser kredenzt. So weit das Auge reichte, wurden nie gesehene Köstlichkeiten angeboten.

„Darf ich euch alles erklären?" Clodia fuchtelte vor den Augen von Antonius herum, der kurz mit Alexus über Ratsangelegenheiten gesprochen hatte.

„Ja, Clodia, bitte walte deines Amtes."

„Dies hier sind gebackene Taubenbrüstchen, das hier müssen die Schamteile und Zitzen von zehn erstmals trächtigen Sauen sein." Sie machte eine kurze Pause. „Vorzüglich, sage ich euch, ganz vorzüglich. Weiter geht es hier mit Austern aus Britannien, Lachsforellen aus … das weiß ich jetzt gar nicht genau … Sklave, wo kommen die Forellen her?"

„Aus Germanien", hörte Jesus eine schüchterne Stimme hinter sich.

„Gut, dann haben wir hier noch Papageienköpfe, Fasanenhirn…"

Jesus hörte nicht mehr zu. Ihm wurde fast schlecht. Er musste sich auf etwas anderes konzentrieren. Das Wandbild gegenüber war ganz entzückend. Er beobachtete es so lange, bis die schrille Stimme dieser anstrengenden Frau verstummt war.

„Möge euch das Mahl munden." Antonius meldete sich.

„Äh, habt ihr auch etwas Brot für Mirjam und mich?"

„Brot? Wieso Brot?"

„Wir würden gern das Brot in die ganz vorzüglichen Saucen tunken, um sie so noch mehr genießen zu können."

„Natürlich, natürlich. Sklave. Bring uns Brot. Aber hurtig."

Danach hörte man drei Personen schmatzen und rülpsen, nur Daphne, Mirjam und Jesus aßen ein wenig von den Speisen, die man noch als relativ normal ansehen konnte, wie gemischtes Gemüse mit Kalbfleisch. Die

Römer hatten wirklich das eigenwillige Talent, alles aus dem natürlichen Zustand herauszureißen, und sie liebten alles Absonderliche, Hauptsache, es war ausgefallen genug und hatte zuvor noch keinen anderen Tisch in dieser Stadt geschmückt.

„Jesus, du bist also der Heiler, von dem im Moment so viele sprechen." Antonius wandte sich ihm zu. Seine Augen fixierten ihn.
„Was sie von mir sagen, das weiß ich nicht." Jesus lächelte ihn an.
„Er hat in Smyrna einen Bettler geheilt." Alexus meldete sich zu Wort.
„Ja, sage ich doch, Heiler. Aber wieso hast du einen armen Mann geheilt, der für diese Stadt die Wichtigkeit einer Laus hat?"
„Antonius, der Mann ist ein Mensch wie du und ich, und wie deine verehrte Gattin."
„Ha, du vergleichst uns mit diesem Aussätzigen?"
„Aber ja doch, vor Gott dem Herrn sind alle Menschen gleich."
„Gut, Jesus", Clodia meldete sich zu Wort, dann lass uns bitte auch teilhaben an einem solchen Wunder."
„Alles ist ein Wunder, auch das Lachen der Kinder und das fröhliche Pfeifen der Papageien."
„So etwas meine ich nicht."
„Was wäre in deinen Augen ein Wunder?"
„Mich von meiner Unfruchtbarkeit zu erlösen."
„Das steht nicht in meiner Macht, verehrte Clodia."
„Wieso nicht? Du hast auch den Bettler geheilt."
„Dieses stand in meiner Macht. Gott, der Herr, hat mir auch den Auftrag erteilt, ihn von seinen Beschwerden zu erlösen."
„Und bei mir gibt dein Gott, wie du sagst, keinen Auftrag?"
„Nein, Clodia, nein."
„Warum nicht?"
„Weil dein Glaube nicht groß genug ist."
„Wie bitte?"
„An was glaubst du denn?"
„An Zeus, Aphrodite, und …ach, ich weiß auch nicht, wie sie alle heißen."
„Siehst du, du kannst dir nicht einmal ein paar eurer Götter merken, dafür aber jedes Gericht und jedes Land, aus dem eure Spezialitäten kommen."
Jesus warf Antonius einen Blick zu, dessen Augen fast aus den Augenhöhlen herausquollen. Er war es wohl nicht gewohnt, dass jemand so mit seiner Frau sprach, schloss Jesus aus diesem Anblick.
„Wer bist du, dass du mich in meinem Haus so beleidigst?", keifte Clodia.

„Ich bin Jesus. Außerdem habt ihr uns als Gäste beleidigt, weil ihr uns kein Salzfass auf den Tisch gestellt habt."

„Was soll das denn jetzt?", mischte sich Antonius ein.

„Wie ich mich über eure römischen Gepflogenheiten erkundigt habe, ist Salz als Symbol Einvernehmen und Respekt gegenüber dem Gast unerlässlich. Und …"

„Wie kannst du …?"

„Ich war noch nicht fertig mit meinen Worten, Antonius. Salz ist das Symbol eines Lebensmittels überhaupt. Wie du wissen müsstest, sorgt der römische Staat dafür, dass es dem gemeinen Volk nicht an Salz fehlen sollte. So, ich bin fertig."

„Bitte verlasst unser Haus."

„Sehr gern. Wir werden so schnell auch nicht wiederkommen." Jesus lächelte. „Aber es tröstet mich trotzdem zu wissen, dass Salz in eurem Hause nicht ganz unbekannt ist und ihr sogar damit nicht spart. Eure gesalzene Butter schmeckte beim Probieren doch sehr nach Zucker, was, wie jeder weiß, eine ja primitive Weise ist, einen zu starken Salzgeschmack zu verbergen.

„Raus!"

„Glück auf. Daphne, Alexus, es war mir eine Freude und danke für die Einladung."

Daraufhin verließen Jesus und Mirjam dieses dekadente Haus, und sie genossen die saubere Luft an diesem doch so schönen Abend in Ephesos.

∞

Heute ging Josua mit einem schweren Gefühl zu Sophias Anwesen, wo er wieder Ophelia treffen wollte. Nachdem er einige Zeit im Garten auf sie gewartet hatte, trat sie mit ihrem berühmten fröhlichen Lachen auf ihn zu. Sie sah verführerischer aus denn je.

„Josua, schön, dass du gekommen bist! Wie geht es dir?"

„Ich war schon einmal besserer Laune. Trauer umschließt mein Herz." Sollte er ihr am Anfang sagen, dass er sie nicht mehr sehen wollte? Nicht, dass er sich erhoffte, Diana endlich für sich zu gewinnen, nein, an sie dachte er dabei nicht. Diana war schließlich eine Priesterin und hatte ein Gelübde der Entsagung abgelegt. Nein, der Zeitpunkt war erreicht, die regelmäßigen Besuche bei Ophelia einzustellen. Sollte er es ihr jetzt direkt sagen oder zum Schluss, wenn sie wieder gemütlich Seite an Seite in ihrer Kammer lagen?

„Was betrübt dein Herz?" So sanft und liebevoll wie heute hatte sie ihn noch nie begrüßt. Er wollte die Stimmung nicht stören und entschied sich dafür, ihr seine Entscheidung nachher mitzuteilen. Schließlich wollte er noch ein letztes Mal ihre Fähigkeiten der Verführung auskosten.

„Ich erzähle es dir nachher, in deiner Kammer."

„Gut, ich habe dir nämlich auch etwas zu berichten. Aber erst vögele ich dich um deinen Verstand." Sie ertastete sein Glied, das durch ihre zarte aber fordernde Berührung in sekundenschnelle erigierte. Sie führte ihn in den Bereich der Wasserbecken.

Schnell war Josua mit Ophelia im Wasserbecken verschwunden, und genauso schnell saß sie auf seinem Schoss und bewegte sich in verführerischer Manier. Ophelia war wirklich eine Meisterin ihres Faches. Kurz bevor er seinen Höhepunkt erreicht hatte, löste sie sich von ihm, tauchte im Wasser unter und ihr Mund erledigte den Rest.

Josua lag erschöpft neben Ophelia auf ihrem Lager. Sie schien ebenfalls am Ende ihrer Kräfte. Sie hatte im Garten nicht zuviel versprochen. Heute hatte sie ihm alles gegeben, was er sich jemals von ihr erträumt hatte. Sie hatte ihm sämtliche Fähigkeiten ihres Liebesspiels dargebracht und ihn öfters an die Grenzen seines Verstandes geführt. Es schien ihm fast so, als ob sie es bereits gewusst hatte, dass sie sich in diesen Räumen niemals mehr sehen würden.

„Was wolltest du mir mitteilen, Ophelia?"

„Nein, du zuerst. Ich hebe mir meines für das Ende auf." Sie drehte sich zu ihm um und lächelte ihn an.

„Ophelia, was ich dir sagen möchte, fällt mir sehr schwer." Josuas Herz schlug bis zum Hals.

„Trau dich, ich beiße schon nicht." Sie lag vor ihm, traumhaft schön und immer noch tief atmend.

„Ich werde ab jetzt mehr Zeit mit Jesus verbringen und möchte mein Leben ändern." Sein Atem stockte. „Ophelia, ich kann dich hier nicht mehr besuchen."

„Ich verstehe nicht, wie meinst du das?" Ophelias Augen weiteten sich.

„Ich habe in diesem Leben viel falsch gemacht. Ich war lange Zeit verloren und bin von einer Dirne zur nächsten gerannt. Ich muss ein neues Leben anfangen. So leid es mir tut und so gern ich dich habe – ich kann dich nicht mehr besuchen."

„Ich verstehe." Ophelia schien traurig und Josua bemerkte, dass sie sich verschloss.

„Wir können uns regelmäßig treffen, vielleicht in der schönen Taverne an der Agora. Dann können wir uns alles erzählen, wie wir es hier schon oft getan haben. Du sagtest ja einmal, dass du dich mit niemandem sonst so gut unterhalten kannst wie mit mir."

Ophelia antwortete nicht.

„Sag etwas, Ophelia." Josua sah sie besorgt an.

„Ich würde sagen, dass wir uns gar nicht mehr sehen sollten." Ophelias Gesicht glich einer Maske. Ihr Gesichtsausdruck war verhärtet. „Ich würde es nicht aushalten, äh, nein, ich würde es nicht wollen. Nein, Josua, lieber nicht. Ich danke dir für deine Zuneigung zu mir, aber ich bin eine Hure und keine Erzähltante."

Ophelia stand abrupt von ihrem Lager auf und zog sich an. Sie kämmte mit einer vergoldeten Bürste ihr langes Haar, blickte immer mal wieder in ihren großen Spiegel, der noch vor wenigen Momenten ihr leidenschaftliches Liebesspiel reflektiert hatte.

„Wenn du dich ausgeruht hast, dann geh. Ich kümmere mich um meinen nächsten Kunden. Leb wohl, Josua."

Bevor Josua etwas erwidern konnte, hatte sie schon die Tür hinter sich geschlossen. Was war nur mit ihr? Warum hatte sie so reagiert? Und was hatte sie ihm mitteilen wollen?

Josua zog sich an und verließ verstört Sophias Haus, das ihm mittlerweile so vertraut vorkam. Ophelia als Freundin hatte er wohl verloren. Schade, denn sie war eine wundervolle Person. Hätten sie sich früher unter anderen Umständen kennengelernt, wer weiß, was aus ihnen dann geworden wäre.

∞

Ophelia lag auf ihrem Bett und konnte nicht einschlafen. Dies war der schlimmste Tag, seitdem sie denken konnte. Heute Morgen war sie mit der Entscheidung aufgewacht, Josua ihre Liebe mitzuteilen und dass sie sich bei Sophia freikaufen und mit ihm ein neues Leben anfangen wolle. Sie wollte sogar Kinder. Solche Gedanken und Gefühle hatte sie noch nie gehabt. Mit voller Innbrunst und Leidenschaft hat sie sich ihm hingegeben, hatte alle seine Träume und Wünsche erfüllt, war beim Bumsen fast über ihre körperlichen Grenzen gegangen. Und dann das. Er wollte sie nicht mehr sehen, sondern sie nur noch als Freundin zum Quatschen haben. Wer war sie denn? Und wer war dieser Jesus, der ihr ihre große Liebe einfach wegnahm? Schöne Worte konnte er sprechen, ja, aber jetzt erkannte sie in ihm einen hinterlistigen falschen Propheten, der unschuldige Menschen in seinen Bann zog.

Ophelia stand auf und schenkte sich einen großen Becher Wein ein. Heute musste es ein Falerner und kein billiger Fusel sein. Ohne den Wein zu verdünnen, leerte sie den Becher fast bis auf den Grund. Sie vertrug normalerweise keinen unverdünnten Wein, aber heute Abend kümmerte sie sich nicht darum.

Sie schaute aus dem Fenster und sah sich den Mond an. Wie konnten es die Götter in dieser Stadt nur zulassen, dass das Leben ihr so mitspielte! Noch nie hatte sie einen Mann so geliebt wie Josua. Schon beim ersten Zusammentreffen hatte sie ihr Herz an ihn verschenkt, oder vielmehr, was sie darunter verstand. Die vielen Jahre als Hure hatten sie zermürbt. Fast alle Männer, die sie manchmal auf brutalste Art und Weise genommen hatten, spürten nur Verachtung für sie, das wusste sie. Wie heute Abend, als sie vor lauter Enttäuschung und Traurigkeit wieder hinunter in den Garten gegangen war auf der Suche nach Ablenkung, auf der Suche nach einem anderen Mann. Nur um zu vergessen. Wäre sie doch nur oben geblieben oder hätte sie nur Sophia um einen freien Abend gebeten!

Der Kunde, den sie nach Josua bedienen musste, war kein Mann. Er war wie ein Tier. Ein verdammter Parther, ein Barbar. Er sagte ihr direkt ins Gesicht, dass sie für ihn eine Frau zweiter Klasse sei, eine, die zwar einen schönen Körper habe, wie er mit einem schmierigen Lächeln anfügte. Er ging direkt mit ihr in ihr Zimmer, warf die Tür hinter ihnen zu, streifte sein edles Seidengewand ab und rammte ohne große Umschweife seinen riesigen Schwanz in ihren verletzten Körper, in ihre geschundene Seele. Als ob es noch nicht genug gewesen wäre, machte er mit ihr weitere Dinge, an die sie sich hinterher nie mehr erinnern wollte. Allein die Gedanken daran trieben ihr die Schamesröte ins Gesicht. Voller Schmerzen und Abscheu musste sie alles über sich ergehen lassen. Sie konnte nicht schreien, denn dieser verfluchte Parther hatte ihr Gesicht in das Kissen gedrückt, so dass sie keinen Ton herausbringen konnte. Nach ewig scheinenden Momenten und riesigen Qualen ließ er von ihr ab und ließ sie zurück. Gebrochen und gedemütigt.

Immer noch schaute sie mitten in den hellen Mond, der sie erst jetzt wieder in die Gegenwart zurückbrachte. Sie goss sich noch einen vollen Becher Wein ein und trank ihn wieder in einem einzigen Zug aus.

Heute war sie zerbrochen. Heute war ihre Seele verwundet worden. Wäre doch dieser Jesus nie in die Stadt gekommen, dann wäre Josua noch bei ihr, dann könnten sie vielleicht wirklich ein gemeinsames Leben anfangen, murrte sie vor sich hin. Und dann hätte sie dieser Parther nicht so demütigen und misshandeln können. Ihr schwindelte. Warum wollte Josua lieber mit einem hergelaufenen Schwätzer zusammen sein als mit ihr? Sie konnte ihn immer glücklich machen, das wusste sie, aber konnte dieser Jesus das auch?

Es war lange her, dass sie von ihren Eltern als junges Mädchen aus dem Haus geworfen und im Artemis-Heiligtum als Priesteranwärterin untergebracht worden war. Dies war mitten in der schönsten Kindheit geschehen, als sie im Garten spielte und verkehrt herum an Bäumen schaukelte. Sie war frei. Damals. Aber an dem Tag, als ihr Vater sie in diesem kalten Tempel der Artemis abgegeben hatte, fühlte sie sich, als ob sämtliche Liebe aus ihr verschwunden war. „Es ist nur zu deinem Besten", hatte er damals gesagt. „Und komm nicht eher zurück, bis du Priesterin bist und dein Temperament gezügelt hast." Sie wusste, dass ihre Eltern mit ihrem starken Willen und ihren Vorstellungen nicht zurechtkamen. Ihre Eltern wollten Ruhe vor ihr haben.

Und dieser heutige beschissene Tag sorgte dafür, dass sie sich wieder an alles, was damals passiert war, erinnerte. Eine Erinnerung, die sie über viele Jahre verdrängt hatte. Eine Erinnerung, die ihr die Pein ihres verhärteten Herzens bewusst machte. Auch im Artemis-Heiligtum wurde sie während ihrer schönsten Zeit vom damaligen Tempel-Vorsteher auf die Straße gesetzt – nein, sie war abgehauen, bevor er sie auf die Straße setzen konnte, denn rausschmeißen sollte sie niemand.

Im Tempel hatte sie nach einer langen Zeit Freundinnen gefunden, aber auch dort hatte das Leben etwas anderes mit ihr vor. Besonders mit Diana hatte sie sich anfreunden wollen, aber es hatte nicht sollen sein. Ophelias erste große Liebe zu einem schon erwachsenen Jungen während ihres Keuschheitsgelübdes war für den Vorsteher zu viel, obwohl sie ihr Gelübde nicht gebrochen hatte. Keiner wollte ihr glauben, dass sie sich damals nur am Meer getroffen und geredet hatten.

Und nun schon wieder. Die letzten Monate mit Josua hatten dafür gesorgt, dass ihre Seele sich wieder liebenswert gefühlt hatte, dass sie als Mensch wahrgenommen wurde, dass sie sich als Frau und nicht als Hure fühlte. Josua hatte ihr die Hoffnung ans Leben zurückgegeben. Sie hatte sich sogar wieder vorstellen können, an irgendeinen Gott oder eine Göttin zu glauben, aber heute, das war einfach zuviel. Heute hatte Josua alles wieder zunichte gemacht. Sie legte sich auf ihr Bett.

Sie hasste sich selbst für die Gedanken, die sie hatte. Sie hasste sich für das, was sie tat. Sie hasste die Männer, für das, was sie ihr antaten. Sie hasste Josua, weil er sie verlassen hatte. Sie hasste Jesus, weil er Josua von ihr genommen hatte. Sie hasste die Stadtgöttin Artemis dafür, dass sie ihre Stadt nicht vor so Schurken wie diesen Parther und diesen Jesus beschützen konnte. Sie bemerkte, wie sie voller Hass und Neid war. Von Eifersucht zerfressen und von männlicher Demütigung zerstört schlief sie ein.

∞

Ein paar Tage später war Jesus wieder allein in der Stadt unterwegs. Manchmal genoss er es, durch die Gassen zu streunen, in einer Taverne einzukehren und einen unverdünnten Wein zu trinken. Er mochte es, ein Teil des normalen Lebens zu sein, ein Teil einer anderen Stadt zu sein, die ihn durch das ganze Treiben davon ablenkte, was für eine Aufgabe er hier hatte.

Gerade hatte er in der Taverne „Zum Anker" seinen Wein bezahlt und sie fröhlich verlassen wollen, als er direkt vor der Eingangstür lautes Geschrei hörte. Er trat schnell hinaus und sah, wie drei Männer auf einen wehrlosen jungen Mann einschlugen.

„Hey, was macht ihr hier?" Die Stimme von Jesus war sehr laut.

„Halt die Klappe und verschwinde."

„Drei gegen einen. So kämpfen nur Waschweiber."

„Fremder, noch ein Wort, und du hast ebenfalls ein Problem."

Jesus betrachtete den jungen Mann, der wimmernd auf dem Boden lag. Er musste einschreiten. Die drei Männer konnte er nicht anders von ihrer Tat abbringen.

Jesus konzentrierte sich, schloss seine Augen und hob ruhig seine Hände gegen den Himmel.

„Hey, was soll das? Guckt euch mal den Spinner an", hörte er den Anführer der Männer sagen.

„Vater, hilf ihnen, denn sie wissen nicht, was sie tun. Lass ihr Herz mit Mut befüllen und nimm aus ihrer Kleingeistigkeit die Feigheit und die Angst. Danke, Vater." Jesus machte ein paar schnelle und kurze Handbewegungen. Er öffnete wieder die Augen.

Was dann passierte, muss für Beobachter sehr seltsam ausgesehen haben. Die Männer konnten kein Wort mehr sagen, konnten sich ihm nicht nähern und rannten auf einmal wie von einer Schlange gebissen so schnell sie konnten in die Dunkelheit davon.

Danach kümmerte Jesus sich um den Verletzten. Jesus fuhr mit seinen Händen über den geschlagenen Körper und ertastete die verletzten Stellen. Über der Magengegend hielten seine Hände inne. Der Junge winselte. Es mussten wohl innere Organe verletzt sein. Jesus nahm etwas Spucke und strich sie auf die Haut des verletzten Jungen.

Danach begab sich Jesus einige Momente in Zwiesprache mit Gott und bat ihn um Hilfe.

„Junger Mann, du kannst wieder aufstehen. Du bist wieder ganz gesund."

Der Mann fühlte seinen Körper und bemerkte, dass er keine Schmerzen mehr hatte.

„Wie hast du das gemacht?"

„Ich habe Gott um Hilfe gebeten."

„Welchen der Götter?"

„Den alleinigen Gott, deinen Vater im Himmel."

„Aber Herr, ich bin ein ägyptischer Sklave, ich habe andere Götter. Haben mich diese geheilt?"

„Ja, auch diese."

„Wer bist du?"

„Jesus, ein Freund."

„Ich danke dir. Wie kann ich mich bei dir bedanken, Jesus?"

„Meide in Zukunft diese dunklen Ecken und glaube an deine Kraft. Steh auf, wenn du unmenschlich behandelt wirst, aber übe keine Gewalt aus. Steh mit deiner Seele auf und erinnere dich immer an mich, den Freund, den du heute Abend gefunden hast."

Der Ägypter schüttelte den Kopf, befühlte noch einmal seinen Körper und verabschiedete sich mit einer tiefen Verbeugung.

Jesus schaute ihm nach und musste lächeln. Ihm passierten oft solche Dinge. Fast täglich konnte er beobachten, dass das göttliche Geschick es so fügte, dass Jesus immer an dem Ort war, wo sich gerade ein Unfall, ein Missgeschick oder eine Unmenschlichkeit ereignet hatte.

„Ich habe dich genau beobachtet, Fremder. Du kannst heilen." Eine Stimme hinter Jesus übertönte seine Gedanken.

„Sehr gut beobachtet", entgegnete Jesus.

„Sogar in der Dunkelheit konnte ich sehen, wie du den Sklaven geheilt hast."

„Ja, er war schwer verletzt."

„Ich bin Ratsmitglied, und ich erwarte von dir, dass du mich ebenfalls gesund machst. Ich leide an einem schmerzhaften Ausschlag auf dem

Rücken." Wieder so eine egoistische Seele, dachte Jesus, und erinnerte sich an den Abend bei Antonius.

„Erwartungen werden selten erfüllt."

„Was soll das heißen?"

„Erwartungen enden meistens in einer Enttäuschung. Und eine Enttäuschung ist das Ende einer Täuschung."

„Ich kann deinen Philosophien nicht folgen. Egal. Komm jetzt mit zu mir nach Hause."

„Es ehrt mich, dass du mich zu dir nach Hause einlädst, aber nein." Jesus blieb ganz gelassen und lächelte den Römer an.

„Du hast dich gerade herabgelassen und einen Sklaven geheilt. Und du weigerst dich, mir, einem der einflussreichsten Epheser, zu helfen?"

„Wer liebt, der wird erhöht werden. Wer sich über andere stellt, wird fallen."

„Ich warne dich, Fremder. Ich bin sehr mächtig. Wenn ich will, kann ich dich vernichten. Willst du das?"

„Hast du schon einmal erlebt, dass man ein loderndes Feuer mit einem fauligen Atem ausblasen kann? Überschätze deine Macht nicht, Römer."

„Du wagst es, so mit mir zu sprechen? Also stimmte mein erster Gedanke: Du bist ein Schwarzmagier."

„Achte auf deine Gedanken, Römer. Schlag nicht so viel um dich. Dann wirst du auch nicht geschlagen. Wer Ohren hat, der höre. Glück auf, Römer." Jesus drehte sich um und verließ mit ruhigen Schritten den mittlerweile mit Gaffern überfüllten Platz vor der Taverne. Der geschockte Epheser blieb zurück. Jesus konnte nur noch vereinzelte Aussprüche des Erstaunens hören.

„Wer war dieser Mann, dass er mit dem Römer so gesprochen hat?", hörte er eine laute Stimme hinter ihm.

„Jesus. Jesus, der Galiläer."

Voller Vorfreude auf Mirjam, die bestimmt schon jetzt mitten in der Nacht sehnsüchtig auf ihn wartete, machte er sich mit schnellen Schritten auf den Heimweg.

∞

„Diana, setz dich ganz aufrecht auf diesen Stuhl und leg deine Unterarme auf den Tisch." Jesus stand hinter der Priesterin. Diana saß auf einem extra angefertigten Stuhl und hinter einem Tisch, dessen Beine verlängert waren, damit sie aufrecht sitzen konnte. Die meisten Menschen saßen oder lagen immer zu Tisch auf niedrigen Klinen und Beistelltischchen.

Ein paar Schritte entfernt saß Olympios, der alles genauestens beobachtete. Sie befanden sich im Haus eines Freundes von ihm.

„Ja, genau. Gut so. Dann schließt du deine Augen und versuchst ein kurzes Gebet zu sprechen. Dieses Gebet sprichst du immer wieder, immer wieder, bis du irgendwann keine Kontrolle mehr über die Gedanken hast. Dann wird der Moment kommen, wo deine eigene Seele deinen Körper verlässt und eine Seele aus dem Reiche unseres Vaters deinen Körper übernimmt, um Belehrungen und Hinweise über deinen Körper an die Zuhörer zu geben. Es wäre solch eine Arbeit nicht notwendig, wenn jeder Mensch die Gedanken aus dem unsichtbaren Reich aufnehmen könnte, aber leider ist das nicht der Fall. Die Menschen verstehen und glauben nur, was sie sehen und hören." Jesus schaute Olympios an. „Und darum, dass ihr etwas hört, müssen die Stimmbänder benutzt werden. Darauf kommt es in dieser Arbeit an."

Diana setzte sich hin, wie ihr geheißen war, und versuchte sich zu konzentrieren. „Jesus, mir fällt kein kurzes Gebet ein, das ich sprechen könnte."

„Dann sage ich dir eines. Nimm es, aber nur, wenn es dir gefällt. Die Begrüßung von Gott und den Dank lassen wir beiseite, damit du mit den reinen Worten leichter deinen Körper verlassen kannst."

„Danke dir."

Jesus überlegte kurz. „Vielleicht so: Gott, bitte hilf uns bei unserer Aufgabe und beschütze und segne alle Anwesenden."

„Hört sich gut an, wobei ich es schön finde, wenn du Vater sagst. Dies ist ein schönes Bild für mich. Ich möchte so beten: Bitte hilf uns bei unserer Aufgabe, Vater, und beschütze und segne alle Anwesenden mit deiner Liebe."

„Diana, du kannst doch die Worte von Jesus nicht berichtigen." Olympios meldete sich zu Wort.

„Warum nicht? Mir gefällt es so besser."

„Olympios, Diana hat Recht. Ihr muss es gefallen, dann wird ihre Arbeit fruchtbar werden und schneller vonstatten gehen."

Jesus lächelte. Er war überrascht. Diana war eine reife Frau mit einer starken Persönlichkeit. Das gefiel ihm. Endlich einmal eine Person, die nicht alles von ihm Gesagte ohne eigene Meinung und ohne es zu hinterfragen annahm.

„Diana, versuche dich nun auf dieses Gebet zu konzentrieren. Es zählt nur dieser Satz. Sprich ihn immer wieder und immer wieder und immer wieder. Wir üben es einmal. Ich stehe hinter dir und unterstütze dich dabei."

Diana setzte sich noch einmal so aufrecht hin wie eben möglich und schloss ihre Augen. Jesus erhob seine Hände und bat um den Segen und die Kraft Gottes. Dann legte er ihr die Hände auf die Schultern und wartete ab. Er fühlte, wie die Energie aus seinen Händen strömte. Er bemerkte, dass es nicht mehr lange dauern würde, nur noch wenige Tage, bis Diana ihren Körper verlassen konnte. Würde er jetzt seine Hände noch länger auf ihren Schultern lassen, hätte die Seele schon in wenigen Momenten den Körper verlassen. Aber heute war es noch zu früh.

„Gut, Diana, ich bin sehr zufrieden. Wir hören auf. Du hast große Fähigkeiten. Olympios, ihr habt sehr gut vorgearbeitet."

„Das freut mich, Meister."

„Nenn mich nicht Meister. Ich bin einer von euch" ermahnte ihn Jesus. „Ich möchte nicht erhöht werden. Ich bin ein Mensch wie du und ich. Ein bisschen älter von der Seele her vielleicht, aber immer noch ein Mensch und Freund." Jesus lächelte Olympios zu.

Olympios nickte.

„Ich werde heute Abend fragen, ob Josua damit einverstanden ist, wenn wir die regelmäßigen Treffen bei ihm im Haus vornehmen. Ich gehe davon aus, dass er ja sagen wird, aber ich möchte ihn auf jeden Fall vorher erst fragen. Wäre es für euch beide in Ordnung?"

Olympios schaute Jesus fragend an. „Gefallen dir die Räumlichkeiten meines Freundes nicht? Es ist ein sehr komfortables Haus."

„Es geht nicht darum, ob es komfortabel ist oder nicht. Es geht darum, dass sich Diana sicher fühlen muss. Und da ich weiß, dass sie sich bei Josua sicherer fühlen würde, würde ich vorschlagen, dass wir es bei ihm machen, zumal wir ihn sowieso als Schreiber brauchen." Jesus atmete tief durch.

„Olympios, ich werde dir eine Nachricht zukommen lassen, um den Tisch und den Stuhl zu Josua bringen zu lassen, wenn ich mit ihm gesprochen habe."

„Sehr gerne, Mei…, ähh, Jesus."

Was für große Unterschiede in den Seelen. Die Liebe zu Gott äußert sich oftmals sehr unterschiedlich. Diana ist, wie sie ist und liebt. Olympios zum Beispiel ist so in Regeln gefangen und stellt sein Licht unter den Scheffel, sodass die Liebe zu Gott nicht echt ist, nicht direkt. Es ist immer wieder erstaunlich, zu erkennen, dass die Liebe einfacher Menschen zu Gott wahrer ist als die manchmal aufgesetzte und mit vielen Ängsten behaftete Liebe von Führungspersönlichkeiten wie der Rabbiner oder anderer Priester. Wenn es nicht so traurig für diese Seelen wäre, könnte ich fast darüber lachen, wie auf dieser Erde fast alles anders ist, als es scheint. Gott segne alle Menschen und beschütze sie mit deiner Liebe. Lass Klarheit auf die Erde leuchten, damit die Menschen sich um ihre eigene innere Kraft bewusst werden. So soll es sein, Vater.

∞

Diana verließ mit Jesus das Haus von Olympios' Freund. Sie gingen den Weg hinunter zur Heiligen Straße und dann gemeinsam durch das Magnesische Tor in Richtung Artemis-Heiligtum.

Diana war erstaunt, dass Jesus in ihre Richtung ging, sagte aber erst einmal nichts. Schweigend liefen sie nebeneinander her, ab und zu jedoch trafen sich ihre Augen. Sie sah dann immer beschämt, aber lächelnd, zu Boden.

„Jesus, ich möchte dich etwas fragen."

„Ja, ich weiß, deshalb gehe ich ja mit dir zurück zu deinem Tempel."

„O, ... ich verstehe." Diana fühlte sich ertappt, was ihre Aufregung nicht unbedingt minderte.

„Frag mich einfach Diana. Trau dich."

„Was hältst du von dem Keuschheitsgelübde, das ich abgelegt habe?"

„Meinst du das Keuschheitsgelübde generell oder deines?" Jesus lächelte sie an, fast so, als ob es ihm Freude bereitete, sie noch etwas schmoren zu lassen. Sie machte eine kurze Pause, schaute auf die Hügel, die sich um sie erhoben, als ob sie sich von den Berggeistern mehr Mut für ihre Frage erhoffte.

„Beides. Aber vor allem meines."

„Das kann ich dir einfach beantworten." Jesus lächelte und blieb stehen. „Nichts. Gar nichts. Ein Keuschheitsgelübde ist ein kontrollierter Eingriff in die Natur des Menschen. Mann und Frau sind dazu gemacht, sich in bestimmten Situationen zu vereinigen, um dadurch auch das Göttliche zu heiligen, indem sie durch die Zeugung einer Seele aus dem Reiche des Vaters eine Möglichkeit geben, auf diesem Planeten zu inkarnieren. Solche Regeln, die der Mensch immer wieder aufstellt, die dies verneinen, halte ich für primitiv, vor allem, weil man das Leben da kontrollieren möchte, wo es nichts zu kontrollieren gibt. Was habt ihr davon, so frage ich dich, Diana, was habt ihr Priesterinnen davon, die ihr reife Frauen seid, die ihr ein großes Herz habt und lieben könnt, was habt ihr davon, keusch zu leben

413

und niemals die wunderschönen Erlebnisse der körperlichen Vereinigung zu erfahren, in denen ihr Bereiche erleben würdet, die nicht von dieser Welt wären?"

„Es sind Vorschriften der Göttin Artemis, die ich nicht zu hinterfragen habe." Diana war etwas verwirrt.

„Diana, du liebst Josua. Warum wehrst du dich vor dem Fluss des Lebens?"

„Woher weißt du…?"

„Ich habe auch meine Gaben, genauso wie du." Jesus lachte.

„Hat dir Josua etwas gesagt?"

„Nein, ich bin ein guter Zuhörer und Beobachter."

„Ja, ich liebe Josua, aber ich möchte meinen Auftrag erfüllen. Dies ist mir wichtiger als die Liebe zu Josua."

„Diana, was für einen Wert hat deine Aufgabe, wenn du die Liebe außen vorlässt und sogar weg schiebst? Meinst du nicht, dass du ein viel besseres Medium sein könntest, wenn dein Herz endlich mal zeigen könnte, wie viel Liebe es geben kann?"

„Ich frage dich jetzt ganz direkt: Was würde Gott denken, wenn ich mein Gelübde breche?"

„Hast du das Gelübde aus voller Überzeugung abgelegt, oder weil es hier im Tempel Brauch ist?" Jesus' Ausdruck wurde ernsthafter. „Hör tief in dich hinein, bevor du antwortest."

In Diana drehte sich alles. Ihr ganzes früheres Leben wurde durch diese Worte in Trümmer gelegt. Und hinter den Trümmern tauchte ihre Seele auf, die sich nach Berührung, nach Zärtlichkeit sehnte. Ja, auch nach Zärtlichkeit mit einem Mann.

„Weil es hier Brauch ist, Jesus. Nicht aus Überzeugung. Wieder nicht aus Überzeugung."

„Gut, dann kannst du das Gelübde brechen, weil du eigentlich nie eines abgelegt hast. Egal, was man macht, ohne wahrhaftig dahinter zu stehen, das hat man in Wahrheit nie getan. Du bist Priesterin aus Überzeugung. Du hilfst den Menschen und pflegst sie, weil du sie liebst, weil du ihnen Hoffnung und Kraft vermitteln willst. Aber auch deine Seele hat Bedürfnisse. Auch wenn es für dich noch sehr ungewohnt klingen mag. Du bist Priesterin aus Überzeugung, aber auch eine Priesterin darf Lust empfinden, darf Lust mit einem Mann ausleben. Du bist zuallererst eine Frau, dann ein Mensch, der anderen Menschen dient, und dann erst Priesterin. Gott liebt dich, so wie du bist und wie du handelst. Was meinst du, was in dir für eine Kraft wachsen wird, wenn du die Liebe mit Josua leben darfst?"

„Und Gott hat nichts dagegen?" Diana war noch etwas unsicher.

„Gott wird ein Freudenfest feiern lassen, weil du deine Seele leben lässt." Jesus lächelte.

Diana war restlos verstört, aber alles stellte sich auf einmal leichter dar.

„Was wird Olympios sagen, wenn er das erfährt?"

„Mach dir um Olympios keine Gedanken. Ich werde mit ihm reden. Er wird meine Worte verstehen, schließlich dienen wir einer höheren Aufgabe."

„Gut. Dann vertraue ich hierin auf dich und auf deinen Vater."

„Auf unseren Vater, Diana. Er ist auch dein Vater."

„Heißt das, dass ich sogar …"

„Nein, das heißt es nicht, Diana. Du kannst Priesterin bleiben. Gott, unserem Vater, ist das egal. Gott möchte nur, dass wir zu dem werden, der wir wahrlich sein wollen. Und damit du zu der wirst, die du bist, dafür brauchst du Josua. Ob wir jetzt Priesterinnen sind oder Händler oder Fischverkäufer oder Tuchweber oder Prostituierte – Gott liebt alle gleich. Das einzige, worauf es ankommt, ist die Größe der Herzen der Menschen. Wer liebt, der lebt. Wer etwas Gutes in sich unterdrückt, unterdrückt Gott und lebt nur zu einem kleinen Teil. So einfach ist das."

„Meinst du, dass Josua mich lieben kann, nachdem ich ihn vor vielen Jahren so abblitzen lassen habe?"

„Diana, hab keine Angst. Josua liebt dich. Immer noch. Heute Morgen hat er mir gesagt, dass er gestern einen Schlussstrich unter sein bisheriges Leben gezogen hat und auch die Bordellbesuche bei Ophelia eingestellt hat."

„Das hat er gemacht?"

„Ja, er war die ganze Zeit, nachdem er dich kennen gelernt hatte, auf der Suche nach solch einer reinen Liebe, wie sie zu dir empfunden hatte. Er war fast daran zerbrochen, weil er sie nicht gefunden hatte. Aber ich sage das jetzt nicht, damit du Schuldgefühle bekommst, weil du dich von ihm zurückgezogen hast, sondern nur, um dir seine Taten zu erklären."

„Ich danke dir für deine Worte, Jesus." Die beiden waren am Heiligtum angekommen. „Sie haben mir sehr gut getan. Ich brauche zwar noch eine Weile, bis ich verstanden habe, was du mir jetzt alles gesagt hast, aber ich fühle in mir, dass es wahr ist. Und dass es so richtig ist. Ich danke dir." Sie umarmte ihn und schritt dann die Stufen zum Heiligtum hinauf. Oben angelangt, drehte sie sich noch einmal um, aber Jesus war nicht mehr zu sehen.

„Was für eine Seele, und was für eine Offenbarung", sagte sie zu sich.

„Und was für eine schöne Zeit steht dir jetzt erst mit Josua bevor", antwortete ihre Seele. Aber ihr Geist weigerte sich noch, diese Antwort zu vernehmen.

∞

Josua saß in seiner Schreibstube, als es an seiner Tür klopfte und zwei wunderschöne blaue Augen ihn anlächelten. „Darf ich dich kurz bei deiner Arbeit unterbrechen? Ich müsste mit dir einiges bereden."

„Gern, Jesus. Was ist dein Begehr?" Josua legte sein kleines Schilfrohr beiseite und nahm statt dessen sein Kreuz in die Hand.

„Ich möchte, dass sich eine Gruppe von Menschen regelmäßig trifft, um Kontakt mit Wesen aus dem Reiche Gottes zu erhalten. Ist dir das ein Begriff?"

„Du meinst, eine Arbeit, wie sie die Orakelmedien in Delphi oder in Didyma vollziehen?"

„Ja, diese haben teilweise auch Kontakt, aber die Arbeit, wie ich sie vorhabe, ist eine viel sicherere und eine mehr Erfolg versprechende Arbeit."

„Wieso? Kommen denn nicht die Orakelsprüche von Apollo persönlich?"

„Nein. Und es ist nicht immer sicher, ob die Antworten überhaupt aus dem lichtvollen Reich unseres Vaters kommen." Jesus atmete tief ein und aus. „Die Orakelmedien trinken teilweise betäubende Getränke, womit sie ihre Sensibilität nicht unbedingt auf das Licht, auf Gott ausrichten, sondern vor allem auf die Schattenwelt. Mit Drogen, betäubenden Getränken oder Dämpfen wie zum Beispiel in Delphi können die Lichtwesen nichts anfangen. Sie sind auf feinere Energien, auf gute Gedanken angewiesen."

„Das heißt, dass viele Orakelsprüche gar nicht stimmen?"

„Alles ist relativ. Man kann Orakelsprüche auch so deuten, dass sie passen. Und es kommt nicht selten vor, dass sich manche Machthaber auch die richtigen Antworten bezahlen lassen, um gewisse Entscheidungen zu rechtfertigen. Gibt es alles."

„Woher weißt du das?"

„Ich bin schon viel in der Welt herumgekommen. Glaube mir, nur das Wenigste ist so, wie es scheint. Aber wer an Gott glaubt, der wird immer den richtigen Weg einschlagen."

„Wer soll als Medium arbeiten?"

„Deine große Liebe", lächelte Jesus triumphierend.

„Diana?"

„Ja. Olympios hat sie mehrere Jahre mit den Anweisungen, die er erhalten hatte, ausgebildet und ich werde jetzt nur noch die restlichen Schritte mit ihr gehen, bis sie selbstständig arbeiten kann."

„Woher weißt du, dass ich sie liebe?" Josua errötete.

„Seltsam, das hat mich Diana auch schon gefragt."

„Du hast mit Diana über uns gesprochen?"

„Ihr kommt ja nicht voran. Da muss ja einer nachhelfen." Jesus lächelte zufrieden.

„Hhm. Wie werden die Botschaften aussehen? Und warum kannst du nicht die Botschaften den Menschen weiter geben?"

„Es geht um die Zeit, wenn ich einmal auf Reisen bin und vor allem um die Zeit, nachdem ich Ephesos verlassen habe. Die letzten Jahre meines Wirkens werde ich in Israel sein."

„Ich verstehe. Also teilweise könnten es ganz konkrete Anweisungen werden."

„Ich weiß jetzt noch nicht, was sich unser Vater in dieser Arbeit vorstellt, aber es könnten ganz gezielte Anweisungen kommen, ja."

„Wer wird an diesen Treffen teilnehmen?"

„Die Gruppe wird um die dreißig Personen umfassen. Einige meiner Begleiter werden anwesend sein, einige werden sich noch finden, und du wirst anwesend sein."

„Ich?"

„Ja, wir brauchen einen Schreiber, der schnell und gut schreiben und der dann später auch einige Kopien der Botschaften anfertigen kann."

„Wie oft werden diese Treffen stattfinden und wo?"

„Vielleicht jeden Monat ein Treffen. Was würdest du sagen, wenn wir uns hier in deinem Haus treffen könnten?"

„Jesus, es wäre mir eine Ehre. Genug Platz ist vorhanden. Und Judith könnte sicherlich für kulinarische Köstlichkeiten sorgen, damit wir auch nicht verhungern."

„Das hört sich gut an. Josua, ich danke dir. Dann werde ich die nötigen Schritte einleiten und für die nächsten Tage das erste Treffen hier vorbereiten."

„Ach, übrigens", Jesus grinste und musste sich darauf konzentrieren, keinen Lachanfall zu bekommen, „ich habe mir die Freiheit genommen und für heute Abend Diana eingeladen. Judith ist gerade zum Markt gegangen und trifft ihre Vorbereitungen. Sie bringt auch Granatapfelsaft mit. Der Granatapfel soll ja in Liebesangelegenheiten wahre Wunder wirken." Der Lachanfall gewann, und Jesus beeilte sich, dass er schnell das Zimmer verließ, bevor Josuas neues Tintenglas ihn treffen konnte.

Die Konzentration für die Schreibarbeiten war hinüber. Josua konnte jetzt nur noch an Diana denken. Diana, die inkarnierte Anmut.

∞

Josua hatte sich gerade das schönere seiner zwei Gewänder angezogen. Er liebte die violette Farbe und fragte sich, jetzt, wo er es trug, warum er viel öfter mit einem hellgrünen durch die Gegend gelaufen war, das er eigentlich gar nicht mehr so gerne mochte, dafür aber das violette übersah. Er zupfte es sich gerade, sodass die Falten auch vorteilhaft fielen und nicht knitterten. Er wollte sich gerade auf den Weg in den Speiseraum begeben, als Cyriax ihn vom Eingang rief.

„Josua, der Besuch ist da." Josua war dankbar, dass Cyriax ihn mittlerweile beim Vornamen rief. Es war eine lange Zeit nötig gewesen, um Cyriax davon zu überzeugen, dass er nicht Herr genannt werden wollte. Cyriax war Lucillas Sklave gewesen, aber zu einem Freund Josuas geworden.

„Ich eile." Josuas Herz fing an zu schlagen. Bis eben hatte er sich gut ablenken können, aber jetzt war es um ihn geschehen. Er lief schnellen Schrittes in die Empfangshalle, wo Diana sich gerade staunend umsah. Als sie ihn sah, lächelte sie verlegen.

„Diana, ich freue mich, dich zu sehen." Josua eilte ihr entgegen.

„Ich bin auch froh, dich zu sehen, auch wenn ich mich bisher nicht mit Männern verabredet habe." Wie zwei verliebte Kinder mussten sie für Beobachter wirken, dachte Josua, so schüchtern wie sie miteinander umgingen.

„Ich habe dich eingeladen, Diana", tönte eine Stimme von hinten. Jesus kam auf beide zu mit einem viel sagenden Lächeln, das beide erröten ließ.

„Es ist eine Einladung von mir. Du kannst also ganz beruhigt sein und brauchst das nicht als Verabredung mit deiner großen Liebe anzusehen."

„Jesus, ich danke dir für deine immer verlässliche direkte Art." Josuas Kopf fühlte sich sehr warm an. Und rot.

„Gern geschehen, Josua, sehr gern geschehen. Ihr wisst beide, dass ich ein Mann der Tat bin. Das Leben ist viel zu kurz und zu schön, gerade wenn es um die Liebe geht, um viel Zeit und Chancen zu vertrödeln, findet ihr nicht?" Jesus war in Hochform.

„Sollten wir nicht einmal schauen, ob wir uns schon zu Tisch begeben können?" Josua wollte das Thema wechseln, aber es schien ihm nicht richtig zu gelingen.

„Ja, eine gute Idee. Granatapfelsaft steht mit Sicherheit schon auf dem Tisch." Jesus lachte schon wieder.

Dieser Witzbold, dachte Josua. Sie gingen zum bereits gedeckten Tisch und setzten sich. Jesus sorgte dafür, dass Diana und Josua nebeneinander saßen.

Zum Glück kamen Mirjam und Judith um die Ecke und begrüßten Diana sehr herzlich. Josua schien es, als ob sich alle drei Frauen sehr gut verstanden. Judith eilte wieder in die Küche, um Cyriax nicht mit den vielen Töpfen zu lange allein zu lassen.

„Hattest du einen schönen Tag, Diana?" Mirjam lächelte sie an.

„Ja, danke, dass du fragst. Olympios hat mir heute einen Tag frei gegeben und ich habe ihn dazu genutzt, am Meer spazieren zu gehen und mir über einige Dinge klar zu werden."

„Was für Dinge?" Mirjam war da wie Jesus: auch sie ließ nicht locker, wenn es Aussichten gab, zum Punkt zu kommen, damit eine Seele größere Klarheit für sich gewinnen konnte.

„Wie ich mein Leben leben möchte und was die Götter von mir wirklich wollen. Oder was Gott von mir möchte, so wie ihr es ja lehrt."

„Hör auf dein Herz, Diana. Du weißt immer schon die Antwort, noch bevor du fragst." Jesus war wieder ruhiger. Seine Albernheit, die er manchmal an den Tag legte, war verflogen.

„Ja, ich weiß. Ich werde es beherzigen. Ich bin einfach noch zu unsicher, da ich bisher immer in Regeln gelebt habe, die mich erst jetzt erkennen lassen, dass ich nie mein eigenes Leben gelebt habe, sondern das der Menschen, die die Regeln aufstellten."

„Wahre Worte, Diana, wahre Worte." Jesus nickte verständnisvoll und schenkte allen Granatapfelsaft in die Becher. „Genauso ist es mit den jüdischen Regeln, Josua. Die Gesetze, die unsere Vorväter aufgestellt haben, machen uns Juden zu Gefangenen des Lebens. Die Regeln sind Gräber, aus denen die Menschen nicht herausklettern können, da sie kein Licht sehen. Die Gesetze unserer Ahnen verwandeln lachende Kinder mit der Zeit in weinende Tattergreise, die nicht wissen, dass sie bereits in ihrer Jugend gestorben sind. Lebst du dein Leben, Josua?" Die geradlinige Offenheit von Jesus hatte wieder einmal zugeschlagen.

„Ich lebe einen Teil meines Lebens, und zwar den Teil des Schreibens. Ja, schreiben wollte ich schon immer. Aber sonst nicht. Ich weiß, dass ich immer etwas in meinem Leben ändern wollte, aber ich bin, wie soll ich es am besten ausdrücken, wahrscheinlich im Leben irgendwo versackt."

„Was hat dir gefehlt?" Jesus blieb am Ball. Josua sah, wie Jesus Mirjams Hand nahm und sie festhielt.

„Liebe. Einfach nur Liebe und Zärtlichkeit."

Josua drehte sich zu Diana, die nickte. Ob unbewusst oder bewusst, war ihm nicht ersichtlich.

Cyriax trat an den Tisch und verabschiedete sich. „Josua, wir sehen uns morgen. Den heutigen Abend verbringe ich bei einer Freundin. Lasst es euch schmecken." Er lächelte alle an und verabschiedete sich. Daraufhin erschien Judith, die heute Abend gefüllte Tauben zubereitet hatte. Junge Tauben, wie sie extra bemerkte. Das Fleisch von jungen Tauben schmecke nämlich aromatischer.

Jesus nahm den Becher mit Granatapfelsaft und hob ihn hoch. „Bevor wir mit dem Essen anfangen, lasst uns erst einmal Judith danken, dass sie uns wieder ein köstliches Mahl zubereitet hat. Lasst uns weiterhin Gott, unserem Vater und Schöpfer danken, dass wir die Möglichkeit haben, diese vergnügliche Zeit mit Freunden erleben zu können. Gesegnet sind die Kleinigkeiten des Lebens, die man manchmal zu selbstverständlich hinnimmt. Gepriesen sei Gott, unser Schöpfer, bis in Unendlichkeit."

„Gepriesen sei Gott." Mirjam und Josua erwiderten das Gebet. Judiths Glaube ließ das noch nicht wieder zu und Dianas Glaube war noch zu griechisch, als dass sie so schnell von den vielen Göttern zu einem einzigen Gott hätte wechseln können.

Die nächsten Momente vergingen sehr vergnüglich. Alle genossen die Taube, die mit Petersilie, Zwiebeln, Eier und Brot gefüllt war. Als sie das Mahl beendet hatten, brachte Judith noch Mandelplätzchen und Gewürzkuchen. „Zum Knabbern, für die gemütliche Zeit danach", wie sie immer sagte.

Dann folgte zufriedene Stille.

Jesus ergriff das Wort. Er wirkte, im Gegensatz zu sonst, aufgeregt.

„Ich möchte hier und heute in dieser wunderschönen Atmosphäre den letzten Schritt tun, der mich noch davon abhält, meine Mission endgültig anzunehmen." Jesus hielt kurz inne und schaute Mirjam liebevoll an. Mirjams Augen weiteten sich.

„Ich möchte hier ein Versprechen ablegen, worauf unser Vater im Himmel und auch Mirjam, meine treue Frau und Gefährtin, schon länger warten." Er betrachtete Mirjam, die ihn immer noch erstaunt beobachtete.

„Diese Worte werden von euch, Mirjam, Judith, Diana und Josua bezeugt. Ich möchte euch bitten, wenn ihr das Gefühl habt, dass ich mein Versprechen brechen könnte, mich darauf hinzuweisen. So, nun möchte ich mein Versprechen verkünden." Eine heilige Stille folgte, in der keiner der Anwesenden auch nur einen Laut von sich gab. Josua traute sich nicht zu atmen, so sehr hatte sich die Energie im Raum verändert.

„Gott, Schöpfer des Universums, liebender Vater, ich verspreche hiermit, dass ich meinen Auftrag, den du mir hast zuteil werden lassen, von diesem Moment an annehme. Ich verabschiede mich von meinem Wunsch, mit Mirjam eine Familie zu gründen und mit ihr Kinder zu zeugen. Stattdessen gebe ich dir, Gott, die Vollmacht, mich auf dem Weg zu führen, der für mich bestimmt ist, damit ich meine Aufgabe so ausführen kann, wie du es für richtig hältst, auch wenn es mir Schmerzen bereiten sollte. Ich danke dir für die Möglichkeit, in dieser Zeit auf diesem Planeten einen Körper zu beseelen, damit ich von dir, Gott, unser aller Vater, unendliches Zentralbewusstsein, von deiner Kraft und von deiner Liebe verkünden kann, bis ich in diesem Körper meinen letzten Atemzug vollzogen habe. So soll es sein."

Josua war sprachlos. Solch eine Atmosphäre hatte er noch nie erlebt. Als ob sich sämtliche Wesen des Himmels heute in diesem Raum versammelt hätten. Er konnte nichts sagen, nichts denken. Er konnte nur die Größe von Jesus anerkennen, der ihm wie eine Traumgestalt gegenüber saß.

Es verging noch ein Moment, bis Jesus wieder von dort, wo er auch immer war, zurückkam. Darauf hin drehte er sich zu Mirjam, die ihn voller Liebe anschaute. Beide umarmten sich innig und küssten sich.

„Ich danke dir Jesus, dass du diesen Schritt endlich gegangen bist." Mirjam war überglücklich.

„Mirjam, ich liebe dich, ich werde dich immer lieben und werde dir immer dankbar dafür sein, was du für mich getan hast und noch tun wirst." Daraufhin küsste er Mirjam ganz lange und innig.

Josua erkannte, dass Jesus beides war: Eine große Seele und trotz allem, vielleicht auch gerade deshalb, ein Mensch, der seine Liebe auch ganz selbstverständlich und ohne Scheu ausdrücken konnte.

„So, nun möchte ich mit euch noch einmal auf den heutigen Tag anstoßen und möchte mich dann mit meiner Geliebten zurückziehen. Wir haben noch einiges vor." Jesus lachte. Es schien so, als wolle er ganz bewusst die Heiligkeit, von der er wusste, dass sie alle ergriffen hatte, wieder vermenschlichen.

„Auf die Liebe."

„Auf die Liebe!", antworteten alle und leerten ihre Becher. Daraufhin standen Mirjam und Jesus auf.

„Wir verschwinden. Habt eine gesegnete Nacht. Bis morgen, ihr Verliebten, und macht was draus." Jesus verbeugte sich respektvoll vor beiden. Dann gingen er und Mirjam Hand in Hand in Richtung ihres eigenen Schlafgemachs.

„Ja, ich möchte mich jetzt auch von euch verabschieden." Judith hatte schon ihren Ausgehmantel umgeworfen.

„Heute Abend möchte ich noch Lea und Micha besuchen. Dann werde ich auch sehen, wie es Vater geht. Bis morgen. Bei mir wird es spät. Vielleicht schlafe ich auch in unserem alten Haus." Dann war auch Judith mit einem Lachen verschwunden und ließ sie, die beiden Liebenden, zurück.

Wahrlich, endlich habe ich es getan! Ich habe dir, Vater, ein Versprechen gegeben, dass ich den Weg, den du für mich bereithältst, gehen möchte, und dass ich vor allem den Wunsch, mit Mirjam Kinder und ein schönes Leben zu haben, verworfen habe. Ich nehme jetzt meinen Auftrag, meine Mission an.

Vater, ich weiß, dass ich einen Weg gehen muss, der für die Menschen und sogar für die vielen Seelen in deinem Reich wichtig und unverzichtbar ist. Ich möchte ihn jetzt mit meiner ganzen Seelenkraft gehen, mit dem unerschütterlichen Vertrauen zu dir und mit der grenzenlosen Liebe zu Mirjam. Ich werde wahrscheinlich erst in Zukunft sehen, wie wichtig dieses letzte Ja zu der Mission war. Ich werde es in Träumen sehen, wenn ich mich mit dir unterhalte, oder wenn ich bei den Santinern im Raumschiff bin.

Ja, Vater, ich nehme endlich alles an. Du kannst auf mich stolz sein. Ich glaube, dass dies die größte Prüfung meines Lebens war, da doch Mirjam für mich die größte Freude meines Lebens ist. Vater, ich danke dir, dass ich das selbst erkennen durfte, so schwer es mir auch fiel, das Versprechen abzugeben. Ich danke dir für deine Geduld und deine Nachsicht gegenüber meinen Schwächen, womit ich mein Hadern und das Unverständnis meine, das ich bisher ab und zu den Taten von Menschen entgegengebracht habe. Danke für deine Liebe. Erleuchte mich auch weiterhin mit deiner Gerechtigkeit. Danke, Vater. Amên.

∞

Josua und Diana sahen sich lange schweigend an. Er konnte in ihren Augen versinken und Diana schien es ähnlich zu gehen.

„Ich liebe dich, Diana. Von der ersten Minute an, als wir uns begegneten. Ich war auf Abwegen und wollte nur, so weiß ich es heute, dich vergessen. Du weißt ja nicht, was ich alles getan habe."

„Es ist nicht schlimm, Josua, ich war vielleicht auf anderen Abwegen. Aber all das zählt jetzt nicht mehr." Diana traten Tränen in die Augen. „Ich liebe dich auch, Josua. Seit dem Tag am Tempel. Danach habe ich mich in meine Aufgaben geflüchtet und wollte durch eine gewissenhafte Pflichterfüllung dich vergessen, was zwar für die Aufgabe wichtig war, aber meine Seele fast getötet hätte." Sie streckte ihre Hand nach ihm aus, bis sich ihre Finger zärtlich berührten. „Jesus hat heute ein Versprechen abgelegt, und ich werde meines brechen."

„Wie meinst du das?" Josua war erstaunt über ihre Worte.

„Ich möchte mit dir schlafen, Josua. Ich möchte dich spüren, ich möchte ganz nah bei dir sein. Ich möchte endlich zur Frau werden. Zu einer Frau, die keine Angst mehr vor der Liebe hat. Küss' mich endlich."

Ganz sanft berührte er mit seinen Lippen ihren weichen Mund. Erst ganz zärtlich, dann leidenschaftlich und forschend. Fordernd suchte seine Zunge Einlass in ihrem Mund. Josua war wie von Sinnen. Die Heiligkeit der letzten Stunden war noch nicht verflogen und schon tauchte eine neue auf. Josua hob Diana hoch, trug sie vorsichtig in seine Kammer und legte sie auf sein Bett, so sanft, wie ein Kind ein Vögelchen streichelt, das nicht fliegen kann. Ihm, der mit so vielen Frauen schon das Lager geteilt hatte, schwanden fast die Sinne. Eine kindliche Erregung ergriff ihn. Es war, als ob er nicht mehr wusste, was er tun sollte. Er fühlte sich, als ob er zum ersten Mal eine Frau in ihrer vollkommenen Nacktheit sehen sollte. Mit großem Herzklopfen dachte er daran, dass er Diana jetzt gleich lieben durfte. Mit zitternden Händen zogen sich Josua und Diana gegenseitig ihre Gewänder aus. Beide zitterten sie heftig vor Erregung und Ungeduld. Schließlich lagen sie nebeneinander und boten ihre nackten Körper der gegenseitigen Erkundung dar. Ihre Lippen und Zungen erlebten ein nie für möglich gehaltenes Paradies. Auch Diana, die reine Priesterin, die noch keinen nackten Mann gesehen hatte, durfte erleben, dass sie sich nackt wohler fühlte als sie dachte, sodass sie bereitwillig ihre Knie und ihren Schoß öffnete. Ungeduld überkam sie. Nackte Ungeduld.

„Ich möchte dich ganz tief in mir spüren. Schlaf endlich mit mir, Josua. Nimm mich jetzt!"

Josua wollte erst ganz ausgiebig ihren nach Oleander duftenden Körper erkunden, aber sie ließ ihn nicht. Sie drängte ihr Becken in die Richtung seines erigierten Gliedes. Wie oft hatte sie das in ihren Träumen schon getan, wie oft hatte sie sich in Gedanken schon auf diesen Moment vorbereitet. Langsam und ganz behutsam drang Josua in sie ein.

Die nächsten Stunden gehörten nur ihnen allein. Nichts auf der Welt war mehr wichtig. Nur die feurigen Küsse und das leidenschaftliche Spiel ihrer Körper zählten. In diesem ewig scheinenden Moment hatten sich zwei Körper und Seelen vereint, die zusammengehörten. Josuas Liebe machte Diana zu einer Frau, Dianas Heiligkeit reinigte Josuas verdunkelte Seele.

Besorgnisse und Belehrungen

Die nächsten Tage verliefen ruhig. Josua war meistens allein zuhause. Jesus und Mirjam trafen sich öfters mit ihren Begleitern, Judith und Cyriax verbrachten viel Zeit gemeinsam im Garten oder auf dem Marktplatz, um Besorgungen für das leibliche Wohl zu erledigen, und Diana war wie jeden Tag im Artemis-Tempel, wo sie ihren Dienst zu erfüllen hatte.

„Olympios fällt es noch schwer, mich in meiner neuen Kraft und Ausstrahlung anzuerkennen. Aber er tut sein Bestes", sagte Diana an diesem Morgen, kurz bevor sie das Haus verlassen hatte.

Josua musste lächeln. Was hatte sich in der letzten Zeit alles ereignet! Wie hatte sich sein Leben radikal verändert, obwohl er wie immer an Aufträgen arbeitete und viel Zeit im Zimmer verbrachte.

Wie jetzt auch. Er liebte an den Vormittagen besonders die Ruhe, die seiner Konzentration sehr förderlich war. Zum Glück war die Gegend, in der er wohnte, etwas ruhiger. Naja, bis eben gerade, dachte er.

Denn draußen auf der Gasse zum Hafen gab es Geschrei und viele hysterisch schreiende Menschen. Auch nach einer Weile wurde es nicht ruhiger, sondern das Geschrei fand im unteren Eingangsbereich seine Fortsetzung. Josua rannte aus seiner Kammer und sah, dass einige Begleiter eine Person auf einem Laken, das voll Blut war, in die Kammer von Jesus brachten. Mirjam folgte und war auch schon darin verschwunden.

„Was ist geschehen?", rief Josua in die Menge, von denen er nur einige als Begleiter von Jesus erkannte.

Johannes kam auf ihn zu.

„Unser Meister ist verwundet worden."

„Jesus ist verletzt?"

„Ja."

„Was ist geschehen?"

„Wir hatten uns am Hafen getroffen und den Plan für den heutigen Tag geschmiedet, als …" Johannes fing an zu weinen. Josua nahm ihn in den Arm.

„Ein fremder Mann kam von einem Schiff und tobte wie ein Berserker. Er war in Streit mit einer anderen Person, ich glaube, mit dem Kapitän des Schiffes, aber keiner von uns kümmerte sich um sie." Johannes schluchzte erneut.

„Was ist dann passiert?"

„Dann drehte sich Jesus auf einmal um und wollte den Streit schlichten." Johannes vergoss weitere Tränen der Angst. In seinen Augen spiegelte sich Panik.

„Ja, und dieser Mann hatte auf einmal ein Messer in der Hand, mit dem er den Kapitän angreifen wollte. Dies musste Jesus vorhergesehen haben, und so hat er sich zwischen die beiden Streithähne stellen wollen. Aber dann war es schon zu spät. Der Mann hatte mit dem Messer zugestochen und Jesus an der Seite erwischt." Johannes wischte sich die Tränen aus den Augen. Die anderen Menschen befanden sich im Innenhof, und Simon Petrus hielt an der Kammer die Stellung.

Eine fremde Frau mit einem Beutel über der Schulter trat ein, gefolgt von einer Begleiterin, die Josua auch schon einmal gesehen hatte. Die Begleiterin war außer Puste.

„Wo finde ich den Verletzten?", fragte die Fremde Josua.

„Dort hinten." Er zeigte auf Simon Petrus, der sofort verstand, dass die heilkundige Frau gekommen war, auf die sie so lange gewartet hatten.

„Maria", rief Simon Petrus in die Richtung der Begleiterin, die Josua kannte. „Maria, ruh dich erst einmal aus und kümmere dich danach um die Männer. Sie sind voller Angst."

Die Begleiterin verschwand ebenfalls im Innenhof.

Als sich alles etwas beruhigt hatte, erzählte Johannes, der immer noch im Arm von Josua stand, weiter: „Dann warfen sich Simon Petrus und Jakobus auf den Fremden, der keine Zeit mehr hatte, sich zu verteidigen, und schlugen ihn nieder."

„Das war mutig."

„Ja, Simon Petrus ist ein sehr mutiger Mann. Er ist ein…"

„Johannes, Josua! Bitte bringt uns noch einige Laken."

„Ich hole sie." Josua lief in einen anderen Raum und holte einen Stapel Laken, die er Simon Petrus überreichte, der daraufhin ganz schnell wieder in der Kammer von Jesus verschwand.

„Josua, lasst uns für Jesus bitten. Er braucht jetzt unsere guten Gedanken."

„Ja, das machen wir. Und dann gehen wir zu den anderen, die nicht so einen starken Glauben haben wie du, Johannes."

Einige Stunden später trat Simon Petrus zu den anderen knapp zwanzig Personen, die sich im Garten und im Innenhof verteilt hatten.

„Nun sag schon, wie geht es Jesus?"

„Er ist über den Berg."

Ein Raunen ging durch die Menge. Ein erleichtertes Raunen.

„Er hat viel Blut verloren, aber die Heilerin, die an seiner Seite ist, versteht ihr Handwerk und hat mit ganz einfachen Mitteln die Blutung zum Stillstand gebracht und ihn bei Bewusstsein gehalten. Dann hat sie die Wunde verbunden, und sie ist auch schon wieder weg. Heute Abend und morgen früh will sie wieder kommen und nach dem Rechten sehen. Mirjam ist bei Jesus in der Kammer."

„Mirjam ganz allein?", fragte Jakobus.

„Ja, ganz allein."

„Jesus mit einer Frau allein?"

„Ja."

Josua hörte die Reaktionen und war erstaunt, wie verbohrt viele dieser Juden waren. Jesus musste seine Gründe gehabt haben, seine intensive Liebesbeziehung zu Mirjam noch geheimzuhalten.

„Das ist doch jetzt nicht wichtig. Hauptsache, Jesus wird gesund."

„Das stimmt nicht. Es …"

Die nächsten Momente waren ein reines Chaos, das auch Simon Petrus nicht auflösen konnte. Es wurde geschrien, verleumdet, beleidigt.

„Ruhe!" Ein lauter Ruf durchbrach das Gewirr.

Josua blickte erstaunt in die Richtung, aus der die Stimme gekommen war. Er erkannte Johannes.

„Wir sollten jetzt für eine gute Heilung von Jesus beten", sprach dieser junge Mann, der jüngste von ihnen allen. Er hatte mit seinem starken Glauben alle im Griff. Sein Glaube war so stark, dass er die Streithähne in kürzester Zeit zu einem annehmbaren Frieden gebracht hatte. Harmonie kehrte ein. Gespannte Stille nahm den Platz des ganzen Kuddelmuddels ein.

Josua hörte sie alle in leisen Worten beten. Er erkannte das „Höre, Israel!", auch andere Worte aus den Schriften. Aber das war im Moment gleichgültig. Sie konzentrierten sich alle wieder auf Jesus, auf die Liebe, und so konnten sie besser dazu beitragen, dass sein bester Freund Jesus gesund werden konnte. Sein Dank ging an Gott den Herrn und an Johannes, den er in den letzten Augenblicken sehr lieb gewonnen hatte.

∞

In den nächsten Wochen passierte nicht viel. Nichts war wichtig, nur die Genesung von Jesus. Und diese machte Fortschritte, wenn auch langsam. Jesus hatte viel Blut verloren, und es dauerte eine ganze Weile, bis er wieder zu Kräften kam und wieder aufstehen konnte. Mirjam war immer an seiner Seite. Nichts konnte sie in dieser Zeit von Jesus trennen. Manchmal überfiel sie zwar eine starke Müdigkeit, aber sie ließ sich zu selten dazu überreden, selbst einmal zu schlafen. Wenn sie allerdings schlief, schrie sie manchmal laut auf. Auch sie schien verletzt zu sein, aber ihre Verletzung war unsichtbar. Die Heilung ihrer Wunde sollte noch einige Zeit länger dauern als die von Jesus.

In dieser Zeit wurde Jesus von vielen gepflegt, hauptsächlich von Judith und Maria. Auch Josua durfte öfters zu seinem Freund, mit dem er sich dann über die gemeinsame Kindheit in Nazareth austauschte und über die Geheimnisse des Lebens philosophierte. Für die Zeit von Jesus' Krankheit übergab Josua ihm sein Kreuz.

„Mir hat es oft geholfen, möge es dir jetzt helfen, mein Freund", hatte Josua gesagt, und er war froh, dass Jesus es tatsächlich annahm.

„Es wird mir helfen. Ich lege es dir wieder in deine Kammer, wenn ich ganz gesund bin."

Vier Wochen später lag das Kreuz in Josuas Kammer.

Ich lebe noch. Ich bin froh, dass ich endlich wieder aufstehen und ein normales Leben führen kann. Es war knapp. Das hätte mir die Heilkundige nicht zu sagen brauchen. Ich habe es in meinen Träumen gesehen, dass nicht viel gefehlt hat, dass ich wieder, viel zu früh, zu dir gekommen wäre, Vater. Ich habe die ganzen Wochen eine starke Begleitung von anderen Wesen erlebt. Sogar der Arzt der Santiner hat sich in der zweiten Nacht in meiner Kammer materialisiert – Mirjam schlief gerade – und mir einen

Trank eingeflösst, der mich dann gänzlich über den Berg brachte. Wie schlimm musste es wirklich um meine Gesundheit bestellt gewesen sein, dass sich ein Santiner unter schwersten Bedingungen aus dem Raumschiff dematerialisierte und sich in meiner Kammer rematerialisierte? Ich weiß es nicht. Noch nicht. Wenn ich das nächste Mal bei ihnen bin, werde ich es erfahren.

Im Augenblick kann ich nur danke sagen. Danke an dich Vater, und danke, dass ich so viele Freunde habe. Und vor allem danke an Mirjam, die mir in dieser schwierigen Zeit ihre Liebe schenkte. Ich habe mein Versprechen abgegeben, und ein paar Tage später wäre ich fast wieder bei dir gewesen, Vater. Hat das eine etwas mit dem anderen zu tun?

∞

Ungefähr zwanzig Personen waren gekommen, um am ersten Treffen in Josuas Haus teilzunehmen. Alle Jesus näher stehenden Begleiter waren anwesend, erkannte Josua. Simon Petrus, einen Judas und auch Johannes konnte er jetzt zuordnen, die anderen waren ihm namentlich nicht bekannt. Es waren auch viele Frauen unter ihnen, Mirjam natürlich, doch die anderen Frauen kannte er nicht. Desweiteren war Olympios gekommen, der zwei Freunde mitgebracht hatte. Alle nahmen auf ihren Schemeln Platz, nur Diana saß an einem höheren Tisch, hinter ihr stand Jesus, der behutsam eine Hand auf ihre Schulter gelegt hatte. Jesus schien wieder richtig gesund zu sein.

„Freunde, Vertraute, ich freue mich, dass ihr alle in Josuas Haus gekommen seid! Für seine Gastfreundschaft möchte ich mich erst einmal bedanken." Jesus sprach sehr sanft und liebevoll und zeigte auf Josua. Josua mochte es nicht, im Mittelpunkt zu stehen, und er hoffte, dass die Pause, die Jesus eingelegt hatte, nicht noch länger anhielt. Zum Glück fuhr Jesus direkt wieder mit seiner Ansprache fort.

„Ich möchte euch bitten, dass ihr von diesem Treffen niemandem erzählt. Nicht euren Frauen, nicht euren besten Freunden, niemandem. Das, was heute und in der nächsten Zeit in diesem Raum geschehen wird, kann ein weltlich eingestellter Mensch nicht verstehen. Die Wahrheit würde verdreht werden und somit könnte die negative Kraft, die, wie wir alle wissen, existiert, diese ganze Arbeit zerstören. Ich möchte euch allen Diana vorstellen, die eine Gabe mit in dieses Leben gebracht hat, die ihresgleichen sucht. Ihre Sensibilität ist so groß, ihr seelischer Kontakt zum Reiche Gottes ist so stark und klar, dass durch sie ein hohes Lichtwesen sprechen wird, das uns Botschaften von Gott – unser aller Vater – mitteilen möchte." Jesus machte eine Pause, um zu erfühlen, ob alle Anwesenden seine Worte verstanden hatten. Da sich jedoch niemand rührte, oder traute, etwas zu sagen, sprach er langsam weiter.

„Johannes, du batest mich vorhin, einmal vorzuführen, wie dies vonstatten gehen soll. Das kann ich jedoch nicht tun, da mein Kontakt zum Vater anders ist als der von Diana. Ich kann mich in Gedanken mit hohen Lichtwesen unterhalten, die im Namen meines Vaters sprechen. Dianas Fähigkeit ist eine andere. Sie hat die Gabe, dass sie ihre eigene Seele aus ihrem Körper hinausbefehlen kann, und ein hohes Lichtwesen übernimmt dann an ihrer Stelle die Funktion des Körpers, oder besser gesagt, es benutzt ihren Mund und ihre Stimmbänder, damit alle Anwesenden hören, was dieses Lichtwesen zu sagen hat."

„Jesus, was ist eine Seele?", wollte eine Frau von ihm erfahren.

„Die Seele ist der unsterbliche Teil in uns, der sich immer wieder in neuen Erdenkörpern den Herausforderungen stellt, damit er wachsen kann. Jede Seele ist rein, ist von Gott erschaffen, aber auch unschuldig. Der Seele fehlen Erfahrungen, die sie selbst reifen und sich bewusst erkennen lässt. Eine Seele ist reines Licht, jedoch fühlt sie sich zu allererst eher unbewusst an. Und über mehrere Leben kann sie sich durch Erfahrungen immer mehr wahrnehmen und sich schließlich bewusst als Teil von Gott, als Teil seiner Schöpfung erkennen. Wie sagte schon ein weiser griechischer Mann? Erkenne dich selbst."

„Warum sollen wir hier uns überhaupt regelmäßig treffen?" Die Ungeduld von Simon Petrus meldete sich zu Wort.

„Das wird dir das Lichtwesen vielleicht schon heute beantworten. Gedulde dich, Simon Petrus."

„Habt ihr noch Fragen? Ansonsten schlage ich vor, dass Diana ihren ersten Versuch startet, und wir alle schauen, was passiert. Danach können wir uns noch eingehend austauschen. Damit es Diana leichter hat, bitte ich euch um absolute Ruhe."

Jesus legte daraufhin seine Hände auf die Schultern von Diana, die ihre Arme auf dem Tisch ruhen ließ und ihre Augen schloss.

Josua beobachtete hoch konzentriert das weitere Geschehen. Er war bereit, die Worte, die gesagt werden würden, aufzuschreiben. Seine Schreibutensilien hatte er vor sich auf einem zweiten Tisch liegen.

Es war beeindruckend zu sehen, wie sich die Atmosphäre im Raum innerhalb weniger Sekunden änderte. Eine Energie belebte den Raum, die manchen Anwesenden schier die Luft zum Atmen nahm. Josua beobachtete

Jesus. Auch er hatte die Augen geschlossen. Seine Lippen bewegten sich leicht, jedoch waren keine Worte zu hören. Er schien ein Gebet zu sprechen. Dianas Kopf bewegte sich auch. Erst seitwärts, dann nach vorn, dann nach hinten. Schließlich drehte sich der Kopf in harmonischen Kreisbewegungen. Erst nach rechts, dann nach links. Ihr Körper zuckte ein paar Mal, fing an zu wackeln, bis er sich wieder beruhigte. Dann saß sie ganz in Ruhe da, ohne jegliche Bewegung.

Die Arme lagen immer noch auf dem Tisch. Der Körper saß aufrecht, wurde durch die Arme in seiner geraden Position gehalten. Auf einmal neigte sich ihr Kopf langsam zur Tischplatte. Aber bevor der Kopf das Holz berührte, wurde er durch eine Kraft nach hinten gerissen und es war eine Stimme zu hören, die zwar ähnlich klang wie die von Diana, die jedoch eine andere Betonung der Wörter an den Tag legte.

„Gott zum Gruß und Frieden sei mit euch. Ich spreche im Auftrag von Gott, unserem Vater. Mein Name ist Albiel, und ich bin ein Botschafter Gottes." Alle Anwesenden, auch Josua, waren so erstaunt darüber, was gerade geschah, dass es allen die Sprache verschlug. Nur einer war ganz er selbst: Jesus, der daraufhin auch den Dialog mit Albiel führte.

„Gott zum Gruße, Albiel. Es ist mir eine Freude, zu sehen, dass die Arbeit durch die Mittlerin Diana so frühzeitig begonnen werden kann. Kannst du uns nähere Informationen geben, was diese Arbeit beinhalten wird und warum wir uns überhaupt regelmäßig versammeln sollen?"

„Gott zum Gruße, es ist mir eine Ehre, auf diesem Wege mit dir zu sprechen, Jesus. Wir alle sind froh darüber, dass du diesen dramatischen Vorfall am Hafen gut überstanden hast und dass es dir wieder besser geht."

„Ich danke für deine Worte."

„Wir alle hier im Reiche unseres Vaters freuen uns auch, dass unser Auftrag ausgeführt werden kann. Ich fasse mich kurz und werde eure Fragen zügig beantworten, da der Körper der Mittlerin sich noch an meine Energien gewöhnen muss. Wir haben uns eine Möglichkeit gewünscht, unsere Botschaften hier in dieser großen Stadt zu verkünden für die Zeit, wenn du, Jesus, nicht mehr hier bist. Es werden in den nächsten Jahren mehrere Monate sein, die du abwesend sein und vom großen heiligen Geschlecht belehrt werden wirst. Für diese Monate, und für die Zeit, wenn du die Stadt für immer verlassen hast, brauchen wir Sprachrohre. Also Personen, die reinen Herzens sind, die einen festen Glauben besitzen und auch den Mut haben, die Botschaften und Hinweise umzusetzen, die unser Vater euch durch mich mitteilen lässt."

„Wie werden diese Botschaften aussehen, Albiel?", fragte Jesus weiter.

„Es wird hauptsächlich eine Geistesschulung sein. Durch die Botschaften sollen alle Anwesenden fähig gemacht werden, starke Säulen zu sein, die kein Sturm mehr umwerfen kann. Glaubt mir, es werden Stürme kommen, ja Orkane, aber dann brauchen wir euch hier als unsere Vertreter, die mutig die Wahrheit vertreten und auch verkünden, denn es gibt nur einen Gott und nicht unzählige Götter."

„Dürfen auch Fragen gestellt werden, die die Entwicklung von Ephesos betreffen? Dürfen gar persönliche Fragen gestellt werden?"

„In Ausnahmefällen ja. Persönliche Fragen lassen wir außen vor. Wenn überhaupt, werde ich persönliche Dinge ansprechen, wenn es mir wichtig erscheint."

„Albiel, wenn ich hier so in die Runde schaue, dann fallen mir doch bei dem einen oder anderen gewisse Anzeichen des Zweifels auf. Kannst du uns einen Beweis liefern, damit die Anwesenden auch an die Qualität dieses Kontaktes glauben?" Jesus sprach mit Albiel, als ob es für ihn das normalste der Welt wäre.

„Ja, ich verstehe. Dann müsste ich also Dinge ansprechen, die nur die jeweilige Person wissen kann. Nehmen wir drei Beispiele. Zum ersten, dass Simon Petrus gestern Abend vor Sehnsucht nach seiner Familie in starke Zweifel gekommen ist. Richtig?"

Simon Petrus erbleichte. Es schien, als ob er eine große Spinne an der Wand erblickt hätte. „Richtig."

„Nehmen wir zweitens Martha. Du hattest vor vielen Jahren einen Bruder, der verschwunden ist und niemals mehr aufgetaucht ist. Stimmt das?"

„Woher weißt du das? Ich habe hierüber mit niemandem gesprochen."

„Ihr wolltet doch Beweise. Dein Bruder hieß Mattatias, und er verschwand, als er das Orakel in Didyma besuchen wollte. Er kam nicht mehr nach Hause."

„Ja, leider, das stimmt." Unter Tränen sprach sie weiter. „Was ist mit ihm passiert? Wo ist er?"

„Er ist von Räubern überfallen worden. Er wollte seine Münzen, die er dabei hatte, nicht herausgeben. Sie haben ihn blutend am Weg liegen lassen. Leider war seine Seele schon zu uns in das geistige Reich hinüber gegangen, als ein Wanderer ihn entdeckt hatte."

Martha weinte ohne Unterlass.

„Martha, er hat aber eine Botschaft für dich, die ich übermitteln soll. Die folgenden Worte stammen von ihm. Er steht nun hinter dir und streichelt deinen Kopf. Mattatias sagt folgendes: Häschen, sei nicht traurig. Mein Schicksal verlangte ein solches Ende. Ich hatte keine großen Schmerzen und bin direkt im Licht angekommen. Im Licht unseres Vaters. Vertraut Jesus! Er ist der wahre Erlöser. Er ist der Messias, auf den die ganze Welt wartet. Häschen, lass mich innerlich los. Ich bin immer bei dir und werde dich beschützen."

„Häschen hatte er früher immer zu mir gesagt, weil ich so gerne einen Hasen gehabt hätte, aber von meinen Eltern keinen bekam." Martha weinte immer noch, aber sie erholte sich langsam. „Danke Albiel. Diese Worte haben mir sehr gut getan."

„Und der dritte Beweis hat mit Olympios zu tun. Darf ich den Inhalt des Gesprächs mit Jesus den anderen mitteilen, bevor ich auf deine Gedanken eingehe, die du eben hier im Raum hattest?"

Olympios schluckte. „Ja, das darfst du." sagte er nach einer kleinen Pause. „Ich danke dir, denn dies hat auch eine Bedeutung für alle anderen. Jesus hatte dich auf Diana angesprochen. Er hatte dir gesagt, dass sie und Josua sich lieben. Er hatte dich um die Erlaubnis gebeten, Diana aus dem Keuschheitsgelübde zu entlassen, was du zuerst abgelehnt hattest. Du hast auf die lange Tradition verwiesen, Jesus aber auf die Liebe. Nach einer Weile hast du dann zugestimmt, da dein Glaube und dein Vertrauen in Jesus so groß waren, und du hast dich von ihm überzeugen lassen."

„Ja, äh, … stimmt."

„Gut, dies könnte bis jetzt aber noch nicht als Beweis angesehen werden. Du hattest aber gerade vorhin, bevor ich mich meldete, Diana und Josua betrachtet, und du musstest zugeben, dass sie ein schönes Paar sind."

„Das ist ja unglaublich."

„Allerdings möchte ich dir noch etwas Zusätzliches ans Herz legen, Olympios. Bitte ermögliche es Diana, dass sie in Zukunft bei Josua leben darf. Es ist für beide Seelen sehr wichtig. Nimm Diana aus den Verpflichtungen im Tempel heraus, da sie durch diese Arbeit sehr gefordert wird. Es wäre schön, wenn sie weiterhin Kranke bei dir pflegen kann. Damit wäre sie so, wie es ihre Kraft erlaubt, schon genug ausgelastet. Darf ich hier mit deiner Zustimmung rechnen?"

„Albiel, du hast mich vollends überzeugt. Du wirst wissen, was richtig ist. Es ist nicht leicht für mich, alte Traditionen zu brechen, wie du weißt, aber ich stimme zu."

„Gut. Für Gott ist die Liebe und die Freundschaft unter den Menschen wichtiger als Traditionen, Gesetze und Regeln. Normalerweise sollten Regeln für den Menschen da sein, aber es ist schon längst so geworden, dass die Menschen für die Regeln leben. Gut, dies war die erste Belehrung aus den göttlichen Bereichen. Ich muss mich nun fürs erste verabschieden.

Wir treffen uns hier in drei Wochen wieder. Lernt euch nun untereinander kennen, seid offen und ehrlich, teilt euch mit und glaubt an Gott. Gott zum Gruß, und Frieden sei mit euch."

Daraufhin dauerte es ungefähr vier Atemzüge, bis Diana mit ihrem Kopf fast auf die Tischplatte gefallen wäre, hätte Jesus sie nicht mit seinen Händen aufgefangen. Sie schaute ungläubig in die Runde und konnte sich erst gar nicht orientieren. Doch die Berührung durch Jesus ließ sie ganz langsam wieder hier im Raum ankommen.

„Geht es dir gut, Diana?" Jesus schaute sie liebevoll an.

„Ja, alles gut. Ich muss mich aber erst wieder an den Körper gewöhnen."

„Josua, hast du alles aufgeschrieben?", fragte Jesus.

„Ja, ich habe alles. Es war nicht einfach, aber Albiel spricht zum Glück in einem normalen Tempo."

„Sehr gut. Es kann sein, dass sich die nächsten drei Wochen neue Bekanntschaften ergeben, und dass sich die Gruppe hier vergrößert. Ich möchte euch darum bitten, die Herzen der Menschen hier in Ephesos, mit denen ihr zu tun habt, ein wenig für den einen Gott zu öffnen. Ohne zu missionieren, ohne dass ihr den Menschen euren Glauben aufdrücken sollt. Jeder ist frei, das zu glauben, was er möchte. Aber es gibt hier viele, die sich nach diesem einen Gott sehnen, ihn aber noch nicht gefunden haben. Und denkt daran: Keine Glaubensrichtung ist besser oder schlechter als eine andere. Das Judentum ist nicht besser als der Glaube an Artemis. Es kommt darauf an, ob man liebt. Nur darauf kommt es an. Demnächst werde ich auch speziellere Aufgaben verteilen. Aber alles ganz langsam und der Reihe nach. Jetzt werden wir ein fantastisches Mahl zu uns nehmen. Bitte folgt den Vorschlägen von Albiel und tauscht euch aus. Wir ziehen alle am selben Strang. Deshalb ist es eine Voraussetzung, dass wir uns alle besser kennenlernen. Wie sagt man hier in Ephesos so schön: Glück auf." Ein angespanntes Schweigen ergriff den Raum.

Es dauerte eine Weile, bis eine gewisse Normalität eingezogen war. Josua räumte seine Schreibutensilien zusammen. Drei Kopien brauchte Jesus. Die würde er morgen früh erstellen. Er war vom Umfang her ja ganz andere Dimensionen gewohnt.

Die Gespräche kamen so langsam wieder in Gang. Es schien wirklich so, dass sich beim anschließenden Mahl alle irgendwie näher gekommen waren. Es war schön zu erleben, dass es Gleichgesinnte gab, die nun diesen Weg der Wahrheit zusammen gehen wollten. Josua saß neben Diana und Judas, der ihm sehr intelligent erschien. Ihm gegenüber saßen Johannes – Josua schätzte den Jüngsten hier auf ungefähr siebzehn Jahre– und Simon

Petrus. Unterschiedlicher konnten keine Menschen sein. Und doch verband sie der gemeinsame Glaube. Durch ihre Erzählungen bekam Josua einen kleinen Einblick der letzten Monate, während der diese Menschen mit Jesus gereist waren. Die Begleiter wiederum bekamen von ihm diese große Stadt näher gebracht. Er erzählte zum ersten Mal vor fremden Menschen, was für einen Weg er die letzten Jahre hier in Ephesos gegangen war und dass er jetzt mit der Vergangenheit abgeschlossen hatte. Von sich etwas Preis zu geben, war eine schöne Erfahrung. Er hoffte, dass er bald vor niemandem mehr irgendwelche Geheimnisse haben musste.

Es geht voran. Ich hätte mir nicht vorstellen können, wie schwierig es ist, eine Gruppe von Menschen zusammenzubringen, die eine gemeinsame Aufgabe verbindet. Wirklich, so schwierig habe ich es mir nicht vorgestellt. Was mich im Guten erstaunte, war die so frühzeitig vorhandene Qualität der Worte Albiels, die er durch das Medium Diana sprach. Aber Diana ist eine reine Seele und ein wahrer Mensch. Geht es um diese mediale Arbeit, die es in diesem Maße noch nie auf der Erde gegeben hat, habe ich in meinem Inneren schon länger eine gewisse Unsicherheit bemerkt, die, wie sich jetzt herausstellt, nicht von ungefähr kommt. So viele so unterschiedliche Menschen zu vereinen, ist wirklich nicht leicht. Was ist die Lektion, die ich hieraus zu lernen habe?
Jesus, denk nicht so viel, würdest du sagen, sondern lebe im Vertrauen zu mir.
Es ist alles so einfach. Gott, du sorgst wahrlich für alle. So soll es sein.

∞

Die Kopien vom gestrigen Treffen hatte Josua beendet. Gerade lag er auf seinem Bett und überlegte sich, wie er die Worte, die Jesus sonst so im normalen Zusammensein sprach, für die Nachwelt niederschreiben sollte. Zu wichtig waren seine Worte, zu wahr war ihr Inhalt. Die erste Rede am Tempel hatte Josua schon verewigt, aber Jesus' Worte waren zu kostbar, als dass auch nur eines verloren gehen durfte.
Noch in keiner Schrift hatte Josua solche Wahrheiten gelesen. Er liebte Heraklit, er liebte die Schriften von Lao Tse. Allerdings machte es einen Unterschied für ihn, diese Worte aus dem Mund eines Freundes zu hören und dieser großen Seele persönlich gegenüber zu stehen. Wahrscheinlich waren die Worte von Lao Tse auch von einem Begleiter nieder geschrieben worden. Vielleicht war es bei Heraklit ähnlich. Es gab zwar einige

Schriftrollen von Heraklit persönlich, aber wer wollte wirklich genau wissen, wer vor hunderten von Jahren diese Schriften wirklich verfasst hatte. Er musste alle Rollen sammeln und, egal wo es ihn irgendwann einmal hin verschlug, überall hin mitnehmen. Er musste eine große Rolle anfertigen, auf die er dann alle Worte von Jesus hintereinander eintrug. Es war besser eine große Rolle zu transportieren als mehrere kleine.

Josua überlegte nicht lange, er musste jetzt damit anfangen. Eine große unbeschriebene Rolle aus einem früheren Auftrag hatte er noch in seiner Kammer liegen. Er nahm sie, rollte sie an den Anfang aus und schrieb die Rede von Jesus ab und fügte aus seinen Gedanken alles von gestern nach dem Treffen mit Albiel hinzu, woran er sich noch erinnerte. Natürlich würde er einige Punkte vergessen, aber die wichtigsten Ausführungen von Jesus hatte er sich gemerkt. Sein Gedächtnis arbeitete gut. Wenn er Worte einmal gehört hatte, dann vergaß er sie ganz selten. Er setzte sich wieder an den Tisch und schrieb. Er war erstaunt, an wie viel er sich erinnerte.

Heute Morgen war eine wundervolle Energie in seinem Raum. Josua war sehr krafterfüllt, seit dem gestrigen Abend. Er schrieb ohne Unterlass. Ja, heute floss es wieder. Heute war seine Konzentration wunderbar. Gut kam er voran. Allerdings musste er sich ein System überlegen, wie er zukünftig vorgehen sollte. Vielleicht sollte er immer eine Wachstafel bei sich haben, um sich Stichworte zu notieren von den Dingen, die Jesus verkündete. Allerdings wäre er dann nicht mehr so aufnahmefähig, wenn er sich gleichzeitig Stichworte aufschrieb.

Dann kam ihm ein Gedanke. Vielleicht sollte er die Tachygraphie lernen, eine Art Kurzschrift? Diese könnte ihm wertvolle Zeit sparen und so hätte er noch Konzentration für die Gespräche, die um ihn herum liefen. Ja, dieser Gedanke faszinierte ihn. Darum würde er sich demnächst kümmern.

∞

„Wie gehst du damit um, Mirjam, dass Jesus das Versprechen abgegeben hat?" Diana und Mirjam saßen noch beim morgendlichen Mahl. Ihre beiden Männer waren schon gegangen. Jesus traf sich mit Olympios, um einige Wogen zu glätten, und Josua saß wie immer in seiner Schreibstube und fertigte die Abschriften vom gestrigen Tag an.

„Ich bin zum allergrößten Teil sehr froh, da ich weiß, wer Jesus ist und was seine Aufgabe ist." Mirjam tunkte ihr Brot in warme Ziegenmilch. „Ich habe schon lange gesagt, dass er diesen letzten Schritt endlich vollziehen muss, sonst würde er nicht glücklich und ich auch nicht. Ich hätte nicht zugestimmt, wenn sich Jesus für mich entschieden hätte. Dann hätte ich ihn verlassen. Schließlich wollte ich nicht das restliche Leben den einen immer wieder kehrenden Gedanken haben, dass ich ihm und seiner großen Aufgabe im Wege gestanden hätte. Das hätte ich nicht verkraftet. Es konnte nur die eine Entscheidung geben. Er hat sich für die Aufgabe entschieden und hat mich dadurch gänzlich gewonnen."

Diana war über solche reifen Worte ihrer Freundin Mirjam sehr erstaunt. Sie mochte diese Frau. Sie war anders als die anderen Frauen. Sie war weitsichtig und großherzig. Eine seltene Charaktereigenschaft in dieser Welt. Genüsslich kaute sie Gewürzkuchen, der von gestern Abend noch übrig war.

„Wie geht es Jesus jetzt, heute Morgen?"

„Er fühlt sich freier, leichter. Vor dieser ersten medialen Sitzung hatte er gehörigen Respekt. Die Wunde an seiner Seite war die letzten Tage gar kein Thema mehr, viel mehr eben dieses Treffen gestern. Gut, dass er sein Versprechen abgegeben hat. Denn durch sein Versprechen stehen himmlische Heerscharen hinter ihm, die ihn beschützen und ihm die nötige Kraft für die nächsten Jahre geben." Mirjam lächelte. „Wie geht es denn dir und Josua?"

„Für mich hat ein neues Leben angefangen. An dem Abend, als ich mein Gelübde brach, ist eine riesige Last von meiner Seele gefallen, und seitdem fühle ich mich frei. Ich sehe die Welt anders. Ich erkenne erst jetzt, was ich in den langen Jahren vermisst habe. Ich erkenne erst jetzt, wie die Menschen von irgendwelchen sinnlosen Regeln eingeengt werden. Ich erkenne es an mir. Und ich fühle mich endlich als eine gleichwertige Frau, wenn auch im Moment noch etwas verunsichert und aufgeregt."

„Hast du keine Schuldgefühle in dir?"

„Doch, viele, aber ich merke, wie sie von Tag zu Tag kleiner werden. Ich bin im Moment einfach nur glücklich. Ich kann meine Liebe leben, auch wenn ich mich erst daran gewöhnen muss und das Erlebnis von gestern nimmt mich immer noch mit."

„Was hast du erlebt, während Albiel durch deinen Körper gesprochen hat? Du schienst ja nicht anwesend zu sein."

„Ich habe mein Gebet gesprochen, immer und immer wieder, so wie es Jesus mir gesagt hatte. Und dann, schon nach wenigen Momenten, sah ich ein Licht und wusste, dass ich mich dem Licht entgegen strecken musste. Daraufhin sah ich, dass sich meine Seele von meinem Körper löste, und plötzlich wurde ich in das Licht katapultiert. Das wird wohl der Moment gewesen sein, als sich Albiel durch mich meldete. Ich stand dann aber auf einer wundervollen Sommerwiese und spürte das Gras unter meinen Füßen. Es war wunderschön. Eine Lichtgestalt führte mich zu einem kleinen Teich, wo eine schöne gemütliche Bank stand, und dort setzte ich mich hin. Und auf einmal wurde ich von einem Lichtwesen angesprochen, das sagte, dass ich mich langsam zurückbegeben solle. Und dann kam ein Sog, und auf einmal fand ich mich hier im Raum wieder. Es war irgendwie ein Traum. Ich kann es noch gar nicht richtig erklären. Wahrscheinlich rede ich im Moment wirres Zeug, oder?"

„Nein, ich habe dich ja schließlich gefragt." Mirjam leerte ihren Becher Milch.

„Und seitdem fühle ich eine Energie in mir, dass ich Bäume ausreißen könnte. Jesus hat mir aber schon gesagt, dass es eventuell auch sein könne, dass ich in eine gewisse Erschöpfung fallen werde, da sich der Körper und die Seele erst an die neue Energie gewöhnen müssen, da sich meine Seele in der niedrigsten lichtvollen Sphäre befand, dem Sommerland. Das darf ich aber niemandem erzählen, denn es würde keiner glauben. Und ich habe seit gestern Abend Hunger, Hunger und nochmals Hunger." Sie schnitt sich ein weiteres Stück Gewürzkuchen ab.

Mirjam lächelte und schenkte sich noch einen Becher Milch ein.

„Aber ich glaube, ich sollte mal wieder zu Josua gehen. Seit Stunden schreibt er schon wieder ganz allein in seiner Kammer. Er wohnt in einem riesigen Haus und hält sich nur in seinem kleinen Zimmer auf."

„Gute Idee, Diana. Ich helfe Judith beim Aufräumen und werde gleich noch auf den Markt gehen." Ein ganz natürliches Lachen begleitete ihre Worte.

Diana stand auf, nahm sich das restliche Stück Kuchen und eilte zu ihrem Geliebten.

∞

Heute würde es voll werden in Josuas Haus. Es waren alle Begleiter von Jesus für das gemeinsame Treffen benachrichtigt worden. Jeden Augenblick konnte der erste von ihnen erscheinen. Heute, drei Monate nach der letzten Rede vor dem Heiligtum, sollte es wieder eine geben. Wieder am frühen Nachmittag, wieder beim Artemis-Heiligtum. Mirjam und Jesus saßen noch mit Judith beim morgendlichen Mahl.

„Das hat wieder ganz fantastisch geschmeckt. Ich liebe deinen Kuchen, Judith." Mirjam leckte sich noch die Lippen ab. „Nimm es Jesus nicht übel, dass er ihn heute nicht gekostet hat, aber er ist gedanklich schon einige

Stunden weiter. Er weiß noch nicht, worüber er reden möchte." Sie streichelte ihrem Geliebten über die Haare.

„Wie Recht du hast. Die Reaktionen der Menschen in dieser Stadt sind nicht vorauszusehen. Aber unser Vater im Himmel wird mir schon die richtigen Worte in den Mund legen."

„Weißt du denn nie, über welches Thema du sprechen möchtest?", fragte Judith.

„Manchmal schon, aber aus Erfahrung kann sich das noch in den letzten Minuten vor der Rede ändern. In Ägypten hatte ich einmal eine Rede, wo mir Tage vorher schon klar war, worüber ich sprechen wollte. Und dann, als es um mich herum still wurde, schoss mir ein anderes Thema in den Kopf. Ich wartete einige Atemzüge lang, aber das neue Thema verschwand nicht mehr. Also ließ ich mich darauf ein. Und die Rede war ein voller Erfolg. Es ist jedes Mal sehr spannend."

„Interessant. Ich werde euch jetzt noch ein wenig Ruhe gönnen. Ich räume auf und gehe dann zum Markt." Judith lächelte ihnen zu, räumte die wenigen Schalen weg, die noch auf dem Tisch standen und ließ Mirjam und Jesus allein.

„Du bist wirklich sehr angespannt heute." Mirjam blickte besorgt auf Jesus.

„Ja, mag sein. Manchmal belastet mich der Gedanke, gleich über dreißig Menschen um mich zu haben, die teilweise an mir kleben wie die Kletten, schon sehr. Ich liebe sie, meine treuen Begleiter. Das ist es nicht, aber manchmal ist es mir einfach zu viel. Ich glaube, heute ist wieder so ein Tag, wo eine gewisse Schwere meine Seele bedrückt."

„Ich bin bei dir, vergiss das nicht. Ich stehe hinter dir und schicke dir in Gedanken meine Liebe und mein Licht. Das wird dir Kraft geben."

„Ich danke dir für deine Treue, Mirjam. Wenn mein Herz von dunklen Wolken überschattet ist, dann erscheint mir deine Liebe fast zu groß. Dann weiß ich gar nicht, ob ich der Aufgabe gewachsen bin, die Gott mir übertragen hat. Dann bin ich im Geiste ein Kleingläubiger und muss malochen, damit ich wieder in das Vertrauen komme, das mich rettet."

„Du wolltest alle Gefühle erleben, erinnere dich. Du wolltest nachvollziehen können, was deine Brüder und Schwestern auf dieser Erde für ein Leid ertragen müssen. Du wolltest jede Facette erleben."

„Ja, ich weiß, du hast ja Recht."

„Deine Verletzung hat dich nicht nur körperlich geschwächt, auch geistig. Es dauert noch ein wenig, bis du wieder ganz der Alte bist. Fühlst du dich der Rede heute wirklich gewachsen?"

„Ja, das tue ich. Aber die Schwere will heute einfach nicht von mir weichen."

„Hab Verständnis für dich selbst. Für dich muss das Leid noch unerträglicher sein, da du freiwillig aus den lichtvollen geistigen Bereichen auf die Erde gekommen bist." Mirjam hatte heute eine Menge zu tun, um Jesus aufrecht zu halten.

„Danke für deine Worte."

„Ich bin froh, dass du deinen Auftrag angenommen hast. Das ist für mich eine große Freude. Und vergiss nicht, dass ich dich liebe, dass ich dich verehre."

„Ich danke dir." Jesus küsste Mirjam gerade leidenschaftlich, als Cyriax in das Zimmer kam und die ersten Ankömmlinge meldete.

∞

„Worüber wirst du sprechen, Jesus?" Simon Petrus war wie so oft der Wortführer der noch größer gewordenen Gruppe von Menschen, die sich nun alle im Hauptraum des Erdgeschosses versammelt hatten. Sie waren ungefähr vierzig, ein Drittel von ihnen waren Frauen. Schon seit über einer Stunde waren sie hier.

„Ich weiß es noch nicht. Ich werde mich überraschen lassen."

„Wie, du weißt es noch nicht?" Simon Petrus schien geschockt.

„Das wird sich erst kurz vor der Rede entscheiden. Ich lasse es fließen. Das Leben ist immer in Bewegung. Vielleicht möchte das Leben nachher ein anderes Thema als jetzt in diesem Moment. Habt ihr den Menschen die Rede angekündigt, Judas?"

„Ja, das haben wir. Einige erinnerten sich sogar an deinen Namen. Nach meinem Gefühl werden es bestimmt doppelt so viele sein wie beim letzten Mal."

„Habt ihr auch die Menschen in der Hafengegend besucht und ihnen von der Rede erzählt?"

„Ja, ich glaube schon."

„Was heißt, du glaubst?" Jesus fixierte Judas.

„Ich weiß jetzt nicht, wer das Hafenviertel besucht hat." Judas war verunsichert.

„Wer war im Hafenviertel?", fragte Jesus und schaute in die Runde.

„Wir waren dort, Jesus. Wir, Rebecca und ich, Maria."

„Hhm. Simon Petrus, wie ist es möglich, dass Frauen sich in die verruchtesten Viertel der Stadt begeben müssen? Hättet ihr das nicht selbst machen können?"

„Jesus, du weißt doch, dass es uns Juden verboten ist, …"

„Simon Petrus, verflixt nochmal! Ihr seid erst einmal Menschen und dann Juden. Ist euch eine Vorschrift wichtiger als die Menschlichkeit? Seid ihr nun auch schon so wie die Rabbis und die Priester in Jerusalem? Seid ihr nun auch schon Schauspieler?" Die Augen von Jesus blitzten.

„Äh, nein, äh, natürlich nicht. Wir folgen dir."

„Wenn ihr mir folgt, dann macht ihr keine Unterschiede zwischen den Menschen, dann essen Juden und Samaritaner aus der selben Schale, dann sitzen Griechen und Parther am selben Tisch. Und dann schickt ihr keine Frauen in diese Viertel am Hafen, wo jeden Tag unzählige Überfälle passieren. Dann, und nur dann, folgt ihr mir."

Die Anwesenden schwiegen.

„Rebecca und Maria. Was meint ihr, worüber sollte ich heute sprechen?"

„Meister, das können wir nicht wissen."

„Ich bin kein Meister, ich bin ein Bruder. Ihr wart aber in diesen Vierteln, ihr habt die Menschen dort gesehen, ihr habt mit vielen gesprochen. Worüber sollte ich reden, damit ich ihre Seelen erreiche, Maria?"

„Über den Respekt vor der Frau, den Respekt vor dem anderen Menschen. Viele Frauen sind uns dort begegnet, die scheu waren wie ein Reh und jeden Moment dachten, dass sie geschlagen würden."

„Und was meinst du, Rebecca?"

„Über die Freiheit. Es gibt zu viele Sklaven in dieser Stadt. Zu viele Menschen, die andere unterdrücken. Und sprich über die Liebe. Sag den Menschen, dass Gott sie liebt. Denn Liebe gibt es in diesen dunklen Gassen und Tavernen so gut wie nicht."

Jesus war beeindruckt, wie selbstverständlich diese beiden mutigen Frauen ihre Meinung vertraten. Und wie treffend sie die Situationen erfassten.

„Dann lasst uns langsam in Richtung Artemis-Tempel gehen. Wenn heute wirklich so viele Menschen kommen, wir ihr behauptet, dann sollten wir uns schon frühzeitig dort einfinden."

∞

Josua saß mit Diana inmitten einer Menschenmenge auf der Wiese vor dem Artemis-Heiligtum. Diesmal waren mindestens doppelt so viele Menschen anwesend wie bei der ersten Rede von Jesus. Die ganze Wiese um sie herum war bevölkert. Einige standen sogar am Rand.

Die Begleiter um Jesus setzten sich auf den Boden und gaben den Blick auf Jesus frei, der nun wieder für alle gut sichtbar war. Wieder standen einige Kinder um ihn herum. Dies war oft so. Egal, wo Jesus auftauchte, es befand sich immer das eine oder andere Kind in seiner Nähe. Jesus schien den Kindern etwas gesagt zu haben, woraufhin sie lachend verschwanden.

Es dauerte eine ganze Weile, bis alle mitbekommen hatten, dass Jesus nur darauf wartete, dass Stille einkehrte. Nach langen Sekunden des Wartens, die Josua wie Stunden vorkamen, wurde es wirklich ruhig.

„Agathé tyche, Glück auf, Freunde, Bekannte, Glück auf Epheser. Auch heute gehört mein ganzer Dank euch vielen, denn ihr seid extra aus der Stadt hierher zu eurem Heiligtum gekommen. Manche Gesichter kenne ich schon vom letzten Mal, viele kenne ich noch nicht. Mein Herz ist dankbar." Jesus machte eine kleine Pause, ließ aber keine Diskussionen unter der Zuhörerschaft aufkommen.

„Ephesos ist eine sehr große Stadt, jedoch habe ich in den letzten Jahren, die ich in der Welt unterwegs war, noch viel größere gesehen, wie zum Beispiel Alexandria in Ägypten, die ungefähr die doppelte Menge an Einwohnern hat wie euer prachtvolles Ephesos. Aber was mir in diesem Monat aufgefallen ist, in dem ich jetzt hier in dieser Stadt weile, ist, dass es hier in Ephesos eine größere Freizügigkeit gibt als in Alexandria und in jeder anderen Stadt, die ich bis heute gesehen habe. Wie ist das zu erklären? Habt ihr dafür eine Erklärung, Epheser?" Mit dieser Frage hatte er die Menschen überrumpelt. Die Zuhörer waren es nicht gewohnt, dass ein Redner sie in seine Ausführungen mit einbezog. Es wurde hier und da etwas gemurmelt, aber es überwog eine ruhige Sprachlosigkeit.

„Ich versuche einmal, euch diesen Sachverhalt zu erklären. Das größte Übel in dieser Stadt sind die Zauberbücher, die fast jeder Einwohner kennt und worauf ihr sehr stolz seid. Schließlich bringen diese Zauberbücher eurer Stadt eine große Bekanntheit, ähnlich wie dieser Tempel hier. Wo Wahrhaftigkeit fehlt, gibt es viele Wahrsager." Jesus hielt inne. Er spürte wohl, dass sich etwas Unmut unter den Menschen äußerte. Die Menschen um Josua und Diana wurden unruhig, sie schauten sich fragend an und ließen auch Worte folgen.

„Was sagt dieser Jesus hier? Greift er etwa unsere Zauberbücher an?"

„Das ist ja nicht zu glauben! Wie kann das sein?"

„Seid ruhig, lasst ihn doch erst einmal weiter sprechen. Hört, Jesus fängt wieder an zu sprechen."

„Epheser, ich weiß, dass ich euch mit diesen Worten vor den Kopf stoße, aber denkt einmal über meine Worte nach. Ich habe diese Bücher schon gesehen und in ihnen gelesen. Wie kann es sein, dass ihr stolz auf den Inhalt der Bücher seid, die das bewusste Verletzen von anderen Personen befürworten und wo es Anleitungen gibt, wie man Flüche ausspricht und andere Menschen mit Krankheiten bestraft? So sagt mir bitte, wo soll hierbei euer Stolz Platz haben?“ Ohne auch nur eine kleine Antwort der Menschen abzuwarten, sprach Jesus weiter.

„Ihr glaubt an viele Götter, ihr glaubt daran, euch das beste Leben einzurichten, was ihr könnt. Warum sagen eure Götter nicht, dass es schlecht ist, andere Menschen zu verletzen? Warum sagen sie euch nicht, dass ihr mit euren Gedanken vielleicht falsch liegt? Nun können diese Gedanken dazu führen, dass ihr einen Unschuldigen verflucht, weil ihr die Wahrheit nicht kennt. Wieso warnen euch die Götter nicht vor solchen Schandtaten? Warum hindern euch die Götter nicht daran, Fluchtäfelchen zu schreiben oder Tonpuppen herzustellen, die für die Personen stehen, denen ihr etwas Böses wünscht und denen ihr über Einstiche in diese Puppen etwas antun wollt? Warum klären euch eure Götter nicht über die ewigen Gesetze des Universums auf? Über Gut und Böse? Warum wisst ihr nicht, dass alles, was ihr anderen Menschen antut, auf euch zurück fällt? Warum wisst ihr das nicht?“ Jesus machte eine kurze Pause.

„Was soll das heißen, dass es auf uns zurückfällt?“ Eine Stimme aus dem vorderen Teil der Wiese war deutlich zu hören. Heute sprach Jesus schneller, und Josua hatte viel zu tun, alles richtig niederzuschreiben.

„Das kann ich euch sagen. Wenn ihr die Menschen liebt, dann werdet ihr merken, dass ihre Liebe zu euch zurückkommt. Wenn ihr aber beispielsweise einen anderen Menschen bestehlt, dann lebt ihr immer in der Angst, dass euch dieser Gegenstand ebenfalls entwendet werden kann, bis es eines Tages tatsächlich so geschieht. Dann kann es jedoch so sein, dass euch nicht nur dieser Gegenstand entwendet wird, sondern noch weitere Dinge oder ihr gar verletzt werdet. Daraufhin seid ihr wütend und klagt eure Götter an, warum euch so ein Unglück widerfahren kann? Ihr habt dabei aber leider nicht mehr im Bewusstsein, dass ihr die Ursache, den ersten Diebstahl, selbst herbeigeführt habt. Ihr habt keine Ahnung von den wahren göttlichen Gesetzen. Habt ihr meine Worte verstanden?“

Es wurde lauter im großen Rund. Aber es war zum größten Teil ein zustimmendes Raunen.

„Ein anderes Beispiel, Epheser. Ich sehe wohl in euren Augen, dass ihr wenig Weisheit der ewigen Gesetze in euch tragt. Ein Sämann zieht hinaus um zu säen. Beim Säen fallen einige Samen nicht auf das Feld, sondern auf den Weg am Rand. Die Vögel kommen und fressen den Samen. Andere Samen fallen auf felsigen Grund, wo es nicht viel Erde gibt. Die Frucht des Samens schießt gleich und schnell gen Himmel empor, weil sie keine Tiefe in der Erde hatte. Wenn die Sonne am Mittag auf das Feld brennt, verdorrt die Frucht, weil sie keine Wurzeln hat. Andere Samen fallen unter die Disteln. Die Disteln steigen aber auf und ersticken die Frucht des Samens. Nur der Samen aber, der auf rechte Erde fällt, bringt eine Frucht, die hundertmal höher ist." Jesus machte eine Pause.

„Was soll uns das sagen, Prophet?", rief ein Zuhörer in einer vorderen Reihe.

„Das möchte ich euch erklären. Die Samen, die auf den Weg fallen, sind die Worte über Gott und sein Reich, die ihr nicht versteht. Denn dann kommen böse Gedanken und Absichten und nehmen euch diese reichen Worte wieder aus dem Herzen, eben wie die Vögel die Samen vom Weg picken. Die Samen, die auf felsigen Grund fallen, zeigen sich in Menschen, die voller Euphorie meine Worte verstehen und umsetzen möchten. Diese Worte haben jedoch keine Wurzeln in ihnen hinterlassen und der Mensch bleibt auch weiterhin ein Mensch des Augenblicks, denn wenn das Leben ihm Drangsal schickt wie wenn die Sonne die Frucht verbrennt, dann hat der Mensch das Wort Gottes vergessen und wird ärgerlich."

„Wahre Worte, hört euch den Propheten an!"

„Die in die Disteln gesäte Samen sind die Worte über das Reich Gottes, die nicht in die Herzen der Menschen dringen können, weil die Sorgen und Nöte der Menschen sie wie die Disteln ersticken oder das Glänzende des Reichtum sie nicht atmen lässt. Diese Worte bleiben fruchtlos. Die Menschen aber, die meine Worte verstehen, bringen die richtige Erde der Liebe Gottes dar. Sie werden hundertfach den göttlichen Willen erfüllen, denn sie sind die wahren Kinder Gottes."

„Der Mann hat Recht!" hörte man den ersten Zuhörer rufen.

„Weise Worte. Habt ihr so etwas schon einmal gehört? Ich jedenfalls noch nicht."

Jesus fuhr fort, um die Stimmung nicht ausufern zu lassen. „Und Schuld daran haben neben der fehlenden Aufklärung eurer Götter die Zauberbücher, denn diese Schriften teilen euch mit, dass so etwas wie Moral unwichtig ist, Hauptsache, ihr bekommt das, was ihr wollt. Hauptsache, ihr könnt euch an Menschen rächen, die euch anscheinend verletzt haben. Hauptsache, ihr könnte ein leichtes Leben führen, egal wie es anderen Menschen geht. Die Zauberbücher fördern Respektlosigkeit und

Eigensinn, die Zauberbücher lassen Liebe und Verständnis als Märchen erscheinen. Deshalb herrschen in dieser Stadt Sitten, die es sonst auf der Welt in diesem Ausmaße kaum gibt." Jesus machte wieder eine rhetorische Pause.

„Die Zauberbücher machen euch glauben, dass der Weg zum wahren Glück die Freizügigkeit ist. Freizügigkeit in der Ehe, Freizügigkeit in den Bordellen. Sogar schon in euren Theaterstücken ist die übertriebene Freizügigkeit zu Hause. Mehr noch, die Perversion. Vor tausenden Menschen, auch vielen Kindern, kopulieren männliche Schauspieler mit ihren Kolleginnen, auch mit ihren Kollegen, ja sogar mit Ziegen und Pferden. Wohin, so frage ich euch, wohin wird diese Einstellung führen? Meint ihr nicht, dass hierbei irgendetwas nicht stimmt?" Jesus sprach mit lauter Stimme in das große Rund.

„Wie soll es beispielsweise den vielen Dirnen in dieser Stadt gehen, die sich aufgrund ihrer Armut den Freiern hingeben müssen? Meint ihr Männer, sie hätten sich ihren Beruf ausgesucht? Meint ihr, sie hätten Freude daran, von euch misshandelt zu werden?" Jesus ging ein paar Schritte auf die Menschenmenge zu.

„Wer von euch Männern ist verheiratet? Bitte hebt einmal die Hand und haltet die Hand hochgestreckt, damit ich sie sehen kann." Jesus sah sich um. Es waren sehr viele Hände zu sehen.

„Eine große Menge verheirateter Männer, wie ich sehe. Gut, wer von euch verheirateten Männern hatte während seiner Ehe sexuellen Kontakt mit einer Dirne?" Jesus blickte wieder in die Runde. Die Anzahl der hoch gestreckten Hände wurde kaum merkbar kleiner.

„Warum, so frage ich euch, habt ihr Männer Ehebruch begangen? Liebt ihr eure Frauen nicht mehr?" Ein Raunen setzte ein, das immer größer wurde.

„Weißt du denn nicht, dass es für einen Mann vorteilhaft ist, Dirnen zu besuchen? Wusstest du das nicht, Fremder?" Empörung war aus dieser Frage herauszuhören.

Jesus lächelte den Fragenden an, der in Sichtweite saß. „Ja, das habe ich gehört. Aber ist es rechtens? Beteuert ihr diesen Frauen eure Liebe oder wollt ihr eure Triebe ausleben? Was würdet ihr sagen, wenn eure Frauen das machen würden?"

Viele Zwischenrufe unterbrachen die Stille. „Sie wären Ehebrecherinnen" hörte man von überall her.

„Was sind denn das für Fragen?"

„Woher kommt dieser Redner überhaupt?"

„Was will er uns mitteilen?

„…Schwätzer … Verstehe seine Gedanken nicht … Was sollen diese ewigen Fragen?"

Jesus ließ sich nicht aus der Ruhe bringen, und fuhr fort. „Warum ist es den Männern erlaubt, aber nicht den Frauen? Ist es rechtens, dass ihr eure Sklaven und Sklavinnen vergewaltigen könnt, ohne dass ihr dafür bestraft werdet? Haben diese Menschen keine Seele? Warum haben die Sklaven keine Rechte? Ist das rechtens?"

„Es ist das Gesetz. Wir können es nicht ändern."

„Warum folgt ihr diesem abscheulichen Gesetz?", fragte Jesus in die Runde. „Warum folgt ihr diesem Gesetz, wenn es euch nicht gefällt? Seid ihr vielleicht genauso Sklaven der Macht, Sklaven der Politik? Seid ihr Sklaven des Lebens, das um euch herum passiert?" Es wurde noch lauter, als es schon war.

„Verstehst du seine Worte?"

„Was bildet sich dieser falsche Prophet ein?"

„Spinnt dieser Jesus?"

Josua schaute Diana an, die sich fest an ihn klammerte. Es wurde lauter, die Menschen sprachen mit ihren Nachbarn. Solche Worte hatten sie noch nie gehört.

„Seid still!" Eine Stimme war ganz laut zu hören. Josua drehte seinen Kopf und erkannte Olympios, der für Ruhe sorgen wollte. Es klappte auch. Sein lautes Organ sorgte dafür, dass es sofort leiser wurde.

„Epheser, ich weiß, dass meine Worte auf den einen oder anderen sehr streng wirken könnten, aber hättet ihr es lieber, wenn ich in schönen Worten säuseln würde? Ich denke nicht. Der Gott, an den ich glaube, liebt euch. Und er ist ein Gott der Liebe, ein Gott der Wahrheit und ein Gott der Wahrhaftigkeit. Deshalb hat der alleinige Gott einen seiner Propheten geschickt, der von seiner Weisheit und Liebe zeugen und von seinem Gesetz berichten soll."

„Was meinst du mit Gesetz? Wir haben genug Gesetze!" Ein Rufer aus den hinteren Reihen war gut zu verstehen.

„Ich spreche von dem göttlichen Gesetz. Ihr habt viele Gilden, Vereine und Zünfte in eurer Stadt. In jedem dieser Vereine gibt es Regeln und Gesetze. Kein Mensch würde diese Gesetze anzweifeln. Es ist normal, dass es sie gibt. Ein bisschen Sicherheit braucht jeder Mensch, wenn er frei leben möchte. Und genauso hat auch Gott seine göttlichen Gesetze im großen Universum verankert. Kein Mensch kann diesem Gesetz entgehen. Wenn ihr gegen diese Gesetze handelt, so wie ich es vorhin schon mit dem Beispiel des Diebstahls angesprochen hatte, dann wird dieses Gesetz für einen Ausgleich sorgen, den ihr aber als Strafe empfinden werdet. Eigentlich findet aber nur ein natürlicher Ausgleich statt, denn – auch heute möchte ich wieder euren Heraklit zitieren – alles fließt. Wird von der einen Seite etwas genommen, wird der anderen Seite etwas gegeben und so weiter. Es ist immer ein Fließen. Alles ist in Bewegung."

„Jesus warst du es, der in Smyrna einen Bettler geheilt hat?", wollte ein Zuhörer wissen, der direkt vor Josua aufgestanden war.

„Warum möchtest du das wissen, Freund?"

„Ich höre deine Worte, und sie gefallen mir zu einem großen Teil sehr gut. Du sprichst sehr weise. Woher weiß ich nun wirklich, dass deine Lehren auf Erfahrung ruhen und nicht einfach nur in schöne Worte verpackt sind?"

„Was fühlt dein Herz?"

„Mein Herz glaubt deinen Worten."

„Und dein Verstand zweifelt, habe ich Recht?"

„Sehr richtig."

„Ich sehe in dir eine gläubige Seele. Du bist aber einer der Menschen, die nur das glauben, was sie sehen, nicht wahr?"

„Ja, das stimmt. Meine Frau wirft mir das auch immer vor, aber ich kann es nicht ändern."

„Möchtest du einen Beweis von mir?"

„Ja, Jesus."

„Wo ist deine Frau?"

„Sie ist in unserem Haus. Vor ein paar Jahren hatte sie einen Unfall. Seitdem ist ihr eines Bein steif und sie kann so große Strecken hierher zum Tempel nicht mehr laufen, obwohl sie dich sehr gern einmal gehört hätte."

„Ja, ich weiß." Jesus machte eine kleine Pause und drehte seinen Kopf fast unsichtbar zur Seite.

„Mein Vater hat mir mitgeteilt, dass ich dir einen Beweis liefern darf, der dich überzeugt. Wenn du nachher nach Hause kommst, wird deine Frau wieder laufen können. Du bekommst deinen Beweis, und der starke Glaube deiner Frau wird belohnt." Ein Raunen ging durch die Menschenmenge. Jesus ließ den Fragenden staunend zurück. Der setzte sich wieder und wandte sich an seinen Nachbarn:

„Kein Arzt, kein Heiler hat meiner Frau helfen können. Meinst du, Jesus schafft das?"

Der Nachbar beruhigte ihn und meinte, er solle vertrauen. Erst zu Hause würde er die Antwort wissen. Unterdessen war die Lautstärke auf der Wiese wieder gestiegen. Man konnte aber trotzdem vereinzelte Wortmeldungen verstehen.

„Jesus, hilf mir auch. Mein Urin ist immer blutig."

„Ich bin auch krank. Bitte heile mich."

„Mich auch … mein Kind ist krank … meine Schwester liegt im Sterben … warum hilfst du nicht?"

„Epheser, ich höre wohl, dass eure Herzen traurig sind und euer Leid euch niederdrückt. Glaubt an den einen Gott, denn der Glaube wird euch heilen. Der Glaube an das Gute, der Glaube an die Menschen in eurem Umfeld, die Liebe zu den Lebewesen wird euch frei machen. Ehrt eure Frauen und liebt sie so, wie sie es verdienen, denn sie sind die Trägerinnen der Zukunft. Frauen haben euch geboren, Frauen werden eine schöne Zukunft bringen. Ehrt die Seelen der Dirnen, die ihr besuchen werdet, fragt sie nach ihrem Befinden, zeigt ihnen euren Respekt und verletzt sie nicht weiter mit eurer Missachtung. Respektiert eure Sklaven, denn auch sie sind keine Menschen zweiter Klasse. Versucht einfach, in jedem Menschen eine liebevolle Seele zu sehen, die es wert ist und verdient hat, von euch geliebt zu werden. Mehr möchte ich euch heute nicht mit auf den Weg geben. Ich danke euch für eure Geduld und den Mut, über meine Worte nachzudenken."

Daraufhin wandte sich Jesus noch einmal kurz an den Zuhörer vor Josua. „Freund, deine Frau schläft gerade. Wenn du gleich nach Hause kommst, musst du sie aus einem tiefen Schlaf wecken. Danach ist ihr Bein geheilt. Gut. Ich danke euch noch einmal, und wir werden uns wieder sehen. Glück auf, Epheser. Glück auf, ihr göttlichen Seelen. Ich bin euer Freund Jesus."

Das waren die letzten Worte von Jesus. Daraufhin setzte eine lange Pause der Verunsicherung ein. Sollte man die deutlichen Worte von Jesus verachten oder über seine aufbauenden Worte mit Begeisterung reagieren? Josua schaute gespannt in die Runde. Die Stimmung stand auf Messers Schneide, kippte dann aber in Richtung Begeisterung. Die Menschen standen auf, klatschten Beifall, ließen Jesus hochleben, bezeichneten ihn als weisen Propheten. Die wenigen Rufer, die Kritik an seinen Worten geübt hatten, waren nicht mehr zu hören. Josua und Diana saßen immer noch auf dem Gras inmitten von beinahe tanzenden Menschen. Josua beugte sich zu Diana hinüber und küsste sie. Die beiden blieben noch lange eng umschlungen sitzen und genossen ihre tiefe Liebe.

Es ist für mich immer wieder ein wunderbares Erlebnis, vor den Menschen zu reden. Ich merke, was für eine Kraft ich mit meinen Worten übermitteln kann. Das verwundert mich immer wieder aufs Neue. Heute war es eine gute Rede. Ich habe gesehen, wie, während ich sprach, das Licht um die

Menschen größer wurde. Das Licht in ihren Seelen ist gewachsen. Das Ergebnis meiner Worte zu sehen, macht mich glücklich. Ich freue mich, dass du, Vater, durch mich den Menschen Licht schenken kannst, das in der Dunkelheit dieses Planeten so wichtig ist.

Ich danke dir, Vater, dass ich alles, was ich hier tue, mit Mirjam teilen darf. Ich danke dir, dass sie mir treu zur Seite steht. Ich danke dir, dass du mich liebst und ich eine Liebe gegenüber den Menschen und dir empfinden darf. Ein Herz voller Liebe ist das schönste, was es auf der Erde gibt. So soll es immer und auf jedem Planeten des Universums sein.

∞

Die nächsten Tage war Ephesos wie ein Tollhaus. Josua konnte es nicht fassen, was Jesus mit seiner Rede ausgelöst hatte. Aber vor allem die Heilung der Frau des Zuhörers, der vor ihm gesessen hatte, sorgte für Aufsehen. Irgendwie hatte es sich herumgesprochen, wo Jesus wohnte. Deshalb kamen unzählige Menschen daraufhin zu Josuas Haus, weil sie von Jesus geheilt werden wollten. Cyriax übernahm die leidige Aufgabe und wehrte die Menschen beim Eingangstor immer wieder ab.

Noch gut konnte sich Josua an den letzten Dialog mit Jesus erinnern, als dieser sich von ihm verabschiedet hatte.

„Josua, ich werde Ephesos für einige Wochen verlassen, um mich bei unseren Freunden, dem großen heiligen Geschlecht, aufzuhalten. Teile den Menschen mit, dass ich Ephesos verlassen habe und du nicht weißt, wann ich wiederkomme. So kann diese große Euphorie am besten gedämpft werden."

„Wieso bleibst du nicht? Jetzt sind die Menschen doch auf dich und auf deine Worte und Taten aufmerksam geworden."

„Ich kann nicht. Ich habe unterschätzt, was die Worte und Taten unseres Vaters bei den Menschen auslösen. Ich hätte die zweite Rede nicht so schnell auf die erste folgen lassen sollen. Die Menschen hier sind sehr begeisterungsfähig, aber sie vergessen auch wieder sehr schnell. Vertraue mir, es ist das Beste. Es wird eine Zeit kommen, bevor wir hier abreisen werden, wo ich mich vermehrt an die Menschen wenden werde. Außerdem muss ich mich erholen. Ich fühle mich durch die Anstrengungen der letzten Zeit sehr erschöpft. Ich brauche eine kleine Auszeit."

„Und Mirjam?"

„Mirjam wird hier bleiben. Es ist besser, denn meine Begleiter brauchen eine Aufsicht. Und das ist ihre Aufgabe. Simon Petrus ist ja auch noch da."

„Nehmen denn deine Begleiter sie als Frau ernst?"

„Nicht alle, aber dann ist es ihre Lernaufgabe, sie ernst zu nehmen. Ich würde dich bitten, auf Mirjam ein Auge zu werfen. Kümmere dich um sie, wenn du merkst, dass sie traurig ist oder wenn sie einen schweren Tag hat. Versprichst du mir das?"

„Natürlich, Jesus. Du kannst dich auf mich verlassen. Wo und wie triffst du deine Freunde vom großen heiligen Geschlecht?

„Das kann ich dir nicht sagen. Ich weiß es selbst noch nicht. Ich werde inspirativ an einen einsamen Ort geführt, wo sie erscheinen und ich in ihr himmlisches Schiff einsteigen werde." Jesus machte eine kurze Pause, er schien nachzudenken. „Gut, ich werde jetzt gehen. Ich kann dir noch nicht genau sagen, wann ich wieder komme. Bis dahin wünsche ich dir und allen hier im Haus den Segen Gottes. Auf bald, mein Freund."

„Auf bald, Jesus. Gute Reise."

Daraufhin umarmten sich die beiden, und Jesus verschwand mit leichten Schritten aus dem Haus.

∞

Josua saß mit Diana, Judith und Mirjam beim morgendlichen Mahl. Mittlerweile waren etliche Wochen vergangen, seitdem Jesus die Stadt verlassen hatte. Er beobachtete die drei Frauen, die wie so oft herzhaft lachten und kicherten. Sie waren alle drei fröhliche Seelen. Diana hatte er noch nie so freudig erlebt wie die letzten Tage. Auch Judith hatte in den letzten Monaten, in denen sie bei ihm wohnte, viel Kraft geschöpft und wirkte sehr ausgeglichen. Auch Mirjam schien fröhlich, jedoch bemerkte Josua tief in ihren Augen eine unübersehbare Traurigkeit. Diana hatte ihr Mahl heute jedoch sehr früh beendet und sich auf den Weg zum Artemis-Heiligtum gemacht. Judith nutzte die Gelegenheit und ging ein Stück mit ihr, da sie ihre Schwester besuchen wollte. So saßen nur noch Mirjam und Josua beisammen und genossen in aller Stille ihre Zweisamkeit.

„Wie geht es dir heute früh, Mirjam?", fragte Josua, während er ein Stück Brot in seine warme Milch tunkte. „Sehe ich da eine gewisse Traurigkeit in deinen Augen?"

„Du bist ein guter Beobachter, Josua. Ja, es stimmt, ich vermisse Jesus schon sehr. Er ist schließlich schon einige Wochen unterwegs. Auch habe ich ihn in meinen Träumen nicht gesehen. Das bedeutet jedoch, dass alles in Ordnung ist."

„Was hast du heute vor?"

„Ich treffe mich mit den Begleitern im Theater. Dort wollen wir uns darüber unterhalten, was wir in den nächsten Wochen tun wollen."

„Soll ich dich begleiten?"

„Gern." Mirjam atmete tief durch und leerte ihre Schale Ziegenmilch.

„Du scheinst dort heute nicht unbedingt hingehen zu wollen, oder?"

„Nein, es ist für mich immer wieder schwierig, die Anfeindungen der Männer zu ertragen. Auch wenn sie sie nicht immer aussprechen, denken sie doch, dass ich nur eine Frau bin und dass eine Frau unmöglich diese große Gruppe führen kann."

„Wer denkt denn so?" Josua war erstaunt.

„Es gibt schon einige, die so denken. Besonders Simon Petrus und Jakobus der Ältere können es nicht verstehen, dass Jesus mich ausgesucht hat und nicht sie, um die Gruppe in seiner Abwesenheit zu betreuen. Aber das ist wohl mein Anteil an der Mission von Jesus. Wer ihm so nahe stehen darf wie ich, der muss wohl den noch nicht ganz reifen Granatapfel essen, der mir im Moment von Simon Petrus gereicht wird." Sie lächelte.

„Schön, dass du das Leben mit heiterer Gelassenheit annimmst, Mirjam."

„Was bleibt mir anderes übrig, und vor allem ist jeder Tag ein Geschenk Gottes. In jeder Situation können wir etwas lernen, auch wenn das Geschenk in sauren Granatäpfeln versteckt ist. Komm Josua, lass uns gehen. Ich möchte recht früh im Theater sein."

∞

Schön, dass Josua sie heute begleitete und dem Treffen als Beobachter beiwohnte. Mirjam fühlte sich heute nicht so stark wie sonst, und deshalb war seine Anwesenheit für sie sehr wichtig.

Sie waren die ersten im großen Theaterrund. So konnte sie den Begleitern leichter entgegentreten. Jesus hatte ihr in den letzten Jahren viel über Schwingungen erzählt. Auch dies hier hatte etwas mit Schwingungen zu tun. War sie zuerst anwesend, konnte sie die Schwingungen unter den Menschen besser wahrnehmen. Kam sie zuletzt, musste sie sich an die Schwingungen der Menschen gewöhnen, was eine längere Zeit in Anspruch nahm. Deshalb wollte sie meistens die erste sein, so mussten sich die Menschen an ihre Ausstrahlung anpassen.

Schweigend saß sie mit Josua auf einer Stufe im höheren Bereich des Theaters. Kaum zu glauben, dass dieses Theater, wenn es gefüllt war, ungefähr 20.000 Menschen beherbergen konnte. Sie betrachtete die Bühne. Sie war relativ weit weg, aber die Akustik war hervorragend. Selbst auf den hintersten und höchsten Plätzen konnte man jedes lautere Schnaufen verstehen. Schön, dass das Theater an manchen Tagen für die Einwohner von Ephesos geöffnet war. Hier traf man sich zum geselligen Beisammensein.

Mirjam schaute sich um und bemerkte viele kleinere Gruppen. Viele veranstalteten ein Picknick, einige Liebespaare trafen sich hier, um ungestört einige Zeit miteinander verbringen zu können. Man sah einige Männer, die zu einer zu ihren Füßen sitzenden Menschengruppe sprachen. Ihr Blick wanderte weiter, bis sie ganz unten ein paar Frauen sah, die zu der Gruppe von Jesus gehörten. Sie winkte ihnen zu. Kurz darauf kamen die männlichen Begleiter. Es sah fast so aus, als ob sich alle schon vor dem Theater getroffen hätten, um gemeinsam stärker zu wirken. Der letzte, der die vielen Stufen hinaufstieg, war Simon Petrus. Es herrschte ein großes Durcheinander, bis sich alle gesetzt hatten. Viel gab es zu bereden, viel gab es zu erzählen. Als etwas Ruhe eingekehrt war, ergriff Mirjam das Wort.

„Schön, dass ihr alle gekommen seid! Wollen wir uns erst einmal austauschen, was jeder in den letzten Wochen erlebt hat. Wer fängt an? Simon Petrus?" Bewusst wandte sie sich zuerst an ihn, da er die Fähigkeit hatte, für eine gute oder auch weniger gute Stimmung unter den Begleitern zu sorgen.

„Danke, Mirjam. Ja, wo soll ich anfangen? Ich war mit Johannes unterwegs, so wie es uns unser Meister gesagt hatte."

„Er ist nicht unser Meister, sondern unser Bruder." Judas stellte die Worte von Simon Petrus richtig.

„Richtig Judas, richtig. Wir haben uns hauptsächlich bei der Therme aufgehalten, da dort immer eine Menge Betrieb ist. Wir konnten mit vielen Menschen reden. Der Name Jesus war schon in vieler Munde, jedoch nahm das Interesse in den letzten Tagen rapide ab." Petrus schüttelte den Kopf. Es war ihm deutlich sein Unverständnis dafür anzumerken, dass Menschen die Worte von Jesus nicht in ihrem täglichen Leben umsetzen wollten.

„Es war den meisten Menschen egal, was er sagte. Sie wandten sich schließlich anderen Themen zu. Das, was Johannes und mir am meisten auffiel, war, dass viele … ähh … viele Prostituierte sehr offen für die Botschaft von Jesus waren. Mit vielen sind wir in ein Gespräch gekommen, also, die Frauen haben uns angesprochen, nicht dass ihr meint, wir …, wir würden…"

„Simon Petrus, höre auf zu stottern. Wir wissen schon Bescheid." Jakobus lachte laut und freute sich mit den anderen an der für Simon Petrus peinlichen Situation.

„Ja, also viele haben uns angesprochen, weil sie uns als Begleiter von Jesus erkannt oder aber genannt bekommen hatten. Das ist unsere Zusammenfassung der letzten Wochen." Simon Petrus blickte in die Runde, als ob er von allen Seiten Lob erwartete. Lob dafür, dass sie sich in der bösen Welt der käuflichen Liebe so tapfer gehalten hatten. Mirjam lächelte in sich hinein. In diesem Moment fand sie Simon Petrus richtig süß.

„Das können wir nur bestätigen." Deborah, eine sehr reife Frau, hatte das Wort ergriffen. „Maria und ich hielten uns vermehrt vor den größeren Bordellen auf. Auch dort haben wir mit vielen Menschen reden können. Auch wir haben gerade von den Prostituierten eine ähnliche Reaktion erhalten. Viele waren sehr erstaunt über die Worte eines Mannes, auch noch eines Juden, der ihre Arbeit verteidigte und Respekt für ihre Seele verlangte. Und diese Frauen haben uns gefragt, ob wir ihnen Bescheid sagen können, wenn Jesus wieder in der Stadt ist und wieder sprechen möchte. Mit seinen Worten hat er in dieser Stadt bestimmt die Hälfte aller Prostituierten für sich gewinnen können."

„Das sind schöne Neuigkeiten." Mirjam war sehr ergriffen von Deborahs Worten. Wieder einmal hatte Jesus wohl den richtigen Riecher gehabt. „Gab es auch kritische Rückmeldungen?"

„Ja, das kann man wohl sagen." Bartholomäus meldete sich. „Ich war mit Nathanael unterwegs, und wir haben uns im Regierungsviertel von Ephesos aufgehalten. Diese letzten Wochen möchten wir nicht noch einmal erleben." Er atmete tief ein und wieder aus. „Mit vielen Menschen kamen auch wir in Kontakt, aber viele Ratsangehörige oder römische Verwaltungsmitglieder haben Jesus einfach ignoriert oder sogar als Spinner verunglimpft. Natürlich haben einige die Rede gehört, sie aber als Unsinn stehen lassen." Er machte eine theatralische abwertende Handbewegung. „Vielen war allerdings die Stimmung in den letzten Tagen in Ephesos nicht geheuer. Sie hatten sich viele Gedanken darüber gemacht, warum die Worte von Jesus die Menschen so aufgewühlt haben. Einige haben uns einfach weggeschickt. Viele haben uns aufgefordert, uns hier nicht mehr blicken zu lassen und die Stadt zu verlassen. Sie wollten, dass wieder Ruhe einkehren solle. Ja, es war wirklich schwierig."

„Zum Glück ist ja Ruhe eingekehrt, sodass wir nun ungestört arbeiten können." Mirjam hörte sich diese Worte sehr nachdenklich an. „Und du, Judas? Was hast du erlebt?"

„Danke, dass du mich fragst. Ich habe mich mit Thaddäus auf die Arkaden konzentriert, wo sich die vielen Philosophen treffen, um über die Götter und die Welt zu reden. Das Ergebnis ist nicht sehr erfreulich. Sie interessierten sich nicht für Jesus. Sie sind in ihren Gedankengebilden gefangen und wollen dort auch nicht heraus. Und von einem Erlöser, einem König, der inkarniert hatte, wollten sie schon gar nichts wissen. Diese Philosophen brauchen wir nicht mehr anzusprechen."

„Das ist schade, weil doch gerade die Philosophen den Menschen Gott näher bringen könnten." Matthäus war sehr erstaunt.

„Ja, du hast Recht, aber es ist genauso aussichtslos."

Jeder aus der Gruppe erzählte schließlich seine Erlebnisse. Aber entscheidende Neuigkeiten gab es nicht. Sie einigten sich darauf, dass sie vermehrt die Sklaven ansprechen wollten, da sie diese, so wie es aussah, vernachlässigt hatten. Sklaven konnte man auf den Straßen gut erkennen. Mirjam machte mit den Begleitern einen erneuten Zeitpunkt aus, wann sie sich wieder hier im Theater treffen wollten und gingen schließlich alle ihrer Wege.

Als Mirjam und Josua miteinander allein waren, ließ Mirjam ihren Kopf auf seine Schulter fallen. „Geschafft."

„Aber es lief doch ganz gut, nicht?", meinte Josua mit seinem kreuzförmigen Andenken an Jesus in der Hand.

„Ja, aber es war für mich sehr anstrengend. Ich habe einfach das Gefühl, dass viele die Worte von Jesus gar nicht verstehen. Sie erkennen die Tiefe nicht. Sie meinen, das sei ein großes Theaterspiel, in dem sie eine entscheidende Rolle übernommen haben. Dabei sind die Hauptdarsteller Gott und die Menschen, die wir ansprechen möchten, und nicht sie selbst." Mirjam atmete tief ein und ließ ihren Blick über den Hafen schweifen.

Ganz im Hintergrund war das Meer zu sehen. Ja, der Hafen schien jede Woche mehr und mehr zu versanden. Hoffentlich versandeten nicht, wie Jesus schon gesagt hatte, die Herzen der Menschen?

„Was macht wohl unser Freund und dein Geliebter Jesus in diesem Moment?"

Über Viren und die Wiege der Menschheit

Tai Shiin genoss jedes Mal die Anwesenheit der großen Seele Jesus. Vor vielen Tagen hatten die Santiner Jesus zwei Meilen östlich von Ephesos in den Bergen mit einem Zubringer-Schiff abgeholt und ihn in Tai Shiins Raumschiff gebracht, das sich im Moment knapp hundert Kilometer über Ephesos befand.

Zunächst musste Jesus energetisch gereinigt werden. Zu gefährlich war es für die Santiner, direkt mit einer Person in Kontakt zu treten, die sich kurz zuvor noch auf der Erde aufgehalten hatte. Diese Person, auch wenn sie Jesus war, brachte Viren, Bakterien, Mikroben und andere Kleinstorganismen mit. Ein Kontakt mit ihnen wäre für einen Santiner gefährlich, oft sogar tödlich, denn die Beschaffenheit der Körper der Santiner war nun einmal sehr viel feinstofflicher, sehr viel reiner, und die Körper hatten keine Abwehrmöglichkeit gegenüber diesen kleinen Lebewesen, die zudem Schöpfungen der negativen Welt waren. Der Körper eines Santiners war diesen zerstörerischen Einflüssen nicht gewachsen. Tai Shiin fragte sich anerkennend, wie es die Menschen unter diesen schwierigen und dunklen Einflüssen auf der Erde schafften, ein halbwegs geordnetes Leben zu führen. Die negativen Kräfte auf der Erde waren unterdessen stark gewachsen. Zu viel für den materiellen Körper eines Santiners. Vor knapp zweihundert Jahren konnten die Santiner noch ihr Raumschiff verlassen, wenn sie auf der Erde einen Auftrag zu erledigen hatten. Sie konnten noch direkt mit den Menschen sprechen, mittlerweile war es ihnen nicht mehr möglich.

Damit Jesus gereinigt werden konnte, musste er nackt durch eine Schleuse geführt werden. Danach wurde er mit warmem und mit einem Desinfektionsmittel angereicherten Wasser abgespritzt. Danach wurden seine diversen unsichtbaren Körper bis hin zum astralen Körper gereinigt, denn es konnten sich auch mentale Viren und Larven in seinem Energiefeld befinden, die ebenso gefährlich für die Santiner waren.

Viren waren eine ganz üble Schöpfung der negativen Welt. Sie veränderten sich in jeder Sekunde und man konnte sie auf Erden nur schwer in den Griff bekommen. Viren sind wahrlich wie die Dunkelheit, dachte Tai Shiin. Sie veränderten sich in jedem Moment und nahmen regelmäßig ein anderes Aussehen an. Durch fäkale Verunreinigungen, durch Stiche von Insekten, die wie die Unterwelt aussahen, und auch über die Schleimhautregionen der Genitalbereiche fanden Viren immer wieder den

Weg in den Körper eines Menschen, um ihn, so hatte es Luzifer vorgesehen, dann so schnell wie möglich zu vernichten. Viren waren Geschöpfe der negativen Welt und ihre Larven konnten auch die Santiner nicht kontrollieren. Gute Gedanken boten zwar Schutz, waren aber erst einmal Viren im Körper, dann halfen den Menschen auch gute Gedanken kaum, denn die Menschen hatten nicht die Konzentration, diese Gedanken über eine längere Zeit wie einen Laser auszurichten. Schon nach ein paar Sekunden war bei den meisten Menschen das Ende der Konzentrationsfähigkeit erreicht.

Unterdessen waren die Sandalen von Jesus und das Gewand gereinigt worden, die er bei seiner Abreise wieder ausgehändigt bekommen würde. Nach dieser Prozedur wurde Jesus in einen Ruheraum geführt, wo er sich dann einige Stunden, manchmal auch Tage, ausruhen und erholen konnte. Dieses Mal, das sah Tai Shiin auf einem Bildschirm, würde es noch knapp zwei Tage dauern, bis sich Jesus von seiner tiefen Erschöpfung und vor allem von dem Angriff erholt hatte. Jesus musste erst wieder zu Kräften kommen, bevor sie sich austauschen konnten. Sein Energieniveau war fast auf dem Tiefstand angelangt. Und Schlaf war nun mal die beste Erholung. Das war auch der wichtigste Grund, warum sich Jesus öfters bei ihm im Raumschiff aufhielt. Jesus musste sich von den vielen Angriffen erholen, die er täglich, stündlich, ja minütlich abzuwehren hatte. Diese Angriffe erfolgten über Beleidigungen oder Ansätze von körperlicher Gewalt. Aber schlimmer waren die Angriffe, die die Menschen nicht sahen, dafür aber die Santiner um so mehr. Wie oft wurde Jesus insgeheim von Menschen verflucht, die er durch seine Worte oder Handlungen aus ihrem labilem Gleichgewicht geworfen hatte. Kein Mensch konnte sich vorstellen, was diese große Seele auf der Erde durchmachte. Allein die Anwesenheit von Jesus, und zwar ohne dass er mit Menschen in Berührung kam, zählte für lichtlose jenseitige Wesen schon als Beleidigung, und sie versuchten, Jesus im besten Fall nur Energie abzuzapfen, im schlimmsten Fall zu verseuchen und zu töten.

Jesus wurde unzählige Male getreten, angeschrieen, angespuckt, und noch vieles mehr, ohne dass dies einem Menschen aufgefallen wäre. Oftmals wurde er auch geistig erstochen, wenn der geistige Schutz von diesen dunklen Wesen durchbrochen wurde. Jesus spürte es, indem sich sein Magen verkrampfte und er ein paar Momente des Durchatmens brauchte, um wieder zu Kräften zu kommen.

Allein wenn Jesus seine Reden hielt, befanden sich Hunderte von unsichtbaren Wesen neben ihm, die ihn an der Rede hindern wollten, denn diese wussten um die Macht seiner Liebe und um die Kraft seiner Worte. Wie vielen Menschen konnte Jesus mit seiner Anwesenheit helfen! Wie vielen Menschen konnte er mit seinen Worten Trost schenken und ein Selbstbewusstsein vermitteln, das diese nicht kannten. Wie viele Menschen konnte er von Gott überzeugen! Jesus' Ansinnen wollten diese lichtlosen Wesen verhindern, die unter dem Einfluss von Luzifer standen. Und deshalb tobte jetzt schon sehr lange ein Kampf zwischen guten und bösen Mächten des geistigen Reiches.

Das Traurige war, dass die Menschen davon nichts mitbekamen und diesen Kampf, vor allem aber die Existenz der negativen Welt, für ein Märchen hielten. Das Schlimmste von allem aber war: dieser Kampf würde in Zukunft noch viel extremere Ausmaße annehmen. Tai Shiin wollte nicht daran denken, wie dies in tausend oder gar zweitausend Jahren aussehen könnte.

Die Santiner hatten die Fähigkeit, mit ihrer gegebenen Weitsicht in die Zukunft zu schauen. Natürlich konnte die Zukunft stets neu geschrieben werden, aber aufgrund der vielfältigen Umstände und Einflüsse, die nötig waren, um eine Zukunft zu ändern, war die Zukunft doch einigermaßen vorausschaubar. Für die Santiner zumindest. Leider war aus genau diesem Grund die Chance für Jesus, nicht gekreuzigt zu werden, sehr gering. Zu stark waren die negativen Kräfte angewachsen, seitdem sich diese Seele dazu entschlossen hatte, auf der Erde zu inkarnieren. Dieser Zeitpunkt war aber noch nicht erreicht. Darauf lag schließlich jetzt nicht das Hauptaugenmerk. Wichtig war, dass sich Jesus wieder erholen konnte.

Tai Shiin saß ganz entspannt vor den vielen Bildschirmen und betrachtete den einen etwas genauer, auf dem der schlafende Jesus zu sehen war. Ja, es lief alles bestens! Jesus' Energieniveau hatte sich schon von 35% auf 80% erhöht. Tai Shiin ließ seine Gedanken weiter wandern. Santhun hatten sie unterdessen nach Metharia zurückfliegen müssen. Zum Glück war er am Leben geblieben, denn Depressionen hatten schon oft zum Tode eines Santiners geführt. Das einzige, was half, war die Umgebung von Zuhause, die Atmosphäre von Metharia. Das waren die viel ausgeprägteren Farben, die intensiver duftenden Blumen, die viel fröhlicher singenden Vögel. Kurzum, Santhun fehlte, wie jedem Santiner, der Friede, denn Frieden und die damit einher gehende Liebe war der Urgrund einer jeglichen Seele. Tai Shiin lächelte, wenn er an Santhun dachte. Sein Freund hatte sich unterdessen auf Metharia etwas erholt. Eine Nachricht war gerade vorhin eingetroffen, und das telepathische Gespräch, das er mit ihm hatte führen dürfen, klang vielversprechend. Santhun hatte es geschafft!

Tai Shiin war die rechte Hand von Ashtar Sheran. Schon einige Zeit, bevor Mose auf diesem Planeten inkarniert hatte, waren die Santiner von Gott beauftragt worden, sich um die Erde zu kümmern, denn die Entwicklung der Menschheit insgesamt war nicht so weit fortgeschritten, wie es im Vorhinein geplant war. Das war eines dieser Beispiele dafür, dass die Zukunft verändert werden konnte, auch wenn dies ein Negativbeispiel war. Aber Negativbeispiele gab es auf der Erde leider sehr viele. Das deutlichste unter ihnen war Atlantis gewesen.

Atlantis war für die gesamte Galaxis immer noch der Inbegriff des Schreckens. Wahrlich, die Erde hatte eine sehr bewegte Geschichte hinter sich. Neben den Ureinwohnern, die schon sehr lange hier lebten, wurden vor knapp 13.000 Jahren zum ersten Mal einige Mitglieder einer anderen Menschheit auf diesen Planeten ausgesiedelt, weil sie anderenfalls wegen ihrer trägen Lebenseinstellung die Gesamtentwicklung ihres Heimatplaneten aufgehalten hätten. Eine Kette war eben nur so stark wie das schwächste Glied, überlegte Tai Shiin. Auch er hatte es schon oftmals erfahren. Und da ansonsten die Entwicklung der ganzen Menschheit aufgehalten worden wäre, wurden in göttlichem Auftrag diese vereinzelten trägen Mitglieder auf einen anderen Planeten umgesiedelt, auf einen so genannten Läuterungsplaneten. Die Erde war einer der schönsten Planeten überhaupt, und sie eignete sich hervorragend hierfür, musste Tai Shiin feststellen.

Die Wiege dieser erstmals ausgesiedelten Menschenrasse stand im Tal des Flusses Indus. Danach wurden Gruppen von Menschen im Gebiet von Chang'an und auf dem Kontinent Lemurien ausgesiedelt. Die Reste dieses Kontinents waren bis heute auf den vielen kleinen Inseln im Pazifik zu sehen, die noch die göttliche Lebensfreude ausstrahlten und das Leben als Geschenk sahen und genossen. Kurz danach wurden auch Menschengruppen auf den ehemaligen Kontinent Atlantis gebracht. Dieser Kontinent lag zwischen der Ostküste des zukünftigen amerikanischen Kontinents, dehnte sich im Norden bis über das Gebiet des Landes des ewigen Feuers aus, im Osten reichte die Landmasse bis nach Griechenland und im Süden bis über den Äquator. Ein schöner Kontinent war Atlantis, doch wurde dort eine Menschenrasse ausgesiedelt, die der Wissenschaft sehr zugetan war, hingegen noch Spuren des Hochmutes und der Selbstüberschätzung in sich trug. Das führte dazu, dass sie in der atomaren Forschung ein hohes Wissen erreicht hatten. Leider jedoch war die Ethik dieser Menschen nicht in dem Maße ausgebildet, wie es hätte sein sollen. Aufgrund von Missverständnissen und negativer Einwirkung fanden starke

Explosionen statt, die dafür sorgten, dass Atlantis und Lemurien untergehen mussten und dass das Wasser fast alle Teile des Festlandes überspülte, wodurch viele Menschen ums Leben kamen. Viele der Einwohner von Atlantis flüchteten nach Ägypten wo unterdessen, vor knapp 11.500 Jahren von den Santinern parallel die ersten Pyramiden gebaut worden waren. Dann folgten noch diverse Aussiedlungen auf der Erde, auch im südlichen Teil des amerikanischen Kontinents. Wenige Jahrhunderte nach den Sumerern fand die Aussiedlung ein Ende, bis ausschließlich die Santiner mit ihren Raumschiffen den Planeten besuchten und die Menschen belehrten. Noch heute hatten sie Kontakt mit einigen reinen Menschen, wovon Mose einer gewesen war. Jedoch war Israel energetisch immer noch ein sehr dunkler Fleck auf der Landkarte des Planeten und es war leider nicht abzusehen gewesen, dass Mose nur so wenig hatte ausrichten können. Und das war auch der Grund, warum die Seele von Jesus, des Erlösers der ganzen Menschheit, in diesen Bereichen geboren werden musste.

Seit zweieinhalb Jahrtausenden waren die Santiner hauptverantwortlich für die Erde und deren Menschheit. Die Mission der Santiner ging voran, wenn auch nur in kleinen Schritten. Eines war sicher: Die Mission der Santiner würde so lange andauern, bis sich die ganze Menschheit auf einem durchwegs positiven Weg befand oder aber der Planet Erde durch zukünftige Zerstörungen der Menschheit vor dem Untergang gerettet werden musste. Noch war es nicht abzusehen, dass diese Menschheit jemals wieder atomare Waffen entwickeln würde wie zu Zeiten von Atlantis, aber auch der Planet Mallona, der sich einst im gleichen Sonnensystem befand wie die Erde, war von einer Menschheit zerstört worden, die sich innerhalb weniger hundert Jahre zu einer zerstörerischen Furie entwickelte und den Planeten einfach in die Luft gesprengt hatte. Und so, wie der Stand der Entwicklung dieser Menschheit im Moment aussah, war leider eine atomare Zerstörung des Planeten eher in Betracht zu ziehen als eine Aufklärung und Veredelung des Charakters der Menschheit, auch wenn ein Wissen über atomare Zusammenhänge in vielen Jahrhunderten erst wieder aktuell werden würde, wie es schon einmal zu Zeiten von Atlantis gewesen war. Tai Shiin überlegte. Ging es mit der Mission wirklich voran? Er wusste es nicht, aber eines war klar: Der Auftrag der Santiner lautete, die Erde vor der Zerstörung zu retten. Eine Explosion des Planeten Erde würde es niemals geben, denn dann würde dieses Sonnensystem ganz aus dem Lot geraten. Zwei zerstörte Planeten könnte kein Sonnensystem überstehen. Würde dies nicht von den

Santinern verhindert werden, würden sämtliche Planeten und Sterne einschließlich der Sonne in das Universum hinausschießen und andere bewohnte Systeme wiederum aus deren Bahn bringen. Das würde so weit gehen, dass ein großer Teil des hiesigen Teils des Universums gänzlich zerstört würde. Und das musste logischerweise verhindert werden.

Um die Menschheit moralisch wieder auf den göttlichen Weg zurückzuführen, hatte Jesus auf der Erde inkarniert. Voraussetzung dafür war allerdings gewesen, dass die Menschen ihm zuhörten und seine Lehren annahmen. Und seine kosmischen Helfer dafür waren die Santiner, wie sie es schon zu Moses Zeiten gewesen waren und wie sie es auch in Zukunft noch eine lange Zeit sein würden.

Tai Shiin bemerkte eine Schwere in seinen Gedanken. Wie stark doch der negative Einfluss der Erde war! Es wurde Zeit, dass Zyndar Shiin ihn hier in der Kommandozentrale ablöste. Er brauchte dringend eine Phase der Erholung, aber ihm reichten ein paar Stunden mit hymnischer Musik und eine Schale voll Shebar, Universalfrucht der Santiner, die sämtliche Vitamine und Stoffe enthielt, die für einen Körper wichtig waren.

Die Rückkehr des verlorenen Sohnes

Die letzten Wochen während der Abwesenheit von Jesus hatte Josua eine Menge zu tun. Da Diana ebenfalls öfters im Tempel aushelfen musste, konnte Josua einige Schreibaufträge ausführen, die sehr kurzfristig eingetroffen waren. Philon hatte ihn eines Tages besucht und ihm mitgeteilt, dass drei seiner Kunden die Reden von Jesus gern schriftlich hätten. Als Philon dann von ihm gehört hatte, dass er die Worte von Jesus sammelte und er diese Abschriften erledigen konnte, war sein väterlicher Freund überglücklich. Das ließ den Schluss zu, dass die zukünftigen Reden von Jesus mit Sicherheit auch gewünscht waren und dass Josua immer genügend Arbeit haben würde. Aber dafür besaß er, Josua, auch diese Gabe. Und schließlich schrieb er nun mal lieber die Worte von Jesus als irgendwelche Abschriften von diffusen philosophischen Theorien oder abstoßenden pseudoerotischen Erzählungen. Sappho mit ihrer lieblichen Art mochte er, aber mittlerweile gab es viele römische Dichter, die einfach nur obszön schrieben.

Letzte Woche waren Lea und Micha wieder bei ihm zu Besuch gewesen. Er hatte mit Micha den ganzen Nachmittag im Garten verbracht und mit ihm Fangen gespielt, während Lea sich mit Judith, Diana und Mirjam austauschen konnte. Micha gab Josua zum Abschied einen Kuss auf die Wange, was Josua auf eine Art und Weise berührt hatte, die er aber nicht einzuordnen wusste. Als Lea ihm dann zum Abschluss noch mitteilte, dass Samuel kräftemäßig abbaute und sie sich Sorgen um ihn machte, musste Josua gestehen, dass er mit seiner Vergangenheit doch nicht so abgeschlossen hatte, wie er es sich gewünscht hätte.

„Besuch ihn einmal und löse deine Zwistigkeiten mit ihm auf, solange er noch lebt", forderte ihn Lea auf. „Bitte, versprich es mir, Josua", hatte sie noch hinzugefügt.

„Versprochen", hatte es aus Josua geklungen. Und nun konnte er nicht mehr anders.

Er hatte es versprochen, und alle Frauen waren Zeuge.

Seit Leas Besuch hatte es in seinem Inneren stark gearbeitet. Josua war seitdem sehr aufgewühlt. Er saß an seinem Schreibtisch, brachte aber nicht viel zustande. Was hielt ihn eigentlich davon ab, seinen Vater zu besuchen? Was konnte schlimmstenfalls passieren, wenn er hinginge? Gut, Samuel konnte ihn vor die Tür setzen, mehr aber auch nicht. Dann würde er gehen und alles nähme seinen Lauf.

Vielleicht sollte er mit Diana über sein Verhältnis zu seinem Vater sprechen. Ja, das wäre eine gute Idee, dachte er. Josua legte seine Schreibutensilien aus der Hand und machte sich auf die Suche nach ihr. Diana befand sich gerade mit Cyriax im Garten und versuchte Ordnung in die Pflanzenwelt zu bringen. Dem Lachen nach zu urteilen, hatten sie viel Freude.

„Ah, Josua, von dir haben wir gerade gesprochen." Diana lachte ihm zu. „Cyriax ist wie ich der Meinung, dass du ein Stubenhocker bist."

„Ich danke euch für eure Höflichkeit und den Respekt, den ihr meiner schreibenden Tätigkeit entgegen bringt." Sie lachten alle drei.

„Jederzeit wieder." Diana lächelte ihn verliebt an.

„Diana, was würdest du an meiner Stelle tun: Soll ich meinen Vater besuchen oder nicht?"

„Willst du eine ehrliche Meinung?"

„Würde ich dich sonst fragen?"

„Du solltest ihn besuchen, egal wie er reagieren wird. Du würdest dir dein Leben lang Vorwürfe machen, wenn es, aus welchen Gründen auch immer, keine Gelegenheit gäbe und du keinen Versuch unternommen hättest."

„Hhm." Josua war nachdenklich geworden.

„Josua, darf ich mich in euer Gespräch einmischen?" Cyriax hatte seine Arbeit unterbrochen.

Josua nickte nur.

„Ich kann dir nur aus meiner Sicht erklären, dass ich früh von meinen Eltern getrennt wurde und ich mir nichts sehnlicher wünschte als sie noch einmal zu sehen. Sei froh, dass dein Vater in der Stadt lebt, ganz egal, wie euer Verhältnis ist. Sei dankbar, dass du weißt, wo er sich gerade aufhält. Nichts ist schlimmer als die Ungewissheit, glaube mir." Cyriax wandte sich wieder seiner Arbeit zu. Unkraut zu rupfen, schien ihm sichtlich Freude zu bereiten.

„Ja, da hast du wohl Recht", murmelte Josua leise vor sich hin.

„Da hörst du es. Geh zu ihm. Wenn du das Gefühl hast, es tun zu müssen, dann tu es."

„Und wenn mein Gefühl sagt, dass ich nicht gehen soll?"

„Dann gehst du eben nicht."

„Und wenn mein Gefühl sagt, dass ich jetzt gehen soll?"

„Dann geh jetzt."

Diana umarmte ihn. Ihr warmer Mund fand den seinen und segnete damit sein Vorhaben.

∞

Sein Magen rebellierte, seine Beine fühlten sich biegsam und fremd an, als ob sie nicht zu seinem Körper gehörten. Weit hatte er es nicht bis zum Haus seines Vaters. Aber Josua brauchte eine lange Zeit, bis er tatsächlich vor dem großen Holztor stand. Das Tor war immer geöffnet, da zu Samuel viele Schüler kamen und er selbst auch immer ansprechbar sein wollte für die Probleme der Menschen. Samuel konnte es nicht ertragen, dass auch nur irgendjemand, der dringend Hilfe benötigte, vor verschlossener Tür stand.

Josua atmete einige Male tief durch, bis er den Mut aufbrachte, auch wirklich einzutreten. Wieviele Jahre war es her, dass er diese Türe durchschritten und sich geschworen hatte, nie wieder zurückzukehren? Das war wie in einem früheren Leben geschehen, an das er sich kaum noch erinnerte.

Es war schon relativ spät am Tag, aber die Chance war größer, dass er seinen Vater auch wirklich antreffen konnte. Leise ging er über den Hof zum Wohngebäude, wo er durch die kleinen Fenster Öllampen leuchten sah. Er erkannte einen Schatten, aber das schien Lea zu sein, die das Abendmahl vorbereitete. Gerade wollte er eintreten, als er aus der Synagoge leise Stimmen hörte. Dann nahm er auch den hellen Schein einer Lampe wahr. Samuel war also noch bei der Arbeit. Sollte er in Samuels Haus warten, fragte er sich, oder sollte er ihn besser in der Synagoge besuchen?

Auf einmal kamen zwei Knaben heraus. Josua schätzte, dass sie knapp zwölf Jahre alt waren.

„Wisst ihr, wo ich den Rabbi finde?", fragte Josua die beiden.

„Er ist noch in der Synagoge und räumt auf", antwortete der kleinere.

„Wie geht es ihm heute?"

„Ganz gut, aber wir wissen ja alle, dass er hier nicht mehr lange verweilen wird."

„Wie meint ihr das?"

„Er ist herzkrank. Sein Herz ist nicht mehr das stärkste. Wer bist du überhaupt? Wir haben dich hier noch nie gesehen?"

„Ich war … ich bin sein Sohn."

„O, wir wussten gar nicht, dass er außer dem kleinen Micha noch einen zweiten Sohn hat."

„Dann habt ihr heute wieder etwas gelernt. Danke für die Auskunft." Damit drehte sich Josua um, denn er wollte jetzt nicht irgendwelchen Jungspunden seine erbärmliche Vater-Sohn-Geschichte erzählen.

Er trat leise in die Synagoge ein, die er so gut kannte. Trotz des spärlichen Lichts konnte er sehen, dass die Thora schon wieder in der Nische stand. Die Thorarolle, sein Meisterstück. Die schönste aller Kopien, die er angefertigt hatte.

Josua blickte sich in der Synagoge um und erkannte an der hinteren Seite des Raumes in der Nähe eines Kandelabers seinen Vater. Den Körper hielt er gebeugt, von seiner aufrechten Haltung, die ihm immer half, eine gewisse Autorität auszustrahlen, fehlte jede Spur. Jetzt sah er fünfzehn Schritte von sich entfernt einen gebrochenen Mann.

Samuel hatte Josua immer noch nicht kommen hören. Josua räusperte sich. Daraufhin schaute Samuel auf, konnte aber aufgrund der Dunkelheit wohl nur die Umrisse des Besuchers erkennen.

„O, guten Abend. Ich habe gar niemanden mehr erwartet. Tritt näher."

Josua ging einige Schritte auf ihn zu, bis er sich sicher war, dass sein Gesicht von dem Licht erleuchtet wurde.

„Samuel, ich bin gekommen, ohne dass wir eine Verabredung hatten." Josua schaute Samuel an und fragte sich, ob der ihn schon erkannt hatte.

„Nicht schlimm, nicht schlimm. Wie kann ich helfen?" Samuel bot ihm auf einer Steinbank Platz an. Sein Vater hatte ihn noch nicht erkannt.

„Samuel, ich ... ich wollte dich wieder sehen." Josuas Stimme war nicht so ausdrucksvoll, wie er sie sonst von sich kannte.

Samuel schien in seiner Erinnerung zu forschen, aber keine passende zu finden. Anscheinend hatte sein Vater ihn gänzlich aus seinem Leben verdrängt und hinausgeworfen. Vielleicht sollte er doch besser gehen, fragte sich Josua. Aber jetzt war er nun mal hier. Nein, diesem Anflug von Feigheit wollte er jetzt nicht nachgeben.

„Ich weiß im Moment nicht ..." Samuel schien verunsichert und setzte sich Josua gegenüber.

„Ich bin es, Vater, dein Sohn Josua." Es war vollbracht. Er hatte sich offenbart. Josua hatte nun mit allem gerechnet, dass Samuel ihm Verwünschungen an den Kopf warf, ihn aus der Synagoge wies oder ihn anschrie. Aber nicht mit der Reaktion, die dann folgte.

„Josua, bist du es wirklich, mein Sohn?" Samuel rückte etwas näher, damit er das Gesicht vor sich noch besser sehen konnte.

„Ja, Vater. Mir ist es wichtig, dass wir die Vergangenheit vergangen sein lassen und ..."

„Komm in meine Arme, mein Sohn." Nun sah Josua, wie Tränen über die Wangen seines Vaters liefen.

Einen Moment bemerkte Josua seine Zurückhaltung, aber nach kurzem Zögern warf er sich in die ausgebreiteten Arme seines Vaters. Was für ein Wunder war denn hier geschehen?

Samuel weinte ohne Unterlass, auch Josua verdrückte einige Tränen. Die beiden Männer sprachen kein Wort, sondern genossen einfach nur die Umarmung. Solch ein inniger Kontakt hatte es im Leben zwischen den beiden noch nie gegeben. Die Zeit schien still zu stehen.

Samuel war es, der die heilige Stille unterbrach.

„Das muss gefeiert werden. Bitte iss mit uns heute zu Abend. Willst du bleiben?"

„Gern, ... Vater. Ja, ich möchte bleiben."

∞

Lea traute ihren Augen nicht, als Samuel in den Raum trat und fröhlich eine Raterunde einläutete.

„Lea, rate mal, wer heute Abend mit uns essen wird? Stell lieber mal den Topf auf die Feuerstelle zurück, sonst lässt du ihn noch fallen." So gut gelaunt hatte sie ihren Mann seit Jahren nicht mehr erlebt. Was konnte nur passiert sein? Sie befolgte aber Samuels Rat und stellte den Topf ab.

„Josua" rief Micha aus dem hinteren Teil des Raumes. Kurz danach bedachte ihn Josua mit einer innigen Umarmung.

„Josua. Du hier?" Lea starrte ihn an. Sie hätte wirklich den Topf aus der Hand fallen lassen. Auch sie drückte Josua, nicht so innig, aber fest.

„Ja, Lea. Der verlorene Sohn des Rabbis ist zurück."

„Lea, bring uns den besten Wein, den wir haben. Das müssen wir feiern." Samuel war ganz euphorisch.

„Setzt euch schon einmal hin, der Eintopf ist auch gerade fertig geworden." Lea füllte vier Schalen mit Eintopf, schnitt einige Scheiben frisches Brot und stellte alles auf den Esstisch. Dazu reichte sie roten Wein, der, seitdem bekannt geworden war, dass Samuel ein schwaches Herz hatte, täglich getrunken wurde.

„Josua, erzähl mir aus deinem Leben." Samuel war ungeduldig und fröhlich zugleich, und er schmatzte wie ein Kind. Noch nie hatte Samuel gesprochen, während er aß, und schon gar nicht mit vollem Mund. Lea konnte es nicht fassen. Normalerweise wurde zuerst gebetet, und dann gegessen. Und nach dem Essen, wenn es sich ergab, wurde noch geredet, denn mit vollem Mund sprach man nun mal nicht. Wie oft hatte sie diese Belehrung von Samuel schon erhalten? Das waren die Regeln des Rabbis. Aber heute? Es schien, dass ihr Mann ein anderer Mensch geworden war. Was war geschehen? Hatte Samuel wirklich gerade vergessen, vor dem Essen ein Gebet zu sprechen?

„Vater, ich möchte, dass du mir für alles, was ich dir jemals angetan habe und was jemals passiert ist, vergibst." Josua schien sehr verunsichert oder ergriffen, dachte Lea, denn er sprach sehr langsam und eindringlich. „Ich möchte, dass zwischen uns Friede herrscht. Für immer."

„Nein, Josua, ich möchte, dass du mir vergibst." Samuel vergoss weitere Tränen.

„Ich möchte euch jetzt ein Erlebnis schildern, von dem ich noch nicht einmal dir, Lea, erzählt habe. Aber mit dem heutigen Tag, mit Josuas Erscheinen, ist mein Herz geheilt, und ich kann getrost von dieser Welt gehen."

Lea erschrak, auch Josua starrte seinen Vater an. Nur Micha ließ sich nicht beim Essen stören. Er hörte still zu, obwohl er sich bestimmt wundern musste, warum der Abend heute so anders verlief als üblich.

„Das Geschehen, von dem ich berichten möchte, fand in einer Nacht kurz nach der ersten Rede von Jesus statt." Samuel hielt kurz inne und fuhr mit seinem linken Handrücken über seine feuchten Augen. „Es fällt mir wirklich nicht leicht, darüber zu reden, aber ich weiß, dass es ein von Gott gesandtes Erlebnis war – gepriesen sei er für ewig! – und ich möchte es mit euch teilen."

„War das etwa in der Nacht, als du deinen ersten Herzanfall hattest?", fragte Lea.

„Ja, haargenau. Ich lag in meinem Lager, und die Rede von Jesus ging mir immer noch durch den Kopf. Ich war erbost über die Dinge, die er gesagt hatte. Ich war mehr oder minder geschockt, dass Jesus mir noch einmal über den Weg gelaufen war. Und dann noch diese Worte!" Samuel schien es richtig peinlich zu sein.

„Naja, als ich so da lag und über die Worte nachdachte, erschien eine lichtvolle Gestalt im Türrahmen, obwohl die Tür geschlossen war. Lea und Micha schliefen schon tief und fest. Ich hörte die Stimme der Gestalt, obwohl sie nicht laut sprach, denn sonst wäre Lea neben mir aufgewacht. Die Stimme der Gestalt erklang in meinem Kopf, und die Worte, die ich dann erwiderte, waren nur meine Gedanken. Wir tauschten uns rein über die Gedanken aus. So etwas hatte ich vorher noch nie erlebt." Samuel atmete tief durch. Es schien, dass er es immer noch nicht fassen konnte, dass er ein solches Erlebnis gehabt hatte.

„Ich möchte alles exakt so schildern, wie es wirklich war, denn diese Worte werde ich nie in meinem Leben vergessen. Gut. Ich sah also diese Gestalt, es war ein sehr hoheitliches Wesen. Es verbeugte sich vor mir und fragte mich: ‚Warum bist du so gram gegenüber Jesus? Weißt du denn nicht, wer er ist?'

‚Nein', antwortete ich.

‚Jesus ist der Messias, Jesus ist der Erlöser, auf den du schon dein ganzes Leben wartest. Warum erkennst du ihn nicht?'

‚Weil es nicht sein kann.'

‚Warum nicht?', wollte das hoheitliche Wesen von mir wissen.

Ich musste inne halten und bekunden, dass ich es nicht wusste.

‚Samuel, du bist ein guter Rabbi, auch wenn du in vielen Bereichen den Menschen gegenüber zu streng warst.'

‚Ich war zu streng?', fragte ich mit vollem Ernst.

‚Ja'.

‚Gib mir Beispiele, bitte.'

‚Ich habe gehofft, dass du mich fragen würdest, deshalb möchte ich dir einige Erlebnisse mitteilen.' Daraufhin zeigte mir dieses Wesen in Gedanken Erlebnisse und Bilder, wie ich mich Sarah gegenüber verhalten hatte, wie ich sie …‚'" Samuel weinte, sprach aber weiter. „‚…oder wie ich mich dir, Josua, gegenüber verhalten habe, und was ich dir, Lea, angetan habe.'"

Samuel konnte keinen Blickkontakt mit Josua oder mit seiner Frau eingehen, aber er fühlte, dass Lea genau spürte, dass Samuel die Vergewaltigung vor Augen hatte.

„Ja, es fällt mir wirklich nicht leicht, darüber zu reden, aber ich muss es tun, damit meine Seele Frieden finden kann. Also weiter.

‚Reichen dir die Bilder', fragte mich dieses Wesen. ‚Es gibt noch unzählige mehr.'

‚Ja, es ist genug.' Ich war beschämt wie noch nie. All diese Bilder hatte ich vergessen.

‚Ich weiß, dass es deiner Seele leid tut', sagte das Wesen. ‚Aber jetzt ist es wichtig, dass du dir vergibst. Es ist geschehen, du kannst es nicht mehr rückgängig machen. Schließe Frieden mit dir, schließe Frieden mit Sarah, mit deinem Sohn Josua und mit Lea, deiner dritten Frau. Lea, deine erste Frau, und Sarah haben dir bereits vergeben. Sie haben dich geliebt und lieben dich immer noch.'

‚Wie geht es Sarah?', fragte ich.

‚Dort, wo sie sich jetzt befindet, geht es ihr gut', antwortete das Wesen. ‚Sie bereitet sich auf ein neues Leben auf der Erde vor. Sie möchte wieder hier in einem Körper geboren werden.'

‚Sie möchte wiedergeboren werden?' Ich war geschockt, als ich das hörte. ‚Aber die Schriften sagen doch etwas ganz anderes?'

‚Eure Schriften sagen nichts anderes', belehrte mich das Wesen. ‚Sie sagen gar nichts zu diesem Thema. Es wird dann von jedem Gläubigen so ausgelegt, wie er es möchte.' Ich merkte, wie ich immer mehr in mir zusammensackte. Immer größere Anteile der Mauer, die mein Herz umgab, brachen zusammen.

‚Und schließe Frieden mit Jesus. Bete für ihn und ermögliche den Menschen, dass sie ihm zuhören, dass sie ihm folgen.'

‚Wie soll ich das tun?', wollte ich wissen, denn ich war sehr verunsichert.

‚Lass dein geöffnetes Herz offen, bis wir uns in einer anderen Welt wieder sehen. Denn nach dieser Nacht wird dein Herz sich öffnen, damit du die Liebe erfahren und fühlen kannst. Du wirst Schmerzen ertragen müssen, aber dein Herz wird dann wieder richtig fühlen können.'

Wie beschämt ich mich mit diesen Worten fühlte! Ich, der Rabbi, der die Menschen zu Gott führen wollte, musste tief in meiner Seele erkennen, dass dieses Wesen Recht hatte. Es hatte völlig Recht.

‚Lass dein Herz geöffnet und schließe Frieden mit den Menschen. Lerne, die Menschen zu lieben.' Mit diesen Worten verließ mich das Wesen, und ich blieb allein in der dunklen Nacht von Ephesos zurück. Dann auf einmal zerriss es meinen Körper. Ich dachte, jemand schnitte meinen Körper auf, um mein Herz herauszunehmen. Lea wachte auf und kümmerte sich um mich. Aber ich erinnerte mich erst wieder an alles, als es Morgen geworden war." Samuel sah seine Familie an.

Niemand sagte ein Wort, sogar Micha saß still auf seinem Platz und hatte die Suppe erkalten lassen, so spannend und ergreifend war die Geschichte.

„In den letzten Wochen merkte ich, wie ich schwächer wurde, aber wie ich auch in mir immer mehr Frieden fand. Mit Sarah habe ich schon in einem Traum gesprochen. Sie hat mir in diesem Traum auch noch einmal persönlich gesagt, dass sie mir vergeben hat. Nun möchte ich mich bei dir, Lea, und bei dir, Josua, für alles entschuldigen, was ich euch angetan habe. Ich wusste oft nicht, was ich tat, ich wusste es wirklich nicht besser, das müsst ihr mir glauben! Ihr hattet in allen Dingen, die ihr mir gesagt und wie ihr euch verhalten hattet, Recht. Bitte vergebt mir, bitte. Ich weiß, dass meine Zeit bald abgelaufen ist. Aber ich muss es von euch hören, damit meine Seele Frieden finden kann."

„Vater, es ist, wie es ist. Ich bin dankbar, dass du zu dieser Einsicht gekommen bist. Die letzten Jahre gehören zu den schlimmsten, die ich erlebt habe. Viele Kämpfe hatte ich bezüglich dir zu kämpfen, aber das ist nun vorbei. Vorhin in der Synagoge, als du mich erkanntest, hatte ich dir schon vergeben." Sturzbäche voller Tränen quollen aus Josuas Augen, und die letzten Worte hatte wahrscheinlich kein Anwesender richtig verstehen können.

Lea sagte kein Wort, sie nahm Samuels Hand in die ihre und lächelte ihn an. „Samuel, auf diesen Moment habe ich viele Jahre gewartet. Ich danke dir dafür. Ich liebe dich."

Mit diesem Abend waren alle Gräben zwischen ihr und Samuel zugeschüttet, waren alte Wunden in ihrem Inneren mit einem Schlag verheilt. Das Herz von Samuel war wieder ganz und nahm genau den Platz ein, wo sich ein Menschenherz befinden sollte: Im Zentrum von allem.

Schockierende Zahlen

„Über zwei Wochen bin ich hier und ich habe jetzt noch einmal zwei ganze Tage geschlafen?", fragte Jesus ungläubig, während er die Frucht Shebar genoss, die er so sehr liebte.

„Ja, sei froh, dass du dich so gut erholen konntest." Tai Shiin war erleichtert, dass Jesus wieder bei Kräften war. „Da du dich nun mal auf der Erde aufhältst, musst du richtig ausschlafen und dich mit Shebar wieder gut ernähren."

„Ja, ich weiß." Jesus konnte es manchmal nicht fassen, dass die Santiner nie richtig schliefen, sondern sich nur in eine tiefe Ruhephase brachten, um sich zu erholen. Er selbst spürte dann seine innere Unruhe und hatte immer das Gefühl, Zeit vertrödelt zu haben. Schließlich hatte er eine Mission zu erfüllen. Und es gab genug zu tun. Er vergaß schon mal, wenn er sich bei den Schwestern und Brüdern im Kosmos aufhielt, dass sein Zuhause in dieser Lebensphase nicht bei ihnen, sondern auf der Erde war, einem wunderschönen, aber rückständigen Planeten.

Jesus saß mit Tai Shiin und Zyndar Shiin in der Kommandozentrale. Sie betrachteten die Bildschirme. Er konnte die bewegten Bilder recht distanziert verfolgen, obwohl sie nicht immer harmonische Geschehnisse zeigten.

„Kannst du mir einmal die zweite Rede vorspielen? Ich möchte sehen, was diese Rede bei den Menschen ausgelöst hat." Jesus wusste, dass die Santiner seinen ganzen Lebensweg aufzeichneten. Er nickte Tai Shiin zu, der per Gedankenkraft dem elektronischen System ein paar Befehle übermittelte. Sofort erschien der Platz vor dem Artemis-Heiligtum aus der Sicht der Santiner. Es war interessant, die Menschen von oben zu betrachten. Der Film begann, als Jesus mit den Jüngern auf dem Platz ankam, zu einem Zeitpunkt, wo sich noch keine Menschen dort aufhielten.

„Tai, könntest du bitte die Einstellung zusätzlich einblenden, die die unsichtbaren Begleiter der Menschen sichtbar macht? Ich möchte einmal sehen, wie die Menschen auf diese Wesen reagieren, obwohl sie von ihnen überhaupt nichts merken."

„Meinst du wirklich, dass das für dich gut ist, Jesus?"

„Ja, ich möchte es einmal aus eurer Perspektive sehen."

„Du weißt aber, dass das deine Seele schwächen könnte?"

„Ja, dann erhole ich mich einfach ein paar Tage länger bei euch."

„Gut, wie du willst." Tai Shiin zuckte mit den Schultern und drückte weitere Punkte auf seiner Arbeitsfläche. Dem starken Willen von Jesus hatte er nichts entgegenzusetzen.

Eine zusätzliche Ebene erschien zu den schon sichtbaren Elementen. Jetzt konnte Jesus die Ausstrahlung der Menschen sehen und die vielen Wesen, die um die Menschen herum waren. Mittlerweile war es kurz vor der Rede. Der Platz war überfüllt. Auf jeglicher Ebene. Bei jeder Person waren zwei oder mehr Wesen, die den Weg noch nicht ins Licht gefunden hatten und die nun versuchten, ihre Triebe, Süchte und Gedanken über die jeweiligen Menschen auszuleben. Es gab nur sehr wenige lichtvolle Wesen dazwischen, die den Menschen halfen. Jesus grummelte vor sich hin. Er fragte sich, wie die Menschen bei dieser negativen Übermacht ihren Weg gehen sollten. Wie sie den göttlichen Plan erfüllen sollten, den sie sich vor der Inkarnation ausgesucht hatten. Aus der großen Gruppe sah er vereinzelt helle Ausstrahlungen, die von positiv eingestellten Menschen kamen.

„Tai, dort in der Mitte ist ein sehr heller Punkt. Welche Person ist das?" Jesus war erstaunt.

Tai Shiin zoomte den Ausschnitt näher heran. Daraufhin wurde Diana sichtbar. Diana. Kein Wunder, dass sie ein gutes Medium war und sehr gut als Bindeglied für den Vater im Himmel fungieren konnte. Ja, Olympios hatte eine gute Seele für die Arbeit ausgesucht. Daraufhin schwenkte Tai Shiin zu Jesus und den Begleitern.

„Schau, wie es geistig um euch aussieht." Jesus bemerkte, wie Tai Shiin auf den Monitor starrte. Hatte sogar ihn das Ergebnis überrascht?

Jesus konnte es nicht fassen. Um die Gruppe von knapp vierzig Personen mussten sich Tausende dunkler Wesen aufhalten. Das Licht, das von ihm selbst ausging, war wahrhaftig heller als das aller anderen Menschen, aber es durchdrang kaum das vernebelte energetische Knäuel. Er betrachtete seine geliebte Mirjam. Auch sie leuchtete hell auf. Aber bis auf Johannes und einige weibliche Begleiter überwog bei den Begleitern eine graue Atmosphäre. Selbstzweifel überfielen Jesus.

„Habe ich die richtigen Begleiter ausgesucht?", fragte er in den Raum, ohne gezielt die beiden anwesenden Santiner ansprechen zu wollen.

„Ja doch. Jesus, du hast genau die Richtigen", antwortete Tai Shiin, „aber deine Begleiter müssen sich eben noch charakterlich um einiges entwickeln, damit ihr Seelenkern nach außen so strahlen kann wie der von Mirjam zum Beispiel. Allerdings, wie du ja weißt, kommt Mirjam auch aus einer höheren geistigen Sphäre und hat sich für dieses Leben andere

Aufgaben ausgesucht als die Mehrheit deiner Begleiter. Gräm dich nicht, es ist alles so in Ordnung, wie es ist."

Jesus war zwar halbwegs beruhigt, doch die deutlichen Bilder brannten sich in sein Gedächtnis ein.

„Tai, ist es euch möglich, herauszufinden, welche Wesen sich für welche Menschen interessieren? Ist es möglich, eine Anzahl zu erfahren, wie viele Wesen es sind, die jeden einzelnen Menschen beeinflussen wollen?"

„Ich kann es dir in jeder Situation anzeigen lassen. Da es ständig wechselt, schalte ich die Option des Mittelwertes ein. Wer interessiert dich?"

„Als erstes Mirjam und ich. Dann wäre es wichtig, auch etwas über die Begleiter zu erfahren. Und vielleicht von Diana."

„Gut. Die Zahlen wirst du gleich haben." Tai Shiin konzentrierte seine Gedanken, sprach einzelne Laute in ein Mikrophon, das mit dem Computer in Verbindung stand, und schon tauchte eine Liste mit den angefragten Namen auf:

Jesus: aktuell 2.543 erdgebundene Wesen, fünfzehn Dämonen, 1.111 lichtvolle Wesen.
Durchschnitt in den letzten zwei Wochen: 2.276, 12, 1.111
Mirjam: aktuell 134 erdgebundene Wesen, ein Dämon, 12 lichtvolle Wesen.
Durchschnitt in den letzten zwei Wochen: 123, 1, 10
Simon Petrus: aktuell 22 erdgebundene Wesen, 4 lichtvolle Wesen.
Durchschnitt in den letzten zwei Wochen: 11, 3
Thomas: aktuell 12 erdgebundene Wesen, 3 lichtvolle Wesen.
Durchschnitt in den letzten zwei Wochen: 11, 3
Matthias: aktuell 14 erdgebundene Wesen, 3 lichtvolle Wesen.
Durchschnitt in den letzten zwei Wochen: 11, 3
Andreas: aktuell 11 erdgebundene Wesen, 3 lichtvolle Wesen.
Durchschnitt in den letzten zwei Wochen: 11, 3
Nathanael: aktuell 12 erdgebundene Wesen, 3 lichtvolle Wesen.
Durchschnitt in den letzten zwei Wochen: 11, 3
Thaddäus: aktuell 10 erdgebundene Wesen, 3 lichtvolle Wesen.
Durchschnitt in den letzten zwei Wochen: 11, 3
Johannes: aktuell 35 erdgebundene Wesen, 5 lichtvolle Wesen.
Durchschnitt in den letzten zwei Wochen: 18, 4
Jakobus, der Ältere: aktuell 13 erdgebundene Wesen, 3 lichtvolle Wesen.
Durchschnitt in den letzten zwei Wochen: 11, 3
Jakobus, der Jüngere: aktuell 12 erdgebundene Wesen, 3 lichtvolle Wesen.

Durchschnitt in den letzten zwei Wochen: 11, 3
Matthäus: aktuell 11 erdgebundene Wesen, 3 lichtvolle Wesen.
Durchschnitt in den letzten zwei Wochen: 11, 3
Bartholomäus: aktuell 14 erdgebundene Wesen, 3 lichtvolle Wesen.
Durchschnitt in den letzten zwei Wochen: 11, 3
Simon, der Zelot: aktuell 18 erdgebundene Wesen, 4 lichtvolle Wesen.
Durchschnitt in den letzten zwei Wochen: 14, 4
Judas: aktuell 66 erdgebundene Wesen, ein Dämon, 11 lichtvolle Wesen.
Durchschnitt in den letzten zwei Wochen: 33, 1, 11
Martha: aktuell 11 erdgebundene Wesen, 3 lichtvolle Wesen.
Durchschnitt in den letzten zwei Wochen: 11, 3
Maria: aktuell 11 erdgebundene Wesen, 3 lichtvolle Wesen.
Durchschnitt in den letzten zwei Wochen: 11, 3
Deborah: aktuell 10 erdgebundene Wesen, 3 lichtvolle Wesen.
Durchschnitt in den letzten zwei Wochen: 11, 3
Maria aus Jericho: aktuell 11 erdgebundene Wesen, 3 lichtvolle Wesen.
Durchschnitt in den letzten zwei Wochen: 11, 3

Etwas weiter unten tauchten zwei weitere Namen auf.
Diana: aktuell 136 erdgebundene Wesen, ein Dämon, 18 lichtvolle Wesen.
Durchschnitt in den letzten zwei Wochen: 99, 1, 15
Josua: aktuell 43 erdgebundene Wesen, ein Dämon, 8 lichtvolle Wesen.
Durchschnitt in den letzten zwei Wochen: 23, 1, 7

Dann tauchte eine dritte Rubrik mit ihm unbekannten Menschen auf, von denen aber nur die allerwenigsten lichtvolle Begleiter an ihrer Seite hatten. Warum nur?
Jesus war geschockt. Er hatte mit vielem gerechnet, als er sich die Bilder anschaute, aber mit diesen katastrophalen konkreten Werten nicht.
„Der Zentralrechner irrt sich nicht?", fragte Jesus ungläubig.
„Nein, Jesus." Tai Shiin sah immer noch ziemlich mitgenommen aus, so wie er in seinem Sessel saß. Auch Zyndar Shiin, der hinter den beiden stand, musste tief durchatmen.
Jesus ging mit langsamen Schritten durch die Kommandozentrale. Er musste irgendetwas tun.
„Ich muss mit der göttlichen Hierarchie reden, wenn ich wieder zurück bin in unserer geistigen Heimat. Ich möchte ihr vorschlagen, dass jeder Mensch, der inkarniert, einen geistigen Schutzpatron zur Seite bekommt, der ihn vor allem Negativen schützen kann. Wie sollen die Menschen auf

ihrem Weg weiter kommen, wenn die erdgebundenen Wesen und Dämonen sie davon abhalten?"

„Das ist eine gute Idee, wenn man nur diese Zahlen hier zugrunde legt", sagte Tai Shiin zustimmend. „Es würde außerdem die Arbeit von uns Santinern erheblich vereinfachen."

Jesus schritt wortlos an den Bildschirmen entlang. „Wenn ich die Bilder so sehe, gibt es noch einen zweiten Bereich, der mir Sorgen bereitet. Ihr Santiner könnt euch immer weniger auf der Erde zeigen. Die Negativität nimmt zu, dadurch die Dichte auf diesem Planeten. Bald könnt ihr nur noch von eurem Mutterschiff aus arbeiten, das sich außerhalb der Atmosphäre befindet."

„Worauf willst du hinaus?" Zyndar Shiin sah ihn fragend an.

„Ganz einfach. Ihr habt die Aufgabe, euch um die Erde zu kümmern. Richtig?"

„Richtig."

„Wie geht das aber, wenn ihr euch nur im Mutterschiff außerhalb der Erde befindet? Ich glaube, dass es in Zukunft möglich sein muss, dass sich Santiner vermehrt auf der Erde in Menschenkörpern inkarnieren müssen, damit sie energetisch eins mit der Erde und den Menschen auf ihr werden und so – mit oder ohne bewusstes Wissen, ein Santiner zu sein – von der Erde aus arbeiten können."

Tai Shiin war sehr nachdenklich. „Josua und Judas, zum Beispiel, sind ja schon inkarniert."

„Ich weiß, aber sie haben sich freiwillig gemeldet und sind dafür auch vom Seelenalter her geeignet."

„Jesus, meinst du, dass das wirklich vermehrt möglich sein muss? Wir mussten jetzt schon einige Santiner nach Hause schicken, weil sie mit der Negativität auf der Erde nicht mehr klar kommen."

„Ja, ich weiß, aber es wird möglich sein müssen, weil sich die Menschen auf der Erde nicht von vornherein an ihr wahres Sein erinnern. Santhun, zum Beispiel, ist sich seiner Herkunft, seines Seins bewusst. Deshalb konnte er die große Negativität nicht ertragen. Wie wir aber alle wissen, müssen sich die Menschen immer erst auf der Erde selbst erkennen, und das geht nur, wenn sie sich von ihrer Geburt an nicht mehr erinnern. Stellt euch vor, die Menschen würden sich an Erlebnisse aus früheren Leben erinnern?" Jesus schaute Tai Shiin und Zyndar Shiin fragend an.

„Sie würden daran zugrunde gehen. Und da es Gott auf diesem Läuterungsplaneten so eingerichtet hat, dass die Menschen hier keine Erinnerung an ihre früheren Leben haben, leben sie sicherer und erarbeiten sich ganz langsam ihr Urwissen und die Gefühle hierzu. Und dies käme dann auch den inkarnierten Santinern zu Gute. Und außerdem", fügte Jesus noch hinzu, „könnten wir noch nicht ermessen, wie es wäre, wenn irgendwann einmal Tausende von Santinern auf der Erde leben und den Menschen mit ihrer Liebe und ihrer Erfahrung im täglichen schwierigen Leben helfen? Sind achtunddreißig Santiner, die gerade auf der Erde inkarniert sind – ich habe die Zahl eben auf dem Bildschirm hier gesehen – nicht zu wenig?"

„Wenn die göttliche Hierarchie es zulassen würde, wäre das aber eine starke Änderung unserer Mission." Auch Zyndar Shiin schien sehr nachdenklich zu sein.

„Ja, aber vielleicht der einzige Weg. Die Negativität hat sich laut der Zahlen, die ich gerade gelesen habe, drastisch verstärkt. Deshalb muss sich eure Mission an diese Änderung anpassen."

„Das ist mir auch bewusst, aber auch wenn sich ein Santiner nicht mehr an seine wahre Herkunft erinnert, ist es sehr gewagt, denn dann könnte er sich auf der Erde Lasten anhäufen, die ihn karmisch gesehen an die Erde fesseln würden und er einige Leben mehr hier verbringen müsste. Das halte ich für sehr schwierig."

„Ich denke, dass jede Seele selbst entscheiden sollte, ob sie in der Mission einen so schweren Auftrag übernehmen möchte. Es heißt ja nicht, dass die göttliche Hierarchie jeder interessierten Seele bei ihrem Wunsch, auf der Erde zu inkarnieren, zustimmen wird. Aber ich denke, dass dies der einzige Weg ist, die Wege der irdischen Menschheit in positive Bereiche zu führen."

„Hmm, hört sich unumgänglich an, Jesus." Tai Shiin rieb sich seine Nase. „Da muss ich dir Recht geben. Hast du darüber schon mit Ashtar Sheran gesprochen?"

„Nein, diese Gedanken habe ich hier zum ersten Mal ausgesprochen. Ich habe ja jetzt erst die wahren Zahlen gesehen."

„Heute in der zweiten Tageshälfte wollte er uns besuchen. Dann können wir uns eingehend über deine Gedanken austauschen. Und bis dahin machen wir die Bildschirme aus, oder besser, wir schicken dich wieder in deine Erholungskammer." Tai Shiin lächelte Zyndar Shiin wissend zu.

„Nein, das brauche ich nicht. Mir geht es gut."

„Wenn Jesus nicht freiwillig geht, dann helfen wir beide nach, nicht wahr?" Tai Shiin rieb sich die Hände.

Jesus verzog sein Gesicht, bemerkte aber seine Erschöpfung, die ihn wieder übermannte.

„Gut, ihr habt mich überredet. Ihr habt Recht. Die Bilder und die Erkenntnisse haben mich sehr viel Kraft gekostet."

Vergebung und Kleingläubigkeit

„Gott zum Gruße, ihr Seelen des Glaubens, hier spricht Albiel."

„Gott zum Gruß, Albiel." Mirjam hatte in der Abwesenheit von Jesus den Auftrag die medialen Treffen mit dem geistigen Wesen zu leiten. „Wir begrüßen dich herzlich in diesem Körper von Diana, deinem Medium. Wie fühlst du dich bei unserem zweiten Treffen?"

„Ich fühle mich gut, obwohl es sich immer noch sehr ungewohnt anfühlt, wieder in einem menschlichen Körper zu sein."

„Warum hast du deine Augen geschlossen, Albiel? Nach dem letzten Treffen tauchte diese Frage immer wieder bei uns auf." Mirjam überprüfte kurz mit einem Blick zu Josua, ob dieser seine Schreibtätigkeit aufgenommen hatte. Er schrieb.

„Leider muss ich einen Körper benutzen, damit ich mit euch reden kann. Die Inspirationen von unserer Seite aus nehmt ihr nicht wahr. Damit ihr mich also hört, muss ich mich diesem Körper bedienen, der über Stimmbänder verfügt. Und da meine Seele nicht in diesen Körper gehört, ich ihn nur vorübergehend beseele, habe ich keine Möglichkeit, einen geistigen Kontakt zu den Augen dieses Mediums zu erhalten. Hätte ich meine Augen geöffnet, würden sie unbeseelt aussehen, da ja die Seele von Diana nicht anwesend ist. Und unbeseelte Augen würden euch Angst bereiten. Deshalb halte ich meine Augen geschlossen."

„Das heißt, dass du nicht siehst, was hier vor sich geht?", fragte Judas zweifelnd.

„Doch, ich sehe es sehr wohl. Ich sehe sogar in deiner Tasche den Münzbeutel, den du mit dir führst."

„Das weißt du, du siehst es aber nicht."

„Judas, ich sehe, dass du zwölf Denare mit dir führst, zwei Silberdenare, vier Quadrans, sechs As, drei in Tyros geprägte Tetradrachmen und zwei Aureus."

Judas erbleichte.

Ein Raunen ging durch den Raum.

„Du hast so viele Münzen bei dir? Und davon sogar zwei Goldmünzen? Uns hattest du noch gesagt, dass wir bis auf ein paar Sesterzen nichts mehr haben." Simon Petrus war aufgebracht.

„Judas, zweifle nicht so sehr, vertraue dem Leben", sagte Albiel. „Du hast mich mit deinem Zweifel geprüft, ich habe eine Prüfung in Sachen deiner Ehrlichkeit vorgenommen. Diese diente nicht dazu, dich bloßzustellen, sondern sollte dir hoffentlich den absoluten Beweis erbracht haben, dass die Macht im Himmel größer ist als jegliche Macht auf der Erde. Den König der Juden, den du suchst, den wird es niemals geben. Der wahre König, den du möchtest, der wird Jesus nicht sein."

Judas verstummte und blickte zu Boden. Ein Stimmengewirr setzte ein.

Mirjam ergriff das Wort, um jegliche Diskussion im Keim zu ersticken. „Albiel, was hast du uns heute zu sagen? Welche Belehrung hast du uns mitgebracht?"

„Eure Seelen können sich glücklich schätzen, Zeit mit Jesus verbringen zu dürfen. Die Seele von Jesus ist eine große Seele. Der Weg, den er euch zeigt, ist der sicherste Weg, wenn auch nicht immer der leichteste. Wenn ihr verzweifelt, dann erinnert euch daran. Der Weg der Wahrheit und der Liebe setzt sich immer durch. Es gab früher Tyrannen und Mörder, so wie sie es auch heute gibt. Viele schienen unbezwingbar, aber am Ende sind sie alle bezwungen worden. Denkt immer daran: Liebt die Menschen, dann wird euch von geistiger Seite geholfen." Albiel machte eine kurze Pause und ließ seinen Blick umherschweifen. „Nun frage ich euch, warum seid ihr an der Seite von Jesus?"

Mit dieser Frage rüttelte Albiel die Zuhörer nachhaltig auf. Große Augen waren im Schein der Öllampen zu sehen. Unsichere Blicke wanderten umher.

„Thaddäus, warum folgst du Jesus?" Albiel schien zu lächeln, denn die Mundwinkel zogen sich ein wenig nach oben.

„Ich folge ihm, weil ich die Weisheit aus seinen Worten erfühlen kann, auch wenn ich sie noch nicht vollkommen verstehe. Ich folge ihm, weil ich ihm vertraue."

„Thomas?"

„Ich, hmm, ich finde, dass die Worte von Jesus sehr logisch sind. Sie haben Gemeinsamkeit mit älteren griechischen Philosophien, die ich sehr ansprechend finde."

Albiel wartete kurz, ob Thomas noch etwas anzumerken hatte, aber dem war nicht so. „Deborah?"

„Ich folge ihm, weil seine Augen nicht lügen und ich mich von ihm geliebt fühle, ich mich von ihm anerkannt fühle. Als Frau von einem Mann respektiert zu werden, das kommt nicht oft vor." Deborah lächelte und sah verschüchtert zu Boden. Sie wusste, dass ihre Worte nicht allen gefallen hatten. Aber Wahrheit war nun einmal Wahrheit.

„Jakobus?" Albiel schaute in die Richtung des Jüngeren, aber der Ältere antwortete.

„Weil er der Messias ist."

„Und du, Jakobus?" Albiel blickte immer noch in die Richtung des Jüngeren.

„Weil ich mich in der Anwesenheit von Jesus geborgen fühle. Er will mir nichts Böses."

„Simon, warum folgst du Jesus und bist nicht bei den Zeloten geblieben?"

„Die Zeloten sind untereinander zerstritten. Sie haben keine Ordnung in ihren Plänen und Taten. Hier ist Jesus anders. Er möchte die Menschen befreien, und ich finde diesen Weg sehr gut. Mal schauen, wann er damit anfängt."

„Johannes?"

„Weil er mich liebt und ich, ähnlich wie es Thaddäus schon sagte, in seinen Worten und Taten sehr viel Weisheit und Liebe spüre. Ich kann es gar nicht richtig in Worte fassen. Weil ich an ihn und seine Worte glaube."

„Marta?"

„Weil Jesus ein wundervoller Mann ist und er jeden Menschen achtet und ihn wertschätzt."

„Simon Petrus?"

„Ich möchte wie Jakobus antworten. Jesus ist der Messias, und deshalb folge ich ihm."

„Mirjam?"

Mirjam errötete. Aber sie musste die Antwort nun vor allen laut verkünden. Zum Glück war Albiel bisher auf niemanden näher eingegangen, und so würde er es bei ihr hoffentlich jetzt auch nicht tun. „Weil ich ihn liebe." Ein stilleres Raunen war in der Gruppe zu hören.

„Und du Judas? Ich hoffe, du bist mir nicht gram."

Judas grummelte in seinen Bart. „Ich folge ihm, weil er der einzige ist, der die Römer besiegen kann und weil die Menschen sonst niemanden hätten, der sie beschützt."

Albiel fuhr fort und fragte auch die restlichen Anwesenden. Mirjam hörte sehr aufmerksam zu. Aus den Antworten konnte sie viel erkennen. Es war sehr interessant, was jeder in der Gruppe über Jesus sagte und dachte.

„Das waren interessante Antworten." Albiel ließ seinen Blick über alle Anwesenden schweifen.

„Folgt ihr Jesus um euretwillen? Folgt ihr Jesus, weil ihr euch gut dabei fühlt? Folgt ihr ihm, weil ihr die Menschen liebt und ihnen helfen wollt? Es gibt unzählige Facetten dieser Frage, und es gibt noch mehr Antworten. Keine Antwort ist richtig oder falsch. Versucht, euch mit dieser Frage besser kennenzulernen, was euch wirklich antreibt, warum ihr hier in Ephesos seid, warum ihr einem Menschen folgt, während die meisten Menschen zu Hause bei ihren Familien sind, um für deren Unterhalt mitzusorgen." Albiel schien seine Lippen zu einem Lächeln zu formen. Dann fuhr er fort:

„Ich bin heute dankbar, dass Jesus nicht anwesend ist, denn er ist mein Lehrer, wie er der Lehrer für euch alle ist. Nur deshalb konnte ich mit euch dieses Thema ansprechen, denn wäre er anwesend gewesen, dann hättet ihr anders geantwortet."

„Wie geht es dir jetzt?", fragte Mirjam plötzlich. „Du wirkst erschöpft."

„Ja, deine Aufmerksamkeit ist sehr gut. Meine Energie geht zu Ende. Es ist sehr schwierig, mich hier zu melden. Jedes Mal wird es besser. Und es geht noch besser, wenn Jesus wieder anwesend ist, denn durch seine Ausstrahlung erhalte ich auch mehr Kraft, den Körper dieses Mediums zu benutzen. Geht es euch nicht auch so, dass ihr euch stärker fühlt, wenn Jesus in eurer Nähe ist?"

Ein Murmeln erfüllte den Raum. Mirjam konnte nur Wortfetzen verstehen.

„Ja … könnte man sagen … ein bisschen … ich nicht … doch …"

„Albiel, weißt du, wann er wieder zurückkommt?" Mirjams Ohren hofften auf eine Antwort.

„Ja, ich weiß es, aber ich darf es euch nicht sagen. Ich kann nur sagen, dass es schon bald sein wird."

Mirjam beendete nun das Treffen. „Albiel, wir danken dir für diese sehr wichtigen Belehrungen, die du uns heute hast angedeihen lassen. Danke aus ganzen Herzen, dass wir mit dir reden konnten."

„Ich danke euch für eure Aufmerksamkeit und für euer Zuhören. Gott zum Gruße."

Daraufhin senkte Albiel den Kopf und kurz, bevor Dianas Kopf auf die Tischplatte geschlagen hätte, lag Mirjams Hand auf der Tischplatte. Dann kam ihre Seele wieder in den Körper und war nach einigen Momenten wieder Diana.

∞

477

Josua liebte den Erbseneintopf, den Judith und Cyriax für alle zubereitet hatten. Er tunkte ein Stück Brot in seine Schale und genoss jeden Bissen. Wenn er alle so betrachtete, dann wurde ihm klar, dass nicht nur er großen Hunger hatte, sondern alle der knapp vierzig Anwesenden. Sonst war es bei solchen Gelegenheiten immer lauter, aber im Moment war jeder mit seinem Hunger beschäftigt. Da sprach man nur das Nötigste. Diana neben ihm verdrückte gerade ihre zweite Portion. „So einen Hunger hatte ich noch nie." Sie schaute ihn an, lächelte ihm zu und schob sich wieder einen großen Bissen Brot in den Mund.

„Der Hunger kommt durch die mediale Arbeit." Mirjam schien seine Gedanken erkannt zu haben. „Die geistige Welt braucht Energie, um solch ein Treffen abhalten zu können. Und diese Energie nimmt sie von uns, das heißt von unseren Körpern. Und diese Energie, die wir abgegeben haben, sorgt bei uns für den großen Hunger." Sie lächelte.

Ihr Magen muss kleiner sein, dachte Josua, denn sie hatte ihre Mahlzeit schon beendet.

Nach einiger Zeit war bis auf große Mengen von Honigkeksen und Gewürzkuchen abgeräumt. Wein und Granatapfelsaft mit Wasser verdünnt flossen aber immer noch in Strömen.

„Diana, was hast du erlebt, während Albiel mit deinem Körper arbeitete? Wo warst du, also ich meine, deine Seele?", wollte Johannes von ihr erfahren.

Mit einem Schlag war alles ruhig. Die Antwort darauf schien alle zu interessieren.

„Das ist eine längere Geschichte." Diana atmete tief durch, nahm Josuas Hand und versuchte ihre Gedanken zu ordnen. Josua erkannte, dass es ihr schwer fiel, schließlich war diese Gabe, die seine Geliebte hatte, nicht von dieser Welt.

„Gut, wenn es euch interessiert, dann erzähle ich es." Diana blickte sich unsicher um. Aber die offenen Augen und die Stille der Anwesenden waren eindeutig.

„Ich konzentriere mich zuerst auf ein Gebet, das ich immer und immer wieder spreche. Mit diesen immer gleichen, fast monotonen Gedanken kann ich gut abschalten, sodass meine Seele schließlich den Körper verlassen kann. Wenn meine Seele dann den Körper verlässt, zieht es mich wie in einem großen Sog in ein Licht hinein. Dann bin ich in einer anderen Welt. Die Farben dort sind prächtiger und die Gerüche intensiver." Diana sah sich um, ohne jedoch jemanden persönlich anzuschauen.

„Drei geistige Wesen haben mich beide Male abgeholt und führten mich durch die Gegend. Sie sagten mir, dass dieser Ort, das Land des ewigen Sommers sei, auch Sommerland genannt." Diana hielt kurz inne, einige Tränen flossen ihr über das Gesicht.

„Warum weinst du?", fragte Deborah.

„Weil es dort so schön ist, so friedlich und alles ist voller Liebe." Diana wischte sich mit ihrer Hand die Tränen von der Wange und sprach weiter: „In diesem Teil des Sommerlandes werde ich mich laut diesen drei Wesen ab jetzt immer aufhalten, wenn ein Treffen mit Albiel ansteht. Ich soll mir das nächste Mal einen Lieblingsplatz aussuchen, wo ich mich hinsetzen möchte. Eine schöne Aleppokiefer habe ich heute schon gesehen mit einer großen ausladenden Krone. Ich glaube, das wird mein Platz werden."

„Wenn es doch dort so schön ist, warum bist du wieder zurückgekommen?" Die Frage von Simon Petrus löste Heiterkeit aus. Allerdings wusste Josua nicht, ob Simon Petrus wirklich nur naiv gefragt oder ob er Ironie und Zweifel zu erkennen gegeben hatte.

„Ich habe den Gedanken am Anfang gehabt." Auch Diana lächelte. „Aber dann bin ich sehr streng belehrt worden, dass es nicht möglich sei. Schließlich habe ich mir vor meiner Inkarnation vorgenommen, dass ich das Leben auf der Erde verbringen möchte, und ich weiß, dass mein Körper nun mal auf der Erde ist. Dann haben sie mir gezeigt, was die Wesen mit mir machen würden, wenn ich mich weigern sollte. Sie strömten eine Energie und eine Kraft auf mich aus, der ich mich nicht widersetzen konnte. Diese Kraft würde mich umgehend wieder in meinen Körper zurückkatapultieren, dann wäre jedoch hier das Treffen zu Ende. Schließlich weiß ich ja nicht, was ihr hier besprecht. Ich bekomme davon überhaupt nichts mit." Diana atmete tief durch.

„Und woher weißt du, wann deine Arbeit hier unten fertig ist?" Jakobus der Jüngere wollte auch mehr wissen.

„Das sagen mir dann die drei Wesen. Sie zeigen mir ein Licht, wo ich hineingehen soll. Dann verbeugen sie sich vor mir und verabschieden sich. Und wieder werde ich durch einen ähnlichen Sog wie am Anfang in das Licht gezogen und bin mit einem Male mit meinem Bewusstsein zurück in diesem Raum."

„Und woher wissen wir, dass du uns kein Märchen erzählst?" Simon Petrus meldete sich noch einmal zu Wort.

„Was hatte Jesus uns einmal gesagt? Glaubt und vertraut, oder lasst es. Mehr kann ich zu dieser abschätzigen Frage nicht sagen." Dianas Augen funkelten Simon Petrus an, der mit einem Male so verunsichert wurde, dass er dem Blickkontakt mit Diana nicht mehr standhalten konnte und das Gespräch mit dem neben ihm sitzenden älteren Jakobus suchte.

Danach saßen alle noch gemütlich zusammen, bis Simon Petrus das Zeichen zum Aufbruch gab. Es folgten unzählige Umarmungen und Abschiedsgrüße. Josua blieb mit Diana und Mirjam in seinem Haus zurück.

„Mach dir nichts daraus, Diana. Simon Petrus ist zwar der Älteste, ist aber mit seinen Umgangsformen nicht immer ein Vorbild." Mirjam lächelte Diana zu.

„Es ist nicht leicht, Mirjam, wenn man aus einer Welt des Friedens wieder in diese Welt voller Geringschätzung und Prahlerei eintaucht. Ich muss lernen, damit umzugehen."

Josua war froh, dass Diana Vertrauen zu Mirjam gewonnen hatte. Die beiden Frauen mochten sich sehr.

„Mirjam, du wolltest wissen, wann Jesus wieder kommt? Hattest du einen Traum?"

„Nein, Josua, mein Bauch sagt mir aber, dass er schon in den nächsten zwei oder drei Tagen wieder zurück sein wird. Er ist schließlich auch nur ein Mann und verbrennt mittlerweile bestimmt sehnsüchtig nach meiner Wenigkeit, oder?"

„Da hast du Recht." Josua liebte Mirjams feinen Humor mit seinen teilweise nüchternen bodenständigen Gedanken. „Ich frage mich ohnehin, wie er es überhaupt schafft, knapp vier Wochen von dir fern zu bleiben."

„Frag das besser ihn." Mirjam lachte. Sie war für Josua ein großes Vorbild. Sie nahm das Leben so an, wie es nun einmal war. Sie war fast immer fröhlich und zuversichtlich und verlor niemals ihren Humor. Gut, dass Jesus so eine Frau an seiner Seite hatte!

∞

Des Tages erstes Licht umschmeichelte die beiden Stadtberge von Ephesos, als Jesus voller Vorfreude durch das Magnesische Tor schritt. Einige Meilen südlich war er vor knapp zwei Stunden von den Santinern abgesetzt worden, und er genoss es, den langen Weg zu Fuß zurückzugehen. Das half ihm, sich wieder an die Erde zu gewöhnen. So lange war er bisher noch nie im Raumschiff der Santiner gewesen. Und so lange hatte er Mirjam auch noch nie allein gelassen. Wie sehr er sich nach ihr sehnte! Er hüpfte fast vor Freude, sie heute Morgen mit seiner Anwesenheit überraschen zu können. Noch war es zu früh, er wollte auch niemanden wecken; deshalb machte er sich auf den Weg zum Hafen, um dort noch ein wenig innezuhalten, bevor er sich zum Heim des Josua begab.

Als er am Staatsmarkt vorbei kam, waren bis auf wenige Sklaven, die dort Besorgungen zu erledigen hatten, niemand zu sehen. Ephesos wachte später auf als andere Städte. Lag es daran, dass das Nachtleben intensiver war und länger dauerte, fragte er sich. So ganz in Gedanken wäre er fast über eine Steinplatte gestolpert, die ein wenig höher lag als die anderen, doch er konnte sich noch rechtzeitig mit einem großen Ausfallschritt auf den Füßen halten.

Vor sich sah er schon den Hafen. Es war wohl gerade ein Schiff eingelaufen, denn es kamen einige Menschen, schwer bepackt und müde, auf ihn zugetrottet.

„Die Reise von Alexandria war lang. Wo gibt es hier die nächste Taverne?", wurde Jesus von einem nach Alkohol stinkenden und zahnlosen Ungetüm von Mann gefragt.

„In diese Richtung und nach ein paar Schritten hinter dem Theater nach links." Er zeigte an der Agora vorbei und deutete eine kurze Verbeugung an.

„Danke, Epheser." Der Mann ohne Zähne entfernte sich torkelnd.

„Gern. Möge Gott dich segnen." Jesus schickte ihm noch ein Flüstern hinterher.

Ja, es gab viele Seelen, die vom rechten Weg abgekommen waren, dachte er.

Jesus schritt die Arkadiane entlang Richtung Hafen, wo gerade ein Nachtwächter die Fackeln löschte, die im Dunkeln die prachtvolle Allee beleuchtet hatten.

Das neu eingetroffene Schiff wollte er einmal betrachten. Als er es erreicht hatte, musste er lächeln. Wie viel einfacher war es doch mit einem Raumschiff, in so kurzer Zeit an das Ende des Planeten zu fliegen, während so ein Schiff – es war sogar ein Alexandriner, das schnellste Schiff, das es heutzutage gab – eine schier endlos lange Zeit brauchte, um die Strecke von Alexandria nach Ephesos zurückzulegen. Fünf Tage ungefähr, dachte er bei sich. Und fünf Tage an Bord konnten auf dem Meer wirklich eine Ewigkeit bedeuten. Da Geduld nicht unbedingt seine Stärke war, gestand Jesus sich ein, war er froh, die schnellere Reisemöglichkeit nutzen zu können.

Jesus setzte sich mit einem Gruß neben zwei Ankömmlinge auf eine Mauer und ließ seinen Blick über das Geschehen schweifen, während er dem Gespräch der beiden zuhörte.

„Lysios, was meinst du, wie groß wohl der Artemis-Tempel hier in Ephesos ist?", fragte der eine, während er eine tote Maus wegkickte.

„Bin ich ein Hellseher? Aber prachtvoller als der Leuchtturm in Alexandria kann er auch nicht sein", antwortete Lysios. „Schließlich ist er über 400 Schritte hoch."

„Na, übertreib mal nicht! Der Leuchtturm war nicht mal 300 Schritte hoch. Die Pyramiden in der Nähe von Heliopolis waren schließlich noch viel höher und grandioser als dieser Leuchtturm."

„Gut, die Pyramiden waren höher, da muss ich dir Recht geben, Andronikos. Aber der Leuchtturm war noch in Betrieb. Die Oberfläche der Pyramiden war ja teilweise schon kaputt."

„Nicht kaputt, Lysios, geschändet. Hast du nicht die Arbeiter gesehen, die den traumhaft schönen Marmor an der Oberfläche der größten Pyramide in Stücke gehauen und dann mit Eselskarren weggeschafft haben?"

„Naja, lass uns nicht streiten, Andronikos. Fünf der grandiosesten Bauwerke unserer Zeit haben wir schon gesehen, jetzt fehlen uns nur noch der Tempel hier und das Grabmal des Mausolos in Halikarnass, südlich von Ephesos."

„Vier haben wir gesehen, nur vier. In Babylon, wo wir mit unserer Reise angefangen haben, war von diesen geheimnisvollen Gärten nichts mehr zu sehen. Und auch dieser ominöse Turm war nur ein Trümmerfeld. Gut, wir können sagen, dass wir da waren, aber das war auch alles."

„Stimmt, aber der Koloss von Rhodos, der uns ein paar Wochen später schon von weitem an Bord unseres Schiffes begrüßte, war beeindruckend, nicht wahr?" Lysios schien in Erinnerungen zu schwelgen, dachte Jesus, als er diese Unterhaltung verfolgte.

Es waren Reisende, die die sieben Bauwunder der Zeit besuchten. Nicht viele von ihrer Art hatte er bisher getroffen.

„Ja, die Bauleistung war schon beachtlich. Der Kopf allein muss bestimmt schon zehn Schritte groß gewesen sein."

„Auch nicht beachtlicher als die Statue von Zeus in Olympia. Mir gefiel die Statue besser. Dieses viele Gold hat uns ja förmlich geblendet, als wir vor Zeus standen, erinnerst du dich, Andronikos?"

„Ob ich mich noch erinnere? Es war schlichtweg bewunderungswürdig. Ich wäre am liebsten auf die Knie gefallen."

„Aber lass uns gehen. Ich bin müde. Wir sollten uns jetzt etwas ausruhen, bevor wir uns auf die Suche nach dem Tempel begeben." Mit einem Gruß an Jesus zogen die beiden Reisende von dannen.

Jesus versuchte die Reiseroute der beiden nachzuvollziehen. In Babylon hatten sie angefangen, sie waren dann über Rhodos nach Olympia gereist. Von dort zu den Pyramiden und nach Alexandria. Und jetzt waren sie in Ephesos. In Halikarnass würde ihre Reise dann enden.

Meine Güte, dachte Jesus. Sie würden insgesamt Monate für ihre Reise brauchen! Und im Winter waren die Meere nicht befahrbar. Das hielt ebenfalls auf.

Wieder musste Jesus lächeln, wenn er an sein Fortbewegungsmittel dachte. Und kein Mensch auf dieser Erde hatte eine Ahnung davon, dass es ein Raumschiff gab. Naja, wie sollten die meisten Menschen auch wissen, was in technischer Hinsicht und mit Gottes Hilfe möglich war, wenn die menschliche Entwicklung an dem Punkt stehen geblieben war, dass der Mensch es als normal ansah, immer noch den Gott des Weines zu verehren und mit Tieren zu kopulieren? Oder, wie es in den Ländern in der östlichen Welt so verbreitet war, dass es mehr Unterweisungen in Liebesstellungen gab als Anleitungen zur Verbesserung seines Charakters?

Jesus erinnerte sich an einen Besuch im Königreich von Orissa, wo er in Benares von einem Obersten der Stadt empfangen wurde, der wohl kurz, bevor er ihn empfangen hatte, noch mit mehr Frauen das Lager geteilt hatte, als es in Nazareth Esel gab.

Genug der vielen Gedanken. Die Erde war nun einmal so, wie sie war. Er eilte nach Hause.

Jetzt setzte sich doch die Sehnsucht nach Mirjam durch. Ein Blick zur Sonne zeigte ihm, dass im Heim von Josua alle beim Morgenmahl sitzen mussten.

Eine lange Zeit habe ich diesmal bei den Santinern verbracht! Fast zu lange, um mich auf der Erde wieder zuhause zu fühlen. Aber zum Glück habe ich Mirjam an meiner Seite, die mich mit ihrer Liebe umgibt und wie eine Mutter beschützt. Ja, auch ich brauche hin und wieder etwas Schutz. Und Zuversicht. Heute habe ich mich wirklich schwer getan, mit Freude den Tag zu leben, nachdem ich am Hafen war und danach das Lager mit Mirjam geteilt hatte. Ich war sehr traurig und konnte mich kaum aufraffen, um in den Tag zu gehen. Meine Seele war bis kurz vor Sonnenuntergang schweren Gemüts, antriebslos, und ich wäre am liebsten nicht mehr aus unserer Kammer herausgekommen, wenn Mirjam nicht angefangen hätte, mich zu kitzeln. Sie weiß, wie kitzlig ich bin und dass ich dann sogar große Sprünge im Bett mache, nur um ihr zu entkommen. Und bevor ich mich versah, stand ich völlig nackt vor ihr, doch sie lachte nur. Nachdem ich begriffen hatte, dass ich – wenn auch unbeabsichtigt – aufgestanden war, konnte ich auch wieder lachen. Aber was ich eigentlich damit ausdrücken wollte, Vater, war, dass es heute ein sehr schwieriger Tag war. Die Welten bei den Santinern und die Atmosphäre auf der Erde sind so verschieden. Es ist wahrlich nicht leicht für mich, beide Welten in eine Waage zu bekommen. Und meine Waage heute war funktionsuntüchtig.

Gott ich danke dir auch für solch eine Erfahrung, denn ich will schließlich auch verstehen, wie sich ein schweres Gemüt anfühlt. Danke, danke und nochmals danke. Ich liebe dich, Vater. So soll es immer sein.

∞

Josua kopierte gerade die letzte mediale Sitzung. Zwei Kopien hatte er schon fertig, weitere sollten folgen. Was war nicht alles in den letzten Wochen geschehen! Endlich hatte er sich mit seinem Vater versöhnt, jubelte er in seinem Inneren. Er wusste zwar nicht, in welchem Ausmaß seine Wut auf seinen Vater ihn gehindert hatte, sein Leben so zu leben, wie er es eigentlich gewollt hätte. Aber das war jetzt unwichtig. Wie froh war er, jetzt, wo es mit Samuel so langsam zu Ende ging, mit ihm Frieden geschlossen zu haben. Josua legte das Schilfrohr beiseite, schloss das mit Tinte gefüllte Glas und machte sich auf den Weg zu seinem Vater.

Als er an der Kammer von Mirjam und Jesus vorbeikam, hörte er Geräusche, die darauf schließen ließen, dass Jesus wieder da war. Er lächelte. Was für eine Freude! Heute Abend gab es bestimmt viel zu erzählen.

Josua sagte noch Cyriax Bescheid und bog mit schnellen Schritten in die Gasse Richtung Hafen ein. Es war Mittag. Die Sonne stand senkrecht über Ephesos. Was für ein schöner Tag, dachte Josua bei sich. Ja, so langsam hatte er die Freude am Leben gefunden. Die Freude, die Jesus immer ausgezeichnet hatte, obwohl er mit seinen Kräften oft am Ende war.

In der Synagoge war es heute ruhig. Seltsam, normalerweise würde der Unterricht erst in einer knappen halben Stunde beendet sein. Auch als er Samuels Haus betrat, war niemand zu sehen. Nur von oben, aus dem Schlafbereich, kamen Geräusche, und er hörte Lea mit einem fremden Mann reden. Dann sah er die beiden auch schon die Treppe herunterkommen.

„Ah, Josua, gut dass du da bist! Dies ist Antiogos, ein Arzt. Er hatte gerade Samuel besucht."

„Was ist passiert?"

„Samuel hatte heute in der Synagoge einen Schwächeanfall. Er liegt oben in seiner Kammer." Lea wirkte sehr gefasst.

„Es geht ihm soweit gut, er fühlt sich nur etwas schwach", erläuterte der Arzt die Lage. „Ich habe ihm ein stärkendes Mittel verabreicht. Morgen komme ich wieder vorbei und sehe nach ihm. Ich darf mich verabschieden?" Er nickte Lea höflich zu. Antiogos schien sehr nett zu sein und machte sich winkend auf den Weg. „Bis morgen."

„Wo ist Micha?", fragte Josua.

„Er sitzt bei Samuel."

„Ja, dann gehe ich mal nach ihm schauen." Josua schaute Lea tief in die Augen. „Danke Lea, dass du da bist. Und dass du immer an seiner Seite warst. Ohne dich hätte er es nicht geschafft."

Lea errötete. „Ich bereite uns eine Hühnersuppe zu", sagte sie kurz. Dann verschwand sie in Richtung Kochstelle.

Als Josua an die Tür klopfte und von Samuel sehr heiter hereingebeten wurde, war er erstaunt, wie schwach Samuel aussah. Micha lachte aus tiefster Seele, als er Josua eintreten sah und warf sich ihm entgegen. Josua setzte sich, und schon war Micha auf seinem Schoß.

„Vater, du machst ja Sachen. Was ist passiert?"

„Nichts weiter. Ich kann mich an wenig erinnern. Als ich wieder zu mir kam, lag ich hier in meiner Kammer." Samuel lächelte. Er war wirklich im Vergleich zu früher nicht mehr wieder zu erkennen.

„Ich brauche zweimal deine Hilfe, Josua", sagte Samuel urplötzlich.

„Gern, Vater."

„Zum einen möchte ich dich bitten, die Synagoge aufzuräumen und vor allem die Thorarolle wieder an ihren Platz zu stellen. Und zweitens...", Samuel hielt kurz inne, um Luft zu holen, „...und zum anderen müsstest du einen Brief an den Hohepriester in Jerusalem schreiben. Könnten wir das jetzt schnell erledigen?"

„Ja, wenn du mir sagst, wo ich Tinte, ein Schilfrohr und Papyrus finde?"

„Hier liegt schon alles. Lea hat es mir vorhin gebracht." Er griff auf die andere Seite seines Bettes und reichte Josua die benötigten Utensilien. „Micha, würdest du bitte zu deiner Mutter hinunter gehen?"

Micha wehrte sich, aber als Josua ihm aufmunternd zunickte, ging der kleine Junge mit hängendem Kopf aus dem Zimmer. Erst als die knarrenden Stufen zu hören waren, fuhr Samuel fort.

„Schreib: Verehrter Hohepriester Annas, hier schreibt dir Samuel, der Rabbi von Ephesos. Es ist mittlerweile eine lange Zeit, dass ich von euch nach Ephesos geschickt worden bin. Wie ich auch schon aus Jerusalem gehört habe, wird meine Arbeit hier geschätzt. Leider muss ich euch mitteilen, dass sich mein körperlicher Zustand sehr stark verschlechtert hat, so dass ich den Aufgaben eines Rabbis nicht mehr gewachsen bin. Ich werde in Zukunft mein Leben mehr liegend verbringen müssen als es mir lieb ist."

Josua war erstaunt, wie klar sein Vater, in seinem jetzigen Zustand, die Gedanken formulierte.

„Deshalb möchte ich darum bitten, dass Ihr einen ebenso verdienten Rabbi schickt, der mich ablösen kommt. Ich hoffe, dass ich meinen Nachfolger noch begrüßen kann, denn ich weiß nicht, wie schnell es unser Herr möchte, dass ich zurück in sein Reich komme."

Josua war geschockt. So deutlich sprach sein Vater vom Sterben. Es schien wirklich nicht mehr lange zu dauern. Trotzdem schrieb Josua weiter.

„Ich werde mich umgehend um eine neue Bleibe kümmern, denn dieses Haus hier wird die Wohnstätte meines Nachfolgers sein. Ich bitte euch inständig, mir zügig zu antworten, damit ich mit eurem Segen von dieser Welt gehen kann. In tiefer Verehrung, Samuel, der Rabbi von Ephesos."

„Ist es schon so spät, Vater?"

„Ja, Josua, ich fühle es. Sei nicht traurig. Es ist der Gang der Zeit."

Josua versiegelte die Rolle und nahm sie an sich. „Ich verschicke sie für dich." Josua hielt kurz inne. „Vater, einen Wunsch habe ich noch. Darf ich das nächste Mal …"

„Josua, ich weiß. Ja, bitte bring das nächste Mal Jesus mit."

„Ich glaube, du solltest dich jetzt besser ausruhen. Später gibt es eine Hühnersuppe, deine Lieblingssuppe."

Samuel hatte schon längst wieder die Augen geschlossen, und wenig später war er tief und fest eingeschlafen. Alles, was jetzt im Haus zu hören war, war das laute, durch Mark und Bein gehende Schnarchen des Rabbis und ein fröhliches Kinderlachen, das von unten in die Kammer drang.

∞

„Auf dich, Jesus. Schön, dass du wieder unter uns weilst." Josua erhob seinen Becher Wein und lächelte ihm und den drei Frauen zu. Heute wollte sich ausschließlich Cyriax um das Essen kümmern, daher hatte Judith schon den ganzen Tag Zeit gehabt, sich mit Jesus, Mirjam und Diana auszutauschen.

„Auf die Liebe, Josua." Jesus schien wieder besserer Laune. Ihm sah man heute an, dass er seinen Wein genoss.

„O, ein Wein aus Galiläa? Ist das richtig?", fragte Jesus ganz erstaunt in die Runde.

„Dein Gaumen ist geübt. Ja, aus Galiläa, genauer gesagt aus Magdala." Mirjam lächelte ihn an.

„Aus deiner Heimat?"

„Ja, deine Rückkehr muss doch richtig gefeiert werden."

„Was hast du erlebt?" Josua hoffte, dass Jesus etwas von seinen Erlebnissen erzählen durfte.

„Sehr viel, aber es ist schwierig, alles in Worte zu fassen. Hauptsächlich habe ich mich erholt und kann den nächsten Wochen wieder gestärkt entgegenschauen." Josua bemerkte, dass er nicht mehr erzählen wollte, oder konnte.

„Was hast du erlebt, Judith?", wollte Jesus wissen.

Josuas kleine Schwester errötete.

„Aha, wusste ich es doch. Du bist verliebt. Du hast einen Mann kennengelernt."

„Woher weißt du das?"

„Ja, woher weißt du das, Jesus, wenn sie es nicht einmal ihrem Bruder erzählt hat?" Josua spielte gern den Beleidigten.

„Und, wie heißt er?" Jesus ließ nicht locker.

„Stephanus. Er ist Römer."

Josua lachte wieder. „Wenn das unser Vater wüsste!"

„Und was macht er, dieser Stephanus?" Diana wollte jetzt auch mehr erfahren.

„Er ist für die Brot- und Getreideversorgung von Ephesos zuständig."

„Ein Beamter, sehr interessant." Jesus schien seine Gedanken schon in die weitere Zukunft zu lenken.

„Judith, und wie ist er so?"

„Ihr seid mir ja welche", mokierte sich Judith. Aber sie erzählte lächelnd weiter. „Er ist ... zuvorkommend, höflich und einfühlsam. Einfach so wie sich jede Frau einen Mann vorstellt."

„Also genau das Gegenteil von Josua, oder?" Diana neckte ebenfalls nur zu gern ihren Geliebten.

„Ja, genau, so könnte man es sagen. Besser könnte ich es auch nicht beschreiben." Der Raum war erfüllt von Gelächter. Die Runde war sehr ausgelassen. Sie genossen ihre Gemeinschaft. Jeder konnte sich fallen lassen und einfach so sein, wie er oder sie es wollte.

„Wie ist es euch ergangen, Diana?"

„Es ist nichts Außergewöhnliches passiert. Wie du sicherlich schon von Mirjam weißt, hatten wir vor wenigen Tagen wieder ein mediales Treffen."

„Ja, ich weiß, und Mirjam sagte, dass es sehr gut gelaufen sei."

„Ja und nein. Ja, die Arbeit war, glaube ich, ganz gut", sagte Diana sehr ernst. „Jedoch habe ich einfach das Gefühl, dass mich einige der Männer nicht für voll nehmen und mich als verträumtes Mädchen ansehen. Vielleicht auch so sehen wollen. Und das schmerzt, wenn man aus einem geistigen Land kommt, in dem es nur Harmonie gibt."

„Ja, das ist richtig. Sommerland ist eine ganz andere Welt als Ephesos, nicht wahr?", fragte Jesus aber ohne auf eine Antwort zu warten. „Lass die Männer ihre Sprüche machen. Lass sie reden. Du weißt, dass Josua dich liebt und dass er wie auch Mirjam und ich deine Arbeit sehr respektieren. Das reicht. Lass die Menschen reden. Sie wollen sich vielfach nur darstellen. Und am leichtesten geht es, wenn man andere verunglimpft. So ist das nun mal."

„Ja, Jesus, ich weiß es ja, aber ich muss mich einfach noch daran gewöhnen. Das nächste Mal bin ich auf alles gefasst."

„Du kannst nicht auf alles gefasst sein, dann würde das Schicksal Wege wählen, an die du noch gar nicht gedacht hast. Nimm es einfach so hin."

„In Ordnung." Dann blickte Jesus zu Josua.

„Und was hat sich bei dir ereignet, Josua?"

„Mein Vater liegt im Sterben."

„O, du hast wieder mit deinem Vater Kontakt?", fragte Jesus.

Josua musste innerlich lächeln. Mirjam hatte wohl noch keine Möglichkeit gehabt, mit Jesus über das Wichtigste zu reden. Dann hatten sie doch mehr Zeit in der Kammer verbracht...

„Ja, das Schöne ist, dass wir uns versöhnt haben. Aber jetzt muss ich ihn wohl vollends loslassen."

„Ja. Das sind gute und traurige Nachrichten, Josua. Kann ich dir irgendwie helfen?"

„Ja, ich hätte dich diesbezüglich auch gleich noch um einen Gefallen gebeten."

„Wie kann ich dir helfen?"

„Indem du Samuel noch einmal besuchst. Er hat ausdrücklich darum gebeten, dich noch einmal zu sehen."

Jesus lächelte. „Das sind schöne Neuigkeiten. Das erfreut mein Herz."

Jesus überlegte kurz, sein Kopf bewegte sich etwas zur Seite, was Josua schon kannte. In dieser Phase nahm er gerade Kontakt mit den geistigen

Bereichen auf. „In drei Tagen komme ich mit dir, wenn du hingehst. Das wird der richtige Zeitpunkt sein."

„Dann könnte es vielleicht zu spät sein, Jesus."

„Vertrau mir, Josua, es wird nicht zu spät sein." Jesus schaute Josua ernst an. „Lerne, mir noch mehr zu vertrauen, mein Bruder."

Es war selten, aber es kam doch auch mal vor, dass sie länger wach war als ihr Geliebter. Mirjam hatte ein Lächeln auf ihrem Gesicht und schenkte es nur allzu gern dem neben ihr tief und fest schlafenden Mann. Wie sehr hatte sie Jesus vermisst! Jeder Tag ohne ihn erschien ihr wie ein verlorener Tag, wie ein Tag damals in Magdala, wo sie nicht die frische Luft des Galiläischen Meeres atmen konnte.

Wie sehr hatte sie Jesus' Lachen vermisst, seine Berührungen, seine Kraft? Nun, in seinen Armen war alles vergessen. Ganz leise lauschte sie seinem Atem. Der sanfte Schwung seiner Oberlippe, der sonst Festigkeit und Energie ausströmte, war entspannt und weich durch die Hingabe, die beide in den Armen des anderen empfangen hatten. Auch Mirjam war durch die sanften, zärtlichen Berührungen seiner wohlgeformten Hände und die starke Kraft seiner Lenden zufrieden und erschöpft. Durch die lange Trennung hatte sich ihr beider Begehren so aufgestaut, dass es sich, endlich vereint, fast explosiv entladen hatte. Sie liebte es, wenn Jesus sie im Liebesspiel auf solche Weise nahm und ihr auf diese Weise Höhepunkte schenkte, die sie brauchte. Dadurch erhaschte sie kurze Eindrücke von der unendlichen göttlichen Kraft, die im Universum zur Verfügung stand. So erkannte sie die grandiose Liebe Gottes zu ihr, zu der Frau, die die große Seele in seiner Erdeninkarnation begleiten durfte. Die jetzt eingetretene Erschöpfung öffnete eine Tür in ihr. Hinter dieser Tür verbarg sie sonst ihre Traurigkeit. Sie musste und wollte Jesus gegenüber immer stark sein, was ihr auch gut gelang. Nach dem Versprechen, das Jesus vor einiger Zeit abgegeben hatte, hatte er ihr nicht mehr von seinen Träumen erzählt, mit ihr eine kleine Familie zu gründen. Jesus wirkte diesbezüglich ausgeglichener, nur wenige Tage gab es noch, an denen er sich sehr schwer anfühlte. Das musste aber nichts mit seinen Träumen zu tun haben.

Aber wie sehr zerriss es nun ihr Herz? Ihre Wunschträume waren schließlich dieselben, die auch Jesus hatte. Wie sehr fühlte sie sich nun in Zeiten, wo sie stark sein musste, selbst so schwach? Leider konnte sie mit niemandem über ihre Empfindungen und über ihre Wunschträume reden. Schon gar nicht mit Jesus. Dieser Mann hätte es sonst noch – trotz seines

Versprechens – fertig gebracht und seine Mission hingeworfen. Nein. Diese Gefühle waren ihr geheiligtes Geheimnis.

Die Tränen, die Mirjam an diesem Abend über die Wangen rannen, während sie den betörenden Duft des Nackens ihres Geliebten einatmete, erleichterten zwar ihre Seele, aber sie beschämten sie gleichzeitig auch. Wie musste sich erst Jesus immer gefühlt haben, als er ihr von seinem Herzenswunsch erzählt hatte, mit ihr eine Familie gründen zu wollen? Jesus, der jedes der menschlichen Gefühle so intensiv empfand wie sonst niemand? Jesus, einer der höchsten Engel Gottes?

∞

Drei Tage später saßen sie in Samuels Kammer. Sie, das waren Josua, Jesus und Lea. Mirjam, Judith und Diana befanden sich mit Micha im Hof und spielten mit ihm Fangen. Esther war gar nicht gekommen. Mit Samuel hatte sie keinen Kontakt mehr. Hierüber war Josua traurig, aber jetzt hieß es für ihn erst einmal Abschied von seinem Vater zu nehmen.

Samuel war innerhalb kürzester Zeit so schwach geworden, dass er kaum noch sprechen konnte. Seine Augen zeigten aber eine große Dankbarkeit den Anwesenden gegenüber, besonders Jesus. Doch zuerst wandte er sich Lea zu.

„Lea, … ich danke … dir für … deine Liebe."

„Ich liebe dich, Samuel." Ihr rannen Tränen über die Wangen. Man sah, dass sie ihn wirklich geliebt hatte. Zumindest in der letzten Zeit.

„Vergib mir."

Lea konnte nichts sagen, sondern legte nur ihre Hand auf seinen Kopf.

Dann drehte Samuel den Kopf in Richtung Josua.

„Mein Sohn … vergib … auch du mir."

„Samuel, ich danke dir dafür, dass du mein Vater warst. Ich habe viel von dir gelernt."

„Ich liebe … dich, … und umarme … deine Schwestern … von mir."

Auch Josua konnte vor Rührung kein Wort herausbringen. Er nahm Samuels rechte Hand und drückte sie ganz fest.

Dann wandte sich Samuel an Jesus.

„Jesus, … danke, dass … du da bist."

„Samuel, es ist mir eine Ehre, jetzt bei dir zu sein."

„Es tut … mir … leid. … Alles."

„Ich weiß. Gott hat dir längst vergeben. Samuel, du bist eine wundervolle Seele, du bist ein wundervoller Vater. Und du hast noch in diesem Leben erkannt, dass Gott der Gott der Liebe ist und nicht der Kleingeistigkeit."

„Das, ... das hast du ... liebevoll ... ausgedrückt. ... Ich weiß jetzt, wer ... du bist."

„Ich weiß."

„Vergib du mir auch." Dieser zusammenhängende Satz hatte Samuel eine Menge Kraft gekostet.

„Auch ich habe dir vergeben, denn ich bin ein Teil von Gott und er ist ein Teil von mir, so wie du ein Teil von Gott bist, ist er auch ein Teil von dir."

„Jesus, ... liebe ... die Menschen ... sie brauchen ... deine ... Liebe..."

Das waren Samuels letzte Worte. Dann blickte er in Richtung Decke, lächelte so stark, dass man meinen könnte, er würde laut loslachen. Er lachte tonlos, bevor er seinen letzten Atemzug tat.

Solch einen heiligen, solch einen schönen und zugleich traurigen Moment hatte Josua noch nie erlebt. Ihm schien es, als ob das ganze Universum in dieser Sekunde zu Gast bei Samuel war und ihn in das Reich des Geistes geleitete. Josua lachte und weinte zugleich. Seine Tränen waren aus Zucker und aus Salz. Es war vollbracht. Sein Vater war nach einem für ihn schwierigen Leben wieder zu Hause.

Jesus begleitete die Bestattungszeremonie, die der Tradition entsprechend zelebriert wurde. Direkt nach dem Hinscheiden von Samuel schloss ihm Jesus die Augen. Dann wurde der Verstorbene von Lea und Mirjam gewaschen und mit duftendem Öl gesalbt. Anschließend wurde er in ein Leinengewand gehüllt, und seine Hände und Füße wurden mit Binden umwickelt, in die duftende Kräuter gelegt waren. Abschließend wurde ihm ein Schweißtuch aufs Gesicht gelegt. Nun konnten sich alle von ihm verabschieden. Lea, Josua und Jesus hatten es bereits getan, Micha, Judith, Diana und Mirjam ebenfalls. Den ganzen Tag über kamen Freunde und Schüler von ihm. Jesus sah in Josuas Augen die Verwunderung über den unerwartet großen Andrang von Freunden und Bekannten.

Noch bevor die Sonne unterging, bewegte sich der Trauerzug, der mittlerweile auch Esther einschloss – ein Wunder war wahrlich geschehen –, durch die Stadt zur Rückseite des Berges. Jesus und Josua trugen die Bahre, Klageweiber sangen herzzerreißende Lieder, Flötenspieler zauberten sehnsüchtige Klänge aus ihren Instrumenten hervor.

Als sie vor dem großen Grab angekommen waren, übernahm Jesus auf Bitten von Josua die letzten Worte.

„Herr, der du immer über uns wachst und uns führest, bitte nimm deinen Sohn Samuel in dein Reich. Segne seine Seele, führe ihn auf seinen neuen Wegen und gib uns den tiefen Glauben, den Samuel hier auf Erden gelebt hat. Viele Momente gab es, in denen sich Samuel vom Leben überfordert gefühlt hat, viele Momente gab es, wo auch er, der große Rabbi, Angst hatte. Samuel, geh dort, wo du bist, weiter deinen Weg, geh den Weg des Lichts und der Liebe. Der Herr segne und beschütze dich. So sei es ewiglich. Amên."

Dann trugen Jesus und Josua den Leichnam in die Höhle. Sie legten ihn auf eine Steinplatte und verschlossen anschließend den Eingang mit einem großen runden Stein. Zum Schluss wurde der Eingang zum Grab weiß getüncht.

Am Abend traf man sich im Hause von Josua zum Mahl. Jeder sprach nochmals einen Segen für Samuel und hob dazu seinen Becher.

Es war eine heitere Runde, so wie es Samuel, nachdem sein Herz für die Liebe geöffnet war, am liebsten hatte.

∞

Josua war sehr dankbar, weil Jesus ihm den ganzen Tag über Kraft gegeben und viel geholfen hatte. Jetzt saß Jesus auch beim Totenmahl neben Josua, worüber Josua sich sehr freute. Auch wenn sie bisher noch nicht viel miteinander gesprochen hatten, gab allein die Anwesenheit seines Freundes ihm eine große Sicherheit und Stärke. Die meisten Bekannten von Samuel und Lea waren schon gegangen. Es blieb eine überschaubare Anzahl von Trauernden zurück.

„Jetzt ist er gegangen", sagte Josua mehr zu sich selbst.

„Ja, aber er ist wieder dort angekommen, wo wir alle herkommen."

„Ja, ich weiß, aber ich muss die ganzen Erlebnisse, die mich, in Form von Erinnerungen, im Moment heimsuchen, erst verarbeiten."

„Vergiss nicht, Josua, dass er viele Dinge, die er getan hat, eigentlich gar nicht hatte tun wollen. Da er ein Mann des Glaubens war, waren auch die Prüfungen, die er zu durchwandern hatte, umfangreicher und teilweise schwerer als die eines Bauern. Du erinnerst dich noch, dass wir uns auch einmal über unsaubere und negative Geister unterhalten haben, die den Weg nicht in die Heimat unseres Vaters finden und auf der Erde ihr Unwesen treiben?"

Josua nickte.

„Diese versuchen Menschen, die Gutes wollen, zu beeinflussen und Zwietracht zwischen ihnen und anderen Menschen zu säen und benutzen sie für ihre Untaten. Samuel war öfters Opfer solcher dunklen Angriffe. Er wurde oft für schlechte Taten missbraucht. Das soll nicht heißen, dass er unschuldig war, o nein, aber es soll dir erklären, dass viele schlimme Dinge, die er getan hat, nicht von ihm selbst waren. Leider können Menschen nicht immer vor allen dunklen Angriffen geschützt werden. Nur sehr wenige, sehr starke und reife Seelen, schaffen es, solchen dunklen Einflüsterungen zu widerstehen und ihren eigenen Weg zu gehen, ohne andere Menschen zu verletzen. Ich hoffe, dass dir diese Gedanken etwas helfen."

„Das werden sie. Das was du mir sagst, ist für mich stimmig", stammelte Josua, während sein innerer Blick in die Vergangenheit gerichtet war, „jedoch kann ich einigen Dingen, die geschehen sind, nicht immer neutral gegenüber stehen. Zumindest noch nicht."

„Verurteile die Taten der Menschen, nicht den Menschen selbst."

„Hhm, stimmt."

„Da ich diese Wesen sehe, Josua, fällt mir das natürlich auch eher auf. Aus den Dingen, die ich sehe, kann ich dann für meinen zukünftigen Lebensweg lernen."

„Du siehst diese dunklen Wesen?"

„Ja, ich sehe sie meistens. Wenn ich es möchte, aber ich möchte nicht immer."

„Hast du die Wesen früher bei meinem Vater auch schon gesehen?"

„Ja, früher sah ich sie öfters. Ich hatte ja mit ihm zu tun. Und schließlich waren meine medialen Fähigkeiten als Kind damals schon sehr weit ausgeprägt."

„Hast du solche Wesen auch bei anderen Menschen gesehen?"

„Ja, ich habe sie auch bei einigen meiner Begleiter gesehen. Und bei dir."

„Bei mir?"

„Ja. Erinnerst du dich einmal daran, als du in Nazareth ohnmächtig geworden bist?"

„Nein, nicht richtig."

„Dort waren viele dunkle Wesen, die dich in die Kraftlosigkeit bringen wollten."

„Hmm. Und in den letzten Monaten?"

„Regelmäßig. Aber solche Wesen sind um sehr viele Menschen herum."

„Das hört sich ja danach an, dass kaum ein Mensch frei von diesen Wesen ist."

„Ja, das stimmt auch. Das Ziel der Dunkelheit besteht darin, sämtliche Samen und Keime der Liebe zu zerstören. Das ist ihr oberstes Ziel. Und nun ist es natürlich so, dass sehr viele dieser Wesen um uns herum sind, da von unserer Arbeit sehr viel Gutes ausgehen wird, was auch für die Zukunft der Menschheit von hoher Wichtigkeit sein könnte." Jesus hielt inne und trank einen Schluck verdünnten Wein.

„Dann ist es natürlich klar, dass sich diese Wesen an meine Begleiter heranmachen. Sie suchen die Schwächen der Männer und benutzen diese dann in ihrem Sinne. Der eine hat die Schwäche der Unehrlichkeit, dann wissen sie genau, wen und wie sie ihn benutzen müssen, um Zwietracht entstehen zu lassen. Der andere hat die Schwäche der Einschüchterung, dann wissen sie genau, dass dieser benutzt werden kann, um unter den Menschen Angst entstehen zu lassen. Die wenigsten Frauen, die mich begleiten, haben solch große Schwächen. Sie sind hauptsächlich bei mir, um die Energien in Harmonie zu halten. Auch wenn es bedeutet, respektlos von einigen behandelt zu werden, wie das wohl bei Diana der Fall war."

„Ach so, ich beginne zu verstehen."

„Du kannst es dir so vorstellen. Die Schwächen sind wie ein Türschloss. Und die dunkle Seite braucht dann nur noch einen Schlüssel zu nehmen, um das Schloss aufzuschließen. Das Problem ist dabei, dass der richtige Schlüssel schon im jeweiligen Schloss steckt."

„Wie ist es bei dir? Es erscheint mir, dass du diesen Wesen nicht solche Schlösser darbietest, oder?"

„Doch auch ich habe Schwächen, aber ich lasse den Schlüssel nicht stecken. Meine große Schwäche ist die, dass ich, wie du ja weißt, auch gern eine Familie hätte. Diese Sehnsucht nach Familienleben war bisher meine Schwäche. Nach meinem Versprechen ist es leichter geworden. Ich kann mich aufgrund meiner Gaben und meines Seelenalters schneller an die jeweilige Situation anpassen und darauf reagieren. Das heißt aber nicht, der Herr ist mein Zeuge, dass ich keine Schwächen habe. Mirjam kann ein Lied davon singen." Sein volles Lachen steckte schließlich auch Josua an.

„Schwächen sind menschlich. Zeige mir jemanden ohne Schwächen, und ich zeige dir, dass das kein Mensch ist. Erst der, der sich erkennt und begreift, wird zum wahren Menschen."

Samuel ist zu unserem Vater gegangen. Der Mensch, der mir in meiner Kindheit am meisten Probleme bereitet hat. Aber jetzt kann ich nur noch über die damaligen Begebenheiten lächeln. Samuels Seele hat sich vor seinem Tod offenbart, er hat noch die Möglichkeit genutzt, sich zu läutern.

So kann ich ein ganz anderes Bild von dem alten Rabbi in meiner Erinnerung behalten. Samuel war eine alte Seele, dem leider auch in seinem Leben sehr viel Unglück widerfuhr, vor allem in seiner Kindheit, über die er mit niemandem sprach.

Schön, dass Josua mit ihm Frieden schließen konnte. Danke, Vater! Danke, dass sich Seelen wieder vertragen können, nachdem sie fast ein ganzes Leben keine gute Beziehung zu einander hatten. Ist das nicht wunderbar? Und ist es nicht wunderbar, Vater, dass Samuel wieder zu dir zurückgekehrt ist? Wenn ich ehrlich bin, dann freue ich mich auch manchmal auf meine Heimkehr zu dir. Aber nur kurz, wie du weißt. Ich habe ja jetzt verstanden, dass mein Leben hier auf der Erde noch lange nicht vorbei ist.

Ich habe heute Mirjam oft weinen sehen. Wie sehr ich sie liebe! Aber wir beide werden es nie erleben, dass an unserem Totenbett unsere Kinder sitzen werden. Mir steht ja ein anderes Schicksal bevor, aber ich würde Mirjam eine solche Erfahrung wünschen. Ich finde es wundervoll, wie sie mit aller Kraft versucht hat, mich in meiner Mission zu unterstützen, aber ich habe sie bis heute nicht gefragt, wie es ihr dabei geht, nicht in den Genuss zu kommen, mit mir eigene Kinder zu haben? Vielleicht sollte ich es einmal tun, vielleicht würde ich dadurch aber auch nur ihren Schmerz vergrößern?

Gott, bitte hilf mir hierbei und segne alle Menschen. Ich danke dir.

∞

„Ich freue mich, heute zu euch sprechen zu können. Danke, dass ihr alle gekommen seid." Jesus verbeugte sich vor den vielen Anwesenden. „Ebenfalls ein Dank an Josua, der uns wie immer diesen Raum zur Verfügung stellt, und danke an Judith und Cyriax, die bestimmt wieder ein fantastisches Gericht zaubern, während wir uns hier unterhalten können." Jesus lächelte Mirjam zu.

Ein Raunen ging durch den Raum, und einige kurze Dankesworte der Anwesenden waren zu hören.

„Vor knapp einem Jahr bin ich mit einigen von euch nach Ephesos gekommen. Ja, ein Jahr ist es her, seit wir hier ansässig sind. Viele haben mich schon gefragt, wann wir weiterreisen, wann wir wieder nach Judäa zurückgehen. Heute kann ich es euch sagen. Wir werden noch knapp vier Jahre in dieser Stadt bleiben, weil sich noch einige Dinge ereignen müssen, sowohl hier als auch in Jerusalem." Jesus hielt inne und ließ der Unruhe, die eintrat, Zeit, wieder abzuschwellen. „Wir werden uns regelmäßig hier treffen und uns austauschen, aber ich muss mich mit den öffentlichen Reden einschränken, wie wir es ja vor einiger Zeit erlebt haben. Wir haben zu großes Aufsehen erregt, was noch nicht im Sinne unseres Herrn ist. Wenn unsere Zeit naht, von diesem Ort aufzubrechen, werde ich wieder mit öffentlichen Reden beginnen. Bis dahin ist es unsere Aufgabe, die Menschen langsam und ohne Euphorie aufzuklären und ihre Gebrechen zu lindern oder zu heilen."

„Aber Meister", Simon Petrus schien verwirrt, „wie sollen wir heilen und den Menschen helfen? Du kannst das, wir aber nicht."

„Natürlich könnt ihr das. Öffnet den Menschen eure Herzen, dann vollbringt ihr bei ihnen Heilung. Dann gesundet ihre Seele. Eine gesunde Seele ist genauso wichtig wie ein gesunder Körper." Bevor Simon Petrus seiner Angst weiteren Raum geben konnte, fuhr Jesus fort: „Ephesos ist ein wichtiger Ort der Heilung – schon seit Jahrhunderten. Deshalb werden wir uns hier viel um die Menschen kümmern. Ich werde mich immer an einem anderen Ort aufhalten, denn sonst würden diese Heilungen ebenfalls für ein zu großes Aufsehen sorgen, was ich nicht verantworten kann." Prüfend blickte er die vielen Menschen an. Er sah erstaunte Augen, verständnisvolle Reaktionen, aber auch Einfalt. „Die letzten Monate haben gezeigt, dass sogar die größten Städte manchmal wie kleine Dörfer sind, denn so genannte Wunder oder Sensationen sprechen sich sehr schnell herum. Und das muss ich tunlichst vermeiden. Es wird immer mal wieder vorkommen, dass ich für einige Wochen auf Reisen bin, aber dann werden Simon Petrus und Mirjam eure Ansprechpartner sein." Jesus lächelte Mirjam an und zwinkerte ihr zu. „Die medialen Treffen mit Albiel werden in meiner Abwesenheit von Mirjam geleitet. Diese Treffen müssen verkleinert werden, denn siebzig Leute hierher zu bemühen, von denen viele an diesen Botschaften zweifeln, ist nicht sinnvoll. Ich werde nun diejenigen benennen, die diesen Treffen beiwohnen sollten. Diana als Mittlerin und Josua als Protokollant sind unersetzlich, Olympios, der Vorsteher des Artemisions, Alexus, der Ratsherr, ist ebenfalls eingeladen, wenn er möchte." Dann benannte Jesus die anderen Zuhörer, unter denen sich seine langjährigen Begleiter befanden, sowie Deborah, Maria und Marta.

„Seid ihr alle damit einverstanden?", fragte er dann ganz ruhig.

Außer einem Gemurmel und einem Gebrumme war nichts zu hören.

„Gut, dann deute ich dies als allgemeine Zustimmung. Habt ihr sonst noch Fragen?"

Wieder war außer leisen Grummelgeräuschen nichts zu vernehmen.
„Schön, dann gibt mir das die Gelegenheit, euch noch einiges mit auf den Weg zu geben. Schwestern, Brüder, bitte erhöht mich nicht. Ich bin einer von euch. Ich bin kein Meister, ich bin kein König, ich bin kein Übermensch. Ich bin Jesus. Ich habe genauso Gefühle und Sehnsüchte wie ihr. Ich bin genauso ein Mensch wie ihr alle. Das einzige, was uns unterscheidet, ist, dass ich Euch vielleicht ein paar Jahre mit meinem Seelenalter voraus bin. Ich könnte seelisch und geistig gesehen euer Großvater sein." Er lächelte aus Liebe. Viele seiner Begleiter aus Unverständnis. „Denn wer erhöht wird, der muss auch wieder erniedrigt werden. Der göttliche Weg ist immer der Mittelweg. Euphorie und Fanatismus sollten uns fremd sein. Wir sind Menschen unter Menschen. Wir sind nichts Besonderes. Wir müssen so werden, wie die Menschen sind. Wenn sich die Menschen mit solch schrecklichen Dingen wie Gladiatorenkämpfen beschäftigen, dann müssen wir dies vorübergehend auch. Wir sollten mitreden können. Wir sollten ihre Erlebnisse einzuschätzen wissen, damit wir ihre Gefühle kennen lernen. Nur so erhalten wir die Befähigung, mit den Menschen zu fühlen, nur so können wir mitreden und den Menschen ein offenes Ohr schenken. So fühlen sich die Menschen von uns verstanden. Das ist die Voraussetzung für eine Heilung."
„Heißt das, dass wir uns einmal Gladiatorenkämpfe anschauen sollen?" Simon Petrus meldete sich wie immer zu Wort. Diesmal schien er sogar erbost.
„Warum nicht? Vergesst auch die Wagenrennen nicht. Die sind typisch römisch."
„Du meinst wirklich, wir sollen uns diese barbarischen Festlichkeiten anschauen?" Simon Petrus war erregt und sichtlich verwirrt.
„Wir leben nun mal in einer römischen Provinz und nicht auf einer purpurfarbenen Wolke."
„Dort werden Menschen getötet, dort finden ganz schreckliche Dinge statt."
„Es werden am hellichten Tag Menschen getötet", antwortete Jesus streng. „So ist die Welt hier. Ihr könnt eure Augen nicht vor diesen Grausamkeiten verschließen. Ihr wolltet diese Welt erfahren, also müsst Ihr euch ihr auch stellen. Ihr müsst euch den Ungerechtigkeiten stellen, bleibt dann aber auch stehen, wenn euch der Sturm umzuwerfen droht. Und setzt euch für die Unterdrückten ein. Das ist die Leistung, die Gott von uns allen verlangt.

Wir sind für die armen Menschen da, für die Unterdrückten, die zwar herzensgut, aber zu schwach sind, sich zu wehren."

Stille. Nichts war zu hören. Kein Atmen, kein Stöhnen. Nichts.

„Wenn ihr das könnt, dann ist euer Glaube gesund. Dann glaubt ihr an Gott, so wie er an euch glaubt. Dann glaubt ihr an eure Mitmenschen. Durch diesen Glauben lebt ihr im ewigen Licht. Dieser Glaube macht euch zu wahren Menschen. Habt ihr diesen Glauben nicht, dann seid ihr wie die Tiere, die sich nur nach ihren Instinkten richten. Haben sie Angst, fliehen sie, sind sie hungrig, greifen sie an."

„Gibt es eine Rechtfertigung für den Einsatz von Gewalt?", wollte Simon der Zelot von Jesus wissen.

„Nein."

„Auch nicht, wenn die Familie angegriffen wird. Entweder stirbt meine Frau oder der Angreifer?"

„Nein, auch dann nicht. Das heißt nicht, dass ihr ängstlich in der Ecke sitzen sollt. Nein, ihr dürft euch wehren, das heißt aber nicht, dass ihr jemanden töten dürft, nur weil er euch oder eure Familie töten könnte."

„Hierbei gibt es keine Ausnahme?"

„Keine einzige."

„Und wie willst du die Römer besiegen? Wie willst du den Platz einnehmen, der dir zusteht?"

„Ich möchte gar keinen Platz einnehmen, und ich möchte auch die Römer nicht besiegen. Sie werden sich in Zukunft selbst besiegen. Die Römer sind nicht meine Feinde."

„Wer dann? Wer ist dein Feind?" Simon der Zelot gab nicht auf. Auch er schien nun verwirrt zu sein.

„Die Priester?" Eine Meldung von den hinteren Reihen war nicht zu überhören.

„Oder die Parther?"

„Nein, auch die nicht." Jesus schaute sich in aller Ruhe um.

„Wer sind unsere Feinde? Sag es uns!" Die Stimme von Jakobus dem Älteren war zu hören.

„Soll ich euch sagen, was es ist?"

„Ja", riefen viele. „Unbedingt."

„Auch dann, wenn es euch schwer fallen könnte, meine Antwort zu hören?"

„Ja, sag sie uns, Meister." Simon Petrus war wieder der Erste und der Lauteste.

„Es ist die Kleingläubigkeit. Es ist die Trägheit. Es ist die Angst. Es ist die Gedankenlosigkeit. Es ist die Hinterlist. Es ist der Hass. Es ist die Wut. Es ist die Teilnahmslosigkeit. Es ist die Falschheit. Es sind die herzlosen Regeln. Es sind die Vorurteile. Es ist der Hochmut. Es ist die Überheblichkeit. Es sind der Neid und die Eifersucht. Es ist der Starrsinn. Es ist der Fanatismus. Es ist die Euphorie. Es ist der Krieg. Soll ich euch noch mehr nennen?"

„Nein … reicht … wir haben verstanden … genug … nein."

„Lasst euch in der nächsten Zeit nicht verführen. Passt auf euch auf, denn die negative Kraft ist auf uns aufmerksam geworden. Sie möchte den Liebesdienst, den wir hier verrichten möchten, unterbinden. Seid auf der Hut. Redet untereinander. Tauscht euch aus, nehmt euch gegenseitig ernst. Und liebt die Menschen. Versucht jeden so anzunehmen, wie er ist." Wiederum war es still im Raum. Niemand wagte sich zu rühren. „Ich glaube, dass das Essen bald fertig ist. Lasst uns nun den heutigen Tag in dieser Gemeinschaft genießen und unsere Freundschaft feiern. Ich danke euch, dass es euch gibt und dass ihr hier seid und mit mir den Weg gemeinsam geht. Danke."

„Danke, dass du den Weg mit uns gehst." Eine Frau aus den hinteren Reihen hatte diese Worte gesprochen.

„Danke für deine Worte, Deborah. Sie machen mich sehr froh."

Gedanken in der Nacht

Die nächsten drei Jahre vergingen wie im Flug. Jesus war viel allein unterwegs, streifte durch die Gassen von Ephesos und hielt sich oft in den ärmeren Gebieten der Stadt auf. Jesus lernte in dieser Zeit viel über die Menschen, über ihre Sorgen und ihre Nöte. Wenn es sich ergab und der göttliche Plan es vorsah, legte er Hände auf und heilte Kranke und Verletzte, Geschändete und Ausgestoßene. Bestand die Möglichkeit, dass sich die Heilung eines Verkrüppelten zu euphorisch herumsprach, hielt er sich wieder für einige Zeit in einem anderen Stadtteil auf und kümmerte sich dort um die geschundenen Seelen. Er liebte den persönlichen Kontakt zu den Menschen. Er liebte ihre Dankbarkeit, ihre einfache natürliche Art, aber genauso verabscheute er es, wie sie sich den Reichen und Stärkeren

499

unterwarfen. Feigheit war das größte Übel auf diesem Planeten, hatte er erkannt.

Egal, wo er sich in seinem bisherigen Leben aufgehalten hatte, ob in Ägypten, im Königreich Orissa oder im Partherreich, überall war das gleiche Übel zu finden. Die Menschen unterwarfen sich den scheinbar Übermächtigen, dabei waren viele von ihnen in ihrer Seelenentwicklung weiter als die mächtigsten Männer dieser Erde. Es war wirklich seltsam und oft auch enttäuschend. Nicht einmal Mirjam wusste, wie oft er in Gedanken traurig und niedergeschlagen war. Es zerriss ihm das Herz, wenn er sah, wie die Menschen litten.

Die fünf oder sechs Aufenthalte im Raumschiff der Santiner dienten ausschließlich dem Wohl seiner eigenen Seele. Er war aufmerksamer den dunklen Wesen um ihn herum geworden, aber das Leid der Menschen übermannte ihn regelmäßig. Zu groß war das Mitgefühl, zu groß war der Schmerz, als dass er allein dieses Leid in den Griff bekommen und im Schlaf hätte umwandeln können. Er musste sich einfach so annehmen, wie er war. Er musste es endlich verstehen, dass er tiefer fühlte als alle Menschen. Sowohl die Freude, als auch das Leid. Er musste den großen Widerspruch in sich endlich akzeptieren: Er war eine alte Seele, aber er kam mit dem Leben hier schlechter zurecht als die Menschen.

„Jesus, es ist nun mal so, je älter eine Seele, desto größer ist ihre Empfindungskraft", hatte Tai Shiin ihm jedes Mal gesagt, als sie sich gegenüber standen. Wenn er sich im Raumschiff befand, verstand er das auch, nahm ihn aber ein kleines Mädchen an die Hand, von dem er wusste, dass es im Schmutz einer dunklen Gasse lebte, dann konnte er sein eigenes Herz nicht schützen. Nein, dann nahm seine Seele Schaden. Dann schrie er still aber voller Wut und Verzweiflung zu seinem Vater im Himmel und bat ihn um Hilfe.

In diesen Phasen verstand Jesus nicht, wie es möglich sein konnte, dass sich Seelen solches Leid aussuchten, um geistig zu wachsen. Er verstand es einfach nicht, dass der Einfluss der Negativität so groß war und vielen Menschen ein menschenunwürdiges Leben aufzwang. Aber wenig später wusste er, dass eine Hilfe von Seiten seines Vaters, wie er sie sich erhoffte, nicht möglich war. Er wusste, dass alles so sein musste, wie es geschah. Aber er nahm sich immer und immer wieder vor, sein Möglichstes zu tun, um die Menschen aus ihrem Joch und ihrer Armut zu befreien und vor allem den Kindern seine Liebe zu schenken.

Jesus lag neben seiner großen Liebe völlig entspannt auf seinem Lager. Mirjam schnurrte vor sich hin und war schon lange in das Traumland eingetaucht, er jedoch hing wie so oft noch seinen Gedanken nach, denn er hatte von Tai Shiin erfahren, dass seine letzten Monate in Ephesos angebrochen waren. Eine schwierige Zeit würde nun anstehen. Eine Zeit, in der er mehr in der Öffentlichkeit stehen musste und weniger allein mit Mirjam sein konnte. Er hatte seine Aufgabe angenommen. Das stand außer Frage. Aber es gab vereinzelt Momente, wo es ihm immer wieder schwer fiel, anzunehmen, für seine Aufgabe geboren worden zu sein und nur für diese Aufgabe zu leben.

Und jetzt war so ein Moment. Er liebte Mirjam über alles. Er war dankbar dafür, sie gefunden zu haben und sie lieben zu dürfen. Ja, auch körperlich. Mit ihr zu schlafen und gemeinsam, Haut an Haut, orgiastische Höhepunkte zu erreichen, sie streicheln zu dürfen und ihr Haar zwischen seinen Fingern wie Wellen des Meeres entlang fließen zu lassen, den betörenden Duft im Bereich ihres Nackens in vollen Zügen einatmen zu können und, so wie jetzt, einfach nur an sie geschmiegt den Tag zu beenden, das war großartig. Mit ihr lachen zu können, sie zu necken, aber auch mal von ihr geneckt zu werden, wie sollte man solche Erlebnisse in Worte fassen? Bis in alle Ewigkeit würde er sich an diese Zeit, an die schönste Zeit seines Lebens, erinnern.

Und genau diese Augenblicke, wo er sich einfach nur glücklich mit ihr fühlte, waren auch die schlimmsten. Ein Leben mit Mirjam war greifbar nahe und doch so unendlich weit weg. Es waren diese Momente, wo jede Zelle seines Körpers mit Glückseligkeit durchtränkt war, wo er geistige Bereiche berührte, die ihn vor Freude weinen ließen, wo ihm aber auch seine Aufgabe und seine Ausnahmestellung zutiefst bewusst wurden. Gerade dann, wo er sich als Mensch unter Menschen fühlte, der Sinn des Lebens der meisten Menschen erreicht war, wurde ihm auf das Schmerzlichste vor Augen geführt, dass er nicht das Leben eines normalen Menschen leben konnte. Er hatte eine zusätzliche Aufgabe mit in dieses Leben genommen. Er musste den Kampf annehmen und ihn zum Wohl aller Menschen bestehen – den Kampf, der über das Schicksal der ganzen Menschheit entschied, den Kampf mit seiner Zwillingsseele Luzifer, dem Widersacher der Liebe.

∞

Zur gleichen Zeit in dieser sternenklaren Nacht saß Alexus allein auf seiner großen Terrasse und schaute über die Dächer der Stadt. Ein Blick, den er schon hunderte Male genossen hatte, aber seit einigen Wochen war dieser Blick verändert. Es schien ihm, dass er zwar die Dächer sah aber auch das Leben unter ihnen. Früher, das heißt, vor der Zeit, bevor Jesus ihn von seiner hässlichen Geschwulst geheilt hatte, war für ihn ein Dach ein Dach gewesen. Jetzt, nach etlichen Jahren des Kontaktes mit ihm und einigen seiner Begleiter, war ein Dach nur das oberste sichtbare Gebilde, und darunter gab es noch eine Welt, die genauso existierte.

Anfänglich konnte sein Geist es nicht ertragen, dass es solche unglaublichen Dinge gab, obwohl er das Wunder ja am eigenen Körper erlebt hatte. Die Zeit danach hatte sich Alexus weit in sich zurückgezogen und sein ganzes Leben überdenken müssen. Als auch noch Daphne, seine Frau, eine begeisterte Anhängerin von Jesus wurde und er mit ihr viele Gespräche führen konnte, dämmerte es ihm, dass dieser Jesus vielleicht doch kein wunderheilender Scharlatan war, sondern ein weiser Mann. Er hatte sich mit ihm verabredet, um sich von ihm in kleinen Schritten in die Welt des Geistes einführen zu lassen.

Niemals würde er diese Momente vergessen, die er mit Jesus gemeinsam verbrachte. Wie oft saß er mit Jesus etwas nördlich vom Artemis-Tempel am Strand, wo sie über Gott und die Welt philosophierten. Jesus hatte ihm seine Sicht der Welt aufgezeigt, aber am Anfang war er es selbst gewesen, der Jesus von seiner Welt erzählen und ihn, diese große Seele, von seinem Irrglauben überzeugen wollte. Aber Jesus hatte zum Glück gewonnen. Dieser weise Prophet hatte ihn, Alexus, der sogar im Rat von Ephesos als harte Nuss galt, überzeugt.

Alexus betrachtete den sichelförmigen Mond und lächelte. Kein Wort von Jesus würde er vergessen. Er war dankbar, dass sich Jesus so viel Zeit für ihn genommen hatte. Für ihn, einen einflussreichen Mann von Ephesos, der schon viel erreicht hatte. Aber einen genauso ängstlichen Mann, wie er jetzt wusste. Zu oft hatte er den Schwanz eingezogen, wo er die Macht gehabt hätte, eine Entscheidung zu Gunsten der armen Menschen zu treffen. Zu groß war seine Angst, ja nirgendwo anzuecken, niemandem auf die Füße zu treten und immer den Weg des geringsten Widerstandes zu gehen. Wie damals, als sie gemeinsam bei Antonius zum Gastmahl eingeladen waren. Er war zuerst empört darüber, wie Jesus Antonius und seiner Frau gegenübergetreten war, bis Alexus erkannte, wie egoistisch und ignorant diese beiden waren.

Diese vielen bitteren Erkenntnisse beschämten ihn. Er merkte, wie er schon wieder vor Scham errötete. Zum Glück war er allein, zum Glück war es zu dunkel, denn so konnten nicht einmal die Geistwesen, die es wohl wirklich gab, ihn in dieser Verfassung sehen. So dachte er jedenfalls.

Auch in Zukunft – Jesus hatte ihn schon vorgewarnt – würde Jesus noch einige Male von sich reden machen, und dafür bräuchte er seinen Einfluss. Sehr gern wollte Alexus alles für Jesus tun, was ihm möglich war. Zu sehr stand er in seiner Schuld. Nicht nur, dass er seine zerrüttete Ehe mit Daphne gekittet hatte, nein, auch seine schlechte Beziehung zu seinen Kindern hatte Jesus mit seinen Argumenten verbessert. Jetzt hörte er, der Ratsherr, der sonst immer viel zu tun hatte, zu, was seine Kinder erzählten und nahm mehr an ihrem Leben teil. Das sorgte sogar dafür, dass die Wunden der Seelen seiner Kinder und auch seine eigenen endlich verheilen konnten.

Vor ein paar Wochen hatte ihn Jesus um die Erlaubnis gebeten, einmal im Rat von Ephesos zu sprechen und zum anderen einmal im Theater. Der Rat wollte Jesus nicht hören – wahrscheinlich wurde diese Idee von Antonius zu Nichte gemacht – aber die Möglichkeit, einmal im Theater zu sprechen, war diskutiert und sehr positiv aufgenommen worden, da Jesus sich aus dem normalen öffentlichen Leben weitestgehend heraushielt, und nicht, wie so viele andere Propheten, den Rat und auch die Vertreter von Rom, in den Schmutz gezogen hatte.

Jesus hatte sich über diese Nachricht gefreut und ihm dann mitgeteilt, dass die Rede im Theater seine Abschlussrede hier in Ephesos werden solle.

„Nur leider würde danach das Leben nicht mehr so sein, wie es bis jetzt war", hatte Jesus daraufhin gesagt. Was Jesus damit wirklich gemeint hatte, wusste Alexus zwar noch nicht, aber das war ihm jetzt egal.

Die Sterne funkelten und erleuchteten das Gesicht von Alexus. Sein Leben war leichter geworden. Sein Leben hatte seit diesen Gesprächen mit Jesus einen neuen Inhalt. Er hatte verstanden, dass der Sinn des Lebens in der Stärkung des Charakters und der Ausmerzung der lebensverneinenden Ängste lag. Wie lange hatte er schon nach einem Sinn des Lebens gesucht! Erst jetzt, wo sich seine Zeit im Rat dem Ende entgegenneigte und seine Ehe mit Daphne schon in der Gewohnheit versumpft war, hatte er es endlich verstanden. Jetzt wusste er endlich, dass es nur darum ging, sich selbst und die Menschen um sich herum glücklich zu machen und für sie da zu sein, sie sogar zu lieben. Vielleicht sollte er mit seiner Familie Jesus begleiten?

„Danke Jesus!" flüsterte Alexus auf seiner Terrasse, und es war ihm so, als ob die Sterne für einen Augenblick heller schienen als zuvor.

∞

Eine halbe Meile nördlich war auch ein anderer Mann noch wach, während seine Frau schon schlief. Dieser Mann blickte nicht über die Dächer von Ephesos, vielmehr bestaunte er mit dem Olivenkreuz in Händen das Himmelszelt mit den hunderten von Sternen.

Josua war an diesem Abend sehr nachdenklich. Heute hatte er kurz mit Jesus gesprochen, der ihm nur angedeutet hatte, dass sein Aufenthalt in Ephesos dem Ende entgegenging. Das hieß für Josua, dass auch seine Zeit in Ephesos bald vorüber sein würde. Er wusste, dass er mit nach Judäa gehen würde. Aber das hieße auch, dass er eine lange Zeit ohne Diana verbringen musste. In Judäa würde er mehrere Jahre bleiben, das wusste er. Die Liebe zwischen ihm und Diana war sehr stark geworden. Sie liebten sich, wie zwei Seelen sich eben lieben können. Ihnen war zwar kein Kind vergönnt – woran das lag, wusste nur Gott – aber es tat ihrer Liebe keinen Abbruch. Aber eine örtliche Trennung für Jahre würde sehr viel Kraft von ihnen abverlangen.

Sie würden es schaffen, machte er sich trotzig Mut. Immer noch war sein Blick auf die Sterne gerichtet, es war fast so, als ob er tief in das Universum hinein blickte.

Was war in diesen Jahren alles passiert! Judith hatte Stephanus geheiratet und war in sein Anwesen gezogen. Stephanus war ein recht vermögender Mann, der gut für sie sorgen würde. Daran hatte Josua keinen Zweifel, vor allem, weil er ihn als ethischen und sehr liebevollen Menschen einschätzte. Ja, seine kleine Schwester hatte ihren Traummann gefunden.

Leider war das seiner älteren Schwester Esther nicht vergönnt gewesen. Sie war in den letzten Jahren an ihrer Seelentrauer und an den seelischen Schmerzen, die Bohan ihr zugefügt hatte, zerbrochen. Eines Morgens hatte ihnen ein Bote mitgeteilt, dass sich Esther die Pulsadern aufgeschnitten hatte. Neben ihr wurde eine Schriftrolle gefunden mit den Worten: „Bitte entschuldigt, dass ich mich auf diesem Wege von euch verabschiede, aber ich kann nicht mehr. Es tut mir leid. Macht etwas Besseres aus eurem Leben. Esther."

Das war das zweite Mal, dass Josua einen geliebten Menschen auf diese Weise verlor. Aber Judith, Lea und er hatten alles versucht, um sie aus ihrer lebensverneinenden Einstellung herauszuholen. Sogar Jesus hatte sie gegen Ende einmal besucht, aber er konnte bei ihr nichts erreichen, und Esther hatte sich sogar seinen Besuch für die Zukunft verbeten.

Hoffentlich war sie nun in eine bessere Welt gegangen, aber bei Selbstmord hatte Josua so seine Zweifel.

Und dann, kurz nach dem Drama um seine Schwester, erfuhr Josua, dass seine alten Freunde Lucilla und Philon bei einem Schiffsunglück ums Leben gekommen waren. Sie hatten sich ihren Lebenstraum erfüllt und Rom besucht, aber auf ihrer Rückfahrt passierte eine Katastrophe. Ungefähr zwei Stunden vor Ephesos kamen sie in einen Orkan, und das Schiff sank. Es gab nur wenige Überlebende. Seine Trauer war fast noch größer als Wochen zuvor, denn bei Esther hatte er sich auf ein solches Ende einstellen können, aber bei Lucilla und Philon nicht. Ohne sie wäre er damals in dieser Stadt versumpft und mit Sicherheit nicht mehr am Leben.

Eine Bestattung von Lucilla und Philon hatte es nicht gegeben, aber dafür sollte ihr Anwalt noch eine Überraschung für ihn und zwei weitere Personen bereithalten, die dieser eines Morgens zu sich rufen ließ. Zum einen hatte Josua dort den mittlerweile schon betagten Claudios getroffen, neben Josua den besten Freund von Philon, zum anderen auch Sophia, die nächste Vertraute von Lucilla. Weder Philon noch Lucilla hatten Kinder oder Verwandte.

Claudios hatte das Bargeld der beiden geerbt, Sophia die Bibliothek mit allen ihren Schätzen. Josua wiederum hatte das Haus von Philon übertragen bekommen, das er aber verkaufen sollte, um mit einem Teil des Erlöses Cyriax auszuzahlen, damit er als Freigelassener wieder in seine armenische Heimat zurückkehren konnte. Den Rest des Erlöses sollte Josua anderweitig nutzen. Er konnte sich noch gut daran erinnern, wie er vor lauter Fassungslosigkeit seinen Mund offen hielt und sich fast an einer, diese Gelegenheit nutzenden, Fliege verschluckt hätte. Diese peinliche Situation hatte er noch nicht vergessen. Aber vielleicht erinnerte er sich aus diesem Grund noch so gut an die abschließenden Worte, die die beiden ihnen noch übermitteln wollten.

„Falls ihr alle drei bei der Verlesung dieses letzten Willens zugegen seid, dann lasst euch sagen, dass das Leben zu kostbar ist, als es nicht zu genießen, auch wenn ihr einmal eine saure Zeit durchmachen müsst. Uns wird es jetzt besser gehen, da wir den Worten von Jesus glauben und vertrauen. Wir werden jetzt bei seinem und unserem Vater im Himmel sein und von dort euch beschützen und behüten, soweit es in unserer Macht steht. Wir lieben euch. Gott segne euch."

Josua bekam bei diesen Erinnerungen immer noch eine Gänsehaut, obwohl jetzt schon über ein Jahr vergangen war. Er hatte keine leise Ahnung davon gehabt, dass Lucilla und Philon sich so intensiv mit der Lehre von Jesus beschäftigt hatten. Es musste damals seinen Anfang genommen haben, als einige Interessenten die Worte seiner Reden als Abschriften kopiert haben wollten. Wie er jetzt wusste, hatten sie sich einige Male mit Jesus und Mirjam getroffen und sich mit ihnen eingehend unterhalten. So, wie es immer ihre Art war. Sie waren Menschen, die allem auf den Grund gingen. Aber dass sie Anhänger von Jesus gewesen waren, das freute ihn mit jedem Tag mehr.

Gleich nach der Verlesung des letzten Willens von Lucilla und Philon hatte Josua das Haus der beiden verkauft und mit einem Teil des Erlöses Cyriax ausgezahlt. Dieser lebte danach noch ungefähr einen Monat im Haus von Josua, bis er alle Vorbereitungen getroffen hatte, Ephesos zu verlassen. Dann war er nach Armenien zurückgekehrt. Cyriax hinterließ eine große Lücke, denn aus gegenseitiger Zurückhaltung war zwischen ihnen eine tiefe Freundschaft entstanden. Den Rest des Geldes hatte Josua zu Hause versteckt und Jesus mitgeteilt, dass er darüber verfügen könne.

Die Stelle von Cyriax hatte Lea eingenommen, die mit Micha zu ihnen gezogen war. Das hatten Mirjam und Jesus eingefädelt. Josua hatte gespürt, dass Jesus Recht hatte. Indem er dieser Regelung zustimmte, hatte Josua mit seiner Vergangenheit abgeschlossen. Und der Gedanke, Micha öfter um sich zu haben, hatte ihm schließlich auch gefallen.

Diese sternklare Nacht war wie der schönste Traum. Das Funkeln der Sterne gab ihm Kraft und baute ihn in schwierigen Momenten immer auf. Er war wieder etwas zuversichtlicher. Vielleicht gab es so etwas wie Seelenfamilien. Vielleicht inkarnierten Seelen, die sich gut kannten, zur gleichen Zeit, um sich dann im Leben gegenseitig zu unterstützen. Und wenn sie sich vorher schon kannten, dann hatten sie auch den gleichen Glauben und die gleiche Einstellung zum Leben. Und diese gemeinsame Erfahrung wollten sie vielleicht wieder mit in das nächste Leben mitnehmen, wo sie dann als Familie, beispielsweise in Ägypten, neu inkarnieren konnten. Ja, so könnte jeder Mensch ein größeres Bewusstsein bekommen, wenn er sich denn an seine Wurzeln erinnerte.

Josua lachte aus tiefster Seele, als er auf einmal ein Licht am Sternenhimmel sah, das sich ganz langsam von Westen nach Osten bewegte. Es hatte die Größe einer Traube. Das Licht stand still, blinkte drei kurze Male und war dann, wie von Zauberhand gelöscht, verschwunden.

„Danke, o du großes heiliges Geschlecht. Danke", flüsterte Josua. „Werde ich euch auch einmal von Angesicht zu Angesicht gegenüber stehen?"

Ich bin die Ursache, das Universum ist die Wirkung

An diesem schönen Morgen lag Mirjam noch entspannt in ihrer Kammer. Jesus war schon früh gegangen, um ein bisschen allein zu sein, wie er sagte. Sie wusste, dass er wieder auf dem Weg zum Theater war. Dieses war sein absoluter Lieblingsort. So früh am Morgen konnte er sich dort noch konzentrieren und Anweisungen für die nächsten Tage entgegennehmen.

Jesus war ein großartiger Heiler. Viele Spontanheilungen hatte er schon vollbracht. Gerade in den Jahren hier in Ephesos. Es stimmte wirklich: jeder Mensch, dem sich Jesus widmete, gesundete entweder auf körperlicher oder auf seelischer Ebene. Auch Mirjam konnte des öfteren einige Farben um die Menschen erkennen. Und immer nach dem Handauflegen, das Jesus am liebsten praktizierte, waren diese Menschen fröhlicher und ihre Farben, die sie sah, waren heller und intensiver. Das waren wahrlich heilige Augenblicke, die sie so oft mit Jesus teilen durfte. Und diese Zahl von Heilungen durch Handauflegen – und Jesus hatte wahrhaft göttliche Hände mit langen und feingliedrigen Fingern – konnte sie mittlerweile gar nicht mehr zählen.

Nicht zu vergessen waren auch die Gespräche, durch die Jesus sein Gegenüber allein mit direkten Worten heilte. Gerade gestern wieder hatte er ein Streitgespräch mit einem jüdischen Besserwisser geführt, wie er ihn genannt hatte. Das Gespräch würde Mirjam nie vergessen.

„Linkshänder sind von einem Dämon besessen", hatte dieser Jude gesagt.

„Nein." Jesus war ganz ruhig geblieben.

„Die linke Hand ist unrein, deshalb muss ein unreiner Geist in ihn gefahren sein."

„Du irrst. Es gibt nichts Unreines, außer den Worten, die deinen Mund verlassen."

„Was soll das bedeuten? Jeder Jude weiß, was unrein ist."

„Haben sie deshalb Recht, diese Juden?"

„Du bist doch auch Jude. Wie kannst du bestreiten, dass die linke Hand nicht unrein ist? Du säuberst dir doch auch deinen Hintern mit ihr."

„Und mit der rechten Hand esse ich. Ja, und? Warum soll unser Herr etwas erschaffen haben, das unrein ist?"

„Die linke Hand ist unrein. Punktum. Da gibt es nichts zu deuteln."

„Aber die linke Hand ist näher am Herzen. Wie kann sie unrein sein? In deinen Augen müsste auch eine rechte Hand rein sein, wenn mit ihr ein Kind geschlagen wird?"

Daraufhin konnte dieser Besserwisser nichts mehr sagen, erinnerte sich Mirjam. Jesus hatte seine Seele erleuchtet und dadurch Gedanken in Bewegung gebracht, die ihn auf einen besseren Weg führen konnten. Aber nur, wenn er diesen neuen Impulsen Raum lassen würde.

∞

Josuas Haus war an diesem Morgen nahezu leer. Nur Mirjam lag wohl noch in ihrer Kammer. Diana saß am schönen Delphin-Brunnen im Innenhof. Es war ein perfekter Morgen. Diana war glücklich. Sie genoss die Zweisamkeit mit Josua, diesem wundervollen Mann. Sie genoss auch ihre stundenweise Arbeit im Artemis-Heiligtum, da sie sich nicht mehr mit den Opfergaben beschäftigen musste, sondern hauptsächlich die Pflegebedürftigen betreute und sich um die Verfolgten kümmerte, die um Asyl baten, wie zum Beispiel Sklaven, die vor ihren Herren Schutz suchten.

Warum das Leben besonders schnell verging, hing mit Dianas medialer Arbeit zusammen, die einen Großteil ihrer Zeit und Kraft in Anspruch nahm. Jesus hatte sie öfters in Einzelunterweisungen in tiefe Mysterien eingeweiht und mit seiner Kraft weitere Energiekanäle in ihrem Körper freigelegt, was nicht immer leicht auszuhalten gewesen war. Viele Prüfungen musste sie durchlaufen, um die Erhöhung ihrer Lebensenergie mit sich in Einklang zu bringen.

Diana musste Geduld lernen, Geduld mit sich selbst, mit ihren Unvollkommenheiten, mit ihren Unzulänglichkeiten, aber auch mit den anderen Menschen, denn die Begleiter wie Simon Petrus oder Judas waren sehr eifersüchtig und konnten es nur schwer ertragen, dass andere Personen – und Frauen dann zumal – soviel Zeit mit Jesus allein verbringen durften. Aber trotz der ganzen Anfeindungen, hatte Diana ihre medialen Fähigkeiten immer weiter ausgebaut und ihre charakterliche Ausbildung vorangetrieben, so dass sich Albiels Seele in ihrem Körper immer weiter hatte ausbreiten können. Seine Botschaften wurden immer klarer und kraftvoller, denn er konnte somit auf immer mehr Energiereserven zurückgreifen, um ihr Stimmband wie eine Flöte zu bespielen.

Seit nunmehr drei Jahren konnte Diana mit ihrer Seele den Körper verlassen. Seit drei Jahren ging sie sozusagen bewusst in den Tod. Sie hatte immer noch die Aussage von Jesus im Ohr, der einmal gesagt hatte: „Kein Mensch auf dieser Erde besitzt eine so ausgeprägte Medialität und wurde so sehr geschult wie du. Nutze deine Fähigkeiten."

Also nutzte sie ihre Fähigkeiten und kämpfte sich durch. Während Albiel durch ihren Körper sprach, hielt sie sich im Sommerland auf, im Land er ewigen Sonne. Immer wenn sie sich gut fühlte, wurde sie in diesem Reich von hohen Geistwesen auf ihre charakterlichen Schwächen hingewiesen und weiter geschult. Wenn sie sich aber einmal nicht gut fühlte und trotzdem medial arbeiten musste, durfte sie sich an ihrem Lieblingsbaum erholen und wurde von den Geistwesen in Ruhe gelassen. Aber wem außer Jesus, Mirjam und Josua konnte sie diese Erlebnisse erzählen? Diese Erlebnisse, und vor allem diese Aufgabe, die sie sich gewählt hatte, machte sie auch einsam. Sie wollte noch gar nicht daran denken, dass Jesus und Mirjam in absehbarer Zeit Ephesos für immer verlassen würden. Dann wäre auch Josua für eine lange Zeit von ihr getrennt. Wem konnte sie sich dann noch anvertrauen? Mit wem sollte sie sich dann noch austauschen können?

Dianas graue Gedanken wichen wieder dem Licht, das sich auf der Oberfläche des fließenden Wassers des Delphinbrunnens zeigte.

∞

Am selben Morgen saß Jesus wieder einmal im Theater. Hier fühlte er sich nun mal sehr wohl, denn er konnte ungestört seinen Gedanken nachhängen. Seine Heilfähigkeiten sprachen sich sehr schnell herum. Gut, dass er nicht vom Hause Josuas aus heilte, denn dann wäre dieses Haus ständig überfüllt, und keiner der Bewohner hätte mehr ein normales Leben führen können, wie es sich vor vielen Jahren schon angedeutet hatte. Das konnte nicht die Lösung sein.

Jesus musste lächeln. Waren ihm doch sonst einige der so genannten Wunderheiler ein Dorn im Auge, war er hier in Ephesos sogar froh, dass es noch einige andere gab, denn so konnte er sich hinter vielen anderen Geschichten und falschen Propheten gut verstecken. Aber jetzt, nach diesen knapp vier Jahren, wurde das immer schwieriger. Mittlerweile kannte man den Namen Jesus und vor allem seine Fähigkeiten. Und der göttliche Plan sah jetzt nun mal auch vor, dass sein Name bekannter werden sollte.

Auch heute waren wieder einige Kinder in seiner Nähe. Er wusste zwar nicht, wie das möglich war, aber die Kinder fanden ihn immer. Wie so oft spielte er auf der Flöte seine Melodien. Spätestens dann kamen von überall die Kinder gelaufen und setzten sich zu ihm. Er plauderte dann kurz mit ihnen, erzählte ihnen von Gott und von der Schönheit des Lebens. Jesus genoss diese Augenblicke, in denen er diesen jungen, unverbrauchten Seelen so nahe war, in denen er ihr Strahlen sah, in denen er Gott in ihren Augen erkennen konnte, als ob es seine eigenen Kinder wären.

Die letzten Kinder waren gerade gegangen und hatten ihn glücklich mit einem stetigen Blick über den Horizont zurückgelassen.

Jesus liebte diesen Blick gen Horizont. Hier kam er in seine innere Ruhe, so konnte er kurz innehalten und mit seinem Vater Zwiesprache halten. Manchmal war es nicht leicht, die Dinge, die er hörte und spürte, auch umzusetzen. Er musste oft den Menschen gegenüber eine Strenge an den Tag legen, um sie zum Aufwachen zu bewegen. Die meisten Seelen hier in Ephesos schliefen. Sie waren schon vor langem eingeschlafen. Die Freizügigkeit der Menschen, die Lautstärke und die Gewalt in den Gassen wirkten wie eine Droge. Die Menschen stumpften ab. Die wenigsten wachten auf. Auch Leid oder Schmerz brachten die Menschen nicht dazu, über den Sinn des Lebens nachzudenken. Sie flüchteten sich in ihr Schicksal und beklagten es zugleich. Ja, eine liebevolle Strenge half sehr oft. Heute Morgen war Jesus dankbar, der zu sein, der er nun einmal war. Er liebte Gott. Er liebte die liebevolle Klarheit und Wahrheit, die von seinem Vater ausgingen. Wenn doch nur alle Menschen das nachfühlen könnten!

Was für Kulte hatte er in den letzten Jahren in Ephesos erlebt! Von Klarheit und Wahrheit keine Spur. Keiner dieser Kulte konnte den Menschen körperliche oder seelische Heilung bringen. Angefangen bei der Stadtgöttin Artemis. Die Ethik der Menschen, die im Tempel arbeiteten, stimmte zwar, aber der Sinn hinter vielen kultischen Handlungen war für die jungen Priesterinnen nicht mehr zu erkennen.

Artemis: Göttin der Jagd und Hüterin der Mütter und der Kinder. Von Künstlern wurde sie oft mit Pfeil und Bogen dargestellt. Aber die bekannteste Version der Statue, die man auch in kleinerer Form auf allen Märkten mittlerweile für viele Sesterzen erstehen konnte, sah schon sehr seltsam aus. Es war eine schlanke Gestalt, die in ein eng geschnittenes

Gewand gepresst war. Ihre Kopfbedeckung sah sehr altmodisch aus, sie war nach oben hin wie abgeschnitten. Der voluminöse Oberkörper war übersät von größeren Eiern, die wie angesteckt aussahen, und der untere Teil der Kleidung war mit Stierabbildungen überfrachtet. Nur ihre Zehen waren zu sehen. Die Menschen verstanden nicht mehr – zu lang war es her – dass diese Kleidung der Artemis eigentlich ein Raumanzug war und Artemis ursprünglich ein männlicher Abgesandter des großen heiligen Geschlechtes war, als die Santiner noch persönlich diesen Ort besuchten. Ja, die Erscheinung hatte etwas von einem Santiner, der einen Raumanzug trug. Diese eiförmigen Gebilde waren seine Luftkammern, die für Wasser- und Frischluftzufuhr sorgten, denn die Negativität auf der Erde war nicht zu unterschätzen. Die Viren und Bakterien, die es hier gab und von denen kein Mensch eine Ahnung hatte, waren für die Santiner tödlich.

Den normalen Menschen konnte Jesus nichts über sie erzählen, sie hätten nichts verstanden. Sie bekamen ja nicht einmal ihr normales Leben geregelt. So wurde aus einem göttlichen Abgesandten eine Göttin gemacht, die nach der allgemeinen Deutung der männlichen Epheser mit Stierhoden übersät oder, oder nach der Deutung der Frauen von Ephesos, mit unzähligen Brüsten bedeckt war. Ja, der jetzige primitive kultische Rahmen hatte früher einmal einen ganz realitätsnahen Bezug.

Jesus verstand ebenfalls nicht, dass es verheirateten Frauen unter Androhung der Todesstrafe und noch arbeitenden Hetären nicht erlaubt war, den Tempel zu betreten. Jeder Mann durfte hinein, aber in der Stadt der Frau sollte es den meisten Frauen nicht möglich sein, den Tempel zu betreten? Vieles lief hier schief. Viele Regeln waren mit der Zeit sinnlos geworden. Unter Androhung der Todesstrafe? Manchmal konnte Jesus nur den Kopf schütteln.

In der Stadt der Artemis gab es aber noch unzählige andere Gottheiten. Vor allem waren die ‚Große Mutter-Göttinnen' sehr beliebt, wie beispielsweise Demeter, Kybele oder die ägyptische Isis. In der Stadt der Artemis gab es natürlich viel Platz für andere weibliche Gottheiten, jedoch nahmen deren Kulte Ausmaße an, die jegliches göttliches Empfinden verspotteten. Stiere wurden geopfert, und ihr Blut wurde als Kraftquelle benutzt, teilweise sogar getrunken.

Als männliche Gottheiten gab es zum Beispiel Dionysos, den Gott des Weines. Zu dessen Ehren wurden dort orgiastische Feiern veranstaltet voller Rausch, Wildheit und Ekstase. Dann gab es noch Priapos, den Fruchtbarkeitsgott mit dem riesigen erigierten Glied. Ihm opferte man anfangs die ersten Erträge aus Feld und Garten, doch später wurden ihm Blutopfer dargebracht.

Ein Kult, der aus dem Partherreich nach Kleinasien gebracht wurde, war der Mithras-Kult. Auch hierbei stand die Tötung eines Stieres im Mittelpunkt. Dieses Opfer wurde als gemeinschaftsstiftende Tat angesehen. Allerdings war dieser Kult sehr brutal und er entwickelte sich zumindest hier in Ephesos zu einer Art römischer Geheimorganisation, die sich von allem öffentlichen Leben zurückzog. Es gab sogar das Gerücht, dass Menschen geopfert wurden. Jesus wusste allerdings durch seinen Kontakt zum himmlischen Vater, dass dies leider nicht nur ein Gerücht war, sondern üble Realität.

Natürlich gab es noch viele andere Gottheiten, die verehrt wurden, wie Zeus, Athene, Hestia, Hephaistos, Hermes und Apollon. Letzterer war in Kleinasien sehr beliebt und er wurde als Gott des Lichts und der Heilung verehrt.

Nicht selten wurde Jesus, wenn er nicht als Jude erkannt wurde, für einen Apollon-Priester gehalten. Manchmal klärte er das Missverständnis auf, aber manchmal auch nicht, wenn die Menschen einen guten Glauben hatten. Dann war es gleichgültig, ob Gott Apollon, Hestia oder sonst wie hieß. Diese Menschen erkannten die Tat als göttlichen Willen. Aber sonst waren die Namen für die meisten Menschen wichtiger als der Inhalt ihrer Verehrung, und das wollte Jesus nicht unterstützen.

Knapp unter Jesus nahmen drei junge Männer Platz und unterhielten sich über geschäftliche Dinge. Es mussten Seidenhändler sein. Sein Blick glitt am Horizont entlang und blieb an wunderschönen Wolken hängen. Was gab es Schöneres als Wolken, die anmutig vor einem blauen Himmel vorbeizogen und immer wieder andere Formen annahmen. Was mussten die Luftgeister für eine Freude daran haben, mit ihnen spielen zu können! Wie sehr ...

Ein Schrei unterbrach die meditative Stille. Die drei Männer unter ihm wollten gerade wieder gehen. Einer von ihnen hatte wohl eine Stufe nicht richtig genommen. Er war die steile Treppe hinuntergefallen. Dort lag er nun und schrie vor Schmerzen. Jesus stand auf und ging mit ruhigen Schritten zu ihm. Sein rechtes Bein war gebrochen.

„Warte, ich helfe dir. Ich heiße Jesus." Jesus beugte sich zu dem jungen Mann hinunter. Er war nicht älter als achtzehn Jahre. „Wie heißt du?"

„Daaaaahh ... Darius. Aaaahhh. Hilf mir."

„Hab keine Angst. In wenigen Minuten ist dein Bein wieder heil. Könnt ihr mir kurz helfen?" Jesus schaute seine beiden Freunde an, die kreidebleich dastanden."

„Ja, Herr. Was sollen wir tun?", fragte der Größere.

„Ganz einfach. Wenn ich meine Hände auf sein Bein gelegt habe, breitet bitte mein Gewand über dem Bein aus. Was dann geschieht, braucht niemand zu sehen. Danach nimmst du den Kopf von Darius in deine Hände und beruhigst deinen Freund." Jesus sprach sehr streng. „Beeil dich."

Ungläubig tat der Angesprochene, was Jesus ihm aufgetragen hatte. Nachdem Jesus seine Hände um den Bruch gelegt hatte, wurde das Laken ausgebreitet. So war die Wunde und was nun kommen sollte, nicht mehr sichtbar. Der Unfall hatte viele Schaulustige angezogen. Mittlerweile standen beinahe über fünfzig Menschen um Jesus herum, der von diesem allem nichts mitbekam.

Jesus war ins Gebet und ins Gespräch mit seinem Vater vertieft. Er hatte es sich angewöhnt, für die umstehenden Personen das Gebet aber laut auszusprechen. „Vater, bitte hilf Darius, damit der Knochen seines Beines wieder zusammenwächst und die Blutung aufhört." Jesus hielt kurz inne und bog das abgeknickte Bein in die normale Stellung hoch. Ein Raunen der Menschen war das Ergebnis, und Darius schrie gellend auf.

„Vater, bitte sorge dafür, dass Darius die nächste Zeit vorsichtiger ist und sein Leben achtsamer verbringt. Lass ihn die wahren Werte erkennen. Ich danke dir. So soll es sein." Jesus strich mit seinen Händen über das Bein und sprach noch einige leise Worte. Der Körper des jungen Mannes entspannte sich allmählich. Auch sein Freund, der hinter ihm saß, konnte ebenfalls wieder durchatmen.

„Darius, dein Bein ist geheilt", sagte Jesus. „Wohnst du hier in der Nähe?"

„Ja, Herr. Ich wohne ein paar Meter den Berg hier rauf."

„Gut, dann lass dich von deinen beiden Freunden nach Hause führen. Sie sollen dich abstützen, denn du darfst mit dem Bein nicht auftreten. Dann leg dich ins Bett. Du wirst bis heute Abend schlafen, und morgen früh bist du wieder ganz der Alte."

Darius blickte ungläubig auf sein Bein, das immer noch unter dem mittlerweile blutdurchtränkten Gewand von Jesus verborgen war. Dieser zog nun das Gewand beiseite und stand auf.

Ein erstauntes Raunen ging durch die Menge.

„Unglaublich, das Bein ist wieder heil. Und es schmerzt nicht mehr." Darius war ein zweites Mal geschockt. „Ich fasse es nicht. Nicht mal eine Wunde ist zu sehen."

„Wie hat er das gemacht? … Wer ist das? …Jesus … nein, ein Wunderheiler aus Ägypten … War das Bein wirklich gebrochen? … klar, ich hab es gesehen … unfassbar …"
„Darius, ich darf mich verabschieden. Pass in Zukunft besser auf dich auf." Jesus grüßte auch die anderen und verschwand aus der Menschenmenge. Er schaute sich nicht mehr um. Es waren nun sicher knapp hundert Augen auf ihn gerichtet. Es reichte, wenn sie ihn nur an seinem Rücken trafen. Jetzt wollte er erst einmal nach Hause und sein Obergewand waschen.
„Da hast du mir ja was eingebrockt, Vater." Jesus sprach vor sich hin und lächelte dabei, als er in die schmale Gasse einbog, in der er wohnte. „Das wird sich hier sehr bald herumsprechen. Zum Glück hat mich keiner nach meinem Namen gefragt. Aber so dauert es ein paar Tage länger, bis sie wissen, dass ich das war. Dein Wille geschehe, Vater. Dein Wille, nicht meiner."

∞

Und der Wille Gottes geschah. Diese Wunderheilung im Theater sprach sich wahrlich schnell herum. Jesus konnte sich nur wundern, was knapp fünfzig Menschen durch ihre Erzählungen alles erreichen können. Aber sein Glück war noch, dass man ihn nicht erkannt hatte. Sein Aussehen war noch nicht so bekannt wie sein Name. Noch nicht.
Heute Nachmittag war Jesus mit Johannes und einigen anderen Begleitern auf dem Weg zum Stadion. Dort sollten Gladiatorenkämpfe stattfinden, die sie sich anschauen wollten. Simon Petrus und Jakobus blieben mit den anderen von dieser Veranstaltung fern. „Heidnisch und grauenhaft" waren immer noch ihre Argumente. „Römisch und lehrreich" war die Antwort von Jesus.
„Mach dir ein Bild davon, dann kannst du urteilen." Wie oft hatte er sich mit Simon Petrus über dieses Thema in den Haaren gehabt. Aber diesen Sturkopf konnte er nicht davon überzeugen, dass hier in Ephesos Gladiatorenkämpfe, Wagenrennen oder sogar Bordelle zum Leben dazugehörten. Nicht, dass man das alles für gut heißen sollte, nein, aber um die Menschen zu verstehen, war es nun einmal wichtig. Um die römische Welt zu verstehen, war es sogar unumgänglich. Gerade für junge Menschen wie Johannes oder Thaddäus waren solche Erlebnisse zwar nicht unbedingt leicht zu ertragen, aber es waren wichtige Meilensteine für ihre Seelen. Sie waren der Anreiz, das Leben auf der Erde so anzunehmen, die Grausamkeiten im Leben außerhalb des jüdischen Glaubens zu erkennen

und nicht die Augen davor zu verschließen. Die Juden, das wusste Jesus nur zu gut, waren dafür bekannt, sich in ihre Welt zurückzuziehen und alles andere zu verdammen, ohne sich davon ein eigenes Bild gemacht zu haben. „Ich war dort." Johannes war ganz nahe an Jesus herangetreten. „Wo warst du?", fragte Jesus nach.

Jesus sah Johannes an. Er mochte diese Unbedarftheit an ihm. Er mochte seine wahrhaftige und authentische Art. Vor ungefähr zwei Wochen hatte Johannes ihn um ein vertrauliches Gespräch gebeten. Der gerade mal Achtzehnjährige, der nun schon seit einigen Jahren an seiner Seite war, teilte ihm sein größtes Geheimnis mit. Er hätte im Traum immer so ein überwältigendes Gefühl in seinen Lenden. Am nächsten Morgen wären dann öfters Flecken auf seiner Decke und es wäre klebrig. Jesus lächelte bei der Erinnerung daran. Wie mutig Johannes war, ihm dies mitzuteilen! Es war ein schönes Gespräch gewesen. Jesus klärte Johannes über die Blüten und die Bienen auf, seine Eltern hatten das nicht getan. Er hatte Johannes sogar empfohlen, in ein Bordell zu gehen und seine Erfahrungen zu sammeln. In ein gutes und sauberes Bordell. Das Bordell von Sophia.

„Du weißt schon, in diesem Haus von Sophia."

„Aha, und, wie war's?"

„Unfassbar, was ich dort gesehen habe. Einfach unglaublich. Ich wusste gar nicht, dass es so etwas gibt…"

„Und?" Jesus ließ nicht locker.

„Was und?"

„Hast du dir nur das Haus angeschaut und den Garten bewundert?"

„Äh, nein, hab ich nicht. Ich habe… ein liebes Mädchen kennengelernt."

„Und dieses Mädchen hat dir dann was gezeigt."

„Ja, so kann man es sagen."

„Und, wie war das?"

„Wunderschön. Einfach nur schön." Johannes war wie verklärt, wenn er an diese Stunden zurückdachte. Aber dann trübte ein Gedanke seine Stimmung. „Aber ich fühle mich schuldig."

„Warum, Johannes?"

„Ich bin Jude, und ich habe ein Bordell besucht."

„Schuldig brauchst du dich nicht zu fühlen. Genieße diese Erfahrungen. Merkst du, wie starr der jüdische Glauben ist? Merkst du, wie wir in Kerkern leben, die von unzähligen Regeln gemacht wurden? Spürst du die Energie der Starrheit unseres überlieferten Glaubens, die mit Floskeln wie ‚Das ist das Gesetz' oder ‚Es ist schon immer so gewesen' uns Menschen am Leben hindert? Erkennst du, wie schlimm diese Energie ist? Wer sich nicht daraus befreit, lebt in weiß übertünchten Gräbern."

„Ja, ich spüre es, Jesus. Es fühlt sich nicht gut an. So lebensfeindlich, so eng, so dunkel."

„Genau. Und unser Vater im Himmel möchte nur, dass wir leben, dass wir frei leben, dass wir im Licht leben. Meinst du, dass Gott im Mann die Liebe zur Frau nur erschaffen hat, damit er sich nach ihr verzehrt? Meinst du nicht, dass es auf die Liebe in dir ankommt, *wie* du die Frauen liebst?"

„Aber ich war bei einer Prostituierten, Jesus. Ich bin ja noch nicht einmal verheiratet, wie die meisten jüdischen Männer in meinem Alter."

„Ja und, meinst du nicht, dass es für dich ein wundervolles Erlebnis war, von einem erfahrenen Mädchen in die körperliche Liebe eingeführt zu werden? Meinst du nicht, dass diese Erfahrung dich reifen lässt? Meinst du nicht, dass du mit diesem Erlebnis vielleicht ein noch besserer Ehemann wirst, wenn du die richtige Frau für dein Leben triffst?"

„Aber …"

„Nichts aber. Oder hat dich die Frau nicht gut behandelt?"

„Doch, aber das was sie mit mir gemacht hat, war, nun ja, so äh …neu für mich."

„Ich habe in den letzten Monaten und Jahren die Menschen oft beobachtet." Jesus schaute Johannes eindringlich an. „Egal, wo du bist, du erkennst die jüdischen jungen Männer. Sie sind, wie sagt man in der jugendlichen Sprache, verklemmt. Werden sie älter, verhärmen sie und werden hart. Streng, unnachgiebig, verständnislos, lieblos. Diese Männer sind in jungen Jahren noch von Angst geprägt. Sie sind nicht so, wie sie eigentlich sein wollen und auch sein sollten. Sie müssen mit so vielen Regeln, Überlieferungen, Schriften, Gesprächen und Diskussionen aufwachsen, dass sie vergessen, was das eigentliche Leben bedeutet. Was meinst du, was passieren würde, wenn alle jüdischen jungen Männer solch eine Erfahrung gesammelt hätten wie du? Was würde dann mit ihnen geschehen?"

„Sie wären lockerer, sie würden erkennen, dass es noch anderes gibt hinter den ganzen Überlieferungen."

„Richtig. Und sie wären liebevoller. Vielleicht gäbe es dann weniger Krieg und Gewalt. Sie würden andere Menschen in dieser leider extrem männlichen Welt nicht mehr so leicht verletzen. Wenn sie aber ihre Ängste und ihre Unsicherheiten nicht mehr hätten, dann könnte sich ihr Selbstbewusstsein entwickeln. Und dann würden sie auch nicht so engstirnig werden wie Simon Petrus." Jesus lächelte Johannes zu.

„Ja, das stimmt." Johannes musste lachen, denn mit Simon Petrus hatten sie in der Vergangenheit schon viele sinnlose und ermüdende Gespräche geführt.

„Johannes, die Liebe ist schön. Fast alle Facetten der Liebe sind schön. Genieße sie. Behalte diese Erfahrungen wie ein Geschenk in deinem Herzen. Ehre die Frau, ganz egal, ob Prostituierte oder nicht, ganz egal, welche Hautfarbe sie hat, ganz egal, wie alt sie ist. Sie ist ein Mensch. Und sie ist eine Seele. Genau wie du und ich."

„Meinst du, dass ich noch öfters zu diesem Mädchen gehen darf?"

„Ja, Johannes. Tobe dich aus. Lerne zu leben. Aber eines musst du mir versprechen." Jesus lächelte.

„Was, Jesus, was ist es?"

„Erzähl es Simon Petrus nicht, dass ich dich dort hin geschickt habe." Die beiden lachten, bis ihnen Tränen über die Wangen liefen.

Ist Johannes nicht ein lieber Mensch? Vater, du musst ihn einfach lieb haben, nicht wahr? Ja, ich auch. Ich liebe ihn sehr. Johannes ist so anders als die meisten Männer in meinem Umfeld. Pass auf ihn auf, pass auf seine Seele auf. Er braucht deinen Schutz. Ich danke dir von Herzen. Könnten nicht alle Menschen so sein wie er? Könnten die Männer nicht mehr weibliche Anteile haben, die sie eine größere Liebe auf die anderen Menschen ausstrahlen ließen?

Die letzten Jahre hatte ich dank dir viel Kontakt zu Menschen hier in Ephesos. Du konntest durch mich viele Menschen heilen und ihnen viel Hoffnung auf eine gute Zukunft geben. Ich danke dir, dass du mich begleitest und dass du mich immer wieder dazu befähigst, die Menschen zu lieben. Denn ich spüre bei den Heilungen, dass die Liebe die Menschen heilt. Ich sehe viele Wunderheiler und Propheten hier in Ephesos, aber die wenigsten können halten, was sie den Menschen versprechen. Hätten sie die Liebe, würden viele Menschen erleuchtet werden, egal, ob sie sich nackt ausziehen, indigoblau anmalen oder exotische Liedchen trällern würden, so wie ich es heute auf dem Marktplatz bei einem sogenannten Propheten gesehen habe.

Das erinnerte mich an ein Erlebnis, als ich im großen Tal des Indus weilte und ich blaue Menschen gesehen hatte. Ich dachte, ich träumte, aber man hatte mir erzählt, dass dies Menschen waren, die aus Pflanzen die Farbe Indigo herstellen, indem sie in großen Becken herumstampfen. Aber diese Menschen dort taten das mit Liebe.

Es ist immer die Liebe, die die Menschen heilt. Und dies zu erkennen, dafür danke ich dir, Vater. Ich liebe dich.

∞

Endlich kamen Jesus und seine wenigen Begleiter beim Stadion an. Es würde noch einen Moment dauern, bis die Kämpfe begannen, doch sie suchten sich aber schon ihren Weg durch die Menschenmenge. Die Gladiatorenkämpfe fanden im hinteren Teil des Stadions statt, in einem abgetrennten Teil. Die Männer suchten sich einen Sitzplatz und ließen sich nieder. Tausend Menschen fanden hier Platz, wie Jesus gehört hatte, aber erst knapp ein Drittel der Plätze war besetzt. Unten im Rund konnte man schon die Kämpfer sehen, wie sie sich mit Übungen aufwärmten.

„Dürfen die Gladiatoren sich gegenseitig töten?", fragte Johannes vorsichtig.

„Nein. Es gibt verschiedene Arten von Kämpfen. Die größten finden in Rom vor dem Kaiser statt. Dort gibt es Kämpfe, wo es um Leben und Tod geht. Aber hier in Ephesos geht alles ein bisschen gemächlicher zu. Jedoch kommt es oft vor, dass sich die Kämpfer schwere Verletzungen zuziehen."

„Woher weißt du das alles?" Thaddäus war ganz baff.

„Ich habe mich in den letzten Monaten mit vielen Menschen hier unterhalten. Und da erfährt man so einiges."

Die Arena füllte sich. Jetzt waren nahezu alle Plätze belegt. Unten auf dem Platz begrüßte ein Ratsmitglied die Menschen, teilte ihnen den Ablauf des Nachmittags mit und wünschte allen viel Spaß. Die ersten zwei Kämpfer traten aus der Dunkelheit der Katakomben heraus an das Tageslicht. Die Menschen riefen wild durcheinander. Johannes war verunsichert und rückte näher an Jesus heran.

„Keine Angst. So ist das in einer Stadt des römischen Imperiums. Dort sind alle irgendwie etwas verrückt." Er lächelte.

Daraufhin kamen zwei Männer aus den Katakomben. Der eine nahm neben den Kämpfern Platz, der andere sprach zu den Menschen.

„Bürger von Ephesos", fing er an, „heute ist wieder ein Tag, an dem Rom für euch keine Kosten scheute. Wir haben heute im Namen des Kaisers wieder die besten der besten Gladiatoren nach Ephesos geholt. Ich hoffe, dass ihr viel Spaß an den Kämpfen habt." Applaus brandete auf. „Gut, gut, der erste Kampf findet nun statt. Es kämpfen zuerst der große Pugnax gegen den stadtbekannten Ferox." Daraufhin verzog sich der Mann und stellte sich auf die andere Seite der Arena. Im Rund wurde es totenstill. Der Kampf begann.

„Was machen diese beiden Römer in der Toga dort?", wollte Johannes wissen.

„Das kann ich dir sagen." Direkt unter Jesus und Johannes saß eine Gruppe römischer Männer, von denen sich einer, wahrscheinlich der Jüngste, umgedreht hatte. „Die beiden Männer in der weißen Toga sind die Schiedsrichter. Sie achten darauf, dass der Kampf auch nach den gültigen Regeln verläuft und kein Kämpfer durch Hinterlist sich einen Vorteil verschafft."

„Und warum sind die beiden Kämpfer so seltsam gekleidet?", wollte Johannes von dem Römer wissen, der bei dieser Frage lächeln musste.

„Der mit dem großen Schild ist ein Murmillo. Dies ist eine Gattung der Gladiatoren. Er trägt generell solch einen Krempenhelm, und sein Markenzeichen ist der große Rechteckschild. Desweiteren sind seine Beine mit einer Schiene geschützt. Seine einzige Waffe ist ein Kurzschwert. Der andere Kämpfer ist ein Thraex. Sein Helm ist meistens von einer Sichel bekrönt. Außerdem trägt er Bandagen um seine Beine. Er hat einen kleinen Schild und ein gebogenes oder geknicktes Kurzschwert als Waffe. Diese beiden Gattungen kämpfen meistens gegeneinander."

„Ich danke dir für diese Informationen."

„Ich halte dich bei den nächsten Kämpfen auf dem Laufenden. Schau dir genau an, wie geschickt und schnell sich diese Männer trotz des Gewichts, das auf ihnen lastet, bewegen." Er nickte Johannes freundlich zu.

Tatsächlich! Die beiden Kämpfer beäugten sich gegenseitig, und ab und zu kam es zu einem Angriffsversuch. Es dauerte einige Minuten, bis die Kämpfer wagemutiger wurden. Die Angriffe des Kleinschildners wurden häufiger. Er war flink wie ein Wiesel. Es war gewöhnungsbedürftig, die klirrenden Geräusche der Schwerter zu hören, wenn sie auf die Schilde trafen. Da fiel der eine Kämpfer hin, konnte sich aber durch eine Rolle zur Seite retten und stand – so schnell konnte man gar nicht schauen – wieder in seiner Ausgangsposition.

Jesus schaute sich im Rund um. Es war eine angespannte Atmosphäre. Die Menschen waren mit ihrer ganzen Aufmerksamkeit bei den Kämpfern. Genauso Johannes. Der hing mit seinem Blick an den beiden Gladiatoren und war wie in einer anderen Welt versunken, so spannend fand er den Kampf. Die anderen Begleiter wie Thaddäus blickten etwas ängstlich auf die Kämpfer. Spannend schienen sie es auf keinen Fall zu finden, was da unten vor sich ging.

Auf einmal ging ein Raunen durch die Menge. Jesus sah gerade noch, wie sich der Kleinschildner in einer wahnwitzigen angetäuschten Angriffshaltung auf die andere Seite des Großschildners sprang, ihm ein Bein stellte und sein Schwert auf die Kehle des Unterlegenen hielt. Damit war der Kampf zu Ende.

Die Menge brüllte. „Klasse Kampf ... unfassbare Finte ... Ferox unser Held."

„In Rom hätte er zugestochen." Der jüngere Mann unter Johannes hatte sich wieder zu Wort gemeldet.

Die beiden Kämpfer verließen das Rund und es traten zwei neue Gladiatoren auf das Feld. Sie waren ähnlich angezogen wie die anderen vor ihnen. Der Schiedsrichter nannte den Schaulustigen die Namen der Kämpfer, und weiter ging's. Die nächsten Kämpfe ähnelten dem ersten, wobei sie nicht so spektakulär waren wie dieser. Der erste Kleinschildner war sehr schnell im Vergleich zu einigen anderen. Sie waren, das erkannte sogar Jesus, etwas träger.

Der Nachmittag schritt weiter voran. Johannes und Jesus erfuhren von dem Römer vor ihnen alles Wichtige, was es über die unterschiedlichsten Kämpferarten zu wissen galt. Sie sahen Samnis kämpfen, Gladiatoren mit Helm, einem hohen Schild, einer linken Beinschiene, einer Lanze und einem Schwert. Sie hörten auch von Scaeva, einem Linkshänder, der, wie man sah, seinem Gegner erhebliche Schwierigkeiten bereitete. Er siegte auch prompt.

„So, liebe Epheser, nun zum Höhepunkt dieses Nachmittags." Der eine Schiedsrichter meldete sich wieder zu Wort. „Nun kämpfen Serpentius gegen unseren Publikumsliebling Hyacinthus." Die Menge johlte, während die beiden letzten Kämpfer unter Fanfarenklang die Arena betraten. Sie waren sehr groß und kräftig.

„Serpentius ist ein Secutor." Der Römer unter ihnen lächelte und war stolz, sein Wissen immer noch weitergeben zu dürfen. „Das ist ein Verfolger und wird auch Scissor genannt, der Schlitzer. Diese Bezeichnung klingt gefährlicher. Wie ihr seht, trägt er einen goldenen Helm, ein bis an die Knie reichendes Panzerhemd und zwei kurze Beinschienen. Anstelle eines Schildes trägt er eine Metallröhre am linken Unterarm, die in eine quergestellte Klinge ausläuft. In der anderen Hand hat er das übliche Kurzschwert. Gefährlich, wie der aussieht, oder?"

„Ja, da hast du Recht." Johannes war sichtlich erstaunt, gerade über die Klinge, die den linken Arm des Kämpfers bedeckte.

„Der andere ist Hyacinthus, ein Retiarius, ein Netzkämpfer. Seine Schutzausrüstung ist, wie ihr seht, sehr beschränkt. Er hat gerade mal den linken Arm bandagiert, darüber einen metallenen Schulterschirm. Seine Waffen sind das Netz, der Dreizack und ein Kurzschwert. Wie ihr seht, ist Hyacinthus nicht nur aufgrund seines Namens bei den Frauen sehr beliebt." Jesus musste lachen. Der Gladiator mit seinem großen Netz erinnerte ihn irgendwie an einen Fischer aus Galiläa, der gerade von einem großen Fang nach Hause kam. Aber als Frauenschwarm könnte er durchaus durchgehen. Sein Oberkörper war wahrlich enorm, war allerdings für Juden ein skandalöser Anblick, denn er war fast ganz entblößt. Johannes jedenfalls schien es zu gefallen, Thaddäus, den er jetzt kurz anblickte, traten förmlich die Augen aus dem Kopf hervor. Aber diese heroische Nacktheit des Oberkörpers erhöhte die Anziehungskraft des Kampfes.

Der Kampf begann. Gleich von Anfang an fuchtelte Hyancinthus, der Traum aller Frauen, wild mit seinem Netz herum. Der andere Gladiator musste verhindern, in das Netz zu geraten, denn danach wäre der Kampf zu Ende. Einmal im Netz verfangen, gab es keinen Ausweg mehr. Hatte jedoch der Netzkämpfer sein Netz einmal verloren, war er fast besiegt, denn nur mit einem Dreizack konnte er gegen den gut gepanzerten Schlitzer fast nichts mehr ausrichten.

Aber es kam so, wie es sich die meisten Epheser gewünscht hatten, vor allem die Frauen: Hyacinthus gewann mit einem geschickten Wurf seines drei Meter messenden Netzes, worin sich der Schlitzer mit seiner Klinge verfing. Er wollte noch kurz das Netz abstreifen, aber der Versuch schlug fehl. Dafür trat er in das Netz, denn durch seinen Helm war sein Blickfeld sehr eingeschränkt. Er fiel hin. Bevor er irgendetwas machen konnte, war der Dreizack des Frauenschwarms schon an der Kehle des Schlitzers. Auch dieser Kampf war beendet.

Die Meute brüllte, nicht nur die allein stehenden Frauen winkten mit ihren Seidenschals und riefen dem Sieger zu, er möge ihnen einen Blick schenken.

Nach langen, fast endlosen Stunden, machten sich die Epheser endlich auf den Heimweg. Der Römer vor ihnen grüßte noch und verschwand dann mit seinen Freunden. Jesus wartete noch, bis es etwas ruhiger und leerer geworden war. Sie gingen zum Ausgang und traten vor das Stadion. Sie kamen gerade dazu, wie die Gladiatoren zusammenstanden und sich über ihre Kämpfe unterhielten. Es waren um die dreißig. Sie waren mittlerweile gewaschen und trugen wieder ihre Alltagskleidung, aber an ihrem

Körperbau erkannte man, dass sie Gladiatoren waren. Jesus wollte gerade an ihnen vorbei, als ein älterer Grieche auf ihn zugelaufen kam.

„Bist du nicht Jesus, der Wunderheiler?", fragte er

„Warum möchtest du das wissen?", erwiderte Jesus.

„Bist du es nun oder nicht?"

„Man sagt es, dass ich es sei."

„Das freut mich aber, dich hier zu treffen." Mittlerweile hatte sich die Familie des Griechen um ihn versammelt.

„Findest du nicht, dass diese kämpfenden Männer sehr mutig sind?" Nun wurden auch die Gladiatoren auf die piepsige Stimme des Griechen aufmerksam.

„Meinst du wirklich, dass kämpfende Männer mutig sind? Vor allem, wenn sie das Risiko eingehen, verletzt zu werden?", fragte Jesus den Griechen.

„Ja, in meinen Augen ist das Mut."

„Oder ist das nicht eher Dummheit?" Jesus wusste, dass die Provokation Aufsehen erregte. Aber manchmal waren diese Griechen und Römer in solch einer Dumpfheit gefangen, dass man sie anders nicht herauslocken konnte, um ihnen Seelenimpulse mit auf ihren Lebensweg zu geben.

„Willst du damit sagen, dass wir Gladiatoren dumm sind?" Ein großer stämmiger Mann baute sich vor Jesus auf. Es war einer der Großschildner.

„Du hast es so empfunden. Ist es wirklich Mut, wenn ihr bei jedem Kampf riskiert, dass ihr verletzt werdet? Ist es wirklich Mut, euch vor tausend Menschen zu stellen und mit einem Kollegen zu kämpfen, der vielleicht euer Freund ist? Ist es wirklich mutig, sich hier in Ephesos freiwillig zum Gladiator ausbilden zu lassen, während in Rom Sklaven und Gefangene tausendfach dazu gezwungen wurden, Gladiator zu werden, da es ihre einzige Chance ist, ihr Leben zu verteidigen?" Einige aus der Menge grummelten vor sich hin.

„Du bist mutig, hier in dieser Runde solche Reden zu schwingen." Ein Rufer aus den hinteren Reihen brachte die Menschen zum Lachen. „Ja, das stimmt, was soll das?"

„Ich frage euch: Wo ist der Mut eines Gladiators?" Jesus lächelte in die Runde.

„Vor dem Tod keine Angst zu haben", sagte einer.

„Zu wissen, von dem Schwert oder einer Lanze durchbohrt zu werden", sagte ein anderer.

„Die Stärke zu haben, gegen einen körperlich stärkeren Kämpfer bestehen zu können", meinte ein dritter.

„Klar ist das mutig … das sieht doch jeder Blinde … komische Frage…"

Aufgrund der vielen Meldungen konnte Jesus sehen, dass dies ein Thema war, das viele Menschen in Ephesos und wahrscheinlich der ganzen römischen Welt bewegte.

„Was ist Mut für dich, Jesus?" Der Grieche meldete sich wieder zu Wort. Es wurde still um Jesus. „Wenn du solche Worte verwendest, dann möchte ich auch deine Meinung hören."

„Wollt ihr die wirklich wissen?" Jesus blickte in viele interessierte Augenpaare.

„Natürlich … sprich endlich … fang an."

„Mut ist es, seine Schwächen anzuschauen. Mut ist es, seinen Freunden seine Schwächen einzugestehen. Mut ist es, nach einer Beleidigung dem anderen zu vergeben, obwohl man immer noch den Schmerz fühlt. Mut ist es, allen Menschen unvoreingenommen gegenüberzutreten. Mut ist es, den Gegner zu lieben und nicht zu verachten. Mut ist es, die Frau zu respektieren und nicht nur zu benutzen. Mut ist es, so zu sein, wie man ist und nicht so, wie einen die Leute haben wollen." Jesus merkte, dass seine Ausführungen genug waren.

Alle Anwesenden waren verstummt. Kein Atmen war zu hören. Solche Worte hatten diese Menschen noch nicht gehört. Auch die Kämpfer sahen Jesus mit offenen Mündern an. Er spürte, dass bei den Gladiatoren einer dabei war, den seine Worte nicht unberührt ließen. Jesus nutzte diese Situation und sprach weiter: „Hat ein Gladiator wahrhaftig den Kampf gewonnen, wenn er hier in der Arena einen Kollegen bezwingt, aber den Kampf gegen seine egoistischen Gefühle verliert? Hat er wirklich gewonnen, wenn er sein Schwert an die Kehle des Gegners setzt, aber sich einige Stunden später im Bordell eine Frau nimmt wie ein Tier? Ist nicht der Mann ein wahrer Gladiator, der sich für die Armen, für die Schwachen, für die Unterdrückten einsetzt und die Übermächtigen besiegt? Ist nicht der Mann ein wahrer Gladiator, der seine dunklen Gefühle besiegt und seine lichtvollen Gedanken den anderen Menschen wie Fackeln zeigt? Ist nicht der Mann ein wahrer, heroischer Gladiator, der die anderen Menschen liebt und sie nicht bekämpft, nur weil sie anders aussehen oder sprechen?" Jesus schaute in die Runde. Er fühlte, dass die Diskussion damit beendet war.

Jesus gab Johannes, Thaddäus und den anderen ein Zeichen, zu gehen. Als sie das Viertel des Stadions verlassen hatten und in Richtung Hafen gingen, lachte Jesus. Er hatte gerade gesehen, dass ihre kleine Gruppe um eine Person angewachsen war. Ein Gladiator hatte sich ihnen angeschlossen.

∞

Josua konnte kaum glauben, was er gerade gelesen hatte. Vor ihm lag eine kleine Schriftrolle in griechischer Sprache mit Gedanken von Jesus. Und das Unfassbare war, Jesus hatte die Rolle selbst geschrieben.

Gestern war Jesus von einer längeren Reise zurückgekehrt, und gleich heute Morgen hatte Jesus ihm die Rolle gebracht, mit der Bitte, sie ein paar Mal zu kopieren. Sie sei für alle Menschen wichtig, hatte er nur gesagt. Diese Schrift enthalte die Essenz seiner Lehre.

Die Buchstaben waren wahrlich sehr harmonisch geschrieben. Sogar an der Schrift sah man, dass Jesus eine außergewöhnliche Person war. Josua musste sich erst einmal auf sein Lager legen, um die Worte, die er gerade gelesen hatte, zu verdauen. Was für eine Wortwahl, was für logische Gedanken, was für eine klare Gedankenwelt, in der Jesus beheimatet war. Josua seufzte. Er hatte schon vieles geschrieben, er hatte schon vieles gelesen. Aber solche Worte waren ihm noch nie vor Augen gekommen. Es half nichts, er musste anfangen, diese großartigen Worte zu kopieren. So oft wie möglich. Und die Originalrolle musste er später an einem sehr sicheren Ort verstecken, denn diese persönliche Schrift von Jesus sollten alle Menschen lesen können. Zu jeder Zeit, an jedem Ort.

Josua nahm sein Schreibrohr, tunkte es in die Tinte, die er heute Morgen frisch hergestellt hatte, und fing an zu schreiben:

„Wann endlich werdet ihr euch zu den Tatsachen bekennen, die ich euch täglich sichtbar vor Augen führe? Ich schicke euch meine Engel, und ihr verleugnet sie. Ich sandte euch meine Propheten, und ihr tötet sie. Ich gab euch klare Lehren, doch ihr habt sie verfälscht. Ich gab euch die Gewissheit vom ewigen Leben, doch ihr wollt sie gar nicht hören und sucht im Gegensatz dazu den ewigen Tod. Ich gab euch eine Heimat auf dieser Erde, doch ihr zerstört sie. Ich gab euch meine Liebe, doch ihr antwortet mit Hass. Wann endlich werden sich meine Kinder den Gesetzen des Alls anpassen?

Ihr sagt von euch selbst: ich bin. Doch ich sage euch, dass Ich Bin. Doch ich war vor euch, und ich werde immer sein. Ihr fürchtet euch auf dieser Erde, weil ihr euch Gefahren schafft, die weder von mir noch in meinem Sinne sind. Wann werdet ihr endlich verstehen, dass Ich wirklich und ewig Bin?

Ihr beklagt euch, dass ihr mit Krankheiten zu kämpfen habt, dass ihr schwer arbeiten müsst und dass es euren Mitmenschen besser geht als euch selbst. Ihr habt große Furcht vor dem Krieg und vor der Gewalt der Herrscher. Ich aber sage euch, dass ich nicht das Unrecht strafe. Die Krankheiten kommen aus euren selbstsüchtigen Vorleben, sie reichen

Jahrtausende zurück. Euch geht es in diesem Leben so, wie ihr es euch in den letzten Vorleben erarbeitet habt. Es gibt keine Ungerechtigkeit im kosmischen Sinne, es gibt nur eine Ungerechtigkeit in euren Gedanken. Seht euch die Reichen an, seht euch die Mächtigen an: Geht es ihnen wirklich besser, oder leiden sie an ihrer eigenen Unersättlichkeit? Seht euch die Starken an. Sind sie wirklich stärker als der Gleichmut und die Zufriedenheit? Sind die Herrschsüchtigen wirklich stärker als die kosmischen Gesetze unseres Gottes? Können sie den Naturgesetzen Einhalt gebieten? Seht ihr, wie lächerlich die irdische Macht wirklich ist?

Wahrlich, ich sage euch, hört auf, gegeneinander zu kämpfen. Hört auf, euch in ewig langen Reden und Diskussionen zu verlieren. Ich spreche zu euch durch meinen Willen, und es wird keinen Menschen unter euch geben, der diese Sprache nicht vernehmen und nicht verstehen wird. Ich werde euch nie zu etwas zwingen. Ich stehe euch immer in eurer Not bei. Doch ihr werdet eure Not nicht eher von euch werfen können, bis ihr euch mit eurer ganzen Seelenkraft an mich, an euren Vater im großen Himmel und an seine große Schar von geistigen Helfern wendet.

Erkennt endlich das göttliche Wirken in allem, was existiert. Ich bin die Ursache, das Universum ist die Wirkung. Ich bin das Licht auf eurem Weg. Folgt mir nach, und ihr werdet nicht mehr in der Dunkelheit leben müssen. Der Zweifel macht euch krank und selbstsüchtig.

Ihr seid mein Ebenbild im Denken und im Handeln. Ihr seid mein Ebenbild in der Unsterblichkeit und in der Entwicklung eures Geistes. Euer Geist braucht eine Schulung. Deshalb habt ihr einen Körper. Deshalb seid ihr hier. Deshalb werdet ihr immer wieder in unterschiedlichen Körpern und unterschiedlichen Ländern wiedergeboren, um euren Geist in immer neuen Gegebenheiten zu schulen. Deshalb ist die wichtigste Erkenntnis für euch, dass nichts vergeht. Alles existiert weiter. So wie der unsterbliche Teil in euch, eurer Seele, die aber immer wieder in anderen Körpern zur Erde kommt. Die Lehre der Wiedergeburt ist für euch die wichtigste Erkenntnis. Nichts ist wichtiger als das Wissen darum, dass ihr Ursachen legt, deren Wirkung ihr später wirklich erfahren werdet.

Wenn ihr Hilfe braucht, wenn euer Herz schwer ist, dann bittet Gott um Hilfe. Bittet ihn, betet zu ihm und seiner geistigen Organisation. Gebete haben eine starke Kraft, wenn sie nicht aus selbstsüchtigen Gedanken heraus entstehen. Eure Gebete, wenn sie denn aus eurem Herzen kommen, sind schon das Ergebnis eures Glaubens. Gott hat euch bereits erhört, denn er lässt euch die Gebete sprechen, noch bevor ihr die Gedanken habt.

Euer Vertrauen, eure Liebe und eure Hoffnung kann in einer geballten Weise eine Kraft des Geistes sein, die mich erreicht. Diese wunderbare menschliche Geisteskraft der Liebe und des vollen Vertrauens ist eine gewaltige Substanz, mit der ich etwas für euch tun kann. Verschafft mir diese bedeutende Kraft durch eure wahrhafte Geisteshaltung, durch euer positives Denken und durch eure aufrichtigen Gebete, dann kann ich alles für euch tun.

Ihr lebt hier auf dieser Erde, jedoch existiert ihr nicht erst vom Tage eurer Geburt an. Eure Erschaffung liegt unendlich weit zurück. Euer Ursprung ist das geistige Reich. Auch andere Menschheiten auf anderen Planeten haben den Weg zurückgelegt, den ihr noch zurücklegen müsst. Auch das große heilige Geschlecht, das euch näher steht, als ihr glaubt, musste diesen Weg der Selbsterkenntnis gehen. Deshalb sage ich euch: Lebt nach den Gesetzen der Liebe in vollkommener Harmonie und Bescheidenheit. Dann werdet ihr noch viel mehr Wunder vollbringen, als ich sie schon getan habe. Dann wird es für euch kein Unmöglich mehr geben. Ihr werdet erkennen, dass meine Liebe schon immer war und euch immer begleiten wird, wo auch immer ihr sein werdet, denn ihr seid meine Kinder. So soll es bis in alle Ewigkeit sein."

Josua legte erschöpft sein Schreibrohr zur Seite. Die erste Kopie war erstellt. Noch nie hatte Josua solche Sätze geschrieben. Kein Heraklit, kein Sokrates konnte solch grandiosen Gedanken in so klare Worte fassen. Gerade die Griechen philosophierten um die Wette, aber zu großartigen Ergebnissen kamen sie nicht. Gut, in der Wissenschaft konnten sie einige Erfolge aufweisen, aber wo standen sie in der Philosophie, der wahren göttlichen Erkenntnis?

Wo hatte Jesus nur diese Worte geschrieben? Josua betrachtete die Schriftrolle: sie war hervorragend gefertigt, bestand sie doch aus einer Art Papyrus, wie er sie noch nie gesehen hatte. Eine sehr feine Qualität, aber sie schien sehr haltbar zu sein. Wo war Jesus nur gewesen? Und vor allem, woher hatte er diese Rolle? Josua hatte einmal gehört, dass es in Heliopolis eine renommierte Manufaktur gab, die zwar Papyrusrollen von herausragender Qualität herstellte, diese aber nicht in andere Länder ausführte. War dies solch eine Rolle? Und wenn ja, wie war Jesus in dieser kurzen Zeit dort hingekommen? Oder wie kam diese Rolle von dort nach Ephesos? Befand er sich wirklich regelmäßig, wie er ihm einmal zwischen den Zeilen mitgeteilt hatte, in einem Hause des großen heiligen Geschlechts?

Josua erinnerte sich noch an die Zeit, als Jesus ihn am Olivenbaum, der über Nazareth thronte, besuchte und ihm etwas über diese Menschheit erzählte, deren Heimat nicht die Erde war. Er erinnerte sich an die Lichter über dem Berg Tabor, die sich schnell und im Zickzack bewegten. Auch hier in Ephesos hatte Josua solche Lichter schon gesehen. Warum sah niemand sonst diese Lichter? Oder sahen manche diese Lichter, trauten sich aber nichts zu sagen? Nein, das glaubte er nicht. Die Menschen redeten stundenlang über jeden Blödsinn. Da hätte er ein Gespräch über solch eine Sichtung früher schon einmal irgendwo aufgeschnappt.

Josua hatte genug gedacht. Hunger übermannte ihn. Vielleicht hatte Lea frisches Brot gebacken und könnte ihm schnell eine ihrer vorzüglichen Käsesoßen zubereiten. Oliven waren immer im Haus, und mit diesen Zutaten konnte der Hunger bestimmt innerhalb kürzester Zeit vertrieben werden. Und ein bisschen die Fröhlichkeit von Micha zu spüren, der schon erwachsener wirkte als viele Männer, würde ihm jetzt sichtlich gut tun. Er musste erst einmal die Worte von Jesus in sich setzen lassen, schließlich waren die meisten der Gedanken, die er geschrieben hatte, trotz seines mittlerweile großen Wissens über die Schöpfung nicht leicht zu verdauen.

„Ich bin die Ursache, das Universum ist die Wirkung." Ja, das musste ein normaler Mensch erst einmal verdauen. Seine linke Hand schwitzte, während sie fest das Olivenkreuz umklammerte.

Geklärte Verhältnisse

Jetzt war es schon über ein Jahr her, dass sie mit Micha in Josuas Haus gezogen war. Es war groß genug für alle Anwesenden. Sie war froh, dass sie und Josua miteinander gut umgingen. Die Vergangenheit war geklärt, bis auf Micha. Lea wusste nicht, ob und wann sie Josua mitteilen sollte, dass Micha sein Sohn war. Auch Micha kannte die Wahrheit noch nicht, obwohl er jetzt schon zehn Jahre alt war. Keiner kannte die Wahrheit, so glaubte sie.

„Grüß dich, Lea." Jesus trat in den Küchenbereich. „Habe ich dich erschreckt?"

„Nein, hast du nicht. Ich hing nur etwas meinen Gedanken nach."

„So, so. Scheinen ja sehr bewegende Gedanken zu sein."

„Wie meinst du das?"

„Haben die Gedanken irgendetwas mit Micha zu tun?"

„Äh, woher…"

„Und mit Josua?"

„Woher weißt du das mit Micha und Josua?"

„Wer gut beobachten kann, sieht, dass Micha die Augen und die Ohren von Josua hat, und nicht die von Samuel."

Lea war geschockt.

„Wie lange weißt du schon, dass Micha Josuas Sohn ist?"

„Schon etwas länger. Manchmal kann ich auch Gedanken lesen, wenn es sein soll."

„Hast du es Micha und Josua erzählt?" Lea war verunsichert.

„Nein, Lea, habe ich nicht. Es ist ja nicht meine Verantwortung, aber ich denke, dass du dir klar machen musst, was du tust. Du kannst nicht noch drei Jahre warten. So langsam musst du dich entscheiden."

„Was meinst du, Jesus, wie ich mich verhalten soll?"

„Ich kann dir hierbei nicht helfen, aber wichtig wäre es in meinen Augen immer, die Wahrheit zu sagen, auch wenn es scheinbar schwierig ist, sie auszusprechen." Jesus betrachtete Lea, die auf ihrem Schemel in sich zusammengesunken war.

„Ich werde es ihnen sagen."

„Auf der anderen Seite", Jesus war noch nicht mit seinen Ausführungen am Ende, „wird Josua Ephesos verlassen und mit mir und einigen anderen zurück nach Israel gehen. Dann wäre der Trennungsschmerz für beide, nachdem sie sich vielleicht noch mehr angenähert haben, zu schmerzhaft. Und es wäre für Josuas Seele wichtig, dass er für die nächsten Jahre in Israel seinen Aufgaben folgt."

„O, das wusste ich nicht."

Keiner der beiden sprach ein Wort.

„Was würde passieren, Lea, wenn du es beiden erzählst und Micha sagen würde, dass er mit Josua und mir nach Israel gehen möchte? Wie würdest du handeln?"

Diese letzten Sätze von Jesus hatten Lea getroffen. „Das wäre sehr schwierig. Auch wenn ich vor Schmerzen schreien würde, ich glaube, sofern es in seiner Bestimmung liegt, würde ich ihn gehen lassen."

„Das ist eine mutige und reife Antwort, die nur von einer starken Frau kommen kann." Jesus berührte liebevoll ihren Arm.

„Jesus, ich weiß, dass du weißt, dass ich nicht unbedingt glaube, dass du der Messias bist, der uns angekündigt wurde. Leider bin ich wahrscheinlich von Samuel so geprägt worden. Jedoch weiß ich, dass du eine sehr reife Seele bist und Einblick in Dinge hast, die nur auserwählte Seelen haben können." Lea musste schlucken, bis sie zur entscheidenden Frage noch einmal in sich ging und Luft holte. „Jesus, steht es in Michas Schicksal geschrieben, dass er mit euch nach Israel geht?"

„Lea, es ist egal, ob es dort stehen würde, es ist immer noch euer beider Entscheidung."

„Jesus, gib mir ganz klar eine Antwort. Steht es in Michas Schicksalsweg geschrieben, Ephesos zu verlassen?"

„Ja, Lea, es steht in Michas Leben so geschrieben."

„Dann hast du mit dieser Antwort alle meine Fragen beantwortet."

„Ich werde dir bei den Gesprächen helfen. Ich werde anwesend sein, wenn du das möchtest."

„Ja, ich möchte es."

„Sag es ihnen bald. Jeder Tag, an dem sie es wissen, zählt."

„Gut, dann werde ich es heute Abend ansprechen. Wir hatten heute ja schon ein gemeinsames Abendmahl geplant."

∞

Das Essen war angerichtet und befand sich schon auf dem Tisch, als Josua mit Diana in den Raum trat. Lea, Micha, Mirjam und Jesus standen noch neben dem Tisch und unterhielten sich.

„Entschuldige, dass wir uns ein wenig verspätet haben, aber ich war gerade bei den letzten Zeilen der letzten Kopie, die ich heute erstellen wollte." Josua verbeugte sich vor allen.

„Und hätte ich morgen weitergemacht, dann hätte die Tinte einen anderen Farbton auf der Papyrusrolle hinterlassen, und das Gesamtbild würde nicht mehr zueinander passen. Es war nicht Dianas Schuld. Sie sollte mich ja holen." Josua lächelte und hoffte auf Verständnis.

„Ja, der perfekte Josua, das kennen wir schon." Jesus lachte, und auch die anderen fanden Gefallen daran, ihn hochzunehmen. Auch Josua mochte es, für Spott zu sorgen, wenn dafür im Raum gelacht wurde.

„Lea, was hast du uns heute Abend aufgetischt?"

„Heute gibt es Seelachs mit Spinatfüllung und in Honig gebackene Zwiebeln. Danach gibt es noch Grießbrei mit Datteln. Ist es den Herrschaften so genehm?", fragte sie lächelnd, wobei es ihr anzusehen war, dass sie genau wusste, dass alle ihre Kochkünste mehr als bewunderten.

„O ja, Mutter. Lass uns beginnen. Ich habe Hunger." Auch Michas direkte Art brachte alle zum Lachen. Nach einem kurzen Tischgebet, das heute Diana sprach, machten sich alle in dieser gelockerten Runde über das Essen her.

Josua liebte diese gemeinsamen Abendmahlzeiten voller Freude und Ausgelassenheit. Ganz im Gegenteil zu seiner Kindheit, als am Tisch nicht gesprochen werden durfte, redete hier jeder, wie er wollte und meistens irgendwie dazwischen.

„Äh", Lea meldete sich zu Wort, brachte aber anfänglich kein Wort heraus, sondern sah nur ihn und Micha an, bevor sie mit ihren Worten fortfuhr. „Ja, es fällt mir schwer, a ... aber ich muss heute Abend etwas sagen, was ich euch schon längst hätte sagen sollen, aber irgendwie fand ich nie so recht den optimalen Zeitpunkt."

„Ist es etwas Schlimmes?" Diana war richtig erschrocken, als sie Leas Gesicht sah.

„Äh, nein, es ist ... oder doch? Ich weiß es nicht."

„Lasst sie doch erst einmal ausreden." Jesus versuchte, Lea zu helfen.

„Nun gut. Also, früher, als Samuel noch lebte, dachte ich immer, es euch auf keinen Fall zusagen. Aber jetzt, Micha, Josua, jetzt müsst ihr es einfach wissen." Lea hielt kurz inne. Auch Josua war sprachlos und starrte sie an. Etwas ganz Entscheidendes lag in der Luft.

„Was ich euch beiden sagen wollte, ist, dass du, Josua, Michas Vater bist und du, Micha, Josuas Sohn."

„Wie bitte?" Josua erbleichte. Er fühlte sich, als ob ihn gerade die Faust eines Parthers niedergestreckt, nein, schlimmer, als ob Zeus ihn gerade mit seinem Dreizack durchbohrt hätte. Er schaute zu Micha hinüber. Auch der war wie vom Donner gerührt. Daraufhin sah auch Micha zu Josua. Ihre Blicke trafen sich und ihre Seelen begrüßten sich auf einer neuen Ebene. Es war einerseits der Schock, den Leas Worte ausgelöst hatten, aber gleichzeitig auch ein tiefes Erkennen beider Seelen, die nur auf diese Bestätigung gewartet hatten. Dann löste Micha seinen Blick von Josua und drehte den Kopf wieder seiner Mutter zu.

„Sag das noch mal."

„Du bist Josuas Sohn."

„Bist du sicher?" Josua starrte sie immer noch geschockt an.

„Eine Mutter weiß das. Und du müsstest dich daran erinnern, was damals passiert ist." Leas Augen füllten sich mit Tränen.

„Wenn ich etwas hierzu sagen darf", unterbrach Jesus, „dann möchte ich, dass ihr jetzt hier über alle Gefühle und Erlebnisse redet. Es ist wichtig, dass eure Seele die Belastungen abgibt, die ihr schon seit Jahren mit euch herumschleppt."

Auf einmal war Josuas Erinnerung wieder da. Er erinnerte sich an alle Kleinigkeiten, an jeden Schmerz.

„Micha ist mein Sohn?" Josuas Augen wurden feucht.

„Josua, als du damals das Haus deines Vaters verlassen hattest, hörtest du einige Geräusche, die aus der Kammer deines Vaters kamen. Stimmt das?" Josua nickte, denn sagen konnte er nichts. „Das war die bitterste Stunde meines Lebens, denn damals hat mich dein Vater ... vergewaltigt." Josua erbleichte erneut. „Er hat mich geschlagen, er hat mich missbraucht. Er hat mich erpresst. Wäre ich gegangen, dann hätte er mich steinigen lassen. Das hat er in seinem Hass auf dich mir gedroht. Er wollte mich erniedrigen, um dir weh zu tun. Das wusstest du nicht, oder? Du dachtest, ich hätte mich an deinen Vater herangemacht?" Josua schüttelte zuerst seinen Kopf, dann nickte er unmerklich. „Und da du nicht mehr nach Hause kamst, konnte ich es dir nicht erzählen. Ich habe dich monatelang gesucht, aber nirgends gefunden. Und dann kam Micha zur Welt. Als ich seine Augen sah, wusste ich es ganz genau. Es waren deine Augen, Josua, nicht die von Samuel."

„Oh mein Gott." Josua wurde es übel.

„Außerdem wusste ich: solange Samuel noch lebte, durfte niemand die Wahrheit erfahren." Lea hielt kurz inne. „Könnt ihr beiden mir verzeihen?"

„Mutter", Micha wimmerte mehr, als dass er sprach, „wie sollten wir dir nicht verzeihen? Ich bin heute sogar beschenkt worden, denn ich habe nun die Gewissheit, dass mein Vater noch lebt und ich noch viele Jahre mit ihm verbringen kann." Micha lächelte Josua an, und durch seine offene Art lockerte sich das Gespräch etwas auf.

„Was sagst du, Josua?" Lea beäugte ihn ängstlich, da sie seine Reaktion nicht einzuschätzen vermochte.

„Meine Seele hat es immer gewusst, aber ich habe diesen Gedanken nicht zugelassen." Josua redete mehr zu sich selbst, als zu den Anwesenden.

„Josua, verzeihst du mir?"

„Lea, es gibt nichts zu verzeihen." Josua konnte langsam wieder einen normalen Gedanken fassen. „Ich muss mich für mein Verhalten und für meinen Vater entschuldigen. Es tut mir alles sehr, sehr leid, Lea." Josua schaute zu Lea hinüber, die ihren Blick zu Boden gerichtet hatte.

Auch die anderen hatten Tränen in den Augen.

„Na los, umarmt euch schon." Jesus fühlte, dass die Stimmung jetzt in die positive Richtung umschlagen musste. „Schließlich möchten wir nicht noch endlos auf den Grießbrei warten." Er lächelte, Mirjam und Diana lachten mit feuchten Augen und beobachteten, wie Leas, Michas und Josuas Seelen nach vielen Jahren in einer langen Umarmung zueinander gefunden hatten.

Dann ging Josua zu Diana und küsste sie, während das Stimmengewirr im Raum immer lauter wurde.

„Ich habe nun zwar einen Sohn, mit einer anderen Frau, aber ich möchte, dass du weißt, dass ich immer noch die beste Frau an der Seite habe, die es auf dieser Welt gibt. Ich liebe dich über alles und immer mehr."

„Und ich dich erst." Diana umarmte ihn, und Josua hatte die Gewissheit, dass ihre Liebe zu ihm gewachsen war.

∞

Es war ein wundervoller sonniger Tag. Josua saß auf einer Mauer am Hafen und wartete auf seinen Sohn, der jede Minute eintreffen sollte. Sie wollten in Ruhe ein Gespräch unter Männern führen. Gerade eben hatte der stolze Vater noch von Lea erfahren, Jesus habe ihr mitgeteilt, dass der Schicksalsweg Micha an der Seite von Josua fort von Ephesos führen würde. Zuerst war Josua sehr erschrocken, aber Lea beruhigte ihn und sagte, dass Micha nirgends sicherer wäre als an der Seite von ihm und Jesus. Und außerdem stand es noch nicht fest, ob Micha Ephesos wirklich verlassen wollte. Aber ein bisschen Aufregung spürte Josua nun doch, mit ihm über die Vergangenheit zu reden, und ihm mitzuteilen, dass er mit Jesus Ephesos verlassen wollte.

Josua ließ seinen Blick über den Hafen gleiten, der in den letzten Jahren deutlich versandet war. Die Straße hinunter zum Hafenbecken wurde immer länger. Kürzlich hatte er gehört, dass der Rat der Stadt diese Straße abends nicht mehr mit großen Fackeln durchgehend beleuchten wollte. Eine beleuchtete Arkadiane gab es sonst nur in Rom, wo es in gewissen Gegenden nachts teilweise heller war als am Tag. Es wäre in den Augen von Josua ein großer Verlust für die Stadt, denn diese Prachtstraße mit ihrer Beleuchtung war reinste Magie. Der Ratsbeschluss war keine Sparmaßnahme, sondern eine Vorsichtsmaßnahme aufgrund von kleineren Bränden, die sich letztens in Ephesos ereignet hatten.

„Hallo, Josua! Hier bin ich." Auf einmal saß Micha neben ihm. Er hatte einige Papyrusrollen über seiner Schulter hängen und eine große Wachstafel in der Hand.

„Was willst du denn mit den Rollen?"

„Ich möchte von dir im Schreiben unterrichtet werden."

„Du kannst doch schreiben. Samuel hat dich doch mit Sicherheit hart geschult, oder?"

„Ja, das hat er, aber ich möchte ebenfalls Schriften kopieren. Genau wie du. Und da ich von dir schon gesehen habe, dass man Schriften einerseits einfach nur kopieren oder sie andererseits zu einem wahren Kunstwerk werden lassen kann, so wie du es tust, möchte ich von dir die wahre Kunst des Schreibens und Kopierens erlernen."

„Das ehrt mich sehr, Micha!" Josua schnaufte. Wie leicht Micha ihn verunsichern konnte. „Wir haben uns bestimmt noch viel zu sagen. Zu wenig wissen wir von uns."

„Das würde ich so nicht sagen", antwortete Micha. „Wir kennen uns jetzt schon einige Jahre, wir haben uns regelmäßig gesehen. Wir kennen uns sicher besser, als wir jetzt glauben. Unser Kennenlernen geschah bestimmt auf einer uns unsichtbaren Ebene. Und außerdem hat Jesus letztens gesagt, lasst die Vergangenheit ruhen, lebt im Jetzt. Nur dieser Moment, den ihr gerade lebt, ist von Bedeutung."

Josua konnte nicht glauben, was er gerade von seinem Sohn gehört hatte. Vor wenigen Tagen war Micha für ihn noch sein kleiner Bruder, gestern war er zu seinem Sohn geworden, und jetzt gerade hatte Micha ihm eine Lehre erteilt, die ihn erstaunte, ja fast beschämte. Michas Seele war schon sehr weit entwickelt und besaß ein hohes Wissen, das spürte er schon jetzt.

„Hat dir deine Mutter schon gesagt, dass Jesus mit mir und seinen Begleitern irgendwann in den nächsten Wochen Ephesos verlassen wird?"

„Nein, das hat sie noch nicht. Wo geht ihr hin?"

„Nach Judäa. In die Nähe des Salzmeeres."

„Darf ich mit euch gehen?"

„O, du willst mit uns reisen?"

„Ja, ich bin doch kein kleiner Junge mehr. Ich möchte mit euch reisen."

Josua war zum zweiten Mal geschockt. Da hatte er sich gerade noch den Kopf darüber zerbrochen, wie er Micha all die Veränderungen mitteilen, welche Worte er am besten wählen sollte, wie er es taktisch am besten verpacken sollte, und dann das! Es hatte wirklich keinen Sinn, sich zuviele Gedanken über das Leben zu machen. Es kam ohnehin so, wie es kommen sollte. Und vor allem kam es anders, als man gedacht hatte. Er konnte nun mal mit seinen Gedanken das Schicksal nicht aufhalten oder in eine andere Richtung lenken.

„Gut. Ich werde es mit deiner Mutter und mit Jesus besprechen. Wenn sie nichts dagegen haben, dann kommst du mit uns." Obwohl er ja wusste, dass sie nichts dagegen hatten, wollte sich jetzt nicht zu erkennen geben, dass schon alles besprochen war.

„Sie werden nichts dagegen haben. Ich kenne meine Mutter sehr genau. Sie liebt mich über alles. Und wenn es für mein Wohl ist, wenn es mein großer Wunsch ist, dann wird sie nichts dagegen haben. Außerdem komme ich bestimmt wieder nach Ephesos zurück. Wir beide, du und ich, wir hatten viel weniger Zeit zusammen als ich mit meiner Mutter verbringen konnte. Das finde ich dann auch nur gerecht."

„Aber es wird deiner Mutter bestimmt Schmerz bereiten."

„Ja, ich weiß, aber ihre Liebe ist sehr groß. Sie wird den Schmerz besiegen. Schließlich hat sie ja Freundinnen, die in der Stadt bleiben, wie Diana." Micha hielt kurz inne. „Und Jesus wird auch zustimmen. Er mag mich, glaube ich." Micha lachte, und seine großen Augen lachten mit.

Josua konnte nur den Kopf schütteln. Ein Selbstbewusstsein hatte sein Sohn! Das allerdings konnte er nicht von ihm haben, da es sich bei ihm erst in den letzten Jahren aufgebaut hatte.

„Ja, das stimmt. Er mag dich sehr."

„Warum bist du damals einfach weggegangen? Hattest du meine Mutter nicht mehr lieb?", fragte Micha unvermittelt.

„Doch, ich habe sie noch viele Jahre lieb gehabt. Aber mein Schmerz, damals, war stärker als mein Mut zu bleiben. Da mein Verhältnis zu Samuel nicht das Beste war, bin ich in meiner großen Enttäuschung, in meiner Wut und in meiner Trauer einfach abgehauen. Dass das ein Fehler war, weiß ich jetzt auch, aber so war es nun einmal. Bist du mir deshalb böse, Micha?"

„Nein, überhaupt nicht! Ich wollte es nur verstehen. Weißt du, ich hatte ja immer einen Vater, auch wenn ich jetzt weiß, dass es nicht Samuel war."

„Doch, Samuel war dein Vater. Er hat sich mit Sicherheit gut um dich gekümmert."

„Ja, das hat er, mir hat es eigentlich an nichts gefehlt, aber ein normales Gespräch mit ihm war nicht möglich. Er hatte wenig Zeit, war nur für andere da, oder ich wurde von ihm in den Schriften unterwiesen, oder, oder, oder. Aber so ein Gespräch wie mit dir jetzt hat es mit ihm nie gegeben. Ich danke dir dafür, dass du mich als Sohn akzeptierst."

Josuas Augen wurden schon wieder feucht. Da saß sein Sohn, der eher auf ihn hätte wütend sein können, dass er, Josua, nicht den Mut gehabt hatte, damals ein Gespräch mit Lea zu suchen. Und nun dankte sein Sohn ihm mit einer solchen Liebe, dass er ihn akzeptierte! Es war unfassbar.

„Micha, ich danke dir, dass du mich mit meinen Unzulänglichkeiten annimmst, die ich nun einmal hatte und immer noch habe. Ich danke dir, dass du mir nicht Vorhaltungen machst, was ich im Übrigen gut verstehen könnte."

„Vater, ich weiß nicht, was auf mich im Leben noch zukommt. Wie sollte ich dich jetzt verurteilen, wenn ich vielleicht in eine ähnliche Situation komme und genauso handele wie du? Steht es mir zu, über dich, einen Menschen, der schon viel mehr Jahre gelebt hat, ein Urteil abzugeben?"

„Du hast eine große Reife, Micha. Ich danke dir für deine Worte."

„Ich bin einfach so, wie ich bin."

„Da hast du Recht, bleib auch so, wie du bist."

„Ich habe mächtigen Hunger."

„Gut, lass uns zu der nächsten Garküche gehen. Dort wird es bestimmt etwas geben, was uns sättigt."

Voller Freude ging Josua mit Micha an der Hand Richtung Mittagessen. Josua hatte sich sehr über das schöne Gespräch mit seinem Sohn gefreut, über seine Worte, über sein Lachen, über seine eindringlichen Augen. Aber ganz besonders war er dankbar und sein Herz sprudelte über aus lauter Freude über ein Wort, das Micha eben gewählt hatte. Vater.

∞

Jesus spazierte mit Mirjam am Meer entlang in Richtung des Artemis-Heiligtums. Der Wind trug Wortfetzen und exotische Gerüche herbei, obwohl sie noch weit weg waren vom Tempel. Jesus konnte sich einfach nicht an die Opfergaben und die Rituale gewöhnen, die die Menschen den so genannten Göttern entgegenbrachten. Er konnte es einfach nicht verstehen, dass Tiere getötet wurden und arme Menschen weiter hungern mussten, nur weil die Menschen dachten, dass sie die Gunst ihrer seltsamen Götter damit erkaufen könnten. Wie naiv waren diese Menschen nur! Er betrachtete seine wundervolle Geliebte und kam somit auch schnell wieder auf andere Gedanken.

„Mirjam, wir werden Ephesos bald verlassen."

„Ich habe es mir fast gedacht. Wenn du so schweigsam bist, dann hat sich entweder der göttliche Plan geändert, oder er scheint in eine wichtige Phase zu gehen. Wann soll es losgehen?"

„In den nächsten paar Wochen."

„Das heißt, dass sich einige unserer Freunde von ihren Familien verabschieden müssen. Auch Johannes scheint eine nette Frau getroffen zu haben, so verliebt, wie er in den letzten Tagen wirkt."

Jesus errötete. Dass er Johannes in das Haus von Sophia geschickt hatte, wusste Mirjam noch nicht.

„Ja, es wird wohl ein paar Schmerzen geben."

„Ich bin froh, dass der göttliche Plan es vorsieht, dass wir zusammenbleiben dürfen." Mirjam lächelte.

„Ich danke dir, dass du mit mir diesen Weg gehst, auch wenn es dein größter Wunsch war, mit mir vier Kinder zu haben." Jesus lächelte.

„Ja, zwei Söhne und zwei Töchter." Mirjam nickte gedankenverloren Richtung Meer.

„Du bist traurig, nicht wahr?"

„Es würde nicht gehen, Jesus. Streiche diese Gedanken endlich aus deinem Bewusstsein." Mirjam funkelte ihn mit ihren braunen Augen an.

„Deine Kinder wären für die lichtlose Welt ein zu großer Angriffspunkt. Du könntest deine Aufgabe nicht erfüllen, wenn du zwischen deiner Mission und deinen Kindern entscheiden müsstest. Du würdest dich", Mirjam bekam feuchte Augen, „immer für deine Kinder entscheiden."

Mirjam hatte wie immer Recht. Jesus bewunderte sie, wie sie ihre Wünsche und ihre Träume dieser Mission opferte, die hauptsächlich er ausfüllte. Sie war eine starke Frau. Er wusste, dass sie manchmal immer noch darum kämpfen musste, dieses Schicksal anzunehmen. Und ihm war auch bewusst, dass Mirjam darauf achtete, nicht schwanger zu werden. Er, Jesus, hätte wahrlich sehr viele Probleme, seinen Weg nach Israel weiterzugehen, wenn er Vater geworden wäre. Nein, es wäre schlichtweg unmöglich.

Nun hatten sie schweigend den Tempel erreicht. Es waren, wie immer um diese Zeit, sehr viele Schaulustige eingetroffen, die das prächtige Bauwerk bewunderten. Die beiden wollten gerade umdrehen, als sie am anderen Ende des Tempels einen kleinen Menschenauflauf sahen. Sie liefen schnell hin und sahen, wie auf dem Boden ein kleiner Mann lag, der Schaum vor dem Mund hatte und bewusstlos schien. Jesus wollte sich auf ihn zu bewegen, als eine junge Artemis-Priesterin ihn zurückhielt.

„Geh lieber nicht in seine Nähe, er ist von einem Dämon besessen. Er hat um sich geschlagen und gebrüllt und seltsame Bewegungen gemacht."

„Ich danke dir für die Warnung, aber ich weiß, was ich tue. Weißt du wer er ist?"

„Es ist irgendein reicher Beamter aus Tarsos. Er heißt Saulos. Er wollte bei uns in der Bank Geld wechseln."

„Ich danke dir." Daraufhin ging Jesus auf ihn zu und beobachtete ihn sehr genau. Er hörte, dass er atmete. Das war gut, die Zeit drängte nicht. Wenn er wirklich von einem Dämon besessen war, musste Jesus in der Tat vorsichtig sein. Zumindest am Anfang. Er trat kurz mit seinem Vater in Kontakt und kniete sich dann neben Saulos.

„Geh mir aus den Augen", sprach der kleine Mann am Boden, ohne seine Augen zu öffnen. „Wenn nicht, dann furze ich in den Bart deines Vaters, du falscher Prophet."

An der Stimme erkannte Jesus, dass es sich wirklich um einen Dämon handelte. Es sprach gerade der Dämon, nicht Saulos.

„Hau ab, du Hampelmann. Fick deine Schlampe. In cruce figaris!" Die Augen öffneten sich kurzzeitig und Jesus konnte eine große Kälte in ihnen erblicken.

Jesus hatte schon oft mit Dämonen zu tun gehabt, aber dieser hier war ein starker. Jesus durfte sich nicht aus der Fassung bringen lassen, denn dann hätten er und Saulos verloren.

„Halt ein, du weißt, dass dies nicht dein Körper ist."

„Fasele nicht so einen Scheiß, Fotzenlecker, hau ab und fick deine Mutter." Der Dämon war so stark, dass er Saulos' Oberkörper aufrichten konnte. Nach ein paar Momenten zuckte er heftig und der Körper sank wieder zu Boden.

Es brachte nichts. Jesus hatte kurz daran gedacht, in einen Dialog mit dem Dämon einzutreten, um ihn aufzuklären, doch dessen Dunkelheit war zu groß.

„Im Namen unser aller Vater im Himmel befehle ich dir, Wesen der Dunkelheit, den Körper des Saulos von Tarsos zu verlassen. Und zwar sofort. Hinweg mit dir."

„Krepiere, du Kacker ..." Mit anfänglichen gurgelnden Erstickungslauten mit lautem Geschrei verließ der Dämon endlich den Körper des Saulos. Unterdessen hatte Jesus seine Hand unter den Kopf des kleinen Mannes gelegt, denn er wusste, dass am Ende, wenn der Dämon den Körper verlassen hatte, der Kopf von Saulos auf dem Boden aufschlagen würde. Und dann hätte Saulos sich richtig verletzen können.

Und genauso passierte es. In einem letzten riesigen Ruck wurde Saulos nach oben gerissen und fiel dann mit dem Kopf zurück auf die Hand von Jesus.

„Was ... was ist passiert?" Saulos schlug die Augen auf und starrte die Menschen fragend an.

„Du bist zusammengebrochen und hast ein bisschen geschlafen" antwortete Jesus. „Geht es dir gut? Wie heißt du?"

„Ich bin Saulos, aber ich bin etwas müde." Er setzte sich auf und blickte immer noch fragend in die Menge. Daraufhin kümmerte sich Mirjam um ihn, indem sie ihn einfach nur in den Arm nahm.

Dann war alles ganz still. Die Menschen waren geschockt. Zum einen hatten noch nicht alle einen Dämon erlebt, zum anderen aufgrund der schlimmen Flüche, die dieser ausgestoßen hatte. Aber am meisten waren sie von Jesus beeindruckt, der wie selbstverständlich einen Dämon aus einem menschlichen Körper verbannt hatte. Normalerweise wurden diese Besessenen vor die Tore der Stadt gebracht, wo sie den Rest ihres Lebens ohne Heilung in der Einöde fristeten. Wenn man sie überhaupt vor die Mauern der Stadt bekam. Denn solche besessenen Menschen hatten eine Kraft, dass ihnen manchmal zehn ausgewachsene Männer nicht Einhalt bieten konnten.

„Herr, wie hast du das gemacht?" Die junge Priesterin von vorhin unterbrach die Stille.

„Ich habe dem einen Gott vertraut, der uns alle am Leben erhält."

„Ich kenne keinen Menschen, der von den Göttern so gesegnet ist wie du."

„Junge Frau, ich bin nicht von den Göttern gesegnet. Unser Vater im Himmel segnet jeden, der das Gute möchte und die Menschen liebt. Ich bin nichts Besonderes. Ich war nur zur richtigen Stelle am richtigen Ort."

„Wie heißt dein Gott?", fragte ein anderer.

„Jeder nennt ihn anders. Für mich ist er der liebende Vater."

„Es scheint, dass dein Gott sehr viel stärker ist als die Götter in unserer Stadt", sagte wieder ein anderer.

„Mein Gott ist unser aller Gott. Und ja, er ist stärker als die anderen Götter, wenn ihr diesen Vater nur in eurem Herzen leben lassen würdet. Glaubt an euch selbst. Kein Priester der anderen Götter hat so viel Macht und Wissen von Gott wie ihr selbst. Vertraut euch selbst und handelt nach eurem inneren Gewissen. Dann könnt ihr nicht falsch handeln."

Damit war das Gespräch zu Ende, denn die Menge zerstreute sich wieder. Nur die beiden römischen Wachleute, die zur Absicherung der Bank im Tempel abgestellt waren, und die junge Priesterin standen noch neben ihm, während Mirjam Saulos auf die Beine geholfen hatte.

„Kannst du mich segnen, Herr?" Die junge Priesterin kniete sich neben Jesus und beugte ihren Kopf.

Da hielt Jesus seine Hände über sie und sprach: „Seele, geh deinen Weg mit einem reinen Herzen und liebe die Menschen, denn sie brauchen deine Liebe. Unser Vater im Himmel segne dich. So soll es sein." Daraufhin stand die Priesterin auf, verbeugte sich vor Jesus und stieg die Stufen des Tempels hinauf. Auch die beiden Römer nahmen wieder unterhalb der Stufen ihre Position ein.

Danach waren Jesus, Mirjam und Saulos allein.

„Wir begleiten dich in die Stadt, Saulos. Was hat dich hier her geführt?"

„Ich traf erst gestern hier in Ephesos ein, nachdem ich vor vielen Tagen von Cäsarea mit dem Schiff aufgebrochen war. Ich bin Jude, habe aber auch die römische Staatsbürgerschaft und stehe in Diensten Roms. Ich sollte hier in Ephesos nach dem Rechten sehen, nachdem es sich sogar bis nach Rom herumgesprochen hatte, dass in den letzten Jahren hier in Ephesos die Verhältnisse, wie soll ich es sagen, etwas chaotischer geworden waren. Es sollen viele falsche Propheten hier zugange sein. Aber warum erzähle ich euch das überhaupt? Schließlich interessiert es euch nicht, und es geht euch ja auch gar nichts an."

„Nun ja, mich geht das Wohlbefinden der Seelen schon etwas an", antwortete Jesus. „Du hast Recht, hier in Kleinasien gibt es viele Wahrsager. Ob diese jemals eine verirrte Seele zu Gott zurückgeholt haben, bleibt offen. Aber die wahren Propheten stammen aus Israel."

„Was du nicht sagst."

Saulos sprach mit einem kriegerischen, mit einem kleinen Herzen, dachte Jesus. „Um welche falschen Propheten handelt es sich denn?" Jesus lächelte und wartete auf eine Antwort von seinem Gesprächspartner.

„In so großen Städten gibt es viele, aber hier in Ephesos werden hauptsächlich drei immer wieder genannt. Apollonius von Tyana, ein gewisser Oimnus, und ein gewisser Jesus. Wobei uns die ersten beiden mehr zu denken geben, da sie Griechen sind. Dieser Jesus, obwohl er einen griechischen Namen trägt, soll Jude sein und aus Galiläa stammen, und der wird hier in der Hauptstadt von der Provinz Asia wohl nicht viel ausrichten können." Der kleine Mann lachte mit seiner piepsigen Stimme laut auf, die Jesus abstieß. „Wer seid ihr überhaupt?", fragte Saulos plötzlich, nachdem sie schon einen Großteil des Weges hinter sich gelassen und das Magnesische Tor passiert hatten. Der Staatsmarkt war nicht mehr weit, dort würde Saulos sie wohl bald verlassen.

„Dies ist Mirjam, und ich bin Jesus."

„O, du heißt auch Jesus. Was für ein Zufall. Kennst du deinen Namensvetter?"

„Ja, ich kenne ihn." Jesus war froh, dass sein Name nicht der Seltenste war, denn er wollte mit diesem unangenehmen Mann nicht mehr viele Worte wechseln, obwohl Jesus das Gefühl hatte, dass er nicht zum letzten Mal von diesem kleinen Mann gehört hätte.

„Und was hältst du von ihm?"

„Er ist, wie soll ich es sagen, menschlich, und ist mit Sicherheit kein Aufwiegler." Jesus klang sehr kalt. Er mochte kleine Männer nicht, die sich aufspielten, als wären sie die Herren der Welt.

„Das hätte ich auch nicht gedacht. Ich muss aber erst einmal die beiden anderen Schwätzer finden. Weißt du vielleicht, wo ich diesen Apollonius und diesen Oimnus finden kann?"

„Vielleicht am Hafen oder auf dem Marktplatz. Dort trifft sich die ganze Stadt. Wie lange wirst du hier in Ephesos bleiben, Saulos?"

„Ein oder zwei Wochen, dann werde ich meine Heimatstadt besuchen, bevor ich wieder nach Cäsarea aufbrechen werde. Ah, hier sind wir beim Staatsmarkt. Jetzt kenne ich mich wieder aus. Ich danke euch."

„Dann wünschen wir dir alles Gute. Mögest du finden, was du suchst. Vielleicht hast du es ja schon, ohne davon zu wissen. Glück auf, Saulos. Oder wie wir Juden lieber sagen: Möge Gott dich segnen auf all deinen Wegen. So soll es sein." Mit diesen Worten ließ Jesus einen staunenden Saulos zurück, der nach wenigen Augenblicken im Getümmel der Menschen nicht mehr zu sehen war.

„Du warst sehr schroff zu diesem Mann, nicht wahr?"

„Ja. Dieser Mann könnte die Zukunft der Menschheit auf gute Wege führen, aber sein Eigensinn und seine Sturheit werden ihm wahrscheinlich alle Türen dazu verbauen. Seine Lehren werden, so wie ich es jetzt sehe, die Menschen in geistige Dunkelheit stürzen, anstatt ihnen ein Licht zu bringen."

Heute war ich erschrocken, als ich von dir, Vater, die Botschaft bekam, dass dieser Saulos eine wichtige Rolle in der Zukunft der Menschheit spielen könnte. Ich war wirklich erschrocken und habe mich gefragt, wie dieser Mann überhaupt eine bedeutende Rolle einnehmen könnte. Und welche überhaupt? Was war wichtiger, als von dir, Gott, zu berichten? Meinst du wirklich, dass dieser kleine Angeber, mögest du mir verzeihen, dass ich solche Gedanken habe, die Zukunft der Menschen beeinflussen könnte? Dieser schmächtige, kleine Mann?

Wahrscheinlich hatte Saulos ein schwieriges Leben, was sein Auftreten ein bisschen entschuldigen könnte. Aber um ehrlich zu sein, mochte ich ihn überhaupt nicht, auch mit dieser Entschuldigung. Möge Saulos einen guten Weg beschreiten. Einen Weg, vielen Menschen zu helfen und ihnen Licht zu bringen. Und bitte, Vater verzeih mir meine Gedanken noch einmal. Ich danke dir für alles. So soll es sein.

Glück auf, Ephesos!

Heute stand Jesus' Abschlussrede auf dem Plan, also ein ganz besonderer Tag. Josua lächelte, als er daran dachte, wie Jesus Alexus davon überzeugt hatte, den Rat für sich zu gewinnen, um einmal im Theater zu den Menschen sprechen zu dürfen. Josua war bei dem Gespräch anwesend gewesen, das vor knapp vier Wochen stattgefunden hatte. Der Rat hatte zugestimmt, und daraufhin riefen die Anhänger die Menschen dazu auf, diese Rede zu besuchen. Heute konnte man sehen, wie viele Menschen dem Aufruf gefolgt waren. Brot und Spiele war die Taktik Roms, um die Menschen zu gewinnen, Wahrheit und Liebe die von Jesus.

Josua saß am Brunnen und betrachtete die Wasser speienden Delphine. Er wusste mittlerweile, dass in wenigen Tagen der große Aufbruch sein würde. Nur noch kurze Zeit konnte er mit Diana zusammen sein, dann würde er sie für längere Zeit verlassen müssen. Jede freie Minute wollte er mit ihr verbringen, auch den Weg zum Theater wollten sie gemeinsam gehen, wenn seine Angebetete denn irgendwann noch einmal mit ihrer Garderobe fertig werden würde. Aber dieser ganze Tag strahlte schon etwas Heiliges aus. Etwas, dessen Wichtigkeit nur die Seelen verstanden, wohingegen der menschliche Geist wie vor einer verschlossenen Tür stand. Und dann sah er sie. Wie eine engelhafte Göttin kam Diana auf ihn zu. Es verschlug ihm fast die Sprache, wie wunderschön sie in dem pfirsichfarbenem Seidengewand wirkte, das er heute zum ersten Mal an ihr sah. Eine vergoldete Nadel, die einen fliegenden Habicht zeigte, hielt ihr seidenes Gewand zusammen. An ihrem linken Oberarm trug sie einen schlangenförmigen Reif, der in seiner Pracht sogar noch den goldenen Löwenkopf in den Schatten stellte, der sich bewachend an ihren zarten Hals schmiegte.

„Du bist die reinste Augenweide, Diana", stellte Josua bewundern fest.
„Gefalle ich dir?" Diana strahlte über das ganze Gesicht.
„Gefallen ist überhaupt kein Ausdruck. Du siehst aus wie die Königin von Saba."
Sie drehte sich spielerisch um die eigene Achse und ließ sich weiter von ihm bewundern. Danach machte sich das Liebespaar mit schnellen Schritten auf den Weg zum Theater. Sie kamen noch rechtzeitig im riesigen Halbrund an, um sich in Ruhe einen Platz aussuchen zu können. Sie gingen die Treppen nach oben und nahmen in der Mitte des Theaters Platz. Das Theater war in den letzten Monaten den Berg hinauf um viele Plätze vergrößert worden. Nun fanden knapp 25.000 Menschen darin Platz. Josua legte sich seine Schreibutensilien zurecht.
Es dauerte nicht lange, bis die Menschen ins Theater strömten, als ob ein unsichtbares Tor geöffnet worden wäre. Josua sah unten Simon Petrus und Johannes, die irgendwelchen Personen etwas zuriefen, aber bei der Lautstärke blieb es für ihn rätselhaft, wie hier überhaupt jemand irgendetwas verstehen sollte. Viele bekannte Gesichter fand er im Halbrund, die sich jedoch unten versammelt hatten. Der Zustrom der Menschen wurde geringer. Josua schaute sich um. Unter ihnen gab es kaum noch freie Plätze, über ihnen waren auch schon viele Reihen rappelvoll. Unfassbar. Seiner Schätzung nach müssten knapp 10.000 Plätze belegt sein. Josua sah auch einige höher gestellte römische Beamte, die mit ihren purpur verbrämten Tuniken unter den Menschen auffielen. Er sah, wie sie es auch genossen, aufzufallen.
Jesus war noch nicht zu sehen. Dafür aber Mirjam, die anmutig über die Bühne schritt und dort Platz nahm, wo er kurz vorher Johannes und Simon Petrus gesehen hatte. Jetzt eilten nur noch vereinzelte Menschen auf ihre Plätze. Die Lautstärke war erheblich, die Akustik im Theater war gigantisch. Jedes Hüsteln unten auf der Bühne konnte man auch auf dem obersten Rang hören. Josua fragte sich, ob es im Rund überhaupt einmal ruhig werden würde? Aber auch diese Gedanken waren überflüssig, denn kurz darauf betrat Jesus die Bühne und stellte sich genau in die Mitte. Er hielt seine Hände hinter dem Rücken verschränkt.
Innerhalb kürzester Zeit war der Geräuschpegel auf ein Minimum zurückgegangen. Wenig später war die Stille so beängstigend, als ob kaum jemand zu atmen wagte.
Josua sah, wie sich Jesus noch einmal umschaute und in der Richtung, wo Mirjam saß, mit seinem Blick verweilte. Dann fing Jesus mit deutlicher und lauter Stimme mit seiner Rede an.

„Freunde … Epheserinnen … Griechen … Römer …" Jesus machte nach jeder Ansprache eine kurze Pause. Kein Laut war zu hören.

„Hetären …" Ein Raunen ging durch das Rund. „Liebe Ratsmitglieder … Ich bin sehr dankbar, dass ich hier und heute in der schönsten Stadt Griechenlands zu euch sprechen darf." Begeisterungsstürme der stolzen Epheser auf den Rängen waren die Reaktion auf diese Begrüßung. Josua schrieb. Die wenigsten hatten den Affront gegenüber den Ratsmitgliedern bemerkt, die Jesus erst als letzte begrüßt hatte.

„Ich habe viele Jahre in dieser Stadt verbracht und dabei viele Menschen kennen gelernt. Epheser, ihr lebt in einer wunderbaren Stadt. Ihr habt im Artemis-Tempel ein großes Heiligtum. Sogar bei der Beleuchtung der Hafenstraße kann euch kaum eine andere Stadt das Wasser reichen. Ihr müsstet glücklich sein." Jesus hielt kurz inne.

Weitere Begeisterungsstürme, die kurz danach jedoch fast ängstlich verebbten, als ob die Zuhörer um die folgenden Worte gewusst hätten.

„Aber Ephesos ist nicht nur wegen seines Tempels berühmt, sondern mittlerweile wegen des Lasters, das es in dieser Stadt gibt, wie in kaum einer anderen Stadt des großen römischen Reiches. Und das größte Laster ist nicht die Anbetung der Zauberbücher, mit denen man Dämonen beschwören kann, nein, das größte Laster ist der fehlende Respekt vor euren Mitmenschen." Jesus machte eine kurze Pause, aber diesmal war kein Laut zu hören. „Was meine ich mit dem fehlenden Respekt? Ich meine damit, dass ihr eure Sklaven wie Tiere behandelt und eure Frauen wie Sklaven." Harte Worte bemerkte Josua, während er konzentriert schrieb. „Wer von euch hier im Rund ist ein Sklave? Wer von euch ist eine Dirne, eine Prostituierte, eine Hetäre? Streckt die Hände hoch!"

Es waren so gut wie keine Handzeichen zu sehen.

„Los, meldet euch! Ihr seid die Hälfte der Einwohner dieser Stadt. Kommt, zeigt euch!" Wie von einer unsichtbaren Macht gezogen, sah man dann auf einmal unzählige Hände in die Höhe gestreckt. „Na also, geht doch." Jesus lächelte. „Wie gehen die Mitmenschen mit euch um? Werdet ihr respektiert? Werdet ihr liebevoll behandelt?" Jesus wartete auf eine Antwort und musste sehen, wie die Menschen zu tuscheln begannen.

Man hörte Wortfetzen. „Nein … Fast nie … weiß doch jeder … gar nicht."

„Oder werdet ihr sogar geschlagen und vergewaltigt?"

Erst ganz leise, dann immer lauter, waren Rufe zu hören. „Endlich sagt einmal einer etwas."

„Ja, geschlagen … verletzt … musste gepflegt werden … Männer sind A…"

„Epheser", Jesus sprach wieder weiter. „Epheser, merkt ihr, was für einem Laster ihr frönt? Merkt ihr nicht, wie ihr eure Mitmenschen unterdrückt und wie sich andere unterdrücken lassen? Wer gibt euch die Macht, andere zu unterdrücken, frage ich euch? Wer, wenn nicht Gott, unser aller Vater im großen Himmel, gibt euch die Macht? Was meint ihr, wie schnell kann euch dieser Gott wieder sämtliche Macht nehmen? Wieso, ihr Dirnen, wieso lasst ihr euch von euren Freiern verletzen und euch eure Würde stehlen? Wo ist eure eigene Seelenkraft geblieben? Unser aller Gott, der viel größer ist als alle eurer Götter in dieser Stadt, kann euch stärken und hört euch auch in schlimmsten Stunden zu. Euer Vater im Himmel hält eure Hand, wenn kein anderer Mensch es tut. Euer Vater im Himmel hilft euch, wenn ihr euch helfen lassen wollt. Euer Vater ist immer da, ihr müsst euch nur an ihn wenden. Er ist kein Privileg der Mächtigen, er ist kein Privileg der Priester, er ist der Vater eines jeden Menschen." Jesus machte eine kurze Pause. „Wollt ihr diesen Gott kennen lernen?"

Erst sehr verhaltene, dann immer lauter werdende Begeisterungstürme setzen ein. Dann folgte wieder ängstliche Stille.

„Ihr Sklaven, warum lasst ihr euch unterdrücken? Vor was habt ihr Angst? Vor dem Tod? Der Tod existiert nicht, sage ich euch. Ihr Mächtigen, vor wem habt ihr Angst? Warum versklavt ihr andere Menschen? Seid ihr nicht selbst Sklaven der Macht? Sklaven des Geldes? Sklaven eures Hochmuts? Sklaven des Hasses?" Jesus hielt inne, um mögliche Reaktionen Platz abzuwarten.

„Was redet dieser Mann? Ist er von Sinnen? Aufhören!"

„Recht hat er! Die Reichen sind Sklaven des Geldes."

„Wahre Worte! Wie kommt er darauf?"

„Seid still, lasst ihn weiterreden!"

Jesus wartete eine Weile, bis es wieder still war. „Es ist nicht mein Anliegen, etwas gegen Rom zu sagen, das steht mir auch gar nicht zu. Aber ist es nicht seltsam, dass die Prostitution auf einer Seite verboten ist und auf der anderen Seite gefördert wird? Ist es wirklich logisch und respektvoll, dass es legal ist, seine Frau zu betrügen? Ist es logisch, dass in der Stadt der Frau, die Stadt der Artemis, die Stadt der Weiblichkeit, die Frauen mehr unterdrückt werden als in jeder anderen Stadt? Ist es nicht seltsam, dass die Opfer für eure unzähligen Götter größer sind als das Opfer, das ihr euren Frauen entgegenbringt? Ihr wollt eure Götter lieben, schätzt aber eure Frauen gering. Ihr wollt ein gutes Leben führen, tötet aber unzählige Tiere, um die Götter für euch zu gewinnen. Man munkelt sogar, dass manche Kulte Menschenopfer fordern! Wer unterstützt diese

Dämonie? Was ist das für eine Stadt, so frage ich euch, in der der Tod mehr zählt, in dem ein Gott des Weines und der Diebe mehr zählt als eure eigene Frau?"

Josua war sprachlos. Jesus hielt eine Rede, wie er, Josua, sie noch nie gehört hatte. Im Theater war es wahrlich totenstill. Keiner traute sich zu atmen. Josua dankte in Gedanken, dass Jesus immer mal wieder Pausen machte, damit er mit seinem Schreiben nachkam. Trotz Kurzschrift, die er mittlerweile gelernt hatte.

„Ihr Frauen von Ephesos, ich flehe euch an, lasst euch nicht eure eigene Würde stehlen! Lasst nicht zu, dass eure Seelen getötet werden von Menschen, die nicht wissen, was sie tun. Ihr Hetären von Ephesos, lasst nicht zu, dass euch eure Freier verletzen. Denkt immer daran, sie können eure Körper nehmen, aber niemals eure Seele. Lasst es nicht zu, dass sich euer Herz verhärtet. Euer Herz ist der absolute Mittelpunkt des ganzen Universums. Euer Herz ist der Mittelpunkt von Gott, eurem Vater. Gott lebt nicht im Himmel, sondern im Herzen der Menschen. Je größer euer Herz wird, desto kleiner wird die Welt um euch herum.

Ihr Sklaven, lasst euch nicht weiter entrechten! Ihr seid die wahren Herrschenden, denn ohne euch würde Rom nicht existieren. Ohne euch wäre diese Stadt ein Friedhof. Ihr Sklavinnen, eure Herren sind in Wahrheit die Sklaven, die von eurer Liebe und von eurer Kraft abhängig sind. Freiheit lebt im eigenen Herzen, nicht in einem Land, in einem Staat oder in einer Stadt. Freiheit ist der Urgrund jeder Seele, jedes Menschen. Lasst euch nicht weiter versklaven! Segnet eure Peiniger. Was wäre Rom, wenn es euch nicht gäbe?"

„Was wäre dann? Sprich weiter!"

„Dann wäre Rom nichts, denn ihr seid es, die Rom am Leben erhalten. Ihr seid diejenigen, die schreiben können, die die Kinder unterrichten, die die Menschen heilen. Ich sage euch, bald schon werden die Letzten die Ersten sein und die Untersten die Höchsten. Bald schon werden die Ersten die Letzten und die Obersten die Tiefsten sein." Stille.

„Wenn das Königreich Gottes in eurem Herzen wohnt, ihr Sklavinnen und Sklaven, dann ist es vergleichbar mit einem Senfkorn, das ein Mensch nahm und auf seinem Acker aussäte. Das Senfkorn ist zwar kleiner als alle Samen, aber wenn es ausgewachsen ist, dann ist es größer als jedes andere und wird zu einem Baum, so dass die Vögel des Himmels kommen und in den Zweigen nisten können. Wer Ohren hat, der höre." Atemlose Stille.

Vor Josua atmete eine Frau tief ein und aus. Ihre Seele wurde wahrlich von Jesus' Worten berührt, dachte Josua.

„Bald schon werde ich nicht mehr in der Stadt sein! Wenn sich in dieser Stadt nicht bald etwas ändert, dann kann euch eure Stadtgöttin nicht mehr länger schützen, dann können euch eure Zauberbücher nicht mehr länger helfen. Wenn in dieser Stadt weiterhin eure Seelen verletzt und missbraucht werden, dann wird sich in der Natur die Wirkung zeigen. Ihr alle seid ein Teil der großen Natur. Ihr alle seid abhängig von ihr. Ihr kennt die Wirkung des Meeres. Es sind schon viele Schiffe in den Stürmen auf den großen Meeren untergegangen. Aber auch hier auf dem Festland kann die Natur eine große Wirkung an den Tag legen. Ändert sich nichts in eurer Stadt, dann denkt an Gott, der immer bei euch ist und euch nicht verlässt, so schlimm euer Leben auch ist. Seid der Natur nicht gram, wenn sie sich so zeigt, wie ihr es euch nicht von ihr wünscht, denn die Ursache hierfür haben die Menschen gelegt, die nicht lieben können. Die nicht Respekt empfinden können. Die nicht wissen, wer sie sind und was sie tun. Die nicht wissen, dass Gott immer Sieger bleiben wird. Die nicht wissen, wie groß die Liebe ihres Vaters im Himmel wirklich ist. Segnet die Menschen, die euch verletzen, anstatt sie zu verfluchen. Glück auf, Epheser, Gott zum Gruße! Ich danke euch für eure Gastfreundschaft." Mit einer anmutigen Verbeugung schloss Jesus seine Rede ab und verschwand über den Bühnenausgang aus dem Theater.

Anschließend herrschte Stille, die aber bald freudigen und kraftvollen Begeisterungsrufen wich. Die meisten Menschen waren aus dem Häuschen. Sie waren von ihren Plätzen aufgestanden und ließen Jesus hochleben. Josua war gerührt. Vereinzelte Frauen im großen Rund kannte er aus der Zeit, wo er verloren war. Er freute sich, wie diese ihrer Seelenkraft Raum ließen. Dann hielt er inne. Hatte er eben nicht Ophelia gesehen? Die Frau mit dem türkisfarbenen Gewand dort hinten?

Josua war sich sicher, dass es keinen einzigen Menschen heute gab, den Jesus nicht bewegt hatte. Es war nur die Frage, wie lange sie diese Schätze in ihren Seelen behielten. Allmählich kamen die Menschen wieder zu sich. Viele blieben noch lange auf ihren Plätzen sitzen, weil sie diese kraftvolle Rede erst verarbeiten mussten. Auch Diana und Josua. Beide kannten die Kraft von Jesus' Worten, aber jede seiner Reden erschien ihnen immer wieder kraftvoller, deutlicher, umwälzender.

Und dann traute Josua seinen Augen nicht. Es war tatsächlich Ophelia, die er eben gesehen hatte. Sie hatte ihn von weitem erblickt und kam nun auf ihn und Diana zugelaufen.

„Ophelia, ich grüße dich."

„Ich euch auch. Hallo, Diana! Hallo Josua!"

„Es ist lange her, dass wir uns gesehen haben." Josua zupfte an seinem Gewand.

„Ja, eine lange Zeit."

„Wie hat dir die Rede gefallen?", fragte Diana.

„Sehr beeindruckend. Wirklich. Mir fehlen die Worte. Als Josua mir früher von Jesus erzählte, dachte ich schon, dass Jesus und er nicht ganz dicht seien. Aber was ich heute gehört habe, sagt mir etwas anderes. Ich muss diese Sätze erst noch verkraften und richtig verstehen, denn ich habe es noch nie erlebt, dass ein Mensch – und dann noch ein Mann – so wundervolle Dinge über uns Frauen und sogar über uns Prostituierte sagt."

„Das freut mich, Ophelia." Josua lächelte sie an. „Ich werde mit Jesus gehen und die Stadt verlassen. Ich hoffe, dass du mir in Zukunft nicht mehr gram bist, so wie wir uns getrennt haben."

„Es war die schlimmste Zeit in meinem Leben, die darauf folgte…" Ophelia schien den Augenblick ihrer Trennung vor Augen zu haben. „Aber mach dir keine Gedanken, es geht mir gut, und ich glaube, nach diesem Nachmittag wird es mir noch besser gehen."

„Es tut mir gut, das aus deinem Munde zu hören." Josua war sehr erleichtert.

„Ich wünsche euch alles Gute. Und du, Josua, pass auf dich auf, wo auch immer deine Wege dich hinführen werden. Glück auf, ihr beiden." Ophelia drehte sich um und verschwand ganz flink in den Menschenmassen, die sich nun auf den Treppen abwärts drängten.

Diana und Josua blieben noch lange Zeit eng umschlungen auf ihren Plätzen sitzen und genossen ihre Liebe. Wie es heute im Theater noch sehr viele taten. Dieser Nachmittag hier war ein Fest, war ein heiliges Erlebnis für jeden. Es war ein Dienst an Gott, ohne Opfer, gewürzt mit Liebe, Klarheit und Wahrheit.

Erst als es dunkel wurde, lag das Theater wieder verlassen da.

∞

Jesus hatte alle seine Begleiter in Josuas Haus eingeladen, um die morgige Abreise zu besprechen. Es würde sehr eng werden, denn es war der letzte Abend, an dem sie alle noch einmal zusammen treffen konnten. Und nach fünf Jahren Ephesos war die Anzahl nicht kleiner geworden.

Die ersten versammelten sich im Peristyl. Mirjam befand sich mit Diana, Deborah und Marta im Küchenbereich und bereitete einige kleine Speisen zu. Olivenbrot gab es reichlich und eine Linsensuppe war in Vorbereitung.

In diesem Raum war es wenigstens nicht so laut, auch wenn es genug Arbeit gab. Johannes steckte seinen Kopf in den Raum hinein und teilte den Frauen mit, dass alle anwesend waren und die Besprechung im Garten gleich beginnen könne. Deborah und Marta blieben in der Küche, und Mirjam konnte beruhigt in den Garten gehen. Es würde heute für Jesus nicht leicht werden. Sie stellte sich neben Josua, der ebenfalls gerade erst eingetroffen war. Der Weg zu Jesus war versperrt, also blieb sie ganz hinten stehen.

„Ich grüße euch und bedanke mich bei euch, dass ihr heute hier alle anwesend seid." Jesus verbeugte sich und hielt kurz inne.

„Noch mehr bedanke ich mich bei euch für die letzten Jahre hier in Ephesos, dass ihr an meiner Seite geblieben seid und dass ihr diese große Familie, die wir hier geworden sind, mitgetragen habt. Ihr alle wisst, dass viele von uns morgen früh mit einem Schiff unseres Freundes Stephanus nach Cäsarea aufbrechen werden. Ich weiß aber auch, dass viele von euch hier eine Familie aufgebaut haben und wahrscheinlich in dieser Stadt verweilen werden. Da wir eine große Familie geworden sind, wäre es jetzt wichtig, dass ihr ganz ehrlich seid, ob ihr auch wirklich mit mir gehen wollt."

Ein leises Grummeln war zu vernehmen.

„Ihr müsst nicht in meiner Nähe sein, um den Willen unseres Vaters zu erfüllen. Ihr braucht auch nicht an den Treffen mit Albiel teilnehmen, um ein gutes Leben zu führen. Ihr müsst nur ehrlich und liebevoll zu euch selbst und zu den anderen sein. Es hilft Gott und mir nicht, wenn ihr mit mir reist, aber die ganze Zeit voller Sehnsucht nach eurer Familie seid, die ihr hier zurückgelassen habt. Deshalb möchte ich von euch wissen, wer mit mir kommt, damit wir Stephanus die Anzahl mitteilen können. Ich bitte um eure Handzeichen."

Jetzt fingen die Diskussionen an. Mirjam musste lächeln, denn diese Situationen hatte es in den letzten Jahren haufenweise gegeben. Einige Minuten würde es dauern, bis wieder Ruhe eingekehrt war. Aber heute war sie sich auf einmal nicht mehr sicher, ob das jemals geschehen würde.

„Was soll ich tun?"

„Oh Gott, meine Kinder, soll ich wirklich gehen?"

„Du kannst mich doch nicht allein lassen."

„Nein, ich nicht, ich bleibe bei Maria."

„Quatsch, du kommst mit."

„Ich muss mir das jetzt noch einmal überlegen."

„Was gibt es hier zu überlegen? Du bist allein und das hier vorne ist der Messias."

Mirjam drehte sich zu Josua um. „Geht Micha mit dir? Hat er sich entschieden?"

„Aber ja, da gab es für ihn nichts zu entscheiden. Er kommt auf jeden Fall mit."

„Das freut mich für euch beide. Dann könnt ihr euch noch besser kennen lernen."

„Noch besser geht kaum. Wir hatten in den letzten Tagen so viel Freude, wir zwei. Es ist schön, Vater zu sein, weißt du das?"

„Ich kann es nur vermuten…"

Ihr kurzes Gespräch wurde von Jesus durch laute Worte unterbrochen. „Dürfte ich um Ruhe bitten! Wie habt ihr euch entschieden? Ich möchte jetzt eure Handzeichen haben. Ohne weitere Diskussion. Wer sich nicht entscheiden kann, bleibt hier. Zur Not kann jeder noch nachkommen. Also, die Handzeichen bitte." Jesus zählte und kam auf knapp vierzig Personen. Ungefähr die Hälfte der Begleiter wollte hier bleiben. „Sehr gut. Ihr wollt nun natürlich wissen, wie es weiter geht. Diejenigen, die hier bleiben, sollen ihr normales Leben leben, aber trefft euch immer in gewissen Abständen und tauscht euch aus. Ephesos soll in den nächsten Jahren für unsere Familie immer wieder eine Zufluchtsstätte sein. Im Haus hier von Josua werden in Zukunft Lea und Diana leben. Diana wird hier mit Albiel ihre medialen Treffen abhalten. Albiel wird euch dann sagen, wie es weiter geht. Es sollten aber nicht mehr als fünfzehn Personen zugegen sein. Die Leitung dieses Kreises wird Matthias übernehmen. Diana ist mit ihren Fähigkeiten mittlerweile so weit fortgeschritten, dass sie meine Unterstützung nicht mehr braucht. Wirklich wichtig ist, dass ihr euch regelmäßig trefft. Wenn die Menschen euch fragen, dann erzählt ihnen von unserem Vater, aber stülpt ihnen nichts über. Wer nichts hören will, dem sagt ihr auch nichts." Viele nickten. „Habt ihr noch Fragen?"

„Wie erhalten wir von euch Nachricht, wenn es etwas Wichtiges geben sollte? Wie können wir euch benachrichtigen?"

„Gebt eure Nachrichten, wenn sie wirklich wichtig sind, hier im Hause ab. Ich werde regelmäßig Boten schicken, um unsere Nachrichten austauschen zu lassen. Es ist ein weiter Weg, aber er ist nicht unüberbrückbar. Gut, denjenigen, die morgen früh mit mir mitkommen, möchte ich sagen, dass wir nach Sechachah reisen werden. Sechachah liegt am Salzmeer. Dort hat Joseph von Arimathäa, ein wohlhabender Anhänger, seinen Landsitz, der für uns alle Platz bietet, in dem wir uns zurückziehen und Kraft tanken können, um dann wieder in die weite Welt hinausgehen zu können. Josua wird dort eine Kopierstube einrichten und einige von euch im Schreiben unterweisen."

„Auch mich?" Micha hatte sich gemeldet.

Lachen war von überall zu hören. Die Stimmung wurde lockerer.

„Ja, auch dich, Micha." Jesus grinste. „Es wird eine Menge zu schreiben geben. Aber der größere Teil von euch wird von Sechachah aus immer zu zweit herumreisen. Wohin und weshalb, das werdet ihr später noch erfahren." Jesus machte eine kurze Pause, bevor er weitersprach. „Dieses Haus hier soll euch immer offen stehen, wenn die Zeit gekommen ist, da ich nicht mehr unter euch weilen werde. Macht euch keine Gedanken um die Zukunft: Gott sorgt für jeden. Habt ihr noch Fragen?"

Es waren keine Meldungen zu vernehmen. Dieser Satz, den er eben gesprochen hatte, hatte einige der Anwesenden doch sichtlich verwirrt.

„Gut, dann lasst uns den letzten Tag gemeinsam in unserer großen Familie feiern, denn in diesem Leben werden wir nicht mehr zusammensein. Gott segne euch alle. Ich danke euch für alles, was ihr für die Menschen tut."

Einige Tränen flossen, denn man konnte schon jetzt die Abschiedsstimmung spüren. Wehmut, Sehnsucht und Traurigkeit lagen in der Luft.

„Eins noch, das hätte ich fast vergessen. Habt noch ein wenig Geduld, dann wird es hier auch etwas zu essen geben. Der Wein steht schon bereit. Also, lasst uns feiern."

Diesmal brandete Applaus auf.

Auch Mirjam stockte der Atem, auch sie bekam die Endgültigkeit der Stimmung mit. Bevor es wieder ein großes Durcheinander geben konnte, verschwand sie schnell in der Küche und kümmerte sich weiter um das Abschiedsessen.

∞

Der Morgen des Abschieds war gekommen. Die Sonne war gerade über Ephesos aufgegangen und hatte die Stadt in ein heimeliges Licht getaucht. Josua und Diana lagen sich in den Armen und wollten nicht mehr voneinander lassen. Nie mehr. Tränen flossen über ihre Wangen.

Hätte er es Jesus nicht versprochen, mitzukommen, und hätte sich Micha nicht so darauf gefreut, mit ihm gemeinsam zu reisen, dann hätte Josua in diesem Moment entschieden, in Ephesos zu bleiben.

„Diana, ich habe mit Jesus gesprochen, dass das Geld aus dem Verkauf von Lucillas und Philons Haus an dich und Lea geht. Dann seid ihr für die nächsten Jahre in diesem Haus versorgt. Es war Jesus sehr wichtig, dass ihr das wisst." Josua wusste, dass finanzielle Dinge Diana zurzeit nicht interessierten. Ihn ja auch nicht.

Schier endlose Momente vergingen, ohne dass die beiden Liebenden sprechen konnten oder wollten. Sie wollten sich einfach nur spüren und noch einmal den Duft des anderen so tief einsaugen.

Der Tag gestern war noch sehr fröhlich geworden, die anfängliche Schwere hatte sich noch in eine richtige leichte und lustige Atmosphäre verwandelt. Es wurde viel gelacht, so dass Josua und Diana die Gegenwart ein wenig verdrängen konnten. Vergessen ging nicht.

Jesus schaute um die Ecke. „Ich möchte euch ja nicht stören, aber wir müssen los, Josua."

„Versprich mir, dass wir uns wieder sehen." Diana war von ihrem Schmerz überwältigt, und ihre Stimme klang kläglich.

Auch Josua fiel das Sprechen nicht leicht. „Ich kann es dir nicht versprechen, aber ich werde alles dafür tun."

„Josua, geh nicht. Bitte bleib, bitte bleib…"

„Diana, es ist zu spät, ich muss gehen. Wir werden uns wieder sehen." Josua konnte gerade noch seinem Schmerz Einhalt gebieten.

„Pass ein bisschen auf Lea auf, die von nun an ohne ihren Sohn auskommen muss."

Diana konnte nur nicken.

„Diana, ich liebe dich. Ich werde dich immer lieben, egal wo ich bin." Sie küssten sich ein letztes Mal.

„Josua, ich liebe dich auch. Pass auf dich auf."

„Gott segne dich, Diana. Gott beschütze dich." Dann rannte Josua nach draußen, wo Jesus schon mit Mirjam und Micha wartete. Josua drückte auch Lea noch ein letztes Mal, und dann machte sich die kleine Reisegruppe auf den Weg zum Hafen, wo bestimmt schon eine noch größere Gruppe auf sie wartete.

Josua wollte jetzt nur noch weg. Er wollte die Stadt schnell verlassen und noch schneller wieder kommen. Ephesos war zu seiner neuen Heimat geworden. Als er vor vielen Jahren hier ankam, hätte er nicht gedacht, dass er sich als Jude hier jemals in einer heidnischen Stadt heimisch fühlen würde. Und jetzt konnte er es sich nicht vorstellen, dass er jemals woanders noch glücklich werden könnte.

Josua stand auf dem Schiff und umklammerte sein Holzkreuz. Die Taue wurden gerade eingeholt, dann löste sich das Schiff langsam vom Kai. Die Reise begann. Er ließ noch einmal den Blick über diese schöne Stadt gleiten, über das grandiose Theater und die wunderbare Natur. Er hielt Micha im Arm, neben ihm standen eng umschlungen Mirjam und Jesus, die ebenfalls wortlos diesen letzten Anblick tief in ihre Seele aufnahmen.

„Glück auf, Ephesos. Behüte deine Bewohner und schütze sie, wenn Mutter Erde die Stadt durcheinander wirbeln wird." Jesus neben ihm sprach in einem Tonfall, als ob er gar nicht wusste, was er gerade sprach. Diese Worte gingen Josua sehr nahe. Wie in einem Reflex fasste er nach seinem Umhängebeutel, ob er noch da war oder ob er auch schon durcheinander gewirbelt wurde. Gestern Abend hatte Josua alle seine Schreibutensilien und sein zweites Gewand eingesteckt, das er für die Reise brauchte. Aber den meisten Platz nahmen die Schriftrollen ein, die er mit sich führte. Diese Rollen waren von unschätzbarem Wert. Er würde sie mit seinem eigenen Leben verteidigen, denn so etwas Kostbares, wie die Worte von Jesus und dessen persönliche Aufzeichnungen, die er noch in den letzten Wochen geschrieben hatte, gab es auf dieser Welt sonst nicht. Und diese Rollen mussten unter allen Umständen der Nachwelt weitergegeben werden. In Sechachah würde er sich um ein geeignetes Versteck kümmern.

Das Schiff fuhr gerade in den Kanal hinein, der den Hafen mit dem Meer verband. Ein paar Minuten noch konnte er Ephesos und seine grandiose Naturkulisse sehen, dann war die Stadt außer Sichtweite, und Josua konnte nur noch von seiner Erinnerung zehren. Von der Erinnerung an seine Verlorenheit und an seine persönlichen Abgründe. Von der Erinnerung an den Tod seiner Mutter Sarah, an den Tod seines Vaters Samuel, an den Freitod seiner Schwester Esther. Von der Erinnerung an Judith, von der er sich gestern inniglich verabschiedet hatte. Sie hatte zum Glück ihre große Liebe gefunden, dachte er. Und er zehrte von der Erinnerung an Ophelia und die vielen anderen Frauen, die gebrochen und zerrissen ihr Dasein fristeten. Vor allem aber zehrte er von der Erinnerung an die schönste Frau, die er hier in Ephesos getroffen hatte und die er aufgrund ihres großen Herzens verehrte.

„Gott, bitte behüte Diana, die ich so sehr liebe." Josuas Gebet entschwand mit den Wellen des Meeres und fand im gleichen Moment Einlass in das große Herz Gottes, denn Liebe war die größte Kraft im Universum und sie wird es auch immer sein.

Die Zeit in Ephesos ist vorbei. Es war eine schöne, aber auch schwierige Zeit. Trotz aller Arbeit hatte sie doch etwas Vorbereitendes, nichts Endgültiges. Bis jetzt wusste ich, solange ich in Ephesos war, dass der letzte Teil meiner Arbeit noch nicht angefangen hatte. Und das hat mich bisher beruhigt. Ich kann nicht verhehlen, dass mich nun eine gewisse Neugierde beschleicht, wie mein restlicher Lebensweg wirklich aussehen wird. Auch eine gewisse Unsicherheit, denn ein Neuanfang bringt immer eine Zeit der seelischen und geistigen Anpassung mit sich.

Noch immer, wie ich gerade auf dem Schiff sitze und das Meer sehr ruhig ist, sodass ich überhaupt schreiben kann, füllt Trauer mein Herz, denn ich habe mich in dieser Stadt sehr wohl gefühlt. Auch musste ich einige Menschen, die ich sehr geliebt habe, zurück lassen. Diesmal ist es gut, dass wir wirklich mit einem Schiff fahren, denn ein Schiff und die Reise von ungefähr einer Woche geben uns die Möglichkeit, dass unsere Seele den Neuanfang besser schaffen kann.

Vater, bitte nimm mir den Rest der Kleingläubigkeit, die noch immer in mir weilt, und wandle ihn um in Vertrauen und in den Glauben an meine Kraft. Ich danke dir! Und segne bitte unseren Neuanfang in Israel. Amên.

Feuer

Zyndar Shiin fühlte sich zerrissen. Das waren seit sehr langer Zeit die schlimmsten Gefühle, die er in seiner Seele wahrgenommen hatte. Einerseits war er froh darüber, dass die Zeit, die er mit seinem Team und der ganzen santinischen Raumschiffflotte über Ephesos verbrachte, zu Ende war. Gewiss, aus Sicht einzelner Personen konnte er es nachvollziehen, dass die Stadt nicht die hässlichste war, aber die Santiner hatten in diesen Jahren in Ephesos mehr Probleme zu lösen und Hindernisse zu umschiffen als je zuvor. Jesus und die anderen waren hier zu vielen Angriffen ausgesetzt gewesen, die nicht selten erst in letzter Minute abgewehrt werden konnten.

Zum anderen war Zyndar Shiin aber auch sehr deprimiert über die Geschehnisse, die sich in den letzten Tagen hier in Ephesos abgespielt hatten. Sein Freund Tai Shiin war schon mit seiner Raumstation und einem Großteil der Santiner nach Sechachah abberufen worden, um Jesus und die anderen zu beschützen, die dort schon vor Wochen ihr neues Lager aufgeschlagen hatten. Zyndar Shiin aber hatte den Auftrag erhalten, noch einige Wochen nach der Abreise von Jesus über der Stadt zu verweilen. Knapp vier Monate, nachdem Jesus und seine Begleiter die Stadt verlassen hatten, hatte ein schweres Erdbeben einen beträchtlichen Teil der Stadt verwüstet und vielen Menschen das Leben genommen. Die letzten Nachbeben waren erst eine Woche her.

Alle Begleiter von Jesus, die in der Stadt geblieben waren, überlebten die Naturkatastrophe, bis auf eine: Diana. Sie verbrannte im Haus einer Bekannten, wo sie sich gerade aufhielt, um deren Kind zu pflegen. Das eigentliche Unglück bei diesem Erdbeben war, dass es spät abends über die Stadt hereingebrochen war. Und zu dieser Tageszeit brannten nun mal die meisten Fackeln und kleinen häuslichen Feuer. In diesem Erdbeben kamen mehr Menschen durch Feuer um als durch andere Verletzungen. Normalerweise hätten die Menschen in Ephesos schon genug mit herunterfallenden Steinen zu kämpfen gehabt, so wie die Stadt gebaut war, aber nein, bei diesem Erdbeben war der größte Feind das Feuer. Und der Tod durch Verbrennen war weitaus unangenehmer für die Seele als von Steinen erschlagen zu werden. Das wusste Zyndar Shiin leider sehr genau, denn die Santiner studierten schon seit undenklichen Zeiten auch den Übergang der Seelen in das Reich Gottes.

Die Abwesenheit von Wasser stellte überall im Universum eine Katastrophe dar. Wasser war Leben, jedes Lebewesen bestand zum Großteil aus Wasser. Es gab auf dem Planeten Erde sogar einige Sprachen, in denen das Wort für Wasser dasselbe wie für Nation, Land und Heimat war. Wenn Wasser floss, begann auch alles andere zu fließen. Heraklit hatte Recht gehabt: Alles floss. Wenn sich das Wasser allerdings aus Ephesos zurückzog, wie das Versanden des Hafens deutlich zeigte, kam auch die ethische Entwicklung der Einwohner der Stadt zum Stillstand. Eine Katastrophe war unvermeidbar.

Das Schlimmste für Zyndar Shiin in diesen vier Monaten war das Wissen darum, dass es ein Erdbeben geben und wer dadurch sein Leben verlieren würde. Alles zu wissen und nicht eingreifen zu können, war für ihn immer wieder eine große Prüfung, die Gott für ihn und für viele andere Santiner bereithielt. Manchmal wünschte er sich, ein Geistwesen zu sein, das keinen menschlichen Körper mehr hatte und aus einer globalen Sicht die Geschehnisse betrachten konnte. Das bedeutete nicht, dass ein Geistwesen keine Gefühle hatte, nein, aber es bedeutete, dass ein Geistwesen einen größeren Abstand zu den irdischen Dingen hatte. Schließlich stand er,

Zyndar Shiin, mitten in der Materie eines Körpers. Halbmaterie zwar, aber Materie war es letztlich doch. Und er konnte sich nicht vor den Geschehnissen verschließen, sonst hätte er abgelöst werden müssen. Und das wäre ein zu großes organisatorisches Problem geworden.

Es wäre für Zyndar Shiin ein leichtes gewesen, Diana zu inspirieren und sie vom Haus ihrer Bekannten fernzuhalten, aber damit hätte er in ihr Karma eingegriffen, und das ging auch nicht. Nichts tun zu können, obwohl man die Katastrophe kommen sah, das war wirklich unmenschlich. Diana befand sich mittlerweile mit ihrer Seele im Haus des Schlafens und erholte sich von ihrer Inkarnation. In ungefähr zwei Wochen nach irdischem Zeitempfinden würde sie mit ihrer Seele ins Sommerland wechseln, jenes Land, wo sie die Zeit verbrachte, während das Geistwesen Albiel zu ihren Lebzeiten ihren Körper benutzte.

Aber Ephesos stand noch ein weiteres, nicht geringeres Problem bevor. In wenigen Wochen, im Herbst, würde in Ephesos die Beulenpest ausbrechen. Und für solch schlimme Epidemien war wieder einmal der Widersacher verantwortlich. Ihm reichte es nicht, dass die Stadt durch das Erdbeben schon genug gestraft war, nein, er sorgte jetzt noch über die Bakterien, die sich über die Bisse der Rattenflöhe vermehren konnten, dafür, dass diese schreckliche Krankheit ausbrechen würde. Durch das Erdbeben gab es unter anderem auch ein großes Rattensterben, worauf sich der sogenannte Rattenfloh andere Wirte suchen musste. Und das war nun mal der Mensch. Dass dieses Erdbeben auch noch in einer warmen Jahreszeit stattfand, wo sich der Rattenfloh besonders wohlfühlte – der Überträgerfloh fällt bei einer Temperatur unter 12 °C in eine Kältestarre – förderte diesen Verlauf noch. Denn der Höhepunkt dieser Pestart fiel stets mit der Fortpflanzungszeit der Flöhe im Herbst zusammen. Zyndar Shiin hoffte, dass es Möglichkeiten geben würde, diese Krankheit schnell in den Griff zu bekommen.

Zyndar Shiin musste sich jetzt aber erst einmal entspannen. Sein Raumschiff befand sich mittlerweile auf dem Weg nach Sechachah und würde dieses Landgut in einigen Kilometern Höhe in zehn Minuten erreichen. Die Geschwindigkeit hatte er auf die niedrigste Stufe eingestellt. Er atmete ganz tief durch.

„Musik", dachte er kurz, und schon hörte er harmonische Sphärenklänge, die seinen Geist und seine Gedanken beruhigen mussten. Denn nun stand auch für ihn Sechachah auf dem Plan. Sechachah, ein Ort, um den sich in vielen hundert Jahren einige Legenden ranken sollten. Sechachah, in späteren Zeiten auch bekannt als Qumran.

Der schönste Name

Diana erwachte erholt aus einem komaähnlichen Zustand. Sie fühlte sich entspannt und gleichzeitig voller Tatkraft. Sie schaute sich um und sah, dass sie sich auf einer wunderschönen Wiese befand. Dort bemerkte sie auch den Baum, an dem sie sich immer aufgehalten hatte, während Albiel ihren Körper benutzte. Eine lichte Gestalt kam auf sie zu und begrüßte sie. „Gott zum Gruße, mein Name ist Emanuel. Ich begrüße dich herzlich in deiner wahren Heimat, und ich möchte dich nun zum Karmischen Rat führen." Emanuel sah sehr anmutig aus, wie er sich in seinem türkisfarbenen Gewand langsam vor ihr verbeugte.
„Grüß Gott, Emanuel. Gehen wir sofort dort hin?"
„Ja, danach kannst du dieses Land so lange bewohnen, bis du dich reif fühlst für deine eigentliche Heimatsphäre."
Die beiden Seelen machten sich auf den Weg zu einem Waldstück. Sie durchquerten es in völliger Ruhe und kamen schließlich auf eine Lichtung, wo in einem Halbkreis von großen Edelsteinen fünf Geistwesen saßen, die sich bei ihrem Erscheinen erhoben und sich voller Anmut vor ihr verbeugten. In der Runde erkannte sie Albiel. Sie lächelte.
Ein anderes Geistwesen stand auf und verbeugte sich anmutig. „Gott zum Gruße, Diana, mein Name ist Jahoel. Wir sind der karmische Rat, der für deine Seele bestimmt ist. Herzlich willkommen."
Etwas schüchtern trat sie auf die Gruppe zu. „Gott zum Gruße, danke, dass ich hier sein darf."
„Nimm bitte auf dem mit Moos bewachsenen Stein vor dir Platz. Er ist sehr bequem." Jahoel lächelte. „Welchen Eindruck hast du von deinem letzten Leben?"
Diana bemerkte erst jetzt, dass sie sich an ganz viele Einzelheiten aus ihrem früheren Leben erinnerte und dass sie dazugehörende Empfindungen besaß, die sie zu dem Zeitpunkt, an dem sie geschahen, nicht gefühlt hatte.
„Diana, deine Seele hatte damals einen Körper. Und durch diesen Körper wurden Empfindungen der Seele, deinem Bewusstsein nicht immer im richtigen Ausmaße und in der richtigen Schwingung übermittelt." Jahoel erkannte ihre Gedanken und beantwortete ihre Fragen. Jetzt bemerkte sie, dass Jahoel und sie gar nicht mit einer Lautsprache kommunizierten, sondern mit ihren Gedanken. Sie musste lächeln. Schön fühlte sich das an!
„Was soll ich jetzt in diesen sich bewegenden Bildern erkennen?", fragte sie verlegen.

„Du wirst Szenen erleben, in denen du bemerken wirst, dass du dich im göttlichen Sinne verhalten hast und Szenen, in denen du deine Handlungen und Worte mehr aus deiner eigenen Sichtweise hervorgebracht hast. Du selbst wirst erkennen, ob es für deine eigene Entwicklung gut war oder nicht. Wir sind hier, um dir als Ansprechpartner zu dienen, damit du die für dich geltende Wahrheit erkennen kannst. Bist du bereit, Diana?"
„Ja, ich bin bereit."
Kaum hatte sie diese Worte gesprochen, wurde ihr ihr eigener Tod vor Augen geführt. Sie sah, wie die Erde bebte, wie sie gerade am Bett der Tochter ihrer Bekannten saß. Sie sah die ganze Szenerie aus der Sicht einer außen stehenden Person. So konnte sie erkennen, dass durch die starken Erdstöße die vielen Fackeln, die im Zimmer des Mädchens brannten, aus ihren Halterungen fielen. Das Feuer breitete sich innerhalb weniger Sekunden aus und das ganze Zimmer brannte lichterloh. Sie sah sich schreien, sie sah, wie sie das Mädchen aus dem Bett holte und an sich drückte. Dann steuerte sie auf das Fenster zu, an dem das Feuer noch nicht angekommen war. Sie schaute hinunter und sah, wie durch ein Wunder, ihre Bekannte direkt unter ihr am Fenster stehen. Ohne nachzudenken rief sie ihr zu, dass sie das Mädchen jetzt zu ihr hinunterwerfen würde. Sie sah, wie sie das Mädchen losließ und wie sie direkt hinter ihr her springen wollte, als ein Balken sie am Kopf traf und sie zu Boden warf. Danach erkannte sie, wie ihre Seele aus dem Körper entwich, der darauf in Flammen stand. Diana fühlte wieder, wie sie in diesem Moment des Unglücks an Gott zweifelte. Sie fragte sich, wie er solch ein Unglück zulassen konnte und warum in der Blüte ihres Lebens. Dieser Zweifel wurde ihr nun als Empfindung vorgeführt, was sie sehr beschämte, denn gleichzeitig erkannte sie, dass alles, so schrecklich es war, in ihrem Schicksal vorgesehen war. Das Mädchen war gerettet und überlebte, sie nicht.
„Gräm dich nicht, Diana" hörte sie die Stimme von Jahoel in ihr, „es musste alles so kommen. Dein Lebenswerk ist erfüllt."
„Aber ich sollte doch als Medium arbeiten und die Arbeit von Jesus unterstützen. Es war doch ganz anders geplant?"
„Das hast du auch gemacht. Die letzten Monate waren auch gut, und die Treffen, die ihr hattet, waren sehr wichtig. Jetzt sind die anderen Seelen gefordert – ob sie den bisherigen Belehrungen von Albiel folgen können, oder ob sie in ihren Gewohnheiten stecken bleiben und die Zeit mit Jesus vergessen?"

Diana sah Albiel an, der ihr zulächelte und die Worte von Jahoel mit einem Nicken bekräftigte.

Eine nächste Szene erschien vor ihren Augen. Sie erkannte den Moment, und erinnerte sich peinlich berührt an ein Zwiegespräch mit Simon Petrus, der ihr, aus ihrer damaligen Sicht, Vorwürfe gemacht und sie nicht respektiert hatte. Jetzt fühlte sie nicht den Trotz und die Wut von damals, sondern nur reine Liebe zu Simon Petrus, und sie erkannte seine suchende Seele. Sie erkannte, dass er auf ihre Fähigkeiten und ihre Nähe zu Jesus neidisch war und sich wegen seiner charakterlichen Schwäche ihr gegenüber nicht freundlich verhalten hatte. Sie empfand gleichzeitig Liebe zu ihm und zu sich selbst. Sie bemerkte, dass sie aus ihrer Sicht Gedanken und Worte erschuf, die nicht – wie sollte sie es genau beschreiben – unbedingt vorbildlich waren.

„Die nicht göttlich waren", korrigierte Jahoel ihre Gedanken.

„Gut, die nicht göttlich waren. Hätte ich mich anders verhalten können?", fragte sie Jahoel.

„Natürlich. Du hattest den kurzen Moment der göttlichen Inspiration, die dir den Gedanken eingab, nicht auf Simon Petrus zu reagieren und ihm sogar noch zuzulächeln und die Situation zu retten. Erinnerst du dich?"

„Ja, ich verstehe. Ja, das war nicht göttlich."

„So ist es. Aber du hast es jetzt erkannt. Nur das zählt."

Die nächste Szene erschien. Sie befand sich im Artemis-Heiligtum und sprach mit Olympios, und zwar zu der Zeit, als sie noch nicht die medialen Übungen ausführten. Olympios wies sie an, den Opferplatz zu reinigen. Sie hatte diese Anweisung für eine Schikane gehalten. Die dazugehörigen Gefühle waren wieder Wut und Gedanken, in denen sie sich mit einer Artemis-Statue sah, die sie in die Hände nahm und ihm am liebsten auf den Fuß geworfen hätte.

Diana sah beschämt zu Boden. Jetzt erst erkannte sie aber in der Anweisung von Olympios seine väterliche Liebe zu ihr, wie er sie für ihre mediale Arbeit hatte schulen wollen, das Leben zu nehmen, wie es war, auch wenn man mal in einen nicht reifen Granatapfel beißen musste. Sie sah ein, dass hier wieder alle Pferde mit ihr durchgegangen waren. Sie erkannte ihre falsche Sichtweise.

„So ist es." Jahoel lächelte sie an.

Weitere Szenen wurden ihr gezeigt. Sie sah die Zeit, nachdem sie Josua das erste Mal getroffen hatte und keinen Kontakt mit ihm aufnehmen konnte. Sie fühlte ihre Verzweiflung. Sie sah Szenen aus ihrer Kindheit und den frühen Tod ihrer Eltern. Sie sah die ‚Verbannung' in den Tempel und viele,

viele Ereignisse, die sie nun besser verstand. Alle Gefühle, die sie damals im Leben gehabt hatte, wurden mit den jetzigen Empfindungen energetisch ausgeglichen. Sie hatte allen Menschen vergeben und schließlich, nach etwas längerem Zögern, auch sich selbst. Damit waren alle Altlasten des Lebens in Ephesos aufgelöst. Sie würde später, wenn wieder eine neue Inkarnation in einem Körper anstand, diese Erkenntnisse mitnehmen können. Diese Schulung zeigte ihr den wahren Wert der Vergebung und der Lehren, die Jesus diese weise Seele an die Menschen weitergab. Zum Abschluss sah Diana einige Szenen mit Jesus, und sie konnte seine Worte und Taten erfassen und hinter den Schleier ihres eigenen, damaligen Unwissens schauen. Sie war voller Liebe und würde ... Aber auf einmal huschte ihr Josua in die Gedanken.

„Josua geht seinen irdischen für ihn bestimmten Schicksalsweg", teilte ihr Jahoel mit. „Schicke ihm gute Gedanken, damit er seinen Weg genauso gehen kann wie du deinen. Jesus wird ihm demnächst von deinem Überwechseln in unser aller Heimat berichten. Wie er es verkraftet, wird das Leben zeigen. Lass den irdischen Josua los. Ihr seid sowieso geistig und seelisch für immer verbunden. Nur das zählt, sonst nichts."

„Ich danke dir, Jahoel, ich danke euch allen." Diana war ergriffen.

„Wir sind mit deinem Leben sehr zufrieden, du wirst selbst gefühlt haben, dass es in der Gesamtheit sehr gut für dich gelaufen ist. Du hast die Prüfungen mit Jesus angenommen und hast dich aus einigen starren Regeln sehr gut befreien können." Jahoel lachte. Seine Aura veränderte sich hierbei in Richtung orange.

„Nun kannst du in der nächsten Zeit alles das machen, was du willst. Du kannst segeln, solange du willst. Du kannst im Meer baden, ohne dass du Angst haben musst, bestraft zu werden. Du kannst mit den Tieren reden, mit den Blumen um die Wette leuchten und viele Seelen kennen lernen, die sich im selben Reich aufhalten wie du. Wenn du dann irgendwann bereit bist, in deine Sphäre zu wechseln, dann reicht ein Gedanke, und Albiel wird an deine Seite kommen und dich dorthin führen. Bis dahin genieße die Farben und die Gerüche. Gott zum Gruße. Gott ist für immer der Sieger."

„Gott zum Gruße." Diana verbeugte sich vor den sieben Geistwesen, lächelte Albiel noch einmal zu und wurde von Emanuel wieder auf den Weg durch den Wald zurück zu ihrem Baum geführt. Von dort konnte sie sich nun ihr Leben im Sommerland so gestalten, wie sie es wollte. Als erstes, und hierbei hatte Jahoel Recht, würde sie ans Meer gehen und mit einem blau angemalten Segelboot hinausfahren.

Kaum hatte sie das gedacht, befand sie sich schon auf einem Steg am Meer. Vor ihr lag das weite Meer, vor ihr sprangen Delphine durch die Gischt, und die Fische leuchteten in allen Farben. Jetzt erst sah sie das blaue Segelboot, das auf sie wartete und auf dessen Bug für sie – in weißen Lettern – der schönste Name stand, den es gab: Josua.

Sechachah (Qumran)

Trauer, Tränen und ein Traum

22 n. Chr. unserer üblichen Zeitrechnung
Josua blühte in seiner Arbeit auf. Er liebte es, zu sehen, dass es auch andere Seelen gab, die genauso viel Freude am Schreiben hatten wie er. Die Gruppe, die er in Sechachah beim Schreiben beaufsichtigte, umfasste fünfzehn Personen, darunter waren auch zwei Frauen, mit denen zwar einige der Begleiter von Jesus ein Problem hatten, er aber nicht. Warum sollten Frauen nicht auch schreiben lernen?
Ganz besonders erfreute er sich an seinem Sohn Micha, der das größte Talent in sich barg, das er je gesehen hatte. Jedes Wort, das er schrieb, ob Hebräisch oder Griechisch, war ein Kunstwerk. Fehler machte er so gut wie nie. Es war fast schon beunruhigend, wie gut sein nun knapp zwölfjähriger Sohn schrieb.
Der Raum, in dem die Kopisten arbeiteten, war drei Mal so lang wie breit und befand sich im Zentrum des Anwesens. Es waren genügend Fenster in die Lehmwände eingefügt, die das überlebenswichtige Licht für die schwierige Arbeit brachte. Die Kopien, die sie hier im Landgut von Joseph von Arimathäa erstellten, enthielten sämtliche Reden, die Jesus in Ephesos gehalten hatte. Natürlich nur, aus der Zeit, die Josua mit Jesus verbringen konnte. Und außerdem die schriftlichen Aufzeichnungen von Jesus, die er in der letzten Zeit in Ephesos oft kopiert hatte. Wieder tauchten die für ihn so bemerkenswerten Worte vor seinem inneren Auge auf: „Ich bin die Ursache, das Universum ist die Wirkung."
Nur selten war Josua bisher selbst zum Schreiben gekommen, denn er musste alle Schreiberlinge erst einmal kennen lernen, ihre Art des Schreibens, ihre Mentalität, ihre Auffassungsgabe, ihre Schrift und ihre Konzentrationsfähigkeit. Auch ihre falschen Körperhaltungen musste er aufspüren, denn mit der Zeit konnte dies zu Ermüdungserscheinungen oder gar zu körperlichen Schäden führen, wie ihm ein Arzt in Ephesos einmal mitgeteilt hatte. Josua schlenderte aufmerksam durch die Runde und beobachtete jeden seiner Schüler. Jedoch erkannte er bald, dass seine eigene Konzentration zu wünschen übrig ließ. Irgendetwas war heute

„Gott braucht keine Märtyrer, die sich für ihn oder andere opfern. Sei hier bitte nicht zu extrem!" Jesus' Ton hatte sich für einen kurzen Moment verschärft. Und als ob er von Josua einen Gedanken erriet, setzte er hinzu: „Diana hatte sich auch nicht für das Kind, das sie gerettet hat, geopfert, sondern wollte erst dem Kind helfen, und dann sich selbst."

„Hhm."

„Josua, mir hilft es immer, mich in die Wüste zurückzuziehen, wenn es für mich sehr schwierig ist. Vielleicht könnte es auch dir helfen. Die Stille heilt manchmal die Wunden sehr viel schneller, als alles andere. Ich würde dir vorschlagen, dich dorthin zurückzuziehen. Wir kümmern uns um Micha und erzählen es ihm."

Josua versuchte zu lächeln, was ihm allerdings nicht gelang. Er nickte nur. „In der Stille hört man Gott immer. Mach deine geistigen Ohren gut auf. Bis nachher." Jesus streichelte Josua kurz über den Rücken und nahm Mirjams Hand. Beide schauten Josua nach, der sich langsam gen Hoftor bewegte und links um die Ecke hinter den hohen Mauern des Landsitzes verschwand.

∞

Wie lange er nun schon durch die zerklüftete Felsenlandschaft gewandert war, wusste er nicht mehr. Anfänglich konnte er sich nicht von dem Gedanken lösen, dass Gott Diana und auch ihn gestraft hatte. Josua hatte von Jesus so viel gelernt, aber dass seine große Liebe einfach so getötet wurde, durch ein Erdbeben, das ausgerechnet in der Nacht geschah, als die meisten Menschen schliefen und unendlich viele Fackeln brannten, das konnte er nicht verstehen, geschweige denn verkraften.

„Wie konntest du, Gott, dies nur zulassen?", hörte er sich laut zweifeln. Mit der Unsichtbarkeit zu reden, das hatte er schon immer getan, und Jesus hatte es gewusst. Früher war er immer von allen geneckt worden, mit wem er sich denn dauernd unterhalten würde. Diesmal allerdings hörte nur der Wind seine Worte.

„Wieso ausgerechnet Diana, ein Vorbild an ethischer Reinheit?", fragte Josua gen Himmel. „In Ephesos gab es so viele Menschen, die die Gerechtigkeit und die Nächstenliebe nicht allzu ernst nahmen. Warum mussten die nicht sterben? Warum nicht, Gott? Gibt es dich überhaupt? Manchmal könnte ich glauben, dass die Götter Priapos und Dionysos eine größere Macht haben als du! Du, den Jesus in das Zentrum seiner Lehre stellt. Jesus kann sich doch nicht irren, oder? Man könnte manchmal wirklich auf den Gedanken kommen, dass du dich nicht um uns Menschen kümmerst. Ja, ja, ich weiß, du tust es, auch wenn ich dich noch nie so recht wahrgenommen habe. Ich weiß auch, dass die Menschen für ihre Taten verantwortlich sind und nicht du. Ja, ich weiß, aber du fühlst dich manchmal so weit weg an. So ganz weit weg." Dann kehrte Stille ein. Eine große helle Stille.

Doch bald kam der erste Anflug von Dankbarkeit. Und nach etlichen Stunden des Zweifels und des inneren Kampfes mit Gott beruhigte sich Josua ein wenig und es kam doch Frieden in sein Gemüt. Micha war ja schließlich noch da. Micha, sein ein und alles. Zum Glück war Lea noch am Leben, dachte er. Jesus hatte Recht, Micha hatte immer noch seine Mutter. Und das sollte jetzt wichtiger sein als seine persönlichen Kümmernisse.

Unterdessen hatte sich Josua auf einen kleinen Felsen gesetzt, und er ließ seinen Blick über das Salzmeer schweifen. Von hier oben schien das Salzmeer irgendwie fremd, irgendwie kalt, so als ob in seinen Tiefen Dämonen weilten. Es wirkte auf ihn des öfteren beängstigend. Auch wenn die Gegend um das Meer und um Sechachah herum recht unwirtlich aussah, hatte es doch seinen ureigensten Reiz. Stille war wirklich mehr wert als alles Gold. Stille war gerade jetzt in diesen schweren Stunden ein Geschenk.

Es kam Josua fast so vor, dass eine unsichtbare Macht ihn beruhigte und ihn wieder mit Zuversicht und Gelassenheit erfüllte. Gerade hatte er die Mitteilung vom Verlust seiner großen Liebe erfahren, und keine paar Stunden später kam die erste Zuversicht. Jetzt erst, nachdem er Gott verurteilt, angeklagt und geschmäht hatte, konnte er Gott dafür danken, dass er Diana wieder zu sich genommen hatte und dass er, Josua, jetzt hier am Salzmeer mit Micha neu anfangen konnte. Schließlich war Jesus, sein Freund und Vorbild, an seiner Seite. Und dann, das wusste er tief in sich, konnte nichts mehr schief gehen.

Eine Wegstrecke entfernt saß Jesus allein auf seiner Kammer und bat Gott um Hilfe, dass er Josua Licht schicken solle, ihn wieder aufbauen und aus seiner tiefen Trauer herausholen möge. Er spürte, dass sehr viel Energie zu fließen begann, und das war für ihn immer ein Zeichen dafür, dass Gott seine Bitte erhört hatte.

Josua wird nun eine schwierige Zeit zu durchleben haben. Warum ist der Verlust eines Menschen so schwer zu ertragen? Vater, es wissen doch alle

Seelen, dass ihre wahre Heimat im Licht ist. Warum ist der Schmerz dann so groß, wenn sich zwei Menschen im Irdischen verlieren? Kannst du mir das erklären? Bitte lass es nicht zu, dass ich Mirjam verliere, bevor ich wieder in deinem Reich bin. Du kannst mit mir alles machen, Vater, aber lass es nicht zu, dass Mirjam von mir geht. Ich danke dir für deinen Frieden und für deine Liebe.

Liebe alle Menschen noch etwas mehr, denn sie brauchen deine Liebe dringend. Sehr dringend. Da ich nicht weiß, wie lange und wie regelmäßig ich noch diese Zeilen schreiben kann, möchte ich mich bei dir, Vater, dafür bedanken, dass ich auf diesem Weg alle meine Schwierigkeiten und Gedanken aufschreiben konnte. Ich habe jedes Mal gespürt, wie es um mich heller und meine Seele von einer Last befreit wurde.

Ich weiß, dass mein Weg wahrscheinlich schmerzhaft enden wird, obwohl du bestimmt einen anderen Weg für mich geplant hattest. Zu deutlich muss ich erkennen, wie starr und stur die Menschen sind, vor allem diejenigen, die deine Vertreter hier auf Erden sein sollten. Ich danke dir, Vater, dass ich Mensch sein kann, dass ich dieses Leben hier auf Erden führen darf und dass du die Menschen so liebst wie sie sind. So soll es immer sein bis in das Zentrum deiner Liebe!

∞

Jesus mochte Joseph von Arimathäa sehr, der ihm und seinen Begleitern sein Landgut zur Nutzung überlassen hatte. Die beiden Männer hatten gerade gemeinsam Datteln geerntet und Palmzweige geschnitten. Die Dattelpalme war, ähnlich dem Olivenbaum, den Bewohnern von Israel heilig, denn man konnte alles von ihr verwenden: Die Datteln gehörten zur täglichen Speise der Bewohner, mit den Palmzweigen konnte eine kleine Hütte im Garten schattig gemacht werden, sie dienten als Flechtmaterial und als Stroh, die Fasern wurden zu Seilen, das Gespinst konnte als Sieb verwendet werden, und der dicke Stamm der Palme war als Baumaterial unverzichtbar. Sogar die Kerne der Datteln konnte man an zahnlose Kamele verfüttern.

Nach getaner Arbeit saßen die beiden unter dem großen Olivenbaum im Hof und tranken Granatapfelsaft.

„Was willst du jetzt tun?", wollte Joseph von Jesus wissen. Joseph von Arimathäa war fast doppelt so alt wie Jesus. Er lebte hauptsächlich in Jerusalem, verbrachte aber die Zeit, wenn Jesus in Sechachah weilte, auf seinem Landgut.

„Ich werde mich erst einmal etwas erholen. Die letzte Fußreise mit Mirjam durch Galiläa war sehr anstrengend, wegen der Erlebnisse, die wir hatten, wie du ja weißt. Und in dieser Erholungszeit werde ich das Leben entscheiden lassen, werde ich meinem Vater die Zeit und die Möglichkeit geben, das zu planen, was nun im göttlichen Sinne wichtig ist."

„Eine sehr weise Einstellung. Teil mir bitte mit, was ich für dich und die Aufgabe tun kann. Ich möchte helfen."

„Liebster Joseph, dadurch, dass du mir und meinen Begleitern die Möglichkeit gibst, hier zu verweilen und dir mit helfenden Händen zur Seite zu stehen, ist schon die größte Hilfe, die es gibt. Joseph, du führst den Auftrag, der von Gott an die Essener übermittelt wurde, gewissenhaft aus, im Gegensatz zu den meisten anderen Essenern. Ich habe zu danken, dass ich hier vorübergehend leben darf. Aber ich werde dir mitteilen, wenn es etwas gibt, worin du mich unterstützen kannst." Jesus lächelte seinen väterlichen Freund an.

Joseph war sehr wohlhabend, denn hier in Sechachah ließ er edles Balsamöl herstellen, das sogar von Vertrauten des König Herodes gekauft wurde, wenn dieser in seiner Sommerresidenz in Jericho weilte. Jericho war zwar das Zentrum der Balsamproduktion, aber hier, einige Stunden Fußmarsch von Jericho entfernt, wurde eine ganz fantastische Qualität von Balsamöl hergestellt. Der Grund hierfür: südlich von Sechachah gab es eine eineinhalb Meile lange und eine halbe Meile breite Oase, die ausgezeichnete Voraussetzungen für das Wachstum von Balsamstauden bot. Sie war die wasserreichste Oase am Westufer des Salzmeeres. Und in dieser Oase, die ebenfalls in Josephs Besitz war, gab es drei Quellen. Die größte war südlich in Ain Feshkha. Für das Balsamöl, das ihm den größten Teil seines Einkommens einbrachte, war Joseph bekannt.

Neben den Balsamstauden füllten die Dattelplantagen einen weiteren großen Teil der Fläche der Oase. Die Datteln wurden zum einen in wunderbar süßen Dattelhonig verarbeitet, zum anderen wurden sie in die große weite Welt verschifft, denn die Datteln aus Israel waren leicht aufzubewahren. Und wieder nahm in der Qualität der Datteln die Plantage von Joseph einen herausragenden Rang ein. In Ain Feshkha fand hauptsächlich die Produktion des Dattelhonigs statt, in Sechachah wurde das Balsamöl hergestellt, und dort wurden die Datteln für die Verschiffung gelagert.

„Jesus, hast du auf deiner Reise ans Galiläische Meer Gleichgesinnte von uns Essenern getroffen?"

„Nein. Es ist traurig, was aus dem Urgedanken des Essenertums geworden ist." Jesus mochte dieses Thema nicht. „Ich habe zwar einige Gruppen getroffen, die sich Essener nennen, aber sie waren weit entfernt vom eigentlichen Glauben."

„Ich kann es nicht fassen."

„Ich auch nicht." Jesus klang resigniert. „Bei diesem Thema reagiere ich mittlerweile sehr verdrießlich."

„Erzähl mir alles, Jesus. Auch wenn es dich grämt, ich muss wissen, wo wir Essener stehen."

Jesus merkte, wie missgestimmt er war. Immer wieder die Essener. Die wahren Essener und ihr Glaube wurden vor knapp 180 Jahren durch hohe Inspirationen von Gott ins Leben gerufen. Sie sollten die Aufgabe, die Mission von ihm – Jesus – hier auf diesem Planeten vorbereiten. Durch seine regelmäßigen Aufenthalte im Raumschiff der Santiner hatte Jesus sich wieder an diesen ganzen Zusammenhang erinnert. Und diese Klarheit brachte ihn fast um den Verstand.

„Joseph, uns Essener gibt es nicht mehr." Jesus kräuselte seine Stirn. „Wie klar war aber der Glaube der Essener in den Anfängen gewesen! Dieser Glaube war einzig auf Gott gerichtet und wandte sich gegen jede Art von Blutopfer, Gewalt und Götzentum. Für die ursprünglichen Essener waren die Liebe, die Menschlichkeit und die Verehrung Gottes das höchste Gut. Sie kümmerten sich um die alten und schwachen Menschen, um Kranke und Unterdrückte." Jesus hielt inne und blickte zu den Balsamstauden. „Das, was sie aber hauptsächlich von den anderen Juden unterschied, war, dass für sie auf der Erde nichts unrein war, im Gegenteil, jedes Sandkorn war für die Essener der Anfangszeit heilig." Jesus erinnerte sich an Bakenor, der für ihn der typischste Essener war, den er je kennen gelernt hatte. Bakenor, sein Ersatzvater aus Ägypten.

„Ist es so nicht mehr, Jesus?" Josephs Frage klang frustriert.

„Aber was die Essener mit der Zeit aus diesem feinen und klaren Glauben gemacht haben, ist eine Katastrophe. Sie unterscheiden sich mittlerweile nicht mehr von den gelehrten Pharisäern oder den reichen Sadduzäern. Schon vor vielen Jahren, als ich die Essener in der Nähe der Oase Ain Gedi besuchte, bemerkte ich, dass der eigentliche Glaube und das Wissen der Menschen verloren gegangen waren." Jesus erinnerte sich gut an die Oase, den Ort, an dem das damalige Zentrum der Essener entstanden war. Aber dieser Gedanke betrübte ihn aufs Neue. Dort war eine Hoffnung zerbrochen. „Die heutigen Essener – es waren in Ain Gedi seltsamerweise nur noch Männer – waren zum Großteil fanatisch, sie lehnten jegliches irdische Vergnügen ab, lebten asketisch und enthaltsam, ernährten sich nur von Obst und Hülsenfrüchten und predigten den Weltuntergang. Zu den wahren Essenern, die ich suche, gehörst du, Joseph, und die anderen, die mitten unter den Menschen leben."

„Ich verstehe."

„Das Gute an dieser verdrießlichen Situation ist, dass diese Asketen von den wahren Essenern ablenken. So können die wahren Essener ihre wichtige Arbeit tun. Wie du, mein Essener-Freund."

„Ja, ich bin ein Essener, aber warum ich?"

„Als reicher Kaufmann hast du mit vielen Menschen zu tun. Genau dort kannst du, Joseph, in die Menschen Samen der Liebe legen und ihnen das göttliche Reich in seinen Taten vorleben und auf die Erde bringen. Du bist in der Welt und hast dich nicht, wie viele fanatische Menschen, von ihr abgewandt. Du bist genau dort richtig, wo Gott dich hingestellt hat."

„Naja, auch in Jerusalem gibt es noch einige von uns wie beispielsweise Nikodemus, die auf unserer Seite sind und im Verborgenen arbeiten."

„Ja, das ist auch gut und wichtig. Wie ich erfahren hab, sind wir genug, um den Weg so vorzubereiten, wie er gegangen werden soll. Gott kann ein Universum zusammenhalten, dann wird unser Vater auch meinen Weg so bereiten, wie er sein soll."

Aus einer Ecke des Anwesens wurde Josephs Name gerufen. Joseph erhob sich, klopfte Jesus auf die Schulter und ging mit langsamen Schritten in die Richtung des Rufers.

Bakenor. Wie lange hatte er nicht mehr an seinen väterlichen Freund gedacht! Jesus erinnerte sich noch daran, als er mit knapp sechzehn Jahren im Raumschiff der Santiner nach Heliopolis gereist war, um im Zentrum der Geheimnisse und der Weisheit, wie Heliopolis auch genannt wurde, einem Treffen der wahren Essener beizuwohnen. Bakenor war ebenfalls dort gewesen. Schließlich war Heliopolis nur knapp zwölf Meilen von den großen Pyramiden entfernt, die schon lange als Einweihungsstätte für Weisheitslehrer und Meister der Charakterveredelung dienten. Auch bei diesem Treffen in Heliopolis trafen sich die Weisen der Menschheit, die Menschheitslehrer, die auch bei seiner Geburt in Bethlehem für seinen Schutz gesorgt hatten, wie Bakenor ihm als Kind mitgeteilt hatte. Er erinnerte sich daran, wie er den angereisten Weisen den wahren Gottglauben mitgeteilt hatte. Aufgrund der vielen Diskussionen, die sich dadurch ergeben hatten, konnte er sogar bei diesen Menschen sehen, wie unterschiedlich dieser Glaube gelehrt wurde und wie wenig von der reinen göttlichen Essenz gelebt wurde. Dieses Treffen damals in Heliopolis hatte ihn ebenfalls ernüchtert.

„Hab nicht eine so hohe Erwartung an die Menschen", hatte Bakenor ihm damals gesagt. „Sie sind, obwohl sie als Weise und Meister gelten, immer noch Schüler auf den Wegen des Lichts. Du bist ihnen um Welten voraus. Übe Nachsicht und sei dankbar, dass es sie gibt."

Es fiel ihm damals schwer, Nachsicht zu üben. Wenigstens war die Reise dorthin nicht ganz nutzlos gewesen. Hatte er sich doch wieder in eine Kammer dieser Steingiganten legen können, wo er sehr viel Kraft für sich erhalten hatte. Eine ganze Nacht hatte er in der irdischen Dunkelheit gelegen, und trotzdem hatte er so lichtvolle Erlebnisse gehabt, dass er am nächsten Morgen, als er wieder aus der Pyramide hinaus ins Licht der Morgensonne trat, die Helligkeit als dunkel empfand. Jesus musste lächeln. Es war ein großartiges Erlebnis.

Seit den Tagen in Heliopolis tauchten immer wieder diese tiefen Gefühle in ihm auf, wenn er spürte, dass gerade die Menschen, die es besser wissen müssten, in den Fallen der Eigensucht, des Hochmuts und der Macht stecken blieben. Frust machte sich breit. Frust und Einsamkeit. Dann merkte er, dass er trotz aller Begleiter, die ihn unterstützten, einsam war. Es fielen ihm die Sätze von Bakenor ein, der ihn als Kind die Wahrheiten und Geheimnisse der Welt gelehrt hatte: „Große Seelen werden auf der tiefsten Ebene ihres inneren Seins immer einsam sein. Und ganz besonders du wirst dich so fühlen. Aber suche in diesen Phasen die Stille, denn dort wird sich dir dein Vater offenbaren."

Recht hatte er, der gute alte Bakenor. Genau dies wollte Jesus jetzt auch tun, obwohl das Abendmahl wartete. Er ging durch das große Eingangstor des Landgutes und wanderte ziellos durch die zerklüftete und schroffe Landschaft.

∞

Es war ein sonniger Tag. Sechachah war grün wie selten zuvor, und die Bewohner sprühten vor Lebensfreude. Die Menschen lachten. Es wurden Lieder gesungen, Jesus erzählte einigen Kindern Geschichten, und Joseph von Arimathäa spielte mit den anderen Kindern Verstecken. Dann auf einmal zogen Wolken vor die Sonne, der Tag verdunkelte sich so sehr, dass es fast Nacht war. Keine Wolke war zu sehen, und doch war die Sonne unsichtbar. Es kam ein Wind auf, der innerhalb von Sekunden zu einem tosenden Sturm wurde. Blitze und Donner waren von weitem zu sehen und zu hören. Plötzlich verstummte jegliches Geräusch. Daraufhin hörte Josua eine Stimme wie eine Trompete. „Josua, suche für die Schriften ein Versteck, das einige tausend Jahre währt. Schreib deine Geschichte mit Jesus auf und leg sie bei. Beeil dich, denn wenn der Herbst kommt, ist es zu spät." Es wurde wieder lauter, es dröhnte und grollte, bis alles wieder ruhig war, sonnig und klar. Nur ganz Sechachah war blutüberströmt. Kein Mensch war zu sehen, nur die Gebäude, Balsamstauden und Dattelpalmen bluteten ohne Ende.

Josua schreckte hoch und brauchte einige Zeit, um sich zurecht zu finden. Das, was er gerade erlebt hatte, war zum Glück nur ein Traum gewesen. Dann hatte er sich wieder daran erinnert, wo er sich befand. Er hatte sich mit Cornelius, den er im Schreiben anleitete, auf dem Dach über der Schlafstube eine Schlafstätte eingerichtet, um dort die Nacht zu verbringen. Er schaute zu Cornelius hinüber, der aber atmete regelmäßig und langsam. Er schlief tief und fest.

Josua schwitzte und zitterte. Er war eigentlich noch gar nicht richtig bei Bewusstsein, und doch machten sich seine Gedanken selbstständig. Da gerade der Vollmond am Himmel stand und Sechachah in sein magisches bläuliches Licht tauchte, hatte Josua somit noch knapp drei Monate Zeit, seine Geschichte zu schreiben und die Schriften zu verstecken. An Schlaf war im Moment ohnehin nicht mehr zu denken.

Wo sollte er die Schriften verstecken? Warum sollte er die Schriften so schnell verstecken? Würde etwas Schreckliches geschehen? Warum soviel Blut? War das Blut symbolisch, oder welche Bedeutung hatte es? Wer könnte Sechachah überfallen? Die Römer mit Sicherheit nicht, denn sie profitierten von den Steuern, die Joseph zahlte. Räuber auch nicht, dafür war Sechachah zu groß. Was bedeutete dieser Traum nur, fragte er sich. Sollte er die Schriften allein verstecken? Sollte er jemanden mitnehmen? Ja, Cornelius würde er mitnehmen und in den Traum einweihen. Aber vorerst musste er mit Jesus reden. Vielleicht hatte Jesus eine Idee, was dieser Traum bedeutete.

Josua wurde ruhiger. Nach dem Stand des Mondes musste es noch früh in der Nacht sein. Was sollte er, bis der Morgen anbrach, nur machen? Vielleicht sollte er schon damit anfangen, seine Erlebnisse aufzuschreiben? Als er den Gedanken nicht mehr aus seinem Kopf bekam, und weil er hellwach war, obwohl er jetzt eigentlich schlafen müsste, ging er in die Schreibkammer, nahm sich die größte Papyrusrolle, die er genäht hatte, und fing an zu schreiben. Dass ihn eine Trance befiel, nahm er nicht mehr wahr. Die Geschwindigkeit, mit der die Buchstaben auf den Papyrus

573

gezaubert wurden, auch nicht. Er schrieb und schrieb und schrieb. Von den anfänglichen Erlebnissen in Nazareth bis zum heutigen Tag. Dann ging die Sonne auf, was er aber vor lauter Müdigkeit nicht mehr wahrnahm. Er war neben seiner großen, voll beschriebenen Rolle, eingeschlafen.

∞

Mirjam konnte in dieser Nacht nicht einschlafen, die letzten Nächte hatte sie ebenfalls nicht geschlafen. Zu sehr lasteten immer noch die Geschehnisse ihrer Reise in ihre Heimat ans Galiläische Meer auf ihrem Bewusstsein. Die Gedanken daran quälten sie und ließen sie nicht zur Ruhe kommen. Zu schrecklich waren die Ereignisse in ihrem Heimatdorf gewesen. Was war sie froh, dass sie Jesus an ihrer Seite hatte! Der schlief ganz friedlich neben ihr auf ihrem gemeinsamen Lager.

Wie hatte sie sich gefreut, ihre Familie und Magdala wieder zu sehen! Ihr Vater war vor vielen Jahren nicht sehr begeistert gewesen, als sie damals ihre Heimat und damit ihre Familie verließ. Sie hatte einfach gehofft, dass sich ihr Vater wieder beruhigen würde. Aber das, was sie erlebt hatte, trieb ihr die Tränen in die Augen. Magdala war ihr erstes Ziel auf ihrer Reise gewesen. Dort hatten sie vor kurzem Halt gemacht. Aber es war alles ganz anders gekommen.

Dabei hatte alles ganz friedlich begonnen. Sie und Jesus waren um die Mittagszeit am Galiläischen Meer angekommen und wollten nun direkt Mirjams Eltern besuchen. Ihre Eltern besaßen ein großes Weingut und hatten vor etlichen Jahren zusätzlich mit dem Handel von gepökeltem Fisch begonnen. Mittlerweile stand schon die Galiläische Barbe aus Magdala in Rom auf dem Delikatessen-Speiseplan, denn für die verwöhnten Gaumen der römischen Oberschicht zählte ein Fisch aus fernen Ländern wesentlich mehr als Fisch aus heimischen Gewässern. Und da die unterschiedlichen Fische aus dem Galiläischen Meer wirklich prachtvolle Speisen abgaben, hatten Mirjams Eltern auf einmal Rom als ihren größten Kunden ihrer haltbar gemachten Fische an der Angel.

Auf dem Weg zum Anwesen ihrer Eltern kamen sie am Strand entlang und beobachteten das Treiben der Fischer. Die ordneten oder reparierten gerade ihre Netze. Eine gemächliche Ruhe prägte die Atmosphäre. Mirjam wurde nicht erkannt, auch sie wiederum erkannte keinen der dort arbeitenden Fischer. Zu lange war es her, seitdem sie Magdala verlassen hatte.

An die Geschehnisse vor einigen Wochen erinnerte sie sich noch wie heute. Nachdem sie die Fischer hinter sich gelassen hatten, bogen sie in eine Gasse ein, die vom kleinen Hafen wegführte. Etliche Schritte waren sie des Weges gegangen, bis sie erkannte, dass ihre Aufregung immer mehr zunahm. Dann kam endlich ihr Elternhaus in Sicht. Kaum waren sie in den großen Hof des riesigen Gutes eingetreten, stand schon ihr ältester Bruder neben ihnen.

„Wer seid ihr?", fragte er schroff.

„Ich bin es, deine Schwester Mirjam."

„Ich habe keine Schwester mehr. Verschwindet!"

„Simon, was ist mit dir? Du kannst mich doch nicht vergessen haben."

„Nein, aber wie ich schon sagte, ich habe keine Schwester mehr. Und jetzt haut ab."

„Was ist geschehen? Sag es mir!" Mirjam hatte sehr laut gesprochen, sodass zuerst ihr Vater aus dem Haus kam, und dann ihre Mutter.

„Was willst du hier? Wir haben dich nicht eingeladen!" Ihr Vater blickte düster drein.

„Eure Tochter will euch besuchen und euch von ihren Erlebnissen bereichten." Jesus hatte sich die Antwort nicht nehmen lassen. Es tat ihr gut, wenn sie daran dachte, wie er sie unterstützt hatte.

„Wir reden nicht mit dir, du Sohn einer Hure." Die Augen ihres Vaters funkelten vor Hass. Ihre Mutter stand regungslos hinter ihm und sah zu Boden.

„Besser ein Sohn einer Hure, als ein Sohn der Dunkelheit." Jesus funkelte den Mann an.

„Vater, was ist passiert, dass du uns hier so beschimpfst?" Mirjam konnte die Absurdität dieser Situation immer noch nicht fassen. Tränen benetzten ihre Wangen.

„Das fragst du noch? Du, die du einfach fort gegangen bist und uns mit der Arbeit allein gelassen hast? Du, die du deine Geschwister verlassen und dich vor deinen Pflichten gedrückt hast? Du, die du dich an den Hals des größten Schwätzers geworfen hast, der je einen Fuß auf den Boden von Magdala gesetzt hat? Du fragst noch, was passiert ist? Du warst einmal unsere Tochter, aber jetzt bist du für mich eine gewöhnliche Hure, die von etlichen Dämonen besessen ist. Verschwinde von hier und lass dich nie mehr blicken! Verschwinde! Und nimm den Schwätzer neben dir gleich mit." Mirjam sah nur noch den Blick ihrer Mutter, die weinend ins Haus lief. Sie dachte nicht so wie ihr Mann, das hatte Mirjam gesehen, aber sie konnte sich nicht gegen die Männer in ihrer Familie durchsetzen. Schmerz durchdrang sie. Sie war die einzige Tochter im Haus gewesen und die einzige Verbündete ihrer Mutter. Wie allein sich ihre Mutter die ganze Zeit gefühlt haben musste, wurde ihr in diesem Moment erst richtig bewusst.

Sie erinnerte sich daran, dass sie gemerkt hatte, dass Jesus diesen unmöglichen Aussprüchen ihres Vaters etwas entgegensetzen wollte. Aber bevor er etwas sagen konnte, hatte sie ihm einen Blick zugeworfen, der es ihm verbot. Daraufhin hatte sie sich wieder an ihren Vater gewandt.

„Ich hatte es euch erzählt. Ich hatte es mit euch über eine längere Zeit besprochen. Ich bin nicht einfach weggegangen und habe euch im Stich gelassen. Ich habe mich nun einmal so entschieden. Ich war damals erwachsen."

„Was hatte ich gerade gesagt? Verschwindet und erzähl deine Lügenmärchen deinen Hurenfreundinnen." Daraufhin drehte er sich um und verschwand im Haus. Sie standen allein auf dem Hof. Ihr Bruder Simon war unterdessen auch verschwunden. Wohin, hatte sie zu dem Zeitpunkt noch nicht mitbekommen.

Und als ob dies allein nicht schon schlimm genug gewesen wäre, trafen sie auf der Gasse, die vom Gut der Eltern zum Meer führte, den Rabbi mit einigen Gefolgsleuten, die von Simon angeführt wurden. Alle hatten sie große Steine in der Hand. Dass Simon den Rabbi geholt hatte, konnte Mirjam nicht ahnen.

„Du bist also Mirjam, die ihre Eltern verlassen und bei diesem scheinheiligen Prediger Anschluss gefunden hat?" Der Rabbi des Dorfes stellte sich ihnen in den Weg. Er war ihr völlig unbekannt.

„Wer möchte das wissen?", fragte sie herausfordernd.

„Ich, Juda, der Rabbi von Magdala. Ich möchte nicht, dass eine von Dämonen besessene Hure in unserem Dorf weilt. Hast du mit diesem Mann neben dir dein Lager geteilt?"

„Warum willst du so etwas Privates wissen?"

„Beantworte meine Frage: Hast du oder hast du nicht?"

„Ja, ich habe, und es war schön!"

Mirjam musste hier im Dunkeln in Sechachah lächeln, als sie an ihren Ausspruch von damals zurückdachte, der allerdings ihre Lage sehr verschlechtert hatte.

„Aha, dann hast du das Gesetz gebrochen, und wir werden dich steinigen. Schließlich warst du einem guten Freund von Simon versprochen, wie er mir mitgeteilt hat. Das war sozusagen ein Eheverversprechen, und damit hast du die Ehe gebrochen." Er lächelte hinterhältig, seine drei noch übrigen Zähne wurden sichtbar. Unterdessen hatte sich die

Menschenmenge verdoppelt. Immer mehr Schaulustige kamen auf die Gasse, um dieses Geschehen aus nächster Nähe zu begaffen. „Moment, Rabbi." Jesus trat vor Mirjam. „Irgendwie scheint mir, dass du das Gesetz seltsam auslegst und die schlimmsten Anschuldigungen hervorbringst, ohne jedes Detail zu kennen. Ich..."

„Schweig, du falscher Prophet."

„Lass mich ausreden, Rabbi. Erweise mir den Respekt, meine Dinge anzuhören, wie auch ich dir Gelegenheit gebe, deine bodenlosen Anschuldigungen auszusprechen." Jesus sprach mit einer Autorität, die den Rabbi zusammenzucken ließ. „Ich frage dich, Rabbi, bist du ohne Fehler? Wenn ja, dann wirf den ersten Stein auf diese Frau. Wenn du aber Fehler hast, wie deine verfaulten Zähne deutlich zeigen, dann lass diesen Stein fallen. Und ihr anderen auch!"

Kein Mucks tat sich, und dann erinnerte sich Mirjam nur noch daran, wie Jesus sie an die Hand genommen und sich einen Weg durch die Masse gebahnt hatte. Sie waren beide am unteren Ende der Straße angelangt, als der Rabbi und einige seiner Gefolgsleute erkannten, was gerade passiert war. Der Schock der Worte und der Energie, die die Menschen unbeweglich gemacht hatte, war verflogen. Daraufhin drehten sie sich um und rannten Jesus und Mirjam hinter her.

Dann geschah etwas sehr Seltsames. Mirjam hatte schon öfters von Jesus gehört, dass er sich bei notwendiger Gelegenheit einfach unsichtbar gemacht habe, aber was jetzt passierte, übertraf alles. Sie erinnerte sich nur noch daran, dass Jesus sie ganz eng umschlang, sie kurz küsste und ihr sagte, sie solle sofort die Augen schließen und sie erst wieder öffnen, wenn er es ihr sagen würde. Sie tat es umgehend. Sofort bemerkte sie nur einen Wirbel um sich herum, es wurde ihr schwindlig, und sie kam erst wieder zu sich, als sie die Stimme von Jesus hörte.

Mirjam musste wieder lächeln. Sie erinnerte sich, wie erstaunt sie gewesen war, als sie erkannte, dass sich die Umgebung um sie herum radikal verändert hatte. Sie befanden sich, wie sie schnell erkannte, immer noch am Ufer des Galiläischen Meeres, aber etliche Meilen nördlich von Magdala, nämlich in Kapharnaum.

Noch immer, wenn Mirjam daran zurückdachte, war sie über die Fähigkeiten von Jesus erstaunt. Sie wusste, dass Jesus sich in Notfällen und um Menschen zu belehren, sich über einige irdischen Gesetze, oder das, was Menschen hier als Gesetze ansahen, hinwegsetzen konnte. Darüber hinaus konnte er die irdischen Gesetzmäßigkeiten so nutzen, dass andere dadurch näher zu Gott kamen. Er kannte die Gesetze Gottes, die Menschen kannten sie aber nicht. Deshalb mussten viele Dinge, die Jesus tat, wie Wunder auf sie wirken. Mirjam hätte gern die Augen der vielen Menschen in Magdala sehen mögen, als sie beide einfach vor deren Augen verschwunden waren.

Sie musste immer noch lächeln. Aber die Trauer in der Dunkelheit von Sechachah war wieder gewachsen. Das, was sie am meisten schmerzte, war zum einen, dass ihre Familie sich ihr gegenüber schlimmer verhalten hatte, als der Rabbi. Zum anderen allerdings sah sie immer noch den Schmerz ihrer Mutter vor sich, ihre Einsamkeit, ihre Freude, ihre Tochter gesehen zu haben, aber gleichzeitig ihre Seelentrauer darüber, nichts an ihren Verhältnissen ändern zu können.

Jetzt wusste Mirjam plötzlich, was sie in den letzten Tagen in Sechachah gefühlt hatte, warum sie nicht schlafen konnte und warum sie sich so gehetzt fühlte: Es waren die Empfindungen ihrer Mutter, die sie wahrgenommen und dadurch, dass sie mit ihr fühlte, aufgenommen hatte. Mirjam konnte jedes Gefühl einordnen und von den anderen Gefühlen trennen. Unfassbar, wie einsam sich ihre Mutter fühlte! Schlimm, wie sie ein Leben führte, das sie gar nicht wollte! Entsetzlich, dass sie nicht den Mut hatte, ihre Tochter zu umarmen!

Ein weiterer Schwall salzigen Wassers schoss über Mirjams Wangen. Aber mitten im schlimmsten Weinkrampf schlief Mirjam dann doch ein, und sie träumte, wie sie auf einer Blumenwiese mit Blüten, die sie noch nie gesehen hatte, und mit Schmetterlingen, deren Farben so intensiv leuchteten wie nichts auf dieser Welt, mit ihrer Mutter tanzte und lustige Lieder sang.

Die Reise mit Mirjam in ihr Heimatdorf war eine Katastrophe. Es hat sie verletzt und sehr mitgenommen. Es war ein einziger Schock. Wie kann eine Familie eine der ihren so verdammen? Wie ist das möglich? Wie groß müssen negative Einflüsse sein, damit sich ein Vater so gegen seine Tochter stellt? Sie verleumdet und verbannt? Dieses Erlebnis tat meiner Seele sehr weh, und wie stark muss Mirjam diese seelischen Schmerzen erst fühlen!

Bald möchte Josua die Schriften verstecken. Ich gebe ihm dann diese Rolle bei, auf der ich meine gesammelten Gedanken, Gefühle und Erkenntnisse eingetragen habe. Ich weiß schon lange, dass Josua diese Schriften und die über mich verstecken möchte, damit deine Lehre der Welt auch später noch zugänglich ist. Nur weiß er noch nicht, dass ich es weiß. Deshalb werde ich ihn morgen früh überraschen und ihm diese umfangreiche Rolle geben.

Alle deine wichtigen Gedanken und Lehren sind in diesen Schriften enthalten. Ich weiß noch nicht, ob ich weiterhin die Muße hierfür haben werde, oder ob ich anstelle dessen lieber mit Mirjam zusammen sein und ihr Lachen genießen möchte. Auch dies wird nicht mehr ewig andauern. Danke Gott, dass du mich frei darüber entscheiden lässt, was ich möchte. Vater, ich habe dich immer geliebt, und ich werde dich immer lieben. Vergib mir meine Schwächen, vergib mir meine Zweifel und mein Zaudern. Und vor allem vergib den Menschen für das, was sie tun. Danke.

Unter dem Olivenbaum

Einige Tage später, als Josua seine Erlebnisse der letzten Jahre und alle wesentlichen Lehren von Jesus aufgeschrieben hatte, suchte er ein Gespräch mit Jesus, um mit ihm über seinen Traum zu sprechen.
„Tu, was du zu tun hast, aber nimm Micha mit, wenn du irgendwann auf die Suche gehst. Und leg' diese Rolle auch noch dazu. Es sind Aufzeichnungen von mir, die bis in meine Kindheit in Nazareth zurückreichen", hatte Jesus zu ihm gesagt und ihn erstaunt zurückgelassen. Wie hatte Jesus nur davon erfahren, dass er seine Schriften verstecken wollte? Er fragte sich, seit wann Jesus von seinem Vorhaben gewusst haben konnte. Er hatte ja mit niemandem darüber gesprochen. Dass Jesus ihm nichts Näheres über den Traum mitgeteilt hatte, war nun gar nicht mehr wichtig.
Josua hatte die Originalschriften von Jesus, die er noch aus Ephesos mit sich führte, und einige andere, die Jesus ihm hier in Sechachah gegeben hatte, in Amphoren verpackt. Die Schriften waren auf Pergament geschrieben, das haltbarer war als Papyrus. Außerdem legte Josua ein paar Schuhe, einen Becher und ein Gewand von Jesus hinzu, die sein Freund ausgemustert hatte.
Knapp vier Wochen nach dem Traum hatte sich Josua zusammen mit Cornelius und Micha nach den morgendlichen Schreibaufgaben auf den Weg gemacht, um ein Versteck zu suchen. Sie hatten sich vorher darauf geeinigt, dass sie Richtung Jericho gehen wollten. Die Amphoren hatten sie noch in Sechachah gelassen, da sie sich erst einmal die Gegend anschauen wollten. Josua fühlte nach seinem Olivenkreuz.

„Nach was sollen wir Ausschau halten?", fragte Cornelius.

Cornelius war ein Mann in Josuas Alter, vielleicht ein oder zwei Jahre jünger. Er hatte Jesus in Ephesos kennen gelernt und die Gruppe um ihn seitdem nicht mehr verlassen. Als Josua auf der langen Reise nach Israel mit ihm ins Gespräch gekommen war, hatte er bemerkt, dass auch Cornelius eine Liebe zur Literatur und vor allem zu den Worten von Jesus verspürte. Er konnte ein bisschen schreiben, aber es erforderte noch einige intensive Übungen, bis er auch tatsächlich sämtliche griechischen Buchstaben einwandfrei auf Papyrus bannen konnte. Ihm in seinem Alter noch Hebräisch beizubringen, war nicht möglich, also war Cornelius der Mann für die griechischen Schriften und Abschriften. Das Wichtigste für Josua war allerdings die Erkenntnis, dass er in Cornelius einen Freund gefunden hatte.

„Vielleicht sollten wir nach einem großen Baum suchen und die Schriften an seinen Wurzeln verstecken?" Micha war mit seiner ganzen Seele Teil dieses Vorhabens.

„Ein Baum eher nicht, Micha, da wir die Schriften an einen Ort bringen müssen, der viele tausend Jahre sicher sein muss, wie die Stimme sagte."

„Bäume werden doch auch alt."

„Schon, aber nicht so alt."

Sie wanderten still auf einem ausgetretenen Weg nebeneinander her, Micha blieb, während er manchmal kleine Gesteinsbrocken am Wegesrand betrachtete, ein wenig zurück.

„Vielleicht sollten wir den Weg verlassen. In abgelegenen Gebieten wird die Chance größer sein, dass die Schriften überdauern." Cornelius blickte konzentriert in die Ferne. „Es würde sich eine Höhle anbieten."

„Ja, schon. Von Höhlen wimmelt es hier ja, wie wir sehen." Josua zeigte nach links auf die Felsformationen, die hunderte von Schritten über ihnen thronten. „Aber in solchen Höhlen würde man auch am ehesten suchen. Das Versteck, das wir suchen, müsste eine Höhle sein, das stimmt, aber die Höhle oder Grube, müsste tief in die Erde hinunter gehen und nicht ebenerdig in den Berg hinein."

„Warum in die Erde hinunter?"

„Weil dort niemand sucht. Jeder würde in Höhlen suchen."

„Aber Josua, wie sollten wir solch eine Höhle finden, wenn sie nicht leicht entdeckt werden kann? Dann werden wir sie auch nicht finden können."

„Das stimmt, aber wenn die Stimme sagt, dass wir die Schriften verstecken sollen, dann werden wir auch einen Ort dafür finden. Gott wird uns schon an eine geeignete Stelle führen."

„Gott wird uns schon führen", äffte Cornelius Josua nach und lächelte. „Du und dein Gottglaube."

Sie schlenderten wortlos weiter. Über eine Stunde war seitdem vergangen. Dann hörten die beiden hinter sich eine Kinderstimme.

„Es muss eine Gegend sein, wo es kein Wasser, keine sichtbare Höhle und keine Bäume gibt. Nichts außer einem großen Felsen, der in einer weiten Ebene steht. Und der Felsen darf nicht so groß sein, dass er dadurch schon wieder Aufmerksamkeit erregt. Dort würde kein Mensch nachschauen", hörten sie Micha hinter sich sagen, der ganz in Gedanken eine Echse betrachtete, die am Boden neben ihm her kroch. Micha schaute sich um, ließ seinen Blick erst nach rechts, dann nach links gleiten, bis er den Finger hob und auf einen Ort schräg vor sich zeigte. „So einen Felsen wie den dort."

Josua sah Cornelius an, Cornelius schaute mit offenem Mund Micha an. Dann starrten beide in die Richtung, die Micha ihnen andeutete. Genau so ein Fels, wie er ihn eben beschrieben hatte, stand dort mitten in der steinernen Wüste.

„Aber wie soll dort eine Höhle tief im Boden versteckt sein?", fragte Josua mehr sich als die anderen.

„Das weiß ich doch nicht", erwiderte Micha fast trotzig. „Ich sollte den Platz doch finden, oder nicht?"

„Du solltest den Platz finden?" Josua war erstaunt. Jesus hatte definitiv nicht mit Micha gesprochen. Woher wusste sein Sohn also, dass Jesus ihm vorgeschlagen hatte, ihn mitzunehmen.

„Warum sonst hättet ihr mich mitgenommen?" Micha grinste seinen Vater an. „Und außerdem hat Jesus mir gerade gesagt, dass das der Platz ist."

„Wie bitte? Jesus hat gerade mit dir gesprochen?"

„Ja. Hat er noch nie über eine innere Stimme mit euch gesprochen?"

„Doch, doch." Cornelius wollte den für ihn peinlichen Moment überspielen.

Josua dagegen musste lächeln. Manchmal entwaffnete Micha ihn mit seiner Offenheit. Wie sehr er Micha liebte!

„Bleibt erst einmal ruhig, ihr beiden. Wir müssen erst noch die Höhle dort unten finden", brachte Cornelius mit seiner Kleingläubigkeit Josua wieder auf den Boden der Tatsachen zurück.

Die drei verließen den Weg und gingen mit einer gewissen Vorfreude zu dem Felsen. Er lag etwa eine viertel Meile vom Weg entfernt. Als sie sich dem Felsen genähert hatten, begutachteten sie den Boden. Nichts deutete auf einen Eingang in die Erde hin. Es lagen nur einige kleinere Stücke neben dem knapp fünfzehn Schritte großen Felsen. Und dieser Felsen musste sich vor längerer Zeit von dem Hochland, das westlich ihres Weges zu sehen war, gelöst haben und an dieser Stelle zum Liegen gekommen sein.

Sie wanderten um den großen Steinbrocken herum. Auf den ersten Blick war nichts zu erkennen.

„Vielleicht hier. Schaut mal, ihr beiden", rief Cornelius Vater und Sohn zu, die sich auf der Seite eines kleineren Felsen ausruhten.

Als sie Cornelius erreicht hatten, deutete dieser auf eine Stelle, wo der Fels die Erde nicht berührte. Es war sozusagen eine kleine Höhle zwischen Boden und Fels, aber dieser Zwischenraum war nicht sehr hoch. In diesen Zwischenraum konnte nur ein Kind hineinkriechen, um den Boden direkt unter dem Felsen zu begutachten.

„Lasst mich mal nachschauen", machte sich Micha wieder bemerkbar. Bevor Josua etwas erwidern konnte, war sein Sohn auch schon unter dem Felsen verschwunden. Sehr viel größer hätte er nicht sein dürfen. Cornelius oder er selbst hätten nie und nimmer in diesen Spalt gepasst.

Sie hörten ein regelmäßiges dumpfes Klopfen. Nach einer Weile kam Micha wieder heraus. „Es könnte sein, dass es an einer Stelle eine kleine Höhle im Boden gibt, denn dort befindet sich eine Fläche von einem halben Schritt, die sich anders anhört als der restliche Boden. Vater, ich brauche die Hacke, die du mitgenommen hast."

Josua reichte sie ihm wortlos. Und dann war Micha schon wieder verschwunden. Diesmal war nicht ein leichtes Klopfen zu hören, sondern ein lautes Schlagen. Ab und zu hörte Josua seinen Sohn schimpfen. Plötzlich war es ganz still. Nichts bewegte sich mehr.

„Micha, bist du noch da?"

Nichts war zu hören. Dann auf einmal ein freudiger Schrei.

„Dort unten ist eine Höhle. Wir haben sie gefunden." Kurz darauf war Micha wieder draußen, und er war nicht mehr zu bremsen.

„Da unten ist eine Höhle. Als ich ein Loch in den Boden geschlagen hatte, hörte ich, dass die Steine nicht lange fielen, bis sie unten angekommen waren. Ich schätze, dass es hier unten ungefähr zwei Schritte tief ist. Ich konnte aber nichts sehen. Morgen müssen wir wieder kommen, ein Seil mitbringen und eine Fackel. Dann kann ich Näheres sagen."

„Wir müssen uns noch genau überlegen, wann wir wieder hierher kommen." Josua sah sehr besorgt aus.

„Warum denn? Es kommt hier doch kaum ein Mensch vorbei." Cornelius blickte ihn erstaunt an.

„Dies ist ein viel begangener Weg. Warum wir heute niemandem begegnet sind, weiß ich selbst nicht. Normalerweise ist er stark bevölkert, hat Joseph mir gesagt. Wir dürfen auf keinen Fall auffallen. Nicht, dass uns jemand beobachtet und die Schriften stiehlt."

„Dann sollten wir das ganz in der Frühe machen oder sehr spät abends", warf Cornelius ein. „Den Weg nach Hause finden wir leicht. Jetzt, wo sich gerade der Mond wieder in seiner vollsten Ausprägung zeigt, würde sich der Abend anbieten. Es ist noch warm, und es sind weniger Menschen unterwegs, und außerdem ist es dann hell wie bei einer Fackelbeleuchtung."

„Da hast du Recht. Dann sollten wir es direkt morgen Abend machen. Wir gehen eine Stunde vor Sonnenuntergang los, um den Felsen bei Tag zu erreichen, dann haben wir die ganze Nacht Zeit, um die Rollen in die Höhle hinabzulassen und den Eingang wieder zu versiegeln."

„Wie kommt aber an dieser Stelle eine Höhle in den Boden?" Cornelius war immer noch erstaunt.

„Bin ich ein Prophet? Ich weiß es nicht." Josua zuckte mit den Achseln.

Die drei kraxelten wieder auf den Weg zurück und schlugen die Richtung nach Sechachah ein. Josua schaute noch einmal zurück. Er lächelte. Das einzige, was an diesem Steinblock auffiel, war, dass er kein besonderes Merkmal hatte. Er würde in Zukunft – da war sich Josua sicher – einfach von den Menschen übersehen werden, wenn nicht gerade ein Micha am Weg entlang ging und ihn, den normalsten Felsen unter den normalen Felsen, als außergewöhnlich, mit einer Höhle unter sich, erkennen würde.

∞

Am nächsten Abend waren Josua, Cornelius und Micha wieder unterwegs. Josua und Cornelius in großer Aufregung, Micha in vollster Vorfreude. Diesmal waren wirklich mehrere Personen auf dem Weg von und nach Jericho unterwegs. Das erforderte eine große Aufmerksamkeit der beiden Erwachsenen. Die Amphoren mit den Rollen transportierten sie auf einem Eselskarren, da sie sie unmöglich so weit hätten tragen können. Sie hatten die Amphoren luftdicht verschlossen und mit Öl eingerieben. Ob die Bodenverhältnisse unter dem Felsen die Schriften Tausende Jahre überdauern lassen würden, lag nicht in ihrer Hand.

Mit dem großen Wagen fielen sie noch mehr auf als vorher. Da es schon sehr spät war, hatten zwei Wanderer, die sie kurz vor ihrem Ziel trafen, die drei angesprochen und ihnen geraten, sich zu beeilen, da der Weg nach

Jericho noch weit sei. Dann wünschten ihnen die Fremden noch den Segen Gottes und gingen ihres Weges.

Dann klappte alles wie geplant. Sie warteten, bis es etwas dunkler wurde. Kein Wanderer war im Norden oder im Süden zu sehen. Kein Mensch stand auf dem Hochplateau im Westen. Und los ging's. Den Esel mit dem Wagen ließen sie kurz vor dem Felsen in einer Kuhle zurück, damit er nicht vom Wegesrand sichtbar war. Die letzten Schritte trugen sie die vier Amphoren zum Felsen. Das Gute war, dass der Eingang vom Weg aus nicht zu sehen war. Sie waren also von nun an ungestört. Micha nahm die Fackel in das Innere mit und schilderte den beiden, wie die Höhle aussah. Sie war nicht übermäßig groß, aber groß genug, um die Amphoren aufzunehmen. Micha kümmerte sich zuerst um die Amphoren, die er einzeln in die Höhle trug. Er ließ sie sachte mit einem Seil auf den Grund hinab. Es dauerte eine Weile, bis die Behältnisse ihren sicheren Platz in der trockenen Tiefe fanden. Dann deckte Micha die Amphoren mit Sand und Geröll zu, damit sie nicht sofort auffielen, sollten Besucher unerwartet die Höhle finden. Er befestigte einen Stab, der die zwei Bretter, die sie extra angefertigt hatten, tragen sollte. Dann legte er Palmblätter darauf, um die Bretter abzudichten, bevor er Sand und viel Gestein auf den Boden schüttete, um die Bretter und das Loch vor fremden Blicken zu schützen. Nach knapp zwei Stunden war alles vollbracht, und sie machten sich mit dem Esel auf den Heimweg.

Josua dachte noch einmal über das Versteck nach. Niemand dürfte jemals diese Rollen finden. Kinder kamen normalerweise nicht hierher. Dafür lag der Felsen viel zu weit von der Stadt entfernt. Auch in einigen Jahren würde die Stadt Jericho, wenn überhaupt, nach Norden wachsen. Und Sechachah würde sich wegen der kargen Bodenverhältnisse nicht nach Norden hin vergrößern können. Im Süden, wo das Gelände fruchtbarer ist, wäre es zu nass geworden. Und Nässe hätten die Amphoren mit den inneliegenden Schriften nicht gut vertragen. Aber jeder normale Mensch hätte vom Gefühl her ein Versteck im Süden von Sechachah gesucht, in der Gegend der Oase Ain Feshkha.

Trotzdem war Josua unsicher, und er hegte Zweifel, je näher sie Sechachah kamen. Doch dann hörte er tief in sich eine Stimme, deren Botschaft er schon in der einführenden Rolle niedergeschrieben hatte.

„Hab keine Angst. Ich habe dir schon einmal mitgeteilt, dass du derjenige sein wirst, der diese Schriften wieder findet."

Da erinnerte sich Josua an die Zeilen, die er am Morgen, als sie die Rollen versteckt hatten, wie in Trance niedergeschrieben hatte. „Schließlich bist du ich, und ich werde du sein."

Der Frühling hatte den Menschen gerade seinen wärmsten Tag geschenkt, als Josua mit Cornelius und anderen Männern um den großen Olivenbaum im Hof saß. Sie genossen den schönen Abend mit einem Becher galiläischen Weines, der vor wenigen Tagen in Sechachah eingetroffen war. Josua beobachtete Micha, der mit zwei jüngeren Mädchen Fangen spielte.
Die Zeit war schnell vergangen, nachdem sie die Schriftrollen vergraben hatten. Nichts geschah, was auch nur andeutungsweise mit Josuas Traum zu tun gehabt hätte. Auch während des halben Jahres, als der Sommer dem Herbst und der schon wieder dem Winter Platz machte, geschah nichts Seltsames, sodass Josua seinem Traum keine Wichtigkeit mehr beimaß.
Voller Stolz betrachtete er seinen Sohn. Er musste lächeln: wie behände sich dieser Junge bewegte! Schließlich hatte er in den letzten Monaten einen Wachstumsschub durchgemacht. Er war um die Länge eines halben Kopfes gewachsen, auch sein Körper hatte männlichere Züge angenommen. Micha wirkte älter und reifer, dachte Josua. Ja, er war jetzt dreizehn und gehörte nun schon der Erwachsenengemeinschaft an. Micha schien sich früher als andere zu einem richtigen Mann zu entwickeln.
Und dann, als Josua den Gedanken um seinen Sohn nachhing, war die Antwort da. Auf einmal wusste er, warum die Rollen so schnell versteckt werden sollten. Es war dieser Wachstumsschub! Jetzt hätte Micha nicht mehr unter den Felsen gepasst. Da hätte auch das schönste Versteck nichts genutzt. In Sechachah gab es keinen anderen Jungen, der Michas Größe hatte. Für seine zwölf Jahre war er damals recht klein. Und alle Jungen waren älter. Bis auf einige Mädchen, aber für Mädchen wäre diese abenteuerliche Aktion viel zu gefährlich gewesen. Da war sie, die Botschaft des Traums, und Josuas Antwort. Ein Gefühl der Befreiung ergriff ihn, auch wenn noch Fragen unbeantwortet waren. Warum der blutige Traum? Vielleicht hatte sein Traum mit einer Zeit in der fernen Zukunft zu tun?
Michas lautes Lachen riss Josua aus seinen Gedanken und ließ ihn sich wieder bewusst werden, wo er saß. Nichts ging über einen wunderbaren Sohn, der sich schon jetzt so vorbehaltlos mit dem weiblichen Geschlecht auseinandersetzen konnte! Und was gab es außerdem Schöneres als an

einem prächtigen Frühlingsabend unter Freunden bei einem Becher Wein das Leben zu genießen!

Wann hatte er, so fragte sich Josua, es jemals geschafft, sein Leben so sehr zu genießen wie in diesem Augenblick?

„Auf dein Wohl, Diana! Mögest du glücklich sein, wo auch immer du jetzt bist."

∞

Wie ihn diese kleinen Versammlungen mit seinen Begleitern manchmal anstrengten! Heute war wieder so ein Tag, an dem er an seiner Entscheidung zweifelte, ob er auch wirklich die richtigen Begleiter ausgesucht hatte. Nur Gezeter und Gemotze. Warum hatte er manchmal das Gefühl, dass vor ihm trotzige Milchkinder saßen. Sogar Micha, der erst dreizehn Jahre alt war, erschien ihm reifer als manch einer seiner Gefährten. Jesus atmete tief durch.

„Simon Petrus, dürfte ich auch dich um Ruhe bitten. Lasst uns doch einmal einfach nur leise sein."

Nichts änderte sich. Seine Worte wurden gar nicht wahrgenommen. Es schien, als ob jeder der zwanzig Männer mit einem anderen kommunizierte. Der eine mit Worten, der andere mit Blicken, der dritte mit Gesten und Mimiken, und Simon Petrus mit geballten Fäusten. Jetzt reichte es Jesus.

„Ruhe!!!" Sein Schrei durchbrach das laute Gemurmel. So laut war Jesus nur selten geworden. Er mochte es nicht, sich lauter zu äußern als es sein musste, aber heute ging es nicht anders. Aber wenigstens hatte es geholfen. Man hätte eine Feder fallen hören können, so still war es auf einmal im Raum.

„Es hat einen Grund, warum ich euch in Zweiergruppen eingeteilt habe." Jesus atmete tief durch. „Auch wenn es nicht jeder hier versteht, habe ich mir sogar etwas dabei gedacht, warum wer mit wem durch die Lande ziehen soll." Niemand regte sich. Bis auf Simon Petrus, der sich wohl nie änderte.

„Warum soll ich mit Johannes gehen, und warum ausgerechnet nach Jerusalem?"

„Ganz einfach, weil du von seiner jugendlichen Gelassenheit viel lernen kannst – und Johannes von deiner großen Lebenserfahrung eines galiläischen Fischers. Und…", Jesus hielt kurz inne, um die Männer nacheinander zu betrachten, „ … Jerusalem soll es sein, damit ihr euch schon einmal an die Atmosphäre dieser Stadt gewöhnt, die für uns in Zukunft an Bedeutung gewinnen wird."

„Natürlich wird sie an Bedeutung gewinnen. Aber du musst nach Jerusalem. Du, Meister, du musst die falschen Priester von ihren Thronen werfen. Du musst die Menschen befreien. Du, nicht wir."

„Ich weiß, was ich tu, Simon Petrus, auch wenn du es nicht verstehst. Ihr könnt den Monat, den ihr dort verbringen werdet, bei Joseph wohnen. Ebenfalls werdet ihr mit Joseph zusammen einen Gruppenraum finden, in dem wir uns zukünftig öfters treffen werden."

Jesus musterte seine Begleiter. Es traute sich niemand, etwas zu sagen.

„Seid ihr alle mit eurem Gefährten an der Seite zufrieden?"

„Ja, ja ...vorzüglich ...natürlich Meister ..." Seltsamerweise waren alle einer Meinung.

„Ihr seid alle zufrieden, aber vor kurzem hättet ihr fast aufeinander eingeschlagen. Meint ihr wirklich, dass ich euch diese Eintracht jetzt abnehme?"

„Na ja, du hast dir ja bestimmt etwas dabei gedacht, warum ich mit Judas zusammen gehen soll. Was kann ich denn von Judas lernen?" Thomas meldete sich zu Wort.

„Die Genauigkeit, die man in diesem Leben braucht, und den Eifer, einen Auftrag, den man noch nicht erkennen kann, auszuführen. Thomas, Judas hat tiefes Vertrauen in sich. Es wäre noch größer, wenn er mit seiner Seele im Reinen wäre."

„Danke Meister." Thomas nickte.

„Jesus, ich möchte auch wissen, was ich von Nathanael lernen kann?"

„Ja, ich auch von Matthäus ... ich auch von Simon, dem Zeloten ... und ich von Andreas ... und von Jakobus."

Nachdem Jesus alle diese Fragen beantwortet hatte, schaute er in die Runde.

„Ihr bleibt ungefähr zwei Wochen in den Orten, in die ich euch geschickt habe. Das bedeutet, dass einige ein oder zwei Wochen länger auf Reisen sind. Aber vergesst nicht, dass alles seinen Sinn hat. Auch auf dem Weg zum Ziel wachsen am Wegesrand die schönsten Blumen."

Dann sah Jesus aus dem Fenster, das die warme Nachmittagssonne in den Raum ließ. Für einen Augenblick schien er wie in einer anderen Welt versunken.

„Seid froh, dass Gott euch durch die Lande schickt, um Menschen zu erreichen. Seht Josua. Er sitzt tagtäglich in der Schreibstube und bringt anderen Menschen das Schreiben bei. Jeder hat seine Aufgaben. Manche reisen, manche kochen, manche lehren das Schreiben. Josua hat andere Aufgaben als ihr. Er braucht nicht nach Galiläa zu reisen, um die Menschen zu erreichen. Er erreicht sie mit seinen Schriften, obwohl er tief in seinem Inneren gern reisen möchte. Er wäre gern an eurer Stelle. Ja, sehr gern. Aber Gott stellt jeden an den Platz, an den er gehört. Wenn ihr das Vertrauen habt, dass ihr in diesem Augenblick eures Lebens genau an dem Ort sein sollt, weil ihr es mit eurem Vater vor eurem Leben so besprochen habt, dann habt ihr den Glauben und das Vertrauen, so wie ich es mir bei jedem wünschen würde."

„Wie kann ich das lernen, Jesus?", fragte Thomas mit leiser Stimme.

„Du musst es nicht lernen. Du kannst nur jetzt dich am Leben freuen und zufrieden sein, damit, dass du hier genau richtig bist und nirgendwo sonst auf der Welt." Jesus machte eine kurze Pause. „Gut, dann lasse ich euch mit euren Gedanken allein. Es wird bestimmt noch zu Diskussionen kommen, wie ich euch kenne. Dann seid ihr wenigstens fertig, wenn es nachher das gemeinsame Abendmahl gibt."

Jesus verbeugte sich und ging hinaus. Er musste dringend jemanden aufsuchen.

∞

Josua hatte sich unter den alten Olivenbaum gesetzt, wo er sich sehr heimisch fühlte. Er erinnerte sich an den Olivenbaum in Nazareth, obwohl Josua hier keinen so schönen Ausblick hatte wie damals, als er auf den Berg Tabor schaute. Er saß einfach nur da, um seinen Gedanken nachzuhängen, was er nicht allzu häufig tat. Wie sehr vermisste er Diana! Wie sehr vermisste er ihre sanfte Art, ihren Duft! Was würde er darum geben, dass er bei ihr sein könnte. Oder sie bei ihm.

Ab und zu bekam er Wortfetzen des Gesprächs zwischen Jesus und seinen Begleitern mit, denn er befand sich nur wenige Schritte von dem Fenster entfernt, durch das Jesus zu sehen und auch zu hören war. Aber jetzt wurde es dort lauter. Es wurde durcheinander geredet ohne Ende. Josua musste lächeln. So war es schon immer, wenn sie sich trafen. Ein lautes ‚Ruhe!' von Jesus unterbrach das Gemurmel. Danach konnte Josua jedes einzelne Wort von Jesus hören, da um ihn herum auch der Wind nachgelassen hatte und die silbrigen Blätter des Olivenbaumes kein Raschelkonzert mehr veranstalteten. Josua hatte jedes Wort von Jesus gehört. Auch den Ausspruch, „obwohl er tief in seinem Inneren gern reisen möchte." Woher wusste Jesus das? Er war sich selbst darüber gar nicht mal klar. Wollte er,

Josua, wirklich verreisen? Eigentlich fühlte er sich immer dort am wohlsten, wo er schreiben konnte, wo sein Tintenglas stand, wo er Ruhe hatte.

„Wusste ich es doch, dass ich mit dem Satz in deiner Seele etwas angerührt habe." Jesus stand auf einmal vor ihm. „Darf ich mich zu dir setzen?"

„Ja, gern." Josua starrte ihn mit großen Augen an. „Aber woher wusstest du, dass ich es gehört habe? Oder ist es eher so, dass du den Satz gesagt hast, weil du wusstest, dass ich ihn hören würde?"

„So ist es schon besser." Jesus lächelte. „Du lernst mich immer besser kennen. Ja, es stimmt. Du würdest gern reisen, und vor allem auch gern mit deinen Worten Menschen erreichen. Diese Gefühle werden sich in Zukunft wahrscheinlich stärker bei dir bemerkbar machen. Deshalb wollte ich dich schon einmal vorwarnen. Tu bitte nichts Unüberlegtes! Du weißt, dass das Schreiben dein Auftrag ist und nicht das Reden vor vielen Menschen. Und während ich noch hier bin, ist dein Platz in Sechachah."

„Ja, das weiß ich."

„Weißt du es wirklich? Ganz tief in deiner Seele?"

Josua sagte nichts. Er konnte auf die Frage keine Antwort geben.

„Wie geht es dir sonst, Josua? Du denkst noch öfters an Diana, oder?"

„Ja. Ich fühle mich manchmal sehr einsam." Josua atmete tief ein. „Klar, ich weiß, Micha ist da. Ich bin mit ihm auch sehr glücklich, aber ich vermisse eine Frau an meiner Seite, meine Frau. Wir wollten, wenn ich wieder zurückkehre, heiraten."

„Ich weiß, eure Seelen sind bereits miteinander verheiratet."

Josua sagte wieder nichts.

„Da ich dich kenne, hast du auch die letzten Sätze, die ich vorhin gesprochen habe, gehört, nicht wahr?"

Josua nickte.

„Josua, sei mit deinem Leben zufrieden! Alles hat seinen Sinn. Es ist sehr wichtig, dass du in Sechachah bist. Es ist sehr wichtig, dass du schreibst und lehrst. Es ist ebenso wichtig, dass Diana wieder in unserer geistigen Heimat ist, auch wenn es dich schmerzt. Versuche zu glauben, zu vertrauen und zufrieden zu sein. Auch dir sage ich es noch einmal: Gott hat dich genau dorthin gestellt, wo du im Moment sein sollst."

„Aber Jesus, wenn ich mich entschieden hätte, in Ephesos zu bleiben, hätte ich Dianas Tod verhindern können."

„Nein. Das hättest du nicht. Es stand in Dianas Lebensbuch so geschrieben. Unser Vater im Himmel hätte es durch seine geistigen Helfer so ausgeführt, dass du sie nicht hättest retten können. Und dann wärst du doch

589

mit Micha nach Sechachah nachgekommen, weil dein inneres Gefühl dich nicht eher in Ruhe gelassen hätte, bis du dich endlich nach Israel eingeschifft hättest."

„Hhm."

„Vertraue auf Gott. Das ist alles. Und übrigens, erkenne endlich die Fähigkeiten, die du in dir hast. Das, was in Ephesos war, ist vorbei. Dein Gewissen ist dein Richter und hat, wie ich erkenne, dich gerichtet. Du hast alles erkannt. Das ist alles, was zählt. Und das, was die Zukunft bringt, wird sich erst in Zukunft zeigen, denn sie ist nicht so fest geschrieben, wie du meinst. Nur unumstößliche Augenblicke im Leben stehen fest. Mit deinen zufriedenen Gedanken heute erschaffst du eine glückliche Zukunft, mit unzufriedenen genau das Gegenteil. Und vergiss nicht: Du hast nichts gutzumachen. Gott segne dein Leben, Josua."

∞

Micha war immer der erste in der Schreibstube. Er rollte wie jeden Morgen seine Übungsrolle aus, legte sein Schilfrohr daneben und füllte sein Tintengefäß. In wenigen Minuten würde der Unterricht seines Vaters wieder anfangen, von dem er eine Menge lernen konnte. Samuel hatte ihm früher zwar die Grundregeln des Schreibens beigebracht, aber Josua lehrte ihn nicht nur Technik, sondern auch Motivation.

Der nächste, der den Raum betrat, war Josua selbst. Bis heute hatte Micha es nie erlebt, dass sein Vater auch nur eine Minute zu spät erschien. Kurz darauf folgten alle anderen. Micha mochte sie alle. Cornelius war ihm schon richtig ans Herz gewachsen, mit Rebecca und Tabea, den beiden Frauen in der Gruppe, konnte er viel lachen. Er fühlte sich unter diesen Schreiberlingen, obwohl er jünger war als sie, wie in einer großen Familie. Micha fühlte, dass er anders war, als seine gleichaltrigen Freunde. In Ephesos konnte er mit den seltsamen Streichen, die sie immer ausheckten, nichts anfangen. Er wollte lernen, er wollte unter Älteren sein, er wollte seine Jugend überspringen und gleich erwachsen werden. Und jetzt war es ähnlich. Es gab zwar hier in Sechachah keine Freunde in seinem Alter, aber dadurch, dass er in den letzten Monaten so stark gewachsen war, fühlte er sich ohnehin kaum noch wie ein Kind. Immer wenn er die Begleiter von Jesus sah, fragte sich Micha, was Jesus sich dabei gedacht hatte, solche Schwätzer in seinem Umfeld zu dulden, die sich soviel Schmonzes erzählten. Mit dieser ganzen Mischpoke wollte er nichts zu tun haben. Na ja, bis auf Johannes, der ihm liebevoll und einigermaßen normal erschien.

„Dürfte ich um eure geschätzte Aufmerksamkeit bitten." Josua riss ihn aus seinen morgendlichen Träumereien.

„Heute werden wir unser Augenmerk auf die Beweglichkeit unserer Schreibhand legen. Wir werden, ohne uns mit ihr aufzustützen, unterschiedliche Symbole zeichnen und flüssige Schreibübungen machen. Um nicht so viel Papyrus zu vergeuden, hat Joseph euch aus Jericho etwas besorgt." Josua holte hinter einem Pfeiler. Wachstafeln hervor, die er eine nach der anderen verteilte. Dazu überreichte er jedem ein neues Schreibuntensil – eine Art Kratzer – und ein glattes Holzstück.

„Mit diesen Wachstafeln könnt ihr so viele Übungen machen, wie ihr wollt." Josua strahlte über das ganze Gesicht, und Micha konnte das Raunen, das den Raum erfasst hatte, nicht überhören. Mit dem Griffel ritzt ihr hinein, und mit der flachen Seite des Holzstücks könnt ihr es wieder ausstreichen und dann von neuem üben." Josua zeigte allen, wie er es sich vorstellte.

„Also, wichtig ist erst einmal, dass ihr Arm und Hand locker haltet, ganz egal, was ihr auf die Tafel ritzt. Ganz locker, ohne Verkrampfung. Ich werde herumgehen und es kontrollieren."

Micha musste lächeln. Als sein Vater bei ihm vorbeigekommen war und ihm die neuen Errungenschaften auf den Tisch gelegt hatte, huschte die Hand seines Vaters über seinen Kopf und streichelte ihn kurz. Solch kleine Liebesbeweise taten Micha sehr gut. Samuel hatte so etwas nie bei ihm gemacht. Was jetzt wohl seine Mutter sagen würde, wenn sie ihn und Josua hier so sehen könnte. Lea würde bestimmt…

„Micha, nicht träumen, schreiben." Zum zweiten Mal riss ihn Josuas Stimme wieder hier an den Tisch zurück. Micha schaute sich um. Es waren alle schon bei ihren Schreibübungen, und die Geräuschkulisse wurde mit den Griffeln und den Tafeln allerdings ein wenig lauter. Er setzte sich aufrecht hin und hielt seinen Arm, wie Josua es vorgemacht hat, über die Tafeln und fing an, Spiralen und Kreise zu zeichnen. Darüber vergaß Micha die Zeit.

„Jetzt wischen wir alles wieder aus und üben mit unserer Hand, gegen die Schreibrichtung zu schreiben. Linkshänder schreiben nach rechts und Rechtshänder nach links."

Es wurde lauter. Micha war Linkshänder, und er war von Samuel zum Rechtshänder umgetrimmt worden, was bei ihm zum Glück zu keiner Schädigung geführt hatte. Er erinnerte sich an einen Freund, der ebenfalls Linkshänder war und von Samuel umerzogen wurde. Das Ende vom Lied bei ihm war, dass er das Schreiben mit der rechten Hand verweigert und sich nach einiger Zeit vom Unterricht ferngehalten hatte. Die letzten Jahre galt er als vermisst. Na ja, in einer großen Stadt wie Ephesos konnte man sich gut verstecken, wenn man wirklich untertauchen wollte. Sein damaliger Freund tat ihm leid, denn er war ihm eigentlich ein guter Freund gewesen, der aber einfach mit Samuels strenger Art nicht zurecht kam.

Heute konnte Micha mit beiden Händen schreiben, mit links allerdings etwas besser. Wenn er Hebräisch oder Aramäisch schrieb, war er als Linkshänder im Vorteil, denn die Schreibrichtung lief von rechts nach links. Musste er allerdings griechische Texte schreiben, dann nahm er die rechte Hand.

Josua achtete darauf, dass die Rechtshänder Griechisch schrieben. „So verkrampft der Körper weniger", hatte er immer gesagt. Und er behielt Recht. Micha selbst durfte allerdings Texte in allen Sprachen schreiben. Er wusste, dass er zum Schreiben geboren war.

Micha sah sich um und sah, wie sein Vater von Person zu Person ging. Als er bei Cornelius vorbeiging, korrigierte er ganz sachte dessen Armhaltung und brachte den Rücken in eine aufrechtere Position. „So erschöpft sich dein Körper nicht so schnell", hörte er Josua sagen. Cornelius nickte.

Micha war glücklich. Er liebte sein Leben hier in Sechachah, denn er war ganz oft mit Josua zusammen. Seinem richtigen Vater.

Energetischer Schutzschild

Die öffentliche Zeit von Jesus stand bevor. Die letzten Jahre hatten zu seiner Vorbereitung und der seiner Begleiter gedient. Tai Shiin saß wie so oft vor seinem großen Bildschirm und betrachtete die Geschehnisse in den Orten, in denen sich Jesus und seine Begleiter gerade aufhielten. Der Bildschirm war unterteilt in mehrere kleine, sodass Tai Shiin immer alle der Gefährten im Blick hatte. Für ihn war diese Technik normal; er war mit ihr aufgewachsen. Aber für die Menschen auf der Erde wäre das ein Wunder gewesen.

„Wie ist das möglich?", fragte sogar Jesus, als er zum ersten Mal die Begleiter an diesem Bildschirm sah. Es war eine Technik, die unzählige Nahaufnahmen auf der Erde ermöglichte. Tai Shiin konnte sogar, wenn er wollte, mit einer unschädlichen Strahlung die Menschen anpeilen. So war zu sehen, was sie als letztes gegessen hatten und wie ihr Seelenheil aussah. Aber über diese Dinge machte er sich schon lange keine Gedanken mehr. Für ihn war diese Technik so normal wie das Atmen. Schon als kleines Kind war er auf Metharia mit ihr vertraut gemacht worden.

Wenn Tai Shiin sah, wie sich die Begleiter von Jesus in ihrer Aufgabe anstellten, verkrampfte sich sein Magen. Ja, das Leben auf der Erde war nicht einfach. Das musste er sich immer wieder sagen. Natürlich waren nicht alle Begleiter schon im Endstadium ihrer seelischen Entwicklung angekommen, aber wenn er so die bewegten Bilder betrachtete, konnte er den letzten kleinen Wutanfall von Jesus besser verstehen. Jakobus, der Jüngere, zum Beispiel, bekam kaum seinen Mund auf, wenn sie auf Menschen trafen, Simon Petrus stellte sich und nicht die Botschaft in den Mittelpunkt. Simon, der Zelot, diskutierte mit allen Interessierten über den Sinn des gewaltsamen Widerstandes gegen Rom. Hatten denn diese Männer nichts von Jesus gelernt?

Tai Shiin musste lächeln. Wieder einmal berührten ihn die menschlichen Emotionen, die ihm über die Bildschirme vermittelt wurden. Er hatte wieder vergessen, den emotionalen Schutzschild zu aktivieren, der ihn vor den irdischen, menschlichen Eindrücken schützte. Schnell konzentrierte er sich auf einen grünen Punkt, der auf der großen Tischplatte vor ihm sichtbar war. Umgehend bemerkte er, wie er wieder in seine innere Ruhe eintauchte. Es war immer wieder erstaunlich, wie stark die irdischen Energien auf ihn einwirkten, obwohl er sich einige Kilometer oberhalb des Planeten befand. Sicher, er befand sich noch in der Erdatmosphäre, aber solch eine Nachlässigkeit hätte ihm nicht passieren dürfen. Eine Stunde ohne Schutzschild hätte für ihn bedeutet, sich wieder einen ganzen Tag ausruhen zu müssen. Vor wenigen Tagen hatte ihn Ashtar Sheran darauf aufmerksam gemacht.

„Das darf einem so erfahrenen Raumfahrer wie dir nicht passieren", hatte er ihn gemahnt. Natürlich zu recht.

Auch für Jesus war Ashtar Sheran eine der wenigen Personen, auf die er vorbehaltlos hörte. Eine zweite Person fiel Tai Shiin noch ein, die die Macht hatte, Jesus zu überzeugen: Mirjam. Sie konnte ihn auf der Gefühlsebene erreichen. Naja, sie war schließlich eine Frau. Eine wunderschöne Frau.

Tai Shiin grinste. Warum sollte es Jesus anders ergehen als ihm? Auch gegen seine Frau kam er, Tai Shiin, nicht an, da er wusste, wie sehr sie einander liebten. Aber das wollte er jetzt nicht gedanklich weiterverfolgen, damit ihn am Ende nicht die Sehnsucht übermannte.

Tai Shiin ließ seinen Blick über die Bildschirme schweifen. Auch Johannes der Täufer, als der er in die Annalen eingehen würde, war zu sehen. Er stand in der Nähe von Jericho im Jordan und taufte die Menschen. Aber vor allem bereitete er sie auf Jesus vor. Mit Unbehagen verfolgte er das Treiben von Johannes, denn dessen Wortwohl und seine Liebe zur Wahrheit waren radikal. Und extreme Ansichten gefielen den römischen Machthabern leider gar nicht.

Vor wenigen Stunden hatte Johannes einen großen Fehler begangen: Er hatte die Scheinheiligkeit des Königs Herodes Antipas angeprangert und ihm seinen Ehebruch vorgeworfen. Tai Shiin wusste, dass der König dies nicht auf sich sitzen lassen würde. Und auch jedem anderen Redner würde es zum Verhängnis werden, wenn er dieses Thema öffentlich ansprach. Das hatte er vor wenigen Tagen im Palast von Herodes Antipas gehört, als er eine Kamera auf ihn gerichtet hatte. Die nächste Zeit würde also keinesfalls harmonisch werden.

Auf Tai Shiin und die anderen Santiner kam nun bald eine sehr anstrengende Zeit über Israel zu, die zwar viel Gutes und auch Freude enthalten sollte, wenn Jesus öffentlich Menschen heilte und verteidigte, in der es aber auch viel Leid für alle Beteiligten geben würde. Viel Leid für die Begleiter, viel Leid für Jesus. Nach heutigem Stand musste Jesus am Kreuz sterben. Die Verantwortlichen des Hohen Rates würden ihn verraten und die Römer würden ihn kreuzigen lassen. Es führte wohl kein Weg daran vorbei.

Tai Shiin vertiefte sich weiter in die Beobachtung des taufenden Johannes. Noch wusste dieser nicht, dass schon Soldaten im Auftrag von Herodes Antipas im Anmarsch waren, um ihn festzunehmen. Ob Johannes den Tod finden sollte, stand heute noch nicht fest. Davon hatten auch die Santiner keine Kenntnis, obwohl sie in alle Vorgänge eingeweiht waren. Im Gegensatz zu dem Schicksal, das Jesus ereilen sollte, stand die Zukunft des Johannes noch in den Sternen. Zu viele Faktoren hingen von der Entscheidung des Königs ab. Bei Hofe war man sich nicht einig, wie mit ihm verfahren werden sollte. Für Jesus galt hingegen schon jetzt, dass er in den Augen aller schuldig war und aus diesem Grund nur geringe Chancen hatte, der Kreuzigung zu entgehen. Tai Shiin konzentrierte sich auf ein paar Felder auf dem Tisch. Eine Zahl erschien auf dem Bildschirm. In diesem Moment stand die Chance, dass Jesus einer Kreuzigung entgehen konnte – wenn man alle Menschen, Begegnungen und Handlungsweisen einkalkulierte – bei 4,5%. Zum Glück war nun Tai Shiins energetischer

Schutzschild aktiviert. Sonst hätte er diese traurige Bilanz an einem Tag, an dem Jesus noch nicht öffentlich aufgetreten war, nicht verkraftet. „Gott, hilf ihm, unserem großen Bruder, diesen Weg vertrauensvoll zu gehen", hörte er sich beten. Dann wandte er sich den Neuigkeiten von seinem Heimatplaneten zu, die er auf einem kleinen Monitor empfangen konnte. Denn von dort kam nur Gutes.

Ein Schicksal nimmt seinen Lauf

Das Abendmahl war an diesem Abend sehr fröhlich, denn es gab viel zu berichten. Heute genoss es auch Josua, in dieser Runde zu speisen. Der große Raum war nicht voll besetzt, da die meisten Gefährten noch unterwegs waren. Aber seine Anhängerinnen, die Schreiberlinge und einige Arbeiter des Joseph von Arimathäa, die um Jesus wussten, trugen zu einer freudigen Stimmung bei. Im Mittelpunkt standen Bartholomäus und Thaddäus, die von ihrem Aufenthalt in Jericho berichteten.
„Wir sind zwar in Judäa geboren, aber diese prachtvolle Stadt hatten wir zuvor auch noch nicht gesehen." Bartholomäus fing an zu erzählen.
Thaddäus fiel ihm aber gleich ins Wort. Jeder wollte erzählen, so aufgeregt waren die beiden.
„Was für riesige grüne Parkanlagen, traumhafte Teiche, zwar künstlich von Herodes angelegt, was aber ihre Schönheit nicht schmälert."
Danach einigte man sich auf Bartholomäus als Erzähler, da er der Ältere war. „Wir hielten uns oft beim Amphitheater auf, das zwar nicht so prachtvoll und groß ist wie das von Ephesos, dafür trafen sich dort aber fast so viele Menschen. Wir fanden einige, die uns zuhörten. Manche hatten schon von Jesus gehört, da ein so genannter Johannes im Jordan die Menschen taufte. Dieser hatte den Namen Jesus schon bekannt gemacht. Als wir ihn gestern am Jordan besuchen wollten, war er nicht mehr da. Einige seiner Schüler standen am Fluss und teilten uns unter Tränen mit, er sei von Herodes Antipas festgenommen worden. Aus welchem Grund, wussten sie nicht. Er hatte wohl den König beleidigt." Bartholomäus machte eine Pause und trank einen Schluck Rotwein. Thaddäus nickte nur. Auch, als Bartholomäus nicht sprach.
Josua musste lächeln, wie lächerlich das aussah.

„Jeden Tag hatten wir so um die zwanzig Zuhörer, die sich für deine Botschaften interessierten, Jesus. Es waren aber auch einige sehr kritische Geister unter ihnen. Sie wollten uns mit intelligenten Beispielen der Lüge überführen, haben sie aber nicht geschafft." Bartholomäus lächelte stolz.

„Habt ihr auch mit Bettlern und Aussätzigen gesprochen? Habt ihr ihnen verständnisvoll eure Hände auf die Schultern gelegt?"

„Was meinst du damit?" Bartholomäus erbleichte. Dieser Ton von Jesus ließ nichts Gutes erahnen.

„Ich meine damit, ob ihr auch diesen vom Leben gebeutelten Menschen Hoffnung geschenkt, ihnen Mut zugesprochen oder die Liebe eures Vaters gezeigt habt?" Jesus fixierte die beiden.

„Nein, das haben wir nicht getan. Unsere Angst, uns bei ihnen anzustecken, war größer. Schließlich sind sie unrein." Bartholomäus blickte zu Boden.

„Ich verstehe. Was ihr aber nicht versteht, ist dass nichts Unreines existiert, außer es lebt in euren Gedanken und kommt aus eurem Munde."

„Entschuldigung, Jesus."

„Wovor habt ihr Angst?"

„Vielleicht vor den Dämonen in ihnen, Herr. Ich weiß nicht, was es sonst sein könnte."

„Bartholomäus, wenn ein Schäfer hundert Schafe hat und eines sich verirrt, was würde er tun?"

„Er würde die anderen neunundneunzig zusammenhalten und beten, dass das eine wieder zurückkommt."

„Nein, er würde das Verirrte suchen. Und wenn es ihm glückt, das eine Schaf wieder zu finden, dann freut er sich mehr an dem einen als an den neunundneunzig, die sich nicht verirrt haben. Eurem Vater im Himmel ist es nicht egal, wenn eines seiner Geschöpfe zugrunde geht und ohne Liebe bleibt."

„Hhmpff."

„Ihr beide geht bei eurer nächsten Reise noch mehr auf die Aussätzigen zu! Bringt diesen Menschen die Liebe Gottes! Holt sie zurück! Ich verstehe gut, wenn ihr Unbeholfenheit zeigt. Es ist wahrlich keine leichte Aufgabe." Jesus lächelte verständnisvoll. „In einigen Tagen, wenn ihr wollt, könnt ihr für drei Wochen nach Hebron aufbrechen. Dort gibt es genauso viele arme und verkrüppelte Menschen wie in Jericho."

„Wir haben leider nicht solch heilende Hände und Kräfte wie du, um diesen Menschen zu helfen." Thaddäus wollte sie verteidigen, doch

Bartholomäus warf ihm einen strengen Blick zu, sodass er sich wieder zurücknahm.

„Ich weiß das, ihr Kleingläubigen. Wie könnte ihr aber einem Bettler an einem Tag euer Mitgefühl entgegen bringen und am nächsten Tag nicht? Unterschätzt nie die Kraft der Liebe, des Verständnisses oder des gesprochenen Wortes. Vergesst nicht, dass Gott immer bei euch ist und euch und eure Handlungen führt. Ihr werdet dann schon wissen, was ihr tun könnt, sollt oder besser unterlassen solltet. Einem Aussätzigen die Hand auf die Schulter zu legen und ihm Worte des Verständnisses zu schenken, ist nie falsch und kann – um es in euren Worten zu sagen – Wunder bewirken. Hättet ihr es ausprobiert, dann wüsstet ihr jetzt, was ich meine."

„Wir werden das ändern und ab jetzt unser Augenmerk auf diese Menschen legen." Bartholomäus schaute ihn einsichtig an und versuchte zu lächeln, aber es gelang ihm nicht.

„Sehr schön. Ist noch etwas Lammbraten da?" Jesus blickte zu Deborah, die sich heute um das Essen kümmerte.

„Aber natürlich, Jesus." Sie reichte die Schale über den Tisch.

Josua dachte viel über die Worte von Jesus nach. ‚Unterschätzt nie die Kraft des gesprochenen Wortes' klang es in ihm nach. ‚Vergesst nicht, dass Gott immer bei euch ist und euch und eure Handlungen führt.' Josua war beruhigt, denn er hatte schon den ganzen Tag überlegt, was er tun solle. Jetzt, nach dem Bericht der beiden, war er fest dazu entschlossen, zumindest einmal nach Jericho zu gehen und die Atmosphäre zu schnuppern. Reden wollte er nichts – er wusste, wie gefährlich es ist, etwas gegen den König zu sagen – aber solch ein Gedanke erfüllte ihn mit Zuversicht. Jesus hatte zwar gesagt, dass dies nicht seine Aufgabe sei und er im Landgut von Joseph bleiben solle, aber einfach mal nach Jericho zu gehen, dürfte schon nicht so schlimm sein. Einen Tag mal auf andere Gedanken kommen. Am besten ohne Micha, denn Josua wusste zur Genüge, was für Versuchungen in Jericho auf den jungen Mann warteten.

Ich schreibe doch weiter. Lange habe ich es mir überlegt. Und der Auslöser war dieser heutige Tag. Es war ein sehr schwieriger Tag. Bartholomäus und Thaddäus sind aus Jericho zurückgekommen. Und was musste ich hören? Was musste ich feststellen? Sie haben kaum etwas von deinen Lehren umgesetzt. Nicht einmal zu den ärmsten der Armen sind sie gegangen. Ein fühlender Mensch muss doch erkennen, dass gerade sie Hilfe brauchen? Sind meine Erwartungen zu hoch? Ist es mir immer noch nicht gelungen, meine Begleiter so zu sehen, wie sie sind? Oder sind meine

Gefühle normal? Ich kenne alle Antworten, und ich merke, dass ich ganz anders fühle, aber manchmal, in diesen schwierigen Phasen, stürmt alles auf mich ein, und ich fühle mich so klein, so sterblich, so einsam...
Vater, erleuchte mich mit deiner Gerechtigkeit. Hilf mir, zu meiner vollen Größe zu reifen, denn dann wird die Welt um mich kleiner. Ich danke dir!

∞

„Vater, ich habe Angst, dass du mich verlässt." Micha umklammerte dabei Josuas Arm und rückte noch näher an seinen Vater heran.

„Ich verlasse dich nicht, Micha. Ich gehe nur für einen Tag nach Jericho, um einmal die Luft dieser grünen Stadt zu schnuppern."

Josua saß mit Micha unter einer Palme und genoss die Zeit mit ihm. Sein Sohn war wirklich sehr groß geworden. Stolz übermannte ihn, seinen Sohn so nahe an sich geschmiegt zu fühlen. Michas lange Haar tanzte um sein Gesicht. Kurzzeitig war ein Wind aufgekommen, der es liebte, mit den Menschen zu spielen. Aber Josua war nicht nach spielen zumute. Seit dem Bericht von Bartholomäus und Thaddäus war er innerlich nicht mehr zur Ruhe gekommen. Zu sehr bewegte ihn die Sehnsucht danach, auch einmal in andere Städte zu reisen.

„Warum darf ich denn nicht mit?" Micha sah ihn mit großen Augen an.

„Man weiß nie, was dort für dunkle Gestalten herumlungern. Ich möchte einfach nur, dass du sicher bist und dass dir nichts passiert."

„Ephesos war viel gefährlicher."

„Das stimmt nicht. Jede große Stadt ist gefährlich. Und Jericho ganz besonders, da sich der König dort oft aufhält."

„Aber Johannes hat vor einiger Zeit gesagt, dass Ephesos viel gefährlicher sei."

„Ja, und?" Josua war sichtlich genervt. Sein Sohn war wie er. Er ließ nicht locker, wenn er etwas wollte.

„Johannes lügt nicht. Ich weiß, dass er nicht lügt."

„Keine Widerrede, Micha!"

„Ich bin dreizehn Jahre alt. In bin schon erwachsen." Josua wusste haargenau, dass er darauf anspielte, dass er jetzt mit dreizehn Jahren ein Sohn des Gottesgebotes war, ein Sohn, der dann, wenn er Hebräisch lesen konnte, aus der Thora lesen durfte. Und das hatte er kürzlich endlich getan.

„Du kannst nächstes Jahr mitkommen. Dann können wir auch nach Jerusalem reisen."

„Jesus hat mir aber auch gesagt, dass er schon in sehr jungen Jahren in Jerusalem war. Er hat gesagt, dass jeder Jude einmal im Jahr mit seiner ganzen Familie nach Jerusalem reisen sollte."

Josua fühlte, dass Micha ihn in die Enge getrieben hatte. Er hatte Recht. Es sprach nichts dagegen, ihn mitzunehmen, aber hier bemerkte Josua seine Angst, auch ihn zu verlieren. Diana hatte er in einer großen Stadt verloren. In Sechachah konnte Micha nichts passieren, aber in Jericho wusste man nie.

„Gut. Du hast gewonnen. Versprochen. Wir gehen bald zusammen nach Jerusalem."

„Danke, Vater."

„Aber morgen früh gehe ich mit Cornelius nach Jericho. Und du bleibst zu Hause. Haben wir uns verstanden?"

Josua sah, wie Micha kurz überlegte. Er schien abzuwägen, wie er am besten an sein Ziel kommen konnte. „Ja. Ich bleibe morgen hier, und wir beide reisen dann in den nächsten Wochen einmal nach Jerusalem und einmal nach Jericho." Micha schaute Josua immer noch durchdringend an.

„Abgemacht." Josua lächelte. Er spürte, wie Micha sich noch fester an ihn drückte.

„Aber versprich mir eines, Vater. Pass auf dich auf."

„Ja, Micha, ich verspreche es dir. Und außerdem habe ich einen guten Beschützer an meiner Seite. Cornelius wird schon dafür sorgen, dass mir nichts passiert."

„Hoffentlich. Weißt du, dass ich meine Mutter sehr vermisse?"

„Ja, das weiß ich. Es ist bestimmt nicht immer leicht für dich."

„Ich vermisse ihren Duft, ihre beruhigenden Worte, ihr Lächeln, ihre Wärme."

Josua erinnerte sich noch gut an Lea. Sie hatte ihm Micha geschenkt. Ohne ihre selbstbewusste Art, die sie in der Zeit, als sie wunderbare Stunden zu zweit verbrachten, bewiesen hatte, hätte es Micha nicht gegeben. Sie hatte ihn in die Liebe eingewiesen. Damals, bevor sein Vater…

„Aber ich habe ja jetzt dich. Ich werde bestimmt auch meine Mutter wieder sehen. Vielleicht kommt sie uns ja mal besuchen." Micha holte Josuas Gedanken aus der Vergangenheit in die Gegenwart.

„Ja, vielleicht. Vielleicht können wir sie auch mal in Ephesos besuchen."

Micha nickte nur und sah abwesend in die Ferne. „Ja vielleicht…"

Josua bemerkte, dass dieser Augenblick eine seltsame Atmosphäre barg. Den Grund dafür konnte er nicht erahnen, aber irgendetwas war an diesem Moment anders. Was war es nur? War es, dass Micha nicht lächelte? Er lächelte sonst immer, wenn er mit ihm zusammen saß. Waren es die Erinnerungen an seine Mutter? Ein Gefühl von Hilflosigkeit ließ Josua die ungeklärten Fragen beiseite schieben.

Josua genoss jede Sekunde, in der er Micha im Arm hielt. Nur sein Sohn zählte in diesem Moment. Micha, sein größter Stolz in diesem Leben.

„Ich liebe dich, mein Sohn." Josua flüsterte so leise, dass nur Gott ihn verstehen konnte. Einige Tränen machten sich selbstständig und liefen über seine Wangen. „Ich werde dich immer lieben."

∞

Zur gleichen Zeit – es wurde schon dunkel – wanderten Jesus und Mirjam Hand in Hand zwischen den Balsamstauden einher. Die Arbeiter waren schon im Haupthaus und nahmen ihr Abendmahl zu sich. Es war ein angenehm milder Abend, ein Abend voll fühlbarer Magie. Aber jeder Moment war magisch, wenn Jesus mit seiner Liebe zusammen war. Er konnte es sich nicht mehr vorstellen, ein Leben ohne Mirjam zu leben. Er wollte es sich aber auch nicht mehr vorstellen.

„Hast du nicht auch bemerkt, wie verliebt sich Johannes und Deborah heute Abend angeschaut haben?" Mirjam ließ ihren Blick durch die Gegend gleiten. Sie lächelte.

„Ja, das ist mir auch aufgefallen. Ihre Seelen passen sehr gut zusammen."

„Das stimmt. Fast so gut wie wir, findest du nicht?" Mirjam lachte.

„Aber nur fast." Auch Jesus musste lachen. Er wusste, dass sie sich weit entfernt von den Menschen befanden. Deshalb drehte er sich um und nahm Mirjams Kopf in seine Hände und suchte mit seinen Lippen die ihren. Vor seinen Begleitern hätte er das nicht getan. Er wollte sie nicht beschämen, denn sie könnten damit nicht umgehen. Küssten sich zwei Verliebte öffentlich auf den Mund, sie bekämen große Probleme, denn das galt bei den Juden als großes Verbrechen, fast so groß wie Ehebruch.

Jesus schüttelte den Kopf. Wie konnte er gerade auf so einen Gedanken kommen? Er ging mit Mirjam durch den Garten Gottes und konnte an nichts anderes als an die seltsamen jüdischen Gesetze denken. Er lachte laut auf.

„Ich bin nun mal auch ein Mensch!", rief er in den Abend hinaus. „Ich bin auch ein Mensch und habe so dumme und normale Gedanken wie jeder andere auch. Ich bin ein ganz normaler Mensch. Tralalala." Sein Lachen wurde zu einem Jubeln.

Mirjam schaute ihn mit großen Augen an. „Geht es dir gut, Jesus?"

„Ja, mir geht es gut. Auch wenn es für dich offenbar nicht den Anschein hat. Aber ich habe soeben etwas ganz Wichtiges erkannt."
„Und was?"
„Mirjam, ich darf Mensch sein." Er wirbelte sie herum.
„Ist das ein so neuer Gedanke für dich? Darüber haben wir doch schon öfters gesprochen. Du hast es sogar in deine Tagesrolle geschrieben, wie du mir mal gesagt hast."
„Ja, das stimmt, aber jetzt weiß es auch meine Seele, dass ich es darf. Ich habe viele Dinge getan, mit dem Wissen, dass ich das durfte. Aber in diesem Augenblick habe ich tief in meiner Seele gespürt, dass ich manchmal ganz normale Gedanken haben darf, wie jeder Mensch hier auf Erden. Ich muss nicht immer perfekt sein, ich muss nicht immer lächeln, nur weil es jeder von mir erwartet. Ich darf genauso spontan sein wie jeder andere Mensch auch. So spontan, einfach verrückte Sachen zu tun."
„Was für verrückte Sachen willst du denn tun, Jesus?"
„Zum Beispiel hier und jetzt mit dir zu schlafen."

Jesus war glücklich. Er lag neben Mirjam auf ihrem gemeinsamen Lager. Sie schlief schon. Er dachte noch lange an diesen großartigen Moment der Liebe, der nicht enden wollte. Zu schön und zu tief war ihre Vereinigung unter Palmen. War das Erleben der Liebe im Körper nicht schön? Er glaubte, dass er diese süßen Gefühle vermissen würde, wenn er wieder im geistigen Reich bei seinem Vater weilen würde.
Er war wahrhaft glücklich. Nur eines bereitete ihm Sorgen. Er spürte, dass Josua einen großen Fehler begehen könnte, wenn er morgen wirklich nach Jericho aufbrechen sollte. Eigentlich war ein Besuch dieser Stadt ja nichts Besonderes, aber mit den Gefühlen der Schuld, die Josua im Moment durchlebte, war eine Reise für ihn, egal wohin, sehr gefährlich. Jesus bat seinen Vater um Hilfe, ihn zu beschützen. Etwas anderes konnte er für seinen Freund nicht tun.

∞

„Schau mal dort." Cornelius zeigte auf den einsamen Felsen in der Landschaft.
„Den hätte ich fast übersehen."
„Vielen Wanderern wird der Felsen nicht auffallen. Ich glaube, unsere Schriften sind hier gut versteckt. Wir haben die richtige Entscheidung getroffen."

601

„Kann sein."

„Du bist ja nicht sehr gesprächig heute, Josua."

„Nein. Ich bin irgendwie launisch, ja fast traurig, obwohl ich mich schon seit so vielen Tagen auf diesen Besuch von Jericho gefreut habe. Einfach mal raus und nicht ans Schreiben denken."

„Was macht dich denn so traurig?"

„Cornelius, ich weiß es nicht. Und gerade das macht mich unruhig."

Josua und Cornelius waren auf dem Weg nach Jericho, das sie am späten Vormittag erreichten. Die Neustadt von Jericho lag etwas mehr als eine Meile südwestlich der Altstadt. Diese Neustadt hatte Herodes der Große erbauen lassen. Schon jetzt sah Josua die vielen Äquadukte, die die große Menge an Wasser, die diese Stadt für ihre vielen Parkanlagen brauchte, beförderten. Aber im Vordergrund überragte das Hippodrom alle weiteren Gebäude. Nur das Amphitheater war im Osten noch zu erkennen. Sonst sah man nur Palmen und flache Häuser. Diese Stadt wirkte tatsächlich grün. Sie wirkte großartig. Aber das, was diese Stadt so schön machte – ja, sie betörte fast die Menschen – war das Wasser mit seinen erheblichen Temperaturschwankungen. Im Sommer kühlte es und machte das Leben in Jericho sehr erträglich, während die Menschen im restlichen Teil von Judäa unter der Hitze litten. Und im Winter erwärmte sich das Wasser so stark, dass man sogar in den Becken baden konnte. Jericho war wirklich ein Phänomen.

Die beiden Schreiberlinge traten durch das große Tor in die Stadt ein und ließen die Atmosphäre auf sich wirken. Das neue Jericho war wirklich anders als alle anderen jüdischen Städte, die Josua bisher gesehen hatte. Es war voll von Menschenmassen, aber die Fülle wirkte nicht so abstoßend wie in Ephesos, sondern war trotz allem noch erträglich. Es stank nur an wenigen Stellen nach Urin und Kot. Ja, die Pflanzen und das Wasser sorgten für eine bessere Lebensqualität in dieser Stadt.

„Wir müssen aufpassen, dass wir uns hier nicht verlieren." Cornelius blickte sich ängstlich um.

„Keine Angst. Falls doch, dann treffen wir uns in der Mitte der Stadt auf dem Marktplatz." Josua zeigte in die Richtung, wo die meisten Menschen zu sehen waren. „Dort können wir uns nicht verfehlen. Aber so weit wird es nicht kommen. Lass uns einfach durch die Stadt bummeln."

„Gut, es gibt hier ja wirklich viel zu schauen." Mit großen Augen betrachtete Cornelius die Menschen und die Geschäfte.

„Und zu riechen. Hast du auch schon den Geruch von Balsamharz in der Nase? Ähnlich wie in Sechachah. Aber hier gibt es noch viel mehr Düfte. Der Marktplatz kann nicht weit sein."

„Wollen wir uns nicht erst einmal in eine Schenke setzen, um uns von dem Marsch zu erholen und uns zu stärken?", fragte Cornelius.

Wenige Schritte entfernt tauchte am rechten Wegesrand eine Schenke auf, die auch schon gut besucht schien, aber es waren noch vereinzelte Bänke frei. Die Stimmung erinnerte Josua ein bisschen an Ephesos. Die Menschen, die hier saßen, waren gut gekleidet, sie wirkten wohlhabend und gebildet. Es schien ein besseres Stadtviertel zu sein.

Josua und Cornelius bestellten Granatapfelsaft und Eintopf. Das war jetzt genau das, was sie brauchten.

Nachdem sie wieder Kraft und Frische getankt hatten, gingen sie in Richtung Marktplatz. Josua hatte den Eindruck, dass alle Menschen auf dem Weg dorthin waren. Schließlich gab es dort Waren, Klatsch und Tratsch. Dort traf sich alles, was zwei oder vier Beine hatte, dort war Leben. Der Marktplatz war voll, aber er wirkte nicht überfüllt. Von überall her hörte Josua Gefeilsche und Gelächter, Ziegen meckerten und manche Menschen auch. Ab und zu sah er römische Soldaten, die um ihn herum patrouillierten. Aber das, was Josua trotz des Lärmpegels gleich am Anfang auffiel, war die Rede eines Mannes, der an der Seite des Marktes stand und sich hinter einem Balsamhändler einen Platz zum Reden ausgesucht hatte.

„Hörst du ihn?", fragte Josua Cornelius, aber der hatte noch gar nicht bemerkt, dass keine zwanzig Schritte von ihnen entfernt, dieser Mann eine Menschenmasse um sich herum geschart hatte.

„Ich gehe mal näher heran, um ihm zuzuhören."

„Schau mal Josua, diese vielen Gewürze."

„Ich höre mir mal kurz den Redner an. Komm du gleich wieder hier vorbei, wenn du alles angeschaut hast."

„Gut, Josua, ich weiß ja, wo du bist." Cornelius verschwand in der Menschenmenge, obwohl der Gewürzstand nur ein paar Schritte entfernt war.

Josua stellte sich hinter die Zuhörer auf seiner Seite und betrachtete den Redner sehr genau. Er war wohl Grieche, denn er sprach in dieser jüdischen Stadt die Sprache des Handels. Er war kleingewachsen, nicht mehr allzu jung, aber seine Worte waren voller Inbrunst, mit der er die Menschen in seinen Bann zog.

„Was macht ihr nur, wenn die Welt untergeht?", hörte Josua den Mann in einer solchen Lautstärke sprechen, dass einer Zuhörerin vor ihm das gerade gekaufte Olivenöl aus der Hand fiel und das kleine Gefäß mit einem Krachen zerbrach. Das Öl war verloren.

„Saukerl!", fluchte sie und verschwand.

Aber der Redner verschwand nicht. Der lief, so wie er sich benahm, zur Höchstform auf. „Was macht ihr, wenn die Welt zerbirst? Glaubt ihr wirklich, dass euer jüdischer Gott alles richten wird? Ich habe schon viele Städte besucht und habe viele Menschen getroffen, aber euer Gott war hier nie vertreten. Aber…" Er machte eine Pause, bevor er weiterredete. „Aber ich habe eine wunderschöne Göttin getroffen, eine Göttin, die so stark ist, dass sie alles mit einer ihrer zarten Hände zum Zerplatzen bringen kann."

„Wer ist diese Göttin? Wovon sprichst du?" Ein anderer Zuhörer schrie interessiert seine Fragen hinaus. Hätte er sie normal ausgesprochen, wäre er überhört worden.

„Die Göttin, die ich meine, hat den bezaubernden Namen Isis."

„Isis? Bist du meschugge? … Eine ägyptische Göttin? … wir sind in Israel, nicht in Ägypten!"

Josua musste lächeln. In Ephesos hätte dieser Mann sicherlich mehr Möglichkeiten der Überzeugung gehabt. Ephesos war offen gegenüber jeglicher Gottheit. Aber so bekannt Jericho auch war, so eingefahren waren die Menschen. Fast schon engstirnig. War das typisch jüdisch? Waren alle Juden so starr?

Der Mann tat Josua fast leid. Bald würde er entnervt seinen Platz verlassen und sich eine andere Stadt suchen, wo er sprechen wollte. Und genauso geschah es. Die meisten Menschen drehten sich um und gingen ihres Weges. Nur wenige wütende Bürger von Jericho blieben stehen und vertrieben ihn mit lautem Gezeter und Drohungen. Josua grinste. Ja, um hier die Herzen der Menschen zu erreichen, durfte man nicht drohen oder mit irgendwelchen fremden Göttern kommen. Sie mussten in ihrer Seele berührt werden. Das hatte er von Jesus gelernt.

Er wollte weitergehen, erinnerte sich aber an Cornelius, der sich ihm gleich zugesellen wollte. Nirgends konnte er ihn entdecken. Er wartete eine Weile, aber Cornelius kam nicht. Was sollte er jetzt tun? Josua entschied sich, in Richtung des Gewürzstandes zu gehen, dort würde er Cornelius schon finden. Aber er fand ihn nicht. Cornelius war weg.

Dann vertreibe ich mir die Zeit eben ohne ihn, dachte Josua. Am Nachmittag würden sie sich dann auf dem sich leerenden Marktplatz wieder finden, um gemeinsam nach Hause zu gehen. Und sollten sie sich nicht finden, musste jeder alleine nach Sechachah aufbrechen. Auch kein Beinbruch.

Josua ging weiter, kaufte sich an einem Stand getrocknete Feigen und Datteln und knabberte sie, während er die insgesamt doch freudvolle Stimmung hier in Jericho genoss. Wie wäre es jetzt, hier in der Mitte eine Rede zu halten, fragte er sich, und die Seelen der Menschen zu berühren? Gut, nicht gerade hier in der Mitte, dann würde er einen Stau hervorrufen, und die Menschenmasse würde ihn überrennen. Aber vielleicht an einem etwas ruhigeren, aber dennoch belebten Ort?

Josua wanderte weiter und vergaß seinen Gedanken. Er ließ sich durch die Stadt treiben. In einer Seitengasse entdeckte er eine Frau, die ihn anlächelte und ihm zuwinkte, doch näher zu treten. Josua schüttelte den Kopf und ging weiter. Sogar in Jericho gab es Bordelle. Nicht so öffentlich und offensichtlich wie in Ephesos, aber Josua hatte dieses Kapitel für immer abgeschlossen.

Er ging weiter und landete auf einem kleineren Platz, der auch von Händlern bevölkert war, der aber viel mehr Freiraum besaß. Auch schienen hier die Menschen wohlhabend zu sein. Zerfetzte Kleider und in Lumpen gehüllte Bettler sah Josua hier nicht. Wie er so gedankenverloren dastand, reifte in ihm ein Plan, den er nicht zulassen wollte. Eine Stimme in ihm sagte ganz laut: „Rede! Rede jetzt!" Er wehrte sich dagegen und sagte ihr, dass er es nicht wolle. Schließlich hatte ihm Jesus gesagt, dass dies jetzt nicht seine Aufgabe sei. Aber die Stimme ließ nicht locker. Immer wieder hörte Josua, wie sie penetrant und eindringlich forderte: „Rede! Du bist gut! Du kannst es! Hier ist der optimale Platz! Rede jetzt!"

Zur gleichen Zeit am frühen Nachmittag saß Jesus mit Thaddäus und Bartholomäus zusammen und besprach deren Reise, zu der sie am nächsten Tag aufbrechen wollten. Doch auf einmal hielt Jesus kurz inne, entschuldigte sich bei beiden und versenkte sich tief in sich hinein. Er schloss seine Augen und wandte seinen Kopf der Erde zu. Seine Lippen bewegten sich, aber kein Laut war zu hören. Für beide Gefährten schien er in einer anderen Welt zu sein. Ja, sogar an einem anderen Ort. Nach wenigen Momenten wachte Jesus wieder auf, öffnete seine Augen und führte das Gespräch weiter, so als ob nichts geschehen wäre. Doch aufmerksame Beobachter, zu denen beide Begleiter nicht gehörten, hätten den traurigen Schimmer in seinen blauen Augen erkennen können.

∞

Josua stand bewegungslos auf dem kleinen Platz und ließ alle Eindrücke auf sich wirken. Es huschten unzählige Menschen an ihm vorbei, die ihn, den Mann im hellbraunen Obergewand, nicht wahrnahmen. Josua selbst konnte keinen klaren Gedanken fassen. Die Stimme in ihm war verklungen. Er stand einfach nur da, bewegungslos, fast gedankenlos und mit geschlossen Augen. Fast unsichtbar war die Bewegung seines Kopfes. Es war ein sachtes Hin- und Herwerfen, als ob ein unsichtbarer Geist mit dem Kopf spielte und ihn einmal nach rechts und einmal nach links drehte. Diese Bewegung schien eine halbe Ewigkeit zu dauern, doch dann öffnete Josua wieder die Augen und blickte sich um.

Ganz in seiner Nähe hörte er auf einmal einen anderen Prediger, der auf einem Fass stand und zu einigen Interessierten sprach. Josua näherte sich ihm, um ihm zuzuhören. Dieser Mann hatte weniger Ausstrahlung als derjenige zuvor, aber er sprach wenigstens nicht über fremde Götter. Trotzdem nervte es Josua, dass er in diesem monotonen Singsang über die Gesetze sprach. Er war hager und wirkte sehr streng. Seine stark gebogene Nase und die tief liegenden Augen ließen ihn wie einen Geier erscheinen, seine Stimme krächzte aber eher wie die einer Krähe. Vor allem seine Teilnahmslosigkeit an dem, was er sprach, wirkte irritierend.

„Ihr sollt euch nach den Schriften richten. Nur dann lebt ihr ein Leben, für das euch Gott belohnen wird."

Einige Zuhörer nickten und stimmten ihm mit einem Grummeln zu.

„Richtet euch nach den Gesetzen Mose, dann werdet ihr glücklich sein. Richtet euch nach den Regeln der Vorväter, dann wird euch Gott belohnen."

„Du hast leicht reden, Prediger! Du hast keinen harten Beruf", rief jemand neben Josua.

„Glaube mir, auch meine Reisen sind nicht immer leicht, aber ich befolge die Regeln, und deshalb passt der Herr auf mich auf. Der Herr sei gepriesen."

Josua hörte dem Redner noch eine Weile zu, bis ihm schließlich der Kragen platzte.

„Glaubst du wirklich das, was du da redest?", fragte er, als der Redner eine kurze Pause machte.

Der schaute ihn mit großen Augen an. „Wie soll ich das verstehen, Fremder?"

„Ich meine es so, wie ich es gesagt habe. Du redest mit einer Lebhaftigkeit, dass sogar die satten Rinder auf der Weide mehr Temperament an den Tag legen als du." Einige der Umstehenden lachten. Josua hörte Stimmen, die ihm Recht gaben.

Der Kopf des Redners lief rot an. Seine Augen kamen aus den dunklen Augenhöhlen hervor, dass er nun eher wie eine aufgeplusterte Taube wirkte. „Was erdreistet du dich, Narbengesicht?"

„Ich habe nur meine Meinung gesagt, verehrter Prophet der alten Gesetze." Josua lächelte ihn an.

„Weißt du, was meine Meinung ist?"

„Nein, bitte lass sie mich hören!"

„Du stellst dich hier an meine Stelle und dann redest du. Ich bin es leid von Menschen wie du angeblafft und beleidigt zu werden, die meinen, es besser zu können."

Josua lächelte immer noch. „Ich soll wirklich an deiner Stelle auf das Fass steigen und reden?"

„Ja, genau das."

„Gut, dann steig aber erst mal herunter, bevor du da oben einschläfst." Josua hatte wieder einige Lacher auf seiner Seite.

Die Diskussion zwischen den beiden hatte einige Aufmerksamkeit erregt. Die Menschentraube um das Fass hatte sich rasch vergrößert. Die Zuschauer wurden immer mehr, schließlich kamen solche lebhaften Diskussionen nicht sehr häufig vor.

„Seht euch das an! Unser treuer Prediger Salomon hat seinen Platz einem Fremden überlassen", hörte man jemanden rufen.

„Das müsst ihr euch anschauen! Kommt alle, kommt alle und schaut euch das an!" Eine weitere laute Stimme war nicht zu überhören. Menschen strömten vom Marktplatz und aus allen Gassen auf den Platz.

Von diesem Gedränge bekam Josua noch nichts mit. Nachdem ihm der Prediger unter großem Gefluche Platz gemacht hatte – von Josuas Spontaneität war er erschrocken und sprachlos –, kletterte Josua auf das Fass und blickte sich um. Er musste schlucken. Eben waren es noch zwei Handvoll Menschen, die seinem Vorgänger zugehört hatten, jetzt auf einmal schienen es knapp hundert zu sein. Und noch immer strömten Menschen in seine Richtung und richteten gespannt ihre Augen auf ihn. Nun musste er bald anfangen, bevor sich die Menschen, die er mit seinen Sprüchen angezogen hatte, wieder verloren.

„Bürger von Jericho…" Josua hatte die Reden von Jesus im Kopf und er versuchte sich vorzustellen, was dieser jetzt wohl sagen würde. Er hielt die Luft an und machte eine Pause. Um ihn herum wurde es langsam ruhiger. Kein Wort war zu hören, nur noch ein leises Gemurmel. Die vielen

Menschen hatten ihren Platz gefunden. Im Gegensatz zu vorher waren jetzt viele Frauen anwesend. „Ich danke euch, dass mein Vorgänger mir die Chance gibt, hier vor euch zu reden. Ich hoffe, dass ich nicht so einschläfernd spreche wie er."

Lachen war zu hören. Nur einer knurrte. Es schien alles gut zu laufen. Josua spürte, dass es ihm Freude bereitet, vor Menschen zu reden. Er wunderte sich darüber, war er doch immer ein ruhiger Zeitgenosse gewesen.

„Mein Vorgänger meinte, dass wenn wir die Gesetze einhalten würden, wie es unsere Vorväter uns überliefert haben, dann wären wir glücklich." Josua machte wieder eine Pause. Kein Laut war zu hören. „Glaubt ihr das auch? Glaubt ihr auch, dass es euch glücklich macht, wenn ihr euch nach den Gesetzen richtet?"

„Ja ... naja ... neee, du denn? ...klar." Ein Stimmengewirr entstand.

„Dann frage ich euch: Seid ihr jetzt in diesem Moment glücklich? Seid ihr mit eurem Mann, mit eurer Frau glücklich? Seid ihr mit eurer Arbeit glücklich? Seid ihr Frauen mit eurer Arbeit über den Kochtöpfen und vor euren Brotlaiben glücklich, die ihr jeden Tag aufs Neue anfertigt? Seid ihr wirklich glücklich?" Erst war es still, denn solche Fragen, so schien es, waren die Menschen wohl nicht gewohnt.

„Eigentlich hat er Recht ... nicht wirklich ... stimmt ... jetzt, wo er es so sagt ..."

„Was ist Glück für euch, frage ich euch? Was ist für euch reines Glück?" Josua schaute sich um und fragte eine Frau in der dritten Reihe. „Was ist für dich Glück?"

„Für mich?" Die Frau sah sich zweifelnd um, erkannte schließlich, dass wirklich sie gemeint war, denn alle gafften sie an und warteten auf ihre Antwort.

„Für mich ist Glück, meine Kinder um mich zu haben und in ihre Augen zu schauen."

„Steht das in der Thora? Ich kann es euch sagen: Nein!"

Josua schaute sich weiter um. „Was ist für dich Glück?" Er fragte einen Mann, der eine rote Tunika trug.

„Für mich ist Glück, eine Frau zu haben, die mich versorgt und mit der ich mein Lager teilen kann. Na, du weißt schon." Einige lachten, einige grölten.

„Seht ihr? Wieder eine ganz andere Auffassung." Josua ließ seine Augen wandern und ließ seinen Blick auf einer Frau in einer der hinteren Reihen ruhen, die auf ihn den Eindruck machte, als ob sie ihren Körper verkaufte.

„Was ist für dich Glück?" Josua lächelte in ihre Richtung. „Ja, du, mit dem gelben Umhang?"

„Für mich ist Glück, respektvoll behandelt zu werden."

„Glück ist es, am Leben zu sein", schrie eine Frau am linken äußeren Rand.

„Glück ist es, Jude zu sein, und kein Römer." Euphorisches Lachen, aber teilweise auch ängstliches Lachen, da sich im Zuhörerkreis einige römische Soldaten befanden, die aufgrund der Menschenmenge aufmerksam geworden waren und sich nun Josuas Rede anhörten.

„Und für dich?" Josua schaute einen Jungen an, der direkt vor ihm stand.

„Für mich ist Glück, mit meinen Freunden spielen zu können." Josua machte nun eine kleine Pause, bevor er weitersprach. „Habt ihr das alles gehört? Glück sind die Kleinigkeiten im Leben. Glück empfindet jeder anders. Für den einen ist Glück, was für den anderen langweilig ist. Für diesen ist wieder etwas ganz anderes Glück." Josua machte wieder eine Pause und blickte sich um. „Meint ihr, dass ihr glücklich sein dürft?", fragte er dann die Menge.

„Wie können wir glücklich sein, wenn die Römer unser Land besetzen?" hörte Josua eine wütende Männerstimme.

„Was hat euer Glück damit zu tun, ob die Römer dieses Land besetzt haben? Ihr zeugt trotzdem Kinder, ihr hört trotzdem das Kinderlachen, ihr habt doch trotzdem ein Dach über dem Kopf. Nichts hält euch davon ab, glücklich zu sein. Lasst die Römer ihr Leben fristen, und lebt ihr euer Leben!"

„Gut gebrüllt, Löwe! Du redest wirklich gut. Was ist in deinen Augen das größte Problem von uns Juden? Wie kam es dazu, dass unser Land besetzt wurde?" Der Mann, der zu der lauten Stimme gehörte, starrte ihn an, während er seine Arme vor sich verschränkte.

Die römischen Soldaten im Zuhörerkreis wurden unruhig. Ihre Zahl war unterdessen gewachsen, weil mehr von ihnen diesen Fremden sprechen hören wollten.

Josua war von dieser Frage beeindruckt. Jetzt war allerdings der Punkt erreicht, wo es gefährlich wurde, merkte er. Er durfte nicht weiter in die Tiefe gehen. Bisher konnte er gewisse Fallen noch gut umschiffen, aber jetzt wurde es eng. Er musste die Rede möglichst schnell beenden. Allerdings befürchtete er, dass er jetzt sein Fass nicht wieder verlassen konnte, ohne ihnen ehrliche Antworten zu geben. In ihm entbrannte ein Kampf. Einerseits wollte er aufhören und vom Fass steigen, andererseits wollte er stehen bleiben und weiterreden.

Die Stimme in seinem Inneren meldete sich wieder. „Rede weiter!", sagte sie. Allerdings hörte sie sich ungeduldig an. Und jetzt vergaß er, dass Johannes, der im Jordan getauft hatte, vor wenigen Tagen erst von Herodes Antipas eingesperrt worden war. Vergessen war außerdem die Warnung von Jesus, nicht vor Menschen zu reden. Und zualledem hatte er leider sein Versprechen, das er Micha gegeben hatte, nämlich gut auf sich aufzupassen, verdrängt. Dieses Versprechen wäre der einzige Grund gewesen, die Rede abzubrechen und wieder vom Fass zu steigen. Aber als er so in die Runde sah, schätzte er, dass mittlerweile über 300 Menschen um ihn herumstanden. Eine riesige Menschenmasse, die nur auf ihn hörte. Da begriff Josua, wieviel Macht das gesprochene Wort hatte, und er spürte in sich diese Kraft, die so groß war, dass er die Menschen erleuchten konnte. Er war euphorisch, er spürte eine gewaltige Aufregung, die ihn übermannte.

„Eine gute Frage. Ich würde in meiner Naivität behaupten: Die Unwahrhaftigkeit. Unsere eigene Falschheit. Unsere Angst vor scheinbar Überlegenen."

„Was meinst du damit? Bitte erkläre es uns."

„Warum haben die Priester eine so große Macht? Weil wir ihnen die Macht geben." Josua sprach sehr laut. Die Worte flossen wie von selbst. „Wir geben unseren freien Willen an die Priester ab, weil wir glauben, dass sie einen besseren Kontakt zu Gott, unserem Vater haben, als wir selbst. Weil wir denken, dass wir es nicht wert sind, einen Kontakt zu unserem Gott zu haben. Wir geben allen Überlegenen die Macht, die sie haben. Sie haben sie nicht von Gott erhalten. Wir lassen Gesetze zu, die es erlauben, dass Frauen gesteinigt werden können, wenn sie die Ehe gebrochen haben." Josua schaute ernst in die Runde. „Und was passiert den Männern, wenn sie die Ehe brechen? Haben die Priester noch nie die Gesetze gebrochen? Auch nicht in Gedanken? Sind sie soviel heiliger als wir? Wir geben unsere Kraft, unsere Macht an andere Menschen ab und machen uns damit klein." Josua wollte das Thema Römer trotz aller Euphorie vermeiden.

„Das verstehe ich", war von dem Fragesteller zu hören, „aber warum haben die Römer solche Macht über uns? Wie konnte es passieren, dass sie unser Land besetzten?" Die Tür zur Falle war geöffnet.

Die Stimme, die er schon einmal gehört hatte, sprach wieder zu ihm. „Sprich weiter. Prangere Herodes an. Diesen falschen König."

Josua sträubte sich. „Nein", sagte er ganz leise zu sich selbst, ohne dass andere ihn hören konnten.

„Sprich weiter!"

Josua sträubte sich noch immer, aber die Pause währte mittlerweile schon sehr lange. Er musste jetzt weiterreden oder vom Fass steigen.

„Sprich weiter! Du kannst es!"

Josua konnte sich nicht länger widersetzen und er gab nach. Er hatte keine Kraft mehr.

„Weil wir es zulassen. Und weil wir dem König Herodes Antipas soviel Macht geben, dass er öffentlich Ehebruch begehen kann und darf. Der König ist ein egozentrischer Fuchs, wie wir alle wissen…"

Gemeinschaftliches Nicken, Gemurmel. Josua sah, wie sich die Soldaten um das Fass herum aufstellten. Da bemerkte er, dass er in die Falle getappt war. Auf einmal war Josua klar, was Jesus die ganze Zeit gemeint hatte. Vor solch einer Situation hatte Jesus ihn warnen wollen. Die Soldaten ließen ihn aber weiterreden.

„Wir sind zu feige. Hat uns der Duft des Balsamöls so sehr betört, dass wir unseren Mut verloren haben? Hat uns das Balsamöl so sehr betört, dass wir nicht mehr menschlich denken können und es den Römern erlauben, uns zu besetzen? Würden wir uns erheben, würden wir uns in unserer eigenen Seele erheben, dann könnten die Römer zwar unser Land besetzen, aber nicht unsere Seelen. Es gibt nichts Wichtigeres als unsere Seelen. Sie sind das wahre Geschenk Gottes an uns. Unsere Seelen bewahren die Erinnerungen an unsere Heimat im Himmel. Glaubt an euch, glaubt an Gott! Und hört auf Jesus, den Mann, der euch und eure Seelen heilen kann. Schon Johannes am Jordan-Fluss hat von ihm berichtet. Wisst ihr um ihn?"

„Ja, wir haben von ihm gehört. Gehörst du zu diesem Johannes?"

„Nein, ich gehöre nicht zu ihm. Ich fühle mich aber als sein Freund, ohne ihm je begegnet zu sein. Ich möchte euch, genauso wie er, auf Jesus verweisen. Jesus, der in Bethlehem geboren wurde, Jesus, der das Gesetz erfüllen wird. Vertraut euch selbst und vertraut Jesus."

„Wer ist Jesus?", fragte eine Frau in einem eleganten beigen Kleid.

„Jesus ist ein von Gott beauftragter Mensch, der euch helfen wird, euch zu erlösen. Er wird die Grundfeste des jüdischen Volkes erschüttern. Er wird die Pfeiler zum Einsturz bringen, auf denen die römische Macht ruht. Er wird euch befreien. Merkt euch diesen Namen: Jesus, geboren in Bethlehem, aufgewachsen in Nazareth in Galiläa. Vertraut ihm, hört auf seine Worte, aber vertraut hauptsächlich euch selbst. Hört auf eure Worte, hört auf euer Gewissen. Hört auf euer Gefühl. Lasst keine Ungerechtigkeit mehr euer Leben einengen. Seid liebevoll zu euren Mitmenschen, dann werdet ihr auch liebevoll behandelt, und dann werdet ihr glücklich sein. Ich danke euch für eure Aufmerksamkeit." Josuas Rede war beendet.

Stille. Dann ein paar verhaltene Rufe, und schließlich wurde es immer lauter.

„Was für eine Rede, habt ihr das gehört?", war zu hören.

„Ja, vertraut auf Jesus, ich habe auch schon von ihm gehört", schrie eine Frau, die direkt vor ihm stand, der Menge zu. Die Menschen schienen sehr berührt, und sie blieben auch noch eine Weile stehen. Josua stieg ganz langsam vom Fass herunter, denn er wusste, dass er keine Chance hatte, den römischen Soldaten zu entkommen, die auch schon hinter ihm standen. Je weniger Aufmerksamkeit er jetzt auf sich lenken würde, desto besser. Die Menschenmenge löste sich langsam auf. Einige römische Soldaten standen schon vor ihm.

„Wir haben deine Worte gehört. Mir persönlich haben sie gefallen", sagte ihr Anführer. „Aber das, was du über den König gesagt hast, dürfen wir nicht durchgehen lassen. Wir haben die Anweisung, jeden, der sich wenig schmeichelhaft über König Herodes Antipas äußert, festzunehmen. Also setz dich in Bewegung! Ich verzichte auch darauf, dir jetzt Ketten anzulegen. Mach also keine Zicken. Marsch!"

Und so zogen acht römische Soldaten mit Josua in der Mitte durch halb Jericho auf dem Weg zu der Bergkuppe über Jericho, an deren Hang die Kerker lagen, in denen solche Aufrührer, wie nun auch Josua einer war, immer landeten. Ganz unbemerkt, für Menschen unsichtbar, entfernte sich ein schwarzer Schatten von Josua und verschwand mit einem furchterregenden Lachen in der Glut der Nachmittagshitze.

∞

Jesus stand mit Joseph von Arimathäa an den Olivenbaum gelehnt, als Cornelius voller Panik in den Hof in Sechachah gerannt kam. Es war kurz vor Sonnenuntergang.

„Meister, es ist ... was ganz ... Schreckliches passiert." Er war völlig außer Puste. Jesus fragte sich, ob er den ganzen Weg von Jericho hierher gerannt war.

„Was ist passiert, Cornelius?"

„Sie haben Josua verhaftet."

„Wie bitte?" Joseph war genauso geschockt wie Cornelius.

„Ja, wir ..." Cornelius brachte immer noch keine richtigen Sätze zusammen, so sehr musste er nach Luft ringen.

Mirjam war gerade gekommen und hatte Cornelius Wasser gebracht. Er trank fast die ganze Karaffe leer. Unterdessen waren fast alle Bewohner von Sechachah zum Olivenbaum gekommen, da sie gesehen hatten, dass hier etwas vor sich ging.

„Erzähl' uns ganz langsam, was wirklich geschehen ist." Jesus musste Ruhe in die Seele von Cornelius bringen. Er selbst hatte ja schon geahnt, dass es so kommen würde. Er hatte gehofft, dass Josua den Einflüsterungen widerstehen könnte, aber es sollte wohl nicht sein.

„Gut, ich versuche es. Also, wir hatten uns auf dem Marktplatz getrennt, weil ich mich nach Gewürzen und Olivenöl umschauen wollte. Er wollte sich einen Prediger anhören, und wir hatten abgemacht, dass ich wieder zu ihm komme. Bei mir dauerte es aber länger, weil ich immer mehr Schönes sah. Ich bin dann einige Stände weitergegangen und dann einfach die Zeit vergessen. Als ich endlich an den Platz kam, wo Josua gestanden hatte, war der Prediger weg und Josua auch. An sich nichts Schlimmes, da wir uns sicher wieder über den Weg gelaufen wären. Ich wanderte über den großen Markt auf die andere Seite hinüber." Cornelius trank noch einen großen Schluck, bevor er weiter erzählte. „Aber dann merkte ich, dass immer mehr Menschen auf einen anderen Platz strömten. Ich hörte, dass ein stadtbekannter Prediger, Salomon oder so ähnlich hieß er, seinen Platz einem Fremden zur Verfügung gestellt habe. Näheres wusste ich nicht." So langsam konnte er wieder ohne Atemnot sprechen. „Da so viele Menschen vom großen Marktplatz auf den anderen Platz liefen, ging ich einfach hinterher. Und dann sah ich Josua, wie er auf einem Fass stand und zu der großen Menge sprach. Ich wäre nicht durchgekommen, auch wenn ich gewollt hätte." Cornelius schüttelte den Kopf.

Unter den Zuhörern kam Unruhe auf, aber Cornelius redete weiter: „Er sprach über das Glück, es hat mir sehr gefallen, was er gesprochen hat, ich habe ihn sogar bewundert, wie er auf das Thema gekommen ist und was er daraus gemacht hat. Aber dann fragte ein Zuhörer etwas über die Römer. Ich habe die Frage nicht genau verstanden. Josua versuchte, das Thema zu streifen, aber der Zuhörer ließ nicht locker." Cornelius schüttelte den Kopf. „Und dann war es wohl passiert. Josua hatte, in sehr gemäßigten Worten, den Ehebruch des Königs angeprangert. Daraufhin bemerkte ich, wie sich immer mehr Soldaten um die Menschenmenge stellten und Josua einkreisten. Da wusste ich, dass es ein Problem geben würde. Josua hatte seine in meinen Augen bewundernswerte Rede beendet, die Menschenmasse stob auseinander, und bevor ich mich zu ihm hatte durchkämpfen können, sah ich, wie er in einiger Entfernung von Soldaten umzingelt und in die entgegengesetzte Richtung abgeführt wurde."

„Weißt du, wo sie ihn hinbringen wollten?", wollte Joseph wissen.

„Nein, dafür war ich zu weit weg. Wäre ich doch nur in seiner Nähe gewesen! Hätte ich mich nicht auf dem Marktplatz so ablenken lassen, dann hätte ich ihn wahrscheinlich davon abhalten können."

„Du hast keine Schuld, Cornelius." Jesus schaute ihn an.

„Ich fühle mich aber schuldig. Ich kann es nicht ändern."

„Nein, manche Dinge im Leben werden genauso geführt, wie sie geschehen sollen. Ich hatte Josua gewarnt, aber er hat wohl nicht darauf gehört." Jesus wandte sich dann an Joseph. „Weißt du nicht, wo sie ihn hingebracht haben könnten?"

„Nein, in den letzten Jahren hörte man nichts davon, dass Herodes Kritiker hat einsperren lassen. Aber seitdem Johannes am Jordan von ihm verhaftet wurde, und Johannes hatte mit Sicherheit heftigere Worte gewählt als Josua, gehen Gerüchte um, dass sie in den schlimmsten Kerkern des Landes wandern. Oben am Berg. Ich werde mich umhören und schauen, ob ich etwas erreichen kann. Ich werde morgen früh direkt nach Jericho aufbrechen."

„Gut, mehr können wir im Moment nicht tun. Lasst uns alle für Josua beten, dass Gott auf ihn aufpasst und dass wir ihn bald wieder sehen dürfen. Ich gehe jetzt zu Micha und werde ihm diese traurige Botschaft überbringen." Jesus sprach in ruhigen Worten.

Nur Mirjam bemerkte, dass seinen Worten die Hoffnung fehlte. Es schien, dass es keine Möglichkeit gab, Josua zu befreien. Das Schicksal eines Lebens nahm seinen Lauf.

Durch Dunkelheit ins Licht

Unaufhaltsam floss die Einsamkeit durch seine Blutbahn. Wie lange er jetzt schon in diesem Verlies war, wusste Josua nicht. Nachdem ihn die Soldaten festgenommen hatten, war er in dieses Loch geworfen worden. Kein Verhör, kein Gespräch, gar nichts. Der Raum, in dem er sich befand, maß knapp zehn Schritte im Quadrat. Zu seiner Kälte kam der Raum erst dadurch, dass durch ein kleines Fenster ein wenig Licht fiel, das seine ganze Grausamkeit offenbarte. Fenster war viel zu viel gesagt, es war eine Öffnung in der dicken Mauer von nur einer Elle hoch und gar nur einer halben breit. Es war nicht viel Licht, aber das war ja das Schöne am Licht:

Man brauchte nicht viel davon, um zu sehen und sich zu orientieren. Aber in diesem Loch war dieses Licht schon zu viel, denn jetzt wurde sich Josua seines ganzen Unglücks erst so richtig bewusst. Der Kerker war der Inbegriff von Hässlichkeit und Grausamkeit. Der Raum war feucht, es gab kein trockenes geschweige denn warmes Plätzchen auf dem Boden, auf das sich Josua hätte zurückziehen können. Es zog ohne Ende und es roch nach Muff und Exkrementen. Alle seine Sinne litten Qual. In den Ecken befanden sich am Boden kleine Löcher, die auf keine gute Gesellschaft schließen ließen. Josua hasste Ratten.

Das Schlimmste im Moment waren seine Gedanken. Er konnte es sich einfach nicht verzeihen, dass er das Versprechen, das er seinem Sohn gegeben hatte, nicht hatte umsetzen können. Er hatte nicht auf sich aufgepasst. Er war einfach nicht weitsichtig genug gewesen. Dass Jesus ihn gewarnt hatte, zu reden, wog auch sehr schwer. Er konnte es sich kaum verzeihen, dass er auf die Worte dieser großen Seele nicht gehört hatte. Aber bei weitem überwog sein schlechtes Gewissen seinem Sohn gegenüber, den er, wie es aussah, vielleicht nie mehr wiedersehen würde.

Wie dumm war er nur gewesen! Warum hatte er dieser Versuchung, auf dieses blöde Fass zu steigen, nicht widerstehen können? Hätte er es nicht gemacht, dann wäre das Schlimmste der Spott der wenigen Zuhörer gewesen, die ihn als Schwätzer oder Lügner hätten betiteln können. Aber zwei Atemzüge später wäre das schon wieder vergessen gewesen. Warum hatte er dieser Versuchung nur nachgegeben!

Mittlerweile war die Sonne untergegangen, und der Raum war ganz dunkel. Die nächsten Stunden würde Josua nichts sehen können. Es half alles nichts, er musste sich irgendwo auf den Boden legen und schlafen. An die anderen Bewohner dieses Kerkers durfte er gar nicht erst denken, wollte er seine Augen zumachen. Erst jetzt fiel ihm ein, dass er ja das Kreuz von Jesus dabei hatte. Zum Glück hatten ihn die Soldaten nicht durchsucht. Sie hätten es ihm sonst abgenommen. Das Kreuz war die einzige Sicherheit, die er besaß.

Mit offenen Augen und überscharfem Bewusstsein saß er an der Wand. Jedes kleinste Geräusch kam ihm wie ein Posaunenstoß wor. Er hörte quietschende Geräusche, rasselnde und klopfende. Er war sich sicher, dass er jetzt nicht mehr allein in seinem Loch saß. Morgen würde er erst einmal mit einem Vorgesetzten der Soldaten reden können und dann würde er ihm klar machen, dass alles ein ganz großes Missverständnis war.

∞

Am nächsten Abend ging Jesus mit Mirjam Hand in Hand durch das zerklüftete Umland von Sechachah. Dieser Tag hatte viele Entscheidungen gefordert und er ging nicht als freudiger Tag in die Annalen des Lebens von Jesus ein.

„Vorhin, als du mit Deborah beim Brotbacken warst, kam Joseph aus Jericho zurück." Jesus sprach ganz leise.

„Und, hat er etwas ausrichten können?" Mirjam schaute ihn mit großen Augen an.

„Nein, der zuständige Beamten wusste nichts von einer Festnahme." Selten war Jesus so verzweifelt gewesen, aber es ging ihm schon sehr nahe, dass ein guter Freund irgendwo in einem Verlies saß. Wahrscheinlich ohne Aussicht auf Freiheit.

„Trotz Josephs Drängen ließ sich dieser Kerl nicht dazu bewegen, nach Josua zu suchen. Er sagte ganz frech, dass er sich um wichtigere Dinge kümmern müsse." Jesus schüttelte den Kopf.

„Ich fürchte, Josuas Chancen stehen schlecht."

„Was sollen wir nun machen?"

„Nichts. Wenn Joseph nichts ausrichten kann, dann wird sich Josua seinem Schicksal fügen müssen."

„Das kann doch nicht sein!"

„Mirjam, du weißt, dass wir in wenigen Tagen aufbrechen werden, und ich fürchte, dass uns noch viele Ungerechtigkeiten, Gemeinheiten und Grausamkeiten widerfahren werden. Jeder geht seinen Weg, so traurig der auch ist. Ich habe Josua wirklich sehr gern, ich liebe ihn sogar wie einen Bruder." Jesus weinte.

„Kannst du dich denn nicht unsichtbar machen und ihn dort herausholen?"

„Nein, meine Liebe. Nein. Ich könnte, wenn ich wollte, aber ich darf nicht. Ich darf mich nur in außergewöhnlichen Notfällen über irdische Gesetze hinwegsetzen."

„Aber du hast uns doch in Magdala auch irgendwie das Leben gerettet, indem du uns beide hast verschwinden lassen."

„Ich weiß, aber ich halte immer Zwiesprache mit unserem Vater im Himmelreich. Damals wurde es mir erlaubt, diesmal nicht. Wir waren damals unvermittelt und ohne Schuld in diese Situation geraten. Josua hingegen, so leid es mir tut, hat sich da selbst hineinmanövriert. Es steht in Josuas Schicksal, dass er die Suppe selbst auslöffeln muss, die er sich eingebrockt hat. Leider. Der oberste Richter ist Gott. Er weiß immer, was für alle Beteiligten das Beste ist." Weitere Tränen der großen Seele befeuchteten die trockene Erde. „Auch wenn ich es nicht immer verstehe", fügte er noch hinzu.

Die beiden gingen lange durch die Natur, ohne auch nur ein Wort zu sprechen. Manchmal ist Schweigen in Zweisamkeit sehr gut für das Herz. Mit Mirjam konnte er stundenlang schweigen. Und es erfüllte ihn immer mit geistiger Kraft und Freude. Heute kam nur die Kraft zurück, die Freude blieb fern.

„Wie geht es Micha heute?", fragte Jesus Mirjam. Jesus hatte Josuas Sohn gestern die traurige Botschaft überbracht, worauf sich dann Mirjam fast den ganzen Tag um ihn gekümmert hatte.

„Nicht gut. Er weinte ohne Unterlass. Er beschimpfte Josua, weil er ihn allein gelassen habe, und er möchte jetzt bei seiner Mutter sein. Wir sollten Lea holen lassen."

„Ja, unbedingt. Ich schicke morgen einen Boten, der sie in Ephesos abholen und hierher bringen soll. Es wäre besser, als Micha nach Ephesos zurückzubringen. Ich werde die finanziellen Dinge mit Joseph regeln."

„Hast du dir schon Gedanken gemacht, wann wir abreisen werden?"

„Nein, nicht genau. Ich werde, bevor es losgeht, noch ein paar Tage das große heilige Geschlecht besuchen, Kraft tanken und letzte Anweisungen abholen. Mein Gefühl sagt mir aber, so in knapp zwei Wochen."

„Geht es dir gut, Jesus, bei dem Gedanken, dass jetzt der Abschnitt deines Auftrages kommt, in dem du fast ausschließlich in der Öffentlichkeit stehen wirst?"

„Ja, Mirjam. Ich habe in mir Klarheit und Stärke gefunden, die mir hierbei helfen werden. Der Kelch darf und kann nicht an mir vorüber gehen."

„Ich bewundere dich, wie du diese traurigen Botschaften verkraftest und immer Stärke an den Tag legst. Wirklich."

„Ich danke dir, aber was habe ich mal von einem ephesischen Schnellläufer gehört, der sein Rennen gewonnen hatte? Er sagte, er habe einen guten Lauf gehabt." Jesus lächelte, auch wenn es ihm schwer fiel.

„Jesus, lass uns zurückgehen. Ich möchte noch einmal nach Micha schauen und ihm eine gute Nacht wünschen."

Die Tage vergingen. Jesus musste vielen seiner Begleiter Mut zusprechen, musste regelmäßig mit ihnen über die teilweise verwickelten Lebenswege der Menschen reden, musste ihr Vertrauen wieder festigen. Josuas Schicksal hatte viele Menschen in Sechachah aus dem Gleichgewicht gebracht. Vor allem Cornelius, der sich schuldig fühlte. Micha hatte sich etwas beruhigt, aber seine Trauer war immer noch riesengroß. Mirjam war jetzt für ihn wie eine Ersatzmutter. Es verging kaum eine Stunde, wo sie sich nicht bei ihm aufhielt. Bis Lea in Sechachah eintreffen würde, sollten nur noch wenige Tage vergehen.

Jesus lag auf seinem Lager, konnte aber nicht einschlafen. Er sah Josua vor sich, wie er in der Dunkelheit des Kerkers lag. Alle wichtigen Informationen wurden Jesus durch Visionen übermittelt.

Das Schlimmste an Josuas Schicksal war, dass diese Seele schlichtweg im Kerker vergessen wurde. Die römische Patrouille, die Josua festgenommen hatte und einsperren ließ, war die letzten Tage in anderen Regionen unterwegs, und die Meldung, dass ein jüdischer Gefangener in einem der vielen Verliese wartete, würde die zuständigen Beamten erst in vielen Tagen erreichen. Aber er, Jesus, würde ihn niemals vergessen, dafür war ihre Freundschaft zu wichtig.

Jesus spürte, dass Josuas irdisches Leben in wenigen Tagen beendet sein würde. Er weinte leise, ohne Mirjam aufzuwecken. Er weinte um ihre Freundschaft, die vor langer Zeit in einer Inkarnation auf dem Heimatplaneten der Santiner begonnen hatte, die aber hier auf Erden jetzt doch ein abruptes Ende gefunden hatte. Jesus wurde müde, aber bevor er selbst in Schlaf fiel, hörte er sich noch flüstern:

„Josua, möge Gott dich segnen und dich immer begleiten. Ich danke dir für alles, mein Freund. So soll es sein."

∞

Josua wusste nicht, wie viele Tage er nun schon in diesem Loch eingesperrt war. Er hatte bis heute keinen Menschen gesehen, nichts zu Trinken und zu Essen bekommen. Seine Sinne schwanden langsam. Er erinnerte sich, dass es ungefähr siebenmal hell geworden war, seitdem er hier war. Aber es konnte auch zehn- oder zwölfmal sein. Oder auch nur fünfmal. Er hatte keine Orientierung mehr. Hatten die Römer ihn hier einfach vergessen? Der König ließ ihn einfach verrecken. Aber Josua hatte keine Kraft mehr, sich darüber aufzuregen. Er lag ausgezehrt am Boden.

Das Schlimmste waren seine Kopfschmerzen. Er hatte das Gefühl, als ob sein Kopf zertrümmert, als ob sein Kopf gerade mit großen Steinen beworfen würde. Vielleicht hatte er es ja verdient, gesteinigt zu werden, dachte er.

Er schlief immer wieder ein, trotz Schmerzen, und wachte aber auch immer wieder von diesen starken Schmerzen auf. Er konnte sich nicht mehr rühren, er hatte keine Kraft mehr. Wenn er aufwachte, schaute er durch das

Fenster. Manchmal sah er eine Wolke, die ihm gefiel, aber dann verkrampfte sich sein Kopf, und er musste die Augen schließen. Letzte Nacht hatte er das Gefühl, als ob ihn irgendetwas Haariges berührt hätte. Ach ja, die Ratten. Es schien, dass sie sich näher an ihn heran wagten. Er war total erschöpft. Er spürte seinen Körper nicht mehr, er spürte gar nichts mehr.

Dann auf einmal sah er sich in seiner Kindheit wieder, als er zum ersten Mal diese wundervollen blauen Augen von Jesus erblickte, das Olivenholzkreuz, er sah Rahel, er sah sich im Schoß seiner Mutter liegen, Samuel unterrichtete ihn, seine Schwestern lachten mit ihm. Er sah sich unter dem Olivenbaum sitzen und den Berg Tabor betrachten. Er sah Lichter am Himmel, die sich bewegten. Dann sah er sich, als sie Nazareth verließen, dann auf dem Schiff, das Cäsarea Richtung Ephesos verließ. Die wunderschöne Stadt Ephesos tauchte auf, das große Theater. Er sah ihr Haus, er sah seine Schreibkammer, er sah sich freudig schreiben. Diana leuchtete auf. Seine große Liebe. Das Licht, das seinen Weg erleuchtete. Dann Lea, er sah seine erste Liebesnacht mit ihr. Dann fand er sich in zwielichtigen Spelunken wieder, in den Schößen von diversen Frauen. Es tauchte Ophelia auf, dann wieder Diana, er sah Philon und Lucilla, er sah den Tod seines Vaters und die erste Begegnung mit seinem Sohn, er traf Jesus wieder, schaute ihm bei seinen Reden zu und spürte Bewunderung in seiner Seele, spürte den Selbstmord von Esther, sah sich schreiben und schreiben, lachte bei der Überfahrt nach Sechachah, nein, keine Überfahrt, jetzt bemerkte er es, dass alle Begleiter von einem Schiff in den Wolken aufgenommen wurden und in Judäa wieder aus diesem Schiff ausstiegen. Die Erinnerung daran fehlte allen, aber jetzt war es auch egal, er war zu kraftlos.

Er sah, wie er seine Lebensgeschichte schrieb, er sah, wie er die Rollen und einige persönliche Gegenstände von Jesus versteckte, er erkannte, dass die Zeit gedrängt hatte, er sah sich in Jericho auf einem Fass stehen und diese Rede halten. Und dann war er vergessen worden...

Jetzt erkannte er die Essenz seines Lebens: Er wollte sich nicht brechen lassen, wollte sein eigenes Leben leben, hatte es aber trotzdem zugelassen, dass seine Seele fast verloren gegangen war. In den letzten Jahren hatte er dank Jesus die Kraft der Vergebung gespürt und dadurch seine Seele gesunden lassen. Seine Verlorenheit war verheilt. Die schwere Last seines Lebens wurde ihm gerade genommen. In einer Stunde der Vergessenheit wurde er wieder gefunden.

Erst jetzt bemerkte er, dass gerade sein ganzes Leben an ihm vorbeigezogen war. Plötzlich sah er Jesus, wie er mit seinen blauen Augen Josua anlächelte, ihn segnete und ihm abschließend noch ein „Mach's gut, mein Freund" übermittelte.

In diesem Moment fühlte er sich fröhlich, ja fast euphorisch. Er betrachtete sich, wie er so auf dem Boden lag. Nein, Ratten, waren hier keine zu sehen. Es war ja Tag. Nachts würden sie herauskommen. Es war interessant, dass er sich von oben anschauen konnte. Er sah schrecklich aus. Er erkannte sich kaum noch, wie er so da lag. Ausgemergelt und verdreckt. Auf der Seite liegend, hatte er sich wie ein Kind eingerollt, ja richtig in sich eingekuschelt.

Der Tag verging ganz schnell, glaubte er. Es wurde schon wieder Nacht, aber er fühlte sich fantastisch. Irgendwie konnte er es gar nicht glauben. Er war doch kraftlos gewesen, hatte auch Schmerzen gehabt. Wieso jetzt nicht mehr?

Dann sah er plötzlich, wie sich zwei Ratten auf seinen Körper zu bewegten und an seinen Füßen schnupperten. Er ging auf sie zu und wollte sie wegjagen, aber es klappte nicht. Er war … er war nicht in seinem Körper. Erst jetzt wurde ihm bewusst, dass er die ganze Zeit von der Decke des Verlieses auf seinen Körper hinab geschaut hatte. Eine lichte Schnur verband ihn nur noch mit dieser reglosen ausgemergelten Gestalt am Boden, der das Holzkreuz mittlerweile aus der Hand gerutscht war.

Ekel ließ seine Seele erschauern. Die Ratten begannen, seine Zehen anzuknabbern. Aber er spürte keinen Schmerz, nur Abscheu vor diesen widerlichen Tieren. Er spürte nur Ekel gegenüber diesem Raum, er spürte nur eine große Schuld, dass er nicht auf die Worte von Jesus gehört und das Versprechen gegenüber Micha nicht eingehalten hatte. Mögen Micha und Jesus ihm vergeben, dachte er. Er spürte nur noch die Hässlichkeit dieses Ortes, aber auch eine Leichtigkeit, eine Art Erkennen seiner Heimat. Ja, auf einmal spürte er nur noch Freude, nur noch Helligkeit, nur noch Wärme, er sah, wie sich ein Licht auf ihn zu bewegte und kurz vor ihm anhielt.

Was für ein Licht! Es war so hell und prachtvoll, dass alles, was er jemals in seinem Leben gesehen hatte, dagegen verblasste. In dem Licht tauchte Diana auf, die ihm zulächelte und ihn aufforderte, ihr ins Licht hinein zu folgen. Er dachte nicht weiter nach und ging auf sie zu. Wie lange hatte er sich danach gesehnt, sie wieder zu sehen! In seinem Kopf hörte er sie sagen, dass sie ihn zu seiner Mutter und ganz weit weg von diesem hässlichen Ort bringen wolle.

Josua drehte sich kurz noch einmal zu seinem jetzt toten Körper um. Er wusste, dass er gestorben war. Er bemerkte, dass die lichte Schnur sich aufgelöst hatte. Sie war verschwunden. Er konnte gehen, er konnte wieder in seine geistige Heimat gehen. Er war wieder zu Hause. Im Licht.

Der große Bruder

Tai Shiin hatte zusammen mit seinem Bruder Zyndar Shiin die letzten Augenblicke in Josuas Erdenleben verfolgt. Endlich war dieser nach vielen Tagen in das geistige Reich hinübergegangen. Allerdings war dies nicht der Todeszeitpunkt, der für ihn in seinem Lebensplan vorgesehen war. Er hätte noch etliche Jahre älter werden sollen. Des Menschen Wille war aber oftmals stärker als die Vernunft. Die negativen Einflüsse, die auch bei Josua auf dem Platz in Jericho am Werk gewesen waren, haben diese Schwächen gnadenlos ausgenutzt.
Tai Shiin saß noch immer geschockt in seinem bequemen Sessel, nachdem Zyndar Shiin die Kommandozentrale verlassen hatte. Nun war auch Josuas Leben beendet. Er war verdurstet. Ein schrecklicher Tod, dachte Tai Shiin. Josua, eine Seele, die ihren Ursprung auf Metharia hatte. Eine Seele, mit der alle Santiner hier oben im Raumschiff eng befreundet gewesen waren. Es war für Tai Shiin immer wieder eine Qual, zu sehen, wenn eine befreundete Seele auf der Erde inkarnierte und er dann keinen Kontakt mit ihr haben konnte. Wie oft hatte er Josua in Gedanken zugerufen, den Mund zu halten, als dieser in Jericho aufgefordert wurde, eine Rede zu halten. Wie inbrünstig hatte er Gott angefleht, diese Rede zu verhindern! Wie intensiv hatte Tai Shiin danach darum gebeten, dass das Fass unter Josuas Gewicht zusammenbrechen sollte, nur damit er endlich aufhören würde zu reden. Wie sehr hatte er sich für ihn eingesetzt, aber er konnte gleichzeitig sehen, dass seine Gedanken nicht bis in Josuas Bewusstsein vordrangen, da die dunklen Wesen um ihn herum das Licht abblockten. Die Einflüsterungen der dunklen Macht hatten gesiegt. Diesmal konnte Tai Shiin ihm nicht helfen. Diesmal nicht.
Tai Shiin brauchte lange, um diese Geschehnisse zu verkraften, vor allem auch, weil er Josuas Leben fast so intensiv verfolgt hatte wie das von Jesus. Josua war früher einmal auf Metharia sein kleiner Bruder gewesen, auf den er in den ersten Jahren aufgepasst hatte. Mit Josua hatte er viel Freude

gehabt, sie hatten viel Zeit gemeinsam verbracht. Und dort gab es auch einmal ein Ereignis, das Josua fast das Leben gekostet hätte. Damals hatte Tai Shiin aber noch rechtzeitig eingreifen können. Und zwar hatten sie beide einmal am Bau eines Mutterschiffes mitgewirkt. Ein Mutterschiff entstand nach Vorgaben und Plänen durch Gedankenkraft von Hunderten von Santinern. Allerdings musste es im Weltraum hergestellt werden, denn die unvorstellbare Kraft der Antigravitation hätte einen Planeten aus seiner Bahn gebracht, hätte man ein solch fünfundsiebzig Kilometer großes Mutterschiff auf ihm gebaut. Durch Gedankenkraft wurden vorher magnetische Kraftfelder erzeugt und in einer bestimmten Reihenfolge angeordnet, sodass sie die künftige Form des Mutterschiffes umschlossen. Hierzu waren enorme Energien notwendig. Und ein Santiner musste dabei in Vollbesitz seiner Geisteskraft sein, um solch enorme Kräfte entstehen zu lassen. War es abzusehen, dass ein Santiner sich dabei überschätzte, hätte die hohe Energiekonzentration, die dabei gebildet wurde, ihn auf seelischer und geistiger Ebene verletzt.

Tai Shiin lächelte, wenn er an seinen kleinen Bruder dachte. Dieser Sturkopf, dachte er. Josua hieß damals Anoie und wollte immer alles machen, was sein großer Bruder auch wollte. Also wurde Anoie zum Bau des Mutterschiffes mitgenommen. Er durfte auch mithelfen, stand dabei jedoch unter Aufsicht eines Lehrers. Anoie, wie so oft in seinem jugendlichen Leichtsinn, überschätzte sich, weil er auch so groß und stark sein wollte wie sein großer Bruder. Tai Shiin und Zyndar Shiin konnten ihn mit allergrößter Kraftanstrengung von der Arbeit wegziehen. Einige Minuten später und Anoie hätte durch die hohe Energiekonzentration Schaden genommen. Ja, Anoie, oder Josua, hatte viel Mut, aber seine Selbsteinschätzung war ab und zu ein Problem. Er wollte nur seinem großen Bruder nacheifern, neckte Tai Shiin ihn seitdem immer.

Tai Shiin konzentrierte sich nun auf Jesus. Wie würde es nur sein, wenn der Messias des Planeten Erde sein Leben vorzeitig beenden würde, wonach es leider im Moment aussah? Der Lebensplan dieser großen Seele sah ursprünglich vor, dass Jesus steinalt werden sollte. Tai Shiin konnte sich aber aufgrund der Entwicklung der letzten Jahre frühzeitig darauf einstellen, dass die Chance dafür mittlerweile fast bei null lag, dass Jesus als alter weiser Mann in Galiläa sterben sollte.

Die Zeit seines öffentlichen Wirkens sollte für Jesus bald anfangen. Das bedeutete, dass er seine Zeit ausschließlich unter Menschen verbringen würde, die seine Energie brauchten und von seinem Licht zehrten. Da sein Kampf mit der Dunkelmacht auf einen Höhepunkt zustrebte und dieser

Kampf Jesus erheblich schwächte, würde weiterhin die Chance wachsen, dass Jesus frühzeitig starb. So, wie es in dieser Sekunde aussah – es tauchten Zahlen auf seinem Bildschirm auf, die durch einen Gedankenbefehl von Tai Shiin hervorgebracht wurden –, lag die Wahrscheinlichkeit, dass Jesus gekreuzigt würde, bei 99,24%. Grauenhaft! Wie konnte sich dieser Wert so schnell verändert haben? Einfach nur grauenhaft. Dieses klare Ergebnis konnte Tai Shiin nicht ertragen. Er musste unbedingt auf andere Gedanken kommen.

Daraufhin schaltete Tai Shiin das Bild von Josuas Aufenthaltsort im Sommerland ein. Eine liebliche Stimmung voller Harmonie tauchte auf dem Bildschirm auf. Josua befand sich im Haus des Schlafens und würde in wenigen Minuten aufwachen. Wenigstens war Josua wieder in seiner Heimat, dachte Tai Shiin. So traurig auch sein Ende auf Erden gewesen war, so schön strahlte sein neuer Anfang im geistigen Reich.

„Dieser Sturkopf", wiederholte Tai Shiin mit einem Lächeln seinen Gedanken von vorhin.

Das Bild mit dem Aufenthaltsort von Jesus war unterdessen klein in der rechten unteren Ecke des Bildschirms zu sehen. Tai Shiin sah, wie Jesus in Sechachah freudig den neuen Tag begrüßte. Dann erfasste Tai Shiin eine Vorfreude. Er hatte sich daran erinnert, dass sich Jesus in wenigen Tagen für einige Zeit im Raumschiff aufhalten und hier weitere Anweisungen und Hinweise erhalten würde. Auf Jesus freute sich jeder Santiner. Auf die Nähe dieser großen Seele konnte man sich ja nur freuen, lächelte Tai Shiin. Leider bemerkten nicht viele Menschen diese Wahrheit. Leider erlebten sie es nicht, dass allein die Nähe zu dieser großen Seele heilsam war. Heilsam auf allen Ebenen.

Sommerland

Josua wachte auf. Er wusste nicht, wie lange er geschlafen hatte und wo er sich befand. Er sah einige Seelen in gebührendem Abstand um ihn herum stehen, wie sie violettes Licht mit ihren Händen und mit ihren Herzen auf ihn abstrahlten. Er blickte sich um. In seinem Umfeld war alles violett. Sein weiches Bett, die Kleidung der Geistwesen, ja sogar die liebevollen Gedanken, die sie ihm schenkten, strömten in Form violetten Lichts auf ihn herab. Neben ihm standen zwei große Blumenschalen, die mit anmutigen Irisblüten gefüllt waren. Es duftete traumhaft. Viel lieblicher, als auf Erden.

Josua erinnerte sich wieder. Er war in einem Kerker gestorben und war dann im Licht von Diana und seinen Eltern empfangen worden. Sie hatten ihn direkt hierher geführt. Und seitdem musste er geschlafen haben.

Josua setzte sich auf. Die Seelen, die eben noch um ihn herum gestanden hatten, waren verschwunden. Wo war er hier nur?

„Im Haus des Schlafens", hörte er eine Stimme neben sich.

„Wer bist du?", hörte er sich denken.

„Mein Name ist Raphael, ich führe dich nun zum Karmischen Rat, der mit dir über deine letzte Inkarnation sprechen möchte."

„Ich verstehe. Dann machen wir uns am besten gleich auf den Weg zu ihm."

Josua bemerkte, dass er fast schwebte, obwohl er das Gefühl hatte, große Schritte zu tun. Es war ein lustiges Gefühl, wie er sich so über dem schönen weichen Gras bewegte. In seinem violetten Gewand, wie er gerade bemerkte.

„Deine Seelenfarbe ist violett, Josua", hörte er die Worte von Raphael direkt in seinem Kopf. „Deshalb lagst du in einem Teil des Haus des Schlafens, der violett war. Und deshalb hast du jetzt ein violettes Gewand an."

„Und deine Seelenfarbe ist grün?" Er betrachtete Raphael.

„Nein, die Farbe meiner Tätigkeit ist grün. Da ich in meiner seelischen Mitte bin, trage ich die Farbe meiner Arbeit. Aber das ist jetzt nicht wichtig für dich." Raphael lächelte ihn an. „Für dich zählen jetzt nur Elias und seine vier Begleiter, die mit dir über dich und dein letztes Leben sprechen möchten. Wir sind angekommen, Josua." Raphael deutete auf fünf Wesen, die ganz gemütlich in einem Halbkreis unter einem großen Olivenbaum saßen.

„Gott zum Gruße, Josua. Wir freuen uns, dass du wieder in deiner wahren Heimat angekommen bist. Mein Name ist Elias. Ich werde zusammen mit meinen Begleitern Argun, Aredos, Aramis und Amendon über dein vergangenes Leben sprechen."

„Gott zum Gruße, Elias…" Josua war sehr aufgeregt. Mehr konnte er nicht sagen.

„Hast du dich gut erholt?"

„Ja, ich fühle mich erfrischt."

„Wir werden dir nun einige Bilder zeigen, die dich an dein ehemaliges Leben erinnern werden." Elias sprach mit einer Harmonie, die Josua in eine Wolke der Geborgenheit einwickelte, wie Josua gerade bemerkte.

„Die Gefühle, die in dir zu diesen Bildern aufsteigen werden, zeigen dir an, ob du mit diesen Menschen und Situationen in deinem Inneren im Reinen bist oder nicht. Wir sind nicht hier, um über dein Leben zu urteilen. Das wirst du selbst tun und dadurch deine Lehren aus dieser Inkarnation ziehen. Es kommen Bilder, die dich erfreuen werden, und Bilder, die du jetzt mit Abscheu anschauen könntest. Lass alles geschehen! Wir sprechen gleich darüber." Josua grinste in sich hinein. Reden konnte eigentlich nicht das richtige Wort sein für die momentane Unterhaltung. Die Kommunikation fand ausschließlich in Gedanken statt. Aber Elias wählte wohl die Worte, die Josua noch aus seiner Erdeninkarnation kannte.

Daraufhin schwebte eine halb durchsichtige Leinwand direkt vor ihm nieder, auf der nun die ersten beweglichen Bilder abliefen, bei denen er sich wieder an Einzelheiten seines Lebens erinnerte.

Die meisten Bilder drehten sich um Samuel, der ihn mit seiner Strenge und Härte malträtierte. Er nahm gleichzeitig seine eigentlichen Lernerfahrungen – die der Vergebung und des Verständnisses – wahr und erkannte, dass er in dieser Hinsicht nicht unbedingt grandiose Ergebnisse erzielt hatte. Er fühlte die Liebe seiner Mutter, die ihm in den Jahren in seiner Kindheit die fehlende Liebe geschenkt hatte, die er so dringend brauchte.

Dann sah er sich und Jesus in Nazareth, und er erkannte, dass er von seiner Seele her Jesus immer als den gesehen hatte, der er war. Aufgrund des Verhältnisses zu Samuel war es nicht möglich, diesen deutlicher zu erkennen. Josua nahm seine Dankbarkeit dafür wahr, eine so tiefe Freundschaft zu Jesus aufgebaut zu haben.

„Das ist ein großes Geschenk deines Schöpfers an dich", hörte er Elias' Worte in seinem Kopf. „Erfreue dich daran. Kein Geschehnis kann es dir jemals wieder nehmen."

Josua erkannte diese Gnade und betrachtete die Szenerie mit Jesus. Es war alles in allem eine für die Seele erkenntnisreiche Kindheit in Galiläa. Die nächsten Bilder folgten, und Josua befürchtete das Schlimmste, denn nun stand die Zeit von Ephesos bevor. Er wusste, dass nun die Zeit nach Sarahs Tod kam, die Zeit, in der er sich haltlos und allein gefühlt hatte. „Keine Sorge, Josua! Die Zeit, die du dich auf Abwegen befunden hast, wird aus geistiger Sicht nicht stark angerechnet. Das Wichtige, was zählt, ist die Liebe und Freundlichkeit, mit der du durch das Leben gegangen bist."

Josua atmete tief durch. Niemals hätte er gedacht, dass diese Zeit in den Augen des Gesetzes von Ursache und Wirkung so wenig zählte. Aber Josua fühlte, dass etwas anderes ihn seelisch viel mehr belastete: Er hatte zu wenig Zeit mit Judith und Esther verbracht.

„Ja, du hast es richtig erkannt." Elias lächelte ihn an. „Du fühlst dich schuldig. Nicht die Zeit, die du mit den vielen Frauen verbracht hast, führt zu diesen schwierigen Gefühlen, sondern die Zeit, die du deinen Schwestern vorenthalten hast. Sie hätten deine Anwesenheit und Liebe gebraucht."

Josua sah einige Zeitspannen, in denen er sich aufgrund von Erschöpfung, Trotz und seelischen Verletzungen von seiner Familie abgesondert hatte. Er spürte, dass er hierbei nicht genug getan hatte.

Einen großen Schritt in seiner Entwicklung hatte er dadurch gemacht, dass er den Kontakt zu seinem Vater gesucht hatte, das fühlte er jetzt deutlich. Aber genauso deutlich erkannte er, dass er ihn früher und aus eigenen Stücken hätte besuchen sollen. Nun war es möglich, dass er aufgrund dieser nicht ganz geheilten seelischen Verletzung noch einmal auf der Erde inkarnieren musste. Wahrscheinlich noch einmal mit der Seele von Samuel. Und vielleicht sogar noch einmal in der Konstellation als Vater und Sohn.

Dann sah Josua seine seelische Verbindung zu Micha, und er verspürte eine Traurigkeit, weil er nicht genügend Zeit mit ihm verbracht hatte. Hätte er Micha noch früher besucht, hätte sich eine andere Freundschaft entwickeln können, dann hätte sogar die Wahrheit, dass er sein Vater war, früher ans Tageslicht kommen können, dann hätte...

„Diese Gedanken bringen nichts, Josua." Elias schaute ihn streng, aber voller Liebe an. „Es ist so geschehen, wie es in einer Abzweigung deines Schicksalswegs vorbestimmt war. Deine Verbindung zu Micha ist gut. Auch die Vorwürfe wegen des Versprechens, das du nicht eingehalten hast, wiegen nicht so schwer, wie du es bisher befürchtest hast. Michas Seele hat dir vergeben. Das müsste dich beruhigen."

Die letzten Bilder, die er sah, handelten ausschließlich von Jesus. Er erkannte, dass er seine Aufgaben, die Jesus ihm übertragen hatte, gut ausgeführt hatte. Auch die Inspirationen von geistiger Seite, die Schriften zu sammeln und zu verstecken, waren erfolgreich angekommen. Josua erkannte, dass es oftmals nur kleiner geistiger Inspirationen bedurft hatte und er die Anweisungen und Ideen sofort umgesetzt hatte. Aber warum nur hatte er bei seiner Rede nicht anders inspiriert werden können?

„Die negativen Kräfte haben sich in diesem Moment auf dich konzentriert, und sie ließen keine positive Einwirkung zu, obwohl auch die lichten Inspirationen sehr stark waren." Elias nahm wieder seine Gedanken auf. „Aber um diese zu überspielen, versuchte die lichtlose Macht, dich selbst zu inspirieren. Und ihre Stimme, die dich zum Reden aufforderte, hast du wahrgenommen."

„Ich erinnere mich."

„Und wenn du dich erinnerst, dann erkennst du auch, dass diese Stimme von Ungeduld und Unruhe geprägt war, nicht wahr?"

Josua betrachtete die Situation und nahm seine Gefühle wahr. „Ja, du hast Recht. Einen Augenblick lang war mir aufgefallen, dass diese Stimme anders war, aber im ganzen Trubel auf dem Marktplatz habe ich nicht genug inne gehalten."

„Das hast du richtig erkannt. Wärst du in der Wüste gewesen, hättest du es sofort gemerkt."

„Aber wie ist diese falsche Handlung nun von geistiger Seite aus zu bewerten?"

„Einerseits hast du eine Ursache ins Leben gerufen, die nicht unbedingt mit Licht erfüllt war, auf der anderen Seite waren die negativen Einflüsterungen in dieser Zeit extrem stark. Die göttliche Gerechtigkeit wird beides gegeneinander aufrechnen und du wirst das Ergebnis in absehbarer Zeit spüren, wenn sich deine Seele beruhigt hat."

„Elias, wie kann mir Jesus jemals verzeihen, nicht auf ihn gehört zu haben?"

„Gräm dich nicht, Josua! Jesus liebt dich, und er hat am eigenen Leibe gemerkt, wie schwierig ein Leben auf der Erde ist." Elias lächelte Josua an, indem er ihm violettes Licht übermittelte. „Jesus hat dir vergeben, Josua. Viel wichtiger ist es aber, dass du dir selbst vergibst. Jesus muss dir nicht vergeben."

„Und Gott?"

„Gott muss dir ebenfalls nicht vergeben, weil er dich niemals angeklagt hat."

„Nicht?"

„Nein. Dein Perfektionismus hat dich vor dein innerstes Gericht geschleppt. Dein Anspruch an dich, keine Fehler machen zu dürfen. Aber du warst ein Mensch. Und ein Mensch trifft eben auch falsche Entscheidungen."

Die Rückschau war zu Ende. Danach verschwand die Leinwand so leicht, wie sie vorher gekommen war, und er blickte die fünf Geistwesen an.

„Aber Jesus macht doch auch keine Fehler", fragte Josua.

„Nein, das stimmt so nicht. Auch Jesus macht Fehler, allerdings nicht so große wie die anderen Menschen."

„Dann ist es doch möglich", sagte Josua trotzig.

„Josua, möchtest du deine Seele mit der von Jesus vergleichen?"

„Nein, dies liegt mir fern. Aber es zeigt, dass es doch möglich ist."

„Ja, für Jesus. Nein für dich und die vielen Millionen anderer Seelen, die gerade auf der Erde inkarniert sind oder waren."

„Also ist es meine Lernaufgabe, die Schuld im Geistigen umzuwandeln, die ich empfinde?", stellte Josua beschämt fest.

„Ja, so ist es." Elias lächelte. „Wenn du das geschafft hast, wirst du ein paar Mal auf der Erde inkarnieren wollen, da es noch interessante Zeiten in der irdischen Entwicklung geben wird, bevor du alle Verflechtungen mit der Erde gelöst hast. Schließlich möchtest du ja wieder nach Metharia gehen, um dort deine große Inkarnationsfolge deiner Mission abzuschließen."

„Wieso Metharia?"

„Du hast deinen Ursprung auf diesem Planeten, deine allererste Inkarnation auf einem materiellen Planeten überhaupt war auf Metharia. Und dort, wo der Kreislauf anfängt, muss der Kreis auch wieder geschlossen werden. Du bist ein Santiner. Ich sage dir das jetzt, obwohl du natürlich darum weißt. Du wirst deine volle Erinnerung in wenigen Augenblicken wieder besitzen."

„Dann waren die Lichter, die ich am Himmel gesehen habe, die Santiner?"

„Richtig."

„Und auch das große heilige Geschlecht, von dem Jesus mir ab und zu erzählt hat?"

„Richtig. Er wollte dich damit an dein Urvertrauen anschließen, was du allerdings für mehrere Jahre verweigert hast. Erst in den letzten vier, fünf

Jahren, obwohl du nicht um deine santinische Heimat wusstest, baute sich dein Vertrauen wieder etwas auf."

„Wie sieht meine Zukunft nun hier im geistigen Reich aus?"

„Du wirst so lange im Sommerland bleiben, bis du dich ausreichend erholt und alles das nachgeholt hast, was dir im Leben versagt geblieben ist. Danach gehst du in deine Sphäre, wo du dich mit deinen neuen Erkenntnissen einordnen möchtest, und anschließend gehst du in die Schulung, absolvierst Prüfungen..."

„...zu den Themen Mut und Vertrauen, nehme ich an?"

„Richtig. Aber vergiss nicht, dass jede Inkarnation auf Erden Vertrauen und Mut voraussetzt. Lerne, auch deine Fähigkeiten zu sehen und nicht nur die Versäumnisse. Das ist für dich noch wesentlich wichtiger als alles andere. Ansonsten wirst du deine Schuldgefühle nicht umwandeln können. Und dies ist jetzt das Wichtigste für dich." Elias machte eine kleine Pause. „Hast du sonst noch Fragen?"

„Nein, Elias. Ich danke dir und den anderen von ganzem Herzen."

„Gut, dann wird dich Raphael nun in den Teil von Sommerland führen, wo du die nächste Zeit mit Diana und deinen Eltern verbringen wirst. Sie haben sich Zeit für dich genommen. Gott zum Gruße, Josua."

„Gott zum Gruße, Elias."

Daraufhin nahm sich Raphael wieder seiner an, und beide schwebten in einer zeitlosen Ewigkeit an einen Platz, der Josua wie das Paradies vorkam.

„Das ist Sommerland, Josua. Wenn du mich brauchst, dann rufe mich. Ich werde umgehend an deiner Seite sein. Warte nun ein wenig, gewöhne dich an die Farben, und bald werden deine drei Begleiter bei dir sein."

Daraufhin verschwand Raphael auf einmal aus seinem Gesichtsfeld, und Josua war allein auf einer traumhaft schönen Blumenwiese. Intensive Düfte von unzähligen Blumen umschmeichelten seine Seele. Er roch Lavendel, aber auch Rose. Er ließ sich auf die Wiese fallen und bewunderte die Schmetterlinge, die über ihm flogen und bewunderte die Blumen, die sich ihm entgegen neigten. Er erfreute sich am blauen Himmel mit den wunderschönen Wolken, die er eine ganze Zeit lang nicht mehr hatte genießen können. Warum nur hatte er die Schönheit auf der Erde nicht so bewusst wahrnehmen können wie jetzt hier?

∞

‚Das also ist Sommerland', dachte Josua, während er sich an einen Baum lehnte und sich an den vielen Farben erfreute.

„Ja, ist es nicht schön?", antwortete eine Stimme hinter ihm.

„Diana! Wie ich mich freue, dich zu sehen!" Josua stand auf und wollte sie umarmen, bevor er sich daran erinnerte, dass er gar keinen materiellen Körper mehr hatte. Die Liebe, die die Seelen in Sommerland verband, war eine einzige Umarmung, die niemals mehr aufhörte, bemerkte er, als er die Schönheit von Dianas Seele bewunderte.

„Wie schön du bist!"

„Danke, aber du auch, falls du es noch nicht bemerkt haben solltest."

„Habe ich noch die Narbe auf meiner Wange?"

„Nein." Diana lächelte, dabei änderte sich die Ausstrahlung ihrer Seele von einem mittelblau in ein aquamarinblau. Auch hier erkannte Josua, dass sich ihr Mund nicht bewegte, während sich ihre Seelen auf die unterschiedlichsten Arten austauschten. „Ich habe auch noch zwei andere liebe Seelen mitgebracht. Schau nur." Sie zeigte in die Richtung hinter ihm.

Josua drehte sich um. Er wusste nun, wer vor ihm stand, aber trotzdem konnte er es noch nicht richtig glauben.

„Mutter, Vater…"

„Schön, dass wir uns jetzt wieder haben, Josua." Sarah lachte und freute sich in einem sonnenblumengelb.

„Wie ist es schön, euch zu erleben! Danke, dass ihr mich besucht!"

„Wir besuchen dich nicht nur, wir drei werden die nächste Zeit mit dir verbringen, bis du dich hier im Land des ewigen Sommers eingewöhnt hast", sagte Sarah.

„Bald wird dann die Zeit kommen, dass deine Seele ihren eigenen Entwicklungsweg gehen möchte." „Und bis dahin können wir uns hier schön die Zeit vertreiben und uns an der Schönheit Gottes erfreuen. Aber hier lässt sich die Zeit zum Glück nicht vertreiben. Sie existiert gar nicht. Merkst du es, mein Sohn?" Samuel hatte gerade zu ihm gesprochen.

„Es ist anders, ja, auf eine Art ewig, zeitlos. Seltsam, wie sich das anfühlt."

„Wo ist Esther? Wieso ist sie nicht hier?"

Sarah und Samuel schauten sich an. Sarah war es, die ihm die Erklärung gab, wobei aber ihre Seelenfarbe einen leichten grauen Schimmer annahm.

„Esther kann nicht hier sein. Wie du weißt, hat sie in ihrer letzten Inkarnation auf Erden ihr Leben selbst verkürzt. Und Seelen, die auf diese Weise in den Plan Gottes eingreifen, müssen eine gewisse Zeit in einer Sphäre verbringen, wo sie unter ihresgleichen sind. Es wird aber die Zeit kommen, dass wir sie auch abholen und im Sommerland begrüßen dürfen, wie dich jetzt." Sarah schaute ihn liebevoll an.

„Oh, das wusste ich nicht." Josua bemerkte, wie seine innere Schuld wieder wuchs. Ohne grobstofflichen Körper, so erkannte er, waren seine Gefühle intensiver und stärker, was nicht immer von Vorteil war, wie er gerade bemerkte.

„Sieh' es einmal so", fuhr Sarah fort, „mit ihrer Entscheidung hat sie einen zusätzlichen Erfahrungsschatz erworben, der zwar jetzt nicht mit lichtvoller Energie durchdrungen ist, aber irgendwann wird Esther erkennen, dass ihre Handlungsweise ein Fehler war. Und mit dieser Erkenntnis wird sie den grauen Ort in dieser Selbstmordsphäre verlassen können."

„Heißt das, dass sie ihren Fehler noch gar nicht erkannt hat?"

„Nein, leider noch nicht. Sie lebt in dem geistigen Schmerz, der ihr angetan wurde, und erkennt noch nicht, dass sie eine andere Entscheidung hätte treffen können."

„O je!"

„Wir können nur abwarten und ihr lichtvolle Energie zukommen lassen." Sarah berührte ihn leicht am Arm, was sich wundervoll anfühlte.

„Was macht ihr sonst, wenn ihr nicht eure Zeit mit eurem ehemaligen Sohn verbringt?" Josua grinste Sarah und Samuel an.

„Ich bereite Seelen auf ihre nächste Inkarnation auf der Erde vor." Sarahs Ausstrahlung änderte sich und nahm ein leuchtendes Türkis an. „Es ist eine wunderbare Aufgabe, Seelen von den aktuellen Gegebenheiten auf der Erde zu berichten und mit ihnen über ihre Aufgaben, die sie sich selbst für die Erde auferlegen, zu philosophieren."

„Und du, Vater?"

„Ich halte mich in einer Philosophenschule auf, in der ich mit vielen anderen Seelen über die göttliche Schöpfung philosophiere. Ich erkenne langsam, dass meine Seele eine sehr starre Ausrichtung hatte und dass ich durch die Erfahrungen anderer Seelen meinen eigenen Horizont erweitern kann. Dadurch lernt meine Seele sehr viel, um wieder an ihr Urwissen heranzukommen, das ich habe, das ich aber bisher noch nicht durchdringen und leben konnte."

„Diana, hast du dir schon wieder eine Aufgabe gewählt, seitdem du hier im Reiche unseres Vaters bist?"

„Ich möchte in zukünftigen Erdenleben meine Medialität ausbauen." Sie lächelte ihn verliebt an. „Und ich werde zusammen mit anderen Seelen, die sich einen ähnlichen Weg ausgesucht haben, unterrichtet." Diana strahlte

Josua orangefarben an, während er an sich bemerkte, dass sich seine violette Farbe mit orange vermischte. Es war lustig, dies mit anzusehen, als er so an sich herunterblickte.

„Was möchtest du jetzt machen, Josua?", fragte Diana.

„Ich darf das selbst entscheiden?"

„Natürlich."

„Am liebsten würde ich Sommerland entdecken, und danach, wenn möglich, den weiteren Lebensweg von Jesus auf der Erde verfolgen."

„Das werden wir auch machen. Es gibt hier im geistigen Reich keine einzige Seele in den lichtvollen Sphären, die der Lebensweg von Jesus nicht interessiert. Dann können wir Jesus gemeinsam unsere lieben Gedanken schicken."

„Das würde mich freuen. Ich glaube, dass ich in der nächsten Zeit wahrlich Gesellschaft brauche." Josua ließ seinen Blick über den Horizont schweifen.

„Deshalb sind wir hier." Sarah lachte ihm zu.

„Hörst du den Chor, Josua?", fragte Samuel. „Hör genau hin."

Josua konzentrierte sich und bemerkte tatsächlich sanfte wogende Melodien. Sie klangen hymnisch und sphärisch zugleich.

„Es hört sich wundervoll an."

„Du kannst den Chor auch von Nahem bewundern. Er singt immer zu besonderen Anlässen. Bei allen wichtigen Festen im geistigen Reich wirst du ihn hören. Und es gibt viele Feste, das kann ich dir schon jetzt versprechen." Samuel lachte. Dann schien er etwas ruhiger zu werden.

„Ich war sehr streng zu dir, nicht wahr?"

„Ja, schon."

„Ich hoffe, dass deine Seele mir vergeben kann. Ich weiß, dass dies hier in unserer Heimat schwieriger ist, da wir uns hier immer auf Seelenebene unterhalten."

„Wie meinst du das?"

„Wie du schon bemerkt hast, fühlst du dich hier sehr wohl und fröhlich. Du hast keinen Körper mehr, der dich vor unguten Energien schützt, ja auch gar nicht mehr schützen muss, da es in den lichtvollen Sphären Gottes keine unguten Gefühle gibt. Deshalb wird es dir hier oben schwerer fallen und es dauert eine Ewigkeit länger, dir zu vergeben."

„Ich verstehe. Ich fühle hier ja keine Wut, keinen Zorn."

„Richtig." Samuel lächelte ihn an. Seine Seelenfarbe änderte sich in ein tiefes Rot.

„Was ist mit dir, Samuel?", fragte Josua, als er dies gesehen hatte.

„Ich wollte dir etwas sagen. Deshalb ändert sich meine Farbe."

„Oh, es scheinen sich wohl intensive Gefühle in deiner Seele zu rühren, wenn ich als Neuankömmling das so sagen darf."

„Es tut mir leid, Josua. Ich habe hier erkannt, dass ich mich nicht immer richtig verhalten habe. Ich möchte mich bei deiner Seele entschuldigen."

„Das hast du doch schon damals in Ephesos getan."

„Ja, aber es war mir wichtig, es hier in unserer wahren Heimat zu tun, quasi so von Seele zu Seele."

„Samuel hat eine lange Zeit vor dem Karmischen Rat verbracht." Sarah lachte in die Runde und steckte mit ihrer Fröhlichkeit die anderen Seelen an. „Er wollte anfangs seine Fehler einfach nicht einsehen und verstehen."

„Ja, ich weiß, bei mir hat alles irgendwie länger gedauert, als bei anderen Seelen. Aber jetzt ist es gut, so wie es ist."

„Josua, es gibt hier im Sommerland übrigens auch Delphine. Möchtest du sie sehen?" Diana strahlte ihn an.

„Das sagst du mir erst jetzt?", täuschte Josua eine kleine Verstimmung vor, aber er musste bemerken, dass das nicht möglich war. Seine Liebesausstrahlung zu Diana und den Delphinen war das einzige, was er dann an sich wahrnahm.

„Es ist doch erst ein Augenblick vergangen. So kurz." Sie schnippte mit ihren Fingern, soweit man diese grazilen Glieder ihres feinstofflichen Körpers überhaupt als Finger bezeichnen konnte.

„Na dann."

„Keine Angst, du hast nichts verpasst."

„Ich habe keine Angst."

„Und warum hat sich deine Seelenfarbe dann von violett in ein dunkles Rot verwandelt?"

„Oh!" Josua erkannte, dass hier im geistigen Reich alles anders war als auf der Erde. Es gab keine Geheimnisse mehr.

„Dann mal los…"

∞

Josua verbrachte einen ihm unendlich erscheinenden Zeitraum mit Diana und seinen Eltern im Land des ewigen Sommers. Sie schwammen mit Delphinen, spielten mit Rehen, jagten hinter bunten Schmetterlingen her und genossen die Düfte der schönsten Blüten, die Josua jemals gesehen hatte. Seine Seele war wieder zu Kräften gekommen. Er dachte in dieser Zeit öfters an Micha, der noch auf der Erde weilte. Das erfüllte ihn mit großer Sehnsucht nach ihm, und seine Seele wurde durch sein Gewissen immer mehr gereinigt. Trotzdem fragte er sich, wie lange es noch dauern würde, bis er die Schuld, die er immer noch verspürte, umgewandelt hatte. Er bemerkte, dass es im geistigen Reich sehr viel schwieriger war, sich weiterzuentwickeln, denn es war eine – wie sollte er es ausdrücken – gläserne Welt. Jeder konnte mit einem Blick sein Gegenüber durchschauen. Alle Gedanken, alle Empfindungen. Außerdem befand sich Josua in einer Sphäre, die ausschließlich harmonisch und positiv war. Die Schuld, die er spürte, war nicht negativ, wie er es von der Erde kannte, nein, die Schuld war schwerer und führte eher dazu, dass er sich nicht so leicht bewegen konnte, wie zum Beispiel Diana. Er konnte vielleicht die Farben noch nicht so ausgeprägt wahrnehmen wie andere. Das könnte sein. Er konnte ja schlecht seine Wahrnehmung mit der der anderen vergleichen. „Wie willst du dich so schnell weiterentwickeln, wenn du in diesen Bereichen hier mit der lichtlosen Kraft gar nicht in Berührung kommst?", hatte Diana ihn einmal gefragt. „Erkennst du die Hilfe einer irdischen Inkarnation? Weißt du nun, dass du mit der negativen Kraft konfrontiert werden wolltest, um zu lernen? Dass du dir das Leben, so wie du es gelebt hast, selbst vorher ausgesucht hattest?"

Er erinnerte sich nur noch daran, wie er nicken konnte, weil er ihre Worte verstanden hatte. Es war im Licht nicht so schnell möglich, sich weiterzuentwickeln. Aber das war nun auch egal, da es die Zeit, wie sie auf Erden existierte, hier in dieser Sphäre, die er bisher kennen gelernt hatte, nicht gab.

Er fühlte sich im Land des ewigen Sommers ungeduldiger als auf der Erde. Er konnte seine Ungeduld nicht verstecken und spürte sie stärker als auf der Erde. Er war ungeduldig, er wollte den großen Fehler vom Ende seines Lebens wieder gut machen. Er wollte das Versprechen, das er seinem Sohn gegenüber nicht gehalten hatte, einlösen. Er wollte den Fehler Jesus gegenüber wieder neutralisieren, aber so schnell ging das nicht. Diese Gefühle zu spüren in einer Welt der schönsten Harmonie, Farbe und Anmut, war für ihn im Moment noch gewöhnungsbedürftig. Aber das Gute war, dass die Gefühle nicht negativ waren. Das war ihm jetzt gerade klar geworden. Sie waren schwerer, ließen ihn vielleicht nicht so unbeschwert dahinschweben, aber es war trotz allem so leicht und locker, dass es seine Freude, zu leben, von Gott geschaffen worden zu sein, nicht trüben konnte. Josuas Eltern hatten ihn und Diana kurzzeitig verlassen. Sie wollten sich später in einer Art Amphitheater wieder treffen, wo sich die Seelen das Leben von Jesus anschauen konnten.

Josua war mit Diana allein.

„Wie hast du deinen Übergang in das geistige Reich verkraftet, Diana?"

„Natürlich war es ein Schock, da das Erdbeben nicht abzusehen war. Aber als ich im Haus des Schlafens aufgewacht war und dann vor dem Karmischen Rat stand, da wurde mir deutlich, dass dies so in meinem Buch des Lebens geschrieben stand. Ich fühlte mich auch gut damit, obwohl ich natürlich um dich und um die anderen wusste. Aber hier im geistigen Reich ist alles leichter. Trotz der Trennung von dir war ich glücklich."

„Das freut mich. Ich hoffe, dass ich mich auch bald an das Licht gewöhnt habe."

„Ich weiß, ich sehe es, aber das wird sich bald gegeben haben."

„Meinst du, dass wir noch einmal gemeinsam inkarnieren werden?"

„Das kann ich mir gut vorstellen."

„Ich mir auch." Beide lächelten. Sie wussten, ihre Seelenliebe würde sie auch weiterhin Seite an Seite durch die Zukunft schreiten lassen. Egal wo sie sich jemals aufhielten – ein goldenes Band der Liebe würde sie für immer miteinander verbinden.

∞

Josua hatte sich mittlerweile daran gewöhnt, dass es in seinem neuen Zuhause in Sommerland – wie auch in allen anderen positiven Sphären – kein Zeitempfinden gab. Er liebte es, sich in einem energetischen Austausch mit den Tieren zu befinden. Am liebsten saß er am Strand eines großen Meeres und sprach mit den Delphinen.

„Genieße dein Sein. Sei leicht und freue dich, dass du lebst", hörte er sie sagen.

Er hörte aber auch gern den Vögeln zu. Es waren unzählige Arten in den schönsten Farben. Und seit einiger Zeit hatte er sich mit einem kleinen Reh angefreundet, das ihn fast überall hin begleitete. „Genieße die Zeit in dieser Sphäre", hatte das Reh ihm am Anfang durch seine dunkelbraunen Augen übermittelt. Und er genoss die Zeit, auch wenn er keinen Begriff davon hatte, wieviel Zeit auf dem Erdplaneten wirklich vergangen war. Nicht dass ihn die Zeit interessierte, nein. Er war hauptsächlich an dem Leben und der Mission von Jesus und von Micha interessiert. Von Raphael hatte er erfahren, dass es seiner jüngeren Schwester Judith gut ging. Ihre Seele konnte wieder lachen. Er selbst hatte jedoch keine Möglichkeit, sie vom Sommerland aus in Augenschein zu nehmen. Das Sommerland war, wie er schon wusste, eine Sphäre, in der jede Seele Dinge tun konnte, die sie im irdischen Leben versäumt hatte.

Wenn er durch das Sommerland schlenderte, sah er viele Seelen, die ein Haus bauten oder ihren Garten bewirtschafteten, Seelen, die mit anderen auf Wiesen saßen und philosophierten, während sie von den unterschiedlichsten Tieren umringt waren, die ihnen ihre Liebe schenkten. Er sah Seelen, die in kleinen Gruppen sangen oder ihre Gefühle auf eine Art Leinwand malten. Er sah viele Seelen, die mit Bällen spielten. Das sah lustig aus. Er erinnerte sich an Ephesos, wo er in der Nähe der Therme eine kleine Gruppe Kinder gesehen hatte, die hinter einem Ball her gerannt waren, der aus Stofffetzen zusammengenäht war. Der Ball hier sah jedoch weicher aus. Es musste wirklich Freude bereiten, mit solch einem Ball zu spielen. Später würde er sich auch einmal zu dieser Gruppe gesellen und es ausprobieren, dachte er erfreut. Im Moment jedoch gab es für alle Seelen in seinem Umfeld nur ein Thema, das interessant war: Das Leben von Jesus.

Josua saß wieder mit Diana in einem großen, einem Amphitheater nachempfundenem Rund und betrachtete auf einer riesigen dreidimensionalen Leinwand die Schritte von Jesus. Diese Leinwand sah seltsam aus.

Dass Jesus, die große Seele und der Lehrer aller, gerade auf der Erde lebte, war für jede Seele im Sommerland etwas ganz Besonderes. Deshalb wurde es auch von den hohen Geistwesen erlaubt, sein Leben zu verfolgen. Schließlich konnten die Seelen im geistigen Reich eine Menge für ihre eigene seelische Weiterentwicklung lernen.

Josua saß oft hier und verfolgte das Leben seines Freundes, obwohl er immer noch ein großes Schuldempfinden hatte. Er bemerkte wieder, wie sich seine eigene Ausstrahlung verringerte. Sonst waren die Ränge vor der Leinwand zwar gut besucht, aber nie überfüllt. Jetzt allerdings gab es kaum noch einen Platz, der nicht von einer Seele besetzt war. Etwas Wichtiges musste auf der Erde vor sich gehen.

„Heute wird Jesus eine wichtige Rede halten, die in Zukunft noch mehr an Bedeutung gewinnen wird", fasste Diana seine Gedanken auf und beantwortete sie mit einem Lächeln. Sie genoss es, ihn immer wieder zu überraschen.

„Woher weißt du das?"

„Mein Lehrer hat es mir gesagt. Jesus wollte heute an einem Hügel am Galiläischen Meer oberhalb von Kapharnaum eine Rede halten. Es sei eine wichtige Rede, meinte er, wir alle könnten viel daraus erfahren und lernen."

Josua betrachtete die Szenerie. Es mussten sich dort über tausend Menschen versammelt haben. Die Rede schien unmittelbar bevorzustehen. Das Licht um Jesus war enorm. Noch nie, seitdem er im geistigen Reich zurück war und das Leben von Jesus verfolgte, war sein Freund von solch einem Licht umgeben gewesen. Es waren unzählige Geistwesen, die ihn umgaben und beschützten und gleichzeitig die vielen Anwesenden mit ihrer Liebe beschenkten. Dieser Anblick war wundervoll.

Josua schaute sich wieder um. Auch hier im großen Rund im Sommerland ging eine Woge von blauem Licht durch die Reihen und brachte jede Seele zum Strahlen. Es war erstaunlich, wie alles zusammenhing. Jesus stand kurz davor, seine Weisheit weiterzugeben, und sogar hier im Sommerland profitierten die Seelen davon. Alles war eins. Alles hing mit allem zusammen. Alles war so natürlich und logisch. Aber diese Logik hatte er bisher nie verstanden. Warum eigentlich nicht? Warum ...?

„Josua, bitte halte deine Gedanken im Einklang. Es geht in wenigen Augenblicken los." Diana lächelte ihn an.

Sie hatte Recht. Jetzt durfte er allerdings auch wieder nicht ins Schwärmen über ihr Lächelns geraten, sonst würde er sich noch eine liebevolle Rüge einhandeln.

Josua betrachtete die bewegten Bilder. Jesus stand auf und wartete, bis sich alle Menschen um ihn herum beruhigt hatten. Jetzt erst erkannte Josua, dass es gar keine Leinwand war, worauf er schon oft geschaut hatte. Jetzt erst ließ sein Geist es zu, zu erkennen, dass das Geschehen auf der Erde in dreidimensionaler Form gezeigt wurde. Jede Seele hatte hier im großen Rund aus jeder Sicht gewissermaßen das Gefühl, als ob sie sich alle am Ort des Geschehens befanden: auf einem wunderschönen anmutigen Hügel am Galiläischen Meer in der Nähe von Kapharnaum.

„Schwestern, Brüder, Galiläer, Freunde." Jesus begann zu sprechen. Stille auf Erden, Stille im Sommerland. „Ich freue mich, dass ich heute zu euch sprechen darf. Viele von euch haben gewünscht, dass ich euch mitteilen soll, woran ich glaube und woran nicht. Habe ich Recht?"

„Ja, genau. Sprich zu uns...Endlich hören wird dich...Richtig..." Ein Raunen ging durch die Menschen und entlockte allen Seelen im Sommerland ein Lächeln, wie Josua aus den Augenwinkeln heraus erkennen konnte. Ob er überhaupt Augenwinkel hatte, wusste er noch gar nicht, aber er hatte es nun mal bemerkt.

„Josua..." Eine kleine Ermahnung kam von Diana, die ihn wieder an seine unruhigen Gedanken erinnerte.

Jesus sprach weiter. „Gut, ich danke euch für eure Offenheit. Seid ihr glücklich?" Wieder ging ein Raunen durch die Menschenmenge.

Josua musste lächeln, denn er hatte in seiner schicksalhaften Rede die Menschen auch gefragt, was für sie Glück bedeutet.

„Reicht es euch, nur glücklich zu sein mit eurer Arbeit, mit eurer Familie, mit den vielen Regeln, die ihr befolgen wollt? Reicht euch das?", fragte Jesus laut die vielen Menschen in Galiläa. Die Menschen schauten sich gegenseitig an. In ihren Gesichtern konnte man lesen, dass sie mit solchen Fragen nicht gerechnet hatten. Was wollte Jesus von ihnen? Warum stellte er ihnen solche seltsamen Fragen?

„Wenn ihr glücklich seid, dann seid froh darüber. Wenn ihr allerdings glückselig seid, dann fühlt euch gesegnet. Denn Glückseligkeit ist Glück gepaart mit göttlicher Liebe und Verständnis." Jesus machte eine Pause.

Josua kam dies sehr bekannt vor, denn er hatte schon vielen Reden von Jesus beigewohnt.

Dann redete Jesus weiter: „Ich sage euch: Ihr seid gesegnet, wenn ihr eure Mitmenschen liebt, auch wenn ihr nicht so intelligent wie die gerissenen Pharisäer seid, denn die Liebe ist die Tür zum Himmelreich unseres Vaters. Ihr seid gesegnet, wenn ihr Leid ertragen müsst, denn die Liebe Gottes, unseres Vaters, wird euch trösten. Ihr seid gesegnet, wenn ihr sanft zu euren Mitmenschen seid, denn dadurch werdet ihr über die Härte des Lebens herrschen. Ihr seid gesegnet, wenn ihr hungern müsst und nach Gerechtigkeit dürstet, aber ich sage euch, ihr sollt wissen, dass es im Himmelreich eine ewige Gerechtigkeit gibt, die euch sättigen und euren Durst stillen wird. Schon jetzt hier in diesem Leben. Das Wissen hierum macht euch frei. Ihr seid gesegnet, wenn ihr barmherzig seid, denn ihr werdet später euren Lohn hierfür erlangen. Euch wird diese Barmherzigkeit um ein Vielfaches zurückgezahlt werden. Ihr seid gesegnet, wenn ihr reinen Herzens seid, denn mit einem reinen Herzen werdet ihr Gott schauen. Ihr seid gesegnet, wenn ihr friedfertig seid, denn die Friedfertigen unter euch sind die wahren Kinder Gottes. Selig seid ihr, wenn ihr um der Gerechtigkeit willen verfolgt werdet, denn euch wird Gerechtigkeit zuteil und ihr gelangt so durch das große Tor in das Himmelreich unseres Vaters. Ihr seid gesegnet, wenn euch die Menschen um meinetwillen beleidigen und verfolgen werden, ihr aber im tiefen Vertrauen bleibt, auch wenn sie immer weiter allerlei Übles über euch reden. Bleibt fröhlich, lasst euch trösten und wisset, im Himmel wird euch unser Vater reichlich belohnen. Auch die Propheten früherer Zeiten wurden verfolgt, und doch hat ihr

Vertrauen in Gott über die Dunkelheit gesiegt." Jesus hielt inne. Die Worte gingen den Menschen unter die Haut. Niemand regte sich. Das spürte sogar jede Seele hier im Sommerland. Josua sah sich um. Eine wundervolle blaue Energie hatte alle Anwesenden erfasst. Eine starke Form der Liebe schien jede Seele zu durchfluten. Sie waren in tiefer Liebe zu Jesus versunken. Kein unnützer Gedanke war zu sehen oder zu spüren. Es war reinste Magie.

„Sprich weiter...Rede mit uns...Wir lieben deine Worte..." Die Galiläer wollten mehr hören.

Jesus hob anmutig seine Arme. In seinem hellblauen Gewand, das er heute trug, wirkte er wie ein Engel auf Erden. Dann fuhr er ruhig aber eindrücklich fort. „Ihr alle seid das Salz der Erde. Wenn allerdings das Salz keinen Geschmack mehr besitzt, wie soll man die Suppe Gottes salzen? Das Salz müsstet ihr wegschütten. Lasst also nicht zu, dass euch der Geschmack am Leben und an der Liebe abhanden kommt. Lasst es nicht zu und liebt immer weiter. Ihr seid das Licht dieser Welt. Genauso wie eine Stadt auf einem Berge nicht ungesehen bleibt, kann auch kein Licht, das brennt, ungesehen bleiben. Ich frage euch aber, warum zündet ihr euer Licht an und stellt es danach unter einen Scheffel, den ihr umdreht? Oder warum stellt ihr euer Licht unter euren Stuhl, auf dem ihr gerade sitzt? Warum zündet ihr nicht das Licht an und stellt es danach auf einen Leuchter, damit das Licht allen Menschen ein Licht bringen kann, sodass sie sich in der Dunkelheit orientieren können? Lasst in Zukunft euer Licht in die Welt leuchten, damit eure Liebe, die ihr den Menschen entgegenbringt, auch von ihnen gesehen werden kann. Wie sollen die Menschen sonst lernen, wie man liebt und wie man mit dieser Liebe die Welt heller machen kann? Ich bin nicht gekommen, wie viele meinen, das Gesetz unserer Ahnen aufzulösen. Ich bin gekommen, es zu erfüllen. Ich sage euch: Bis ans Ende der Welt, das erst in sehr weiter Zukunft sein wird, wird nichts, was ihr tut oder denkt oder sagt, verloren gehen, sondern es wartet im Himmel auf euch und fordert Gerechtigkeit. Wer auch nur im Kleinsten versucht, die Menschen auf Irrwege zu führen, wie es die Schriftgelehrten und Pharisäer tun, der wird es sehr schwer haben, in das Himmelreich unseres Vaters einzugehen. Nein, sie werden es nicht schwer haben, es wird gar nicht möglich sein. Deshalb sage ich euch: Seid gerecht zu euren Mitmenschen, so wie ihr es wollt, dass die Mitmenschen zu euch gerecht sind." Jesus sprach wie in Trance. „Ihr wisst, dass unseren Vorfahren gesagt wurde, dass der Mensch nicht töten soll. Ich gehe noch weiter und sage euch, dass ihr sogar dann schon tötet, wenn ihr auch nur

ein schlechtes Wort über eure Mitmenschen sagt. Habt ihr Zwietracht mit eurem Bruder, dann geht zuerst zu ihm und versöhnt euch mit ihm, bevor ihr in den Tempel geht und dort ein Opfer bringt. Was würde euch ein Opfer nützen, wenn ihr in Gedanken immer noch unrein über euren Bruder denkt? Vergesst nicht, dass die ewige Gerechtigkeit im Himmelreich auf euch wartet. Ihr wisst, dass in den Schriften steht, dass ihr nicht ehebrechen sollt. Ich aber sage, auch wenn ihr nur eine Frau anseht und sie begehrt, habt ihr in eurem Herzen schon eure Ehe gebrochen. Deshalb achtet auf eure Gedanken, denn eure Gedanken und eure Abgründe des Herzens sind wichtiger, als ob euch ein Glied des Körpers fehlen würde. Es ist leichter, mit nur einem Arm zu leben oder mit einem Auge, als wenn euer ganzer Körper eine andere Frau begehrt. Achtet auf eure Gedanken, denn sie sind euer Schicksal. Deshalb sollt ihr auch nicht schwören oder fluchen, weder bei Gott noch bei eurer Mutter. Jedes Schwören und Fluchen ist von Übel, denn woher wollt ihr wissen, dass eure Gedanken und das in euch lebende Gewissen auf dem richtigen Weg sind? Schwört nicht, flucht nicht, sondern tut etwas oder tut es nicht. Alles ist ganz einfach.
Ihr kennt das Wort aus der Thora: ‚Auge um Auge, Zahn um Zahn.' Ich aber sage euch, dass ihr nicht Rache üben sollt gegenüber euren Nächsten, wenn euch Böses angetan wurde, sondern Vergebung üben. Unterschätzt niemals die Kraft der Vergebung. Seid den Menschen, die euch schlagen oder von eurem Hab und Gut stehlen, nicht gram. Übt Nachsicht mit ihnen, lasst euch aber auch nicht ausnutzen. Denn nur die wahren Menschen, die für ihren Unterhalt auch wirklich arbeiten, kommen in das Himmelreich. Ihr wisst, dass geschrieben steht, dass ihr euren Nächsten lieben und euren Feind hassen sollt. Ich aber sage euch, dass ihr nicht eure Feinde verurteilen sollt, die irgendwann vielleicht sogar eure Freunde werden können, nein, verabscheut nur ihre Taten. Die Feinde aber brauchen euer Verständnis. Betet für sie, denn allein Gott wird über die Taten eurer Feinde richten. Schaut Gott an. Gott lässt über jedem Menschen die Sonne scheinen und lässt auch auf jeden Menschen seinen Regen fallen. Ist es nicht leicht, eure Freunde zu lieben? Was habt ihr dadurch gewonnen? Ich sage euch: Nichts! Nicht einen Schekel! Wieviel wichtiger ist es aber, zu den Menschen freundlich zu sein, die euch nicht gut gesonnen sind? Erwartet euch dann nicht mehr Lohn? Wollt ihr so werden wie euer Feind? Oder wollt ihr lieber so werden wie Gott? Wenn ihr so werden wollt wie Gott, dann verhaltet euch so wie er. Fragt euch immer, was Gott, der alles und jeden liebt, an eurer Stelle tun würde? Wenn ihr euch diese Frage stellt, dann wisst ihr, was zu tun ist." Jesus hielt wieder

einen Moment inne. Stille. Solch klare und wahre Worte hatten die wenigsten jemals gehört.

Josua betrachtete die Szene am Galiläischen Meer. Er war voller Liebe. Mittlerweile waren fast alle Menschen in blaues Licht gehüllt. Es war wahrhaft erstaunlich. Kaum ein Mensch in dieser großen Menschenmasse konnte sich dem Licht entziehen. Den Seelen im Sommerland ging es, so wie er es immer noch wahrnahm, nicht anders.

Ein Lehrer trat vor, den Josua als Elias identifizierte. Er kannte ihn ja schon, denn er hatte vor kurzem sein eigenes Leben betrachtet und von ihm wertvolle Hinweise erhalten. Elias trat vor und erläuterte anhand eines Zuhörers, der sich auf dem Hügel befand und negativ gegenüber Jesus eingestellt war, wie sehr sich die Stimmung dieses Zuhörers verändert hatte. Vor der Rede war seine Aura eher grau, jetzt, da sich die Rede dem Ende entgegen neigte, waberte sie in einem hellblauen Licht. Jegliche Feindschaft Jesus gegenüber war verschwunden. Es würde allerdings nicht lange anhalten, meinte Elias, aber in diesem Moment hatte Jesus seine Seele berührt. Und an diese Berührung würde sich dieser Mann immer wieder erinnern. Elias verbeugte sich und machte auf die Fortsetzung der Rede von Jesus aufmerksam.

Jesus hob wieder seine Arme. „Das Wichtigste in den Augen Gottes ist die Liebe. Nichts ist wertvoller als die Liebe. Ist ein Rabbi unter euch, und er hat die Liebe nicht, was lehrt er dann? Ist ein falscher Prophet unter euch, der meint, über alles und jeden zu leuchten, hat aber die Liebe nicht, was erleuchtet er dann? Gehört euch viel Geld oder Besitz, aber ihr habt die Liebe nicht, was für einen Wert hat das dann? Bist du ein Diener deines Herrn und hast die Liebe nicht, wem dienst du?" Jesus ließ die Arme sinken. „Ich sehe, dass euch die Worte beeindrucken und auch treffen. Und ich sage euch, das ist gut so. Es muss so sein. Vergesst diese Worte nie, so lange ihr auf Erden lebt. Lasst uns zum Abschluss beten, wie es mir unser Vater mitgeteilt hat." Jesus schloss seine Augen.

„Abwûn d'bwaschmâja, unser Vater, der du bist im Himmel, geheiligt werde dein Name, deine Boten kommen zu uns, dein Wille geschehe im Jenseits wie auch im Diesseits. Gib uns heute das Brot für den folgenden Tag. Vergib uns unsere Fehler, und hilf uns, denen zu vergeben, die sich gegen uns versündigt haben. Lass uns nicht los von deiner Hand, damit wir nicht der Versuchung zum Opfer fallen, sondern befreie uns dann von dem Bösen. So soll es immer sei. Amên." Jesus öffnete wieder seine Augen und lachte. „Gott segne euch und begleite euch auf jedem Weg, den ihr in Liebe und Vertrauen geht. Ich bin immer da! In jedem eurer Schmerzen lächele ich. In jeder Facette eures Leids lebe ich. In jeder Blume am Wegesrand atme ich. In jedem Stein auf eurem Weg bin ich! Liebt das Leben, liebt die Menschen. Liebt, soviel ihr könnt. Ich danke euch für eure Aufmerksamkeit." Mit einer tiefen Verbeugung schloss Jesus und stieg dann den Hügel hinauf.

Die Menschen waren erst ruhig, dann jubelten sie und riefen Jesus Dankesworte zu. Die Stimmung war sehr fröhlich und sehr heiter. Noch nie, das konnte jeder Zuhörer erkennen, waren Worte solcher Tragweite in Kapharnaum gesprochen worden.

∞

Josua bemerkte, dass die Begleiter von Jesus die ganze Zeit neben ihm gesessen hatten, während Jesus sprach. Dann sah Josua auf einmal seinen Sohn.

„Micha." Josua war sprachlos.

„Dein Sohn ist fast schon achtzehn, Josua. Er folgt Jesus, aber Mirjam und Johannes achten auf ihn. Hab keine Angst. Es ist alles gut, genauso wie es ist." Diana lächelte ihm zu.

Josua konzentrierte sich auf Micha, konnte aber keine Farbe um ihn entdecken. Es schien ihm nicht erlaubt, es zu sehen.

„Richtig, Josua. Für dein Seelenleben wäre es nicht gut, wenn du Michas Leben verfolgen könntest. Es wurde dir gerade gestattet, ihn zu sehen, aber lass ihn jetzt los."

„Wie soll ich das können? Er ist mein Sohn."

„Josua, so hart es auch klingt, er war dein Sohn. Micha geht seinen Weg und Elias hat mir gesagt, ich solle es dir beizeiten mitteilen, dass Micha deinen so genannten Tod sehr gut verkraftet hat. Jesus und Mirjam haben ihm dabei geholfen."

Unterdessen hatte sich das große Rund im Sommerland zerstreut und es waren nur noch wenige Seelen übrig, die sich die Vorgänge am Galiläischen Meer anschauten.

Auf einmal zuckte Josua zusammen. Er sah, wie sich um die Menschenmasse und besonders um Jesus, der sich schon auf dem Rückweg nach Kapharnaum befand, eine dunkle Wolke aufbaute. Er sah, wie dunkle Wesen versuchten, diese Gruppe anzugreifen, wie dunkle Gestalten versuchten, die verbliebenen Menschen aufzuwiegeln, damit sie den eben gehörten Worten keine Bedeutung mehr schenken sollten. Es gelang ihnen bei vielen, die ins Zweifeln gerieten und die Worte von Jesus zwar als richtig, aber als nicht in ihr eigenes Leben umsetzbar ansahen. Diese Wesen hatten dunkle Grimassen, die Josua kurzzeitig frösteln ließen. Er sah sich um. Keine der anderen Seelen hier neben ihm schien sich von diesen Wesen beeindrucken zu lassen, denn sie leuchteten immer noch, während Josua bemerkte, wie sich der Farbton seiner Aura veränderte.

„Sie sehen die lichtlose Welt nicht, Josua." Diana kam ihm wieder zu Hilfe. „Es ist dir erlaubt, diese Wesen zu sehen, damit du die gesamten Vorgänge begreifen lernst. Dies ist für dich wichtig, bevor du bald wieder in deine eigene Sphäre zurückgehen kannst, aus der du die Inkarnation auf der Erde angetreten hast."

„Dann sieht jeder nur das, was er sehen darf?"

„Ja, und das, was er sehen möchte. Nicht alle Seelen in Sommerland sind auf einer Entwicklungsstufe. Nicht alle Seelen können mit dem Anblick von dunklen Wesen und bösartigen Grimassen umgehen. Du hast im letzten Leben viel erlebt und hast aus früheren Leben schon erhebliche Erfahrungen mit ihnen gesammelt, die es dir ermöglichen, diese Energien zu betrachten, ohne hier in Zweifel oder Abscheu zu geraten. Es ist nicht einfach, mit dieser Energie umzugehen, aber du kannst es."

„Du ja auch."

„Ja, ich auch. Da ich schon einige Zeit länger hier im geistigen Reich bin, kann ich dir jetzt ein bisschen helfen. Da ich Sommerland schon hinter mir gelassen habe, weiß ich genau, wie es dir geht und was du brauchst. Dass wir aus der selben Seelenfamilie stammen, erleichtert es mir natürlich."

„Was bedeutet Seelenfamilie?"

„Eine Seelenfamilie ist eine Gruppe von Seelen, die auf einer ähnlichen Schwingungsebene empfindet und handelt. Es sind Seelen, die so sind, wie sie selbst. Nur eine richtige Dualität könnte diese Harmonie noch steigern."

„Was meinst du mit Dualität?"

„Eine absolute Übereinstimmung. Diese Seelen schwingen auf der selben Ebene." Diana lachte. Josua konnte sie nicht genug lachen sehen.

„Lass uns gehen, Josua. Ein Segelboot wartet auf uns. Ich möchte mit dir über den großen See schippern, wo wir mit den Delphinen und Walen singen können."

∞

Josua zog es immer wieder zu dem großen Amphitheater. Immer wieder aufs Neue, immer wieder in tiefem Mitgefühl. Im Moment war es nicht so stark besucht wie schon viele Male vorher. Aber er genoss es, den

Lebensweg von Jesus zu verfolgen. Bisher genoss er es jedenfalls, denn in letzter Zeit wurde er einer immer größer werdenden dunklen Nebelmasse gewahr, die sich um Jesus und seine Begleiter aufgebaut hatte. Er wusste allzu gut, dass zwar diese Dunkelheit Jesus nichts anhaben konnte, aber dass ihre Ausstrahlungen auf dessen Stimmung Einfluss ausüben konnten, was er schon das eine oder andere Mal erlebt hatte.

In diesem Augenblick befanden sich Jesus und seine Begleiter in Jerusalem. Es war die Zeit des alljährlichen Passahfestes. Und in dieser großen Stadt wurde diese dunkle Masse noch zusätzlich durch das negative Denken und Verhalten der Menschen gespeist. Dazu kamen noch die ganzen Ausdünstungen und die Exkremente, die die Menschen hinterließen, indem sie sie einfach des Abends und nachts aus ihren Fenstern auf die Wege warfen. Durch diese Ausscheidungen konnte Josua deutlich sehen, wie diese Masse an Intensität und Ausbreitung gewann. Sie blieb Seite an Seite mit Jesus, der diese negative Kraft zwar erkannte, sie aber nicht umwandeln konnte, wollte, oder durfte.

Josua atmete tief durch. Gut, dass er auf Erden nicht wusste, wie sehr diese lebensfeindliche Kraft die Menschen beeinflussen konnte. Gut, dass er sich damals über diese ganzen Zusammenhänge nicht bewusst war. Wie musste es Micha dabei gehen?

Josua beobachtete die Gruppe um Jesus. Er sah, wie die sensiblen Menschen, vor allem Frauen, mehr von dieser dunklen Energie aufnahmen und sehr viel Kraft aufbringen mussten, um sie in positive und kraftvolle Energie umzuwandeln. Er fragte sich, wie dies geschehen konnte?

„Ich möchte es dir gern erklären", hörte er eine anmutige Stimme neben sich. Elias, sein Lehrer, war eingetroffen und beobachtete ebenfalls die Szenerie.

„Du hast sehr gut erkannt, dass vor allem Frauen auf der Erde diese Energien aufnehmen. Sie ziehen sie sogar richtig an. Da Frauen das weibliche Prinzip Gottes darstellen, das aufnehmende, das ausgleichende Prinzip, sind sie sozusagen wie ein Magnet. Sie ziehen die Energie an, die noch nicht den positiven Aspekt Gottes darstellt und wandeln die noch nicht geläuterte Energie in eine lichte und göttliche Form um. Ebenfalls einige Männer, die von ihrer Art sehr sensibel sind. Diese Menschen müssen lernen, sich von der Welt, die sie belastet, abzugrenzen und nicht alles mit sich machen zu lassen. Hierbei aber trotzdem noch ihre Harmonie weiter in die Welt auszustrahlen, das ist ihre Aufgabe."

„Ich verstehe, Elias. Aber wenn ich mir jetzt Simon Petrus anschaue, warum scheint er mit dieser Energie weniger Kontakt zu haben?"

„Das täuscht, Josua. Simon Petrus ist ein typischer Mann. Er weiß, was er will, und bleibt daher bei seiner Überzeugung, bis er irgendwann einmal wieder zu uns in das geistige Reich kommt. Das ist die männliche Energie. Die aktive Kraft, die für die Evolution genauso wichtig ist wie die weibliche Kraft. Nur muss Simon Petrus lernen, das Weibliche, das Harmonisierende mehr in sich leben zu lassen. Bei ihm hat zwar die dunkle Wolke, die du um die Begleiter siehst, weniger Möglichkeit, ihn auf emotionaler Ebene anzugreifen, dafür aber mehr auf der Ebene seines Verstandes. Diese Kraft kann ihn ganz leicht über seine Gedanken der Angst und seiner geistigen Beschränktheit beeinflussen." Elias schaute Josua tief in die Augen. Wie schön war jede Seele! Und wie schön strahlte jetzt sein Lehrer!

„Ich meine das ganz neutral. Der Geist des Simon Petrus ist nicht offen. Er ist beschränkt. Kein Egoismus und Fanatismus ist ihm fremd, denn er ist von seiner Meinung und den Erfahrungen, die er in seinem sehr jüdisch geprägten Leben gemacht hat, so sehr überzeugt, dass seine eigene Seele nicht zum Zuge kommt. Aber gerade auf der Seelenebene kann ein Mensch Jesus verstehen. Jesus spricht zu den Menschen immer auf der Ebene der göttlichen Seele. Er spricht immer in Gleichnissen und Bildern, damit die Seelen seine Worte verstehen."

„Ah, ich verstehe, Elias. Warum hat aber Jesus Simon Petrus als Führungspersönlichkeit eingesetzt?"

„Eine Frage, die nicht leicht zu beantworten ist. Simon Petrus ist eine Autorität. Viele Menschen kommen zwar auch mit seinen Ansichten nicht auf einen Nenner, aber sie vertrauen ihm, da er durch seine große irdische Lebenserfahrung viel Gelassenheit ausstrahlt. Des weiteren ist seine Liebe zu Jesus der Gradmesser, auf den es ankommt. Auch wenn Simon Petrus die Lehren nicht so versteht wie andere Begleiter, so ist doch die Liebe, die er in sich für Jesus aufbringt, so groß, dass sich hierbei Jesus sicher sein kann, dass er ihm immer treu zur Seite stehen kann. Simon Petrus zweifelt nicht. Seine Lebensaufgabe ist die Angst in seinem Inneren, in der Öffentlichkeit zu den Lehren von Jesus zu stehen. Und diese Angst rührt aus einem Vorleben her. Das würde jetzt aber zu weit führen und zu sehr die Seele von Simon Petrus betreffen, was ich dir natürlich nicht ohne seine Zustimmung mitteilen darf."

„Deine Ausführungen haben mir sehr geholfen. Ich fühlte mich von ihm öfters missachtet, was mich durchaus verletzte."

„Ja, ich weiß, so ging es vielen. Es war aber von ihm nicht so gemeint. Er wollte nur, dass alle Jesus so lieben wie er selbst. Und deshalb hatte er auch die Angewohnheit, Jesus zu verteidigen." Elias lächelte so einfühlsam, dass es Josua sehr warm ums Herz wurde, obwohl er kein materielles Herz mehr hatte. „Ich möchte dir noch etwas sagen, Josua, damit sich deine Seele schon darauf vorbereiten kann. Der Lebensweg deines Freundes Jesus wird sehr bald beendet sein."

„Nein!"

„Doch. Sein Auftrag wird dann erfüllt sein. Ursprünglich beinhaltete seine Mission die Stärkung der Stimme jedes einzelnen Menschen. Vor allem den Frauen wollte er ihre eigene Stimme zurückgeben, ihren Selbstwert, ihre Stellung. Ursprünglich sollte Jesus ein alter Greis werden." Elias lächelte, aber das Lächeln war gepaart mit einer gewissen Traurigkeit.

„Es war geplant, dass Jesus ein alter Mann werden sollte?" Josua konnte es kaum glauben.

„Ja, sehr viel älter als seine achtunddreißig Jahre, die er jetzt zählt."

„Warum geht aber jetzt sein Leben zu Ende?"

„Weil der menschliche Wille unantastbar ist. Und wenn viele Menschen den Tod von Jesus wollen, dann darf auch Gott sich nicht über diesen menschlichen Willen erheben."

„Wie wird er denn sterben, Elias?"

„Das ist schwierig zu erklären. Auf jeden Fall wird er gekreuzigt."

Diese Worte seines Lehrers ließen bei Josua alte Erinnerungen aufkommen. Josua erinnerte sich, wie er mit Jesus und seiner Familie in Sepphoris im Theater weilte, wo auf der Bühne eine Kreuzigung dargestellt wurde. Daraufhin war Jesus einige Tage krank. Josua erkannte, dass die Seele von Jesus die Möglichkeit erahnte, wie sein irdisches Leben enden könnte, obwohl es damals bestimmt noch nicht abzusehen war.

„Das stimmt." Elias hörte seine Gedanken und antwortete prompt. „Damals war es noch nicht klar, wie der Lebensweg von Jesus ablaufen würde. Die wichtigsten Stationen waren festgelegt, aber die Kreuzigung am Ende war noch nicht sichtbar. Doch seine Seele erkannte im Theater, dass seine Mission sehr schwer sein würde. Er erkannte, dass die Römer ihm das Leben erschweren würden, aber dass auch von den jüdischen Priestern Gefahr ausgehen würde. Sogar noch mehr, denn Neid und Angst vor Machtentzug waren sehr gefährliche Motive, um einem Menschen nach dem Leben zu trachten."

„Ich verstehe. Wann wird die Kreuzigung stattfinden?"

„Sehr bald. Du wirst durch die Aufregung, die Sommerland erfassen wird, den Zeitpunkt nicht verpassen können. Dann wird es wichtig sein, dass alle Seelen im geistigen Reich sich auf Jesus konzentrieren und ihm somit göttliche Energien übermitteln. Dadurch wird ihm eine Menge Schmerz und Leid erspart bleiben."

∞

Und tatsächlich: Während Josua mit Diana, Sarah und Samuel auf einer Wiese saß, huschten einige Seelen in heller Aufregung an ihnen vorbei. Es war unverkennbar, dass sich in Kürze etwas ganz Wichtiges abspielen würde. Alle Seelen gingen nämlich in dieselbe Richtung. Sie wollten die letzten Lebensstunden von Jesus miterleben. Die vier folgten ihnen und erkannten, dass in dem großen Amphitheater viele Plätze zusätzlich bereitgestellt worden waren. Sie nahmen Platz und warteten in großer Anspannung auf die bewegten Bilder. Aber zuerst trat Elias in ihre Mitte.

„Liebe Seelen, ich weiß, dass euch die folgenden Bilder sehr nahe gehen werden. Wenn ihr sie nicht weiter betrachten könnt, dann verlasst diesen Platz. Es ist nicht schlimm. Ihr braucht hier niemandem etwas zu beweisen. Jesus, unser aller Christus, wird die letzten Schritte in seinem Erdenplan so gehen, wie es sein soll. Vertraut auf Gott, vertraut auf die Stärke von Jesus und schenkt ihm und seinen Begleitern eure Liebe und euer Licht. So soll es sein." Elias verbeugte sich und verschwand nach oben in die hinteren Reihen.

Josua sah sich um. Die Energie war angespannt, aber sehr hoch. Alle Seelen hier in diesem Teil vom Sommerland waren in einer so großen Erwartung, dass die Farben, die sie ausstrahlten, teilweise sehr intensiv waren, nicht in den sonst üblichen Pastelltönen, die von einer starken Harmonie der Seele zeugten.

Zuerst war eine kurze Zusammenfassung der früheren Ereignisse zu sehen. Die bewegten Bilder begannen bei einem Abendmahl, das Jesus wie üblich mit seinen Begleitern einnahm. Der Raum, in dem sie sich befanden, war groß, damit die knapp vierzig Personen, die anwesend waren, Platz finden konnten. Josua sah, wie Jesus Judas zunickte und zu ihm sprach: „Judas, tu nun, was deine Aufgabe ist, auch wenn es für dich sehr schwierig ist. Es ist dein Auftrag, da du um die hohe Bedeutung dieser Mission weißt. Du gehörst zu dem großen heiligen Geschlecht. Es muss sein, Judas. Geh hin in Frieden und wisse um den göttlichen Segen, der dich immer begleiten wird. Ich danke dir für die Erfüllung deines Auftrages."

Judas stand mit Panik in den Augen auf und rannte aus dem Raum. Er ließ viele zurück, die mit absoluter Ungläubigkeit die Worte von Jesus noch einmal überdenken wollten. Doch Jesus unterbrach ihre Gedanken.

648

„Ich werde nicht mehr lange unter euch sein. Ich werde wieder zurück in das Reich unseres Vaters gehen. Ich danke euch für eure Treue und dafür, dass ihr mich in meinen Aufgaben unterstützt habt."

„Wo wirst du hingehen? Was meinst du damit, dass du zurück in das Reich unseres Vaters gehen wirst? Willst du zurück nach Galiläa reisen?" Jakobus der Jüngere schien ganz verängstigt.

„Quatsch", ertönte es von links. Simon Petrus ergriff wie so oft das Wort. „Jesus weiß, dass sein Leben hier bald beendet sein wird."

„Was soll denn das heißen?", rief jemand empört. „Das kann doch nicht sein! Es geht doch jetzt erst los!", rief ein anderer, und so ging es weiter. Die Bilder vom Abendmahl waren beendet, und eine andere Szenerie wurde sichtbar.

Jesus befand sich mit den Begleitern im Garten von Gethsemane und war in einem tiefen Gebet zu Gott versunken. Dieses Gebet wirkte so stark, dass sich innerhalb kurzer Zeit die Energie im Sommerland um Josua herum harmonisierte und alle Seelen in einer tiefen Liebe zu Jesus Christus und Gott schwangen. Keine Angst war zu spüren. Es waren wahrhaft himmlische Empfindungen.

Josua würde nie mehr die Worte vergessen, die Jesus an diesem Abend wählte, um mit Gott zu sprechen. „Gott, du großer unendlicher Geist, du immer während Kraft. Ich weiß, dass die restlichen Schritte auf diesem Planeten sehr schwer für mich werden. Gerade für mich. Ich danke dir, dass ich das alles erfahren darf, auch wenn ich mir vielleicht wünschen würde, dass dieser Kelch an mir vorüber gehen möge. Aber du weißt, dass ich dies nur in einem schwachen Moment eines tiefen Schmerzes aussprechen könnte. Danke, dass du meine Mission unterstützt hast und mich bis zu meinem letzten Schritt unterstützen wirst. Danke, dass du mich so nimmst, wie ich bin, dass auch ich mich einmal schwach fühlen darf. Danke, dass du nachsichtig bist und mich gleichzeitig noch mehr liebst als zuvor. Gott, du bist die größte Kraft, und ich weiß, dass das Licht, das du ausstrahlst, immer siegen wird. Immer. Egal, was die Gegenseite meines früheren Bruders Luzifer auch versuchen wird. Das Licht siegt immer. In diesem Glauben und Vertrauen nehme ich nun alles an, was geschehen wird. Danke, Gott, danke für alles. So soll es immer sein. Bis in alle Ewigkeit."

Josua kam sich vor wie in einer anderen Welt. Es war faszinierend, zu beobachten, dass Gott immer mit einer Verstärkung des Lichts auf die Worte von Jesus einwirkte. Ein leuchtendes Blau begleitete das Gebet. Mal war das Licht heller, mal veränderte es seine Farbe in ein leuchtendes

Orange und Gelb. Es war ein Genuss, zu erkennen, dass Gott auf jedes Wort von Jesus reagierte und ihm die Energie zukommen ließ, die er benötigte. Als Jesus über die Phasen seiner Schwäche sprach, wurde das Licht am hellsten. Goldgelb. Josua erkannte, dass genau dann Jesus diese Farbe am meisten brauchte, um seinen Weg in letzter Konsequenz auch wirklich gehen zu können.

Die nächsten Bilder waren kürzer und neutraler gehalten. Es reichte, damit jede Seele im Sommerland Bescheid wusste, was für ein aussichtsloses Unterfangen es war, Jesus zu befreien. Wie beim letzten Mal erkannte Josua wieder die Energien, die die nun folgenden Hauptdarsteller umgaben. Er sah, wie der Hass der Priester auf Jesus wuchs und wie dieser Hass von dunklen Wesen immer mehr aufgeputscht wurde. Besonders der Hohepriester Kaiphas war krank vor Hass. Deshalb war auch seine Initiative, Jesus auszuschalten, abzusehen. Der Prokurator Pontius Pilatus stand Jesus eher neutral gegenüber. Seine Gewissensbisse kamen eher daher, dass seine Frau eine heimliche Anhängerin von Jesus war und er durch ihre Liebe zu Jesus sehr verunsichert wurde. Die Angst des Prokurators, eine falsche Entscheidung zu treffen und in den Augen des römischen Kaisers als Schwächling zu gelten, verhinderte eine frühzeitige Entscheidung.

Josua konnte es nur sehr schwer ertragen, dass sich dunkle Wesen dieser Angst von Pontius Pilatus annahmen und diesen für ihre Zwecke nutzten. Die Chancen wurden immer geringer, dass Jesus als freier Mensch den Kerker verlassen konnte, in dem er gerade saß.

Anschließend wurde Jesus Herodes Antipas vorgeführt. Dieser war durch seine Lebensweise in einer solchen Dumpfheit und Dummheit versunken, dass er gar nicht erkannte, worum es ging. Es war deshalb auch keine große negative Kraft nötig, um ihn zu beeinflussen. Er war soweit weg von jeglicher Liebe und Leben, dass es an sich schon schlimm genug war und die Betrachter im Sommerland mit unfassbarer Traurigkeit erfüllte.

Während der folgenden Geißelung, die Jesus über sich ergehen lassen musste, und die nur kurz als Zusammenfassung gezeigt wurde, verließen viele Seelen die Reihen des Amphitheaters, denn sie konnten es nicht ertragen, Jesus so leiden zu sehen. Für Josua war es ebenfalls sehr schwer, und er musste oftmals seinen Blick abwenden. Sommerland war natürlicherweise eine Sphäre der Harmonie, aber auch heute wurden wieder die Ereignisse um Jesus als Belehrung für die Seelen genutzt.

Es waren wahrlich Bilder des Grauens. Die dunklen Wesen tobten ihren ganzen Hass, ihre Wut, ihre Abscheu gegenüber dieser großen Seele soweit aus, indem sie die Menschen dazu benutzten, was sie als Geistwesen nicht tun konnten. Diese lichtlosen Wesen wollten nur eines: Jesus verletzen und ihn erniedrigen. Nichts war für sie schöner, als Jesus leiden zu sehen. In diesen Augenblicken erreichte die Dunkelheit ihren Höhepunkt. Die Schmerzen, die Jesus an Leib und Seele erleiden musste, waren nicht in Bilder zu fassen, geschweige denn in Gedanken.

Josua hielt seinen Gefühlen stand und verfolgte weiterhin die Geschehnisse. Sarah und Samuel hatten das Rund mittlerweile auch verlassen. Nur Diana saß noch neben ihm und versprach, bei ihm zu bleiben, bis es zu Ende war.

Eine Chance, Jesus zu befreien, gab es noch, erfuhr Josua. Zur Feier des Passahfestes war es Rom möglich, einen verurteilten Verbrecher zu begnadigen. Jedes Jahr wurden dem Volk von Jerusalem zwei Verbrecher vorgeführt, und die Menschen durften entscheiden, wen von beiden der römische Prokurator begnadigen sollte. Dieses Jahr wollte Pontius Pilatus Jesus zusammen mit einem Massenmörder dem Volk vorführen, um diese letzte Chance zu nutzen, das Leben von Jesus zu verschonen. Er hatte seiner Frau hoch und heilig versprochen, alles ihm mögliche für die Befreiung von Jesus zu tun. Aber leider hatten die jüdischen Verantwortlichen die Volksmenge dahingehend aufgehetzt, für den Mörder zu stimmen, der jetzt neben Jesus zu sehen war.

Josua fröstelte bei dem Anblick dieses Mannes. Er sah weniger wie ein Mensch, schon eher aber wie eine Hyäne aus. Die dunkle Masse über der Menschenmenge verteilte sich, und nach wenigen Minuten waren nur noch Schreie zugunsten des Mörders zu hören. Dieser wurde schließlich begnadigt und Jesus, der friedlichste Mensch der Welt, wurde zum Tod am Kreuz verurteilt. So war es mit der irdischen Gerechtigkeit! Aber zum Glück gab es noch eine kosmische und göttliche Gerechtigkeit.

Danach wurde Jesus in den Kerker gebracht, wo sich sein Körper zwar etwas erholen konnte, seine Seele aber weiterhin von diesen bösen Wesen malträtiert wurde.

Die Rückschau war vorbei, die Ereignisse, die gezeigt wurden, fanden in der Jetztzeit statt. In diesem Augenblick befand sich Jesus mit zwei anderen zur Kreuzigung verurteilten Gefangenen auf dem Weg nach Golgatha. Dieser kleine Hügel lag außerhalb der Stadtmauern. Am Wegesrand zur Kreuzigungsstätte standen Menschenmassen, wie man sie nur ganz selten gesehen hatte. Sie grölten und verhöhnten die Gefangenen, dass sogar einige römische Soldaten aus Abscheu nur den Kopf schütteln konnten. Das, was Josua in diesem Moment allerdings beruhigte – wenn er dieses Wort überhaupt wählen konnte – war, dass die Dunkelheit im Vergleich zum Licht, das ebenfalls um Jesus herum leuchtete, kaum ins Gewicht fiel. Es war deutlich zu sehen, dass Jesus die letzten Schritte seines Weges inmitten des reinsten und hellsten Lichts gehen konnte, des hellsten Lichts, das Josua jemals erblickt hatte. Die Dunkelheit hatte keine Macht mehr und Jesus schien in Frieden zu sein.

Der Menschenzug kam auf dem kleinen Hügel Golgatha an. Die römischen Soldaten kümmerten sich zuerst um die beiden anderen Verurteilten, die bald darauf an ihren Kreuzen hingen. Danach wurde Jesus an sein Kreuz genagelt. Sein Körper zuckte zusammen, während die Nägel in seine Hand- und Fußgelenke getrieben wurden.

Josua atmete durch. Den Bewohnern von Sommerland blieben aber trotz dieser Bilder die näheren Einzelheiten erspart. Und doch waren diese Bilder die schlimmsten, die Josua jemals gesehen hatte. Jesus wurde immer schwächer. Seine Seele bereitete sich darauf vor, den Körper zu verlassen. In seiner schwächsten Stunde hörten alle, wie er ausrief: „Gott, und ihr Götter des großen und heiligen Geschlechts, wo seid ihr jetzt? Habt ihr mich verlassen?"

Josua war verzweifelt. Der Messias hing wie der größte Verbrecher am Kreuz und rief nach Liebe. Was taten Menschen anderen Menschen an? „Josua, bleib ruhig. Es ist wie es ist." Diana umarmte ihn mit ihrer Liebe und er beruhigte sich. Josua erkannte, dass Jesus zwar nicht zweifelte, dass sich aber seine seelische Einsamkeit zuspitzte. In diesem Moment war sämtliche Angst, Einsamkeit und Gottesferne, die jemals auf der Erde gefühlt wurde, durch das Bewusstsein und durch den Körper von Jesus in die kosmischen Regionen des Universums geflossen. Jesus fühlte nicht seine Angst, nicht seine Gottesferne, sondern die der lichtlosen Welt.

Jesus schaute auf die Menschenmenge hinab, in der er seine große Liebe gesehen haben muss, denn seine letzten Worte waren: „Mirjam, … es ist vollbracht!"

Dann brach auf Golgatha Hektik aus. Hier in Sommerland war erst wenig Zeit vergangen, auf der Erde waren es allerdings schon über acht Stunden, seitdem Jesus am Kreuz hing. Josua erkannte Joseph von Arimathäa, Johannes und Mirjam, wie sie mit Martha, Deborah und zwei anderen Männern, die Josua nicht kannte, mit großen Laken und einer Trage zum Kreuz liefen. Sie riefen den römischen Wachhabenden etwas zu. Darauf stach ein Soldat mit einer Speerspitze in die Seite von Jesu Körper, der sich nicht mehr bewegte. Die Menschen schrien auf, manche weinten, manche lachten, aber kein Mensch sah, wie sich ein großes Raumschiff der

Santiner vor die Sonne schob und die Erde verdunkelte. Außerdem zog ein starker Sturm auf, der allerdings von den Antigravitationskräften des Raumschiffes herrührte, wie Josua erkannte.

Panik brach aus, die Menschen schrieen noch mehr als vorhin, viele Menschen weinten noch lauter, aber jegliches Lachen war erstorben.

Es schien, dass auch Jesus verstorben war. Aber dem war nicht so. Josua und die anderen Beobachter sahen trotz der Dunkelheit, dass in Jesus immer noch die göttliche Flamme brannte. Die Silberschnur, die seinen Körper mit seiner Seele verband, war immer noch intakt. Jesus war noch nicht tot.

In der Dunkelheit wurde er vom Kreuz abgenommen. Die Soldaten wandten sich ängstlich – sie hatten auch noch nie am hellichten Tag eine solche Dunkelheit und einen solchen Sturm erlebt – den anderen Gekreuzigten zu. Joseph und ein anderer Mann legten Jesus auf eine Trage und verließen mit dem schwer Verletzten und allen Begleitern eilig diesen grauenhaften Ort.

Einer von den Männern, die Josua nicht kannte, muss innerhalb kürzester Zeit eine Fackel besorgt haben. Es war nämlich kein anderer ehemaliger Begleiter von Jesus zu sehen. Die kleine Gruppe näherte sich einem offenen Grab, vor dem ein großer runder Stein stand und verschwand schließlich darin. Josua und Diana sahen, wie Jesus verarztet und gereinigt wurde und wie er eine Flüssigkeit eingeflößt bekam, die ihn am Leben erhalten sollte. Würde Jesus wirklich überleben? War das möglich, fragte er sich.

Die restlichen Ereignisse konnte Josua nur mit größtem Staunen betrachten. Nachdem die Menschen das Grab verlassen hatten, fanden sich einige römische Soldaten ein, um das Grab zu bewachen. Die Soldaten schoben den großen Stein vor den Eingang und versiegelten somit das Grab. Die Menschengruppe um Mirjam und Joseph von Arimathäa verlor sich in der Dunkelheit. Daraufhin – es mussten auf der Erde einige Stunden vergangen sein, Josua kam es aber wiederholt nur wie eine Minute vor – erschien von oben her ein Licht. Dann folgte ein leises Rauschen. Bevor die Soldaten dies richtig erkennen konnten, sanken sie zu Boden. Sie waren eingeschlafen und schnarchten um die Wette. Das Grab war hell erleuchtet. Daraufhin erschienen zwei große helle Wesen, die das Grab öffneten und nach kurzer Zeit mit Jesus, der sich auf ihre Schultern aufstützte hatte, herauskamen.

„Das sind zwei Santiner", antwortete Diana auf Josuas unausgesprochene Frage. Der nickte nur.

653

Dann blitzte ein Lichtstrahl auf, der sich unmittelbar vor Jesus und den Santinern aufbaute. Die drei gingen direkt in diesen Lichtstrahl hinein. Das Licht wurde heller, bis keiner der drei Männer mehr zu sehen war. Der Lichtstrahl verschwand, auch das leise Rauschen und mit ihnen das Raumschiff, das die Menschen auf der Erde nicht gesehen hatten, das aber von Josua und den Wesen aus dem geistigen Reich umso deutlicher wahrgenommen worden war. Jesus hatte die Erde verlassen. Lebend.

∞

Eine Woge von Licht und Liebe bewegte sich durch die geistige Welt. Jubel war in allen Bereichen des Sommerlandes zu hören. Die Seelen sangen und lachten. Jesus hatte seine Schmerzen überwunden und seinen schweren Weg auf der Erde hinter sich gelassen. Josua saß noch immer mit Diana im großen Amphitheater, das sich wieder vermehrt füllte. Sie atmeten tief durch und sangen zusammen mit anderen Seelen eine Hymne über die Liebe Gottes.

Danach tauchte Elias wieder auf und wartete, bis sich die Freude der Seelen in eine stille Form von Glückseligkeit verwandelt hatte.

„Ist es nicht ein Freudenfest für uns alle, Jesus, den Erlöser der Erdenmenschen, wieder in Sicherheit zu wissen? Ich möchte euch nun kurz mitteilen, was er sich für die Zukunft vorgenommen hat. Sein Leben durfte nicht auf der Erde enden, denn sein Lebenskreis begann auf dem Heimatplaneten der Santiner, wo er das erste Mal inkarnierte, um sich an einen Körper zu gewöhnen. Dann inkarnierte er erneut, diesmal aber auf der Erde. Allerdings muss Jesus seinen Zyklus von zwei Inkarnationen auf Metharia wieder abschließen. Ihr wisst, wie wichtig es ist, einen Kreis zu schließen."

„Es steht in seinem Schicksal, dass er nicht am Kreuz sterben sollte?" Eine Seele, die vor Josua ihren Platz gefunden hatte, wollte genau das wissen, was auch Josua brennend interessierte.

„Ja, es sollte für die Menschen nur so aussehen", antwortete Elias. „Jesus musste für die Menschen sterben, aber Jesus selbst möchte sein Leben auf einem anderen Planeten beenden."

Ungläubiges Staunen breitete sich aus.

„Für die nahe Zukunft der Erde ist es wichtig, dass Jesus in den Augen der Menschen gestorben ist", fuhr Elias fort. „Für die Entwicklung seiner eigenen Seele, die sich ja schon für eine Erdeninkarnation geopfert hatte, musste alles ermöglicht werden, damit sie auf einem anderen Planeten ihr Leben in der Materie beenden kann."

„Warum das?"

„Sonst wäre er aufgrund der göttlichen Gesetze an die Erde gebunden, verstehst du? Wäre er auf der Erde wirklich diesen gewaltvollen Tod gestorben, dann hätte ihn das göttliche Gesetz energetisch für eine lange Zeit mit der Erde verbunden. Dann hätte sich ein kleiner Kreis auf der Erde geschlossen. Also hätte er noch einmal auf die Erde kommen müssen, um diesen Kreis wieder zu öffnen und diesmal gewaltlos zu schließen. Aber da keine weitere Inkarnation für ihn geplant ist, musste dies von ihm ferngehalten werden." Elias lächelte und Josua erkannte immer mehr die tiefe Wahrheit dahinter. „Somit war sein Aufenthalt nur ein kleiner Urlaub auf der Erde, der zu Ende ist und seine Fortsetzung auf dem anderen Planeten findet. Hast du noch eine Frage?"

Die Seele, die eben gefragt hatte, verneinte und bedankte sich bei Elias. Dieser sprach weiter: „Jesus musste diesen irdischen Weg so gehen, um sich wie ein Erdenmensch zu fühlen. Er musste Stunden der Gottesnähe und Gottesferne erleben, sonst hätte seine ganze Erlösungstat keinen Sinn gehabt." Elias schaute in die Runde. Alle Augen waren in vollster Konzentration auf ihn gerichtet.

„Bis Jesus wieder den Heimatplaneten der Santiner aufsuchen kann, muss er sich erst erholen. Dann möchte er sich noch von Mirjam verabschieden und seine Begleiter mit dem göttlichen Segen ausstatten, damit sie in die Welt hinausgehen und Heilungen vornehmen können. Danach steht eine ganz wichtige Aufgabe für Jesus an. Er wird mit seinem geistigen Körper in die niederen Sphären gehen, während sein Körper in einem Raumschiff liegt, um in diesen dunklen Sphären die Seelen mitzunehmen, die ihm folgen möchten. Wie ihr wisst, war das mit seiner Zwillingsseele Luzifer abgesprochen. Die beiden hatten im göttlichen Sinne und unter Gottes Aufsicht eine Art Abmachung. Um es noch einmal in einfachen Worten zusammenzufassen: Luzifer durfte Jesus während seiner Inkarnation verführen, um ihn von seinem göttlichen Weg abzubringen. Würde Jesus den Verführungen standhalten und seinen Weg ohne Zweifel an Gott bis zum letzten Tag gehen, dann könnte er regelmäßig in die niederen Sphären hinabsteigen, in Luzifers Reich, und die nach Licht sich sehnenden Seelen mit sich nehmen. Und da Jesus allen Anfeindungen und Verführungen standgehalten hat, können in Zukunft alle Seelen aus der Dunkelheit gerettet werden, wenn die Seelen es denn möchten. Aber dies zeigt uns wieder einmal: Das Licht siegt immer."

Wieder waberte ein kosmisches Licht durch das Sommerland. Ja, das Licht siegte immer.

Dann fuhr Elias fort: „Danach wird Jesus wieder zu den Santinern ins Raumschiff zurückkehren und für die restliche Zeit seines Lebens ihren Heimatplaneten besuchen. Dort wird er seine Erfahrungen auf der Erde in eine Form bringen, die später allen anderen Menschheiten im Universum zugute kommen wird. Von einer hohen Seele wie Jesus kann jede Seele, wo immer sie sich befindet, etwas lernen. Auch wir Seelen im geistigen Reich können uns bald auf seine kostbaren Belehrungen freuen, denn solch einen Akt der kosmischen Liebe hat es zuvor in der Entwicklung des ganzen Universums noch nie gegeben. Wir befinden uns an einer wahren Zeitenwende. Noch nie zuvor hat sich einer der höchsten Erzengel, also ein Wesen, das noch nie in einem materiellen Körper gewohnt hatte, auf dem energetisch tiefsten Planeten inkarniert. Und solch ein kosmisches Ereignis würde für ewig ein Zeichen der Liebe sein. Denn von nun an wird die Liebe von Jesus, unserem Christus, zu uns Seelen, wo immer wir uns aufhalten, auf ein viel höheres Niveau ansteigen. Von nun an weiß Jesus, wie es sich anfühlt, hier in der Dunkelheit – auf einem der schönsten Planeten in diesem Universum zwar – inkarniert zu sein. Nun weiß er, im Gegensatz zu den Erzengeln aus den höchsten Sphären, wie schwierig es ist, auf der Erde Mensch zu sein. Und das dürfen wir niemals mehr vergessen. Und glaubt mir, Jesus wird es mit Sicherheit auch nicht vergessen. Dadurch ist seine Liebe zu den Seelen dieses Planeten noch viel größer geworden, als sie schon war."

∞

In der Folgezeit trafen sich immer mal wieder Geistwesen, um sich über den Fortgang von Jesus' Regeneration zu informieren. Aber in diesem Augenblick war alles anders. Diana und Josua saßen nebeneinander im großen Rund und wunderten sich, dass sich die Ränge immer mehr füllten. Auf einmal tauchte wieder Elias auf.

„Liebe Seelen", fing Elias an. „Ich freue mich, dass ihr Jesus auf seinem schweren Gang in die dunklen Sphären begleiten wollt. Ich bitte euch, bevor die gleich bewegten Bilder beginnen, zuerst zu überprüfen, ob ihr diese Bilder der dunklen Sphären auch wirklich sehen wollt und ob ihr die Ausmaße dieser Geschehnisse auch verarbeiten könnt. Bitte überprüft dies, und spürt ihr auch nur den Hauch eines farblosen Gefühls, dann bitte ich euch, diesen Ort zu verlassen." Elias nickte. „Euch entgeht nichts, denn in den Philosophenschulen werden diese Vorgänge, die jetzt folgen werden, auch in Zukunft noch sehr oft zur Sprache kommen." Einige Seelen verschwanden und gingen ihres Weges, aber die meisten blieben sitzen. Auch Diana und Josua fühlten, dass sie diese Erlebnisse verkraften konnten.

„Gut, dann werde ich euch den Stand der Dinge mitteilen." Elias lächelte und verneigte sich. „In diesem Moment befindet sich Jesus in der Raumstation der Santiner. Seine körperlichen Wunden sind geheilt, es sind nur noch kleine Narben sichtbar. Aber auch seine Seele und sein Geist haben sich von der Marter und den letzten Wochen seiner irdischen Erfahrung gut erholt. Jesus wartet nun auf einen letzten schweren Gang, den er auf sich nehmen muss, bevor er nach Metharia gehen kann, um dort seinen Kreis an Inkarnationen zu beenden. Der schwere Weg, den er nun vor sich hat, ist die andere Hälfte des Abkommens mit seiner Zwillingsseele Luzifer. Abkommen ist nicht die richtige Schwingung, aber euch ist diese Energie am geläufigsten, und ihr könnt mit der Schwingung eines Abkommens noch am meisten anfangen. Dieses Abkommen beinhaltet, dass Luzifer Jesus mit allen Mitteln verführen durfte, um ihn von seinem ureigensten Weg der Liebe abzubringen. Seht selbst, wie dieser Kampf abgelaufen ist." Elias machte eine Pause und die bewegten Bilder zeigten einige Ereignisse um Jesus. Josua sah, wie die dunklen Wesen Jesus schon in der Kindheit bedrängt, bespuckt, beleidigt, oder sogar mit Waffen verletzt hatten. Er sah, wie in seiner späten Jugend und in seinem frühen Erwachsenenalter ein sehr dunkles Wesen sich fast durchgängig an seiner Seite aufhielt, ihn verhöhnte und ständig versuchte, ihn zu beeinflussen.

„Jesus konnte von Luzifer nur an seinen noch schwächsten menschlichen Stellen verletzt werden. In seiner Kindheit war es sein schwacher Körper, der sich aber immer mehr den irdischen Gegebenheiten anpasste. In den letzten Jahren seines Lebens gab es nur noch zwei schwache Stellen. Zum einen war es das Glück von Mirjam. Jesus wollte, dass es Mirjam gut ging und ihr kein Leid widerfahren sollte. Zum anderen war es jahrelang sein Wunsch, Kinder zu haben und mit Mirjam ein ruhiges Leben zu führen. Und diese Wünsche und Sehnsüchte, waren die gute Erde, in die Luzifer versuchte, mit Disteln vermischte Samen zu pflanzen. Jesus hatte sich viele Jahre mit diesen Sehnsüchten herumgeplagt, bis er es noch in Ephesos endlich schaffte, diese Angriffsflächen in Stärken umzuwandeln." Elias war wieder aufgestanden und erklärte den Anwesenden weiter die Inhalte der bewegten Bilder.

„Wie hat sich das mit Mirjam in seinem Leben bemerkbar gemacht?", fragte eine interessierte Seele im Rund.

„Jesus reagierte überverantwortlich für Mirjam, wenn ihr ein Leid zugefügt oder sie beleidigt wurde. Er hatte in diesen Fällen nicht die normale seelische Distanz, die er sonst bei allen anderen Menschen an den Tag legte. Er wollte sie beschützen und war deshalb ein oder zwei Grad aus seiner Mitte herausgegangen. Und in diesen klitzekleinen Spalt konnte Luzifer hineinstoßen."

„Ah, ich verstehe. Und bei seinem Kinderwunsch?"

„Hier war es noch schwieriger, da Jesus oftmals, wenn er allein war, von diesen Gedanken und Sehnsüchten geplagt wurde. Dies passierte meistens, wenn er umher wanderte, um wieder Kraft zu sammeln. Wie schön wäre es, hatte Jesus immer geträumt, mit einer Familie am Galiläischen Meer zu wohnen und seinen Lebensunterhalt mit Fischfang zu verdienen, mit seinen Kindern auf dem Innenhof seines Hauses Fangen zu spielen und Mirjam beim Lachen zu beobachten. Diese Vorstellungen hatten Jesus über Jahre geplagt. Diese Gedanken, Bilder und Gefühle überfielen ihn wie ganze Horden von Kriegern, die Pfeile auf ihn abschossen. Er konnte sich dann nur mit absoluter Konzentration auf das Licht wieder in die seelische Mitte bringen und sich so dieser Angriffe erwehren."

Josua wusste um den Kampf von Jesus. Seine Seele empfing in diesem Augenblick so viel Liebe, dass er dachte, gleich zu verbrennen. „Mit dem Tag des Versprechens aber", fuhr Elias fort, „das Jesus abgelegt hatte, konnte sich diese Angriffsfläche in eine Stärke wandeln und Jesus war danach für Luzifer nicht mehr angreifbar. Er konnte Jesus zwar noch Steine in den Weg legen, aber mehr auch nicht. Jesus hatte damit sein Schicksal angenommen. Dieses Versprechen hatte zwar zur Folge, dass die dunkle Welt ihr Angriffsbemühen verdreifachte, aber sie konnte ihm nur noch wenig anhaben, da auch der Schutz durch die lichtvolle geistige Welt sich um ein Vielfaches erhöht hatte und sein Versprechen verteidigte."

Elias lächelte und zeigte in Josuas Richtung. „Übrigens sitzen hier oben in den Rängen zwei Seelen, die am Tag des Versprechens inkarniert waren und in ihren Körpern Zeugen dieses einmaligen Erlebnisses waren. Lasst uns Diana und Josua begrüßen." Alle anwesenden Seelen schickten den beiden ihre Liebe entgegen, sodass es Josua noch wohler wurde, obwohl er es nicht mochte, wenn er im Mittelpunkt stand.

„Habt ihr Fragen?", wollte Elias von den Anwesenden wissen.

„Ja, eine Frage habe ich. Jesus hat doch am Kreuz gezweifelt. Hat nicht in diesem letzten Moment Luzifer doch noch gewonnen, weil er Jesus in den Zweifel gebracht hatte?" Eine Seele hinter Josua hatte sich gemeldet.

„Eine berechtigte Frage, aber der Augenblick am Kreuz, in dem sich Jesus so verlassen fühlte und scheinbar an Gottes Schutz und Geborgenheit zweifelte, war nicht sein Zweifel. Es waren die Gefühle der Menschen, die diesen Zweifel in sich trugen. Jesus hat den Schmerz dieser Menschen übernommen und gefühlt. Luzifer hat also nicht gewonnen."

Ein Aufatmen ging durch das Rund. Die Farben wurden intensiver, und Freude zog ein.

„Da es Luzifer nicht gelungen ist, Jesus in den Zweifel zu bringen und ihn zu verführen, trat nun die andere Hälfte der Abmachung in Kraft. Jesus und dem Licht Gottes ist es von nun an bis in alle Ewigkeit möglich, Seelen aus den Bereichen der dunklen Sphären herauszuholen, wenn diese Seelen mitgehen möchten. Und mit seinem Eintritt in diese Sphären endet heute Jesus' irdische Mission, und es beginnt eine neue. In diesem Wissen liegt, wenn ich es so sagen darf, der tiefe verborgene Gedanke der Erlösung von Jesus. Jesus, der Christus, ist der Erlöser aller Seelen."

„Wird es uns energetisch nicht schaden, darüber zu erfahren, Elias?" Eine Seele in einer der ersten Reihen hatte sich gemeldet.

„Nein, ihr seid hier im Licht, und das Licht schützt euch so, dass ihr euch keine Gedanken machen müsst. Es gibt nun einmal diese dunklen Sphären, in denen sich eure Schwestern und Brüder aufhalten, aber die Filme, die jetzt kommen, können euch nichts anhaben." Elias verneigte sich wieder.

„Diese Bereiche, in die Jesus jetzt eingehen wird, wurden in den verschiedenen Kulturen benannt: Ob Feuerbad, Reich des Schattens, Land des Schreckens oder Todesreich der Göttin Hel, woraus sich später der oft verwirrende Begriff Hölle ableiten wird. In diesen Sphären ist es nicht heiß, und es brennen auch keine Feuer, vielmehr ist es da sehr kalt, und die herrschende Atmosphäre spiegelt den Seelen deren eigene Herzenskälte wider. So können diese Seelen am besten geläutert werden. So, ich habe gerade erfahren, dass es losgeht." Elias verneigte sich und nahm im großen Rund Platz.

Der Film zeigte die Raumstation der Santiner. Jesus lag auf einer Liege, und Josua konnte sehen, wie die Seele von Jesus aus dem Körper herausschwebte. Immer weiter schwebte sie, bis sie vor einem Bereich der Schwärze zum Stillstand kam. Diese Seele war immer noch mit der Silberschnur verbunden, das Zeichen, dass der Körper zwar immer noch lebte, Jesus aber jetzt als Geistwesen unterwegs war. Das, was Josua jetzt zu sehen bekam, hätte ihn auf der Erde erbleichen lassen. Jetzt merkte er, dass sich seine Farbausstrahlung um ein Vielfaches intensivierte, denn der Anblick war wahrhaft göttlich. Millionen von Erzengeln, Engeln und Geistwesen begleiteten und umschlossen die Seele von Jesus. Dieses große Licht, das einer riesigen Sonne glich, setzte sich langsam in Bewegung und näherte sich immer mehr diesem dunklen Bereich, der Josua wie ein schwarzes Loch vorkam. Das Licht ließ sich nicht aufhalten und verschwand ganz langsam in dieser Schwärze, die dadurch jedoch nicht, wie Jesus erwartet hatte, erhellt, sondern noch schwärzer wurde. Was er dann sah, war, wie einzelne Seelen, die sich in dieser Dunkelheit aufhielten, wie von einem Magneten von diesem Licht angezogen wurden und sich aus der Dunkelheit herauslösten. Die Aufnahme zoomte näher in dieses Licht. Jetzt erkannte Josua, wie dieser Vorgang vonstatten ging. Er sah, wie vereinzelte Seelen das Licht als ihre Heimat erfühlten. Diese Seelen erkannten das Licht als etwas Gutes. Und bevor sie ihm etwas entgegenzusetzen hatten, schwebten sie in dieses Licht, wurden von den Engeln in Empfang genommen und mit Energie aufgeladen, die ihre innere Schwärze erhellte, so dass ihre Seelenfarben zu sehen waren. Diese Seelen befanden sich weiterhin im Licht, und sie würden diese große Sonne erst verlassen, wenn Jesus Christus sich aus diesen Sphären wieder auf den Rückweg in die positiven Sphären des geistigen Reiches machte. Aber jetzt waren diese Seelen sicher, denn sie wurden mit Liebe und mit Licht umsorgt. Josua konnte ihre Dankbarkeit erkennen. Auch die Erkenntnis dieser Seelen, dass Gott existierte, war in ihren Ausstrahlungen zu sehen, und Josua konnte es mitfühlen. Nicht nur Josua, denn ein unglaubliches Raunen ging durch das große Rund im Sommerland. Die Seelen waren schier außer sich, sie feierten und freuten sich über jede Seele, die wieder zurück in ihre Heimat fand.

Die Einstellung zoomte wieder weiter weg, um die große Ansicht dieses Vorgangs wieder zu zeigen. Mit jedem Augenblick, in dem sich Jesus Christus und mit ihm Millionen von Lichtträgern in dieser Dunkelheit befanden, wechselten immer mehr Seelen ins Licht über. Was Josua aber gleichzeitig wahrnehmen konnte, war, dass die Schwärze immer schwärzer wurde.

„Die Wut und der Hass auf das Licht werden immer größer", hörte Josua in seinem Kopf. Elias hatte gerade mit ihm gesprochen, ohne dass Elias sich von seinem Platz gerührt hatte. „Mit jeder Seele, die wieder zurück in unsere Heimat kommt, wird die Dunkelheit dunkler und der Hass hässlicher. Gräm dich nicht, Josua, es ist, wie es ist."

Daraufhin sah Josua, wie die große Sonne sich langsam wieder aus der Dunkelheit herausbewegte und sich immer weiter von ihr entfernte. Die nächste Einstellung des Films zeigte, wie Jesus aus der Mitte der großen Sonne hervorkam, mit der Silberschnur wieder zurück in die Raumstation schwebte und sich mit dem Körper vereinigte.

„So, ihr lieben Seelen. Dies war ein göttlicher Moment, auf den viele schon lange gewartet haben. Lasst uns nun wieder unserer Wege gehen mit einem frohen Lied in eurem Herzen, weil einige unserer Geschwister wieder nach Hause gefunden haben." Elias beendete das familiäre Treffen und bedankte sich für das zahlreiche Erscheinen. Dann entschwand er. Auch die restlichen Plätze im großen Theater leerten sich allmählich, bis nur noch Diana und Josua übrig blieben.

Lange saßen sie schweigend nebeneinander und waren einfach nur froh, den anderen in ihrer Nähe zu wissen.

„Wie sehr hast du Jesus geliebt?", wollte Josua von Diana wissen.

„Wie soll ich das beantworten? Mehr als mein Leben."

„Mehr als dich?", fragte Josua erstaunt.

Diana nickte.

„Und auch mehr als mich?" Er grinste.

„Ja, Josua. Wie kann die Flamme einer Öllampe, die sich an einem Feuer entzündet, sich selbst und andere Flammen mehr lieben als das große Feuer, aus dem sie entstanden ist? Wie kann ein kleiner Stern sich selbst mehr lieben als die Sonne, durch dessen Licht er gespeist und ernährt wird?"

„Du redest ja schon fast wie Jesus." Josua lächelte. „So weise, so rein."

„Ich habe eben viel von ihm gelernt." Diana erleuchtete ihn wahrlich mit ihrem gewinnenden Lachen.

„Ach Diana, ich wollte, er wäre hier…"

Dann schwiegen sie lange und genossen ihr gemeinsames Glück.

„Ich bin doch da", flüsterte eine unhörbare Stimme hinter ihnen und segnete die beiden, die durch die göttliche Energie miteinander verschmolzen waren. „Ich bin immer bei euch."

Epilog

Michael starrte noch lange auf den Bildschirm seines Laptops, obwohl die zweite DVD schon lange beendet war. Die ganze Nacht hindurch hatte er den Film geschaut. Der Morgen graute schon und das Licht läutete einen neuen Tag ein. Was für eine Geschichte! Es kam ihm fast so vor, als ob er den Inhalt schon kannte, ja ihn selbst erlebt hatte. Alles, was er gerade gesehen hatte, meinte er wirklich selbst erfahren zu haben. Er hatte mittlerweile das Olivenkreuz in der Hand. Wann er es aus dem Koffer genommen hatte, daran konnte er sich nicht mehr erinnern.

„Schließlich bist du ich, und ich werde du sein", hatte Josua gesagt.

Michael spürte, dass seine ganze Welt zusammengebrochen war. Die sichere Welt, die gewöhnliche Welt, die er bisher kannte. Dass er wohl vor knapp 2.000 Jahren als Josua gelebt hatte, schien derzeit fast nebensächlich. Er wusste, dass es so war, maß dieser Neuigkeit aber keine Bedeutung bei. Was damals geschehen war, war längst vorüber. Auch die Tatsache, dass er durch diese Aufzeichnungen tief in die Wahrheit der Wiedergeburt eingeführt wurde und sich mit Susanne in Zukunft darüber austauschen konnte, freute und erstaunte ihn. Dass er sich aber durch diese Geschichte mit Jesus ausgesöhnt hatte, mit der Person, die ihm bisher fast am wenigsten in seinem Leben bedeutet hatte, das war unfassbar.

Jesus war bisher immer eine Art Gott für ihn gewesen. Superman oder so. Genau, eine übermenschliche Comicgestalt der Menschheitsgeschichte. Der Kirche hatte Michael alles zugetraut, sogar, so eine Persönlichkeit zu erfinden. Immer war Jesus zu gut, zu groß für ihn gewesen. Zu perfekt. Darum hatte er sich andauernd zu schlecht, zu klein gefühlt. Sogar im Konfirmandenunterricht hatte er keine Nähe zu Jesus fühlen können. Immer wurden nur Stellen aus der Bibel vorgelesen, ohne dass richtig darüber gesprochen wurde. Und wenn er dann doch mal Fragen hatte, die den Menschen Jesus betrafen, hatte ihm der Pfarrer nur geantwortet, dass solche Fragen nicht gestellt werden durften. Das Ende vom Lied, also vom Konfirmandenunterricht war, dass er konfirmiert wurde, für damalige Verhältnisse einen Haufen Geld geschenkt bekam, aber dafür Jesus als Ansprechpartner verloren hatte.

Aber nach diesen Stunden hier in diesem Hotelzimmer in Jericho hatte er sogar eine Liebe zu diesem Menschen gefühlt. Eine Liebe, die er bisher nur für Susanne, für seine Eltern und für Josh, seinen Schäferhund empfunden

hatte. War es nur ein Zufall, oder warum hieß sein Hund eigentlich Josh? Michael schüttelte den Kopf.
Natürlich wusste er, dass er diesen Film und diese Rollen, die er auf so abenteuerliche Weise gefunden hatte, veröffentlichen musste. Er war es Jesus schuldig. Es war seine heilige Pflicht. Nach Deutschland durfte er die Rollen logischerweise nicht mitnehmen, aber mit seiner Digitalkamera konnte er jedes einzelne Blatt ablichten. Zum Glück hatte er genügend Speicherkarten dabei. Daran würde es nicht scheitern, aber im Moment ließ seine Konzentration zu wünschen übrig. Er ließ sich auf das Bett fallen und war innerhalb dreier Atemzüge eingeschlafen.

Zwölf Stunden später wachte Michael auf und nahm eine Dusche. Anschließend holte er sich im Supermarkt die nächste Essensration und lichtete dann jede Seite der Rollen ab. Drei Stunden später war es vollbracht. Danach machte er es sich wieder auf seinem Bett bequem und legte die letzte DVD ein. Es standen zwei Menüpunkte zur Wahl. Er wählte die Reihenfolge, die von den Santinern festgelegt war. Zuerst waren die ‚Aufzeichnungen von Jesus' an der Reihe, danach folgte ‚Zwei Ausblicke'. Was die Santiner damit gemeint hatten, wusste er nicht, er wollte sich überraschen lassen. Mittlerweile konnte er mit den Santinern, von denen er bisher noch nie gehört hatte, schon etwas mehr anfangen.

Michael rief den ersten Menüpunkt auf. Es erschien wieder Tai Shiin auf dem Bildschirm.
„Das war sie, die Geschichte von Jesus und vor allem die Geschichte von Josua und Jesus, den ihr unter dem Namen Jesus Christus kennt", sprach Tai Shiin. „Ich bin sehr froh darüber, dass du den Koffer gefunden und den Film bis zu dieser Stelle angesehen hast. Es ist wichtig, dass dieser Film und vor allem die Schriftrollen so kurz vor einer erneuten Zeitenwende, an die Öffentlichkeit kommen. In einer Zeit, in der die Menschen hoffentlich so reif sind, sich nicht weiter von mächtigen Institutionen, wie den Kirchen, unterdrücken zu lassen. Ich weiß, dass du, Michael, einige Zeit brauchen wirst, um diese ganze Geschichte zu verkraften, und dass du auch den richtigen Weg finden wirst, diese wahre Geschichte zu veröffentlichen. Aber auch das wissen wir schon. Es wird dir gelingen."
Michael atmete tief ein. Tai Shiin fuhr fort. „Wir Santiner hoffen, dass alle Menschen von nun an wissen, wer und wie Jesus wirklich war. Ein Mensch, wie du und ich, nur sein Seelenalter war bis dato unübertroffen. Nun hast du ebenfalls uns Santiner kennengelernt, denn eines Tages, in

nicht mehr so ferner Zukunft und gar nicht so weit weg, wie du vielleicht noch denken magst, wirst du wieder von uns hören und sehen. Von euch, unseren Schwestern und Brüdern auf diesem wunderschönen Planeten Erde, werden wir gerufen werden. Und wir werden kommen, wir Santiner, die Engel des Friedens, wie wir von vielen von euch genannt werden. Wann wir kommen, bestimmen allerdings wir." Tai Shiin lächelte. „Michael, du weißt nun, wer die Götter waren, die schon seit Tausenden von Jahren die verschiedensten alten Kulturen auf der Erde besucht und dabei immer angekündigt haben, in Zukunft wieder zurückzukehren. Du weißt, nun, dass gefiederte Schlangen und fliegende und Feuer speiende Drachen Raumschiffe der Santiner waren. Du weißt nun, dass wir Santiner nichts mit Mystik zu tun haben. Wir sind genauso real wie du und das Holzkreuz, das du bestimmt gerade in der Hand hast." Tai Shiin lächelte verschmitzt.

Michael schaute in seine linke Hand. Dort lag das Olivenkreuz, das aus einem Stück Holz seines Lieblingsbaumes über Nazareth geschnitzt war.

„Der Inhalt der Pergamentrollen reicht an die Bedeutung der Überlieferungen heran, die dir unter den zehn Geboten bekannt ist, geht vielmehr sogar darüber hinaus. Die Pergamentrollen enthalten die Tagebuchaufzeichnungen von Jesus aus seinen letzten Jahren. Seine Tagebucheinträge bis zu Josuas Ableben hast du im Film schon gehört. Aber diese Aufzeichnungen beinhalten neben seiner einfachen und doch so wichtigen Lehre an die Menschheit seine tiefen Gefühle, sein Menschsein. So können die Menschen die Größe von Jesus richtig erkennen. Zur Vereinfachung und doppelten Sicherheit werden wir dir die Tagebucheinträge von Jesus in bewegten Bildern vermitteln. Die jeweiligen Zitate von ihm werden mit Bildern vom jeweiligen Ort unterlegt, wo er sich damals gerade aufhielt. Wir wünschen dir nun viel Freude dabei." Tai Shiin verneigte sich kurz.

Es folgten die verfilmten Tagebucheinträge. Einige Worte hatte Michael schon im Film gehört, doch er staunte immer wieder aufs Neue. Was für eine seelische Größe war durch diese schriftlichen Auszeichnungen zu spüren! Auch wenn Jesus sich ab und zu von seiner schwachen Seite gezeigt hatte, auch wenn er ab und zu schwach und mutlos war, hatte er sich trotzdem an Gott gewandt und damit dem Zentralbewusstsein seinen Glauben und sein Vertrauen geschenkt.

Die Zitate auf dem Film waren wunderschön mit Musik und mit prachtvollen Naturaufnahmen unterlegt. Michael ertappte sich dabei, dass er sehr oft lachte, aber sich genauso oft überwältigt fühlte. Dann folgten die letzten Teile des Tagebuches. Die Stimmung, die die Worte von Jesus transportierten, wechselte. Die Stimmung war irgendwie …endgültig. So wahrhaftig klar.

„Wann werden die Menschen endlich verstehen, dass das einzige, was wirklich zählt, die Liebe ist? Die Liebe zu ihren Mitmenschen, die Liebe zu dir, mein Vater, und die Liebe zu sich selbst? Warum erkennen sie dies nicht? Wenn sie erkennen würden, dass sie selbst so liebenswert sind, dann würden sie sich den anderen Menschen gegenüber genauso verhalten, wie sie es sich wünschen würden, dass sich die Menschen ihnen gegenüber verhalten. Und dann würden sie erkennen, dass sie alle Brüder und Schwestern sind. Schließlich würden die Menschen erkennen, dass sie unsterblich sind, dass sie eine Seele sind, die sich einen Körper von dir geborgt haben, um zu wachsen und sich weiterzuentwickeln.

Die Rede, die Du, Vater, durch mich in Kapharnaum gehalten hast, ging mir sehr nahe. Die Liebe ist wirklich das einzige, wofür es sich zu leben lohnt. Die Liebe ist das, was das Universum am Leben erhält. Die Liebe ist es, was die Seelen immer wieder an das Gute glauben lässt. Die Liebe ist es, die mich und alle Menschen nährt. Die Liebe, das bist du. Und dafür danke ich dir, dass ich lieben darf und lieben kann.“

Nach einigen Naturaufnahmen aus dem damaligen Israel hörte Michael folgende Worte:

„Meine Tage auf der Erde werden bald gezählt sein. Die letzten Schritte meines Weges werden nun sehr schwer werden. Wie werden aber die letzten Wochen auf der Erde ablaufen? Werde ich meine Begleiter noch vollends von deiner Existenz überzeugen können, Vater? Wird der göttliche Plan gelingen? Werde ich gekreuzigt und früh genug von dem Kreuz geholt werden, damit ich mich im Raumschiff der Santiner wieder erholen und mein Leben im Fleische auf dem Heimatplaneten der Santiner beenden kann? Was für ein göttlicher Plan, in den Augen der Menschen gestorben zu sein, in Wirklichkeit aber mein Leben auf einem anderen Planeten beenden zu dürfen? Ist dieser Plan nicht so genial wie du es bist? Ich sterbe und darf doch weiterleben? Bitte wandle meine leisen Zweifel um in deine Kraft.“

Und dann wurde der letzte Teil der Aufzeichnungen angekündigt.

„Es war großartig zu erfahren, ein Mensch wie jeder andere gewesen zu sein. Ich danke dir, Vater, dass ich fühlen durfte wie ein Mensch. Ich danke dir, Vater, dass mein Herz so groß war und von deiner Liebe am Leben erhalten wurde, sodass ich nicht am Leben zerbrechen musste. Ich danke

dir, dass ich mir immer wieder durch dich die Kraft der Liebe erhalten konnte, auch die Seelen zu lieben, die mich hassten. Ich danke dir, dass ich erleben durfte, wie Aussätzige in das Leben zurückgeholt wurden und wie todkranke Menschen in dein Reich zurückkehren durften. Ich danke dir, dass ich sehr viel in lachende Kinderaugen schauen und viele dieser süßen kleinen Geschöpfe auf meinem Schoß sitzen haben durfte. Ich danke dir dafür, dass ich Mirjam an meiner Seite hatte. Sie war die Seele, die mir die Kraft gegeben hat, dieses Leben in allen seinen Höhen und Tiefen zu durchleben. Wenn du, Vater, mich jetzt fragtest, was für mich die größte Freude in diesem Leben war, dann könnte ich sagen: Anfänglich traurige Augen glücklich gesehen zu haben und mit Mirjam Seite an Seite durch das Leben gegangen zu sein. Ja, das war das großartigste, was ich erlebt habe. Vater, begleite alle Menschen mit deinem Segen! Baue die Menschen auf, denen Unrecht angetan wurde, trage den Schmerz der Menschen, die um deinetwillen verfolgt werden und liebe die Menschen auf der Erde immer mehr, denn sie haben es verdient. Verleih den Schwachen eine Stimme, verleih ihnen die Kraft dazu, diese Stimme auch zu äußern. Ein Leben auf der Erde ist das Schwierigste, was sich eine Seele aussuchen kann. Danke, dass ich Mensch sein und auch Schwierigkeiten erleben durfte. Ich danke dir für alles, Vater."

Die Naturaufnahmen und die Musik klangen aus, die DVD stoppte selbstständig. Die Pergamentrollen, auf die Michaels Blick fiel, warteten ganz geduldig auf dem Tisch. Ihr materieller Wert war unbezahlbar, ihr geistiger unbegreifbar.

Michael schloss die Augen und atmete mehrmals tief ein und aus. Ihm war bewusst, dass er die erste Person auf Erden war, die diese Schriften in Händen halten konnte und diesen, für viele allerdings fantastischen Film gesehen hatte. Es war wahrlich seine heilige Pflicht, diese grandiosen Schriften und den Film zu veröffentlichen, auch wenn hier sogar – er konnte es ja selbst immer noch nicht so recht glauben – eine außerirdische Menschheit mit einbezogen war. Nein, dieser Film war vielmehr von dieser Menschheit erstellt worden, denn viele Sequenzen im Film waren nicht von dieser Welt. Das musste jeder irdische Mensch einsehen.

Michael schüttelte den Kopf. Es gab keinen Zweifel: Auch wenn er Gefahr liefe, sich der Welt als absoluter Narr zu zeigen, musste er dies tun. Wahrscheinlich war es das Beste, alles, was er im Film gesehen hatte und was in den Originalschriften stand, in Form eines Romans zu veröffentlichen. In einem Roman konnte man Wahrheiten so verstecken, dass die oberflächlich denkenden Menschen sie nicht als Wahrheit entdeckten, und nur suchende Menschen sie erkennen würden. Außerdem prägte man sich Wahrheiten aus Romanen und Filmen eher ein, weil es eine unterhaltende Rahmenhandlung gab. Wahrscheinlich war dies ein Grund, warum Jesus oftmals in Gleichnissen gesprochen hatte.

Ja, Michael würde einen Roman schreiben. Er war es nicht nur Jesus schuldig, nein, auch Josua und den Santinern. Es gab eine höhere Macht, die das Leben bestimmte und das Schicksalsrad eines jeden Menschen drehte und in bestimmten Abständen anhielt. Und dieser Macht konnte er sich von nun an nicht mehr verschließen. Schließlich hatte gerade sein Schicksalsrad nach heftigen Drehungen angehalten und ihn zu diesem ominösen Koffer geführt.

Aber die DVD war noch nicht zu Ende. Es fehlte noch ein Teil. Der mit den zwei Ausblicken. Er schaltete die DVD wieder ein. Tai Shiin lächelte ihn sofort an.

„Michael, auch uns Santinern gehen diese Worte von Jesus sehr nahe, sie sind Schätze, die jeder Seele gut tun. Wie wir heute sehen, jagen die Menschen auf der Erde immer sichtbaren Beweisen hinterher. Sie suchen im Außen nach fantastischen Beweisen, aber nicht in ihrem Inneren nach den göttlichen Lebenszeichen. In deiner Welt wird es Schriften über Schriften geben, die sich der Suche nach dem so genannten heiligen Gral widmen. Also des Gefäßes, das das Blut von Jesus am Kreuz aufgefangen haben soll. Dieses Gefäß gab es wirklich einmal, jedoch existiert es schon lange nicht mehr. Aber die Legende von diesem heiligen Gefäß überdauerte die Jahrtausende. Die persönlichen Aufzeichnungen von Jesus sind die Essenz seiner Lehre. Diese Essenz ist der wahre heilige Gral. Sein Leben war der heilige Gral, dessen Erfahrung in jedem von euch Menschen verborgen ist und mit Liebe gefüllt werden sollte. Der Christus in Jesus war die Botschaft an die Menschheit." Tai Shiin machte eine Pause und neigte seinen Kopf zur Seite, so ähnlich, wie es Jesus immer getan hatte. Er schien sehr nachdenklich zu sein.

Michael stockte der Atem.

„Michael, mit Hilfe unserer Technik ist es uns möglich, über die Wahrnehmung von feinstofflichen Energien die Entwicklung der Menschheit in den nächsten zwei- bis dreitausend Jahren vorherzusagen. Wir geben einige unterschiedliche Befehle in das System ein. Dieses berechnet hieraus die unterschiedlichen Möglichkeiten, indem es die Parameter der Feinstofflichkeit miteinander kombiniert. Wir möchten dir und damit der Menschheit zeigen, wohin sich die Erde mit ihren Bewohnern entwickeln kann. Es gibt Millionen von unterschiedlichen Entwicklungsmöglichkeiten. Da der Planet Erde ein Planet der Extreme ist, haben wir zwei Möglichkeiten ausgewählt. Zum einen das negative Extrem, dass trotz der Liebe und der Lehren, die Jesus den Erdenmenschen geschenkt hat, die Entwicklung des gesamten Planeten zum negativen Pol voranschreiten wird, wenn die Menschheit den Lehren von Jesus nicht folgen wird. Und zum anderen das positive Extrem, dass die Menschheit die Lehren von Jesus annimmt und damit die Entwicklung des Planeten zum Positiven Pol vonstatten gehen kann." Tai Shiin wirkte auf einmal ernsthafter.

„Wir Santiner haben viel darüber diskutiert, ob wir dir die Bilder zeigen dürfen. Letztlich sind wir zu dem Ergebnis gekommen, sie dir und den Menschen zu zeigen, da durch sie ein fundamentales Erkennen und Lernen für eure Seelen ermöglicht wird. Deshalb lassen wir diese Geschichte mit diesen beiden Möglichkeiten der Entscheidung enden. Zuerst kommt die Negativentwicklung, dann die Positiventwicklung. Überleg es dir gut, ob du sie sehen möchtest. Wenn nicht, dann halte das Speichermedium an. Wenn du die Entwicklungen sehen möchtest, dann lass den Film weiter laufen."

Michael war immer noch geschockt. Tai Shiin machte es ganz schön spannend. Was würde jetzt gezeigt werden? Er war bis hierhin gekommen, also würde er auch den Weg beenden. Michael schaute weiter.

Es wurde, wie von Tai Shiin angekündigt, die Möglichkeit der Negativentwicklung gezeigt. Michael sah die Kreuzigung, er sah, wie sich das Christentum recht zügig in Europa ausbreitete. Daraufhin folgte in Europa und im Mittelmeerraum eine lange Periode der Zerstörung und des Wandels. Die Macht der Kirche nahm stetig zu. Es folgte das lange und dunkle Mittelalter. Er sah Bilder der Zerstörung, er sah Folterungen in dunklen Kerkern, brennende Frauen auf Scheiterhaufen, alles im Namen von Gott und Jesus Christus. Auch im asiatischen Raum sah er solche Bilder. In der Tang- und Sung-Dynastie starben ebenfalls unzählige Unschuldige auf brutalste Weise.

Die nächsten Bilder zeigten europäische Schiffe, die aufbrachen, um die Welt zu entdecken und zu erobern. In Afrika, in Südamerika und in Nordamerika die gleichen Gräueltaten, wieder im Namen der Kirche. Dass die Einwohner in diesen Bereichen abgeschlachtet wurden, gehörte wohl zu den Eroberungstaktiken der weißen Rasse. Michael stockte der Atem. Die nächsten Jahrhunderte hindurch sollte sich daran nichts ändern. Nur mit jedem Jahr, das verging, starben mehr Menschen auf der Erde. Egal auf welchem Erdteil, egal in welchem Land, es wurde geschändet, gefoltert, gemordet. Auf brutalste Art und Weise. Michael sah die Bilder aus seinem Heimatland, wo Hitler sein Unwesen trieb und Millionen Menschen durch Handlanger hatte töten lassen. Er sah die Atombomben auf Hiroshima und Nagasaki fallen. Er sah die Ergebnisse des Kalten Krieges, er sah Terrorismus, Kinderpornographie, Menschenhandel, Aufrüstung, Umweltverschmutzung, Massensterben, Armut in Afrika, Waldsterben, Artensterben der schönsten Tiere, Bankenkrisen, Überbevölkerung, Wassermangel, Angst. Michael war übel.

Dann wurde es noch dunkler, das Klima kippte auf der ganzen Erde, immer weniger Bäume gab es, die für die vielen Menschen Sauerstoff produzieren konnten. Das genetische System der Erdenmenschen geriet aus den Fugen, die Gewaltbereitschaft der Menschen eskalierte. Dann war es ganz schwarz. Aber dann, in der tiefsten Dunkelheit sah er ein Licht, das immer größer wurde, bis er dieses Licht als Millionen Raumschiffe erkannte, die auf der Erde landeten und die Menschen, deren Herzen geöffnet waren, retteten. Nachdem sie wieder verschwunden waren, konnte sich die Erde nicht mehr wehren und die Berge versanken im Meer und das Meer überflutete alles Land. Die Farbe der Erde wurde lichtvoller, fast ätherischer, die Natur erholte sich innerhalb kürzester Zeit, die Bäume wuchsen, die Tiere siedelten sich neu an. Danach war eine neue Erde geboren, die wieder von Menschen bevölkert wurde. Michael erkannte, dass die negative Welt verschwunden war. Er atmete erlcichteil auf. Diese ganzen Gräueltaten innerhalb solch kurzer Zeit musste er erst einmal verdauen. Er nahm einen Schluck Wasser.

Dann folgte die positive Entwicklung. Michael sah die Kreuzigung von Jesus, er sah, wie sich der Glaube an Jesus und seine Lehre recht zügig nach Europa ausbreitete. In den ersten Jahrzehnten nach Christus gab es noch etliche Kriege auf der Erde. Aber bald gaben die Menschen den Meinungsverschiedenheiten keine gewaltvolle Nahrung mehr, und die Kriege waren schließlich verschwunden. Die Menschen lernten immer mehr, in Frieden zu leben, die Familien wurden Kraftpole, um auch in kargen Gebieten auf der Erde überleben zu können. Die Technik auf der Erde entwickelte sich schneller, da die geistige Welt, wie Michael erkannte, die Menschen besser inspirieren und ihnen mehr Vertrauen schenken konnte. Michael lächelte. Für ihn war mittlerweile sogar die Existenz einer geistigen Welt normal.

Dann erkannte er, wie der Papst die Reinkarnation anerkannte und sie als Glauben für jeden Menschen als Weg zum Glück beschrieb. Die Päpstin – eine Frau hatte mittlerweile den Posten inne – trat zurück und löste die Kirche auf, weil sich jeder selbst erlösen konnte und es von nun an keinen Vertreter einer Kirche mehr dafür brauchte. Nur wenige Momente später waren auch die restlichen Glaubensgemeinschaften und Sekten in der ganzen Welt verschwunden. Luzifer musste von der Erde weichen, und es wurde ein anderer Läuterungsplanet im Universum für seinen zukünftigen Aufenthaltsort gefunden. Es gab nun keine Negativität mehr auf diesem Planeten.

Der Frieden umfasste mittlerweile die ganze Welt, und es gab keine Grenzen mehr. Es wurde ein „Rat der Weisen der Erde" gegründet, der mit Menschen besetzt war, deren Herzen offen waren. Die Natur leuchtete in den schönsten Farben, die Menschen lernten mit der Natur zu reden, sie lernten, sich mit anderen Menschen auf telepathischer Ebene zu unterhalten. Den Menschen gelang in einem gemeinsamen Wissenschaftsteam die Entwicklung von Raumschiffen, mit denen interplanetarische und auch interstellare Raumfahrten möglich waren. Danach wurde die Erde in die Konföderation der Planeten der Galaxis Milchstraße aufgenommen, unter welchem Namen die Heimatgalaxis auf der Erde bekannt war. Es fand schließlich die erste Friedenskonferenz der Galaxis Milchstraße auf der Erde statt. Die Erde war nun ein gleichwertiger Planet unter den Milliarden anderer Planeten, und die Menschen auf allen Planeten in dieser Galaxis waren glücklich, weil sie froh waren, dass ein ehemals verlorener Planet wieder einer der ihren war.

Michael hatte Tränen in den Augen. Noch nie hatte er bewegendere Bilder gesehen. Noch nie hatte er eine solch große Liebe gefühlt wie in diesem Augenblick.

„Das war sie, die Reise durch zweieinhalb Jahrtausende." Tai Shiin erschien wieder auf dem Bildschirm. „Eine Möglichkeit hast du bestimmt erkannt, und viele Bilder kamen dir bekannt vor. Aber die Bilder der positiven Entwicklung sollen dich nicht traurig machen, sie sollen dich dazu motivieren, etwas zu ändern. Finde deine Stimme. Nimm dein Leben in die Hand und werde ein Kämpfer des Lichts und der universalen Wahrheit. Und vergiss nicht, alles hat auf der Erde mit Jesus, dem Christus, angefangen. Er hat das Licht wieder zurück auf die Erde gebracht." Tai Shiin lächelte.

„Ich werde mich jetzt verabschieden. Wir Santiner grüßen dich aus der Ewigkeit des Kosmos. Auch wir werden uns einst wieder sehen, Michael.

671

Möge Friede auf der ganzen Erde herrschen! Ich bin Tai Shiin, dein Bruder." Der Laptop stoppte automatisch. Das Olivenkreuz rutschte Michael aus der Hand.

Michael spürte, wie das große Herz von Jesus sein eigenes Herz geöffnet hatte. Deutlich fühlte er, dass er, der kleine Kaufmann aus Deutschland, der normalste Mensch unter den normalen Menschen, von nun an auch seinem Freund Jesus einen gebührenden Platz in seinem Herzen würde schenken können. Zwar erst jetzt, aber immerhin. Jetzt war er ein Teil von Jesus geworden und Jesus ein Teil von ihm.
Michaels Seele erkannte, dass er eine starke Stimme hatte. Eine Stimme, die laut rufen, aber auch leise und eindringlich reden konnte. Alles, was er in Zukunft tun würde, konnte den Fortgang der Welt verändern. Endlich war die Liebe in ihn eingekehrt. Die Kraft, nach der er sich so lange gesehnt hatte.
Durch die Liebe hatte er seine Stimme wieder gehört. Durch die Liebe hatte er seine Seele wieder gefunden. Durch die Liebe war er endlich zu einem wahren Menschen geworden, zu dem, der er immer schon war, der sich aber nie getraut hatte, ihn auch leben zu lassen.
„Danke Jesus", flüsterte Michael in die dunkle Nacht. Wäre das Hupen der Autos auf der Straße nicht so laut gewesen, hätte er vielleicht gehört, wie eine lichtvolle Gestalt in einem violetten Gewand, die schon seit längerem hinter ihm gestanden hatte, ihm zärtlich ins Ohr flüsterte:
„Du bist ich, und ich werde du sein."

Nach den eindringlichen Erfahrungen, die Jesus Christus als Mensch auf dem Läuterungsplaneten Erde machen durfte, hatte er Gott darum gebeten, jeder auf der Erde inkarnierten Seele eine persönliche Beschützerseele an die Seite zu stellen. Dieser Wunsch war ihm gewährt worden. Seitdem ist diese Beschützerseele, die jedem Menschen zur Seite steht, als Schutzengel oder Schutzpatron bekannt.

Tai Shiins Ausführungen (von Seite 23)

„Im Anfang existierte eine intelligente form-, raum- und zeitlose Kraft, die ewig währte und unendlich groß war. Nennen wir sie mal die Liebe. Da nach den Naturgesetzen keine Energie verloren geht, muss die Energiemenge schon immer so groß gewesen sein wie heute. Unendlich. Es hatte niemals ein Nichts gegeben. Immer und ewig existierte diese Energie. Nennen wir sie Gott. Gottes Energie war willensstarke Kraft. Diese Kraft pulsierte schon ewig und verwandelte mit jedem Pulsschlag ein Stück Energie in Bewusstsein. Dieses Bewusstsein wurde unendlich und umfasste alles. Noch immer war das Bewusstsein form-, raum- und zeitlos. Dafür wurde Gott immer bewusster. Das war der Beginn der Evolution. Nach Äonen von Zeiten wurde das Bewusstsein Gottes in der Ewigkeit so unendlich, dass die Unendlichkeit für die Kraft Gottes nicht mehr ausreichte. Aus Bewusstsein entstand im gigantischen Schöpfungsvorgang eines einzigen Gedankens Gottes Geist. Gott war nun nicht mehr nur Bewusstsein und Kraft, sondern auch Geist. Gott wurde so immer geistiger. Und je mehr Geist durch den Willen der Schöpfungstätigkeit Gottes entstand, desto mehr Kraft und Wille entstand, um wiederum Geist entstehen zu lassen.

Wiederum nach Äonen von Zeiten wurde der Geist Gottes in der Ewigkeit so unendlich, dass die bisherige Unendlichkeit für den Geist Gottes nicht mehr ausreichte. Die Liebe wurde immer größer. In einem erneuten gigantischen Schöpfungsvorgang eines einzigen Gedankens Gottes entstand ein göttlicher Urstoff. Dies war die erste Form überhaupt. Gleichzeitig entstand der Raum, wobei es immer noch keine Zeit gab. Dieser göttliche Urstoff ist ein kosmisches Licht, das alles im Universum durchdringt, für euch Erdenmenschen aber unermesslich bleibt. Gottes Wille und Gottes Gedanken konnten von nun an den Geist Gottes in Form des kosmischen Lichtes in jede Form bringen.

Dieses intelligente kosmische Licht hat keinen Zwischenraum, ist in seiner Einheit wie ein Eidotter und hat ähnliche Eigenschaften wie das Wasser. Man kann diesem Licht keine Lücke zufügen, man kann nicht hinein stechen, auch nicht einen Lichtstrahl oder andere Energie hindurchschicken. Beim Wasser ist das möglich, doch nicht bei diesem kosmischen Licht. Es kann jedoch in einer dir nicht bekannten Weise vibrieren. Durch die Geschlossenheit der Energie vibriert stets das ganze All. Nie pflanzt sich die Vibration fort, denn im Millionstel Bruchteil eines klitzekleinen Augenblicks vibriert jede Stelle des Alls genauso wie am Ort

675

ihrer Entstehung. Dieses Licht hat die Form einer gigantischen Spirale, die sich unbegrenzt fortbewegt und ewig andauernd schwingt.

Gottes Wille ordnete nun jegliche Schwingung dieses kosmischen Lichtes, denn es ist aus seinem Gedanken entstanden. Gott, oder nennen wir ihn einmal Zentralsonne, um eine für dich verständliche Beschreibung zu verwenden, ließ wiederum nach Äonen von Jahren durch seinen Willen daraus unzählige andere kleinere Sonnen entstehen, die nun ähnliche Eigenschaften wie die Zentralsonne besaßen. Diese kleineren Sonnen hatten ebenfalls einen eigenen unabhängigen Willen, sie konnten genau wie die Zentralsonne Schöpfung vollbringen.

Alles schwingt und fließt. Alles bewegt sich und entwickelt sich weiter. Die Sonnen bekamen nach Äonen von Zeiten eine Art Körper, der sie zu gigantischen Geistwesen machte, die zwar von der großen Zentralsonne noch mit Kraft gespeist wurden, ansonsten aber schwingen und sich bewegen konnten, wie sie wollten. Aus den Sonnen entstanden nun Geistwesen mit eigenem unabhängigem Bewusstsein. Diese waren die erstgeborenen Seelen, oder Erstlingsgeister, von denen jeweils zwei ein Paar bilden, die so genannten Zwillingsseelen. In diesem ganzen Schöpfungsablauf war nun zum ersten Mal eine Art Individualität entstanden. Die Geistwesen hatten Schöpfungskraft, Willensfreiheit und die Erkenntnis der unendlichen Gesetze Gottes.

Und aus dieser Individualität heraus entwickelte sich zum ersten Mal die Möglichkeit, eine Entscheidung zu treffen, das heißt, weiter so wie die Zentralsonne zu schwingen oder sich vom Urgrund ihrer Schöpfung zu entfernen. Die Millionen kleiner Sonnen hatten neben der unendlichen Kraft, dem unbegrenzten Bewusstsein, auch einen eigenen unabhängigen Willen, der – um dir wiederum für dich ein verständliches Bild zu zeigen – jeder Sonne die Möglichkeit gab, heller zu scheinen oder sich langsamer zu bewegen. Und nur mit einer langsameren Bewegung entfernte sich ein Geist automatisch von der Zentralsonne, da Gott - die große Spirale – sich immer in gleich bleibender Geschwindigkeit weiterbewegte. Zum ersten Mal überhaupt gab es Entfernungen, zum ersten Mal gab es Sonnen, die nicht so hell schienen, wie die Zentralsonne.

Durch diese Möglichkeit, eigene Entscheidungen zu treffen, ergab es sich, dass einige geistige Wesen ihre eigene Schöpfungskraft missbrauchten, indem sie die unendlichen Gesetze Gottes nicht respektierten, und durch ihren eigenen Willen sich nicht der ihren innewohnenden Göttlichkeit erinnerten. Die Entfernung dieser ‚gefallenen' geistigen Wesen zur Zentralsonne wurde immer größer. Dadurch, dass sich diese Geistwesen aus dem innersten der Zentralsonne hinausbegeben hatten, war ihre Schwingung nicht mehr so schnell wie die der Zentralsonne, und das Licht dieser Geistwesen strahlte nicht mehr so hell wie noch vor vielen Ewigkeiten. Nach Äonen von Zeiten waren diese gefallenen Geister schließlich in einer geistigen Dunkelheit versunken. Gott musste sich nun etwas einfallen lassen, um diesen Geistwesen die Möglichkeit zu geben, wieder in die Göttlichkeit zurückzukehren. Gott ließ nun einen Energiekern entstehen von unvorstellbaren Ausmaßen. Als Gott es für richtig hielt, zerbarst dieser Kern in einer Riesenexplosion und streute die flüssige, feurige Materie in das ganze All aus. Es entstanden das materielle Universum und Antiuniversum mit ihren unzähligen Planeten und Sternen. Der Urknall, wie es eure Wissenschaft benennt. Dies war der Moment, als auch die Zeit entstand. Und die Polarität.

Die abgekühlten Teilchen, die Atome, wurden durch den durchdringenden Geist Gottes befehlsempfänglich gemacht. Von nun an mussten sich die materiellen Atome nach den göttlichen Gesetzen richten. Ganze Serien von Atomen konnten zu Zellen zusammengefügt werden und diese wieder zu ganzen Serien von Zellen. Alle Atome wussten, was sie für eine Aufgabe zu erfüllen hatten, obgleich sie kein eigenes Bewusstsein besaßen. Sie handelten intuitiv nach den Anweisungen Gottes.

Die inzwischen nach weiteren Schöpfungsvorgängen zu unvorstellbarer Größe angewachsene geistige Welt arbeitete an Plänen, die entstandene Materie nach dem Vorbild des geistigen Reiches zu gestalten. Der Sinn der Erschaffung der Materie lag darin, den gefallenen Geistwesen die Möglichkeit zu geben, auf den entstandenen Sternen leben und durch Schulung des geistigen Reiches sich wieder zurück zu Gott entwickeln zu können. Denn in der Materie geht die Rückentwicklung um ein vielfaches schneller als im geistigen Reich.

Damit die gefallenen Geistwesen aber auf den verschiedenen Sternen leben konnten, musste Gott materielle Körper erschaffen, die von den Geistwesen beseelt wurden. So wurden alle Voraussetzungen geschaffen für die ersten Inkarnationen, die ersten Fleischwerdungen der gefallenen Geistwesen. Die Inkarnationen erfolgten nach der Vollendung der Nerveneiweißzellen und des menschlichen Gehirns. Dies war lange nachdem die ersten Menschenaffen aus Affen entstanden waren. Diese werden von eurer Wissenschaft immer noch als Menschen bezeichnet, obwohl sie mit den heutigen Menschen nichts gemein haben. Der Mensch entwickelte sich nicht aus dem Affen, sondern befand sich in der Schöpfung Gottes in einer ganz anderen Entwicklungsspirale. Die biblische

Darstellung von Adam und Eva ist ebenso eine menschliche Phantasiegeschichte, die nicht den Tatsachen entspricht. Die Menschheit wurde nicht auf der Erde ins Leben gerufen. Sie erlebte ihre Erstinkarnation auf einem anderen Stern.

Diese gefallenen und auf dem Planeten Erde inkarnierten Geistwesen mussten nun aber geschult werden, damit sie wieder lernen konnten, sich nach den göttlichen Gesetzen zu verhalten. Diese Erstinkarnation von Menschen fand dann auch statt. Irgendwo im weiten Universum, auf verschiedenen Planeten. Das geistige Reich mit seinen unzähligen Helfern betreute diese Menschen, indem sie mit ihnen in ständiger geistiger Verbindung standen. Sie belehrten die gefallenen Geistwesen, doch nicht alle wollten diese Hilfe annehmen. Viele wechselten nach erfolgreichen Inkarnationen in die geistige Heimat zurück, viele andere blieben jedoch in ihrer Entwicklung so rückständig wie vorher. Da aber durch die unermessliche Weiterentwicklung Gottes die Distanz zwischen Gott und den gefallenen Geistwesen immer größer und demzufolge die Materie im Verhältnis zur Fortentwicklung des geistigen Reiches immer dichter wurde, konnten die inkarnierten Geistwesen die Inspirationen aus ihrer Urheimat nicht mehr wahrnehmen. Den göttlichen Inspirationen der Liebe standen aber auch die Einflüsterungen jener Wesen gegenüber, die sich im dunklen Teil des geistigen Reiches befinden. Die Menschen mussten also lernen zu unterscheiden: Welche Inspirationen dienten ihrem Fortkommen, und welche wollten sie nur weiter an die dichte und dunkle Welt binden? Nach einer unermesslichen Zeit war also nach der Polarität auch die Gegensätzlichkeit entstanden.

Jeder Stern, der bevölkert wurde, hatte von nun an eine eigene Evolutionsgeschichte. Die eine Menschheit entwickelte sich langsamer, die andere schneller. Die Menschheiten, die auf den unterschiedlichen Sternen lebten, das heißt die Menschen, die gewillt waren, die göttlichen Gesetze wieder anzuerkennen, entwickelten sich weiter. Großartige Erkenntnisse und Erfindungen durch göttliche Inspiration erleichterten diesen inkarnierten Geistwesen das Leben in der Materie. Denn diese Inspirationen waren auf den weiter entwickelten Planeten noch möglich, da sie eine höhere Schwingung annahmen.

Also musste eine Lösung gefunden werden, wie die Menschen, die sich auf den nicht so weit entwickelten Planeten befanden, doch auch weiterhin diese Möglichkeit einer göttlichen Hilfe und somit weiterer Inkarnation erlangen konnten. Diese Lösung sah so aus, dass Gott einen Planeten auswählte, auf dem es sehr gute klimatische Bedingungen gab, auf dem sich die rückständigen Seelen der verschiedenen Planeten gleichzeitig weiter entwickeln konnten. Dies ist der Planet Erde.

Doch diese Idee hatte zur Folge, dass hohe Geistwesen ebenfalls inkarnieren mussten, um von Mensch zu Mensch den gefallenen Geistern Hilfe zukommen lassen zu können. Eine geistige Inspiration wie bisher war nicht mehr möglich. Diese Inkarnationen der hohen Geistwesen mussten aber auf einem fortschrittlicheren Planeten stattfinden, auf dem sie den dunklen Inspirationen nicht erliegen durften, bevor ihre eigentliche Mission begann. Als sie sich an die Materie gewöhnt hatten und ausgebildet und gereift waren, hatten sie auch die nötigen materiellen Möglichkeiten, um von ihrem Heimatplaneten auf die Erde reisen zu können. Das war und ist immer noch für Menschen nur in einem Raumschiff möglich.

Bevor nun die ersten gefallenen Geistwesen auf der Erde inkarnieren durften, mussten die dortigen klimatischen, geografischen und geologischen Voraussetzungen erkundet und Gebiete ausgesucht werden, um verschiedene Menschheiten ansiedeln zu können. Da es aber auf der Erde auch eine sehr rückständige Menschheit gab, die eher tierischen Impulsen im Leben folgte als ethischen, mussten diese Gebiete so gewählt werden, dass diese irdische Menschheit sich nicht mit den neu anzusiedelnden Menschen zu schnell vermischen und die ausgesiedelte Menschheit sich in Ruhe weiterentwickeln konnte. Deshalb mussten für die zu besiedelnden Gebiete natürliche geografische Grenzen mit eingeplant werden, und falls dies nicht möglich war, mussten Grenztürme errichtet werden, die unter Androhung hoher Strafen nicht zu passieren erlaubt waren. Auch musste in einem Teil des Gebietes eine große Mauer entstehen, die so hoch war, dass die Menschen sie nicht übersteigen konnten. Die Türme findest du beispielsweise in Südamerika, und die Mauer gibt es in dem Bereich, den ihr China nennt. Danach wurden die rückständigen Menschen der verschiedenen Planeten durch die hohen Geistwesen mittels fortschrittlicher Raumfahrttechnik auf die Erde gebracht und in den vorher ausgewählten Gebieten nach und nach angesiedelt.

Die erstmals inkarnierten hohen Geistwesen blieben eine Zeit lang dort, flogen aber immer wieder zwischen ihrem Heimatplaneten und der Erde hin und her, und kamen mit neuen Ideen und Techniken zurück. Sie waren auf der Erde sowohl für die Inspirationen aus dem geistigen Reich empfänglich, als auch für die aus den dunklen Bereichen. Nach einigen Jahren, nach Generationen verblasste bei den Menschen ihre außerirdische

Herkunft. Ihre geistigen Betreuer stellten immer mehr den Kontakt zu den Menschen auf der Erde ein, nachdem sie gesehen hatten, dass ihre Hilfebemühungen bei vielen Menschen keinen Erfolg hatten. Der Einfluss der Dunkelmacht wurde immer größer, und zwar so groß, dass sogar freiwillige Helfer in deren Einfluss gerieten und egoistische Taten vollbrachten, von denen sie dann gemäß den göttlichen Gesetzen energetisch an die Erde gebunden wurden. Das bedeutete, dass sie einige Inkarnationen auf der Erde vor sich hatten, um diese Bande wieder aufzulösen. Die Erde wurde mit der Zeit immer gefährlicher für die freiwilligen Helfer, bis die außerirdischen Helfer, also wir Santiner, vor knapp 2.000 Jahren unsere sichtbare und körperliche Hilfe einstellen mussten. Also kurz nach den Geschehnissen, die du gleich wirst lesen können.

Danach verblasste die Erinnerung an die Außerirdischen, bis es ein paar Generationen später nur noch Mythen und Sagen waren, die von ‚Göttern' handelten, die zur Erde kamen und mit dem Hinweis verschwanden, irgendwann wieder zurückzukehren.

In allen Mythen der Menschen auf der Erde gab es diese Geschichten von Göttern, die fälschlicherweise der übersinnlichen Welt zugeschrieben werden. Diese Götter, die in alten Überlieferungen immer weder erwähnt wurden, waren außerirdische Betreuer und hatten absolut nichts mit dem Übersinnlichen zu tun. Gott ist übersinnlich, das geistige Reich ist übersinnlich. Mit göttlicher Logik wird klar, dass die Götter, die auf die Erde kamen, Bewohner anderer Planeten und deshalb nicht ubersinnlich waren, denn sonst hätte man sie nicht sehen können. Merkst du, wie falsch die Erklärungen der heutigen Wissenschaftler und Geschichtsschreiber sind? Mit ein bisschen Logik ist alles zu erklären. Und aus Phantasiegeschichten werden Wahrheiten, aus Science-Fiction wird menschliche Geschichte.

Die bekanntesten Menschheiten, die hier angesiedelt wurden, waren die, die auf den damaligen Kontinenten Atlantis und Lemurien gelebt hatten. Auch diesen Menschheiten musste vermittelt werden, wie man Gott und seiner Schöpfung dient. Aber in Atlantis hatte die Dunkelmacht einen so großen Einfluss auf die Menschen, dass es durch eine Missachtung der göttlichen Gesetze zu einer gewaltigen Katastrophe kam und der Kontinent unterging. Dies ist kein Märchen, dies ist leider wahr.

Die Vielzahl der Menschen ist dazu bestimmt, sich zu einem Ganzen zusammenzufügen und sich gegenseitig Unterstützung zu leisten. Ebenso wie im Kleinen die Atome sich mit anderen Atomen zu einer größeren

Einheit zusammenfinden, sollten sich die Menschen im Großen zu Familien zusammenfinden. Das ganze hat das Ziel, dem göttlichen Plan zu dienen und die Schöpfung zu einer immer größer werdenden Vollkommenheit zu führen.

So, das war eine kleine Reise in eure Evolutionsgeschichte und in die Tiefen des Weltalls. Ich habe sie an den Anfang gestellt, damit dir klar wird, wer das Geistwesen war, das du bisher unter dem Namen Jesus Christus kennst und was seine wahre Mission war. Jesus Christus war in der Geschichte eurer Erde der erste und einzige Erstlingsgeist, der überhaupt einen materiellen Körper beseelte. Ich weiß, dass du es dir schwer vorstellen kannst, was es bedeutet, wenn ein Erstlingsgeist in die Bereiche inkarniert, die die dunkelsten Sphären des ganzen Universums darstellen. Ich weiß, dass du es dir generell schlecht vorstellen kannst, wie das Gesetz der Inkarnation und Reinkarnation vonstatten geht. Aber das soll hier nicht weiter erörtert werden.

Denn mit der göttlichen Entscheidung, auf der Erde allen rückständigen Geistwesen die Möglichkeit zur Weiterentwicklung zu geben, hatte dies automatisch zur Folge, dass sich die Dunkelmacht mit ihrem Führer Luzifer ausschließlich auf den Planeten Erde konzentrierte. Luzifer war die Erstlingsseele, die als allererstes den göttlichen Weg verlassen hatte, und die sich als gefallener Geist Äonen von Zeiten hindurch in der dunkelsten Dunkelheit befindet, dem Gegenpol Gottes sozusagen, dem Gegenpol der Liebe. Zwar war Luzifer im Vergleich zu Gott mit lächerlichen Fähigkeiten ausgestattet, aber noch gleichwohl mit so starken Kräften, um alle Menschen auf der Erde beeinflussen zu können. Ebenfalls konnte diese negative Kraft in der Dunkelheit des geistigen Reiches auch jene Geistwesen noch in ihrem Bannkreis halten, die diese Bereiche verlassen wollten. Betrachtet man den freien Willen, den jedes Geistwesen von Gott bekommen hatte, bedeutet dies natürlich eine gewaltige Überschreitung der göttlichen Gesetze durch den Widersacher.

Gott musste etwas ändern, und er schloss mit Luzifer ein Abkommen. Dies ist jetzt etwas plastisch ausgedrückt und könnte sich für dich märchenhaft anhören, aber durch die irdische Sprache fühle ich mich sehr eingeschränkt. Es gibt nicht immer die passenden Ausdrücke für die tatsächlichen kosmischen Vorgänge.

Gott wollte einen Erstlingsgeist inkarnieren, also einen menschlichen Körper beseelen lassen. Und wenn dieser Geist auf der Erde, also in der Wirkungsstätte von Luzifer, bis zu seinem Tod nicht durch Luzifer von seiner irdischen Mission abgebracht werden, bedingungslos zu lieben und niemals wirklich an Gott zu zweifeln, wie Luzifer es früher getan hatte, dann musste Luzifer alle Seelen aus den dunklen Sphären, die sich in seinem Bannkreis befanden und ins Licht gehen wollten, los lassen.

So geschah es, dass die Zwillingsseele von Luzifer zur Erde ging und sein enormer Geist einen reinen Menschenkörper beseelte. Dies war, wie du jetzt weißt, Jesus Christus. Und der hat durch seine große Liebe diesen Kampf bestanden und ‚gewonnen'.

Jesus Christus ist ein Erstlingsgeist. Nach den Erstlingsgeistern wurden unzählige Generationen von Geistwesen erschaffen, die das geistige Reich bevölkern und im ganzen Universum und Antiuniversum inkarnieren. Ihr Menschen auf der Erde gehört einer sehr jungen Generation von Geistwesen an, die von den Erstlingsgeistern erschaffen wurden. Und weil Jesus Christus ein Erstlingsgeist ist, wurde er von den Erdenmenschen über Jahrtausende hinweg angegriffen, und seine Lehre wurde verunglimpft. Gerade deshalb hat Jesus Christus mit seiner einfachen und universellen Lehre diese Jahrtausende überstanden, obwohl man von ihm so gut wie nichts weiß.

Es gab hunderte von Magiern und Propheten in Israel und im antiken Griechenland, die teilweise ebenfalls so unerklärliche Dinge vollbrachten wie Jesus, der Christus. Nicht weil diese anderen mehr Fähigkeiten hatten, sondern weil Jesus Christus seine eigenen nicht groß zur Schau stellte. Aber alle anderen Propheten sind vergessen. Jesus Christus hingegen nicht. Ein Erstlingsgeist hinterlässt durch seine große Liebe Spuren in den Herzen der Menschen. Immer."

Bibliographie

Aischylos, *Die Tragödien*, Stuttgart 2002
Aksit, Ilhan, *Ephesos*, 1993
Albert, Rainer, *Die Münzen der Römischen Republik*, Regenstauf 2003
Altes Museum, *Antiker Goldschmuck*, Mainz 2001
Althaus, Hans Peter, *Kleines Lexikon deutscher Wörter jiddischer Herkunft*, München 2003
Althaus, Hans Peter, *Zocker, Zoff & Zores*, Nördlingen 2003
Andreas, Peter / Lloyd Davies, Rose, *Das verheimliche Wissen*, München 1984
Aram, Kurt, *Magie & Zauberamulette*, Köln 2000
Archilochos, *Gedichte*, Düsseldorf 2004
Aristoteles, *Die Nikomachische Ethik*, Zürich 2005
Aristoteles, *Kleine naturwissenschaftliche Schriften*, Stuttgart 1997
Aristoteles, *Metaphysik*, Hamburg 2002
Arrowsmith, Nancy, *Das große Buch der Naturgeister*, Stuttgart 2000
Ash, Russell, *Die größten Weltwunder*, München 2001
Avérous, Pierre, *Atome*, Bindlach 1988

Bammer, Anton / Muss, Ulrike, *Das Artemision von Ephesos*, Mainz 1996
Bancroft, Anne, Mythen, *Kultstätten und die Ursprünge des Heiligen*, Düsseldorf 2004
Bandini, Ditte und Giovanni, *Das Zwergenbuch*, München 2004
Bandina, Ditte und Giovanni, *Kleines Lexikon des Aberglaubens*, München 1999
Barnavi, Eli, *Universal Geschichte der Juden*, München 2004
Batchelor, Mary, *Die einzigartige Welt der Bibel*, Gießen 2000
Bauer, Egon, *Die sieben Weltwunder*, München 2004
Bauer, Wolfgang, u. a., *Lexikon der Symbole*, Wiesbaden 2000
Bauer, Wolfgang / Zerling, Clemens, *Das Lexikon der Orakel*, München 2004
Bayer, Christian (Hrsg.), Echnaton, *Sonnenhymnen*, Stuttgart 2007
Bellec, Francois, *Unterwegs auf den Weltmeeren*, München 2005
Benitez, J.J., *Das Ufo von Bethlehem*, Berlin 1998
Benitez, J.J., *Operation Jesus*, München 1993
Bernstein, Frances, *Frauenweisheit der Antike*, München 2000
Betz, Otto, *Der Prozess Jesu*, Gießen 2007
Bickel, Lis, *Judas*, Bielefeld 1996
Bingol, Orhan, *Malerei und Mosaik der Antike in der Türkei*, Mainz 1997
Bommas, Martin, *Heiligtum und Mysterium*, Mainz 2005
Bourbon, Fabio /Lavagno, Enrico, *Das Heilige Land*, Köln 2000
Brant, Hartwin / Kolb, Frank, *Lycia et Pamphylia*, Mainz 2005
Bricker, Charles, u. a., *Auf den Spuren von Jesus Christus*, Stuttgart 1988
Brier, Robert, *Zauber und Magie im alten Ägypten*, Augsburg 1990
Brodersen, Kai, *Die sieben Weltwunder*, Nördlingen 2004
Browne, Sylvia, *Das mystische Leben von Jesus*, München 2007
Bühlmann, Walter, u. a., *Bethlehem vor 2000 Jahren*, Luzern 1998
Bühlmann, Walter, u. a., *Kafarnaum vor 2000 Jahren*, Luzern 2000
Bühlmann, Walter, u. a., *Nazaret vor 2000 Jahren*, Luzern 1996
Bühlmann, Walter, *Wie Jesus lebte*, Luzern 2001
Büttner, Stefan, *Antike Ästethik*, München 2006
Busch, Fritz-Otto, *Die Bibel nennt ihre Namen*, München 1965

683

Camp, John /Fisher, Elizabeth, *Götter – Helden – Philosophen*, Stuttgart 2003
Casson, Lionel, *Bibliotheken in der Antike*, Düsseldorf 2002
Ceram, C.W., *Götter, Gräber und Gelehrte*, Hamburg 1976
Cicero, *Cato Maier – Laelius*, Düsseldorf 2001
Charing, Douglas, *Judentum*, Hildesheim 2003
Clarke, Peter B., *Atlas der Weltreligionen*, Wien 1998
Clarus, Ingeborg, *Das Opfer*, Düsseldorf 2005
Connolly, Peter / Dodge, Hazel, *Die antike Stadt*, Köln 1998
Constable, Nick, *Das Antike Rom*, Bindlach 2004
Crossan, John Dominic / Reed, Jonathan L., *Jesus ausgraben*, Düsseldorf 2003
Daskalos (Atteshlis, Stylianos), *Parabeln*, München 1992
Davies, Philip R. / Brooke, George J. / Callaway, Phillip R., *Qumran – Die Schriftrollen vom Toten Meer*, Stuttgart 2002
Daxelmüller, Christoph, *Zauberpraktiken*, Düsseldorf 2005
Demandt, Alexander, *Sokrates antwortet*, Düsseldorf 2005
Demokrit, *Fragmente zur Ethik*, Stuttgart 1996
de Rosa, Peter, *Meine Stunde ist noch nicht gekommen*, München 1993
de Vries, S.Ph., *Jüdische Riten und Symbole*, Hamburg 2003
Dexinger, Ferdinand, *Der Glaube der Juden*, Kevelaer 2003
Dierichs, Angelika, *Erotik in der Kunst Griechenlands*, Mainz 1993
Dierichs, Angelika, *Erotik in der Römischen Kunst*, Mainz 1997
Dierx, Wiel / Garbrecht, Günther, *Wasser im Heiligen Land*, Mainz 2001
Dietz, Karl-Martin, Heraklit von Ephesus, Stuttgart 2004
Dollhopf, Helmut / Dornisch, Klaus, *Türkei*, Würzburg 2003
Douglas-Klotz, Neil, *Der Prophet aus der Wüste*, München 2001
Douglas-Klotz, Neil, *Das Vaterunser*, München 2000
Dowley, Tim, *Brunnen Bibelatlas*, Gießen 2004
Dowling, Levi, *Das Wassermann-Evangelium von Jesus dem Christus*, München 1981
Drummond, Richard Henry, *Edgar Cayce Das Leben von Jesus dem Christus*, Darmstadt 2006
Dufour, *Weltgeschichte der Prostitution in 2 Bänden*, Frankfurt am Main 1995
Eck, Werner, *Augustus und seine Zeit*, München 2003
Elliger, Winfried, *Ephesos*, Stuttgart 1992
Emmerich, Anna Katharina, *Das Leben der heiligen Jungfrau Maria*, Stein am Rhein / Schweiz 2000
Epikur, *Briefe, Sprüche, Werkfragmente*, Stuttgart 2000
Erdemgil, Selahattin, *Ephesos*, 1986
Errico, Rocco A., *Acht Einstimmungen auf Gott*, Freiburg 2001
Errico, Rocco A., *Es werde Licht*, Freiburg 2002
Euripides, *Medea*, Stuttgart 2002
Faßbeck, Gabriele, u. a., *Leben am See Gennesaret*, Mainz 2003
Feinberg Vamosh, Miriam, *Essen und Trinken in biblischer Zeit*, Düsseldorf 2004
Feinberg Vamosh, Miriam, *Frauen in biblischer Zeit*, Düsseldorf 2007
Feinberg Vamosh, Miriam, *Land und Leute zur Zeit Jesu*, Düsseldorf 2001
Fieber, Martin (Hrsg.), u. a., *Jesus Christus*, Bad Salzuflen 2000
Fieber, Martin (Hrsg.), *Die Santiner*, Bad Salzuflen 2004
Fieber, Martin (Hrsg.), *Die Botschaft der Santiner*, Bad Salzuflen 2007

Fink, Gerhard, *Die alten Griechen*, Nürnberg 2001
Finlay, Victoria, *Das Geheimnis der Farben*, Berlin 2005
Flusser, David, *Jesus*, Hamburg 2002
Frischauer, Paul, *Knaurs Sittengeschichte der Welt 1 und 2*, München 1974
Fuhrmann, Manfred, *Die antike Rhetorik*, Düsseldorf 2003
Fuhrmann, Manfred, *Die Dichtungstheorie der Antike*, Düsseldorf 2003
Gabriel, Vicky, *Zaubersprüche*, München 2003
Gärtner, Hannelore, *Kleines Lexikon der griechischen und römischen Mythologie*, Leipzig 1991
Gerlach, Walter, *Das neue Lexikon des Aberglaubens*, München 2000
Gerritzen, Christian, *Lexikon der Bibel*, Wiesbaden 1990
Giardina, Andrea, *Der Mensch der römischen Antike*, Essen 2004
Giebel, Marion, *Das Geheimnis der Mysterien*, Düsseldorf 2003
Giebel, Marion, *Reisen in der Antike*, Düsseldorf 2000
Goldsworthy, Adrian, *Die Legionen Roms*, Frankfurt am Main 2004
Golvin, Jean-Claude, *Metropolen der Antike*, Stuttgart 2005
Grabner-Haider, Anton / Marx, Helma, *Das Buch der Mythen aller Zeiten und Völker*, Wiesbaden 2005
Graeser, Andreas, *Kleine naturwissenschaftliche Schriften*, Stuttgart 1997
Graichen, Gisela, *Heilwissen versunkener Kulturen*, München 2004
Grant, Michael, *Jesus – Leben und Welt des Jesus von Nazareth*, Bergisch Gladbach 1981
Grimbly, Shoana, *Großer Atlas der Forscher und Entdecker*, München 2003
Grimm, Günther, *Alexandria*, Mainz 1998
Gruben, Gottfried, *Griechische Tempel und Heiligtümer*, München 2001
Gümüs, Dogan, *Ephesos*
Haag, Herbert, *Das Land der Bibel*, Stuttgart 2000
Haarmann, Harald, *Geschichte der Schrift*, München 2002
Haug, Helmut (Hrsg.), *Namen und Orte der Bibel*, Stuttgart 2002
Haywood, John, *Atlas der alten Kulturen*, Stuttgart 2005
Heinz, Werner, *Reisewege der Antike*, Stuttgart 2003
Heraklit, *Fragmente*, Düsseldorf 2000
Hermes, Laura, *Träumen wie die alten Römer*, Krummwisch 2002
Herodot, *Die Bücher der Geschichte 1-4*, Stuttgart 2002
Herodot, *Die Bücher der Geschichte 5-6*, Stuttgart 2001
Herodot, *Die Bücher der Geschichte 7-9*, Stuttgart 2001
Hierzenberger, Gottfried, *Der Glaube der alten Griechen und Römer*, Kevelaer 2003
Hinz, Walther, *Neue Erkenntnisse zu Leben und Wirken Jesu*, Zürich 1984
Hirschfeld, Yizhar, *Qumran – die ganze Wahrheit*, München 2004
Hölbl, Günther, *Geschichte des Ptolemäerreiches*, Stuttgart 2004
Holenstein, Elmar, *Philosophie-Atlas*, Zürich 2004
Holtai, Christa / Kruse-Schulz, Udo, *Reise in das alte Ägypten*, Düsseldorf 2002
Holtai, Christa / Kruse-Schulz, Udo, *Reise in das alte Griechenland*, Düsseldorf 2003
Holl, Adolf, *Jesus in schlechter Gesellschaft*, Stuttgart 2000
Holzberg, Niklas, *Applaus für Venus*, München 2004
Homer, *Die Odyssee*, Stuttgart 2002
Homer, *Ilias*, Zürich 2002
Hueber, Friedmund, *Ephesos*, Mainz 1997

Hyde, Malachy, *Eines jeden Kreuz*, Stuttgart 2002
Hyde, Malachy, *Gewinne der Götter Gunst*, München 2007
Hyde, Malachy, *Tod und Spiele*, München 2000
Hyde, Malachy, *Wisse, dass du sterblich bist*, Frankfurt am Main 2004
Ilg, Hermann, *Die Mission der Santiner*, Bad Salzuflen 2004
Ilg, Hermann, *Das Leben der Santiner*, Bad Salzuflen 2005
Ilg, Hermann, *Die Bauten der Außerirdischen in Ägypten*, Bad Salzuflen 2003
Isserlin, B.S.J., *Das Volk der Bibel*, Mainz 2001
Jenny-Kappers, Theodora, *Muttergöttin und Gottesmutter in Ephesos*, Einsiedeln 1986
Junkelmann, Marcus, *Aus dem Füllhorn Roms*, Mainz 2003
Junkelmann, Marcus, *Die Legionen des Augustus*, Mainz 2003
Kampmann, Ursula, *Die Münzen der römischen Kaiserzeit*, Regenstauf 2004
Kampmann, Ursula, *Menschengesichter*, Zürich 2005
Karger-Decker, Bernt, *Gifte, Hexensalben, Liebestränke*, Düsseldorf 2002
Karwiese, Stefan, *Die Münzprägung von Ephesos*, Wien 1995
Kasser, Rodolphe / Meyer, Marvin / Wurst, Gregor, *Das Evangelium des Judas*, Wiesbaden 2006
Katzer, Josef, *Leben in Israel zur Zeit Jesu*, Würzburg 2003
Kawerau, Walter, *Unter dem Feigenbaum*, München 1982
Keller, Werner, *Und die Bibel hat doch recht*, Düsseldorf 1960
Keyes, Nelson B., *Vom Paradies bis Golgatha*, Stuttgart 1964
Kissener, Hermann, *Die Schriftrollen vom Toten Meer*, München 1983
Kissener, Hermann, *Wer war Jesus? Der Essäer Brief*, Ergolding 1993
Klee, Margot, *Linus aus Mogontiacum*, Mainz 2005
Kloft, Hans, *Mysterienkulte der Antike*, Nördlingen 2003
Knowles, Andrew, *Das große Buch zur Bibel*, Gießen 2003
Kollesch, Jutta / Nickel, Diethard (Hrsg.), *Antike Heilkunst*, Stuttgart 1994
König, Ingemar, *Vita Romana*, Stuttgart 2004
Kolb, Frank, *Die Stadt im Altertum*, Düsseldorf 2005
Konstam, Angus, *Das antike Griechenland*, Bindlach 2004
Kroll, Gerhard, *Auf den Spuren Jesus*, Stuttgart 1980
Künzl, Dr. Ernst, *Das alte Rom*, Nürnberg 2000
Kurlansky, Mark, *Salz*, München 2002
Kurth, Dieter, *Das alte Ägypten*, Nürnberg 2000
Landesmann, Peter, *Die Juden und ihr Glaube*, München 2003
Langbein, Walter-Jörg, *Lexikon der biblischen Irrtümer*, München 2003
Langbein, Walter-Jörg, *Maria Magdalena*, Berlin 2006
Laotse, *Tao te king*, München 2004
Laudert-Ruhm, Gerd, *Jesus von Nazareth*, Stuttgart 2002
Lehmann, Johannes, *Jesus-Report*, Düsseldorf 1970
Leloup, Jean-Yves, *Das Evangelium der Maria*, München 204
Lessing, Erich / Oberleitner, Wolfgang, *Ephesos*, Wien 1978
Lewin, Ariel, *Palästina in der Antike*, Stuttgart 2004
Luminet, Jean-Pierre, *Alexandria 642*, München 2003
Macaulay, David, *Eine Stadt wie Rom*, Düsseldorf 2000
Macfarlane, Alan / Martin, Gerry, *Eine Welt aus Glas*, Berlin 2006
Malizia, Enrico, *Liebestrank und Zaubersalbe*, München 2002

Manthe, Ulrich, *Geschichte des römischen Rechts*, München 2003
Marek, Christian, *Pontus et Bithynia*, Mainz 2003
Matyszak, Philip, *Geschichte der Römischen Republik*, Stuttgart 2004
McNeill, Daniel, *Das Gesicht*, Wien 2001
Meijer, Fik, *Gladiatoren*, Düsseldorf 2004
Messadié, Gerald, *Alexandria*, München 2003
Messadié, Gerald, *Ein Mann namens Saulus*, München 1994
Messadié, Gerald, *Ein Mensch namens Jesus*, München 1991
Messadié, Gerald, *Maria Magdalena*, München 2006
Messadié, Gerald, *Teufel, Satan, Luzifer*, München 2002
Meurois-Givaudan, Anne und Daniel, *Essener Erinnerungen*, München 2001
Meyer, Ivo / Spiegel, Josef F., *Wir entdecken die Bibel*, Freiburg 2004
Mimmi, Franco, *Unser Agent in Judäa*, Berlin 2002
Minois, Georges, *Die Geschichte der Prophezeiungen*, Düsseldorf 2002
Modrow, Susanne, *Viren*, München 2001
Money Museum, *Atlas des Geldes*, Zürich 2003
Moraw, Susanne / Nölle, Eckehart, *Die Geburt des Theaters in der griechischen Antike*, Mainz 2002
Mrozek, Bodo, *Lexikon der bedrohten Wörter*, Hamburg 2006
Müller, Armin, *Athen, Attika*, Münster 2004
Museum Ephesos Selcuk, *Gladiatoren in Ephesos*, Wien 2002
Naply, William /Spicer, Andrew, *Der schwarze Tod*, Essen 2003
Nemert, Elisabeth, *Folge dem Stern*, Berlin 2004
Neuhold, Franz, *Bethanien – Das Land der Liebe*, München 1960
Önnerfors, Alf (Hrsg.), *Antike Zaubersprüche*, Stuttgart 2001
von Oech, Roger, *Was würde Heraklit tun?*, Bern 2002
Osman, Nabil, *Kleines Lexikon untergegangener Wörter*, Nördlingen 2003
Ovid, *Ars amatoria – Liebeskunst*, Stuttgart 1992
Ovid, *Metamorphosen*, Düsseldorf 2001
Panati, Charles, *Populäres Lexikon religiöser Bräuche und Gegenstände*, München 2000
Parrinder, Geoffrey, *Sexualität in den Religionen der Welt*, Düsseldorf 2004
Paulsen, Thomas, *Geschichte der griechischen Literatur*, Stuttgart, 2004
Pennick, Nigel, *Ursprünge der Weissagung*, Düsseldorf 2003
Perrottet, Tony, *In Troja ist kein Zimmer frei*, München 2004
von Peschke, Hans Peter / Feldmann, Werner, *Kochbuch der alten Römer*, Düsseldorf 2003
Pinero, Antonio, *Jesus in den geheimen Evangelien*, Düsseldorf 2004
Pixner, Bargil, *Wege des Messias und Stätten der Urkirche*, Gießen 1996
Platon, *Apologie des Sokrates – Kriton*, Stuttgart 2002
Platon, *Sämtliche Werke 4*, Hamburg 1994
Plautus, *Amphitruo*, Stuttgart 2002
Plautus, *Aulularia*, Stuttgart 2002
Plautus, *Miles gloriosus*, Stuttgart, 1998
Pole, Wellesley Tudor, *Briefe eines Eingeweihten*, Grafing 2001
Pole, Wellesley Tudor, *Erinnerungen an Jesus von Nazareth*, Grafing 2002
Pole, Wellesley Tudor, *Jesus von Nazareth und das esoterische Christentum*, Grafing 2004
Puhle, Annekatrin, *Das Lexikon der Geister*, München 2004
Purce, Jill, *Die Spirale*, München 1988

Rademacher, Cay, *Wer war Jesus?*, Hamburg 2005
von Ranke-Graves, Robert, *Griechische Mythologie*, Hamburg 2003
Rieder, Susanne, *Kochen wie zu biblischen Zeiten*, Bindlach 2005
Riesner, Rainer, *Essener und Urgemeinde in Jerusalem*, Gießen 1998
Rihbany, Abraham M., *Jesus aus den Nahen Osten*, Freiburg 2004
Rosenberger, Veit, *Griechische Orakel*, Darmstadt 2001
Rottloff, Andrea, *Lebensbilder römischer Frauen*, Mainz 2006
Royer, Sophie, u. a., *Leben im alten Griechenland*, Stuttgart 2005
Sallust, *Der Krieg mit Jugurtha*, Düsseldorf 2003
Sallust, *Sämtliche Schriften*, Essen 2004
Sandross, Ernst R., *Geschichte der Philosophie*, Wiesbaden 2004
Schäfer-Schuchardt, *Antike Metropolen – Götter, Mythen und Legenden*, Stuttgart 2001
Scheckenhofer, J., *Die Bevölkerung Palästinas um die Wende der Zeiten*, München 1978
Scheckenhofer, J., *In jenen Tagen*, München 1974
Schmidt, K.O., *Das Thomas-Evangelium*, Ergolding 1991
Schmidt-Colinet, Andreas, *Palmyra*, Mainz 2005
Schmoldt, Han, *Kleines Lexikon der biblischen Eigennamen*, Wiesbaden, 1991
Schneider, Maria, *Apollonius von Tyana*, München 1997
Schnieper, Claudia / Warzecha, Roland, *Reise in das alte Rom*, Düsseldorf 2002
Schnur, Harry C., *Fabeln der Antike*, Düsseldorf 2004
Schröder, Rainer M., Der geheime Auftrag des Jona von Judäa, München 2005
Schuller, Wolfgang, *Das Römische Weltreich*, Stuttgart 2003
Schult, Arthur, *Das Johannes-Evangelium als Offenbarung des kosmischen Christus*, Remagen 1965
Schwarz, Günther, *Die Bergpredigt – eine Fälschung?*, München 1991
Schwarz, Günther, *Fehler in der Bibel?*, München 1990
Schwarz, Günther, *Worte des Rabbi Jeschu*, Graz 2003
Schwegler, Michaela, *Kleines Lexikon der Vorzeichen und Wunder*, Nördlingen 2004
Seligson, Susan, *Brot*, Berlin 2005
Senaca, *Mächtiger als das Schicksal*, Zürich 1999
Seneca, *Die Kürze des Lebens*, Düsseldorf 2003
Sims, Lesley, *Reiseführer in die antike Welt*, München 2007
Smith, Andrew Phillip, *Die verborgenen Worte Jesu*, Stuttgart 2007
Smiths, Rik, *Linkshänder*, Düsseldorf 2002
Sonderberg, Maja, *Das Buch der Zaubersprüche*, Köln 2005
Sophokles, *Antigone*, Stuttgart 2002
Sophokles, *Elektra*, Stuttgart 2002
Stegemann, Hartmut, *Die Essener, Qumran, Johannes der Täufer und Jesus*, Freiburg 1999
Stein-Hölkeskamp, Elke, *Das römische Gastmahl*, München 2005
Steinmann, Kurt, *Meisterstücke der griechischen und römischen Literatur*, Stuttgart 1998
Stemberger, Günter, *Jüdische Religion*, München 1995
Stille, Günther, *Kräuter, Geister, Rezepturen*, Stuttgart 2004
Sueton, *Augustus*, Stuttgart 1988
Székely, Dr. Edmond Bordeaux, *Das Friedens-Evangelium der Essener*, Saarbrücken 2002
Székely, Dr. Edmond Bordeaux, *Das geheime Evangelium der Essener*, Saarbrücken 2002
Székely, Dr. Edmond Bordeaux, *Die Lehren der Essener*, Saarbrücken 2002
Székely, Dr. Edmond Bordeaux, *Die unbekannten Schriften der Essener*, Saarbrücken 2002

Székely, Dr. Edmond Bordeaux, *Die verlorenen Schriftrollen der Essener*, Saarbrücken 2002

Székely, Dr. Edmond Bordeaux, *Heliand – Evangelium des vollkommenen Lebens*, Ergolding 1999

Szepes, Maria, *Die geheimen Lehren des Abendlandes*, München 2001

Szepes, Maria, *Magie des Alltags*, Braunschweig 2001

Tabor, James D., *Die Jesus-Dynastie*, München 2006

Taylor, Tim /Aston, Mick, *Atlas Archäologie*, Köln 2004

Tegtmeier, Bettina, *Orakel*, München 1990

Terenz, *Der Eunuch*, Stuttgart 2001

Then, Reinhold, *Mit Paulus unterwegs*, Stuttgart 2003

Thiede, Carsten Peter, *Bibelcode und Bibelwort*, Basel 2001

Thiede, Carsten Peter, *Der unbequeme Messias: Wer Jesus wirklich war?*, Basel 2006

Thiede, Carsten Peter, *Ein Fisch für den römischen Kaiser*, Bergisch Gladbach 2002

Thiede, Carsten Peter, *Jesus – Der Glaube – Die Fakten*, Augsburg 2003

Thiede, Carsten Peter, *Jesus und Tiberius*, München 2004

Thiede, Carsten Peter, *Wer bist du Jesus?*, Basel 2000

Thiede, Carsten Peter / D'Ancona, Matthew, *Das Jesus-Fragment*, Basel 2004

Thiede, Carsten Peter / D'Ancona, Matthew, *Der Jesus-Papyrus*, Bergisch Gladbach 2003

Thiede, Carsten Peter / Stingelin, Urs, *Die Wurzeln des Antisemitismus*, Basel 2003

Thiede, Carsten Peter, u. a., *Antike Kultur und Neues Testament*, Basel 2003

Thiele, Johannes, *Die sieben Weltwunder*, Wiesbaden 2006

Thompson, J.A., *Hirten, Händler und Propheten*, Gießen 1999

Thorwald, Jürgen, *Macht und Geheimnis der frühen Ärzte*, München 1962

Trassard, Francois, *Leben im alten Ägypten*, Stuttgart 2005

Trepp, Leo, *Die Juden*, Hamburg 1999

Ueding, Gert, *Klassische Rhetorik*, München 2000

Vandenberg, Philip, *Das Geheimnis der Orakel*, Wien 2004

Vardiman, E.E., *Die Frau in der Antike*, Köln 1980

Vernant, Jean-Pierre, *Der Mensch der griechischen Antike*, Essen 2004

verschiedene Autoren, *Das alte Griechenland*, Hildesheim 2004

v. A., *Das alte Rom*, Hildesheim 2003

v. A., *Das große Bibellexikon in 3 Bänden*, Wuppertal 1987

v. A., *Der Bibelatlas*, Augsburg 1998

v. A., *Die Kunst des Bauens*, Hildesheim 1997

v. A., *Die schönsten Liebesgedichte der Antike*, Frankfurt am Main 2005

v. A., *Die Vorsokratiker*, Stuttgart 2003

v. A., *dtv-Atlas Philosophie*, München 2003

v. A., *Frühe Hochkulturen*, Stuttgart 2003

v. A., *Frühe Hochkulturen Europas*, Stuttgart 2003

v. A., *Griechische Lyrik*, Berlin 1980

v. A., *Länder & Völker der Bibel*, Hildesheim 1992

v. A., *Latein und Griechisch in deutschen Wortschatz*, Berlin 1982

v. A., *Religionen*, Hildesheim 2004

v. A., *Seuchen*, Hildesheim 2001

v. A., *Schrift*, Hildesheim 2002

v. A., *Tübinger Bibelatlas*, Stuttgart 2001

Walker, Barbara G, *Das geheime Wissen der Frauen*, Frankfurt am Main 1995
Walther, Thomas / Walther, Herbert, *Was ist Licht?*, München 2004
Weeber, Karl-Wilhelm, *Alltag im Alten Rom – Das Landleben*, Düsseldorf 2000
Weeber, Karl-Wilhelm, *Alltag im Alten Rom – Das Leben in der Stadt*, Düsseldorf 2000
Weeber, Karl-Wilhelm, *Decius war hier*, Düsseldorf 2003
Weeber, Karl-Wilhelm, *Die Weinkultur der alten Römer*, Düsseldorf 2005
Weeber, Karl-Wilhelm, *Flirten wie die alten Römer*, Düsseldorf 1997
Weeber, Karl-Wilhelm, *Humor in der Antike*, Stuttgart 2006
Weeber, Karl-Wilhelm, *Luxus im Alten Rom*, Darmstadt 2003
Weeber, Karl-Wilhelm, *Panem et circenses*, Mainz 1999
Weeber, Karl-Wilhelm, *Wahlkampf im Alten Rom*, Düsseldorf 2007
Weidinger, Erich, *Die Apokryphen*, Augsburg 1999
White Eagle, *Das White-Eagle-Jesus-Buch*, Grafing 1993
Wilson, Stuart / Prentis, Joanna, *Die Essener – Kinder des Lichts*, Darmstadt 2008
Wiplinger, Gilbert / Wlach, Gudrun, *Ephesos*, Wien 1996
Worm, Alfred, *Jesus Christus*, Düsseldorf 1995
Xenophon, *Der Zug der Zehntausend*, Düsseldorf 2003
Xenophon, *Erinnerungen an Sokrates*, Stuttgart 2002
Yamauchi, Edwin, *Die Welt der ersten Christen*, Wuppertal 1981
Zamarovsky, Vojtech, *Die sieben Weltwunder*, München 1966
Ziegler, Herbert / Gruber, Elmar R., *Das Ur-Evangelium*, München 2002
Zimmermann, Bernhard, *Die griechische Tragödie*, Düsseldorf 2005
Zink, Jörg, *Tief ist der Brunnen der Vergangenheit*, Stuttgart 1988

Bitte beachten Sie auch die folgenden Seiten

Weitere Bücher von Martin Fieber

Steh' endlich auf!
Martin Fieber
128 Seiten
ISBN 978-3-935422-47-5
Dieser lehrreiche Erfahrungsbericht beschreibt die Abgründe einer spirituellen Abhängigkeit bis ins kleinste Detail: von den anfänglichen euphorischen Gefühlen, über die Hölle der seelischen Schmerzen, bis zurück in die Freiheit des normalen Lebens. Er wird ergänzt von einem Leitfaden, welcher den Weg zu finden hilft durch den Jahrmarkt der heutigen Esoterik und den Dschungel der dazugehörigen Seminarangebote. Spannend, ehrlich und wahrhaftig geschrieben. Dieses Aufklärungswerk könnte Leben retten.

Seele des Friedens
Martin Fieber
128 Seiten
ISBN 978-3-935422-65-9
Dies ist eine kleine Geschichte über Ängste und wie man sie in aufbauende Energie umwandelt. In Mut machenden Worten empfängt eine kleine Seele von einer großen Seele Antworten auf ihre innersten Ängste und Empfindungen. In spielerischer Form werden über 40 Ängste besprochen und lassen so den Sinn hintern den Ängsten erkennen. Abschließend wird aufgezeigt, wie man seine Ängste an die geistige Welt abgeben kann. Dieses Buch tritt in die Spuren von Khalil Gibrans ‚Der Prophet'.

Machu Picchu – Die Stadt des Friedens
Martin Fieber
192 Seiten, 125 farbige Abbildungen
ISBN 978-3-935422-48-2
Machu Picchu ist nicht nur die beliebteste Touristenattraktion Perus sondern ganz Südamerikas. Und doch ist Machu Picchu immer noch eines der größten Geheimnisse der Welt. Das Buch ist eine spannende Reise zu diesem magischen Ort in den Wolken, in die Vergangenheit Perus, in die Geschichte unseres Planeten und zur eigenen Seele. Wie es schon bei den ägyptischen Pyramiden war, gibt es auch bei der berühmten Inkastadt keinen Zweifel, dass die Bauweise der Fundamente der dortigen Gebäude außerirdischen Ursprungs ist.

Poster Machu Picchu
64 cm breit / 45 cm hoch
ISBN 978-3-935422-46-8
Nur das Anschauen des Bildes lässt Sie einen Hauch des Friedens erleben, den dieser magische Ort ausstrahlt.

Bücher über die Santiner

Die Botschaft der Santiner
Martin Fieber (Hrsg.)
448 Seiten
ISBN 978-3-935422-60-4
Ashtar Sheran, die Führungspersönlichkeit der Santiner, nimmt Stellung zu den Gegebenheiten auf unserem Planeten. Ob Religion, Wissenschaft oder Politik, es wird aufgezeigt, wie hilflos wir unseren Problemen in allen Bereichen gegenüberstehen. Ashtar Sheran gibt wertvolle Hinweise zur Bewältigung unserer Schwierigkeiten. Eine konsequente Umkehr ist dafür Voraussetzung.
Dieses Buch enthält unter anderem einige mediale Zeichnungen von Santinern, Raumschiffen, Raumstationen und technischen Geräten der Santiner. Die Botschaften und Zeichnungen wurden durch mediale Handführung im Medialen Friedenskreis Berlin übermittelt. Der Santiner-Klassiker überhaupt!

Die Santiner
Martin Fieber (Hrsg.)
240 Seiten
ISBN 978-3-935422-08-6
Diese Botschaften wurden ebenso wie ‚Friede über alle Grenzen' und die ‚Blaue Reihe' im Medialen Friedenskreis Berlin (MFK) übermittelt. Wer sind die Santiner? Wo und wie leben sie? Welchen Auftrag haben sie? Hier erfahren Sie, warum die Santiner sich im Bereich unseres Planeten aufhalten, was sie uns zu sagen haben und vieles mehr. Einige eindringliche Reden ihrer Führungspersönlichkeit Ashtar Sheran bilden den Kern dieses Werks. Zusätzlich enthält das Buch weitere Botschaften von Ashtar Sheran und anderen Santinern aus der Zeit bis 2003.

Diese wurden im Spirituellen Forschungskreis Bad Salzuflen empfangen, der die Arbeit des MFK fortführt und eng mit unserem Verlag zusammenarbeitet.

Die Mission der Santiner
Hermann Ilg
240 Seiten
ISBN 978-3-935422-58-1
Die Mission der Santiner ist ein beispielloser Liebesdienst, den eine treu zu Gott stehende außerirdische Brudermenschheit, die Santiner, in vorbildlicher Weise für die irdischen Menschen erfüllt. Die Santiner bemühen sich, die Folgen der schwerwiegenden Versäumnisse und Verfehlungen, welche die irdische Menschheit zu verantworten hat, wenigstens so weit abzumildern, dass nicht weitere, unschuldige Menschheiten anderer bewohnter Planeten durch die kosmischen Auswirkungen der irdischen Untaten in Mitleidenschaft gezogen werden.
Zusätzlich enthält das Buch eine kurze Gruß-Botschaft von Hermann Ilg selbst aus dem Jahre 2004, die er uns über ein ihm schon aus irdischen Zeiten bekanntes Medium übermittelt hat, und eine Botschaft der Santiner sowie eine abschließende Rede von Ashtar Sheran.

Das Leben der Santiner
Hermann Ilg
320 Seiten
ISBN 978-3-935422-43-7
Wie leben die Santiner? Wie sieht ihr Tagesablauf aus? Wie unterscheidet sich ihr Heimatplanet von der Erde? In diesem Buch erfahren Sie mehr über die Santiner und ihr Wesen, wie sei wohnen, wie sie denken und was sie uns Menschen auf der Erde mitteilen möchten.
Ergänzt werden sie mit aktuellen Durchgaben der Santiner, die in den letzten Jahren im SFK erfolgten.

Glaubst du an dich, glaubst du an Gott!
365 Tage mit den Santinern
Martin Fieber (Hrsg.)
208 Seiten
ISBN 978-3-935422-41-3
Lassen Sie sich von den Santinern, einer Menschheit aus dem Sternbild Alpha Centauri, in Ihrer seelischen und geistigen Entwicklung durch jeden

Tag des Jahres begleiten. Ihre Klaren und deutlichen Worte rütteln uns auf, damit wir endlich beginnen, aufzuwachen.

Die Bauten der Außerirdischen in Ägypten

Hermann Ilg – Helmut P. Schaffer

160 Seiten , 70 Fotos

ISBN 978-3-935422-59-8

Dieses Buch enthält eine Fülle von Beweisen für die Beteiligung außerirdischer Menschen an der Errichtung der großartigsten Bauwerke dieses Planeten. Durch die inspirative Hilfe von Geistwesen und Santinern gelingt es Hermann Ilg mit überzeugend einfacher Logik und anhand von Fotografien, uns dieses spannende Thema näher zu bringen. Es wird lebhaft beschrieben, wie es seinerzeit gelingen konnte, innerhalb kürzester Zeit diese gewaltigen Steine in absoluter Perfektion aufeinander zu türmen. In leicht verständlichen Worten werden Sinn und Zweck der Pyramiden und anderer Bauten erklärt. Zusätzlich erhält der Leser Informationen über die Besiedelungsgeschichte der Erde und Erfahrungsberichte von Menschen, die sich im Innern der Pyramiden aufgehalten haben.

Botschaften von Elias und der geistigen Welt

Bleibe der, der du bist, aber wachse!
365 Tage mit Elias

Martin Fieber (Hrsg.)

192 Seiten

ISBN 978-3-935422-42-0

Lassen Sie sich von Elias in Ihre eigene Seelenwelt begleiten und freuen Sie sich jeden Tag auf eine Weisheit von ihm. Vielleicht hören Sie ja, wenn Sie in die Stille gehen und über seine Worte nachsinnen, wie er Ihnen zuflüstert: „Bleibe der, der du bist, aber wachse!" Dieses Buch ist ein wahres Kleinod und wird mit Sicherheit Ihr Herz begeistern und Ihre Seele erleuchten.

Das kleine Buch vom Schutz der Seele
Martin Fieber (Hrsg.)
192 Seiten
ISBN 978-3-935422-44-4
Wozu sollte man sich schützen? Warum gerade bei Vollmond? Warum sollte man regelmäßig die Chakren schließen? Wie schützt uns unser Seelenstein? Und unsere Geburtsfarbe? Was ist ein Seelenhaus? In diesem Buch erklärt die geistige Welt die Hintergründe, warum die Seele geschützt werden sollte. Die durch Abbildungen veranschaulichten einfachen Schutzübungen sollen dem Anwender helfen, in seine Mitte zu kommen und sich von Energien abzugrenzen, die nicht gut tun.
Ein wichtiger Leitfaden aus der geistigen Praxis für unsere tägliche Praxis.

Das kleine Buch vom Schutz der Seele ist jetzt auch als Hörbuch erschienen:

Das kleine Buch vom Schutz der Seele
Hörbuch 2CD – 124 Minuten
Martin Fieber (Hrsg.)
gelesen von **Michaela Merten** und **Pierre Franckh**
ISBN 978-3-935422-64-2
Michaela Merten und Pierre Franckh machen dieses Hörbuch zu einem Ereignis. Genießen Sie es und lassen Sie sich überzeugen, wie wichtig der Schutz der eigenen Seele wirklich ist.

Das Geistige Reich
Martin Fieber (Hrsg.)
240 Seiten
ISBN 978-3-935422-09-3
Wie ist das geistige Reich aufgebaut? Welche Aufgaben haben Erzengel, Lichtträger und Lichtboten?
Hier erfahren Sie alles, was Sie schon immer mal über das geistige Reich wissen wollten. Lernen Sie den Aufbau der geistigen Sphären kennen und was man für Voraussetzungen in seiner Seele erfüllen sollte, um in diesem großen Reich, unserer wahren Heimat, sich weiterzuentwickeln.
Wie immer fasst Elias dieses große und wichtige Thema in einfache aber deutliche Worte.

Das Geheimnis unserer Gedanken
Martin Fieber (Hrsg.)
160 Seiten
ISBN 978-3-935422-10-9
Was ist das Denken? Wie funktioniert es? Was ist Intelligenz? Wie funktioniert Telepathie? Und wo sitzt die Erinnerung? Was ist die Aufgabe unseres Gehirns? Wo findet das Denken eigentlich statt? Was ist der Unterschied zwischen Inspiration und Intuition?
Auf diese und viele andere Fragen hat der Lichtträger Elias eine überzeugende und logische Antwort parat. Jeder wahrlich Interessierte wird mit diesem wegweisenden, ja revolutionären Buch einen Schatz in Händen halten, der eine lebenslange Bereicherung sein wird.

Reinkarnation und Religion
Martin Fieber (Hrsg.)
320 Seiten
ISBN 978-3-935422-11-6
Was bedeutet Reinkarnation? Was ist göttlicher Glaube? Worin irrt die Kirche? Was ist wahrer Spiritualismus? Kann ein Atheist einen größeren Glauben besitzen als der Papst?
Reinkarnation, Religion und Spiritualismus oder die Lehre der Grenzwissenschaft, kann man nicht trennen, es gehört alles zusammen. Ganz selten wurden bisher diese miteinander verwandten Bereiche unserer Religio, also unserer Rückverbindung mit Gott, in einem Buch dargestellt. Ein Buch von Elias in seiner gewohnten klaren und einfachen Sprache.
„Das Leben ist viel wichtiger als eine Zeremonie. Die wahre Religion ist kein Ritual, sondern ein heiliger Dienst am Menschen." (Elias)

Gedanken für den Weltfrieden
Martin Fieber (Hrsg.)
176 Seiten
ISBN 978-3-935422-49-9
Dieser wunderschöne Geschenkband enthält eine Sammlung verschiedenster Gedanken der geistigen Welt, die jeden friedliebenden Menschen ansprechen werden. Die einfachen, brillanten Gleichnisse und Beschreibungen sind heutzutage aktueller denn je. Jede Seite enthält einen in sich geschlossenen, mehr oder weniger langen Hinweis darauf, warum die derzeitigen Machtstrukturen auf unserem Planeten nicht geeignet sind, den Weltfrieden zu realisieren. Gleichermaßen wird dem Leser

verständlich, dass ein Beitrag jedes einzelnen in seinem persönlichen Bereich wichtig ist, um die Missstände zu beheben.

Die Blaue Reihe

Die Blaue Reihe umfasst ebenfalls Ergebnisse der Forschungsarbeit des Medialen Friedenskreises Berlin, der damals von geistiger Seite unter anderem von Elias geleitet wurde.

Herausgeber: Martin Fieber

Band 1: Jesus Christus
Martin Fieber (Hrsg.)
80 Seiten
ISBN 978-3-935422-01-7
War Jesus Christus die Inkarnation Gottes? Was hat er bis zu seinem 28. Lebensjahr gemacht? Ist er wirklich für uns Menschen gestorben und hat alle Sünden auf sich genommen? In diesem Buch finden Sie Wahrheiten und Antworten auf viele Fragen zu der größten Seele, die je auf diesem Planeten lebte.

Band 2: Das Sterben
Martin Fieber (Hrsg.)
160 Seiten
ISBN 978-3-935422-02-4
Was geschieht im Augenblick des Todes? Was geschieht bei tödlichen Unfällen oder Selbstmord mit der Seele? Wie wirkt sich Trauer von Hinterbliebenen auf das Befinden der ‚Verstorbenen' aus?
Das Tabuthema vieler Menschen wird an der Wurzel gepackt. Die große Bedrohung wird durch dieses Buch in ein vertrautes Wissen umgewandelt. Das Weiterleben der Seele nach dem körperlichen Tod wird erläutert und nachgewiesen.

Band 3: Die Stimme Gottes
Martin Fieber (Hrsg.)
64 Seiten
ISBN 978-3-935422-03-1
Ein provokanter Titel für ein Buch, in dem ein hohes Geistwesen stellvertretend für die göttlichen Sphären spricht. Es wird aufgezeigt, wie die Geschehnisse auf diesem Planeten von einer höheren Warte aus gesehen werden. Gesellschaft, Politik, Wissenschaft und Kirche werden in einer für jedermann verständlichen Weise unter die Lupe genommen, die Probleme beim Namen genannt und Lösungsvorschläge gemacht. Hier wird Klartext geredet!

Band 4: Die mediale Arbeit
Martin Fieber (Hrsg.)
176 Seiten
ISBN 978-3-935422-04-8
Was ist Medialität? Welche Voraussetzungen müssen für mediale Arbeit erfüllt sein? Welche Gefahren gibt es im Verkehr mit der Geisterwelt Gottes? Im Dialog mit der geistigen Welt werden die wichtigen Grundbedingungen und Gesetzmäßigkeiten genannt, die für positive mediale Arbeit unerlässlich sind. Es wird deutlich auf die Gefahren des Spiritismus hingewiesen und aufgezeigt, wie gute und schlechte Medien bzw. mediale Kontakte unterschieden werden können. Dieses Buch klärt auf und warnt vor Leichtsinnigkeit.

Band 5: Der Schöpfer – Der Widersacher
Martin Fieber (Hrsg.)
160 Seiten
ISBN 978-3-935422-05-5
Wer und was ist der Schöpfer? Warum lässt Gott so viel Leid zu? Gibt es einen Widersacher?
Die geistige Welt hat hier den Versuch unternommen, in uns verständlichen Worten die Existenz Gottes und seine grandiose Schöpfung zu beschreiben. Außerdem kommt die Tragik der Geschehnisse um Luzifer, den Widersacher, deutlich zum Ausdruck. Sie finden Erklärungen zu einem Bereich des Glaubens, den die Kirche uns verschweigt.

Band 6: Die Seele – Der Schutzpatron
Martin Fieber (Hrsg.)
128 Seiten
ISBN 978-3-935422-06-2
Seele – was ist das? Wie funktioniert das Zusammenspiel von Seele, Geist und Körper? Hat jeder Mensch einen persönlichen Schutzpatron, und wie macht sich der bemerkbar? Die geistige Welt bringt uns das Thema auf deutliche Art und Weise nahe und führt uns in das Thema der Reinkarnation ein.

Band 7: Krankheit, Heilung und Gesundheit
Martin Fieber (Hrsg.)
176 Seiten
ISBN 978-3-935422-07-9
Was sind die Hauptursachen von Krebs? Worauf sollte man bei der Ernährung achten? Gibt es eine geistige Heilung und wie funktioniert sie? Welche Folgen hat der Genuss von Alkohol und Nikotin für Seele, Geist und Körper? Die geistige Welt hilft uns, Ursachen vieler Krankheiten zu erkennen. Außerdem werden Maßnahmen zur ganzheitlichen Heilung bzw. Gesunderhaltung beschrieben.
Weitere Schwerpunkte sind Gebet, Drogen und Karma.

Set „Die blaue Reihe" – Band 1 bis 7
Martin Fieber (Hrsg.)
944 Seiten
ISBN 978-3-935422-29-1

Weitere Bücher aus unserem Verlag

Strömende Stille
Hermann Ilg
96 Seiten
ISBN 978-3-935422-55-0
Dieser Band enthält Gedichte von kosmischem Charakter, ebenfalls von der geistigen Welt uns Menschen überreicht. Es sind wunderschöne Verse, die Herz und Seele berühren.

Ein Büchlein, das auch als Geschenk gut geeignet ist. Mit einfühlsamen Zeichnungen.
„Die tiefste Wahrheit strahlt in den Gedichten auf, die einfach sind wie Kinderworte. Damit sind Sinn und Bedeutung der Gedichte von Hermann Ilg umrissen. Sie sind Meditationen in Versen, Lautwerdungen mystischen Natur-, Geist- und Gott-Erlebens. Sie enthüllen mit wenigen Worten verborgene Weisheit und Gewissheit."
(K.O. Schmidt)

Reiki – Ein Geschenk des Himmels
(im Moment vergriffen, Neuauflage geplant)
Gertrud A. Manasek
112 Seiten
ISBN 978-3-935422-61-1
Diese Buchreihe ist in drei Teile untergliedert. Es umfasst alle drei Reikigrade in Form von Erlebnisberichten, in die die Erfahrungen aus vielen Reiki-Seminaren eingeflossen sind. Der Leser fühlt sich sofort und unmittelbar aktiv mit einbezogen und wird so zum aktiven Teilnehmer dieser Seminare.
Der erste Teil der Reiki-Trilogie vermittelt ein tiefes Verständnis für die Reiki-Energie und zeigt den spirituellen Hintergrund in seiner Vielschichtigkeit auf. Ein weit gespannter Bogen unterschiedlichster Themen erwartet den Leser. Dieses Buch ist eine Fundgrube für jeden bewusst lebenden Menschen und führt ihn über die einzigartige Reiki-Energie zu seinem wahren Selbst.

Das Gnadengeschenk Reiki II
Gertrud A. Manasek
160 Seiten
ISBN 978-3-935422-62-8
Im zweiten Teil der Reiki-Trilogie nimmt die erfahrene Reiki-Lehrerin die vielen konstruktiven und weiterführenden Gedanken und Anregungen aller Reiki-Schüler auf. Den interessierten Leser erwarten viele praktische Hinweise für den Umgang mit sich selbst, aber auch meditative Impulse und Lebensweisheiten hohen Grades mit dem Reiki Grad II.

Das Mysterium der Reiki-Meister-Energie
Gertrud A. Manasek
160 Seiten
ISBN 978-3-935422-63-5
Der dritte Teil des Buches beschreibt die konsequente Fortführung, Weiterentwicklung und Vervollkommnung des einmal beschrittenen Reiki-Weges, der in die allumfassende Harmonie der universellen Lebensenergie Reiki führt. Der Leser wird mit einer Fülle von spirituellem Wissen, vertieften Detailkenntnissen und mannigfaltigen, leicht in die Praxis umsetzbaren und in das tägliche Leben integrierbaren Hinweisen vertraut gemacht.
Ein Reiki-Buch für Fortgeschrittene und solche, die ihr Wissen mit kosmischem Wissen vervollständigen möchten.

Das goldene Band
Maliesa Nasilowski
310 Seiten
ISBN 978-3-935422-67-3
Gibt es ein Leben nach dem Tod? Und wenn es eines gibt, wie geht es dann weiter? Die Autorin gibt in unorthodoxer Weise Auskunft über diese Fragen. Dieses Buch zeigt, wie durch „Das goldene Band" die Autorin mit ihrem Mann Horst zusammengeführt wurde, und es beginnt mit der Schilderung seines Überganges vom irdischen Leben ins geistige Reich. Nach einigen Monaten ist sogar eine Kontaktaufnahme mit ihm im Spirituellen Forschungskreis Bad Salzuflen (SFK) mittels eines Mediums möglich.
In 24 einzigartigen Protokollen von medialen Sitzungen des SFK wird über ein Leben nach unserem Tod berichtet, und es werden Einblicke in die Tätigkeiten der Jenseitigen gewährt. Es wird geschildert, wie Horst im geistigen Reich in Empfang genommen wurde, wo er dann seinen früher verstorbenen Sohn wieder traf.
Immer wieder werden die unterschiedlichsten Aspekte des irdischen Lebens mit der Weisheit von Lichtboten und Lichtträgern erklärt. Dieses Buch ist ein Schatz an geistigem Wissen.

Die große Begegnung
Herbert Viktor Speer
208 Seiten
ISBN 978-3-935422-66-6
Ein ergreifender Erfahrungsbericht von Begegnungen mit der lichten und dunklen Jenseitswelt. Der Autor, der den früheren Medialen Friedenskreis Berlin gegründet hat und dessen Botschaften in der ganzen Welt bekannt waren, schildert hier seinen ergreifenden spirituellen Weg. Jeder Weg zur Bewusstwerdung ist irgendwann einmal ein sehr schwieriger und beschwerlicher. Herbert Viktor Speer suchte sich einen manchmal nicht in Worte fassenden Weg aus, der in einem Kampf mit der Dunkelheit seinen Höhepunkt fand. Seine Erlebnisse sind sehr ehrlich und sehr wahrhaftig geschrieben. Dieses Buch ist nichts für schwache Nerven, aber jeder, der dieses Buch liest, geht von nun an mit anderen Augen durch die Welt.

Haben Sie Interesse an einem kostenlosen Probeprotokoll einer medialen Sitzung des Spirituellen Forschungskreises e.V., Bad Salzuflen? Wir senden es gerne zu.
Bergkristall Verlag GmbH
Krumme Weide 30, 32108 Bad Salzuflen

Wer sind die Santiner?

Die Bezeichnung ‚Santiner' stammt von Ashtar Sheran, der Führungspersönlichkeit der Santiner. Sie soll die heilige Mission der Sternenbrüder unterstreichen. Übersetzen könnte man Santiner mit ‚kleine Engel' oder ‚kleine Heilige'. Von den Erdenmenschen, die die ersten Aufzeichnungen über die Santiner machten, stammt die Bezeichnung Cherub oder Cherubim. Die Santiner sind eine Menschheit aus dem Sternbild Alpha Centauri. Sie haben seit Tausenden von Jahren den göttlichen Auftrag, den Menschen auf der Erde in ihrer moralischen Entwicklung zu helfen. In ihrer Entwicklung – uns 10.000 Jahre voraus – übersteigen ihre technischen und spirituellen Fähigkeiten unser Vorstellungsvermögen. Die Santiner stellen eine Art Himmelspolizei dar, um uns vor fremden Einflüssen zu schützen und uns die objektive Wahrheit näher zu bringen.